古典アルメニア語辞典

千種眞一　編著

大学書林

はしがき

　本辞典は，紀元 5 世紀前半の黄金時代と称される時期の最古の標準的文語（grabar）である古典アルメニア語の語彙を対象としているが，実際には，聖メスロプ（Mesrop，およそ 362-440）がアルメニア文字を創製して翻訳した旧約・新約聖書のうち，新約聖書の翻訳に現れた語彙を収録している．したがって，正確には新約聖書アルメニア語に特化した辞典というべきであるが，これには以下のような事情があった．
　著者はこれまでインド・ヨーロッパ語学の領域で，とくにゲルマン語派に属するゴート語に翻訳された新約聖書とその原テキストであるギリシア語との比較研究に携わってきた．その成果の一端は平成 9 年に大学書林刊『ゴート語辞典』という形で示されたが，その後，ゴート語と同じ聖書翻訳文献を有する古典アルメニア語が研究の視野に入ってきたのは，著者にとっては自然の成り行きであった．
　アルメニア語の文法が他のインド・ヨーロッパ諸語には見られない顕著な特徴をもっていることは従来より指摘されてきたことではあったが，アルメニア語は単独で一派をなす言語であるがゆえに，ゲルマン語派におけるような比較文法が成立しにくいという事情に加えて，隣接するイラン語からの甚大な影響がアルメニア語研究に多大な困難をもたらしてきた．ゲルマン語派で最古の文語として，ゴート語がインド・ヨーロッパ語比較文法の研究に占める位置から比べれば，アルメニア語はむしろ周縁の言語としての地位に甘んじていたといって過言ではない．しかし，アルメニア語とゴート語がたがいにさほどの時を隔てずに聖書翻訳文献を共有しているという事実は，新約聖書ギリシア語文法をいわば共通の土台として，両言語の文法の共時的な分析が比較文法の研究にも少なからず貢献する可能性のあることを示唆している．しかも，ゴート語がほとんど翻訳文献のみを残して歴史の舞台から永遠に姿を消してしまったのとは対照的に，アルメニア語は古典期以来の長い言語的伝統を今日に至るまで保持している．その古典アルメニア語の現存する最古の文献が 5 世紀初頭に成立した福音書の翻訳であり，アルメニアの文化と言語の歴史において第一等の地位を占めているのである．
　こうした事情から，古典アルメニア語辞典の語彙の収載には，新約聖

書に現れる語彙を対象とするのが最適であると判断した．本辞典は，とくに重要な2つの写本，すなわち現存する写本の中で最も古いモスクワ写本（M写本，887年書写）とアクセント付きの優れたエチミアジン写本（E写本，989年書写）のうち，テクストとして良好かつ精確な後者を採用し，必要に応じて前者における異読も参照した．福音書を除く新約聖書テクストはいわゆるゾフラブ（Zohrab）聖書（1805年）に依拠した．本辞典には，この2つの写本に現れるすべての語と福音書以外の新約聖書に生起する主要な語をギリシア語における対応語とともに収録し，できる限り多くの用例を掲げて日本語訳を付した．

上記『ゴート語辞典』でも言及したJ. P. Louw & E. A. Nidaによる Greek-English Lexicon of the New Testament Based on Semantic Domains (1988, 1989) が新約聖書ギリシア語辞典編纂史に対してもっている重要な意義は今も変わらない．こうしたthesaurus型の辞典は，従来のアルファベット式辞典の記述では見えにくかった聖書という言語宇宙を航行するための羅針盤の役割を果たしており，古い翻訳言語にも同様の辞典を作成する試みは辞書編纂に携わる者にとって魅力的な課題である．とくに古典アルメニア語に関しては，すでに死語となってしまったゴート語とは異なり，ほぼ完全な形で聖書翻訳が現在に残されているという点で，その実現の可能性が高いと考えられる．そのためにも新約聖書に特化した本辞典が，アルメニア語的言語宇宙へ旅するスタート台としての役割をいささかなりとも果たしてくれるのではないかとひそかに期待している．

本辞典が成るにあたっては，大小すべてのことがらにおいて大学書林社長佐藤政人氏に大変お世話になった．ここに記して深甚の謝意を表する次第である．

平成25年4月

千種　眞一

凡　例

1. アルメニア語新約聖書本文は，福音書に関しては Künzle 校訂による Das altarmenische Evangelium, Teil I: Edition (1984) を，その他については Zohrab 聖書 (1805) を使用した．
2. 見出し語の配列は，アルメニア語アルファベットの順序に従う．すなわち，a, b, g, d, e, z, ē, ə, tʻ, ž, i, l, x, c, k, h, j, ł, č, m, y, n, š, o, čʻ, p, ǰ, r̄, s, v, t, r, cʻ, w, pʻ, kʻ, ō.
3. 見出し語の後に【　】によって品詞の別を示し，その他の文法・語義・本文等に関する事柄は適宜括弧を用いて注記した．
4. 名詞・形容詞・代名詞等は単数主格を，動詞は 1 人称単数直説法現在形を 1 人称単数アオリスト形と共に掲げた．
5. 固有名（人名・地名・民族名・部族名等）は，巻末に一括して掲げた．
6. 聖書中の固有名の表記は，日本聖書協会『聖書　新共同訳』(1987) および岩波書店刊『新約聖書 I-V』(1995-1996) に従った．

略　語　表

1. (a) 品詞その他
   - 名＝名詞
   - 代＝代名詞
   - 形＝形容詞
   - 副＝副詞
   - 動＝動詞
   - 自＝自動詞
   - 他＝他動詞
   - 前＝前置詞
   - 後＝後置詞
   - 接＝接続詞
   - 数＝数詞
   - 間＝間投詞
   - 小＝小辞
   - 接頭＝接頭辞
   - 接尾＝接尾辞
   - 連＝連語

   (b) 動詞の態・時制・叙法など
   - 能＝能動態
   - 受＝受動態
   - 中＝中動態
   - 現＝現在
   - アオ＝アオリスト
   - 未完＝未完了過去
   - 完＝完了
   - 直（法）＝直説法（叙実法）
   - 接（法）＝接続法（叙想法）
   - 勧（法）＝勧告法
   - 命＝命令法
   - 不＝不定詞
   - 分＝分詞

   1・2・3＝1・2・3人称

   (c) 名詞・代名詞・形容詞など
   - 単＝単数
   - 複＝複数
   - 主＝主格
   - 対＝対格
   - 属＝属格
   - 与＝与格
   - 位＝位格
   - 奪＝奪格
   - 具＝具格
   - 呼＝呼格
   - 比＝比較級

2. テクスト
   - Mt　　マタイによる福音書
   - Mk　　マルコによる福音書
   - Lk　　ルカによる福音書
   - Jn　　ヨハネによる福音書
   - Ac　　使徒行伝
   - Ro　　ローマ人への手紙
   - 1Cor　コリント人への第一の手紙
   - 2Cor　コリント人への第二の手紙
   - Ga　　ガラテヤ人への手紙
   - Eph　エフェソ人への手紙
   - Php　フィリピ人への手紙
   - Col　コロサイ人への手紙
   - 1Th　テサロニケ人への第一の手紙

2Th	テサロニケ人への第二の手紙	Jd	ユダの手紙
1Tm	テモテへの第一の手紙	Re	ヨハネの黙示録
2Tm	テモテへの第二の手紙		
Tt	テトスへの手紙		
Phm	フィレモンへの手紙		
He	ヘブル人への手紙		
Jas	ヤコブの手紙		
1Pe	ペトロの第一の手紙		
2Pe	ペトロの第二の手紙		
1Jn	ヨハネの第一の手紙		
2Jn	ヨハネの第二の手紙		
3Jn	ヨハネの第三の手紙		

3. 写本

E　Codex Matenadaran 2374（旧 Ējmiacin 229), 989 年書写

M　Codex Matenadaran 6200（旧 Bibliothek des Instituts für orientalische Sprachen Lazarev [Moskau] 1111), 887 年書写

主要参考文献

A. アルメニア語
1. テクスト

Zohrapian, H., 1984. Astowacašownčʻ Matean Hin ew Nor Ktakaranacʻ [Gottinspiriertes Buch des Alten und Neuen Bundes]. A Facsimile Reproduction of the 1805 Venetian Edition with an Introduction by Claude Cox. Delmar, New York.

Künzle, B. O., 1984. Das altarmenische Evangelium/L'Evangile en arménien ancien. Teil I/Ière partie: Edition, Teil II/IIe partie: Lexikon/Lexique (Europäische Hochschulschriften, Reihe XXI. Linguistik und Indogermanistik, Band 33). Bern-Frankfurt am Main-New York.

2. 文法その他

Godel, R., 1975. An Introduction to the Study of Classical Armenian. Wiesbadeen.

Hübschmann, H., 1972. Armenische Grammatik. Teil I: Armenische.

Hübschmann, H., 1976. Kleine Schriften zum Armenischen. Hg. von R. Schmitt. Hildesheim-New York.

Jensen, H., 1959. Altarmenische Grammatik. Heidelberg.

Jensen, H., 1964. Altarmenische Chrestomatie. Mit einem Glossar. Heidelberg.

Karst, J., 1901. Historische Grammatik des Kilikisch-Armenischen. Strassburg.

Klein, Jared S. 1996. On Personal Deixis in Classical Armenian. A Study of the Syntax and Semantics of the *n-*, *s-*, and *d-* Demonstratives in Manuscripts E and M of the Old Armenian Gospels. Dittelbach. (Münchener Studien zur Sprachwissenschaft, Beiheft 17)

Klingenschmitt, G., 1982. Das altarmenische Verbum. Wiesbaden.

Lamberterie, Ch. De, 1992. Introduction à l'arménien classique. LALIES 10, 234-289.

Leloir, L., 1972. La version arménienne du Nouveau Testament. Die alten Übersetzungen des Neuen Testaments, die Kirchenväterzitate und

Lektionare. Hg. von K. Aland. Berlin-New York, 300-313.

Lyonnet, St., 1933. Le parfait en arménien classique, principalement dans la traduction des Évangiles et chez Eznik. Paris.

Meillet, A., 1913. Altarmenisches Elementarbuch. Heidelberg.

Meillet, A., 1936. Esquisse d'une grammaire comparée de l'arménien classique. 2e éd. entièrement remaniée. Vienne 1936.

Meillet, A., 1962. Étude de linguistique et de philologie arméniennes (=ELPA). I: Recherches sur la syntaxe comparée de l'arménien. Lisbonne.

Meillet, A., 1977. Étude de linguistique et de philologie arméniennes (=ELPA). II. Louvain.

Minassian, M., 1976. Manuel pratique d'arménien ancien. Paris.

Olsen, B., 1999. The Noun in Biblical Armenian. Berlin-New York.

Pedersen, H., 1982. Kleine Schriften zum Armenischen. Hg. von R. Schmitt. Hildesheim-New York.

Schmitt, R., 1981. Grammatik des Klassisch-Armenischen mit sprachvergleichenden Erläuterungen. Innsbruck.

Solta, G., 1960. Die Stellung des Armenischen im Kreise der indogermanischen Sprachen. Wien.

Solta, G., 1963. Die armenische Sprache. Handbuch der Orientalistik. 1. Abt., 7. Bd.: Armenisch und kaukasische Sprachen. Leiden-Köln, 80-128.

千種眞一, 2001. 古典アルメニア語文法. 東京, 大学書林.

3. 辞典・索引

Avetik'ean, G., Siwrmēlean, X., Awgerean, M., 1990. Nor baṙgirk' haykazean lezowi [Neues Wörterbuch der (alt-)armenischen Sprache]. Venedig 1836-37. Osnabrück.

Bedrossian [Petrosean], M., 1973. New Dictionary Armenian-English. (Venedig 1875-79) Neudr. Beirut.

Calfa (Nar Bey) [Galfayean (Nar Pēy)], A., 1972. Dictionnaire Arménien-Français (en deux volumes). Paris.

Froundjian, D. [Frownčean, T], 1952. Armenisch-Deutsches Wörterbuch. München.

Jungmann, P. & Weitenberg, J. J. S., 1993. A Reverse Analytical Dictionary of Classical Armenian. Berlin-New York.

Łazarean, R. S. 2006. Grabari Homanišneri Baṙaran (Old Armenian Dictionary of Synonyms). Yerevan.

Palandjian, H. 1991. Rückläufiger Wortindex zum «Venediger Wörterbuch» der armenischen Sprache. Hamburg.

Palandjian, H., 1992. Wortindex der vier Evangelien im Armenischen. Regensburg.

B. ギリシア語
1. テクストその他

Aland, Kurt & Aland, Barbara, 1987. The Text of the New Testamant. An Introduction to the Critical Editions and to the Theory and Practice of Modern Texual Criticism, translated by Erroll F. Rhodes. Grand Rapids-Leiden.

Aland, K., Black, M., Martini, C.M., Metzger, B.M. and Wikgren, A.(eds.), 1983. The Greek New Testament. 3rd ed. London.

Hodges, Zane C. & Farstad, Arthur L., 1985. The Greek New Testament according to the Majority Text. 2nd ed. Nashville-Camden-New York.

Metzger, Bruce M., 1975. A Texual Commentary on the Greek New Testament. London.

Metzger, Bruce M., 1977. The Early Versions of the New Testament. Their Origin, Transmission, and Limitations. Oxford.

Metzger, Bruce M., 1992. The Text of the New Testament. Its Transmission, Corruption, and Restoration. 3rd, enlarged ed. Oxford.

Nestle, Erwin & Alnd, Kurt (eds.), 1979. Novum Testamentum Graece. 26., neubearbeitete Auflage. Stuttgart.

Rahlfs, Alfred (ed.), 1982. *Septuaginta*. Vol.I-II. Stuttgart.

2. 文法

Blass, Friedrich & Debrunner, Albert, 1990. Grammatik des neutestamentlichen Griechisch. 17. Auflage bearbeitet von Friedrich Rehkopf. Göttingen.

Moulton, James H., 1908. A Grammar of New Testament Greek. Vol.I, Prolegomena. 3rd edition. Edinburgh.

Robertson, A.T., 1934. A Grammar of the Greek New Testament in the Light of Historical Research. Nashville.

Turner, Nigel, 1963. A Grammar of New Testament Greek. Vol.III, Syntax. Edinburgh.

3. 辞典・索引

Arndt, Wiiliam F. & Gingrich, F. Wilbur, 1979. A Greek-English Lexicon of the New Testament and Other Early Christian Literature. Second edition revised and augmented by F. Wilbur Gingrich and Frederick W. Danker from Walter Bauer's ffth edition, 1958. Chicago.

Baltz, Horst & Schneider, Gerhard (eds.), 1990-93. Exegetical Dictionary of the New Testament. Grand Rapids.

Bauer, Walter, 1988. Griechisch-Deutsche Wörterbuch zu den Schriften des Neuen Testaments und der frühchristlichen Literatur. 6., völlig neu bearbeitete Auflage, hg. von Kurt Aland und Barbara Aland. Berlin-New York.

Louw, Johannes P. & Nida, Eugene A. (eds.), 1988-1989. Greek-English Lexicon of the New Testament Based on Semantic Domains. 2nd. Edition. New York.

Moulton, W.F. & Geden, A.S. (eds.), 1978. A Concordance to the Greek Testament According to the Texts of Westcott and Hort, Tischendorf and the English Revisers. 5th ed. Revised by H.K. Moulton. Edinburgh.

a

[**-abar**「…のように」] → hetʻanosabar

abba = αββα【名】アバ（父）: abba hayr, amenayn inčʻ kʻez hnarawor ē アバ、お父さん、あなたには何でもできる Mk 14,36.

Abrahamean アブラハムの: ordikʻ Abrahamean tohmi-n = υἱοὶ γένους Ἀβραάμ アブラハムの子孫の人たち Ac 13,26. → Abraham

agah, -i, -acʻ【形】貪欲な、欲深い (πλεονέκτης): očʻ etʻē ənd poṙniks ašxarhi-s aysorik kam ənd agahs kam ənd yapʻštakōłs この世の不品行を行う者たち、あるいは貪欲な者たち、あるいは強奪する者たちと〔交わらないように〕ということではない 1Cor 5,10.

agahowtʻiwn, -tʻean【名】貪欲、強欲、惜しがること (πλεονεξία): zgoyš lerowkʻ y-amenayn agahowtʻenē あらゆる貪欲を警戒せよ Lk 12,15; spanēkʻ ... z-agahowtʻiwn or ē kṙapaštowtʻiwn 偶像崇拝である貪欲を殺せ Col 3,5; ibrew z-ōrhnowtʻiwn ew mi ibrew z-agahowtʻiwn 惜しむ思い〔の結果〕としてではなく祝福の贈り物として 2Cor 9,5.

agan, **agaw**, **agir** → aganim

aganim[1], agay【動】服を着る、身につける (ὑποδέομαι Mk 6,9; ἐνδύομαι Mt 6,25; ἐνδιδύσκομαι Lk 16,19): aganel hołatʻapʻs 皮ぞうりを履く Mk 6,9; ; mi hogaykʻ ... zinčʻ aganicʻikʻ 何を着ようかと思い煩うな Mt 6,25; ayr omn ēr mecatown ew aganēr behezs ew ciranis ある金持ちがいて亜麻布や紫の衣を着ていた Lk 16,19. → agowcʻanem

aganim[2], agay【動】泊まる、留まる、残る (αὐλίζομαι Mt 21,17; μένω Lk 10,7; Jh 1,39; 19,31): i nmin tan aganiǰikʻ owtiǰikʻ ew əmpiǰikʻ その家に留まり、食べたり飲んだりせよ Lk 10,7; el artakʻoy kʻałakʻi-n i Bētʻania ew and agaw 彼は都から出てベタニアに行きそこで宿をとった Mt 21,17; aṙ na agan ayn awr 彼らはその日は彼のもとに留まった Jh 1,39; zi mi andēn i xačʻi-n aganicʻin marminkʻ-n それらの体が十字架に残らないように Jn 19,31.

agarak, -i, -acʻ【名】①里、いなか (ἀγρός). ②畑: ①patmecʻin i kʻałakʻi-n ew y-agaraks 彼らはその町や里に〔いた者たちにそのことを〕告げ知らせた Mk 5,14; owr ew mtanēr i geawłs kam i kʻałakʻs kam y-

agi 2

agaraks i hraparaks dnein z-axtažets 村であれ町であれ里であれ, 彼が入って行ったところはどこでも, 人々はそこの市場に病弱の者たちを置いた Mk 6,56. ②or y-agaraki-n ic'ē mi darjc'i yets arnowl z-jorjs iwr 畑にいる者は自分の着物を取ろうと後ろを振り向くな Mk 13,16.

agi, agwoy【名】尾, 尻尾 (οὐρά)：ownin agis əst nmanowt'ean karči それらはさそりのような尾を持っていた Re 9,10. → towtn

[**-agoyn**【接尾】比較の対象が言及されていない場合に形容詞比較級（または副詞）を形成する（本来は強意の接尾辞）; Schmitt, Grammatik des Klass.-Armen, p. 159; Minassian, Manuel, leçon 14.3c et remarque] → bac'agoyn, diwragoyn, zawragoyn/hzawr-, əndarjakagoyn, imastnagoyn, heragoyn, patowakanagoyn, pndagoyn, yaraJagoyn, č'aragoyn, valgoyn, p'ok'ragoyn, k'alc'ragoyn

agowc'anem, -owc'i【動】①着せる (ἐνδύω Mt 27,31); [受] 身につける (ὑποδέομαι Eph 6,15). ②泊まらせる (ξενίζω)：①merkac'owc'in i nmanē z-k'łamid-n ew agowc'in nma z-iwr handerj 彼らは外套を彼から剥ぎ, 自身の着物を彼に着せた Mt 27,31; agowc'eal z-ots patrastowt'eamb awetarani-n xałałowt'ean 平和の福音への準備という履物を両足に履いて Eph 6,15. → aganim¹, aganim², merkac'owc'anem

agJik' → aganim

agraw, -ow, -owc'/-i, -ac' (Olsen)【名】烏 (κόραξ)：hayec'arowk' ənd agraws zi oč' sermanen ew oč' hnjen, oroc' oč' gon štemarank' ew oč' hambaranoc'k' 烏たちをよく見よ, 蒔かず, 刈らず, 納屋もなければ, 倉もない Lk 12,24.

azat, -i, -ac'【形】自由な (ἐλεύθερος Jn 8,36; 1Cor 7,22b; 9,19; ἀπερεύθερος 1Cor 7,22a)：et'e ordi-n z-jez azatec'owsc'ē, čšmarit azatk' liniJik' 子があなた方を自由にするなら, あなた方は現実に自由の身となるであろう Jn 8,36; or i TR koč'ec'eal ic'ē caray-n, azat TN ē, noynpēs ew or azat-n koč'ec'eal ē, caray K'Si ē 主にあって奴隷として召される者は主の自由人であり, 同様に, 自由人として召された者はキリストの奴隷だ 1Cor 7,22; azat ēi y-amenaynē 私はすべての人から自由であった 1Cor 9,19. → caray

azatanam, -tac'ay【動】自由である, 解放される, 逃れる：minč' carayk'-n ēik' mełac', azatac'ealk' ēik' y-ardarowt'ean-n = ... ἐλεύθεροι ἦτε τῇ δικαιοσύνῃ あなた方が罪の奴隷であった時には, あなた方は義とは無縁な者であった Ro 6,20.

azatem, -ec'i【動】自由にする (ἐλευθερόω)：caniJik' z-čšmartowt'iwn-n ew čšmartowt'iwn-n azatesc'ē z-jez あなた方は真理を知るようになり,

その真理があなた方を自由にするであろう Jn 8,32.

azatecʻowcʻanem, -ʻowcʻi【動】自由にする（ἐλευθερόω）: isk ard etʻe ordi-n z-jez azatecʻowscʻē, čšmarit azatkʻ liniǰik' それで，子があなた方を自由にするなら，あなた方は現実に自由の身となるであろう Jn 8,36.

azatowtʻiwn, -tʻean【名】自由（ἐλευθερία）: owr hogi TN ē, and azatowtʻiwn ē 主の霊のあるところには自由がある 2Cor 3,17.

azg, -i, -acʻ【名】①生まれ，素性；子孫（γένος Mk 7,26; Ac 17,28）；世代，時代（γενεά Lk 16,8; Col 1,26; Ac 14,16）. ②部族（φυλή Lk 2,36; πατριά Ac 3,25）；民族，同胞（ἔθνος Mt 24,7; Mk 13,8; Lk 21,10; Ac 13,19）；異邦人（ἔθνος Ac 7,45）. ③親族，親族関係（συγγένεια Lk 1,61; γένος Ac 7,13）. ④一族，一門（πατριά Lk 2,4; γένος Ac 4,6）. ⑤種類（γένος）; azgkʻ azgʻ 異なる種類の（διάφορος Ro 12,6）: ①kin-n ēr hetʻanos, Pʻinik Asori y-azgē その女はギリシア人でシリア・フェニキア生まれだった Mk 7,26; nora ew azg isk emkʻ われわれもまた，まさにその子孫である Ac 17,28; ordikʻ ašxarhi-s aysorik imastnagoynkʻ en kʻan z-ordis lowsoy y-azgs iwreancʻ この世の子らは自らの世代のことでは光の子らよりも賢い Lk 16,8; z-xorhowrd-n or cackeal ēr i yawiteancʻ-n ew y-azgacʻ 永遠の昔から幾世代にもわたって隠されてきた奥義 Col 1,26; y-ancʻeal azgs-n tʻoyl et amenayn hetʻanosacʻ gnal i čanaparhs iwreancʻ（神は）過ぎ去った時代には，すべての国の人々がそれぞれ自分の道を歩むままにしておいた Ac 14,16; ②and ēr Anna margarē dowstr Pʻanowēli y-azgē Asēra そこにアセル族の出で，ファヌエルの娘のアンナという預言者がいた Lk 2,36; i zawaki kʻowm ōrhnescʻin amenayn azgkʻ erkri あなたの子孫にあって地上のすべての部族が祝福されるだろう Ac 3,25; kʻakeal azgs ewtʻn y-erkri-n Kʻananow カナンの地で7つの民族を滅ぼして Ac 13,19; ③očʻ okʻ ē y-azgi kʻowm oroy kočʻi anown Yovhannēs お前の親族ではヨハネという名をつけられている者は1人もいない Lk 1,61; yaytni ełew Pʻarawoni azg-n nora 彼の親族関係がファラオに知られるようになった Ac 7,13; ④vasn lineloy nora i tanē ew y-azgē Dawtʻi 彼がダビデの家系に属しその一族であるために Lk 2,4; orkʻ miangam ēin y-azgē kʻahanayowtʻenē-n 大祭司の一族の者すべて Ac 4,6; ⑤owr̄kani arkeloy i cove ew y-amenayn azgacʻ žoloveloy 海に投げ入れられてあらゆる種類〔の魚〕をかき集める網 Mt 13,47; aynčʻapʻ azgkʻ jaynicʻ en ašxarhi 世の中にはそれほど多くの種類の言語がある 1Cor 14,10; ownimkʻ mekʻ šnorhs əst šnorhacʻ, or toweal en mez azgs azg 私たちに与えられた恵みによって，私たちは異なった恵みの賜物をもっている Ro 12,6.　→ tohm

azgakan, -i, -ac‘【名】①親戚（συγγενίς Lk 1,36）．②同国人，同胞（συμφυλέτης 1Th 2,14; συγγενής Ro 16,7）：Ełisabet‘ azgakan k‘o あなたの親戚のエリサベト Lk 1,36. z‑noyn č‘arč‘arans č‘arč‘arec‘ayk‘ ew dowk‘ i jeroc‘ azgakanac‘ orpēs ew nok‘ay‑n i hrēic‘ ちょうど彼らもまたユダヤ人たちから苦難を受けたように,, あなたがたもまたあなたがたの同国人たちから同じ苦難を受けた 1Th 2,14; ołǰoyn taǰik‘ Andronikeay ew Yowneay azgakanac‘ imoc‘ ew gerekc‘ac‘ 私の同胞であり囚人仲間であるアンドロニコスとユニアに挨拶せよ Ro 16,7.

azgapet, -i, -ac‘【名】代官（ἐθνάρχης）：i Damaskos azgapet‑n Aretay ark‘ayi pahēr z‑k‘ałak‘‑n Damaskac‘woc‘ ownel z‑is ダマスコスにおいて，アレタス王の代官が，私を捕えるためにダマスコス人たちの町を監視していた 2Cor 11,32. → -pet

azgatohm, M: ‑tovhm, -i, -ic‘【名】①部族；親族，親類（συγγενής）．②子孫（γενεά）：①erkotasan azgatohmi‑n meroy（= τὸ δωδεκάφυλον ἡμῶν）anpakas z‑c‘ayg ew z‑c‘erek pašteal 私たちの12部族は夜も昼もひたすら神に仕えて Ac 26,7; koč‘eac‘ z‑Jakob z‑hayr iwr ew z‑amenayn azgatohm‑n ogis ewt‘anasown ew hing 彼はその父ヤコブと75人にのぼる親族一同を呼び寄せた Ac 7,14; ②z‑azgatohm nora o? patmesc‘ē 誰がその子孫のことを語るだろうか Ac 8,33. → tohm, tohmakan

azgac‘, **azgē**, **azgi** → azg

azd〈次の結合でのみ〉①azd aṙnem 知らせる（ἀπαγγέλλω）．②azd linim 知らされる，気づく（δηλόω 1Cor 1,11; συνοράω Ac 14,6）：①yoržam gtanic‘ēk‘ azd arasǰik‘ inj お前たちが見つけたら私に知らせてくれ Mt 8,9 [cf. OP azdā kar‑ 知らせる]; azd ełew nma ew asen = ἀπηγγέλη δὲ αὐτῷ 彼に次のような報告がなされた Lk 8,20; ②azd ełew inj vasn jer あなた方に関して私に報告があった 1Cor 1,11; azd ełeal noc‘a p‘axean i k‘ałak‘s‑n Likonac‘woc‘ 彼らはこれに気づいてリュカオニアの町々に難を避けた Ac 14,6.

azdem, -ec‘i【動】[＋与] …に役立つ（ἰσχύω）：oč‘ imik‘ azdic‘ē aynowhetew それはもはや何の役にも立たないだろう Mt 5,13.

azdec‘owt‘iwn, -t‘ean【名】働き，活動，力，作用（ἐνέργεια Eph 4,16; Col 2,12）；azdec‘owt‘iwn molorowt‘ean 迷いの作用 2Th 2,11. → zawrowt‘iwn

azdoł【形】活力がある（ἐνεργής）He 4,12.

[**azn**, -zamb, -zink‘, -zanc‘【名】民，民族] → t‘agaworazn

azniw, -nowi, -owac‘【形】①純粋な（πιστικός）．②[間] よろしい（εὖ Mt 25,21; εὖγε Lk 19,17）：①litr mi iwłoy nardean aznowi mecagnoy

純粋で高価なナルド香油1リトラ Jn 12,3; ②azniw caray bari ew hawatarim よろしい，善き忠実な僕よ Mt 25,21.

aznowagoyn【形】偏見のない，立派な，まともな (εὐγενής)：sokʻa ēin aznowagoynkʻ kʻan or i Tʻesałonik-n ēin これらの人たちはテサロニケの人たちよりもまともだ Ac 17,11.

aznowagowtʻ【形】思いやりのある，心の優しい，慈悲深い (εὔσπλαγχνος) 1Pe 3,8.

aznowakan, -i, -acʻ【形】生まれのよい，高貴な；優れた (εὐγενής; κρείττων He 7,19; 11,16)：očʻ bazowm imastownkʻ əst marmnoy, ew očʻ bazowm hzōrkʻ, ew očʻ bazowm aznowkankʻ 肉に従えば，多くの者が知者であるわけではなく，多くの者が力ある者であるわけでもなく，多くの者が生まれのよい者であるわけでもない 1Cor 1,26; aznowakani imn cʻankacʻeal en, ays inkʻn ē erknawori-n 実際には彼らは高貴な，つまり天上の〔祖国〕を切望している He 11,16; mowt aznowakan yowsoy-n 優れた希望の導入 He 7,19.

atʻoṙ, -oy, -ocʻ【名】①椅子 (καθέδρα). ②王座，玉座 (θρόνος). ③位，地位：①z-atʻoṙs aławnevačaracʻ-n korcaneacʻ 彼は鳩を売る者たちの椅子をひっくり返した Mk 11,15; y-atʻoṙ-n Movsēsi nstan dpirkʻ-n ew Pʻarisecʻikʻ モーセの椅子に座っているのは律法学者たちとファリサイ人たちである Mt 23,2; ②tesi i jeṙn aJoy or nstēr i veray atʻoṙoy-n girkʻ 私は玉座に座っている者の右手に文書を見た Re 5,1. ③tacʻē nma TR AC z-atʻoṙ-n Dawtʻi hawr nora 神なる主は彼に父祖ダビデの位を与えるだろう Lk 1,32.

aleacʻ → alikʻ

alēlowia = ἀλληλουϊά ハレルヤ：alēlowia, pʻrkowtʻiwn ew pʻaṙkʻ ew patiw ew zōrowtʻiwn AY merowm ハレルヤ，救いと栄光と尊崇と力は私たちの神に Re 19,1.

aliwr, -ler, -lerkʻ, -lercʻ【名】（穀物の）粉，小麦粉 (ἄλευρον)：z-or aṙeal knoJ tʻakʻoycʻ i griws eris aler 女がそれを取って3サトンの粉の中に埋めた Mt 13,33.

alikʻ, -leacʻ【名】《複のみ》大波，波 (κῦμα)：minčʻ nawi-n cackel y-aleacʻ anti 舟が大波で覆われてしまうほどだった Mt 8,24.

alpʻa【名】アルファ (τὸ ἄλφα)：es em alpʻa ew ov 私はアルファでありオメガである Re 22,13. → ayb

axt, -i, -icʻ【名】病，患い，（肉体的な）弱さ，虚弱；苦痛 (μαλακία Mt 4,23; μάστιξ Mk 3,10; νόσος Mk 1,34; πόνος Re 16,10)；axt tʻančʻicʻ 下痢 (δυσεντέριον Ac 28,8) [→ tʻančʻkʻ]：bžškēr z-amenayn

axtažet 6

hiwandowtʻiwns ew z-amenayn axts i žoɫovrdean-n 彼は民の中のすべての病とすべての患いを癒し続けた Mt 4,23; minčʻ gal xr̄nel z-novaw zi merjescʻin ar̄ na orkʻ ownein axts inčʻ それで病に苦しんでいた者たちは彼に触ろうと彼のもとに殺到した Mk 3,10; bžškeacʻ bazowm hiwands i pēspēs axticʻ 彼はさまざまな病を患っている多くの者たちを癒した Mk 1,34.

axtažet, -i, -acʻ【形】病弱の (οἱ ἀσθενοῦντες [Mk, Lk] Θ; D: οἱ ἀσθενεῖς) [Olsen, Noun, p.862f.]：bžškel z-axtažets (M: z-axts) = ἰᾶσθαι τοὺς ἀσθενεῖς 病弱の者を癒すために Lk 9,2.

ac [acem の命・アオ；3・単・アオ；-ac は Meillet, ELPA I.181 によれば acem の動詞的名詞] → erkiwɫ-ac, oɫorm-ac, gtʻ-ac

AC → Astowac

ACasēr → Astowacasēr

ACapašt → Astowacapašt

acem, aci, 命 ac【動】①連れて来る，引き出す，もたらす，招く (ἄγω Mt 21,7 Lk 23,32; ἐπάγω 2Pe 2,1; προάγω Ac 17,5; προσάγω Ac 16,20; φέρω Mk 15,22; ἐπιφέρω Ro 3,5). ②z-mtaw acem 考える，熟慮する，頭を悩ます (ἐνθυμέομαι Mt 1,20; ἀναθάλλω Php 4,10; μελετάω Mk 13,11). ③aptak acem 平手打ちを食らわす． → aptak. ④anjrew acē = βρέχει 雨を降らせる. ⑤acem šowrǰ z- [＋具]…の周りに設ける (cf. patem). ⑥acem artakʻs = ἐξάγω 外に連れ出す. ⑦acem (z-)gawti (ənd mēǰ 腰に) 帯を締める (ζώννυμι/ζωννύω Ac 12,8; περιζώννυμι Lk 12,37). → gawti, gōteworem. ⑧kin acem 妻を娶る. ⑨ar̄ancʻ ənd bans inčʻ aceloy = ἀναντιρρήτως 何の反対もせずに，少しもためらわずに：①acin z-ēš-n ew z-yawanak-n 彼らはろばと子ろばを引いて来た Mt 21,7; acin ew ayl erkows čʻaragorcs spananel ənd nma 彼らは他の二人の犯罪人も，処刑するために彼と一緒に連行して行った Lk 23,32; acen i veray anjancʻ z-aragahas-n korowst 彼らは自分たちのために速やかな滅びを招く 2Pe 2,1; mitʻē aniraw? inčʻ ē AC or acē z-barkowtʻiwn-n 怒りを下す神は不義なのではないだろうか Ro 3,5; ②minčʻder̄ na z-ays acēr z-mtaw 彼がこのことを思い巡らせていると Mt 1,20; mi z-mtaw acicʻēkʻ tʻe zinčʻ xawsicʻikʻ 何を語ろうかと思い悩むな Mk 13,11; dowkʻ z-mtaw acēkʻ hogal inčʻ vasn im = ἤδη ποτὲ ἀνεθάλετε τὸ ὑπὲρ ἐμοῦ φρονεῖν あなたたちは私のために思ってくれる心をついに再び芽生えさせた Php 4,10; ④acē anjrew i veray ardarocʻ ew meɫaworacʻ 彼は義なる人たちの上にも罪ある人たちの上にも雨を降らせる Mt 5,45; ⑤ac šowrǰ z-novaw cʻank = περιέθηκεν φραγμόν 彼はその周りに垣根を設け

た Mk 12,1；⑥acin artakʻs zi i hačʻ hancʻen z-na 彼らは彼を十字架につけるために外に引き出した Mk 15,20；⑦ac z-gōti kʻo ew ark z-hołatʻapʻs y-ots kʻo 帯を締め，皮ぞうりを履け Ac 12,8; gawti ənd mej accʻē ew bazmecʻowscʻē z-nosa 彼は腰に帯を締め，彼らを横たわらせるだろう Lk 12,37；⑧kin aci = γυναῖκα ἔγημα (D: ἔλαβον) 私は妻を娶った Lk 14,20；⑨vasn aysorik ew aṙancʻ ənd bans inčʻ aceloy eki kočʻecʻeal だから招きを受けて私は少しもためらわずにやって来た Ac 10,29.

akamay, -icʻ【形】自発的でない，不本意な；【副】不本意に，強制されて (ἀναγκαστῶς 1Pe 5,2; ἄκων 1Cor 9,17)：mi ibrew akamay ayl kamaw 強いられてではなく自発的に 1Pe 5,2.

akamb (具), akan (属/与/位) → akn

akan【名】(盗みに入るのに家にあけた) 穴；akan hatanem = διορύσσω 穴をあける：očʻ gołkʻ akan hatanen ew gołanan 泥棒が〔壁に〕穴を開けて盗むようなこともない Mt 6,20; čʻ-tayr tʻoyl akan hatanel i tan iwrowm (M: hatanel tan iwroy) 彼は自分の家に穴をあけられるのを許さなかっただろう Lk 12,39.

[**-akan**] → azgakan, aznowakan, korstakan, yawitenakan, tohmakan

akanates, -acʻ/-icʻ【形】視覚の，目による (βλέμμα 2Pe 2,8).【名】目撃者 (αὐτόπτης Lk 1,2; ἐπόπτης 2Pe 1,16)：akanates ew akanǰalowr ardar-n ⋯ z-iwr sowrb ogis-n ⋯ tanǰer 見るにつけ聞くにつけその義人は聖なる魂を痛めていた 2Pe 2,8; orpēs awandecʻin mez or i skzbanē akanateskʻ ew spasaworkʻ ełen bani-n 初めからの目撃者たちと言葉に仕える者たちとが私たちに伝えた通りに Lk 1,2; mezēn ełeal akanateskʻ nora mecowtʻean-n 私たち自身があの方の偉大さの目撃者となることによって 2Pe 1,16. → tesanem, akn

akanē → akn

akanǰ- → ownkn

akanǰalowr【形】聴覚の，耳による (ἀκοή) 2Pe 2,8.

akn, akan, akamb【名】①《複》ačʻkʻ, ačʻacʻ, ačʻawkʻ；(i) 目，眼；視界 (ὀφθαλμός Mt 9,29; ὄμμα Mt 20,34; μονόφθαλμος Mk 9,47; ὄψις Jn 7,24)；aṙaǰi ačʻacʻ = κατʼ ὀφθαλμούς 面と向かって，明瞭に Ga 3,1. (ii) akn ownim [＋与/不/tʻe] 待つ，期待する，予期する，受け入れる (ἀπεκδέχομαι He 9,28; προσδέχομαι Mk 15,43; Ac 24,15; προσδοκάω Mt 11,3; 24,50; Ac 27,33; ἐλπίζω Lk 6,34; 24,21; ἀπελπίζω Lk 6,35; ἀναμένω 1Th 1,10; ἐκδέχομαι He 10,13; οἶμαι Jas 1,7). (iii) aṙ ačʻawkʻ inčʻ icʻē/linicʻi = φάντασμά ἐστιν それは化け物だ Mt 14,26 Mk 6,49. (iv) akn arkanem 目で合図する (ἐννεύω Lk 1,62). → aknarkem. (v) aṙnowm

akn 外観でえこひいきする (λαμβάνω πρόσωπον Lk 20,21); aṙnowm akn eresacʻ へつらう (θαυμάζω πρόσωπα Jd 16). (vi) y-ačʻacʻ elanem [＋与] 気に入られない，喜ばれない (1Th 2,15). ②《複》akownkʻ 源，泉;《単》穴 (ὀπή Jas 3,11; → pʻapar). ③《複》akankʻ patowakankʻ 宝石 (λίθος τίμιος). ④aṙ akanē caṙayel/caṙayowtʻiwn = ὀφθαλμοδουλία 上っ面だけの隷属 Eph 6,6; Col 3,22 : ① (i) yaynžam merjecʻaw y-ačʻs nocʻa それから彼は彼らの両目に触れた Mt 9,29; law icʻē kʻez miov akamb mtanel y-arkʻayowtʻiwn AY 片目だけで神の王国に入る方があなたにはましだ Mk 9,47; etʻē amenayn marmin-n akn ēr, owr? ēr ownkn もしも体全体が目だとしたら，聴覚はどこにあるのか 1Cor 12,17; amp-n kalaw z-na y-ačʻacʻ nocʻa 雲が彼を取り上げ，彼らの眼前から運び去った Ac 1,9; mi ǝst ačʻs datikʻ うわべで裁くな Jn 7,24. → miakani. (ii) y-erkrordowmn ... yaytnescʻi aynocʻik or akn ownicʻin nma hawatovkʻ i pʻrkowtʻiwn 2 度目には救いをもたらすため，彼は自分を待ち望んでいる人々に現れるだろう He 9,28; or ew inkʻn isk akn ownēr arkʻayowtʻean-n AY 彼もまた神の王国を待ち望んでいた Mk 15,43; gaycʻē TR caṙayi-n aynorik y-awowr y-orowm očʻ akn ownicʻi その僕の主人は彼の予期しない日にやって来るだろう Mt 24,50; etʻe taykʻ pʻox aynocʻikʻ y-orocʻ akn ownikʻ aṙnowl 取り返す望みのある者たちに金を貸したなら Lk 6,34; towkʻ pʻox owsti očʻ akn ownicʻikʻ aṙnowl 返してもらうのを当てにせずに金を貸せ Lk 6,35; akn ownel ordwoy nora y-erknicʻ 彼の子が天から〔降りてくるのを〕待ち望む 1Th 1,10; mi akn kalcʻi mard-n ayn aṙnowl inčʻ y-AY その人は神から何かをもらえるなどと思うのはやめよ Jas 1,7; akn owni minčʻew dicʻin tʻšnamikʻ iwr i nerkʻoy oticʻ iwrocʻ 彼は自分の敵どもが自分の足の下に置かれるまで待っている He 10,13; mekʻ akn owneakʻ tʻe na ē pʻrkelocʻ-n icʻē z-IĒL 私たちは，彼こそがイスラエルをやがて解放するだろうという希望を持っていた Lk 24,21; ownim yoys aṙ AC, orowm ew dokʻa isk akn ownin, tʻē yarowtʻiwn linelocʻ ē ardarocʻ ew meławoracʻ 義人も罪人もやがて甦るだろうという，この人たちも受け入れている希望を私は神に対して抱いている Ac 24,15; (iii) xṙovecʻan ew asen tʻe aṙ ačʻawkʻ? inčʻ icʻē 彼らは動転して「化け物ではないか」と言った Mt 14,26; (iv) akn arkanein (M: aknarkein) hawr-n nora tʻe zinčʻ? kamicʻi kočʻel z-na 彼らは彼の父親に合図を送り，彼にどんな名をつけたいのか〔うかがった〕Lk 1,62; (v) owłił xawsis ew owsowcʻanes ew očʻ aṙnows akn あなたはまっとうなことを語り教え，また外観でえこひいきしない Lk 20,21; ②mi tʻē ałbewr anastin i mioy akanē błxicʻē kʻałcʻr ew daṙn 泉が同じ一つの穴

から甘い水と苦い水を湧き出させるようなことがあるだろうか Jas 3,11; ③et'e ok' šinē i veray himan-s aysorik oski, arcat', akans patowakans 誰かがこの土台の上に金，銀，宝石で家を建てるならば 1Cor 3,12; ④mi aṙ akanē caṙayel (= κατ' ὀφθαλμοδουλίαν) ibrew mardahačoyk' 人の御機嫌取りとして上っ面だけで隷属するのではなく Eph 6,6; mi aṙ akanē caṙayowt'eamb (= ἐν ὀφθαλμοδουλίᾳ) ibrew mardahačoyk' 人の御機嫌取りとして上っ面だけの隷属をもって〔聞き従う〕な Col 3,22.

aknacowt'iwn, -t'ean【名】尊敬；羞恥心，慎ましさ (αἰδώς)：kanayk' i zardxonarhowt'ean, aknacowt'eamb ew zgsatowt'eamb zardarel z-anjins 女たちは品のある身なりで，羞恥心と貞淑さとをもって身を飾る〔よう私は望む〕1Tm 2,9.

aknaṙowt'iwn, -t'ean【名】偏り見ること，えこひいき，不公平，贔屓目 (προσωπολημψία Ro 2,11; Eph 6,9; Col 3,25; προσωπολήμπτης Ac 10,34)；aṙanc' aknaṙowt'ean 偏り見ることなく (ἀπροσωπολήμπτως 1Pe 1,17)：oč' ē/goy aknaṙowt'iwn aṙaǰi AY 神の前ではえこひいきはない Ro 2,11/Ac 10,34; et'ē hayr koč'ec'ēk' z-ayn or aṙanc' aknaṙ owt'ean-n dati əst iwrak'anč'iwr gorcoc', apa erkiwłiw z-jeroc'-n pandxtowt'ean žamanak-d gnasǰik' 偏り見ることなく各自の業に基づいて裁く方を父と呼んだのなら，あなた方は寄留の間中，畏敬をもって振る舞え 1Pe 1,17． → ač'aṙank'

aknarkem, -ec'i【動】目で合図する，目配せする (ἐννεύω Lk 1,62; κατανεύω Lk 5,7; νεύω Jn 13,24)：aknarkein orsakc'ic'-n i miws naw-n gal awgnel noc'a 彼らはもう 1 艘の舟にいる漁師仲間に合図を送り，来て自分らを手助けしてくれるように〔頼んだ〕Lk 5,7; aknarkē nma Simovn Petros harc'anel o? ic'ē vasn oroy asē-n シモン・ペトロは，〔イエスの〕言っているのが誰のことか，問いただすように，彼に合図する Jn 13,24.

aknkalowt'iwn, -t'ean【名】①切なる願い・思い (ἀποκαραδοκία Php 1,20). ②予感 (ἐκδοχή He 10,27). ③もくろみ (προσδοκία Ac 12,11)：①əst aknkalowt'ean ew yowsoy-n imoy, zi mi iwik' y-amōt' ełēc' 私の切なる願いと希望に沿っていることは，私がなにごとにおいても恥を加えられないことだ Php 1,20; ②aheł aknkalowt'iwn datastani-n 裁きへの恐ろしい予感 He 10,27． → akn ownim (kal-)

[**aknowt'iwn**] → č'araknowt'iwnk'

ah, -i, -ic'【名】①恐怖 (φόβος Mt 28,8; φοβερός He 10,31; θάμβος Lk 5,9)；畏敬 (εὐλάβεια He 12,28). ②z-ahi harkanim 怯える，愕然とする，恐怖にとらわれる (ἔμφοβος γινέσθαι Lk 24,37; πτοέομαι Lk

24,37; φοβέομαι Lk 8,25; ἔντρομος γινέσθωαι Ac 7,32; ἔκφοβος He 12,21) [→ erknč'im]; 畏敬をもって受け入れる (εὐλαβέομαι He 11,7). ③ah arkanem 脅迫する (ἐκφοβέω 2Cor 10,9): ①ahiw ew xndowt'eamb bazmaw 恐れと大きな喜びをもって Mt 28,8; ah mec ē ankanel i jeṙs AY kendanwoy 生ける神の手に落ちるのはひどく恐ろしい He 10,31; ah pateac' z-na 驚愕が彼を襲った Lk 5,9; ②z-ahi hareal erknč'ein ew hamarein ogi inč' tesanel 愕然として彼らは恐怖に襲われ, 霊を見ているものと思った Lk 24,37; z-ahi hareal zarmac'an ew asein c'-mimeans 彼らは恐れ驚いて互いに言った Lk 8,25; z-ahi hareal Movsēs oč' išxēr hayel モーセは震え上がってよく見る勇気もなかった Ac 7,32; k'anzi z-ahi hareal ein = εἶχεν γὰρ αὐτὰς τρόμος (D: φόβος) καὶ ἔκστασις 彼女たちは震え上がり正気を失ってしまったから Mk 16,8; z-ahi hareal kazmēr z-tapan-n 彼は畏敬をもって受け入れて箱舟を設けた He 11,7; ③zi mi t'owec'ayc' ibrew ah inč' arkanel jez t'łt'ovk'-s 私は手紙によってあなた方を脅迫しているかのように思われないように 2Cor 10,9.

aha【副】見よ (ἰδού, ἴδε): aha ard lowayk' z-hayhoyowt'iwn-n nora 見よ, 今や諸君は彼の冒涜の言葉を聞いたのだ Mt 26,65.   → ahawadik, ahawanik, ahawasik

ahagin, -gnic'【形】恐ろしい (φοβερός) He 12,21.

ahawadik【副/間】《2人称直示 → -d》見よ (ἰδού; ἴδε): ahawadik i k'owm akan (M: -d) geran kay 見よ, あなたの目には梁がある Mt 7,4.   → ahawasik, ahawanik, awadik

ahawanik【副/間】《3人称直示 → -n》見よ (ἰδού; ἴδε): or ēr-n ənd k'ez yaynkoys Yordananow, orowm dow-n vkayec'er, ahawanik na mkrtē ヨルダン〔河〕の向こうであなたと一緒にいた人, あなたが証した人, 見よ, あの人が洗礼を授けている Jn 3,26.   → ahawasik, ahawadik, awanik

ahawasik【副/間】《1人称直示 → -s》見よ (ἰδού; ἴδε; ἄγε Jas 4,13): ahawasik el sermanawł sermanel 見よ, 1人の種蒔く人が種を蒔きに出て行った Mk 4,3; ahawasik en ast erkow sowrk' 見よ, ここに剣が2振りある Lk 22,38; bayc' ahawasik しかし見よ, すでに = ἤδη δὲ καί Lk 3,9.   → ahawadik, ahawanik, awasik

aheak, -eki, -ekac'【形】左の, 左手〔側〕の; ənd ahekē/y-ahekē 左に, 左手(側)に (ἐξ εὐωνύμων Mt 20,23; 27,38; ἐξ ἀριστερῶν Mk 10,37): nstowc'anel ənd aĵmē ew ənd ahekē immē oč' ē im tal 私の右そして左に座ることは私が許してやれることではない Mt 20,23; towr mez zi nstc'owk' mi y-aĵmē k'owmmē ew mi y-ahekē 私たちの1人が

なたの右に，1人が左に座ることを許せ Mk 10,37. → ǰax, aǰ

ahel, -i, -ic‘【形】恐ろしい，恐るべき：<ełic‘i> ... y-erkri tagnap het‘anosac‘ i y-aheł barbaṙoy ibrew covow ew xṙovowt‘ean = ἐπὶ τῆς γῆς συνοχὴ ἐθνῶν ἐν ἀπορίᾳ ἤχους θαλάσσης καὶ σάλου 地上では諸国民が海の轟きと荒波のゆえにおじ惑い，苦悶するだろう Lk 21,25.

ahi → ah

ał, -i, -ic‘【名】塩 (ἅλς, ἅλας)：dowk‘ ēk‘ ał erkri. apa et‘e ał-n anhami, iw? yałic‘i あなたたちは大地の塩だ．もしその塩が味を失ってしまったら，何によって塩づけられるだろうか Mt 5,13.

ałag【名】①理由，機会 ([+属] χάριν 1Tm 5,14). ②貸借勘定 (λόγος Php 4,15)：①mi inč‘ patčaṙs tal hakaṙakordi-n i hayhoyowt‘ean ałags 敵対者に誹謗するための機会を一切与えないこと 1Tm 5,14; ②oč‘ mi ekełec‘i hałordeac‘ inj y-ałags taloy ew aṙnloy bayc‘ miayn dowk‘ あなた方を除いては，どの教会も〔物を〕与え，受け取るという貸借勘定を私と共有してくれなかった Php 4,15.

ałal → ałam

ałaxin, -xnoy, -xnayk‘, -xna(y)c‘/-xnanc‘【名】下女，女奴隷，はしため (δούλη Lk 1,38.48; παιδίσκη Lk 12,45; Ga 4,31)：hayec‘aw i xonarhowt‘iwn ałaxnoy iwroy 彼はそのはしための悲惨に目を留めた Lk 1,48; č‘-emk‘ ordik‘ ałaxnoy-n ayl azati-n 私たちは女奴隷の子供ではなく自由の女の子供なのだ Ga 4,31. → caṙay, ałǰik

ałałak, -i, -aw【名】①叫び声，喚き声，嘆き (κραυγή). ②z-ałałak baṙ nam 叫び声を上げる (ἀνακράζω Mk 6,49; κραυγάζω Jn 19,6)：①tesanē ambox yoyž ew lalakans ew ałałak yoyž = θεωρεῖ θόρυβον καὶ κλαίοντας καὶ ἀλαλάζοντας πολλά 彼は激しく泣いたり喚いたりしている者たちの喧騒を目にする Mk 5,38; oč‘ sowg ew oč‘ ałałak (ews goy) もはや悲しみも嘆きもない Re 21,4; ②z-ałałak barjin Mk 6,49 Jn 19,6.

ałałakem, -ec‘i【動】叫ぶ (ἀναφωνέω Lk 1,42; ἐπιφωνέω Ac 21,34; βοάω Ac 25,24; κράζω Mt 9,27; κραυγάζω Jn 19,12)：i jayn barjr ałałakeac‘ 彼女は大声で叫んだ Lk 1,42; aylk‘ ayl imn ałałakein z-nmanē y-amboxi-n 群衆は彼について各々違ったことを叫び立てた Ac 21,34; ałałakēin t‘ē č‘-ē part dma keal 彼らはこの者を生かしておくべきではないと叫んだ Ac 25,24.

ałam, -ac‘i【動】粉を挽く (ἀλήθω)：t‘e ełic‘in erkow ałal i miasin 二人の女が同じ場所で粉を挽いているなら Lk 17,35.

ałand, M: ałant, -oy, -oc‘/-ac‘【名】派，党派，異端，異説 (αἵρεσις Ac 5,17; διδαχή Mt 16,12)：y-ałandoy (M: y-ałantoy) P‘arisec‘woc‘-n ew

ałač'ank'

Sadowkec'woc' ファリサイ派とサドカイ派の教えに Mt 16,12.

ałač'ank', -nac' 【名】《複のみ》懇願, 勧告 (παράκλησις): ink'nakam bazowm ałačanōk' ałač'ēin 彼らは自発的に, 必死に懇願した 2Cor 8,4.

ałač'em, -ec'i 【動】①よいと思う (ἀξιόω Ac 28,22). ②乞い願う, 懇願する, 頼む (ἐρωτάω Mk 7,26; παρακαλέω Ac 28,20; δέομαι Lk 8,28). ③呼びかける, 勧める. ④元気づける, 励ます:①ałač'emk' i k'ēn lsel t'ē zinč' xorhic'is あなたが考えていることをあなたから聞くのがよいと思っている Ac 28,22; ②ałač'ēr z-na zi z-dew-n hanc'ē i dsterē nora 彼女は自分の娘から悪霊を追い出してくれるよう彼に頼んだ Mk 7,26; vasn aysr patčaṙanac' ałač'ec'i z-jez tesanel ew xōsel こういう訳で私はあなたたちに会って話したいと願った Ac 28,20; ałač'em z-jez, mi tanǰer z-is お願いだから, 俺を苦しめるな Lk 8,28;

aławt'k', -t'ic', -t'iwk' 【名】《複のみ》①祈り, 祈願 (προσευχή Lk 19,46; εὐχή Jas 5,15; δέησις Lk 1,13; ἔντευξις 1Tm 4,5). ②aławt's aṙnem [+i veray/vasn+属/zi+接] …のために祈る (προσεύχομαι; δέομαι Lk 21,36); (z-) aławt's matowc'anem 祈りを捧げる Lk 11,18; Ac 16,13. ③y-aławt's kam 祈っている, 祈る (προσεύχομαι): ①ełic'i town-s im town aławt'ic' 私の家は祈りの家となるだろう Lk 19,46; lseli ełen aławt'k' k'o お前の祈願は聞き入れられた Lk 1,13; zi srbi baniw-n AY ew ałōt'iwk' それは神の言葉と祈りとによって聖別される 1Tm 4,5; ②aławt's araṙēk' i veray aynoc'ik or llken z-jez ew halacen あなたたちを虐待し迫害する者のために祈れ Mt 5,44; elak' artak'oy k'ałak'i-n aṙ getap'n-n owr hamarēin ałōt's matowc'anel Pawłos 私たちは 町の外に出て, 川端に行った. そこでパウロが祈りを捧げると思われていたからだ Ac 16,13; art'own kac'ēk' aysowhetew y-amenayn žam aławt's araṙēk', zi aržani linic'ik' zercanel y-aynm amenaynē or lineloc' ē, ew kal aṙaǰi ordwoy mardoy だから, いつの時でも目を覚まして祈っておれ. 起ころうとしているそれらすべてのことから逃れ, 人の子の面前に立つことができるようになるためだ Lk 21,36; ③el i leaṙn aṙanjinn kal y-aławt's 彼は祈るために自分だけで山にのぼった Mt 14,23.

aławnevačaṙ, -i, -ac' 【名】鳩を売る者:z-at'oṙs aławnevačaṙac'-n (= τῶν πωλούντων τὰς περιστεράς) korcaneac' 彼は鳩を売る者たちの椅子をひっくり返した Mt 21,12; hanel z-aławnevačaṙs-n ew z-gnawłs 鳩を売り買いする者たちを追い出す Lk 19,45. → aławni, vačaṙ

aławni, -nwoy/-noy, -neac' 【名】鳩 (περιστέρα): ełerowk' aysowhetew xoragētk' ibrew z-awjs ew miamitk' ibrew z-aławnis 蛇のように賢明に, そして鳩のように無垢になれ Mt 10,16. → tatrak

ałb, -oy/-i, -oc‛/-ic‛【名】糞, 堆肥（κόπριον, κόπρια）. —arkanem ałb = κόπρια βάλλειν 肥やしをやる：šowrǰ z-dovaw brec‛ic‛ ew arkic‛ ałb 私がそのまわりを掘って, 肥やしをやろう Lk 13,8; oč‛ y-erkir ew oč‛ y-ałb ē pitanac‛ow それは大地にも堆肥にも適さない Lk 14,35

ałbewr/ałbiwr, -ber, -berac‛/-berc‛【名】源, 水源, 泉（πηγή）：and ēr ałbewr mi Yakovbay そこにはヤコブの泉があった Jn 4,6; ankaw y-errord masn getoc‛ ew ałberac‛ それは川の3分の1とその水源との上に落ちた Re 8,10; erkir pagēk‛ ararč‛i-n erkni ew erkri ew covow ew ałberac‛ ǰowrc‛ 天と地と海と源泉とを造られた方を礼拝せよ Re 14,7.

ałełn, ałełan, -łownk‛, -łanc‛【名】弓（τόξον）：or heceal-n ēr i nma ownēr ałełn それ（馬）にまたがった騎士は弓を持っていた Re 6,2.

ałers, -i/-oy, -ic‛【名】懇願, 祈願；弁明（ἀπολογία）2Cor 7,11.

ałersem, -ec‛i【動】懇願する, 嘆願する；弁明する（ἀπολογέομαι）2Cor 12,19.

ałē【間】さあ, そこで, それならば［Nor baṙgirk‛ によるとギリシア語 δή, ἀλλά, γάρ, πλήν, εἶα; ἄγε, φέρε に対応する］；とはいえ, にもかかわらず：bayc‛ ałē z-aržan-n isk towk‛ ołormowt‛iwn, ew aha amenayn sowrb ē jer = πλὴν τὰ ἐνόντα δότε ἐλεημοσύνην, καὶ ἰδοὺ πάντα καθαρὰ ὑμῖν ἐστιν とはいえ, 内にあるものを慈善に施せ, そうすれば見よ, あなたたちにはすべてが清い Lk 11,41.

ałik‛, ałeac‛【名】《複のみ》内臓, 腸；愛, 心（σπλάγχνα）：dow z-na ənkalǰir, aysink‛n ē z-im ałis あなたは彼を, すなわち私の心を受け入れた Phm 12.

ałowēs, -owesow, -sowc‛【名】狐（ἀλώπηξ）：ałowesowc‛ orǰk‛ gon 狐には穴がある Lk 9,58; ert‛ayk‛ asac‛ēk‛ ałowesow-n 行って, あの狐に言うがよい Lk 13,32.

ałǰamowrǰ, -mrǰi【名】暗黒（ζόφος）：oroc‛ ałǰamowrǰk‛ xawari-n yawitean paheal kan 彼らには闇の暗黒が永遠に保持されている 2Pe 2,17.

ałǰik, -ǰkan, -ǰkownk‛, -ǰkanc‛【名】少女, 下女（κοράσιον Mt 14,11; Mk 5,41; παιδίσκη Jn 18,17）：beraw glowx nora sktełb ew towaw ałǰkan-n 彼の首が盆に載せて運ばれて来ると, 少女に与えられた Mt 14,11; ałǰik dow k‛ez asem ari 少女よ, 私はあなたに言う, 起きよ Mk 5,41 ［tałit‛a の訳］；asē ałǰik-n or dṙnapan-n ēr 門番をしていた下女が言う Jn 18,17. → ałaxin

ałt, -oy, -ic‛【名】汚れ, 穢れ（ῥύπος 1Pe 3,21）；《複》塩, 塩分（Gen. 14,3: cov ałtic‛「塩海」）：oč‛ z-marmnoy ałt-n i bac‛ ənkenlov 肉の穢れ

を取り去ることによってではなく 1Pe 3,21.

ałtałtin【形】塩の，塩気のある（άλυκός）：ew oč' ałtałtin tełwoy ǰowr k'ałc'r aṙnel 塩のある場所に甘い水を造ることもできない Jas 3,12.

ałtełanam, -łac'ay【動】穢れる，汚れる（ῥυπαρός Re 2,11a; ῥυπαίνομαι Re 22,11b）：or ałtełanaloc'-n ē ałtełasc'i 穢れる者は穢れるままにさせよ Re 22,11.

ałtełac'owc'anem, -owc'i【動】汚す（μολύνω）：ork' óč' ałtełac'owc'in z-handerjs iwreanc' 自分たちの着物を汚さなかった者たち Re 3,4.

ałtełem, -ec'i【動】汚す，穢す（σπιλόω）：z-patmowčan-n or i marmnoy-n ic'ē ałtełeal 肉によって汚されてしまっている下着 Jd 23.

ałteli, -łeac'【形】不潔な，汚れた，きたない（ῥυπαρός）：et'ē ... mtanic'ē andr ew ałk'at ok' i handerjs ałtelis 汚れた服の貧しい人もそこに入って来るならば Jas 2,2.

ałtełowt'iwn, -t'ean【名】汚れ，不潔さ，きず，しわ（ῥυτίς Eph 5,27; ῥυπαρία Jas 1,21）：i bac' t'ōt'ap'eal z-amenayn ałtełowt'iwn ew z-yawelowac č'areac' それゆえすべての不潔さと溢れ出る悪をかなぐり棄てて Jas 1,21.

ałk'at, -i, -ac'【形】貧しい，貧乏な；乞食（πτωχός; πενιχρός Lk 21,2）：ełew meṙanel ałk'ati-n ew tanel hreštakac' z-na i gog Abrahamow その乞食は死んで，御使いたちがアブラハムの懐に彼を連れて行った Lk 16,22; ziard? daṙnayk' miwsangam i tarers tkars ew y-ałk'ats どうしてあなた方は再び弱々しくて貧しい諸力へと立ち帰ろうとするのか Ga 4,9; etes ew z-kin omn ayri ałk'at or ark andr erkows lowmays 彼は，ある貧乏な寡婦がそこに 2 レプトンを投げ入れるのを目にした Lk 21,2; erani ałk'atac' hogwov 幸いだ，心の貧しい者たち Mt 5,3. → tnank, mecatown

ałk'atanam, -tac'ay【動】貧しくなる（πτωχεύω）：vasn jer ałk'atac'aw, or mecatown-n ēr 彼は裕福であったのに，あなた方のために貧しくなった 2Cor 8,9.

ałk'atowt'iwn, -t'ean【名】貧しさ（πτωχεία）：aṙawelowt'iwn xndowt'ean-n noc'a ew canr ałk'atowt'iwn-n noc'a aṙawel ełew i mecowt'iwn aṙatowt'ean noc'a 彼らの満ち溢れる喜びとそのどん底の貧しさは，彼らの物を惜しまない純真さのもつ豊かさとなって溢れ出た 2Cor 8,2.

ałōt【形】不明瞭な，隠れた；ənd ałōt tesanem ちらりと見る（παρακύπτω）：z-or c'ankanayin tesanel goneay ənd ałōt hreštakk' 使いたちが垣間見たいと思っていたこと 1Pe 1,12.

ačem, -ec'i【動】成長する，育つ，大きくなる（αὐξάνω; αὐξάνομαι Mt

13,32; Jn 3,30; μηκύνομαι Mk 4,27; συναυξάνομαι Mt 13,30）; ews k'an z-ews ačem 大いに成長する（ὑπεραυξάνω 2Th 1,3）: hayec'arowk' ənd šowšan-n orpēs ačē 草花がどのように育つか，つぶさに見よ Lk 12,27; manowk-n ačēr 幼子は成長した Lk 2,40; ban-n AY ačēr ew hzōranayr 神の言葉は成長し強まっていった Ac 19,20; amenayn šinowac'-n yōgeal ew patšačeal ačē i tačar sowrb 建造体全体は相互に接合されて聖なる神殿へと成長する Eph 2,21; yoržam ačic'ē mec ē k'an z-amenayn banǰars それは成長するとどの野菜よりも大きくなる Mt 13,32; nma part ē ačel, ew inj mełmanal 彼は大きくなり，私は小さくならなければならない Jn 3,30; sermanik'-n bowsanic'in ew ačic'en 種は芽を出し成長する Mk 4,27; t'oyl towk' erkoc'ownc' ačel i miasin minč'ew i hownjs 刈り入れまで双方とも一緒に成長させよ Mt 13,30; hawatovk' Movsēs ibrew ačeac'（= μέγας γενόμενος）owrac'aw koč'el ordi dster-n P'arawoni 信仰によって，大きくなった時，モーセはファラオの王女の息子といわれるのを拒否した He 11,24.

ačec'own【形】成長した（αὐξάνω）: ačec'ownk' gitowt'eamb-n AY〔あなたたちが〕神の認識によって成長する〔ように〕Col 1,10.

ačec'owc'anem, -owc'i【動】成長させる，生長させる（αὐξάνω）: ačec'owsc'ē z-ardiwns ardarowt'ean jeroy 彼はあなた方の義の果実を生長させてくれるだろう 2Cor 9,10.

ačiwn【名】灰; darjowc'anem y-ačiwn 灰に帰する（τεφρόω）: z-k'ałak's Sodomac'owc'-n Gomorac'owc' darjowc'eal y-ačiwn datec'aw 彼はソドムとゴモラの町々を灰にすることで断罪した 2Pe 2,6. → moxir

ačowmn, -čman【名】成長, 増加, 拡張（αὔξησις Col 2,19; αὐξάνομαι 2Cor 10,15）: amenayn marmin-n ... ačē z-ačowmn AY 体全体は神の成長を実現していく Col 2,19; yoys mi ownimk' z-ačman-n hawatoc' jeroc' 私たちはあなた方の信仰が成長するという希望を抱いている 2Cor 10,15.

am[1], amoy, amoc' → amp

am[2], -i, -ac'【名】①年, 1年（ἔτος; ἐνιαυτός Ac 11,26）; ami ami = κατ' ἐνιαυτόν 毎年，年ごとに He 9,25. ②年齢, …歳:①i katarel amac'-n k'aṙasnic' 40年たった時 Ac 7,30; z-k'aṙasown ew z-vec' am šinec'aw tačar-s ays この神殿は46年かけて建てられた Jn 2,20; ert'ayin cnawłk' nora ami ami（= κατ' ἔτος）y-ĒM 彼の両親は毎年エルサレムに赴いた Lk 2,41; apa et'e oč' y-amē ews hatc'es z-da = εἰ δὲ μή γε, εἰς τὸ μέλλον, ἐκκόψεις αὐτήν もしそうでなければ，来年，それを切り倒せ Lk 13,9; ew ełew noc'a z-am-n ołǰoyn žołovel y-ekełec'-n ew owsowc'anel žołovowrd bazowm 彼らはまる1年教会で集まりをなし，多くの人々に教えた Ac 11,26; ②ibrew ełen nora amk' erkotasan 彼が12歳になった時 Lk 2,42; k'anzi ēr amac' ibrew erkotasanic' 彼女は12歳くらいだった Mk 5,42; yisown am č'ew ews ē k'o お前はまだ50歳にもならない Jn 8,57; y-amac' erkotasanic' 12年来 Lk 8,43. → erkotasanameay, erkemean, tari, tarekan

aman, -oy/-i, -oc'/-ac'【名】器，道具 (ἀγγεῖον Mt 25,4; ἄγγος Mt 13,48; σκεῦος Jn 19,29; 1Th 4,4)：aṙin jēt' amanovk' (M: amanawk') ənd lapters iwreanc' 彼女らは自分のともし火と共に油を器に入れて持って来た Mt 25,4; žołovec'in z-bari bari-n y-amans 彼らは良いものを良い器の中に集めた Mt 13,48; and kayr aman inč' li k'ac'axov そこには酢を満たした器があった Jn 19,29; iwrak'anč'iwr owmek' i jēnǰ z-iwr aman stanal srbowt'eamb ew patowov あなたたちそれぞれが自分の妻を聖さと尊敬とをもって獲得すること 1Th 4,4.

amač'em, -ec'i【動】① [i+奪] 憚る (ἐντρέπομαι). ② [+不] 恥じる，恥ずかしい，失望させられる (αἰσχύνομαι; καταισχύνομαι Ro 9,33; 2Cor 9,4)：①t'erews amač'esc'en y-ordwoy asti immē たぶん彼らは私の息子を憚るだろう Mt 21,37; ②gorcel oč' karem, mowranal amač'em 私は力仕事はできないし，物乞いするのは恥ずかしい Lk 16,3; gowc'ē yoržam gayc'en ənd mez Makedovnac'ik'-n, ew gtanic'en z-jez anpatrasts, ew amač'esc'owk' mek', zi mi asasc'owk' t'ē dowk', i masin-d y-aydmik parcanac' マケドニア人たちが私たちと共に〔そちらに〕行き，準備のできていないあなたたちを見出した時，あなたたちは言うに及ばず，この私たちが，このような確信のうちにありながら，恥じ入ることがないように 2Cor 9,4; amenayn or hawatasc'ē i na mi amač'esc'ē それを信じる者は皆，失望させられることはないだろう Ro 9,33. → amawt'

amač'ec'owc'anem, -owc'i【動】恥をかかせる，侮辱する，欺く (καταισχύνω)：yoys oč' erbēk' amač'ec'owc'anē 希望は決して〔私たちを〕欺くことはない Ro 5,5.

amaṙn, -ran/-ṙan, -rownk'【名】夏 (θέρος)：yoržam c'owc'anic'en z-ptowł iwreanc', tesanēk' ew i noc'ane čanač'ēk' et'e merj ē amaṙn〔木が〕実をつけると，あなたたちはそれらを見て，夏が近いことを自分で知る Lk 21,30.

amac' → am²

amawt', -oy, -ov【名】①恥，恥辱，赤面 (αἰσχύνη; ἐντροπή 1Cor 15,34)；aṙanc' amōt'oy 恥じることのない (ἀνεπαίσχυντος 2Tm 2,15).

②amawtʻ hamarim 恥じる (ἐπαισχύνομαι Mk 8,38a; 2Tm 1,8). ③y-amawtʻ ařnem 恥じる，恥とする (ἐπαισχύνομαι Mk 8,38b); 恥をかかせる，恥じ入らせる (καταισχύνω 1Cor 1,27; ἐντρέπω 1Cor 4,14). ④z-amawtʻi harkanim 恥辱に打ち据えられる，恥をかく (ἐπαισχύνομαι Ro 6,21; δεινῶς ἔχειν Lk 11,53 [Θ, D]). ⑤y-amawtʻ linim 恥をかかされる，恥じ入る (αἰσχύνομαι Php 1,20; καταισχύνομαι Lk 13,17): ①apa sksanicʻis amawtʻov z-yetin teɫi-n ownel その時あなたは恥をかきつつ末席をあてがわれるはめになる Lk 14,9; ansast alikʻ covow, or mišt pʻrpʻren z-iwreancʻ anjancʻ-n z-amōtʻ 自分の恥に泡立つ海の荒波 Jd 13; ař amawtʻoy jeroy asem あなた方を赤面させるために私は言う 1Cor 15,34; ②mi aysowhetew amōtʻ hamaricʻis z-vkayowtʻiwn-n TN meroy だから君は私たちの主の証しを恥じてはならない 2Tm 1,8; ③or okʻ amawtʻ hamarescʻi z-is ew z-bans im i šnacʻoł ew i meławor azgi-s この不貞で罪深い世代において私と私の言葉とを恥じる者を，人の子も恥じるだろう Mk 8,38; z-yimars ašxarhi-s əntreacʻ AC, zi y-amōtʻ arascʻē z-imastowns 神は知者たちを恥じ入らせるために，この世界の愚かなものを選び出した 1Cor 1,27; očʻ etʻē y-amōtʻ inčʻ ařnelov z-jez grem z-ays 私はあなた方を赤面させようとしてこれを書いているのではない 1Cor 4,14; ④zinčʻ? ptowł ownēikʻ yaynžam, orovkʻ z-amōtʻi hareal ēkʻ その時あなた方はどんな実を結んだか，それらによってあなた方は今は恥じている Ro 6,21; ⑤y-amawtʻ linein amenekʻin or hakařak-n kayin nma 彼に逆らっていた者は皆恥じ入った Lk 13,17.

amawtʻalicʻ【副】恥じ入って，見苦しくも：tesanein z-iwrakʻančʻiwr mełs i veray kʻarancʻ-n ew amawtʻalicʻ gnacʻin 彼らは石の上にそれぞれに罪を見て，恥じ入って去った Jn 8,9. → licʻ

amawtʻankʻ【名】恥 (ἀσχημοσύνη): zi mi merk šřjescʻin ew erewescʻin amōtʻankʻ iwreancʻ 裸で歩き回って恥をかいたりしないように Re 16,15.

ambařnam, -barji【動】①上げる，挙げる (ἐπαίρω Mt 17,8; αἴρω … ἄνω [i ver] Jn 11,41; ἀναλαμβάνω Mk 16,19). ②姿勢を正す (ἀνακύπτω Lk 21,28). ③出帆する，船出する (ἀνάγομαι Ac 13,13; 20,13): ①ambarjin z-ačʻs iwreancʻ ew očʻ z-okʻ tesin baycʻ miayn z-YS 彼らが目を上げてみると，イエス以外は誰も見あたらなかった Mt 17,8; inkʻn TR YS yet xawseloy-n ənd nosa ambarjaw y-erkins ew nstaw ənd aJmē AY 主イエス自身は彼らに語った後，天に挙げられ，神の右に座した Mk 16,19; ②ambarjikʻ ew barjracʻowsjikʻ z-glowxs jer あなた方は姿勢を正し，自分の頭をあげよ Lk 21,28; ③ambarjeal i Papʻē Pawłoseancʻ ekin i Pergē Pampʻileay パウロ一行はパポスから船出してパンフィリアのペル

ambastan

ゲに来た Ac 13,13; mekʻ mteal i naw-n ambarjakʻ y-Asovn 私たちは船に乗り込み，アソスに向かって船出した Ac 20,13. → baṙnam, hambaṙnam

ambastan, -i, -acʻ【名】①告訴人，告発人 (κατήγολος). ②ambastan linim 告訴する，告発する，訴え出る (κατηγορέω Ac 25,5; ἐγκαλέω Ac 19,38); 請願する，求める，訴える (ἐντυγχάνω Ac 25,24; Ro 11,2 [z-＋奪]): ①ambastankʻ-n očʻ mi inčʻ vnas čʻarowtʻean i mēǰ berēin z-orocʻ es-n karcēi 告訴人たちは私が予測していたような罪状は何一つ申し立てなかった Ac 25,18; ②ew dataworkʻ gon, ew ambastan licʻin z-mimeancʻ 地方総督もいるのだから，彼らは互いに訴え合うがよかろう Ac 19,38; vasn sora amenayn žolovkʻ hrēicʻ ambastan ełen inj y-EM ew ast ałałakēin tʻē čʻ-ē part dma keal この男についてユダヤ人はこぞってエルサレムでもここでも，生かしておくべきではないと私に叫び求めた Ac 25,24; očʻ? gitēkʻ y-Ełia zinčʻ asē gir, orpēs ambastan lini AY z-IĒLē あなた方は，エリヤについて聖書が何を言っているか，〔すなわち〕いかにエリヤがイスラエルを神に訴えているかを知らないのか Ro 11,2.

ambastanem; ＋E.M: ambastandem, -ecʻi【動】[z-＋奪] …を告発する，訴える；…に逆らって証言する (ἐγκαλέω Ac 23,28; κατηγορέω Mk 15,4; καταμαρτυρέω Mt 26,62): kamecʻay gitel z-vnas-n vasn oroy ambastanēin z-dmanē, iJowcʻi z-da y-atean nocʻa 私は彼が訴えられている理由を知りたいと思い，最高法院に連行した Ac 23,28; očʻ? inčʻ tas patasxani, tes kʻani ambastanen z-kʻēn お前は何も答えないのか，見よ，彼らはやっきになってお前を訴えているのだ Mk 15,4; čʻ-tas? inčʻ patasxani zinčʻ dokʻa ambastanden z-kʻēn お前は何も答えないのか，これらの者たちがお前に逆らう証言をしているのはどういうことだ Mt 26,62.

ambastanowtʻiwn, -tʻean【名】告訴，告発；非難，責め (κατηγορία Tt 1,6; ἔγκλημα Ac 25,16): ełew z-nmanē ambastanowtʻiwn (＝ οὗτος διεβλήθη αὐτῷ) orpēs tʻe vatnicʻē z-inčʻs nora この者について，彼の財産を浪費しているという告発があった［Gk: この者は，彼の財産を浪費していると彼のもとに訴えられた］Lk 16,1; minčʻčʻew ambastaneal-n ... teli patasxanwoy aṙnowcʻow vasn ambastanowtʻean-n 訴えられている者がその告訴について弁明の機会を得る前に Ac 25,16.

ambarišt; **amparišt**, -ršti, -tacʻ【形】不敬虔な (ἀνόσιος; ἀσεβής Jd 15b; ἀσέβεια Jd 15a): i veray ardarocʻ ōrēnkʻ očʻ kan, ayl ... amparštacʻ ew meławoracʻ 律法は正しい者のためにあるのではなく，不

敬神な者や罪を犯す者たちのためにある 1Tm 1,9.

ambarhawač, -k'【形】大言壮語する，法螺吹き（ἀλαζών Ro 1,30）；のぼせ上がった：matnič'k', yandgownk', amparhawačk'（= τετυφωμένοι）彼らは裏切り者となり，無謀になり，のぼせ上がる 2Tm 3,4.

ambarhawačem; **amparhawačem**, -ec'i【動】法螺を吹く，自慢する（περπερεύομαι）: sēr ... oč' amparhawačē 愛は自慢しない 1Cor 13,4.

ambarj- → ambaṙnam

ambarštem; amparštem, -ec'i【動】不敬虔なことをする（ἀσεβέω Jd 15）；不義を行う（ἀδικέω Re 22,11）: yandimanel z-amenayn amparišts vasn gorcoc' iwreanc' z-or amparištec'in 彼らが不敬虔なことをした，その業についてすべての不敬虔さを暴くために Jd 15; or amparšteloc'-n ē amparštesc'i 不義を行う者は不義を行うままにさせよ Re 22,11.

ambarštowt'iwn; **amparštowt'iwn**, -t'ean【名】不信心，不敬虔（ἀσέβεια Ro 1,18）；不義の行い（ἀδίκημα Re 18,5）: yišeac' AC z-amparštowt'iwns dora 神はその人の不義の行いを思い起こした Re 18,5;

ambartawan; M: ampartawan, -i, -ic'【形】高慢な，横柄な，尊大な（ὑπερήφανος Lk 1,51; Ro 1,30; Jas 4,6; ὑπέρογκος Jd 16）: c'roweac' z-ambartawans mtawk' srtic' iwreanc'（神は）おのが心の想いの尊大な者らを追い散らした Lk 1,51; TR ambartawanic' hakaṙak kay, tay šnorhs xonarhac' 主は横柄な者たちに立ち向かい，へりくだる人たちには恵みを与える Jas 4,6; berank' noc'a z-ambartawans barbaṙin 彼らの口は横柄なことを語る Jd 16.

ambartawanim, -ec'ay【動】傲慢である，高ぶった思いを抱く（ὑψηλὰ φρονέω）Ro 12,16.

ambartawanowt'iwn; M: ampart-, -t'ean【名】高慢，大言壮語，尊大，奢り（ὑπερηφανία Mk 7,22; φυσίωσις 2Cor 12,20 [→ hpartowt'iwn]；ἀλαζονεία Jas 4,16; 1Jn 2,16）: parcik' y-ambartawanowt'ean jerowm あなた方は自分の大言壮語を誇っている Jas 4,16; ambartawanowt'iwn asti kenac'-s, or č'-ē i hōrē ayl y-ašxarhē asti ē 資産の奢り，それは父から出たものではなく，この世から出たものだ 1Jn 2,16.

ambic; **anbic**, -bci, -cac'【形】汚点［しみ］のない，清浄無垢の，落ち度のない，責められるべき点のない（ἄσπιλος 2Pe 3,14; ἄμεμπτος Php 2,15; ἄμωμος Col 1,22; 1Pe 1,19）: patowakan areamb-n K'Si, ibrew anbic ew anarat gaṙin 傷もしみもない子羊のようなキリストの尊い血によって 1Pe 1,19; p'oyt' y-anjin owniǰik' anbick' ew anaratk' あなた方はしみのない，傷のないものとして熱望せよ 2Pe 3,14; aynm or karoł-n

ambcowt'iwn

ic'ē pahel z-jez anarats ew anbics = ... φυλάξαι ὑμᾶς ἀπταίστους あなた方を躓かないよう護ることのできる方に Jd 24.

ambcowt'iwn, -t'eamb【名】しみのないこと，責められるべき点のないこと（ἀμέμπτως）: dowk' ink'nin vkayēk' ew AC, orpēs srbowt'eamb ew ardarowt'eamb ew anbcowt'eamb jez hawatac'eloc'-d ełeak' 私たちが，いかに敬虔に，そして義しく，そして責められることのない仕方で，あなた方信ずる者たちに対して事をなしたか，その証人はあなた方自身であり，また神である 1Th 2,10.

ambox, -i, -ic'【名】①群衆，民衆（ὄχλος Mk 5,31; δῆμος Ac 19,33）．②騒ぎ，騒動，混乱（θόρυβος Mk 5,38; Ac 21,34）; ambox aṙnem 暴動を起こす（ὀχλοποιέω Ac 17,5）: ①tesanes zi ambox-d nełē z-k'ez 群衆があなたに押し迫っているのがあなたに見える Mk 5,31; kamēr patasxani aṙnel amboxi-n 彼は会衆に向かって弁明しようとした Ac 19,33; ②tesanē ambox yoyž 彼はけたたましい騒ぎを目にする Mk 5,38; ibrew oč' karac' gitel z-stoyg-n vasn amboxi-n 彼は騒々しくて正確なことが分からなかった Ac 21,34; ambox arareal xṙobec'in z-k'ałak'-n 彼らは暴動を起こして町を混乱に陥れた Ac 17,5.

amet'ovs【名】紫水晶（ἀμέθυστος）Re 21,20.

amenakal, -i【形】全能の（παντοκράτωρ）: alēlowia, vasn zi t'agaworeac' AC amenakal ハレルヤ，全能者なる神が王となったから Re 19,6.

amenayn, -i, -iw【形】①すべての，あらゆる，全体の，全部の，全…，どの…も; amenayn inč' すべて ［のもの・こと］（πάντα Mt 13,44; Mk 6,30; Lk 10,22; ἄπαντα Mt 28,11; τὰ πάντα Mk 4,11/τὰ ἴδια ［= z-amenayn inč' z-mer］ Lk 18,28）; y-amenayn žam いつも，いつでも（πάντοτε Mk 14,7; Jn 7,6 ［žamow］; ἐν παντὶ καιρῷ Lk 21,36）; y-amenayn kołmanc' いたるところから，四方八方から（πάντοθεν Mk 1,45; Lk 19,43）; y-amenayn erkri いたるところで（πανταχοῦ Mk 16,20）．②できる限りの，最大限の，全面的な（πᾶς; ἅπας Lk 4,6; ὅλος Mk 1,33; Lk 5,5; Tt 1,11）: ①dimeac' amenayn eramak-n i darē anti i cov 群全体が崖を下って海へなだれ込んだ Mt 8,32; apa amenayn IĒL kec'c'ē こうして全イスラエルが救われるだろう Ro 11,26; k'ez tac' z-ays amenayn išxanowt'iwn お前にはこの権力の一切を与えよう Lk 4,6; amenayn k'ałak'-n 町全体 Mk 1,33; z-amenayn gišers 夜通し Lk 5,5; hawatk' jer patmeal en ənd amenayn ašxarh あなたたちの信仰が全世界に宣べ伝えられている Ro 1,8; ork' z-amenayn towns korcanen 彼らはもろもろの家をことごとく覆している Tt 1,11; amenayn ōrēnk' i mi ban katarin 全律法は１つの言葉において満たされている Ga 5,14;

amenek'ean

amenayn inč' jer ē すべてはあなたたちのものだ 1Cor 3,21; et'e erkow i jēnǰ miabanic'en y-erkri vasn amenayn irac' zinč' ew xndresc'en もしあなたたちのうちの2人が，願い求めるどんなことについても地上で一致するならば Mt 18,19; ②amenayn hamarjakowt'eamb xōsel z-ban-n k'o できうる限り大胆な態度であなたの言葉を語る Ac 4,29; hawatarim ē ban-s ew amenayn əndownelowt'ean aržani ē この言葉は信に値し，全面的な受け入れに値する 1Tm 4,9; amenayn sastiwk' あらん限りの命令調で Tt 2,15. → amenek'ean, amenek'in

amenec'own- → amenek'ean

amenewin【副】①全く，そもそも (ὅλος; ὅλως 1Cor 6,7); 全体的に，どこからどこまでも，全体を通して (δι' ὅλου Jh 19,23). ②《否定辞と共に》完全に，絶対，断じて，一切 (ὅλως Mt 5,34; εἰς τὸ παντελές Lk 13,11; καθόλου Ac 4,18): ①i mełs cneal es amenewin お前は過ちにまみれて生まれた Jh 9,34; lowac'eloy-n č'-ē inč' pitoy bayc' zi z-ots-n lowanayc'ē, k'anzi amenewin sowrb ē 沐浴した人には足のほかに洗う必要がない．全身が清いからだ Jh 13,10; i verowst p'or ankeal amenewin (下着が) 上から全体を1枚に織られた Jh 19,23; ②amenewin mi erdnowl 一切誓うな Mt 5,34; oč' karēr amenewin i ver hayel 彼女はどうしても完全に (腰を) 伸ばすことができなかった Lk 13,11; patowirec'in amenewin mi xōsel ew mi ews owsowc'anel y-anown-n Ysi 彼らはイエスの名において説くことも教えることも一切してはならないと言い渡した Ac 4,18.

amenek'ean, 属 -nec'own (Mk 12,22M: -nec'ownc'), 与 -amanec'own (Lk 24,9E: -nec'ownc'), 奪 -nec'ownc', 対 -nesean, 具 -nek'owmbk'【形】すべての者，全員 (πάντες): i bac' kac'ēk' y-inēn amenek'ean oyk' gorceik' (= οἱ ἐργαζόμενοι) z-anawrēnowt'iwn 私から離れ去れ，不法を働くすべての者どもよ Mt 7,23; amenek'ean (M: -k'in) or sowr arnowc'own srov ankanic'in 剣を取る者は剣で滅びる Mt 26,52; i zarmanal-n amenec'own i veray amenayni z-or arnēr (M: ... i veray amenec'own ...) 皆が彼のしたすべてのことに驚いている時 Lk 9,43; patmec'in z-ays amenayn metasanic'-n ew ayloc' amenec'ownc' (M: ... ayłoc'-n amenec'own = πᾶσιν τοῖς λοιποῖς) 彼女たちはこれらすべてのことを11人とその他の全員に告げた Lk 24,9; żołovec'in z-amenesean (M: z-amenesin) z-or ew gtin z-č'ars ew z-baris 彼らは，悪人であれ善人であれ，見つけた者はすべて集めて来た Mt 22,10; ełiǰik' atec'ealk' y-amenec'ownc' vasn anowan imoy あなたたちは，私の名のゆえに，すべての人々から憎まれ続けるだろう Mt 10,22.

amenek'in, -nesin【形】《amenayn の複》すべての者，全員（πᾶς Mt 26,56; ἅπας Mt 24,39）: yaynžam ašakertk'-n amenek'in t'ołin z-na ew p'axean その時，弟子たちは全員，彼を見棄てて逃げて行った Mt 26,56; minč'ew ekn jrhełeł-n ew abarj z-amenesin 大洪水がやって来て，すべての者をさらってしまうまで Mt 24,39.

amē → am²

amēn【小】《大抵は宣言文の冒頭に用いて神意の確認・承認・同意を示す；賛美の言葉への応答にも用いる》アーメン，その通り，その通りになりますように（ἀμήν）: amēn amēn asem jez アーメン，アーメン，私はあなたたちに言う Mt 5,18; or ē ōrhneal yawiteans, amēn その方は永遠に賞讃されるべき方である，アーメン Ro 1,25; amēn amēn asem jez, tesanic'ēk' z-erkins bac'eal ew z-hreštaks AY zi elanic'en ew iǰanic'en i veray ordwoy mardoy アーメン，アーメン，あなた方に言う。天が開いて，神の使いたちが人の子の上にのぼったりくだったりしているのを，あなた方は見ることになる Jn 1,25.

ami → am²

amis, amsoy/amsean, amsoc'【名】（暦の）月（μήν）: t'ak'owc'anēr z-anjn amiss hing 彼女は5ヶ月の間引きこもっていた Lk 1,24; hawatovk' z-Movsēs ibrew cnan, t'ak'owc'aw amiss eris (= τρίμηνον) i harc' iwroc' 信仰によって，モーセは生まれた時，その親たちによって3ヶ月隠された He 11,23; oč' dowk' asēk' et'e ayl ews č'ork' amisk' en = τετράμηνός ἐστιν あなたたちは「まだ4ヶ月もある」と言っているではないか Jn 4,35.

a/movt'ov, Lk 14,9M → amawt'

amowl, -mloy, -oc'【形】不妊の；【名】石女（στεῖρα）: oč' goyr noc'a ordeak', k'anzi Ełisabet' amowl ēr 彼らには子供がなかった．エリサベトが石女だったから Lk 1,7. ↔ yłi

amowsnanam, -snac'ay【動】結婚する，嫁ぐ（γαμέω 1Tm 5,14）: kamim z-mankamardac'-d amowsnanal 私は若い寡婦には結婚することを望む 1Tm 5,14; et'ē nnǰic'ē ayr nora, azat ē, owm kamic'i amowsnanal もしもその夫が眠ったならば，彼女がその欲する人と結婚するのは自由だ 1Cor 7,39. → aṙanc' [aṙn] linel

amowsnac'owc'anem, -c'owc'i【動】結婚させる，嫁がせる（γαμίζω 1Cor 7,38 [= γαμέω]）: or amowsnac'owc'anē z-koys-n iwr, barwok' aṙnē, ew or oč'-n amowsnac'owc'anē law ews aṙnē 彼自身の乙女と結婚する者はよく振る舞うことになるし，結婚をしない者はさらによく振る舞うことになる 1Cor 7,38.

amowsnowtʻiwn, -tʻean 【名】結婚 (γάμος)：patowakan ē amowsnowtʻiwn 結婚は尊い He 13,4.

amowr, amroy/amri, -ocʻ/-acʻ 【名】要塞 (ὀχύρωμα)：zōrawor y-AY aṙ i kʻakeloy z-amowrs 神によって要塞を破壊する力 2Cor 10,4.

amowri, -rwoy, -reacʻ 【形】結婚していない (ἄγαμος)：amowreacʻ-n ew ayreacʻ-n asem 結婚していない者たちや寡婦たちに対して私は言う 1Cor 7,8.

amp; M: +am, -oy, -ocʻ [M: ampawkʻ] 【名】雲 (νεφέλη)：yoržam tesanicʻēkʻ amp cageal y-arewmticʻ あなたたちが雲の西から昇るのを見る時 Lk 12,54.

amparišt → ambarišt

amparhawačem → ambarhawačem

amparštem → ambarštem

amparštowtʻiwn → ambarštowtʻiwn

ampart, -i, -icʻ 【形】罪のない (ἀναίτιος) Mt 12,7. → anmeł

ampartawan- [M] → ambartawan-

ampo- → amp

amsamowt, -mticʻ 【名】新月 (νεομηνία)：mi okʻ ... z-jez datescʻi ... masambkʻ tōnicʻ kam amsamtiwkʻ kam šabatʻowkʻ 誰もあなた方を祭りの，あるいは新月の，あるいは安息日のことで裁くことがあってはならない Col 2,16.

amsean → amis

ampʻopʻem, -ecʻi 【動】包む (συστέλλω Ac 5,6)：yotn kacʻin eritasardkʻ-n ew ampʻopʻecʻin z-na, ew taran tʻalecʻin 若者たちは立って彼を包み，運び出して埋葬した Ac 5,6.

amkʻ → am^2

amōtʻoykʻ 【名】《複のみ》恥，不恰好な姿；陰部 (ἀσχήμων) 1Cor 12,23.

AY → astowac

ayb アイブ（アルメニア語の最初の文字，すなわち万物の初め）：es em ayb, ew es em kʻē = ἐγώ εἰμι τὸ Ἄλφα καὶ τὸ Ὦ 私はアルファであり，オメガである Re 1,8. → alpʻa

ayg, -ow/-oy, -owcʻ 【名】夜明け，明け方，早朝；aygowcʻ(-n) 【副】朝早く (πρωΐ)：ibrew ayg ełew 夜明けが来ると，朝になった時 (πρωίας δὲ γενομένης Mt 27,1/ὅτε ἐγένετο ἡμέρα Lk 6,13); ənd ayg (M: -n) ənd aṙawawt-n = πρωΐ ἔννυχα λίαν 朝早くまだ暗いうちに Mk 1,35; y-aygowē minčʻew cʻ-erekoy = ἀπὸ πρωΐ ἕως ἑσπέρας 朝から晩まで Ac

aygegorc 24

28,23; aygowc'-n ibrew darjaw andrēn i k'ałak'-n, k'ałc'eaw 朝早く都に戻る時、彼は空腹を覚えた Mt 21,18. → c'ayg

aygegorc, -i, -ac' 【名】葡萄園の園丁（ἀμπελουργός）: t'zeni mi ēr owrowmn tnkeal y-aygwoǰ iwrowm … asē c'-aygegorc-n ある人が自分の葡萄園にいちじくの木を植えさせていた、彼は園丁に言った Lk 13,6-7.

aygi, -gwoy, -gwoǰ, -geac' 【名】葡萄園（ἀμπελών）: el ənd aṙawawts i varjow ownel mšaks y-aygi iwr = ἐξῆλθεν ἅμα πρωι μισθώσασθαι ἐργάτας εἰς τὸν ἀμπελῶνα αὐτοῦ 彼は自分の葡萄園に労働者を雇おうとして夜が明けると同時に外へ出て行った Mt 20,1; zi i ptłoy aygwoy-n tac'en nma 彼らが葡萄園の収穫を彼に納めるように Lk 20,10.

aygowc' → ayg

aygwoǰ → aygi

ayd; M: +ayt, 属 aydr/aydrik, 与 aydm/aydmik, 奪 aydmanē 【代】《2人称直示・指示→ -d》それ、その［福音書80x: οὗτος (73x); αὐτός (4x); ∅ (3x)］; vasn aydorik = διὰ τοῦτο Mk 12,24/περὶ τούτου Jn 16,19: z-ayd amenayn parhec'i i mankowt'enē immē（あなたが今言った）それらすべては私が子どもの頃から守って来た Mt 19,20; o? et k'ez z-išxanowt'iwn-d z-ayd そのような権威を誰がお前に与えたのか Mt 21,23; oč' amenek'in bawakan en aydm bani（私があなたに言う）この言葉はすべての者が把握するものではない Mt 19,11; et'e ordi es AY, asa k'ari-d aydmik zi hac' lic'i もしお前が神の子なら、（お前のそばにある）その石に命じてパンになるようにしてみよ Lk 4,3; oč' ok' karē z-ayd nšans aṙnel z-or dow-d aṙnes あなたのしているそれらの徴は誰一人なしえない Jn 3,2;〔後方照応的に〕oč' vasn aydorik isk moloreal? ēk' zi oč' gitēk' z-girs, ew oč' zawrowt'iwn AY あなたたちは、聖書も神の力も知らないからこそ、誤っているのではないか Mk 12,24; vasn aydorik xndrēk' ənd mimeans zi asac'i … あなたたちは、私が言ったことについて論じ合っているのか Jn 16,19; ayd zi teser-d z-is ew hawatac'er? = ὅτι ἑώρακάς με πεπίστευκας; あなたが私を見たそのことからあなたも信じるようになったのか Jn 20,29.

aydi [M] → ayti

aydm-, aydorik → ayd

aydč'ap'【形/副】《2人称直示→ -d》それほど多くの、それほどに（τοσοῦτος Jn 6,9; οὕτως Ga 3,3）: ayn zinč'? ē aṙ aydč'ap' mardik それはこれほど多くの人のためには何の役に立つのか Jn 6,9; aydč'ap' anmit? ēk' それほどまでにあなた方は無分別なのか Ga 3,3. → aynč'ap', aysč'ap', č'ap', orč'ap'

aydpēs【副】《2人称直示 → -d》そのように (οὕτως)；t'ē aydpēs ic'ē それゆえに (ἄρα Ro 8,1)：et'e aydpēs inč' vnas ic'ē ənd ayr ew ənd kin, law ē č'-amowsnanal もし夫と妻がそのような具合なら，結婚しない方がいい Mt 19,10; aydpēs (= κατὰ τὰ αὐτά) aṙnein sowt margarēic'-n hark' noc'a 彼らの父祖たちは偽預言者たちにもあなたたちと同じようにしていた Lk 6,26 (cf. Lk 6,23 dmin awrinaki). → aynpēs, ayspēs, -pēs

aydpisi, -swoy, -seac'【形】《2人称直示 → -d》そのような (τοιοῦτος Mt 19,14; Mk 10,14; τοιόσδε 2Pe 1,17)：t'oył towk' manktwoy-d ew mi argelowk' z-dosa gal aṙ is, zi aydpiseac'-d ē ark'ayowt'iwn erknic' (あなたたちが叱りつけた) 子供たちをそのままにさせておけ．そして彼らが私のところに来るのを邪魔してはならない．なぜなら，天の王国とはそのような者たちのものだから Mt 19,14; y-ekeal y-aynpisi barbaṙoy mecvayelč'owt'ean p'aṙac' anti おごそかな栄光によって次のような声がもたらされて 2Pe 1,17; oč' y-aydpisi c'ankowt'eanc' jeroc' or zōrac'eal en y-andams jer = οὐκ ἐντεῦθεν, ἐκ τῶν ἡδονῶν ὑμῶν …あなた方の肢体の中で戦いを挑んでくるあなた方のそのような欲情から来るのではないのか Jas 4,1. → aynpisi, ayspisi, -pisi

aydr[1] → ayd の単・属

aydr[2]【副】《2人称直示 → -d》そこへ (に)，ここへ (に) (αὐτοῦ Mt 26,36; Lk 9,27; ὧδε Mt 24,2)：nstarowk' aydr (あなたのいる) そこに座っていよ Mt 26,36; dow es vēm (= Πέτρος), ew i veray aydr vimi (= καὶ ἐπὶ ταύτῃ τῇ πέτρᾳ) šinec'ic' z-ekełec'i im あなたこそ岩 (ペトロ) である．そしてこの岩 (=あなた) の上に，私は私の教会を建てよう Mt 16,18; omank' i doc'anē or aydr kan この場所に立っているあなたたちの中の幾人か Lk 9,27; ard sa ast mxit'ari, ew dow aydr papakis = νῦν δὲ ὧδε παρακαλεῖται, σὺ δὲ ὀδυνᾶσαι 今ここでこの者は慰められ，お前は (お前のいる) そこで悶える Lk 16,25; oč' mnasc'ē aydr k'ar i k'ari veray or oč' k'aktesc'i ここで崩されずに [他の] 石の上に残される石は (あなたたちの目には入ら) ないだろう Mt 24,2. → aysr, andr

aydrēn【副】《2人称直示 → -d》その同じ場所に：yoys mi ownimk' z-ačman-n hawatoc' jeroc' aydrēn i jez mecanaloy 私たちはあなた方の信仰が成長しそのあなた方のうちで豊かになるという希望を抱いている 2Cor 10,15.

ayžm【副】今，現在；たった今，今しがた，ついこの間；たちどころに (νῦν Jn 11,7; 16,22/νυνί Ac 24,13; ἄρτι Mt 26,53; 1Cor 13,12); minč'ew

ayžmik

y-ayžm Mt 11,12; minč'ew c'-ayžm Jn 2,10; minč' c'-ayžm Jn 16,24 = ἕως ἄρτι/= ἄχρι τοῦ δεῦρο 今に至るまで Ro 1,13：dowk' ayžm trtmowt'iwn ownik' あなた方には今悲しみがある Jn 16,22; t'e hamaric'is t'e oč' karem ałač'el z-hayr im ew hasowc'anic'ē inj ayžm aysr aweli k'an z-erkotasan gownds hreštekac'? それとも私が自分の父に願って、たちどころに12軍団以上の御使いたちをこの私のために備えてもらえないとでもあなたは思うのか Mt 26,53; oč' yandiman aṙnel karen k'ez, vasn oroy ayžm-s č'araxōsen z-inēn 彼らは，今私を告訴している件について，あなたには立証できない Ac 24,13; ayžm tesanemk' ibrew ənd hayeli ōrinakaw 私たちは今は鏡で〔見るように〕ぼんやりと見ている 1Cor 13,12; ayžm ews xndrein z-k'ez hreayk'-n k'arkoc aṙnel ついこの間，ユダヤ人たちがあなたを石で撃とうと狙っていた Jn 11,7. → ard

ayžmik【副】今，現在（νῦν Jn 8,40; ἄρτι Jn 16,12)：ayžmik xndrēk' spananel z-is 今あなた方は私を殺そうと狙っている Jn 8,40.

ayl[1]; ayl, 位/与 aylowm, 具 aylov, 複・属 ayloc'【形】①異なる，別の（ἄλλος 1Cor 15,39; ἕτερος Mk 16,12; 1Cor 15,40). ②他の（ἄλλος)；ənd ayl = ἀλλαχόθεν 他の所から Jn 10,1. ③残りの（λοιπός Re 9,20; ἐπίλοιπος 1Pe 4,2)：①oč' amenayn marmin noyn marmin ē, ayl ayl marmin ē mardkan, ew ayl marmin anasnoc', ayl marmin t'ṙč'noc' ew ayl marmin jkanc' すべての肉が同じ肉なのではなく，むしろ人間の肉は異なっており，家畜の肉も異なっており，鳥の肉も異なっており，魚の肉も異なっている 1Cor 15,39; aylovk' kerparanawk' 別の姿で Mk 16,12; ayl p'aṙk' erknaworac' en, ew ayl p'aṙk' erkraworac' 天的な〔体〕の輝きは違っており，地上の〔体〕の輝きも違っている 1Cor 15,40; ②zi gowc'ē or ayloc'-n k'arozec'i es ink'n anpitan gtanic'im 他の人々に宣教したこの私自身がもはや失格者になるということがないために 1Cor 9,27; ənd ayl čanaparh gnac'in y-ašxarh iwreanc' 彼らは他の道を通って自分たちの地方へ去って行った Mt 2,12; ekayk' ert'ic'owk' ew y-ayl mawtawor giwłak'ałak's-n = ἄγωμεν ἀλλαχοῦ εἰς τὰς ἐχομένας κωμοπόλεις 付近の他の村や町へも行こうではないか Mk 1,38; or oč' mtanē ənd dowṙn i gawit' oč'xarac', ayl ənd ayl elanē 羊たちの中庭に門を通って入るのではなく，他の所を乗り越えてくる人 Jn 10,1; ③aylk' i mardkanē or oč' meṙan i harowacoc'-s y-aysc'anē これらの災いによって死ななかった残りの人間たち Re 9,20; z-ayl ews žamanak-n さらに残された期間 1Pe 4,2.

ayl[2]; ayl【接】①《前の語・句・節に対して反対の意味を表す語・句・節

を導いて》しかし，だが，けれど，それに反して（μέντοι 2Tm 2,19）. ②《前の否定文と照応して》（…ではなく）て [ἀλλά; δέ; ギリシア語に対応をもたないことも頻繁]；むしろ（μᾶλλον Mt 25,9）; očʻ miayn … ayl (M: ayɫ) ew … = οὐ μόνον … ἀλλὰ καί …だけでなく…もまた Jn 5,18. ③《とくに tʻepēt ew 節と相関して対照的な強調を表して》確実に：①ayl hastatown himn AY kay だが，神の据えた強固な基礎は不動である 2Tm 2,19; amenayn inčʻ sowrb ē, ayl čʻar aynm mardoy ē, or xłčiw‑n owtʻicʻē = πάντα μὲν καθαρά, ἀλλὰ κακὸν τῷ ἀνθρώπῳ τῷ διὰ προσκόμματος ἐσθίοντι すべてのものはたしかに清い．しかし，食べてそれに疑念を抱く [Gk: 躓く] 人にとっては，それは悪しきものとなる Ro 14,20; ②manowk‑n očʻ ē mereal ayl nnǰē 子供は死んだのではなく眠っているだけだ Mk 5,39; hamarikʻ etʻe xałałowtʻiwn? eki tal y‑erkir. očʻ, asem jez, ayl (M: ayɫ) bažins (= … ἀλλ' ἢ διαμερισμόν) あなたたちは私が地上に平和を与えるために来たと考えるのか．そうではない，私はあなたたちに言う，むしろ分裂だ Lk 12,51; or hawatacʻeal tears ownicʻin, mi arhamarhescʻen, zi erbarkʻ en, ayl arawel (= ἀλλὰ μᾶλλον) carayescʻen 信徒である主人を持つ者たちは，兄弟だからといって軽んじてはならず，むしろよりいっそう奴隷として仕えるべきだ 1Tm 6,2; ③ tʻepēt ew (=εἰ καί) amenekʻean gaytʻagłescʻin, ayɫ es očʻ 皆がことごとく躓いたとしても，この私は躓かない Mk 14,29; vasn oroy ew očʻ janjranamkʻ, ayl tʻēpēt ew artakʻin mard‑s mer apakani, ayl nerkʻin mard‑s mer norogi ōrəstōrē それゆえに私たちは失望することはない．むしろ，たとえ私たちの外なる人は朽ち果てても，しかし私たちの内なる人は，日ごとに新たにされるのだ 2Cor 4,16.

aylazg【形】他の，異なる；【副】別のやり方で，違って（ἄλλως 1Tm 5,25; ἑτέρως Php 3,15）: ew or aylazg ews inčʻ icʻen tʻakʻčʻel očʻ karen そうでないものも隠されたままでいることはできない 1Tm 5,25; etʻē ayl azg inčʻ xorhicʻikʻ, sakayn ew z‑ayn AC jez yaytnescʻē もしもあなたが何か別様なことを思い抱いているのだとしたら，そのことをも神はあなた方に啓示してくれるであろう Php 3,13.

aylazgi, -gwoy, -geacʻ【名】外国人，他部族（ἀλλόφυλος Ac 10,28; ἀλλογενής Lk 17,18）: anmartʻ ē arn hrēi hpel kam merjenal ar aylazgi ユダヤ人は外国人と交際することや外国人に近づくことは禁じられている Ac 10,28; zi očʻ gtan darnal tal pʻars AY, baycʻ miayn aylazgi‑s ays 神に賛美を捧げるために戻って来たと見てとれるのは，この他部族の者しかいないのか Lk 17,18.

aylakerp; M: ayłakerp, -i, -icʻ/-acʻ【形】①別の形の（ἕτερος）.

aylakerpim 28

②y-aylakerps linel 別の姿になる（μεταμορφόομαι）: ①ełew tesil eresacʻ nora aylakerp (M: aylakerp) 彼の顔の様子が変わった Lk 9,29; ②y-aylakerps ełew aŕaJi nocʻa (M: ayłakerpecʻaw) 彼らの面前で彼は別の姿になった Mk 9,2.

aylakerpim; M: ayłakerpim, -pecʻay【動】姿を変えられる（μεταμορφόομαι）: ayłakerpecʻaw (M: ayłakerpecʻaw) aŕaJi nocʻa 彼らの面前で彼の姿が変えられた Mt 17,2.

ayceay, -cēicʻ【形】山羊の毛でできた（τρίχινος）: aregakn ełew seaw ibrew z-kapert ayceay 太陽は山羊の毛でできた粗い布のように黒くなった Re 6,12.

aycemnik【名】かもしか（Δορκάς）Ac 9,36. → Tabitʻay（人名）

ayceni, -neacʻ【形】山羊の（αἴγειος）: mortʻovkʻ ayceneōkʻ 山羊の毛皮をまとって He 11,37.

aycikʻ, -ceacʻ【名】《複のみ》山羊の群（ἔριφος, ἐρί᾿ον）: orpēs hoviw zi meknē z-awdis y-ayceacʻ (= ἀπὸ τῶν ἐρίφων), (33) ew kacʻowscʻē z-awdis-n ənd aJmē iwrmē ew z-aycis-n (= τὰ ἐρίφια) i jaxmē それはちょうど牧者が羊の群を山羊の群から選り分け、羊の群を自分の右側に、山羊の群を左側に据えるようだ Mt 25,32-33. → awdikʻ, owl

ayl- → ayl-

ayn, 属 aynr, 与/位 aynm, 奪 aynm (anē), 具 aynow [aynəw, aynw]; 複・奪 ayncʻ, -cʻanē, 位 ayns;（長形）単・属 aynorik, 与/位/奪 aynmik, 具 aynowik; 複・主 aynokʻik, 属/与/奪 aynocʻik, 対/位 aynosik, 具 aynokʻiwkʻ【代】《3人称直示・指示 → -n》①それ、その；あれ、あの（οὗτος; ἐκεῖνος）. ②vasn aynorik = διὰ τοῦτο そのために; yet aynorik = μετὰ ταῦτα その後; y-aynmanē = ἐκ τούτου それゆえに; y-aynm hetē = ἀπὸ τότε その時から; y-ayn ban = ἐπὶ τούτῳ そうこうするうちに : ①《前方照応的》diwragoyn licʻi erkri-n Sodomacʻwocʻ ew Gomoracʻwocʻ y-awowr-n datastani kʻan kʻałakʻi-n aynmik 裁きの日にはソドムとゴモラの地の方がその町よりも堪えやすいだろう Mt 10,15; etʻe tʻagaworowtʻiwn y-anjn iwr bažanescʻi, očʻ karē kal tʻagaworowtʻiwn-n ayn (= ἡ βασιλεία ἐκείνη) 1つの王国が自らに敵対して分裂したなら、その王国は立ち行くことができない Mk 3,24; ēr ayr mi y-ĒM ... ew ēr ayr-n ayn ardar エルサレムにある人がいて、その人は義人であった Lk 2,25; etʻe asicʻē otn, zi čʻem jeŕn, čʻ-em i marmnoy anti, očʻ aynow (= παρὰ τοῦτο) čʻ-icʻē i marmnoy anti もしも足が「私は手ではないので体から〔生じたの〕ではない」と言ったとしても、そのゆえにそれが体から〔生じたの〕ではない、ということにはならない

1Cor 12,15; ② 〔zi- 節を受けて〕 zi (= ἵνα) yaytni linicʻi ILI vasn aynorik (= διὰ τοῦτο) eki es ǰrov mkrtel 彼がイスラエルに顕れるため，そのためにこそ，私は水で洗礼を授けに来た Jn 1,31; —①《後方照応的》〔関係節の主要部として〕oyr icʻen erkow handerjkʻ, tacʻē z-min aynm oyr očʻ-n gowcʻē (= τῷ μὴ ἔχοντι) 下着を2枚持っている者は，持っていない者に1枚分け与えよ Lk 3,11; erani aynocʻik or sowrb en srtiwkʻ (=μακάριοι οἱ καθαροὶ τῇ καρδίᾳ) 幸いだ，心の清い者たちは Mt 5,8; y-aynm žamow y-orowm asacʻ-n [M: asac] cʻ-na YS イエスが彼に言ったその時刻に Jn 4,53; im kerakowr ayn ē zi (= ἐμὸν βρῶμά ἐστιν ἵνα) araricʻ z-kams aynorik or aṙakʻeacʻ-n z-is 私の食べ物は，私を派遣した方の意志を行うことである Jn 4,34; ② 〔zi- 節を受けて〕vasn aynorik (= διὰ τοῦτο) halacein z-YS hreaykʻ, zi (= ὅτι) z-ayn aṙnēr i šabatʻow 安息日にそれらのことをしていた，そのためにユダヤ人たちはイエスを迫害し始めていた Jn 5,16; vasn aynorik (= διὰ τοῦτο) aṙ awel xndrein hreaykʻ-n spananel z-na, zi (= ὅτι) očʻ miayn lowcanēr z-šabatʻs, ayl ew hayr iwr kočʻēr z-AC ew hawasar aṙnēr z-anjn AY 安息日を破っていただけでなく，神を自らの父と呼び，自身を神と等しいものにしていた，そのことのために，ユダヤ人たちはますます彼を殺そうと狙うようになった Jn 5,18; y-aynmanē Piłatos xndrēr arjakel z-na それゆえに，ピラトゥスは彼を釈放しようと求めた Jn 19,12.　→ ayd, ays, -n, na

aynowhetew【副】その時から；すでに (ἤδη Ro 4,19): očʻ imikʻ azdicʻē aynowhetew (= εἰς οὐδὲν ἰσχύει ἔτι), baycʻ etʻe ənkenowl artakʻs ew koxan linel i mardkanē もはや何の役にも立たず，外に投げ棄てられ，人々に踏みつけられるだけだろう Mt 5,13; tʻēpēt ew hayecʻaw i marmin iwr aynowhetew ibrew i meṙeal, kʻanzi z-hariwrameniwkʻ owremn ēr, ew i meṙelowtʻiwn argandi-n Saṙayi 彼は百歳ほどになっていたので，すでに〔性的に〕死んだような状態になっていた彼自身の体と，〔妻〕サラの胎の死んだ状態とを見据えはしたが Ro 4,19.

aynowik　→ ayn

aynčʻapʻ【形/副】《3 人称直示 → -n》① それほど多くの，あれほどに (τοσοῦτος). ②《相関的に》aynčʻapʻ ... aynčʻapʻ ... …だけに，それだけに (καθʻ ὅσον...κατὰ τοσοῦτο He 7,20-22); orčʻapʻ ... aynčʻapʻ ... …だけの，それと同じだけの (ὅσος ... τοσοῦτος Re 18,7; He 1,4 〔倒置〕): ①ardarew aynčʻapʻ vał meṙaw? 彼はそんなに早く死んでしまったのか Mk 15,44; aynčʻapʻ nšans arareal ēr aṙaǰi 彼はそれほど多くの徴を彼らの前で行った Jn 12,37; i miowm žamow pakasecʻaw aynčʻapʻ mecowtʻiwn

aynpēs 30

k'o あなたのそれほどの富が一瞬のうちに廃墟とされてしまった Re 18,17; yet aynč'ap' žamanakac' あれほどの長い期間の後で He 4,7; ②owsti? ic'ē aynč'ap' hac' minč'ew yagec'owc'anel z-aysč'ap' žołovowrd これほどの群衆を満腹させるほどそれほど沢山のパンがどこから私たちの手に入るのか Mt 15,33; (20) aynč'ap' zi oč' aṙanc' erdman … (22) aynč'ap' lawagoyn owxti ełew erašxawor YS (20) 誓い〔による保証〕なしにではなかっただけに，(22) それだけにイエスはより優れた契約の保証人となった He 7,20-22; ays aynč'ap' inč' grec'aw, zi hawatayc'ēk' あなた方が信じるようになるほどに，これは書き記された Jn 20,31; orč'ap' p'aṙaworeac' z-ink'n ew xaytac', aynč'ap' hatowc'ēk' sma sowg 彼女は奢り高ぶり贅沢三昧の生活を送ったが，それと同じだけの悲しみを彼女に与えよ Re 18,7; aynč'ap' aṙawel ełeal k'an z-hreštaks, orč'ap' law ews k'an z-nosa anown žaṙangeac' 彼は彼ら（御使いたち）にまさって卓越した名を受け継いだだけ，それだけ御使いたちよりも優れた者となった He 1,4. → aysč'ap', aydč'ap', č'ap', orč'ap'

aynpēs【副】《3人称直示 → -n》そのように；同様に (οὕτως/οὕτω Jn 11,48; He 12,21; ὁμοίως Lk 6,31; ὅμως 1Cor 14,7)：yoržam tesanic'ēk' amp cageal y-arewmtic', iskoyn asēk' et'e anjrew gay, ew lini aynpēs (= οὕτως) あなたたちは，雲が西から出るのを見ると，すぐさま「にわか雨が来るぞ」と言い，まさにそのようになる Lk 12,54; et'e t'ołowmk' z-na aynpēs, amenek'in hawatan i na 我々が彼をそのまま放置するなら，人々が皆彼を信じるようになる Jn 11,48; aynpēs ahagin ēr tesil-n 光景はそのように恐ろしかった He 12,21;〔相関的に〕orpēs (= καθώς) kamik' t'e arasc'en jez mardik, aynpēs (= ὁμοίως) arasjik' ew dowk' noc'a あなたたちが人々からして欲しいと思うように，あなたたちもそのように〔Gk: 同じく〕彼らにせよ Lk 6,31; aynpēs (= οὕτως) sireac' AC z-ašxarh, minč'ew (= ὥστε) z-ordi-n iwr miacin et 神はひとり子を与えるほど世を愛した Jn 3,16; zi iwrak'anč'iwr ok' z-iwr kin aynpēs (= οὕτως) siresc'ē ibrew (ὡς) z-iwr anjn あなた方がそれぞれ自分自身を〔愛する〕ように自分の妻を愛せ Eph 5,33. → aydpēs, ayspēs, pēs

aynpisi, -swoy, -seac'【形】《3人称直示 → -n》①そのような (τοιοῦτος 2Cor 12,3; Jn 4,23; τηλικοῦτος 2Cor 1,10). ②《相関的》orpisi … aynpisi = οἷος …τοιοῦτος/τηλικοῦτος …ようなそのような (Mk 13,19; Re 16,18)：①gitem z-aynpisi ayr 私はそのような人を知っている 2Cor 12,3; hayr aynpisi erkrpagows iwr xndrē 父はそのような自分の礼拝者を求めている Jn 4,23; or y-aynpisi mahowanē p'rkeac' z-mez 彼はその

ように甚だしい死から私たちを救ってくれた 2Cor 1,10; ②ełic'in awowrk'-n aynok'ik (= αἱ ἡμέραι ἐκεῖναι) nełowt'eanc', orpisi (= οἵα) oč' ełen erbek' aynpisik' (τοιαύτη) i skzbanē araracoc' minč'ew c'-ayžm ew mi ayl lic'in それらの日々は，創造の始めより今に至るまで絶えてなかったような，またこれからも決してないような艱難の日々となろう Mk 13,19; ełew šaržowmn mec, orpisi (= οἷος) č'ik' ełeal i skzbanē y-ormē hetē ełew mard i veray erkri aynpisi (= τηλικοῦτος) šaržowmn mec 大地震が起こった．それは，地上に人間が生まれて以来，始原より起こったことのないような，それほど大きな地震だった Re 16,18. → aydpisi, ayspisi, -pisi

[**aynr** ayn の単・属としても副詞「そこに」としても福音書に現れない] → aydr, aysr

aync'; aync'anē → ayn

aynw (aynəw, aynow と並存) → ayn

ayo【副】《問いに対する肯定・同意の返答》はい，ええ，そうだ；《自分の言葉の確実性を確認する》確かに，然り (ναί; εἰ μήν He 6,14);《名詞化して》然り，応諾: hawatayk'? et'e karoł em aṙnel jez z-ayd. asen c'-na, ayo TR「あなたたちは私がこのことをなせると信じるのか」．彼らは彼に言う，「主よ，その通りです」Mt 9,28; ayo, amēn 然り，アーメン Re 1,7; zi ełic'i j-inēn kołmanē, ayo-n ayo, ew oč'-n oč' 私のがわからは，然り，然りが否，否となるように Jas 5,12; ayo ōrhnelov ōrhnec'ic' z-k'ez, ew bazmac'owc'anelov bazmac'owc'ic' 確かに私はあなたを祝して祝福し，増やしに増やす He 6,14. ↔ oč'

aypanem, -ec'i【動】あざ笑う，愚弄する (ἐμπαίζω): ew matnesc'en z-na het'anosac' aypanel ew harkanel ew i xač' hanel 彼らはなぶりものにし，鞭打ち，そして十字架につけるために彼を異邦人たちに引き渡すだろう Mt 20,19.

aypanoł/-nōł, -i, -ac'【形】あざ笑う，嘲る (ἐμπαιγμονή) 2Pe 3,3.

aypn【名】あざけり，笑いもの；aypn aṙnem あざ笑う，馬鹿にする，なぶりものにする (ἐμπαίζω): aypn aṙnein z-na ew zinowork'-n 兵士たちも彼をなぶりものにした Lk 23,36.

ays[1], 属 aysr, 与/位 aysm, 奪 aysm (anē), 具 aysow [aysəw]; 複・属 aysc', 奪 aysc'anē; (長形) 単・属 aysorik, 与/位/奪 aysmik, 具 aysowik; 複・主 aysok'ik, 属/与/奪 aysoc'ik, 対/位 aysosik, 具 aysok'iwk【代】《1人称直示・指示 → -s》①これ，この (οὗτος; ἐκεῖνος); vasn aysorik = διὰ τοῦτο これゆえに; yet aysorik = μετὰ δὲ ταῦτα この後 Lk 10,1; y-aysmanē = ἐκ τούτου この時以来，このゆえに，このために Jn

6,66. ②ays anown これこれの (ὅδε Jas 4,13)；yːays anown = πρὸς τὸν δεῖνα ある人のもとへ Mt 26,18：①i veray aysr amenayni = ἐπὶ πᾶσι τούτοις これらすべてに加えて，その上 Lk 16,26; yːaysmik hawatamkʻ etʻe … = ἐν τούτῳ πιστεύομεν ὅτι … これゆえに私たちは …と信じる Jn 16,30; yːays isk ekeal em = εἰς τοῦτο γὰρ ἐξῆλθον このためにこそ私は出て来た Mk 1,38; zːays (ταῦτα) aržan ēr aṙnel ew zːayn (κἀκεῖνα) čʻ-tʻoɫowl 後者は行うべきであったのだが，前者もなおざりにしてはいけない Mt 23,23;《後方照応的に》aṙak-n ays inčʻ ē = ἔστιν δὲ αὕτη ἡ παραβολή あの譬は次のようなことを意味する Lk 8,11; zːays gitasǰikʻ zi merjeal ē arkʻayowtʻiwn AY 神の王国が近づいたということは知っておけ Lk 10,11; ays ē patowēr im, zi (ἵνα) siresǰikʻ zːmimeans orpēs es zːjez sirecʻi. (12) mec ews kʻan zːays sēr očʻ okʻ owni, etʻe (ἵνα) zːanjn iwr dicʻē i veray barekamacʻ iwrocʻ 私があなたがたを愛したように，あなたがたが互いに愛し合うように，これが私の命令である．人がその友人たちのために命を棄てること，これよりも大いなる愛は誰も持つことがない Jn 15,12-13; ②aysōr ew vałiw ertʻicʻowkʻ yːays anown kʻałakʻ, ełicʻowkʻ and tari mi 今日と明日，私たちはこれこれの町に行こう Jas 4,13. → ayd, ayn, sa

ays², -oy, -ocʻ【名】(悪)霊 (πνεῦμα; πνευματικός Eph 6,12): matocʻin aṙ na diwahars bazowms ew ehan zːayss-n baniw 人々は悪霊に憑かれた多くの者を彼のもとに連れて来た．すると彼は言葉で霊どもを追い出した Mt 8,16; bžškeacʻ zːbazowms i hiwandowtʻeancʻ ew i harowacocʻ ew yːaysocʻ čʻaracʻ 彼は病や苦しみや悪しき霊どもから多くの者を癒した Lk 7,21. → dew, ogi

aysahar, -i, -acʻ【形】悪霊に憑かれた (δαιμονιζόμενος): patmecʻin … tʻe zinčʻ ełew aysahari-n (M: aysaharacʻ) ew zinčʻ vasn xozicʻ-n 彼らは，悪霊に憑かれていた者に何が起こったか，また豚について何が〔起こったか〕を知らせた Mk 5,16. → har- (harkanem), ays², diwahar

aysaharim, -recʻay【動】悪霊に憑かれる (δαιμονίζομαι): dowstr im čʻaračʻar aysahari 私の娘が悪霊に憑かれてひどく苦しんでいる Mt 15,22.

aysawr【副】今日；今，現在 (σήμερον); minčʻew cʻ-aysawr = ἕως τῆς σήμερον 今日に至るまで Mt 11,23；minčʻew cʻ-aysawr žamanaki = ἄχρι τῆς ἄρτι ὥρας 今この時に至るまで 1Cor 4,11：ertʻ aysawr gorcea yːaygwoǰ 今日，葡萄園へ行って働け Mt 21,28.

aysinkʻn《説明または明確化の標識として aysinkʻn ē の形で》つまり，すなわち (τοῦτʻ ἔστιν): xaṙnak jeṙawk, aysinkʻn ē anlowa, owtein hacʻ 彼らは不浄な手で—ということは手を洗わないで—パンを食べていた Mk 7,2; očʻ bnakeal ē y-is, aysinkʻn ē i marmni imowm, bari inčʻ 私のうちには—ということは私の肉のうちには—善いものが住んでいない Ro 7,18; Akełdama aysinkʻn ē geawł arean「アケルダマ」とは「血の地所」という意味である Ac 1,19.

ayskoys → yayskoys

aysm, aysmik, aysmanē, aysosik, aysocʻik → ays¹

aysowhetew ①【接】それゆえに，従って，かくして (οὖν; τοιγαροῦν He 12,1; 1Th 4,8; δέ Lk 21,36; καὶ ἀπ᾽ ἄρτι Jn 14,7; ὥστε 1Cor 15,58). ②【副】今後は，これからは；最後に；なお ([τὸ] λοιπόν Mt 26,45; Mk 14,41; 2Cor 13,11; τοῦ λοιποῦ Ga 6,17; Eph 6,10); očʻ/mi aysowhetew もはや…でない (οὐκέτι Jn 4,42/μηκέτι Mt 21,19)：①aysowhetew … hamberowtʻeamb əntʻascʻowkʻ i paterazm or ařaǰi kay mez それゆえ，私たちの前にある競争を忍耐をもって走ろうではないか He 12,1; aysowhetew or anargē, očʻ z-mard anargē, ayl z-AC 従って，〔この戒めを〕退ける者は，人間を退けるのではなく，神を退けるのだ 1Th 4,8; aysowhetew, ełbarkʻ im sirelikʻ, hastatown ełerowkʻ かくして，私の愛する兄弟たちよ，あなた方は堅く立つようになれ 1Cor 15,58; kʻanzi zatik mer zenaw KʻS. aysowhetew arascʻowkʻ tōns なぜなら私たちの過越の子羊キリストは屠られたから．かくして私たちは祭りを祝おうではないか 1Cor 5,7-8; ②nnǰecʻēkʻ aysowhetew ew hangerowkʻ 今からは眠って休め Mt 26,45. Mk 14,41; aysowhetew, ełbarkʻ, olǰ lerowkʻ 最後に，兄弟たちよ，あなたたちは喜べ 2Cor 13,11; mi aysowhetew i kʻēn ptowł ełicʻi i yawiteans 今から永遠にお前から実が生じないように Mt 21,19; očʻ aysowhetew vasn kʻo xawsicʻ-d hawatamkʻ もう私たちはお前が言ったから信じているのではない Jn 4,42. → aynowhetew, orovhetew

ayscʻapʻ【形/副】《1人称直示 → -s》これほど多くの，これほどに (τοσοῦτος); ew očʻ ayscʻapʻ miayn これのみならず (οὐ μόνον δέ Ro 5,3.11): očʻ y-IŁI ayscʻapʻ hawats gti 私はイスラエルでこれほどの信仰を見出したことはない Lk 7,9; ayscʻapʻ žamanak-s ənd jez em これほど長い期間，私はあなたたちと一緒にいる Jn 14,9. → aynčʻapʻ, aydčʻapʻ, čʻapʻ, orčʻapʻ

ayspēs【副】《1人称直示・後方照応的 → -s》このように，次のように (οὕτως)：zi ayspēs greal ē i jeřn margarēi-n, ew dow Bētʻłeem erkir Yowday … 預言者によって次のように書かれているから，「そしてお前，ユダの地，ベトレヘムよ …」Mt 2,5-6; z-hawatocʻ-n ardarowtʻenē

ayspisi 34

ayspēs asē 信仰による義についてはこのように言っている Ro 10,6; 〔et'e, t'e 以下に照応して〕inj ayspēs t'owi et'e (= ὑπολαμβάνω ὅτι) orowm (M: + z-) bazowm-n šnorheac' 私が思うには、より多くを帳消しにしてもらった者だ Lk 7,43; nma ayspēs t'owec'aw t'e (M: et'e) (= ἐκείνη δοκοῦσα ὅτι) partizapan-n ic'ē 彼女はそれが庭師だと思い込んでいた Jn 20,15. → aydpēs, aynpēs

ayspisi, -swoy, -seac' 【形】《1人称直示 → -s》このような (τοιοῦτος Mt 18,5; Mk 6,2; Jn 9,16; τοσοῦτος Mt 8,10; οὗτος Jn 10,21); aynpisi inč' このようなこと (οὕτως Mt 9,33; Mk 2,12): or ok' ənkalc'i manowk mi ayspisi y-anown im, z-is əndowni このような子供1人を私の名において受け入れる者は私を受け入れるのだ Mt 18,5; zi zawrowt'iwnk' (E: -s) ayspisik' i jeřac' sora linic'in こいつの手でこのような力ある業がなされるとは〔どうしたことだ〕Mk 6,2; isk ziard? karē mard meławor ayspisi nšans arnel どのようにして罪人にこのような徴を行うことができようか Jn 9,16; ayspisi bank' oč' diwahari en このような言葉は悪魔に憑かれた人のものではない Jn 10,21; oč' y-ILI ayspisi hawats gti erbek' 私はイスラエルの中でこのような信仰を見出したことは決してない Mt 8,10; ayspisi inč' erbek' oč' tesak' こんなことは俺たちは今まで見たこともなかった Mk 2,12. → aydpisi, aynpisi, -s

aysr[1] → ays[1]

aysr[2] 【副】《1人称直示 → -s》ここへ、ここまで (ἐνθάδε Jn 4,16; Ac 17,6; ὧδε Re 4,1): mato aysr z-ordi-n k'o あなたの息子をここに引いて来い Lk 9,41; ert' koč'ea z-ayr k'o ew ek aysr 行って亭主を呼び、ここへ来い Jn 4,16; ork' z-ašxarh-s xřovec'owc'in sok'a ew aysr hasin 世界中を騒がせた例の奴らがここにも来ている Ac 17,6; el aysr ew c'owc'ic' k'ez zinč' liniloc' ē yapa žamanaks ここまで上がって来い．そうすれば、私は今後起こるはずのことをお前に見せよう Re 4,1; oč' gayc'ē tawn aysr (= ... εἰς τὴν ἑορτήν) 彼はこの祭りには来ないのだろうか Jn 11,56; amenayn margarēk' or i Samelē ew aysr = πάντες δὲ οἱ προφῆται ἀπὸ Σαμουὴλ καὶ τῶν καθεξῆς サムエルをはじめこれに続くすべての預言者たち Ac 3,24. ―aysr andr 〔ギリシア語動詞前接辞 περι- に対して〕あちこちへ：ənt'ac'eal **aysr andr** ənd amenayn gawař-n = περιέδραμον ὅλον τὴν χώραν ἐκείνην その地方のいたるところを駆け巡って Mk 6,55; yankarcaki hayec'eal **aysr andr** = περιβλεψάμενοι 彼らが不意にあたりを見回すと Mk 9,8. ―i veray aysr amenayni = ἐν πᾶσι τούτοις これらすべてに加えて Lk 16,26. → aydr, andr, -s

aysc'; aysc'anē → ays[1]

aysk'ani【形】《1人称直示 → -s》これほど多くの［福音書1x］: aysk'ani? amk' en zi caṙayem k'ez = ἰδοὺ τοσαῦτα ἔτη δουλεύω σοι 見よ，私はこんなに長い年月あなたに奴隷奉公してきた Lk 15,29.

ayt［M］ → ayd

ayti【副】《2人称直示 → -d》①そこから．②〔i＋奪格名詞に後置されて2人称冠詞として機能する〕その…から：①et'e kamic'in asti (ἔνθεν) aṙ jez anc'anel, oč' karen, ew oč' ayti (ἐκεῖθεν, M: aydi) ok' aṙ mez anc'anel ここからお前たちのところへ渡ろうと思ってもできず，またそちらから私たちのところへも渡ることができない Lk 16,26; p'owt'a eǰ ayti = κατάβηθι 急いでそこから降りて来い Lk 19,5; ②el ays-d piłc i mardoy ayti 穢れた霊よ，（お前が憑いている）その人から出て行け Mk 5,8; berēk' i jkanc' ayti (M: aydi) z-or dowk'-d kalarowk' ayžmik 今あなたたちが獲った魚の中から〔数匹を〕持って来い Jn 21,10. → asti, anti

aytnowm, -teay, -towc'eal【動】腫れる，膨れる；炎症を起こす (πίμπραμαι)：nok'a akn ownēin nma aytnloy kam ankaneloy ew yankarcaki meṙaneloy 彼らは，彼が腫れ上がるか倒れて，突然死んでしまうのを待っていた Ac 28,6.

ayr[1], aṙn, aramb, ark', ars, aranc'【名】①人間，人，大人，男，夫 (ἀνήρ Ro 4,8 1Cor 13,11 Jn 4,17; ἄνθρωπος Mt 10,35). ②aṙn/aranc' linim (女が) 男のものになる，結婚する，嫁ぐ (γίνομαι ἀνδρί Ro 7,3; γαμέω Mt 22,30; Mk 12,25; γαμίσκω Lk 20,34)：①eraneal ē ayr orowm oč' hamaresc'i TR z-mełs nora 幸いだ，その罪を主が認めない人は Ro 4,8; k'akel z-ayr i hawrē ew z-dowstr i mawrē 人を父から，娘を母から裂き分かつ Mt 10,35; yoržam ełē ayr, z-tłayowt'ean-n i bac' xap'anec'i 私が大人になってしまった時には幼児的なものを壊してしまった 1Cor 13,11; č'ik' im ayr 私には夫がない Jn 4,17; ②apa owremn minč' kendani ē ayr-n, šown koč'i et'ē linic'i aṙn aylowm それゆえに夫が生きている時に，もしも彼女が他の男のものとなれば，彼女は姦婦と呼ばれる Ro 7,3; i yarowt'ean oč' kanays aṙnen ew oč' aranc' linin 甦りにおいては人は娶ることも嫁ぐこともしない Mt 22,30; ordik' ašxarhi-s aysorik kanays aṙnen ew aranc' linin この世の子らは娶ったり嫁いだりしている Lk 20,34. → amowsnanam

ayr[2], -i, -ic【名】①洞穴，巣窟 (σπήλαιον). ②墓 (μνῆμα)：①dowk' araṙēk' z-da ayr-s awazakac' お前たちはそれを強盗どもの巣にした Mt 21,13; t'ak'owc'in z-ink'eans y-ayrs ew i cerps vimac' 彼らは洞穴や岩穴に身を隠した Re 6,15; ②edan y-ayri-n 彼らは墓に葬られた Ac 7,16.

ayrasēr【形】夫を愛する (φίλανδρος) Tt 2,4.
ayreanc' [M]; **ayreac'** → ayri
ayreac' [3・単・直・アオ] → ayrem
ayrem, -ec'i【動】焼く，焼き払う，焼き尽くす (ἐμπίπρημι Mt 22,7; καίω Jn 15,6; κατακαίω Mt 3,12; Ac 19,19)：z-k'ałak'-n noc'a ayreac' 彼は彼らの都を焼き払った Mt 22,7; z-yard-n ayresc'ē anšēǰ hrov 彼はそのもみ殻を消えない火で焼き尽くすだろう Mt 3,12; żołoven z-na ew i howr arkanen ew ayri それ（枝）は人々が集め，火に投げ込み，焼かれてしまう Jn 15,6; berēin z-girs-n ayrēin aṙaǰi amenec'own 彼らは文書を持って来て皆の前で焼き捨てた Ac 19,19.
ayri[1] [3・単・現・受] → ayrem
ayri[2], -rwoy, -reac'/-reanc' [M]【名】寡婦 (χήρα)：ekn ayri mi ew ark erkows lowmays 1人の寡婦が来て2レプトンを投げ入れた Mk 12,42.
ayrowmn【名】燃焼，焼くこと (καῦσις He 6,8; καίω 1Cor 13,3)：vaxčan nora y-ayrowmn その終りは焼かれてしまうことになる He 6,8.
ayc'【名】(顧みること，配慮) ①ayc' aṙnem [+与] 顧みる，面倒を見る，世話をする；[+不] …するように心がける．②y-ayc' elanem 訪問する，顧みる (ἐπισκέπτομαι). → yayc'em：①ayc' arar AC żołovrdean iwrowm 神はその民を顧みた Lk 7,16; Šmawon patmeac' orpēs yaṙaǰagoyn AC ayc' arar aṙnowl żołovowrd i het'anosac' anowan iwroy 神がはじめに心をかけて異邦人の中から自分の名のために民を得た次第については，シメオンが語ってくれた Ac 15,14; ②zi y-ayc' el mez (M: or yayc'eal) ew arar p'rkowt'iwn żołovrdean iwrowm 彼は私たちを訪問しその民のために贖いをなしたゆえに Lk 1,68.
ayc'elow, -i, -ac'【名】訪問者，監督者；ayc'elow linim = ἐπισκέπτομαι 訪問する Jas 1,27.
ayc'elowt'iwn, -t'ean【名】訪れ，訪問 (ἐπισκοπή)：p'oxanak zi oč' canear z-żamanak ayc'elowt'ean k'o なぜならお前は〔神が〕お前を訪れてくれる時を知らなかったから Lk 19,44; p'aṙawor aṙnic'en z-AC y-awowr-n ayc'elowt'ean 人々が訪れの日に神に栄光を帰するようになるために 1Pe 2,12.
an[1], Mk 16,7M → and
an[2]- 否定の接頭辞
anagan【形】遅い，後の (ὄψιμος) Jas 5,7. → kanowx
anagoroyn; anagoron, anagorown【形】裏切りの Ro 1,31.
anazgamowt'iwn [M] → anzgamowt'iwn
anayr【形】結婚していない [女] (ἄγαμος)：et'ē meknesc'i, anayr

mnasc'ē, kam andrēn ənd aṙn iwrowm haštesc'i もしも彼女が〔夫から〕切り離されているのなら，そのまま結婚せずに留まるか，それとも戻って夫と和解せよ 1Cor 7,11. → ayr

ananowx, -nxoy【名】はっか (ἡδύοσμον) Mt 23,23; Lk 11,42.

anapak, -i, -ac'【形】混ぜられていない (ἄκρατος)：aynpisi-n arbc'ē i bažakē c'asman-n AY arkeloy y-anapakē barkowt'ean bažaki-n そのような者は，怒りの杯に〔水を〕混ぜずに注がれた，神の憤激の杯（葡萄酒）を飲むことになる Re 14,10.

anapakanac'ow, -owē【形】朽ちることのない (ἄφθαρτος) 1Pe 1,23. → -ac'ow, apakanac'ow

anapat, -i, -ic'/-ac'【名】①荒れ野 (ἐρημία 2Cor 11,26). ②荒涼とした (ἔρημος Mt 14,13; 24,26)：①višts y-anapati 荒れ野での難 2Cor 11,26; ②gnac' anti nawow y-anapat tełi aṙanjinn 彼はそこから舟に乗って退き荒涼としたところに自分だけで行った Mt 14,13; apa et'e asic'en jez, ahawanik y-anapati ē, mi elanic'ēk 人々があなたたちに「見よ，彼は荒れ野にいるぞ」と言っても，出て行くな Mt 24,26.

anaṙak, -ac'【形】放埓な，ふしだらな，みだらな (ἄθεσμος) 2Pe 3,17.

anaṙakowt'iwn, -t'ean【名】①放蕩，放縦，自堕落 (ἀσωτία Tt 1,6; ἀσώτως Lk 15,13; ἀσέλγεια 2Pe 2,2); 快楽 (ἡδονή Tt 3,3). ②酒宴，酒盛，酒神の祭り (κῶμος)：①gnac' y-ašxarh herī ew and vatneac' z-inč's iwr zi kerayr anaṙakowt'eamb 彼は遠い国に旅立ち，そこで放埓な生活をして自分の財産を浪費してしまった Lk 15,13; ②ibrew i townǰean zgastac'ealk' šrǰesc'owk', mi anaṙakowt'eambk' ew arbec'owt'eambk' 日中におけるように，目覚めた形で，私たちは歩もうではないか，酒宴や泥酔によってではなく Ro 13,13.

anasown, anasnoy, -oc'【名】動物，畜生，獣；家畜 (ζῷον He 13,11; 2Pe 2,12; κτῆνος 1Cor 15,39)：anasnoc' matč'ēr ariwn-n vasn mełac' 動物の血は罪を贖うために差し出された He 13,11; sok'a ibrew z-anxōs anasowns əst bnacin barowc'-n y-ełcowmn ew y-apakanowt'iwn これらの輩どもは，本性として，捕えられ，殺されるために生まれてきた理性なき畜生のようだ 2Pe 2,12; oč' amenayn marmin noyn marmin ē, ayl ayl marmin ē mardkan, ew ayl marmin anasnoc', ayl marmin t'ṙč'noc' ew ayl marmin jkanc' すべての肉が同じなのではなく，むしろ人間の肉は異なっており，家畜の肉も異なっており，鳥の肉も異なっており，魚の肉も異なっている 1Cor 15,39. → grast, arǰaṙ

anastowac【形】無神の (ἄθεος)：yoys inč' oč' ownēik' ew anACk' ēik' y-ašxarhi あなた方はこの世界で何の希望も持たず無神者だった Eph

2,12.

anarat, -i, -ic‘【形】欠点［傷・しみ］のない，非の打ち所のない，非難すべき点のない，穢れのない（ἄμεμπτος Lk 1,6; ἀμέμπτως 1Th 5,23; ἀνεπίλημπτος 1Tm 6,14; ἄμωμος Eph 1,4; ἀμώμητος 2Pe 3,14; ἀνέγκλητος Col 1,22; ἅγιος 1Pe 2,5; ἀμίαντος He 7,26; Jas 1,27; 1Pe 1,4; ἄσπιλος 1Pe 1,19）；裁判を受けない（ἀκατάκριτος Ac 22,25）: gnayin y-amenayn patowirans ew y-irawowns TN anaratk‘ 彼らは主のすべての掟と義の規定の中を落ち度なく歩んでいた Lk 1,6; pahel k‘ez z-patowiran-n, anbic anarat 落ち度なく，咎めるべき点もないよう君がその掟を遵守すること 1Tm 6,14; yandiman kac‘owc‘anel z-jez sowrbs ew anrics ew anarats aṙaǰi nora あなた方を彼の前に聖なる者，咎めるべき点なき者，非難すべき点なき者とする Col 1,22; krōnaworowt‘iwn sowrb ew anarat aṙ i y-AY ew i hōrē ays ē 父なる神のもとで清く穢れのない信心深さとは，これ（＝以下のこと）である Jas 1,27; et‘ē z-ayr Hṙomayec‘i ew anarat part ic‘ē jez gan harkanel ローマの市民たる者を裁判にもかけずに鞭打つことが，あなたたちに許されているのか Ac 22,25. → arat

anarg, -i, -ac‘/-ic‘【形】価値のない，卑しむべき，下劣な；軽んじられる，恥辱される；最も小さい（ἄτιμος Mt 13,57; 1Cor 4,10; ἐξουθενημένος ［< ἐξουθενέω］ 1Cor 6,4; ἐλάχιστος 1Cor 6,2）；《比》anargagoyn より誉れに欠けている（ἄτιμος 1Cor 12,23）: č‘-ik‘ margarē anarg, et‘e oč‘ y-iwrowm gawaṙi ew y-iwrowm tan 預言者は，自分の故郷，そして自分の家以外のところでは，尊ばれないことはない Mt 13,57; dowk‘ p‘aṙaworealk‘ ew mek‘ anargk‘ あなたたちは栄誉を受けているが，私たちは恥辱を受けている 1Cor 4,10; howsk yetoy k‘an z-amenesin ibrew anargi mioǰ erewec‘aw ew inj ＝ ἔσχατον δὲ πάντων ὡσπερεὶ τῷ ἐκτρώματι ὤφθη κἀμοί 彼は，すべての者の最後に，ちょうど「未熟児」のごとき私にも現れた 1Cor 15,8. → arg, yargem

anargank‘, -nac‘【名】《複のみ》①不名誉；卑俗（ἀτιμία Ro 9,21; 1Cor 11,14）．②最も小さいこと，些細なこと，どうでもよいこと：①z-omn i patiw ew z-omn y-anargans ひとつを栄誉のため［の器］に，他のひとつを卑俗のため［の器］に Ro 9,21; ②ayl inj ew ays anargank‘ en（＝ ἐμοὶ δὲ εἰς ἐλάχιστόν ἐστιν), et‘ē i jēnǰ datec‘ayc‘, kam bnaw isk i mardkanē 私にとっては，あなた方によって判断されたり，あるいはそもそも人間によって判断されたりすることは最も些細なことだ 1Cor 4,3.

anargem, -ec‘i【動】①侮辱する，辱める，軽蔑する．②忌避する，拒む，退ける，棄てる．③無効と見なす（ἀποδοκιμάζω Mk 8,31; ἀτιμάζω

Mk 12,4; Ac 5,41; ἀθετέω Lk 7,30; 10,16; Jn 12,48; Ga 2,21; ἀκυρόω Mk 7,13; ἐξουθενέω Ac 4,11)：①ew z-na kaṙap'natec'in ew arjakec'in anargeal (= ἀπέστειλαν ἠτιμωμένον) 彼らは彼をも頭を殴って侮辱を加えたうえで送り返した Mk 12,4; nok'a gnac'in xndalov y-eresac' ateni-n, zi vasn anowan-n aržani ełen anargeloy 彼らは御名のために辱めを受けるに足る者とされたことを喜びながら，最高法院の面前から出て行った Ac 5,41; ②or z-jez anargē, z-is anargē あなた方を拒む者は私を拒む Lk 10,16; part ē ordwoy mardoy bazowm č'arč'arans əndownel ew anargel y-eric'anc' 人の子は多くの苦しみを受け，長老たちから棄てられねばならない Mk 8,31; ③p'arisec'ik'-n ew awrinakank' z-xorhowrd-n AY anargec'in y-anjins iwreanc' ファリサイ人たちと律法学者たちは自分たちに対する神の意向を無にした Lk 7,30; es oč' anargem z-šnorhs-n AY 私は神の恵みを無効にはしない Ga 2,21; anargēk' z-ban-n AY jerov awandowt'eamb-n z-or awandec'ēk' お前たちはお前たちが伝えてきた言い伝えで神の言葉を台無しにしている Mk 7,13. → xotem, arhamarhem; ↔ patowem

anargow, -k' 【形】人を賤しめる，侮り切る；不従順な (ἀπειθής) Ro 1,30.

anargowt'iwn, -t'ean 【名】①不名誉，恥 (ἀτιμία). ②取り消し，除去 (ἀθέτησις He 9,26); 不適切，不相応 (ἀδόκιμος Ro 1,28)：② y-anargowt'ean mełac' 罪の取り消しのために He 9,26; matneac' z-nosa AC i mits anargowt'ean 神は徒らな思いに彼らを引き渡した Ro 1,28.

anaržan 【形】ふさわしくない：gorcel z-anaržans = ποιεῖν τὰ μὴ καθήκοντα〔人間として〕ふさわしくないことを為す Ro 1,28.

anaržanowt'iwn, -t'ean 【名】ふさわしくないこと；anaržanowt'eamb ふさわしくない仕方で (ἀναξίως) 1Cor 11,27.

anarcat'asēr 【形】金銭に愛着のない (ἀφιλάργυρος) He 13,5.

anawgowt 【形】役に立たない，無益な (ἀνωφελής) Tt 3,9. → awgowt

anawt', -oy/-i, -oc'/-ic' 【名】容器，器，道具 (σκεῦος)：oč' t'ołoyr et'e ok' anawt' inč' anc'owc'anic'ē ənd tačar-n 彼は，誰にも神殿を通って道具を運ぶことを許さなかった Mk 11,16; ibrew z-anawt' brti p'šresc'ē z-nosa 彼は陶器師の器のように彼らを打ち砕くだろう Re 2,27.

anawt'i, -t'woy, -t'eac' 【形】空腹の (νῆστις)：arjakel z-dosa anawt'is (M: nawt'is) č'-kamim 私は彼らを空腹のまま帰らせたくはない Mt 15,32. → nawt'i

anawšiw [= anowšiw] → anoyš

anawrēn, -rini, -nac' 【形】律法をもたない，無法の，不正な，邪悪な，

犯罪者 (ἄνομος 1Cor 9,21 Ac 2,23; ἀθέμιτος 1Pe 4,3; ἄτοπος 2Th 3,2)：ənd anōrēns elē ibrew z-anōrēn 律法をもたない人たちに対しては私は律法をもたない者のようになった 1Cor 9,21; i jeṙac' anōrinac' beweṙeal i p'ayti spanēk' 〔彼を〕あなたたちは不法の者どもの手で木に釘づけにして殺した Ac 2,23; anōrēn kṙapaštowt'eambk' 法を逸脱した偶像礼拝をもって 1Pe 4,3.

anawrēnowt'iwn, -t'ean【名】①不法［行為］，犯罪 (ἀνομία Mt 13,41; παρανομία 2Pe 2,16a)．②狂気 (παραφρονία 2Pe 2,16b)：①žołovesc'en y-ark'ayowt'enē nora z-amenayn gayt'agłowt'iwns ew z-aynosik oyk' gorcen z-anawrēnowt'iwn 彼らは彼の王国からすべての躓きと，不法を行う者どもとを集めるだろう Mt 13,41; kštambans iwroy anōrēnowt'ean-n stac'aw 彼はその犯罪の咎めを受けた 2Pe 2,16a; ②ēš-n anxōsown mardkełēn barbaṙov-n barbaṙeal argel z-margarēi-n z-anōrēnowt'iwn-n もの言わぬろばが人間の声で発言し，その預言者の狂気を妨げた 2Pe 2,16.

anbaresēr【形】善を嫌う (ἀλάγαθος) 2Tm 3,3.

anbic → ambic

anbnakan【形】不自然な，自然に反する (παρὰ φύσιν)：ēgk' noc'a p'oxanakec'in z-pēts bnakans i pēts anbnakans 彼らのうちの女性たちは自然な交わりを不自然な交わりに変えた Ro 1,26.

anbown【形】自然に反して (παρὰ φύσιν)：zi et'ē dow i bown vayreni jit'enwoy anti hatar, ew y-anbown k'o i bari jit'enwoǰ-n patowastec'ar, orč'ap' ews aṙawel nok'a or bownk'-n isk en patowastesc'in y-iwreanc' jit'enwoǰ-n 実際，もしもあなたが，生来の野生のオリーブから切り取られて，自然に反してよいオリーブへと接ぎ木されたのだとするならば，なおさらこれらまさに生来のオリーブは，本来の自分であるそのオリーブに接ぎ木されることであろう Ro 11,24. → bown

angam[1]【副】〔数詞を伴って〕度，回；bazowm angam たびたび，何度も (πολλάκις Jn 18,2; πολλά Mk 6,23); erkrord/krkin angam = ἐκ δευτέρου; errord angam = ἐκ τρίτου; τὸ τρίτον Mk 14,41; ewt'n angam = ἑπτάκις; k'anic's angam 何度？ (ποσάκις Mt 18,21); oč' angam/č'- ... angam 一度も…ない：bazowm angam žołoveal ēr andr YI ašakertawk'-n handerj イエスはたびたび弟子たちとそこで集まっていた Jn 18,2; hac' angam č'-žamanein owtel = οὐδὲ φαγεῖν εὐκαίρουν 彼らは一度も食事する間がなかった Mk 6,31. → miangam, miangamayn, miwsangam

angam[2]【副】…でさえ，…ですら，…までも：minč'ew Baṙnabas angam

xonarhec'aw i noc'a kełcaworowt'iwn-n = ὥστε καὶ Βαρναβᾶς συναπήχθη αὐτῶν τῇ ὑποκρίσει その結果バルナバですら彼らの偽善に降った Ga 2,3

anganic'ēk'; angaw; angeal [= ank-] → ankanim

angean, Lk 20,17M → ankiwn

angēt【形】知らない，無知の；y-angēts 知らずに，うっかり (λανθάνω He 13,2)：aynow omank' y-angēts ənkalan z-hreštaks それによってある人たちは気づかないで使いたちをもてなした He 13,2. → gēt

angitowt'iwn, -t'ean【名】無知 (ἄγνοια Ac 3,17; ἀγνωσία 1Pe 2,15)；無知による違反，過失 (ἀγνόημα He 9,7)：gitem zi angitowt'eamb ararēk' あなたたちが無知ゆえにやったのだということを私はわかっている Ac 3,17; baregorcac'-n papanajec'owc'anel z-anzgam mardoc' z-angitowt'iwn 善を行い馬鹿な人々の無知を黙らせる 1Pe 2,15. → gēt

angołnis, Lk 11,7E → ankołin

angosnem; +M: ankosnem, -ec'i【動】軽蔑する，無視する (ἐξουδενέω Mk 9,12; ἐξουθενέω Ro 14,3)；鼻に皺を寄せる，嘲笑する，せせら笑う (ἐκμυκτηρίζω Lk 16,14; 23,35)；唾棄する (ἐκπτύω Ga 4,14)：ziard? greal ē z-ordwoy mardoy zi bazowm inč' č'arč'aresc'i ew angosnesc'i 人の子について，彼が多くの苦しみを受け，ないがしろにされると書いてあるのはどういうわけか Mk 9,12; or owtē-n, z-ayn or oč'-n owtē, mi angosnesc'ē 食べる者は食べない者を軽んじてはならない Ro 14,3; ibrew lsein z-ays amenayn P'arisec'ik'-n k'anzi arcat'asērk' ein ew angosnein z-na これらすべてを聞くと，ファリサイ人らは金銭欲がはっていたので，彼に向かって鼻に皺を寄せた Lk 16,14; z-p'orjans-n or i marmni imowm ēin, oč' anargec'ēk' ew oč' angosnec'ēk' あなた方は私の肉体にあった試みを軽侮もせず唾棄もしなかった Ga 4,14.

angowt'【形】憐れみのない，和解しない (ἄσπονδος) 2Tm 3,3. → gowt'

and[1], Mt 27,6M [= andr] → andr

and[2]; Jn 12,9M: ant【副】《3人称直示 → -n》①そこに，あそこに (ἐκεῖ; ἐκεῖσε Ac 21,3; αὐτοῦ Ac 18,19). ②〔位格名詞に後置され3人称冠詞として機能する〕あの…で(に)：①ełew i miwsowm šabat'ow-n mtanel nma i žołovowrd-n ew owsowc'anel. ew ēr and ayr mi ew jeṙn iwr aǰ gawsac'eal ēr 別の安息日に彼が会堂に入り，教えていた際，そこに1人の人がいたが，その右手は萎えていた Lk 6,6; owr ganjk' jer en, and ew sirtk' jer あなたの宝のあるところ，そこにあなたの心もある Mt 6,21; asē c'-aynosik or and-n kayin = λέγει τοῖς ἐκεῖ 彼女はそこにい

る者たちに言う Mt 26,71; hariwrapeti-n or kayr and = ὁ κεντυρίων ὁ παρεστηκὼς ἐξ ἐναντίας αὐτοῦ (D. Θ: ἐκεῖ) そこに [Gk: 彼に向かい合って] 立っていた百人隊長 Mk 15,39; z-nosa et'oł and 彼は彼らをそこに残した Ac 18,19; ②es y-amenayn žam owsowc'i i žołovrdean-n ew i tačari and owr amenayn hreayk' žołoveal ein 私はいつもすべてのユダヤ人たちが集まる会堂や神殿で教えた Jn 18,20; cf. Lk 20,1E: i tačari and, M: i tačari-n; Jn 7,11E i tawni and, M: i tawni-n. → ast, aydr

and[3], -i, -ic'/-oy, oc' 【名】野，畑，耕地 (ἀγρός; χώρα Lk 12,16): embrnec'in z-omnSimovn Kiwrēnac'i or gayr y-andē 彼らはキュレネ人のシモンという者が野からやって来たのをつかまえた Lk 23,26; etown andk' tohmakans 耕地が豊作だった Lk 12,16. → andastan, agarak

andadar 【形】[i+奪] …をやめない (ἀκατάπαυστος): ač's ownin hangoyns pornkac' andadars i mełac' 彼らは姦通者のような，罪をやめない目をしている 2Pe 2,14

andam, -oy, -oc' 【名】肢体，四肢，器官 (μέλος Ro 12,4.5; Eph 5,30); 腿 (μηρός Re 19,16); 部分 (μέρος 1Cor 12,27): orpēs i miowm marmni andams bazowms ownimk' ちょうど私たちが一つの体に多くの肢体をもっているように Ro 12,4; iwrak'anč'iwr mimeanc' andamk' emk' 私たちおのおのは互いの肢体である Ro 12,5; andamk' emk' marmnoy nora 私たちは彼の体の肢体である Eph 5,30; i veray andamoc' iwroc' gir greal 彼の腿の上に文字が書かれている Re 19,16; dowk' marmink' K'Si ēk', ew andamk' y-andamoc' nora あなたたちはキリストの体であり，その部分としての肢体である 1Cor 12,27.

andamaloyc, -lowci, -cac'/-cic' 【形】中風を患っている；【名】中風患者 (παραλελυμένος < παραλύομαι Lk 5,18; παραλυτικός Mt 9,2): ark' berein mahčawk' z-ayr mi or ēr andamaloyc, ew xndrein z-na mowcanel i nerk's 男たちが1人の中風を患っている者を寝台にのせて運んで来た．そして，彼を中に運び込もうとした Lk 5,18; z-lowsnots ew z-andamaloycs てんかん患者たちや中風患者たち Mt 4,24.

andastan, -i, -ac' 【名】野，野原 (ἀγρός): ert'ayin y-andastan-n 彼らは野に向かって歩を進めていた Mk 16,12. → and[3], agarak

andēn[1], Jn 7,45M → andrēn

andēn[2] 【副】①そこで，その同じ場所に．②すぐに，直ちに，たちまち (εὐθέως Mt 21,2; ἐξαυτῆς Ac 21,32; παραχρῆμα Ac 3,7); andēn vałvałaki (εὐθύς Mk 5,30; 6,50); すでに (ἤδη Mt 5,28): ①andēn owr ēr-n = ἐν ᾧ ἦν τόπῳ 自分がいたその場所に Jn 11,6; ayl ēr andēn i tełwoǰ owr əndaraǰ ełew nma Mart'a = ἀλλ' ἦν ἔτι ἐν τῷ τόπῳ ὅπου …

彼はマルタが彼を出迎えたその場所にいた Jn 11,30; y‑or town mtanic'ēk', andēn (ἐκεῖ) awt'evans kaljik' どこでも家に入ったなら，そこに留まれ Mk 6,10; z‑ays ibrew asac', ink'n mnac' andēn [Gk. 対応原語なし] i Gałiłea こう言って，彼自身はガリラヤに留まった Jn 7,9; Mariam nstēr andēn i tan マリヤはそのまま家の中で座っていた Jn 11,20; ②oroy andēn ařeal zōrakans ew hariwrapets dimeac' i veray noc'a 彼は直ちに兵士たちと百人隊長たちを率いて，彼らのもとに駆け下った Ac 21,32; andēn hastatec'an barjk' nora ew srownk' 彼の足とくるぶしがたちどころに強くされた Ac 3,7; ənkalar andēn z‑baris k'o i keans‑n k'owm お前はお前の生きている間お前の良きものを直ちに [Gk. 対応原語なし] 受けた Lk 16,25; amenayn or hayi i kin mard ař i c'ankanaloy nma, andēn šnac'aw ənd nma i srti iwrowm ある女に対する欲情を抱いてその女を見る者はすべて，自分の心の中ですでに彼女と姦淫を犯したのだ Mt 5,28.

andowndk', -dndoc' 【名】《複のみ》底なしの深淵（ἄβυσσος Lk 8,31; Ro 10,7 [→ džoxk']; βυθός 2Cor 11,25）: zi mi hraman tac'ē noc'a ert'al y‑andownds 彼が彼らに淵の中に去り行けと言いつけないように Lk 8,31; ov iJanic'ē y‑andownds, ays ink'n ē z‑K'S hanel i mer̄eloc' 「誰が底なしの淵に下るか」（と言ってはならぬ.）これはキリストを死者の中から引き上げることになる Ro 10,7; z‑tiw ew z‑gišer y‑andownds tař̄apec'ay 私は一昼夜を深い海を漂って苦しんだ 2Cor 11,25; ark z‑na y‑andownds džoxoc' = ἔλαβεν αὐτὸν εἰς τὴν ἄβυσσον 彼はそれを冥府の深淵に投げ込んだ Re 20,3.

andstin【副】《3人称直示 → -n》[i+奪] …から，…以来: ew hogwov srbov lc'c'i andstin y‑orovainē mawr iwroy = καὶ πνεύματος ἁγίου πλησθήσεται ἔτι ἐκ κοιλίας μητρὸς αὐτοῦ また彼は，その母の胎内にいる時より [Gk: すでに]，聖霊に満たされているであろう Lk 1,15

andr【副】《3人称直示 → -n》①あそこへ（ἐκεῖ）;〔対格名詞に後置されて3人称冠詞として機能する〕あの…へ. → aydr, aysr, ‑n. ②i vałiw andr 翌日. → vałiw. ③aysr andr あちこちへ（περι-）. → aysr. ④asti andr ここからあそこに: ①ibrew lowaw et'e Ark'ełaos t'agaworeac' Hr̄eastani ... erkeaw ert'al andr 彼はアルケラオスがユダヤを支配していると聞き，そこへ行くことを恐れた Mt 2,22; owr marmin ē, andr ew arcowik' žołovesc'in 死体のあるところはどこでも，そこに禿げ鷹たちも集まるだろう Lk 17,37; ark andr (M: and) erkows lowmays 彼女はそこに2レプトンを投げ入れた Lk 21,2; ③yankarcaki hayec'eal <u>aysr andr</u> = περιβλεψάμενοι 彼らが不意にあたりを見回すと Mk 9,8 [cf. Mk

andranik

10,23E: hayec'eal yayskoys yaynkoys = περιβλεψάμενος]. → yaynkoys; ④p'oxeac' asti andr = μετάβα ἔνθεν ἐκεῖ ここからあそこに移れ Mt 17,20.

andranik, -nki/-nkan, -kac'【名】最初に生まれた者 (πρωτότοκος)：cnaw z-ordi-n iwr z-andranik 彼女はその初子の男子を生んだ Lk 2,7; zi ełic'i na andranik i meǰ ełbarc' bazmac' 彼が多くの兄弟たちの中で最初に生まれた者となるために Ro 8,29; andranik amenayn araracoc' あらゆる創造の最初の誕生者 Col 1,15.

andrankowt'iwn, -t'ean【名】長子権 (πρωτοτόκια)：ibrew z-Esaw, or ənd mioy kerakroy z-andrankowt'iwns-n vačařeac' 1 椀の食べ物の代償に自分の長子権を売ったエサウのように He 12,16.

andrēn [Lk 8,37M: andren]【副】《3人称直示 → -n》①あそこで（へ）、その同じ場所に (ἐκεῖ). → andr. ②また、再び、あらたに（動詞前接辞 ἀνα-, ἐπι-, ὑπο- などを訳して；darjeal や darjeal miwsangam と共に：Jn 11,8; Mk 14,40; Jn 19,9；krkin と共に：Jn 3,4). ③dařnam andrēn 戻る、帰る (ὑποστρέφω Lk 2,43.45; 7,10; 8,37; 11,24; 17,15; ἐπιστρέφω Lk 2,39; ἐπανάγω Mt 21,18; ἀνακάμπτω Mt 2,12)：①darjeal ert'as andrēn? あなたはまたあそこへ行くのか Jn 11,8; ②mteal andrēn ... ař t'agawor-n = εἰσελθοῦσα ... 中に入って王のもとに Mk 6,25; darjeal miwsangam andrēn ew egit z-nosa = πάλιν ἐλθὼν εὗρεν αὐτούς また同じところに戻って来ると、彼らを見つけた Mk 14,40; zi arc'en andrēn z-kšiř-n = ἵνα ἀπολάβωσιν τὰ ἴσα 同じものを取り戻すために Lk 6,34; et tanel andrēn ař Piłatos = ἀνέπεμψεν ... 彼はピラトゥスのところに送致した Lk 23,11; nok'a andrēn ałałakein ew asein = ἐπεφώνουν λέγοντες 彼らは叫び続けて言った Lk 23,21; mi t'e mart? ic'ē andrēn y-orovayn mawr iwroy krkin mtanel ew cnanel = μὴ δύναται εἰς τὴν κοιλίαν τῆς μητρὸς αὐτοῦ δεύτερον εἰσελθεῖν καὶ γεννηθῆναι; (人間は) 母親の胎内にもう 1 度入り、生まれて来ることができるだろうか Jn 3,4; ekin andrēn = ἦλθον 彼らは戻って来た Jn 7,45; ark z-sowr-d andrēn i pateans iwr = βάλε τὴν μάχαιραν εἰς τὴν θήκην 剣を鞘にしまえ Jn 18,11 [対応箇所 Mt 26,52: darjo z-sowr k'o i tełi iwr = ἀπόστρεψον τὴν μάχαιράν σου εἰς τὸν τόπον αὐτῆς]；emowt darjeal andrēn y-aparans-n = εἰσῆλθεν εἰς τὸ πραιτώριον πάλιν 彼は再び本営に入った Jn 19,9.

anełc, -i, -ic'【形】不滅の、不朽の (ἄφθαρτος)：p'oxec'in z-p'ařs anełci-n AY i nmanowt'iwn patkeri ełcaneli mardoy 彼らは不朽なる神の栄光を、朽ちゆく人間の像に似通ったものに変えた Ro 1,23.

anełcowt'iwn, -t'ean 【名】不滅，不朽 (ἄφθαρτος 1Pe 3,4; ἀφθαρσία Eph 6,24)：anełcowt'eamb hnazandowt'ean ew handartowt'ean hogwoy-n 穏やかで静かな霊という不滅のものをもって 1Pe 3,4; šnorhk' ənd amenesin oyk' siren z-TR mer YS K'S anełcowt'eamb 恵みが私たちの主イエス・キリストを愛するすべての人々と共に朽ちることなく〔あるように〕Eph 6,24.

aner, -oy/-i 【名】義父 (πενθερός)：or ēr aner Kayiap'ay 彼はカヤファの義父だった Jn 18,13.

anerewoyt', -owt'i, -ic' 【形】目に見えない，現れない (ἄφαντος Lk 24,31; ἀφανής He 4,13; ἀόρατος Ro 1,20; He 11,27)；y-anerewoyt's 目に見えないように，不明瞭に (ἀδήλως 1Cor 9,26)：na ełew i noc'anē anerewoyt' 彼は彼らには見えなくなった Lk 24,31; č'ik' ararac anerewoyt' y-eresac' nora 彼の前に現れない被造物はない He 4,13; oč' gitemk' z-erewelis-s ayl z-anerewoyt's-n (= τὰ βλεπόμενα ἀλλὰ τὰ μὴ βλεπόμενα) 私たちは見ることのできるものにではなく，むしろ見ることのできないものに目を注ぐ 2Cor 4,18. → erewim

anerkewan 【形】傷のない (ἄμωμος) Jd 24.

anerkiwł 【副】恐れずに，大胆に (ἀφόβως) Jd 12. → erkiwł

anzgam, -ac' 【形】分別のない，馬鹿な，愚かな，堕落した (ἄφρων 2Cor 11,16; 12,6; 1Pe 2,15; πονηρός 2Th 3,2)：mi ok' hamaresc'i z-is anzgam apa t'ē oč', gonē ibrew z-anzgam ənkalarowk' z-is 誰も私を愚か者だと思わないように．しかし，もしそれができないとするなら，少なくとも愚か者として私を受け入れてくれるように 2Cor 11,16; et'ē ew kamic'im parcel, oč' ełēc' anzgam もしも私が誇ることを欲したとしても，私は愚か者にはならないだろう 2Cor 12,6.

anzgamowt'iwn; M: anazgamowt'iwn, -t'ean 【名】無分別，愚かさ (ἀφροσύνη 2Cor 11,17.21)；邪悪 (πονηρία Ro 1,29; 1Cor 5,8 [→ č'arowt'iwn])：z-or xōsim-s, oč' et'ē əst TN inč' xōsim, ayl ibrew anzgamowt'eamb 私は〔このようなことを〕言っているが，それを私は主に従って言っているのではなく，愚かさによっている者として言っている 2Cor 11,17.

anzełj, -ic' 【形】①悔い改めない (ἀμετανόητος Ro 2,5). ②破棄されない，取り消されない (ἀμεταμέλητος Ro 11,29)：①əst xstowt'ean k'owm ew əst anzełj srti ganjes anjin k'owm barkowt'iwn y-awowr barkowt'ean, ew y-aytnowt'ean ardar dataworowt'ean AY あなたの頑なさ，そして悔い改めのない心ゆえに，あなたは自分自身に対して，神の怒りと正しいさばきが啓示される日における〔神の〕怒りを，宝物と

anēck'

して〔後生大事に〕貯め込んでいる Ro 2,5; ②anzełj en šnorhk'-n ew koč'owmn AY 神の恵みの賜物と召しとは、破棄されることがない Ro 11,29. → złja(na)m

anēck', anicic', -iwk' 【名】呪い (κατάρα Jas 3,10; ἀρά Ro 3,14): i nmin beranoy elanen ōrhnowt'iwnk' ew anēck' 同じ口から祝福と呪いが出て来る Jas 3,10; oroc' berank' aniciwk' ew daṙnowt'eamb li en 彼らの口は呪いと苦味で満ちている Ro 3,14.

ant'aṙam 【形】凋まない、朽ちない (ἀμαράντινος 1Pe 5,4; ἀμάραντος 1Pe 5,4): y-erewel hovowpeti-n əndownijik' z-ant'aṙam p'aṙac' psak-n 牧者の長が現れる時、あなた方はしおれることのない栄光の冠を手に入れるだろう 1Pe 5,4; y-anełc ew y-anarat ew y-ant'aṙam žaṙangowt'iwn 不滅で、穢れがなく、消え行くこともない遺産へ 1Pe 1,4.

ant'ap' 【形】晒されていない (ἄγναφος): oč' ok' arkanē kapert ant'ap' i veray hnac'eal jorjoy 誰も晒していない布の当て切れを古い着物の上に縫いつけたりはしない Mt 9,16. → t'ap'ič', -t'ap'

ant'lp'at 【形】割礼されていない (ἀπερίτμητος Ac 7,51; ἀκροβυστία Ac 11,3): xstaparanoc'k' ew ant'lp'atk' srtiwk' ew akənjōk' 強情で心にも耳にも割礼を受けていない人たちよ Ac 7,51; emowt aṙ ars ant'lp'ats ew eker ənd nosa 彼は割礼のない者たちのもとに入って彼らと食事した Ac 11,3.

ant'lp'atowt'iwn, -t'ean 【名】無割礼、包皮 (ἀκροβυστία): hawatac'eal ē inj awetaran-n ant'lp'atowt'ean, orpēs Petrosi i t'lp'atowt'ean ペトロに割礼の〔者たちへの〕福音が委ねられているように、私には無割礼の〔者たちへの〕福音が委ねられている Ga 2,7; mi c'ankasc'i ant'lp'atowt'ean 無割礼を欲するな〔= μὴ ἐπισπάσθω 包皮を引っ張り上げるな〕1Cor 7,18.

anžoyž 【形】狭量な、自制のできない (ἀκρατής) 2Tm 3,3.

anicanem, anici 【動】呪う (καταράομαι); aniceal 呪われた (ἐπικατάρατος Ga 3,10): t'zeni-n z-or anicer c'amak'ec'aw あなたが呪ったいちじくの木が枯れた Mk 11,21; aniceal amenayn mard or oč' kac'c'ē y-amenayn greals-n i girs ōrinac' aṙnel z-amenayn すべてを行うようにと律法の書に書かれているすべてのことがらのうちに留まらない人はすべて呪われている Ga 3,10.

anicič', -cč'i, -č'ac' 【名】呪う者 (καταρώμενος < καταράομαι): awhrnec'ēk' z-anicič's jer あなたたちを呪う者たちを祝福せよ Lk 6,28.

aniciwk' → anēck'

animast 【形】愚かな、知恵のない (ἄσοφος): mi ibrew animastk' ayl

ibrew imastownkʻ 知恵なき者のようにではなく知恵者のように Eph 5,15.

aniraw, -i, -acʻ【形】不義の，不忠実な（ἄδικος）: išxē? okʻ i jenǰ etʻē irkʻ inčʻ ənd ənkeri iwrowm datel aṙaǰi anirawacʻ ew očʻ aṙaǰi srbocʻ あなたたちのうちのある者が自分の隣人に対して訴えを起こした場合，その者は敢えて聖なる者たちの前ではなくて，不義なる者たちの前で裁きを受けようとするのか 1Cor 6,1; or i pʻokʻow-n aniraw ē, ew i bazmi-n aniraw (M: ē) 小さいことに不忠実な者は，多くのことにも不忠実だ Lk 16,10. ―y-anirawi 不当に（ἀδίκως）1Pe 2,19. → iraw; ↔ hawatarim

anirawowtʻiwn, -tʻean【名】不義，不正，悪事（ἀδικία [D: ἀνομία] Lk 13,27; 2Tm 2,19; ἀδίκημα Ac 24,20）: i bacʻ kacʻēkʻ y-inēn amenayn mšakkʻ-d anirawowtʻean 私から離れよ，〔お前たち〕どれもこれも不義を働く者どもよ Lk 13,27; i bacʻ licʻi y-anirawowtʻenē amenayn or anowanē z-anown TN 主の名を呼ぶ者はみな悪事から離れよ 2Tm 2,19; inkʻeankʻ sokʻa asascʻen, zinčʻ? gtin y-is anirawowtʻiwn minčʻdeṙ kayi y-ateni-n ここにいる人々自らが，最高法院に立っていた時の私にどんな不正を認めたのか，言うべきだろう Ac 24,20. → irawownkʻ, apiratowtʻiwn

aniw, anowoy, -ocʻ【名】車輪（τροχός）: vaṙē hrov z-aniw cnndean それは生成の車輪を炎で包む Jas 3,6.

anloway, -i, -icʻ【形】洗われていない（ἄνιπτος）: anloway (M: anlowa) jeṙawkʻ owtel očʻ płcē z-mard 洗わない手で食べることが人間を穢すことはない Mt 15,20; xaṙnak jeṙawkʻ aysinkʻn ē anlowa owtein hacʻ 彼らは不浄な手で，つまり手を洗わずにパンを食べていた Mk 7,2. → lowanam, xaṙnak

anxayem, -ecʻi【動】節約する，控える，断念する（φείδομαι）: anxayem（補 parcel）私は〔誇ることを〕断念する 2Cor 12,6.

anxayowtʻiwn, -tʻean【名】容赦しないこと（ἀφειδία）: anxayowtʻeamb marmnoy 身体の苦行を伴って Col 2,23.

anxaṙnowtʻiwn, -tʻean【名】放縦さ，不節制（ἀκρασία）: i nerkʻoy li en yapʻštakowtʻeamb ew anxaṙnowtʻeamb 内側は略奪（行為）と放縦さに満ちている Mt 23,25; zi mi pʻorjescʻē z-jez Satanay vasn anxaṙnowtʻean-n jeroy サタンがあなた方の不節制に乗じてあなた方を誘惑することがないように 1Cor 7,5. → xaṙn

anxardax【形】混ぜ物のない，純粋な（ἄδολος）1Pe 2,2.

anxapʻan【形】妨げられることのない；【副】妨げられないで（ἀκωλύτως Ac 28,31）: owsowcʻanēr vasn TN YI KʻI, anxapʻan amenayn hamarjakowtʻeamb 実に大胆に妨げられることもなく彼は主イエス・キ

リストについて教え続けた Ac 28,31.

anxiłč【形】詮索しない，偏見のない，差別しない (ἀδιάκριτος Jas 3,17); 非難なき，欠点なき，やましくない (ἀπρόσκοπος Ac 24,16); 偽りのない (ἀνυπόκριτος 2Tm 1,5)：čgnim anxiłč mits ownel aṙ AC ew aṙ mardik y-amenayn žam 私は神に対し，また人間に対し，やましくない良心を常に持つように努力している Ac 24,16; z-mtaw aceal z-anxiłč hawats-n or en i k'ez あなたの内にある偽りなき信仰を思い起こしている 2Tm 1,5.

anxmor, -ic'【形】パン種の入っていない (ἄζυμος) 1Cor 5,8. → bałaṙǰ

anxrat, -i, -ic'【形】無教養な (ἀπαίδευτος)：i-yimar ew y-anxrat xndroc' hražarea 愚かで無教養な論争は退けよ 2Tm 2,23.

anxōs【形】口の利けない，理性のない (ἄλογος)：ibrew z-anxōs anasowns 理性のない畜生のように 2Pe 2,12. → xawsim

anxōsown【形】無言の，ものの言えない (ἄφωνος)：z-ēš-n anxōsown もの言わぬろば 2Pe 2,16. → anmṙownč', hamr

ancanawt', -i, -ic'【形】知られていない，未知の (ἄγνωστος Ac 17,23a); y-ancanōt's 知らずに (ἀγνοέω Ac 17,23b)：gti bagin mi y-orowm greal ēr, ancanōt'i AY 私は，知られざる神に，という刻文のある祭壇を発見した Ac 17,23a; z-or dowk' y-ancanōt's paštēk', es z-noyn patmem jez わたしはあなたたちが知らずに崇拝しているもの，それをあなたたちに告げ知らせる Ac 17,23b. → canawt'

ancowk → anjowk

ankac【形】落ちた；ankac linim 落ちる (ἐκπίπτω) Ro 9,6.

ankanem, anki【動】織る (ὑφαίνω); p'or ankeal 1枚に織り上げた (ὑφαντός)：k'anzi ēr aṙanc' karani i verowst p'or ankeal amenewin (その下着は) 縫い合わせがなく，上から全体を1枚に織り上げたものだった Jn 19,23.

ankanim, ankay, 命 ankir【動】①落ちる，転落する，脱落する；陥る；漂流（着）する，（暗礁に）乗り上げる (πίπτω Ac 13,11; 20,9; Re 2,5; ἀποπίπτω Ac 9,18; ἐκπίπτω Ac 27,26.29; 1Pe 1,24; ἐμπίπτω Mt 12,11; Lk 10,36; ἐπιπίπτω Ro 15,3; καταπίπτω Lk 8,6; περιπίπτω Lk 10,30; Ac 27,41; Jas 1,2 [i mēǰ]; παραβαίνω Ac 1,25);（風が）吹き降ろす (βάλλω Ac 27,14); [z-+具] ankanim z-lanǰawk'-n 胸元に寄りかかる，懐近くで食卓につく Jn 13,25; 21,20; ankanim z-paranoc'aw-n = ἐπιπίπτω ἐπὶ τὸν τράχηλον 首をかき抱く Lk 15,20. ②倒れる，崩れる (πίπτω 1Cor 13,8; He 11,30; καταπίπτω Ac 26,14; συμπίπτω Lk 6,49). ③ひれ伏す (πίπτω Mt 2,11; προσπίπτω Mk 7,25); 従う，仲間に加わ

る，帰依する（προσκλίνομαι Ac 5,36; κολλάομαι Ac 17,34). ④滅びる（ἀπόλλυμαι Mt 26,52). ⑤飛び込む（ἀπορίπτω Ac 27,43). ⑥ankanim i sirt 心にのぼる，呼び起こす（ἀναβαίνω ἐπὶ καρδίαν 1Cor 2,9). ⑦手 (所有) に帰する（ἐπιβάλλω Lk 15,12）：①ayl-n ankaw y-apařaži 他〔の種〕は石地に落ちた Lk 8,6; ankaw y-errord dstikonē-n i vayr 彼は3階から下に落ちた Ac 20,9; naxatink' naxatč'ac' k'oc' ankan i veray im 私を非難する者たちの非難が私の上に落ちた Ro 15,3; ankaw i ječs awazakac' 彼は盗賊どもの手中に落ちた Lk 10,30; yišea ayžm owsti ankar-n お前がどこから転落したかを思い出せ Re 2,5; andēn ankaw i veray nora mēg ew xawar たちまち霞と闇が彼を覆った Ac 13,11; z-ahi hareal t'ē gowc'ē i xist inč' teɫis ankanic'in 暗礁に乗り上げることを恐れて Ac 27,29; ankeal i teɫi mi erkcov 2つの海に挟まれた浅瀬に突っ込んで Ac 27,41; amenayn owraxowt'ean aržani hamariǰk', yoržam i pēspēs p'orjowt'eanc' i mēǰ ankanic'ik' さまざまな試みに陥ることがあれば，その時には，これを無上の喜びに値すると思え Jas 1,2; oč' yet bazowm žamowc' ankaw z-novaw hoɫm owřowc'ik 間もなく暴風がそこに吹き降ろして来た Ac 27,14; ②parispk'-n Erik'ovi ankan エリコの城壁は崩れ落ちた He 11,30; y-amenec'own mer ankanel-n y-erkir 私たちは皆地に倒れた Ac 26,14; sēr oč' erbēk' ankani 愛は決して倒れることがない 1Cor 13,8; ③ankeal erkir paganein nma 彼らはひれ伏して彼を拝んだ Mt 2,11; ankaw ařaǰi nora 彼女は彼の前にひれ伏した Mk 7,25; y-or ankan ark' t'owov ibrew č'orek'hariwr 数にして400人ほどの男が彼に従った Ac 5,36; omank' ark' ankealk' i na hawatac'in 数人の者は彼に帰依し，信仰に入った Ac 17,34; ④amenek'ean or sowr ařnowc'own srov ankanic'in [M.mg: vaxčanic'in] 剣を取る者はすべて剣で滅びる Mt 26,52; ⑤hramayeac' zi or karōɫ-n ic'ē lowɫel ankanic'in nax ew i c'amak'-n elanic'en 彼は，泳げる者はまず飛び込んで上陸するように命じた Ac 27,43; ⑦towr inj bažin or ankani y-nč'ic'-d 財産のうち，私の分け前分を与えよ Lk 15,12.

ankar, -i, -ic' 【形】不可能な，できない (ἀδύνατος)：ař i mardkanē ayd ankar ē, ayl ař y-AY amenayn inč' zawrawor それは人間にはできないが，神には何でもできる Mt 19,26. → kar, tkar, karem, anhnarin, zawrawor

ankarg 【形】無秩序な，節操のない，放埓な (ἀκατάστατος Jas 3,8; ἄθεσμος 2Pe 2,7)：z-lezow mardkan oč' ok' karē hnazandel, z-č'ar-n ew z-ankarg-n 人間のうちで舌を飼い馴らせる者は誰もいない．それは悪であり節操のないものだ Jas 3,8.

ankardowtʻiwn, -tʻean 【名】無秩序，放埒 (ἀσωτία) 1Pe 4,4.
[**ankarc-**] → yankarc-, karcem
ankarowkʻ, -erowkʻ; **ankaw**; **ankeal**; **ankir** → ankanim
ankeal [Jn 19,23] → ankanem
ankełcawor 【形】偽りのない (ἀνυπόκριτος)：sēr y-ankełcawor hawatocʻ 偽りなき信仰に基づく愛 1Tm 1,15.
ankiwn, -kean, -keancʻ; M: +ang-【名】隅，(通りの) 角 (γωνία)：y-ankiwns hraparakacʻ kal 大通りの角に立っている Mt 6,5; glowx ankean = κεφαλὴ γωνίας 隅の親石 Mt 21,42; Lk 20,17 (M: angean)；zi očʻ etʻē y-ankean owrekʻ gorceal icʻē ays これはどこかの片隅で行われたわけではないのだから Ac 26,26; tesi čʻors hreštaks zi kayin i čʻors ankiwns erkri 私は地の四隅に 4 人の天使が立っているのを見た Re 7,1.
ankołin/əŋkołin; M: angołin, -łni/-łnoy, -łnacʻ/-łnocʻ【名】寝床，同衾 (κοίτη)：mankownkʻ-s ənd inew kan y-ankołni (M: y-angołni-s) 子供たちは私と共に床に入っている Lk 11,7; patowakan ē amowsnowtʻiwn amenewin ew sowrb ankołinkʻ すべての人たちの間で結婚は貴いものであり，寝床は穢れないものである He 13,4; ibrew i townǰean zgatacʻealkʻ šṙǰescʻowkʻ, mi anaṙakowtʻeambkʻ ew arbecʻowtʻeambkʻ, ew mi xaṙn ənkołnōkʻ ew płcowtʻeambkʻ 日中におけるように，目覚めたる仕方で，私たちは歩もうではないか，酒宴や泥酔によってではなく，淫らな性交渉や放縦によってでもなく Ro 13,13; ew očʻ aynčʻapʻ miayn, ayl ew i Hṙebekay i mioǰē ankołnoy Sahakay hōr meroy = οὐ μόνον δέ, ἀλλὰ καὶ ῾Ρεβέκκα ἐξ ἑνὸς κοίτην ἔχουσα, Ἰσαὰκ τοῦ πατρὸς ἡμῶν それだけではなく，私たちの父祖イサクという 1 人の男性によって妊娠したリベカもまた〔そうである〕Ro 9,10 [Arm: κοίτην ἔχουσα「妊娠する」を訳さない誤訳か].
ankosnem [M] → angosnem
ankṙiw【形】戦争を嫌う (ἄμαχος) Tt 3,2. → kṙowōł
ankcʻ- → ankanim
anhamim, -hamecʻay【動】味を失う，味がなくなる：(μωραίνομαι Mt 5,13; ἄναλος Mk 9,50)：apa etʻe ałn anhami, iwʻ yałicʻi もしも塩が味を失ってしまったら，何によって塩づけられるだろうか Mt 5,13; etʻe ałn anhamescʻi, iwʻ hamemescʻi 塩に味がなくなったなら，何によって味つけされるだろうか Mk 9,50. → ham, hamemem
anhayr【形】父のない (ἀπάτωρ) He 7,3.
anhangist【形】休息のない，安らぎのない；anhangist linim 放浪する (ἀστατέω 1Cor 4,11)：kṙpʻaharecʻakʻ, ew anhangist ełeakʻ 私たちは殴

られ，そして放浪した 1Cor 4,11.

anhawan, -i, -ic' 【形】疑い深い，頑固な，不従順な，信じない (ἀπειθής Lk 1,17; 2Tm 3,2; ἀπειθέω Ro 10,21)：z-anhawans (M: z-anhawats-n) y-imastowt'iwn ardaroc' 不従順な者たちを義人たちの思いに〔帰らせるために〕Lk 1,17; anhawank' cnołac' 両親に不従順な者たち 2Tm 3,2; z-ōr amenayn jgec'ic' z-jeṙn im aṙ žołovowrd-n anhawan ew hakaṙakōł 私は終日，私に従わず反抗する民に対して自分の手を差し延べる Ro 10,21. → hawanim, hawanec'owc'anem

anhawanowt'iwn, -t'iwn 【名】信じないこと，不賛成，頑固，不信仰，不従順 (ἀπιστία 1Tm 1,13; ἀπείθεια Eph 5,6 [→ apstambowt'iwn])：zi z-ayn y-angitowt'ean ew y-anhawanowt'ean gorcēi 私は不信仰にあって知らずにそれを行ったので 1Tm 1,13; gay barkowt'iwn AY i veray ordwoc'-n anahawanowt'ean 神の怒りが不従順の子らの上に来る Eph 5,6.

anhawat, -i, -ic' 【形】①信じ難い．②信仰のない (ἄπιστος; ἀπιστέω 1Pe 2,7)；【名】不信仰者，信者でない者：①zinč'? anhawat t'owi jez, et'ē AC z-meṙeals yarowc'anē 神が死人を起こすことを，あなたたちはなぜ信じ難いこととするのか Ac 26,8; ②ov? azg anhawat minč'ew y-erb ic'em aṙ jez ああ信仰のない世代よ，いったいいつまで私はあなたたちのもとにいるだろうか Mk 9,19; č'ar ews k'an z-anhawats-n ē 彼は不信仰者たちよりもさらに劣っている 1Tm 5,8; et'ē anhawat-n meknic'i, meknesc'i もしも信者でない者が離れて行くなら，離れて行かせよ 1Cor 7,15.

anhawatowt'iwn, -t'ean 【名】不信仰, 不実 (ἀπιστία)：anhawatowt'eamb-n p'šrec'an, ew dow hawatovk' hastatec'ar 彼らは不信仰ゆえに切り捨てられ，あなたは信仰ゆえに堅く立った Ro 11,20; et'ē č'-ēr hawatac'eal omanc', mit'ē? anhawatowt'iwn noc'a z-AY hawats-n xap'anēr? もしもある者たちが不実であったとしたら，その彼らの不実が神の信実を反故にしてしまうのだろうか Ro 3,3.

anhnazand 【形】反抗的な，不従順な，服従しない (ἀνυπότακτος Tt 1,6; He 2,8)：i hnazandec'owc'anel-n z-amenayn oč' inč' et'oł anhnazand i nmanē すべてのものを（彼に）服従させたとき，彼に服従しないまま残されたものは何もない He 2,8.

anhnazandowt'iwn, -t'ean 【名】不従順，聴き従わないこと (παρακοή)：orpēs anhnazandowt'eamb mioy-n mardoy meławork' bazowmk' ełen, noynpēs hnazandowt'eamb mioy-n ardark' bazowmk' ełic'in 1人の人間の不従順を通して，多くの人たちが罪人となったように，そのように

anhnar

やはり1人の人間の従順を通して，多くの人たちが義人となるであろう Ro 5,19.

anhnar, -icʻ【形】不可能な，できない (ἀδύνατος He 6,18)；y-anhnars mtanem 困惑する，閉口する (ἀπορέω) Ac 25,20：erkow anpʻopʻoxeli irōkʻ-n orovkʻ anhnar icʻē stel AY 神が偽ることの不可能な2つの変わらぬ事柄を通して He 6,18. → hnar¹

anhnarin, -inkʻ【形】不可能な，できない (ἀδύνατον)；anhnarin ē [Mt:＋与；Mk: aṙ i＋奪]：očʻ inčʻ anhnarin linicʻi jez あなたたちにできないことはないだろう Mt 17,20; aṙ i mardkanē ayd anhnarin ē, ayl očʻ aṙ y-AY それは人間にはできないが，神にはそうではない Mk 10,27; anhnarinkʻ-n aṙ i mardkanē hnaraworkʻ en y-AY 人間にはできないことでも，神にはできることなのだ Lk 18,27. → hnar¹, hnarawor, ankar

anhog, -i, -acʻ【形】心配のない (ἀμέριμνος)：z-jez anhogs arascʻowkʻ 我々はお前たちが心配しないようにしてやろう Mt 28,14; kamim z-jez anhogs linel 私はあなた方には思い煩うことのない状態でいて欲しい 1Cor 7,32. → hogkʻ

anjayn【形】声のない，無言の，無意味な (ἄφωνος)：očʻinčʻ ē anjayn どれ一つとして意味のないものはない 1Cor 14,10.

anjeṙagorc【形】手で造られなかった (οὐ χειροποίητος) He 9,11.

anjkali, -lwoy, -leacʻ【形】思慕する (ἐπιπόθητος)：ełbarkʻ im sirelikʻ ew anjkalikʻ 私の愛する，そして思慕している兄弟たちよ Php 4,1./

anjkam, -kacʻay【動】[aṙ＋対/不] 慕う，愛慕する，熱望する (ἐπιποθέω [→ pʻopʻazem])：anjkacʻeal en aṙ mez 彼らは私たちを愛慕している 2Cor 9,14; anjkacʻeal em aṙ jez amenesin gtʻovkʻ-n KʻSi YSi 私はあなたたちすべてをキリスト・イエスの慈悲心をもって慕っている Php 1,8; anjkacʻeal em tesanel z-jez 私はあなた方に会うことを熱望している Ro 1,11; ew inkʻn isk yoyž anjkacʻeal ē tesanel z-amenesin z-jez 彼自身もあなた方すべてに会うことを熱望していた Php 2,26.

anjkowtʻiwn; anckowtʻiwn, -tʻean【名】狭さ；不安，苦悩，窮状 (στενοχωρία)：nełowtʻiwn ew anjkowtʻiwn i veray amenayn mardoy or gorcē z-čʻar 悪をなすべての人間の上には艱難と苦悩が〔与えられる〕Ro 2,9; ard ov? meknescʻē z-mez i siroy-n KʻSi, nełowtʻiwn? tʻē anckowtʻiwn? tʻē halacankʻ? tʻē sov?, tʻē merkowtʻiwn? tʻē vištkʻ? tʻē sowr? では誰が私たちをキリストの愛から引き離すのか．患難か，それとも窮状か，それとも迫害か，それとも飢餓か，それとも裸か，それとも危険か，それとも剣か Ro 8,35. → anjowk

anjn, -jin, -jamb, -janc【名】①魂，想い，心；命 (ψυχή). ②[＋所有

代名詞]《再帰代名詞として》私［あなた・自分］自身（ἐμαυτοῦ Lk 7,7; Jn 7,28; σεαυτοῦ Mk 12,31; ἑαυτοῦ Mt 23,31; Lk 1,24; 9,23; ἑαυτῶν Lk 12,1.57）; anjamb anjin gawti aceir = ἐζώννυες σεαυτόν あなたは自分で自分自身の帯を締めていた Jn 21,18; z-anjn (iwr) tam = ἑαυτὸν δίδωμι 己れ自身を捧げる。③y-anjin ownim 受け取る，享受する，身をゆだねる（ἀντιλαμβάνομαι 1Tm 6,2). ④y-anjn aṙnem 推奨する，推薦する（συνίστημι Ro 16,1）; 委ねる（παρατίθεμαι Ac 14,23; παραδίδωμι Ac 15,40); y-anjn linim［＋与］…委ねられる（πιστεύομαι 1Cor 9,17）. ⑤y-anjn aṙnowm 同意する，賛成する（ἐξομολογέω Lk 22,6): ①gtǰik' hangist anjanc' jeroc' あなた方は自分の心に安らぎを見出すだろう Mt 11,29; bazmowt'ean hawatac'ealoc'-n ēr sirt ew anjn mi 信じた者の集団は心と思いが一つだった Ac 4,32; tal z-anjn iwr p'rkans p'oxanak bazmac' 自分の命を多くの人のための身代金として与えるために Mt 20,28; z-anjn k'o dic'es? i veray im 私のために自分の命を棄ててくれるのか Jn 13,38; oč' t'ołc'es z-anjn im i džoxs あなたは私の命を黄泉に捨ておかない Ac 2,27; əndren z-anjn im 彼らは私の命を求めている Ro 11,3; ②t'ak'owc'anēr z-anjn amiss hing 彼女は5か月の間引きこもっていた Lk 1,24; oč' z-anjn hamarec'ay aržani aṙ k'ez galoy あなたのもとに私自ら行くのもはばかった Lk 7,7; y-anjnē immē oč' em ekeal 私は私自身から来たのではない Jn 7,28; ert' c'oyc' z-anjn k'o k'ahanayi-n 行ってあなた自らを祭司に見せよ Mt 8,4; apa owremn vkayēk' z-anjanc' t'e ordik' ēk' aynoc'ik or kotorein z-margarēs-n だからお前たちは，自分が預言者殺しの下手人の子であることを，自らについて証ししている Mt 23,31; əndēr? ew y-anjanc' isk oč' əntrēk' z-aržan-n あなたたちはなぜ正しいことを自分自身で判断しないのか Lk 12,57; z-anjins ews etown, nax TN ew apa mez kamōk'-n AY 神の意志に従って，彼らは己れ自身をまず主に，次いで私たちに捧げた 1Cor 8,5; ③ork' z-barerarowt'iwn-n y-anjin ownic'in 善行に勤しむ人たち 1Tm 6,2; ④y-anjn aṙnem jez z-P'ibē z-k'oyr mer 私はあなた方に私たちの姉妹フォイベを推賞する Ro 16,1; y-anjn ararin z-nosa TN y-or hawatac'eal ēin 彼らは彼らをその信じている主に委ねた Ac 14,23; y-anjn arareal šnorhac'-n AY y-ełbarc' anti 兄弟たちから神の恵みに委ねられて Ac 15,40.

anjnasēr【形】自己愛の，利己的な（φίλαυτος）2Tm 3,2. → sēr
anjowk, -jkoy【形】狭い（στενός）Mt 7,14. → neł. —【名】熱望；愛慕（ἐπιποθία Ro 15,23; ἐπιπόθησις 2Cor 7,7): ancowk (= anjowk) yoyž ownim i bazowm amac' gal aṙ jez 私はあなた方のところに赴くことを長年熱望してきた Ro 15,23; i patmel mez z-anjowk-n jer 私たちに

anjrew

あなた方の愛慕を報告する 2Cor 7,7. → anjkowt'iwn

anjrew, -i, -ac'【名】雨, にわか雨 (ὑετός He 6,7; Ac 14,17; βροχη Mt 7,25; ὄμβρος Lk 12,54)：erkir or əmpic'ē z-anjrew bazowm angam erkeal i veray nora 土地は度々その上に降る雨を吸い込む He 6,7; tal y-erknic' jez anjrews あなたたちのために天から雨を降らせる Ac 14,17; iǰin anjrewk' 雨が降った Mt 7,25; anjrew gay にわか雨が来る Lk 12,54. → acem, tełam

ančar̄, -ic'【形】言い表せない (ἄρρητος 2Cor 12,4; ἀνεκλάλητος 1Pe 1,8)：lowaw bans ančar̄s 彼は言葉では言い表せない言葉を聞いた 2Cor 12,4; owrax ēk' ančar̄ ew p'ar̄aworeal xndowt'eamb-n あなた方は言い尽くせぬ輝かしい喜びをもって歓喜している 1Pe 1,8.

anmahowt'iwn, -t'ean【名】不死であること, 不死性 (ἀθανασία)：t'agawor t'agaworac' ew tēr teranc', or miayn owni z-anmahowt'iwn 諸々の王の王, 諸々の主の主, ただ1人不死性を保持する者 1Tm 6,15-16.

anmayr【形】母のない (ἀμήτωρ) He 7,3.

anmatoyc'; anmatč'eli【形】近づけない (ἀπρόσιτος)：or miayn owni z-anmahowt'iwn bnakeal i loys anmatoyc' ただ1人不死性を保持し, 近づくことのできぬ光の中に住む者 1Tm 6,16. → matowc'anem

anmart'【形】不可能な；無作法な, 見苦しい；禁じられた (ἀθέμιτος)：dowk' ink'nin gitēk' orpēs anmart' ē ar̄n hrēi hpel kam merjenal ar̄ aylazgi あなたたち自身知っているように, ユダヤ人は外国人と交際したり, 外国人を訪問したりすることは禁じられている Ac 10,28.

anmeł, -i, -ac'【形】罪のない, 無垢の, 純真な (ἀναίτιος Mt 12,5; ἀναμάρτητος Jn 8,7; ἄκακος Ro 16,18; He 7,26; ἀκέραιος Ro 16,19)：kam t'e č'-ic'ē? ənt'erc'eal y-awrēns zi i šabat's k'ahanayk'-n i tačari-n płcen z-šabat'-n ew anmełk' en あるいは, 安息日に神殿にいる祭司たちは安息日を破っても罪がないことを, (お前たちは) 読んだことがないのか Mt 12,5; kałc'rabanowt'eamb ew ōrhnowt'eamb patren z-sirts anmełac' 彼らは甘言とへつらいで無垢な人たちの心を欺いている Ro 16,18; kamim z-jez imastowns linel i baris, ew anmełs i č'aris 私はあなた方が善いことに対しては賢く, 悪いことに対しては純真であって欲しいと願っている Ro 16,19. → meł, ampart

anmiaban【形】意見が一致しない, 不和の (ἀσύμφωνος)：anmiabank' lieal mimeanc' arjakēin 彼らは互いに意見の一致を見ないまま別れようとした Ac 28,25.

anmit, -mti, -taw, -ac'/-ic'【形】理解 (分別) のない, 愚かな (ἀσύνετος

Mt 15,16; ἀνόητος Ro 1,14; ἄφρων Eph 5,17)：takawin ew dowk' anmitk'? ēk' あなたたちも悟りがないままなのか Mt 15,16; imastnoc' ew anmtic' partapan em 私は知者たちにも無分別な者たちにも責任を負っている Ro 1,14; mi linik' anmitk', ayl imac'arowk' zinč' en kamk' TN 無分別にならず, 主の心が何であるかを理解せよ Eph 5,17. → mit

anmr̄ownč', -mr̄nč'i【形】①無言の, 黙っている, 物言えぬ (ἄφωνος Ac 8,32). ②言葉にならない (ἀλάλητος Ro 8,26)：①ibrew z‑oroJ araJi ktrč'i iwroy anmr̄ownč' 小羊がその毛を刈る者の前で黙っているように Ac 8,32; ②ink'n hogi‑n barexōs lini i hecowt'iwns anmr̄ownč's 霊自らが言葉にならない呻きをもって執り成しをしてくれる Ro 8,26. → anxawsown, hamr

anmtowt'iwn, -t'ean【名】無理解, 無知 (ἀσύνετος Ro 1,21; ἄνοια 2Tm 3,9)：xawarec'an anmtowt'eamb sirtk' noc'a = ἐσκοτίσθη ἡ ἀσύνετος αὐτῶν καρδία 彼らの心は無理解によって暗黒にさせられた Ro 1,21［Gk: 彼らの理解なき心は暗黒にさせられた］; anmtowt'iwn noc'a yaytni lic'i amenec'own 彼らの無知蒙昧は万人に明らかになるだろう 2Tm 3,9.

anyayt, -i, -ic'【形】目に見えない, 不明瞭な (ἄδηλος)：zi ēk' dowk' ibrew z‑gerezmans anyayts お前たちは目には入らない墓のようなものだ Lk 11,44. → yayt, xar̄najayn

anyoys, -yowsic'/-sac'【形】絶望した; anyoys linim 絶望する, 断念する (ἐξαπορέομαι 2Cor 1,8)：minč'ew anyoys lineloy mez ew i kenac' その結果, 私たちは生きることさえ断念した 2Cor 1,8; or y‑anyoys‑n yowsov hawatac' = ὃς παρ' ἐλπίδα ἐπ' ἐλπίδι ἐπίστευσεν 彼は希望に抗いつつ, 希望に基づいて信じた Ro 4,18. → yoys, yowsam

annšan【形】しるしのない; 目立たない, 名もない (ἄσημος)：es em ayr hreay, i Tarsonē Kilikec'woc', oč' annšan k'ałak'i k'ałak'ac'i 私はキリキアのタルソス出身のユダヤ人で, 名前の知れた町の市民である Ac 21,39. → nšan

annowēr, -owirac'/-ric'【形】非情な, 無情な (ἄστοργος) Ro 1,31; 2Tm 3,3.

anšahowt'iwn, -t'ean【名】無益なこと (ἀνωφελής)：arhamarhowt'iwn linēr araJin patowirani‑n vasn norin tkarowt'ean‑n ew anšahowt'ean その弱さと無益さのゆえに先の誡めの取り消しがなされた He 7,18. → šahim

anšarž【形】動かない, 震わされない, 揺るぎない, 動揺させられない (ἀσάλευτος Ac 27,41; He 12,28; ἀκλινής He 10,23; ἀμετακίνητος 1Cor

anšēǰ 56

15,58）：ařaǰin kołmn nawi‑n xreal anšarž mnayr 舳はめり込んで動かなくなっていた Ac 27,41; tʻagaworowtʻiwn anšarž ənkaleal 震わされえない王国を受けて He 12,28; hastatown ełerowkʻ, anšarž kaycʻēkʻ あなた方は確立した者となれ，動揺させられることのない者となれ 1Cor 15,58; etʻē ... anšaržkʻ (= μὴ μετακινούμενοι) i yowsoy awetarani‑n z‑or lowarowkʻ あなたたちが聞いた福音の希望から振り離されなければ Col 1,23. → šaržem

anšēǰ, -šiǰi, -ǰaw【形】消えない (ἄσβεστος)：law icʻē kʻez xeł i keans‑n yawitenicʻ mtanel kʻan erkows jeřs ownel ew ertʻal i gehen i howr‑n y‑anšēǰ 両手を持ってゲヘナに，〔すなわち〕消えない火の中に入り込んでしまうよりも，片手を欠いて永遠の命に入る方があなたにはましだ Mk 9,43. → šēǰ, šiǰanim

anšnorh【形】感謝の気持ちがない (ἀχάριστοš) 2Tm 3,2. → apašnorh

anššownǰ【形】無言の，ものも言えない (ἐνεός) [ššownǰ「ささやき」]：arkʻ‑n or ənd nmayn ertʻayin, kayin anšəšownǰ 彼と共に来た者たちはものも言えずそこに立っていた Ac 9,7.

anšowncʻ, -šncʻicʻ【形】生命のない，無生の (ἄψυχος)：aynpēs, orpēs anšowncʻkʻ‑n jayn taycʻen, etʻē pʻoł ew etʻē kʻnar 笛であれ，竪琴であれ，生命体でないものが音を出すのも同様だ 1Cor 14,7.

anšowšt【形】争うべからざる，抗弁されえない (ἀναντίρρητος)：zi ayd aydpēs ē anšowšt, part ē jez handartel これは抗いえないことであるから，あなた方は静かにしていなければならない Ac 19,36.

anoxakal, -i, -acʻ【形】悪意のない；諸悪に耐える (ἀνεξίκακος)：hez linel ař amenesean, owsowcʻičʻ, anoxakal すべての人に対し柔和で，教える術に長け，諸悪に耐えねばならない 2Tm 2,24.

anołorm, -icʻ【形】無慈悲な (ἀνελεήμων Ro 1,31)，憐れみのない (ἀνέλεος Jas 2,13)：anołorm datastan linelocʻ ē aynm or očʻ ařnicʻē z‑ołormowtʻiwn 憐れみを行わない者に対する裁きは憐れみのないものとなる Jas 2,13.

anoyš, -nowši, M: anawšiw; 複 -owšownkʻ/anoyškʻ, -owšicʻ【形】甘美な，香りのよい；（葡萄酒が）良質の，おいしい (καλός Jn 2,10; ↔ yoři)；hot anowšicʻ = ὀσμὴ εὐωδίας 芳香：amenayn mard z‑anoyš gini yařaǰagoyn paštē 誰でも良い酒は先に出すものだ Jn 2,10; sa iwłov anowšiw (M: anawšiw) awc = ... μύρῳ ἤλειψεν この人は香油で〔私の両足を〕拭いてくれた Lk 7,46; hot anowšicʻ, patarag əndowneli, hačoy AY それは芳しい香りであり，神に受け容れられ，喜ばれる供え物だ Php 4,18.

anotk', -tic'; y-anotic'/yanotic' 足のところに：tesanē erkows hreštaks i spitaks zi nstein mi i snaric' (πρὸς ᾗ κεφαλῇ) ew mi y-anotic' (πρὸς τοῖς ποσίν), owr kayr marmin-n YI イエスの体のあったところに，白衣の御使いが2人，1人は頭のところに，1人は足のところに座っているのが，彼女には見える Jn 20,12. → otn; ↔ snark'

anordi, -dwoy, -deac' 【形】子供のいない (ἄτεκνος)：et'e owrowk' ełbayr meṟanic'i oroy ic'ē kin ew na anordi ic'ē もしある人の兄が妻を残して死に，その彼に子供がなかったなら Lk 20,28. → ordi

[**-anoc'**：場所を表す接尾辞] → əncayanoc', žołovrdanoc', xnkanoc', hambaranoc', spandanoc' (Olsen, Noun, p. 311f.)

anowanem, -ec'i 【動】①名づける，命名する，呼ぶ；任命する (διερμηνεύω Ac 9,36; χρηματίζω Ac 11,26; προσαγορεύω He 5,10; ὀνομάζω Lk 6,13.14; ἐπικαλέω Mt 10,3). ②名を称える (ὀνομάζω Eph 5,3)；[受] 名を知られる (ὀνομάζομαι Ro 15,20). ③名簿に記入する，登録する (καταλέγω 1Tm 5,9). ④anowaneal em = ἐπονομάζομαι 自称する：①əntreac' i noc'anē erkotasans, z-ors ew aṟak'eals anowaneac' 彼は彼らの中から12人を選び出し，その者たちを使徒とも名づけた Lk 6,13; Tabit'ay, or anowaneal koč'i aycemnik タビタ，訳せば「かもしか」と呼ばれている Ac 9,36; anowanel nax y-Antiok' z-ašakerteals-n k'ristoneays 教えられた人たちがアンティオキアで初めて「キリスト者」と呼ばれるようになった Ac 11,26; ②agahowt'iwn anowanesc'i mi i miji jerowm あなたたちの間では貪欲なことを口にしてはならぬ Eph 5,3; aṟatac'eal yawetaranel oč' owr anowanec'aw K'S キリストの名が知られていなかった所で熱心に福音を告げ知らせる Ro 15,20; ③ayri ənd ayris anowanesc'i, or č'-ic'ē pakas i vat'snamenic', mioy aṟn kin lieal 60歳代を下回らずただ1人の男の妻であった人は寡婦の籍に登録されるようにせよ 1Tm 5,9; ④t'ē dow hreay anowaneal es もしもあなたがユダヤ人だと自称するならば Ro 2,17.

anown, -owan, -owank', -owanc' 【名】①名 (ὄνομα)；Matt'eos anown = Μαθθαῖον λεγόμενον Mt 9,9; y-anown [+属/t'e] …の名で，…という理由で. ②人，人物. ③評判：①aṟak'ekoc'n erkotasanic' ein anowank' aysok'ik 12人の使徒たちの名前は次の通りである Mt 10,2; or əndowni z-margarē y-anown margarēi, z-varjs margarēi arc'ē 預言者を預言者ということで受け入れる者は預言者の報いを受けるだろう Mt 10,41; or ok' arbowsc'ē jez jowr bažakaw y-anown-s y-ays t'e dowk' K'I ēk' あなたたちがキリストの者であるという理由で，あなたたちに水を杯で飲ませてくれる者は Mk 9,41; ②bazmowt'iwn anowanc' ibrew

anowš- 58

harewr ew kʻsanicʻ 120人ばかりの人々の群れ Ac 1,15; ③tesi z-gorcs kʻo, zi anown kendanwoy ownis ew mereal es 私はお前の行いを見た。お前は生きているとの評判を得てはいるが、死んでいる Re 3,1; ertʻaykʻ i kʻalakʻ <u>ar̄ ays anown</u> (= πρὸς τὸν δεῖνα) ew asacʻēkʻ cʻ-na 都の中に行って、ある人のもとへ〔行き〕、彼に言え Mt 26,18.

anowš- → anoyš

anowsowmn, -sman, -mownkʻ【形】無学な (ἀμαθής)：anowsmownkʻ-n ew yołdołdkʻ-n 無学で心の定まらない人々 2Pe 3,16.

anowrǰ, anərǰoy; anowrǰkʻ, -nrǰicʻ/-ǰocʻ【名】夢：zi bazowm ancʻkʻ ancʻin ənd is aysawr y-anorǰ (M: y-anowrǰs) vasn nora なぜなら、私は今日、彼のために夢でさんざんな目にあったから Mt 27,19〔= κατ᾽ ὄναρ〕. → tesil

ančʻapʻ, -icʻ【形】際限のない (ἀπέραντος)：čʻ-hayel y-ar̄aspels ew i tohmatʻiws ančʻapʻs 作り話や際限なき系譜論に心を奪われることのないよう 1Tm 1,4

ančʻapʻ, yančʻapʻs【副】過度に、限度を越えて、極度に (εἰς τὰ ἄμετρα 2Cor 10,13; καθ᾽ ὑπερβολήν Ga 1,13)：mekʻ očʻ etʻē yančʻapʻs inčʻ parcescʻowkʻ 私たちは限度を越えて誇ることはしないだろう 2Cor 10,13; ančʻapʻ halacēi z-ekełecʻi-n AY 私は極度に神の教会を迫害していた Ga 1,13.

anpakas[1]【形】尽きることのない、絶えることのない (ἀνέκλειπτος Lk 12,33; ἀδιάλειπτος 2Tm 1,3)；【副】絶えず (ἀδιαλείπτως 1Th 2,13)：ganjs anpakas y-erkins 天に尽きることのない宝を〔積め〕Lk 12,33; ibrew zi anpakas ownim z-kʻēn yišatak y-ałōtʻs im 私は祈りの中で君のことに絶えざる思いを寄せて 2Tm 1,3; ew mekʻ gohanamkʻ z-AY anpakas 私たちも絶えず神に感謝している 1Th 2,13.

anpakas[2]【副】熱心に、ひたすら (ἐν ἐκτενείᾳ) Ac 26,7.

anpateh, -icʻ【形】①無作法な、下品な、恥知らずな (αἰσχρός 1Cor 11,6). ②道理に合わない、不合理な (ἄλογος Ac 25,27)：①apa tʻē anpateh ē knoǰ pʻokʻrel kam gercowl, skʻozescʻi もしも女性にとって〔髪を〕切られたり剃られたりすることが恥辱であるのなら、〔その者は頭に〕覆いをかけよ 1Cor 11,6; ②kʻanzi anpateh imn tʻowi inj tal tanel kapeal mi, ew očʻinčʻ vnas z-nmanē nšanakel 囚人を護送するのに、その罪状を何も示さないことは道理に合わないと私には思われるからだ Ac 25,27.

anpatowm【形】言い表し難い、名状すべからざる (ἀνεκδιήγητος)：šnorhkʻ AY i veray anpatowm pargewacʻ-n nora 言い表し難い神の賜物

のゆえに，神に感謝あれ 2Cor 9,15. → patmem

anpatrast【形】準備のできていない (ἀπαρασκεύαστος) 2Cor 9,4. → patrast

anparsaw【形】非難の余地のない，非の打ち所がない (ἀκατάγνωστος): z‐ban‐n ołǰmtowt'ean, anparsaw linel 言葉が健全で非難の余地なきこと Tt 2,8.

[**anpart**] → ampart

anpitan, ‐i, ‐ic'【形】役立たずの，無益な；ふつつかな；適性を欠く，失格した (ἀχρεῖος Mt 25,30; Lk 17,10; ἄχρηστος Phm 11; ἀδόκιμος Tt 1,16; He 6,8 [→ šayekan]): z‐cařay‐d anpitan hanēk' i xawar‐n その役立たずの僕を闇に投げ捨てよ Mt 25,30; or erbemn anpitan ēr k'ez, bayc' ard k'ez ew inj pitani 彼はかつてはあなたにとって無益なものであったが，今やあなたにとっても私にとっても有用な者である Phm 11; isk or berē p'owš ew tatask, anpitan ē ew merj y‐anēcs 茨やあざみをもたらす〔その地は〕無益なもので呪いに近づく He 6,8; y‐amenayn gorcs bareac' anpitank' 彼らはあらゆる良き行い〔をなす〕には適性を欠く者たちだ Tt 1,16. → pētk', pitoy, pitani

anpitananam, ‐nac'ay【動】無益である（になる）(ἀχρειόομαι): amenek'ean xotorec'an i miasin ew anpitanac'an すべての者は一斉に迷い出て，無益な者となった Ro 3,12.

anptłowt'iwn, ‐t'ean【名】実を結ばないこと，不毛なこと (ἄκαρπος): mi kc'ord linik' anptłowt'ean gorcoc'‐n hawari 暗闇の不毛な行いに加担するな Eph 5,11.

anptowł, ‐ptłi/‐oy, ‐łic'【形】実を結ばない，無益の，不毛の (ἄκαρπος Jd 12; οὐ τελεσφορέω Lk 8,14): cařk' ptłakoroysk', anptowłk' まったく実をもたらさぬ木 Jd 12; heljnown ew anptowł linin 彼らは窒息させられて熟した実を結ぶに至らない Lk 8,14. → ptowł

anǰrdi, ‐dwoy; anǰrdin【形】水のない，乾燥した (ἄνυδρος): šrǰi ənd anǰrdin tełis 彼は水のない場所をさまよい歩く Mt 12,43; Lk 11,24 (M: ... ənd anǰrdin tełi); ampk' anǰrdik', hołmakocealk' 風に煽られている，雨をもたらさない雲 Jd 12; ayspisik'‐n en ałbiwrk' anǰrdik' このような人たちは水のない泉である 2Pe 2,17. → ǰowr

ansam, ‐ac'i, 命 ansa【動】① [+与] 聴く，従う，服従する；注意を向ける，注目する (προσέχω Ac 16,14; 2Pe 1,19; προσέρχομαι 1Tm 6,3; πειθαρχέω Ac 27,21; πείθομαι Jas 3,3); 信頼する (πείθομαι Ac 27,11); 訴えを受理する (ἀνέχομαι Ac 18,14). ②我慢する，忍ぶ，持ちこたえる (ἀνέχομαι). ③譲歩する (εἴκω): ①ansal xōsic'‐n Pawłosi パウロ

の話に耳を傾ける Ac 16,14; etʻē okʻ ayl azg inčʻ owsowcʻanicʻē ew očʻ ansaycʻē ołǰmtowtʻean banicʻ TN meroy YI KʻI もしある人が異なった教えを説き私たちの主イエス・キリストの健全な言葉に従わないなら 1Tm 6,3; part ēr jez, ov arkʻ, ansal inj, ew očʻ elanel i Kreteay 皆さん，あなたたちは私に従って，クレタ島から船出せずにおくべきだった Ac 27,21; i dēp ēr inj ansal jez 私は当然あなた方の訴えを取り上げるのだが Ac 18,14; ②ansal mimeancʻ sirov 愛によってお互い相手を我慢する Eph 4,2; awetaran ōtar z-or očʻ ənkalarowkʻ, barwokʻ ansayikʻ あなた方が受け容れたことのない異なった福音をあなた方はよくも忍従している 2Cor 11,4; ekescʻē žamanak zi ołǰmtowtʻean vardapetowtʻean-n očʻ ansayicʻen 彼らが健全な教えに持ちこたえられなくなる時が来る 2Tm 4,3; ③orocʻ ew očʻ aṙ žamanak mi ansacʻakʻ hnazandowtʻean-n 彼らに対して私たちはほんのわずかの間すらも譲歩して従うことはしなかった Ga 2,5.

ansast【形】荒れ狂う，反抗的な (ἄγριος)：ansast alikʻ covow 海の荒波 Jd 13.

ansowt【形】偽りのない (ἀψευδής)：z-or xostacʻaw ansowt-n AC yaṙaǰ kʻan z-žamanaks yawiteniçʻ 偽りなき神は〔この命を〕永遠の時以前に約束した Tt 1,2. → sowt

ansowrb, -srbocʻ/-srbicʻ【形】不浄の；不敬虔な，不敬神な (ἀκάθαρτος Ac 10,14; Re 18,2; ἀνόσιος 2Tm 3,2; ἀσεβής 1Tm 1,9)：bant pahpanowtʻean amenayn ogwocʻ ansrbicʻ ew atecʻelocʻ あらゆる穢れた嫌悪すべき霊の巣窟 Re 18,2. → sowrb

anvaxčan, -icʻ【形】終わりのない，不滅の (ἀκατάλυτος)：əst zōrowtʻean kenacʻ-n anvaxčanicʻ 朽ちることのない命の力によって He 7,16. → vaxčan

anvayelčʻowtʻiwn, -tʻean【名】不体裁，無作法，見苦しさ；卑猥 (αἰσχύνη) Re 3,18.

ant, Jn 12,9M → and[2]

antaṙ, -i, -acʻ【名】森 (ὕλη)：aha, ew sakaw inčʻ howr z-orpisi antaṙs hrdehē 見よ，小さな火でもどんなに大きな森を燃やしてしまうことか Jas 3,5.

antełeak【形】無知の (ἀγνοέω)：čʻ-emkʻ inčʻ antełeak xorhrdocʻ-n nora 私たちは彼の思いに無知なわけではない 2Cor 2,11.

antes, -icʻ【形】①見えない，理解できない。②antes aṙnem 無視する，見逃す (ὑperoράω)：②z-žamanaks angitowtʻean-n antes arareal AY 神は無知の時代を見逃してきた Ac 17,30.

anti【副】《3 人称直示 → -n》①そこから；その後 (ἐκεῖθεν Mt 4,21; Mk 6,10; κἀκεῖθεν Mk 9,30; Ac 13,21; 14,26). ②〔i＋奪格名詞に後置されて冠詞として機能する〕その…から・によって：①matowc'eal anti yaṙaǰ そこからさらに進んでいくと Mt 4,21; andēn awt'evans kalǰik' minč'ew elanic'ēk' anti そこから出て来るまで、そこに留まれ Mk 6,10; yet aynorik el anti (ἐξῆλθεν) その後、彼は出かけた Lk 5,27; anti nawarkeal gnac'in y-Antiok' 彼らはそこからアンティオキアに向かって船出した Ac 14,26; ew anti yaṙaǰ xndrec'in t'agawor ew et noc'a AC z-Sawowł 後に人々が王を求めたので、神はサウルを彼らに与えた Ac 13,21; ②dowk' i nerk'owst asti (＝ ἐκ τῶν κάτω) ēk', ew es i verowst anti (＝ ἐκ τῶν ἄνω) em あなた方は下からのものであり、私は上からのものである Jn 8,23; Yovsēp' or koč'ec'aw-n Baṙnabas y-aṙak'eloc' anti 信者たちからバルナバと呼ばれたヨセフ Ac 4,36. → asti, ayti, -n

antohm【形】生まれのよくない、身分の卑しい (ἀγενής)：z-antohms ašxarhi ew z-arhamarheals əntreac' AC 神は世界の生まれのよくない者たちや軽蔑されている者たちを選び出した 1Cor 1,28.

anc', -ic' → anc'k'

[**anc'**] → zanc'

anc'anem, anc'i, anc' [ēanc']【動】①通る、通り過ぎる、進む；渡る、超える (παράγω Mt 9,9. 20,30; Mk 1,16; διαπορεύομαι Lk 18,36 Ac 16,4; παραπορεύομαι Mt 27,39; παρέρχομαι Lk 18,37; προέρχομαι Ac 12,10; διαπεράω Lk 16,26; διαβαίνω Lk 16,26; προβαίνω Lk 1,7; διέρχομαι Lk 8,22); やって来る (παρέρχομαι Lk 12,37); (岩礁に) 乗り上げる (ἐκπίπτω Ac 27,29). ②過ぎ去る (παράγω 1Jn 2,17; παρέρχομαι Mt 24,34.35; ἀπέρχομαι Re 9,12; παροίχομαι Ac 14,16); (時が) 経過する (διαγίνομαι Ac 27,9; διΐσταμαι Lk 22,59; διάστημα Ac 5,7). ③起こる、生じる (συμβαίνω Lk 24,14; Mk 10,32; συναντάω Ac 20,22). ④刺し貫く (διϊκνέομαι He 4,12); anc'anem ənd［＋対］通り抜ける、貫く (διέρχομαι Lk 2,35; 4,30). ⑤anc'anem z-［具］/əst［＋対］犯す、違反する、破る、ないがしろにする (παραβαίνω Mt 15,2; παρέρχομαι Lk 11,42a; παρίημι Lk 11,42b; παράβασις Ro 2,23)：①anc'eal ənd ayn YI etes ayr mi zi nstēr i mak'saworowt'ean イエスはそこから通りすがりに1人の男が収税所に座っているのを見た Mt 9,9; ibrew lowaw z-anc'anel žołovrdean-n 彼は群衆の通り過ぎるのを聞いて Lk 18,36; ibrew anc'anēin ənd k'ałak's-n 彼らは町々をめぐって Ac 16,4; or anc'anein hayhoyein z-na 通りすがりの者たちは彼を冒瀆した Mt 27,39; YS Nazovrec'i anc'anē ナゾラ人イエスが通って行く Lk 18,37; anc'in

anc'owc'anem　　　　　62

ənd p'oɫoc' mi 彼らはある通りを進んで行った Ac 12,10; ew oč' ayti ok' ař mer anc'anel そちらから我々のところへも超えて来ることができない Lk 16,26; et'e kamic'in asti ař jez anc'anel oč' karen ここからお前たちのところへ渡ろうと思ってもできない Lk 16,26; ekayk' anc'c'owk' yaynkoys covaki-s この湖の向こう岸に渡ろうではないか Lk 8,22; anc'eal paštic'ē z-nosa やって来て彼らに給仕するだろう Lk 12,37; z-ahi hareal t'ē gowc'ē i xist inč' teɫis ankanic'in 彼らは暗礁に乗り上げることを恐れて Ac 27,29; erkok'ean anc'eal ein z-awowrbk' iwreanc' 2人とも年長けていた Lk 1,7; ②ašxarh-s anc'anē ew c'ankowt'iwn-n 世とその欲望は過ぎ去る 1Jn 2,17; erkink' ew erkir anc'c'en ew bank' im mi anc'c'en 天地は過ぎ行くだろうが，私の言葉は決して過ぎ行くことがない Mt 24,35; vay mi ēanc' 第1の禍は去った Re 9,12; or y-anc'eal azgs-n t'oyl et amenayn het'anosac' gnal i čanaparhs iwreanc' (神は) 過ぎ去った時代には，すべての国の人々がそれぞれ自分の道を歩むままにしておいた Ac 14,16; ibrew bazowm žamanakk' anc'anēin かなりの時が過ぎ去った時 Ac 27,9; ibrew žam mi anc' i veray 1刻が経って Lk 22,59; ew eɫew ibrew žamk' erek' anc'in, ew kin nora … emowt i nerk's 3時間ほど経った後，彼の妻が中に入って来た Ac 5,7; ③sksaw asel noc'a zinč' anc'k' anc'aneloc' ic'en ənd na 彼は自分に起ころうとしていることを彼らに語り始めた Mk 10,32; ert'am y-EM ew or inč' and ənd is anc'aneloc' ē č'-gitem 私はエルサレムに行こうとしている．そこでどんなことが私の身に起こるのか，分からない Ac 20,22; ④anc'anē minč'ew c'-orošowmn šnč'oy ew ogwoy, ew yōdic' ew owɫɫoy それは魂と霊を，関節と骨髄を切り分けるほどに刺し貫くものだ He 4,12; na anc'eal ənd mēJ-n noc'a gnayr 彼は彼らの只中を通り抜けて歩き去った Lk 4,30; ənd k'o isk anjn anc'c'ē sowr あなたの魂そのものを剣が刺し貫くだろう Lk 2,35; ⑤ənder? ašakertk'-n k'o anc'anen z-awandowt'eamb ceroc'-n なぜお前の弟子たちが父祖たちの言い伝えを破るのか Mt 15,2; anc'anēk' z-irawambk' ew z-sirov-n AY お前たちは裁きと神の愛とをないがしろにしている Lk 11,42a; z-ays aržan ēr ařnel ew z-aynw oč' anc'anel 前者も行わねばならなかったが，後者も怠ってはならない Lk 11,42b; or ōrinōk'-n parcis, y-anc'anel əst ōrēns-n z-AC anarges 律法を誇っているあなたが律法違反によって神を辱めている Ro 2,23; —ařanc' anc'aneloy = ἀπαράβατος 不滅の，不易の He 7,24.　→ anc'k'

anc'owc'anem, -owc'i, 命 anc'o【動】①通らせる，通って運ぶ (διαφέρω Mk 11,16). ②取り除く (παραφέρω Mk 14,36)：①oč' t'oɫoyr et'e ok' anawt' inč' anc'owc'anic'ē ənd tačar-n 彼は誰にも，神殿を通って道具

ašakertem

を運ぶことを許さなかった Mk 11,16; ②anc'o z-bažak-s z-ays y-inēn この杯を私から取り除け Mk 14,36.

anc'k', -c'ic' 【名】①交差点, 四辻, 通路 (διέξοδος). ②できごと, 事件；苦しみ：①ert'ayk' y-anc's čanaparhac' = πορεύεσθε ἐπὶ τὰς διεξόδους 街路の四辻へ行け Mt 22,9; ordi Timei Bartimeos, koyr nstēr mowrac'ik y-anc's čanaparhi = ... παρὰ τὴν ὁδόν ティマイオスの子で盲目の乞食バルティマイオスが道端に座っていた Mk 10,46; ②vasn amenayn anc'ic'-n anc'eloc' = περὶ πάντων τῶν συμβεβηκότων (: συμβαίνω) τούτων これまで生じたすべてのことについて Lk 24,14; bazowm anc'k' anc'in ənd is aysawr vasn nora = πολλὰ γὰρ ἔπαθον ... 私は今日, 彼のためにさんざんな目にあった Mt 27,19; zi z-aynpisi anc's krec'in = ὅτι τοιαῦτα πεπόνθασιν 彼らはこうしたことを蒙ったために Lk 13,2; aynč'ap' anc'k' anc'in ənd jez zowr = τοσαῦτα ἐπάθετε εἰκῇ; あれほどのことをあなたたちは体験していながら, それは空しかったのか Ga 3,4.

anp'oyt' 【形】無頓着な, 不注意な, 怠慢な；anp'oyt' aṙnem/linim [z-+奪] 無視する, 軽んじる, おろそかにする (ἀμελέω)：mi anp'oyt' aṙner z-šnorhac'-d or i k'ez en 君の内にある賜物を疎むことのないように 1Tm 4,14; ew es anp'oyt' arari z-noc'anē 私も彼らをおろそかにした He 8,9.

anp'op'oxeli 【形】変わらない, 不変の (ἀμετάθετος) He 6,18.

anp'orj 【形】試みを受け得ない (ἀπείραστος)：AC anp'orj ē č'areac' 神は諸悪の試みを受け得ない方だ Jas 1,13. → p'orjem

ank'nnin 【形】測りがたい, 探りがたい, 計り知れない (ἀνεξιχνίαστος)：i het'anoss awetaranel z-ank'nnin mecowt'iwn-n K'Si 異邦人に計り知れないキリストの豊かさを宣べ伝える Eph 3,8. → k'nnem, znnem

ašakert, -i, -ac' 【名】弟子 (μαθητής)：i vaḷiw andr kayr Yovhannēs ew y-ašakertac' anti nora erkow その翌日, ヨハネはその弟子たちのうちの2人と立っていた Jn 1,35; oč' ē ašakert law k'an z-vardapet iwr, amenayn katareal-n eḷic'i ibrew z-vardapet iwr 弟子は師以上のものではない. 誰でも整えられたなら, その師のようになるだろう Lk 6,40.

ašakeratkic', -kc'i, -kc'ac' 【名】仲間の弟子 (συμμαθητής)：asē T'ovmas anowaneal-n erkoworeak c'- ašakeratkic's-n ディディモスと呼ばれるトマスが仲間の弟子たちに言った Jn 11,16.

ašakertem, -ec'i 【動】①［他］弟子とする, 教える (μαθητεύω Mt 28,19; κατηχέω Lk 1,4)；ašakerteal 弟子 (μαθητής)；kin ašakerteal 女弟子 (μαθήτρια Ac 9,36). ②［自］［+与］…の弟子となる：①gnac'ēk' aysowhetew ašakertec'ēk' z-amenayn het'anoss そこで行

って，あらゆる異邦人たちを弟子とせよ Mt 28,19; zi canic‘es z-banic‘-n oroc‘ ašakertec‘ar z-čšmartowt‘iwn あなたが学んだことの確かであることを確認するように Lk 1,4; i Yoppē ēr kin omn ašakerteal anown Tabit‘ay ヨッパにはタビタという女弟子がいた Ac 9,36; ②or ew ašakertec‘aw isk YI 彼もまたイエスの弟子となった Mt 27,57.

ašxat【形】《次の表現で》①［他］ašxat aṙnem［＋対］困らせる，面倒をかける (κόπους παρέχω Mt 26,10; Ga 6,17; κόπον παρέχω Lk 11,7; σκύλλω Mk 5,35; ἐγκόπτω Ac 24,4); 悪し様にする (²ναρέω 3Jn 10). ②［自］ašxat linim 困る，苦労する，努力する；疲れる (κοπιάω Lk 5,5; σκύλλομαι Lk 7,6; κάμνω He 12,3): ①zi? ašxat aṙnēk‘ z-kin-d なぜあなたたちはその女性を困らせるのか Mt 26,10; ayshetew ašxat ok‘ z-is mi arasc‘ē これからは誰も私に労苦を与えないでほしい Ga 6,17; zi ews ašxat aṙnes z-vardapet-d あなたはどうしてこれ以上先生を煩わすのか Mk 5,35; zi mi ews aweli ašxat araric‘ z-k‘ez 私がこれ以上あなた方に迷惑をかけないように Ac 24,4; baniwk‘ č‘aṙōk‘ šatxōsowt‘ean aṙnē z-mez ašxat 彼はひどい言葉をあまた弄して私たちを悪し様に扱う 3Jn 10; ②z-amenayn gišers ašxat ełeak‘ ew oč‘ inč‘ kalak‘ 私たちは夜もすがら労しても何も捕れなかった Lk 5,5; mi inč‘ ašxat linir 心を煩わすな Lk 7,6; zi mi ašxatk‘ linic‘ik‘ anjambk‘ jerovk‘ ew lk‘anic‘ik‘ あなた方は魂が弱り果てて，力を落としてしまわないように He 12,3. → ašxatim

ašxatim, -tec‘ay【動】疲れ果てる，倦む (σκύλλομαι Mt 9,36; κάμνω Jas 5,15; κοπιάω Re 2,3): ein ašxatealk‘ ew c‘rowealk‘ ibrew z-oč‘xars oroc‘ oč‘ ic‘ē howiw 彼らは牧人のいない羊のように疲れ果て，打ち棄てられていた Mt 9,36; ałōt‘k‘-n hawatovk‘ p‘rkesc‘ē z-ašxateal-n 信仰による祈りは弱り果てた人を救うだろう Jas 5,15; vštac‘ar vasn anowan imoy ew［oč‘］ašxatec‘ar お前は私の名ゆえに苦労したが，倦み疲れることはなかった Re 2,3.

ašxatowt‘iwn, -t‘ean【名】労苦，苦労 (κόπος 2Cor 6,5; πόνος Col 4,13): vkayem nma zi bazowm ašxatowt‘iwn owni vasn jer 私は，彼があなた方のために多大な苦労を払っていることを証言する Col 4,13.

ašxaragir［E］ → ašxarhagir

ašxarakan［E］ → ašxarhakan

ašxarem, -ec‘i【動】嘆く，泣く (θρηνέω): kananc‘ or kocein ew ašxarein z-na 彼のために胸を打ち，嘆き泣く女たちの〔多数の群〕Lk 23,27.

ašxarh, -i, -ac‘【名】①世界，この世 (κόσμος Mt 4,8; Ac 17,24; αἰών Mt 12,32; οἰκουμένη Lk 4,5; βίος Lk 8,14). ②地方 (χώρα). ③陸地 (χώρα): ①c‘owc‘anē nma z-amenayn t‘agaworowt‘iwns ašxarhi, ew z-pʻaṙs nocʻa（悪魔は）彼にこの世のすべての王国とその栄華を見せる Mt 4,8; AC or arar z-ašxarh-s ew z-amenayn or i nma この世界とその中の万物を造られた神 Ac 17,24; or z-hogwoy-n srboy asicʻē, mi tʻołcʻi nma, mi y-aism ašxarhi ew mi i handerjelowm-n 聖霊に対して語る者は，この世でも，また来たるべき世でも赦されることがないだろう Mt 12,32; ecʻoycʻ nma z-amenayn tʻagaworowtʻiwns ašxarhi i vayrkean žamanaki（悪魔は）瞬時のうちに全世界のすべての王国を彼に見せた Lk 4,5; i cʻankowtʻiwn ašxarhi-s この世の快楽に Lk 8,14. ②ənd amenayn kołmans ašxarhi-n その周辺の全地域に Lk 7,17. ③i mēǰ gišeri-n karcein nawavarkʻ-n etʻe haseal icʻen y-ašxarh owrekʻ 夜中頃船員たちはどこかの陸地に近づいていることに気づいた Ac 27,27.

ašxarhagir[M]; ašxaragir[E], -gri, -raw【名】戸口調査（ἀπογραφή）; ašxaragir aṙnem = ἀπογράφομαι 戸口調査をする; mtanem y-ašxaragir = ἀπογράφομαι 戸口調査の登録をする : ays aṙaǰin ašxaragir ełew i dataworowtʻean asorwocʻ Kiwreneay この最初の戸口調査はクィリニウスがシリアの総督だった時に行われた Lk 2,2; el hraman y-Agowstos kayserē ašxaragir aṙnel ənd amenayn tiezers 皇帝アウグストスから全世界に戸口調査をせよとの勅令が出た Lk 2,1; ertʻayin amenekʻean mtanel y-ašxaragir y-iwrakʻančʻiwr kʻałakʻi 全員が戸口調査の登録をするために各自の町へ赴いた Lk 2,3. → -agir

ašxarhakal, -i, -acʻ【名】征服者；宇宙的支配者（κοσμοκράτωρ）: ē mez paterazm ... ənd išxanowtʻiwns ew ənd petowtʻiwns ew ənd ašxarhakals hawari-s aysorik, ənd ayss čʻarowtʻean or i nerkʻoy erknicʻ 私たちの戦いはもろもろの支配に，もろもろの権勢に，この闇の宇宙的支配者に，天上低きにいる悪の霊的勢力に対するものである Eph 6,12.

ašxarhakan [M]; ašxarakan [E], -i, -acʻ【形】①地上の，現世の（κοσμικός）. ②生活の，日常の（βιωτικός Lk 21,34）: ①ownēr ew aṙ aǰin-n irawowns paštaman ... z-ašxarhakan srbowtʻiwn-n 最初の〔契約〕にも礼拝の規定と地上の聖所とがあった He 9,1; or xratē-n z-mez, zi owrascʻowkʻ z-amparštowtʻiwn ew z-ašxarhakan cʻankowtʻiwns それは私たちが不敬虔と現世の欲望とを拒絶するよう私たちを訓導している Tt 2,12; ②gowcʻē canranaycʻen sirtkʻ jer ... hogovkʻ ašxarakawkʻ (M: ašxarhakanawkʻ) あなたたちの心が生活の思い煩いで鈍重になることのないように Lk 21,34.

ašxarowmn, -rman【名】呻き声（ὀδυρμός）: lalowmn ew ašxarowmn yoyž 激しい嘆きと呻き声 Mt 2,18.

aštanak, -i, -ac‘【名】燭台 (λυχνός Mt.Mk; λυχνία Lk)：oč‘ lowc‘anen črag ew dnen ənd growanaw ayl i veray aštanaki 人々はともし火をともして、それを枡の下に置かず、むしろ燭台の上に置く Mt 5,15. → črag

aštarak, -i, -ac‘【名】①塔，櫓 (πύργος Lk 13,4)．②屋根の先端 (πτερύγιον Mt 4,5)．③奉納物 (ἀνάθημα Lk 21,5)：①nok‘a owt‘owtasank‘-n y-oroc‘ veray ankaw aštarak-n i Siłovam ew span z-nosa シロアムの塔が倒れて命を落としたあの 18 人の者たち Lk 13,4; ②kac‘owc‘anē z-na i veray aštaraki tačari-n (悪魔は) 彼を神殿の屋根の端に据える Mt 4,5; ③y-asel omanc‘ z-tačarē-n t‘e gełec‘ik vimawk‘ ew aštarakawk‘ zardareal ē ある人々が神殿について、見事な石と奉納物で飾られているのだと語ると Lk 21,5.

aštičan/astičan, -i, -ac‘【名】階段 (ἀναβαθμός)；位階，格付け (βαθμός)：ibrew ehan y-aštičans-n 彼が階段にさしかかった時 Ac 21,35; or barwok‘-n paštic‘en, aštičan bari anjanc‘ iwreanc‘ šahin 立派に奉仕職を果たす人々は立派な格付けを獲得する 1Tm 3,13.

ač‘arˍank‘, -nac‘, -awk‘【名】偏り見ること，えこひいき (προσωπολημψία Jas 2,1; πρόσκλισις 1Tm 5,21)：vkayowt‘iwn dnem … mi inč‘ arˍnel ač‘arˍanōk‘ 私は，決して鼠厦目をもってなすことのないように，〔君に〕言明する 1Tm 5,21. → aknarˍowt‘iwn

ač‘arˍem, -ec‘i【動】人の顔を偏り見る，えこひいきする (προσωπολημπτέω)：mi ač‘arˍanōk‘ ownic‘ik‘ z-hawats-n TN meroy あなたがたは人を偏り見ながら、私たちの主への信仰をもっていることがないように Jas 2,1; et‘ē ač‘arˍic‘ēk‘, meɫs gorcēk‘ あなたがたが偏り見ているなら，罪を犯している Jas 2,9. → aknarˍowt‘iwn

ač‘ac‘; ač‘awk‘; ač‘s; ač‘k‘ → akn

apa【副】①《時間的継起を示して》それから，そのあと，次に，次いで (τότε Mt 5,24; εἶτα Mk 4,17; 1Tm 2,13; ἔπειτα [D: εἶτα] Jn 11,7; 1Cor 15,6)；ついに (λοιπόν Ac 27,20)．②なお，まだ (ἔτι)．③《et‘e と呼応して帰結節を導入；また ἄν にも対応して》その時〔場合〕には．④《条件節を導入して》apa et‘e/t‘e もし…ならば; apa et‘e/t‘e oč‘ もし…でなければ，もしそうでないならば (ἐάν δὲ [μή γε]/εἰ δὲ [μή γε])．⑤《接続詞的に》apa owremn 従って，それゆえ，だから (ὥστε Mt 12,12; ἄρα Mt 17,26)；《否定の答を予期して》ἆρα Ga 2,17：①ert‘ nax hašteac‘ ənd ełbawr k‘owm, ew apa ekeal matowsjir z-patarag-n k‘o まず行って自分の兄弟と仲直りせよ．そしてそのあとやって来て，あなたの供え物を捧げよ Mt 5,24; Adam nax stełcaw, ew apa Ewa アダム

が最初に造られ，次にエバが〔造られた〕1Tm 2,13; apa erewecʻaw aweli ews kʻan z-hing harewr ełbarcʻ 次いで彼は 500 人以上の兄弟たちに現れた 1Cor 15,6; ②apa ordi mi ēr iwr sireli 彼にはなお，もう 1 人，彼の愛する息子がいた Mk 12,6; ③etʻe nnǰeacʻ, apa apri 彼は眠り込んだとしたら，助かるだろう Jn 11,12; sa tʻe (εἰ) margarē okʻ ēr apa (ἄρα) gitēr tʻe ov ew orpisi okʻ kin merjanay sa この人が預言者であったなら，自分に触っている女が誰でどんな女か知り得たろうに Lk 7,39; isk etʻe matamb AY hanem z-dews, apa haseal ē i veray jer arkʻayowtʻiwn AY もし私が神の指によって悪霊どもを追い出しているのなら，神の王国はお前たちの上に到来したのだ Lk 11,20; etʻe giteikʻ zinčʻ? ē z-ołormowtʻiwn-n kamim ew očʻ z-zoh, apa očʻ (οὐκ ἄν) dataparteikʻ dowkʻ z-amparts-n もしお前たちが，私の望むのは憐れみであって犠牲ではない〔という言葉〕が何を意味しているかわかったならば，罪のない者たちを断罪などしなかっただろうに Mt 12,7; etʻe čʻ-ēr (εἰ μὴ ἦν) čʻaragorc ayr-n ayn, apa očʻ (οὐκ ἄν) matneakʻ z-na kʻez その男が悪事を働いていなかったとすれば，あなたに彼を引き渡すことはなかっただろう Jn 18,30; ④apa etʻe (M: tʻe) ał-n anhami, iw? yałicʻi もし塩が味を失ってしまったら，何によって塩づけられるだろうか Mt 5,13; apa tʻe aydpēs icʻē tʻagawor omn es dow そういうことであるなら，お前は王なのだ Jn 18,37 〔= οὐκοῦν βασιλεὺς εἶ σύ; それではお前は王なのだな〕; očʻ arkanen gini nor i tiks hinsʻ apa tʻe očʻ tikkʻ-n patařin 人々は新しい酒を古い革袋に入れない．そんなことをすれば，革袋は破れ裂ける Mt 9,17; tʻerews arascʻē ptowłʻ apa etʻe očʻ y-amē ews hatcʻes z-da 恐らくそれは実を結ぶだろう．もしそうでないならば，来年には，それを切り倒せ Lk 13,9 〔= κἂν μὲν ποιήσῃ καρπὸν εἰς τὸ μέλλον· εἰ δὲ μή γε, ἐκκόψεις αὐτήν もし来年実を結ぶとしたら〔結構だ〕．もしそうでないならば，その木を切り倒せ〕; apa tʻē z-ōrēns-n kataricʻēkʻ z-arkʻownakan ... isk etʻē ačʻařicʻēkʻ = εἰ μέντοι νόμον τελεῖτε βασιλικόν ... εἰ δὲ προσωπολημπτεῖτε もしあなたがたが王的律法を全うしているなら…だが，もしあなた方が偏り見ているなら Jas 2,8-9; ⑤apa owremn part ē i šabatʻow baris gorcel 従って安息日に善をなすことは許されている Mt 12,12; apa owremn azat en ordikʻ-n それゆえ息子たちは自由なのだ Mt 17,26; apa owremn KʻS mełacʻ? paštōneay ełew. kʻaw licʻi キリストは罪への奉仕者ということになるのか．断じてそんなことがあってはならない Ga 2,17.

apakanacʻow【形】朽ちる (φθαρτός)〔-acʻow, cf. kendanacʻow「生きて」, pitanacʻow「役に立つ」(: pitanam「使う」), harsnacʻow「結婚に

適した」]: oč‘ apakanac‘ow arcat‘ełinōk‘ ew oskełinōk‘ 銀や金といった朽ちうるものによってではなく 1Pe 1,18. → -ac‘ow, anapakanac‘ow

apakanem, -ec‘i【動】①見えなくする；[受] 消え失せる (ἀφανίζομαι Jas 4,14). ②腐敗させる，朽ちさせる，滅ぼす，堕落させる，蝕む (φθείρω 1Cor 3,17; ἀφανίζω Mt 6,19; διαφθείρω Lk 12,33; 1Tm 6,5; Re 11,18; καταφθείρω 2Tm 3,8; σπιλόω Jas 3,6); 危害を加える (ἀδικέω Re 7,2). ③醜くする (ἀφανίζω Mt 6,16)：①ibrew z-mrrik ēk‘, or ař sakaw mi ereweal ew apakaneal あなたがたはしばらくの間現れて消え失せてしまう霧だ Jas 4,14; ②et‘ē ok‘ z-tačar AY apakanē, apakanesc‘ē z-na AC もしも誰かが神の宮を滅ぼすならば，その者を神は滅ぼすだろう 1Cor 3,17; mi ganjēk‘ jez ganjs y-erkri, owr c‘ec‘ ew owtič apakanen 地上にあなたがたの宝を積むな，そこでは衣魚と虫が食う Mt 6,19; apakanes z-apakanič‘s erkri あなたは地を朽ちさせる者たちを朽ちさせる Re 11,18; xardaxowt‘iwnk‘ apakaneloc‘ mtac‘ mardkan 理性が腐敗した人々の延々と続く口論 1Tm 6,5; mardk‘ apakanealk‘ mtōk‘ 理性が腐りきった人間 2Tm 3,8; ③apakanen z-eress iwreanc‘ 彼らは自分の顔を見苦しくする Mt 6,16.

apakanič‘, -nč‘i, -č‘ac‘【名】堕落させる，朽ちさせる (διαφθείρω Re 11,18); 疫病の (λοιμός Ac 24,5): gtak‘ z-ayr-s z-ays apakanič‘ 私たちの見るところ，この男は疫病のような男だ Ac 24,5.

apakanowt‘iwn, -t‘ean【動】 滅亡，腐敗，朽ちること，消耗 (ἀφανισμός He 8,13; φθορά Ro 8,21; Col 2,22; 2Pe 2,19; διαφθορά Ac 13,36); aranc‘ apakanowt‘ean 不朽の (ἄφθαρτος 1Cor 15,52; ἀφθαρσία 1Cor 15,42 → anełc); y-apakanowt‘ean seremanē = ἐκ σπορᾶς φθαρτῆς 朽ちゆく種子によって 1Pe 1,23 [→ anapakanac‘ow]: ink‘eank‘ isk ararack‘-n azatec‘in i cařayowt‘enē apakanowt‘ean y-azatowt‘iwn p‘ařac‘ ordwoy-n AY 被造物自身が朽ちゆくものへの隷属状態から自由にされて，神の子の栄光のもつ自由に至るだろう Ro 8,21; or hnanay-n ew ceranay merj ē y-apakanowt‘iwn 古くなりつつあって老衰しているものは消滅が近い He 8,13; ink‘eank‘ apakanowt‘ean-n cařayk‘ 彼ら自身は滅びの奴隷だ 2Pe 2,19; nnǰeac‘ ew yawelaw ař hars iwr ew etes z-apakanowt‘iwn 彼は眠りについて，父祖たちの列に加えられ，朽ち果てることがなかった Ac 13,36.

apakełēn【形】ガラスの (ὑάλινος): cov apakełēn nma spitakowt‘ean sařin 水晶のように白く輝くガラスの海 Re 4,6; tesi orpēs cov apakełēn xařneal hrov 私は火の混じったガラスの海のようなものを見た Re 15,2.

apaki, -kwoy【名】ガラス (ὕαλος): əndarjakowt‘iwn k‘ałak‘i-n oski mak'owr orpēs z-apaki paycaṝ 都の大通りは透き通ったガラスのように輝く純金だった Re 21,21.

apašawem, -ec'i【動】悔いる，悔い改める（μετανοέω）: apašawec'ēk' ew darjarowk' i Ĵnĵel z-mełs jer あなた方の罪を拭い去るために，悔い改めて立ち帰れ Ac 3,19.

apašxarem, -ec'i【動】悔い改める，回心する（μετανοέω）: eleal k'arozein zi apašxaresc'en 彼らは出て行って，人々が回心するようにと宣教した Mk 6,12. → złĵanam

apašxarowt'iwn, -t'ean【名】悔い改め，回心（μετάνοια）: mkrtem z-jez ĵrov y-apašxarowt'iwn 私はお前たちに，回心に向けて，水によって洗礼を施している Mt 3,11.

apašnorh, -i, -ac'【形】恩知らずの（ἀχάριστος）: na k'ałc'r ē i veray č'arac' ew apašnorhac' 彼は悪しき者たちにも恩知らずの者たちにも親切だ Lk 6,35. → anšnorh

apaṙaž, -i, -ic'/-ac'【形】石の，岩の；石地，岩地（πετρώδες Mt 13,5）;【名】岩，岩盤（πέτρα Lk 8,6）: ayl-n ankaw y-apaṙaži owr oč' goyr hoł bazowm 他の〔種〕は土のあまりない石地の上に落ちた Mt 13,5; ayl-n ankaw y-apaṙaži 他の〔種〕は岩の上に落ちた Lk 8,6. → vēm

apastan, -i, -ac'【名】避難，逃避；apastan linim 避難する，逃れる（καταφεύγω He 6,18）; 信用する，信頼する，確信している（πείθω 2Cor 1,9; πεποίθησις 2Cor 1,15）: zi erkow anp'op'oxeli irōk'-n, orovk' anhnar ic'ē stel AY, hastatown mxit'arowt'iwn ownic'imk' ork' apastan ełeak' bowṙn harkanel z-handerjeal yowsoy-n それは，来るべき希望をつかもうとして〔世を〕逃れた私たちが，神が偽ることの不可能な２つの不変の事柄を通して，力強い励ましを得るためである He 6,18; y-ays apastan, kamēi nax aṙ jez gal このように確信して私はまずあなた方のところに行くことを企てた 2Cor 1,15.

aparank', -nac'/-nic'【名】宮殿，総督官邸（πραιτώριον）; 家（οἰκία Ac 10,17）: aṙin z-YS y-aparans 彼らはイエスを総督本営の中に連れて行った Mt 27,27.

Apawłosean【形】アポロの: es Apawłosean 私はアポロのものだ 1Cor 1,12.

apak'ēn; apak'en［M］①【副】《断言》確かに，なるほど，実際，間違いなく（δέ Mt 5,31; πάντως Lk 4,23; Ac 21,22）. ②oč'? apak'ēn《肯定の返答を予期する疑問文を導いて》…ではないか（οὐκ, οὐχί Mt 5,46; Lk 6,39）: ①apak'ēn asac'aw t'e … , bayc' (δέ) … 確かに…と言われた．しかし… Mt 5,31; lowarowk' apak'ēn zi asac'aw (= ἠκούσατε ὅτι ἐρρέθη)

apak'inem 70

... ayɫ ... …と言われたことはあなたたちは聞いたことだ．しかし… Mt 5,43; apak'ēn asic'ēk'? aṙ is z-aṙak-s z-ays あなたたちは間違いなくこの諺を私にあてはめるだろう Lk 4,23; apak'ēn lsen t'ē ekeal es あなたが来ていることを彼らはきっと耳に入れる Ac 21,22; et'e i Sidom eɫeal ein zawrowt'iwnk'-n or eɫen i k'ez, apak'ēn kayin (= ἔμεινεν ἄν) ews minč'ew c'-aysawr. bayc' (πλήν) ... もしお前の中で生じた力ある業がソドムで生じたなら，〔ソドムは〕確かに今日に至るまであり続けたであろう．しかし… Mt 11,23; ②oč'? apak'ēn ew mak'sawork' z-noyn gorcen 徴税人たちも同じことをしているではないか Mt 5,46; oč'? apak'ēn ogi aṙawel ē k'an z-kerakowr 命は食物以上のものではないか Mt 6,25; mit'e karic'ē? koyr kowri aṙaǰnordel. oč'? apak'ēn erkok'in i xorxorat ankanic'in 盲人に盲人の道案内ができようか．両者とも溝に落ちてしまわないだろうか Lk 6,39.

apak'inem, -ec'i【動】(病気が) 治る，回復する (κομψότερον ἔχω): harc'anēr c'-nosa vasn žamow-n y-orowm apak'ineac' 彼は，彼が快方に向かった時刻を彼らに問いただした Jn 4,52.

apirat, -i, -ic'【形】不正な，邪悪な (ἄτοπος [D: πονηρός] Lk 23,41]；不正を行う者 (ὁ ἀδικῶν Col 3,25): sa apirat inč' oč' gorceac' この人は何も不正なことはしなかった Lk 23,41.

apiratowt'iwn, -t'ean【名】不正, 不義 (ἀδικία Ro 3,5) [→ anirawowt'iwn]: apirat-n ənkalc'i əst iwrowm apiratowt'ean = ὁ γὰρ ἀδικῶν κομίσεται ὃ ἠδίκησεν 不正を行う者は自分の行った不正を報いとして受け取ることになる Col 3,25; et'ē apiratowt'iwn-n mer z-AY ardarowt'iwn-n yandiman kac'owc'anē, zinč'? asemk' もしも私たちの不義が神の義を明らかに示すのだとしたら，私たちは何と言う〔べき〕か Ro 3,5.

apšec'owc'anem, -owc'i【動】①驚かせる (ἐξίστημι/ἐξιστάνω). ②頑なにする (πωρόω)：①apšec'owc'anēr z-azg-n Samarac'woc' 彼はサマリアの人々を驚かしていた Ac 8,9; ②apšec'oyc' z-sirts noc'a 彼は彼らの心を頑なにした Jn 12,40. → t'mbrim, kowranam

apšowt'iwn M: ap'šowt'iwn, -t'ean【名】茫然自失，仰天；頑固さ: apšowt'iwn? owni z-sirts jer 頑なさがあなたたちの心をとらえているのか [=πεπωρωμένην ἔχετε τὴν καρδίαν ὑμῶν あなたたちの心は頑なになったままなのか] Mk 8,12.

apstamb, -i, -ac'【形】[i+奪] 反抗的な，離反した，不従順な (ἀφίσταμαι He 3,12; ἀπειθέω Ro 2,8; Ro 11,30; 1Pe 3,1): apstamb linel y-AY kendanwoy 生ける神から離反する He 3,12; apstambk' i čšmartowt'enē-n 真理に従わない者たち Ro 2,8; dowk' erbemn apstambk' ēik' y-AY あな

た方はかつては神に対して不従順であった Ro 11,30; etʻē icʻen nokʻa apstambkʻ i banē anti 彼らが御言葉に聴き従わない場合 1Pe 3,1.

apstambem, -ecʻi【動】反抗する，反逆する，聴き従わない（ἀπειθέω）: ogwocʻ-n ... erbemn apstambelocʻ-n, yoržam nerēr nocʻa AY erkaynmtowtʻiwn-n かつて神が忍耐をもって待っていた時に，聴き従わなかった霊たち 1Pe 3,20.

apstambecʻowcʻem, -owcʻi【動】暴動を起こす（ἀναστατόω）; 離反させる（ἀφίστημι）: mi ardewkʻ dow? icʻes Egiptacʻi-n, or yaṛaǰ kʻan z-ays awowrs apstambecʻowcʻer それではお前は先頃暴動を起こしたあのエジプト人ではないのだな Ac 21,38; apstambecʻoycʻ žołovowrd bazowm zkni iwr 彼は大勢の民を自分の側につけて離反させた Ac 5,37.

apstambowtʻiwn, -tʻean【名】反乱，反逆，暴動，不従順; 離反，背教（ἀπείθεια Ro 11,30; Eph 2,2 [→ anhawanowtʻiwn]; ἀποστασία 2Th 2,3）: ard ołormowtʻiwn gtēkʻ aṛ nocʻa apstambowtʻeamb-n 今は，あなた方は彼らの不従順のゆえに憐れみを受けている Ro 11,30; aysoy or ayžm-s əndmteal ē y-ordis-n apstambowtʻean 不従順の子らの内に今でも入り込んで働いている霊の Eph 2,2; mi okʻ z-jez xabescʻē ew mi iwikʻ irōkʻ. zi etʻē očʻ nax ekescʻē apstambowtʻiwn-n どんな仕方であれ誰もあなた方を欺くことがあってはならない．なぜなら背教が生じない限り〔主の日は到来しないからだ〕2Th 2,3.

aptak, -oy/-i, -ocʻ/-acʻ【名】平手打ち，びんた（ῥάπισμα）; aptak acem/hanem 平手打ちを食らわせる（ῥαπίζω Mt 5,39）: mi omn i spasaworacʻ-n or and kayr ac aptak YI 下役たちのうちでそばに立っていた1人がイエスに平手打ちを食らわせた Jn 18,22; spasaworkʻ-n aptaks hanein nma = ... ῥαπίσμασιν αὐτὸν ἔλαβον 下役たちは彼に平手打ちを浴びせた Mk 14,65; etʻe okʻ acicʻē aptak y-aǰ cnawt kʻo, darjo nma ew z-miws-n 右の頬に平手打ちを加える者にはもう一方の頬をも向けてやれ Mt 5,39.

aptakem, -ecʻi【動】（人の頬を）張る，平手で打つ（ῥαπίζω）: kr̄pʻecʻin z-na, ew omankʻ aptakecʻin 彼らは彼を拳で殴り，また他の者たちは平手打ちを浴びせた Mt 26,67. → harkanem

aprecʻowcʻanem, -owcʻi, aprecʻo【動】①助ける，救う; 無事に連れて行く（σῴζω; διασῴζω Lk 7,3; Ac 23,24; ῥύομαι Ro 7,24）; 保つ，生かす（περιποιέομαι Lk 17,33a; ζῳογονέω Lk 17,33b）; 解き放つ（ἀπαλλάσσω He 2,15）. ②獲得する（περιποιέομαι Ac 20,28）: ①ałačʻēr z-na zi ekecʻē aprecʻowscʻē z-caṛay-n nora 彼は，イエスが来て彼の僕を救ってくれるよう，イエスに頼んだ Lk 7,3; ov? aprecʻowscʻē z-is i marmnoy asti mahow 誰がこの死の体から私を救ってくれるだろうか Ro 7,24; or

aprim 72

xndricʻē z-anjn iwr aprecʻowcʻanel korowscʻē z-na, ew or korowscʻē aprecʻowscʻē z-na 自分の命を保つことを求める者はそれを滅ぼすだろう，そして自分の命を滅ぼす者はそれを生かすだろう Lk 17,33; zi ... aprecʻowscʻē z-aynosik or mahow-n erkiwłiw hanapaz kēin vtarandealkʻ i caṙayowtʻiwn 死の恐れゆえに常に隷属状態に陥って生きて来た人々を彼が解き放つために He 2,15; orpēs zi iǰowcʻeal (= ἐπιβιβάσαντες) z-Pawłos aprecʻowscʻen (aṙ Pʻilikʻs datawor) 彼は，パウロを降ろして [Gk: 乗せて]〔総督フェリクスのもとに〕安全に護送できるように Ac 23,24; ②hovowel z-žołovowrd TN, z-or aprecʻoycʻ areamb iwrov 自分の血で獲得した主の教会を牧させるために Ac 20,28.　→ kecʻowcʻanem, pʻrkem

aprim, -recʻay 【動】救われる，助かる，免れる (σωθήσεται Jn 11,12; φεύγω He 11,34; ἐκφεύγω Ro 2,3; διασῴζω 1Pe 3,20); 生かされる (ζῳογονέω Ac 7,19): etʻe nnǰeacʻ, apa apri 眠り込んでいるのなら，彼は助かるだろう Jn 11,12; aprecʻan i beranoy sroy 彼らは剣の刃を逃れた He 11,34; etʻē dow apreloc' icʻes i datastanacʻ-n AY あなたが神の裁きを免れうるだろうこと Ro 2,3; nowazownkʻ, ays inkʻn, ogikʻ ... owtʻ aprecʻan i ǰroy-n わずかな人々，つまり8つの命が水によって救われた 1Pe 3,20; aṙnel ənkecʻik z-mankowns nocʻa zi mi aprescʻin 彼らに幼子を棄てさせ，生かしておかぬようにする Ac 7,19.　→ keam

aǰ, -oy, ov; -ow, -owcʻ; aǰowm, aǰmē 【形／名】①右の（手）；右 (δεξιός; δεξιά Mt 6,3; Ac 2,33). ②ənd aǰmē 右（側）に (ἐκ δεξιῶν Lk 1,11; ἐν δεξιᾷ Eph 1,20). ③y-aǰmē; i y-aǰmē 右に: ①akn kʻo aǰ あなたの右目 Mt 5,29; mi gitascʻē jax kʻo zinčʻ gorcē aǰ kʻo あなたの左手があなたの右手のしていることをわからぬようにせよ Mt 6,3; aǰov-n AY barjracʻeal 神の右の座に挙げられて Ac 2,33; ②kayr ənd aǰmē sełanoy xnkocʻ-n 彼は香の供物の祭壇の右側に立っていた Lk 1,11; nstoycʻ ənd aǰmē iwrmē y-erknawors〔神は〕天上において〔キリストを〕自らの右に座を占めさせた Eph 1,20; ③mi y-aǰmē (M: i y-aǰmē) nora ew mi y-ahekē (M: i y-ahekē) 1人は彼の右に，1人は左に Mt 27,38.　→ aheak, jax

aǰakołmn; [M: aǰakołm], -man 【名】右側：arkēkʻ y-aǰakołmn nawi-n z-owṙkan-d = βάλετε εἰς τὰ δεξιὰ μέρη τοῦ πλοίου τὸ δίκτυον 網を舟の右舷に打て Jn 21,6.

aǰołem, -ecʻi 【動】働く (ἐνεργέω): AC noyn ē, or aǰołē z-amenayn y-amenayni 同じ神，すべてのもののうちにあってすべてのことを働く神がいる 1Cor 12,6.　→ yaǰołem

aǰołim　→ yaǰołim

aǰołowtʻiwn; yaǰołowtʻiwn, -tʻean【名】①成功，繁栄，幸福（εὐοδόομαι 3Jn 2）．②働き，活動（ἐνέργεια Eph 3,7; ἐνέργημα 1Cor 12,6）: ①vasn amenayn iracʻ kʻocʻ aǰołowtʻean ew arōłǒłowtʻean ałōtʻs arˉnem 私はなにごとにつけてもあなたがたの幸いと健康を祈っている 3Jn 2; ②əst pargewacʻ šnorhacʻ-n AY or towan inǰ əst yaǰołowtʻean zōrowtʻean nora 神の力の働きに従って私に与えられた神の恵みの贈り物に従い Eph 3,7; bažinkʻ yaǰołowtʻeancʻ en 働きには区別がある 1Cor 12,6.

aǰoy【形】右の（δεξιός）: i bacʻ ehan z-aǰoy ownkn nora 彼はその右耳を切り落とした Lk 22,50.

ar̄[1]: ar̄nowm の命 / 直・アオ・単・3.

ar̄[2]【前】①[+属]《理由・原因・動機》…のために，…から，…のゆえに（ἀπό+属 Mt 14,26; διά+対 Mt 27,18; Mk 15,10）．②[+対]ⓐ《時間的》…のときに，…の際に（πρός+対 He 12,11）; ⓑ《移動の動詞と共に；空間的》…のところへ（πρός+対 Mk 3,13; Lk 12,58b; Lk 23,7; ἐπί+対 Lk 12,58a; Jn 19,33; Ac 1,21; 25,12）;…のもとに，…に対して，…に当てつけて（πρός+対 Mk 12,12; Jn 1,1; Ac 24,16; Ro 5,1; κατά+属 Re 2,4. → xētʻ）; ⓒ《程度》…ほどに（πρός+対 Jas 4,5）．③ar̄ i[+奪]ⓐ…にとって（παρά+属 Lk 1,37/与 Mt 19,26）; ⓑ[+奪/属]《目的》…するように（τοῦ [μή] +不）; ⓒ…から（παρά+属）; ⓓ…によって（ὑπό+属）．④[+具]ⓐ《時間》…の時代に（ἐπί+属 Mk 2,26）; ⓑ《空間》…のそばで，…の近くに，…に面して，…に沿って，…伝いに，…をたどって（διά+属 Mk 9,30; ἐπί+属 Jn 21,1; κατά+対 Ac 27,7; παρά+対 Mt 20,30; Lk 18,35）．⑤[+位]《空間》…のそばに，…の近くに，…のもとに（ἐπί+対 Re 3,20; παρά+与 Lk 9,47; Lk 11,27; Jn 19,25; πρός+与 Jn 18,16; πρός+対 Mt 3,10; 13,56; Mk 1,33; Lk 3,9; Jn 1,1; Ac 5,10; πρό Ac 12,14）．⑥ar̄ i/y-ⓐ[+不対]; ⓑ[+不属/奪]《目的》…するために（πρὸς τό+不; ὥστε+不 Lk 20,20）: ①ar̄ ahi-n ałałakecʻin 彼らは恐怖のあまり叫んだ Mt 14,26; ar̄ naxanǰow matnecʻin z-na 彼らは妬みのゆえに彼を引き渡した Mt 27,18; z-ays arasǰikʻ ar̄ imoy yišataki = εἰς τὴν ἐμὴν ἀνάμνησιν 私を想い起こすためにこのことを行え Lk 22,19 [Meillet, ELPA I,65: «emploi très embarassant et obscur»]; ②ⓐ amenayn xrat ar̄ žamanak-n očʻ owraxowtʻean tʻowi, ayl trtmowtʻean 躾はすべて，その時は喜ばしいことではなく，辛いことに思われる He 12,11; ⓑ kočʻē ar̄ inkʻn z-ors inkʻn kamecʻaw ew čʻogan ar̄ na 彼は自分でこれぞと思う者たちを呼び寄せる，すると彼らは彼のもとにやって来た Mk 3,13; yoržam ertʻaycʻes ənd awsoxi kʻowm

aṙ

aṙ išxan あなたを訴える者と共に役人のもとに行く時 Lk 12,58a; kʻaršicʻē z-kʻez aṙ datawor-n 彼はあなたを裁判官のところへ力ずくで引っ張って行くだろう Lk 12,58b; ibrew ekin aṙ YS 彼らがイエスのところに来てみると Jn 19,33; y-amenayn žamanaki, y-orowm mowt ew el aṙ mez TR YS 主イエスが私たちのところを往来した全期間中に Ac 1,21; i kaysr bołokʻecʻer, aṙ kaisr ertʻiǰir お前はカエサルに上訴した．カエサルの前に出頭せよ Ac 25,12; ew ban-n ēr aṙ AC ことばは神のもとにいた Jn 1,1; čgnim anxilč mits ownel aṙ AC ew aṙ mardik y-amenayn žam 私は神に対し，また人間に対し，やましくない良心を常に持つように努力している Ac 24,16; xałałowtʻiwn kalcʻowkʻ aṙ AC 私たちは神に対して平和な思いをいだくであろう Ro 5,1; asem aṙ kʻez (= ἔχω κατὰ σοῦ), zi z-sēr-n kʻo z-aṙaǰin tʻoler お前が初めに持っていた〔私への〕愛から離れてしまったことは，お前に苦情を言いたい Re 2,4; gitacʻin tʻe aṙ nosa asacʻ z-aṙak-n 彼らは彼がその譬を自分らに当てつけて語ったことを知っていた Mk 12,12; ⓒaṙ naxanj inčʻ 嫉妬するほどに Jas 4,5; ③ⓐ aṙ i mardkanē ayd ankar ē, ayl aṙ y-AY amenayn inčʻ zawrawor それは人間にはできない．しかし，神には何でもできる Mt 19,26; zi očʻ tkarascʻi aṙ y-AY amenayn ban なぜなら，神のもとでは何事も不可能ではないだろうから Lk 1,37; ⓒziard? karēkʻ dowkʻ hawatal zi pʻaṙs i mimeancʻ aṙnowkʻ, ew z-pʻaṙs z-aṙ i mioyn očʻ xndrēkʻ あなた方は互いに栄誉を受け入れあっていてどうして信じることができるか．あなた方は唯一の〔神〕からの栄光を求めないのか Jn 5,44; ⓓiwrakʻančʻiwr okʻ pʻorji aṙ i y-iwrocʻ-n cʻankowtʻeancʻ 各自が自分の欲望によって試みられている Jas 1,14; ④ⓐaṙ Abiatʻaraw kʻahanayapetiw 大祭司アビアタルの時代に Mk 2,26; ⓑanti eleal ancʻanein aṙ Gałiłeacʻwovkʻ-n 彼らはそこから出てガリラヤを通って行った Mk 9,30; darjeal yaytneacʻ z-anjn iwr YS ašakertacʻ-n iwrocʻ aṙ covezerb-n Tibereay ティベリアの海岸でイエスは再び弟子たちに自らを顕した Jn 21,1; haziw hasakʻ aṙ Kniwdeaw かろうじて私たちはクニドスに面して (=クニドスの沖に) 到達した Ac 27,7; koyrkʻ erkow nstein aṙ čanaparhaw-n 2人の盲人が道端に座っていた Mt 20,30; koyr omn nstēr aṙ čanaparhaw-n mowracʻik ある盲人が物乞いをしつつ道端に座っていた Lk 18,35; ⑤ahawasik kam es aṙ dowrs ew baxem ほら，私は戸口に立って，戸を叩いている Re 3,20; aṙ manowk mi kacʻoycʻ i mēǰ nocʻa aṙ iwr 彼は1人の子ども〔の手〕を取って，彼らの中で彼自身の傍らに立たせた Lk 9,47; ałačʻēr z-na omn pʻaresecʻi zi čaš kericʻē aṙ nma あるファリサイ人が自分のもとで食事をしてくれるように彼に願った Lk 11,37; kayin aṙ xačʻi-n YI 彼らはイエ

スの十字架のそばに立っていた Jn 19,25; Petros kayr aṙ dran-n artakʻoy ペトロは門のところで外に立っていた Jn 18,16; tapar aṙ armi-n caṙocʻ dni［Lk: kay］斧が木々の根元に置かれている Mt 3,10; ēr amenayn kʻałakʻ-n žołoveal aṙ drowns-n 町全体が戸口に集まっていた Mk 1,33; tʻałecʻin aṙ aṙn iwrowm 彼らは（彼女を）夫のそばに葬った Ac 5,10; Petros aṙ dran-n kay ペトロが門の前に立っている Ac 12,14; ⑥ⓐkapecʻēk z-ayd xrjowns aṙ i y-ayrel それを焼き払うために束ねて縛れ Mt 13,30; zi əmbṙnescʻen z-na baniwkʻ, aṙ i matnel z-na petowtʻean 彼の言葉尻をとらえて、彼を総督に引き渡すために Lk 20,20;　ⓑ amenayn or hayi i kin mard aṙ i cʻankanaloy nma, andēn šnacʻaw ənd nma i srti iwrowm ある女に欲情を抱いてその女を見る者はすべて自分の心の中ですでに彼女に姦淫を犯したのだ Mt 5,28.

aṙagast, -i, -icʻ/-acʻ【名】①カーテン，ヴェール，覆い（κάλυμμα 2Cor 3,15.16）［→ kʻoł］．②帆（ἀρτέμων Ac 27,40）；海錨（σκεῦος Ac 27,17）．③新婚の部屋（νυμφών）［→ pʻesay］：①minčʻew cʻaysōr yoržam əntʻeṙnown z-Movsēs, noyn aṙagast kay i veray srticʻ nocʻa 今日に至るまで，モーセ〔の書〕が朗読される時はいつでも，覆いが彼らの心の上に横たわっている 2Cor 3,15; yoržam darjcʻin aṙ TR, apa verascʻi aṙagast-n 人が主の方に向き直るならば，いつでも覆いは取り上げられる 2Cor 3,16; ②i bacʻ aṙin z-aṙagast-n 彼らは帆を上げた Ac 27,40; ③mi etʻe martʻ inčʻ? icʻē mankancʻ aṙagasti sowg aṙnowl minčʻ pʻesay-n ənd nosa icʻē 新婚の部屋の子らは，花婿が一緒にいる間は悲しむことができるだろうか Mt 9,15.

aṙak, -i, -acʻ【名】①譬，ことわざ，格言，なぞ（παραβολή Mt 13,3; παροιμία Jn 16,25.29）; aṙak arkanem = παρατίθημι τὴν παραβολήν 譬を示す．②象徴（παραβολή He 9,9）; y-aṙaks = ἐν παραβολῇ 象徴として；③型，形式（τύπος Ro 6,17［→ awrinak］）：①xawsēr ənd nosa bazowms aṙakawkʻ 彼は彼らに対してさまざまな譬を使って多くのことを語った Mt 13,3; z-ays aṙakawkʻ xawsecʻay ənd jez これらのことを私は謎めいたかたちであなた方に語ってきた Jn 16,25; aył aṙak ark aṙ nosa ew asē 彼は彼らにほかの譬を示して言った Mt 13,24; ②or ē aṙak žamanaki-n or aṙaǰi kayr〔第1の幕屋は〕現在の時を示す象徴である He 9,9; owsti ew y-aṙaks isk ənkalaw z-na こうして彼は彼（イサク）を〔復活の〕象徴として手に入れることまでした He 11,19; ③šnorhkʻ AY, zi ēikʻ caṙaykʻ mełacʻ, hnazandecʻarowkʻ i srtē orowm awandecʻaykʻ y-aṙak vardapetowtʻean 神に感謝あれ．なぜならば，あなた方は罪の奴隷であったが，伝達された教えの型に心から従順になっ

aṙakem 76

たのだから Ro 6,17.

aṙakem, -ecʻi【動】①譬を語る，言い表す (μετασχηματίζω 1Cor 4,6; τίθημι Mk 4,30). ②公に非難する，恥をかかせる (δειγματίζω)：①z-ays, ełbarkʻ, aṙakecʻi y-anjn im y-Apawłos vasn jer 兄弟たちよ，私はこれらのことを，あなたたちのために，私自身とアポロとを引き合いに出して語った 1Cor 4,6; orov? aṙakaw aṙakescʻowkʻ z-na 私たちはそれをどんな譬で表そうか Mk 4,30; ②očʻ kamēr aṙakel z-na 彼は彼女を晒し者にしたくなかった Mt 1,19.

aṙakōrinaki【形】比喩的な (ἀλληγορέω Ga 4,24)：or ē aṙakōrinaki, zi ays inkʻn en erkow ktakarankʻ これらは比喩的に言われている．なぜなら彼女たち自身は2つの契約だから Ga 4,24.

aṙanjin; aṙanjinn【副】自分だけで，別に，個人的に，1人で (κατʼ ἰδίαν Ga 2,2; κατὰ μόνας Mk 4,10; Lk 9,18)：aṙanjinn aynocʻik or karcealkʻ-n ēin かの重んじられている人たちには個人的に〔私は示した〕Ga 2,2; ibrew ełew aṙanjinn, harcʻin cʻ-na 彼だけになった時，彼らは彼にたずねた Mk 4,10; ełew i kal-n nora y-aławtʻs aṙanjinn ein ənd nma ašakertkʻ-n nora 彼が1人で祈っている時，弟子たちが彼と共にいた Lk 9,18; aṙeal z-erkotasans-n aṙanjinn = παραλαβὼν δὲ τοὺς δώδεκα 12人を脇へ連れて行き Lk 18,31; soynpēs ew hawatkʻ, etʻē gorcs očʻ ownicʻin, meṙeal en aṙanjinn (= καθʼ ἑαυτήν) 同じように信仰も，業がないなら，それだけでは死んだものだ Jas 2,17. → mekowsi

aṙancʻ【前】[+属] …なしに，…を除いて，…以外に (χωρίς Jn 1,3; Jas 2,26; ἄνευ Mt 10,29; 1Pe 4,9; ἄτερ Lk 22,35; ἀ-)；…の外に (ἐκτός 2Cor 12,2)：aṙancʻ nora ełew ew očʻ inčʻ 彼をさしおいては何1つ生じなかった Jn 1,3; z-or ōrinak marmin aṙancʻ hogwoy meṙeal ē, soynpēs ew hawatkʻ aṙancʻ gorcocʻ meṙeal en 身体が霊なしでは死んでいるように，信仰も業がなければ死んだものである Jas 2,26; ew mi i nocʻanē y-erkir očʻ ankcʻi aṙancʻ hawr jeroy それらのうちの1羽すらもあなたたちの父なしに地上に落ちることはない Mt 10,29; ōtarasērkʻ linel ənd mimeans aṙancʻ trtnǰeloy 不平を言わず互いにもてなしあうこと 1Pe 4,9; aṙancʻ bani poṙnkowtʻean = παρεκτὸς λόγου πορνείας 淫行という理由なしに (=淫行以外の理由で) Mt 5,32; aṙancʻ jeṙgorci = ἀχειροποίητον 手で造られない Mk 14,58; aṙancʻ erkiwłi = ἀφόβως 恐れることなく Lk 1,74; ararēkʻ jez kʻsaks aṙancʻ hnanaly = ποιήσατε ἑαυτοῖς βαλλάντια μὴ παλαιούμενα あなたたちは自分のために古びることのない財布を作れ Lk 12,33; etʻē aṙancʻ marmnoy očʻ gitem からだの外においてだったのか，私は知らない 2Cor 12,2.

aṟancʻanem, -cʻi【動】正気を失う，発狂している (ἐξίσταμαι) 2Cor 5,13.

aṟapar, -i, -acʻ【形】ざらざらした，でこぼこの，石だらけの (τραχύς): ełicʻin aṟparkʻ-n i hartʻ čanaparhs でこぼこの道は平坦にされるであろう Lk 3,5. → xist; ↔ hartʻ

aṟaǰ → ənd aṟaǰ; əndaṟaǰ

aṟaǰaworowtʻiwn, M: yaṟaǰaworowtʻiwn, -tʻean【名】(ヤハヴェの) 前に供されること; hacʻ aṟaǰaworowtʻiwn = ἄρτοι τῆς προθέσεως (D: προσθ.) 供えのパン: ziard? emowt i town-n AY ew eker z-hacʻ z-aṟaǰaworowtʻiwn どのようにして彼は神の家に入り，供えのパンを食べたのか Mt 12,4.

aṟaǰi【前】[＋属] ①…の前に（で），…の前から，…に向かい合って (ἔμπροσθεν Mt 5,24; 11,26; 27,11; Mk 2,12; ἐνώπιον Lk 1,19; 12,6; Ac 10,30; ἐναντίον Lk 1,6; Ac 8,32; ἔναντι Lk 1,8; Ac 8,21; ἀπέναντι Mt 27,24; κατέναντι Mt 21,2; 2Cor 12,19; κατενώπιον Jd 24; Eph 1,4; ἐπί＋対 Mt 10,18; κατὰ πρόσωπον Lk 2,31; παρά＋与 Ro 2,13); aṟaǰi eresacʻ [＋属] = πρὸ προσώπου《時間》…の前に Ac 13,24. ②…にまさる，…よりも優れた (ἔμπροσθεν Jn 1,15). ―【副】前に，先に：①tʻoł z-patarag-n kʻo aṟaǰi sełanoy-n あなたの供え物を祭壇の前にほうっておけ Mt 5,24; zi ayspēs hačoy ełew aṟaǰi kʻo なぜならこのようにしてあなたの前で意にかなったから Mt 11,26; YS ekacʻ aṟaǰi datawori-n イエスは総督の前に立った Mt 27,11; aṟeal ǰowr lowacʻ z-jeṟs aṟaǰi žołovrdean-n 彼は群衆の前で水を取って両手を洗った Mt 27,24; ertʻaykʻ i geawł-d or aṟaǰi jer ē あなたたちの前にある向こうの村に行け Mt 21,2; el aṟaǰi amenecʻown 彼は皆の前から出て行った Mk 2,12; es em Gabriēł or kam aṟaǰi AY この私は神の前に立つガブリエルである Lk 1,19; aha ayr mi ekn ekacʻ aṟaǰi im 突然，ある人がやって来て，私の前に立った Ac 10,30; ibrew z-oroǰ aṟaǰi ktrčʻi iwroy anmṟownčʻ 小羊がその毛を刈る者の前で黙っているように Ac 8,32; hastateal aṟaǰi iwrocʻ pʻaṟacʻ anerkewan-n cʻncowtʻeamb その栄光の前に傷のないものとして喜びのうちに立たせて Jd 24; aṟaǰi dataworacʻ ew tʻagaworacʻ tanicʻin z-jez 彼らはあなた方を総督たちや王たちの前に引いて行くだろう Mt 10,18; zi očʻ etʻē or lselikʻ ōrinacʻ-n en ardaracʻeal en aṟaǰi AY なぜなら律法を聞く者たちが神のもとで義とされている者たちなのではない Ro 2,13; aṟaǰi eresacʻ mti nora 彼が来る前に Ac 13,24; ②or zkni im galocʻ-n ēr aṟaǰi im ełew 私の後から来ようとしている人は私よりも優れたものとされた Jn 1,15. ― or aṟaǰi-n (= οἱ προάγοντες) ew zkni ertʻayin ałałakein 前を行く者た

aṛaǰin

ちも後ろに従う者たちも叫び続けた Mk 11,9.

aṛaǰin, -ǰnoy, 位 -ǰnowm, -oc‘【形】①《序数》第1の，最初の；前方の，前者の (πρῶτος); aṛaǰin ptowł 初穂 (ἀπαρχή 1Cor 15,20) ↔ yetin; aṛaǰnoy kołmanē = ἐκ πρῴρης〔舟の〕舳から Ac 27,30. → yetowst. ②極上の；筆頭の (πρῶτος). ③古くからの，太古の (ἀρχαῖος Ac 21,16; Re 12,9); 以前の (πρότερος Eph 4,22); y-awowrc‘-n aṛaǰnoc‘ = ἀφ' ἡμερῶν ἀρχαίων はるか以前に Ac 15,7. ④《複》先祖，先人，古人 (οἱ ἀρχαῖοι; οἱ πρεσβύτεροι He 11,2). ⑤zaṛaǰinn【副】最初に，まず；以前，かつて，当初は ([τὸ] πρότερον; τὸ πρῶτον Jn 12,16; 19,39): ①ays ē mec-n ew aṛaǰin patowiran これが大いなる第1の掟である Mt 22,38; aṛaǰin i yarowt‘enē meṛeloc‘ 死人の中から最初に甦った者 Ac 26,23; matowc‘eal aṛ aṛaǰin-n 長男のところに近づいて Mt 21,28; xoran-n aṛaǰin handerjec‘aw 最初の幕屋が設けられた He 9,1; skseal yetnoc‘-n minč‘ew c‘-aṛaǰins-n 最後の者たちから始めて最初の者たちに至るまで Mt 20,8; lini yetin molorowt‘iwn-n č‘ar k‘an z-aṛaǰin-n 後のほうの惑わし事は前のそれよりもひどいものになるだろう Mt 27,64. —i šabat‘ow y-erkrordowm aṛaǰnoy-n [scil.: amsean] 最初の（月）の2番目の安息日に = ἐν σαββάτῳ δευτεροπρώτῳ Lk 6,1; aṛaǰin ptowł-n nnǰec‘eloc‘ 眠りについている者たちの初穂 1Cor 15,20; ②hanēk‘ z-patmowčan aṛaǰin 極上の衣服を出して来い Lk 15,22; or kamic‘i i jenǰ aṛaǰin linel あなたたちの間で筆頭でありたいと思う者 Mt 20,27; ③Mnasovni owremn Kiwprac‘woy aṛaǰin ašakerti キュプロス出身で古くからの弟子であるムナソンに Ac 21,16; ōj-n aṛaǰin 太古の蛇 Re 12,9; əst aṛaǰin gnac‘ic‘-n 以前の生活様式に従って Eph 4,22; dowk‘ ink‘n gitēk‘ zi y-awowrc‘-n aṛaǰnoc‘ i miǰi jerowm əntreac‘ AY あなたたち自身が知っている通り，はるか以前に，神はあなたたちの中から私を選んだ Ac 15,7; ④asac‘aw aṛaǰnoc‘-n t‘e …といにしえの人々に言われた Mt 5,21; margarē omn y-aṛaǰnoc‘-n yareaw いにしえのある預言者が甦った Lk 9,8; novaw vkayec‘an aṛaǰink‘-n それによって先立つ世代は証しされた He 11,2; ⑤et‘e tesanic‘ēk‘ z-ordi mardoy zi elanic‘ē owr ēr zaṛaǰinn 人の子が以前にいたところへのぼって行くのをあなたたちが見るならば Jn 6,62; i tełi-n owr ēr Yovhannēs zaṛaǰinn ew mkrtēr ヨハネが最初に洗礼を授けていた場所に Jn 10,40; z-ayn inč‘ gitac‘in ... zaṛaǰinn これらのことを彼らは当初は知らなかった Jn 12,16; awetaranec‘i jez zaṛaǰinn 私は最初あなたたちに福音を告げ知らせた Ga 4,13; mi kerparanealk‘ aṛaǰin jerovk‘ angitowt‘ean-n c‘ankowt‘eambk‘ 以前無知であった時の欲望に自分を合わせるな 1Pe 1,14.

ařaǰnord, -i, -acʻ【名】案内人，手引き者，指導者，首領（ὁδηγός Ac 1,16; Ro 2,19; χειραγωγός Ac 13,11; ἡγούμενος < ἡγέομαι Lk 22,26; He 13,7; ἀρχηγός He 2,10; πρωτοστάτης Ac 24,5）：vasn Yowdayi or ełew ařaǰnord owneleacʻ-n YI イエスを捕えた者たちの手引きとなったユダについて Ac 1,16; srǰēr xndrēr ařaǰnords 彼は自分の手を引いてくれる人を探しまわった Ac 13,11; (ełicʻi) ařaǰnord-n (M: or ařaǰin-n) ibrew z-spasawor-n 指導する者は奉仕する者のように（なれ）Lk 22,26; yišecʻēkʻ z-ařaǰnords jer or xōsecʻan jez z-ban-n AY あなた方に神の言葉を語ったあなた方の指導者たちのことを思い出せ He 13,7; z-ařaǰnord pʻrkowtʻean 救いの導き手 He 2,10; ařaǰnord Nazovracʻwocʻ herjowacoy-n ナゾラ人たちの分派の首領 Ac 24,5.

ařaǰnordem, -ecʻi【動】導く，案内する，先導する（ὁδηγέω Mt 15,14; προάγω Mt 2,9; [προέρχομαι Lk 22,47]）：koyr kowri yoržam ařaǰnordē sxalē ew erkokʻin i xorxorat ankanin 盲人が盲人の道案内をすると，道に迷って，両者とも溝に落ちてしまう Mt 15,14; astł z-or tesin y-arewels ařaǰnordeacʻ nocʻa 彼らが昇るのを見た星が先立って彼らを導いた Mt 2,9; [or kočʻēr-n Yowda mi y-erkotasanicʻ-n ařaǰnordēr nocʻa 12人の1人のユダと呼ばれている者が彼らに先立っていた Lk 22,47]

ařaǰnordowtʻiwn, -tʻean【名】身の振り方（ἀγωγή）：dow zhet ekir vardapetowtʻean imoy, ařaǰnordowtʻean, yōžarowtʻean 君は私の教え，身の振り方，意思に付き従って来た 2Tm 3,10.

ařaǰoy【副】前方へ，前面に（ἔμπροσθεν Re 4,6）; orpēs tʻe ařaǰoy kołmanē (= ἐκ πρώρης) z-xarisx-n jgelocʻ icʻen 舳先から錨を投げ入れようとしているかのように Ac 27,30; li ēin ačʻōkʻ ařaǰoy ew yetoy それらは前面も背面も目で覆われていた Re 4,6.

ařaspel, -i, -acʻ【名】作り話，寓話，なぞ，神話（μῦθος 1Tm 4,7）：očʻ etʻē pačowčeal inčʻ ařaspelacʻ zhet ertʻeal cʻowcʻakʻ jez z-TN meroy YI KʻI z-zōrowtʻiwn ew z-galowst-n 私たちは巧妙に飾られた神話によって私たちの主イエス・キリストの力と来臨をあなた方に知らせたのではない 2Pe 1,16.

ařastał, -i, -acʻ【名】天井，屋根：bacʻeal z-ařastał-n 天井に穴をあけて Mk 2,4. → yark

ařat, -i, -acʻ【形】豊かな，寛大な，気前が良い；純真な，優れた（ἁπλοῦς Lk 11,34; ἀγαθός Mt 20,15; εὐμετάδοτος 1Tm 6,18）；施しをする（ὁ μεταδιδούς Ro 12,8）：yoržam akn-n ařat ē, amenayn marmin-n lowsawor ełicʻi 目が純真な時，体全体は輝くだろう Lk 11,34; kam tʻe

(M: etʻe) akn kʻo čʻar ē, zi es arāt em それとも，私が寛大なものだから，君の目がよこしまなのか Mt 20,15; or arāt-n ē zowartʻowtʻeamb 施しをなす者は物を惜しまない純真さをもって Ro 12,8.

arātagoyn【形】《比》より優れた，より卓越した (διαφορωτέρος) He 8,6.

arātanam, -tacʻay【動】①寛大である．②名誉とする；熱心である (φιλοτιμέομαι). ③激怒する (διαπρίομαι)：②arātanal handartel 静かに生活することを名誉とする 1Th 4,11; aynpēs arātacʻeal y-awetaranel, očʻ owr anowanecʻaw KʻS そのようにして，キリストの名が知られていないところで，〔私は〕熱心に福音を告げ知らせることになった Ro 15,20; ③nokʻa ibrew lowan, arātanayin ew xorhēin spananel z-nosa 彼らは〔これを〕聞くと，激しく怒り彼らを殺そうと思った Ac 5,33.

arātapēs【副】惜しみなく，豊かに (ἁπλῶς Jas 1,5; πλουσίως 1Tm 6,17; 2Pe 1,11); 贅沢に (λαμπρῶς Lk 16,19)：xndrescʻē yAY or tay-n amenayni arātapēs すべての人に惜しみなく与える神に願え Jas 1,5; y-AC or tay mez z-amenayn arātapēs i vayelel あらゆるものを享受すべく私たちに豊かに与えてくれる神に 1Tm 6,17; ayspēs arātapēs šnorhescʻi jez mowt i yawitenakan arkʻayowtʻiwn このようにして，永遠の国に入るという恵みがあなた方に豊かに加えられるだろう 2Pe 1,11; owrax linēr hanapaz arātapēs 彼は日々贅沢三昧に耽っていた Lk 16,19.

arātowtʻiwn, -tʻean【名】豊かなこと，物惜しみしないこと，純真さ (ἁπλότης 2Cor 9,11 [→ zowartʻowtʻiwn]); arātowtʻeamb 豊かに (πλουσίως Tt 3,6): or sermanē arātowtʻeamb (= ἐπʼ εὐλογίαις) arātowtʻeamb ew hnjescʻē 豊かに〔Gk: 祝福のうちに〕蒔く者はやはり豊かに刈り取るだろう 2Cor 9,6; z-or eheł i mez arātowtʻeamb〔神は聖霊を〕私たちに降り注いだ Tt 3,6.

arāwawt, -i/-ow, -owcʻ【名】①朝，明け方，夜明け (πρωϊνός Re 2,28; αὐγή Ac 20,11); ənd arāwawt(-n)/ənd arāwawts(-n) 朝に，朝早く ([λίαν] πρωΐ; ἅμα πρωΐ; ὄρθρος Lk 24,1; ἔννυχα Mk 1,35). ②kanxem ənd arāwawt-n/arāwawts 朝早く起きる (ὀρθρίζω Lk 21,38; ὀρθρινός Lk 24,22). ③arāwawtow-n 早朝 (πρωΐ)：①tacʻ nocʻa z-astł-n arāwōtow-n 私は彼らに明けの明星を与える Re 2,28; bazowm ews xōsecʻaw minčʻew y-arāwōt-n ew apa el gnacʻ 彼は明け方まで長い間語ってから，出発した Ac 20,11; ②kanxeal ənd arāwawts (M: ənd arāwawt-n) čʻogan i gerezman-n 彼女たちは朝早く起きて墓へ行った Lk 24,22; ③Mariam Magdalēnacʻi gay arāwawtow-n ənd aršalowšs-n in gerezman andr マグダラのマリアが早朝，まだ闇であるうちに墓へや

って来る Jn 20,1.

aṙawel【副】① 〔しばしば ews と共に；しばしば kʻan z- を後続させて〕より以上に，もっと，いっそう，豊かに (ὑπερεκπερισσοῦ 1Th 3,10; ὑπερβαλλόντως 2Cor 11,23; περισσός Jn 10,10; περισσῶς Mt 27,23; περισσοτέρως 2Cor 7,13; 1Th 2,17; ἐκ περισσοῦ Mk 6,51; πλείων Lk 7,42; ἐπὶ πλεῖον Ac 4,17; μείζων Mt 20,31; μᾶλλον Jn 19,8; Ac 4,19; ὑπέρ＋対 1Cor 4,6). ②むしろ (μᾶλλον Mt 10,6; πολλῷ μᾶλλον Mk 10,48; ὑπέρ 2Cor 11,23) → manawand. ③とくに，とりわけ (περισσοτέρως He 13,19)：①aṙawel ews ałačʻem この上もなく熱心に祈願する 1Th 3,10; aṙawel ews ałałakein 彼らはいっそう激しく叫び続けた Mt 27,23; es eki zi z-keans ownicʻin ew aṙawel ews ownicʻin 私が来たのは（人々が）命を得，豊かに得るためだ Jn 10,10; oʻ aṙawel sirescʻē z-na 誰が彼をより多く愛するだろうか Lk 7,42; nokʻa ews aṙawel ałałakein 彼らはより一層叫んだ Mt 20,31; aṙawel ews erkeaw 彼は〔以前〕より〔も〕恐れを感じた Jn 19,8; etʻē aržan icʻē aṙaǰi AY jez lsel aṙawel kʻan AY, əntrecʻēkʻ 神に聞き従うよりもあなたたちに聞き従うほうが神の前に義しいかどうか，判断せよ Ac 4,19; mi inčʻ aṙawel kʻan z-grealsn imanal 〔聖書に〕書かれていることを超えて理解してはならないこと 1Cor 4,6; ② (5) i kʻałakʻ Samaracʻwocʻ mi mtanicʻēkʻ. (6) ayl ertʻaykʻ aṙawel aṙ očʻxars-n korowseals tan IŁI サマリア人の町には入るな．むしろイスラエルの家の失われた羊のもとへ行け Mt 10,6; ③aṙawel ałačʻem zi z-ayn aṙnicʻēkʻ, zi vałagoyn patoparecʻaycʻ jez とくに，私がより早くあなたたちのところへ帰れるよう，あなたたちがしてくれることを懇願する He 13,19. —【形】①優れた，卓越した (πλείων Mt 6,25; κρείττων He 1,4; διαφέρω Mt 6,26; 1Cor 15,41; ὑπερέχω Php 2,3; 3,8; προέχομαι Ro 3,9; ὑπερβολή 1Cor 12,31; ὑπέρ Mt 10,24)；過度の (περισσότερος 2Cor 2,7)；超絶した (ὑπερβάλλω Eph 2,7). ②上にある (ὑπερέχω 1Pe 2,13). ③aṙawel linim/aṙnem より多くなる，有り余る，満ち溢れる；満ち溢れさせる (πλεονάζω Ro 5,20; ὑπερπλεονάζω 1Tm 1,14; περισσεύω 1Cor 15,58; 2Cor 1,5; 1Th 3,12; Php 1,9)；《比》aṙawelagoyn より多くの (περισσότερος 1Cor 12,23)：①očʻ apakʻēn dowkʻ aṙawel ēkʻ kʻan z-nosa = ... μᾶλλον διαφέρετε αὐτῶν あなたたちは彼らよりも優れた者ではないか Mt 6,26; aṙawel ełeal kʻan z-hreštaks 彼は御使いたちよりも優れたものとなった He 1,4; astł kʻan z-astł aṙawel ē pʻaṙōkʻ 1 つの星は他の星よりもその輝きにおいて優れている 〔Gk: 相違している〕1Cor 15,41; hamarim isk z-amenayn vnas vasn aṙawel gitowtʻean-n YI KʻI TN meroy 私は私たちの主イエス・キリストについての卓越した知識ゆ

aṙawelowt'iwn 82

えに，すべてのものを損失であるとさえ思っている Php 3,8; xonarhowt'eamb z-mimeans law hamarel aṙawel k'an z-anjins 謙虚な思いによって互いを自分よりも優れた者と考える Php 2,3; iw? iwik' aṙawel ic'emk' 何をもって私たちは優れているのか Ro 3,9; oč' ē ašakert aṙawel k'an z-vardapet 弟子は師以上のものではない Mt 10,24; zi mi y-aṙawel trtmowt'enē-n ənkłmesc'i aynpisi-n その人が過度の悲しみに呑み込まれぬように 2Cor 2,7; aṙawel mecowt'iwn šnorhac'-n iwroc' その恵みの超絶した豊かさ Eph 2,7; ②hnazand lerowk' amenayn mardkełēn stełcowacoy vasn TN ... t'agawori ibrew aṙawel owmek' 人間的な制度にはすべて主ゆえに服従せよ，上に立っている者としての王に〔服従せよ〕1Pe 2,13; ③aṙawel ełen šnorhk' TN meroy 私たちの主の恵みは充溢した 1Tm 1,14; aṙawel lerowk' i gorc TN y-amenayn žam 常に主の業に満ち溢れよ 1Cor 15,58.

aṙawelowt'iwn, -t'ean【名】余剰 (περίσσευμα 2Cor 8,14)；充満 (περισσεία 2Cor 8,2)；超絶 (ὑπερβάλλον Eph 1,19)；卓越 (ὑπερβολή 2Cor 4,7.17; ὑπεροχή 1Cor 2,1)；əst aṙawelowt'ean = καθ' ὑπερβολήν 過度に，甚だしく Ro 7,13; y-aṙawelowt'iwn = εἰς περισσείαν ますます豊かに 2Cor 10,15: y-ayžmow žamanaki-s jer aṙawelowt'iwn-d i noc'a pakasowt'iwn-n 今この時においては，あなたたちの余剰が彼らの欠乏〔を補うもの〕となる 2Cor 8,14; aṙawelowt'iwn xndowt'ean-n noc'a 彼らの満ち溢れる喜び 2Cor 8,2; zi aṙawelowt'iwn zōrowt'ean-n ic'ē y-AY 力の卓越が神からのものであるために 2Cor 4,7. → yawelowac

aṙawelowm, -li [他]/-lay [自]【動】増加する，満ち溢れる；まさる，優れる (περισσεύω Mt 5,20; 1Cor 8,8; 2Cor 1,5; Eph 1,8; ὑπερπερισσεύω 2Cor 7,4)；余分に持つ (πλεονάζω 2Cor 8,15)：orpēs aṙawelan č'arč'arank'-n K'Si i mez, noynpēs ew i jeṙn K'Si aṙawel lic'i ew mxit'arowt'iwn-n mer キリストの苦難が私たちのうちに満ち溢れたように，そのように私たちの慰めもまたキリストによって満ち溢れるだろう 2Cor 1,5; aṙawelaw i mez amenayn imastowt'eamb ew gitowt'eamb それ（恵み）はあらゆる知恵と思慮によって私たちに満ち溢れた Eph 1,8; aṙaweleal em owraxowt'eamb y-amenayn nełowt'iwns mer 私は私たちのあらゆる患難の中にあっても喜びで満ち溢れている 2Cor 7,4; oč' et'ē owtemk' aṙawelowmk' inč'〔それを〕食べたとしても私たちは何か優れた者になるわけではない 1Cor 8,8; or bazowm-n aṙ oč' aṙawelaw 多くを受け取った者は余分に持つことをしない 2Cor 8,15. → yawelowm

aṙawōtin【形】朝の (πρωϊνός)：astł p'aycaṙ aṙawōtin 光り輝く明けの明星 Re 22,16.

aṙak' → aṙnowm
aṙak'elowt'iwn, -t'ean【名】使徒職（ἀποστολή）: orov ənkalak' šnorhs ew aṙak'elowt'iwn 彼を通して私たちは恵みと使徒職とを受けた Ro 1,5.
aṙak'em, -ec'i【動】①送る，派遣する，送り出す（πέμπω Ac 11,29; 15,22; 2Th 2,11; ἀποστέλλω Mk 11,1; Ac 28,28; ἐξαποστέλλω Ac 13,26; 17,14; συμπέμπω 2Cor 8,22; συναποστέλλω 2Cor 12,18）; aṙak'em mangał/z-gerandi = ἀποστέλλω/πέμπω τὸ δρέπανον 鎌を入れる Mk 4,29 Re 14,15. ②aṙak'eal, -eloc' 使徒，遣わされた者（ἀπόστολος）: ①y-ašakertac' anti orpēs ziard karōł ok' ēr, iwrak'anč'iwrok' i noc'anē orošec'in aṙak'el i pēts ełbarc'-n, or bnakeal ēin i Hreastani 弟子たちは，それぞれ資力に応じて，ユダヤに住んでいる兄弟たちに援助を送ることに決めた Ac 11,29; hačoy t'owec'aw ... ars əntreals i noc'anē aṙak'el y-Antiok' ənd Pawłosi ew ənd Baṙnabay 彼らは自分たちの中から人を選んで，パウロやバルナバと一緒にアンティオキアに派遣することを決めた Ac 15,22; aṙak'ē erkows y-ašakertac' anti 彼は弟子たちの中の2人を遣わす Mk 11,1; yaynžam z-Pawłos vałvałaki aṙak'ec'in ełbark' gnal minč'ew i covezr そこで兄弟たちは直ちにパウロを送り出して海辺へ行かせた Ac 17,14; yaytni lic'i jez zi het'anosac' aṙak'ec'aw p'rkowt'iwn-s AY. nok'in ew lowic'en あなたたちに知ってもらいたい，神のこの救いは異邦人に送られたのだ．彼らは聞き従うだろう Ac 28,28; jez ban-s ays p'rkowt'ean aṙak'ec'aw この救いの言葉はあなたたちに送られた Ac 13,26; aṙak'ec'ak' ənd nosa z-ełbayr-n mer 私たちは彼らと共に私たちの兄弟を派遣した 2Cor 8,22; vasn aynorik aṙak'esc'ē noc'a AC azgec'owt'iwn molorowt'ean hawatal noc'a stowt'ean-n それゆえに神は彼らに迷いの作用を送り込み，彼らは偽りを信じるようになる 2Th 2,11; ②Pawłos caṙay K'ristosi YSi, koč'ec'eal aṙak'eal キリスト・イエスの僕であり，召された使徒であるパウロ Ro 1,1; oč' aṙak'eal mec k'an z-ayn or aṙak'eac'-n z-na 遣わされた者は自分を派遣した者より大いなる者ではない Jn 13,16. → yłem, yowłarkem
aṙak'inowt'iwn, -t'ean【名】勇気，徳，高潔，善；栄誉；卓越した力（ἀρετή）[→ k'aJowt'iwn]: orpēs zi z-jer aṙak'inowt'iwns-n nowiric'ēk' あなた方の卓越した力を告げ知らせるために 1Pe 2,9.
aṙakič', -k'č'i, -č'aw【名】遣わす者（τὸν ἀποστείλαντά με Mt.Lk; τὸν πέμψαντά με/αὐτόν Jn）: or z-is əndownic'i, əndowni z-aṙakič'-n im 私を受け入れる者は，私を遣わした者を受け入れる Lk 9,48.
aṙēk' → aṙnowm
aṙžamayn【副】すぐさま，たちどころに（παραχρῆμα Lk 19,11; εὐθέως

aṙžamanak 84

Lk 21,9). —【形】一時的な，現在の (παραυτίκα 2Cor 4,17)：aṙžamayn yaytneloc' ic'ē ark'ayowt'iwn AY 神の王国はたちどころに現れるだろう Lk 19,11. —aṙžamayn yačaxowt'iwn t'et'ew nełowt'ean-s meroy 私たちの頻繁に起こる一時的な軽い患難 2Cor 4,17. → noynžamayn, vałvałaki

aṙžamanak → žamanak

aṙin → aṙnowm

aṙiwc, -ow, -k'; -ownk', -s, -owc'【名】ライオン (λέων)：osox-n jer satanay ibrew z-aṙiwc goč'ē šrǰi あなたたちの告訴人である悪魔が吠えたけるライオンのように歩き回っている 1Pe 5,8.

aṙxet'em, -ec'i【動】駆り立てる，(航海を) 続ける (διανύω)：mer z-naw-n aṙxet'eal i Tiwrosē 私たちはテュロスから航海を続けて Ac 21,7.

aṙkayceal, -celoy -loc'【形】消えかけている，かすかに燃えている (τυφόμενον)：z-patrovk-n aṙkayceal oč' šiǰowsc'ē 彼は燃え残る〔燈火の〕芯を消すことがないだろう Mt 12,20. → kayc-akn

aṙhawatč'eay, -č'ēic'【名】手付金，頭金，前払い金 (ἀρραβών)：or ew knk'eac' z-mez ew et z-aṙhawatč'eay hogwoy-n i sirts mer (神は) 私たちに証印を押し，私たちの心のうちに霊の手付金を与えてくれた 2Cor 1,22; knk'ec'ayk' hogwoy-n srboy aweteac', or ē aṙhawatč'eay žaṙangowt'ean meroy あなた方は約束の聖霊によって証印を押されたが，その聖霊は私たちの〔受け取るべき〕相続遺産の前払い額である Eph 1,14.

aṙn → ayr[1]

aṙnakin【名】結婚している女 (ὕπανδρος)：kin aṙnakin i kendani ayr iwr kapeal kay ōrinōk' 結婚している女性は，律法によって，生きている夫に結ばれている Ro 7,2. → ayr, kin

aṙneli, -lwoy【形】行う (者)，実行者，実践者 (ποιητής [→ čartar])：zi oč' et'ē or lselik' ōrinac'-n en ardarac'eal en aṙaǰi AY, ayl aṙnelik' ōrinac'-n ardarasc'in なぜならば，律法を聞く者たちが神の前で義とされるということではなく，むしろ律法を行う者たちが義とされるだろうから Ro 2,13; liniǰik' aṙnelik' bani-n, ew mi lselik' miayn hamaresǰik' y-anǰins 御言葉の実行者となれ，単なる聞き手として自らを欺いてはならぬ Jas 1,22; isk et'ē z-ōrēns-n datic'is, oč' aṙneli ōrinac'-n es ayl datawor あなたが律法を裁こうとしているのなら，あなたは律法の実践者ではなく，裁き手だ Jas 4,11.

aṙnem, arari【動】①作る，創造する (ποιέω Re 13,14; κτίζω Eph 3,9; κατασκευάζω He 3,4; πλέκω Mk 15,17). ②なす，する，行う (ποιέω;

πράσσω Ac 3,17; ποίησις Jas 1,25). ③儲ける (προσεργάζομαι). ④立てる, 任命する, 選任する. ⑤与える, 付与する (περιτίθημι 1Cor 12,23; ἀπονέμω 1Pe 3,7)：①ara z-patker gazani-n, or i virac' sroy-n ekeac' 剣の傷から生き返ったかの獣の像を作れ Re 13,14; tntesowt'iwn xorhrdoy-n, or cackeal ēr y-amenayn yawiteanc' aṙ AY or z-amenayn inč' arar 永遠の昔から, 万物を創造した神のもとに隠されて来た奥義の計らい Eph 3,9; psak arareal i p'šoc' 茨から冠を作って Mk 15,17 [= πλέξαντες ἀκάνθινον στέφανον 茨の冠を編んで]；②z-amenayn or miangam kamiǰik' t'e arasc'en jez mardik, aynpēs ew dowk' ararēk' noc'a あなた方が人々からして欲しいと思うことすべてを, あなた方も人々にせよ Mt 7,12; stemk' ew oč' aṙnemk' z-čšmartowt'iwn-n 私たちは嘘をついているのであり, 真理を行ってはいない 1Jn 1,6; gitem zi angitowt'eamb ararēk' 私は, あなた方が無知からしたのだということはわかっている Ac 3,17; na y-aṙnel-n iwrowm lic'i eraneli その人はその実行において幸いなものとなるだろう Jas 1,25; ③mnas-n k'o tasn mnas arar あなたの1ムナが10ムナの儲けとなった Lk 19,16; ④arar erkotasans 彼は12人を立てた Mk 3,14; ⑤aync' aṙawelagoyn patiw aṙnemk' 私たちはそれらにより多くの誉れを与える 1Cor 12,23; ibrew tkar anōt'oy aṙnic'en patiw kananc' 弱い器として妻たちに尊敬を払え 1Pe 3,7.

aṙnowm, aṙi, 接法 aṙc'-, 命法 aṙ 【動】①取る, 捕える, 受け取る, 引き取る, 受け入れる, 迎える, 連れて来る；持ち上げて運ぶ, 担ぐ；(衣服を) 身につける (λαμβάνω Mt 21,39; Ac 27,35; ἀναλαμβάνω Ac 7,43; 20,13; 23,31; ἀπολαμβάνω Lk 6,34; ἐπιλαμβάνομαι Mk 8,23; μεταλαμβάνω Ac 2,46; προσλαμβάνομαι Ac 17,5; 27,36; παραλαμβάνω Mt 1,20; 20,17; Lk 9,28; συμπαραλαμβάνω Ga 2,1; αἴρω Jn 2,16; λῆμψις Php 4,15; φέρω He 13,13). ② (水を) 汲む (ἀντλέω Jn 2,8). ③金銭上の貸借を清算する, 決済する (συναίρω Mt 18,24). ④敗走させる (κλίνω He 11,34). ⑤aṙnowm i girks 両腕に抱きかかえる (ἐναγκαλίζομαι Mk 10,16); aṙnowm ənd girks 抱きしめる (συμπεριλαμβάνω Ac 20,10); aṙnowm mekowsi わきへ連れて行く, 離す (ἀπολαμβάνω Mk 7,33; προσλαμβάνομαι Mk 8,32); i mēǰ aṙnowm 囲む, 包み込む, 持ち込む (παρεισφέρω 2Pe 1,5). ⑥aṙnowm z-jeṙanē [＋属] …の手を引く (χειραγωγέω Ac 9,8). ⑦y-anjn aṙnowm 自分に取り込む, 体現する (ἐπαγγέλλομαι 1Tm 2,10); 同意する, 承知する (ἐξομολογέω Lk 22,6; ἐπινεύω Ac 18,20); (訴訟を) 取り扱う (ἔχω 1Cor 6,4)：①ibrew asac' z-ays, aṙeal hac' gohac'aw z-AY aṙaǰi amenec'own こう言ってから彼は

一同の前でパンを取り，神に感謝をささげた Ac 27,35; nokʻa aṙin kerakowr 彼らは食事をとった Ac 27,36; aṙeal z-jeṙanē kowri-n ehan artakʻoy šini-n 彼は盲人の手を取り，村の外に連れ出した Mk 8,23; ew meławorkʻ meławoracʻ pʻox tan zi aṙcʻen andrēn z-kšiṙ-n 罪人たちでも自分のものを取り戻すつもりで罪人たちに金を貸している Lk 6,34; aṙeal hanin z-na artakʻoy kʻan z-aygi-n ew spanin 彼らは彼を捕えて葡萄園の外に投げ捨て殺してしまった Mt 21,39; mi erknčʻir aṙnowl aṙ kʻez z-Mariam kin kʻo お前の妻マリヤを受け入れることを恐れるな Mt 1,20; ambarjakʻ y-Asovn, anti akn ownēakʻ miwsangam aṙnowl z-Pawłos 私たちはアソスに向けて船出したが，そこからパウロを船に迎えるつもりだった Ac 20,13; aṙeal ars omans gṙehiks anōrēns ならず者を何人か連れて来て（集めて）Ac 17,5; aṙeal z-Pawłos acin i gišereayn y-Antipatris 彼らはパウロを引き取って夜のうちにアンティパトリスまで連れて行った Ac 23,31; aṙēkʻ z-vran-n Mołokʻay お前たちはモロクの幕屋を担いだ Ac 7,43; aṙeal y-anjn z-naxatins nora 彼の侮辱を身に負って He 13,13; ②aṙēkʻ ew berēkʻ tačarapetis（水を）汲んで世話役のところへ持って行け Jn 2,8; ③ibrew sksaw aṙnowl 彼が決済を始めると Mt 18,24; ④aṙin z-banaks ōtaracʻ 彼らは外国の軍隊を敗走させた He 11,34; ⑤aṙeal z-na mekowsi y-amboxē anti 彼を群衆から離して Mk 7,33; aṙeal z-na mekowsi Petrosi sksaw sastel nma ペトロは彼をわきへ連れて行き彼を叱り始めた Mk 8,32; z-amenayn pʻoytʻi mēj aṙeal あらゆる熱意を傾けて 2Pe 1,5; ⑥z-jeṙanē nora aṙeal mowcin i Damaskos 彼らは彼の手を引いてダマスコスに連れて行った Ac 9,8; ⑦orpēs vayel ē kanancʻ z-ACpaštowtʻiwn y-anjn aṙelocʻ 神への敬虔さを体現している女たちにふさわしいように 1Tm 2,10; xostacʻan tal nma arcatʻ. ew y-anjn aṙ 彼らは彼に銀を与えることで一致した．そこで彼は同意した Lk 22,5-6; ałačʻēin z-na bazowm žamanaks linel and ew očʻ aṙ y-anjn 彼らは彼に長くそこに留まってもらいたいと願ったが，彼は承知しなかった Ac 18,20.

aṙołǰanam, -ǰacʻay【動】健全になる（ὑγιαίνω）: kštambescʻes z-nosa xstagoyns, zi aṙołǰascʻin i hawats 彼らが信仰において健全になるように，彼らを容赦なく屈服させよ Tt 1,13.

aṙołǰowtʻiwn, -tʻean【名】健康（ὑγιαίνω 3Jn 2）; 完全な癒し（ὁλοκληρία Ac 3,16）: hawatkʻ-n ... etown dma z-aṙołǰowtiwn-s z-ays yandiman jer amenecʻown 信仰がその人にあなたたち皆の前でこの完全な癒しを与えた Ac 3,16.

aṙtnin【形/副】家の中に（ある），家々で（κατ' οἴκους）Ac 20,20.

asełn, -słan, -łownkʻ, -łancʻ【名】針（ῥαφίς Mk 10,25; βελόνη Lk 18,25）: diwrin ē malxoy ənd cak asłan ancʻanel らくだが針の孔を通り抜ける方がやさしい Mk 10,25.

asem, asacʻi, 命 asa【動】言う，話す；主張する（λέγω Mt 1,20; φημί Lk 7,40; ἐκλαλέω Ac 23,22; φάσκω Ac 25,19）; yaṙaǰagoyn asem 前もって話す（προλέγω 1Th 3,4）: hreštak TN i teslean erewecʻaw nma ew asē 主の使いが夢で彼に現れて言った Mt 1,20; Simovn, ownim inčʻ asel kʻez, ew na asē, asa vardapet「シモンよ，あなたに言いたいことがある」. すると彼が言う，「先生，言ってください」Lk 7,40; patowireal mi owmekʻ asel tʻe z-ays zgacʻowcʻer inj「このことをお前が私に告げた」ことを誰にも漏らさないように命じて Ac 23,22; yaṙaǰagoyn asēin jez, tʻē nełowtʻiwnkʻ hasanelocʻ en i veray mer 私たちはあなた方に，艱難が私たちに襲いかかろうとしているということをあらかじめ話しておいた 1Th 3,4; asel z-anjnē tʻē icʻē omn = λέγων εἶναί τινα ἑαυτόν 自分が何者かであるかよう に言いふらす Ac 5,36.

Asiapet, -i, -acʻ【名】アシア州の議員（Ἀσιάρχης）: omankʻ ew y-Asiapetacʻ-n, or ēin nora barekamkʻ 彼と親しくしていたアシア州の議員数人も Ac 19,31.

asparēs/asparēz, -risi, -sacʻ【名】①（長さの単位）スタディオン（στάδιον Mt 14,24; Jn 6,19）; ペーキュス（πῆχυς Re 21,17）. ②競技場（στάδιον 1Cor 9,24）: ①naw-n mekneal ēr i cʻamakʻē-n bazowm asparisawkʻ 舟は既に何スタディオンも陸から離れていた Mt 14,24; vareal ibrew asparēs-s kʻsan ew hing kam eresown 漕ぎ出して 25 ないし 30 スタディオンばかり行った時だった Jn 6,19; ②or y-asparisi-n əntʻanan, əntʻanal amenekʻin əntʻanan, baycʻ mi okʻ aṙnow z-yałtʻowtʻean-n 競技場で走る者は全員走りはするが，しかし賞を受けるのは 1 人だけだ 1Cor 9,24.

aspnǰakan, -i, -acʻ/-icʻ【形】手厚くもてなす（ξένος）: ołǰoyn tay jez Gayios aspnǰakan im ew amenayn ekełecʻwoy-n 私と教会全体を客として迎えてくれるガイオスがあなた方に挨拶を送る Ro 16,23.

ast【副】《1人称直示 → -s》①ここで（に）（ὧδε; ἐνθάδε Lk 24,41）. ②〔位格名詞に後置されて 1 人称冠詞として機能する〕この…で（に）: ①čʻ-ē ast, kʻanzi yareaw 彼はここにはいない. 起こされたからだ Mt 28,6; orčʻapʻ lowakʻ z-or ararer i Kapʻaṙnawowm ara ew ast i kʻowm gawaṙi カファルナウムでお前がやった［Gk: 起こった］と俺たちが聞いたことを，ことごとくこのお前の故郷の地でもやってくれ Lk 4,23; ownikʻ inčʻ kerakowr ast ここに何か食べられる物を持っている（か）

asteł- 88

Lk 24,41; ast (ὧδε) mardkʻ mahkanacʻowkʻ tasanords ařnown, baycʻ and (ἐκεῖ) vkayecʻaw tʻē kendani ē 一方では死んでゆく人間たちが10分の1を取り，他方では「彼は生きる」と証しされた〔人が取るのだ〕He 7,8; ②y-ašxarhi ast (= ἐν τῷ κόσμῳ) nełowtʻiwn ownicʻikʻ この世にあってあなたたちには苦しみがある Jn 16,33. → and, aydr

asteł- → astł

astełeay 【形】星の：i veray glxoy nora psak astełeay y-erkotasanicʻ その頭には12の星の冠があった Re 12,1. → astł

astēn 【副】《1人称直示 → -s》この同じ場所に (ὧδε He 13,14)：kʻanzi očʻ etʻē ownimkʻ kʻałak or astēn mnalocʻ ē 私たちはここに存続するであろう都を持っているわけではないからだ He 13,14;

asti[1] 【副】《1人称直示 → -s》①ここから (ἔνθεν Mt 17,20; Lk 16,26; ἐντεῦθεν Lk 4,9). ② 〔i+奪格名詞に後置されて1人称冠詞として機能する〕この…から：①etʻe ownicʻikʻ hawats kʻan z-hat mananxoy, asasǰikʻ lerin-s aysmik pʻoxeacʻ asti andr, ew pʻoxescʻi もしあなたたちが芥子種以上の信仰を持っているなら、この山に、「ここからあそこに移れ」と言えば、それは移るであろう Mt 17,20; asti ař jez ancʻanel ここからお前たちのところへ渡る Lk 16,26; etʻe ordi es Ay, ark z-kʻez asti i vayr もしお前が神の子なら、ここから下へ身を投げよ Lk 4,9; inkʻn asti arb = αὐτὸς ἐξ αὐτοῦ ἔπιεν 彼自身この〔井戸〕から飲んだ Jn 4,12; etʻe hanes z-mez asti = εἰ ἐκβάλλες ἡμᾶς もしお前が俺たちをここから追い出すなら Mt 8,31; dowkʻ i nerkʻowst asti ēkʻ ew es i verowst anti em, dowkʻ y-ašxarhē asti ēkʻ, es čʻ-em y-aysm ašxarhē = … ἐκ τῶν κάτω ἐστέ … ἐκ τῶν ἄνω εἰμί … ἐκ τούτου τοῦ κόσμου ἐστέ … ἐκ τοῦ κόσμου τούτου あなた方はこの下からのものであり、私はあの上からのものである。あなた方はこの世からのものであり、私はこの世からのものではない Jn 8,23; ②tʻerews amačʻescʻen y-ordwoy asti immē たぶん彼らは私の息子なら憚るだろう Mt 21,37; aprecʻo z-is i žamanakē asti y-aysmanē = … ἐκ τῆς ὥρας ταύτης 私をこの時から救い出せ Jn 12,27; zi z-mez pʻrkescʻē y-ašxarhē asti čʻarē 私たちをこの悪い世から解放するために Ga 1,4 〔= ἐκ τοῦ αἰῶνος τοῦ ἐνεστῶτος (<ἐνίσταμαι) πονηροῦ 現在の悪の世から〕 → anti, ayti, -s

asti[2], -twoy, -tikʻ, -teac 【名】現世，世界；若さ，若者；活気，盛り：zi mi anařak molorowtʻeamb-n zgacealkʻ ankaniǰikʻ y-asteacʻ hastatowtʻean-n あなた方は放埓な迷いに汚染されて、堅実な現世から転落せぬように〔≠ … τοῦ ἰδίου στηριγμοῦ 自分の堅実さから〕2Pe 3,17.

astł, -teł, -łac‘【名】星，星座 (ἀστήρ Mt 2,9; Jd 13; ἄστρον Ac 7,43; He 11,12)：aha astł z‑or tesin y‑arewels aṙaǰnordeac‘ noc‘a 見よ，彼らが東に見た星が彼らを先導した Mt 2,9; astełk‘ molark‘ oroc‘ vih xawari‑n yawitenic‘ paheal ē 永遠に暗闇が保存されている迷い星 Jd 13; ibrew z‑astełs erknic‘ bazmowt‘eamb 空の星のように数多く He 11,12; aṙēk‘ z‑vran‑n Mołok‘ay ew z‑astł‑n astowacoy‑n Hṙemp‘ay お前たちはモロクの幕屋や神ライファンの星を担ぎ回った Ac 7,43.

Astowac, -oy, -oc‘【名】[Patiw: AC, AY, AV] 神 (θεός; θεά Ac 19,27)：AC or arar z‑ašxarh‑s z‑amenayn or i nma 世界とその中の万物とを造られた神 Ac 17,24; z‑meci‑n astowacoy Artemeay z‑mehean‑n 大いなる女神アルテミスの神殿 Ac 19,27; acēk‘ z‑ars‑d z‑aydosik aysr ... oč‘ hayhoyič‘s astowacoy‑n meroy 諸君はこの人たちをここに連れて来たが，彼らはわれらの女神を冒瀆する者ではない Ac 19,37.

ACakan [= astowacakan]【形】神的な (θεῖον)：hamarel oskwoy kam arcat‘oy ... z‑ACakan‑n linel nmanōł 神的なるものを金や銀と同じものと思う Ac 17,29.

ACakoys [= astowacakoys] kołmn; ACakołmn【名】神の側，神に関わること：zi amenayn k‘ahanayapet i mardkanē areal, vasn mardkan kay y‑ACakoys kołmn andr = ... ὑπὲρ ἀνθρώπων καθίσταται τὰ πρὸς τὸν θεόν なぜなら大祭司というものはすべて人々から受け入れられて，人々のため，神に関わることについて任命されるものである He 5,1.

ACamart [= astowacamart]【形】神と戦う，神に敵対する (θεομάχος)：gowc‘ē ew ACamartk‘ gtanic‘ik‘ あなたたちが神に敵対する者とならないように Ac 5,39.

ACašownč‘ [= astowacašownč‘]【形】神の霊感による (θεόπνευστος)：amenayn girk‘ ACašownč‘k‘ ew ōgtakark‘ i vardapetowt‘iwn en 聖書全体は神の霊によるもので，教化のために有益だ 2Tm 3,16.

ACapašt [= astowacapašt]【形】敬虔な (θεοσεβής)：et‘e ACapašt ok‘ ic‘ē ew z‑kams nora aṙnic‘ē nma lsē 人が敬虔であって，神の意志を行っていれば，〔神は〕その人には耳を傾けるであろう Jn 9,31.

AC(a)paštowt‘iwn [= astowacapaštowt‘iwn]【名】（神への）敬虔 (εὐσέβεια 1Tm 2,2; 3,16; θεοσέβεια 1Tm 2,10; εὐσεβῶς Tt 2,12)：zi xałałowt‘eamb ew handartowt‘eamb varesc‘owk‘ z‑keans mer, amenayn ACpaštowt‘eamb ew srbowt‘eamb 私たちが全き敬虔さと威厳をもって平穏で閑静な生活を送れるように 1Tm 2,2; yaytni isk mec ē xorhowrd‑n ACpaštowt‘ean 誰もが一致して認めるように，私たちの敬虔の奥義は偉大だ 1Tm 3,16; orpēs vayel ē kananc‘ z‑ ACpaštowt‘iwn

ACasēr 90

y-anjn aṙneloc' 神への敬虔さを体現している女たちにふさわしいように 1Tm 2,10; zgastowt'eamb ew ardarowt'eamb ew ACpaštowt'eamb kec'c'owk' y-ašxarhi-s 私たちがこの世で思慮深く，正しく，敬虔に生きるように Tt 2,12.

ACasēr [= astowacasēr]【形】神を愛する (φιλόθεος)：c'ankasērk' manawand k'an ACasērk' 彼らは神を愛するよりも快楽を愛する 2Tm 3,4.

ACateac' [= astowacateac']【形】神を憎む (θεοστυγής) Ro 1,30.

ACełēn [= astowacełēn]【形】神的な (θεῖος) 2Pe 1,3.

ACowt'iwn [= astowacowt'iwn]【名】神性 (θεότης Col 2,9; θειότης Ro 1,20)：i nma bnakē amenayn lrowmn ACowt'ean-n marmnapēs 彼の内にこそ神性の全き充満が形態化して宿っている Col 2,9; mštnǰenaworowt'iwn ew zōrowt'iwn, ew ACowt'iwn 彼の永遠の力と神性 Ro 1,20.

ACowsoyc' [= astowacowsoyc']【形】神によって教えられた (θεοδίδακτος)：zi dowk' ink'nin isk ACowsoyc'k' ēk' aṙ i z-mimeans sireloy なぜならあなた方自身が互いに愛し合うようにと神によって教えられているからだ 1Th 4,9.

asr, asow, ask', asowc'【名】羊毛 (ἔριον)：glowx nora ew herk'-n ibrew z-asr spitak 彼の髪の毛は白い羊毛のように白かった Re 1,14.

atamn, -man, -mownk', -manc'【名】歯 (ὀδούς)：atamownk' noc'a ibrew z-aṙiwcow それらの歯はライオン〔の歯〕のようだった Re 9,8.

ateam, atec'i【動】憎む，嫌う，忌み嫌う (μισέω Mt 10,22; Lk 19,14; ἀποστυγέω Ro 12,9)：ełiǰik' atec'ealk' y-amenec'ownc' vasn anowan imoy あなたたちは私の名ゆえにすべての人々から憎まれ続けるだろう Mt 10,22; kałak'ac'ik' nora atein z-na 彼の市民たちは彼を憎んでいた Lk 19,14; ateal z-č'ar, zhet ert'al bareac' 悪を憎悪し，善に結びつく Ro 12,9; atec'ealk' ew z-mimeans atēak' = στυγητοί, μισοῦντες ἀλλήλους 私たちは忌み嫌われ，互いに憎み合っていた Tt 3,3.

atean, -teni, -ic'【名】①最高法院，地方裁判所，法廷，巡回裁判 (συνέδριον Mt 10,17 Jn 11,47; ἀγοραῖος Ac 19,38). ②訴訟 (κριτήριον 1Cor 6,2). ③謁見の間 (ἀκροατήριον Ac 25,23). ④弁明，弁論 (ἀπολογία 2Tm 4,16)；裁判の席，さばきの座；演壇，講壇 (βῆμα Mt 27,19; Ac 12,21; Ro 14,10)：①matnesc'en z-jez y-ateans 彼らはあなたたちを地方裁判所に引き渡すだろう Mt 10,17; žołovec'in k'ahanayapetk'-n ew p'arisec'ik'-n atean 祭司長たちとファリサイ派の人々は最高法院を召集した Jn 11,47; et'ē Demetrios ew or ənd nma čartark' ownic'in inč' ənd owmek' bans, y-atean ert'ic'en (= ἀγοραῖοι ἄγονται) もしデメトゥリオスと仲間の職人たちが誰かに対して訴えごとがあるのなら，巡回裁判に行くがよい Ac 19,38 [Gk: 巡回裁判が開かれる]；②et'ē jewk' dati ašxarh, apa oč' ēk' aržani anarg atenic' 世があなた方によって裁かれるのならば，あなた方は最も小さな訴訟に対してさえもふさわしくはない 1Cor 6,2；③Agrippas ew Berinikē ... mtin y-atean-n アグリッパとベルニケが謁見の間に入った Ac 25,23； ④y-araǰnowm ateni-n, oč' ok' inj i t'ikowns ekac' 最初の弁論の際，誰も私の傍らに立った者がなかった 2Tm 4,16; minč' nstēr y-ateni-n arak'eac' aṙ na kin-n iwr 彼が裁判の席に着いていた時，彼の妻が彼のもとに人を遣わした Mt 27,19; amenek'in kaloc' emk' araǰi ateni-n K'Si 私たちはすべてキリストのさばきの座の前に立つであろう Ro 14,10.

ateli, -lwoy, -leac' 【名】憎む者 (μισῶν)：bari ararēk' ateleac' jeroc' あなたたちを憎む者たちに好意を尽くせ Lk 6,27.35.

atok' 【形】(果実・穀物が) 一杯の，豊かな，熟した (πλήρης)：c'orean atok' i haski-n (大地は) その穂の中に豊かな穀粒を (実らせる) Mk 4,28.

arag/erag 【形】早い，速やかな，迅速な (ταχύς Jas 1,19; ὀξύς Ro 3,15)：ełic'i amenayn mard arag aṙ i lsel 人はすべて聴くに迅速であるように Jas 1,19; erag en otk' noc'a hełowl z-ariwn 彼らの足は血を流すのに速い Ro 3,15. ↔ canr

aragahas 【形】速やかな (ταχινός) 2Pe 2,1.

aracim, -cec'ay 【動】牧草を食わせる，牧する，(家畜を) 飼う，世話をする (βόσκω Lk 15,15; Jn 21,15; ποιμαίνω Jn 21,16)：aracea z-gaṙins im 私の子羊たちの世話をせよ Jn 21,15; yłeac' z-na y-agarak iwr aracel xozs 彼を自分の畑に送って豚を飼わせた Lk 15,15. → hovowem

arambi, -bwoy 【名】夫をもつ女，既婚女性 Ga 4,27. → ayr (aramb), kanambi

arat, -oy, -oc' 【名】しみ，よごれ，傷 (σπίλος Eph 5,27); arat dnem 非難する (μωμάομαι 2Cor 8,20)：gowc'ē? arat inč' ok' dnic'ē i hastatowt'ean-s y-aysmik or paštec'aw-s i mēnǰ 私たちが奉仕しているこの豊かな〔援助金〕に関して誰かが非難したりするのではなかろうか 2Cor 8,20. → anarat

aratawor 【形】傷を持つ (μῶμος) 2Pe 2,13.

aratem, -ec'i 【動】汚す，傷つける，損なう；非難する，誹謗する (μωμάομαι)：zi mi aratesc'i paštōn-n この奉仕が〔人々から〕謗られないように 2Cor 6,3.

ararac, -oy; ararack', -coc' 【名】①創造 (κτίσις). ②被造物，世界 (κτίσις; κτίσμα 1Tm 4,4). ③作品 (ποίημα)：①i skzbanē araracoc' minč'ew c'-ayžm 創造の初めから今に至るまで Mk 13,19; ②k'arozec'ēk' z-awetarans amenayn araracoc' すべての被造物に福音を宣べ伝えよ Mk 16,15; paštec'in z-araracs ew oč' z-ararič'-n 彼らは創造者ではなく被造物を礼拝した Ro 1,25; əndownaynowt'ean ararack'-n hnazandec'an 被造物は虚無に服従させられた Ro 8,20; amenayn ararack' AY bari en 神の創造物はすべて良いものだ 1Tm 4,4; ③nora ararac emk' 私たちは彼の作品である Eph 2,10.

ararič', -rč'i 【名】製作者，創造者 (δημιουργός He 11,10; κτίζω Ro 1,25)：akn ownēr himambk' hastateloy k'ałak'i-n, oroy čartarapet ew ararič' AC ē 彼は神がその設計者，製作者である，礎を据えた都を待ち望んでいた He 11,10.

arawtakan, -i, -ac' 【形】（家畜が）牧草を食う (βόσκομαι)：eramak mi xozic' arawtakan (M: arawtakanac') mec 豚の巨大な群が飼われていた Mt 8,30. → aracim

arb; arbak' → əmpem

arbeal → əmpem

arbenam, -ec'ay 【動】酔う，酔っ払う (μεθύω Jn 2,10; 1Th 5,7b; μεθύσκομαι Eph 5,18; 1Th 5,7a)：owtel ew əmpel ew arbenal 食い，かつ呑み，かつ酔う Lk 12,45; amenayn mard z-anoyš gini yaṙaǰagoyn paštē, ew yoržam arbenan, yaynžam z-yoṙi-n 良い酒は先に出すものだ．質の落ちるやつは酔ったころに出すのだ Jn 2,10; mi arbenayk' ginwov, y-orowm zełxowt'iwn ē あなた方は酒に酔うな，酒に放蕩〔の原因〕がある Eph 5,18; or arbenan-n gišeri arbenan 酒に酔う者たちは夜に酔うのだ 1Th 5,7.

arbec'oł; M: -cawł, -i, -ac' 【名】泥酔する者，酔っ払い，のんべえ (μέθυσος 1Cor 6,10; οἰνοπότης Lk 7,34; μεθύοντες [: μεθύω] Mt 24,49)：aha ayr keroł ew arbec'oł (M: kerawł ew arbec'awł) 見ろ，大飯ぐらいの大酒呑みだ Lk 7,34.

arbec'owt'iwn, -t'ean 【名】泥酔，酩酊 (μέθη Lk 21,34; πότος 1Pe 4,3)：gowc'ē canranayc'en sirtk' jer šowaytowt'eamb ew arbec'owt'eamb あなたたちの心が酒宴や酩酊で鈍重になることがないように Lk 21,34.

arbi; arbēk' → əmpem

arbowc'anem, -owc'i 【動】飲み物を与える (ποτίζω [= tam ǰowr Lk 13,15]) [→ ǰambem]：carawec'i ew arbowc'ēk' inj 私が渇いた時あな

たたちは私に飲み物を与えてくれた Mt 25,35; or arbowsc'ē jez ǰowr bažakaw y-anowns y-ays t'e dowk' K'I ēk', amēn asem jezˑ mi korowsc'ē z-varjs iwr あなたたちがキリストの者であるという理由で，あなたたちに1杯の水を飲ませてくれる者は，アーメン，私はあなたたちに言う，自分の報いを失うことはない Mk 9,41; ew t'e mahkanac'ow inč' deł arbowsc'en, noc'a oč' vnasesc'en = κἂν θανάσιμόν τι πίωσιν οὐ μὴ αὐτοὺς βλάψη 何か死をもたらす薬を飲ませても彼らに害を及ぼすことはないであろう Mk 16,18.

arbc'-; arbǰ- → əmpem

[**arg**] → anarg, yargem

argand, -i/-oy【名】母胎，子宮 (μήτρα)：amenayn arow or banay z-argand sowrb TN koč'esc'i 母の胎を開くすべての男子は主にとって聖なる者と呼ばれるだろう Lk 2,23.

argel【名】障害（物），拘束，監獄，巣窟 (φυλακή)：argel amenayn aysoc' płcoc' あらゆる穢れた霊の巣窟 Re 18,2.

argelowm, -li【動】①妨げる，阻む，邪魔する，拒む (κωλύω Mt 19,14; Lk 6,29; Ac 27,43; διακωλύω Mt 3,14; κατέχω Lk 4,42)；[受] 沈黙させられる (φράσσω 2Cor 11,10). ②閉じ込める (συγκλείω Ro 11,32)；閉め出す，排除する (ἐκκλείω Ro 3,27; Ga 4,17)：①t'oył towk' manktwoy-d ew mi argelowk' z-dosa gal ar̄ is 子供たちをそのままにさせておけ．そして彼らが私のもとに来るのを邪魔してはならぬ Mt 19,14; or hanē i k'ēn z-bačkon k'o, mi argelowr i nmanē ew z-šapiks あなたの上着を奪い取る者には下着も拒むな Lk 6,29; hariwrapet-n ... argel z-nosa i xorhrdoy-n 百人隊長は彼らの計画を妨げた Ac 27,43; Yovhannēs argeloyr z-na ヨハネは彼を思いとどまらせようとした Mt 3,14; argelowin z-na zi mi gnasc'ē i noc'anē 彼らは，彼が自分らのところから立ち去ってしまわぬよう，引き留めようとした Lk 4,42; parcank'-s ays oč' argelc'in y-inēn i kołmans Ak'ayec'owc' 私にとってのこの誇りはアカイアの諸地方において沈黙させられることはないであろう 2Cor 11,10; ②argel AC z-amenesin y-anhawanowt'iwn 神はすべての者を不従順へと閉じ込めた Ro 11,32; argelowl kamin z-jez 彼らはあなた方を閉め出そうと欲している Ga 4,17; owr? en parcank'-n. argelan 誇りはどこにあるのか．それは排除された Ro 3,27.

argoy【形】効果のある，生き生きとした (ἐνεργής)：zi hałordowt'iwn hawatoc'-n k'oc' argoy linic'i あなたの信仰の交わりが生き生きとしたものとなるように Phm 6.

ard【副】①今，現在 (νῦν Lk 16,25; ἄρτι Jn 9,25)；すでに，もう (ἤδη

ardar 94

Mk 8,2; Jn 11,39). ②今しがた，たった今（ἄρτι Mt 9,18). ③【接】だから，従って，ところで，そこで（οὖν Mk 10,9; τοίνυν Lk 20,25; He 13,13）；この場合（ὧδε 1Cor 4,2)：①ard sa ast mxit'ari ew dow aydr papakis 今ここでは彼は慰められ，お前はそこで悶える Lk 16,25; koyr ei ew ard tesanem 私は盲人だったのに今は見える Jn 9,25; ard erek' awowrk' en minč' aṙ is en 彼らはこれでもう3日も私のもとにいる Mk 8,2; ard hoteal ic'ē. k'anzi č'orek'awreay もう臭っているだろう。4日目だから Jn 11,39; ②dowstr im ard ews vaxčanec'aw 私の娘がつい今しがた死んだ Mt 9,18; ③ełic'in erkowk'-n i marmin mi, ew aynowhetew oč' en erkow ayl marmin mi. (9) ard z-or AC zowgeac' mard mi meknesc'ē 2人は1つの身になるだろう。だから，彼らはもはや2つではなく1つの身なのだ。(9) 従って，神が1つ軛に合わせたものを，人間が離してはならない Mk 10,9; ard ert'ayk' towk' z-kayser-n kayser そこで，カエサルのものはカエサルに与えよ Lk 20,25; ew ard oč' inč' mahow aržani ē gorceal dora = καὶ ἰδοὺ οὐδὲν ἄξιον θανάτου ἐστὶν πεπραγμένον αὐτῷ そこで見よ，彼は死に価するようなことは何もしていない Lk 23,15; ard ekayk' elc'owk' aṙ na artak'oy banaki-n だから，宿営の外，彼のもとに出て行こう He 13,13; ard xndir ē i meǰ hazarapetac', et'ē ok' hawatarim gtc'i この場合，管理者たちに求められるのは，その人が真実な者と認められるということだ 1Cor 4,2.

ardar, -oy, -oc' 【形】正しい，義しい（δίκαιος）；真実の，本当の（ἀληθής Jn 4,18)：Yovsēp' ayr-n nora k'anzi ardar ēr 彼女の夫ヨセフは義しい人だったので Mt 1,19; ardar-n i hawatoc' kec'c'ē 信仰によって義とされた者は生きるであろう Ro 1,17; z-ayd ardar asac'er あなたはそれを真実のものとして語った Jn 4,18; orpēs ardar ełic'es (= ὅπως ἂν δικαιωθῇς) i bans k'o, ew yałt'ic'es i datel k'ez あなたがあなたの言葉において義とされ，またあなたが裁くことにおいて勝利するであろうために Ro 3,4.

ardaranam, -rac'ay 【動】①義とされる（δικαιόω). ②正しいと認められる（δικαιόω Lk 7,35)：①y-amenaynē y-ormē oč' karac'ēk' ōrinōk'-n Movsisi ardaranal モーセの律法によってはあなた方が義とされることのできなかったあらゆることから Ac 13,38; ardaranan jri norin šnorhōk' i jeṙn p'krowt'ean-n or i K'S YS 彼らはその方の恵みによりキリスト・イエスにおける贖いを通して無償で義とされている Ro 3,24; or meṙanin ardarac'eal ē i meṙac' anti 死んだ者は罪から〔解放されて〕義とされている Ro 6,7; ②ardarac'aw imastowt'iwn y-ordwoc' iwroc' 知恵はその子らによって正しさが承認された Lk 7,35; or ardaranaloc'-n ē ardarasc'i = ὁ δίκαιος δικαιοσύνην ποιησάτω ἔτι 正しい者は正義を行

い続けよ Re 22,11. ↔ partaworim
ardaracʻowcʻanem, -owcʻi【動】義とする，正しさを認める (δικαιόω)：amenayn żołovowrd-n ibrew lowaw ew makʻsaworkʻ-n ardaracʻowcʻin z-AC すべての民が〔ヨハネの言葉を〕聞いた時，徴税人たちは神を義とした Lk 7,29; yareaw vasn z-mez ardaracʻowcʻaneloy 彼は私たちを義とするために起こされた Ro 4,25.
ardarew【副】本当に，実際に；まことに (ἀληθῶς Mt 14,33; Jn 1,47; ὄντως Lk 23,47; 24,34; ἐπʼ ἀληθείας Lk 4,25; Ac 4,27)：ardarew ordi AY es dow まことにあなたは神の子だ Mt 14,33; aha ardarew IĒŁacʻi y-orowm nengowtʻiwn očʻ goy 見よ，本当にイスラエル人だ，あの人には裏がない Jn 1,47; ardarew ayr-s ays ardar ēr まことにこの人間こそ義人だった Lk 23,47; żołovecʻan ardarew i kʻałakʻi-s y-aysmik 実際に彼らはこの都に集まった Ac 4,27.
ardarowtʻiwn, -tʻean【名】正しいこと，義；規定 (δικαιοσύνη; δικαίωσις Ro 5,18b; δικαίωμα Ro 5,16.18a)；ardarowtʻeamb 正しく，義しく (δικαίως 1Th 2,10)：erani or kʻałcʻeal ew carawi icʻen ardarowtʻean, zi nokʻa yagescʻin 幸いだ，義に飢え渇く者たち，その彼らこそ満ち足りるようにされるであろう Mt 5,6; erani or halaceal icʻen vasn ardarowtʻean 幸いだ，義のゆえに迫害されるであろう者たち Mt 5,10; ardarowtʻiwn AY novaw yaytni hawatocʻ i hawats 神からの義はそれ（福音）によって啓示されるのであり，信仰から信仰へ〔と至る〕Ro 1,17; mioy-n ardarowtʻeamb-n y-amenayn mardik ardarowtʻiwn kenacʻ 一人の人の義を通して生命の義がすべての人間に〔もたらされる〕Ro 5,18; šnorhkʻ-n i bazmacʻ yancʻowacocʻ-n y-ardarowtʻiwn 恵みの賜物は，多くの罪過から義なる定めを導く Ro 5,16.
ardewkʻ; Lk 10,13M: ardeawkʻ【副】①《疑問を強めて》いったい，はたして，本当に．②前提節 zi/etʻe＋未完了過去を受けて ardewkʻ＋未完了過去は反事実的な条件文の帰結節を導入する：①o? okʻ ardewkʻ icʻē sa = τίς ἄρα οὗτός ἐστιν この人はいったい誰だろう Mk 4,41 (Lk 8,25 okʻ なし); zi? ardewkʻ (ἄρα) Petros-n ełew ペトロはいったいどうなったのか Ac 12,18; o ardewkʻ mec icʻē = τίς ἂν εἴη μείζων いったい誰が大いなる者か Lk 9,46; gowcʻē ardewkʻ ew išxankʻ-n gitacʻin tʻe sa icʻē KʻS-n = μήποτε ἀληθῶς ἔγνωσαν οἱ ἄρχοντες ὅτι οὗτός ἐστιν ὁ Χριστός; ひょっとすると指導者たちもこの男がキリストだと本当に知ったのだろうか Jn 7,26; isk ordi mardoy ekeal gtanicʻē ardewkʻ hawats y-erkri = πλὴν ὁ υἱὸς τοῦ ἀνθρώπου ἐλθὼν ἆρα εὑρήσει τὴν πίστιν ἐπὶ τῆς γῆς; しかしながら人の子が到来する時，いったい彼は地上に信仰を

見出すだろうか Lk 18,8; gitascʿē vasn vardapetowtʿean-s y-AY icʿē ardewkʿ, etʿe es inčʿ y-anjnē immē xawsim = γνώσεται περὶ τῆς διδαχῆς πότερον ἐκ τοῦ θεοῦ ἐστιν ἢ ἐγὼ ἀπ᾽ ἐμαυτοῦ λαλῶ 彼はこの教えについて，それが神からか，あるいは私が私自身から語っているか，知るだろう Jn 7,17; ②eteʿ hawatayikʿ dowkʿ Movsēsi, hawatayikʿ ardewkʿ ew inj 仮にあなた方がモーセの言ったことを信じたとすれば，私の言うことも信じたことだろう Jn 5,46; etʿe AC ēr hayr jer, sireikʿ ardewkʿ z-is 仮に神があなた方の父であったなら，あなた方は私を愛したはずだ Jn 8,42; etʿe i Tiwros ew i Sidovn ełeal ein zawrowtʿiwnkʿ-n or i jez ełen, vałow ews ardewkʿ xorgov ew moxrov apašxareal ēr = εἰ ἐν Τύρῳ καὶ Σιδῶνι ἐγένοντο αἱ δυνάμεις αἱ γενόμεναι ἐν ὑμῖν, πάλαι ἂν ἐν σάκκῳ καὶ σποδῷ μετενόησαν もしお前たちの中で生じた力ある業がテュロスとシドンで生じたなら，彼（ら）はとっくに荒布と灰の中で回心していたであろう Mt 11,21 [Lk 10,13 vałowc ew ardeawkʿ (M: vałow ews ardeawkʿ)].

ardēn【副】〔通常 isk と共に〕すでに (ἤδη)，今すぐに：ew zinčʿ? kamim tʿe ardēn isk borbokʿer そしてそれがすでに燃やされていてくれたならと，どれほど願うことか Lk 12,49; or očʿ hawatay i na, ardēn isk dataparteal ē 彼を信じない人はすでに裁かれている Jn 3,18; gay žamanak ew ardēn isk ē (= ἔρχεται ὥρα καὶ νῦν ἐστιν) yoržam meṙealkʿ lsicʿen jayni ordwoy-n AY ew orkʿ lsicʿen kecʿcʿen 死人たちが神の子の声を聞くこととなり，聞く人々が生きるようになる，そのような時が来ようとしている．すでにその時である［今がその時である］Jn 5,25; ardēn z-anjn im isk edicʿ i veray kʿo あなたのためには今すぐに自分のいのちも棄てるつもりだ Jn 13,37; dowkʿ ardēn isk sowrb ēkʿ あなたがたはすでに清い Jn 15,3; ardēn isk yageal icʿēkʿ, ew ardēn mecacʿarowkʿ, aṙancʿ mer tʿagaworicʿēkʿ すでにあなたたちは満腹してしまっており，すでに富者になったのだ．私たちを抜きにして王になったのだ 1Cor 4,8; ardēn isk y-ašharhi ē = νῦν ... ἤδη いまやすでにそれは世にいるのだ 1Jn 4,3.

ardi, -deacʿ【形】現在の，新しい：ardi cneal = ἀρτιγέννητος 今生まれたばかりの 1Pe 2,2.

ardiwnkʿ, -deancʿ, -eambkʿ【名】《複のみ》①実，収穫物，農作物，植物 (καρπός Lk 12,17; Jn 12,24; βοτάνη He 6,7; γένημα 2Cor 9,10). ②《単数で》畑 (γεώργιον). ③行為，業 (ἔργον); 証明 (ἀπόδειξις 1Cor 2,4)：①tʿe meṙanicʿi, bazowm ardiwns aṙnē もしも〔麦の種が〕死ぬなら，多くの実を結ぶ Jn 12,24; očʿ goy tełi owr žołovecʿicʿ z-ardiwns im

私には収穫物を入れておくところがない Lk 12,17; erkir ... cnanicʻi ardiwns šayekans 地が有益な植物を産み出す He 6,7; ②AY ardiwn ēkʻ, AY šinac ēkʻ あなたたちは神の畑であり，神の建物だ 1Cor 3,9; ③hzawr ardeambkʻ ew baniwkʻ aṙaǰi AY 神の前で業と言葉とに力がある Lk 24,19; mi baniwkʻ ew lezowōkʻ siresc'owkʻ ayl ardeambkʻ ew čšmartowtʻeamb 私たちは言葉や口先だけではなく行動と真実をもって愛そうではないか 1Jn 3,18; ardeambkʻ hogwoy-n 霊の証明によって 1Cor 2,4.

areal, Jn 12,18M［E: arareal］ → aṙnem
areamb; arean- → ariwn
aregakn, -kan, -kownkʻ, -kancʻ【名】太陽（ἥλιος Mk 13,24; ἀνατολή Lk 1,78）: aregakn xawarescʻi 太陽は暗くなるだろう Mk 13,24; aycʻ arascʻē mez aregakn i barjancʻ 高きところより黎明の光が我らを訪れる Lk 1,78.
aremticʻ［M］ → arewmowtkʻ
arenē → ariwn
arew, -ow【名】（天体としての）太陽（ἥλιος）: i cagel arewow tapacʻaw 太陽が昇るや，それは焼かれてしまった Mt 13,6;
arewagal, -i/-oy【名】日の出，夜明け: ənd aṙawawts ... gan i gerezman-n ənd arewagal-n = ... ἀνατείλαντος τοῦ ἡλίου 朝早くに，日の昇る頃，彼らは墓に行く Mk 16,2. → gam, arew
arewelkʻ, -licʻ【名】《複のみ》（太陽・星が）昇ること；東，東方（ἀνατολή）: tesakʻ zastł-n nora y-arewels 我々はその方の星が昇るのを見た Mt 2,2; ekescʻen y-arewelicʻ ew y-arewmticʻ 人々が東から，西からやって来るだろう Lk 13,29. → elanem, arewmowtkʻ, hiwsis, haraw
arewmowtkʻ, -mticʻ【名】《複のみ》（太陽が）沈むこと；西，西方（δυσμή）: orpʻēs pʻaylakn or elanē y-arewelicʻ ew erewi minčʻew y-arewmowts (M: minčʻew i y-aremowts) 稲妻が東から出て，西にまで煌めきわたるように Mt 24,27; i harawoy kołmanē drownkʻ erekʻ, ew y-arewmticʻ kołmanē drownkʻ erekʻ 南側に3つの門，西側に3つの門があった Re 21,13. → mtanem, arewelkʻ, haraw, hiwsis
arewow → arew
arēnē［M］ → ariwn
artʻown, -tʻnoy, -ocʻ【形】目覚めた（γρηγορέω 1Th 5,10）; artʻown linim/kam 目を覚ましている，素面でいる（γρηγορέω Mt 26,40; ἀγρυπνέω Lk 21,36; νήφω 1Th 5,8）: or arbenan-n gišeri arbenanʻ (8) ayl mekʻ zi towənǰean emkʻ, artʻownkʻ ełicʻowkʻ 酒に酔う者たちは夜に

aržan 98

酔うのだ．しかし，私たちは昼の者なのだから，素面でいようではないか 1Th 5,7-8; et'ē art'ownk' ic'emk' ew et'ē nnǰic'emk' 私たちが目を覚ましていても眠っていても 1Th 5,10; aydpēs oč' karac'ēk' mi žam art'own kal ənd is あなたたちはそのようにひと時も私と共に目を覚ましてはいられないのか Mt 26,40; art'own kac'ēk' aysowhetew y-amenayn žam aławt's ararēk' だから，いつの時でも目を覚まして祈っておれ Lk 21,36. → zart'nowm

aržan, -i, -ic' 【形】①妥当な，適切な，しかるべき；《名詞的に》Lk 12,57 (z-) aržan-n 正しいこと (τὸ δίκαιον), Lk 11,41 (z-)aržan-n 内にあるもの (τὰ ἐνόντα < ἔνειμι). ②aržan ē (oč' ē aržan; č'-ē aržan) [＋与＋不] 人が…するのが許されている (ἔξεστιν Mt 12,2),…せねばならない，…すべきである (δεῖ Mt 23,23; Jn 4,20)：①z-aržan-n isk towk' ołormowt'iwn 内にあるものを慈善に施せ Lk 11,41; ②ahawanik ašakertk'-n k'o gorcen z-or oč' ēr aržan gorcel i šabat'ow 見よ，お前の弟子たちは安息日になすことが許されていないことをしている Mt 12,2; z-ays aržan ēr arnel ew z-ayn č'-t'ołowl 前者は行わねばならないが，後者もなおざりにしてはならない Mt 23,23; tełi owr aržan ic'ē erkir paganel 礼拝すべき場所 Jn 4,20.

aržanapēs 【副】[＋属/与] ふさわしく (ἀξίως)：dneak' vkayowt'iwn gnal jez aržanapēs AY 私たちはあなた方が神にふさわしく歩むように証しした 1Th 2,12.

aržani, -nwoy, -neac' 【形】① [＋与] …に値する，ふさわしい；匹敵する (ἄξιος); hamarim aržani …に値するとみなす (ἀξιόω Lk 7,7); aržani linim …に値するとされる (ἀξιόω 1Tm 5,17; καταξιόω Lk 20,35; Ac 5,41; 2Th 1,5); oč' aržani ふさわしくない (ἀνάξιος 1Cor 6,2). ② [＋不] …できる (κατισχύω). ③《副詞的に》ふさわしく (ἀξίως Eph 4,1; Col 1,10).：①ararēk' aysowhetew ptowłs aržanis apašxarowt'ean だからお前たちは悔い改めにふさわしい実を結べ Lk 3,8; aržani ē mšak-n varjow iwroy [与 -rowm] 働く者がその報いを得るのはふさわしいことだ Lk 10,7; oč' en aržani č'arč'arank' žamanaki-s handerjeloc' p'aṙac'-n or yaytneloc' en i mez 今この時の苦難は，私たちに啓示されるはずの来たるべき栄光に匹敵するものではない Ro 8,18; oč' inč' aržani mahow kam kapanac' ownēr vnas 彼には死刑や投獄に相当する訴えられる理由がなかった Ac 23,29; oč' z-anjn hamarec'ay aržani aṙ k'ez galoy 私は自らあなたのもとに来るに値する者とは思わなかった Lk 7,7; or barowok' verakac'ow linin eric'ownk', krkin patowoy aržani ełic'in 立派に〔教会を〕指導している長老たちは 2 倍の報酬を受けるに値する

とされるべきだ 1Tm 5,17; or aržani linic'in aynm ašxarhi hasanel ew yarowt'ean-n or i mer̄eloc' あの世への到達と死人のうちからの甦りにふさわしいとされる者たち Lk 20,35; nok'a gnac'in xndalov y-eresac' ateni-n, zi vasn anowan-n aržani ełen anargeloy 彼らは御名のために辱めを受けるに足る者とされたことを喜びながら，最高法院の面前から出て行った Ac 5,41; aržani linel jez ark'ayowt'ean-n AY, vasn oroy ew z-čgnowt'iwn-d krēk' あなた方がそのために苦しみさえ受けている神の王国にふさわしい者とされる 2Th 1,5; ②zi aržani linic'ik' zercanel y-aynm amenaynē or lineloc' ē あなたたちが起ころうとしているすべてのことから逃れることができるようになるために Lk 21,36; ③aržani gnal koč'man-n y-or koč'ec'arowk' あなた方が召されたその召しにふさわしく歩む Eph 4,1.
- **aržem**, -ec'i【動】［z-+対］…にとって値打ち（価値）がある，ふさわしい（ἄξιος）: z-ors oč' aržē ašxarh-s 彼らにこの世はふさわしくない He 11,38.
- **ari** → yar̄nem
- **Ariospagac'i**【名】アレオパゴスの裁判人（Ἀρεοπαγίτης）Ac 17,34.
- **arik'** → yar̄nem
- **ariwn**, -rean, -reanc'【名】血（αἷμα）: kin mi ēr i ter̄atesowt'ean arean z-erkotasan am 12年の間，血が流れ出て止まらない1人の女がいた Mk 5,25.
- **arcat'**, -oy, -ov【名】銀；銀貨，お金（ἄργυρος; ἀργύριον Mt 25,27）: et'e ok' šinē i veray himan-s aysorik oski, arcat' この土台の上に誰かが金，銀で家を建てるならば 1Cor 3,12; arcat'oy kam oskwoy kam handerjic' oč' owrowk' i jēnǰ c'ankac'ay 私はあなたたちの誰からも金銀や衣服を欲しがったことはない Ac 20,33; part ēr k'ez arkanel z-arcat'-d im i sełanawors お前は私の金を両替屋に預けておくべきだった Mt 25,27.
- **arcat'agorc**, -i, -ac'【名】銀細工師（ἀργυροκόπος）: isk Demetrios omn anown, arcat'agorc, gorcēr meheans arcat'is Artemis dic' デメトゥリオスというある銀細工師がアルテミス女神の神殿の模型を銀で造った Ac 19,24.
- **arcat'asēr**, -siri, -rac'【形】金銭欲の強い，拝金的な（φιλάργυρος Lk 16,14）; mi arcat'asēr = ἀλάργυρος 金銭欲がない 1Tm 3,3: ibrew lsein z-ays amenayn P'arisec'ik'-n k'anzi arcat'asērk' ein これらすべてを，金銭欲のはっていたファリサイ人らが聞くと Lk 16,14. → sēr
- **arcat'ełēn**, -ełinaw【形】銀［製］の（ἀργυροῦς）: anawt'k' oskełēnk' ew arcat'ełēnk' 金や銀の器 2Tm 2,20.

arcat'i【形】銀の，銀貨（ἀργύριον）：nok'a kšřec'in nma eresown arcat'i 彼らは彼に銀30枚を支払った Mt 26,15.

arcat'sirowt'iwn, -t'ean【名】金銭欲（φιλαργυρία）：armat amenayn č'areac' arcat'sirowt'iwn ē 金銭欲こそあらゆる悪の根源だ 1Tm 6,10.

arcarcem, -ec'i【動】再び燃やす（ἀναζωπυρέω）：arcarcel z-šnorhs-n AY 神の賜物を再び燃え上がらせる 2Tm 1,6.

arcowi, -woy, -weac'【名】鷲；禿げ鷹（ἀετός）：towaw knoǰ-n erkow t'ewk' arcowoy meci 女には大きな鷲の翼が2つ与えられた Re 12,14; owr gēš-n ic'ē, andr žołovesc'in arcowik' 死体のあるところはどこでも，そこに禿げ鷹たちが集まるだろう Mt 24,28.

ark → arkanem

arkaneli[1]【名】衣服，長衣（στολή）Re 6,11; 7,14.

arkaneli[2], -lwoy, -leac'【形】投げ入れられるべき（βλητέος）：gini nor i tiks nors arkaneli ē 新しい葡萄酒は新しい革袋に入れられるべきである Lk 5,38; z-xot-n or aysawr i bac'i ē ew vałiw i hnoc' arkaneli（= ... εἰς κλίβανον βαλλόμενον）今日は野にあっても明日は炉に投げ込まれるべき草を Lk 12,28.

arkanem, arki, 命 ark【動】①投げる，放る，もたらす，投げ掛ける，（監獄に）入れる，（網を）打つ・下ろす（βάλλω Mt 10,34; 18,30; 25,27; Jn 13,2; ἐπιβάλλω Mk 11,7; ἐμβάλλω Lk 12,5; ἀμφιβάλλω Mk 1,16; ἐπιρίπτω Lk 19,35; στρώννυμι Mk 11,8; χαλάω Lk 5,4）；（布切れを）縫いつける（ἐπιβάλλω Mt 9,16; ἐπιράπτω Mk 2,21）；（土台・基礎を）据える（καταβάλλομαι He 6,1）；[ənd＋具]…の下に投げ込む（περιπείρω 1Tm 6,10). ② [ənd＋対] …にかける，つける（περίκειμαι Mk 9,42）；（περικαλύπτω Mk 14,65). ③（水を）汲む（ἀντλέω Jn 2,9）；（酒を袋に）入れる，注ぐ（βάλλω Mt 9,17; κεράννυμι Re 14,10; ἐπιχέω [i veray] Lk 10,34). ④値をつける，値踏みする（τιμάω Mt 27,9). ⑤（金を）預ける（βάλλω Mt 25,27). ⑥（譬を）提示する；（食べ物などを）出す，分配する（παρατίθημι Mt 13,24; Mk 6,41). ⑦arkanem jeřn/(z-)jeřs 手をかける（ἐπιβάλλω τὰς χεῖρας/τὴν χεῖρα). ⑧（着物を）身にまとう，はおらせる（περιβάλλω Lk 23,11; Re 19,13; διαζώννυμι Jn 21,7）：①oč' eki arkanel xałałowt'iwn ayl sowr 私は平和ではなく剣をもたらすために来た Mt 10,34; arkanen i veray nora z-handerjs 彼らはその上に衣服を掛ける Mk 11,7; arkin z-novaw handerjs 彼らは衣服をその上に投げ掛けた Lk 19,35; erknč'iǰik' y-aynmanē or yet spananeloy owni išxanowt'iwn arkanel i gehen 殺したのち，ゲヘナに投げ込む権能を持つ者を恐れよ Lk 12,5; satanayi isk arkeal ēr i sirt zi matnesc'ē z-na Yowda 悪魔はすでにユダの心に彼を渡そうという考えを吹き込んでいた Jn 13,2; arkēkʻ z-gorcis jer y-ors あなたたちの網を下ろし，漁をせよ Lk 5,4; očʻ okʻ kapert nor antʻapʻ arkanē i veray hnacʻeal jorjoy 誰も晒していない新しい布の当て切れを古い着物の上に縫いつけたりはしない Mk 2,21; mi miwsangam himn arkanel apašxarowtʻean i meṙeloti gorcocʻ anti 死んだ業からの回心の基礎を再び据えることはしない He 6,1; z-anjins arkin ənd bazowm cʻawovkʻ = ἑαυτοὺς περιέπειραν ὀδύναις πολλαῖς 彼らは多くの苦痛の下にわが身を投げ込んだ [Gk: 彼らは多くの苦痛でもってわが身を串刺しにした] 1Tm 6,10; ②law ēr nma aṙawel, etʻe arkeal ēr ənd paranocʻ nora erkan išoy ew ənkecʻeal i cov その首にろばの引き臼をつけられて，海の中に投げ込まれる方がその者にとってはまだましだ Mk 9,42; ③očʻ arkanen gini nor i tiks hins 人々は新しい酒を古い皮袋には入れない Mt 9,17; aynpisi-n arbcʻē i bažakē cʻasman-n AY arkeloy y-anapakē barkowtʻean bažaki-n その者は，怒りの杯に〔水を〕混ぜずに注がれた，神の憤激の杯（葡萄酒）を飲むことになる Re 14,10; pateacʻ z-vērs nora, arkeal i veray jētʻ ew gini 彼は〔その傷に〕オリーブ油と葡萄酒を注いで包帯をしてやった Lk 10,34; ④aṙin z-eresown arcatʻ-n z-gins vačaṙeloy-n, z-or arkin y-ordwocʻ IŁI 彼らは銀貨30枚，値踏みされた者の値を受け取った，イスラエルの子らの幾人かがこの者を値踏みしたのだ Mt 27,9; ⑤part ēr kʻez arkanel z-arcatʻ-d im i sełanawors お前は私の金を両替屋に預けておくべきだった Mt 25,27; ⑥ayl aṙak arka aṙ nosa 彼は彼らに他の譬を示した Mt 13,24; ⑦xndrein z-na ownel ew el i jeṙacʻ nocʻa, ew očʻ okʻ ark i na jeṙn 人々は彼を逮捕しようとしたが，彼はその手から逃れ出て，誰も彼に手をかける者はいなかった Jn 7,30; očʻ okʻ arkanē jeṙn z-mačov ew hayicʻi yets 誰も鋤に手をつけてから後ろを振り返る者はいない Lk 9,62.

arkł, -keł, -łacʻ【名】箱，金箱（κιβωτός He 9,4; γλωσσόκομον Jn 13,29）: arkł-n ktakaranacʻ pateal nerkʻoy ew artakʻoy oskwov 内も外も金で覆われた契約の箱 He 9,4; z-arkł-n ownēr Yowda 金箱はユダが持っていた Jn 13,29.

arhamarhem, -ecʻi【動】[z-＋対/具] 軽蔑する，侮る，無視する，拒む，看過する，破る，無に帰する（καταφρονέω Mt 18,10; ἐξουθενέω Lk 23,11; μυκτηρίζω Ga 6,7; παραθεωρέω Ac 6,1; ἀθετέω He 10,28; 1Tm 5,12 [→ anargem, xotem]）: mi arhamrhicʻēkʻ z-mi i pʻokʻrkancʻ-s y-ayscʻanē これら小さい者たちの1人をも蔑むことのないようにせよ Mt 18,10; arhamarheacʻ z-na ew Hērovdēs ヘロデも彼を侮った Lk 23,11; mi xabikʻ, AC očʻ arhamarhi あなた方は惑わされるな．神は侮られはし

ない Ga 6,7; arhamarheal linēin i paštaman-n hanapazordi ayrikʻ nocʻa 彼らの寡婦たちが毎日の援助で看過されていた Ac 6,1; arhamarheal owrowkʻ z-ōrēns-n Movsisi, aŕancʻ ołormowtʻeancʻ aŕ erkowkʻ kam eriwkʻ vkayiwkʻ meŕanēr 人がモーセの律法を拒むなら，憐れみを受けることなく，2人または3人の証人に基づいて死に至った He 10,28; z-datastans əndownin zi z-aŕaǰin hawats-n arhamarhecʻin 彼女たちは最初の信義を破ったという審判を受ける 1Tm 5,12. ↔ mecarem

arhamarhot【名】侮る者（καταφρονητής）Ac 13,41.

arhamarhowtʻiwn, -tʻean【名】取り消し，廃止（ἀθέτησις He 7,18）: arhamarhowtʻiwn linēr aŕaǰin patowirani-n 先の誡めの取り消しがなされた He 7,18.

arhamarhōł, -i, -acʻ【形】嘲る，嘲弄する（ἐμπαίκτης Jd 18）；軽んじる，軽蔑する，侮る（καταφρονέω 2Pe 2,10）: i yetin žamanaks ełicʻin mardkʻ arhamarhōłkʻ 終わりの時になると，嘲る者たちが現れるだろう Jd 18; arhamarhōłkʻ tērowtʻean-n 主権を軽んじている人々 2Pe 2,10.

arhawirkʻ, -awracʻ【名】《複のみ》恐れ，恐るべきこと（φόβος 2Cor 7,5; φόβητρον Lk 21,11）: kʻanzi artakʻoy martkʻ ew i nerkʻoy arhawirkʻ なぜなら外には戦い，内には恐れがあった 2Cor 7,5; ełicʻin arhawirkʻ ew nšankʻ mecameckʻ y-erknicʻ 恐るべきことや天からの大いなる徴があるだろう Lk 21,11.

arjakem, -ecʻi【動】①解放する，釈放する，赦免する（καταργέομαι Ro 7,2）；離縁する；解く（λύω Mt 16,19; ἀπολύω Mt 5,31; Lk 6,37; λύσις 1Cor 7,27）. ②解散させる；帰す（λύω Ac 13,43; ἀπολύω Mt 14,15）. ③派遣する；送り返す；(旅に) 送り出す（ἀποστέλλω Mt 21,1; ἐξαποστέλλω Lk 20,10; πέμπω Mt 2,8; προπέμπω Tt 3,13）. ④（声を）放つ，出す（ἀφίημι Mk 15,37）. ⑤arjalel osts = ποιεῖν κλάδους 枝を張る Mk 4,32. ⑥Jn 12,25 or sirē z-anjn iwr arjakē z-na = ὁ φιλῶν τὴν ψυχὴν αὐτοῦ ἀπολλύει αὐτήν 自分の命にほれこむ者はそれを滅ぼす [ἀπολύει と解した誤訳であり，対応箇所 Mt 10,39; Mk 8,35; Lk 9,24 などではすべて korowscʻē z-na と訳されている]: ①etʻē meŕanicʻi, arjakeal ē y-ōrinacʻ aŕn-n もしも夫が死ねば，彼女は夫の律法から解放されたことになる Ro 7,2; kapeal es i kin, mi xndrer arjakel もしもあなたが女性と結ばれているのなら，〔それを〕解こうとしたりするな 1Cor 7,27; z-or arjakescʻes y-erkri ełicʻi arjakeal y-erkins あなたが地上で解くものは天上でも解かれたものとなるであろう Mt 16,19 [→ kapem]; arjakecʻēkʻ, ew arjakicʻikʻ あなたたちは赦せ，そうすれば赦してもらえるだろう Lk 6,37; ②arjakea z-žołovowrds-d 群衆を解散させよ Mt

14,15; ③mšakkʻ-n gan harin z-na ew arjakecʻin ownayn 農夫たちは彼を殴り，空手で送り返した Lk 20,10; z-Zenon z-ōrinakan dpir ew z-Apawłos pʻowtʻov arjakesǰir 法学者ゼナスとアポロとに十分に旅立ちの準備をして送り出せ Tt 3,13; ④YS arjakeacʻ jayn mec ew ehan z-ogi イエスは大声を放って息絶えた Mk 15,37.

arjakim, -kecʻay【動】別れを告げる，別れる (ἀπολύομαι Ac 15,30; 28,25)：nokʻa arjakealkʻ iǰin y-Antiokʻ 彼らは人々に別れを告げてアンティオキアにくだった Ac 15,30; anmiabankʻ lieal mimeancʻ arjakēin 互いに意見の一致を見ぬまま彼らは別れようとした Ac 28,25.

arjakowmn, -kman【名】離縁：or arjakicʻē z-kin iwr, tacʻē nma z-arjakman-n (ἀποστάσιον = z-tʻowłtʻ/gir arjakman-n) 自分の妻を離縁する者は彼女に離縁状を渡すべし Mt 5,31.

arm, -i, -mamb【名】根 (ῥίζα)：tapar aṙ armi-n caṙocʻ dni 斧が木々の根元に置かれている Mt 3,10.

armat, -oy, -ocʻ【名】根；根源 (ῥίζα)：tesin z-tʻzeni-n cʻamakʻeal y-armatocʻ 彼らはいちじくの木が根元から枯れてしまっているのを見た Mk 11,20; očʻ owni armats y-ənkʻean, aył aṙ žamanak mi ē 彼は自分の内に根を持たず，その場限りだ Mt 13,21; armat amenayn čʻareacʻ arcatʻsirowtʻiwn ē 金銭欲こそあらゆる悪の根源だ 1Tm 6,10.

armatanam, -tacʻay【動】根をおろす，定着する，確立する (θεμελιόω Col 1,23; ῥιζόομαι Col 2,7)：etʻē kaycʻēkʻ i hawats-n armatacʻealkʻ ew hastatealkʻ あなた方が根を下ろして堅く信仰に留まるならば Col 1,23; armatacʻealkʻ ew šinealkʻ i na 彼に根を下ろし自らを築き上げよ Col 2,27.

armatakʻi【副】根と一緒に，根こそぎ [Olsen, Noun, p. 368f.]：caṙkʻ ... krknameṙkʻ, xlealkʻ armatakʻ = δένδρα ... δὶς ἀποθανόντα ἐκριζωθέντα 根こそぎにされて2度死んだ木 Jd 12.

armaweni, -nwoy, -neacʻ【名】なつめ椰子，なつめ椰子の枝 (φοῖνιξ) [armaw「なつめ椰子の実」]：aṙin osts armaweneacʻ 彼らはなつめ椰子の枝を取った Jn 12,13; żołovowrd bazowm ... kayin ... armawenis i jeṙs iwreancʻ 大群衆が手になつめ椰子の枝を持って立っていた Re 7,9.

aršarowš; **aršarowškʻ**/aršarowrškʻ【名】曙，夜明け，薄明：ənd aršarowšs-n = σκοτίας ἔτι οὔσης まだ闇であるうちに Jn 20,1.

aršawem, -eci【動】(馬が) 駆ける，疾駆する (τρέχω)：jayn tʻewocʻ nocʻa ibrew z-jayn kaṙavar jiocʻ bazmacʻ or aršawen i paterazm それらの羽音は戦場へと馳せる多数の馬を御する音声に似ていた Re 9,9.

arow, -i, -acʻ【形】男性の；【名】男 (ἄρσην) ↔ ēg：i skzbanē araracocʻ

arow ew ēg arar z-nosa AC 創造の初めから、神は彼らを男と女に造られた Mk 10,6; cnaw kin-n arow 女は男の子を産んだ Re 12,5.

arowagēt, -gitac' 【名】男色者，少年と情事する者 (ἀρσενοκοίτης) 1Cor 6,9; 1Tm 1,10. → igac'eal

arowest, -i, -ic' 【名】① 奇蹟，不思議 (τέρας). ② 確かな証拠 (τεκμήριον Ac 1,3). ③ 技術，職業 (τέχνη)：①tac'en nšans ew arowests, ař i molorec'owc'aneloy et'e hnar inč' ic'ē ew z-ntreals-n できるならば選ばれた者たちをも惑わせようとして彼らは徴と奇蹟を行うだろう Mk 13,22; ②yandiman kac'oyc' z-ink'n kendani yet č'arč'aranac'-n iwroc' i bazowm arowests 彼は苦難の後，自分が活ける者であることを多くの確かな証拠によって示した Ac 1,3; ③k'anzi ēin xorankark' arowestiwk' 彼らの職業は天幕造りであった Ac 18,3.

arowestakan, -i, -ac' 【名】音楽家；笛を吹く者 (αὐλητής Re 18,22).

arowseak, -eki, -kac' 【名】明けの明星 (φωσφόρος)：minč'ew tiw-n lowsaworesc'ē ew arowseak-n cagesc'ē i sirts jer 夜が明けてあなたたちの心に明けの明星が昇るまでの間に 2Pe 1,19.

arǰ, -ow 【名】熊 (ἄρκος)：otk' nora ibrew z-arǰow その足は熊の足のようだった Re 13,2.

arǰař, -oy, -oc' 【名】牛 (βοῦς Jn 2,14)；家畜 (κτῆνος Re 18,13)：egit i tačari-n zi vačařein z-arǰařs 彼は神殿で人々が牛を売っているのを見つけた Jn 2,14; arǰař ew oč'xar 家畜と羊 18,13. → ezn, grast, anasown

ars → ayr¹

artasowem, -ec'i 【動】涙を流す (δακρύω)：artasoweac' YS イエスは涙を流した Jn 11,35. → lam

artawsr, artasowk', -owac'; M: -sowovk' 【名】涙 (δάκρυον)：artasowawk'-n (M: artasowovk'-n) sksaw t'anal z-ots nora 彼女は涙で彼の両足を濡らし始めた Lk 7,38; ehat AC z-amenayn artōsr y-eresac' noc'a 神は彼らの顔から涙をすべて拭き取った Re 7,17.

artawreay [M] → artoray

artak'in, -k'noy, -oc' 【形】外側の，外部の (ἔξω 1Cor 5,12; ἔξωθεν Mt 23,25; 1Tm 3,7; ἐκτός Mt 23,26)：zi kay im ew z-artak'ins-n dateloy. oč' apak'ēn dowk' z-nerk'ins-n datic'ik' 外部の人たちを裁くのは私に何の関係があろうか。あなたたちは内部の者たちを裁くのではないのか 1Cor 5,12; srbēk' z-artak'in z-bažaki-n ew z-skawařaki お前たちは杯と皿の外側を清める Mt 23,25; part ē nma vkayowt'iwn bari ew y-artak'noc'-n ownel 彼は外部からも立派な評判を得ていなければならな

い 1Tm 3,7; zi linicʻi ew artakʻin-n nocʻa sowrb それらの外も清くなるために Mt 23,26. ↔ nerkʻin

artakʻoy; M.+: artakʻo【副】① ［±属］外に，外側に（ἔξω Mt 12,46; Ac 16,13; ἔξωθεν Mt 23,27; Re 14,20; ἐκτός 1Cor 6,18; ὄπισθεν Re 5,1）．② …に反して（παρά＋対 Ro 16,17）．③artakʻoy kʻan z- ［＋対］…以外に，…を除いて（ἐκτός Ac 26,22）：①mayr nora ew ełbarkʻ nora kayin artakʻoy 彼の母と兄弟たちが外に立っていた Mt 12,46; koxecʻaw hncan-n artakʻoy kʻałakʻi-n その酒ぶねは都の外で踏まれた Re 14,20; elakʻ artakʻoy kʻałakʻi-n aṙ getapʻn-n 私たちは町から外に出て川端に行った Ac 16,13; z-amenayn mełs z-or ew gorcē mard artakʻoy marmnoy iwroyē 人が犯すすべての罪はからだの外側にある 1Cor 6,18; girkʻ greal nerkʻoy ew artakʻoy 内側にも外側にも文字が書かれた文書 Re 5,1; ②gitel z-aynpisis-n or herjowacs ew gaytʻagrowtʻiwns aṙnicʻen artakʻoy vardapetowtʻean-n z-or dowkʻ-n owsarowkʻ あなたがたが学んだ教えに反して分裂やつまずきをもたらす者たちに注意する Ro 16,17; ③očʻinčʻ artakʻoy asel kʻan z-or margarēkʻ-n ew Movsēs xōsecʻan z-handerjelocʻ-n lineloy 預言者たちやモーセが将来必ず起こると語ったこと以外は何一つ言わない Ac 26,22. ↔ nerkʻoy

artakʻowst【副】外から（ἔξωθεν）：amenayn or artakʻowst i nerkʻs mtanē i mard očʻ karē z-na płcel すべて外から人間の中に入って来るものは彼を穢しえない Mk 7,18; očʻ artakʻowst hiwsiwkʻ ... zard 髪を編むことによる外的なおめかし 1Pe 3,3. ↔ nerkʻowst

artakʻs【副】外へ；外で，外部で（ἔξω）；①elanem artakʻs 外へ出る（ἐξέρχομαι）．②hanem artakʻs 投げ出す，放り出す（ἐκβάλλω Jn 6,37 [+ἔξω]）．③ənkenowm artakʻs 投げ出す，追い出す（ἐκβάλλω Jn 12,31 [+ἔξω]）．④acem artakʻs 引き出す（ἐξάγω）．⑤gam artakʻs 外へ出て来る（ἐκπορεύομαι Jn 5,29）．⑥artakʻs kʻan z- ［＋対］…の外に：①amenayn ... artakʻs elanē = ... εἰς ἀφεδρῶνα ἐκβάλλεται すべては外へ出て行く［Gk: 便所へ出されてしまう］Mt 15,17; ②or gay aṙ is očʻ hanicʻ artakʻs 私のところへ来る人を私は外へ追い出しはしない Jn 6,37; ③išxan ašxarhi-s aysorik ənkescʻi artakʻs この世の支配者が外へ追い出される Jn 12,31; ⑤ekecʻen artakʻs orocʻ baris gorceal icʻē i yarowtʻiwn kenacʻ 善いことをした人たちは命への甦りのために出て来る Jn 5,29; ari ek artakʻs = δεῦρο ἔξω 起きて外へ出て来い Jn 11,43; ⑥zi mi aṙakʻescʻē z-nosa artakʻs kʻan z-ašxarh-n = ἵνα μὴ αὐτὰ ἀποστείλῃ ἔξω τῆς χώρας 彼が彼らをその地方の外に追い出さないように Mk 5,10. → nerkʻs

artewan, -i, -ac'; artewanownk', -nanc'/-nac'【名】崖，断崖，絶壁 (ὀφρύς)；[複] 眉：acin z-na minč'ew y-artewan-n lerin-n y-oroy veray k'ałak'-n noc'a šineal ēr 彼らは彼らの町が建てられている山の絶壁まで彼を連れて行った Lk 4,29.

artoray; Mk 2,23M: artawr [e] ay, -i, -ic'【名】種の蒔いてある耕地，麦畑 (σπόριμα Mk 2,23; χώμα Jn 4,35)：anc'anel ənd artorays 麦畑を通る Mk 2,23; tesēk' z-artoray-n (M: z-artorays-n) zi spitakac'eal en ew i hownjs haseal 畑を見よ，白くなって刈り入れの機が熟しているのを Jn 4,35.

ark' → ayr¹

ark'ay, -i, -ic'【名】王 (βασιλεύς). (A) 現世の支配者；(B)（神から遣わされた）ユダヤ人たちのメシヤなる王：(A) y-awowrs Hērovdi ark'ayi ヘロデ王の治世に Mt 1,2; (B) oɫJ er ark'ay-d hrēic' ユダヤ人どもの王様，ごきげんうるわしゅう Mk 15,18. → t'agawor, dšxoy

ark'ayowt'iwn, -t'ean【名】（神の）王国 (βασιλεία)：patasxani et YS, im ark'ayowt'iwn (βασιλεία) č'-ē y-aysm ašxarhē. et'e y-ašxarhē asti ēr ark'ayowt'iwn (βασιλεία) im, spasawork'-n im martnč'ein ardewk' zi mi matnec'ayc' hreic'. bayc' ard t'agaworowt'iwn (βασιλεία) im č'-ē asti 「イエスが答えた，『私の（神の）王国はこの世からのものではない．仮に私の（神の）王国がこの世からのものであったなら，私の下役たちが，私がユダヤ人たちに引き渡されないようにと闘っていたことであろう．しかし実際には，私の（世俗的な）王国はこの世界のものではない』」Jn 18,36. → t'agaworowt'iwn

ark'ownakan【形】王の (βασιλικός) Jas 2,8.

ark'ownik', -neac'【名】《複のみ》王宮 (βασίλειον)：or i handerjs erewelis ew i p'ap'kowt'ean en y-ark'ownis en きらびやかで贅沢な衣装にくるまれた者どもは王宮にいる Lk 7,25.

ark'ownowst【副】i ark'ownowst = ἀπὸ τῆς βασιλικῆς 王宮から，王の国から Ac 12,20.

[-ac'ow] → apakanac'ow, anapakanac'ow, pitanac'ow, mahkanac'ow [Olsen, Noun, p. 354, 501]

awadik【副/間】《2人称直示 → -d》見よ，ほら：ard awadik k'oy-d c'-jez = ἴδε ἔχεις τὸ σόν 見よ，これがあなたのものだ Mt 25,25. → ahawadik, awanik, awasik

awaz, -oy [E]/-i [M], 具 -ov/-aw【名】砂，砂地 (ἄμμος)：nmanesc'ē aŕn yimari or šineac' z-town iwr i veray awazoy (M: awazi) 彼は自分の家を砂の上に建てた愚かな人と同じであろう Mt 7,26; et'e ic'ē t'iw ordwocʻ-n ILI ibrew z-awaz covow たとえイスラエルの子らの数が海辺の砂のようであっても Ro 9,27; kacʻ i veray awazoy covow 彼は海辺の砂の上に立った Re 12,18.

awazak, -i, -acʻ【名】強盗，盗賊 (λῃστής)：ayr mi iǰanēr y-EĒMē y-Erikʻov, ankaw i jeřs awazakacʻ ある人がエルサレムからエリコにくだって行く途中，盗賊どもの手中に落ちた Lk 10,30; ēr Barabbay-n ayn awazak バラバは強盗であった Jn 18,40. → goł, yapʻstakoł

awazan, -i, -acʻ【名】①池，貯水池 (κολυμβήθρα). ②洗い (λουτρόν)：①očʻ z-okʻ ownim tʻe yoržam ǰowrkʻ-n yowzicʻin arkcʻē z-is y-awazan-n 俺には水がかき乱される時，池に入れてくれる人がいない Jn 5,7; awazani-n or kočʻēr ebrayecʻerēn Betʻhezda ヘブライ語でベトザダと呼ばれていた貯水池に Jn 5,2; ertʻ lowa y-awazani-n Siłovamayʻ or tʻargmaniařakʻeal 行って，シロアム（遣わされた者の意味）の池で〔目を〕洗え Jn 9,7; ②zi z-na srbescʻē srbowtʻeamb awazani-n baniw 言葉による〔水の〕洗いでそれ（教会）を清めることで聖化するために Eph 5,26.

awand, -i【名】託されたもの (παραθήκη)：pahea awand-n 託されたものを守れ 1Tm 6,20; hastateal em, tʻē karoł ē z-awand-n im pahel y-awowr-n y-ayn 私は彼が私に託されたものをかの日まで守ることができることを確信している 2Tm 1,12.

awandem, -ecʻi【動】①渡す，引き渡す，伝える，伝達する (παραδίδωμι) [→ matnem, matnčʻim]. ②任せる，委ねる (παρατίθεμαι)：①law ēr nocʻa tʻē bnaw čʻ-ēr isk canowcʻeal z-ardarowtʻean-n čanaparh kʻan zi canean ew yets kacʻin i sowrb patowiranē-n or nocʻa awandecʻaw その人々にとっては，義の道をまったく知らなかった方が，知った人々が自分らに伝えられた聖なる誡めから後戻りするよりは，まだよかった 2Pe 2,21; xonarhecʻowcʻeal z-glowx awandeacʻ z-ogi-n 頭を傾けて，彼は息を引き取った［←霊を渡した］Jn 19,30; ②orowm bazowm awandecʻaw, ařawel ews pahanǰescʻen i nmanē 多く任された者からはいっそう多く要求されるだろう Lk 12,48; i jeřs kʻo awandem z-hogi im あなたの両手に私の霊を委ねる Lk 23,46.

awandowtʻiwn, -tʻean【名】言い伝え，伝承 (παράδοσις)：ənder? ašakertkʻ-n kʻo ancʻanen z-awandowtʻeamb cerocʻ-n なぜお前の弟子たちは父祖たちの言い伝えを破るのか Mt 15,2.

awanik【副/間】《3人称直示 → -n》見よ，ほら：ahawasik ē KʻS-n, kam awanik = ἴδε ὧδε ὁ χριστός, ἤ ἴδε ἐκεῖ「見よ，ここにキリストがいるぞ」あるいは「見よ，あそこだ」Mk 13,21. → awadik, awasik, ahawanik

awasik【副】《1人称直示 → -s》見よ，ほら（ἰδού; ἴδε Mt 25,20; Jn 7,26; ἤδη δέ Mt 3,10）: awasik mec kʻan z-Yovnan ē ast 見よ，ここに大いなるものがある Mt 12,41． → awadik, awanik, ahawasik

awar, -i, -acʻ【名】①戦利品，略奪（品）（σκῦλα Lk 11,22; ἀκροθίνιον He 7,4)．②awar harkanel 略奪する，荒らす（πορθέω Ac 9,21; Ga 1,13; διαρπάζω Mk 3,27）: ①z-awar nora bašxescʻē 彼は自分の戦利品を分かち与えるだろう Lk 11,22; orowm ew Abraham tasanords et y-awarē anti nahapet-n 彼には族長アブラハムが戦利品の中から10分の1を献上した He 7,4; ②očʻ? sa ēr or awar-n harkanēr y-EM z-aynosik or kardayin z-anown YI これはエルサレムでイエスの名を呼び求める者どもを荒らしまわった男ではないか Ac 9,21; apa z-town nora awar harkanicʻē 彼はそのあと家を略奪するだろう Mk 3,27．

awgnakan【形】助ける，助けになる；【名】助ける者（βοηθός）: TR ē im ōgnakan 主は私の助け手である He 13,6．

awgnakanowtʻiwn, -tʻean【名】助け，救助；保護(措置)（συνυπουργέω 2Cor 1,11; βοήθεια Ac 27,17; He 4,16）: zi ənkalcʻowkʻ z-ołormowtʻiwn ew gtcʻowkʻ šnorhs i dēp žamanaki ōgnakanowtʻean 私たちが憐れみを受け，時宜を得た助けのための恵みを見いだすために He 4,16; z-or ařeal y-ōgnakanowtʻiwn kapēin ənd naw-n〔小舟を〕引き上げてから彼らは保護措置をとって（大綱で）船に縛った Ac 27,17．

awgnem, -ecʻi【動】①［+与］助ける，手を貸す（βοηθέω Mk 9,24; συναντιλαμβάνομαι Lk 10,40; συλλαμβάνομαι Lk 5,7; παρίσταμαι 2Tm 4,17)．②役に立つ（ὠφελέω）: ①awgnea anhawatowtʻean-s imowm 私の不信仰を助けよ Mk 9,24; asa dma zi awgnescʻē inj 彼女に，私の手助けをするように言え Lk 10,40; aknarkein orsakcʻacʻ-n i miws nwa-n, gal awgnel nocʻa 彼らは，もう1艘の舟にいる漁師仲間にも合図を送り，来て自分たちを手助けしてくれるように〔頼んだ〕Lk 5,7; TR ōgneacʻ inj 主は傍らに立って私を助けてくれた 2Tm 4,17; ②teseal Piłatosi tʻe očʻ inčʻ awgnē ピラトスは事態の収拾がつかないと見て Mt 27,24; marmin inčʻ očʻ awgnē 肉は何の役にも立たない Jn 6,63．

awgnowtʻiwn, -tʻean【名】助け，補助（ἐπικουρία Ac 26,22; ἀντίλημψις 1Cor 12,28）: ōgnowtʻiwn haseal aři y-AY 私は神からの助けを得た Ac 26,22．

awgowt; Lk 9,25M: ōgowt, -gti【名】利益，得（σύμφορον 1Cor 7,35; ὠφέλεια Ro 3,1)．—【形】awgowt/y-ōgowt ē［+与］…に役に立つ（ὠφελέω Mk 8,36; ὄφελος Jas 2,14）: z-ays vasn jeroy ōgti asem このこ

aweli

とを私はあなた方の益のために言う 1Cor 7,35; zinčʻ? ōgowt i tʻlpʻatowtʻenē anti 割礼からはどんな利益が得られるか Ro 3,1; —zinčʻ? awgowt ē (M: icʻē) mardoy etʻe z-ašxarh-s amenayn šahescʻi ew z-anjn iwr towžescʻē 人が全世界を儲けたとしても，その命を損なっては何の益になろうか Mk 8,36; zinčʻ ōgowt icʻē, ełbark' im, etʻē asicʻē okʻ hawats ownel ew gorcs očʻ ownicʻi 私の兄弟たちよ，人が自分には信仰があると言っていても，業がなければ，何の役に立つだろうか Jas 2,14; ayn očʻ y-ōgowt jer ē = ἀλυσιτελὲς γὰρ ὑμῖν τοῦτο それはあなたたちに役立たない He 13,17.

awgtakar, -i, -acʻ【形】役に立つ，有益な (ὠφέλιμος 1Tm 4,8; συμφέρω AC 20,20): marmnoy krtʻowtʻiwn aṙ sakaw inčʻ ōgtakar 身体的鍛錬はわずかにしか益がない 1Tm 4,8; očʻ inčʻ zangitecʻi y-ōgtakaracʻ-n čʻ-patmel jez ew owsowcʻanel jez hraparakaw ew aṙtnin あなたたちに役立つことを公衆の前でも家々でも告げ知らせなかったり教えなかったりしたことは何一つなかった Ac 20,20.

awgtim, -tecʻay【動】役に立つ，益になる，得をする (ὠφελέω): zinčʻ? awgticʻi mard etʻe z-ašxarh amenayn šahescʻi, z-anjn iwr towžescʻē (M: zinčʻ awgowt icʻē mardoy etʻe ...) 人が全世界を儲けたとしても，その命を損なっては何の益になろうか Mt 16,26; caxeal z-inčʻs iwr z-amenayn ew čʻ-ēr inčʻ awgteal 財産をすべて使い果たしてしまったが，何の役にも立たなかった Mk 5,26; očʻ inčʻ awgtikʻ お前たちは何の役にも立たなかった Jn 12,19M (E: awgti).

awd, -oy, -ocʻ【名】空気，空中 (ἀήρ): zi linicʻikʻ aynowhetew ibrew ənd awds xawsecʻealkʻ あなたたちはその時から空に向かって語ることになるから 1Cor 14,9; z-pʻoši-n cʻanel y-awds-n 塵を空中に撒き散らして Ac 22,23; xawarecʻaw aregakn ew awdkʻ 太陽も空も暗くなった Re 9,2; əst išxani-n išxanowtʻean awdoy-s この空中に勢力を持つ者に従って Eph 2,2.　→ hołm

awdikʻ, -deacʻ【名】《複のみ》羊の群 (τὰ πρόβατα): orpēs hoviw zi meknē z-awdis y-ayceacʻ ew kacʻowscʻē z-awdis-n ənd aǰmē iwrmē ew z-aycis-n i jaxmē ちょうど牧者が羊の群を山羊の群から選り分け，羊の群を自分の右側に，山羊の群を左側に据えるようである Mt 25,32-33.　→ aycikʻ, očʻxar

awel, -i, -acʻ【名】箒; awel acem 掃く，掃除する (σαρόω): očʻ? lowcʻanicʻē črag ew acicʻē awel i tan 彼女はともし火をつけ家の中を掃かないだろうか Lk 15,8.　→ makʻrem

aweli【副】より以上に，もっと; aweli kʻan z- [+対] (πλεῖον Mt

5,20); etʻe ews aweli さらに多いとしても，せいぜい (τὸ πλεῖστον 1Cor 14,27). ―【形】より多くの，より以上の，優れた；余計な (πλεῖον Lk 9,13; πλείων Jn 7,31; περισσός Mt 5,47; Ro 3,1; 2Cor 9,1; περισσότερος Lk 12,4; 20,47; ἱκανός Ac 12,12; ἐπάνω Mk 14,5; 1Cor 15,6): erkowkʻ, ew etʻē ews aweli, erekʻ 2人，あるいは最も多くて3人 1Cor 14,27. ―zinčʻ? aweli aṙnēkʻ あなたたちは何の優れたことをしているのか Mt 5,47; zinčʻ? aweli ē hrēi-n ユダヤ人の優れている点は何なのか Ro 3,1; nokʻa ənkalcʻin aweli datastans 彼らこそ一層〔厳しい〕裁きを受けるだろう Lk 20,47; hamarein tʻe aweli aṙnowcʻown 彼らはもっと多くもらえるだろうと胸算用した Mt 20,10; vačaṙel aweli kʻan erekʻariwr dahekani = πραθῆναι ἐπάνω δηναρίων τριακοσίων 300 デナリオン以上の値段で売る Mk 14,5E; apa erewecʻaw aweli ews kʻan z-hing harewr ełbarcʻ miangamayn 次いで彼は500人以上の兄弟たちに一度に現れた 1Cor 15,6; aweli-n kʻan z-ayn = τὸ δὲ περισσὸν τούτων それ以上のもの Mt 5,37; očʻ goy mer aweli kʻan z-hing nkanak ew z-erkows jkowns 私たちには5個のパンと2匹の魚以上のものはない Lk 9,13; Kʻsn yoržam gaycʻē, mi tʻe aweli? inčʻ nšans aṙnicʻē kʻan z-or says (= sa + -s) aṙnē キリストが来る時には，この人が行うよりも多くの徴を行うだろうか Jn 7,31; vasn paštaman-n or i sowrbs-n ē, aweli ē inj ew grel aṙ jez 聖徒たちへの奉仕についてあなたたちに書くことも私にとっては余計なことだ 2Cor 9,1.

awelord, -i, -acʻ 【名】余分，余計なもの: amenekʻin y-awelordacʻ iwreancʻ (= ἐκ τοῦ περισσεύοντος) arkin すべての者はそのあり余る中から投げ入れた Mk 12,44.

awetaran, -i, -acʻ 【名】福音 (εὐαγγέλιον): zi očʻ etʻē amōtʻ inčʻ hamarim z-awetaran-n 私は福音を恥と思っているということではない Ro 1,16.

awetaranem, -ecʻi 【動】福音を告げ知らせる (εὐαγγελίζω): skseal i grocʻ-s y-aysmanē awetaraneacʻ nma z-YS 彼は聖書のこの箇所から始めて，彼にイエスの福音を告げ知らせた Ac 8,35; aṙakʻecʻay xawsel ənd kʻez ew awetaranel kʻez z-ayd 私はあなたに語るため，またあなたにこれを福音として告げ知らせるために遣わされた Lk 1,19.

awetaraničʻ, -nčʻi, -nčʻacʻ 【名】福音を伝える人，宣教者 (εὐαγγελιστής Ac 21,8; εὐαγγελίζω Ro 10,15): mteal y-aparans-n Pʻilipposi awetarančʻi ... agakʻ aṙ nma 私たちは宣教者フィリッポスの家に入り，そこに泊まった Ac 21,8; ibrew zi gełecʻik en otkʻ awetarančʻacʻ-n xałałowtʻean, ew awetarančʻacʻ-n barowtʻean 平和を告げる者たちの，

そして善きことを告げる者たちの足はなんと美しいことであろう Ro 10,15.

awetik‘, -teac‘【名】《複のみ》①（良い）知らせ；約束（ἀγγελία 1Jn 11,5; ἐπαγγελία Ga 3,21; ἐπάγγελμα 2Pe 1,4).　②賜物（δωρεά）.　③awetis tam 知らせる，報告する（[ἀπ-αγγέλλω]）：①ays en awetik‘ z-or lowak‘ aṙ i nmanē ew patmemk‘ jez 私たちが彼から聞いてあなた方に告げる知らせとはこうである 1Jn 1,5; ōrēnk‘-n hakaṙak? inč‘ ic‘en aweteac‘-n AY. k‘aw lic‘i 律法は神の約束に対立するものなのか．断じてそんなことがあってはならぬ Ga 3,21; orovk‘ mecameck‘-n ew patowakan awetik‘ pargeweal en mez これら（栄光と卓越した力）によって私たちには偉大で貴い約束が与えられている 2Pe 1,4;　② ənkalǰik‘ z-awetis hogwoy-n srboy あなたたちは聖霊の賜物を受けるであろう Ac 2,38; ③awetis etown（M: + nma; Θ: ἀπήγγειλαν）ew asen 彼らは知らせて言った Jh 4,51.

awerac, -oy [Mt]/-i [Mk], -oc‘/-ic‘【名】荒廃，破壊（ἐρήμωσις）；płcowt‘iwn aweracoy-n/aweraci-n = τὸ βδέλυγμα τῆς ἐρημώσεως 荒らす忌むべきもの Mt 24,15; Mk 13,14.

awerak, -i, -ac‘【形】荒廃した，荒らされた（ἔρημος）：aha t‘ołeal lic‘i jez town-d jer awerak 見よ，お前たちの家は見棄てられ，荒れるがままにされるだろう Mt 23,38.

awerem, -ec‘i【動】荒廃させる，荒らす（ἐρημόω）：amenayn t‘agaworowt‘iwn bažaneal y-anjn iwr aweri 自らに刃向かって分裂している王国はすべて荒廃する Mt 12,25; Lk 11,17.　→ pakasem

awt‘evank‘, -nac‘【名】《複のみ》①宿，宿所，住居，住まい（μονή）．②awt‘evank‘ en k‘o, nora = μένεις, μένει 留まる，滞在する．③awt‘evans aṙnem 住居を設ける（μονὴν ποιέω）．④awt‘evans kal- 留まる（μένω）：①i tan hawr imoy awt‘evank‘ bazowm en 私の父の家には住処が多い Jn 14,2; aṙ na ekesc‘owk‘, ew awt‘evans aṙ nma arasc‘owk‘ 私たちは彼のところに来て，彼のもとに住処を設ける Jn 14,23;　②owr? en awt‘evank‘ k‘o あなたはどこに留まっているか Jn 1,38; tesin owr ein awt‘evank‘ nora 彼らは，彼がどこに留まっているかを見た Jn 1,39; ③awt‘evans aṙ na arasc‘owk‘ 私たちは彼のもとに住処を設ける Jn 14,23;　④y-or town mtanic‘ēk‘, andēn awt‘evans kalǰik‘ minč‘ew elanic‘ēk‘ anti どこでも家に入ったなら，そこから出て来るまで，そこに留まれ Mk 6,10.

awcanem, awci, 命 awc【動】油を塗る，油を注ぐ（ἀλείφω; χρίω Lk 4,18); awceal-n TN/TR = τὸν χριστὸν κυρίου 主のキリスト Lk 2,26;

χριστὸς κύριος 主キリスト Lk 2,11：iwłov z-glowx im oč' awcer, sa iwłov anowšiw awc あなたは私の頭をオリーブ油で拭いてはくれなかった．しかしこの女は香油で〔私の両足を〕拭いてくれた Lk 7,46; hogi TN i veray im, vasn oroy ew awc isk z-is 主の霊が私の上に〔臨む〕，彼が私に油を注がれたゆえに Lk 4,18.

awcowt'iwn, -t'ean【名】塗油 (χρῖσμα)：dowk' ōcowt'iwn ownik' aṙ i srboy-n あなた方は聖なる方から塗油を受けている 1Jn 2,20.

awhrnem; M: awrhnem, -ec'i【動】讃め称える，祝福する；賛美歌を歌う (αἰνέω Lk 2,13; ὑμνέω Mt 26,30; εὐλογέω Eph 1,3; Jas 3,9; ἐνευλογέω Ga 3,8; κατευλογέω Mk 10,16; ᾄδω Col 3,16; Re 5,9; εὐλογία Re 5,13)；awhrneal 讃め称えられるべき (εὐλογητός Mk 14,61; Lk 1,68)：ełew ənd hreštaki-n ənd aynmik bazmowt'iwn zawrac' erknaworac' or awhrnein (M: -rh-) その使いと一緒に，神を讃め称える天の大軍勢が現れた Lk 2,13; awhrnec'in (M: -rh-) ew elin i learn jit'eneac' 彼らは賛美歌を歌ってオリーブ山へ出て行った Mt 26,30; novaw ōrhnemk' z-TN-n ew z-hayr それ（舌）によって私たちは主であり父である方を祝す Jas 3,9; jeṙn ed i veray ew awhrneac' z-nosa 彼は上に両手を置いて彼らを祝福した Mk 10,16; ōrhneal ē AC ew hayr TN meroy YSi K'Si, or ōrhneac' z-mez 讃め称えられよ，私たちの主イエス・キリストの父である神，私たちを祝福した方 Eph 1,3; i k'ez ōrhnesc'in amenayn azgk' あなたにおいてすべての異邦人たちは祝福されるであろう Ga 3,8; or nsti y-at'oṙ-n ew gaṙn-n ōrhneal 玉座に座しておられる方と子羊とは賛美されてあるように Re 5,13; dow? es K'S ordi awhrneloy-n (M: -rh-) お前は称えられるべき者の子キリストか Mk 14,61.→ gohanam, govem

awhrnowt'iwn; M: awrhnowt'iwn, -t'ean【名】①賛美，誉れ，祝福；賛歌 (αἶνος Lk 18,43; αἴνεσις He 13,15; ὕμνος Eph 5,19; εὐλογία Ro 15,29; Jas 3,10); ホサンナ (ὡσαννά Mt 21,9). ②へつらい (εὐλογία Ro 16,18)：①amenayn žołovrdean-n teseal tayr awhrnowt'iwn (M: -rh-) AY すべての民はこれを見て，神に誉れを帰した Lk 18,43; i gal-n imowm aṙ jez, lrowt'eamb ōrhnowt'ean ekic' あなた方のところへ行く時には，私は〔キリストの〕充満した祝福をもって行くであろう Ro 15,29; matowsc'owk' patarag ōrhnowt'ean y-amenayn žam AY 賛美の生け贄をいつも神に捧げていよう He 13,15; i nmin beranoy elanen ōrhnowt'iwnk' ew aneck' 同じ口から祝福と呪いが出て来る Jas 3,10; awhrnowt'iwn (M: -rh-) ordwoy Dawt'i awhrneal (M: -rh-) or gay y-anown TN' awhrnowt'iwn (M: -rh-) i barjowns ダビデの子にホサンナ，主の名によって来る者に祝福あれ．いと高きところにホサンナ Mt

21,9; ②kʻalcʻrabanowtʻeamb ew ōrhnowtʻeamb patren z-sirts anmełacʻ 彼らは甘言とへつらいでもって無垢な人たちの心を欺いている Ro 16,18.

awj, -i, -icʻ【名】蛇（ὄφις）: etow jez išxanowtʻiwn koxel z-awjs ew z-karičs 私はあなたたちに蛇やさそりを踏みつける権能を与えた Lk 10,19; awjkʻ, cnowndkʻ ižicʻ ziard? pʻaxnowcʻowkʻ i datastanē geheni-n 蛇よ，まむしの末裔よ，お前たちはゲヘナの裁きからどのようにして逃げようというのか Mt 23,33; orpēs Movsēs barjracʻoycʻ z-awj-n y-anapati, noynpēs barjranal part ē ordwoy mardoy モーセが荒野で蛇を挙げたように，人の子も挙げられねばならない Jn 3,14.

[**-awł**] 動作主名詞 vs.［–oł］分詞（形容詞）　→ cnawłkʻ, cnołkʻ; karawł, karoł; kerawł, keroł; arbecʻawł, arbecʻoł; hnjawł, yaJawł, yaJoł; yapštakawł (sic), yapʻštakoł; nmanawł, nmanoł; šinawł; šnacʻawł, šnacʻoł; sermanawł; spanoł; gnawł

awłi, -łwoy【名】酔う飲み物，火酒（σίκερα）: gini ew awłi mi arbcʻē 彼は葡萄酒と酔う飲み物を飲むことはないだろう Lk 1,15.

awn【間】さあ，では: awn arikʻ gnascʻowkʻ = ἐγείρεσθε, ἄγωμεν さあ，立て，行こう Mk 14,42; Jn 14,31; awn ekaykʻ ew mekʻ (ἄγωμεν καὶ ἡμεῖς) zi ənd nma merčʻowkʻ われわれも行こう．彼と一緒に死ぬために Jn 11,16.

[**-awor**]　→ eresnawor, hariwrawor, meławor, vatʻsnawor など (Olsen, Noun, p.358f.)

awsox; M: awsawx, -i, -acʻ【名】告訴人；敵（ἀντίδικος）: gowcʻē matnicʻē z-kʻez awsox-n datawori-n あなたを訴える者があなたを裁判官に引き渡すことがないように Mt 5,25; osox-n jer satanay ibrew z-ariwc gočʻē, šrJi ew xndrē tʻē z-ov klanicʻē あなたがたに対する告訴人である悪魔が獅子のように吠え，誰かを呑み込もうと求めて歩き回っている 1Pe 5,8.

awtar, -i, -acʻ【形】①外国の，よその，他人の；【名】外国人，よそ者，他人（ξένος Mt 25,35; 27,7; ἀλλότριος Mt 17,25; Lk 16,12; Jn 10,5; He 11,34).②不思議な（ξένος　1Pe 4,12).③異なる（ἕτερος）: ①awtar ei ew žołovecʻēkʻ z-is 私がよそ者だった時あなたたちは私を歓待してくれた Mt 25,35; i gerezman awtaracʻ = εἰς ταφὴν τοῖς ξένοις 外国からの旅人用の墓地に（した）Mt 27,7; y-ordwocʻ? iwreancʻ tʻe y-awtaracʻ（税を取るのは）自分の息子たちからか，あるいはほかの者たちからか Mt 17,25; etʻe y-awtari-n čʻ-ełēkʻ hawatarim, z-jer-n o? tacʻē jez もしあなたたちが他人のものに忠実にならなかったならば，誰があなたたち

にあなたたちのものを与えるだろうか Lk 16,12; z-awtari zhet oč'ert'ic'en 彼らはよそ者にはついて行かない Jn 10,5; ełen zōrawork' i paterazmi, aṙin z-banaks ōtarac' 彼らは戦いにおいて力強いものとなり，外国の軍隊を敗走させた He 11,34; ②orpēs et'ē ōtar inč' irk' jez dipic'in 何か不思議なことが起こるかのように 1Pe 4,12.

awtarajayn【形】言語の異なる，見知らぬ (ξένος)：y-owsmowns pēspēss ew y-ōtarajayns mi dandač'ēk' さまざまな見知らぬ教えに煽られるのはやめよ He 13,9.

awtaranam, -rac'ay【動】①疎遠になる；離れて住む (ἀπαλλοτριόομαι Eph 4,18; ἐκδημέω 2Cor 5,6; ἀποστερέω 1Tm 6,5). ②不思議に思う，いぶかる (ξενίζομαι 1Pe 4,4)：①ōtarac'eal en i kenac' anti AY 彼らは神の命から疎遠になってしまっている Eph 4,18; orč'ap' yamemk' i marmni asti, ōtaranamk' i TNē 私たちがこの体のうちに住んでいる限りは，主から離れて住んでいる 2Cor 5,6; mardkan ··· ōtarac'eloc' i čšmartowtenē anti 真理から疎遠になった [= ἀπεστερημένων τῆς ἀληθείας 真理を剥奪された] 人々の 1Tm 6,5. → taragir

awtarasēr, -sirac'【形】外国人に厚い，歓待する (φιλόξενος)：ōtarasērk' linel ənd mimeans aṙanc' trtnǰeloy 不平を言わず互いにもてなし合う 1Pe 4,9.

awtaratesowč'【形】他人のことに口出しする (ἀλλοτριεπίσκοπος)：mi ok' i jēnǰ č'arč'aresc'i ibrew z-spanōł, kam ibrew z-goł, kam ibrew z-č'aragorc, kam ibrew z-ōtaratesowč' あなたたちのうちの誰も，殺人者として，あるいは盗人として，あるいは犯罪者として，あるいは他人のことに干渉する者として苦しむことがあってはならない 1Pe 4,15.

awtarac'owc'ič'【形】不思議な，新奇な (ξενίζω)：ōtarac'owc'ič's imn beres i lselis mer あなたは何か新奇なことを私たちの耳に入れている Ac 17,20.

awtaroti, -twoy, -woc'/-teac'【形】異国の (ξένος Ac 17,18)；奇妙な，変な，不思議な，いぶかしい；awtaroti hamarim いぶかしがる (ξενίζομαι 1Pe 4,12)：mi ōtaroti hamarel z-eṙandn inč' or i p'orjowt'iwn jez linic'i あなた方に試みとして生じる火をいぶかしがるな 1Pe 4,12.

awtarowt'iwn, -t'ean【名】他人（よそ者）であること (ἀλλότριος)：pandxtec'aw y-erkir-n aweteac' ibrew y-ōtarowt'ean 彼は約束の地に，他人の土地であるかのように寄留した He 11,9.

awtarowsowmn, -sman【形】外来の教えに従う（保持する，説く）；linim awtarowsowmn 異なった教えを説く (ἑτεροδιδασκαλέω)：zi patowēr tacʿes omancʿ čʿ-linel ōtarowsmowns 異なった教えを説くことがないよう，あなたが一部の者たちに命じるように 1Tm 1,3.

awr, awowr, awrē; awowrkʿ, -owrcʿ【名】①日 (ἡμέρα; ἐφήμερος Jas 2,15; ὥρα Mt 8,13; → žam). ②昼，日中. ③《複》〔人の属格を伴い〕日々，時代 ; awowrkʿ vrēžxndrowtʿean 報復の日々 Lk 21,22. ④ [z-] awr əst awrē 毎日 (Mt 6,11; Lk 11,3 [D] : σήμερον [Lk., t.r.:τὸ καθ' ἡμέραν]); əst awrē 日々 (ἡμέραν ἐξ ἡμέρας 2Pe 2,8): ①ibrew lcʿan awowrkʿ paštaman nora, gnacʿ i town iwr 彼の奉仕の日々が満ちた時，彼は自分の家に帰って行った Lk 1,23; vecʿ awr ē y-ors aržan ē gorcel 働くべき日は6日ある Lk 13,14; yoržam tesanicʿēkʿ šowrǰ pateal zawrawkʿ z-ĒM, yaynžam gitasǰikʿ tʿe merj ē awr nora (= ἡ ἐρήμωσις αὐτῆς) あなたたちはエルサレムが軍隊に囲まれるのを見る時，そのときこそ都の日［Gk: 荒廃］が近づいたことを知れ Lk 21,20; karōteal awowr-n kerakroy その日の糧に事欠いている Jas 2,15; olǰacʿaw manowk-n nora y-awowr y-aynmik (= ἐν τῇ ὥρᾳ ἐκείνῃ) 彼の僕はその日［Gk: その時］癒された Mt 8,13; ②minčʿdēr awowr kay, (36) arjakea z-žołovowrds-d 日のあるうちに，群衆を解散させよ Mk 6,35; inj part ē gorcel z-gorcs aynorik or aṙakʿeacʿ-n z-is minčʿ awowr kay, gay gišer yoržam očʿ okʿ karē gorcel 私は昼である間に，私を派遣した方の業をなさねばならない．誰もなすことのできない夜が来ようとしている Jn 9,4 (awowr は述語的副詞); ③y-awowrs Hērovdi ヘロデの時代に Mt 2,1; y-awowrcʿ-n Yovhannow mkrtčʿi minčʿew y-ayžm 洗礼者ヨハネの日々から今に至るまで Mt 11,12; ahawasik es ənd jez em z-amenayn awowrs (= πάσας τὰς ἡμέρας) minčʿew i katarac ašxarhi 見よ，この私が，世の終わりまで，すべての日々にわたり，あなたたちと共にいるのだ Mt 28,20; ancʿeal z-awowrbkʿ = προβεβηκὼς ἐν ταῖς ἡμέραις 年長けている Lk 1,7.18; 2,36; ④z-hacʿ mer hanapazord towr mez awr əst awrē (E: ... towr mez aysawr 私たちに必要な日々のパンを毎日［E: 今日］私たちに与えよ Mt 6,11.

awrēn, -rini; awrēnkʿ, -rinacʿ【名】①《複》律法；法則 (νόμος; νομίμως 1Tm 1,8); 宗教 (θρησκεία Ac 26,5). ②《単・複》習慣, 慣わし (ἔθος, ἔθη); 規則; əst awrini-n 規則通りに (νομίμως 2Tm 2,5). ③awrēn ē, ēr = ἔξεστιν, ἐξόν ἦν 許されている. ④aṙancʿ ōrinacʿ 律法に背いて (παρανομέω Ac 23,3): ①mi hamarikʿ etʿe eki lowcanel z-awrēns kam z-margarēs 私が律法や預言者たちを廃棄するために来たと思うな Mt 5,17; minčʿew y-awrēns-n mełkʿ ein y-ašxarhi 律法に至るまでに罪は世界にあった Ro 5,13; barwokʿ en ōrēnkʿ etʿē okʿ z-nosa

awrēnsgir 116

ōrinōkʻ krescʻē 律法は律法にふさわしい仕方で用いれば良いものだ 1Tm 1,8; etʻē meranicʻi ayr-n, arjakeal ē y-ōrinacʻ arn-n もしも夫が死ねば，彼女は夫の律法から解放されたことになる Ro 7,2; ōrēnkʻ hogwoy-n kenacʻ i KʻS YS azatecʻin z-is y-ōrinacʻ mełacʻ-n ew mahow キリスト・イエスにおける生命の霊の法則は，私を罪と死との法則から自由にした Ro 8,2; ②orpēs awrēn ēr hrēicʻ patel ユダヤ人たちの葬りの習慣通り Jn 19,40; patmen mez ōrēns z-or čʻ-ē aržan mez əndownel ew očʻ arnel, zi hromayecʻikʻ emkʻ 彼らはローマ人である私たちが受け入れることも実行することも許されない慣習を私たちに宣伝している Ac 16,21; orkʻ miangam artakʻoy awrinacʻ-n (= ἀνόμως) mełan, artakʻoy awrinacʻ-n ew kornčʻin 律法の外で罪を犯す者は誰も律法の外で滅びる Ro 2,12; ③eker z-hacʻ z-araJaworowtʻean-n z-or očʻ ēr awrēn (M: aržan) nma owtel 彼は彼に食べることを許されていなかった供えのパンを食べた Mt 12,4; zinčʻ? gorcēkʻ or čʻ-ē awrēn i šabatʻow お前たちはなぜ安息日に許されていないことをするのか Lk 6,2; ④dow nstis datel? zis əst ōrinacʻ ew arancʻ ōrinacʻ hramayes zis harkanel あなたは律法に従って私を裁くために座しているが，律法に背いて私を打つことを命令するのか Ac 23,3.

awrēnsgir, -gri, -racʻ【名】律法の制定者（νομοθέτης）: mi ē ōrēnsgir ew datawor 律法制定者であり裁き手である方は1人である Jas 4,12.

awrēnsgrowtʻiwn, -tʻean【名】律法の制定（νομοθεσία）: ktakarankʻ-n ew ōrensgrowtʻiwn-n もろもろの契約と律法制定 Ro 9,4.

awrēnsowsoycʻ【名】律法の教師（νομοδιδάσκαλος）Ac 5,34.

awrinagrem, -ecʻi【動】法を制定する；法によって定める（νομοθετέω）: lawagoyn ews owxti ē miJnord, or i y-arawel awetis-n ōrinagrecʻaw 彼はより優れた約束に基づいて定められたより優れた契約の仲介者である He 8,6.

awrinak, -i, -acʻ【名】①範例，模範，手本，原形；予型，警告（ὑπόδειγμα Jn 13,15; ὑπογραμμός 1Pe 2,21; τύπος Ac 7,44; Ro 5,14; 1Cor 10,6; Php 3,17; He 5,8 [→ arak]; ὑποτύπωσις 1Tm 1,16; 2Tm 1,13; τυπικῶς 1Cor 10,11); 対型，複製（ἀντίτυπος 1Pe 3,21; He 9,24). ②様式，方法，仕方；əst nmin awrinaki そのようにして，それと同じように；z-or awrinak = …ように（ὃν τρόπον Mt 23,37; ὥσπερ Jas 2,26); bazowm awrinakawkʻ = πολυτρόπως さまざまなやり方で He 1,1. ③内容，趣旨（τύπος). ④（不明瞭な・ぼんやりした）像，謎（αἴνιγμα). ⑤みせしめ（δεῖγμα Jd 7); しるし，徴候（ἔνδειγμα 2Th 1,5）: ①zi awrinak mi etow jez zi orpēs jez arari ew dowkʻ arniJikʻ 私

があなたがたに行ったとおり，あなたがた自身も行うようにと，私はあなたがたに模範を示したのだ Jn 13,15; jez etʻoł ōrinak zi zhet ertʻaycʻēkʻ hetocʻ nora 彼は，あなたがたがその足跡に従うようにと，あなたがたに模範を残した 1Pe 2,21; gitasǰikʻ z-aynpisis-n or aynpēs-n gnaycʻen, orpēs ownikʻ-d z-mez jez ōrinak あなたがたと同様に私たちを模範として歩んでいる人たちに目をとめよ Php 3,17; y-ōrinak aynocʻik or hawatalocʻ-n icʻen i na これから彼を信じようとしている人々の手本とするために 1Tm 1,16; ownicʻis ōrinak olǰmtowtʻean banicʻ-n z-ors y-imēn lowar あなたが私から聞いた健全な言葉を手本として保持せよ 2Tm 1,13; aṙnel z-ayn əst ōrinaki-n z-or etes 見たままの形に従ってそれを造る Ac 7,44; arascʻes z-amenayn əst ōrinaki-n or cʻowcʻaw kʻez i lerin-n 山であなたに示された原形に従ってすべてを造るのだ He 8,5; tʻagaworeacʻ mah y-Adamay minčʻew i Movsēs, ew i veray čʻ-yancʻowcʻelocʻ-n əst nmanowtʻean yancʻowacocʻ-n Adamay, or ē ōrinak handerjelocʻ-n アダムからモーセに至るまで，死は，アダムの違反と似通った仕方では罪を犯さなかった者たちをもまた，支配した．このアダムは，来たるべきものの予型である Ro 5,14; ayn ōrinakaw linēr vasn mer, zi mi licʻowkʻ cʻankacʻōłkʻ čareacʻ, orpēs nokʻay-n cʻankacʻan それは私たちへの警告として起きた．かの人たちが欲望を持ったような仕方で私たちが悪への欲望を持つ者にならないためだ 1Cor 10,6; ayn amenayn ōrinakaw ancʻanēr ənd nosa それらのことはすべて警告として彼らに起こった 1Cor 10,11; or ew z-jez əst nmin ōrinaki, kecʻowscʻē mkrtowtʻiwn-n = ὃ καὶ ὑμᾶς ἀντίτυπον νῦν σώζει βάπτισμα〔この水が〕対型つまり洗礼として今あなた方をも救う 1Pe 3,21; očʻ etē i jeṙ agorc srbowtʻiwns-n emowt KʻS, y-ōrinaks čšmartowtʻean-n, ayl i bown isk y-erkins キリストは手で造られた聖所，真の〔聖所〕の複製にではなく，天そのものに入った He 9,24; ②əst nmin awrinaki (= κατὰ τὰ αὐτά) ełicʻi ew y-awowr-n y-orowm ordi mardoy yaytnelocʻ ē 人の子が啓示される日も同一のことになるだろう Lk 17,30; z-or awrinak žołovē haw z-jags iwr ənd tʻewovkʻ 雌鳥がその雛たちを翼の下に集めるように Mt 23,37; šnorhōkʻ-n TN ... hawatamkʻ aprel, zorōrinak ew nokʻa (= καθʻ ὃν τρόπον κἀκεῖνοι) 私たちは主の恵みによって救われると信じている．とすれば，彼らも同様だ Ac 15,11; əst nmin ōrinaki (= τὸν ὅμοιον τρόπον τούτοις) それと同じように Jd 7; orov ōrinakaw ew icʻē = παντὶ τρόπῳ どんな方法であろうと，いずれにしても Php 1,18. ③greal tʻowłtʻ or ownēr ōrinak z-ays 次のような文面の手紙を書いて Ac 23,25; ④ayžm tesanemkʻ ibrew ənd hayeli ōrinakaw 私たちは今は鏡で〔見るように〕

ぼんやりと見ている 1Cor 13,12 [= βλέπομεν γὰρ ἄρτι δι' ἐσόπτρου ἐν αἰνίγματι 鏡で謎のような形を見ている]; ⑤kan aṙaǰi ōrinak (= πρόκεινται δεῖγμα) z-yawitenakan hroy-n ənkaleal z-datastan それらは永遠の火という刑罰を受けることによって見せしめにされている Jd 7.

awrinakan, -i, -ac‘【形】律法に関する (νομικός); 律法の専門家, 法学者 (ὁ νομικός): z-ōrinakan křiws i bac‘ meržesǰir 律法についての戦いは避けよ Tt 3,9; yareaw omn awrinakan p‘orjēr z-na ある律法の専門家が立ち上がり, 彼を試みようとした Lk 10,25; z-Zenon z-ōrinakan dpir ... arjakesǰir 法学者ゼノスを送り出せ Tt 3,13.

awrinawor, -i, -ac‘【形】①律法に通じている; 律法の専門家 (ὁ νομικός). ②合法の, 公式の (ἔννομος Ac 19,39): ①asē c‘-awrinawors-n ew c‘-p‘arisec‘is 彼は律法の専門家たちやファリサイ人たちに言った Lk 14,3; ②y-ōrinawor žołovs-n včaresc‘en 人々は公式の集会で決着させるだろう Ac 19,39.

awrinac‘ → awrēn

awrhnem; awrhnowt‘iwn → awhrn-

ap‘, -oy, -ov【名】手のひら, 掌: korzein hask, šp‘ein ənd ap‘ ew owtein = ... ψώχοντες ταῖς χερσίν 彼らは麦穂を摘み, 手のひらで揉みながら食べ始めた Lk 6,1. → jeṙn

ap‘n, -p‘in, -p‘amb【名】岸, 浜 (αἰγιαλός Ac 27,39; χεῖλος He 11,12): z-gog mi nšmarein t‘ē ap‘n covow-n ic‘ē 彼らは浜辺のある入江を認めた Ac 27,39; ibrew z-awaz aṙ ap‘n covow aṙanc‘ t‘owoy 海辺の数え切れない砂のように He 11,12. → covezr, getap‘n

ap‘šowt‘iwn [M] → apšowt‘iwn

ak‘ac‘em, -ec‘i【動】蹴る (λακτίζω); ənddēm xt‘ani ak‘ac‘el = πρὸς κέντρα λακτίζειν 突き棒を蹴る (痛くて無駄な抵抗の意を表す諺的表現): Sawowl, zi? halaces z-is. xist ē k‘ez ənddēm xt‘ani ak‘ac‘el サウル, 何故私を迫害するのか. 突き棒を蹴ると, 痛い目に遭うぞ Ac 26,14.

b

bagin, -i, -ac‘【名】祭壇 (βωμός): gti bagin mi y-orowm greal ēr, ancanōt‘i AY 知られざる神に, と書かれた祭壇を私は発見した Ac 17,23.

bazk- → bazowk
bazm- → bazowm
bazmagowt'【形】同情心に富む，情け深い，断腸の想いでいる (πολύσπλαγχνος)：zi bazmagowt' ē TR ew ołormac 主は断腸の想いでおり，慈悲深いからだ Jas 5,11. → gowt'
bazmadēm, -dimi【形】多種多様な，種々の，多数の，多面的な：i bazmadēm šnorhac'-n or i mez 私たちへの多種多様な恵みによって（= ἐκ πολλῶν προσώπων τὸ εἰς ἡμᾶς χάρισμα 多くの人たちからの私たちへの恵み）2Cor 1,11. → bazowm, dēm
bazmakan, -i; bazmakank', -nac'【名】食事の席についている者，招かれた客，(婚礼の) 列席者 (ἀνακείμενοι Jn 13,28; συνανακείμενοι Mk 6,22)：z-ays oč' ok' imac'aw i bazmakanac' anti 席についていた人々のうち誰もこれを知らなかった Jn 13,28; kak'aweac' dowstr-n Hērovdiay i mēǰ bazmakani-n《集合的単数》ヘロディアの娘が客のただ中で舞を舞った Mt 14,6; mteal t'agawor-n hayel z-bazmakanawk'-n (M: hayel ənd bazmakans-n) 王が列席者たちを謁見しようと入って来ると Mt 22,11.
bazmanam, -zmac'ay【動】増える，はびこる，蔓延する (πληθύνω; πλεονάζω Ro 5,20)：bazmanayr t'iw ašakerteloc'-n yoyž y-EM エルサレムで弟子となった者の数は猛烈に増えていった Ac 6,7; vasn bazmanaloy anawrēnowt'ean-n 不法がはびこることによって Mt 24,12; ban-n AY ačēr ew bazmanayr 神の言葉はひろがり増えていった Ac 12,24; ōrēnk' i nerk's ankan, zi yanc'ank'-n bazmasc'in 律法は，罪過が増大するようにと，内に入り込んで来た Ro 5,20.
bazmapatik, -tki, -tkac'【形】①多様な (πολυποίκιλος Eph 3,10), 何倍もの (πολλαπλασίων Lk 18,30); bazmapatik ařnem 豊かにする (πλεονάζω 1Th 3,12). ②貴重な (πολυτελής 1Pe 3,4)：①bazmapatik imastowt'iwn-n AY 神の多様な知恵 Eph 3,10; ařnowc'ow bazmapatik i žamanaki y-aysmik この時期に何倍も受けるだろう Lk 18,30; z-jez ink'n TR bazmapatiks ew ařawels ařasc'ē sirov ənd mimeans ew ař amenesin 互いに対する愛とすべての者たちに対する愛によって，主があなた方自身を豊かにし，満ち溢れさせてくれるように 1Th 3,12; ②anełcowt'eamb hnazandowt'ean ew handartowt'ean hogwoy-n, or ē ařaǰi AY bazmapatik 神の前で貴重である穏やかで静かな霊という不滅のものをもって 1Pe 3,4. → hariwrapatik
bazmac' → bazowm
bazmac'owc'anem, -owc'i【動】増やす (πληθύνω)：ayo ōrhnelov

ōrhnec'ic' z-k'ez ew bazmac'owc'anelov bazmac'owc'ic' たしかに私はあなたを祝して祝福し，増やしに増やす He 6,14.

bazmec'owc'anem, -owc'i【動】食事のために横にならせる，横たわらせる，座らせる (ἀνακλίνω Mt 14,19; Lk 12,37; κατακλίνω Lk 9,14.15): hramayeac' bazmec'owc'anel z-žołovowrds-n i veray xotoy 彼は群衆に命じて草の上に横にならせた Mt 4,19; gawti ənd mēǰ acc'ē ew bazmec'owsc'ē z-nosa 彼は腰に帯を締め，彼らを食事の席に横たわらせるだろう Lk 12,37; bazmec'owc'ēk' z-dosa dass dass yisown yisown 彼らを50人ずつの組にして横たわらせよ Lk 9,14; bazmec'owc'ēk' z-mardik-n = ποιήσατε τοὺς ἀνθρώπους 人々を座らせよ Jn 6,10. → bazmim

bazmim, -mec'ay【動】食事のために横になる，食事の席につく，座る (ἀνάκειμαι Mk 14,18; Jn 13,23; συνανάκειμαι Mt 9,10; κατάκειμαι Mk 14,3; ἀνακλίνομαι Mt 8,11; κατακλίνομαι Lk 7,36; ἀναπίπτω Lk 11,37): ibrew bazmec'an ew deṙ owtein, asē YS 彼らが食事の席について食べている時，イエスは言った Mk 14,18; ēr mi omn y-aakertac'-n bazmeal aṙ YIW 弟子たちのうちの1人がイエスのすぐそばで席についていた Jn 13,23; mteal i town p'arisec'woy-n bazmec'aw 彼はそのファリサイ人の家に入り食卓についた Lk 7,36. → bazmakan, bazmec'owc'anem

bazmowt'iwn, -t'ean【名】多数，大勢，人の群 (πλῆθος; πολύς Ac 11,21; ὄχλος Lk 8,19; νέφος He 12,1); amenayn bazmowt'eamb = παμπληθεί こぞって，一斉に Lk 23,18: ibrew ełew barbaṙ-s ays, ekn miaban bazmowt'iwn-n この音が起こった時，大勢の人が集まって来た Ac 2,6; cackesc'ē z-bazmowt'iwn mełac' 彼は幾多の罪を覆うであろう Jas 5,20; ibrew z-astełs erknic' bazmowt'eamb 数の多さとしては天の星のように He 11,12; bazmowt'iwn hawatac'eloc' darjaw i TR 多数の人が信じて主に立ち帰った Ac 11,21; oč' karein hasanel i na vasn bazmowt'ean-n 彼らは群衆のせいで彼に接することができなかった Lk 8,19; ałałakein amenayn bazmowt'eamb-n ew asein 人々の群がこぞって叫び出して言った Lk 23,18. → bazowm

bazowk, -zki, -kaw, -ac'【名】腕；力 (βραχίων): arar zawrowt'iwn bazkaw iwrov (神は) その腕で力〔ある業〕をなした Lk 1,51; i bazowk barjr ehan z-nosa anti (神は) 高く掲げた腕をもって彼らをそこから導き出した Ac 13,17. → t'mbowk, kndrowk (Olsen, Noun 589)

bazowm, -zmi, -zmac' [複・具 + -zmovk']【形】多くの，大勢の，多大な，多数の，かなりの (πολύς Mt 7,22; Mk 4,1; Jn 5,6; Ac 2,40; πλείων 1Cor 9,19; ἱκανός Mk 10,46; Lk 8,27; Ac 12,12); 大きな (μέγας Re 12,12); bazowm angam = πολλάκις 何度も，しばしば; bazowm č'arč'arel = πολλὰ παθεῖν 多くの苦しみを受ける Lk 9,22; bazwom ews = ἐφ᾽ ἱκανόν 長い間 Ac 20,11 : y-anown kʻo zawrowtʻiwns? bazowms ararakʻ 私たちはあなたの名で多くの力ある業を行ったではないか Mt 7,22; xīnecʻan z-novaw žolovowrdkʻ bazowmkʻ 彼のもとにおびただしい群衆が集まって来た Mk 4,1; ašakertawkʻ-n ew bazowm žolovrdov 弟子たちとかなりの群衆とともに Mk 10,46; bazowm žamanakkʻ en aynowhetew すでに長い期間が経っている Jn 5,6; bazowm žamanaks čʻ-ēr handerj zgecʻeal 彼は長い間衣をまとわなかった Lk 8,27; aylovkʻ baniwkʻ bazmawkʻ vkayowtʻiwn dnēr 彼は多くの他の言葉をもって証しをした Ac 2,40; zi zbazowms šahecʻaycʻ より多くの人を私が獲得するために 1Cor 9,19; owr ēin bazowmkʻ žoloveal ew alōtʻs arnēin そこでは大勢の人が集まって祈っていた Ac 12,12; or owni z-cʻasowmn bazowm 彼は大きな憤激を抱いている Re 12,12. ↔sakaw

bažak, -i, -acʻ【名】杯，コップ（ποτήριον）: or okʻ arbowscʻē jez ǰowr bažakaw あなたたちに 1 杯の水を飲ませてくれる者 Mk 9,41; z-bažak-n z-or et inj hayr očʻ? əmpicʻem z-na 父が私に与えてくれた杯を飲まずにいられようか Jn 18,11.

bažanarar, -i, -acʻ【名】分配者（μεριστής）: o kacʻoycʻ z-is datawor kam bažzanarar i veray jer 誰が私をあなたたちの上に裁判官や分配者として立てたのか Lk 12,14. → bažanem, -arar < arnem

bažanem, -ecʻi【動】①分ける，分割する；分裂させる。②［受］分かれる，分裂する，不和になる（μερίζω Mt 12,25; 2Cor 10,13; διαμερίζω Lk 12,52; διαμερίζομαι Ac 2,3; διαιρέω Lk 15,12）;〔分〕bažaneal y-anjn 内輪で争って（[δια-] μερισθεῖσα ἐφ᾽ ἑαυτήν Lk 11,17）: ①bažanel ənd is z-žarangowtʻiwn-n 遺産を私と分ける Lk 12,13; bažaneal? inčʻ icʻē KʻS キリストは分けられてしまっているのか 1Cor 1,13; amenayn tʻagaworowtʻiwn bažaneal y-anjn iwr aweri 自らに刃向かって分裂している王国はことごとく荒廃する Mt 12,25; elicʻin y-aysmhetē hing i tan miowm bažanealkʻ, erekʻ-n y-erkowcʻ ew erkowkʻ y-ericʻ 今後 1 軒の家に 5 人〔いれば〕3 人が 2 人に対して，また 2 人が 3 人に対して分裂させられたさまになるだろう Lk 12,52; əst čʻapʻoy kanoni-n, z-or bažaneacʻ mez AC čʻapʻov 神が私たちに分け与えられた範囲の限度内で 2Cor 10,13; ②erewecʻan nocʻa bažaneal lezowkʻ ibrew i hroy 火から〔できた〕ような数々の舌が分かれて彼らに現れた Ac 2,3. → bažin, bašxem

bažanord, -i, -acʻ【名】参与者（μέτοχος）He 3,1.14.

bažin, -žni, -icʻ【名】①分け前，取り分；共通部分；運命（μέρος）; ownim bažin i [＋与]…に与かる（ἔχω μέρος ἐν Re 20,6）. ②《複》分

裂 (διαμερισμός Lk 12,51)；区分，区別 (διαίρεσις 1Cor 12,4)：①towr inj bažin or ankani y-nč'ic'-d 財産のうち，私の分け前分を与えよ Lk 15,12; z-bažin nora ənd kełcawors dic'ē (主人は) 彼の運命を偽善者どもと同類にするであろう Mt 24,51; zinč' bažin kay hawatac'eloy-n ənd anhawati-n 信仰ある者にとって不信の者と何の共通部分があるのか 2Cor 6,15; erani srboc'-n, ork' ownin bažin i yarowt'ean-n ar̄aǰnowm 幸いなるかな，第1の復活に与る聖なる者たちは Re 20,6; ②hamarik' et'e xałałowt'iwn? eki tal y-erkir. oč', asem jez, ayl bažins あなたたちは，私が地上に平和を与えるために来たと考えるのか．そうではない，私はあなたたちに言う，むしろ分裂だ Lk 12,51; t'ēpēt ew bažink' šnorhac' en, ayl hogi noyn ē 恵みの賜物には区別があるが，しかし同じ霊が〔そこには〕ある 1Cor 12,4. → masn

baxem, -ec'i【動】打つ，叩く；襲う，襲来する (κρούω Mt 7,7; τύπτω Lk 23,48; προσρήσσω Lk 6,48; προσπίπτω Mt 7,25)：baxein z-kowrcs ew darnayin = τύπτοντες τὰ στήθη ὑπέστρεφον 彼らは胸を打ちつつ帰って行った Lk 23,48 (cf. Lk 18,13 kocēr z-kowrcs iwr [→ kocem]; baxec'ēk' ew bac'c'i jez 叩け，そうすればあなたたちに開かれる Mt 7,7; baxeac' get z-town-n 奔流がその家に襲来した Lk 6,48; šnč'ec'in hołmk' ew baxec'in z-town-n 暴風が吹いてその家を襲った Mt 7,25. → kocem

bałarǰ, -oy, -oc'/-ac'【名】パン種の入っていないパン (ἄζυμος). → anxmor

bałarǰakerk', -rac'【名】除酵祭 (τὰ ἄζυμα; -kerk' → owtem)：ein awowrk' bałarǰakerac' それは除酵祭の時期だった Ac 12,3; ekn awr bałarǰakerac'-n y-orowm awrēn ēr zenowl z-pasek'-n 過越〔の羊〕を屠らねばならない除酵祭の日がやって来た Lk 22,7.

bačkon, -i, -ac'【名】上着 (ἱμάτιον) [→ k'łamid, handerj[2], šapikk']：or kamic'i ok' datel ew ar̄nowl z-šapiks k'o, t'oł i na ew z-bačkon k'o あなたを訴えて下着を取ろうとする者には，上着をも取らせてやれ Mt 5,40; or hanē i k'ēn z-bačkon k'o, mi argelowr i nmanē ew z-šapiks あなたの上着を求める者には，下着をも拒むな Lk 6, 29.

bambasank', -nac'【名】悪口，侮辱 (λοιδορίαν)：mi č'ar p'oxanak č'ari hasowc'anel, kam bambasans ənd bambasanac' 悪に対して悪を，侮辱に対して侮辱を返すな 1Pe 3,9.

bambasem, -ec'i【動】悪口を言う，非難する，侮辱する (καταγινώσκω [D]; μέμφομαι [Θ] Mk 7,2; λοιδορέω 1Cor 4,12; 1Pe 2,23; καταλαλέω 1Pe 2,12; Jas 4,11)；呪う (κακολογέω Mt 15,4)；p'oxarēn bambasem 侮辱し返す (ἀντιλοιδορέω 1Pe 2,23)：teseal z-omans y-ašakertac' anti zi xařnak jeřawkʻ, aysinkʻn ē anlowa owtein hacʻ, bambasecʻin 彼らは, 彼の弟子のある者たちが不浄な手で—ということは手を洗わずに—パンを食べているのを見て, 非難した Mk 7,2; or bambasē zˑhayr kam zˑmayr mahow vaxčanescʻi 父や母を呪う者は必ず死ぬべし Mt 15,4; bambasēin zˑmez ōrhneakʻ 人々は私たちを罵り, 私たちは祝福してきた 1Cor 4,12; mi bambasēkʻ zˑmimeans 互いに悪口を言い合うのは止めよ Jas 4,11; bambaseal ew očʻpʻoxarēn bambasēr 彼は侮辱されて侮辱し返さなかった 1Pe 2,23. → čʻaraxawsem

bambasōł, ˑkʻ【形】誹謗する, 中傷する (λοίδορος) 1Cor 6,10.

baycʻ【接】①《反意》しかし, そうではなく (πλήν Mt 18,7; 26,39; Lk 6,35; 10,14); もっとも…だが (μέντοι Jn 4,27; 7,13; 20,5). ②baycʻ (miayn) (ただ) …を除いて, …のほかは, …以外 (εἰ μή Mt 12,4). ③baycʻ sakayn とはいえ, それにもかかわらず (ὅπως μέντοι Jn 12,42). ④baycʻ etʻe/tʻe …でなければ, …を除いて, …ない限り (εἰ μή Ga 1,7; εἰ μήτι Lk 9,13; ἐκτὸς εἰ μή 1Cor 14,5; 15,2). ⑤baycʻ zi ［＋接法］…する以外には (εἰ μή Jn 13,10)：①hark ē gal gaytʻagłowtʻeancʻ, baycʻ vay mardoyˑn aynmik yˑoyr jeřn gaycʻē gaytʻagłowtʻiwn もろもろの躓きはやって来ないわけにはいかない. しかし, 禍いだ, その手を通して躓きがやって来る, その当の人は Mt 18,7; etʻe hnar ē, ancʻcʻē bažakˑs ays yˑinēn. baycʻ očʻ orpēs es kamim, ayl orpēs dow もしできることならこの杯が私から去って行くように. しかしながら, 私の望むようにではなく, あなたの望むように Mt 26,39; etʻe i Tiwros ew i Sidovn ełeal ein zawrowtʻiwnkʻn or ełen i jez, vałowcʻ ews ardewkʻ … apašxareal ēr. baycʻ Tiwrosi ew Sidovni əndarjakagoyn licʻi i datastani kʻan jez もしお前たちの中で生じた力ある業がテュロスとシドンで生じたなら, 彼らはとっくに悔い改めていただろう. しかしながら, 裁きの時にはテュロスとシドンの方がお前たちよりも堪えやすいだろう Lk 10,13-14; etʻe taykʻ pʻox aynocʻik. yorocʻ akn ownikʻ ařnowl, or? šnorh ē jer … baycʻ sirecʻēkʻ ztʻšnamis jer 取り返す望みのある者たちに金を貸したとて, あなたたちにどのような恵みが与えられるというのか. そうではなく, あなたたちの敵を愛せよ Lk 6,34-35; kʻrtʻmnǰiwn ēr znmanē i žołovowrdsn. kēskʻn asein tʻe barwokʻ ē. aylkʻn asein, očʻ, ayl molorecʻowcʻanē zžołovowrdn. ew očʻ okʻ hamarjak xawsēr znmanē vasn erkiwłin hřeicʻ 群衆の間で彼についてささやかれていた. ある人々が「善い人だ」と言い, 他の人々は「いや違う, 群衆をたぶらかしているのだ」といっていた. もっともユダヤ人たちへの恐れのため, 彼について公然と語る者は誰もいなかった Jn 7,12-13; xonarheal tesanē zi

ban 124

kayin and ktawk'-n, bayc' i nerk's oč' emowt かがみこんでみると，あの亜麻の布切れのそこにあるのが見える．しかし，入ることはしなかった Jn 20,5; es mkrtem z-jez J̌rov y-apašxarowt'iwn, bayc' or zkni-n im gay ... mkrtesc'ē z-jez i hogi-n sowrb ew i howr = ἐγὼ μὲν ὑμᾶς βαπτίζω ... ὁ δὲ ὀπίσω μου ἐρχόμενος ... 私はお前たちに，回心に向け，水によって洗礼を施している．しかし，私のあとから来る者はお前たちに聖霊と火によって洗礼を施すであろう Mt 3,11; ordi mardoy əst sahmaneloy-n ert'ay, bayc' vay mardoy-n aynmik y-oyr jeřn matnic'i = ὁ υἱὸς μὲν τοῦ ἀνθρώπου κατὰ τὸ ὡρισμένον πορεύεται, πλὴν οὐαὶ τῷ ἀνθρώπῳ ἐκείνῳ δι' οὗ παραδίδοται たしかに人の子は定められている通り〔死に〕赴く．しかし，禍いだ，彼を売り渡すその人は Lk 22,22; ②eker z-hac' z-araJaworowt'ean-n z-or oč' ēr awrēn nma owtel ew oč' oroc' ənd nmayn ein, bayc' miayn k'ahanayic' ただ祭司たちのほかは，彼にも彼と共にいた者たちにも食べることを許されていなかったパンを彼は食べた Mt 12,4; ③bayc' sakayn ew y-išxanac' anti bazowmk' hawatac'in i na, ayl vasn p'arisec'woc'-n oč' yaytnein, zi mi i žołovrdenē-n elanic'en とはいうものの，指導者たちの中からも多くの人々が彼を信じはした．しかし彼らはファリサイ派の人々のゆえに，会堂から追放されないために，公言しようとはしなかった Jn 12,42; ④or oč' goy ayl, bayc' et'e ic'en omank' or xřovec'owc'anic'en z-jez ew kamic'in šřjel z-awetaran-n K'Si〔異なった福音とは言っても〕それは，ただあなたたちを動揺させ，キリストの福音を変質させようと欲している者たちが何人かいる，ということ以外の何ものでもない Ga 1,7; oč' goy mer aweli k'an z-hing nkanak ew z-erkows jkowns, bayc' et'e ert'ic'owk' gnesc'owk' bawakan žołovrdean-d kerakowr 私たちが出向いて，この民に十分な食べ物を買って来なければ，私たちには 5 個のパンと 2 匹の魚以上のものはない Lk 9,13; law ē or margarēanay-n k'an z-ayn or i lezows-n xōsic'i, bayc' et'ē t'argmanesc'ē 異言によって語る者がそれを解釈しない限り，預言をする者の方が異言によって語る者よりも大いなる者である 1Cor 14,5; ⑤lowac'eloy-n, č'-ē inč' pitoy bayc' zi z-ots-n lowanayc'ē 沐浴した人は足を洗うほかには何もする必要がない Jn 13,10.

ban, -i, -ic' 【名】①言葉，言，話すこと；こと，事柄，訴訟事；理由，わけ (ῥῆμα Mt 4,4; 18,16; 27,14; λόγος Mt 5,32; Jn 4,41; Ac 8,21; 19,38; 1Pe 3,15; λόγια He 5,12); 書物 (λόγος Ac 1,1). ②関係，交際 (ὁμιλία 1Cor 15,33). ③bank' hakaṙakowt'ean 論戦，口論 (λογομαχία 1Tm 6,4). ④貸借勘定 (λόγος Php 4,17). ⑤i bani ařnem 味方にする，取

り入る (πείθω Ac 12,20). ⑥《慣用句》orpēs banic' karg ē asel = ὡς ἔπος εἰπεῖν いわば He 7,9：①oč' et nma patasxani ew oč' ban mi 彼は彼にはもはや何一つとして答えなかった Mt 27,14; amenayn baniw or elanē i beranoy AY 神の口から出て来るあらゆる言葉によって Mt 4,4; ews bazowmk' hawatac'in i na vasn bani-n nora 彼の言葉ゆえにずっと多くの人が彼を信じた Jn 4,41; oč' goy masn ew vičak i bani-d y-aydmik お前はこのことの分け前にも相続にもあずかれない Ac 8,21; zi i beranoy erkowc' ew eric' vkayic' hastatesc'i amenayn ban 2 人か 3 人の証人の口ですべての事柄が確立されるために Mt 18,16; et'ē Demetrios ew or ənd nma čartark' ownic'in inč' ənd owmek' bans, y-atean ert'ic'en もしデメトゥリオスと仲間の職人たちが誰かに対して訴えごとがあるのなら, 法廷に行くだろう Ac 19,38; amenayn or arjakē z-kin iwr aṙanc' bani poṙnkowt'ean 淫行以外の理由で妻を離縁する者すべて Mt 5,32; amenayni or xndric'ē z-ban-n or ē vasn yowsoy-n jeroy あなた方が持っている希望について，その理由をたずねるすべての人に対して 1Pe 3,15; z-ban-n aṙaǰin z-or arari vasn amenayni すべてのことについて私が書き記した書物 Ac 1,1; ②mi xarik', apakanen z-bars k'ałc'owns bank' č'ark' 惑わされるな，悪い交わりは良い習慣を滅ぼす 1Cor 15,33; ③tapi i xndirs ew i bans hakaṙakowt'ean 彼は言い争いや論戦へと走る熱病に罹っている 1Tm 6,4; ④xndrem z-ptowł-n or yačaxē i ban jer 私は豊かにあなた方の貸勘定となる実を求めている Php 4,17; ⑤i bani arareal z-Błastos senekapet ark'ayi xndrēin z-xałałowt'iwn 彼らは王の侍従官ブラストに取り入って和解の仲立ちを乞うた Ac 12,20.

banali, -leac' 【名】鍵 (κλείς)：towaw nma banali gboy-n andndoc' 底なしの深遠に通じる穴を開く鍵がそれに与えられた Re 9,1. → p'akans

banak, -i, -ac' 【名】宿営，陣営；軍隊 (παρεμβολή)：noc'own marmink' ayrein artak'oy banaki-n それらの体は宿営の外で焼かれた He 13,11; hramayeac' hazarapet-n mowcanel z-na i banak-n 千人隊長は彼を陣営に引き入れるように命じた Ac 22,24.

banakṙiw 【形】言葉の争いを好む (λογομαχέω)：vkayowt'iwn edeal aṙaǰi AY, mi barnakṙiw linel 神の前で厳命せよ，言葉の争いなどせぬように，と 2Tm 2,14.

banam, bac'i, 3・単 ebac', 命 bac' 【動】①開く，穴をあける (ἀνοίγω Mt 9,30; Ac 12,14; 2Cor 6,11; διανοίγω Mk 7,34; Lk 24,45; ἐξορύσσω Mk 2,4; ἄνοιξις Eph 6,19; ἀναπτύσσω Lk 4,17). ②解き明かす，説明する (διανοίγω)：①oč' ebac' z-dowṙn 彼女は門を開かなかった Ac 12,14; bac'an ač'k' noc'a 彼らの目は開かれた Mt 9,30; berank' mer bac'eal en ař jez 私たちの口はあなた方に対して開いている（＝率直に語っている）2Cor 6,11; yaynžam ebacʻ z-mits nocʻa imanal z-girs それから彼は彼らの知力を開き聖書が理解できるようにした Lk 24,45; z-ory TR isk ebacʻ z-sirt-n ansal xōsicʻ-n Pawłosi 主は彼女の心を開いてパウロの話に耳を傾けさせた Ac 16,14; bacʻeal z-aṙastał-n iJowcʻin z-mahičs-n y-orowm kayr andamaloycʻ-n 彼らは天井をくりぬいて中風患者の横たわる担架を降ろした Mk 2,4; zi inj tacʻi ban i banal beranoy imoy 私の口が開く際に言葉が私に与えられるように Eph 6,19; ibrew ebacʻ z-girs-n, egit z-ayn tełi y-orowm greal-n 彼はその書を開くと，〔次のように〕書いてある箇所を見つけた Lk 4,17; ［中/受］ banal erknicʻ = ἀνεῳχθῆναι τὸν οὐρανόν 天が開く Lk 3,21; ②banayr mez z-girs 彼は私たちに聖書を詳しく説いていた Lk 24,32.　→ bacʻ

band/bant, -i, -icʻ【名】牢獄，留置場（δεσμωτήριον Ac 5,23; φυλακή Mt 14,10; τήρησις Ac 4,3; 5,18）; arkanem i band　獄に投げ込む Mt 18,30; dnem i bandi 獄に縛る（閉じ込める）Lk 3,20; matnem i bands 獄に引き渡す Lk 21,12; tam i bant 牢に入れる，投獄する（φυλακίζω Ac 22,19）: z-bant-n gtakʻ pʻakeal amenayn zgowštʻeamb-n 私たちは牢獄にはがっちりと錠がかかっているのを見た Ac 5,23; glxateacʻ z-Yovhannēs i bandi 彼は獄でヨハネの首を斬った Mt 14,10; ark z-na i band minčʻew hatowscʻē z-parts-n 彼はその者が借金を返すまで獄に入れた Mt 18,30; edin z-nosa hraparakaw i banti 彼らは公然と彼らを留置場に入れた Ac 5,18; inkʻeankʻ isk giten zi es ēi or i bant-n tayi, ew gan harkanēi əst žołovrdocʻ-n z-hawatacʻeals-n i kʻez この私がもろもろの会堂で，あなたを信じる者たちを牢に入れたり，鞭で打たせたりしていたことを，彼ら自身は知っている Ac 22,19; kapeacʻ z-na ew ed i bandi = ἔδησεν αὐτὸν ἐν φυλακῇ 彼を獄に縛りつないだ Mk 6,17.

banǰar, -i/-oy, -iw/-ov【名】野菜（λάχανον）: mec ē kʻan z-amenayn banǰars それはどの野菜よりも大きい Mt 13,32.

bansarkow, -acʻ【名】誹謗する者；悪魔（διάβολος）Tt 2,3; 2Tm 3,3.

bantapet, -i, -acʻ【名】看守長（δεσμοφύλαξ）Ac 16,23.

bantargel【形】牢に入れられた；b. aṙnel 牢に入れる（κατακλείω）: z-bazowms i srbocʻ-n es bantargel aṙnēi 私は多くの聖徒たちを牢に入れた Ac 26,10.

bašxem, -ecʻi【動】分配する，分け与える（διαμερίζω Ac 2,45; μερίζω Mk 6,41; διαδίδωμι Jn 6,11）: z-stacʻowacs ew z-inčʻs vačaṙēin, ew bašxēin z-ayn amenecʻown owm ziard pitoy inčʻ linēr 彼らは土地や持ち物を売っては，誰かがどれほどか不足したときにはいつも，それを皆

に分配した Ac 2,45; z-erkows jkowns-n bašxeac' amenec'own 彼は2匹の魚を皆に分配した Mk 6,41; gohac'aw ew bašxeac' bazmakanac'-n 彼は感謝を捧げてから座っている人々に〔パンを〕分け与えた Jn 6,11. → bažanem

baṙnam, barji, 命 barj【動】①上げる，取り上げる，取り除く，運び去る；断ち切る；[受] 消え失せる (αἴρω Mt 24,39; Mk 6,29; Lk 19,21; 23,18; Eph 4,31; ἀφαιρέω Lk 10,42; Ro 11,27; ἀπαίρω Mt 9,15; ἐξαίρω 1Cor 5,13; ἐπαίρω 1Tm 2,8; περιαιρέω Ac 27,20; He 10,11; βαστάζω Jn 20,15; ἀναιρέομαι Ac 7,21). ②背負う (βαστάζω Ac 15,10)，負わせる (φορτίζω Lk 11,46). ③埋葬する (συγκομίζω Ac 8,2). ④（金を）取り立てる，回収する (αἴρω Lk 19,21)：①barjin z-marmin-n ew edin i gerezmani 彼らは彼の死体を引き取り墓の中に横たえた Mk 6,29; baṙnayc'en z-sowrb jeṙs 聖い手を上げて 1Tm 2,8; ekec'en awowrk'-n yoržam barjc'i i noc'anē p'esay-n 花婿が彼らから奪い去られる日々が来るだろう Mt 9,15; Mariam masn bari əntreac', or oč' barjc'i i smanē マリアムは善いほうを選んだ．それはこの女から取り去られることはないだろう Lk 10,42; yoržam barjic' z-mełs noc'a 私が彼らの罪を取り除く時に Ro 11,27; barjēk' z-č'ar-n i miǰoy jermē あなた方のうちから悪い者を取り除け 1Cor 5,13; z-noyn patarags … ork' oč' erbēk' karoł en baṙnal z-mełs 決して罪を取り除くことのできない同じ生け贄 He 10,11; oč' gitac'in minč'ew ekn ǰrhełeł-n ew ebarj z-amenesin 大洪水が来てすべての者をさらってしまうまで，彼らは何も気づかなかった Mt 24,39; et'e dow barjer z-na, asa inj owr edir z-na あなたが彼を運び去ったのなら，彼をどこに置いたのか言え Jn 20,15; barj z-da ew arjakea mez z-Barabba そいつを片づけろ，俺たちにはバラバを釈放しろ Lk 23,18; y-ənkec'ik-n aṙnel z-na ebarj z-na dowstr-n p'arawoni 彼が捨てられた時，ファラオの娘が彼を拾い上げた Ac 7,21; apa baṙnayr amenayn yoys p'rkowt'ean meroy 私たちの助かるあらゆる望みがついに消え失せようとしていた Ac 27,20; amenayn daṙnowt'iwn … barjc'i i jēnǰ amenayn č'arowt'eamb-n handerj あらゆる苦汁は一切の悪しき行いと共にあなた方から断ち切られるべきだ Eph 4,31; [受] barjir ew ankir i cov 引き抜かれて，海に投げ込まれてしまえ Mt 21,21; ②baṙnayk' mardkan beṙins džowarakirs お前たちは人々に担いきれないほどの荷を負わせる Lk 11,46; lowc … z-or oč' hark'-n mer ew oč' mek' karac'ak' baṙnal 私たちの父祖たちも私たちも負い切れなかった軛 Ac 15,10; ③barjin z-Step'anos ark' erkiwłack' 信心深い人たちがステファノを埋葬した Ac 8,2. ④baṙnas z-or oč' edir あなたは預けなかったものを取り立てる Lk

19,21. → veranam

barbaṙ, -oy, -oc‘【名】①声；音；言語（φωνή Jn 12,30; φθόγγος Ro 10,18; 1Cor 14,7). → jayn. ②叫び声（κραυγή Mt 25,6). ③轟き，轟音（ἦχος Lk 21,25): ①oč‘ vasn im inč‘ ekn barbaṙ-s ays ayl vasn jer この声がしたのは私のためではなく，あなたたちのためだ Jn 12,30; ənd amenayn isk erkir el barbaṙ noc‘a 彼らの声は全地に広まった Ro 10,18; et‘ē əntrowt‘iwn inč‘ barbaṙoy č‘-arnic‘en, ziard? čanač‘ic‘i p‘oloy-n harkanel kam k‘nari-n hnč‘el 音に区別をしないなら，笛が吹かれているとか，竪琴が奏でられているとか，どうして知られようか 1Cor 14,7; z-ēs-n anxōsown mardkelēn barbaṙov-n barbaṙeal もの言わぬろばが人間の声で発言して 2Pe 2,16; ②i mēǰ gišeri ełew barbaṙ 真夜中に叫び声が起こった Mt 25,6; ③i y-aheł barbaṙoy ibrew covow ew xṙovowt‘ean = ἐν ἀπορίᾳ ἤχους θαλάσσης καὶ σάλου 海の〔それのような〕轟きと荒れすさぶ波に怖じ惑って Lk 21,25.

barbaṙim, -ṙec‘ay【動】①叫ぶ，語る，話しかける，発言する（φωνέω Lk 8,54; προσφωνέω Ac 21,40; φθέγγομαι 2Pe 2,16; ἀποφθέγγομαι Ac 2,4; λαλέω Jd 16). ②誇る，自慢する（αὐχέω Jas 3,5): ①kalaw z-jeṙanē nora barbaṙec‘aw 彼は彼女の手を取って叫んだ Lk 8,54; ibrew bazowm lṙowt‘iwn linēr, sksaw barbaṙel hebrayec‘woc‘ barbaṙov-n 皆がすっかり静かになった時，彼はヘブライ語で話しかけ始めた Ac 21,40; sksan xawsel y-ayl lezows orpēs ew hogi-n tayr barbaṙel noc‘a 霊が語らせるままに，彼らは異なる言葉で語り出した Ac 2,4; mardkełēn barbaṙov-n barbaṙeal〔もの言わぬろばが〕人間の声で発言して 2Pe 2,16; ②soynpēs ew lezow p‘ok‘r inč‘ andam ē ew mecamecs barbaṙi これと同じように，舌は小さな器官であるが，大きなことを自慢する Jas 3,5. → ałałakem, xawsim, asem

barbarim, -rec‘ay【動】時機を逸する（ἀκαιρέομαι）Php 4,10.

barbaros, -k‘, -ac‘【名】野蛮人，未開人（βάρβαρος): barbarosk‘-n šnorhec‘in oč‘ sakaw mardasirowt‘iwn mez 外国人たちは私たちに並々ならぬ厚意を示してくれた Ac 28,2; Yownac‘ ew barbarosac‘ ... partapan em 私はギリシア人たちにも非ギリシア人たちにも責任を負っている Ro 1,14.

baregorc, -i -ac‘【形/名】善を行う（者）（ἀγαθοποιός 1Pe 2,14): i vrēžxndrowt‘iwn č‘aragorcac‘-n ew i govowt‘iwn baregorcac‘-n 犯罪者を罰するために，そして善行を積んだ者を表彰するために 1Pe 2,14; ayr mi anown Yovsēp‘ or ēr naxarar, ayr baregorc (= ἀνὴρ ἀγαθός; M: ayr barēgorc) ew ardar 議員であり，善き，義しい人物であったヨセフとい

う名の人 Lk 23,50. → gorc, bari; barerar
barexaws, -i -ac‘【名】仲裁者，調停者；弁護者（παράκλητος 1Jn 2,1）; barexōs em/linim 執り成しをする（ἐντυγχάνω Ro 8,34; ὑπερεντυγχάνω Ro 8,26）: ownimk‘ barexōs aṙ AC z-YS K‘S z-ardar-n ew z-anarat 私たちには父のもとに義にして非の打ち所なきイエス・キリストが弁護者としていてくれる 1Jn 2,1; ink‘n hogi-n barexōs lini i hecowt‘iwns anmṙownč‘s 霊自らが，言葉にならない呻きをもって，執り成しをしてくれる Ro 8,26; or ew barexōs isk ē vasn mer 彼は私たちのために執り成してくれる方でもある Ro 8,34.
barexawsem, -ec‘i【動】仲裁する，執り成しをする（ἐντυγχάνω）: əst AY barexōsē vasn srboc‘〔霊は〕神に従って聖なる者たちのために執り成しをしてくれる Ro 8,27.
barexrat【形】良い助言（教え）を与える，立派なことを教える教師（καλοδιδάσκαλος）Tt 2,3.
barekam, -i, -ac‘【名】友，友だち，友人（φίλος; φίλη Lk 15,9）: barekam, i ver matir 友よ，上座に進め Lk 14,10; zi owrax ełēc‘ ənd barekams im 私が私の友だちと祝宴をあげるために Lk 15,29; koč‘ē z-barekams ew z-drac‘is 彼女は女友だちや近隣の者たちを呼ぶ Lk 15,9. → bari, kamim
barekamowt‘iwn, -t‘ean【名】友であること：vasn barekamowt‘ean-n = διὰ τὸ εἶναι φίλον αὐτοῦ 彼の友人であるゆえに Lk 11,8.
baremardik【形】いい人ぶる，いい顔をする（εὐπροσωπέω）: or miangam kamin baremardik linel marmnov, nok‘a stipen z-jez t‘lp‘atel 肉においていい顔をしたいと欲しているあの者たちはすべて，割礼を受けることをあなたがたに強要している Gal 6,12.
barepašt/-paštōn【形】敬虔な，神を敬う（εὐσεβής）: barepaštōn ew erkiwłac y-AY amenayn tamb iwrov 家族一同と共に神を畏れ，絶えず神に祈っていた Ac 10,2.
baresēr, -sirac‘【形】善を愛する（φιλάγαθος）Tt 1,8.
barerar, -i, -ac‘【形/名】善を行う（者），恵みを垂れる（者）（ἀγαθοποιέω Lk 6,33; εὐεργέτης Lk 22,25）: et‘e bari aṙnēk‘ barerarac‘ jeroc‘, or? šnorh ē jer あなたたちに良くしてくれる者たちに良くしたとしても，あなたたちにどんな恵みがあるのか Lk 6,33; or išxen-n noc‘a, barerark‘ koč‘in 彼らに権力を行使する者たちは「恩恵者」と呼ばれている Lk 22,25. → bari, -arar < aṙnem
barerarowt‘iwn, -t‘ean【名】善行（εὐεργεσία 1Tm 6,2; ἀγαθοποιΐα 1Pe 4,19; εὐποιΐα He 13,16）；恵みを垂れること（ἀγαθοεργέω Ac

14,17）: orpēs zi or č'arč'aric'in əst AY kamac'-n , hawatarim hastč'i-n awandesc'en z-iwreanc' ogis barebarowt'eambk' だから，神の意志によって苦しんでいる人々は，善を行いつつ，誠実な創造者に自分の魂を委ねよ 1Pe 4,19; z-barerarowt'iwn ew z-hałordowt'iwn mi mořanayk' 善行と分かち合いを忘れるな He 13,16.

bari, -rwoy, -reac' 【形/名】①良い・善い（こと）（ἀγαθός; καλός）; i bari 良い仕方で（καλῶς Ga 4,17）. ②(z-)bari(s) arnem/gorcem 善を行う，親切（慈善）をする（ἀγαθοποιέω; ἀγαθοεργέω 1Tm 6,18; καλοποιέω 2Th 3,13; εὖ ποιέω Mk 14,7; εὐεργετέω Ac 10,38); 糧を稼ぐ（ἐργάζομαι τὸ ἀγαθόν Eph 4,28); [+与] …を敬う（εὐσεβέω 1Tm 5,4): ①yišea zi ənkalar andēn z-baris k'o i keans-n k'owm お前はお前の生きている間，自分だけの良きものを受けたことを思い出せ Lk 16,25; amenayn cař bari ptowł bari arnē 善い木はすべて良い実を結ぶ Mt 7,17; ayl-n ankaw y-erkir bari ew i parart ほかの（種）は善い肥沃な地に落ちた Lk 8,8; naxanjec'owc'anen z-jez oč' i bari, ew argelowl kamin z-jez, zi noc'a naxanjawork' linic'ik' 彼らはあなた方を熱心に求めているが，それは良い思いをもってではない Ga 4,17; ②zinč'? aržan ē i šabat'ow, bari? inč' arnel, et'e č'ar gorcel 安息日に許されているのはどちらか，善をなすことか，悪をなすことか Lk 6,22; et'ē z-baris gorcic'ēk' č'arč'aric'ik' ew hamberic'ēk', ayn šnorhk' y-AY en あなた方が善を行って苦しめられていながら耐えているならば，それが神のもとでの恵みだ 1Pe 2,20; z-baris gorcel, mecanal gorcovk' barowt'ean 善を行い，立派な行いに富む 1Tm 6,18; mi janjranayk' z-baris gorcel 弛むことなく立派な行いに勤しめ 2Th 3,13; yoržam kamik' karoł ēk' arnel noc'a baris あなたたちはいつでも望む時に彼らに尽くしてやることができる Mk 14,7; or šrjec'aw bari arnel 彼は各地を巡って善い業をなした Ac 10,38; owsanic'in nax iwreanc' tanc' bari arnel 彼らはまず最初に自分の家族を敬うことを学ぶべきだ 1Tm 5,4. ↔č'ar

barkanam, -kac'ay 【動】[+与] 怒る，憤る（ἀγανακτέω Mk 10,41; ὀργίζομαι Mt 5,22; Eph 4,26; θυμόομαι Mt 2,16）: loweal z-ayn tasanc'-n sksan barkanal Yakovbay ew Yovhannow 10 人はこれを聞き，ヤコブとヨハネに対して怒り出した Mk 10,41; amenayn or barkanay ełbawr iwrowm tarapartowc' わけもなく自分の兄弟に対して怒る者すべて Mt 5,22; barkanayk' ew mi mełanč'ēk' 怒っても，罪を犯すな Eph 4,26; ibrew etes Hērovdēs t'e xabec'aw i mogowc' anti barkac'aw yoyž ヘロデは占星学者たちに騙されたと知って，甚だしく憤った Mt 2,16.

barkac'ōł【形】怒りっぽい，癇癪持ちの（ὀργίλος）Tt 1,7.

barkowtʻiwn, -tʻean【名】怒り，憤り (θυμός Lk 4,28; ὀργή 1Tm 2,8; Ro 3,5; παροργισμός Eph 4,26)：lcʻan amenekʻin barkowtʻeamb i žołovrdean-n ibrew lsein z-ays 会堂内にいた彼らは皆，これらを聞いて憤りに満たされた Lk 4,28; kamim zi arkʻ kaycʻen y-ałōtʻs y-amenayn tełis, baṙnaycʻen z-sowrb jeṙn i ver aṙancʻ barkowtʻean ew erkmtowtʻean 私は，男たちがあらゆる地で怒りもなく争いもなく聖なる手を上げて祈るよう望む 1Tm 2,8; mitʻē aniraw? inčʻ ē AC or acē z-barkowtʻiwn-n 怒りを下す神は不義なのではないだろうか Ro 3,5; aregakn i veray barkowtʻean jeroy mi mtcʻē あなたがたの怒りの上に太陽が沈むことがあってはならぬ Eph 4,26. → srtmtowtʻiwn, cʻasowmn

barj-¹ → baṙnam

barj², -i, -icʻ【名】クッション，枕 (προσκεφάλαιον)：inkʻn nnǰer i xels nawi-n i veray barji 彼自身は艫の方で枕をして眠っていた Mk 4,38; mi bazmicʻis y-aṙaǰin barji-n ［単・位］= μὴ κατακλιθῇς εἰς τὴν πρωτοκλισίαν あなたは上席に横たわらないようにせよ Lk 14,8.

barj³ → barjkʻ

barjagahkʻ, -hicʻ【名】最上席 (πρωτοκαθεδρία)：vay jez pʻarisecʻwocʻ zi sirēkʻ z-barjagahs i žołovowrds 禍だ，お前たちファリサイ人よ，お前たちは会堂での最上席を愛している Lk 11,43. → gah¹, barjerēcʻkʻ, naxatʻoṙ [kʻ]

barjakicʻ, -kcʻi, -cʻacʻ【名】食卓を共にする者，同席の者 (συνανακείμενος)：vasn erdmancʻ-n ew barjakcʻacʻ-n 同席している者たちの前で誓った手前 Mt 14,9. → kicʻ

barjancʻ → barjr

barjerēcʻkʻ; M: -ērēcʻkʻ【名】長老たち(→ erēcʻ)の特等席 (πρωτοκλισία)：siren ... z-barjerēcʻs y-ntʻris (M: z-barjērēcʻs ...) 彼らは食事での特等席を好む Lk 20,46. → barjəntir, gahaglowx, yaṙaǰagah, barjagahkʻ

barjəntir, -tri, -racʻ; barjəntir linim = τὰς πρωτοκλισίας ἐκλέγομαι 上席を選び取る Lk 14,7. → əntrem, əntir; barjrerēcʻkʻ, gahaglowx, yaṙaǰagah

barji → barj [属]; baṙnam [アオ]

barjir [受・2・単・命・アオ] → baṙnam

barjr, -jow; -jownkʻ, -jancʻ【形】高い；崇高な；barjownkʻ 高い所 (ὕψος Eph 4,8; Lk 24,49; ὑψηλός Mt 4,8; Lk 16,15; He 1,3; ὕψιστος Lk 19,38)：el i barjowns gereacʻ z-gerowtʻiwn 高い所に昇って，彼は捕われ人を連れて行った Eph 4,8; minčʻew zgenowcʻowkʻ zawrowtʻiwn i barjancʻ あなたたちが高い所からの力を纏うまで Lk 24,49; darjeal arnow acē z-na satanay i leaṙn mi barjr yoyž 悪魔は再び彼をきわめて高い山に連れて行く Mt 4,8; nstaw ənd aǰmē mecowt'ean-n i barjowns 彼は高い所におられる大いなる方の右に座った He 1,3; or aṙaǰi mardkan barjr ē piłc ē aṙaǰi AY 人々の前で崇高〔とされている〕ものは神の前では忌むべきものだ Lk 16,15; xałałowt'iwn y-erkins ew p'aṙk' i barjowns 平安は天に、そして栄光は高き所に Lk 19,38.

barjraglowx/barjriglowx 【副】大いに、大胆に Jas 2,13. → parcim

barjranam, -rac'ay 【動】高くされる、挙げられる (ὑψοθη- < ὑψόω): orpēs Movsēs barjrac'oyc' z-awj-n y-anapati, noynpēs barjranal part ē ordwoy mardoy モーセが荒野で蛇を挙げたように、人の子も挙げられなければならない Jn 3,14; barjrac'eal k'an z-erkins = ὑψηλότερος τῶν οὐρανῶν γενόμενος 諸天よりも高くなった方 He 7,26.

barjrac'owc'anem, -owc'i 【動】高くする、上げる、挙げる (ἐπαίρω Lk 21,28; ὑψόω Lk 1,52; Jn 3,14; Ac 5,31); aṙawel barjrac'owc'anem さらに高く挙げる (ὑπερυψόω Php 2,9): barjrac'owsǰik' z-glowxs jer あなたたちは頭をあげよ Lk 21,28; barjrac'oyc' z-xonarhs (神は) 身分低い者たちを高めた Lk 1,52. z-na AC aṙaǰnord ew p'rkič' barjrac'oyc' aǰov-n iwrov 彼を神は君主としてまた救い主として自身の右に挙げた Ac 5,31; vasn oroy ew AC z-na aṙawel barjrac'oyc' それゆえ神は彼をさらに高く挙げた Php 2,9.

barjreal, -eloy, -oc' 【名】いと高き者 (ὕψιστος): ordi barjreloy koč'esc'i 彼はいと高き者の子と呼ばれるだろう Lk 1,32.

barjrowt'iwn, -t'ean 【名】①高いこと、崇高なもの；高い所；障害物 (ὕψωμα Ro 8,39; 2Cor 10,5; ὕψος Jas 1,9). ②高さ (ὕψος): ①oč' barjrowt'iwn, ew oč' xorowt'iwn, ew oč' ayl inč' ararac karē meknel z-mez i siroy anti AY 崇高なるものも、深遠なるものも、その他のどんな被造物も、神の愛から私たちを引き離すことはできない Ro 8,39; parcesc'i ełbayr xonarh i barjrowt'iwn iwr 卑しい〔身分の〕兄弟は自分の高められていることを誇れ Jas 1,9; [k'akemk'] ew z-amenayn barjrowt'iwn hpartac'eal i veray gitowt'ean-n AY 私たちは神の知識の上に敵対して立てられるあらゆる障害物をも〔破壊する〕2Cor 10,5; ②laynowt'iwn nora ew barjrowt'iwn miač'ap' その幅と高さは同じであった Re 21,16; zinč' ē laynowt'iwn ew erkaynowt'iwn ew barjrowt'iwn ew xorowt'iwn 幅、長さ、高さ、深さがどれほどであるか Eph 3,18.

barjk', -jic' 【名】《複》足、太腿 (σκέλος Jn 19,31; βάσις Ac 3,7): zi xortakesc'en z-barjs noc'a ew barjc'in 彼らが足を折られて取り除かれるように Jn 19,31; hastatec'an barjk' nora 彼の足が強くされた Ac 3,7.

barowt'iwn, -t'ean【名】良い（善い）もの，財産（τὰ ἀγαθά）；善意 (ἀγαθωσύνη Ro 15,14; Ga 5,22)：z-k'ałc'eals lc'oyc' barowt'eamb 彼は飢える者たちを良きもので満たした Lk 1,53; ownis bazowm barowt'iwns hambareal amac' bazmac' = ἔχεις πολλὰ ἀγαθὰ κείμενα εἰς ἔτη πολλά お前は何年分もの多大な財産を持っている Lk 12,19; dowk' li ēk' barowt'eamb あなた方は善意にあふれている Ro 15,14.

barwok'; M: barwovk'【形】良い，善い，すばらしい (καλός).—【副】よく，見事に (καλῶς)：ayl-n ankaw y-erkir barwok' (M: -wovk') ほかの〔種〕は良い地に落ちた Mk 4,8; [＋不] oč' ē barwok' aṙnowl z-hac' mankanc' ew arkanel šanc' 子供たちのパンを奪って子犬たちに与えてやるのはよくない Mt 15,26; barwok' ē mez ast linel 私たちがここにいるのはすばらしいことだ Mk 9,5.—barwok' margarēac'aw i veray jez Ēsayi お前たちについてイザヤは見事に予言した Mt 15,7; barwok' ē vardapet = καλῶς, διδάσκαλε 見事です，先生 Mk 12,32.

bark', -rowc'【名】①生活（様式），生き方，振る舞い (τρόπος). ②習慣 (ἦθος)：①bark' anarcat'asērk' linic'in 生活の様は金銭に愛着するな He 13,5; ②apakanen z-bars k'ałc'owns bank' č'ark' 悪い言葉［Gk: 交わり］は良い習慣を滅ぼす 1Cor 15,33.

bac'[1]［命］→ banam

bac'[2]【形】開かれた，開いた，覆われていない：gerezman bac' (τάφος ἀνεῳγμένος) ē kokord noc'a 彼らののどは開かれた墓だ Ro 3,13; bac'aw glxov = ἀκατακαλύπτῳ τῇ κεφαλῇ 頭に覆いをかけないで 1Cor 11,5; mer amenec'own bac'aw eresōk' (= ... ἀνακεκαλυμμένῳ προσώπῳ) z-p'aṙs-n TN ibrew ənd hayeli teseal 私たちすべては，〔覆いを〕取り除かれた顔で，主の栄光を鏡に映し出すようにしながら 2Cor 3,18. → banam

bac'[3]〈i bac'＋動詞の結合で〉①aṙnem どかせる (αἴρω). ②aṙnowm (耳を) 切り落とす (ἀποκόπτω). ③gnam 去る，離れる (ἀναχωρέω Mt 9,24; ἐξέρχομαι Lk 9,8). ④ənkenowm 投げ捨てる (ἔξω βάλλω). ⑤linim 離れる (ἀ'σταμαι)；退く (μεθίστημι Lk 16,4). ⑥xlem 引き抜く (ἐκριζόω). ⑦kam 離れる，離れ去る (ἀποχωρέω Mt 7,23; ἀφίσταμαι Lk 4,13). ⑧pahanǰem 取り上げる (ἀπαιτέω). ⑨hanem (耳を) 切り落とす (ἀφαιρέω Mt 26,51)；（目を）抉り取る (ἐκβάλλω Mk 9,47) ⑩ t'awalec'owc'anem 転がしてのける (ἀποκυλίω). ⑪ k'ałem 抜き集める (συλλέγω)：①i bac' ararēk' z-vēm-d その石をどかせよ Jn 11,39; ②i bac' aṙ z-ownkn nora z-aǰoy 彼は彼の右耳を切り落としたJn 18,10; ③i bac' gna y-inēn 私から離れよ Lk 5,8; ④z-xotan-n i bac' ənkec'in 彼らは駄目なものを外へ投げ捨てた Mt 13,48; ⑤yoržam i bac'

bac'agoyn

linic'im i tntesowt'enē-s, ənkalc'in z-is i towns iwreanc' 俺が管理職から退けられた時、人々は俺を彼らの家に迎えてくれるだろう Lk 16,4; ⑥ z-c'orean-n ənd nmin i bac' xlic'ēk' それと一緒に麦も引き抜いてしまうだろう Mt 13,29; ⑦i bac' kac'ēk' y-inēn 私から離れ去れ Mt 7,23; katareal z-amenayn p'orjowt'iwn-n Satanayi, i bac' ekac' i nmanē aṙ žamanak mi 悪魔はあらゆる試みを仕掛け果てた後に一時的に彼から離れた Lk 4,13; ⑧z-ogi-d i k'ēn i bac' pahanǰic'en お前の魂はお前から取り上げられる Lk 12,20; ⑨i bac' ehan z-ownkn nora 彼は彼の片耳を切り落とした Mt 26,51; ⑩i bac' t'awalec'oyc' z-vēm-n i drac' anti 彼は入り口から石を転がしてのけた Mt 28,2; ⑪kamis? zi ert'ic'owk' k'ałesc'owk' z-ayn i bac' 私たちが行って、それを抜き集めることを望むか Mt 13,28.

bac'agoyn【副】遠くから（[ἀπὸ] μακρόθεν）: Petros zhet nora ert'ayr bac'agoyn ペトロは遠くから彼の後について行った Mt 26,58. → -agoyn, heṙastan

bac'ayaytem, -ec'i【動】明らかにする、明示する（Nor Baṙgirk' Haykazean Lezowi: ἐκφανίζω, δηλόω）: grēr matamb-n i veray erkri bac'ayaytel z-mełs noc'a 彼は地面に指で書いて、彼らの罪を明示した Jn 8,8. → yayt-

bac'ayc'; bac'an; bac'aw → banam

bac'awt'eag [M: -t'eak], -t'egi, -gac'【形】野宿している（ἀγραυλέω）: hoviwk' ein i tełwoǰ-n y-aynmik bac'awt'eagk' 羊飼いたちがその地方で野宿をしていた Lk 2,8. → aganim², awt'

bac'eal → banam

bac'eay ⟨i bac'eay の形で⟩【副】遠く、はるかに: sirt nora heṙac'eal i bac'eay en en y-inēn = πόρρω ἀπέχει ἀπ' ἐμοῦ その心は私からはるかに隔たっている Mk 7,6. → bac', bac'owst, mekowsi

bac'i; bac'ir → banam

bac'i ⟨i bac'i でのみ⟩【副】野に（ἐν ἀγρῷ）: z-xot-n or aysawr i bac'i ē ew vałiw i hnoc' arkaneli 今日は野にあっても明日は炉に投げ込まれる草を Lk 12,28 [対応箇所 Mt 6,30: i vayri, → vayr]

bac'owst ⟨i bac'owst でのみ⟩ 遠くから（ἀπὸ μακρόθεν）: etes t'zeni mi i bac'owst terewalic' 彼はいちじくの木に葉が茂っているのを見た Mk 10,13. → bac'³, bac'eay, bac'agoyn

bac'c'i [受・3・単・接・アオ] → banam

bawakan; M: +bovakan [, -i, -ac']【形】①十分な、足りている；[+ 不 /et'e] …するに値する（ἱκανός Lk 7,6; 22,38; 2Cor 2,16; αὐτάρκης Php

4,11; πλουτέω Ro 10,12), 満足した (ἀρκέομαι He 13,5)；bawakan aṙ nem 十分にふさわしい者とする (ἱκανόω 2Cor 3,6). ②bawakan ē ［＋与/不］…に十分だ (ἀρκέω Mt 25,9; ἀρκετός 1Pe 4,3; ἔχω Eph 4,28). ③bawakan em できる, 把握する (χωρέω Mt 19,11). ④bawakan linel ［＋与］…を援助する (ἐπαρκέω 1Tm 5,10.16)：①čʻ-em bawakan etʻe ǝnd yarkaw imov mtanicʻes 私は自分の屋根の下にあなたを迎えるに値する者ではない Lk 7,6; aṙ ays oʻ bawakan icʻē これらのことに十分〔ふさわしい〕者が誰かいるだろうか 2Cor 2,16; es owsay orovkʻ karem bawakan linel 私はどんな状態にあっても自ら足ることを学んだ Php 4,11; bawakan y-amenesin oykʻ kardan aṙ na = πλουτῶν εἰς πάντας τοὺς ἐπικαλουμένους αὐτόν 〔主は〕彼に呼びかけるすべての者を豊かにする Ro 10,12; bawakan hamarel orčʻapʻ inčʻ i jeṙs icʻē 現に手の中にあるだけのもので満足すること He 13,5; or ew bawakans arar z-mez paštōneays norocʻ ktakaranacʻ-s 〔神は〕私たちを新しい契約の奉仕者として十分にふさわしい者としてくれた 2Cor 3,6; ②gowcʻē očʻ icʻē mez ew jez bawakan 私たちとあなたたちにとってそれは十分ではないだろう Mt 25,9; čʻ-ē bawakan (= ἐπιλείψει) žamanak-s patmeloy vasn Gedeovni ギデオンについて説明する時間が足りない He 11,32; vastakescʻē gorcel jeṙōkʻ iwrovkʻ z-baris, zi bawakan icʻē tal owm pitoy icʻē 欠乏する者に十分に分け与えられるように, 苦労して自分の手で糧を稼ぐべきである Eph 4,28; ③očʻ amenekʻin bawakan (M: bovakan) en aydm bani, ayl orocʻ towealē 以下の言葉はすべての者が把握するものではなく, 授けられた者だけが把握するのだ Mt 19,11; ④etʻē nełelocʻ bawakan lieal icʻē もしも彼女が苦境にある人々を援助したならば 1Tm 5,10; etʻē okʻ hawatacʻeal ayris ownicʻi, bawakan licʻi nocʻa もしもだれか女性信徒に寡婦たちがいるならば, 彼女が彼女たちを援助すべきだ 1Tm 5,16.

bawakanowtʻiwn, -tʻean 【名】十分さ, 充足, 満足 (ἱκανότης 2Cor 3,5; αὐτάρκεια 2Cor 9,8; 1Tm 6,6)：bawakanowtʻiwn-n mer y-AY ē 私たちの十分〔な力〕は神からのものだ 2Cor 3,5; šahavačaṙ mec ACpaštowtʻiwn-n ē bawakanowtʻeamb handerj 自己充足を伴った神への奉仕は大きな〔精神的糧の〕獲得手段だ 1Tm 6,6; y-amenayni y-amenayn žam z-amenayn bawakanowtʻiwn ǝnkaleal すべてにおいてすべての時にすべての満足を受けながら 2Cor 9,8.

bdeašx/bdešx, -i, -acʻ 【名】執政官；pʻoxanak bdešxi = ἀνθύπατος 地方（州）総督：or ēr ǝnd pʻoxanaki bdešxi-n Sergeay Pawłosi aṙn imastnoy 彼は地方総督のセルギウス・パウロスという賢明な人物と共にいた

Ac 13,7. → pʻoxanak

bekanem, beki, 3・単 ebek【動】裂く，割る，砕く (κλάω Mt 14,19; κατακλάω Lk 9,16; συντρίβω Mk 14,3; κλάσις Lk 24,35): ebek ew et cʻ-ašakertsʻn z-nkanaksʻn 彼は〔パンを〕裂いて弟子たちにパンを渡した Mt 14,19; bekeal z-šišʻn ehel i veray glxoy nora 彼女は壷を砕き，彼の頭に〔香油を〕注いだ Mk 14,3; patmein ... tʻe ziard et canawtʻs nocʻa i bekanel hacʻiʻn 彼らは，パン裂きにおいてどのように彼らに彼がわかったかを物語った Lk 24,35.

bekowmn【名】破壊 (σύντριμμα): bekowmn ew tʻšowaṙowtʻiwn i čanaparhs nocʻa 彼らの道々には破壊と悲惨とがある Ro 3,16.

behez, -oy, -ocʻ【名】亜麻布 (βύσσος Lk 16,19; βύσσινον Re 18,12): aganēr behezs ew ciranis 彼は〔きめの細かい〕亜麻布や紫の衣を着ていた Lk 16,19; margartoy ew behezoy ew ciranwoy 真珠と麻布と紫布 Re 18,12.

bem, -i, -acʻ【名】裁判の席 (βῆμα): nstaw i veray bemiʻn i telwoǰʻn or kočēr Kʻarayatak 彼は「石を敷き詰めた所」と呼ばれる場所で裁判の執務席に座った Jn 19,13.

beṙn, -ṙin, -ṙinkʻ, -ṙancʻ【名】荷，積荷 (φορτίον Mt 23,4; Ac 27,10; γόμος Ac 21,3); beṙn linim〔+与〕…の重荷になる，…に重荷を負わせる (καταναρκέω 2Cor 12,14 [→ janjracʻowcʻanem): kapen beṙins canowns ew džowarakirs 彼らは重く担いきれない荷を束ねる Mt 23,4; tʻšnamanōkʻ ew bazowm vnasow očʻ miayn beṙinʻd ew nawiʻd ayl ew anjancʻ merocʻ linelocʻ ē nawarkowtʻiwnʻs この航海は，積荷や船体だけではなく，私たちの命にも危険と多大な損害をもたらすことになろう Ac 27,10; kʻanzi and ēr nawʻn tʻapʻelocʻ z-beṙinsʻn 船はそこで積荷を降ろすことになっていたから Ac 21,3; jez beṙn inčʻ očʻ elēcʻ 私はあなた方に重荷を負わせるつもりはない 2Cor 12,14. → canrowtʻiwn

beṙnawor, -i, -acʻ【形】重荷を負った (πεφορτισμένος): ekaykʻ aṙ is amenayn vastakealkʻ ew beṙnaworkʻ 私のもとに来い，労し，重荷を負ったすべての者たち Mt 11,28.

ber[1]〔命〕→ berem

ber[2], -oy, -ocʻ【名】産物，作物 (γένημα): očʻ ews arbicʻ y-aysm hetē i beroy ortʻoy 私は今から後，もはや葡萄の木からできたものを飲むことはない Mt 26,29.

beran, -oy, -ocʻ [M: -awkʻ]【名】①口 (στόμα); beran i beran = στόμα πρὸς στόμα 口頭で 2Jn 12. ②（剣の）刃 [→ sowr]: ①hramayeacʻ spasaworacʻʻn harkanel z-beran nora 彼はかたわらにいる者たちに彼の

口を打てと命じた Ac 23,2; katareal groy-n z-or yaŕaĵagoyn asacʻ hogi-n sowrb i beranoy Dawtʻi 聖霊がダビデの口を通して預言した聖書の箇所が成就する Ac 1,16; i beranoy kʻowmmē datecʻaycʻ z-kʻez お前の口答えどおりにお前を裁いてやる Lk 19,22; ōgneacʻ erkir knoĵ-n ew ebacʻ erkir z-beran iwr ew ekowl z-ĵowr-n z-or ehez višap-n i beranoy iwrmē 大地が女を助けようとその口を開き、竜がその口から吐き出した水を飲み干した Re 12,16; ②aprecʻan i beranoy sroy 彼らは剣の刃を逃れた He 11,34.

berem, beri, 3・単 eber, 命 ber 【動】担う、もって来る、連れて来る、もち込む；もたらす (φέρω Mk 4,8; Lk 23,26; Ac 4,34; ἐκφέρω He 6,8; περιφέρω Mk 6,55; συμφέρω Ac 19,19; κομίζω Lk 7,37; ἄγω Lk 4,40; εἰσάγω Ac 7,45): edin i veray nora z-xačʻ-n berel zkni YI 彼らは彼に十字架を負わせ、イエスの後から担って来るようにさせた Lk 23,26; berēin z-gins vačaŕelocʻ-n 彼らは売れたものの代金をもって来た Ac 4,34; sksan mahčawkʻ berel z-hiwands owr lsein tʻe and icʻē 人々、彼がいると聞けばどこでも、病人たちを担架に乗せて運び始めた Mk 6,55; berēin z-girs-n ayrēin aŕaĵi amenecʻown 彼らは文書をもって来て皆の前で焼き捨てた Ac 19,19; bereal šiš mi iwłoy aznowi 香油の入った壺を1つもって来て Lk 7,37; amenekʻean orocʻ ein hiwandkʻ i pēspēs cʻaws berein z-nosa aŕ na さまざまな病を患っている者たちを抱えている人々がすべて、彼らを彼のもとに連れて来始めた Lk 4,40; z-or ew ənkaleal berēin harkʻ-n mer handerj Yesoaw われらの父祖は〔幕屋を〕受け継ぎ、ヨシュアに導かれてもち込んだ Ac 7,45; berēr ənd mioy eresown ew ənd mioy vatʻsown ew ənd mioy hariwr あるものは30倍、またあるものは60倍、またあるものは100倍（もの実）をもたらし続けた Mk 4,8.

berkrem, -ecʻi 【動】①恵みを授ける、恵む (χαριτόω). ② -rim 恵まれる、うまくいく (εὐθυμέω [→ kʻaĵalerim]): ①owrax ler, berkreal-d (M: berkreal; E.mg: ołĵoyn), TR ənd kʻez こんにちは、恵まれた人、主があなたと共に Lk 1,28; ②berkricʻi okʻ, sałmos asascʻē うまくいっている人がいれば、賛美せよ Jas 5,13. → zowarčacʻowcʻanem

beroy → ber²

beweŕ, -i, -acʻ 【名】釘 (ἧλος): etʻe očʻ tesicʻ i jeŕs nora z-nšan beweŕ-acʻ-n 私が彼の両手に釘の跡を見ないかぎり Jn 20,25.

beweŕem, -ecʻi 【動】釘を打つ、釘で固定する (προσηλόω Col 2,14; προσπήγνυμι Ac 2,23): beweŕeacʻ ənd xačʻapʻayti-n 彼は十字架に釘づけした Col 2,14; z-na ... i jeŕacʻ anōrinacʻ beweŕeal i pʻayti spanēkʻ あなたたちは不法の者どもの手で彼を十字架に釘づけにして殺した Ac 2,23.

bewr, biwrow/-roy, -owcʻ/-ocʻ【数】1万 (μύριοι Mt 18,24; μυριάς AC 19,19)：partapan mi bewr kʻankʻaroy (E. mg: bazowm tałantocʻ) 1万タラントンの借金のある者 Mt 18,24; arcatʻoy bewrs hing 銀貨5万枚 Ac 19,19; bewr dastiaraks 1万人の養育係 1Cor 4,15; hamarkʻ hecelocʻ zōracʻ nocʻa bewrkʻ biwrowcʻ ew hazarkʻ hazaracʻ 彼らの騎兵大隊は万を万倍そして千を千倍（何億何百万）［= ... δισμυριάδες μυριάδων 万を2万倍］した数である Re 9,16.　→ biwrawor

bžišk, -zški, -kacʻ【名】医者 (ἰατρός)：bžišk, bžškea z-anjn kʻo 医者よ，自分自身を癒せ Lk 4,23; očʻ pitoy ē bžišk karołacʻ ayl hiwandacʻ 丈夫な者に医者はいらない，いるのは病んでいる者だ Mt 9,12.

bžškem, -ecʻi【動】治す，癒す (ἰάομαι Lk 6,18; θεραπεύω Mt 10,1; καλῶς ἔχω Mk 16,18)：ekin lsel i nmanē ew bžškel i hiwandowtʻenē iwreancʻ 彼らは彼から話を聞こうとして，彼らの病から治してもらおうとして来た Lk 6,18; et nocʻa išxanowtʻiwn ... bžškel z-amenayn cʻaws 彼は彼らにすべての病を癒す権能を与えた Mt 10,1; i veray hiwandacʻ jeřn dicʻen ew bžškescʻen 病んだ者たちに手を置けば彼らは元気になるだろう Mk 16,18.

bžškowtʻiwn, -tʻean【名】癒し (ἴασις Lk 13,32; Ac 4,22; ἴαμα 1Cor 12,9; θεραπεία Lk 9,11)：hanem dews ew bžškowtʻiwns katarem aysawr ew vałiw 私は今日も明日も悪霊どもを追い出し，癒しを行い続ける Lk 13,32; amacʻ ēr ayr-n aweli kʻan z-kʻařasown y-oroy veray ełew nšan-s ays bžškowtʻean この癒しの奇蹟が行われた人は40歳を越していた Ac 4,22; aylowm šnorhs bžškowtʻeancʻ novin hogwov 他の者には同じ霊によって癒しの賜物が〔与えられている〕1Cor 12,9; orocʻ pētkʻ ein bžškowtʻean bžškēr 彼は癒しを必要としていた者たちを治した Lk 9,11.

bir, bri, bracʻ [M: + brovkʻ]【名】棒 (ξύλον)：ambox srovkʻ/sowserawkʻ ew brawkʻ (M: brovkʻ) 群衆が剣と棒を持って〔やって来た〕Mt 26,47/Mk 14,43.

biwrawor, -i, -acʻ【形】無数の (μυριάς)：i kowtel biwraworacʻ žołovrdean-n 無数の群衆が集まって来た時 Lk 12,1; matowcʻeal ēkʻ ... i biwrawor banaks hreštakacʻ あなた方は御使いの大群にやって来た He 12,22.　→ bewr

biwreł/bewreł【名】緑柱石 (βήρυλλος) Re 21,20.

blowr, blroy, -ocʻ【名】丘 (βουνός)：asel lerancʻ tʻe ankarowkʻ i veray mer ew blrocʻ tʻe cackecʻēkʻ z-mez 山々に向かっては「われらの上に崩れ落ちよ」，丘に向かっては「われらを覆い隠せ」と言う Lk 23,30.

bckan, -nac‘【名】しみ，汚点（σπίλος）2Pe 2,13.
bɫxem, -ec’i【動】［他］押し出す，湧き出させる，もち出す（προφέρω Lk 6,45; βρύω Jas 3,11）；開陳する（ἐρεύγομαι Mt 13,35）；［自］流れ出る，ほとばしる（ῥέω Lk 7,38; ἅλλομαι Jn 4,14）: mard bari i bari ganjowc‘ srti iwroy bɫxē z-bari 善い人は心の善い倉庫から善いものを持ち出す Lk 6,45; bɫxec‘ic‘ z-cackeals-n i skzbanē ašxarhi 私は世の開闢のとき以来隠されていたことどもを開陳しよう Mt 13,35; getk‘ y-orovaynē nora bɫxesc‘en ǰroc‘ kendanowt‘ean 彼の内部から活ける水の川が流れ出ることになる Lk 7,38; aɫbewr ǰroc‘ bɫxeloy i keans-n yawitenakans 永遠の命にほとばしり出る水の泉 Jn 4,14.
bɫxowmn, -xman【名】噴出，流出（ῥύσις）: ekac‘ bɫxowmn arean nora 彼女の血の流出が止まった Lk 8,44. → teṙates
bnacin【形】生まれつきの，自然の；əst bnacin 本性上 2Pe 2,12.
bnakan【形】 自然な（φυσικός）: ēgk‘ noc‘a p‘oxanakec‘in z-pēts bnakans i pēts anbnakans 彼らのうちの女性たちは自然な交わりを不自然な交わりに変えた Ro 1,26. → anbnakan
bnakem, -ec’i; bnakim, -kec’ay【動】①住む，居住する，暮らす；宿る（οἰκέω 1Cor 7,12; κατοικέω Ac 1,20; ἐγκατοικέω 2Pe 2,8; ἐνοικέω ［D］Lk 13,4; Col 3,16; συνοικέω 1Pe 3,7; κατασκηνόω Ac 2,26; κάθημαι Lk 21,35; ἐπισκηνόω 2Cor 12,9; κατοικίζω Jas 4,5); 留まる（μένω Jh 5,38; 1Jn 2,10); šowrǰ bnakem まわりに住む（περιοικέω Lk 1,65); いる（εἰμί Jn 14,16). ②幕屋を張る，幕屋に住む（σκηνόω Jn 1,14; Re 21,3). ③巣を作る（κατασκηνόω Mk 4,32; Lk 13,19): ①et‘ē ... nma hačoy ic‘ē bnakil ənd nma 彼女が彼と一緒に住むことを喜んでいるのなら 1Cor 7,12; mi ok‘ ic‘ē or bnakic‘ē i nma そこに住む者はいなくなれ Ac 1,20; ardar-n bnakeal i mēǰ noc‘a その義人は彼らの間に住んでいて 2Pe 2,8; zi ban-n K‘Si bnakesc‘ē i jez aṙatapēs キリストの言葉があなた方のうちに豊かに宿るようにせよ Col 3,16; noynpēs ark‘ imastowt‘eamb bnakesc‘en ənd nosa 夫たちも同様に理解をもって彼女（妻）と共に暮らせ 1Pe 3,7; ews ew marmin im bnakesc‘ē yowsov さらに私の肉体もまた希望に安らうだろう Ac 2,26; hasanic‘ē i veray amenec‘own or bnakeal en ənd amenayn eress erkri それは地の表全体に住むすべての者に襲来する Lk 21,35; zi bnakesc‘ē y-is zōrowt‘iwn-n K‘Si キリストの力が私に宿るために 2Cor 12,9; aṙ naxanj inč‘ orowm p‘ap‘ak‘ē hogi-n or bnakeac‘ i mez 嫉妬するほどに，私たちのうちに住んだ［Gk: 住まわせた］霊が［神には］恋しい Jas 4,5; oč‘ z-ban nora ownik’ i jez bnakeal 彼の言葉をあなた方は自分のうちに留まるものとして持ってはいない Jn

5,38; or sirē z-ełbayr iwr, i loys bnakē 自分の兄弟を愛する者は光の中に留まっている 1Jn 2,10; or šowrǰ bnakeal-n ein z-nok'awk' 彼らのまわりに住んでいた者たち Lk 1,65; ②ban-n marmin ełew ew bnakeac' i mez 言葉は肉となって，われわれの間に幕屋を張った Jn 1,14; xoran-n AY i mēǰ mardkan, ew bnakesc'ē ənd nosa 神の幕屋が人の間に〔立てられ〕，神が人と共に住む Re 21,3; ③t'ṙč'ownk' erknic' bnakeal ein y-osts nora 天の鳥たちがその枝の中に巣を作った Lk 13,19.

bnakič', -kč'i, -č'ac' 【名】住む者，住民：or erdowaw i tačar-n, erdnow i na ew i bnakič'-n nora = ... ἐν τῷ κατοικοῦντι αὐτόν 神殿にかけて誓った者は，それにかけて，そしてそこに住む者にかけて誓うのだ Mt 23,21; amenayn bnakč'ac' EMi yayt ē それはエルサレムの全住民に知れ渡っている Ac 4,16.

bnakowt'iwn, -t'ean 【名】①屋敷，住居，住みか (ἔπαυλις Ac 1,20; οἰκητήριον Jd 6; κατοικία Ac 17,26; κατοίκησις Mk 5,3; κατοικητήριον Re 18,2). ②所領 (κατάσχεσις)：①ełic'i bnakowt'iwn nora awerak 彼の屋敷は荒れ果てよ Ac 1,20; z-hreštaks or ... t'ołin z-iwreanc' bnakowt'iwn-n 自らの住まいを棄て去った使いたち Jd 6; sahmanagrowt'iwns bnakowt'ean noc'a 彼らの居住地の境界 Ac 17,26; oro ew bnakowt'iwn (M: -n) iwr isk i gerezmans ēr 彼の住みかは墓場の中にあった Mk 5,3; ankaw Babelon mec-n, or ełeal ēr bnakowt'iwn diwac' 倒れた，大いなるバビロンが，そこは悪霊たちの住処 Re 18,2; ②tal nma z-sa i bnakowt'iwn 彼にこれを所領として与える Ac 7,5.

bnaw, -ic' 【副】①《否定辞と共に》bnaw oč'/č'- 全然（いまだかつて）…ない；②《否定辞を伴わずに》一体全体，そもそも (ὅλως 1Cor 5,1); bnaw isk 全体に，完全に；ənd bnaw どこでも，いたるところ，すっかり，全く：①ed i kṙacoy gerezmani owr č'-ēr z-ok' bnaw edeal 岩に穿った，かつて誰も横たえられたことのない墓に〔イエスを〕納めた Lk 23,53; ziard? z-girs gitē sa zi owseal bnaw č'ik' この男は〔誰にも〕師事したことがないのに，どうして文字が分かるか Jn 7,15; oč' bnaw xorhel isk t'e ... …ということをあなた方は全く考えようともしない Jn 11,50; ②dew goy i nma ew molegni. zi? bnaw lsēk' nma 彼は悪魔に憑かれて気が狂っている．どうしてお前たちはそもそも彼の言うことに耳を貸したりするのか Jn 10,20. → bown「根，幹」，bnaw「まったく，すっかり」(cf. ドイツ mit Stumpf und Stiel「根こそぎに」)

bnion; M: bniovn, -i, -ic' 【名】レプトン (λεπτόν)：oč' elanic'es anti, minč'ew hatowc'anic'es z-yetin bnion-n (M: biniovn-n) あなたは最後の1レプトンを払い切るまでは，そこから出て来ることはないだろう Lk

bnowtʻiwn, -tʻean【名】①《単》自然，本性 (φύσις 2Pe 1,4);《複》自然界の諸要素 (στοιχεῖα 2Pe 3,10); bnowtʻeamb 本性によって (φυσικῶς Jd 10). ②種，種類 (φύσις Jas 3,7): ①zi nokʻimbkʻ ACełēn bnowtʻean-n hawatocʻ-n linicʻimkʻ hałordakicʻkʻ これらにより私たちが信仰の神的な本性に参与するために 2Pe 1,4; bnowtʻiwnkʻ hrov kizeal lowccʻin 自然界の諸要素は火に焼かれて溶かされるだろう 2Pe 3,10; z-ayls-n ews z-or bnowtʻeamb ibrew z-anxōs anasown giten, i nosin apakanescʻin 彼らは，理性のない畜生のように本性によって熟知していることにより，身を滅ぼすだろう Jd 10; ②amenayn bnowtʻiwn gazanacʻ, ew tʻr̄čʻnocʻ, ew sołnoc, ew or i covow en, hnazandeal ē ew hnazandi mardkełēn bnowtʻean あらゆる種類の獣と鳥類，這うものと海の生き物は，人間という種に飼い馴らされてきたし，また飼い馴らされようとしている Jas 3,7.

bolorem, -ecʻi【動】編む (πλέκω): boloreal psak i pʻšocʻ edin i glowx nora 茨で冠を編んで彼らは彼の頭上に置いた Mt 27,29 (cf. Jn 19,2 πλέξαντες = arareal, → ar̄nem).

bolorovin【副】完全に，まったく [bolor, -oy「すべての，全くの」]: lowsin-n bolorovin ełew ariwn 月は完全に血となった Re 6,12 (= ἡ σελήνη ὅλη ἐγένετο ὡς αἷμα 月は全体が血のようになった). → iwrovin

bołokʻ, -oy【名】叫び声 (βοή) Jas 5,4.

bołokʻem, -ecʻi【動】[i+対] 訴える，上訴する (ἐπικαλέομαι): arjakel mart ēr z-ayr-s z-ays etʻē očʻ ēr bołokʻeal i kaysr もしカエサルに上訴していなかったら，この男は釈放されることができたろうに Ac 26,32.

boyn, bownoy, -ocʻ【名】（動物の）ねぐら，巣 (κατασκήνωσις): ałowesowcʻ orjkʻ gon ew tʻr̄čʻnocʻ ernicʻ boynkʻ 狐には穴があり，空の鳥には巣がある Mt 8,20. → bn-akem (Mk 4,32; Lk 13,19), dadar

bovakan [M] → bawakan

bovandak, -kacʻ【形】完全 [十分] な，欠点 [不足] のない (ὁλόκληρος 1Th 5,23; πλήρης 2Jn 8); kam bovandak 存立する，存続する (συνίστημι Col 1,17).【副】完全に，全面的に，まるまる (τελείως 1Pe 1,13; ὅλος Ac 28,30): zi ar̄nowcʻowkʻ bovandak z-varjs あなた方が溢れるばかりの報酬が受けられるように 2Jn 8; amenayn inčʻ novaw ekacʻ bovandak 万物は彼によって存立した Col 1,17. —bovandak spasecʻēkʻ haselocʻ jez šnorhacʻ-n あなた方にもたらされる恵みにすべての希望を置け 1Pe 1,13; ełew z-erkeam mi bovandak iwrov varjow 彼は自分の賃借料でまる 2 年間留まった Ac 28,30 [= ἐνέμεινεν δὲ διετίαν ὅλην ἐν ἰδίῳ μισθώματι 自費で借りた家にまる2年間住んだ].

bovandakem, -ec'i 【動】ひとつに結合する；要約する (ἀνακεφαλαιόω): bovandakel z-amenayn K'Siw 万物をキリストによってひとつにまとめる Eph 1,10; et'ē ayl inč' patowiran ē, y-ayn ban bovandakin, et'ē siresc'es z-ənker k'o ibrew z-anjn k'o 他にどんな誡めがあっても，あなたの隣人をあなた自身として愛するであろう，というこの言葉に要約される Ro 13,9.

borbok'em; M: borbovk'em, -ec'i 【動】[他] 火をつける，燃え立たせる；[自] 燃える，燃え上がる (ἀνάπτω Lk 12,49; καίομαι Re 4,5; 8,10, ἐκκαίομαι Ro 1,27; φλογίζω Jas 3,6): howr eki arkanel y-erkir, ew zinč? kamim t'e ardēn isk borbok'ēr (M: borbovk'ēr) 私は地上に火を投じるために来た．そしてそれがすでに燃やされていてくれたらと，どれほど願うことか Lk 12,49; ankaw y-erknic' astł mi mec borbok'eal ibrew z-lambar 松明のように燃え盛る巨大な星が天から落ちた Re 8,10; borbok'ec'an c'ankowt'eambk' iwreanc' i mimeans 彼らは互いに対する渇望を燃やした Ro 1,27.

borot; M: + borovt, -i, -ac'/-ic' 【形】らい病の；【名】らい病患者 (λεπρός): z-borots srbec'ēk' らい病人たちを清めよ Mt 10,8.

borotowt'iwn; M: + borovtowt'iwn, -t'ean 【名】らい病 (λέπρα): ayr mi li borotowt'eamb 満身らい病の男 Lk 5,12; srbec'aw i nmanē borotowt'iwn-n その人のらいは彼によって清められた Mt 8,3.

boc', -oy, -ov 【名】炎 (φλόξ): erewec'aw nma y-anapati-n lerin-n Sinay hreštak TN i boc' hroy morenwoy-n シナイ山の荒野において燃える柴の炎の中で主の使いが彼に現われた Ac 7,30; ač'k' nora orpēs boc' hroy 彼の目は燃え上がる火のようであった Re 1,14.

bown 【名】根, (木の) 幹；自然, 本性 (φύσις); i bnē 生まれながら (ἐκ φύσεως Ro 2,27), 本性上, 本来 (φύσει Ga 4,8); いにしえの昔から (ἔκπαλαι 2Pe 2,3). ―【形】生来の (κατὰ φύσιν Ro 11,24): i yawitenic' ok' oč' lowaw et'e ebac' ok' z-ač's kowri i cnē koyr cneloy (= ... τυφλοῦ γεγεννημένου) 盲目で生まれた男の両目を誰かが開いたなどということはいまだかつて誰も聞いたことがない Jn 9,32; carayēik' aynoc'ik or oč'-n ēin i bnē astowack' あなた方は本性上神ではない神々に奴隷として仕えていた Ga 4,8. ―i bown vayreni jit'enwoy anti 生来の野生のオリーブから Ro 11,24. → bnaw, anbown

bowr̄n, br̄an, br̄ownk', br̄anc' 【名】①握りこぶし；暴力, 暴力者 (βιαστής) ②bowr̄n harkanem [z-+奪] …に触れる, …を摑み取る, 助ける (ἅπτω Mk 5,27; ἐπιλαμβάνομαι Lk 14,4; 1Tm 6,12.18; He 2,16):

①brownkʻ yapʻštaken z-na 暴力的な者たちがそれ（天の王国）を奪い取っている Mt 11,12; ②bowr̄n ehar z-handerjē nora 彼女は彼の着物に触った Mk 5,27; bowr̄n hareal z-nmanē bžškeacʻ z-na 彼は彼の手を取り，彼を癒した Lk 14,4; bowr̄n har z-kenacʻ-n yawitenakanacʻ 永遠の命を掴み取れ 1Tm 6,12; kʻanzi očʻ erbēkʻ z-hreštakacʻ bowr̄n harkanē, ayl z-zawakē-n Abrahamow bowr̄n harkanē なぜなら彼はけっして御使いたちを助けるのではなく，アブラハムの子孫を助けるのだから He 2,16.
→ br̄nabarem, br̄nadatem, br̄nalir

bowsanim, bowsay【動】生え出る，芽を出す (φύω Lk 8,6.8; συμφύομαι Lk 8,7; ἐξανατέλλω Mk 4,5; βλαστάνω Mt 13,26; ἀναβαίνω Mk 4,32): ew ənd bowsanel čʻoracʻaw aī i čʻ-goyē hiwtʻoy = καὶ φυὲν ἐξηράνθη διὰ τὸ μὴ ἔχειν ἰκμάδα 生え出はしたが，水分がないために枯れてしまった Lk 8,6; bowseal arar ptowł (種は) 生え出て実を結んだ Lk 8,8; ənd nmin bowseal pʻšocʻ-n heljowcʻin z-na それと一緒に茨が生え出て，その息の根を止めた Lk 8,7; vałvałaki bowsaw〔種は〕すぐに芽を出した Mk 4,5; ibrew bowsaw xot-n 茎が出た時 Mt 13,26.

bowsowcʻanem, -owcʻi【動】（芽・葉などを）出す，（実を）結ぶ (βλαστάνω): bowsoycʻ erkir z-ptowł iwr 大地はその実を実らせた Jas 5,18.

bowrd, brdov【名】羊毛 (ἔριον): ǰrov ew brdov karmrov ew zopayiw 水と赤い羊毛そしてヒソプと共に He 9,19.

bowrowaŕ/bowrvaŕ, -i, -acʻ【名】香炉，香壇 (θυμιατήριον He 9,4), 平鉢 (φιάλη Re 5,8): bowrvaŕ-n oski ew arkł-n ktakaranacʻ 金の香壇と契約の箱 He 9,4; bowrvaŕ oski li xnkov 香に満ちた金製の平鉢 Re 5,8.

br̄em, -ecʻi【動】石灰を塗る (κονιάω): nman ēkʻ gerezmanacʻ br̄elocʻ お前たちは石灰で（白く）塗られた墓と同じだ Mt 23,27.

br̄nabarem, -ecʻi【動】無理矢理入り込む (βιάζομαι): amenayn okʻ z-na br̄nabarē (M: br̄nadatē) 誰もみなそれに暴力的に入り込んでいる Lk 16,16. → bowr̄n

br̄nadatem, -ecʻi【動】暴力を振るう；強いる，強制する，強要する (βιάζομαι Mt 11,12; παραβιάζομαι Lk 24,29; ἀναγκάζω Ac 26,11; Ga 2,3): y-awowrcʻ-n Yovhannow mkrtčʻi minčʻew y-ayžm arkʻayowtʻiwn erknicʻ br̄nadati 洗礼者ヨハネの日々から今に至るまで，天の王国は暴力を加えられている Mt 11,12; br̄nadatecʻin z-na ew asen 彼らは彼を強いて言った Lk 24,29; əst amenayn žołovrdocʻ-n bazowm angam patžeal z-nosa, br̄nadatēi hayhoyel 私はいたるところの会堂でしばしば罰をもって彼らを強要して〔イエスを〕冒瀆させようとした Ac 26,11; ayl ew oč' Titos or ənd is i het'anosac' ēr, br̄nadatec'aw t'łp'atel しかし，私と共にいたテトスは，ギリシア人であったが，割礼を受けることを強要されなかった Ga 2,3. → bowr̄n

br̄nalir【副】こぶしによって：p'arisec'ik'-n ew amenayn hreayk', et'e oč' br̄nalir lowanan z-jer̄s, hac' oč' owten = ... ἐὰν μὴ πυγμῇ νίψωνται τὰς χεῖρας ファリサイ人たちつまり全ユダヤ人は手をこぶしによって洗わなければパンを食べない Mk 7,3. → bowr̄n

br̄nowt'iwn【名】力，暴力 (βία)：oč' br̄nowt'eamb, k'anzi erknč'ēin i žołovrdenē-n 彼らは民を恐れていたから，手荒なことはしなかった Ac 5,26; vasn br̄nowt'enē amboxi-n 群衆の暴行のために Ac 21,35; ibrew Liwsias hazarapet mecaw br̄nowt'eamb i jer̄ac' meroc' ehan 千人隊長リュシアがやって来て，力ずくで（彼を）私たちの手から奪い取った Ac 24,7; yetin kołmn k'akēr i br̄nowt'enē-n 艪は激浪で壊れはじめた Ac 27,41.

br̄ownk' → bowr̄n

brac'; brawk'/brovk' → bir

brem, -ec'i【動】掘る，穿つ (σκάπτω)：šowr̄j z-dovaw brec'ic', ew arkic' ałb 私はその〔木の〕まわりを掘って，肥料をやろう Lk 13,8.

bri → bir

browt, brti, -ic'/-ac'【名】陶器師 (κεραμεύς)：oč'? ownic'i išxanowt'iwn browt-n kawoy-n i nmin zangowacoy ar̄nel anōt' z-omn i patiw ew z-omn y-anargans 粘土を用いる陶器師は，同じ塊から，1つを栄誉のために，他の1つを卑俗のために，器を造る権限を持たないだろうか Ro 9,21; gnec'in aynəw (M: aynow) z-agarak-n brti 彼らはそれで陶器師の地所を買った Mt 27,7; ibrew z-anōt' brti p'šresc'ē z-nosa 陶器師の器のように彼は彼らを粉々に打ち砕くだろう Re 2,27 [= ὡς τὰ σκεύη τὰ κεραμικὰ συντρίβεται あたかも陶器が粉々に打ち砕かれるように].

g

gagat'n, -t'an, -anc'【名】頭蓋，髑髏 (κρανίον)：elanēr i tełi-n or anowanēr Gagat'an = ... εἰς τὸν λεγόμενον κρανίου τόπον (M: ... i tełi-n anowaneal gagat'n), ew koč'ēr ebrayec'erēn Gołgot'a 彼はいわゆ

る「髑髏の場所」,ヘブライ語でゴルゴタと言われるところへと出て行った Jn 19,17.

gazan, -i, -acʻ【名】《人間に対する》獣, 動物, 生き物 (θηρίον) : ibrew tesin barbaroskʻ-n kaxeal z-gazan-n z-jeṙanē nora 外国人たちは彼の手にぶら下がっているその生き物を見て Ac 28,4; ēr ənd gazans 彼は野獣たちと共にいた Mk 1,13; amenayn bnowtʻiwn gazanacʻ ew tʻṙčʻnocʻ ew sołocʻ ew or i covow en hnazandeal ē あらゆる種類の獣や鳥, また這うものや海の生き物は〔人間によって〕制御されている Jas 3,7. → anasown, čʻorkʻotani

gazanamart, -i, -icʻ【名】野獣との戦い ; gazanamart linel 野獣と戦う (θηριομαχέω) : etʻē vasn mardoy i gazanamarti lieal ēi y-Epʻesos, zinčʻ? ōgowt ēr inj もしも私が人間のためにエフェソで野獣と戦ったのだとするならば, 私にとって何が益なのだろうか 1Cor 15,32. → mart

gal; galocʻ → gam

galarem, -ecʻi【動】①巻く, 巻き上げる (ἑλίσσω). ②取り換える (ἀλλάσσω) : ①ibrew z-verarkow galarescʻes z-nosa まとうもののように, あなたはそれらを巻き上げるだろう He 1,12; erkin ibrew z-magałatʻeay girs galarēr 天は羊皮紙の巻物のように巻き取られた Re 6,14 [= ὁ οὐρανὸς ἀπεχωρίσθη ὡς βιβλίον ἑλισσόμενον 天は小巻物が巻き取られるように消え失せた〕; ②ibrew z-handerj ew galarescʻin それらは衣のように取り換えられるだろう He 1,12.

galowst, -lstean【名】①来臨, 到来 ; そこにいること (ἔλευσις Ac 7,52; παρουσία Mt 24,3; 2Cor 7,6; Php 2,12). ②i miwsangam galstean = ἐν τῇ παλιγγενεσίᾳ 再生の時に Mt 19,28/ἐν τῷ ἐπανέρχεσθαί με 私が戻って来る時 Lk 10,35 : ①spanin z-aynosik or yaṙaǰagoyn patmecʻin vasn galstean ardaroy-n 彼らは義なる方の来臨を予告した人たちを殺した Ac 7,52; zinčʻ? nšan icʻē kʻoyoy galstean-n ew vaxčani ašxarhi-s あなたの来臨とこの世の終りの徴は何なのか Mt 24,3; mxitʻareacʻ z-mez AC i galstean-n Titosi 神はテトスの到来で私たちを慰めてくれた 2Cor 7,6; mi miayn i galstean imowm 私が〔あなた方のところに〕いる時のみでなく Php 2,12. → gam

gah¹, -ow, -owcʻ【名】王座, 座席. → gahaglowx, yaṙaǰagah, barjagah

gah², -i, -icʻ【名】断崖, 絶壁 (κρημνός) : dimeacʻ eramak-n i gahē anti i covak-n その群れは崖を下って湖へなだれ込んだ Lk 8,33. → gahavēž, dar

gahaglowx; gahaglowxkʻ【名】特等席 (πρωτοκλισία) : xndrel ... z-naxatʻoṙs i žołovowrds ew z-gahaglowxs y-ntʻris 会堂での最上席と食事

gahavēž

での特等席を求める Mk 12,39. → gah¹, glowx, yaṙaǰagah, barjəntir, barjerēc‘, naxat‘oṙ (πρωτοκαθεδρία)

gahavēž【形】突き落とされた［形：「迅速な」；副：「大急ぎで」］(Calfa)］；gahavēž aṙnem 突き落とす (κατακρημνίζω)：acin z-na minč‘ew y-artewan-n lerin-n … gahavēž aṙnel z-na 彼らは彼を突き落とすために, 山の絶壁まで彼を連れて行った Lk 4,29. → gah²; -vēž, vižem

galǰ【形】生温い (χλιαρός) Re 3,16.

gałt【副】 ひそかに, 秘密裡に (λάθρα)：Hērovdēs gałt koč‘eac‘ z-mogs-n ヘロデは占星学者たちをひそかに呼んだ Mt 2,7; vasn oroy gałt-n arar = διὸ πεποιήκει λάθρα [D+Θ] 自分がひそかに行ったために Mk 5,33. → lṙeleayn

gałtni, -nwoy, -neac‘【形】隠れた, 秘密の (κρυπτός Mt 10,26; 1Cor 14,25; ἀπόκρυφος Lk 8,17)：gałtnik‘ srti nora yaytni linin 彼の心の隠されたことがらが明らかになるだろう 1Cor 14,25; oč‘ inč‘ ē i cacowk or oč‘ yaytnesc‘i ew gałtni or oč‘ canic‘i 隠れているものでも, あらわにされずにすむものはなく, また隠れているものでも, 知られずにすむものはない Mt 10,26; oč‘ gałtni or oč‘ canic‘i ew ekec‘ē i yayt 秘められたもので, 知られず, あらわにならずにすむものはない Lk 8,17. → cacowk

gam, eki, 3・単 ekn, 命 ek, 接・アオ E: ekec‘- /M: ekesc‘-【動】①来る, 至る, 進む, (風が) 吹く (ἔρχομαι Mt 11,3; Lk 3,3; Mk 4,21; Php 1,12; ἐπέρχομαι Ac 14,19; προέρχομαι Lk 1,17; συνέρχομαι Mk 14,53; πορεύομαι Lk 10,38; ἐπιπορεύομαι Lk 8,4; ἐπιβαίνω Ac 20,18; φέρομαι He 6,1 Ac 2,2; ἐνίσταμαι 2Tm 3,1; ἥκω Mt 24,14; Jn 4,47; 8,42; παραγίνομαι Mt 3,1; He 9,11; συμπαραγίνομαι Lk 23,48; πάρειμι Lk 13,1; Ac 12,20)；gam aṙ mimeans 一緒になる, 同棲する (συνέρχομαι Mt 1,18)；i veray ［+属］ gam 襲い来る, 捕える (ἐπέρχομαι Lk 11,22; λαμβάνω 1Cor 13)；yaṙaǰ gam 進む (προκόπτω 2Tm 2,16). ②起こる (ἐπέρχομαι Ac 13,40). ③gam zkni ［+属］ (ἀκολουθέω)；gam zhet+属 (συνακολουθέω Lk 23,49) …の後について来る, …に従う. ④ekayk‘ (命・アオ) δεῦτε ここへ, 来い, さあ,《促し勧めて》ekayk‘+命・アオ/1・複・接・アオ：①dow? es or galoc‘-n es et‘e ayłowm akn kalc‘owk‘ あなたが来たるべき方なのか, それとも我々は他の者を待つべきか Mt 11,3; ekn y-amenayn kołmn Yordananow 彼はヨルダン川流域一帯に来た Lk 3,3; mi et‘e gay črag zi ənd growanaw dnic‘i kam ənd mahčawk‘ ともし火は枡や寝台の下に置かれるために持って来られるだろうか Mk 4,21; or inč‘ vasn im ēr, ews k‘an z-ews i yaṙaǰadimowt‘iwn

gam

awetarani-n ekn 私に起こったことがらはむしろ福音の前進のためになって至っている Php 1,12; ekin hasin y-Antiokʻē ew y-Ikoniē hreaykʻ アンティオキアやイコニオムからユダヤ人がやって来た Ac 14,19; ełew i gnal-n nocʻa ew inkʻn emowt i geawł mi さて彼らが進んで行くと彼はある村に入った Lk 10,38; əst kʻałakʻacʻ kʻałakʻacʻ ekelocʻ-n ař na（人々が）町という町から彼のもとへやって来たので Lk 8,4; y-ōrē y-ařaǰnmē y-ormē eki y-Asiay 私がアシア（州）に足を踏み入れた最初の日から Ac 20,18; i katarowmn ekescʻowkʻ 私たちは完成へと進もう He 6,1; ekeal ibrew sastik hołmoy 烈風吹くがごとく Ac 2,2; z-ays gitasǰir, etʻē y-awowrs yetins ekescʻen žamanakkʻ čʻarkʻ あなたは，終りの日々には重苦しい時節が到来すること，このことを知っておけ 2Tm 3,1; ew apa ekecʻē (M: ekescʻē) katarac それから終末は到来するだろう Mt 24,14; YS ekeal ē Hrēastanē i Gałiłea イエスはユダヤからガリラヤに来た Jn 4,47; es y-AY eli ew eki 私は神から出て来てここにいる Jn 8,42; KʻS ekeal kʻahanayapet handerjelocʻ-n bareacʻ キリストがもたらされようとしている善きものの大祭司として来た時 He 9,11; etʻe hzawragoyn kʻan z-na i veray ekeal yałtʻescʻē nma 彼よりも強い者が襲って来て彼に勝つならば Lk 11,22; pʻorjowtʻiwn i jer veray očʻ ē ekeal bacʻ i mardkanē 人間からの〔試練〕以外の試練があなた方を捕えたことはない 1Cor 10,13; ařawel yařaǰ gaycʻen y-amparštowtʻiwns 彼らはますます不敬虔さへ進むだろう 2Tm 2,16; Łazare, ari ek artakʻs = δεῦρο ἔξω ラザロ，起きて外へ出て来い Jn 11,43; ②zgoyš kacʻēkʻ, gowcʻē ekesʻē i veray jer or asacʻeal-n ē i margarēs 預言者たちの書に書いてあることがあなたたちに起こらぬように，警戒せよ Ac 13,40; ③etʻe okʻ kami gal zkni im (= ὀπίσω μου ἀκολουθεῖν), owrascʻi z-anjn iwr ew barjcʻē z-xačʻ iwr ew ekecʻē zkni im (= ἀκολουθείτω μοι) もし人が私の後ろから従って来たいと望むならば，自分自身を否み，自分の十字架を担って，私に従って来るがよい Mk 8,34; əndēr? očʻ karicʻem gal ayžm zkni kʻo = ... σοι ἀκολουθῆσαι ἄρτι なぜ今私はあなたについて行くことができないのか Jn 13,37; kayin ew amenayn canawtʻkʻ-n nora i heřastanē ew kanaykʻ or ekeal ein zhet nora i Gałiłeē tesanein z-ayn 彼の知人たちすべてと，ガリラヤから彼に従って来た女たちも，遠くに立ってこれらのことを見ていた Lk 23,49; ④ekaykʻ tesēkʻ (=δεῦτε ἴδετε) z-tełi-n owr kayr さあ，こちらに来て，彼が横たわっていた場所を見よ Mt 28,6; ekaykʻ spancʻowkʻ z-sa = δεῦτε ἀποκτείνωμεν αὐτόν さあ，こいつを殺してしまおう Mt 21,38; ekaykʻ ertʻicʻowkʻ = ἄγωμεν 行こうではないか Mk 1,38; ekaykʻ ancʻcʻowkʻ yaynkołmn = διέλθωμεν εἰς τὸ πέραν 向こう岸に渡ろうでは

gaytʻagłem 148

ないか Mk 4,35; ekaykʻ ertʻicʻowkʻ ... tescʻowkʻ = διέλθωμεν δή ... ἴδωμεν さあ，出かけて，見ようではないか Lk 2,15.

gaytʻagłem; gaytʻakłem, -ecʻi【動】① -łem/-łim 躓く (σκανδαλίζομαι). ② -łim 躓く，けつまずく (προσκόπτω Jn 11,9 [→ gtʻem]): ①gitesʻ zi Pʻarisecʻikʻ-n ibrew lowan z-ban-n gaytʻagłecʻin ファリサイ人たちがその言葉を聞いて躓いたのを知っているか Mt 15,12; i linel nełowtʻean ew halacanacʻ vasn bani-n vałvałaki gaytʻakłi 言葉ゆえに艱難や迫害が起こると彼はすぐに躓いてしまう Mt 13,21; ②etʻe okʻ gna i towənǰean, očʻ gaytʻakłi 人が昼間歩むなら，躓くことはない Jn 11,9.

gaytʻagłecʻowcʻanem; gaytʻakłecʻowcʻanem, -owcʻi【動】躓かせる (σκανδαλίζω): ayd gaytʻakłecʻowcʻanē? z-jez そのことがあなた方を躓かせるのか Jn 6,61

gaytʻagłowtʻiwn; Lk 17,1M: -akłowtʻiwn, -tʻean【名】躓き (σκάνδαλον Ro 11,9; πρόσκομμα Ro 9,32; 1Cor 8,9); ařancʻ gaytʻagłowtʻean 責められるところのない (ἀπρόσκοπος Php 1,10); ařancʻ gaytʻagłowtʻiwn dneloy [+与] …に躓きを置くことのない (ἀπρόσκοπος 1Cor 10,32): ełicʻin sełankʻ nocʻa ... i gaytʻagłowtʻiwn 彼らの食卓が躓きとなるように Ro 11,9; gtʻecʻin nokʻa ař vimi-n gaytʻagłowtʻean 彼らは躓きの石に躓いた Ro 9,32; zgoyš lerowkʻ gowcʻē išxanowtʻiwn-d jer ayd gaytʻagłowtʻiwn licʻi tkaracʻ あなた方はそのあなた方の権限が弱い者たちへの躓きにならないように注意せよ 1Cor 8,9; ařancʻ gaytʻagłowtʻiwn dneloy hrēicʻ ew hetʻanosacʻ linicʻikʻ ew ekełecʻwoy-n AY ユダヤ人たちに対しても，ギリシア人たちに対しても，神の教会に対しても，あなた方は躓きを与えることのない者になれ 1Cor 10,32.

gayin → gam

gayl; M: gayl, -oy, -ocʻ【名】狼 (λύκος): gayl-n yapʻštakē z-nosa 狼はそれらを奪う Jn 10,12; yet imoy mekneloy gaycʻen gaylkʻ yapʻštakołkʻ i jez 私が立ち去った後，狂暴な狼どもがあなたたちの間に入り込んで来る Ac 20,29. → očʻxar

gayr; **gaycʻē**; **gan** → gam

gan, -i, -icʻ【名】①-打，一撃；鞭［打ち］(πληγή Lk 12,48; He 11,36; μάστιξ Ac 22,24). ②gan harkanem 鞭打つ，殴る (μαστιγόω Jn 19,1; μαστίζω Ac 22, 25; ῥαβδίζω Ac 16,22; φραγελλόω Mk 15,15; δέρω Mk 12,3); gan əmpem [arbi] 鞭打たれる (δαρήσομαι < δέρω Lk 12,47): ①cařay or giticʻē z-kams TN iwroy ew očʻ patrasticʻē əst kamacʻ nora, <u>arbcʻē gan bazowm</u> (= δαρήσεται πολλάς). (48) ew or očʻ-n giticʻē ew aržani <u>gani</u> inčʻ gorcicʻē, <u>arbcʻē gan sksaw</u> (= ποιήσας δὲ ἄξια <u>πληγῶν</u>

δαρήσεται ὀλίγας) その僕が自分の主人の意志を知っていながらその意志に沿うように備えなければ，彼はひどく鞭打たれるだろう．(48) しかし，知らずして，打たれるにふさわしいことをする者は，少ししか鞭打たれないだろう Lk 12,47-48; kēsk'-n z-tanǰanac' ew z-ganic' z-p'orj aṙ in 他の者たちは嘲りや鞭の経験をした He 11,36; asēr ganiw harc'anel z-na 彼は彼を鞭打って取り調べるようにと言いつけた Ac 22,24; ②aṙ Piłatos z-YS ew gan ehar ピラトゥスはイエスを引き取って鞭打たせた Jn 19,1; zōraglowxk'-n pataṙec'in z-handerjs iwreanc' ew hramayec'in gan harkanel 政務官たちは彼らの着物を剥いで，鞭で打つように命じた Ac 16,22; z-YS gan hareal et i jeṙs zi i xač' elanic'ē 彼はイエスを鞭打ってから，十字架につけるために引き渡した Mk 15,15; noc'a kaleal gan harin z-na 彼らは彼を捕えて，殴った Mk 12,3. → tanǰem

ganj, -i, ganjk', -jowc' 【名】①倉庫，宝物庫，宝箱；宝，財産 (θησαυρός; γάζα Ac 8,27). ②town ganji 宝物殿 (γαζοφυλάκιον)：①bac'eal z-ganjs iwreanc' matowc'in nma patarags 彼らは宝箱を開いて彼に贈物を献上した Mt 2,11; amenayn dpir ašakerteal ark'ayowt'ean erknic' nman ē aṙn tanowteaṙn or hanē i ganjē iwrmē z-nor ew z-hin 天の王国の弟子となった律法学者はすべてその倉から新しいものと古いものを取り出す一家の主人と同じだ Mt 13,52.; ew ownic'is ganj y-erkins そうすればあなたは天に宝を持つだろう Mt 19,21; or ēr i veray amenayn ganjowc' nora 彼は彼女の全財産を管理していた Ac 8,27; ②z-ays bans xawsec'aw i tan ganji-n yoržam owsowc'anēr i tačari and 彼はこれらの言葉を，神殿で教えている間に，宝物殿の中で語った Jn 8,20.

ganjanak, -i, -ac' 【名】賽銭箱 (γαζοφυλακεῖον)：etes z-mecatowns-n or arkanein z-towrs iwreanc' i ganjanak-n 彼は金持ちたちが賽銭箱に彼らの献げ物を投げ入れているのを見た Lk 21,1.

ganjem, -ec'i 【動】宝物として貯える，蓄財する (θησαυρίζω; ἀποθησαυρίζω 1Tm 6,19)：ganjec'ēk' jez ganjs y-erkins あなたたちの宝を天に積め Mt 6,20; ganjes anjin k'owm barkowt'iwn あなたは自分に対して怒りを貯め込んでいる Ro 2,5; ganjel anjanc' himn bari i handerjeals-n 将来のために立派な基礎を自分自身のために蓄えるように 1Tm 6,19.

gaṙn, -ṙin, -ṙink', -ṙanc' 【名】子羊 (ἀρήν Lk 10,3; ἀμνός Jn 1,29; ἀρνίον Re 5,12; 13,11)：aṙak'em z-jez ibrew z-gaṙins i mēǰ gayloc' 私はあなたたちを狼どもの只中に小羊〔を遣わす〕ように遣わす Lk 10,3; ahawasik gaṙn-n AY or baṙnay z-mełs ašxarhi 見よ，世の罪を取り除く神の小羊だ Jn 1,29; ownēr ełǰewrs erkow nman gaṙin-n それは小羊の角に似た2

garełēn 150

本の角を持っていた Re 13,11; aržan ē gaṙn-d zeneal aṙnowl z-mecowtʻiwn 屠られた小羊は富を受けるにふさわしい Re 5,12. → oroǰ

garełēn, -łini, nacʻ【形】大麦の (κρίθινος)：ē ast pataneak mi or owni hing nkanak garełēn ew erkows jkowns ここに若者がいて大麦のパン 5 つと魚 2 匹を持っている Jn 6,9.

gari, -rwoy, reacʻ【名】大麦 (κριθή)：erekʻ kapič gari denari mioǰ 1 デナリオンで 3 コイニクスの大麦 Re 6,6.

garšim, -šecʻay【動】［＋奪］…を忌み嫌う，嫌悪する (βδελύσσομαι)：or garsis i meheneacʻ z-sełans kołoptes 諸々の偶像を嫌悪しているあなたが〔なぜ〕神殿を略奪するのか Ro 2,22.

gawazan, -i, -acʻ【名】杖，王笏 (ῥάβδος)：mi inčʻ barjcʻen i čanaparh baycʻ miayn gawazan 彼らは道中では 1 本の杖のほかには何も携えてはならぬ Mk 6,8; gawazan owłłowtʻean gawazan arkʻayowtʻean kʻoy 公正の杖はあなたの王国の杖 He 1,8. → cʻowp

gawaṙ, -i, -acʻ【名】①地方，付近の地，近隣 (χώρα Ac 26,20; περίχωρος Mt 14,35). ②故郷 (πατρίς Mk 6,1). ③田舎，村 (χώρα Lk 21,21; κώμη Mk 6,6)：①ənd amenayn gawaṙs-n hṙeastani ユダヤ全土にわたり Ac 26,20; aṙakʻecʻin ənd amenayn gawaṙ-n 彼らはその近隣の地のいたるところに〔人を〕遣わした Mt 14,35; ②ekn i gawaṙ iwr 彼は自分の故郷にやって来た Mk 6,1; ③or i gawaṙs-n icʻen mi mtcʻen i na 田舎にいる者はそれに入ってはいけない Lk 21,21; šrǰēr šowrǰ z-gawaṙawkʻ-n ew owsowcʻanēr 彼はまわりの村々をめぐり歩いて教え続けた Mk 6,6. → geawł, agarak

gawaṙapet, -i, -acʻ【名】管理人 (οἰκονόμος Ga 4,2; ἐπίτροπος Mt 20,8 [→ hazarapet])：asē TR aygwoy-n cʻ-gawaṙapet iwr 葡萄園の主人は彼の管理人に言う Mt 20,8. → -pet

gawitʻ, gawtʻi, -tacʻ/-ticʻ【名】庭，中庭，前庭 (αὐλή Re 11,2 Jn 10,16; προαύλιον Mk 14,68)：z-gawitʻ-n or artakʻoy tačari-n tʻoł z-na 神殿の外にある庭は捨ておけ Re 11,2; aył ews očʻxarkʻ en im or očʻ en y-aysm gawtʻē 私にはこの中庭に属さない他の羊たちもいる Jn 10,16; el y-artakʻin gawitʻ-n 彼は外の前庭に出て行った Mk 14,68.

gawsanam, -sacʻay【動】乾く；衰える，萎える (ξηρός)：and ēr ayr mi oroy jeṙn iwr gawsacʻeal ēr 片手の萎えた 1 人の男がそこにいた Mt 12,10; bazmowtʻiwn yoyž hiwandacʻ, kowracʻ, kałacʻ, gawsacʻeloc 大勢の病んでいる人々，目の見えない人々，足の不自由な人々，痩せ衰えた人々 Jn 5,3.

gawti, -twoy, -teacʻ【名】帯 (ζώνη)：ownēr ... gawti maškełēn ənd meǰ iwr 彼は腰に皮の帯を締めていた Mt 3,4; anjamb anjin gawti aceir = ἐζώννυες σεαυτόν あなたは自分で自分の帯を締めていた Jn 21,18a; aylkʻ accʻen kʻez gawti = ἄλλοι ζώσουσί σε [D] 他の人たちがあなたに帯を巻きつけるだろう Jn 21,18b. → acem

gawteworem, -ecʻi【動】帯を締める，まとう (περιζώννυμαι)：nman ordwoy mardoy, zgecʻeal patmowčan pčlnawor ew gōteworeal aṙ steambkʻ-n gōti oskelēn 人の子のような者が全身を足元まで衣に包み，金の帯を胸に締めていた Re 1,13.

geawł, gełǰē, giwłicʻ; M: geawł/gewł 【名】①地方 (χώρα Ac 8,1). ②村 (κώμη Lk 8,1). ③土地，地所 (χωρίον Ac 1,18)：①amenekʻean cʻrowecʻan i geawłs Hṙeastani ew i Samaria bacʻ y-aṙakʻelocʻ-n 使徒以外の者は皆ユダヤとサマリアの地方に散らされていった Ac 8,1. ②šrǰēr ənd kʻałakʻs ew ənd geawłs 彼は町や村を歩きまわった Lk 8,1. ③stacʻaw geawł 彼は地所を手に入れた Ac 1,18. → giwłakʻałakʻ

gehen, -i, -iw【名】ゲヘナ (γέεννα)：erknčʻiǰikʻ y-aynmanē or yet spananeloy owni išxanowtʻiwn arkanel i gehen 殺したのち，ゲヘナに投げ込む権能を持つ者を恐れよ Lk 12,5.

geł- → geawł

gełecʻik, -cʻki, -icʻ【形】美しい，見事な，良質の (ὡραῖος Mt 23,27; Ro 10,15; καλός Mt 13,45; Lk 21,5)：nman ēkʻ gerezmanacʻ bṙelocʻ or artakʻoy erewin gełecʻikkʻ お前たちは外側は美しい石灰で白く塗られた墓にそっくりだ Mt 23,27; ibrew zi gełecʻik en otkʻ awetarančʻacʻ-n xałałowtʻean, ew awetarančʻacʻ-n barowtʻean 平和を告げる者たち，そして善きことを告げる者たちの足はなんと美しいことであろう Ro 10,15; darjeal nman ē arkʻayowtʻiwn erknicʻ aṙn vačaṙakani or xndricʻē margarits gełecʻiks さらに天の王国は美しい真珠を探している 1 人の商人と同じだ Mt 13,45; y-asel omancʻ z-tačarē-n tʻe gełecʻik vimawkʻ ew aštarakawkʻ zardareal ē ある人々が，神殿について，見事な石と奉納物で飾られていると語ると Lk 21,5. → Gełecʻik Nawahangist

gełǰē → geawł

get, -oy, -ocʻ【名】川 (ποταμός)：mkrtein i nmanē i Yordanan get 彼らはヨルダン河で彼から洗礼を受けていた Mk 1,5.

getapʻn【名】川端：elakʻ artakʻoy kʻałakʻi-n aṙ getapʻn-n (= παρὰ ποταμόν) 私たちは町から外に出て川端に行った Ac 16,13. → get, apʻn

getin, -tnoy, -ocʻ【名】①地面 (γῆ). ②zgetni〔副詞的〕地面に (χαμαί)：①bazmel i veray getnoy 地面に横になる Mt 15,35 [cf. Mk 8,6 bazmel i veray erkri]；etʻowkʻ i getin ew arar kaw i tʻoy-n =

ἔπτυσεν χαμαί ... 彼は地面に唾きし，唾で泥を作った Jn 9,6; ②yets yets čʻogan ew zarkan zgetni 彼らは後ずさりして地面に倒れた Jn 18,6. → zgetnem, zarkanim

geran, -i, -icʻ【名】梁 (δοκός)：zi? ... i kʻowm akan z-geran-d očʻ tesanes なぜあなたは自分の目にある梁には気がつかないのか Mt 7,3.

gerandi, -dwoy, -eacʻ【名】鎌 (δρέπανον)：arkʻea z-gerandi-d kʻo ew hnjea, zi ekn žamanak hnjocʻ ew haseal en hownjkʻ erkri あなたの鎌を入れ，刈り入れよ。地上の穀物は実って，刈り入れの時が来たから Re 14,15; ark hreštak-n z-gerandi iwr y-erkir 天使は自分の鎌を地上に投げ入れた Re 15,19. → mangał

gerdastan; M: gerdestan, -i, -acʻ【名】奉公人 (θεραπεία)：ov icʻē hawatarim tntes ew imastown, z-or kacʻowscʻē TR iwr i veray gerdastani (M: gerdestani) iwroy, tal i žamow z-kerakowrs 主人がその奉公人たちの上に立ち，彼らに時に応じて食糧を与えるように任命する，忠実で賢い支配人とは誰か Lk 12,42.

gereacʻ → geri

gerezman, -i, -acʻ【名】墓 (μνῆμα Lk 23,53; μνημεῖον Mk 5,2)，墓地 (ταφή Mt 27,7; τάφος Mt 23,27)：ed i kracoy gerezmani 彼は岩に穿った墓に〔イエスを〕横たえた Lk 23,43; pataheacʻ nma ayr mi i gerezmanacʻ-n z-or ownēr ays piłc 1 人の穢れた霊に憑かれた男が墓場から出て来て彼に出会った Mk 5,2; gnecʻin aynəw z-agarak-n brti i gerezman awtaracʻ 彼らはそれで陶器師の地所を買い，外国からの旅人用の墓地にした Mt 27,7. → širim

gerekicʻ, -ekcʻacʻ【名】囚人仲間 (συναιχμάλωτος) Ro 16,7.

gerem, -ecʻi【動】①捕虜にする (αἰχμαλωτίζω Lk 21,24; αἰχμαλωτεύω Ro 7,23; Eph 4,8) [→ kapeal (:kapem)]. ②誘惑する，たぶらかす (αἰχμαλωτίζω 2Tm 3,6)：①ankcʻin i sowr sowseri gerescʻin y-amenayn hetʻanoss 彼らは剣の刃にかかり，あらゆる異邦人のもとへ捕虜にされて行くだろう Lk 21,24; tesanem ayl ōrēns y-andams im, zineal hakarak ōrinacʻ mtacʻ imocʻ, ew gereal z-is ōrinōkʻ-n mełacʻ or en y-andams im 私は自分の肢体のうちに他の法則を見る。〔それは〕私の理性の法則に敵対して陣営をはり，私の肢体のうちにある罪の法則をもって私を捕虜にしている〔法則である〕Ro 7,23; el i barjowns gereacʻ z-gerowtʻiwn 彼は高い所に昇って，捕虜を捕えた Eph 4,8; ②en or mtanen tanē i town ew geren z-kanays 家から家へ忍び込んでは女どもをたぶらかしている者たちがいる 2Tm 3,6.

geri, -rwoy, -reacʻ【名】囚人，捕虜 (αἰχμάλωτος)：arakʻeacʻ z-is, k'arozel gereac' z-t'ołowt'iwn 彼は囚われ人らに解放を宣べ伝えるため私を遣わされた Lk 4,18.

gercem, -ec'i; gercowm, -ci【動】髪［・頭］を剃る (ξυράω)：zi aynpēs hamarē t'ē gerceal ic'ē なぜなら彼女は自分が髪を剃られてしまっているように思うからだ 1Cor 11,5［= ἐν γάρ ἐστιν καὶ τὸ αὐτὸ τῇ ἐξυρημένῃ 彼女は髪を剃られてしまった女性と選ぶところがないからである］.

gerowt'iwn, -t'ean【名】捕虜の身，捕囚 (μετοικεσία Mt 1,12; αἰχμαλωσία Re 13,10)：yet gerowt'ean-n Babełac'woc' バビロン捕囚の後 Mt 1,12; zi en omank' ork' i gerowt'ean varesc'in 牢獄に入る人たちがいる Re 13,10.

gewł → geawł

gēš, gišoy, -oc'【名】死体，死骸(πτῶμα)：owr gēš-n ic'ē, andr žołovesc'in arcowik' 死体のあるところはどこでも，そこに禿げ鷹たちが集まるだろう Mt 24,28 (cf. 対応箇所 Lk 17,37 marmin = σῶμα).

gēs, gisoy, gēsk'【名】髪 (κόμη)：gēsk' p'oxanak zgestow toweal en nma 髪は覆いの代りに彼女に与えられている 1Cor 11,15. → gisawor

gēr, girac'【形】肥えた Re 18,14. → parart

gēt「知っている」 → angēt, xoragēt; gitown, gitem, gitowt'iwn

gt'ac, -i, -ac'【形】情け深い，憐れみ深い，優しく愛する (οἰκτίρμων Lk 6,36; εὔσπλαγχνος Eph 4,32; φιλόστοργος Ro 12,10)：ełerowk' gt'ack' orpēs ew hayr-n jer gt'ac ē あなたたちの父が情け深いように，あなたたちも情け深くなれ Lk 6,36; lerowk' ənd mimeans k'ałc'ownk', gt'ack' あなた方は互いに慈しみ合い，憐れみ深くなれ Eph 4,32; y-ełbayrsirowt'ean aṙ mimeans gt'ack' 互いに対する兄弟愛において優しく愛する者〔となれ〕Ro 12,10. → ac, gowt'

gt'am, -ac'ay, 命 gt'a【動】[i＋対/i veray＋属] 憐れむ，同情する，慈しむ；慕わしく思う；断腸の想いに駆られる (σπλαγχνίζομαι Lk 10,33; οἰκτίρω Ro 9,15; ὁμείρομαι 1Th 2,8) [→ gowt', gt'ac]：Samarac'i omn čanaparhordeal ekn ənd noyn aṙ novaw ew teseal z-na gt'ac'aw あるサマリアの旅人が彼のところにやって来て，彼を見て断腸の想いに駆られた Lk 10,33; gt'ac'ayc' y-or gt'ac'ayc'-n 私は私が慈しもうとする者を慈しむだろう Ro 9,15; noynpēs ew mek' gt'ayak' i jez, hačoy t'owēr mez tal jez oč' miayn z-awetaran-n AY, ayl ew z-anjins mer そのように私たちはあなた方を慕わしく思っていたので，神の福音だけでなく私たちの命までもあなた方に与えるのをよしとしていた 1Th 2,8.

gt'em, -ec'i【動】①躓く (προσκόπτω Ro 9,32 [→ gayt'agłem])．②罪を犯す (πταίω Jas 2,10)：①gt'ec'in nok'a aṙ vimi-n gayt'agłowt'ean 彼ら

は躓きの石に躓いた Ro 9,32; ②or ok' z-amenayn ōrēns-n pahic'ē, ew miov iwik' inč' gt'ic'ē, ełew amenayn ōrinac'-n partapan 律法全体を守っていても，1つの点で罪を犯しているなら，そのような人は皆，すべての掟について有罪となったのだ Jas 2,10.

gt'owt'iwn, -t'ean 【名】憐れみ，憐憫，断腸の想い（σπλάγχνον）：vasn gt'owt'eanc' ołormowt'ean AY meroy われらの神の恵みの断腸の想いゆえに Lk 1,78.

gžtowt'iwn, -t'ean 【名】口論，激論，不和，衝突（παροξυσμός）：ełew gžtowt'iwn i mēǰ noc'a minč'ew meknel i mimeanc' 彼らの間に衝突が起こって，互いに別れ別れになった Ac 15,39.

gin, gnoy; **gink'**, gnoc' 【名】値，代価，代金（τιμή Mt 27,6.9; Ac 5,2; 1Cor 7,23; χρῆμα Ac 4,37); gnoc' ar̄nowm 十分に活用する（ἐξαγοράζομαι Col 4,5）: gink' arean 血の代価 Mt 27,6; ar̄in z-eresown arcat'-n z-gins vačar̄eloy-n 彼らは銀貨30枚，値踏みされた者の値を受け取った Mt 27,9; xobeac' i gnoc' anti 彼は代金をごまかした Ac 5,2; gnoc' gnec'ayk' あなた方は代価を払って買い取られた 1Cor 7,23; ēr nora geawł mi, ew vačar̄eac' ew eber z-gins-n 彼には地所があったのでそれを売り，その代金を持って来た Ac 4,37; imastowt'eamb gnasǰik' ar̄ artak'ins-n, gnoc' ar̄eal z-žamanak-s 外の人々との関わりでは知恵をもって歩み，この定められた時を余すところなく活用せよ Col 4,5. → canragin, mecagin; gnem

gineharowt'iwn, -t'ean 【名】酩酊，乱酔，密儀の狂乱（οἰνοφλυγία）1Pe 4,3.

ginemol, -i, -ac' 【形】大酒飲みの [→ gini; moli「狂った」, molim「気が変になる」]: mi ginemols = μὴ οἴνῳ πολλῷ δεδουλωμένας 大酒の奴隷になるな Tt 2,3.

ginesēr 【形】酒好きの：noynpēs ew z-sarkawagowns ... mi ginesērs = μὴ οἴνῳ πολλῷ προσέχοντας 執事たちもまた同様に大酒を嗜まない人たち〔でなければならない〕1Tm 3,8. → gini, sēr

gini, -nwoy, -neac' 【名】葡萄酒（οἶνος）: mi arbenayk' ginwov 酒に酔うな Eph 5,18; oč' ok' arkanē gini nor i tiks hins 誰も新しい酒を古い革袋には入れない Mk 2,22.

gišer, -rwoy/M: + -roy, 位 -ri 【名】①夜（νύξ）↔tiw. ②【副】《硬化した位格》gišeri; i gišeri 夜に，夜間に，夜中に（νυκτός; διὰ νυκτός Ac 5,19; ἐν τῇ νυκτί Jn 11,10). ③i mēǰ gišeri 真夜中に，深夜に（μέσης νυκτός Mt 25,6; μεσονύκτιον Mk 13,35; μεσονυκτίου Lk 11,5): ①parhein z-parhpanowt'iwns gišerwoy hawtic' iwreanc' 彼らは自分ら

の羊の群を夜もすがら見張っていた Lk 2,8; gišer oč' and 夜はそこにない Re 22,5; paheal z-k'aṙasown tiw ew z-k'aṙasown gišer apa k'ałc'eaw 彼は40日と40夜，断食し，その後飢えた Mt 4,2; <u>hanēr z-gišer-n i glowx</u> y-aławt's-n AY = ἦν διανυκτερεύων ἐν τῇ προσευχῇ τοῦ θεοῦ 彼は神への祈りで夜を徹していた Lk 6,12; ②hreštak TN gišeri ebac' z-dowrs banti-n 主の御使いが夜に牢獄の戸を開いた Ac 5,19.

gišerayn【副】夜間に，夜陰に乗じて (διὰ νυκτός) Ac 17,10.

giǰowt'iwn, -t'ean【名】放縦，不道徳，みだら，好色 (ἀσέλγεια)：č'arowt'iwnk', nengowt'iwnk', giǰowt'iwn (M: -iwnk') 悪意，奸計，好色 Mk 7,22; oč' apašxareloc' i veray płcowt'ean ew poṙnkowt'ean ew giǰowt'ean z-or gorcec'in 自分たちがなした不浄と不品行と不道徳を悔い改めていない者たち 2Cor 12,21.

gisawor, -i, -ac'【形】髪の長い (κομάω)：kin et'ē gisawor ē, p'aṙk' en nma もしも女性が髪を長くすれば，それは彼女にとって栄誉である 1Cor 11,15. → gēs, -awor

gitak【形】①知っている，理解している，通じている (γνώστης Ac 26,3; ἀγνοέω 2Pe 2,12). ②gitak linim 理解する (ἐπιγινώσκω)：① manawand zi gitak isk es amenayn krōnic' ew xndroc' hrēic' とくにあなたはユダヤ人のあらゆる慣習や問題をよく知っているから Ac 26,3; oroc' č'-en-n gitak, hayhoyen 彼らは自分たちが知らないことについて冒瀆している 2Pe 2,12; ②k'anzi oč' et'ē ayl azg inč' gremk' aṙ jez, ayl z-or ənt'eṙnowc'owk'-n ew gitak linic'ik' 私たちはあなたがたが読み，理解すること以外は何も書いていない 2Cor 1,13.

gitem, gitac'i【動】①知っている，知る，わかる，理解する (γινώσκω Lk 1,34; ἐπιγινώσκω Lk 7,37; Ac 22,24; οἶδα Mt 25,13; 1Cor 1,16; γνωρίζω Php 1,22; ἐπίσταμαι Ac 15,7; σύνοιδα 1Cor 4,4; Ac 5,2; αἰσθάνομαι Lk 9,45)；yaṙaǰagoyn gitem 前から知っている (προγινώσκω Ac 26,5; → čanač'em); oč'/č'-gitem = ἀγνοέω 知らない，理解できない Mk 9,32; Ro 2,4. ②注意する，観察する，注目する；偵察する，探知する；責任をもつ (σκοπέω Ro 16,17; 2Cor 4,18; Ph 2,4; κατασκοπέω Ga 2,4; ὁράω Mt 27,24; ἐποπτεύω 1Pe 3,2; διαγινώσκω Ac 23,15). ③ [ὁράω に対して] Mt 27,4 dow gites = σὺ ὄψῃ「お前が勝手に始末せよ」, Mt 27,24 dowk' gitasǰik' (M: gitēk') = ὑμεῖς ὄψεσθε：①ziard? linic'i inj ayd, k'anzi z-ayr oč' gitem どうしてそのようなことが私に起こるだろうか，私は男の人を知らないのに Lk 1,34; art'own kac'ēk', zi oč' gitēk' z-awr-n ew oč' z-žam 目を覚ましていよ，あなたたちはその日やそのときを知らないからだ Mt 25,13; zinč' əntrec'ic', z-ayn oč' gitem どちらを自分が選

ぶことになるのか，それは私にはわからない Php 1,22; dowkʻ inkʻnin gitēkʻ zi y-awowrcʻ-n arajnocʻ i miji jerowm əntreacʻ AC あなた方自身が知っているように，はるか以前に神はあなた方の中から私を選んだ Ac 15,7; očʻinčʻ gitem z-anjin imoy 私は私自身に対して何の良心の呵責も覚えていない 1Cor 4,4; Gitelov ew knoj-n, ew eber masn inčʻ 妻も承知の上で彼は一部分だけ持って来た Ac 5,2; z-ayl okʻ očʻ gitem amenewin tʻē mkrtecʻi 私はその他の誰かに洗礼を授けた覚えなど一切ない 1Cor 1,16; ēr cackeal i nocʻanē zi mi gitascʻen 彼らがそれを理解しないようにそれは彼らに隠されていた Lk 9,45; ②gitel z-aynpisis-n or herjowacs ew gaytʻagrowtʻiwns arnicʻen artakʻoy vardapetowtʻean-n z-or dowkʻ-n owsarowkʻ あなたがたが学んだ教えに反して分裂やつまずきをもたらす者たちに注意する Ro 16,17; mi z-anjancʻ ew etʻ gitel, ayl iwrakʻančʻiwrokʻ z-ənkeri-n おのおのが自分自身のことばかりにでなく，むしろ他人のことにもそれぞれ注目する Ph 2,4; orkʻ sprdecʻin mtanel gitel z-azatowtʻiwn-n mer 彼らは私たちの自由を偵察するために入り込んだ Ga 2,4; dowkʻ gitasjikʻ お前たちが勝手に始末せよ Mt 27,24; zi ijowscʻē z-na aṙ jez, orpēs tʻē kamicʻikʻ čšmartagoyns inčʻ gitel z-nmanē あなた方は彼に関してもっと詳しく調査するという口実で，彼をあなた方のもとに連れて来るように Ac 23,15. → gēt

gitowtʻiwn, -tʻean【名】①知ること，知識，認識，思慮；悟り（γνῶσις Lk 1,77; 1Cor 8,1; ἐπίγνωσις 1Tm 2,4; 2Tm 3,7; Phm 6; Ro 1,28; ἀγνωσία 1Cor 15,34; φρόνησις Eph 1,8）．②知られていること（γνωστός）：①or z-amenayn mardik kami zi kecʻcʻen ew i gitowtʻiwn čšmartowtʻean ekescʻen〔神は〕すべての人々が生き，真理を知るようになることを望んでいる 1Tm 2,4; y-amenayn žam owsanin ew erbēkʻ i gitowtʻiwn čšmartowtʻean očʻ hasanen 彼らはつねに学んでいるが決して真理の認識に達することはない 2Tm 3,7; gitowtʻeamb amenayn barowtʻean or i jez ē i KʻS YS あなたたちの間でキリスト・イエスのためになされているすべての善き事柄を知ることによって Phm 6; orpēs zi očʻ əntrecʻin z-AC ownel i gitowtʻean 彼らは神を認識することを是としなかったので Ro 1,28; vasn zohicʻ kṙocʻ-n, gitemkʻ etʻē amenekʻin gitowtʻiwn ownimkʻ 偶像への供え物については「我々は皆認識を持っている」ということを私たちは知っている 1Cor 8,1; tal gitowtʻiwn pʻrkowtʻean žołovrdean nora 彼の民に救いの悟りを与えるため Lk 1,77; z-gitowtʻiwn AY očʻ ownim omankʻ ある者たちは神について無知だ 1Cor 15,34; ②vasn zi gitowtʻiwn-n AY yaytni ē i nosa なぜなら神について知られている事柄は彼らに明らかだ Ro 1,19.

gitown, -tnoy, -oc‘【形】学問のある，思慮分別のある，賢明な (συνετός)：cackec‘er z-ays y-imastnoc‘ ew i gitnoc‘ あなたはこれらのことを知者や賢者に隠した Mt 11,25.

gir, groy; girk‘, groc‘【名】①文字 (γράμμα Ga 6,11). ②銘，捨て札 (ἐπιγραφή Mt 22,22; Mk 15,26); gir srbowt‘ean 聖なる護符 = ψῆφος λευκή 白い小石 Re 2,17. ③巻物，書物，文書 (βιβλίον Lk 4,17; βίβλος Ac 19,19), 証書 (γράμμα Lk 16,6). ④聖書，聖句 (γραφή Lk 4,21; Ro 10,11; γραφαί Mk 12,24)：①tesēk‘ orpisi grov grec‘i ar̄ jez imov jeramb 見よ，私がいかなる字で手ずからあなたたちに書いたかを Ga 6,11; ②oyr ē patker-s ays kam gir これは誰の像か，また誰の銘か Mt 22,22; ēr gir vnasow-n nora greal, t‘e t‘agawor ē hrēic‘ 彼の罪状を記した捨て札には「ユダヤ人たちの王」と書いてあった Mk 15,26; tac‘ nma z-gir-n srbowt‘ean ew greal anown nor i gir-n, z-or oč‘ ok‘ gitē, bayc‘ miayn or ar̄now-n 私は彼に聖なる小石を与えよう．その小石にはそれを受け取る者以外は誰も知らない新しい名前が書かれている Re 2,17; ③etown nma girs z-Ēsayay margarēi, ibrew ebac‘ z-girs-n egit z-ayn teḷi y-orowm greal-n ē 預言者イザヤの書が彼に与えられた．その書を開くと彼は〔次のように〕書いてある箇所を見つけた Lk 4,17; bazowmk‘ i kaxardasarac‘-n berein z-girs-n, ayrein ar̄aǰi amenec‘own 魔術を行なっていた多くの者が〔魔術〕文書を持って来て，皆の前で Ac 19,19; ka (M: kal) z-gir k‘o ew nist grea vaḷvaḷaki yisown あなたの証書を取って座り速やかに50と書け Lk 16,6. —gir mekneloy = βιβλίον ἀποστασίου 離縁状：Movsēs hraman et gir mekneloy grel ew arjakel モーセは離縁状を書いて離縁することを命じた Mk 10,4; ④k‘anzi asē gir, amenayn or hawatasc‘ē i na mi amač‘esc‘ē なぜなら聖書も〔次のように〕言っている，すべて彼を信じる者は失望させられることはないだろう Ro 10,11; oč‘ vasn aydorik isk moloreal? ēk‘ zi oč‘ gitēk‘ z-girs ew oč‘ zawrowt‘iwn AY あなたたちは，聖書も神の力も知らないからこそ，誤っているのではないか Mk 12,24; aysawr lc‘an girk‘-s ays y-akanǰs jer この聖句は今日あなたたちの耳のうちで満たされた Lk 4,21. → grem

-gir → ašxarhagir, jer̄agir, nkaragir, nšanagir

girg【形】柔らかい，柔弱な；贅沢三昧な：girg (σπαταλῶσα) ayri-n kendanwoy-n mer̄eal ē 放縦な生活をしている寡婦は生きつつも死んでしまっている 1Tm 5,6. → p‘ap‘owk

girkk‘, grkac‘【名】①腕 (ἀγκάλη). ②尋，オルギア (ὀργυιά)：①na ar̄ ənkalaw z-na i girks iwr 彼は彼を両腕に抱きかかえた Lk 2,28; ar̄eal z-nosa i girks = ἐναγκαλισάμενος αὐτά 彼らを両腕に抱きかかえて Mk

giwłak'ałak'

10,16; ②ənkec'eal z-gownds-n gtin girks k'san 彼らが水深を測ってみると、20 オルギアあることがわかった Ac 27,28.

giwłak'ałak', -i, -ac'【名】村や町 (κωμόπολις)：ekayk' ert'ic'owk' ew y-ayl mawtawor giwłak'ałak's-n 付近のほかの村や町へも行こうではないか Mk 1,38. → geawł, k'ałak'

glxahark, -i, -ac'【名】人頭税 (ἐπικεφάλαιον [D. Θ])：hark tal 税金を払う [E.M.mg: z-glxahark] Mk 12,14. → hark, glowx

glxatem, -ec'i【動】[z-＋対] …の首を斬る，打ち首にする (ἀποκεφαλίζω)：aṙak'eac' glxateac' z-Yovhannēs i bandi 彼は人を送って、獄でヨハネの首を斬った Mt 14,10. → glowx, hatanem

glxawor, -i, -ac'【名】長官，主立った者，有力者 (πρῶτος)：ełew yet eric' awowrc' koč'el nma z-hrēic' glaxawors 3 日後、彼はユダヤ人の主立った者たちを呼び集めた Ac 28,17.

glxovin 〈i glxovin の形で〉【副】個人的に、自分自身で (αὐτός)：na verakac'ow ełew bazmac', ew inj isk i glxovin 彼女は多くの人たちの援助者となったのであり、私自身の援助者ともなった Ro 16,2.

glorim, -rec'ay【動】（足が）ねじれる，曲がる (ἐκτρέπω)：z-šawiłs owłiłs araṙēk' otic' jeroc', zi mi or kał-n ic'ē gloric'i, ayl manawand bžškesc'i 不自由な足がねじ曲がらず、むしろ癒されるよう、自分の足のためにまっすぐな径を造れ He 12,13.

glorowmn, -rman【名】倒れること，倒壊，堕落；妨げ (πτῶσις Lk 2,34; σκάνδαλον Ro 9,33)：sa kay i glorowmn ew i kangnowmn bazmac' i mēǰ IŁI この者はイスラエルの中の多くの者たちを倒れさせ起き上がらせるように定められている Lk 2,34; ahawasik dnem i Siovn k'ar gayt'agłowt'ean ew vem glorman 見よ、私はシオンに躓きの石と妨げの岩を置く Ro 9,33. ↔kangnowmn

glowx, glxoy, -oc'【名】①頭，首 (κεφαλή Mk 6,25; Ac 18,6; 1Cor 11,3); banic' glowx 冒頭、序言、序文、要点 (κεφάλαιον He 8,1). ②glowx ankean 隅の親石 (ἀκρογωνιαῖος Eph 2,20; κεφαλὴ γωνίας 1Pe 2,7). ③ （書物の）章句、箇所 (περιοχή Ac 8,32). ④目的、目標 (τέλος 1Tm 1,5). ⑤glowx amenayni = τὸ τέλος 最後に、終わりに 1Pe 3,8.：①kamim zi ayžm tac'es inj vałvałaki i veray skteł z-glowx-n Yovhannow mkrtč'i いますぐに洗礼者ヨハネの首をお盆の上にのせて私にちょうだい Mk 6,25; ariwn jer i glowxs jer お前たちの〔流した〕血はお前たちの頭に〔ふりかかれ〕Ac 18,6; aṙn amenayni glowx K'S ē, ew glowx knoǰ ayr, ew glowx K'Si AC すべての男性の頭はキリストであり、女性の頭は男性であり、キリストの頭は神である 1Cor 11,3; banic'

gnam

glowx xōsicʻ-s 私たちが述べてきたことの要点 He 8,1; z-oro es z-glowx-n hati z-Yovhannow = ὃν ἐγὼ ἀπεκεφάλισα Ἰωάννην 私がその首を切り落としたヨハネ Mk 6,16; ②šinealkʻ i veray himan arakʻelocʻ ew margareicʻ, oroy ē glowx ankean-n YS KʻS あなたたちは使徒と預言者の基礎の上に築き上げられたのであり，その隅の親石はイエス・キリストだ Eph 2,20; vēm-n z-or anargecʻin šinōlkʻ-n na ełew glowx ankean 家造りたちが棄てた石，それが隅の親石となった 1Pe 2,7; ③glowx grocʻ-n z-or əntʻer̄ noyr ēr ays 彼が読んでいた聖書の箇所は次の通りだった Ac 8,32; ④glowx patowirani-n sēr ē, i sowrb srtē, ew i mtacʻ bareacʻ, ew y-ankełcawor hawatocʻ その命令の目指すところは，純粋な心と良き内奥の意識と偽りなき信仰とに基づく愛である 1Tm 1,5.

gnam, gnacʻi, 命 gna【動】①歩く，歩む，行く，去る (ἀναχωρέω Mt 14,13; μεταβαίνω Ac 18,7; ἀπέρχομαι Mk 1,42; ἄπειμι Ac 17,10; ἔξειμι Ac 17,15; περιπατέω Ro 8,4; ἐμπεριπατέω 2Cor 6,16; πορεύομαι Lk 1,6); i bacʻ gnam 離れる (ἐξέρχομαι Lk 5,8; ἀναχωρέω Mt 9,24); 旅に出る (ἀποδημέω Lk 15,13); 出航する (ἀνάγομαι Ac 21,2); owłił gnam [i＋対] …に向かってまっしぐらに歩む (ὀρθοποδέω Ga 2,14). ②暮らす，生活する (πολιτεύομαι Ac 23,1). ③[＋具]（そのような）行動（態度）をとる，（そのように）振る舞う (χράομαι 2Cor 1,17; ἀναστρέφομαι 1Pe 1,17). ④gnam zhet/zkni [＋属] …の後を追う，…に従う (ἀκολουθέω Mk 1,18; καταδιώκω Mk 1,36). ⑤i bacʻ gnam 離れる：①ibrew lowaw YS gnacʻ anti nawow y-anapat tełi aranjinn イエスは聞いてそこから船に乗って退き荒涼とした所に自分だけで行った Mt 14,13; gnacʻeal anti emowt i town owremn, oroy anown ēr Titos Yowstos 彼はそこを去りティトス・ユストスという人の家に入った Ac 18,7; vałvałaki gnacʻ i nmanē borotowtʻiwn-n すぐに彼かららいが去った Mk 1,42; orkʻ ibrew hasin andr, i žołovowrd-n hrēicʻ gnacʻin 彼らはそこに到着するとユダヤ人の会堂に入った Ac 17,10; ar̄eal patowiēr ar̄ Šiłay ew Timotʻēos zi vałvałaki ekescʻen ar̄ na, ew gnacʻin 彼らは，すぐにも彼のところに来るようにという，シラスとテモテへの指図を受けて立ち去った Ac 17,15; bnakecʻaycʻ i nosa ew gnacʻicʻ i nosa 私は彼らのうちに住み，彼らのうちをめぐり歩くであろう 2Cor 6,16; gnayin y-amenayn patowirans ew y-irawowns TN anaratkʻ 彼らは主のすべての掟と規定の中を落ち度なく歩んでいた Lk 1,6; žołoveal z-amenayn krtseroy ordwoy-n gnacʻ y-ašxarh her̄i 年下の息子はすべてをまとめて遠い国に旅立った Lk 15,13; eleal i na gnacʻakʻ 私たちはそれ〔船〕に乗って出航した Ac 21,2; ②es amenayn owłił mtōkʻ gnacʻeal em ar̄aǰi AY

私は良心に少しのやましいところなく神の御前に生きて来た Ac 23,1; ③etʿē z-ays xorhecʿay, mi tʿē tʿetʿewowtʿeamb? inčʿ gnacʿi このことを企てたとしたら、私は軽率に振る舞ったのであろうか 2Cor 1,17; ④gnacʿ zhet nora Simovn ew or ənd nmayn ein シモンおよび彼と共にいた者たちが彼の後を追ってきた Mk 1,36; vałvałaki tʿołeal z-owr̄kans-n gnacʿin zhet nora 彼らはすぐに網を捨てて彼に従った Mk 1,18; ahawasik ašxarh amenayn zkni nora gnacʿ = ...ὀπίσω αὐτοῦ ἀπῆλθεν 見ろ、世を挙げてあの男の後について行ってしまった Jn 12,19; ⑤i bacʿ gna y-inēn = ἐξελθε ἀπ' ἐμοῦ 私から離れよ Lk 5,8; i bacʿ gnacʿēkʿ = ἀναχωρεῖτε 去れ Mt 9,24. → tarašxarh

gnacʿ; gnacʿkʿ, -icʿ, -iwkʿ【名】①振舞い、生き方、生活様式；生涯 (ἀναστροφή Ga 1,13). ②業 (ἔργον 2Pe 2,8)：①loweal isk ē jer z-im gnacʿs-n or erbemn i Hrēowtʿean and 事実、あなた方は、かつてユダヤ教のうちにあった時の私の振る舞いについて聞いている Ga 1,13; ②ōr əst ōrē z-iwr sowrb ogis-n nocʿa anōrēn gnacʿiwkʿ-n tanǰēr 彼は不法な業ゆえに日々聖なる魂を痛めていた 2Pe 2,8.

gnawł, -i, -acʿ【名】買う者 (ἀγοράζων)：hanel z-vačar̄akans-n ew z-gnawłs 売り買いする者たちを追い出す Mk 11,15. → gnem, -awł

gnem, -ecʿi【動】買う、贖う (ἀγοράζω; ἐξαγοράζω Ga 3,13); gnem z-žamanak-s = ἐξαγοράζομαι τὸν καιρόν この時を余すところなく活用する Eph 5,16：ibrew gnacʿin nokʿa gnel, ekn pʿesay-n 彼女たちが〔油を〕買うために出て行くと、花婿がやって来た Mt 25,10; gnocʿ gnecʿaykʿ あなた方は代価を払って買い取られた 1Cor 6,20; KʿS gneacʿ z-mez y-anicicʿ ōrinacʿ-n キリストは私たちを律法の呪いから贖い出してくれた Ga 3,13. → gnawł, gin, vačar̄em

gog[1], -oy, -ocʿ【名】①胸、懐 (κόλπος). ②入江、湾 (κόλπος)：①ełew meranel ałkʿati-n ew tanel hreštakacʿ z-na i gog Abrahamow その乞食は死んで、使徒たちが彼をアブラハムの懐に連れて行った Lk 16,22; čʿapʿ barwok tʿatʿałown šaržown zełown tacʿen i gogs jer 人々は、押し込み揺すりあふれ出るほどに枡を良くしてあなたたちの懐に与えるだろう Lk 6,38; ②z-gog mi nšmarein tʿe apʿn covow-n icʿē 彼らは砂浜のある入江を認めた Ac 27,39. → cocʿ

gog[2] (命 gogǰir, 複 gogǰikʿ)【欠如動詞】言う；gogcʿes［接・2・単］, gogcʿes tʿē, gogcʿes imn【副/接】ほぼ、ほとんど、いわば、のように [Jensen, AG § 292]：kʿanzi gog ibrew stgteal imn ēr 彼はいわば責められるべきであったから Ga 2,11.

gohanam, -hacʿay【動】[z-＋奪] ①感謝する．②讃め称える、賛美歌を

歌う (εὐχαριστέω 1Cor 10,30; ἐξομολογέομαι Mt 11,25; ἀνθομολογέομαι Lk 2,38; ὑμνέω Mk 14,26)：①et'ē es šnorhōk' vayelem, əndēr? hayhoyic'im vasn oroy es-n gohanam もしも私が恵みによって〔それに〕与るとするならば、どうして私が感謝して〔受ける〕もののゆえに、私が〔その別の人から〕中傷されることがあるだろうか 1Cor 10,30; gohac'eal elin i leaṙn jit'eneac' 彼らは讃美歌を歌ってオリーブ山へ出て行った Mk 14,26; ②gohanam z-k'ēn, hayr, TR erkni ew erkri 私はあなたを讃め称える、父よ、天地の主よ Mt 11,25; yarowc'eal gohanayr z-TĒ 彼女はやって来て主への讃美を唱え出した Lk 2,38. → awhrnem

gohac'ōł【形】感謝する (εὐχάριστος)：gohac'ōłk' liniǰik' 感謝の気持ちを持つようにせよ Col 3,15.

gohowt'iwn, -t'ean【名】感謝 (εὐχαριστία) Php 4,6.

goł, -oy, -oc'【名】盗人 (κλέπτης)：zi goł ēr ew z-arkł-n ink'n ownēr ew or inč' arkanēr-n na krēr なぜなら彼は盗人であり、自身が金庫番でありながら、その中身をくすねていたからだ Jn 12,6. → awazak

gołanam, -łac'ay【動】盗む (κλέπτω)：gowc'ē ekeal ašakertk'-n gišeri gołanayc'en z-na 弟子たちが夜にやって来て彼を盗むといけないから Mt 27,64; mi ganjēk' jez ganjs y-erkri ... owr gołk' akan hatanen ew gołanan 地上にあなた方の宝を積むな、そこでは泥棒が穴を開けて盗んでしまう Mt 6,19.

[-**gołim**] → ǰr-gołeal

gołowt'iwn, -t'ean【名】盗み (κλέμμα Re 9,21; κλοπή Mt 15,19; Mk 7,21)：oč' apašharec'in ... i gołowt'enē iwreanc' 彼らは盗みを悔い改めなかった Re 9,21; i nerk'owst i srtē mardkan ... elanen ... gołowt'iwnk' 人間の心の中から盗みが出て来る Mk 7,21.

goy¹, 複・3: gon, 未完過: goyr, goyin; 接法・現: gowc'ē【動】《存在》ある、いる、存在する。① [+名/or ...] (ἔχω; ἔστιν; ἔνι 1Cor 6,5)：mec k'an z-sosa ayl patowiran oč' goy = ... ἄλλη ἐντολὴ οὐκ ἔστιν これらより大いなる他の掟は存在しない Mk 12,31; goy or č'araxaws kay z-jēnǰ Movsēs = ἔστιν ὁ κατηγορῶν ὑμῶν Μωϋσῆς あなた方を告発する人がいる。それはモーセである Jn 5,45; or anargē z-is ew oč' əndowni z-bans im, goy or dati z-na = ... ἔχει τὸν κρίνοντα αὐτόν 私を拒み、私の言葉を受け入れない人には、その人を裁く者がある Jn 12,48; aynč'ap oč' goy ok' imastown i jez, or karic'ē irawowns əntrel i mēǰ ełbōr iwroy それほどにあなた方の間には、兄弟の間を裁くことができるような知者は1人もいない 1Cor 6,5; et'e marmin-d k'o amenayn lowsawor ē, ew č'-gowc'ē masn inč' xawarin, ełic'i lowsawor amenayn = ... μὴ ἔχον μέρος τι σκοτεινόν ... もしあなたの体の全体が輝いており，暗闇の部分がどこにもないならば，全体は輝いているだろう Lk 11,36; ②y-is［位］dew［主］(oč') goy = ἐγὼ οὐκ δαιμόνιον ἔχω 私は悪霊に憑かれてはいない Jn 8,49; aha ardarew IEŁac'i y-orowm nengowt'iwn oč' goy 見よ，本当にイスラエル人だ．あの人には裏がない Jn 1,47; ③ałowesowc'［属］orĵk'［主］gon = αἱ ἀλώπεκες φωλεοὺς ἔχουσιν 狐には穴がある Mt 8,20; oč' goyr noc'a ordeak 彼らには子供がなかった Lk 1,7; oyr ic'en erkow handerjk', tac'ē z-min aynm oyr oč'-n gowc'ē = ὁ ἔχων δύο χιτῶνας μεταδότω τῷ/ μὴ ἔχοντι 下着を2枚持っている者は，持っていない者に1枚分け与えよ Lk 3,11; ④**gowc'ē**【副】おそらく，たぶん，ひょっとすると；gowc'ē＋接法・現…することを恐れて，…するといけないから，…しないように (μήποτε Mt 25,9; Jn 7,26; Ac 5,39; μή Mt 24,4; μή πως 1Cor 8,9; 9,27; μή που Ac 27,29); zi gowc'ē …しないように，《前から訳して》そうしなければ ([ἵνα] μήποτε Lk 12,58; 14,29); さもなければ (εἰ δὲ μή γε Mt 6,1): gowc'ē oč' ic'ē mez ew jez bawakan たぶん私たちとあなたたちにとっては〔油の量は〕決して十分ではないだろう Mt 25,9; gowc'ē ardewk' ew išxank'-n gitac'in t'e sa ic'ē K'S-n ひょっとすると指導者たちもこの男がキリストだと本当に知ったのだろうか Jn 7,26; gowc'ē ew ACamartk' gtanic'ik' あなたたちが神に敵対する者とならないように Ac 5,39; zgoyš lerowk', gowc'ē ok' z-jez xabic'ē 誰もあなたたちをだますことのないように，警戒せよ Mt 24,4; zgoyš lerowk', gowc'ē išxanowt'iwn-d jer ayd gayt'agłowt'iwn kic'i tkarac' あなたたちのその権限が弱い者たちへの躓きにならないように注意せよ 1Cor 8,9; zi gowc'ē? or ayloc'-n k'arozec'i ews ink'n anpitan gtanic'im 他の人々に宣教しておきながら，よもや私自身が失格者になりはせぬかということがないために 1Cor 9,27; z-ahi hareal t'ē gowc'ē i xist inč' tełis ankanic'in 彼らは暗礁に乗り上げはしないかと恐れて Ac 27,29; yoržam ert'ayc'es ənd awsoxi k'owm aṙ išxan, i čanaparhi towr z-hašiw-n zercanel i nmanē, zi gowc'ē k'aršic'ē z-k'ez aṙ datawor-n, ew datawor-n matnic'ē dahči, ew dahič-n arkanic'ē i band あなたを訴える者と共に役人のもとに行く時，途上にあるうちに，その訴える者から解放されるように努力せよ．そうしなければ，彼はあなたを裁判官のところへ力ずくで引っ張って行き，裁判官はあなたを獄吏に引き渡し，獄吏はあなたを獄に投げ入れてしまうだろう Lk 12,58; gowc'ē ew varjs oč' əndownic'ik さもなければ，あなたたちは報いを受けることはない Mt 6,1.

goy[2], -i, -ic'【名】存在；所有するもの 2Cor 8,12；①goyiw《副詞的に》

まったく，完全に．②goykʻ 生活，生計の資，財産．③aṙ i čʻ-goyē ［+属］…がないために (διὰ τὸ μὴ ἔχειν)：①z-amenayn inčʻ z-or ownēr ark, goyiw čʻapʻ z-keans iwr = πάντα... ἔβαλεν, ὅλον τὸν βίον αὐτῆς 彼女は持てるもの一切を，彼女の生活〔の糧〕すべてを投げ入れた Mk 12,44; ③aṙ i čʻ-goyē hiwtʻoy erkri-n i cagel arewow tapʻacʻaw 土がないために，太陽がのぼるや（種は）焼かれてしまった Mt 13,5; čʻoracʻaw aṙ i čʻ-goyē hiwtʻoy (M: hiwtʻwoy) 水分がないためそれは枯れてしまった Lk 8,6． → čʻgoy

[-**goyn**］ → -agoyn
goynē [M] → gonē
gon → goy¹
gonē; M: +goynē; goneay, gonet【副】少なくとも，せめて：ałačʻein z-na zi gonē miayn i kʻlancʻs handerji nora merjescʻin = ... ἵνα μόνον ... ἅψωνται 彼らは，彼の着物の縁にでもいいから触らせてくれるように，彼に乞い願った Mt 14,36; ałačʻein z-na zi gonē (M: goynē) i kʻlancʻs handerjicʻ nora merjanaycʻen = ἵνα κἂν ... ἅψωνται Mk 6,56; gonē (M: goynē) vasn ašxat aṙneloy z-is ayrwoy-n (= διά γε τὸ παρέχειν μοι κόπον τὴν χήραν) araricʻ nma dat この寡婦が俺に面倒をかけるので，彼女を擁護してやろう Lk 18,5; etʻe giteir dow gonē (M: goynē) y-awowr-s y-aysmik z-xalałowtʻiwn-n kʻo もしもせめてこの日にお前が自分の平和を知っていたならば（どんなによいかと思う） Lk 19,42 (καί γε: D).
gočʻem, -ecʻi【動】①叫ぶ (ἀναβοάω Mt 27,46; κράζω Lk 9,39)；吼える (μυκάομαι Re 10,3; ὠρύομαι 1Pe 5,8). ②歓声を上げる (ῥήγνυμι Ga 4,27)：①z-inn žamaw-n gočʻeacʻ YS i jayn mec 第9刻頃にイエスは大声で叫んだ Mt 27,46; ałałakeacʻ i jayn mec gočʻeacʻ ibrew z-aṙewc 彼は大声で叫び，ライオンのように吼えた Re 10,3; ibrew z-aṙewc gočʻē šrǰi 獅子のように吼えて歩き回っている 1Pe 5,8; ②gočʻea ew ałałakea 歓声を上げて叫べ Ga 4,27.
govem, -ecʻi【動】褒める，称賛する (αἰνέω Lk 24,53 [Θ]；ἐπαινέω Lk 16,8)：ein hanapaz i tačari-n govein ew awhrnein z-AC 彼らは神殿で絶えず神を称賛し祝福していた Lk 24,53; goveacʻ TR-n z-tntes-n anirawowtʻean, zi imastowtʻeamb arar 主人は，この不義な管理人が賢く行動したので褒めた Lk 16,8.
govest, -i, -icʻ【名】称賛 (ἔπαινος)：i govest pʻaṙacʻ šnorhacʻ iwrocʻ その恵みの輝かしさを〔私たちが〕称えるように Eph 1,6.
govowtʻiwn, -tʻean【名】称賛（に値するもの），好評，表彰 (ἔπαινος Php 4,8; εὐφημία 2Cor 6,8)：pʻaṙōkʻ ew anargowtʻeamb, govowtʻeamb

ew parsawanōk' 栄光と恥辱とによって，好評と悪評とによって 2Cor 6,8.

gorc, -oy, -oc' 【名】①行い，行動，従事；仕事，業，商売 (ἔργον Mk 13,34; Jn 10,32; 1Cor 9,1; ἐργασία Ac 19,25; Eph 4,19; πρᾶξις Mt 16,27); 起こったこと，生じたこと Lk 8,35 z-gorcs-n = τὸ γεγονός, Lk 9,7 z-gorcs-n = τὰ γινόμενα, Lk 23,48 z-gorcs = τὰ γενόμενα. ②働き，機能 (πρᾶξις). ③i gorc arkanem 用いる，行使する (χράομαι)：①bazowm gorcs baris c'owc'i jez 私は多くの良い業をあなた方に見せた Jn 10,32; matnec'in z-anjins giǰowt'ean, i gorcs amenayn płcowt'ean agahowt'eamb 彼らは放蕩に身を委ね，貪欲をもって不浄の極みを尽くした行動に走った Eph 4,19; yaynžam hatowsc'ē iwrak'anč'iwr əst gorcs iwr その時彼は各人にその行いに従って報いるであろう Mt 16,27; oč' apak'ēn gorc im dowk' ēk' i TR 私の働き〔の成果〕は主にあるあなた方ではないのか 1Cor 9,1; tayc'ē carayic' iwroc' išxanowt'iwn ew iwrak'anč'iwr z-gorc iwr 自分の僕たちのおのおのにその仕事を与えて権限を持たせる Mk 13,34; dowk' jezēn isk gitēk' zi y-aysm gorcoy ē šah mez 君たち自身がよく知っているように，我々が楽に暮らしているのは，この商売のおかげだ Ac 19,25; ②andamk'-n amenayn oč' z-noyn gorc ownin すべての肢体は同じ働きをしてはいない Ro 12,4; ③oč' i gorc inč' arkak' z-išxanowt'iwn-s z-ays 私たちはこの権限を用いなかった 1Cor 9,12. → aygegorc, baregorc, hołagorc, jeragorc, č'aragorc; irk'

gorcakic', -kc'i, -kc'ac' 【名】同労者，共に仕える（働く）者 (συνεργός)：olǰoyn tay jez Timot'ēos ełbayr, ew gorcakic' im 私の同労者である兄弟テモテがあなた方に挨拶を送る Ro 16,21; oroc' siren-n z-AC, y-amenayni gorcakic' lini i baris (= πάντα συνεργεῖ εἰς ἀγαθόν), ork' hrawiranaw-n koč'ec'an 神を愛する者たち，すなわち〔神の〕計画に従って召された者たちにとっては，すべてのことが共に働いて善へと至る Ro 8,28. → -kic'

gorcakc'owt'iwn, -t'ean 【名】共に働くこと，協力，共同作業 (συνεργέω)：nok'a eleal k'arozec'in y-amenayn erkri, TN gorcakc'owt'eamb ew z-ban-n hastatelov = ...τοῦ κυρίου συνεργοῦντος καὶ τὸν βεβαιοῦντος 彼らは出て行っていたるところで宣教した，主が共に働くことによって，そして御言葉を堅固なものにすることによって Mk 16,20 [Gk: (独立属格) 主が共に働き，御言葉を堅固なものにした]．→ -kc'- < -kic'

gorceli, -lwoy, -leac' 【名】為す者：oč' miayn or z-ayn aṙnen, ayl ew or kamakic'-n linin gorceleac'-n = ...συνευδοκοῦσιν τοῖς πράσσουσιν 彼

らはそれらを為すのみならず、〔それらを〕為す者たちに同意してもいる Ro 1,32.

gorcem, -ec‘i 【動】①行う，為す；働く，労働する (ποιέω Mt 20,12; Ro 7,15; ἐργάζομαι Mt 7,23; 21,28; 25,16; κατεργάζομαι Ro 7,15; σκάπτω Lk 16,3)；行動する，振舞う (πράσσω Ac 17,7; Eph 6,21)；bari(s) gorcem = καλῶς ποιέω Mt 12,12/ἀγαθὸν ποιέω Mt 19,16; č‘ar gorcem = κακοποιέω Mk 3,4/φαῦλα πράσσω Jn 3,20. ②耕す，耕作する (γεωργέω He 6,7)；刈る，収穫する (ἀμάω Jas 5,4)；獲得する (κατεργάζομαι Php 2,12). ③生じさせる (κατεργάζομαι Ro 4,15). ④設ける，仕上げる (ἐπιτελέω He 8,5)：①z‑or ateam‑n z‑ayn gorcem 私は自分が憎んでいることを行っている Ro 7,15; amenek‘ean oyk‘ gorceik‘ z‑anawrēnowt‘iwn 不法を働くすべての者 Mt 7,23; ert aysawr gorcea y‑aygwoǰ 今日，葡萄園へ行って働け Mt 21,28; dok‘a yetink‘-d mi žam gorcec‘in この最後に来た者たちは1時間しか働かなかった Mt 20,12; č‘ogaw vałvałaki or aṙ z‑hing‑n, gorceac‘ nok‘awk‘ ew šahec‘aw ayl ews hing 5 タラントンもらった者はすぐに行って，それを使って働き，ほかに5タラントンを儲けた Mt 25,16; gorcel oč‘ karem 俺には力仕事はできない〔Gk:〔土方をして〕穴を掘ることはできない〕Lk 16,3; sok‘a amenek‘ean hakaṙak hramanac‘-n kaiser gorcen こいつらは皆カエサルの勅命に背いている Ac 17,7; zi gitic‘ēk‘ ew dowk‘ z‑inēn, zinč‘ gorcic‘em 私の様子，私が何をしているかをあなた方もまた知るように Eph 6,21; ② cnanic‘i ardiwns šayekans noc‘a vasn oroy gorcec‘in〔地が〕自分を耕す人々に有益な作物を産み出す He 6,7; varjk‘ mšakac‘ or gorcen z‑ands jer あなた方の畑を収穫した労働者たちの賃金 Jas 5,4; ahiw ew dołowt‘eamb z‑anjanc‘ p‘rkowt‘iwn gorcec‘ēk‘ 恐れとおののきをもってあなた方は自分自身の救いを獲得せよ Php 2,12; ③ōrēnk‘-n z‑barkowt‘iwn gorcen 律法は怒りを生じさせる Ro 4,15; ④yoržam gorceloc‘ ēr z‑vran 彼が幕屋を仕上げようとしていた時 He 8,5.

gorci, -cwoy, -ceac‘ 【名】① 道具 (σκεῦος Mt 12,29; σκευή Ac 27,19) [→ karasi]. ②漁具，魚網 (δίκτυον) [→ owṙkan]：①mtanel i town hzawri ew z‑gorcis nora yap‘štakel 強い人の家に入りその家財道具を略奪する Mt 12,29; ənd iwreanc‘ jeṙn z‑gorci‑n nawi‑n ənkec‘in 彼らは船具を自分らの手で投げ捨てた Ac 27,19; ②nok‘a t‘ołeal vałvałaki z‑gorcis‑n gnac‘in zhet nora 彼らはすぐに網を捨て，彼に従った Mt 4,20; arkēk‘ z‑gorcis jer y‑ors あなたたちの網を下ろし，漁をせよ Lk 5,4.

gort, -oy, -oc‘; -iw 【名】蛙 (βάτραχος)：ogik‘ erek‘ ansowrbk‘ ibrew z‑gorts 蛙のような穢れた3つの霊 Re 16,13.

gowb, gboy, -oc' 【名】穴，くぼみ，溝 (φρέαρ Re 9,2); gowb hncan 受け槽 (ὑπολήνιον Mk 12,1)：elanēr cowx i gboy-n orpēs z-cowx hnoc'i meci 大きなかまどから出る煙のような煙がその穴から立ちのぼった Re 9,2; ayr mi tnkeac' aygi ... ew gowb hncan p'oreac' 1 人の人が葡萄園を造り，受け槽を掘った Mk 12,1.

gowt', gt'oy, -ov 【名】憐れみ，憐憫，慈悲心 (σπλάγχνα)：vkay ē inj AC, orpēs anjkac'eal em aṙ jez amenesin gt'ovk'-n K'Si YSi いかに私があなた方すべてをキリスト・イエスの慈悲によって慕っているか，ということを証しする私の証人は神である Php 1,8. → angowt', bazmagowt', gt'ac'

gowžem, -ec'i 【動】嘆く，嘆き悲しむ：jayn gowžeac' i Hṙama = φωνὴ ἐν ῾Ραμὰ ἠκούσθη, vulg.: vox in Rama audita est ラマで声が聞こえた Mt 2,18.

gownd[1], gndi, -dac'/-ic' 【名】レギオン，軍団 (λεγιών Mt 26,53); 歩兵大隊 (σπεῖρα [cohors] Jn 18,3; Ac 10,1)：t'e hamaric'is t'e oč' karem ałač'el z-hayr im ew hasowc'anic'ē inj ayžm aysr aweli k'an z-erkotasan gownds (M.mg: łegewovn) hreštekac'? それともあなたは，私が自分の父に願って，たちどころに12軍団以上の使いたちを私のために備えてもらえないとでも思うのか Mt 26,53; Yowdayi aṙeal ənd iwr z-gownd-n ユダは一隊の兵士を引き連れて Jn 18,3; Koṙnēlios, hariwrapet i gndē or koč'ēr Italiac'i コルネリウス，「イタリア隊」と呼ばれた部隊の百人隊長 Ac 10,1.

gownd[2], gndi, -dac' 【名】測鉛，おもり (βολίς); ənkenowm z-gownds-n おもりを垂れる，水深を測る (βολίζω) Ac 27,28.

gowšak linel 【連】知らせる (μηνύω)：apa t'ē ok' asasc'ē jez, t'ē ayd zoheal ē, mi owtic'ēk' vasn nora or gowšak-n ełew もしも誰かがあなた方に「これは神に供えられた物だ」と言ったとしたら，〔そのように〕知らせてくれたその人ゆえに，〔それを〕食べてはならない 1Cor 10,28.

gowšakem, -ec'i 【動】知らせる，告知する (μηνύω)：zi t'e ok' gitic'ē t'e owr ē gowšakesc'ē z-nmanē 彼がどこにいるか知った人がいれば，彼について知らせるように Jn 11,57; zi yaṙnen meṙealk' ew Movsēs gowšakeac' i morenwoǰ-n 死人たちが起こされることについてはモーセも「柴薮」のくだりで告知した Lk 20,37.

gowc'ē → goy[1]

gṙehik 【形】平民の，下層階級の，卑しい，下等な (ἀγοραῖος)：aṙeal ars omans gṙehiks anōrēns ならず者を何人か連れて来て Ac 17,5.

gtanem, gti, egit 【動】①見つける，見出す；受ける (εὑρίσκω; ἀνευρίσκω

Lk 2,16). ②gtanim = εὑρίσκομαι ［受］見出される；［中］現れる，認められる，判明する (φαίνομαι 1Pe 4,18). ③経験する，享受する (τυγχάνω Ac 24,2)：①or gtanē z-anjn iwr korowsc'ē z-na 自分のいのちを見出す者はそれを滅ぼすだろう Mt 10,39; hamarec'an z-gins noc'a ew gtanēin arcat'oy bewrs hing 彼らがその値段を合計すると銀貨5万枚にもなった Ac 19,19; oč' gtanein t'e zinč' arasc'en 彼らは何をしたらよいか見出せなかった Lk 19,48; gtin z-Mariam ew z-Yovsēp' ew z-manowk'n edeal i msowr 彼らはマリヤムとヨセフと飼い葉桶の中に寝ている嬰児とを見出した Lk 2,16; gteal z-p'rkowt'iwn 贖いをかちえて He 9,12; or egit šnorhs aṙaǰi AY 彼は神の前に恵みを受けた Ac 7,46; ②gtaw yłac'eal i hogwoy-n srboy = εὑρέθη ἐν γαστρὶ ἔχουσα ἐκ πνεύματος ἁγίου 彼女は聖霊によって身重になっていることがわかった Mt 1,18; ənd linel barbaṙoy-n, gtaw YS miayn = ... εὑρέθη Ἰησοῦς μόνος その声がした時，イエスだけがそこにいるのがわかった Lk 9,36; zi oč' gtan darṙnal tal p'aṙs AY, bayc' miayn aylazgi-s ays = οὐχ εὑρέθησαν ὑποστρέψαντες δοῦναι δόξαν τῷ θεῷ ... 神に賛美を捧げるために戻って来たと見てとれるのは，この他部族の者しかいないのか Lk 17,18; gtaw inj patowiran-n or i keans-n ēr, noyn i mah 生命へと至る誡めが死へと至る誡めであることが私には見出された Ro 7,10; gowc'ē ew ACamartk' gtanic'ik' あなたたちが神に敵対する者とならないために Ac 5,39; et'ē ardar-n hac'iw kec'c'ē, isk ambarišt-n ew meławor-n owr? gtanic'i (= ποῦ φανεῖται) もし義人がようやく救われるのなら，不敬虔で罪のある人はどうなるのだろうか 1Pe 4,18; ③bazowm xałałowt'iwn gteal i k'ēn あなたから私たちは太平を享受している Ac 24,2.

gtič', gtč'i, -č'ac' 【名】発見者，発明者 (ἐφευρετής)：gtič'k' č'areac' 悪事を企てる者 Ro 1,30.

grapanak, -i, -ac' 【名】教札 (φυλακτήριον)：laynen z-grapanaks iwreanc' 彼らは自分たちの教札を広くする Mt 23,5. → gir, -panak < pan

grast, -ow, -owc' 【名】役畜，乗用の馬・騾馬・驢馬 (κτῆνος) Ac 23,24; edeal i veray grastow iwroy〔彼を〕自分の家畜に乗せて Lk 10,34. → arǰaṙ, anasown

grgṙem, -ec'i 【動】①いらいらさせる，興奮させる，煽動する；起こす，立てる (ἐξεγείρω Ro 9,17; παροτρύνω Ac 13,50)；［中］苛立つ (παροξύνομαι 2Cor 13,5 → zayranam). ②質問攻めにする (ἀποστοματίζω Lk 11,53)：①vasn aynorik grgṙec'i z-k'ez そのことのために私はあなたを立てた Ro 9,17; hreayk'-n grgṙec'in z-paštōneay kanays zgasts ユダヤ人たちは神を敬う貴婦人たちを扇動した Ac 13,50; ser ... oč' grgr̄i 愛は苛立たない 2Cor 13,5; ②sksan dpirk'-n ew p'arisec'ik' zč'arel ew grgr̄el ənd nma vasn bazowm irac' 律法学者たちとファリサイ人たちははなはだしく恨みに思い始め、さまざまなことで彼を質問攻めにし始めた Lk 11,53.

grgr̄owt'iwn, -t'ean 【名】刺激, 挑発；争い, 党派心 (ἐριθεία) Ph 2,3; 2Cor 12,20. → hestowt'iwn

grea; greal → grem

gret'e/gret'ē; M: grea t'e 【副】①いわば, ほとんど (σχεδόν Ac 13,44; 19,26). ②《譲歩的に》(…ということは) その通りだとしても (ἔστω 2Cor 12,16): ①gret'ē amenayn k'ałak'-n žołovec'aw ほとんど町中の者が集まって来た Ac 13,44; oč' miayn z-Ep'esac'woc', ayl gret'ē amenayn isk Asiac'woc' Pawłos-s ays hawanec'owc'eal šr̄eac' bazowm žołovs このパウロはエフェソだけではなく、ほとんどアジア州全域にわたって, 大勢の人々を説き伏せ, 誘惑してしまった Ac 19,26; z-alis-n i naw-n zełoyr, minč' gret'ē (M: grea t'e) li isk linel (M: linēr) = τὰ κύματα ἐπέβαλλεν εἰς τὸ πλοῖον, ὥστε ἤδη γεμίζεσθαι τὸ πλοῖον〔暴風が〕波を舟に溢れさせ〔Gk: 波が舟の中まで襲って来て〕,〔舟が水で〕ほとんど満杯になるほどであった Mk 4,37; ②gret'ē es oč' inč' canrac'ay jez 私があなたがたにとってなんの重荷にもならなかったのはその通りだとしても 2Cor 12,16.

grem, -ec'i, 命 grea 【動】書く, 記す, 描く (γράφω Jn 1,45; ἐγγράφω Lk 10,20; ἐπιγράφω Ac 17,23; προγράφω Ro 15,4 Ga 3,1; γραπτός Ro 2,15): z-ormē greac' Movsēs y-awrēns-n モーセが律法に書き記した人 Jn 1,45; xndac'ēk' zi anowank' jer greal en y-erkins あなたたちの名が天においてすでに書きつけられたことを喜べ Lk 10,20; gti bagin mi y-orowm greal ēr, ancanōt'i AY 私は、知られざる神に、という刻文のある祭壇を発見した Ac 17,23; or inč' greac'aw-n, i mer vardapetowt'iwn greac'a〔前もって〕書かれたことがらは私たちの教えのために書かれた Ro 15,4; oroc' gret'ē ar̄aji ač'ac' YS K'S grec'aw i hač' eleal あなた方には両目の前に、十字架につけられてしまったイエス・キリストが公けに描き出されたにしても Ga 3,1. → gir

griw, growi, -owac' 【名】サトン（穀物の量目）(σάτον): z-or ar̄eal knoj t'ak'oyc' i griws eris aler 女がそれ（パン種）を取って3サトンの粉の中に埋めた Mt 13,33. → growan

groy; grov; groc' → gir

grkoyk' 【名】小巻物 (βιβλαρίδιον): ar̄i z-grkoys-n bac'eal i hreštakē-n

私はその開かれた小巻物を天使から受け取った Re 10,10.　→ gir

growan, -i, -aw【名】枡 (μόδιος)：oč' lowc'anen črag ew dnen ənd growanaw 人はともし火をともしてそれを枡の下に置きはしない Mt 5,15.　→ griw

d

-d【定冠詞】《2人称直示》その (ὁ/τό-; οὗτος)：aha t'ołeal lic'i jez <u>town-d</u> jer awerak 見よ，お前たちの家は見棄てられ，荒れるがままにされるだろう Mt 23,38; oč' es <u>z-jez z-erkotasans-d</u>? əntrec', ew <u>mi-d i jēnĭ</u> satana ē あなた方，この12人を選び出したのは私ではなかったか．しかしあなた方の1人は悪魔である Jn 6,70; vay <u>jez or yageal-d ēk'</u> ayžm 禍だ，いま満たされているお前たちは Lk 6,25.　→ -s, -n

da, dora, dma, dmanē, dovaw; dok'a, doc'a, dosa, doc'anē【代】《2人称直示・前方照応》それ，その人 (αὐτός; οὗτος; ὁ/τό-)：ew aha jayn y-erknic' or asēr· <u>da</u> ē ordi im sireli, ənd or hačec'a [M: hačec'ay] すると，見よ，天から声がして，言った，「その者は私の愛する子，彼は私の意にかなった」Mt 3,17; lses zinč' <u>asen-d</u> [M: -en] <u>dok'a</u> (= τί οὗτοι λέγουσιν) これらの（お前に近寄った）者たちが何を言っているのか，お前には聞こえているのか Mt 21,16; ard ałač'em z-k'ez hayr, zi arjakesc'es [M: aṙak'esc'es] <u>z-da</u> (= ἵνα πέμψῃς αὐτόν) i town hawr imoy ではお願いする，父祖様，彼（あなたのもとにいるその人）を私の父の家へ解放せよ [M: 送れ] Lk 16,27; t'oył towk' <u>manktwoy-d</u> (= τὰ παιδία) ew mi argelowk' <u>z-dosa</u> (= αὐτά) gal aṙ is, zi <u>aydpiseac'-d</u> (= τῶν γὰρ τοιούτων) ē ark'ayowt'iwn erknic' (あなたたちがいま叱りつけた）子どもたちをそのままにさせておけ．そして彼らが私のところに来るのを邪魔するな．なぜならば天の王国とはこのような者たちのものだから Mt 19,14; zi? ašxat aṙnēk' <u>z-kin-d</u> (= τῇ γυναικί). gorc mi bari gorceac' <u>da</u> (= ἠργάσατο) y-is ... (12) Arkanel <u>dora z-ewł-d</u> (= Βαλοῦσα γὰρ αὕτη τὸ μύρον τοῦτο) i marmin im. Aṙ i t'ałeloy z-is nšanakeac'. (13) ... owr [M:ew] k'arozesc'i awetarans ays ... xawsesc'i ew z-or arar <u>da</u> i [M: Ø] yišatak <u>dora</u> (= λαληθήσεται καὶ ὃ ἐποίησεν αὕτη εἰς μνημόσυνον αὐτῆς) (Mk 14,9 ew z-or <u>arar-d</u> [M:

arar] da ... vasn yišataki dorin) なぜの女性を困らせるのか. その人は私に対して良いことをしてくれたのだ. (12) その人は私の体にその香油をかけてくれたが, それは私を埋葬するしるしだったのだ. (13) この福音が宣べ伝えられるところはどこでも, その人が行ったこともまた, その記念に語られるだろう Mt 26,10-13/Mk 14,6-9. → na, sa

dagałk', -łac' 【名】《複のみ》棺 (σορός): matowc'eal merjec'aw i dagałs-n 彼は近寄って棺に触れた Lk 7,14.

dadar, -oy; dadark', -roc' 【名】休息, 滞在; dadark'《複》休息の場, 巣 (κατασκήνωσις): t'řč'noc' erknic' dadark'［補 gon］空の鳥には巣がある Lk 9,58. → boyn

dadarem, -ec'i 【動】①やめる, 終える, 中断する；静かになる, 休息する, (風・海・騒動が) おさまる, 落着する (κοπάζω Mk 4,39b; σιωπάω Mk 4,39a; διΐσταμαι Ac 27,28; παύομαι Ac 6,13; 20,1; 1Pe 4,1; διαλείπω Lk 7,45). ②滞在する (διατρίβω): ①ayr-s ays oč' dadarē xōsel bans hayhoyowt'ean z-tełwoy-n srboy ew z-ōrinac'-n この男は聖なる場所と律法を冒瀆する言葉を吐いて, どうしてもやめない Ac 6,13; ařawel ews dadarec'in i lŕowt'ean = μᾶλλον παρέσχον ἡσυχίαν 彼らはますます静かになった Ac 22,2; covow-n asē, dadarea 彼は海に「おさまれ」と言った Mk 4,39; sakaw inč' dadareal 少し間をおいて Ac 27,28; yet dadareloy amboxi-n 騒動が落着した後 Ac 20,1; or č'arč'ari marmnov dadarē i mełac' 肉によって苦しむ人は罪に終止符を打つ 1Pe 4,1; sa awasik y-ormē hetē mteal em, oč' dadareac' i hambowreloy z-ots im この人は私が入って来た時から私の両足に接吻するのを止めなかった Lk 7,45; ②and i k'ałak'i-n dadareal mer awowrs inč' 私たちは数日間その都市に滞在していた Ac 16,12.

dalar, -oy/-i, -ovk' 【形】① (草が) 緑色の, 青い (χλωρός). ②湿っぽい, (植物が) 生の (ὑγρός): ①bazmel eraxans eraxans i veray dalar xotoy 組々に分かれて青草の上で横になる Mk 6,39; ②et'e ənd p'ayt dalar z-ays ařnen, č'or-n zinč'? linic'i 生木にこれらのことがなされるのならば, 枯れ木には何が起こるだろうか Lk 23,31. → č'or

dahekan; darhekan, -i, -ac' 【名】貨幣 (νόμισμα)；デナリオン (δηνάριον): c'owc'ēk' inj z-dahekan harki-n 私に人頭税の貨幣を見せよ Mt 22,19; or partēr nma hariwr darhekan (M: dahekan) 彼に 100 デナリオンの借金があった Mt 18,28. → dēnar

dahič, -hči, -čac' 【名】死刑執行人, 刑吏, 獄吏 (σπεκουλάτωρ Mk 6,27; ὑπηρέτης Mt 5,25; πράκτωρ Lk 12,58; βασανιστής Mt 18,34): ařak'eac' vałvałaki t'agawor-n dahič ew hramayeac' berel z-glowx-n nora 王は

すぐに刑吏を遣わして，彼の首を持ってくるように命じた Mk 6,27; datawor-n matnic'ē dahči, ew dahič-n arkanic'ē i band 裁判官は〔あなたを〕獄吏に引き渡し，獄吏は〔あなたを〕監獄に投げ入れるだろう Lk 12,58; barkac'eal TR-n nora matneac' z-na dahčac', minč'ew hatowsc'ē z-amenayn z-parts-n 彼の主人は怒り，彼が借りたものすべてを返すまで，彼を獄吏に引き渡した Mt 18,34.

Dałmatarēn; M: +Dałmaterēn【副】ラテン語・文字で（‛Ρωμαϊστί Jn 19,20; ῥωμαϊκοῖς Lk 23,38）: Lk 23,38 ēr gir greal i veray nora˙ yownarēn ew dałmatarēn ew ebra/ec'erēn (M: eb/rayec'erēn) grov; Jn 19,20 ew ēr greal ebrayec'erēn˙ dałmatarēn ew yownarēn verin. → Hoṙomk', Dałmatia

dayeak, -ekac'【名】乳母（τροφός）: ełeak' hezk' i miǰi jerowm, orpēs dayeak mi or snowc'anic'ē mankowns 私たちはあなた方の間では，ちょうど乳母が子供たちを育むように，優しくなった 1Th 2,7.

dayekordi【名】乳兄弟（σύντροφος）: Manayen dayekordi Herovdi č'orrordapeti 四分封領主ヘロデの乳兄弟マナエン Ac 13,1.

dang, -i, -ac'【名】アサリオン（ἀσσάριον）: oč' apak'ēn erkow čnčłowkk' dangi? mioǰ vačaṙin 2 羽の雀は 1 アサリオンで売られているではないか Mt 10,29.

dandałeli, -leac'【形】煩わしい，厄介な（ὀκνηρός）: z-noyn grel aṙ jez inj oč' dandałeli ē 同じことをあなた方に書くことは私にとって煩わしいことではない Php 3,1.

dandałim, -łec'ay【動】[+不…するのが] 遅い，遅れる；躊躇する，ぐずぐずする（ὀκνέω Ac 9,38）: mi dandałesc'i gal aṙ nosa 彼がすぐ彼らのもとに来るように Ac 9,38; minč' es dandałim（= ἐν ᾧ δὲ ἔρχομαι ἐγώ), ayl ok' k'an z-is yaṙaǰagoyn iǰanē 俺がぐずぐずしている間に [Gk: 俺が行こうとすると]，他のやつが俺よりも先に降りて行ってしまう Jn 5,7.

dandač'em, -ec'i【動】①揺れる，よろめく（παραφέρω）．②k'nov dandač'em 夢見る（ἐνυπνιάζομαι）: ①y-owsmowns pēspēss ew y-ōtarajayns mi dandač'ēk' さまざまな見知らぬ教えに煽られるのはやめよ He 13,9; ②əst nmin ōrinaki ew sok'a ibrew k'nov dandač'ealk' z-marmin-n płcen この者たちも同じように夢を見る者たちであって，肉体を穢している Jd 8.

daṙn【形】苦い；苦々しい（πικρός）: mi t'ē ałbewr anastin i mioy akanē błxic'ē k'ałc'r ew daṙn 泉が同じ穴から甘い水と苦い水を湧き出させるようなことがろうか Jas 3,11. → daṙnanam

daṙnam, darjay【動】①戻る，帰る，引き返す；振り返る；向きを変える．②心を翻す (στρέφομαι Mt 18,3)．③改宗する，立ち帰る；変わる (στρέφομαι Mt 9,22; Jh 12,40; ἐπιστρέφομαι Mk 5,30; μεταστρέφομαι Ac 2,20; ὑποστρέφω Ga 1,17 Ac 13,34; ἀναστρέφω Ac 5,22; ἀποστρέφω Ac 3,26; ἐπιστρέφω Lk 2,39; ἀναλύω Lk 12,36; μετατρέπω Jas 4,9; ἀνακάμπτω Mt 2,12; ἐπανάγω Mt 21,18)．④ənddēm daṙnam［±属］反抗する，信じない；襲う (ἀπειθέω Ac 19,9; ἐπιτίθεμαι Ac 18,10)．→ ənddēm．⑤darjeal【副】再び；《同種のことを並べまたは追加する場合》またさらに (πάλιν Mk 8,25; Jn 19,37; Ro 15,10-12; εἰς τὸ πάλιν 2Cor 13,2; πάλαι 2Cor 12,19)：①darjeal darjay i Damaskos 私は再びダマスコスに戻った Ga 1,17; hraman aṙeal i teslean čʻ-daṙnal andrēn aṙ Herovdēs 夢でヘロデのもとに戻らぬようにとお告げを受けて Mt 2,12; darjeal andrēn patmecʻin 彼らは引き返して報告した Ac 5,22; dowkʻ nmanołkʻ mardkan or akn ownicʻin TN iwreancʻ tʻe erb daṙnaycʻē i harsaneacʻ あなたたちは自分の主人がいつ婚礼から帰るかと待っている人たちと同じように〔なれ〕Lk 12,36; YS ibrew darjaw ew etes z-na イエスは振り返って彼女を見ると Mt 9,22; darjaw y-ambox-n ew asē 彼は群衆の中で振り返って言った Mk 5,30; ②etʻe očʻ darǰikʻ ew eliǰikʻ ibrew z-mankti もしあなた方が心を翻さず子供たちのようにならないのなら Mt 18,3; ③očʻ ews daṙnalocʻ ē y-apakanowtʻiwn 彼はもはや腐敗に戻ることはないだろう Ac 13,34; aregakn darjcʻi i xawar 太陽は闇に変わるだろう Ac 2,20; całr jer i sowg darjcʻi あなたがたの笑いは悲しみに変われ Jas 4,9; i daṙnal jez iwrakʻančʻiwr i čʻareacʻ jerocʻ あなたがた1人1人があなたがたの悪から立ち返ることで Ac 3,26; ④ibrew omankʻ xstanayin ew ənddēm daṙnayin bambasel z-čanaparh-s aṙaǰi bazmowtʻean-n ある者たちが頑なで信じようとせず，会衆の前でこの道を悪しざまに言った時 Ac 19,9; očʻ okʻ ənddēm darjcʻi kʻo i čʻarčʻarel z-kʻez 誰もお前を襲ってお前を害する者はない Ac 18,10; ⑤darjeal ed jeṙs i verayačʻacʻ nora 彼は再び彼の目の上に両手を置いた Mk 8,25; etʻē ekicʻ darjeal, očʻ xnayecʻicʻ 再び私が〔そちらに〕行ったならば，容赦しない 2Cor 13,2; ew darjeal tʻē owrax ełrowkʻ hetʻanoskʻ ənd žołovrdean nora. (11) ew darjeal tʻē ōrhnecʻēkʻ amenayn hetʻanoskʻ z-TR, ew govecʻēkʻ z-na amenayn žołovowrdkʻ. (12) ew darjeal Esayi asē, ełicʻi armat-n Yesseay, ew or kangnelocʻ-n ē išxan hetʻanosacʻ, i na hetʻanoskʻ yowsascʻin そしてさらに〔聖書は言っている〕，あなた方異邦人たちよ，彼（主）の民と共に喜べ．(11) またさらに，あなた方すべての異邦人たちよ，主を褒め称えよ，そしてすべての民は彼を賛美せよ．

(12) またさらにイザヤは言っている，エッサイの根が生えるであろう．そして立ち上がるであろう者が異邦人たちの支配者〔となるであろう〕．異邦人たちは彼に希望をおくであろう Ro 15,10-12; ew darjeal miws gir asē また他の書物は言っている Jn 19,37.

darnanam, darnac'ay【動】苦くなる，苦い (πικραίνω): darnasc'i y-orovayn k'o それはお前の腹には苦いだろう Re 10,9. → darn

darnapēs【副】ひどく，激しく (πικρῶς): eleal artak's elac' darnapēs 彼は外に出て激しく泣いた Mt 26,75. → darn, -pēs

darnac'owc'anem, -owc'i【動】① [z-+対…に] 辛く当たる (πικραίνομαι). ②反逆する (παραπικραίνω): ①ark', sirec'ēk' z-kanays jer, ew mi darnac'owc'anēk' z-nosa 男たちよ，妻を愛せ．彼女らに辛く当たってはならない Col 3,19; ②omank' lowan ew darnac'owc'in ある者たちが聞いていながら反逆したのか [Gk: 聞いていながら反逆したのは誰か] He 3,16. → darn

darnowt'iwn, -t'ean【名】①苦さ，苦味；苦汁；恨み (πικρία; πικρός Jas 3,14). ②反逆 (παραπικρασμός): ①k'anzi i darnowt'iwn małji ew i knčirn anirawowt'ean tesanem z-k'ez お前が苦い胆汁と不義の縄目の中にいることが私には見えるから Ac 8,23; ēr anown asteł-n darnowt'iwn = τὸ ὄνομα τοῦ ἀστέρος λέγεται ὁ ἄψινθος この星の名は「苦よもぎ」だった Re 8,11; bazowmk' meran i darnowt'enē Jowrc'-n = πολλοὶ τῶν ἀνθρώπων ἀπέθανον ἐκ τῶν ὑδάτων ὅτι ἐπικράνθησαν 水は苦くなったものだから，その水を飲んで多くの者が死んだ Re 8,11; amenayn darnowt'iwn ew barkowt'iwn ... barjc'i i jēnJ あらゆる苦汁，憤りはあなた方から断ち切られるべきだ Eph 4,31; apa t'ē naxanj ew darnowt'iwn ew hakarakowt'iwn ownic'ik' i sirts jer あなた方の心に苦々しい妬みと恨みと利己心があるなら Jas 3,14; ②mi xstac'owc'anēk' z-sirts jer ibrew i darnowt'ean-n 反逆の時のように，あなた方は自分たちの心を頑なにしてはならない He 3,8. → darn

das, -ow, -owc'【名】群れ，列，並び，組 (κλισία Lk 9,14; πρασιά Mk 6,40): bazmec'owc'ēk' z-dosa <u>dass dass yisown yisown</u> = κατακλίνατε αὐτοὺς <u>κλισίας</u> [ὡσεὶ] <u>ἀνὰ πεντήκοντα</u> 彼らを50人ずつの組にして横たわらせよ Lk 9,14; bazmec'an <u>dask' dask'</u> owr hariwr ew owr yisown = ἀνέπεσαν <u>πρασιαὶ πρασιαὶ</u> κατὰ ἑκατὸν καὶ κατὰ πεντήκοντα 人々は100人ずつあるいは50人ずつ組になって横になった Mk 6,40 [配分的畳語, cf. eraxan, erkow, yisown, tełi].

dasakarg, -i【名】組 (ἐφημερία): k'ahanay omn anown Zak'aria i dasakargē Abiay アビヤ組の祭司で名をザカリヤという者がいた Lk 1,5.

dastiarak

→ das, karg

dastiarak, -aw【名】養育係 (παιδαγωγός)：ōrēnk'-n dastiarak ełen mez i K'S YS 律法はキリスト・イエスへと至る私たちの養育係となった Ga 3,24.

dat, -i, -ic'【名】①訴訟．②dat aṙnem［＋与］…を擁護する (ἐκδικέω)：②dat ara inj y-awsoxē immē 私を訴える者から私を擁護せよ Lk 18,3.

dataxaz, -i, -ac'【名】告訴人 (κατήγορος) Ac 25,16.

datapart【形】有罪と宣告された，裁きに服すべき (ὑπόδικος)：zi amenayn beran xc'c'i, ew datapart lic'i amenayn ašxarh AY すべての口がふさがれ，全世界が神に対してその裁きに服するものとなるために Ro 3,19.

datapartem, -ec'i【動】裁く；責める，有罪とする，断罪する (κρίνω Jn 3,18; κατακρίνω Mt 20,18; 1Cor 11,32; καταδικάζω Mt 12,7; αὐτοκατάκριτος Tt 3,11;)：or hawatay i na, oč' datapartesc'i 彼を信じる人は裁かれない Jn 3,18; datapartesc'en z-na i mah 彼らは彼を死をもって断罪するだろう Mt 20,18; zi mi ənd ašxarhi datapartesc'owk' この世界と共に私たちが罪に定められないために 1Cor 11,32; et'e giteik' zinč'? ē, z-ołormowt'iwn-n kamim ew oč' z-zoh, apa oč' dataparteik' dowk' z-amparts-n もしもお前たちが，私の望むのは憐れみであって犠牲ではない（という言葉）が何を意味しているかわかっていたならば，罪のない者たちを断罪することはなかっただろうに Mt 12,7; t'iwreal ē aynpisi-n ew mełanč'ē anjamb z-anjn dataparteal そのような者は（心が）倒錯しており，罪を犯して自分で自分を断罪している Tt 3,11.

→ dat, datim, part¹, mahapart, ampart, patžem

datapartowt'iwn, -t'ean【名】断罪，有罪判決 (κατάκρισις 2Cor 3,9; κατάκριμα Ro 5,16)：et'ē paštōn datapartowt'ean-n p'aṙōk' ēr, orč'ap'? ews aṙawel paštōn ardarowt'ean-n p'aṙōk'〔人を〕断罪する奉仕が栄光をもっているとするなら，義の奉仕はさらにいっそうどれほど栄光に満ちているだろうか 2Cor 3,9; datastan-n i mioJē yanc'owacoy anti i datapartowt'iwn 裁きは１つの罪から有罪判決を導く Ro 5,16.

datastan, -i, -ac'【名】①裁き；断罪；訴訟，裁判沙汰 (κρίσις Mt 5,21; 10,15; 12,20; Jn 5,22; 2Th 1,5; κρίμα Ac 24,25; Ro 5,16; 11,33; 1Cor 6,7; 2Pe 2,3); 刑罰 (δίκη Jd 7); datastan aṙnem 裁きを行う・下す (κρίσι ποιέω Jn 5,27/κρίσιν κρίνω Jn 7,24). ②裁判所 (κριτήριον Jas 2,6)：①or spananic'ē partakan lic'i datastani 殺す者は裁きに会う Mt 5,21; diwragoyn lic'i erkri-n Sodomac'woc' (M: Sodovmac'woc') ew Gomorac'woc' y-awowr-n datastani k'an k'ałak'i-n aynmik 裁きの日に

はソドムとゴモラの地の方がその町よりも堪えやすいだろう Mt 10,15; minčʻew hancʻē i yałtʻowtʻiwn z-datastan-n 彼がその裁きを勝利に導くまでは Mt 12,20; ziard? pʻaxnowcʻowkʻ i datastanē gaheni-n お前たちはゲヘナの裁きからどのようにして逃げようというのか Mt 23,33; z-amenayn datastan-n et ordwoy iwroy 彼は一切の裁きを子に与えた Jn 5,22; mi əst ačʻs datikʻ, ayl owlił datastan ararēk ʻ うわべで裁くのはやめて，正しい裁きを下せ Jn 7,24; i xōsel-n nora vasn ardarowtʻean ew žowžkalowtʻean, ew handerjeal datastani-n 彼が義と，節制と，来たるべき裁きについて話した時 Ac 24,25; orpēs aṙancʻ kʻnneloy en datastankʻ nora 神の裁きのなんと測りがたいことか Ro 11,13; zi? datastankʻ isk gon i miǰi jerowm = ὅτι κρίματα ἔχετε μεθ᾽ ἑαυτῶν なぜあなた方の間に訴えごとがあるのか 1Cor 6,7 [Gk: あなた方が互いに訴え合うこと]；②očʻ mecatownkʻ yałtʻaharen z-jez ew nokʻa kʻaršen z-jez i datastan 富める人々があなた方を圧迫しているのではないか，あなた方を裁判所に引いて行くのは彼らではないか Jas 2,6.

datark, -i, -acʻ【形】①仕事のない，仕事をしない，怠けた，怠惰な．②役に立たない，無益な，空しい (ἀργός; καταργέω Ro 4,14)：①etes ayls zi kayin datarkkʻ i hraparaks 彼はほかの者たちが仕事もなく市場に立っているのを見た Mt 20,3; ənder kaykʻ ast z-awr-s cʻerek datarkkʻ なぜあなたたちはここで1日中，何もしないで立っているのか Mt 20,6; ənd amenayn datark bani z-or xawsicʻin mardik, tacʻen hamar y-awowr-n datastani 人々は自分が語るすべての怠惰な言葉に関して，裁きの日に弁明するだろう Mt 12,36; ②zi etʻē orkʻ y-ōrinacʻ-n en, žaṙang-kʻ icʻen, apa əndownayn en hawatkʻ-n ew datark awetikʻ-n = ... κεκένωται ἡ πίστις καὶ κατήργηται ἡ ἐπαγγελία もしも律法による者たちが〔世界を〕受け継ぐ者であるならば，信仰は空しくされてしまったことになり，約束は反故にされてしまったことになる Ro 4,14; hawatkʻ aṙancʻ gorcocʻ datark en 信仰は業なくしては無益である Jas 2,20． → əndownayn

datarkanam, -kacʻay【動】①怠惰である，無効である (ἀργέω)．②解放される (καταργοῦμαι)：①orocʻ datastan-n i bnē očʻ datarkanay 彼ら（偽教師）に対してはいにしえより裁きは無効ではない 2Pe 2,3; ②ayžm datarkacʻakʻ y-ōrinacʻ anti 今や私たちは律法から解放された Ro 7,6.

datarkanjn, -jownkʻ【形】怠惰な，怠慢な，何もしない (ἀργός)：datarkanjownkʻ owsanin 彼女らは怠慢さを学ぶ 1Tm 5,13.

datarkaport【名】ごろつき，ならず者：datarkaportkʻ = γαστέρες ἀργαί 怠けた食い道楽 Tt 1,12.

datawor, -i, -ac‘【名】①裁き人，裁判官（κριτής 2Tm 4,8; δικαστής Ac 7,27). ②総督（ἡγεμών; ἀνθύπατος Ac 19,38 [→ p‘oxanak bdešxi]）: ①kay mnay inj ardarowt‘ean psak-n, z-or hatowsc‘ē inj TR y-awowr y-aynmik ardar-n datawor 私に残されているのは義の栄冠であり、これは正しい裁き人である主が、かの日に私に与えてくれるものである 2Tm 4,8; o? kac‘oyc‘ z-k‘ez išxan ew datawor i veray mer 誰がお前を立てて、我らの指導者や裁判官にしたのか Ac 7,27; ②etown i jeřs Pontac‘woy Piłatosi datawori 彼らは〔彼を〕総督ポンティウス・ピラトゥスの手に渡した Mt 27,2. → išxan

dataworowt‘iwn, -t‘ean【名】①裁き，審判（κρίμα）; ardar dataworowt‘iwn 正しい裁き（δικαιοκρισία Ro 2,5). ②総督であること（ἡγεμονεύω）: ①dataworowt‘iwn towaw noc‘a 審判が彼らに託された Re 20,4; ganjes anjin k‘owm barkowt‘iwn y-awowr barkowt‘ean, ew yaytnowt‘ean ardar dataworowt‘ean-n AY あなたは自分に対して、神の怒りと正しい裁きが啓示される日における〔神の〕怒りを、貯め込んでいる Ro 2,5; ②ays ařaǰin ašxaragir ełew i dataworowt‘ean asorwoc‘ Kiwreneay この最初の戸口調査は、クィリニウスがシリアの総督であった時に施行された Lk 2,2.

datim, -ec‘ay【動】①決心する，決断する（κρίνω Ac 3,13). ②裁く（κρίνω Lk 22,30; Jn 7,51; 18,31; Re 6,10）; 断罪する（κατακρίνω Mk 10,33); 判断する，尋問する，取り調べる（ἀνακρίνω Lk 23,14; Ac 4,9): ①z-or dowk‘-n matnec‘ēk‘ ew owrac‘arowk‘ ařaǰi Pontac‘woy Piłatosi, i datel-n nora arjakel 彼をあなたたちは引き渡し、ポンティウス・ピラトゥスは赦そうと決心したのに、彼の面前で拒んだ Ac 3,13; ②nstc‘ik‘ y-erkotasan at‘oř, datel z-erkotasan azg IŁI あなた方は 12 の位に座して、イスラエルの 12 の部族を裁くだろう Lk 22,30; mi t‘e awrēnk‘-n mer datim? z-mard et‘e oč‘ lsen inč‘ nax i nmanē kam giten zinč‘ gorcē 我々の律法は、まず本人から聴取してその人が何をしているのかを知った上でなければ、人を裁くことをしないのではないだろうか Jn 7,51; ař ēk‘ z-na dowk‘, ew əst jeroc‘ awrinac‘-n datec‘arowk‘ お前たちが自分で彼を引き取れ、そして自分たちの律法に従って裁け Jn 18,31; minč‘ew y-erb?, TR sowrb ew čšmarit, oč‘ datis ew xndres z-vrēž arean meroy i bnakč‘ac‘ erkri 聖にして真実なるご主人様、いったいいつまで、あなたは地上に住む者たちに対して裁きを行わず、私たちの血の復讐をしないでいるのか Re 6,10; ahawasik ařaǰi jer datec‘ay, ew vnas inč‘ oč‘ gti y-ařn-s y-aysmik z-oroc‘ dowk‘ č‘araxawsēk‘-d z-dmanē 見よ、私はお前たちの面前で尋問したが、この人物においては、お前たちが訴えてい

るような罪は何ら見出せなかった Lk 23,14. → patžem, datapartem, datastan arʿnem
dar, -i, -ic' 【名】斜面，崖 (κρημνός)：dimeac' amenayn ermak-n i darē anti i cov その群全体は崖から海へなだれ込んだ Mt 8,32.　→ gah²
daran, -i, -ac' 【名】待ち伏せ；daran gorcem ［＋与…を］待ち伏せする，つけ狙う (ἐνεδρεύω Ac 23,21)/［＋不…しようと］陰謀を企てる (ἐνέδραν ποιέω Ac 25,3)：ard dow mi ansayc'es noc'a, k'anzi daran gorceal ē nma i noc'anē aranc' aweli k'an z-k'aṙasown 彼らの言うことを信ずるな．彼らの中の40人以上が彼を待ち伏せしているのだから Ac 23,21；daran gorceal spananel z-na i čanaparhi 彼らは途中で彼を殺そうと陰謀を企んでいた Ac 25,3.
darhekan　→ dahekan
darj, -i, -ic' 【名】①帰還，旅立ち (ἀνάλυσις)．②改心，悔い改め (ἐπιστροφή)．③darj p'oxarini 報い，返報 (ἀντιμισθία Ro 1,27)：①žamanak darji imoy haseal kay 私の旅立ちの時は目前に迫っている 2Tm 4,6；②patmēin z-darj-n het'anosac' 彼らは異邦人の悔い改めの次第を詳しく語った Ac 15,3；③arowk' ənd arows z-xaytaṙakowt'iwn gorcēin, ew z-darj p'oxarini-n or part ēr molorowt'ean-n noc'a y-anjins iwreanc' əndownēin 男性たちは彼ら同士で見苦しいことを行い，彼らの迷いのしかるべき報いを己のうちに受けた Ro 1,27.　→ daṙnam
darjay; **darjeal**; **darjc'-**　→ daṙnam
darjo　→ darjowc'anem
darjowc'anem, -owc'i, darjoyc', 命 darjo 【動】①戻す，返す，立ち帰らせる；変える，取り去る，置き換える，向ける (στρέφω Mt 5,39；27,3；Re 11,6；ἐπιστρέφω Lk 1,16.17；ἀποστρέφω Mt 26,52；Ro 11,26；περιτρέπω Ac 26,24；μετατίθημι Jd 4；μεταβάλλομαι Ac 28,6)；②darjowc'anem z-eress 顔をそむける (ἀποστρέφομαι Mt 5,42), t'ikowns d. 背を向ける (ἀποστρέφομαι He 12,25)：①darjo z-sowr k'o i tełi iwr あなたの剣をもとのところに収めよ Mt 26,52；darjoyc' z-arcat'-n aṙ k'ahanayapets-n 彼は銀を祭司長たちに返した Mt 27,3；darjowc'anel z-sirts harc' y-ordis ew z-anhawans y-imastowt'iwn ardaroc' 父たちの心を子供たちに立ち帰らせ，不従順な者たちを義人たちの思いに帰らせるために Lk 1,17；ownin išxanowt'iwn i veray ǰowrc' darjowc'anel z-nosa y-ariwn 彼らは水を支配して，水を血に変える権能を持っている Re 11,6；darjowc'in z-bans-n ew asēin t'ē astowac omn ē 彼らは考えを変えて，彼を神様だと言い出した Ac 28,6；darjowsc'ē z-amparštowt'iwns Yakovbay 彼はヤコブの不信心を取り去るだろう Ro

darjc'- 178

11,26; bazowm dprowt'iwnk' z-k'ez i molorowt'iwn darjowc'anen 博学がお前を狂わせた Ac 26,24; or z-AY meroy šnorhs-n darjowc'in y-ankargowt'iwn 私たちの神の恵みを放縦に置き換えた人々 Jd 4; darjo nma ew z-miws-n もう一方の〔頬〕をも彼に向けてやれ Mt 5,39; ②or kami p'ox arnowl i k'ēn mi darjowc'aner z-eress あなたから金を借りたいと思う者には顔をそむけるな Mt 5,42; orč'ap'? ews arawel mek' et'ē y-erknaworē-n t'ikowns darjowc'anic'emk' ましてや私たちが天からの方に背を向けるのならば，どれほど〔罰を逃れえないだろう〕か He 12,25. → darnam

darjc'-   → darnam

darman, -oy/-i, -oc'/-ic'【名】介抱，世話，もてなし (ἐπιμέλεια Ac 27,3); darman tanim [E]/tam [M]〔+与…を〕介抱する (ἐπιμελέομαι Lk 10,35): hramayeac' ar barekams-n ert'al ew darman gtanel 彼は友人たちのもとに行ってもてなしを受けることを許した Ac 27,3; darman tar (M: towr) dma この人を介抱してやれ Lk 10,35.

darmanem, -ec'i【動】介抱する；いたわる；助ける (ἐπιμελέομαι Lk 10,34; θάλπω Eph 5,29; ἀντιλαμβάνομαι Ac 20,35): ac z-na i pandoki mi ew darmaneac' z-na 彼を宿屋に連れて行き彼を介抱した Lk 10,34; oč'ok' erbēk' ateay z-anjn iwr, ayl snowc'anē ew darmanē z-na 自分自身を憎んだ者はいまだかつて1人もおらず，反対にそれを養い，いたわるものだ Eph 5,29; z-amenayn inč' c'owc'i jez zi ayspēs part ē vastakel, ew darmanel z-hiwands あなたたちもこのように働いて，弱い人々を助けなければならないことを，私はあらゆる点においてあなたたちに示した Ac 20,35. → darman

daw, -oy, -ov【名】陰謀 (ἐπιβουλή): ełew nma daw i hrēic'-n 彼に対してユダヤ人の陰謀が起こった Ac 20,3.

dawačan, -i, -ac'【名】密偵，間諜 (ἐγκάθετος): arak'ec'in dawačans kełcaworeals z-anjins ar ardars ownel 彼らは自ら義人であるふりをする間諜どもを遣わした Lk 20,20.

dawačanowt'iwn, -t'ean【名】陰謀 (ἐνέδρα): loweal k'erordwoy-n Pawłosi z-dawačanowt'iwn-n パウロの姉妹の息子がその陰謀を聞いて Ac 23,16. → daran

dawanem, -ec'i【動】告白する (ὁμολογέω): dawanec'er z-barwok' dawanowt'iwn あなたは立派な告白を〔もって〕告白した 1Tm 6,12. → xostovanem

dawanowt'iwn, -t'ean【名】告白 (ὁμολογία) 1Tm 6,12. → xostovanowt'iwn

deł, -oy/-i, -oc'/-ic'【名】①薬草，薬，目薬 (κολλούριον Ro 3,18). ②イ

ンク (μέλαν 3Jn 13)：①dir deł y-ač's k'o zi tesc'es お前が見えるようになるためにお前の目に目薬を塗れ Re 3,18; mahkanac'ow inč' deł = θανάσιμόν τι 何かの毒 Mk 16,8; ②oč' kamim k'artisiw ew dełov grel 私は紙とインクで書きたいとは思わない 3Jn 13.

dełatow, -ac' 【名】毒薬を与える者，魔術を行う者（φάρμακος）Re 22,15. [-tow (: tam, etow)] → kaxard

dełatowowt'iwn, -t'ean 【名】毒を盛ること，魔法，妖術（φάρμακον Re 9,21; 18,23）：oč' apašxarec'in i mardaspanowt'enē ew i dełatowowt'enē 彼らは人殺しや魔法にも悔い改めはしなかった Re 9,21.

denar → dēnar

dep → dēp

deř 【副】まだ，依然として（ἔτι）：zi deř erek' žamk' en awowr-s 今日はまだ3刻だから Ac 2,15; k'anzi deř marmnawor ēk' あなた方はまだ肉的だから 1Cor 3,3. ―【接】〔未完過と共に〕…している間に：ibrew bazmec'an ew deř owtein, asē YS = ἀνακειμένων αὐτῶν καὶ ἐσθιόντων ὁ' Ἰησοῦς εἶπεν 彼らが食事の席について，食べていると，イエスは言った Mk 14,18. → minč'deř

dew, diwi, -wac' 【名】悪霊，異教の神（δαιμόνιον; δαίμων Mt 8,31）：dews bazowms ehan 彼は多くの悪霊どもを追い出した Mk 1,34; dewk'-n ałač'ein z-na 悪霊たちは彼に乞い願った Mt 8,31. → ays², diwahar, ogi, dik'²

dēz 山積み，堆積 → dizanem

dēm, dimi; dēmk', dimac' 【名】①《通常は複》顔；dēm yandiman = πρόσωπον πρὸς πρόσωπον 顔と顔を合わせて 1Cor 13,12. → eresk'. ②dēm dnem 向かう．③z-dēm ownim 立ち向かう，対抗する（ὑπαντάω Lk 14,31）． → ənddēm. ④i dimi harkanem 迎え撃つ，敵対する，抵抗する（ἀνθίστημι）：⑤tasn hazaraw z-dēm ownel z-aynorik or gayc'ē i veray nora k'san hazaraw 2万人をもって彼に向かって来る者に1万人で対抗する Lk 14,31; ④zi karōł linic'ik' i dimi harkanel č'ari-n y-awowr-n č'arowt'ean 悪しき日にあって悪に抵抗できるように Eph 6,13. → dimem, yandiman, bazmadēm

dēnar; M: denar, -i, -ac' 【名】デナリオン（δηνάριον）：əndēr? oč' ewł-d ayd vačařec'aw erek'ariwr dēnari (M: denari), ew towaw ałk'atac' なぜその香油は300デナリオンで売られて，貧しい人たちに施されなかったのか Jn 12,5. → dahekan

dēp; M: dep, dipi, dipowm 【形】適当な，適切な，時宜を得た；dēp ē 起こり得る，あり得る；i dēp linel [+与…が][+不…するのは] 妥当

dēpowłił

だ；i dēp žamow/žamanaki 都合よく，時宜を得て：t'ē dēp lic'i (= τυχόν), aṙ jez mnac'ic' ew kam jmerec'ic' あなた方のところでは，私は滞在することになるかもしれないし，あるいは冬を越すことにさえなるかもしれない 1Cor 16,6. ―【名】偶然，事態；dēp ełew［+不］偶然に…した，…する事態が生じた (κατὰ συγκυρίαν Lk 10,31; συμβαίνω Ac 21,35): dēp ełew k'ahanayi mioǰ iǰanel ənd noyn čanaparh 偶然にもその道をある祭司がくだって来た Lk 10,31; ibrew ehas y-aštičans-n, dēp ełew baṙnal berel z-na i zōrakanac'-n vasn bṙnowt'enē amboxi-n 彼が階段にさしかかった時，群衆の暴行のために，兵士たちに担ぎ運ばれなければならない事態が生じた Ac 21,35.

dēpowłił【副】まっすぐに，直接に．

džxoy → dšxoy

džoxk', -xoc'【名】《複のみ》死後の世界，黄泉，冥府，死 (ᾄδης); 底なしの深淵 (ἄβυσσος Re 20,1): mi minč'ew y-erkins barjrasc'is, ayl minč'ew i džoxs iǰc'es お前は天まで高く挙げられるというのか．そうではなくお前は黄泉にまで下るであろう Mt 11,23; drownk' džoxoc' z-na mi yałt'aharesc'en 黄泉の門がそれに勝つことはないだろう Mt 16,18; oč' t'oław ogi nora i džoxs = οὔτε ἐγκατελείφθη εἰς ᾄδην 彼の霊は黄泉に棄ておかれなかった Ac 2,31; owr? ē džoxk' xayt'oc'k'-n k'o 死よ，汝の刺はどこにあるのか 1Cor 15,55; ownim z-p'akans mahow ew džoxoc' 私は死〔の門〕と黄泉〔の国の門〕とを開く鍵を持っている Re 1,18; ownēr z-p'akans džoxoc' ew šłtays mec i jeṙin iwrowm 彼は底なしの深淵の鍵と大きな鎖を手にしていた Re 20,1. ↔erkink' (Mt 11,23; Lk 10,15)

džowar, -i, -ac'【形】難しい，困難な；džowaraw《副詞的に》困難で，骨折って (δυσκόλως): džowaraw mtc'ē mecatown y-ark'ayowt'iwn erknic' 金持ちが天の王国に入るのは大変難しいだろう Mt 19,23.

džowarakir, -kri, -krac'【形】担い切れない (δυσβάστακτος): baṙnayk' mardkan beṙins džowarakirs お前たちは人々に担い切れないほどの荷を負わせる Lk 11,46. → -kir < krem

džowarapatowm【形】語り難い (δυσερμήνευτος): vasn oroy bazowm en mez bank' ew džowarapatowm i meknel 彼については私たちには言うべきことがたくさんあるが，語り聞かせるのが難しい He 5,11. → patmem

džowarimac'【形】理解しがたい (δυσνόητος): y-ors gtani inč' inč' džowarinac' その中には理解しにくいところがいくつか見られる 2Pe 3,16. → -imac' (: imanam)

džowarin, -rnoy, -oc‘【形】①困難な，骨の折れる（σκολιός Lk 3,5）．②džowarin ē［＋与］難しい（δύσκολος Mk 10,24; δυσκόλως Mk 10,23）：①ełic‘in džowarink‘-n i diwrins ＝ ἔσται τὰ σκολιὰ εἰς εὐθείαν 困難なものは容易なものになるだろう［Gk: 曲がったものは直くされるだろう］Lk 3,5; ②orč‘ap‘? džowarin ē yowsac‘eloc‘ y-inč‘s mtanel y-ark‘ayowt‘iwn AY 資産に頼る者が神の王国に入るのはどれほど難しいだろうか Mk 10,24．

džpateh【形】適していない（ἀνεύθετος）Ac 27,12．

diem, -ec‘i/M: diac‘i【動】（乳を）飲む，吸う：erani ē orovayni-n or kreac‘ z-k‘ez ew steanc‘-n or diec‘owc‘in (M: diac‘in [→ diem]) z-k‘ez 幸いだ，あなたを宿した胎とあなたに乳を吸わせた乳房とは Lk 11,27 ［diac‘in は dianam（diac‘ay?）との混交か？　→ stndiac‘］．

diec‘owc‘anem, M: diēc‘owc‘anem, -owc‘i【動】乳を飲ませる（θηλάζω）：erani ē … steanc‘-n or diec‘owc‘in (M: diac‘in [→ diem]) z-k‘ez 幸いだ，あなたに乳を飲ませた乳房は Lk 11,27; erani amloc‘ ew orovaynic‘ or oč‘ cnan ew steanc‘ or oč‘ diec‘owc‘in (M: diēc‘owc‘in) 幸いだ，石女と，子を産んだことのない胎と，乳を与えたことのない乳房は Lk 23,29．

dizanem, dizi【動】積み重ねる，寄せ集める（ἐπαθροίζομαι）：i dizanel i veray noc‘a žołovrdoc‘-n 群衆が彼らに群れ集まって来た時 Lk 11,29. → dēz

dimem, -ec‘i【動】①激走する，疾駆する，突進する（ὁρμάω Lk 8,33; Ac 19,29; κατατρέχω Ac 21,32; ὑποτρέχω Ac 27,16; εἰσπηδάω Ac 16,29）．②linim dimel [i＋不］…しようという欲求（動き）が起こる（ὁρμὴ γίνομαι Ac 14,5）：①dimeac‘ eramak-n i gahē anti i covak-n その群は崖をくだって湖へなだれ込んだ Lk 8,33; dimec‘in aṙ hasarak i t‘eatron-n 彼らは一団となって劇場になだれ込んだ Ac 19,29; oroy andēn aṙeal zōrakans ew hariwrapets dimeac‘ i veray noc‘a 彼は直ちに兵士たちと百人隊長たちを率いて，彼らのもとに駆け下った Ac 21,32; xndreac‘ loys ew dimeac‘ i nerk‘s 彼は明りを持って来させて中に駆け込んだ Ac 16,29; hamarec‘an owr dimeal-n ēin hasanel ＝ δόξαντες τῆς προθέσεως κεκρατηκέναι 人々は彼らの目論見を達成できると思った Ac 27,13; ②ibrew ełew dimel het‘anosac‘-n ew hrēic‘ išxanōk‘-n iwreanc‘ i t‘šnamanel ew i k‘arkocel z-nosa 異邦人とユダヤ人が役人たちと一緒になって，乱暴を働き石打ちにしようとする動きが起こって Ac 14,5. → dēm

diopetēs, -teay【形】天から降った（διοπετές）：isk ov? ē i mardkanē or oč‘ gitē z-Ep‘esac‘woc‘ k‘ałak‘-s mehenazard meci-n Artemeay dic‘-n

dipim 182

ew diopeteay エフェソの町が大いなる女神アルテミスの神殿と天から降って来た神像との守護者であることを知らない者が1人でもいるだろうか Ac 19,35.

dipim, -pecʻay/-pay【動】①出会う，落ち合う（συμβάλλω Ac 20,14）．②起こる（συμβαίνω 1Pe 4,12）：①dipacʻaw mez i y-Asovn 私たちはアソスで彼と落ち合った Ac 20,14; ②orpēs etʻē ōtar inčʻ irkʻ jez dipicʻin 何か不思議なことがあなた方に起こっているかのように 1Pe 4,12; etʻe ast eir dipeal, očʻ ēr meṙeal ełbayr-n im = εἰ ἦς ὧδε οὐκ ἄν μου ἀπέθανεν ὁ ἀδελφός あなたがここにいたなら，私の兄弟は死ななかっただろうに Jn 11,32. → dēp lini

ditem, -ecʻi【動】見る，見つめる（βλέπω）：əst iwrakʻančʻiwr eresacʻ ditesǰikʻ あなた方はそれぞれ目の前にあるものを見よ 2Cor 10,7.

dir ［命・アオ：dnem］ → žamadir

dicʻ → dikʻ²

dicʻes, dicʻē → dnem

diwakan, -nacʻ【形】悪魔的な（δαιμονιώδης）：imastowtʻiwn-s ays ... erkrawor, šnčʻawor ew diwakan この知恵は地上的で生得的で悪魔的なものだ Jas 3,15.

diwahar, -i, -acʻ ［Mt 4,24E: z-dewahars］【形】悪霊に憑かれた（δαιμονιζόμενος Mt 8,16; δαιμονισθείς Mk 5,18; Lk 8,36）：matowcʻin aṙ na diwahars bazowms 人々は悪霊に憑かれた多くの者を彼のもとに連れて来た Mt 8,16; patmecʻin nocʻa orocʻ tesealn ēr tʻe ziard pʻrkecʻaw diwahar-n ［先の出来事を］見ていた人たちは，悪霊に憑かれていた者がいかに救われたかを彼らに語った Lk 8,36. → aysahar, diw- (< dew), -har (< harkanem),

diwan, -i, -acʻ【名】学校，講堂（σχολή）：hanapazōr xōsēr i diwani-n Tiwraneay 日々彼はテュラノスの講堂で論じた Ac 19,9.

diwacʻ, diwi → dew

diwr/dewr, -i, woǰ【形】平易な；安楽な，苦痛のない；dewr linim 元気である（εὐψυχέω）：zi ew inj srti dewr linicʻi, yoržam giticʻem inčʻ z-jēnǰ = ἵνα κἀγὼ εὐψυχῶ γνοὺς τὰ περὶ ὑμῶν あなた方の消息を知ることによって，私もまた元気になるために Php 2,19.

diwragoyn【副】《比》より容易に（εὔκοπος Lk 5,23）；堪えやすい（ἀνεκτός Mt 11,22）：zinčʻ? diwragoyn ēʻ asel ... etʻe asel ... …と言うのと，…と言うのとでは，どちらがたやすいか Lk 5,23 ［対応箇所 Mt 9,5 Mk 2,9 diwrin］; diwragoyn licʻi erkri-n Tiwrosi ew Sidovni y-awowr-n datastani kʻan jez さばきの日には，テュロスとシドンの方がお前たちよ

りも堪えやすいだろう Mt 11,22. -agoyn

diwrahawan【形】御しやすい，温順な (εὐπειθής) Jas 3,17.

diwrin, -rnoy, -oc‘【形】容易な，やさしい (εὐθύς Lk 3,5; εὔκοπος Mt 19,24)：ełic‘in džowarink‘-n i diwrins = ἔσται τὰ σκολιὰ εἰς εὐθείαν 困難なものは容易なものになるだろう［Gk: 曲がったものは直くされるだろう］Lk 3,5;［＋与＋不］diwrin ē malxoy mtanel ənd cak asłan らくだが針の穴を通り抜けるほうがやさしい Mt 19,24.

dik‘[1] → dnem

dik‘[2], dis, dic‘, diōk‘【名】（異教の）神々，神霊 (δαιμόνιον)：ōtaroti imn dic‘ t‘owi patmič‘ lineloy 彼は異国の神霊の宣伝者であるらしい Ac 17,18.

dłrdem; M: dłordem, -ec‘i【動】動揺させる，動転させる (σείω)；[受] 動揺する，騒ぎ立つ：i mtanel-n nora y-EM dłrdec‘aw (M: dłordec‘aw) k‘ałak‘-n amenayn 彼がエルサレムに入ると全都が動転した Mt 21,10. → dołam ［強意重複形：ELPA II.44］

dma; **dmanē** → da

dmin → doyn

dnem, edi, 3・アオ ed; 接・アオ edic‘, dic‘es, dic‘ē; 命 dir, dik‘; 分 edeal 【動】①置く，（金を）預ける，（獄に）監禁する，（くつわを）つける (τίθημι Lk 19,21; ἐπιτίθημι Lk 10,30; 23,26; Ac 16,23; ἀποτίθεμαι Mt 14,3; Ac 7,58; κατακλείω Lk 3,20; βάλλω Jas 3,3). ②定める，決定する；立てる，任命する (τάσσω Ac 28,23; τίθημι Jn 15,16; Ac 1,7)；yaṟaJagoyn dnem 前もって定める (προτίθεμαι Eph 1,9). ③横たえる (κεῖμαι Lk 2,12; κατάκειμαι Ac 28,8; κλίνω Mt 8,20; ἀνακλίνω Lk 2,7). ④（薬を）塗る (ἐγχρίω Re 3,18). ⑤乗せる (ἐπιβιβάζω Lk 10,34). ⑥申し立てる (καταφέρω Ac 25,7)；dnem aṟaJi 証拠として挙げる，論証する (παρατίθεμαι Ac 17,3). ⑦（食物を）出す (παρατίθημι Lk 11,6)；yaṟaJ dnem 前に置く，供える (προτίθεμαι Ro 3,25)：①edin i veray nora z-xač‘-n 彼らは彼に十字架を負わせた Lk 23,26; bazowm vērs edeal i veray noc‘a arkin i bant 彼らは彼らをひどく打たせて，牢に入れた Ac 16,23; vērs i veray edin (= πληγάς ἐπιθέντες) t‘ołin kisamah ew gnac‘in 彼らは［彼を］滅多打ちにして半殺しにしたまま立ち去った Lk 10,30; vkayk‘-n dnēin z-jorjs iwreanc‘ aṟ ots eritasardi mioJ or koč‘ēr Sawowł 証人たちは彼らの上着をサウロという青年の足元に置いた Ac 7,58; kapeac‘ z-na ew ed i bandi 彼は彼を縛って獄に閉じ込めた Mt 14,3; ②z-žams ew z-žamanaks z-or hayr ed y-iwrowm išxanowt‘ean 父が自らの権威において定めた期間 Ac 1,7; žam edeal nma ōr mi, ekin i vansn aṟ na bazowmk‘ 彼らは日時を決めて，大勢で

dšxoy 184

彼の宿にやって来た Ac 28,23; edi z-jez zi dowk' ert'ayc'ēk' ew ptłaberk' linic'ik' 私は、あなた方が往って実を結ぶように、あなた方を任命した Jn 15,16; ③manowk ... edeal i msowr 飼い葉桶に寝かされている幼子 Lk 2,12; ełew hōr-n Popleay i ǰerm ew y-axt t'anč'ic' hiwandanal dnel ププリウスの父が熱病と下痢に苦しんでふせっていた Ac 28,8; ordwoy mardoy oč' goy owr dic'ē z-glowx iwr 人の子には頭を横たえるところもない Mt 8,20; ④dir deł y-ač's k'o zi tesc'es お前が見えるようになるためにお前の目に目薬を塗れ Re 3,18; ⑤edeal i veray grasyow iwroy〔彼を〕自分の家畜に乗せて Lk 10,34; ⑥bazowm ew canr vnas dnēin, z-ors oč' karēin c'owc'anel 彼らは多くの重大な罪状を並べ立てたが、それらを立証することはできなかった Ac 25,7; banayr ew dnēr ařaǰi et'ē part ēr K'I č'arč'arel ew yařnel i mereloc' 彼はキリストが苦しみを受けて死人の中から甦らねばならなかったことを説き明かし論証した Ac 17,3; ⑦oč' inč' ownim dnel ařaǰi nora 私には彼に出してやるものがない Lk 11,6.

dšxoy; džxoy, -i, -ic' 【名】女王（βασίλισσα）: dšxoy-n harawoy yaric'ē i datastani ənd azgi-s ənd aysmik 南の女王は裁きの際この世代と共に起き上がるだろう Mt 12,42. → t'agawor, ark'ay

dołam, -ac'ay/-ac'i 【動】震える、おののく、戦慄する（τρέμω Lk 8,47; ἔντρομος He 12,21）: ibrew etes kin-n et'e oč' cackec'aw i nmanē ekn dołalov 女は隠れとおせないと見てとると、おののきつつやって来た Lk 8,47; z-ahi hareal em ew dołam 私はひどく恐れ、おののいている He 12,21. → dłrdem (ELPA II.44)

dołowt'iwn, -t'ean 【名】震え、おののき、戦慄；畏れ（τρόμος 1Cor 2,3; δέος He 12,28）: ew es tkarowt'eamb ew erkiwłiw ew dołowt'eamb bazmaw ełē ař jez 私も弱さと恐れと多くのおののきともってあなたがたのところに行った 1Cor 2,3; paštemk' z-AC hačowt'eambk' ahiw ew dołowt'eamb 私たちは畏敬と畏れをもって、神に喜ばれるように務めを果たそう He 12,28.

doyl; doył, dowli/-łi, -ic' 【名】手桶、バケツ（ἄντλημα）: dow k'anzi ew doył isk oč' ownis ew ǰrhor-s xor ē あなたは手桶も持っていないし、この井戸は深い Jn 4,11.

doyn, dorin, dmin, dovin; 複：A) dok'in, dosin; B) doynk', doyns 【代】《2人称直示・同一性 → -d》それ（あなた）と同じ［人・もの・こと］: ew z-or arar-d da xawsesc'i vasn yišataki dorin この人の行ったこともまた、この人の記念のために語られるだろう Mk 14,9; es y-ayd isk cneal em ew i doyn isk ekeal em y-ašxarh, zi vkayec'ic' čšmartowt'ean-n =

ἐγὼ εἰς τοῦτο γεγέννημαι καὶ εἰς τοῦτο ἐλήλυθα εἰς τὸν κόσμον, ἵνα μαρτυρήσω τῇ ἀληθείᾳ 私は真理のために証しするために、そのために生まれたのであり、まさにそのためにこの世に来ている Jn 18,37; dmin awrinaki (= κατὰ τὰ αὐτά) aṙnein margarēic'-n hark' iwreanc' 彼らの父祖たちは預言者たちにもあなたたち（にしたの）と同じようにしていた Lk 6,23. → noyn, soyn

dosa, dora, doc'a- → da

dow, 属 k'o, 与/対/位 k'ez, 奪 k'ēn, 具 k'ew【代】《2人称単数》あなた (σύ)：oč' orpēs es kamim, ayl orpēs dow 私の望むようにではなく、あなたの望むように Mt 26,39; č'-kay inč' k'o ew ardaroy-n aynorik あなたとあの義人とは何の関わりもない Mt 27,19; amenayni or xndrē ok' i k'ēn, towr すべてあなたに求める者には与えよ Lk 6,30; zinč' dok'a z-k'ēn vkayen これらの者たちはなぜお前に不利な証言をしているのだ Mk 14,60; yatakesc'en z-k'ez ew z-ordis k'o i k'ez 彼らはお前とお前の中にいるお前の子らとを地に打ち倒すだろう Lk 19,44; patesc'en z-k'ew (M: z-k'ez) t'šnamik' k'o patnēš お前の敵たちがお前のまわりに塁壁を築くだろう Lk 19,43; et'e ordi es AY, ark z-k'ez (= σεαυτόν) asti i vayr もしお前が神の子ならば、ここから下へ身を投げよ Mt 4,6; ayžm p'aṙaworea z-is hayr aṙ i k'ēn (= παρὰ σεαυτῷ) 父よ、今あなた自身のもとで、あなたが私の栄光を現せ Jn 17,5. → es², mek', dowk', na²; -d

dowž, -ic'【形】《xowž と押韻して》野蛮な、野蛮人 (βάρβαρος)：et'ē oč' gitic'em z-zōrowt'iwn jayni-n, linic'im aynm or xōsic'i-n ənd is xowž, ew na or xōsic'i-n ənd is dowž もしも私がその言語の意味を知らないとしたら、私は話している人にとって外国人となるであろうし、また私と話している人は〔私には〕外国人となるであろう 1Cor 14,11. → xowž

dowṙn, dran; drownk', dranc'【名】戸，扉；門 (πυλών Mk 2,2 Mt 26,71; θύρα Jn 10,9; Col 4,3; Ac 14,27; πύλη Ac 12,10)：žołovec'an bazowmk', minč'ew tełi ews oč' linel ew oč' aṙ dran-n 大勢の人が集まり、それで戸口の所はもはやまったく隙間がなくなってしまった Mk 2,2; ibrew el na artak's k'an z-dowṙn-n, etes z-na ayl kin mi 彼が門のところへ出て行くと、もう1人別の女が彼を見た Mt 26,71; es em dowṙn, ənd is t'e ok' mtanic'ē kec'c'ē 私が門だ。人が私を通って入るなら救われるだろう Jn 10,9; zi AC bac'c'ē mez dowṙn bani-n 神が私たちに言葉の扉を開いてくれるように Col 4,3; zi ebac' het'anosac' dowṙn hawatoc' （神が）異邦人に信仰の門を開いてくれたこと Ac 14,27; ekin minč'ew i dowṙn-n erkat'i or hanēr i k'ałak'-n 彼らは町に通じている鉄の門のとこ

ろまで来た Ac 12,10. → dowrk‘, dr̄napan

dowstr, dster, dsterk‘, -rac‘【名】娘 (θυγάτηρ; θυγάτριον Mk 5,23)：k‘aǰalereac‘, dowstr, hawatk‘ k‘o kec‘owc‘in z-k‘ez しっかりせよ，娘よ，あなたの信仰があなたを救った Mt 9,22.　→ owstr

dowrk‘, dowrs, drac‘, drawk‘【名】《複のみ》(家の) 玄関，入り口，門 (θύρα)：o? t‘awalec‘owsc‘ē mez z-vēm-n i drac‘ gerezmani-n 誰が私たちのために墓の入り口からあの石を転がしてくれるか Mk 16,3; yoržam tesanic‘ēk‘ z-ays amenayn, gitasǰik‘ t‘e merj ē i (M: aṙ) dowrs あなたたちがこれらすべてのことを見たならば，彼が入り口のところまで近づいていることを知れ Mt 24,33; datawor-n aṙ dowrs kay 裁き手が戸のところに立っている Jas 5,9.　→ dowr̄n (複 drownk‘)

dowk‘, jer, jez, jēnǰ【代】《2人称複数》あなたたち (ὑμεῖς; ὑμέτερος Lk 6,20; 1Cor 16,17)：mek‘ tkark‘ ew dowk‘ hzōrk‘ 私たちは弱く，あなたがたは強い 1Cor 4,10; bayc‘ jer erani ē ač‘ac‘-d zi tesanen しかしあなたたちの目こそ，見ているために，幸いである Mt 13,16; jer ē ark‘ayowt‘iwn AY 神の王国はあなたたちのものだ Lk 6,20; z-jer pakasowt‘iwn nok‘a lc‘in 彼らはあなたたちの欠けたところを満たした 1Cor 16,17; et‘e y-awtari-n č‘-ełēk‘ hawatarimk‘, z-jer-n o? tac‘ē jez もしあなたたちが他人のものに忠実にならなかったならば，誰があなたたちにあなたたちのものを与えるだろうか Lk 16,12; yoržam orošic‘en z-jez ew naxatic‘en ew hanic‘en anown č‘ar z-jēnǰ 人々があなたたちを排斥し，侮辱し，あなたたちについて悪しき名を唾棄する時 Lk 6,22.　→ es, dow, na, mek‘; -d, jezēn

dok‘a　→ da

dpir, dpri, -rac‘【名】①律法学者．②学者 (γραμματεύς)：①ziard? asen dpirk‘-n et‘e K‘S-n ordi Dawt‘i ē なぜ律法学者たちはキリストがダビデの子だと言うのか Mt 12,35; ②owr? imastown, owr? dpir, owr? k‘nnič‘ ašxarhi-s aysorik 知者はどこにいるか，学者はどこにいるか，この世の論客はどこにいるか 1Cor 1,20.　→ erēc‘, cerk‘, p‘arisec‘i, k‘ahanayapet, awrinakan

dprapet, -i, -ac‘【名】町の書記官 (γραμματεύς)：lr̄c‘oyc‘ dprapet-n z-ambox-n 町の書記官が群衆を押し鎮めた Ac 19,35.　→ -pet

dprowt‘iwn, -t‘ean【名】学問，学識，博学 (γράμματα); ayr aṙanc‘ dprowt‘ean = ἰδιώτης 普通の人間 Ac 4,13：bazowm dprowt‘iwnk‘ z-k‘ez i molorowt‘iwn darjowc‘anen 博学がお前を狂わせた Ac 26,24.　→ dpir

dr̄npan; dr̄napan, -i, -ac‘【名】門番 (ὁ/ἡ θυρωρός)：asac‘ c‘-dr̄npan-n, emoyc i nerk's z-Petros 彼は門番（の女）に話し，ペトロを中に引き入れた Jn 18,16. → dowr̄n, dowrk', -pan

dster- → dowstr

dstikon, -i【名】上階の部屋，屋上の部屋 (ὑπερῷον Ac 9,37; τρίστεγον Ac 20,9)：lowac'in z-na ew edin i dstikoni 人々はそれを洗い，屋上の間に安置した Ac 9,37; ǝnkłmeal i k'noy anti ankaw y-errord dstikonē-n i vayr 彼は眠り込んで 3 階から下に落ちてしまった Ac 20,9. [δίστεγον] → vernatown

draxt, -i, -ic'/-ac'【名】庭園，楽園 (παράδεισος)：aysawr ǝnd is ic'es i draxti-n あなたは今日私と共に楽園にいるだろう Lk 23,43; or yałt'ē-n tac' nma owtel i p'aytē-n kenac' or ē i mēǰ draxti-n AY 勝利する者には，私は神の楽園の中央に立っている命の木の実を食べる〔特権〕を与えよう Re 2,7. → partēz

dram, -i/-oy【名】ドラクマ (δραχμή)：gti z-dram-n im z-or korowsi 私はなくしていた 1 ドラクマを見つけた Lk 15,9. → erkdramean

dramb, **dran**, **dranē**, **dranc'** → dowr̄n

drac', **drawk'** → dowrk'

drac'i, -c'woy, -c'eac'【名】隣人 (γείτων Lk 15,9); 親族 (συγγενής Lk 2,44)：koč'ē z-barekams ew z-drac'is 彼女は友だちや近隣の者たちを呼び集める Lk 15,9; xndrein z-na ǝnd drac'is-n ew ǝnd canawt's 彼らは親族や知人たちの中に彼を探した Lk 2,44. → dowr̄n, dowrk'

drawšak, -i, -ac'【名】（着物の）縁 (κράσπεδον)：matowc'eal yetoy merjec'aw i drawšak handerji (M: i drawšaks handerjic') nora 彼女は後ろから〔彼に〕近づき，彼の着物の縁に触れた Mt 9,20. → k'łanc'k'

drošm, -i【名】刻印 (χάραγμα)：oč' ar̄in z-drošm nora i čakats iwreanc' 彼らはその刻印を額に受けなかった Re 20,4; ork' yałt'ec'in gazani-n ew t'owy anowan nora ew patkeri nora ew drošmi nora, nok'a kayin i veray covow-n apakełini ew ownēin z-k'nars AY かの獣とその名前の数とその像とその刻印〔との戦い〕に勝利した者たちが，そのガラスの海のほとりに，神の竪琴を抱えて立っていた Re 15,2.

drošmem, -ec'i【動】刻み込む (ἐντυπόω)：paštawn mahow grov drošmeal i taxtaks-n k'arełens 石板に刻まれた文字による死の奉仕 2Cor 3,7.

drowns, **drownk'** → dowr̄n

e

eak' → em
ebarj → baṙnam
ebac' → banam
ebek → bekanem
eber → berem
Ebrayec'erēn【副】ヘブライ語・文字で（Ἑβραϊστί Jn 19,13; ἑβραϊκοῖς Lk 23,38）：ēr gir greal i veray nora˙ Yownarēn ew Dałmatarēn ew Ebra/ec'erēn (M: Eb/rayec'erēn) grov, et'e sa ē ark'ay-n hr̄eic' 捨て札が彼の上に掲げてあり，ギリシア文字とラテン文字とヘブライ文字で「この者はユダヤ人どもの王」と書かれてあった Lk 23,38; ēr y-ĒM i probatikē awazani-n or kočʻēr Ebrayec'erēn Bēt'hezda hing srah エルサレムには羊門の近くに，ヘブライ語でベトザタ呼ばれた貯水池に5つの回廊があった Jn 5,2; nstaw i veray bemi-n i tełwoǰ or kočʻēr K'arayatak, ew Ebrayec'erēn Kappat'a (M: Kappat'ay) カラヤタク，ヘブライ語でガッバタと呼ばれる場所で，彼は裁判の執務席に着席した Jn 19,13.
ebrayec'ik'; hebrayec'ik', -c'woc'【名】ヘブライ人，ユダヤ人：p'orjec'er or asen z-ink'eans aṙak'eals ew oč' en, ew hebrayec'is ew sten お前は，使徒ではないのに自分たちは使徒であると自称する者たち，ヘブライ人と偽っている者たちを試した Re 2,2.
egit → gtanem
ed, edaw, edeal, edi- → dnem
ezanc' → ezn
ezen [3・単・アオ] → zenowm
ezn, -zin, -zanc'【名】牛，雄牛 (βοῦς 1Cor 9,9), 子牛 (μόσχος Lk 15,23): oč' kapesc'es z-c'r̄owk ezin kalotwoy 脱穀している牛に口籠をはめるな 1Cor 9,9; acēk' z-ezn pararak (M: pararag) zenēk' keric'owk' 肥えた子牛を引いて来て屠れ，そして食べようではないか Lk 15,23. → ar̄ǰaṙ
ezr, -zer, 複 ezerk', -rac'【名】(海・湖の) 岸，岸辺，ほとり：minč'deṙ zgnayr YS ənd ezr covow-n Gałiłeac'woc' = περιπατῶν δὲ παρὰ τὴν

θάλασσαν τῆς Γαλιλαίας 彼はガリラヤの海辺を歩き回りながら Mt 4,18; kayr YS y-ezer (M: y-ezr) covow-n イエスは岸辺に立った Jn 21,4. → covezr, tiezerkʻ

etʻ [ew etʻ のみ] → ewetʻ

etʻacʻ → tʻanam

etʻe; tʻe; etʻē; tʻē【接】A.《従属》〔仮定・条件を表して〕もしも…ならば (εἰ; εἴπερ Rom 3,30; 1Cor 15,15; ἐάν Mt 5,46; Mk 1,40; 2Tm 2,5; ἐάνπερ He 6,3); miayn tʻē …さえするなら (ἐάνπερ He 3,14):①〔現在・未来の実現可能な現実的仮定を示して；前提節は直説法，帰結節は直説法・接続法・命令法〕；②〔現在・過去の事実に反する非現実的な仮定を示して〕etʻe+未完了過去…(apa/ardewkʻ/apakʻēn+) 未完了過去；③〔生起可能な仮定，不確実性，一般的条件を示して；前提節に接続法，帰結節に直説法・接続法・命令法〕；④《認容節を導いて》etʻe/tʻe ew たとえ…であるとしても；《離接的》etʻe … (ew) etʻe … = εἴτε … εἴτε … …にせよ（であれ）…にせよ（であれ）．→ tʻepēt. —B.《補文化標識として》…ということ (ὅτι Lk 24,21; Jn 10,36; Mt 7,23; εἰ Ac 26,23; ἵνα Jn 15,13);《特に直接話法・直接疑問を導いて》…と（言う，知る，問う）(ὡς Lk 24,35). —C. ①《二重疑問を導いて》あるいは，それとも (ἤ; πότερον … ἤ Jn 7,17). ②《疑問文の文頭に置いて》. ③etʻe … etʻe = ἤτοι … ἤ …かまたは…か Ro 6,16. → kam². ④《間接疑問を導いて》…かどうか (εἰ): A. ①etʻe ordi es AY, asa zi kʻarinkʻ-s aysokʻik hacʻ linicʻin もしもお前が神の子なら，これらの石にパンになるよう命じてみろ Mt 4,3; isk etʻe z-xot-n i vayri or aysawr ē ew vałiw i hnocʻ arkani AC aynpēs zgecʻowcʻanē, orčʻapʻ ews arʻawel z-jez? tʻerahawatkʻ もし，今日は生きていても明日は炉に投げ込まれる野の草を，神はそのように装ってくれるのであれば，どれほどにかなおいっそうあなたたちを〔装って〕くれるだろうか，信仰の薄い者らよ Mt 6,30; isk etʻē merʻakʻ ənd KʻSi, hawatamkʻ tʻē ew kecʻcʻowkʻ ənd nma もしも私たちがキリストと共に死んだのなら，彼と共に生きるようにもなるであろうことを，私たちは信じている Ro 6,8; etʻe kamis, karoł z-is srbel もしあなたが望むならば，私を清められる Mk 1,40; ②etʻe i Tiwros ew i Sidovn ełeal ein zawrowtʻiwnkʻ-n or i jez ełen, vałow ews ardewkʻ xorgov ew moxrov apašxareal ēr もしもお前たちの中で生じた力ある業がテュロスとシドンで生じたなら，彼らはとっくに荒布と灰で回心していただろう Mt 11,21; sa tʻe margarē okʻ ēr, apa gitēr tʻe ov ew orpisi okʻ kin merjanay i sa もしもこの人が預言者であったなら，この人に触っている女が誰でどんな人か知り得たろうに Lk 7,39; etʻe giteir dow gonē

et'e 190

y-awowr-s y-aysmik z-xałałowt'iwn-n k'o もしこの日せめてお前が自分の平和を知っていたならば（どんなによいかと思う）Lk 19,42; ③et'e hnar ic'ē anc'anel y-inēn bažaki-s aysmik, apa t'e oč' arbic' z-sa, ełic'in kamk' k'o もし私がこの杯を飲まない限り、これが私から去って行くことはあり得ないのであれば、あなたの意志がなるように Mt 26,42; et'ē merealk' oč' yar̄nic'en もしも（実際）死者たちが起こされないとするなら 1Cor 15,15; et'ē martik ok' ic'ē, oč' psaki et'ē oč' əst ōrini-n martic'ē 誰であれ競技する者は、規則通りに競技しなければ栄冠を受けることはない 2Tm 2,5; arasc'owk' z-ayn, et'e AC hramayesc'ē もし神が許してくれるなら、私たちはこれをするだろう He 6,3; ④et'e siric'ēk' z-aynosik or siren z-jez, zinč'? varjk' ic'en あなたたちを愛してくれる者たちを愛したとしても、何の報いがあろうか Mt 5,46; t'e ew mer̄anel hasanic'ē ənd k'ez, z-k'ez oč' owrac'ayc' たとえ私があなたと一緒に死なねばならないとしても、あなたを否みはしない Mt 26,35; et'e owtic'ēk', et'e əmpic'ēk', et'e zinč' ew gorcic'ēk', z-amenayn inč' i p'ar̄s AY arasǰik' あなた方が食べるにせよ、飲むにせよ、何事をするにしても、あなた方はすべてのことを、神の栄光のためになせ 1Cor 10,31; et'ē nełimk', vasn jeroy mxit'arowt'ean ew p'rkowt'ean, ew et'ē mxit'arimk', vasn jeroy mxit'arowt'ean 私たちが患難を受けるにしても、それはあなた方の慰めと救いのためであり、慰めを受けるにしても、それはあなた方の慰めのためである 2Cor 1,6; et'ē Pawłos, et'ē Apawłos, et'ē Kep'as, et'ē ašxarh, et'ē keank', et'ē mah, et'ē or kan-s, et'ē handerjealk'-n, amenayn inč' jer ē パウロであれ、アポロであれ、ケファであれ、世界であれ、生命であれ、死であれ、現在のものであれ、来たるべきものであれ、すべてはあなた方のものなのだ 1Cor 3,22; —B. mek' akn owneak' t'e na ē or p'rkeloc'-n ic'ē z-IĒŁ 私たちは、彼こそがイスラエルをやがて解放する者だという希望を持っていた Lk 24,21; dowk' asēk' t'e hayhoyes? zi asac'i t'e ordi AY em 私が「自分は神の子だ」と言ったからといって、あなた方は「お前は冒瀆を吐いている」と言うのか Jn 10,36; yaynžam asac'ic' (E.mg: xostac'ayc') c'-nosa et'e oč' erbek' gitei z-jez そのとき私は彼らに「私はお前たちをまったく知らなかった」と言うだろう Mt 7,23; ew nok'a patmein z-ayn or zčanaparhayn-n ew t'e (M: et'e) ziard et canawt's noc'a i bakanel hac'i-n 彼らも、道すがら起こったこと、そしてパン裂きにおいて彼らにどのようにして彼がわかったかを物語った Lk 24,35; oč'inč' artak'oy asel k'an z-or margarēk'-n ew Movsēs xōsec'an z-handerjeloc'-n lineloy, (23) et'ē č'arčareloc' ē K'S-n, et'e ar̄aǰin i yarowt'enē mer̄eloc' loys patmeloc' ē žołovrdean-n ew het'anosac' 預言者たちやモーセが将来必ず起こると語ったこと以外は何一つ言わなかった．すなわち，キリストが苦しみを受けることになるということ，また，死人の中から最初に甦って，民にも異邦人にも光を告げ知らせることになるということだ Ac 26,22-23; mec ews k'an z-ays sēr oč' ok' owni, et'e z-anjn iwr dic'ē i veray barekamac' iwroc' 人がその友人たちのために命を棄てること，これよりも大いなる愛は誰も持つことがない Jn 15,13 [ays は et'e 以下をさす］; —C. ①mkrtowt'iwn-n Yovhannow owsti? ēr y-erknic'? t'e (M: et'e) i mardkanē ヨハネの洗礼はどこから来たのか，天からか，それとも人間からか Mt 21,25; gitasc'ē vasn vardapetowt'ean-s y-AY ic'ē ardewk', et'es (M: et'e es) inč' y-anjnē immē xawsim この教えについて彼は，それが神からか，あるいは私が私自身から語っているか，知るであろう Jn 7,17; ②t'e hamaric'is t'e oč' karem ałač'el z-hayr im ew hasowc'anic'ē inj ayžm aysr aweli k'an z-erkotasan gownds hreštekac'? それとも私が自分の父に願って，すぐに 12 軍団以上の御使いたちを私のために備えてもらえないとでも思うのか Mt 26,53; ③caray ēk' orowm hnazandik'-n, et'ē mełac', ew et'ē i hnazandowt'iwn ardarowt'ean あなたたちは，あなたたちが従順になるそのものの奴隷になる，〔すなわち死へと至る〕罪の奴隷か，あるいは義の従順へと至る奴隷かになるのだ Ro 6,16; ④t'e (M: et'e) meławor ic'ē, es oč' gitem 彼が罪人かどうか，私にはわからない Jn 9,25; Piłatos zarmac'aw t'e aynč'ap' val meraw ピラトゥスは彼がそんなに早く死んでしまったのかと驚いた Mk 15,44; ibrew oč' gtanein t'e ənd or mowcanic'en z-na i nerk's vasn amboxi-n, elin i tanis 彼らは，群衆のために，どこを通って彼を中に運び込んだらいいか分からず，屋根にのぼった Lk 5,19.

et'oł → t'ołowm
et'owk' → t'k'anem
ein, eir, eik' → em
el, eli → elanem
elanem, eli, 3・単/命・アオ el, 分 eleal【動】①外へ出る，出かける，(エルサレムに）のぼる；(陸に）上がる，(船に）乗り込む；船出する；(世を）去る，旅立つ [＝死ぬ] (ἐκπορεύομαι Mk 13,1 Mt 15,11; ἀνέρχομαι Ga 1,17; ἀναβαίνω Mt 14,32; Lk 5,2; ἀποβαίνω Lk 5,2; ἐκβαίνω He 11,15; ἐπιβαίνω Ac 21,2; συναναβαίνω Ac 13,31; ἀνάγομαι Ac 21,1; ἀναλύω Php 1,23; ἐκκομίζω Lk 7,12; ἔξοδος 2Pe 1,15; διαφημίζω Mt 28,15); (魚が）釣れる (ἀναβαίνω Mt 17,27). ②elanem artak's [artak'oy] 出て行く (ἐξέρχομαι ± ἔξω). ③(山・木・屋根に）登る・

elanem

上る，(天に) 昇る (ἀναβαίνω; ἀνέρχομαι Jn 6,3). ↔iǰanem. ④i xač' elanem 十字架につけられる．⑤elanem i marmnoy anti 体から離れて住む (ἐκδημέω ἐκ τοῦ σώματος 2Cor 5,8). ⑥elanem əndařaǰ (ənd ařaǰ) [+属/与]…に会いに・迎えに出て行く (ἐξέρχομαι εἰς ὑπάντησιν Mt 8,34). ⑦elanem z-mimeambk' = προηγέομαι ἀλλήλους 互いを立て合う Ro 12,10：①y-elanel nora i tačařē anti 彼が神殿から出て行く時 Mk 13,1; or inč' elenē i beranoy, ayn płcē z-mard 口から出て行くもの，それが人間を汚す Mt 15,11; elanēr mečreal mi ordi miamawr mawr iwroy ew na ēr ayri 寡婦である母親の一人息子が死んで担ぎ出されるところだった Lk 7,12; ew oč' eli y-EM ař or yařaǰagoyn k'an z-is ařak'ealk'-n ēin 私はエルサレムにのぼって私よりも前に使徒であった人たちのもとへ赴くこともなかった Ga 1,17; ibrew elin i naw-n handarteac' hołmn 彼らが船に上ると風は萎えた Mt 14,32; jknorsk'-n eleal i noc'anē lowanayin z-gorcis-n 漁師たちはそれらの (舟) から (陸に) 上がって網を洗っていた Lk 5,2; et'ē z-ayn yišēin owsti elin-n, goyr žamanak dařnaloy andrēn 彼らが自分たちの出て来たあの (祖国) を思っていたとすれば，帰る時もあっただろう He 11,15; ibrew ełew elanel mez ew meknel i noc'anē, handēp gnac'eal ekak' i Kov 私たちは船出して彼らから離れ，コスに直航した Ac 21,1; eleal i na gnac'ak それ (船) に乗って出航した Ac 21,3；→ hecanim; yet imoy elaneloy 私の旅立ちの後 2Pe 1,15; ənkea kart' ew z-ařaǰin jowkn-n or elanic'ē ař 釣り針を垂れて，最初に釣れた魚を取れ Mt 17,27; ②ibrew erekoy linēr, artak'oy k'an z-k'ałak'-n elanein 夕方になった時，彼らは都から出て行った Mk 11,19; et'e ok' oč' ē hastateal y-is, ela na artak's ibrew z-owř-n ew c'amak'ec'aw 私のうちに留まっていない人がいれば，その人は枝のように投げ出されて枯れてしまう Jn 15,6; ③elanē i leařn 彼は山に登る Mk 3,13; ənt'ac'eal yařaǰs, el i žantat'zeni-n zi tesanic'ē z-na 彼は前方に走り出て，いちじく桑の木に登り，彼を見ようとした Lk 19,4; oč' ok' el y-erkins, et'e oč' or ēǰ-n y-erknic', ordi mardoy, or ē-n y-erkins 天から降った者，天にいる人の子のほかには，天に昇った者は誰もいない Jn 3,13; elin i tanis 彼らは屋根に上った Lk 5,19; ④ew or ənd nma i xač'-n (M: i xač') eleal ein, naxatein z-na 彼と一緒に十字架につけられた者たちも彼を罵った Mk 15,32 [cf. Mt 27,44：→ xač'em]; [xortakec'in z-barjs] noynpēs ew z-miwsoy-n or ənd nma i xač'-n eleal ēr 彼と共に十字架につけられたもう1人の者の〔足〕も同様に〔折った〕Jn 19,32 [→ xač'eleal]；⑤ařawel ews hačeal emk elanel i marmnoy anti ew mtanel ař AC 体から離れて住むこと，そして神のも

とに住むことを私たちは願わしく思っている 2Cor 5,8; ⑥amenayn k'ałak'-n el ənd araǰ YI 町全体がイエスに会うために出て来た Mt 8,34.
elac' → lam
elic'[1] → lnowm
elic'[2] → elk'
eli; elc'ē; eleal → elanem
elk', elic', -iwk' 【名】《複のみ》①出ること，脱出；旅立ち［＝死］(ἔξοδος). ②出口；終り，果て (ἔκβασις)：①hawatovk' Yovsēp' i vaxčanel iwrowm yišeac' z-els ordwoc'-n Israyēli 信仰によってヨセフは，命尽きようとしていた時，イスラエルの子らが〔エジプトから〕脱出することを思った He 11,22; asein z-elic'-n nora z-or katareloc' ēr i y-ĒM 彼らは彼がエルサレムで成就することになるその旅立ちについて話していた Lk 9,31; ②arasc'ē ənd p'orjowt'ean-n ew z-els-n, zi hamberal karasǰik' あなた方が耐えられるために〔神は〕試練とともに出口をも造ってくれるだろう 1Cor 10,13; hayec'ealk' y-els gnac'ic' noc'a 彼らの生涯の終りを見て He 13,7. → arewelk'
ek[1]; **ekayk'** → gam
ek[2], -i, -ac' 【名】(他国から) 来た，寄留する，異郷人 (ἐπιδημέω Ac 2,10; 17,21)；(ユダヤ教への) 改宗者 (προσήλυτος Ac 2,11)：ekk' Hř omayec'ik' 寄留しているローマ人 Ac 2,10; At'enac'ik' amenek'in ew ekk'-n ōtark' アテネ人すべてとそこに住む外国人 Ac 17,21; Hreayk' ew ekk' ユダヤ人と改宗者 Ac 2,11. → gam (eki)
ekamowt, -mti, -ic'/-ac' 【名】(ユダヤ教への) 改宗者 (προσήλυτος Mt 23,15): yacik' ənd cov ew ənd c'amak' aṙnel ekamowt mi お前たちは海と陸を駆け巡って１人でも改宗者を作ろうとする Mt 23,25; ibrew arjakec'aw žołovowrd-n, zhet ert'ayin bazowmk' i hrēic' anti ew i paštōnēic'-n ekamtic' z-Pawłosi ew z-Baṙnabay 集会が解散した後も，大勢のユダヤ人と神を敬う改宗者たちがパウロとバルナバについて来た Ac 13,43. → gam (eki), mowt (mtanem, mti)
ekac' → kam[1]
ekeal; ekak'; ekeloc' → gam
ekeac' → keam
ekełec'i, -c'woy, -c'eac' 【名】教会 (ἐκκλησία)：dow es vēm, ew i veray aydr vimi šinec'ic' z-ekełec'i im あなたは岩だ，そしてその岩の上に私は自分の教会を建てよう Mt 16,18; isk ew et'e noc'a oč' lowic'ē, asasǰir y-ekełec'woǰ. apa t'e ew ekełec'woy-n oč' lowic'ē, ełic'i k'ez ibrew z-het'anos-n ew z-mak'sawor もし彼が彼らにも聞き従わないならば，教

会に告げよ．そして彼が教会にも聞き従わないならば，彼はあなたにとって異邦人および徴税人のようになるように Mt 18,17.

eker → owtem
eki; ekn; eke(s)cʻ- → gam
ehan → hanem
ehas → hasanem
ehat → hatanem
ehar → harkanem
eharcʻ → harcʻanem
eheł → hełowm
ełbayr, -bawr, -barkʻ, -barcʻ【名】兄弟（ἀδελφός）: etes erkows ełbars, z-Simovn z-kočʻecʻeal Petros ew z-Andreas ełbayr nora 彼はペトロと呼ばれてきたシモンとその弟アンドレアスの2人の兄弟を見た Mt 4,18. → kʻoyr
ełbayrasēr, -siracʻ【形】兄弟を愛する（φιλάδελφος）1Pe 3,8.
ełbayrsirowtʻiwn【名】兄弟愛（ἀδελφότης 1Pe 2,17; φιλαδελφία 1Th 4,9）: vasn ełbayrsirowtʻean čʻ-ē inčʻ pitoy grel ař jez 兄弟愛についてはあなた方に書き送る必要はない 1Th 4,9; ełbayrsirowtʻiwn hastatescʻi ař jez 兄弟愛があなた方に保たれるように He 13,1.
ełbōrordi【名】兄弟の子，従兄弟（ἀνεψιός）: Markos ełbōrordi Barnabay バルナバの従兄弟のマルコ Col 4,10.
ełeal; ełealkʻ → linim
ełegn/ełēgn, -łegan, -gownkʻ, -gancʻ【名】①葦，葦の杖；物差し（κάλαμος, μέτρον）．②わら（καλάμη）: ①ełegn? šaržown i hołmoy 風に揺らいでいる葦を〔見に出て来たの〕か Mt 11,7; cecice z-glowx-n ełegamb 彼の頭を葦で打った Mk 15,19; or xōsēr-n ənd is ownēr ełegn oski i jeřin iwrowm, zi čʻapʻescʻē z-kʻałakʻ-n ew z-drowns nora ew z-parisps nora 私と語っていた（天使）は，その都と城門と城壁とを測るために，手に金の物差しを持っていた Re 21,15. ②pʻayt, xot, ełegn 木，草，わら 1Cor 3,12.
ełelocʻ; ełer; cłcrowkʻ; ełew; ełēkʻ → linim
ełi → ēłi
ełijir; -jikʻ → linim
ełcaneli【形】朽ちる，滅び去る（φθαρτός）: pʻoxecʻin z-pʻařs anełci-n AY i nmanowtʻiwn patkeri ełcaneli mardoy 彼らは不朽なる神の栄光を朽ちゆく人間の像に似通ったものに変えた Ro 1,23.
ełcanem, ełcʻi【動】破壊する，滅ぼす，腐敗させる，廃棄する（φθείρω

2Cor 7,2; λύω Jn 10,35)：oč‘ z-ok‘ ełcak‘ 私たちは誰をも滅ぼさなかった 2Cor 7,2;［受］et‘e z-nosa astowacs asē aṙ ors ban-n AY ełew, ew č‘-ē mart‘ ełcanel (λυθῆναι) groy-n 神の言葉の臨んだ人々，その人々を神々と言っており，そして聖書の廃れることがありえないとすれば Jn 10,35.

ełcanim, ełc‘ay【動】壊れる，滅びる，腐敗する (ἀφανίζομαι Ac 13,41)：tesēk‘, arhamarhotk‘, ew zarmac‘arowk‘ ew ełc‘arowk‘ 見よ，侮る者たちよ，驚け，そして滅び去れ Ac 13,41.

ełcowmn, -cman【名】堕落，腐敗，破壊，消滅 (φθορά); 捕獲 (ἅλωσις 2Pe 2,12)：ibrew z-anxōs anasowns əst bnacin barowc‘-n y-ełcowmn ew y-apakanowt‘iwn 本性として，捕えられ，殺されるために生まれてきた理性のない畜生のように 2Pe 2,12.

ełngnak‘ar/ełegnak‘ar【名】紅縞めのう (σαρδόνυξ) Re 21,20.

ełǰewr, -ǰiwrē/M: -ǰerē [-ǰewrē?], -rac‘【名】①角 (κέρας). ②いなご豆 (κεράτιον)：①gaṙn ... or ownēr ewt‘n ełǰewrs 7つの角をもった小羊 Re 5,6; yaroyc‘ (M: + z-) ełǰewr p‘rkowt‘ean-n mez 彼は私たちのために救いの角を挙げた Lk 1,69; ②c‘ankayr lnowlm z-orovayn iwr y-ełǰiwrē-n (M: y-ełǰe/rē-n) z-or xozk‘-n owtein 彼は豚どもが食べているいなご豆で腹を満たしたいと望んだ Lk 15,16.

em【動】［現：em, es, ē, emk‘, ēk‘, en; 接：ic‘em, ic‘es, ...; 未完過：ei, eir, ēr, eak‘, eik‘, ein; 命：er, ēk‘; アオ（直，接，命），命・現，不定詞は linim 参照］I.《存在》ある，いる (εἰμί; σύνειμι [+ənd] Lk 9,18; συμπάρειμι [+ənd] Ac 25,24; ὑπάρχω Ac 28,7; προϋπάρχω Ac 8,9). — II.《繋辞》…である (εἰμί; ὑπάρχω Lk 8,41; ἄγω Lk 24,21). —III.《迂言の助動詞》①〔完了分詞 -eal と共に〕；②〔未来分詞 -loc‘ と共に〕：I. i skzbanē ēr ban-n, ew ban-n ēr aṙ AC, ew AC ēr ban-n はじめにことばがいた．ことばは神のもとにいた．ことばは神であった Jn 1,1; novaw keamk‘ ew šaržimk‘ ew enk‘ 我々は神によって生き，動き，存在する Ac 17,28; zi nax k‘an z-is ēr 彼は私よりも先にいたから Jn 1,15; y-awowrs-n y-aynosik darjeal žołovowrd bazowm ēr その頃，再び多くの群衆が集まっていた Mk 8,1; ein ənd nma ew ašakertk‘-n nora 弟子たちも彼と共にいた Lk 8,41; amenayn ark‘ ork‘ ənd mez ēk‘ われらと同席のすべての諸君 Ac 25,24; šowrǰ z-tełeaw-n z-aynowik ēin geawłk‘, glxawori kłzwoy-n orowm anown ēr Poplios この場所の近くに島の長官でプブリウスという人の地所があった Ac 28,7; ayr omn Simovn anown yaṙaǰa-goyn ēr i k‘ałak‘i-n シモンという男がかつて町にいた Ac 8,9. —II. hez em ew xonarh srtiw 私は柔和で心が低い Mt 11,29; na ēr išxan žołovrdean-n 彼は会堂の長だった Lk 8,41; handerj aysəw amenayniw, ays errord awr ē y-ormē hetē ayn gorcecʻaw これに加えて，これらのことが起こってからこれでもう 3 日になる Lk 24,21. —III. ①y-ays isk ekeal em このことのためにこそ私は来た Mk 1,38; awhrneal es dow i kanays あなたは女のうちでも祝福された人 Lk 1,42; etʻe ast lieal (M: lial) eir, ełbayr-n im čʻ-ēr mer̄eal あなたがここにいてくれたなら，私の兄弟は死ななかっただろうに Jn 11,21; ②karēkʻ? əmpel z-bažak-n z-or es əmpelocʻ-n em = δύνασθε πιεῖν τὸ ποτήριον ὃ ἐγὼ μέλλω πίνειν; あなたたちは私の飲もうとしている杯を飲むことができるのか Mt 20,22; dow? es or galocʻ-n es あなたが「来たるべき者」であるか Lk 7,19; dow es KʻS-n ordi AY or y-ašxarh galocʻ eir あなたがこの世に来るはずだった神の子キリストである Jn 11,27.

epag → paganem

Epikowrean, -eancʻ【形／名】エピクロス派の（者）(Ἐπικούρειος): omankʻ y-epikowreancʻ-n ew i stowkeancʻ pʻilisopʻayicʻ hakar̄akēin ənd nma エピクロス派やストア派の哲学者数人が彼と論争した Ac 17,18.

episkopos, -i【名】監督 (ἐπίσκοπος): part ē episkoposi-n anarat linel, orpēs ew AY tntesi 監督は神の管理者として非難されるべき点なき人でなければならない Tt 1,7. → tesowčʻ

episkoposowtʻiwn, -tʻean【名】（教会の）監督職，管理職 (ἐπισκοπή): etʻē okʻ episkoposowtʻean cʻankay, barwoy gorcoy cʻankay 人が監督職を欲しているのなら，その人は立派な働きを望んでいるのだ 1Tm 3,1.

er̄am, -acʻi【動】沸騰する，沸き立つ，身震いする (ζέω): er̄ayr hogwov xōsēr ew owsowcʻanēr čšmartowtʻeamb vasn YI 彼は霊に燃えてイエスのことをくわしく語り教えていた Ac 18,25; hogwov er̄acʻēkʻ あなた方は霊において熱くなれ Ro 12,11.

er̄andn, -dan【名】沸騰；炎熱；烈火 (πύρωσις): mi ōtaroti hamarel z-er̄andn or i pʻorjowtʻiwn jez linicʻi あなた方に試みとして生じる火をいぶかしがるな 1Pe 4,12.

es^1 → em [2・単・現]

es^2, 属 im, 与 inj, 対/位 is, 奪 inēn, 具 inew【代】《1人称単数》私 (ἐγώ): es ew hayr im mi emkʻ 私と私の父とは 1 つである Jn 10,30; ard ays owraxowtʻiwn or im-s ē lcʻeal ē だからこの私の喜びは満ち溢れている Jn 3,29; ziard? linicʻi inj ayd どうしてそのようなことが私にありえるだろうか Lk 1,34; etʻe kamis, karoł z-is srbel もしあなたが望むならば，私を清めることができる Lk 5,12; xndrea y-inēn z-or inčʻ kamis 欲しい物は何でも私に願い出よ Mk 6,22; mankownkʻ-s ənd inew kan y-ankołni 私の子どもたちは私と共に床に入っている Lk 11,7; es ayr mi em ənd išxanowt'eamb, ownim ənd inew (= ὑπ' ἐμαυτόν) zinowors 私も権威の下にある 1 人の人間であり，その私の下に兵士たちがいる Mt 8,9; or owtē z-marmin im ew əmpē z-ariwn im y-is bnakesc'ē 私の肉を食べ，私の血を飲んでいる人は私のうちに留まるであろう Jn 6,56. → dow, na, mek', dowk', -s, im²

et¹ (etow) → tam

et² (= *het) → yet, zhet

etes → tesanem

er [2・単・命] → em

erag → arag

eraz, y-erazi, -oy, -oc' 【名】夢 (ἐνύπνιον) Ac 2,17. → yerazim

eražštakan, -i, -ac' 【名】音楽家 (μουσικός)：jayn k'narergac' ew eražštakanac' 竪琴を弾く者たちや歌を歌う者たちの音 Re 18,22.

eraxan, -i; **eraxank'**, -nac' 【名】群れ，集団，組 (συμπόσιον)：hramayeac' noc'a bazmel eraxans eraxans i veray dalar xotoy 彼は彼らに組々に分かれて青草の上で横になるように命じた Mk 6,39 [配分的畳語, cf. das, erkow, yisown, teli].

eraxtik', -teac' 【名】《複のみ》善行，慈善行為；誉れ，優れたこと (εὐεργεσία Ac 4,9; κλέος 1Pe 2,20)：vasn eraxteac' aṙn mioy tkari 病人に対する善行について Ac 4,9; zinč'? eraxtik' ic'en, et'ē yoržam melanč'ic'ēk', tanjic'ik' ew hamberic'ēk' あなた方が罪を犯した時，懲らしめられて耐えているなら，なんの優れたことがあろうか 1Pe 2,20.

eramak, -i, -ac' 【名】(家畜の) 群 (ἀγέλη)：eramak mi xozic' arawtakan 多くの豚の群が飼われていた Mt 8,30. → hawt, xašn

eraneli, -lwoy, -leac' 【形】幸いな (μακάριος)：eraneli en caṙayk' aynok'ik 幸いだ，かの僕たちは Lk 12,38. → eranem

eranem, -ec'i 【動】[+与]…を幸いな者という (讃える) (μακαρίζω; μακάριος Mt 11,6)：eranesc'en inj amenayn azgk' あらゆる世代が私を幸いな者と呼ぶだろう Lk 1,48; ahawasik eranemk' hamberołac' 見よ，私たちは耐え抜いた人々を幸いな人々として讃えている Jas 5,11; eraneal ē or (M: erani or) oč' gayt'agłesc'i y-is 幸いだ，私に躓かない者は Mt 11,6.

erani 【形】①《間投詞として》[+与] 幸いだ (μακάριος). ②erani t'ē +未完過《希望・願望を表す》…すれば (したら) よい (よかった) のに (ὄφελον)：①erani ołormacac', zi nok'a ołormowt'iwn gtc'en 幸いだ，憐れみ深い者たち，その彼らこそ憐れみを見出すだろう Mt 5,7; ②erani t'ē t'agaworēik' あなた方は [本当に] 王になったのであればよ

eranowt'iwn 198

かったのに 1Cor 4,8; erani t'ē mōtaktowr isk linēin, or z-jez-n xr̄ovec'owc'anem あなた方を掻き乱す者たちは自ら去勢してしまうがよい Ga 5,12. → law

eranowt'iwn, -t'ean 【名】幸い，幸福 (μακαρισμός)：orpēs ew Dawit' asē z-eranowt'iwn mardoy, orowm AC hamari ardarowt'iwn ar̄anc' gorcoc' ダビデもまた，神が業によらずに義とみなした人の幸いを言っている通り Ro 4,6; owr? ē eranowt'iwn-n jer あなたがたの幸いはどこにあるのか Ga 4,15.

erank', -nac' 【名】腿，腰，生殖器 (ὀσφῦς)：t'ēpēt ew eleal ic'en y-eranac'-n Abrahamow 彼らがアブラハムの腰から出て来ていたにもかかわらず He 7,5; der̄ews y-erans hawr iwroy ēr 彼はまだ父の腰の中にいた He 7,10. → mēj

erašx 【名】保証；y-erašxi ar̄nowm 保証して迎え入れる (ἀναδέχομαι)：or ar̄ z-mez y-erašxi z-eris awowrs ew sirov ənkalaw 彼は私たちを3日間迎え入れて親切にもてなしてくれた Ac 28,7.

erašxawor, -i, -ac' 【名】保証人 (ἔγγυος)：aynč'ap' lawagoyn owxti ełew erašxawor YS それだけにイエスはより優れた契約の保証人となった He 7,22.

erašxaworowt'iwn, -t'ean 【名】保釈金 (ἱκανόν)：ar̄eal erašxaworowt'iwn ar̄ i Yasonay ew y-ayloc'-n arjakec'in z-nosa 彼らはヤソンと他の者たちから保釈金を取った上で，彼らを釈放した Ac 17,9.

erb 【副】① [疑問]《時に関して》いつ (πότε Mt 24,3). ②minč'ew y-erb?; minč'ew c'-erb? いつまで (ἕως πότε). —【接】…する時に：①asa mez erb linic'i ayd それがいつ起こるのか，私たちに言え Mt 24,3; ②minč'ew c'-erb ic'em ənd jez, minč'ew y-erb ansayc'em jez いつまで私はあなたたちと共にいるだろうか，いつまであなたたちを我慢しようか Mt 17,17. —yoržam (ὅταν) akn-n ar̄at ē ... ew erb (ἐπάν) akn-n č'ar ē 目が純真な時…そして目がよこしまな時 Lk 11,34.

erbemn 【副】《過去》かつて，以前；《未来》いつか (ποτέ)：ac'in ar̄ p'arisec'is-n z-na or erbemn koyr-n ēr 彼らはかつて盲人であった彼をファリサイ派の人々のところに引いて行った Jn 9,13; ew dow erbemn darjc'is, ew hastatesc'es z-ełbars k'o あなたも立ち帰ったあかつきには，あなたの兄弟たちを強めてやれ Lk 22,32.

erbek'; **erbēk'** 【副】①時には，何度か (ἐνίοτε [= D. Θ; t.r.: πολλάκις]). ②《否定の答えを期待する疑問文に》いったい (ποτέ). ③oč'/mi erbek' 決して…ない (μήποτε Mt 4,6; δήπου He 2,16; μηδέποτε 2Tm 3,7; οὐδέποτε Jn 7,46)：①bazowm angam ankani i howr ew erbek' i

ĵowr 彼は何度も火の中に落ち，何度か水の中に落ちた Mt 17,15; ②o?
okʻ erbēkʻ zinoworicʻi iwrovkʻ tʻošakōkʻ 誰がいったい自分自身の食糧を
携えて兵役に服するだろうか 1Cor 9,7; ③zi mi erbekʻ harcʻes z-kʻari
z-otn kʻo お前がその足を石に打ちつけることがないように Mt 4,6; kʻanzi
očʻ erbēkʻ z-hreštakacʻ bowr̄n harkanē, ayl z-zawakē-n Abrahamow
bowr̄n harkanē なぜなら彼はけっして御使いたちを助けるのではなく，
アブラハムの子孫を助けるのだから He 2,16; y-amenayn žam owsanin
ew erbēkʻ i gitowtʻiwn čšmartowtʻean očʻ hasanen〔彼女たちは〕つね
に学んではいるが，決して真理の認識に達することはない 2Tm 3,7; očʻ
erbēkʻ aynpēs xawsecʻaw mard orpēs ayr-n ayn いまだかつてあの人の
ように語る人はいなかった Jn 7,46.

erg, -oy, -ocʻ【名】歌 (ᾠδή Re 14,3; συμφωνία Lk 15,25)：lowaw z-jayn
ergocʻ (M: -n) ew z-parowcʻ (M: -n) 歌や舞いの音が彼の耳に入った Lk
15,25. → kʻnarerg

ergem, -ecʻi【動】歌う (ᾄδω)：ergēin z-ergs nors aṙaǰi atʻor̄oy-n 彼らは
玉座の前で新しい歌を歌っていた Re 14,3.

ergicʻowcʻanem; M: ergecʻ-, -owcʻi【動】引き裂く，破り裂く，引きちぎ
る (ῥήγνυμι)：zi mi aṙ otn koxicʻen z-nosa ew darjeal ergicʻowcʻanicʻen
(M: ergecʻowcʻanicʻen) z-jez (犬どもが) その足でそれらを踏みつけ，振
り返りざまにあなたたちを噛み裂いてしまうことのないように Mt 7,6.

erdman → erdowmn

erdmnecʻowcʻanem; -mnē-, -owcʻi【動】懇願する，厳命する；誓って告
げる (ὁρκίζω Mk 5,7; ἐξορκίζω Mt 26,63; ἐνορκίζω 1Th 5,27):
erdmnecʻowcʻanem z-kʻez y-AC, mi tanǰer z-is 神かけてお前に頼む，後
生だから俺を苦しめるな Mk 5,7; erdmnecʻowcʻanem z-kʻez y-AC
kendani zi asascʻes mez tʻe dow es KʻS-n ordi AY 活ける神にかけてお
前に命ずる，私たちに言え，お前は神の子キリストか Mt 26,63;
erdmnēcʻowcʻanem z-jez i TR, ǝntʻer̄nowl z-tʻowłtʻ-d aṙaǰi amenayn
ełbarcʻ srbocʻ 私は主に誓ってあなた方に告げるが，この手紙をすべての
聖なる兄弟たちの前で朗読するように〔してほしい〕1Th 5,27.

erdmnecʻowcʻičʻ, -owcʻčʻi, -čʻacʻ【名】悪魔祓い祈祷師，霊能者
(ἐξορκιστής)：yandgnecʻan omankʻ i šrǰoł hrēicʻ-n or erdmnecʻowcʻičʻkʻ-n
ēin, anowanel i veray aynocʻik orkʻ ownēin ayss čʻars z-anown TN YSi
ユダヤ人の巡回霊能者数人が，悪霊に憑かれていた者たちに向かって，
試みに主イエスの名を唱えた Ac 19,13.

erdnowm, -dowaw【動】［i+対…にかけて］誓う (ὀμνύω/ὄμνυμι)；
erdnowm sowt 偽り誓う (ἐπιορκέω)：amenewin mi erdnowlˑ mi

y‘erkins ... ew mi y‘erkir 一切誓うな．神にかけても〔誓うな〕．地にかけても〔誓うな〕Mt 5,34; sksaw nozovel ew erdnowl t‘e oč‘ gitem z-ayr-n 彼は呪って「俺はあんな男など知らない」と誓い始めた Mt 26,74; erdowaw nma bazowm angam 彼は彼女に何度も誓った Mk 6,23; mi erdnowc‘ows sowt‛ bayc‘ hatowsc‘es TN z-erdmowns k‘o お前は偽り誓うことはないであろう．だがお前は主に対してお前の誓いを果たすであろう Mt 5,33.

erdowmn, -dman, -anc‘【名】誓い, 誓いによる保証, 誓約, 盟約 (ὅρκος Mt 14,7; ὁρκωμοσία He 7,20; συνωμοσία Ac 23,13): owsti ew erdmamb xostac‘aw nma tal zinč‘ ew xndresc‘ē そのために彼は彼女が願い出るものは何でも彼女に与えると誓いつつ公言した Mt 14,7; en omank‘ or ařanc‘ erdman en kac‘eal k‘ahanayk‘ 誓いによる保証なしに祭司となっている者たちがいる He 7,20; ēin aweli k‘an z-k‘ařasown oroc‘ z-ays ənd mimeans erdmowns arareal ēr この誓約を互いに立て合った者は 40 人以上もあった Ac 23,13. → sterdowmn

eream【形】3 年の; z-eream 3 年間 (τριετία) Ac 20,31.

erek ⟨ənd ereks + linim, em のみ⟩ 夕方に, 夕刻で: ənd ereks ełew = ὀψίας δὲ γενομένης 夕方になると Mt 14,15; zi ənd ereks ē = ὅτι πρὸς ἑσπέραν ἐστίν 夕刻である Lk 24,29. → c‘erek

erekoy, 位 -i【名】夕方, 晩 (ὀψία Mk 1,32); y-erekoyi šabat‘ow-n = ὀψὲ δὲ σαββάτων 安息日が過ぎ去って Mt 28,1: ibrew erekoy ełew i mtanel aregakan-n 夕方になり, 陽が沈むと Mk 1,32; ibrew erekoy linēr (= ὅταν ὀψὲ ἐγένετο), artak‘oy k‘an z-k‘ałak‘-n elanein 夕方になった時, 彼らは都から出て行った Mk 11,19.

erekoyanay, -oyac‘aw【動】夕方になる: zi ēr erekoyac‘eal žam-n (= ὀψίας ἤδη οὔσης τῆς ὥρας) el i Bēt‘ania すでに夕方になっていたので, 彼はベタニアに出て行った Mk 11,11.

erekoreay [-eayk‘, -eayc‘] ⟨y-erekoreay; yerekoreay【副】のみ⟩ 夕方に: yerekoreay (M: yerekorea) et‘e i mēǰ gišeri et‘e i hawaxawsi t‘e ənd ařawawts 夕方か, 真夜中か, 鶏の啼く頃か, 早朝か Mk 13,35.

eresawk‘; eresac‘; eress → eresk‛

eresnawor, -i, -ac‘【形】30 倍をもたらす (τριάκοντα) Mt 13,8. → hariwrawor, vat‘snawor

eresown, -snic‘【数】《基数》30 (τριάκοντα): ink‘n YS ēr amac‘ ibrew eresnic‘ skseal イエス自身が〔活動を〕始めたのはほぼ 30 歳であった Lk 3,23. → erek‘

eresk‘, -sac‘【名】《複のみ》①顔; 面前, 表面, 模様 (πρόσωπον Mt

17,2; Lk 12,56; 21,35; Ac 2,28; 7,45; Jas 1,11; ὀφθαλμός Lk 19,42; ὄψις Jn 11,44; Re 1,16). ②hayim y-eress = βλέπω εἰς πρόσωπον 外観でえこひいきする. ③hastatem z-eress = στηρίζω τὸ πρόσωπον 固く決心する. ④akn aṙnowm eresac' owrowk' = θαυμάζω πρόσωπον へつらう： ①lowsaworec'an eresk' nora ibrew z-aregakn 彼の顔は太陽のように輝いた Mt 17,2; eresk' nora ibrew z-aregakn čaṙagayt'eal erewein 彼の顔つきは燦然と輝く太陽のようだった Re 1,16; z-eress erkni ew erkri gitēk' p'orjel あなたたちは地と空との模様は吟味するすべを知っている Lk 12,56; hasanic'ē i veray amenec'own or bnakeal en ənd amenayn eress erkri それは地の全表面に住むすべての者に襲来する Lk 21,35; i vičak azgac'-n z-ors mer žeac' AC y-eresac' harc'-n meroc' 神が我らの父祖の面前から追い払った異邦人の土地に Ac 7,45; koreaw vayelč'owt'iwn eresac' nora その表面の美しさは失せる Jas 1,11; lc'owc'er z-is owraxowt'eamb eresac' k'oc' = … μετὰ τοῦ προσώπου σου あなたはあなたの面前で私を喜びに満たしてくれた Ac 2,28; ②oč' hayis y-eress mardoy あなたは外観で人をえこひいきしない Mt 22,16; ③ink'n z-eress hastateac' ert'al y-ĒM 彼は自らその顔をエルサレムに向けて進もうと決意した Lk 9,5; ④aṙnown akn eresac' vasn ōgti 彼らは利益のためにへつらう Jd 16.

erec'ownc' → erek'ean; erek'in
ereweli, -lwoy, -leac' 【形】①目に見える, 明白な, 輝かしい, 華やかな; 秀でた, 優れた; 著しい (ἐπιφανής Ac 2,20; ἔνδοξος Lk 7,25; ἐπίσημος Ro 16,7; γνωστός Ac 4,16). ②定められた (τακτός Ac 12,21): ①minč'č'ew ekeal ic'ē ōr TN mec ereweli 主の大いなる輝かしい日が来る前に Ac 2,20; i handerjs erewelis šṙjel = ἐν στολαῖς περιπατεῖν 華美な長衣を着て歩き回る Mk 12,38; or i handerjs erewelis en きらびやかな衣装にくるまれた者たち Lk 7,25; erewelik'-n isk en y-aṙak'eals 彼らは使徒たちの中で秀でている Ro 16,7; ereweli nšan ełew i jeṙn noc'a 著しい徴が彼らによって行われた Ac 4,16; ②y-awowr miowm y-erewelwoǰ Herovdēs zgec'eal ēr z-handerj t'agaworowt'ean ある定められた日にヘロデは王衣をまとっていた Ac 12,21.

ereweloy → erewim
erewec'owc'anem, -owc'i 【動】① [z-+対] …を [+与] …に顕す (ἐμφανίζω Jn 14,21 [Jn 14,22 yaytnem]). ②証明する (συνίστημι Ga 2,18). ③任命する, 指名する (ἀναδείκνυμι Lk 10,1): ①ew es sirec'ic' z-na ew erewec'owc'ic' nma z-is 私も彼を愛して彼に私を顕す Jn 14,21; ②et'ē z-or k'akec'i-n, z-noyn miwsangam šinic'em, apa yanc'awor

z-anjn im es injēn erewec'owc'anem もしも私が破壊した当のものを再び建てるとするならば、私は自ら私自身が背反者であることを証明することになる Ga 2,18; ③erewec'oyc' TR ew ayls ewt'anasown ew erkows 主はほかの 72 人を任命した Lk 10,1.

erewim, -wec'ay【動】①現れる，姿を現わす；見える；露わにされる；…らしく見える (παρίσταμαι Ac 27,23; ὁράω 1Cor 15,6; ὁρατός, ἀόρατος Col 1,16; ὀπτάνομαι Ac 1,3; φαίνομαι Mt 1,20;23,28; ἐπιφαίνομαι Ac 27,20; ἐμφανίζω Mt 27,53; θεάομαι Mk 16,14; ἀνάδειξις Lk 1,80). ②輝く (ἐπιφαίνω Lk 1,79)：①erewec'aw inj y-aysm gišeri hreštak AY oroy es-n em ew paštem z-na 昨夜，私が帰依しており礼拝している神の使いが私に現れた Ac 27,23; apa erewec'aw aweli ews k'an z-hing harewr erbarc' miangamayn 次いで彼は 500 人以上の兄弟たちに 1 度に現れた 1Cor 15,6; oč' arew ew oč' astełk' erewēin i bazowm awowrs 幾日もの間太陽も星も見えなかった Ac 27,20; novaw hastatec'aw amenayn ... or erewin ew or oč'-n erewin 彼によって万物が創造された，見えるものも見えざるものも Col 1,16; zi or erewec'aw noc'a yarowc'eal i mereloc' oč' hawatac'in 死者たちから起こされて彼らに現れた者を彼らは信じなかった Mk 16,14 [= ὅτι τοῖς θεασαμένοις αὐτὸν ἐγηγερμένον οὐκ ἐπίστευσαν 起こされた彼を見た者たちを彼らは信じなかった]; ēr y-anapats minč'ew y-awr ereweloy-n nora IŁI 彼はイスラエルに現れる日まで荒野にいた Lk 1,80; artak'oy erewik' mardkan ardark' お前たちは外側では人々に義人らしく見えている Mt 23,28; ②erewel oroc' i xawari ew i stowers mahow nstein 暗黒と死の影とに座する者らに光輝く Lk 1,79.

erewoyt' → anerewoyt'

erek', eris, eric', eriwk'【数】《基数》3, 3 つ (τρεῖς): hing i tan miowm bažanealk', erek'-n y-erkowc' ew erkowk' y-eric' 1 軒の家に 5 人〔いれば〕3 人が 2 人に対して，また 2 人が 3 人に対して分裂したことになる Lk 12,52. → eresown, erek'ariwr, eric's

erek'ariwr, -oc'【数】《基数》300 (τριακόσιοι): mart' ēr z-ayd ewł vačarel aweli k'an erek'ariwr dahkani (M: vačarel erek'ariwr denari) ew tal ałk'atac' その香油は 300 デナリオン以上の値段で売って，貧乏人たちに与えてやることができた Mk 14,5. → hariwr

erek'ean; erek'in, 属 erec'ownc'【数】《集合》3 人 (3 つ) とも (τρεῖς): ard o? y-erec'ownc' i noc'anē t'owi k'ez merjawor lieal ankeloy-n i jers awazakac' 彼ら 3 人のうち，誰が盗賊どもの手に落ちた者の隣人になったと思うか Lk 10,36; mnam hawatk', yoys, sēr, sok'a erek'ean 信仰,

希望，愛，これら3つが存続する 1Cor 13,13. → erkokʻean, erkokʻin, amenekʻean, amenekʻin

erēk, ereki, y-erekē, y-erikē, z-erēk-n【副】昨 日 (ἐχθές)：erēk y-ewtʻnerord žamow etʻoł z-na J̌ermn-n 昨日の第7刻に熱が彼から去った Jn 4,52; mitʻē? spasanel? kamicʻis z-is, z-or ōrinak spaner erēk z-Egiptacʻi-n お前は昨日エジプト人を殺したように、私を殺そうと思っているのではないか Ac 7,28; YS KʻS erēk ew aysōr, noyn ew yawiteans イエス・キリストは昨日も今日も、そしていつの世々までも同じである He 13,8.

erēcʻ, ericʻow, -cʻownkʻ, -cʻancʻ【形/名】①年上の；兄 (πρεσβύτερος Lk 15,25; μείζων Ro 9,12). → krtser. ②《複》長老たち (οἱ πρεσβύτεροι)：①ēr erēcʻ ordi-n nora y-agaraki 彼の年上の息子は畑にいた Lk 15,25; erēcʻ-n krtseroy-n caṙayescʻē 兄は弟に隷属するであろう Ro 9,12; ②part ē ordwoy mardoy … anargel y-ericʻancʻ ew i kʻahanayapeticʻ ew i dpracʻ 人の子は長老たちや祭司長たちや律法学者たちから棄てられねばならない Mk 8,31; i Meliteay yłeal y-Epʻesos, kočʻeacʻ z-ericʻowns ekełecʻwoy-n 彼はミレトスからエフェソへ人を遣わし、教会の長老たちを呼び寄せた Ac 20,17. → ericʻakicʻ, cer, barjerēcʻ

ertʻam, čʻogay【動】①行く、赴く、去り行く、向かう；至る、及ぶ；近寄る (ἀπέρχομαι Mk 5,20; διέρχομαι Lk 17,11; γίνομαι Ac 25,15; πορεύομαι Jn 10,4 1Cor 16,4; ἐκπορεύομαι Mk 1,5; Lk 4,37; προπορεύομαι Lk 1,76; προσπορεύομαι Mk 10,35; ἀναβαίνω Jn 7,8; περιπατέω Jn 21,28; χωρέω Mt 15,17; ἄγω Jn 11,7; ὑπάγω Lk 8,42; Re 17,8; συνακολουθέω Mk 5,37; συμπορεύομαι Lk 7,11; συνέπομαι Ac 20,4); ertʻ/ertʻaykʻ [+命・アオ] 行って…せよ。②ertʻam zhet [+属] …に従う、伴う、くっついて行く、固く結びつく；調べる (ἀκολουθέω; παρακολουθέω Mk 16,17; Lk 1,3; ἐπακολουθέω Mk 16,20; 1Pe 2,21; ἐξακολουθέω 2Pe 1,16; 2,2; κολλάομαι Mt 19,5; Ro 12,9; προσκολλάομαι Eph 5,31)；追い求める (διώκω Ro 9,30). ③ertʻam zkni [+属] …に従う、ついて行く (ἀκολουθέω). ④ertʻam šowrǰ 巡り行く。⑤ertʻam yaṙaǰagoyn kʻan z- [対] …よりも先に行く (προάγω). ⑥ertʻam aṙaǰi [-ǰin] 前を行く、導く (προπορεύομαι Ac 7,40). ⑦ertʻam z-cʻamakʻaw-n 陸路を行く、歩いて行く (πεζεύω Ac 20,13). ⑧ertʻam ew gam 流されるにまかせる (φέρω Ac 27,17). ⑨ertʻam yets [+属] …の後ろに去る (ὑπάω ὀπίσω)；離れ去る (ἀπέρχομαι εἰς τὰ ὀπίσω Jn 6,66). ⑩ ertʻam ənd hets [+属] …の足跡に従って歩く (στοιχέω τοῖς ἴχνεσιν Ro 4,12)：①čʻogaw ew sksaw kʻarozel i Dekapołin 彼は出て行ってデカポリスで宣

ert‘am 204

ベ伝え始めた Mk 5,20; ibrew č‘ogay y-EM 私がエルサレムに行った時 Ac 25,15; yoržam z-iwr-n z-amenayn hanic‘ē, aṙaǰi noc‘a ert‘ay 彼は自分の〔羊たち〕を皆追い出してしまうと，彼らの先に立って行く Jn 10,4; apa t‘ē aržan ic‘ē ew inj ert‘al, ənd is ert‘ic‘en もし私もまた赴くことが適当だとなれば，彼らは私と共に赴くことになろう 1Cor 16,4; ert‘ayr aṙ na amenayn ašxarh-n Hrēastani ユダヤの全地方が彼のもとに出て行った Mk 1,5; ert‘ayr hṙč‘ak z-nmanē y-amenayn tełis šowrǰ z-gawaṙaw-n 彼の評判は周辺のすべての地に及び始めた Lk 4,37; ert‘ayin aṙ novaw Yakovbos ew Yovhannēs ヤコブとヨハネが彼に近寄って来た Mk 10,35; amenayn or mtanē i beran y-orovayn ert‘ay すべて口の中に入って来るものは腹の中に入って行く Mt 15,17; ekayk‘ ert‘ic‘owk‘ miwsangam i Hrēastan もう1度ユダヤに行こう Jn 11,7; ənd ert‘al-n nora žołovowrdk‘-n nełein z-na 彼が赴く途中，群衆が彼を押しつぶしそうになった Lk 8,42; handerjeal ē elanel i džoxoc‘ ew i korowst ert‘al それは底なしの深淵からのぼって来ようとしているが，結局は滅びに向かおうとしている Re 17,8; ②nšank‘ aynoc‘ik or hawatayc‘en ew ert‘ic‘en zhet aysok‘ik 信じる者たちには次のような徴が伴うだろう Mk 16,17; TN gorcakc‘owt‘eamb ew z-ban-n hastatelov ew nšanawk‘ or ert‘ayin zhet noc‘a 主が共に働き，言葉を，それらに伴う徴によって堅固なものにした Mk 16,20; ert‘ic‘ē zhet knoǰ iwroy 彼はその妻と固く結ばれる Mt 19,5; Eph 5,31; zhet ert‘al bareac‘ 善に結びつく Ro 12,9; ew inj or i skzbanē zhet ert‘eal ei amenayni čšmartowt‘eamb 初めからすべてをつぶさに調べて来た私にとっても Lk 1,3; het‘anosk‘ or oč‘ ert‘ayin zhet ardarowt‘ean, hasin ardarowt‘ean 義を追い求めてはいなかった異邦人が義に到達した Ro 9,30; ③Petros ert‘ayr zkni nora heṙagoyn ペトロは遠くから彼に従って行った Lk 22,54; ④zi ert‘ic‘en šowrǰ i šēns-n = ἵνα ἀπελθόντες εἰς τὰς κώμας 彼らが村々を巡り行くために Mt 14,15; ert‘eal šowrǰ y-agaraks ew i geawłs = ἀπελθόντες εἰς τοὺς κύκλῳ ἀγροὺς καὶ κώμας まわりの里や村々に行って Mk 6,36; ⑤yaṙaǰagoyn k‘an z-na ert‘al yaynkoys i Bēt‘sayida 向こう岸のベトサイダに先に渡る Mk 6,45; ⑥ara mez astowacs or ert‘ayc‘en aṙaǰi mer 私たちを導いてくれる神々を私たちに造れ Ac 7,40; ⑦zi aynpēs patowireal ēr minč‘ ink‘n z-c‘amak‘aw-n ert‘aloc‘ ēr というのは彼自身が陸路を行くつもりだったので，そのように指示していたからだ Ac 20,13; ⑧iǰowc‘eal z-aṙagast-n aynpēs ert‘ayin ew gayin 海錨を降ろし，こうして彼らは流されるにまかせた Ac 27,17; ⑨ert‘ yets im, Satanay サタンよ，私の後ろに失せろ Mt 16,23 Mk 8,33; y-aysmanē bazowmk‘ y-ašakertac‘-n nora č‘ogan yets このとき以来彼の弟子たちの多くの者が離れ去った Jn 6,66.

erizapind, -pndi, -dac‘【形】包帯で巻かれた：el mereal-n otiwk‘ kapelovk‘ ew jerawk‘-n erizapndawk‘ = … δεδεμένος τοὺς πόδας καὶ χεῖρας κειρίαις 死者は両足を縛られ，両手を包帯で巻かれたまま出て来た Jn 11,44. → pind

erikamownk‘, -owns, -anc‘【名】腎臓，内臓；内部，想い (νεφρός)：es em or yandimanem z-erikamowns ew z-sirts 私は人の想いと心とを探し出す者だ Re 2,23.

erinǰ, ernǰow, -oc‘, -owc‘【名】若い雌牛 (δάμαλις)：moxir ernǰoc‘-n c‘aneal 注ぎかけられる雌牛の灰 He 9,13.

erivar, -i, -ac‘【名】馬 (ἵππος) Re 18,13.

eris → erek‘

eritasard, -i, -ac‘【名】若者，青年 (νεανίσκος Mk 14,51; νεανίας Ac 20,9)：omn eritasard zhet ert‘ayr nora arkeal z-iwrew ktaw mi ある若者が1枚の亜麻布を身にくるんで彼に従って来ていた Mk 14,51; nstēr omn eritasard anown Ewtik‘os i veray patowhani-n エウテュコスというある若者が窓に腰をかけていた Ac 20,9.

eritasardakan【形】若者の，若者らしい (νεωτερικός)：y-eritasardakan c‘ankowt‘eanc‘-n p‘axir 若者特有の欲望は避けよ 2Tm 2,22.

erir【数】《序数》第3の，3番目の (τρίτος)：y-erir (M: y-errord) awowr 3日目に Mt 20,19. → errord

eric‘; eric‘s; eriwk‘ → erek‘

eric‘akic‘, -kc‘i, -kc‘ac‘【名】同じ仲間の長老 (συμπρεσβύτερος) 1Pe 5,1. → erēc‘

eric‘owt‘iwn, -t‘ean【名】長老団 (πρεσβυτέριον)：or towaw k‘ez margarēowt‘eamb i jernadrowt‘enē eric‘owt‘ean これは長老団の按手によって預言の言葉を通してあなたに与えられた 1Tm 4,14.

eric‘s [M: + eric‘]【副】3回，3度 (τρίς)；3度目に ([τὸ] τρίτον)：eric‘s owrasc‘is z-is あなたは3度私を否むだろう Mt 26,34; na eric‘s asē c‘-nosa 彼は3度目に彼らに言った Lk 23,22; z-ays eric‘s angam erewec‘aw YS ašakertac‘-n yarowc‘eal i mereloc‘ これで既に3度目，イエスは死人の中から起こされて弟子たちに顕れた Jn 21,14. → erek‘, erkic‘s

erkat‘, -oy, -oc‘ [/-i, -ic‘]【名】鉄 (σίδηρος)，鉄製の道具（鎖・釘など）：amenayn anawt‘ … y-erkat‘oy 鉄でできたあらゆる器 Re 18,12; kapēr i šltays ew pahēr y-erkat‘s = ἐδεσμεύετο ἀλύσεσιν καὶ πέδαις φυλασσόμενος 彼は鎖につながれ，鉄製の枷で監視されていた Lk 8,29

erkat'i

[Gk: 彼は鎖と足枷で縛り上げられ，監視されていた]. → otnkap

erkat'i, -eaw, -eawk' 【形】鉄［製］の (σιδηροῦς): ekin minč'ew i dowr̄ n-n erkat'i or hanēr i k'ałak'-n 彼らは町に通じている鉄の門のところまで来た Ac 12,10; or handerjeal ē hovowel z-amenayn het'anoss gawazanaw erkat'eaw （その子は）鉄の杖でもって，すべての民族を支配することになっている Re 12,5.

erkaynakeac' 【形】長生きの (μακροχρόνιος): erkaynakeac' linic'is i veray erkri あなたは地上で長生きするであろう Eph 6,3.

erkaynamit, -mti, -mtac' 【形】忍耐強い，忍耐力のある; erkaynamit linim [ar̄+対] 忍耐する，猶予する; 長く放っておく; 寛容である (μακροθυμέω): aynpēs erkaynamit ełeal ehas aweteac'-n 彼はあのように忍耐した後，約束のものを獲得した He 6,15; erkaynamit ler ar̄ is ew z-amenayn hatowc'ic' k'ez どうか猶予せよ，あなたにすべてを返すから Mt 18,26; erkaynamit? miayn linic'i ar̄ nosa （神は）彼らをただ長く放擲しておくだろうか Lk 18,7.

erkaynem, -ec'i 【動】長くする，大きくする; 伸ばす，延長する (μεγαλύνω Mt 23,5; [μεγαλύνω = mec ar̄nem Lk 1,58]; παρατείνω Ac 20,7): erkaynen z-k'łanc's handerjic' iwreanc' 彼らは自分たちの衣の房飾りを大きくする Mt 23,5; erkayneac' z-ban-n minč'ew i mēǰ gišerwoy-n 彼は話を真夜中まで続けた Ac 20,7.

erkaynmtowt'iwn, -t'ean 【名】忍耐，寛容，鷹揚さ (μακροθυμία; μακροθύμως Ac 26,3): nmanōłk' ełerowk' aynoc'ik or hawatovk'-n ew erkaynmtowt'eamb žar̄andec'in z-awetis-n あなた方は信仰と忍耐によって約束を受け継ぐ人たちに倣う者となるだろう He 6,12; ōrinak arēk', ełbark', č'arč'aranac' ew erkaynmtowt'ean z-margarēs-n 兄弟たちよ，諸悪に耐えること，忍耐については預言者たちを模範とせよ Jas 5,10; ałač'em erkaynmtowt'eamb lsel inj 忍耐をもって私の言うことを聞いてくれるよう願う Ac 26,3.

erkaynowt'iwn, -t'ean 【名】長さ (μῆκος): orč'ap' erkaynowt'iwn nora noyn č'ap' ew laynowt'iwn その長さは幅と同じだけあった Re 21,16.

erkan[1] → erkn

erkan[2], -i, -ac' 【名】引き臼 (μύλος; μύλινος Re 18,21): t'e erkow ałayc'en i mi erkans, min ar̄nowc'ow ew miwsn t'ołowc'ow 2人の女が引き臼で粉を挽いていると，1人は取り去られ，1人は残される Mt 24,41; law ē nma et'e kaxic'i erkan išoy ənd paranoc' nora 彼にとってはその首にろばの引き臼を下げられた方がよい Mt 18,6; k'ar mi ibrew z-erkan

mec 大きな引き臼のような石 Re 18,21.
erkanakʻar【形】引き臼の（μυλικός Lk 17,2; ）: etʻe vēm erkanakʻar kaxēr z-paranocʻē nora 引き臼の石が彼の首につけられるならば Lk 17,2. → erkan, kʻar
erkancʻ → erkn
erkaren [Lk 20,47M] → yerkarem (erkarem, cf. ELPA I. 117f.)
erkaworeak [M] → erkoworeak
erkawreay【形】2日目の（δευτεραῖος）: erkōreaykʻ ekakʻ i Patiolows 私たちは2日でポテオリにやって来た Ac 28,13.
erkban, -icʻ【形】二枚舌の, 表裏のある（δίλογος）: noynpēs ew z-sarkawagowns parkešts, mi erkbans 執事たちもまた同様に威厳があり, 二枚舌を使わない人たち〔でなければならない〕1Tm 3,8.
erkberan, erkberanean【形】諸刃の（δίστομος）: i beranoy nora elanēr sowr erkberanean 口からは諸刃の太刀が出ていた Re 1,16.
erkdramean, -meni, -icʻ【名】2ドラクマ（δίδραχμον）: vardapet-n jer očʻ tay z-erkdramean-n あなたたちの教師は2ドラクマを納めないのか Mt 17,24. → erkow, dram
erkeam【形】2年の; z-erkeam 2年間 = ἐπὶ ἔτη δύο Ac 19,10/διετίαν Ac 28,30.
erkeay; erkeaw; erkerowkʻ → erkncʻim
erkemean, -meni, -icʻ【名】2歳の（διετής）[erk- → erkow; -emean (-em-ean) → am²]: kotoreacʻ z-amenayn mankowns ... y-erkemenicʻ ew i xonarh = ... ἀπὸ διετοῦς καὶ κατωτέρω (D: διετὰς καὶ κάτω) 彼は2歳以下の男子をすべて殺した Mt 2,16.
erkeriwr, -ocʻ【数】200（διακόσιοι）[erk- → erkow; -eriwr → hariwr, cf. erekʻariwr]: ertʻicʻowkʻ gnescʻowkʻ erkeriwr dahekani hacʻ 私たちが行って200デナリオンも出してパンを買うのか Mk 6,37; patrastecʻēkʻ zōrakans erkeriwr 歩兵200名を準備せよ Ac 23,23. → erkow, hariwr, erekʻariwr
erkecʻowcʻanem, -owcʻi; erkowcʻanem【動】恐れさせる, おびえさせる: erkowcʻealkʻ (φοβούμενοι) tʻē gowcʻē i yorjanowt-n ankanicʻin スュルティスに乗り上げるのを恐れて Ac 27,17. → erkncʻim (アオ erkeay)
erkin, -kni; erkinkʻ, -knicʻ【名】天, 空（οὐρανός）; y-erknicʻ 天から（οὐρανόθεν Ac 14,17; 26,13）: TR erkni ew erkri 天地の主よ Mt 11,25; erkinkʻ ew erkir ancʻcʻen, ew bankʻ im očʻ ancʻanicʻen 天と地とは過ぎ行くだろう. しかし私の言葉は過ぎ行くことがないだろう Mk 13,31; arkʻ erkiwłackʻ y-amenayn azgacʻ or i nerkʻoy erknicʻ 天の下のあらゆる国々

出身の信仰深い人々 Ac 2,5; ibrew z-astełs erknic' bazmowt'eamb 空の星のように数多く He 11,12; žołovesc'en z-ntreals nora ... i cagac' erknic' minč'ew i cags noc'a 彼らは彼のために選ばれた者たちを天の果てから果てまで呼び集めるであろう Mt 24,31; hayec'arowk' i t'ŕč'owns erknic' 空の鳥たちをよく見よ Mt 6,26; AC ... matneac' z-nosa i paštawn zawrowt'ean erknic' 神は彼らを天の星々を礼拝するにまかせた Ac 7,42; hreštakk' noc'a y-erkins hanapaz tesanen z-eress hawr imoy or y-erkins ē 天にいる彼らの御使いたちは天におられる私の父の顔を常に見ている Mt 18,10; šinac y-AY ownimk', tačar aŕanc' jeŕagorci yawitenakan y-erkins 私たちは神からの建物，すなわち天にある，人の手によって造られたのではない永遠の家を持っている 2Cor 5,1; yap'stakeal z-aynpisi-n minč'ew y-errord erknic' 第3の天にまで挙げられたそのような人を〔私は知っている〕2Cor 12,2; i k'ałak' AY kendanwoy, y-EM y-erkins (Ἰερουσαλὴμ ἐπουρανίῳ) 生ける神の都，天上のエルサレムに He 12,22. —i nerk'oy erknic' = ὑπὸ τὸν οὐρανόν 天下に Col 1,23; i/ənd mēǰ erknic' 中空に，空高く (μεσουράνημα) Re 8,13/19,17.

erkir, -kri, -raw/-riw【名】①地，大地 (γῆ). ②地面 (ἔδαφος). ③地方 (χώρα Ac 12,20)：①vay or bnakeal en y-erkri 禍いだ，地上に住む者たちは Re 8,13; erkir Zabowłovni ew erkir Nep't'ałimay, čanaparh covow ゼブルンの地とナフタリの地，海への道 Mt 4,15; ②ankay y-erkir 私は地面に倒れた Ac 22,7. → paganem

erkic's [M: + erkic']【副】2度，2回 (δίς)：pahem erkic's i šabat'ow 私は1週間に2度断食する Lk 18,12. → erkow, eric's

erkiwł, -i, -iw【名】恐れ，恐怖 (φόβος; πτόησις 1Pe 3,6)：erkean erkiwł mec 彼らは大いに恐れた Mk 4,41; aŕanc' erkiwłi = ἀφόβως 恐れることなく Lk 1,74; oč' kaskacēin ew oč' i mioǰē inč' erkiwłē 彼らは何らの恐怖心によっても疑うことがなくなっていた 1Pe 3,6.

erkiwłac, -i, -ac'【形】敬虔な，信仰深い，（神を）畏怖する (εὐλαβής Lk 2,25; φοβέομαι Lk 1,50)：ēr ayr-n ayn ardar ew erkiwłac その人物は正しく，敬虔であった Lk 2,25; ołormowt'iwn nora azgac' y-azgs erkiwłacac'iwroc' その憐れみは，幾世代にわたり，彼（神）を畏れる者たちに〔臨む〕Lk 1,50. → -ac

erkcov【形】2つの海の (διθάλασσος)：ankeal i tełi mi erkcov t'iwrec'in z-naw-n 彼らは2つの深みに挟まれた浅瀬に舟を乗り上げた Ac 27,41.

erkmit, -mtac'【形】二心の，優柔不断な，あやふやな，疑い深い

(δίψυχος Jas 4,8; διακρίνομαι Jas 1,6b): owłił ararēkʻ z-sirts, erkmitkʻ 二心の者どもよ，心をまっすぐにせよ Jas 4,8; or erkmit-n ē (= ὁ διακρινόμενος), nman ē hołmakoceal ew tataneal aleacʻ covow 疑い深い人は，風に煽られ，揺り動かされている海の荒波に似ている Jas 1,6b. → erkow, mit

erkmtem [-mtim], -ecʻi [-ecʻay]【動】①疑う，ためらう (διακρίνομαι Mt 21,21; Mk 11,23; Ro 4,20; Jas 1,6a; διστάζω Mt 14,31 [→ yerkowanam]). ②弱くなる (ἀσθενέω Ro 4,19 [→ tkaranam]): ①or okʻ ... očʻ erkmticʻi i srti iwrowm ayl hawataycʻē その心の中で疑わず，信じる者 Mk 11,23; xndrescʻē hawatovkʻ ew mi erkmtescʻē 彼は信仰によって求めよ，そして疑うことなかれ Jas 1,6; tʻerahawat, əndēr? erkmtecʻer 信仰の薄い者よ，なぜ疑ったのか Mt 14,31; ②na očʻ erkmteacʻ i hawatocʻ-n 彼は信仰において弱くなることはなかった Ro 4,19. → erkmit (cf. ELPA I.169); erkow, mit

erkmtowtʻiwn, -tʻean【名】①疑念，ためらい，たじろぎ (ὑποστολή He 10,39). ②考え，意見；論争，争い (διαλογισμός Ro 14,1): ①mekʻ očʻ etʻē erkmtowtʻeamb emkʻ i korowst 私たちはたじろいで滅びに至る者ではない He 10,39; ②mi xłčiw erkmtowtʻeancʻ 考え方を非難することによってではなく Ro 14,1.

erkn, -kan; **erkownkʻ**, -kancʻ【名】（産みの）苦しみ，陣痛 (ὠδίν): orpēs ew erkn yłwoy 妊婦を陣痛〔が襲う〕ように 1Th 5,3; sakayn ew ayn amenayn skizbn ē erkancʻ = πάντα δὲ ταῦτα ἀρχὴ ὠδίνων (D.: ὀδυνῶν) しかしそれらすべては産みの苦しみの始まりである Mt 24,8; lowceal z-erkowns mahow 死の苦しみから解き放って Ac 2,24.

erknawor, -i, -acʻ【形】天（上）の，天的な (οὐράνιος Mt 5,48; ἐπουράνιος Jn 3,12; 1Cor 15,40; Eph 1,3) ↔erkrawor: orpēs ew hayr-n jer erknawor katareal ē あなたたちの天の父が全き者であるように Mt 5,48; isk ard etʻe z-erkraworsʻ asacʻi jez ew očʻ hawataykʻ, ziard? etʻe z-erknaworsʻ-n asacʻicʻ hawataycʻēkʻ 私が地上のことを話したのに，あなた方が信じないとすれば，天上のことを話しても，はたして信じるようになるだろうか Jn 3,12; marminkʻ erknaworkʻ, ew marminkʻ erkraworkʻ. ayl ayl pʻaṙkʻ erknaworacʻ en, ew ayl pʻaṙkʻ erkraworacʻ 天的な体と地上の体がある．しかし天的な体の輝きは違っており，地上の体の輝きも違っている 1Cor 15,40. → erkin

erknem, -ecʻi【動】陣痛に襲われている，産みの苦しみを味わう (ὠδίνω; συνωδίνω Ro 8,22): čʻčʻēr y-erknel-n ew bazowm vštōkʻ merj ēr i cnanel 女は陣痛に叫び，大いに苦しんで子を産もうとしていた Re 12,2;

erkni-

ordeakk' im, z-ors darjeal verstin erknem, minč'ew nkaresc'i K'S i jez 私の子供たちよ、私は、キリストがあなた方のうちに形づくられるまで、再びあなた方を産む苦しみを味わう Ga 4,19; amenayn ararack' hecen ew erknen minč'ew c'-ayžm すべての被造物が今に至るまで、(共に)呻き、(共に)産みの苦しみを味わっている Ro 8,22. → erkn

erkni- → erkin

erknč'im, アオ erkeay【動】[i＋奪] 恐れる、畏敬する (φοβέομαι); 肝をつぶす (ἐκθαμβέομαι Mk 16,6; → zarhowrim): ibrew lowan ašakertk'-n ankan i veray eresac' iwreanc' ew erkean yoyž 弟子たちはこれを聞いた時、顔を地に伏せ、ひどく恐れた Mt 17,6; mi erknč'ik'y-aync'anē or spananen z-marmin ew z-ogi oč' karen spananel 体を殺しても魂は殺せない者どもを恐れるな Mt 10,28; datawor mi ēr i k'ałak'i owremn y-AY oč' erknč'ēr ew i mardkanē oč' amač'ēr ある町に神をも恐れず人をも憚らぬ1人の裁判官がいた Lk 18,2; a-ahi hareal erknč'ein = πτοηθέντες δὲ καὶ ἔμφοβοι γενόμενοι 彼らは愕然として恐怖に襲われた Lk 24,37; k'anzi erknč'ēin i žołovrdenē-n, zi mi k'arkocesc'in 彼らは、自分たちが石で打ち殺されはしないかと、民を恐れたからだ Ac 5,26; kin erknč'ic'i y-ařnē iwrmē = ἡ δὲ γυνὴ ἵνα φοβῆται τὸν ἄνδρα 妻が夫を畏敬することになるように Eph 5,33.

erkotasan, -ic'【数】《基数》12 (δώδεκα; δωδέκατος Re 21,20); erkotasank' (-n) 12 使徒: Yakovbos Astowcoy ew TN K'I YI caŗay erkotasan azgac'-d or i sp'iwř-d ēk' ołǰoyn 神と主イエス・キリストとの僕ヤコブがディアスポラにいる12部族に挨拶を送る Jas 1,1. → tasan, erkow

erkotasanameay; M: erkotasanemeay, -menic'【副】12年間 (δώδεκα ἔτη): kin mi teřates erkotasanameay 12年もの間出血を患っている1人の女 Mt 9,20. → erkotasan, am², erkemean

erkotasanek'in, 対 -nesin, 属 -ec'ownc'【数】《集合》12 すべて (δώδεκα): koč'ec'eal ař ink'n z-erkotasanesin ašakerts-n iwr 12人の弟子すべてを呼び寄せて Mt 10,1; z-nosa erkotasanesin ařak'eac' 彼はこれら12人を遣わした Mt 10,5. → -k'can

erkoc'ownc' → erkok'ean

erkow, erkowc', erkows【数】《基数》2, 2つ (δύο): diwahark' erkow 2人の悪霊に憑かれた者たち Mt 8,28; ařak'el z-nosa erkows erkows = ... (ἀνὰ) δύο δύο 彼らを2人ずつ遣わす Mk 6,7; Lk 10,1 [配分的畳語, cf. das, eraxan, yisown, tełi, mi²]. → erkic's, erkow hazark', erkeriwr, erkdramean, erkemean, erkmtem, erkotasan, yerkowanam

erkownkʻ → erkn

erkoworeak; Mː erkaworeak, -eki, -kacʻ【名】双子（の1人）(Δίδυμος) Jn 11,16. → -eak (cf. ELPA I.135)

erkowcʻanem → erkecʻowcʻanem

erkokʻean, -kocʻowncʻ/Mː -kowcʻowncʻ【数】《集合》両方（の）, 2人 [2つ] とも (ἀμφότεροι; οἱ δύο Mt 21,31)ː ełicʻin erkokʻean (Mː erkokʻin) i marmin mi 2人は1つの身になるであろう Mt 19,5; erkokʻean ancʻeal ein z-awowrbkʻ iwreancʻ 2人とも年長けていた Lk 1,7; oʔ y-erkocʻowncʻ (Mː i y-erkowcʻowncʻ) arar z-kams hawr-n 2人のうちのどちらが父の意志を行ったか Mt 21,31. → -kʻin

erkokʻin, -kʻean【数】《集合》両方（の）, 2人 [2つ] とも (ἀμφότεροι; οἱ δύο Mt 19,5)ː ein ardarkʻ erkokʻin aṙaǰi AY 2人とも神の前に義しかった Lk 1,6; koyr kowri yoržam aṙaǰnordē, sxalē ew erkokʻin i xorxorat ankanin 盲人が盲人の道案内をすると道を間違えて，両者とも溝に落ち込んでしまう Mt 15,14; əmbṙneal z-erkosean 両者 [Gk: 全員を] 押さえ込んで Ac 19,16. → -kʻean

erkpatik【形】2倍 の；【副】2倍 にː aṙcʻē da erkpatik əst gorcocʻ iwrocʻ その人が自分の仕業の2倍受け取るように = διπλώσατε τὰ διπλᾶ κατὰ τὰ ἔργα αὐτῆς お前たちは彼女の仕業にその倍を返してやれ Re 18,6. → krkin

erksayri【形】 諸刃の (δίστομος) He 4,12; Re 2,12 [sayr「刃」; miasayri「(一枚刃 >) 剣」].

erkrayin, -ynoy【形】地上の, この世のː miayn mardoy erkraynoy, or očʻ ownicʻin z-knik i veray čakatow iwreancʻ その額に（神の）刻印を持っていない地上の人間だけに Re 9,4.

erkrawor, -i, -acʻ【形】① 地上の (ἐπίγειος) ↔erknawor. ②生活の, 日常の (βιωτικός)ː ①isk ard etʻe z-erkrawors asacʻi jez ew očʻ hawataykʻ, ziardʔ etʻe z-erknawors-n asacʻicʻ hawataycʻēkʻ 私が地上のことを話したのに，あなたたちが信じないとすれば，天上のことを話しても，はたして信じるようになるだろうか Jn 3,12; amenayn cownr krknescʻi erknaworacʻ ew erkraworacʻ ew sandarametakanacʻ 天上のもの，地上のもの，地下のものがすべてひざまずくだろう Php 2,10; očʻ ē imastowtʻiwn ays iǰeal i verowst ayl erkrawor この知恵は上から降ってきたものではなく地上的なものだ Jas 3,15; ②očʻʔ gitēkʻ etʻē z-hreštaks datimkʻ, tʻoł tʻē z-erkrawors あなた方は，私たちが御使いたちを裁くであろうことを知らないのか．いわんや日常の事柄はもちろんである 1Cor 6,3. → erkir

erkri → erkir

erkrord, -i, 位 -owm, -ac‘【数】《序数》第 2 の，2 番目の（δεύτερος）：noynpēs ew erkrord-n ew errord 2 番目も 3 番目も同様だった Mt 22,26; ew erkrord-n nman smin 第 2 の〔掟〕もこれと同じだ Mt 22,39; darjeal erkrord angam č‘ogaw ekac‘ y-aławt‘s 彼は再び 2 度目に行って祈った Mt 26,42; AC miangam z-žołovowrd-n p‘rkeac‘ y-Egiptosē, erkrord angam z-anhawats-n koroys 神は 1 度民をエジプトから救い出し，2 度目には信じなかった人々を滅ぼした Jd 5. → krkin

erkrpagow, -i, -ac‘【名】礼拝者（προσκυνητής Jn 4,23a, προσνοῦντες Jn 4,23b）：ekec‘ē žamanak ew ayžm isk ē, yoržam čšmaritk‘-n erkrpagowk‘ erkir paganic‘en hawr hogwov ew čšmartowt‘eamb k‘anzi ew hayr aynpisi erkrpagows iwr xndrē 本物の礼拝者たちが霊と真理をもって父を礼拝するようになる時が来ようとしている．今がその時だ．なぜなら，父は自分を礼拝するこのような人々を求めているからだ Jn 4,23. → erkir paganem

erkrpagowt‘iwn, -t‘ean【名】礼拝：oč‘ apašxarec‘in ew oč darjan i gorcoc‘ jeṙac‘ iwreanc‘, y-erkrapagowt‘enē diwac‘ ew kṙoc‘ y-oskełinac‘ ew y-arcat‘ełinac‘ ew i płnjoy ew i k‘arē ew i p‘aytē 彼らは悔い改めて，彼ら自身の手で造ったものに背を向け，異教の神々だとか，金や銀や銅や石や木でできた偶像だとかとを礼拝することを止めようとはしなかった Re 9,20.

errord, -i, -ac‘【数】《序数》第 3 の，3 番目の（τρίτος）; errord masn 3 分の 1（τρίτον）：minč‘ew y-errord erknic‘ 第 3 の天にまで 2Cor 12,2; z-errord žamow 第 3 刻に Mt 20,3; gay errord angam 彼は 3 度目にやって来る Mk 14,41; erkrord-n aṙ z-noyn ew meṙaw ew oč‘ na et‘oł zawak. noynpēs ew errord-n 次男が同じ彼女を娶ったが，死んで子孫を残さなかった．三男も同じだった Mk 12,21; z-errord masn erkri ayreac‘ ew z-errord masn caṙoc‘ ayreac‘〔火は〕陸地の 3 分の 1 を焼き尽くし，樹木の 3 分の 1 を焼き尽くした Re 8,7. → erir

ec‘oyc‘ → c‘owc‘anem

ew【接】①《等位；語と語，句と句，文と文などを連接的に結合して》…と…，および，ならびに，そして，それから，すると；また，しかも；《反意でも》しかし，だが（καί; δέ Mt 22,14; Tt 1,1; τέ Ac 2,37; τέ … καί Ro 1,16; τέ καί Mt 22,10; τέ … τέ Ro 14,8); ew … ew = καί … καί …も…も．②【副】…もまた（同様に），…でさえ（も）．③č‘-ew (ews) まだ…ない（οὔπω）：①Yakovbos ew Yovsēs ew Simovn ew Yowda ヤコブとヨセフとシモンとユダ Mt 13,55; šnorhk‘ ənd jez ew xałałowt‘iwn y-AY hōrē mermē ew i TNē YSē K'Sē 恵みと，そして平安とが，私たちの父なる神から，そして主イエス・キリストから，あなた方に〔あるように〕Ro 1,7; zi bazowmk' en koč'ec'ealk', ew sakawk' əntrealk' 多くの者が召されるが，選ばれる者は少ない Mt 22,14; Pawłs caṙay Astowcoy ew aṙak'eal YSi K'Si パウロ，神の僕イエス・キリストの使徒 Tt 1,1; et'ē ork' y-ōrinac'-n en, žaṙangk' ic'en, apa əndownayn en hawatk'-n ew datark awetik'-n もしも律法による者たちが〔世界を〕受け継ぐ者であるならば，信仰は空虚であり，約束は無効である Ro 4,14; žołovec'in z-amenesean z-or gtin z-č'ars ew z-baris 彼らは悪人であれ善人であれ見つけた者はすべて集めた Mt 22,10; amenayn hawatac'eloc', nax hrēi ew apa het'anosi すべての信じる者たちにとって，ユダヤ人をはじめとしてギリシア人にとっても Ro 1,16; et'ē (ἐάν τε) keamk', TN keamk', ew et'ē (ἐάν τε) meṙanimk', TN meṙanimk'. ew ard et'ē (ἐάν τε) keamk' ew et'ē (ἐάν τε) meṙanimk', TN emk' 私たちは生きるにしても，主のために生きるのであり，死ぬにしても，主のために死ぬのだ．だから，私たちが生きるにしても死ぬにしても，私たちは主のものなのだ Ro 14,8; atec'in ew z-is ew z-hayr im 彼らは私も私の父も憎んだ Jn 15,25; koč'ec'aw ew YS ew ašakertk'-n nora i harsanis-n イエスも彼の弟子たちもその婚礼に招かれた Jn 2,2; mi inč' (μηδέν) baṙnayk' i čanaparh, mi (μήτε) gawazan, ew mi (μήτε) maxał, mi (μήτε) hac', ew mi (μήτε) arcat, mi (μήτε) erkows handerjs ownic'ik' 道中は何も携えるな．杖も，革袋も，パンも，銀も，2枚の下着も持つな Lk 9,3; erkerowk' dowk' aṙawel y-aynmanē or karoł-n ē z-ogi ew z-marmin korowsanel (= καὶ ψυχὴν καὶ σῶμα ἀπολέσαι) i geheni むしろあなたたちは魂も体もゲヘナで滅ぼすことのできる者を恐れよ Mt 10,28; ―《密接に関連した出来事の連続を示して》mtin ənd aṙawōt-n i tačar-n ew owsowc'anēin 彼らは夜明け頃神殿に入って教え始めた Ac 5,21; inj pito (M: pitoy) ē i k'ēn mkrtel, ew dow aṙ is? gas この私こそあなたから洗礼を受ける必要があるのに，あなたの方が私のもとに来るのか Mt 3,14; c'ankac'an tesanel z-or tesanēk'-d ew oč' tesin 彼らはあなた方が見ているものを見ようとしたが，見ることはなかった Mt 13,17; złǰac'an i sirts iwreanc', ew asen c'-Petros 人々は深く心を抉られ，ペトロに言った Ac 2,37;―《新しい事態を表す文を導入して》ew emowt miwsangan i žołovowrd-n そして彼は再び会堂に入った Mk 3,1; ②et'e ok' acic'ē aptak y-aǰ cnawt k'o, darjo nma ew z-miws-n あなたの右の頬に平手打ちを加える者には，もう一方の頬をも向けてやれ Mt 5,39; ert'eal i k'ałak'-n patmec'in z-amenayn ew z-irs diwaharac'-n 彼らはその町へ

ewet' 214

行って，悪霊に憑かれていた者たちのことなど，すべてを告げ知らせた Mt 8,33; ③č'ew ē haseal žamanak im 私の時はまだ来ていない Jn 2,4; č'ew ic'ē hawow xawseal, minč' dow eric's owrasc'is z-is = οὐ μὴ ἀλέκτωρ φωνήσῃ ἕως οὗ ἀρνήσῃ με τρίς あなたが3度私を否むまでは，鶏は決して啼かないであろう Jn 13,38.

ewet' 【副】ただ…のみ，もっぱら，…だけ，…ばかり: na lowr̄ ewet' kayr ew č'-tayr inč' patasxani 彼は沈黙するばかりで一言も答えなかった Mk 14,61; dowk' asēk' t'e y-EM ewet' e (= ē) tełi owr aržan ic'ē erkir paganel あなたたちが礼拝する場所はエルサレムにのみあると言う Jn 4,20; t'e z-Łazar koč'eac' ewet' i gerezmanē-n 彼がラザロを今まさに (?) /実際に (?) 墓の中から呼び出したこと Jn 12,17.

ewt'anasnakin; M: -snekin 【副】70回; 70倍に (ἑβδομηκοντάκις): oč' asem k'ez t'e minč'ew y-ewt'n angam ayl minč' y-ewt'anasnakin ewt'n 私はあなたに7度まで〔でよい〕とは言わない，7の70倍までだ Mt 18,22. → ewt'anasown

ewt'anasown; M: iwt'anasown, -sni, -ic' 【数】《基数》70 (ἑβδομήκοντα): erewec'oyc' TR ew ayls ewt'anasown (M: owt'anasown) ew erkows 主は他の72人を任命した Lk 10,1; darjan ewt'anasown (M: iwt'anasown) ew erkowk'-n xndowt'eamb 72人は喜びと共に帰って来た Lk 10,17.

ewt'anekin; **ewt'anik'in** → ewt'nek'ean

ewt'n, iwt'anc'/M: ewt'anc' 【数】《基数》7, 7つ (ἑπτά); ewt'n angam = ἑπτάκις 7度: aṙnow ənd iwr ewt'n ayl ayss č'aragoyns k'an z-ink'n 彼は自分自身より悪い7つの他の悪霊を共に連れて来る Mt 12,45; i Yovhannē aṙ ewt'n ekełec'is or en y-Asiay ヨハネからアジア州にある七つの教会に〔挨拶を送る〕Re 1,4; minč'ew y-ewt'n angam 7度まで Mt 18,21; ew et'e ewt'n angam mełicē k'ez ew ewt'n angam darjc'i i k'ez ew asic'ē apašxarem, t'ołc'es nma そしてもし7度あなたに対して罪を犯し，7度あなたのところに立ち帰って「悔い改める」と言うなら，彼を赦してやれ Lk 17,4; oyr? y-iwt'anc'-n (M: y-ewt'anc'-n) ełic'i na kin 彼女は7人のうちの誰の妻なのだろう Mt 22,28.

ewt'nerord; M: ewt'nerrord, -i, -ac' 【数】《序数》7番目の，第7の (ἕβδομος): ewt'nerord-n y-Adamay Enovk' アダムから7代目のエノク Jd 14; y-ewt'nerord žamow 第7刻に Jn 4,52; noynpēs ew erkrord-n ew errord minč'ew c'-ewt'nerord-n (M: c'-ewt'nerrord-n) = ... ἕως τῶν ἑπτά 2番目も3番目も同様で，最後に7番目にまで至った Mt 22,26.

ewt'nek'ean, -nec'ownc'/**ewt'anek'in**; iwt'anek'in, -nec'ownc'/ **ewt'anik'in**; iwt'anik'in 【数】《集合》7人とも (οἱ ἑπτά):

ewt'nek'ean (M: iwt'anik'in) kalan z-na kin 7人とも彼女を妻にした Mk 12,23.

ewł, iwłoy, -oc' 【名】香油, 油 (μύρον; ἔλαιον Mt 25,8): arkanel dora z-ewł-d i marmin im aṙ i t'ałeloy z-is nšanakeac' 彼女は私の体に香油をかけてくれたが, それは私を埋葬するためだった Mt 26,12; towk' mez y-iwłoy-d jermē あなたたちの油を私たちに分け与えよ Mt 25,8. → jēt'

ews 【副】①さらに, なお (ἔτι Mt 18,16; Lk 14,26);《比較級をつくる》もっと, より以上に. ②oč/mi ews もはや…でない (οὐκέτι Lk 15,19; μηκέτι Ro 6,6); ews k'an z-ews ますます, とてつもなく (ὑπερπερισσῶς Mk 7,37; μᾶλλον καὶ μᾶλλον Php 1,9); むしろ (μᾶλλον): ①aṙ ənd k'ez mi ews kam erkows あなたと共にもう1人か2人を連れて行け Mt 18,16; et'e ok' ... oč' ateay z-hayr iwr ew z-mayr ew z-kin ew z-ordis ew z-ełbars ew z-k'ors ew na z-anjn ews iwr もしある人が自らの父や母や妻や子供たちや兄弟たちや姉妹たちや, そしてさらには自らの命までも憎まないならば Lk 14,26; aṙnow ewt'n ayl č'ar ews k'an z-ink'n 彼は自分自身より悪いほかの7つの霊を連れて来る Lk 11,26 (cf. Mt 12,45 č'aragoyns k'an z-ink'n); k'akec'ic' z-štemarans im ew ews mecamecs šinec'ic' 俺は自分の倉を壊し, より大きなのを建てよう Lk 12,18; ②oč' ews em aržani koč'el ordi k'o もはや私はあなたの息子と呼ばれるにふさわしくない Lk 15,19; <u>mi ews</u> caṙayel mez mełac'-n 私たちがもはや罪に隷属することがないようにするために Ro 6,6; minč' zi ew hac' <u>ews oč'</u> žamanel owtel noc'a = ὥστε μὴ δύνασθαι αὐτοὺς μηδὲ ἄρτον φαγεῖν 彼らはパンを食べることすらもはやできないほどだ Mk 3,20; ew <u>ayl ews mi</u> mtanic'es i da = καὶ μηκέτι εἰσέλθῃς εἰς αὐτόν そして二度と再び(お前が憑いた)その子の中に入るな Mk 9,25.

ep'p'at'a = ἐφφαθά エッファタ: asē ep'p'at'a, or ē bac'ir 彼は言う, 「エッファタ」. これは「開かれよ」(διανοίχθητι) という意味である Mk 7,34.

Z

z- 【前】①［＋対］ⓐ定名詞の対格標識 (nota accusativi) として [Minassian, Manuel, 4.5; Jensen, AG 393-401］; ⓑ《時間の状況補語》

…を通じて，…の間に (ἐν Jn 2,19; διά [＋属] Lk 5,5; ἐπί [＋対] Lk 4,25) [Minassian, Manuel, 11.4]；ⓒ名詞化された属格を従えて [Minassian, Manuel, 20.5; Jensen, AG 396]．② [＋奪]〔「言う，信じる，証言する，称賛する；つかむ，取る，触る；送る」などを意味する動詞と共に〕…に関して，…について，…に対して (περί [＋属] Mk 8,30; κατά [＋属] Mk 11,25; εἰς [＋対] Ac 2,25; πρός [＋対] Col 3,13); …に逆らって，…に敵対して (κατά [＋属] Mt 5,11; εἰς [＋対] Lk 12,10) [Minassian, Manuel, 28.3; Jensen, AG 340]．③ [＋具] …の周囲に，…の近くに，…の上に，…頃，…を超えて (πρός [＋対] Mk 4,1; περί [＋対] Mk 6,48) [Minassian, Manuel, 37.1; Jensen, AG 341]．④ [＋位] …に（打ちつける，ぶつかる）(πρός [＋対] Mt 4,6; Lk 4,11) [ELPA I.115; Jensen, AG 342; Minassian, Manuel, 22.3: z-＋与]：①ⓐ [修飾語の位置で] ehar mo omn i nocʻanē z-kʻahanayapeti-n caŕay (= … τοῦ ἀρχιερέως τὸν δοῦλον) ew i bacʻ ehan z-aJoy owkn (M: ownkn) nora 彼らの中の1人の者が大祭司の僕を打ち，その右耳を切り落とした Lk 22,50; ；[述語の位置で] ehar z-caŕay kʻahanayapeti-n = … τὸν δοῦλον τοῦ ἀρχιερέως Mt 26,51/Mk 14,47; ⓑ kʻakecʻēkʻ z-tačar-d z-ayd, ew z-eris awowrs kangnecʻicʻ z-da その神殿を壊してみよ，3日のうちにそれを起こしてみせよう Jn 2,19; z-amenayn gišers ašxat ełeakʻ ew očʻ inčʻ kalakʻ 私たちは夜もすがら労しても何も捕れなかった Lk 5,5; pʻakecʻan-n erkinkʻ z-eris ams ew z-vecʻ amis 天は3年と6か月の間閉じられた Lk 4,25; ⓒ towkʻ z-kayser-n kayser, ew z-AY-n AY = ἀπόδοτε τὰ Καίσαρος Καίσαρι καὶ τὰ τοῦ θεοῦ τῷ θεῷ カエサルのものはカエサルに，神のものは神に与えよ Lk 20,25; očʻ xorhis z-AY-s-n ayl z-mardkan = οὐ φρονεῖς τὰ τοῦ θεοῦ ἀλλὰ τὰ τῶν ἀνθρώπων お前は神のことがらを思わず，人間のことがらを思っている Mt 16,23/Mk 8,33; [代名詞と共に] part ēr kʻez arkanel z-arcatʻ-d im i sełanaowrs ew ekeal es, tokoseawkʻ pahanJei z-im-n (τὸ ἐμόν) お前は私の金を両替屋に預けておくべきだった．そうすれば私は，自分のものを利子と一緒にもらうことができたはずだ Mt 25,27; ②sateacʻ i nosa zi mi owmekʻ asicʻen z-nmanē 彼は，自分のことを誰にも言わないように，彼らを叱りつけた Mk 8,30; tʻołowcʻowkʻ etʻe ownicʻik inčʻ z-owmekʻē もしあなた方が誰かに対して恨みごとがあるならば〔それを〕赦せ Mk 11,25; šnorhel irieracʻ, etʻē owrowkʻ z-owmekʻē trtownJ inčʻ icʻē 誰か相手に対し咎めるべき点があっても互いに赦せ Col 3,13; Dawitʻ isk asē z-nmanē ダビデはその方についてこう言っている Ac 2,25; yoržam … asicʻen z-amenayn ban čʻar z-jēnJ sowt 彼らがあなたたちに敵対して偽

りつつあらゆる悪しきことを言う時 Mt 5,11; amenayn or asē ban z-ordwoy mardoy, tʻołcʻi nma 人の子に刃向かって言葉を語る者はすべて赦されるだろう Lk 12,10; ③xr̄necʻan z-novaw žołovowrdkʻ bazowmkʻ 彼の周りに多くの群衆が集まって来た Mk 4,1a; amenayn žołovowrdkʻ-n z-covezerb-n z-cʻamakʻ-n ownein すべての群衆は海辺近く陸地にいた Mk 4,1b; z-čʻorrord pahow gišerwoy-n gay aṙ nosa gnalov i veray covow-n 夜の第4刻頃，彼は海の上を歩みながら彼らのところにやって来る Mk 6,48; mi omn y-ayncʻanē or z-novaw-n kayin = ... τῶν παρεστηκότων 彼のかたわらに立っていた者のうち誰か1人 Mk 14,47; aṙ z-iwrew y-oroy [scil. veray] ankeal-n dnēr = ἄρας ἐφʼ ὃ κατέκετο 自分が寝ていた台を担いだ Lk 5,25; Martʻa zbaḷeal ēr i bazowm spasow = ... περιεσπᾶτο περὶ πολλὴν διακονίαν マルタは多くの給仕のため忙殺されていた Lk 10,40 [cf. Lk 10,41]; na ankeal z-lanǰawkʻ-n YI asē cʻ-na = ... ἀναπεσὼν ἐπὶ τὸ στῆθος τοῦ ˊΙησοῦ 彼はイエスの懐近くで食卓につき，彼に言う Jn 13,25; ankaw z-paranocʻaw-n nora = ἐπέπεσεν ἐπὶ τὸν τράχηλον αὐτοῦ 彼は彼の首をかき抱いた Lk 15,20; arkanē jeṙn z-mačov = ἐπιβαλὼν τὴν χεῖρα ἐπʼ ἄροτρον 鋤の柄に手をつける Lk 9,62; ancʻeal ein [/ēr] z-awowrbkʻ = προβεβηκότες ἐν ταῖς ἡμέραις 年長けていた Lk 1,7.18; 2,36; jorj z-glxov arkanel ew kr̄pʻel 頭に衣服をかぶせて袋叩きにする [= περικαλύπτειν αὐτοῦ τὸ πρόσωπον καὶ κολαφίζειν 彼の顔に目隠しを巻きつけて拳で殴る] Mk 14,65; ④zi mi erbekʻ harcʻes z-kʻari z-otn kʻo お前が決してその足を石に打ちつけることのないように Mt 4,6; ibrew asacʻ tʻe es em, yets yets čʻogan ew zarkan z-getni = ... καὶ ἔπεσαν χαμαί 彼が「私はいる」と言うと，人々は後ずさりして地面に倒れた Jn 18,6.　→ getin, zgetnem

zabił; **zabiwł** [M]　→ zambił

zazrowtʻiwn, -tʻean【名】醜いこと，醜悪，下劣，卑猥，唾棄すべきこと (αἰσχρότης) Eph 5,4.

zambił; M: zabił; zabiwł, -błoy, -ocʻ【名】手提げ籠 (σπυρίς/σφυρίς; → spʻiwrid): z-nšxars kotorocʻ-n barjin ewtʻn zambił (M: zabił) li 彼らが残ったパン屑を集めると7個の手提げ籠が一杯になった Mt 15,37 [Mk 8,8M: zabiwł; E: zambił, mg: armaveni spʻiwrid].　→ sakaṙi

zayragin【形?】怒った，激怒した，怒りをこめた：hayecʻeal šowrǰ z-amenekʻowmbkʻ zairagin (ἐν ὀργῇ) asē cʻna 彼は怒りをこめて彼ら全員を見回して，その人に言った Lk 6,10.　→ cʻasowmn (Mk 3,5)

zayragnim, -necʻay【動】怒る，腹を立てる (διαπονέομαι): zayragnealkʻ vasn owsowcʻaneloy nocʻa z-žołovowrd-n 彼らは，彼らが民に教えを説

いているので腹を立てて Ac 4,2.

zayranam, -racʻay【動】①悪くなる．②険悪になる；憤慨する，怒りに燃える (ἐμβριμάομαι Mk 14,5; Jn 11,33; παροξύνομαι Ac 17,16). ③困り果てる (διαπονέομαι Ac 16,18)；深くため息をつく，長大息する (ἀναστενάζω Mk 8,12)：①čʻ-ēr inčʻ awgteal ayl ews aṙawel zayracʻeal = ... μᾶλλον εἰς τὸ χεῖρον ἐλθοῦσα なんの役にも立たず，むしろ（病状が）ますます悪くなった Mk 5,26; ②zayranayin nma yoyž 彼らは彼女に対して激しく息巻いた Mk 14,5; xṙovecʻaw y-ogi iwr ibrew zayracʻeal 彼は憤りを覚えて心がかき乱された Jn 11,33; zayranayr hogi nora i nma, zi tesanēr i kṙapaštowtʻean z-kʻalakʻ-n その都が偶像に満たされているのを見て，彼の心は怒りに燃えた Ac 7,16; ③zyracʻeal Pawłos darjaw パウロは困り果てて振り向いた Ac 16,18; zayracʻaw i y-ogi iwr ew asē = ἀναστενάξας τῷ πνεύματι αὐτοῦ λέγει 彼は心の中で深いため息をついて言う Mk 8,12.

zayracʻowcʻanem, -cʻowcʻi【動】じらす，いらだたせる，怒らせる；害する，苦しめる；打つ (ἐρεθίζω Col 3,21; τύπτω 1Cor 8,12)：mi zayracʻowcʻanēr z-ordis jer あなた方の子供たちを怒らせるな Col 3,21; z-xiłč mtacʻ tkaracʻ-n zayracʻowcʻeal 弱い良心を打ちのめしながら 1Cor 8,12;

zangitem, -ecʻi【動】［i＋奪］恐れる，戦慄する，おびえる；忌避する；言わずにおく (τρέμω 2Pe 2,10; δειλιάω Jn 14,27; πτύρομαι Php 1,28; φοβέομαι He 11,23; παραιτέομαι Ac 25,11; ὑποστέλλω Ac 20,20)：čʻ-zangiten z-pʻaṙs-n hayhoyel 彼らは栄光〔ある者〕たちを冒瀆しながら戦くこともしない 2Pe 2,10; mi xṙovescʻin sirtkʻ jer, ew mi zangitescʻen あなた方の心がかき乱されないように，そしておびえないように Jn 14,27; mi zangiticʻēkʻ ew mi iwikʻ i hakaṙakordacʻ anti あなた方が何事においても反対者たちによって脅かされないでいる（こと）Php 1,28; očʻ zangitecʻin i hramanē tʻagawori-n 彼らは王の定めを恐れなかった He 11,23; očʻ zangitem i meṙaneloy 私は死を忌避しない Ac 25,11; očʻinčʻ zangitecʻi y-ōgtakaracʻ-n čʻ-patmel jez ew owsowcʻanel jez hraparakaw ew aṙtnin あなたたちに有益なことを言わずにおき，公衆の前でも家々でも，告げ知らせなかったり教えなかったりしたことは，何一つなかった Ac 20,20.

zangowac, -oy, -ocʻ【名】①（粘土の）塊．②混ぜ物，練り粉 (φύραμα)：①očʻ ownicʻi išxanowtʻiwn browt-n kawoy-n i nmin zangowacoy aṙnel anawtʻ z-omn i patiw ew z-omn y-anargans 粘土を用いる陶器師は，同じ塊から，1つを栄誉のために，他の1つを卑俗のために，器を造る権

限を持たないだろうか Ro 9,21; ②srbec'ēk' i bac' z-hin xmor-n, zi ełijik' nor zangowac 古いパン種は除いて清めよ、あなた方が新しい練り粉になるために 1Cor 5,7.

zanc' [, -iwk'] 〈zanc' aṙnem の結合で〉[aṙ+具] 傍らを通り過ぎる、向こう側を通る、離れ去る (παρέρχομαι Mk 6,48; ἀντιπαρέρχομαι Lk 10,31; ἀπέρχομαι Jas 1,24): kamēr zanc' aṙnel aṙ nok'awk' 彼は彼らの傍らを通り過ぎようとした Mk 6,48; teseal z-na zanc' arar 彼を見ると〔道の〕向こう側を通って行った Lk 10,31; zi hayec'eal etes z-ink'n, ew zanc' arar, ew andēn moṙac'aw t'ē orpisi ok' ēr なぜなら、自らをじっと眺めても、〔そこを〕離れると、どのようであったかを早くも忘れてしまうからだ Jas 1,24. → anc'k', anc'anem

zanc'anem, zanc'i【動】超える、(権利・法律等を) 犯す、逸脱する (ὑπερβαίνω): mi zanc'anel ew zrkel y-iri-d y-aydmik z-ełbayr iwr そうしたことにおいて自分の兄弟に対して越権行為をなしたり、貪りをなしたりしないこと 1Th 4,6.

zač'ac'ow【形】盲目の；近視の (μυωπάζω): koyr ē ew zač'ac'ow 彼は盲目であり近視眼である 2Pe 1,9.

zaṙ【名】傾斜、斜面；zaṙ i vayr [+属…の] 下り坂：ibrew ayn inč' merj ełew i zaṙ i vayr lerin-n jit'eneac' = ἐγγίζοντος δὲ αὐτοῦ ἤδη πρὸς τῇ καταβάσει τοῦ ὄρους τῶν ἐλαιῶν 彼がすでにオリーブ山の下り坂のあたりに近づいた時 Lk 19,37. → vayr

zaṙacanim, -acay【動】逸れる、背く (ἀποστρέφομαι): mi hayesc'in i hreakan aṙaspels ew i patowērs mardkan zaṙaceloc'-n i čšmartowt'enē 彼らがユダヤ人の作り話や、真理に背いている者どもの掟に心を奪われることがなくなるように Tt 1,14.

zaṙanc'owc'anem, -owc'i【動】欺く、騙す (παραλογίζοαμι): z-ays asem, zi mi ok' z-jez zaṙanc'owsc'ē patir baniwk' 私がこう言うのも、誰もあなた方を巧妙な説得術によって騙すことのないようにするためだ Col 2,4.

zaṙajinn (副 τὸ πρότερον) → aṙajin

zatem, -ec'i【動】分離する、切り離す、引き離す (χωρίζω): zateal i meławorac' 罪人から引き離された He 7,26.

zatik, -tki, -kac'【名】過越祭 (πάσχα): bayc' ē jer sovorowt'iwn zi z-mi ok' arjakec'ic' jer i zatiks 過越祭にあたって私がお前たちのために 1 人を釈放するという慣例がお前たちにある Jn 18,39; patrastec'in z-zatik-n 彼らは過越の用意をした Mt 26,19; hawatovk' arar z-zatik-n ew z-hełowmn arean-n 信仰によって彼は過越と血の注ぎかけを行った He

11,28.

zarganam, -gacʻay【動】進む,進捗する,増大する (προκόπτω):YS zarganayr imastowtʻeamb ew hasakaw ew šnorhawkʻ y-AY ew i mardkanē イエスは知恵にも背丈にもますます秀で, 神からも人々からもいや増す恵みを受けていた Lk 2,52.

zard, -ow, -owcʻ【名】飾り;世界 (κόσμος):orocʻ linicʻi očʻ artakʻowst hiwsiwkʻ ew oskehowr̄ camakalōkʻ kam pačowčeal zgestowkʻ zard 彼女らの装いは, 髪を編むことや金の装飾品を身につけること, あるいは外套を着ることといった外的な飾りではないようにせよ 1Pe 3,3; zard anirawowtʻean, lezow hastateal ē y-andams mer 不義の世界が私たちの肢体の中では舌となっている Jas 3,6.

zardarem, -ecʻi【動】飾る, 装う (κοσμέω Mt 23,29; Lk 21,5; ἀμφιέννυμι Mt 11,8; στρώννυμι Lk 22,12; χρυσόομαι Re 17,4):zardarēkʻ z-gerezmans ardarocʻ お前たちは義人たちの墓を飾りたてる Mt 23,29; geɫecʻik vimawkʻ ew aštarakawkʻ zardareal ē それは見事な石と奉納物で飾られている Lk 21,5; mard [/Lk: ayr] i handerjs pʻapʻkowtʻean zardareal? = ἄνθρωπον ἐν μαλακοῖς ἠμφιεσμένον 柔らかな衣に身をつつんだ人間を〔見に出て来たの〕か Mt 11,8; na cʻowcʻcʻē jez vernatown mi mec zardareal 彼はあなたたちに席の整えられた2階の大きな部屋を見せてくれるだろう Lk 22,12; kin-n zgecʻeal ēr ciranis ew karmirs, ew zardareal oskwov ew margartov ew akambkʻ patowakanōkʻ その女は紫の衣と緋色の衣をまとい, 金と真珠と宝石で身を飾りたてていた Re 17,4. → yardarem (zardar「飾り」)

zardxonarhowtʻiwn, -tʻean【名】品のある身なり:kanaykʻ i zardxonarhowtʻean (= ἐν καταστολῇ κοσμίῳ), aknacowtʻeamb ew zgastowtʻeamb zardarel z-anjins 女たちは品のある身なりで, 羞恥心と貞淑さとをもって身を飾る〔よう私は望む〕1Tm 2,9.

zartʻnowm, -tʻeay【動】目を覚ます, 目が覚める (ἐγείρομαι Ro 13,11; διαγρηγορέω Lk 9,32; ἔξυπνος Ac 16,27):ard žam isk ē mez i kʻnoy zartʻnowl 今や私たちが眠りから覚めるべき時節が来ている Ro 13,11; zartʻean tesin z-pʻar̄s-n nora 彼らはすっかり目を覚ますと彼の栄光を目にした Lk 9,32; ibrew zartʻeaw bantapet-n 看守長は目を覚まして Ac 16,27. → artʻown

zartʻowcʻanem, -owcʻi【動】①(眠りを)覚ます, 起こす (διεγείρω). ②zartʻowcʻeal [zartʻnowm の分詞の代用] 目覚めて, 起き上がって (διεγείρομαι):①matowcʻeal zartʻowcʻin z-na 彼らは近寄って来て彼を起こした Lk 8,24; ertʻam zi zartʻowcʻicʻ z-na 彼を眠りから覚ますために

私は行く Jn 11,11；②zart'owc'eal (ἐγερθείς) Yovsēp' i k'noy anti ヨセフは眠りから覚めて Mt 1,24; zart'owc'eal sasteac' hołmoy-n 彼は起き上がって風を叱った Mk 4,39.

zarkanem, zarki, ezark, zark, zarkeal 【動】zark- zgetni 地面に打ち倒れる：ibrew asac' t'e es em, yets yets č'ogan ew zarkan zgetni (= ἔπεσον χαμαί) 彼が「私はいる」と言うと、人々は後ずさりして地面に倒れた Jn 18,6. → arkanel (ELPA I.115)

zarkowc'anem, -owc'i 【動】(地面に) 打ち倒す、なぎ倒す、打ちのめす；痙攣を起こさせる (ῥήγνυμι/ῥήσσω Mk 9,18 Lk 9,42; σπαράσσω Mk 1,26; Lk 9,39)：owr hasanē, zarkowc'anē z-na〔霊は〕取り憑くとどこででも彼を地面になぎ倒す Mk 9,18; zarkowc'anē ew t'awalec'owc'anē z-na 彼を痙攣させて転がした Lk 9,39; zarkoyc' z-na ays-n piłc ew ałałakeac' i jayn mec ew el i nmanē 穢れた霊は彼に痙攣を起こさせ、大声を挙げながら彼から出て行った Mk 1,26; zarkoyc' z-na dew-n 悪霊は彼をなぎ倒した Lk 9,42.　→ šaršlem

zarhowrim, -rec'ay 【動】[i＋奪] 恐れる、おびえる；肝をつぶす (φοβέομαι Lk 12,4; πτοέομαι Lk 21,9; ἐκθαμβέομαι Mk 16,5; θροέομαι 2Th 2,2; ἔκφοβος Mk 9,6; ἔμφοβος Ac 10,4)：mi zarhowric'ik' (M: -resc'ik') y-aync'anē or spananen z-marmin ew yet aynorik aweli inč' oč' ownic'in aṙnel 体を殺しても、その後それ以上何ごともできない者たちを恐れるな Lk 12,4; yoržam lsic'ēk' paterazmowns ew xṙovowt'iwns, mi zarhowric'ik' (M: zarhowrec'ik'〔：-resc'ik'〕あなたたちは戦争や暴動のことを聞く時、おびえるな Lk 21,9; tesin eritasard mi zi nstēr ənd aǰmē kołmanē ... ew zarhowrec'an 彼女たちは 1 人の若者が右側に座っているのを見て、ひどく肝をつぶした Mk 16,5; oč' gitēr zinč' xawsēr, zi zarhowreal ein 彼らは恐怖に襲われていたので、何を語っていいかわからなかった Mk 9,6; mi vałvałaki xṙovel jez i mtac' ew mi zarhowrel, mi hogwov, ew mi baniw, ew mi t'łt'ovk' ibrew t'ē i mēnǰ, orpēs t'ē ekeal haseal ic'ē ōr TN 霊によってであれ、言葉によってであれ、私たちからのものとされる手紙によってであれ、あたかも「主の日はすでに来ている」との趣旨であるとの理由で、あなたたちはすぐに分別を失って混乱したり、恐怖心を抱いたりすることのないように 2Th 2,2; na hayec'eal ənd na zarhowreac'aw 彼は彼を見つめていると恐ろしくなった Ac 10,4.　→ (＜ z-arhowrim〔：ah〕, ELPA I.117)

zarmanalik', -leac' 【名】[zarmanali「驚くべき」]《複のみ》驚き、驚嘆 (ἔκστασις Mk; θάμβος Lk)：zarmac'an mecaw zarmanaleawk' 彼らは正気を失うほどに驚いた Mk 5,42; ełen zarmanalik' i veray amenec'own 全員が肝をつぶした Lk 4,36.

zarmanam, -mac'ay【動】[ənd+対；vasn+属；i veray+属；zi ... : t'e ...] 驚く，仰天する，肝をつぶす；当惑する，混乱する (θαμβέομαι Mk 1,27; ἐκθαμβέομαι Mk 9,15; διαπορέω Lk 9,7; θαυμάζω Lk 2,33; Jn 3,7 4,27; Ac 7,31; ἐκθαυμάζω Mk 12,17; ἐξίσταμαι Lk 2,47; ἐκπλήσσομαι Mk 1,22)；[分] zarmac'eal びっくり仰天した (ἔκθαμβος Ac 3,11)：zarmac'an amenek'in minč'ew hccel ənd mimeans ew asel 皆は肝をつぶし，ささやきあって言った Mk 1,27; zarmanayr vasn aseloy-n y-omanc' et'e Yovhannēs yareaw i meṙeloc' 彼は，ある人たちから「ヨハネが死人たちの中から起こされた」と言われたためにどうしたらいいかまったくわからなくなった Lk 9,7; ein hayr-n ew mayr nora zarmac'eal i veray banic'-n or xawsein z-nmanē 彼の父と母は彼について語られたことに驚いていた Lk 2,33; zarmanayin zi ənd knoǰ-n xawsēr 彼らは[彼が]女と語り合っていることに驚いた Jn 4,27; dow mi zarmanar t'e asac'i k'ez ... あなた方は私が…と言ったからといって驚くことはない Jn 3,7; Movsisi teseal zarmac'aw ənd tesil-n モーセはその光景を見て驚いた Ac 7,31; zarmac'an ənd na 人々は彼に大変驚いた Mk 12,17; zarmanayin amenek'ean or lsein i nmanē ənd imastowt'iwn 彼の話を聞いた者は全員，その洞察に正気を失うほど驚いていた Lk 2,47; zarmanayin ənd vardapetowt'iwn-n nora 人々は彼の教えに仰天しきりだった Mk 1,22; ənt'ac'aw amenayn žołovowrd-n aṙ nosa i srah-n or koč'ēr Sałovmoni zarmac'ealk' 民は皆ひどく驚いて，いわゆる「ソロモンの柱廊」にいた彼らのところに駆け集まって来た Ac 3,11. → hianam

zarmank', -nac'【名】《複のみ》驚き (θαῦμα 2Cor 11,14; ἔκστασις Lk 5,26)：č'-en inč' zarmank', k'anzi ew ink'n satanay kerparani i hreštak lowsoy それはまったく驚くべきことではない，なぜならサタン自身が光の使者に擬装するのだから 2Cor 11,14; zarmank' kalan z-amenesin 正気を失うほどの驚きが全員を襲った Lk 5,26.

zarmac'owmn【名】①驚き (θαῦμα). ②忘我 (ἔκστασις)：①zarmac'ay teseal z-na zarmac'owmn mec 私は彼女を見て大いに驚いた Re 17,6; ②ełew i veray nora zarmac'owmn 彼は忘我の状態に陥った Ac 10,10.

zarmac'owc'anem, -owc'i【動】驚かす，驚愕させる (ἐξίστημι/ἐξιστάνω)：kanayk' omank' i mēnǰ zarmac'owc'in z-mez 私たちの仲間の女たちの何人かが正気を失うほど私たちを驚かせた Lk 24,22. → zarmanam

zawak, -i, -ac'【名】子孫 (σπέρμα)：et'e ok' meṙc'i anordi, arasc'ē z-kin-n nora ełbayr iwr ew yarowsc'ē zawak ełbawr iwrowm もしある

人が息子を残さずに死んだ場合，その弟がその妻と結婚し，自分の兄の子孫を起こすであろう Mt 22,24; i zawaki k'owm awrhnesc'in amenayn azgk' erkri あなたの子孫にあって地上のすべての部族が祝福されるだろう Ac 3,25.

zawd, -i, -ic' 【名】紐，帯，紐帯 (σύνδεσμος)：i veray amenayni z-sēr-n, or ē zōd katarman-n すべてのものの上に愛を，すなわち〔すべてを結びつけて完結へと導く〕完全性の紐帯を〔身に着けよ〕Col 3,14. → yōd

zawšak'ał, -ic' 【形】（金銭に）強欲な，けちな，しみったれの (αἰσχροκερδής)：noynpēs ew z-sarkawgowns ... mi zawšak'ałs 執事たちも同様に強欲であってはならない 1Tm 3,8.

zawšak'ałowt'iwn, -t'ean 【名】強欲，卑しい利欲，恥ずべき利益 (αἰσχρὸς κέρδος Tt 1,11); zōšak'ałowt'eamb 【副】恥ずべき利益のために (αἰσχροκερδῶς 1Pe 5,2)：ork' z-amenayn towns korcanen ew owsowc'anen z-or č'-ē aržan vasn zawšakałowt'ean 彼らは恥ずべき利益のために教えてはならないことを教えて，すべての家を覆している Tt 1,11.

zawr; zawrk', -rac' 【名】軍隊，軍勢 (στρατιά Lk 2,13; στρατόπεδον Lk 21,20; στράτευμα Mt 22,7; Re 19,19)：ełew ənd hreštaki-n ənd aynmik bazmowt'iwn zawrac' erknaworac' その使いと共に天の大軍勢が現れた Lk 2,13; yoržam tesanic'ēk' šowrǰ pateal zawrawk' z-EM あなたたちがエルサレムが軍隊に囲まれるのを見る時 Lk 21,20; aṙak'eac' z-zawrs iwr ew satakeac' z-spanołs-n z-aynosik 彼は自分の軍隊を派遣し，それらの人殺しどもを滅ぼした Mt 22,7; tesi z-gazan-n ew z-t'agawors erkri ew z-zōrs noc'a žołoveals aṙnel paterazm ənd aynm, or heceal-n ēr i ji-n spitak ənd zōrs nora 私は，かの獣と地上の王たちとその軍勢が，白い馬に乗った騎士とその軍勢に戦いを挑むために，結集しているのを見た Re 19,19. → hzawr

zawraglowx, -glxac' 【名】①将軍，司令官；政務官 (στρατηγός Ac 16,20). ②指導者 (ἀρχηγός He 12,2)：①aceal z-nosa aṙ zōraglowxs-n asen, ark'-s ays xṙovec'owc'anen z-k'ałak'-s mer 彼らを政務官たちの前に引き出して言った，「この者どもは私たちの町をかき乱している」Ac 16,20; ②hayesc'owk' i zōraglowx-n hawatoc' ew i katarič'-n YS 信仰の導き手であり完成者であるイエスに目を据えようではないか He 12,2.

zawragoyn, -gowni, -ic' 【形】《比》より強い (ἰσχυρότερος)：gay zawragoyn-n k'an z-is zkni im 私よりも強い者が私の後から来る Mk 1,7. → hzawragoyn, -agoyn

zawrakan, -i, -ac‘,-awk‘, M: -ovk‘【名】兵士，歩兵（στράτευμα Lk 23,11; Ac 23,10; στρατιώτης Mt 28,12; Ac 23,23）；警備兵（κουστωδία Mt 27,65）：arhamarheac‘ z-na ew Hērovdēs handerj iwrovk‘ zawrakanawk‘-n ew aypn arareal ヘロデも彼の兵士たちと一緒に彼を侮り，なぶりものにした Lk 23,11; hramayeac‘ zōrakani-n iJanel yap‘stakel z-na 彼は兵士たちに降りて行って，彼を力ずくで奪い取って来るように命じた Ac 23,10; ownik‘ z-zawrakan-n. ert‘ayk‘ zgowšac‘arowk‘ orpēs ew gitēk‘ お前たちは警備兵を持っている．行って，お前たちが知っているように，警備せよ Mt 27,65. → zawr[k‘], zēn, spař-a-zin-owt‘iwn

zawranam, -rac‘ay【動】①強くなる，強力になる（κραταιόομαι Lk 1,80; 2,40; δυναμόω Col 1,11; ἐνδυναμόω Ro 4,20; ἐνδυναμόομαι Ac 9,22; Eph 6,10; ἐνισχύω Ac 9,19）．②優勢である（κατισχύω → yałt‘aharem）．③戦う（στρατεύω）．④働く（ἐνεργέω）：①manowk-n ačēr ew zawranayr li imastowt‘eamb 幼子は知恵に満ちて成長し力強くなっていった Lk 2,40; amenayn zōrowt‘eamb zōrac‘ealk‘ əst zōrowt‘ean p‘ařac‘ nora その栄光の威力に対応してあらゆる力で力づけられた Col 1,11; zōrac‘aw hawatovk‘ 彼は信仰によって強くなった Ro 4,20; Sawłos ařawel ews zōranayr サウロはますます力づけられた Ac 9,22; zōrac‘arowk‘ teramb ew karołowt‘eamb zōrowt‘ean nora 主によって，そしてその強靭さの剛力によって強くなれ Eph 6,10; ařeal kerakowr zōrac‘aw 彼は食事をとって元気を取り戻した Ac 9,19; ②zawranayin barbařk‘-n noc‘a 彼らの声が圧倒的になっていった Lk 23,23; ③oč‘ y-aydpisi c‘ankowt‘eanc‘ jeroc‘ or zōrac‘eal en y-andams jer あなた方の肢体の中で戦いを挑んでくるあなた方の欲情から来るのではないのか Jas 4,1; ④karik‘ mełac‘ or ōrinōk‘-n ēin, zōranayin y-andams mer 律法を通しての罪の欲情が私たちの肢体にあって働いていた Ro 7,5.

zawravar, -i, -ac‘【名】軍司令官，徴兵主（στρατολογέω 2Tm 2,4）：oč‘ ok‘ zinoworeal astēn ənd keans ašxarhi-s patali, et‘ē zōravari-n hačoy linic‘i 誰でも兵役に服している者は，徴兵主に気に入られようとするならば，日常生活の雑務に巻き込まれることはない 2Tm 2,4.

zawrac‘owc‘anem, -c‘owc‘i【動】強くする，力づける（ἐνδυναμόω Php 4,13; ἐνισχύω Lk 22,44 [Zohrab]）：y-amenayni karoł em, aynow or zōrac‘oyc‘-n z-is 私は私を強くしてくれた方によって，すべてのことができる Php 4,13.

zawrawor, -i, -ac‘【形】①強い，強力な，有能な；可能な，できる（δυνατός）．②権力ある，権勢ある（ἰσχυρός）：①ař i mardkanē ayd ankar ē, ayl ař y-AY amenayn inč‘ zawrawor それは人間にはできないが，

神には何でもできる Mt 19,26; zōrawor ēr grovk' 彼は聖書に強かった Ac 18,24; ②mecameck' ew zōrawork' ... t'ak'owc'in z-ink'eans 富める者たちや権勢ある者たちは身を隠した Re 6,15.

zawrowt'iwn, -t'ean 【名】①力〔ある業〕, 威力, 強靭さ (δύναμις Ro 8,38; ἐνέργεια Php 3,21 [→ azdec'owt'iwn]; ἰσχύς Mk 12,30; κράτος Lk 1,51; Col 1,11). ②万軍 (Σαβαώθ). ③意味：①hastateal em ... et'ē ... ew oč' or kan-s, ew oč' handearjealk'-n ew oč' zōrowt'iwnk' ... karē meknel z-mez i siroy anti AY 私は, 現在ものも, 将来のものも, 力あるものも, 神の愛から私たちを引き離すことはできないと確信している Ro 8,38-39; əst zōrowt'ean-n aṙ i karōł lineloy hnazandec'owc'anel ənd iwrew z-amenayn = κατὰ τὴν ἐνέργειαν τοῦ δύνασθαι αὐτὸν καὶ ὑποτάξαι αὐτῷ τὰ πάντα すべてのものを自分に従わせることのできる力によって Php 3,21; siresc'es z-TR AC k'o ... y-amenayn zawrowt'enē k'owmmē お前はお前の神なる主をお前の力を尽くして愛するだろう Mk 12,30; arar zawrowt'iwn bazkaw iwrov 彼はその腕で力〔ある業〕をなした Lk 1,51; ②et'ē oč' TN zōrowt'eanc' t'ołeal ēr mez zawak もしも万軍の主が私たちに子孫を残さなかったならば Ro 9,29; ③et'ē oč' gitic'em z-zōrowt'iwn jayni-n もしも私がその言語の意味を知らないならば 1Cor 14,11.

zbaxōs 【形】無駄話をする (ματαιολόγος)：k'anzi bazowmk' en anhnazandk', zbaxōsk', ew mtaxabk', manawand or i t'lp'atowt'enē anti en 事実, 反抗的で, 無駄口を叩き, 人を騙す連中が多くいるからであり, とりわけ割礼出身の者たちがそうである Tt 1,10.

zbałank', -nac' 【名】気を散らすこと, 散心；aṙanc' zbałanac' 気を散らさずに, 余念なく (ἀπερισπάστως) 1Cor 7,35.

zbałec'owc'anem, -owc'i 【動】(心を) 騙す (ἀπατάω)：et'ē ok' kamic'i krōnawor linel, ew oč' sanjaharesc'ē z-lezow iwr, ayl zbałec'owc'anic'ē z-sirt-n iwr, aynpisowoy-n vayrapar ē krōnaworowt'iwn-n もし誰かが, 自分の舌にくつわをはめず, 自分の心を騙していながら, 自分は信心深くありたいと欲するなら, その人の信心深さは虚しい Jas 1,26.
→ xabem

zbałnowm; **zbałim**, -łec'ay 【動】①専心する, 没頭する；忙殺される, あくせくする (περισπάομαι; μετεωρίζομαι Lk 12,29). ②かき乱す (θορυβάζομαι)：①i hogs ew i mecowt'iwn ew i c'ankowt'iwn ašxarhi-s zbałeal hełjnown 彼らは思い煩いや富やこの世の快楽へと没頭して窒息する Lk 8,14 [= ὑπὸ μεριμνῶν καὶ πλούτου καὶ ἡδονῶν τοῦ βίου πορευόμενοι συμπνίγονται 彼らは進み行く時に思い煩いや富や人生の快

楽によって窒息させられる〕；Mart'a zbałeal ēr i bazowm spasow マルタは多くの給仕のため忙殺されていた Lk 10,40; dowk' mi xndrēk' zinč' owtic'ēk' kam zinč' əmpic'ēk', ew mi zbałnowk' あなたたちは何を食べようかとか，何を飲もうかとか求めるな，またあくせくするな Lk 12,29; ②dow hogas ew z-bazowm iwik' zbałeal es あなたは多くのことに心を煩わせ，かき乱されている Lk 10,41.

zbōsnowm, -say【動】享楽に耽る (σπαταλάω)：p'ap'kac'ayk' i veray erkri ew zbōsayk' あなたたちは地上で贅沢に暮らし，欲望に耽った Jas 5,5.

zgacim; **zgacnowm**, -cay【動】身にまとう；感染する，汚染される (περίκειμαι He 5,2; συναπάγομαι 2Pe 3,17)：k'anzi ew ink'n isk akarowt'eamb zgaceal ē 彼自身も弱さにまといつかれているから He 5,2; zi mi anař ak molorowt'eamb-n zgacealk' ankaniǰik' y-asteac' hastatowt'ean-n あなた方は放埒な迷いに汚染されて，堅実さの世界から転落してしまわないよう 2Pe 3,17.

zgam, -ac'i【動】理解する，わかる (ἐπιγινώσκω)：tesin z-nosa zi ert'ayin ew zgac'in bazowmk' 人々は彼らが去って行くのを目にしたが，多くの者たちには〔彼らがどこへ行くのか〕わかった Mk 6,33.

zgast【形】分別のある，思慮深い；尊敬すべき，高貴な (εὐσχήμων Ac 13,50; σώφρων Tt 2,2).

zgastanam, -tac'ay【動】①理性がある，正気である，慎み深い (σωφρονέω). ②zgastac'eal 品位のある，慎みのある (εὐσχημόνως)：①et'ē arănc'ak inč', ayn AY ē, ew et'ē zgastanamk', ayn jer ē もしも私たちが正気ではなかったとするなら，それは神に対してなのであり，もしも私たちが正気であるとするなら，それはあなた方に対してなのだ 2Cor 5,13; gtin z-ayr-n owsti dewk'-n eleal ein zgec'eal ew zgastac'eal nstēr ař ots-n YI 彼らは，悪霊どもの出て行った人が着物を身にまとい，正気のさまでイエスの足元に座っているのを見出した Lk 8,35; i xorhel-n zgastanal 慎み深くあるように（自分を）考える Ro 12,3; ②ibrew i townǰean zgastac'ealk' šrǰesc'owk' 日中におけるように，品位のある仕方で私たちは歩もうではないか Ro 13,13.

zgastac'owc'anem, -c'owc'i【動】目覚めさせる，覚醒させる；真実を悟らせる，教え諭す (σωφρονίζω Tt 2,4; εὐσχημόνως Ro 13,13)：zi zgastac'owsc'en z-mankamards-n ayrasērs linel, ordesērs 若い女たちを諭して，夫を愛し子供を愛するように Tt 2,4; ibrew i townǰean zgastac'ealk' šrǰesc'owk' 日中におけるように，覚醒して〔Gk: 品位のある仕方で〕私たちは歩もうではないか Ro 13,13.

zgastowt'iwn, -t'ean【名】思慮，分別，（女の）貞淑さ（σωφροσύνη 1Tm 2,9; σωφρονισμός 2Tm 1,7; σωφρόνως Tt 2,12）: zgastowt'eamb ew ardarowt'eamb ew ACpaštowt'eamb kec'c'owk' y-ašxarhi-s 私たちがこの世で思慮深く，正しく，敬虔に生きるように Tt 2,12; paṙawanc' noynpēs i zgastowt'ean, i sowrb vayelč'owt'ean 老女も同じく思慮深く，聖なる者にふさわしい品格を保つべきだ Tt 2,3 [= πρεσβύτιδας ... ἐν καταστήματι ἱεροπρεπεῖς 振る舞いにおいて聖なる者にふさわしい].

zgac'owc'anem, -c'owc'i【動】警告する；知らせる，示す，申し出る；相談する；付け加える；[vasn+属]…を告訴する（ἀνατίθεμαι Ga 2,2; προσανατίθεμαι Ga 1,16; 2,6; ἐμφανίζω Ac 23,22; 24,1; 25,15）: zgac'owc'i noc'a z-awetaran-n z-or k'arozēi i het'anoss 私が異邦人たちの中で宣教している福音を彼らに示した Ga 2,2; patowireal mi owmek' asel t'ē z-ays zgac'owc'er inj「このことをお前が私に告げた」ことは誰にも漏らさないように命じて Ac 23,22; andēn vaḷvaḷaki oč'inč' zgac'owc'i marmnoy ew arean 私は直ちに血肉に相談することはなかった Ga 1,16; inj karcealk'-n aynpisi inč' oč' zgac'owc'in かの重んじられている人たちは私には何も付け加えなかった Ga 2,6; ork' ew zgac'owc'in datawori-n vasn Pawłosi 彼らはパウロを総督に告訴した Ac 24,1; ibrew č'ogay y-EM, zgac'owc'in inj k'ahanayapetk'-n ew glxawork' hrēic'-n, xndrēin y-inēn aṙnel nma patowhas 私がエルサレムに行った時，祭司長たちやユダヤ人の長老たちが彼を告訴して，有罪の判決を下すよう私に要求した Ac 25,15.

zgenowm, zgec'ay [M: + sgenowm]【動】（着物を）着る，身にまとう（ἐνδύω Ac 12,21; φορέω Mt 11,8; ἱματίζω Mk 5,15; ἐπενδύομαι 2Cor 5,2; περιβάλλομαι Mt 6,29）: y-awowr miowm y-erewelwoǰ Herovdēs zgec'eal ēr z-handerj t'agaworowt'ean ew nstēr y-ateni ある定められた日にヘロデは王衣をまとって座についていた Ac 12,21; or z-p'ap'owks-n zgec'eal en i towns t'agaworac' en 柔らかな衣をまとった者どもは王たちの家にいる Mt 11,8; tesanen z-diwahar-n zi nstēr zgec'eal ew zgastac'eal or ownēr z-Łegeovn-n 彼らは，悪霊に憑かれていた者すなわち「レギオン」を持っていた者が着物を身にまとい，正気のさまで座っているのを見る Mk 5,15; z-bnakowt'iwn-n erknic' p'ap'azemk' zgenowl 私たちは天からの住まいを（上に）着たいと欲している 2Cor 5,2; asem jez zi ew oč' Sołovmovn y-amenayn p'aṙs-n iwrowm zgec'aw ibrew z-mi i noc'anē 私たちはあなた方に言う，栄華の極みにあったソロモンですら，これらの1つほどにも装ってはいなかった Mt 6,29; bazowm žamanaks č'-ēr handerj zgec'eal 彼は長い間衣をまとっていなかった Lk

8,27. → zgecʻowcʻanem

zgest, -ow, -owkʻ【名】衣服，覆い (περιβόλαιον 1Cor 11,15; ἱμάτιον 1Pe 3,3)：gēskʻ pʻoxanak zgestow toweal en nma 髪は覆いの代りに彼女に与えられている 1Cor 11,15; paćowčeal zgestowkʻ zard 外套で着飾るというおめかし 1Pe 3,3. → verakow

zgetnem, -ecʻi【動】投げ倒す (ῥίπτω) [→ getin]: zgetneacʻ z-na dew-n i miǰi and 悪霊は彼を真ん中に投げ倒した Lk 4,35.

zgecʻaw → zgenowm

zgecʻowcʻanem, -owcʻi【動】[z-+対] …に服を着せる；[+与] …に [+対] …を着せる (περιβάλλω; ἐνδύω Mk 15,20; ἐνδιδύσκω Mk 15,17; ἀμφιάζω/ἀφιέννυμι Lk 12,28/Mt 6,30) [→ zgenowm]: etʻe z-xot-n or aysawr i bacʻi ē ew vałiw i hnocʻ arkaneli AC aynpēs zgecʻowcʻanē, orčʻapʻ ews ařawel z-jez もし今日は野にあっても明日は炉に投げ込まれる草を，神はこのように装って下さるのであれば，ましてあなた方を [装って下さるのは] なおさらのことだ Lk 12,28; zgecʻowcʻanen nma kʻłamid karmir ew ciranis 彼らは彼に赤紫の衣をまとわせる Mk 15,17.

zgnam, -acʻi【動】歩きまわる，歩く，歩行する (περιπατέω): minčʻdeř zgnayr YS ənd ezr covow-n Gałiłeacʻwocʻ 彼がガリラヤの海辺を歩きまわっていると Mt 4,18.

zgoyš [, zgowši, -icʻ; M: + zgoš]【形】注意（用心）深い；①zgoyš kam. ②zgoyš linim 用心する，警戒する (φυλάσσομαι Lk 12,15; βλέπω Php 3,2; ὁράω Mt 9,30; προσέχω Mt 6,1; ἐπέχω 1Tm 4,16; σκοπέω Ga 6,1; ἐπισκοπέω He 12,15): ①zgoyš kacʻēkʻ anjanc = προσέχετε ἑαυτοῖς あなたたちは用心しておれ Lk 17,3; [mi+接] zgoyš kacʻēkʻ, mi okʻ gitascʻē 心して誰にも知らせるな Mt 9,30; ② [i+奪] zgoyš lerowkʻ y-amenayn agahowtʻenē あらゆる貪欲を警戒せよ Lk 12,15; zgoyš ełerowkʻ i čʻar mšakacʻ anti あの悪しき働き人たちに注意せよ Php 3,2; [mi+不定詞] zgoyš lerowkʻ ołormowtʻean jerowm mi ařnel ařaǰi mardkan あなたたちの憐れみを人々の前でなさぬように用心せよ Mt 6,1; [+与] zgoyš liniǰir anjin ew vardapetowtʻean-d 君自身と教えとに注意を向けよ 1Tm 4,16; zgoyš linicʻikʻ anjancʻ, zi mi ew dowkʻ pʻorǰicʻikʻ あなた方も誘惑されないように自分自身に注意を払え Ga 6,1; zgoyš lerowkʻ, gowcʻē okʻ yetneal gtanicʻi i šnorhacʻ-n AY 神の恵みから外れるような人がないように注意を払え He 12,15. → gowšakem, zgowšanam

zgowšali, -leacʻ【形】油断しない；堅固な，確実な；安全な (ἀσφαλής) Php 3,1.

zgowšanam, -ac'ay [M: sgowšanam (Mt 16,11)]【動】① [＋与] 守る，警備する (ἀσφαλίζομαι Mt 27,64); 監禁する．②心を向ける，心にかける (κατανοέω He 10,24). ③ [i＋奪] 用心する，気をつける，避ける (φυλάσσομαι Ac 21,25): ①ard hramayea z-gowšanal gerezmani-n minč'ew c'-eris awowrs だから3日目まで墓の警備をするように命じよ Mt 27,64; zgoyš linel (M: sgowšanal [= zgowšanal]) i xmoroy Sadowkec'woc'-n = προσέχετε δὲ ἀπὸ τῆς ζύμης ... サドカイ派のパン種に用心せよ Mt 16,11; ②zgowšasc'owk' mimeanc' yordormambk' siroy ew gorcoy bareac' 愛と善い業への刺激をもって互いに心がけ合おう He 10,24; ③zgowšanel noc'a i k̄roc' zoheloy ew y-arenē ew i heljowc'eloy ew i pornkowt'enē 彼らが偶像に捧げた肉と血と絞め殺した動物と不品行とを避けること Ac 21,25.

zgowšowt'iwn, -t'ean [M: sgowšt'iwn]【名】用心，警戒: kalǰik' z-na ew tarǰik' zgowšowt'eamb (M: sgowšowt'eamb) (= ἀσφαλῶς) それを捕えて，間違いなく引っ立てて行け Mk 14,44; patowirec'in bantapeti-n zgowšowt'eamb (= ἀσφαλῶς) pahel z-nosa 彼らは看守長に彼らを厳しく見張るように命じた Ac 16,23.

zełxim, -xec'ay【動】堕落する，耽溺する，陥る，身を委ねる (ἐκχέομαι): əst molorowt'ean-n Bałamay zełxec'an zhet varjowc' 彼らは利得のためバラムの迷いに身を委ねた Jd 11.

zełxowt'iwn, -t'ean【名】①放蕩，自堕落 (ἀσωτία). ②奔流 (ἀνάχυσις): ①mi arbenayk' ginwov, y-orowm zełxowt'iwn ē あなた方は酒に酔うな，酒に放蕩〔の原因〕がある Eph 5,18; ②i noyn ankardowt'ean zełxowt'iwn 同じ放蕩の奔流に 1Pe 4,4.

zełcanim; **zełcim**, -cay【動】駄目になる，堕落する；[＋具…を] 利用する (καταχράομαι): zi mi zełcc'im inč' išxanowt'eamb-s imov y-awetarani and その福音における私の権限を私が利用することのないように 1Cor 9,18.

zełowm, -li【動】溢れ出させる，一杯にする (ἐπιβάλλω): linēr mrrik mec hołmoy ew z-alis-n i naw-n zełoyr, minč' gret'e li isk linel 激しい暴風が起こり，波を舟の中に溢れさせ，〔舟が水で〕ほとんど満杯になるほどだった Mk 4,37; zełowin z-novaw z-amenayn ambox-n 彼らは群衆をすべて彼の周りに群がらせた Ac 21,27 [= συνέχεον πάντα τὸν ὄχλον 彼らは群衆をことごとく扇動した].

zełown【形】溢れ出た (ὑπερεκχύννομαι): č'ap' barwok' t'at'ałown šarżown zełown tac'en i gogs jer 人々は押し込み，揺すり，溢れ出るほどに枡を良くしてあなたたちの懐に与えるだろう Lk 6,38.

zenowm, -ni, 3・単・アオ ezen【動】生け贄に捧げる，屠る (θύω Lk 15,23; σφάζω Re 5,6)：acēk' z-ezn pararak zenēk' 肥えた牛を引いて来て屠れ Lk 15,23; gar̄n kayr zeneal 子羊が屠られて立っていた Re 5,6.

zenowmn, -man【名】生け贄 (θυσία)：matneac' z-anjn iwr vasn mer, patarag ew zenowmn AY i hot anowšic' 彼は私たちのために自身を，神への良い香りとなる捧げ物，生け贄として捧げた Eph 5,2.

zercanem, -ci【動】（船を浜に）乗り入れる (ἐξωθέω)：z-gog mi nšmarēin t'ē ap'n covow-n ic'ē, y-or xorhēin t'ē hnar inč' ic'ē zercanel z-naw-n 彼らは砂浜のある入り江を認めたので，できることならそこに船を乗り入れようと思った Ac 27,39 ［アルメニア語訳は異読 ἐκσῶσαι (ἐκσῴζω のアオリスト不定詞)「安全に浜に上げる」に拠る．この異読は同音による ἐξῶσαι の誤綴］．

zercanim, -cay【動】逃れる，免れる；離れる (ἐκφεύγω Lk 21,36; ἀπογίνομαι 1Pe 2,24)；[受] 解放される (ἀπαλλάσσομαι Lk 12,58)：zi aržani linic'ik' zercanel y-aynm amenaynē or lineloc'ē あなたたちが起ころうとしているこれらすべてのことから逃れられるように Lk 21,36; zi lic'owk' zercealk' i mełac' anti 私たちがそれらの罪から離れるように 1Pe 2,24; towr z-hašiw-n zercanel i nmanē 彼から解放されるように努力せよ Lk 12,58.

zēn, zinow, -owc'【名】道具 (ὅπλον)；《複》武器，武具：mi patrastēk' z-andams jer zēn anirawowt'ean mełac'-n あなたたちの五体を不義のための道具として罪に任せるな Ro 6,13; gay andr J̌ahiwk' ew lapterawk' ew zinowk'［ユダは］ともし火，たいまつ，武器を携えてそこにやって来る Jn 18,3; vasn zinow-n ardarowt'ean or ənd aJ̌mē-n ew ənd ahekē-n = διὰ τῶν ὅπλων τῆς δικαιοσύνης τῶν δεξιῶν καὶ ἀριστερῶν 左右の手の義の武具によって 2Cor 6,7. → zinowor, spar̄-a-zin-owt'iwn

zi?[1]【代】《疑問》何，なぜ (τί)：zi? kay mer ew k'o お前は俺たちと何の関係があるのだ Mk 1,23; zi? elēk' y-anapat-n tesanel あなたがたは何を見ようと荒野に出て来たのか Lk 7,24; zi? ē zi azg-s ays nšan xndrē この世代はなぜ徴を求めるのか Mk 8,12; ənd ayn zi? zarmanayk', zi ... = μὴ θαυμάζετε τοῦτο, ὅτι ... …ことにあなたたちはなぜ驚くのか Jn 5,28.

zi[2]【接】①《原因・理由》なぜなら，…なので，…であるから；つまり (ὅτι; γάρ; διότι Lk 2,7; ἐπειδή Lk 11,6). ②《目的》[+接法]…するために，…するように (ἵνα; ὅπως Ac 8,24). ③《結果》それで，だから． ④《内容》…ということ (ὅτι)：①k'anzi ink'n gitēr z-amenayn. (25) ew zi (ὅτι) oč' ēr pitoy et'e ok' vkayesc'ē vasn mardoy. zi (γάρ) ink'n gitēr zinč' krēr i mard-n なぜなら彼はすべての人を知っていたからであ

り, (25) 人間について誰かに証ししてもらう必要がなかったからだ. つまり彼は人間の中に何が宿っているかを知っていたのである Jn 2,25; zi oč' goyin armatk' č'orac'aw = διὰ τὸ μὴ ἔχειν ῥίζαν ἐξηράνθη 根がないためにそれは枯れてしまった Mt 13,6; zi oč' goyr noc'a tełi y-iǰavan-i 旅籠の中には彼らの居場所がなかったから Lk 2,7; zi barekam im ekn ař is y-owłwoy ew oč' inč' ownim dnel arȧǰi nora 私の友だちが旅の途中で私のところに来たのに, 私には彼に出してやれるものが何もないのだから Lk 11,6; ②mi et'e gay črag zi ənd growanaw dnic'i kam ənd mahčawk' ともし火は, 枡や寝台の下に置かれるために持ってこられるだろうか Mk 4,21; oč' ēr na loys-n, ayl zi vkayesc'ē vasn loysoy-n その人は光ではなく, あの光について証しするため〔の人であった〕 Jn 1,8; ałač'ein z-na zi gonē miayn i k'łanc's handerji nora merjesc'en 彼らは, 彼の着物の縁にでもいいから〔病人たちに〕触らせてくれるように, 彼に懇願した Mt 14,36; ałač'ec'ēk' dowk' vasn im z-TR, zi mi inč' ekesc'ē i veray im y-oroc' dowk'-d asac'ēk' あなた方が私のために主に祈れ. あなた方の言ったことが絶対に私に起こらないように Ac 8,24; ③oyr? vnas ē, sora t'e hawr ew mawr iwroy zi koyr cnc'i = ... ἵνα τυϕλὸς γεννηθῇ 盲目で生まれたからには, 誰の罪か. この人のか, それともその父母のか Jn 9,2; ④asem ař k'ez (= ἔχω κατὰ σοῦ), zi z-sēr-n k'o z-ařaǰin t'ołer お前が初めに持っていた〔私への〕愛から離れてしまったことは, お前に苦情を言いたい Re 2,4; akn ownim t'ē (ὅτι) gitic'ēk' zi (ὅτι) mek' oč' emk' anpitank' 私たちは失格者などではないのだ, ということをあなた方が承知しているよう, 私は希望する 2Cor 13,6. → (zi を従えて) p'oxanak, orpēs, minč', bayc', vasn, k'anzi

ziard; ziard?【副】《疑問》どのようにして, どうして (πῶς; τί Mt 17,25; ὡς Lk 24,35; πόθεν Mk 12,37);《感嘆》どれほど: dow or Hreayd es, ziard? y-inēn əmpel xndres i knoǰē Samarac'woy ユダヤ人であるあなたがどのようにしてサマリヤの女である私から飲ませるよう願うのか Jn 4,9; isk ziard? bac'an ač'k' k'o ではお前の目はどのようにして開かれたのか Jn 9,10; ziard? t'owi k'ez あなたはどう思うか Mt 17,25; ew nok'a patmein z-ayn or zčanaparhayn-n ew t'e (M: et'e) ziard et canawt's noc'a i bakanel hac'i-n 彼らも, 道すがら起こったこと, そしてパン裂きにおいて彼らにどのようにして彼がわかったかを物語った Lk 24,35; et'e ink'n ist Dawit' z-na TR koč'ē, ziard? ic'ē ordi nora ダビデ自身が彼を主と呼んでいるなら, 彼はどうしてダビデの子なのか Mk 12,37; z-stac'owacs ew z-inč's vačarēin, ew bašxēin z-ayn amenec'own owm ziard pitoy inč' linēr = ... διεμέριζον αὐτὰ πᾶσιν καθότι ἄν τις χρείαν εἶχεν 彼らは土地や持ち物を売っては，誰かがどれほどか不足したときにはいつも，それを皆に分配した Ac 2,45.

zinem, -ec'i 【動】(hakař ak [+属/与] …に敵対して) 武装する，陣営をはる (ἀντιστρατεύομαι): tesanem ayl ōrēns y-andams im, zineal hakař ak ōrinac' mtac' imoc', ew gereal z-is ōrinōk'-n mełac' or en y-andams im 私は自分の肢体のうちに他の法則を見る．〔それは〕私の理性の法則に敵対して陣営をはり，自分の肢体のうちにある罪の法則によって私を捕虜にしている〔法則である〕Ro 7,23.

zinow- → zēn

zinowor, -i, -ac' [M: zinvor (3x); Mt 27,27M: zinawor]【名】兵士 (στρατιώτης Mt 27,27 [= zawrakan Mt 18,12]; στρατευόμενος Lk 3,14): yaynžam zinowork'-n datawori-n ař in z-YS y-aparans それから総督の兵士たちはイエスを総督本営に連れて行った Mt 27,27; harc'anein z-na ew zinowork'-n (M: zinvork'-n) ew asein, ew mek' zinč'? gorcesc'owk' 兵士たちも彼にたずねて言った，「この私たちは何をしたらよいのだろうか」Lk 3,14. → zēn, spař-a-zin-owt'iwn

zinoworakic', -kc'i, -c'ac' 【名】戦友，共闘者 (συστρατιώτης): App'eay k'eř ew Ark'ippeay zinoworak'c'i meroy 姉妹アプフィアおよび私たちの共闘者アルキッポスへ Phm 2.

zinoworim, -ec'ay 【動】①兵役に服する (στρατεύομαι 2Tm 2,4). ②戦う：①oč' ok' zinoworeal astēn ənd keans ašxarhi-s patałi 誰でも兵役に服している者は日常生活の雑務に巻き込まれるようなことはない 2Tm 2,4; ②z-ays patowiran awandem k'ez … əst kanxeloc' i k'ez margarēowt'eanc'-n zi dow zinoworic'is nok'ōk' z-gełec'ik zinoworowt'iwn-n この命令を私は，以前君に授けられた預言の言葉に従って君に託す．この言葉によって君が立派な戦いを戦うように 1Tm 1,18.

zinoworowt'iwn, -t'ean 【名】兵士の身分，兵役；戦い，戦役 (στρατεία): zēn zinoworowt'ean meroy oč' ē marmnawor, ayl zōrawor y-AY ař i k'akeloy z-amowrs 私たちの戦いの武具は肉的なものではなく，神によって要塞を破壊する力を持つものだ 2Cor 10,4.

zinč'; zinč'? 【代】①《疑問》何，どうして (τί); zinč'? ē …とは何のことか，どういう意味か．②《形容詞として》どんな．③ (or) zinč'《関係》…する [ところの] もの (こと); zinč' ew …する [ところの] もの (こと) はすべて：①xndrein ənd mimeans t'e zinč'? ic'ē i meř eloc'-n yař nel = … τί ἐστιν τὸ ἐκ νεκρῶν ἀναστῆναι 彼らは，死人たちの中から甦るとは何のことか，お互いに議論し合った Mk 9,10; zinč'? ews pitoy en mez vkayk' われわれにはどうしてこれ以上証人が必要だろうか Mk

14,63；②etʻe siricʻēkʻ z-aynosik or siren z-jez, zinčʻ? varjkʻ icʻen = ... τίνα μισθὸν ἔχετε あなたたちを愛してくれる者たちを愛したとて，どんな報いがあるというのか Mt 5,46；③nma tal zinčʻ ew xndrescʻē = αὐτῇ δοῦναι ὃ ἐὰν αἰτήσηται 彼女が願い出るものは何でも彼女に与える Mt 14,7; ararin ənd nma zinčʻ ew kamecʻan = ἐποίησαν αὐτῷ ὅσα ἤθελον 人々は彼に好き勝手なことをした Mk 9,13.

zinvor [M]　→ zinowor

ziĵanim, ziĵay【動】順応する，身を低くする (συναπάγομαι)：mi ambartawanēkʻ ayl ənd xonarhs ziĵanicʻikʻ 高ぶった思いを抱かずに，むしろ身分の低い者たちと共に歩め Ro 12,16.

ziwrovin　→ iwrovin

zkcecʻowcʻanem, -owcʻi【動】苛立たせる，怒らせる (παροργίζω)：azgaw anmtaw zkcecʻowcʻicʻ z-jez 私は愚かな民をもってあなた方を怒らせよう Ro 10,19.

zkni; z-... **kni**; **zhet**　→ kni, het

zĺjam; **zĺjanam**, -ĵacʻay【動】①後悔する，悔い改める，回心する；思い直す (μεταμέλομαι; μετανοέω Mt 12,41)．②（心を）打たれる (κατανύσσομαι)：①tʻē ew trtmecʻowcʻi z-jez tʻłtʻov-n, očʻ zĺjanam あの手紙によって私があなたを悲しませたとしても，私は後悔していない 2Cor 7,8; dowkʻ tesēkʻ ew očʻ zĺjacʻarowkʻ yetoy hawatal nma あなたたちは（それを）見ていながら，後日思い直して彼を信じることをしなかった Mt 21,32; erdowaw TR ew očʻ ews zĺjascʻi 主は誓った，もはや悔いることはないだろう He 7,21; zi zĺjacʻan i kʻarozowtʻean-n Yovnanow なぜなら彼らはヨナの宣教で回心したからだ Mt 12,41；②loweal z-ays zĺjacʻan i sirts iwreancʻ 人々はこれを聞いて深く心を抉られた Ac 2,37. —arancʻ zĺjanaloy = ἀμεταμέλητος 後悔することのない：or əst AY-n trtmowtʻiwn ē, apašxarowtʻiwn i pʻrkowtʻiwn arancʻ zĺjanaloy gorcē 神に沿った悲しみは後悔する必要のない救いへと至る悔い改めを造り出す 2Cor 7,10.　→ apašxarem, anzełĵ

zčanaparhayn【副】途中で，道すがら (ἐν τῇ ὁδῷ)：zinčʻ? vičeikʻ zčanaparhayn ənd mimeans あなたたちは道すがらお互いに何を論じていたのか Mk 9,33 [cf. Mk 9,44 i čanaparhi = ἐν τῇ ὁδῷ].　→ čanaparh

zmaw [M. (z-mtaw)]　→ mit

zmiĵawowrb　→ miĵōr

zmowr̄s, zmr̄soy/zmr̄si, -saw【名】没薬 (σμύρνα)：matwocʻin nma patarags, oski ew kndrowk ew zmowr̄s 彼らは彼に黄金と乳香と没薬を贈物として献上した Mt 2,11.

zmr̄sem [M: zmr̄em], -ec'i【動】没薬を入れる (σμυρνίζω)：tayin nma gini zmr̄seal (M: gini zmr̄ea, 写字生の書き誤り [zmr̄im, -rec'ay「我を忘れる，酔う，麻痺する，しびれる」]) 彼らは彼に没薬の入った酒を与えようとした Mk 15,23.

zmrowxt, zmrxti【名】エメラルド (σμάραγδος Re 21,19; σμαράγδινος Re 4,3).

znker → ənker

znnem, -ec'i【動】探り求める (ψηλαφάω); aranc' znneloy 探りがたい (ἀνεξιχνίαστος Ro 11,33 [→ ank'nnin])：zi t'erews znnic'en z-na ew gtanic'en 人が彼を探り求めさえすれば見出すだろう Ac 17,27; orpēs aranc' k'nneloy en datastank' nora ew aranc' znneloy en čanaparhk' nora 神の裁きのなんと測りがたく，神の道のなんと探りがたいことか Ro 11,33.

zo → o

zoh, -i, -ic'【名】供物，生け贄，犠牲 (σφάγιον); zoh kroc' = εἰδωλόθυτον 偶像への供え物 1Cor 8,1：mi t'ē zohs? ew patarags matowc'ēk' inj お前たちは生け贄や犠牲を捧げたことがあったか Ac 7,42.

zohem, -ec'i【動】犠牲を捧げる (θύω); zoheal ē = ἱερόθυτος 神に供えられた（聖なる供え物）1Cor 10,28：c'owls ew psaks hasowc'eal i dowr̄n handerj bazmowt'eamb-n kamēr zohel（ゼウスの神殿の祭司が）数頭の雄牛と花輪を門のところに持って来て，群衆と一緒になって犠牲を捧げようとした Ac 14,13.

zoyg, zowgi; **zoygk'**, zowgic'【形】等しい．—【名】zoygk' 2つで1組のもの，1対，(動物の) つがい (ζεῦγος)：zoygs tatrakac' 山鳩の1つがい Lk 2,24. → zowgem, lowc

zovac'owc'anem, -owc'i【動】冷やす (καταψύχω)：zi t'ac'c'ē z-cag matin iwroy i jowr ew zovac'owsc'ē (M: zovac'owc'ē [= -sc'-]) z-lezow im 彼が自分の指先を水につけ，私の舌を冷やしてくれるように Lk 16,24.

zovpay; **zopay**, -i, -iw【名】ヒソプ (ὕσσωπος)：spowng lc'eal k'ac'axov ənd łełwoy šowrj edeal z-mštkaw zovpayi (= ὑσσώπῳ περιθέντες) matowc'n i beran nora〔人々は〕胆汁と共に酢をたっぷりと含ませた海綿をヒソプの束に巻きつけて，彼の口のところに差し出した Jn 19,29.

zorōrinak (= z-or ōrinak) → awrinak

zowarak, -i, -ac'【名】雄牛 (ταῦρος Mt 22,4; μόσχος He 9,12)：zowarakk' im ew pararakk' zeneal en 私の雄牛と肥えた家畜は屠られた Mt 22,4; oč' areamb noxazac' ew zowarakac', ayl iwrov areamb-n emowt miangam i srbowt'iwns-n 彼は雄山羊や若い雄羊の血を介してではなく，自分の血を介して一度で聖所に入った He 9,12.　→ ezn, c'owl

zowart'【形】喜ばしい；素面の；zowart' kam 覚醒している（νήφω）: dow zowart' kac' y-amenayni 君は何事においても覚醒していよ 2Tm 4,5.

zowart'agin【副】快活に，陽気に，喜んで:《形容詞的に》oroc' barwok' ew zowart'agin srtiw loweal z-ban-n ＝ οἵτινες ἐν καρδίᾳ καλῇ καὶ ἀγαθῇ ἀκούσαντες τὸν λόγον 美しい善い心で言葉を聞く者たち Lk 8,15.

zowart'aṙat【形】物惜しみしない，寛大な（ἱλαρός）: k'anzi z-towrs zowart'aṙats sirē AC 神は寛大な捧げ物を愛するからだ 2Cor 9,7.

zowart'own, -t'noy【形】快活な，陽気な；素面の（νήφω）: art'ownk' ew zowart'ownk' ełic'owk' 私たちは目を覚まし，素面でいようではないか 1Th 5,6.

zowart'owt'iwn, -t'ean【名】快活さ，陽気なこと；物を惜しまぬ純真さ（ἁπλότης [→ miamtowt'iwn, aṙatowt'iwn]）: or aṙat-n ē zowart'owt'eamb 施しをなす者は物を惜しまない純真さをもって Ro 12,8.

zowarčac'owc'anem, -c'oyc'【動】喜ばせる，恵む（χαριτόω）: i govest p'aṙac' šnorhac' iwroc', orov zowarčac'oyc' z-mez sireleaw-n その愛する方をもって私たちに恵んでくれたその恵みの輝かしさを〔私たちが〕称えるように Eph 1,6.　→ berkrem

zowgem, -ec'i【動】軛に一緒につなぐ，結合する（συζεύγνυμι）↔meknem：ard z-or AC zowgeac, mard mi meknesc'ē だから神が軛に一緒につないだものを人間が離してはならない Mt 19,6.　→ zoyg

zowr【形】空虚な，無駄な，くだらない；不正な [Ex. 23,7 ἄδικος]. —【副】(i) zowr 空しく，無駄に，いたずらに（εἰκῇ 1Cor 15,2; Ga 4,11; δωρεάν Ga 2,21; μάτην Mt 15,9)　→ vayrapar, tarapart：orov aprec'ēk'-n, orov baniw awetaranec'i t'ē ownic'ik', bayc' et'ē i zowr inč' hawatac'ēk' もしもあなた方が，私がどんな言葉によって福音を告げ知らせたかを堅く保持し，空しく信じたのでないなら，〔その福音によって〕あなた方は救われる 1Cor 15,2; erknč'im i jēnǰ, gowc'ē t'ē i zowr inč' vastakec'i i jez 私は，自分があなた方に対して無駄な労力を費してしまったのではないかと，あなた方のことが心配でならない Ga 4,11; zi et'ē y-ōrinac' anti ēr ardarowt'iwn, apa K'S zowr meṙaw なぜなら，もしも律法によって義が〔与えられたのだ〕としたら，キリストは無駄死にしたことになってしまうからだ Ga 2,21; zowr pašten z-is 彼らは私を

zok'anč' いたずらに敬う Mt 15,9. → zrpartem, zrkem

zok'anč', -i, -iw 【名】姑，妻の母（πενθερά）: zok'anč' Simovni dnēr ǰermac'eal シモンの姑が熱病を患って寝ていた Mk 1,30. → skesowr

zč'arim, -rec'ay [Mk 14,4E.M.: sč'arim] 【動】[ənd+位…に対して] 激しく怒る，恨みを抱く（δεινῶς ἐνέχειν Lk 11,53 [→ oxanam]; διαπονέομαι Mk 14,4）; 味方する，助ける（ἀμύνομαι Ac 7,24）: sksan dpirk'-n zč'arel ew grgṙel ənd nma vasn bazowm irac' 律法学者たちははなはだしく恨みに思い始め，さまざまなことで彼を質問攻めにし始めた Lk 11,53; teseal z-omn zrkeal zč'arec'aw ある人がいじめられているのを見て，彼は激怒 [Gk: 味方] した Ac 7,24. → č'ar

zrahet varim/berim/linim 【連】無用に振舞う（入る・走り回る・追いかける・追い求める）: mi ok' z-jez xabesc'ē, or kamic'i xonarhowt'eamb ew krōniwk' hreštakac', z-or č'-ic'ē teseal zrahet varel, tarapart hpartac'eal i mtac' marmnoy iwroy 誰であれ，自己卑下と，[密議室に] やみくもに入っても見えはしない天使礼拝とに満悦し，自身の肉の思いによって根拠もなく膨れ上がり，あなた方に敗者の烙印を押すことがあってはならない Col 2,18 [ἐμβατεύω に対する異訳；否定辞 οὐκ = č'- は ἐμβατεύω の意味を誤解したか，あるいは後続の εἰκῇ φυσιούμενος が担う論争的なニュアンスを高めようとした写字生によって付加されたものとされる（B. M. Metzger）].

zrahk', -hic' 【名】胸当て，鎧（θώραξ）: ownein zrahs ibrew z-zrahs erkat'i それらは鉄製の胸当てのような胸当てを持っていた Re 9,9; zgec'c'owk' z-zrahs-n hawatoy ew z-siroy, ew dic'owk' z-saławart-n yowsoy-n p'rkowt'ean 私たちは信仰と愛との胸当てを身に着け，救いの希望という兜を被ろうではないか 1Th 5,8.

zrkem, -ec'i 【動】①不正を働く；不当に扱う，虐待する，いじめる（ἀδικέω Mt 20,13; Ac 7,24a; καταπονέω Ac 7,24b）; ゆすり取る（συκοφαντέω Lk 19,8）. ②忌避する，拒む（ἀποστερέω 1Cor 7,5; ἀφυστερέω Jas 5,4）. ③貪る（πλεονεκτέω 1Th 4,6）: ①č'-zrkem z-k'ez. oč' dahekani mioǰ sak? arker ənd is 私はあなたに対して不正を行ってはいない．あなたは私と1デナリオンの約束をしたではないか Mt 20,13; teseal z-omn zrkeal ある人がいじめられているのを見て Ac 7,24a; xndreac' z-vrēž zrkeloy-n spaneal z-Egiptac'i-n 彼はエジプト人を打ち殺してその虐待された者のために仕返しをした Ac 7,24b; et'e z-ok' zrkec'i hatowc'ic' č'orek'kin もし私が誰かからゆすり取ったことがあるなら，4倍にして返す Lk 19,8; ②mi zrkēk' z-mimeans, bayc' et'ē inč' i miabanowt'enē aṙ žamanak mi あなた方は互いを拒むな，もしも合意の

上でしばらくの間〔別れて過ごす〕というのでないのならば 1Cor 7,5; varjk' mšakac' or gorcen z-ands jer, aṙ jez en, zrkeal-n i jēnǰ ałałakē あなた方の畑を収穫した労働者たちの賃金はあなた方のところにあって，あなた方に〔支払いを〕拒まれて叫んでいる Jas 5,4; ③mi zanc'anel ew zrkel y-iric' y-aydmik z-ełbayr iwr 行為において自分の兄弟に対して越権行為を為したり，貪りを為したりしないこと 1Th 4,6. → zowr, zrpartem

zroyc', zrowc'i/-c'oy; zroyc'k', zrowac' [M: zroc'] 【名】①報告 (φάσις Ac 21,31). ②評判 (λόγος Lk 7,17): ①ehas zroyc' i hazarapet gndi-n, et'ē hṙoveal ē amenayn EĒM「エルサレム中が騒乱状態に陥っている」という報告が部隊の千人隊長に届いた Ac 21,31; ②el zroyc'-s (M: zroc'-s) ays ənd amenayn Hrēastan vasn nora 彼についてのこの評判はユダヤ全土に広まった Lk 7,17.

zrpartem, -ec'i 【動】誹謗する，中傷する (συκοφαντέω): mi z-ok' zrpartic'ēk' 誰をも恐喝するな Lk 3,14. → zowr, part-; zrkem

ē

ē¹; **ēak'** [M] → em
ē², -ic' 【名】存在（するもの）: zi z-ēs-n imn xap'anesc'ē = ἵνα τὰ ὄντα καταργήσῃ 何か存在するものを打ち壊すために 1Cor 1,28.
ēanc' → anc'anem
ēg, igi, -gac' 【形】女性の；【名】女 (θῆλυς) ↔arow: č'-ic'ē? ənt'erc'eal jer t'e or hastateac'-n i skzbanē arow ew ēg araa z-nosa あなたたちは，創造者が初めから彼らを男と女に造られたというのを，読んだことがないのか Mt 19,4; ēgk' noc'a p'oxanakec'in z-pēts bnakans i pēts anbnakans 彼らのうちの女性たちは自然な交わりを自然に反する交わりに変えた Ro 1,26. → igowt'iwn.
ēdaw [M] → dnem
ēt'oł [M] → t'ołowm
ēhan [M] → hanem
ēhar [M] → harkanem
ēłi; M: ełi = ηλι わが神よ: ēłi ēłi (M: ełi ełi) łama sabak't'ani, aysink'n

ē [Mk: or tʻargmani] AC im, AC im, əndēr? tʻoɬer z-is「エリ エリ レマ サバクタニ」, これは「わが神よ, わが神よ, なぜ私をお見捨てになったのか」という意味である Mt 27,46; Mk 15,34.

ēš, išoy, -ocʻ【名】ろば, 荷ろば (ὄνος Jn 12,15; ὀνάριον Jn 12,14; ὑποζύγιον 2Pe 2,16) → yawanak : gtanēkʻ ēš kapeal ew yawanak ənd nmin あなたたちはつながれている一頭のろばとそれと共にいる一頭の子ろばを見つける Mt 21,2; heceal y-ēš ew i yawanaki išoy = ἐπὶ ὄνον καὶ ἐπὶ πῶλον υἱὸν ὑποζυγίου ろばの背に乗って, 荷ろばの子である子ろばに乗って Mt 21,5; tʻagawor kʻo gay nsteal i veray yawanaki išoy あなたの王がろばの子の背に座って来ようとしている Jn 12,15; gteal YI ēš mi nstaw i veray nora イエスは子ろばを見つけてその背に座った Jn 12,14. —erkan išoy = μύλος ὀνικός ろばの引き臼 Mt 18,6.

ēowtʻiwn, -tʻean【名】存在, 実体, 本質 (ὑπόστασις): or ē ... nkaragir ēowtʻean nora 彼は〔神の〕実体の刻印である He 1,3. → ē²

ēǰ → iǰanem

[ēr (疑問辞 *i の属格: ELPA II.94; Godel, Introduction, 5.242., p. 108) 福音書には文証されない]

ēr [3・単・未完過; Mk 15,18 oǰ er (命) の代用] → em

ēkʻ → em

ə

əljakert【形】望ましい, 願わしい: əljakerts aṙnel z-awetaran-n AY 神の福音を望ましいものとする Ro 15,16 [= ἱερουργοῦντα τὸ εὐαγγέλιον τοῦ θεοῦ 祭司の務めを果たす者として神の福音を伝える].

əljanam, -jacʻay【動】強く望む, 切望する (ἐπιθυμέω): mekʻ əljanamkʻ zi iwrakʻančʻiwr okʻ i jēnǰ z-noyn pʻoytʻ cʻowcʻanicʻē 私たちはあなた方各人がその同じ熱心さを示して欲しいと思っている He 6,11.

əmberanem, -ecʻi【動】口を封じる, 黙らせる (ἐπιστομίζω): z-ors part ē əmberanel, orkʻ z-amenayn towns korcanen 彼らの口を封じてやらねばならない. 彼らはすべての家を覆している奴らなのだ Tt 1,11.

əmbṙnem, -ecʻi [Lk 23,2M: əmpṙnem]【動】①捕える, つかむ, 取り押さえる (πιάζω Re 19,20; ἐπιλαμβάνομαι Lk 20,26; καταλαμβάνω Jn 8,3-

6E; συλλαμβάνω Lk 5,9; δράσσομαι 1Cor 3,19; προλαμβάνω Ga 6,1). ②抑圧する；支配する，拘束する；押さえ込む (κρατέω Ac 2,24; καταδυναστεύω Ac 10,38; κατακυριεύω Ac 19,16; περικρατής γίνομαι Ac 27,16; κατέχω Ro 7,6)：①əmbr̄nec'aw gazan-n 獣は捕えられた Re 19,20; oč' karac'in z-na əmbr̄nel baniwk' ar̄aǰi žołovrdean-n 彼らは民の面前で彼の言葉尻を捕えることができなかった Lk 20,26; kin omn əmbr̄nec'aw i č'aris ある女が姦通のさ中に捕えられた Jn 8,3-6E; vasn orsoy jkanc'-n z-or əmbr̄nec'in 彼らが獲った漁ゆえに Lk 5,9; or əmbr̄nē z-imastowns i xoragitowt'ean iwreanc' 知者たちを彼らの狡猾さの中で捕獲する者 1Cor 3,19; etē yankarc əmbr̄nesc'i ok' i jēnǰ y-inč' ew ic'ē yanc'ans もしもあなたがたのうちのある人が不意に何かに襲われて，それが罪過であるとしても Ga 6.1; ②bžškel z-amenayn əmbr̄neals-n i satanayē 悪魔に抑えつけられていた人々をことごとく癒す Ac 10,38; k'anzi oč' ēr hnar əmbr̄nel nma i nmanē 彼がそれ（死）に捕えられることはありえなかったからだ Ac 2,24; haziw karac'ak əmbr̄nel z-makoyk-n 私たちはかろうじて小船を操ることができた Ac 27,16; mer̄ak' aynmik orov əmbr̄neal-n ēak' 私たちが拘束されていたものに対して私たちは死んだ Ro 7,6.

əmpeli, -lwoy, -leac' 【形】飲める；【名】飲み物 (πόσις Jn 6,55; πόμα 1Cor 10,4; He 9,10)：marmin im čšmarit kerakowr ē, ew ariwn im čšmarit əmpeli ē 私の肉は真実の食べ物であり，私の血は真実の飲み物だ Jn 6,55; amenek'in z-noyn z-hogewor əmpeli-n arbin すべてが同じ霊的な飲み物を飲んだ 1Cor 10,4. → əmpem

əmpem, アオ arbi, 命 arb 【動】①飲む；吸い込む (πίνω; συμπίνω Ac 10,41; ὑδροποτέω 1Tm 5,23; ποτίζω 1Cor 12,13; πόσις Col 2,16). ②gan əmpem 鞭打たれる，殴られる (δαρήσομαι [: δέρω]). ③arbeal 【形】酒に酔った，酩酊した (μεθύω)：①amenayn or əmpē i ǰroy y-aydmanē, miwsangam carawē その水を飲む人は再び渇くだろう Jn 4,13; dow or Hreay-d es, ziard? y-inēn əmpel xndres i knoǰē Samarac'woy ユダヤ人であるあなたが，どうしてサマリアの女であるこの私から飲ませるように願うのか Jn 4,9; ork' ew kerak' ew arbak' ənd nma 彼と一緒に飲み食いした私たち Ac 10,41; erkir or əmpic'ē z-anjrew bazowm angam ekeal i veray nora 自分の上にたびたび降って来る雨を吸い込む地 He 6,7; amenek'in z-mi hogi arbak' = πάντες ἓν πνεῦμα ἐποτίσθημεν 私たちすべては1つの霊を飲みものとして与えられた 1Cor 12,13; mi ok' aysowhetew z-jez datesc'i owtelov kam əmpelov 従って誰もあなたがたを食べることや飲むことによってさばくことがあってはならない Col

2,16; ②caṙay or gitic'ē z-kams TN iwroy ew oč' patrastic'ē əst kamac' nora arbc'ē gan bazowm 主人の意志を知っていながらその意志に添うように備えない僕はひどく鞭打たれるだろう Lk 12,47; ③oč' orpēs dowk' karcēk' t'ē sok'a arbeal ic'en あなた方が思っているように、この人たちは酒によっているのではない Ac 2,15. → arbenam, arbec'oł, arbec'owt'iwn, arbowc'anem, owtem

əmpr̄nem [M]　→ əmbr̄nem

ənglmem [M]　→ ənkłmem

ənd【前】[動詞前接辞としての ənd は ənd- (母音の前で), əm- (唇音の前で), ən-/n- (歯音, 口蓋音, z-, y- の前で) として実現される; ELPA I.117f., II.30; Jensen, AG 490, 328] ① [＋属] …の代わりに, …の代価として, …のために, …に対して (ἀντί Mt 5,38; 17,27; He 12,16; πρός ＋対 2Cor 6,14). ② [＋奪] …の側に; ənd ałmē 右に, ənd ahekē/jaxmē 左に. ③ [＋具] …の下に (ὑπό ＋対; ὑποκάτω Lk 8,16). ④ [＋与]《定のみ》…と共に (単数では -i に終わる名詞, o- 型名詞, a- 型固有名詞と; これ以外では位格と) (σύν Jn 12,2; 21,3; μετά＋属 Mt 26,29.71; Lk 13,1). ⑤ⓐ [＋対] …を通って, …にわたって, …の中に, …のところに, …の上に (διά＋属 Mt 8,28; 12,1; Mk 10,25; κατά＋属 Ac 9,42/ ＋対 Lk 9,6; 10,32; περί Mk 9,42; ἐπί＋対 Lk 20,18); …のもとに (μετά ＋属 Lk 24,5); …に対して (ἐν Mt 17,12); ⓑ《時間の接近》…近く, …頃 (ὑπό Ac 5,21; πρός＋対 Lk 24,29); ⓒ…に (驚く) (ἐπί＋与 Lk 1,29; 4,22; Mt 7,28); ⓓ ənd … ew ənd … (…と…の) 間に (μεταξύ Lk 11,51). ⑥ [＋位] …と一緒に (ἅμα Mt 13,29; συνέρχομαι Jn 11,33; συμπορεύομαι Lk 7,11; συνοδεύω Ac 9,7). ⑦ [＋不]《副詞的従属文の代用》…時に (ἐν τῷ＋不): ①akn ənd akan ew atamn ənd ataman 目に対しては目を, 歯に対しては歯を Mt 5,38; zinč'? tac'ē mard p'rkans ənd anjin iwroy = … ἀντάλλαγμα τῆς ψυχῆς αὐτοῦ 人は自分の命の代価として何を与えようというのか Mt 16,26 (cf. Mk 8,37 p'oxanak); z-ayn aṙeal tac'es noc'a ənd im ew ənd k'o それを取って, 私とあなたの分として彼らに与えよ Mt 17,27; berēr ənd mioy eresown (= ἔφερεν ἐν τριάκοντα), ew ənd mioy vat'sown, ew ənd mioy hariwr あるものは 30 倍, あるものは 60 倍, あるものは 100 倍 [もの実] を結び続けた Mk 4,8; mi hogayk' ənd ogwoy (= τῇ ψυχῇ) t'e zinč' owtic'ēk' ew mi ənd marmnoy (= τῷ σώματι) t'e zinč' zgenowc'owk' あなたたちは, 命のために何を食べようか, また体のために何を着ようか, と思い煩うな Lk 12,22; ibrew z-Esaw, or ənd mioy kerakroy z-andrankowt'iwns-n vačaṙeac' 一椀の食べ物の代償にその長子権を売ったエサウのように He 12,16;

ənd

zinčʻ? hawasarowtʻiwn ē lowsoy ənd xawari 光にとって闇に対するどんな交わりがあるのか 2Cor 6,14; ③mi etʻe gay črag zi ənd growanaw dnicʻi kam ənd mahčawkʻ? očʻ apakʻēn i veray aštanaki dnicʻi ともし火は枡や寝台の下に置かれるためにやって来るだろうか，燭台の上に置かれる〔ため〕ではないか Mk 4,21; pʻakecʻin girkʻ z-amenesin ənd mełōkʻ 聖書はすべてのものを罪のもとに閉じ込めた Ga 3,22; zi z-nosa or ənd ōrninōkʻ-n icʻen, gnescʻē 律法のもとにある者たちを彼が贖い出すために Ga 4,5; ④Łazar mi ēr i bazmelocʻ ənd nma ラザロは彼と共に席に着いている人々の 1 人だった Jn 12,2; gamkʻ ew mekʻ ənd kʻez 俺たちもお前と行く Jn 21,3; minčʻew cʻ-awr-n cʻ-ayn yoržam arbicʻ z-da ənd jez nor y-arkʻayowtʻean hawr imoy 私が父の王国においてそれを新たにあなたたちと共に飲む，かの日までは Mt 26,29; ew sa ənd YI Nazovrecʻwoy (M: -racʻwoy) ēr この男もナゾラ人イエスと共にいた Mt 26,71; ew ahawasik es ənd jez em z-amenayn awowrs, minčʻew i katarac ašxarhi そして見よ，この私は，世の終りまで，すべての日々にわたり，あなたたちと共にいるのである Mt 28,20; orocʻ z-ariwn-n Piłatos xar̄neacʻ ənd zohs-n nocʻa ピラトは彼らの血を，彼らの犠牲の動物〔の血〕に混ぜた Lk 13,1; ⑤ⓐ orpēs zi čʻ-ēr hnar ancʻanel owmekʻ ənd ayn čanaparh 誰もその道を通り過ぎることができなかったほどに Mt 8,28; gnacʻ YS ənd artoray-n イエスは麦畑を通った Mt 12,1; malxoy ənd cak asłan ancʻanel らくだが針の穴を通り抜けること Mk 10,25; ew mecamecs ews kʻan z-soyns cʻowcʻanē nma z-gorcs, ənd or dowkʻ-d zarmanaykʻ = μείζονα τούτων δείξει αὐτῷ/ ἔργα, ἵνα ὑμεῖς θαυμάζητε そしてこれらのことよりももっと大いなる業を彼に見せる．あなたたちが驚くために Jn 5,20, cf. Jn 5,28 ənd ayn zi? zarmanaykʻ = μὴ θαυμάζετε τοῦτο; ibrew očʻ gtanein tʻe ənd or (= ποίας) mowcʻanicʻen z-na i nerkʻs vasn amboxi-n 群衆のために彼らは彼を中に運び込むすべが見つからなかったので Lk 5,19; šrĵein ənd kʻałakʻs ew ənd geawłs awetaranein 彼らは町や村を巡り歩いて福音を告げ知らせた Lk 9,6; ənd ayn (= ἐκείνης) isk ancʻanelocʻ ēr 彼はまもなくそこを通り過ぎるはずだった Lk 19,4; yaytni ełew ənd amenayn Yoppē それはヨッパ中に知れ渡った Ac 9,42; Łewtacʻi mi ekeal ənd noyn tełi 1 人のレビ人がその同じところへやって来て Lk 10,32; zi? xndrēkʻ z-kendani-n ənd mer̄eals あなたたちはなぜかの生ける者を死人たちのもとに探し求めるのか Lk 24,5; ancʻeal ənd ayn (= ἐκεῖθεν) YI イエスがそこから出て通りすがりに Mt 9,9; ararin ənd na z-or inčʻ kamecʻan 人々は彼に対して好き勝手なことをした Mt 17,12; ⓑ mtin ənd ar̄awōt-n i tačar-n ew owsowcʻanēin 彼ら

は夜明け頃、神殿に入って教え始めた Ac 5,21; ənd erekes ē 夕方が近い Lk 24,29; ⓒ na ənd bans-n xṙovec'aw 彼女はその言葉に心を乱された Lk 1,29; zarmanayin ənd bans šnorhac'-n or elanein i beranoy nora 彼らは彼の口から出て来る恵みの言葉に驚いていた Lk 4,22; zarmanayin žołovowrdk'-n ənd vardapetowt'iwn-n nora 群衆は彼の教えに仰天していた Mt 7,28; zarmac'an amenayn erkir ənd gazan-n 全地はその獣に驚愕した Re 13,3 [= ἐθαυμάσθη ὅλη ἡ γῆ ὀπίσω τοῦ θηρίου 全地は驚愕して獣の後に〔従った〕]; ⓓ y-arenē-n Abeli, minč'ew y-ariwn-n Zak'ariay korowseloy ənd sełan-n ew ənd tačar-n アベルの血から〔始まって〕祭壇と神殿の間で滅びたゼカリヤの血に至るまで Lk 11,51; ⓖ gowc'ē minč' k'alic'ēk' z-oromn-n, ew z-c'orean-n ənd nmin ibac' xlic'ēk' 毒麦を抜き集める時、それと一緒に麦も引き抜いてしまうかもしれない Mt 12,29; ⓖ ənd ert'al-n nora (= ἐν δὲ τῷ ὑπάγειν αὐτόν) žołovowrdk'-n nełein z-na 彼が〔そこへ〕赴く途中、群衆が彼を押しつぶしそうになった Lk 8,42; ənd bowsanel č'orac'aw = φυὲν ἐξηράνθη 芽は生え出たが枯れてしまった Lk 8,6; ənd linel barbaṙoy-n (= ἐν τῷ γενέσθαι τὴν φωνήν) gtaw YS miayn その声がした時、イエスだけが〔そこに〕いるのがわかった Lk 9,36.

əndaboys; əntaboys【形】生来の、生得の；植えつけられた (ἔμφυτος): əndowniǰik' z-ban-n əntaboys or karōł-n ē kec'owc'anel z-ogis jer あなた方の魂を救うことができる、〔あなた方の中に〕植えつけられた言葉を迎え入れよ Jas 1,21. → bowsanim

əndaṙaǰ; ənd aṙaǰ【副/前】[+属]…との邂逅のために (ἀπάντησις Ac 28,15; 1Th 4,17); əndaṙaǰ ənt'anam 走り寄る (τρέχω Mk 9,15; Lk 15,20 [προσ-]); ənd aṙaǰ elanem/gnam/yaṙnem [+属/与]…に会うために/…を迎えに出て来る (ἀπάντησις Mt 25,6/ὑπάντησις Mt 8,34; ὑπαντάω Jn 11,20); əndaṙaǰ ełew nma 彼を出迎えた (ὑπαντάω; Lk συναντάω): ənd aṙaǰ ənt'ac'eal olǰoyn tayin nma 彼らは走り寄って来て彼に挨拶しようとした Mk 9,15; elin ənd aṙaǰ mer minč'ew y-Ordostay-n App'eay ew Eric'-n Krpakac' 彼らはアッピ・フォルムとトレス・タベルナまで私たちを迎えに来てくれた Ac 28,15; arik' ənd aṙaǰ nora 彼を迎えに出よ Mt 26,5; ənd aṙaǰ ełew nma žołovowrd bazowm 多くの群衆が彼を出迎えた Lk 9,37; yap'štakesc'owk' ampovk' ənd aṙaǰ TN y-ōds 私たちは雲によって運び上げられて空中で主と邂逅するだろう 1Th 4,17.

əndarjak, -i, -ac'【形】広い (πλατύς) [< *ənd-arjak]: k'ani əndarjak ē dowṙn-n ew hamarjak čanaparh-n or tani i korowst 滅びへと導く門はなんと広く、その道は広大であろう Mt 7,13. → hamarjak, arjakem

əndarjakagoyn, -gowni【形】《比》より大きい, より広い；より堪えやすい (ἀνεκτότερος)：Tiwrosi ew Sidovni əndarjakagoyn licʻi i datastani kʻan jez テュロスとシドンの方がお前たちよりも堪えやすいだろう Lk 10,14. → -agoyn

əndarjakem, -ecʻi【動】広げる, 大きくする (πλατύνω)：sirtkʻ mer əndarjakealkʻ ... (13) z-noyn hatowcʻowmn ... əndarjakecʻarowkʻ ew dowkʻ 私たちの心は広げられている, あなた方も〔自分が受けたのと〕同じ報いを〔人に与えるかたちで〕〔心を〕広げてほしい 2Cor 6,11-13.

əndarjakowtʻiwn, -tʻean【名】大通り (πλατεῖα) Re 21,21.

ənddēm [-dimacʻ; M: +əndēm] ①【前】[＋属] …に向かい合って, …に対して (κατά+属 1Pe 2,11; κατέναντι Mk 11,2; 12,41; κατὰ πρόσωπον Ga 2,11; πρός+対 Ac 26,14). ②【副】[＋属] …に反対に, 敵対して (ἐναντίος Mk 6,48); ənddēm darnam 反対する, 反抗する (ἀντιτάσσομαι Ac 18,6; ἀνθίστημι Ga 2,11); kal ənddēm 勝利する (ἰσχύω Re 12,8)：①or zinoworin ənddēm ogwocʻ それら（肉的な欲望）は魂に戦いを挑んでくる 1Pe 2,11; ertʻaykʻ dowkʻ i geawł or ənddēm jer kay あなたたちは, あなたたちの向こうにある村に行け Mk 11,2; kayr YS ənddēm (M: əndēm) ganjanaki-n イエスは賽銭箱に向かい合って立っていた Mk 12,41; xist ē kʻez ənddēm xtʻani akʻacʻel 突き棒を蹴ると, 痛い目に遭う Ac 26,14; ②kʻanzi ənddēm ēr hołm-n Mt 14,24; zi ēr hołm (M: -n) ənddēm (M: əndēm) nocʻa 彼らには逆風であった Mk 6,48; y-ənddēm darnal nocʻa ew hayhoyel 彼らが反抗し冒瀆すると Ac 18,6; ənddēm darjay nora = κατὰ πρόσωπον αὐτῷ ἀντέστην 私は彼に面と向かって反対した Ga 2,11; ocʻ karacʻin kal ənddēm 彼らは勝つことができなかった Re 12,8. → dēm

əndelanim, -lay【動】親しくなる, 慣れる, 近づきになる；試みる, 努力する (πειράζω Ac 9,26)：ibrew ekn Sawłos y-Erowsałēm, əndelanēr yarel y-ašakerts-n サウロはエルサレムに着くと, 弟子たちの仲間に加わろうと努めた Ac 9,26.

əndelowzanem, -owcʻi【動】（宝石などを）ちりばめる, 編む, 編み合わせる：mi i hewss oskemans əndelowzeals margartov 金や真珠を編みこんだ髪ではなく 1Tm 2,9 [= μὴ ἐν πλέγμασιν καὶ χρυσίῳ ἢ μαργαρίταις 編んだ髪, また金や真珠ではなく].

əndēr【副】《疑問；＋直説法》なぜ, 何ゆえ, なんのために (διὰ τί Mt 9,11; εἰς τί Mk 14,4; ἱνατί Lk 13,7; τί Lk 12,57; 1Cor 15,30)：əndēr? ənd makʻsawors ew ənd meławors owtē vardapet-n jer なぜお前たちの先生は徴税人どもや罪人らと一緒に食事などするのか Mt 9,11; əndēr?

ełew korowst iwłoy-daydorik 何のために香油をそのように無駄遣いしたのか Mk 14,4; əndēr? ew y-anjanc' isk oč' əntrēk' z-aržan-n なぜあなたたちは正しいことを自分自身で判断しないのか Lk 12,57; ard ktrea z-da, əndēr? ew z-erkir-d xap'anē そこでそいつを切り倒せ、なんのためにそいつは土地まで遊ばせておくのか Lk 13,7; əndēr? ew mek' čgnimk' y-amenayn žam 私たちもまたなぜ常に危険を冒しているのだろうか 1Cor 15,30;《+接続法》əndēr? oč' karic'em gal ayžm zkni k'o なぜ今私はあなたについて行くことができないのか Jn 13,37.

əndharkanim, -haray [M: ənt'har-]【動】ぶつかる、落ちる (πίπτω): amenayn or əndharc'i (M: ənt'harc'i) ənd vēm-s ənd ays, xortakesc'i この石の上に落ちる者は皆、粉々にされるだろう Lk 20,18［対応箇所 Mt 21,44: ankanim i veray］. → harkanem

əndmiǰim, -ǰec'ay [əndmiǰem 'partager par le milieu' (Calfa); ənd-, mēǰ: ELPA I.117]【動】半分になる、半ばになる (μεσόω): ibrew tawn-n əndmiǰec'aw (= ἤδη δὲ τῆς ἑορτῆς μεσούσης), el YS i tačar-n［すでに］祭りが半ばとなったころ、イエスは神殿にのぼった Jn 7,14. → mēǰ

əndmtanem, -mti【動】侵入する、貫通する；働く、活動する (ἐνεργέω): or ayžm-s əndmteal ē y-ordis-n apstambowt'ean 不従順の子らの内に今［でも］入り込んで働いている［霊に］Eph 2,2. → mtanem

əndownayn【形】空しい、空虚な、無用な (κενός 1Cor 15,10.14; κενόω Ro 4,14; 1Cor 1,17): šnorhk' nora or y-is əndownayn inč' oč' ełen 私への彼の恵みは空しいものとはならなかった 1Cor 15,10; et'ē K'S č'-ic'ē yarowc'eal, əndownayn ē k'arozowt'iwn-n mer もしもキリストが起こされていないとするなら、私たちの宣教は空しい 1Cor 15,14; zi mi əndownayn lic'i xač'-n K'Si キリストの十字架が空しくされないために 1Cor 1,17. → datark

əndownaynowt'iwn, -t'ean【名】空しさ、空虚、虚無 (ματαιότης): zi əndownaynowt'ean ararack'-n hnazandec'an 被造物は虚無に服した Ro 8,20.

əndowneli, -lwoy, -leac'【形】（快く）受け入れられる、喜ばしい、絶好の (δεκτός; ἀπόδεκτος 1Tm 2,3; εὐπρόσδεκτος Ro 15,16; 2Cor 6,2): č'-ē margarē əndowneli i k'ałak'i iwrowm 自分の故郷で受け入れられる預言者は一人もいない Lk 4,24; aṙ amenayn azgs or erknč'in i nmanē ew gorcen z-ardarowt'iwn əndowneli ē nma どんな国民であれ、神を畏れて義を行う者は神に受け入れられる Ac 10,35; k'arozel z-tarekan TN əndowneli 喜ばしい主の年を宣べ伝える Lk 4,19; ayn ē bari ew əndowneli aṙaǰi pʻrkčʻiˑn meroy AY それは私たちの救い主である神の前に立派なことで喜んで受け入れられることだ 1Tm 2,3; zi etʻicʻi pataragˑn hetanosacʻ əndowneli 異邦人たちの献げ物が快く受け入れられるように Ro 15,16; ahawasik žamanak əndowneli, aha ōr pʻrkowtʻean 見よ、絶好の時だ。見よ、救いの日だ 2Cor 6,2. → əndownim

əndownelowtʻiwn, -tʻean【名】①受け入れ，歓迎，好機 (δεκτός 2Cor 6,2; ἀποδοχή 1Tm 1,15; λαμβάνω He 10,26). ②饗宴 (δοχή Lk 5,29; 14,13)：①hawatarim ē banˑs ew amenayn əndownelowtʻean aržani ē この言葉は信頼に値し，全面的な受け入れに値する 1Tm 1,15; i žamanaki əndownelowtʻean loway kʻez ふさわしい時に私はあなたに聞いた 2Cor 6,2; yet əndownelowtʻean gitowtʻean čšmartowtʻeanˑn 真理の認識を受け入れた後に He 10,26; ②yoržam aṙnicʻes əndownelowtʻiwn, kočʻea zˑatkʻats 饗宴を催す時は乞食たちを招け Lk 14,13. → əndownim, əndowneli

əndownim, アオ ənkalay [Mk 8,31M: əndnel (不)；Mk 9,37E: nkalcʻi (y- + ən- > y-n-, → əntʻrikʻ]【動】①取る，受け取る，受け入れる，手に入れる；迎える，歓迎する，もてなす；かくまう (δέχομαι Lk 8, 13; 22,17; Ac 28,21; ἀναδέχομαι He 11,17; ἀποδέχομαι Ac 2,41; παραδέχομαι Ac 22,18; ἐπιδέχομαι 3Jn 10; εἰσδέχομαι 2Cor 6,17; ὑποδέχομαι Lk 10,38; Ac 17,7; προσδέχομαι Lk 15,2; λαμβάνω Jn 12,48; Ro 5,11; παραλαμβάνω Jn 1,11; Col 4,17; προσλαμβάνομαι Ro 14,1; ἀπολαμβάνω Lk 15,27; 16,25; Ro 1,27; μεταλαμβάνω H 6,7; ὑπολαμβάνω 3Jn 8; ξενίζω Ac 28,7; ξενοδοχέω 1Tm 5,10; κομίζομαι 1Pe 5,4;). ②受け継ぐ，受け容れる (παραλαμβάνω; διαδέχομαι Ac 7,45). ③ (慰めを) 得る；(罰を) 受ける，蒙る (ἀπέχω Lk 6,24; ὑπέχω Jd 7; κομίζω 2Cor 5,10; Col 3,25)：①mekʻ očʻ tʻowltʻs inčʻ vasn kʻo ənkalakʻ i hrēicʻ 私たちはユダヤ人たちからあなたについてなんの書面も受け取っていない Ac 28,21; ənkaleal bažak gohacʻaw 彼は杯を取って感謝した Lk 22,17; orkʻ yoržam lsicʻen xndowtʻeamb əndownin zˑbanˑn 聞く時は喜んで言葉を受け取る人たち Lk 8,13; omankʻ yōžarowtʻeamb ənkaleal zˑban nora mkrtecʻan 彼の言葉を喜んで受け入れた人々は洗礼を受けた Ac 2,41; kʻanzi čʻ-en əndownelocʻ zˑkʻo vkayowtʻiwnˑd vasn im 彼らは私についてのお前の証しを受け入れようとはしないからだ Ac 22,18; or anargē zˑis ew očʻ əndowni zˑbans im, goy or dati zˑna 私を拒み私の言葉を受け入れない人には，その人を裁く者がある Jn 12,48; iwrkʻˑn zˑna očʻ ənkalan 彼に属する人々は彼を受け入れなかった Jn 1,11; zˑtkaracʻealˑn i hawats ənkalarowkʻ 信仰において弱くなっている者をあなた方は受け

ənt'anam 246

容れよ Ro 14,1; oɫǰamb ənkalaw z-na 彼は無事な姿の彼を迎え入れた Lk 15,27; z-darj p'oxarini-n or part ēr molorowt'ean-n noc'a y-anjins iwreanc' əndownēin 彼らは彼らの迷いのしかるべき報いを己のうちに受けた Ro 1,27; erkir ... əndowni z-ōrhnowt'iwn y-AY 地が神からの祝福に与る He 6,7; et'ē z-hewrs ənkaleal ic'ē 彼女が客人を手厚くもてなしたならば 1Tm 5,10; z-ors ənkaleal ē Yasoni 彼らをヤソンがかくまった Ac 17,7; aṙeal manowk mi ... ənkaleal z-na i girks iwr = ἐναγκαλισάμενος αὐτό 1人の子供を受け取って…その子を両腕に抱きかかえながら Mk 9,36. cf. Lk 2,28 na aṙ ənkalaw z-na i girks iwr = αὐτὸς ἐδέξατο αὐτὸ εἰς τὰς ἀγκάλας αὐτοῦ 彼自らがその子を両腕に受け取った; ②es jez z-ayn nax awandec'i, z-or ew es-n ənkalay 私はあなた方に、まず第1に、私も受け継いだことを伝えた 1Cor 15,3; ayl inč' bazowm ē z-or ənkalan ownel その他多くのことを遵守すべきものとして彼らは受け継いでいる Mk 7,4; orpēs ənkalarowk' i mēnǰ, t'ē orpēs? part ic'ē jez gnal ew hačoy linel AY あなた方はどのように歩み、神を喜ばせるべきかについて私たちから受け容れたように 1Th 4,1; z-or ew ənkaleal berēin hark'-n mer handerj Yesowaw それをわれらの先祖は受け継ぎ、ヨシュアと一緒に持ち込んだ Ac 7,45; ③zi ənkalayk' z-mxit'arowt'iwn jer お前たちはお前たちの慰めを〔すでに〕得ているのだ Lk 6,24; kan aṙaǰi ōrinak z-yawitenakan hroy-n ənkaleal z-datastan それらは永遠の火という刑罰を受けることによって見せしめにされている Jd 7; apirat-n ənkalc'i əst iwrowm apiratowt'ean-n = ὁ γὰρ ἀδικῶν κομίσεται ὃ ἠδίκησεν 不正を行う者は自分の行っている不正を報いとして受ける Col 3,25; zi ənkalc'i iwrak'anč'iwr iwrov marmnov, z-or inč' gorceac' yaṙaǰ = ἵνα κομίσηται ἕκαστος τὰ διὰ τοῦ σώματος πρὸς ἃ ἔπραξεν 自分がかつて為したことに対しては、体をとおして為されたことへの報いをそれぞれが受け取るために 2Cor 5,10; bazowm č'arč'arans əndownel = πολλὰ παθεῖν 多くの苦しみを受ける Mk 8,31; yišea zi ənkalar andēn z-baris k'o i keans-n k'owm, ew Łazaros noynpēs z-č'arč'arans = μνήσθητι ὅτι ἀπέλαβες τὰ ἀγαθά σου ἐν τῇ ζωῇ σου, καὶ Λάζαρος ὁμοίως τὰ κακά お前は生きている間、自分の良きものを受け、ラザロは同様に悪しきものを受けたことを思い出せ Lk 16,25.
→ ownim (アオ kalay) [ELPA I.117]

ənt'anam, ənt'ac'ay, 命 ənt'a [ELPA I.104]【動】①走る、駆ける、突き進む；努力する (τρέχω Lk 15,20; Ro 9,16; He 12,1; περιτρέχω Mk 6,55; συντρέχω Ac 3,11; προτρέχω Lk 19,4; προστρέχω Mk 10,17; διώκω Php 3,14). ②i nerk's ənt'anam 駆け込む (εἰστρέχω Ac 12,14); əndaṙaǰ ənt'anam 走り寄る (τρέχω Lk 15,20; προστρέχω Mk 9,15); xowr̄n ənt'anam いっせいに駆けつける (συντρέχω Mk 6,33)：①ənt'ac'aw əndar̄aǰ ankaw z-paranoc'aw-n nora ew hambowreac' z-na 迎えに走って行って彼の首を抱き彼に接吻した Lk 15,20; hamberowt'eamb ənt'asc'owk' i paterazm or ar̄aǰi kay mez 私たちの前にある戦いに忍耐をもって走って行こう He 12,1; ənt'ac'eal aysr andr ənd amenayn gawar̄-n その地方のそこここを駆けめぐって Mk 6,55; ənt'ac'aw amenayn žołovowrd-n ar̄ nosa 民は彼らのところに駆け集まって来た Ac 3,11; owš edeal ənt'anam 目標めざして私は突き進む Php 3,14; apa oč' əst aynm inč' ē or kamic'i-n, ew oč' əst aynm or ənt'anayc'ē だからこれは意志する者や努力する者によるのではない Ro 9,16; ②i nerk's ənt'ac'eal patmeac' et'ē Petros ar̄ dran-n kay 彼女は奥に駆け込み、ペトロが門前に立っていると報告した Ac 12,14; ənd ar̄aǰ ənt'ac'eal ołǰoyn tayin nma 彼らは走り寄って来て彼に挨拶しようとした Mk 9,15;

ənt'ac'k', -c'ic' 【名】①走ること，競争．②（人生の）行程，道程，生涯 (δρόμος)：②ibrew lnoyr Yovhannēs z-ənt'ac's-n ヨハネがその生涯を終えようとした時 Ac 13,25; orpēs z-katareal z-ənt'ac's im 私の走るべき行程をまっとうするために Ac 20,24; z-barwok' paterazm paterazmec'ay, z-ənt'ac's-n katarec'i 私は立派な戦いを戦ってきたし，走るべき道程は走り終えた 2Tm 4,7. → ənt'anam（アオ ənt'ac'ay）

ənt'er̄nowm, -t'erc'ay [< *ən(d) -, ELPA I.118]【動】読む，朗読する (ἀναγινώσκω)：č'-ic'ē? ənt'erc'eal jer z-or arar-n Dawit' お前たちはダビデがしたことを読んだことがないのか Lk 6,3; y-awrēns zinč'? greal ē orpēs? ənt'er̄nows 律法には何と書かれているか．あなたはどのように読んでいるか Lk 10,26; or ənt'er̄now-n i mit ar̄c'ē = ὁ ἀναγινώσκων νοείτω 読む者は悟れ Mt 24,15; ənt'er̄nowl z-t'owłt'-d ar̄aǰi amenayn ełbarc' srboc' この手紙をすべての聖なる兄弟たちの前で朗読する 1Th 5,27.

ənt'erc'owac, -oc' 【名】朗読 (ἀνάγνωσις)：noyn k'oł jgeal kay i veray ənt'erc'owacoc' hin ktakaranac'-n 同じ覆いが古い契約の朗読の際に取り除かれずに残っている 2Cor 3,14. → ənt'er̄nowm（アオ ənt'erc'ay）

ənt'harc'i [M] → əndharkanim

ənt'rem, -ec'i 【動】夕食をとる (δειπνέω)：patrastea zinč' ənt'reloc' ic'em 私のとる夕食を準備せよ Lk 17,8.

ənt'rik', -reac' [y-/z- + ənt'ris > y-nt'ris, z-nt'ris, cf. z-nker → ənker, y-nkłmel → ənkłmel, z-ntreal → əntrem, z-ntani → əntani, y-ncays-n → əncay (+ y-ncayanoc'), y-nč'ic' → inč'k']【名】①《複

のみ》食事，晩餐，宴会 (δεῖπνον Mk 6,21; Jn 13,2; δειπνέω Lk 22,20). ②ənt'ris aṙnem 食事をする (δειπνέω Re 3,20)：①i linel ənt'reac'-n 食事がなされていた間に Jn 13,2; ənt'ris tayr Hērovdēs y-awowr cnndoc' ヘロデは自分の誕生日に宴会を催した Mk 6,21; yet ənt'reac'-n = μετὰ τὸ δειπνῆσαι 食事の後で Lk 22,20; oč' ok' y-aync' koč'ec'eloc' čašakesc'ē y-nt'reac' imoc' 招かれたかの者たちのうち誰 1 人として私の宴会を味わう者はないだろう Lk 14,24; ②mtic' aṙ na ew ənt'ris araric' aṙ na 私は彼のところに入って客となり，彼のもとで食事するだろう Re 3,20.

əncayanoc', -i, -ac'[y-ncay- (< y-əncay-, → ənt'rik'; -anoc' → žołovrdanoc', xnkanoc', hambaranoc', spandanoc']【名】捧げ物（宝物）の保管庫：i korban-n (E.mg.: y-ncayanoc'-n) Mt 27,6.

əncayec'owc'anem, -c'owc'i【動】捧げる；示す，提示する；紹介（推薦）する (συνίστημι)：y-amenayni əncayec'owc'ēk' z-anjins jer ibrew z-paštōneays AY すべてのことにおいてあなた方は神の奉仕者としての己を示している 2Cor 6,4; sksanimk' aysowhetew verstin z-anjins əncayec'owc'anel これゆえに私たちは再び自己推薦を始めているのだろうか 2Cor 3,1.

əncayowt'iwn, -t'ean【名】①推薦，紹介 (συστατικός). ②接近，通路，道筋 (προσαγωγή [→ nowačowt'iwn])：①t'ēpēt' ew oč pitoy ic'en mez orpēs omanc' t'owłt'k' əncayowt'ean aṙ jez kam i jēnǰ たとえ私たちには，ある人たちのように，あなた方に対する，あるいはあなた方からの推薦の手紙が必要ではないとしても 2Cor 3,1; ②orov ew z-əncayowt'iwn-n ənkalak' hawatovk' i šnorhs y-aysosik 彼を通して私たちは信仰によってこの恵みへと至る路を獲得した Ro 5,2.

əncayk', -ayic' [y-ncays (< y-əncays, → ənt'rik']【名】献げ物，贈り物 (δῶρον)：noka' i mt'eric' iwreanc' arkin y-ncays-n AY その者たちはありあまる中から献げ物として投げ入れた Lk 21,4; minč'ew əncays ew patarags tanel mimeanc' 贈り物や供え物を贈り合うほどに Re 11,10. → towrk', patarag, pargew

ənkal- → əndownim

ənkea → ənkenowm

ənkenowm, -ec'i, 3・アオ -kēc', 命 -kea [ənkenowm「落とす，投げ落とす」] → ankanim, Godel, Introduction, 5.422; Klingenschmitt, Verbum, p. 249]【動】投げる，投げ込む，投げ出す；脱ぐ (βάλλω Mt 5,30; ἀποβάλλω Mk 10,50; ῥίπτω Mt 15,30; Ac 22,23; 27,19; ἐπιρίπτω 1Pe 5,7)；i bac' ənkenowm 投げ捨てる，脱ぎ捨てる，かなぐり捨てる

(ἔξω βάλλω Mt 13,48; ἀποτίθεμαι Eph 4,25; He 12,1)：hat z-na ew ənkea i kʻēn それを切り取って投げ捨てよ Mt 5,30; nora ənkecʻeal z-jotjs iwr 彼は自分の着物を脱いで Mk 10,50; ənkecʻin z-nosa ař ots nora (群衆は) 彼らを彼の足元に置いた Mt 15,30; ənkenowl z-handerjs 上着を放り投げる Ac 22,23; z-gorci-n nawi-n ənkecʻin 彼らは船具を投げ捨てた Ac 27,19; i bacʻ ənkecʻin = εἴασαν αὐτὴν ἐκπεσεῖν 彼らはそれ (小船) を流れ去らせた Ac 27,32; z-xotan-n i bacʻ ənkecʻin 彼らは駄目なものを外へ投げ捨てた Mt 13,48; i bacʻ ənkecʻēkʻ z-stowtʻiwn あなた方は嘘偽りを脱ぎ捨てよ Eph 4,25. → kʻar-ənkēcʻ

ənker, -i, -acʻ [< *ənd-ker, ker → owtem, ELPA II.30; z-nker → əntʻrikʻ]【名】①隣人 (πλησίον). ②《呼びかけにも》友, 仲間 (ἑταῖρος Mt 20,13; μέτοχος He 1,9); 他の者, 異なる (ἕτερος Mt 11,16; Lk 23,40; Jd 7)：①sirescʻes … z-nker kʻo ibrew z-anjn kʻo お前はお前の隣人をお前自身のように愛するだろう Lk 10,27; ②vasn aysorik ōc z-kʻez AC AC kʻo iwłov owraxowtʻean ařawel kʻan z-ənkers kʻo このゆえに神, あなたの神は, あなたの仲間たちにまさって, 歓喜の油をあなたに注いだ He 1,9; ənker, čʻ-zrkem z-kʻez 友よ, 私は君に不正を行なってはいない Mt 20,13; nman ē manktwoy or nsticʻin i hraparaks, kardaycʻen z-nkers iwreancʻ = … προσφωνοῦντα τοῖς ἑταίροις (: D; τοῖς ἑτέροις : t.r.) 彼らは市場に座って仲間 [他の者] たちに呼びかけている子供たちと同じだ Mt 11,16; z-het ənkeracʻ-n marmnocʻ = ἀπελθοῦσαι ὀπίσω σαρκὸς ἑτέρας 異なる肉体を追い求めて Jd 7.

ənkecʻik, -cʻkacʻ【形】投げられた, 捨てられた; ənkecʻik ařnem 投げる, 捨てる (ἐκτίθημι Ac 7,21; ἔκθετον ποιέω Ac 7,19; ἐκβολὴν ποιέω Ac 27,18)：y-ənkecʻik-n ařnel z-na = ἐκτεθέντος δὲ αὐτοῦ 彼が捨てられた時 Ac 7,21; ařnel ənkecʻik z-mankowns nocʻa zi mi aprescʻin 彼らの幼子を捨てさせ, これを生かしておかないように Ac 7,19; i vałiw andr z-karasi-n ənkecʻik ařnēin 次の日には人々は積荷を投げ始めた Ac 27,18.

ənkēcʻ → ənkenowm

ənklnowm, ənklay【動】呑み込まれる, 沈む (καταπίνω 1Cor 15,54)：ənklaw mah yałtʻowtʻiwn kʻo 死よ, 汝の勝利は呑み込まれた 1Cor 15,54. → klanem

ənkłmem, -ecʻi [Lk 5,7M: əngłm-; y-nkł- (< y-ənkł-), → əntʻrikʻ]【動】沈める, 呑み込む (βυθίζω 1Tm 6,9; καταπίνω 2Cor 5,4; καταποντίζω Mt 18,6)：i bazowm cʻankowtʻiwns anmits ew vnasakars, orkʻ ənkłmen z-mardik i satakowmn ew i korowst 人々を破滅と滅亡に沈み込ませるような多くの愚劣で有害な欲望に 1Tm 6,9; law ē nma etʻe …

ənkłmim

ənkłmicʻi i xors covow 彼にとっては海の深みに沈められた方がましだ Mt 18,6; zi ənkłmescʻi mahkanacʻows i kenacʻ anti 死ぬべきものが生命によって呑み込まれてしまうために 1Cor 5,4; zi ənkłmescʻē z-na = ποταμοφόρητον ποιήσῃ [蛇は] 彼女を奔流で押し流そうとして Re 12,15. → klanem

ənkłmim, -ecʻay【動】沈む, 倒壊する, 陥る (πίπτω Re 11,13; βυθίζω Lk 5,7; καταποντίζομαι Mt 14,30; καταφέρομαι Ac 20,9): tasnerord masn kʻałakʻi-n ənkłmecʻaw その都の10分の1が倒壊した Re 11,13.; lcʻan erkokʻin nawkʻ-n mincʻew merj y-nkłmel nocʻa (M: merj nocʻa y-ngłmeł) = ... τὰ πλοῖα ὥστε (D: + παρά τι, it., syr.: ἤδη) βυθίζεσθαι αὐτά 両方の舟が満杯になってしまったのでそれら (の舟) はあやうく沈みそうになった Lk 5,7 [παρά τι → Blass/Debrunner/Rehkopf, 236, Anm. 5]; ibrew sksaw ənkłmel ałałakeacʻ 彼は沈み出すと叫んだ Mt 14,30; i xōsel-n Pawłosi yačax ənkłmeal i kʻnoy anti パウロの話があまり長く続くので, 彼は眠り込んでしまった Ac 20,9. → nirhem

ənkołin → ankołin

ənčʻicʻ → inčʻ; inčʻkʻ

əntaboys → əndaboys

əntanebar【副】親身に, 真実に (γνησίως) Php 2,20.

əntani, -nwoy, əntanikʻ, -neacʻ [z-ntanis (< z-əntanis), → əntʻrikʻ; əntani → town, ELPA II.30]【名】家 [身内] の者 (οἰκεῖος 1Tm 5,8; οἰκιακός Mt 10,36): etʻē okʻ iwrocʻ ew manawand ew əntaneacʻ xnam očʻ tanicʻi もしある者が自分の親族, とりわけ家族の面倒を見ないなら 1Tm 5,8; tʻšnamikʻ aṙn əntanikʻ iwr 人の敵はその家の者たちなのだ Mt 10,36; ertʻ i town kʻo aṙ əntanis kʻo = ὕπαγε εἰς τὸν οἶκόν σου πρὸς τοὺς σούς あなたの家に行き, あなたの身内の者たちのところに [戻れ] Mk 5,19.

əntir【形】選ばれた; 優秀な, 適格な, 合格した (ἐκλεκτός 1Pe 2,9; δόκιμος Ro 14,18; 16,10; 2Tm 2,15): dowkʻ azg ēkʻ əntirkʻ あなた方は選ばれた種族だ 1Pe 2,9; or y-aysm caṙayē KʻSi, hačoy ē AY ew əntir mardkan このことにおいてキリストに隷従する者は, 神に喜ばれる者であり, 人々の信頼に値する者なのだ Ro 14,18; ołǰoyn taǰikʻ Apelleay or əntir-n ē i TR 主に対して適格者であるアペレスに挨拶するように Ro 16,10; pʻowtʻacʻir z-anjn kʻo əntir kacʻowcʻanel aṙaǰi AY あなたは自分自身を神の前に, 合格した者とするよう努力せよ 2Tm 2,15. → barjəntir

əntrelakicʻ【形】共に選ばれた (συνεκλεκτός): ołǰoyn tay jez or i Babelon əntrelakicʻ-n ekełecʻi ē ew Markos ordi im バビロンにある共

に選ばれた教会と私の子マルコがあなた方によろしくとのことだ 1Pe 5,13. → əntrem, -kicʻ

əntrem, -ecʻi [z-ntreal (< z-əntreal), → antʻrikʻ; cf. barj-əntir]【動】①選ぶ (ἐκλέγομαι; αἱρέομαι Php 1,22; αἱρετίζω Mt 12,18; ἐπιλέγομαι Ac 15,40); yaṙaǰagoyn əntrem 前もって（予め）選ぶ (προχειρίζομαι Ac 22,14; προχειροτονέω Ac 10,41). ②探し出す (ἐπισκέπτομαι Ac 6,3). ③是認する，判断する，決断する，識別する (δοκιμάζω Ro 1,28; κρίνω Ac 4,19; 1Cor 10,15). ④〔分〕əntreal 選ばれた者，適格者 (ἐκλεκτός Mk 13,20; ἐκλέγομαι Lk 9,35; δόκιμος 2Cor 10,18)：①əntreacʻ i nocʻanē erkotasans 彼は彼らの中から 12 人を選び出した Lk 6,13; Mariam masn bari əntreacʻ マリアムはより善いほうを選んだ Lk 10,42; əntreacʻ z-mez linel mez sowrbs 彼は私たちが聖なる者となるよう選んだ Eph 1,4; i miǰi jerowm əntreacʻ AC beranov imov lsel 神はあなたたちの中から，（彼らが）私の口から聞くようになるために，私を選んだ Ac 15,7; zinčʻ əntrecʻicʻ, z-ayn očʻ gitem どちらを自分が選ぶことになるのか，それは私にはわからない Php 1,22; aha manowk im z-or əntrecʻi 見よ，私の選んだ私の僕 Mt 12,18; Pawłosi əntreal z-Šiłay パウロはシラスを選んで Ac 15,40; AC harcʻ-n merocʻ yaṙaǰagoyn əntreacʻ z-kʻez čanačʻel z-kams nora われらの父祖たちの神はその意志を知らせるためにあなたを選んだ Ac 22,14; očʻ amenayn žołovrdean-n ayl mez vkayicʻ-s yaṙaǰagoyn əntrelocʻ-s y-AY すべての民にではなく神から予め選ばれていた私たち証人に Ac 10,41; ②əntrecʻēkʻ ełbarkʻ vkayeals i jēnǰ ars ewtʻn 兄弟たちよ，評判のよい人々を 7 人探し出せ Ac 6,3; ③orpēs zi əntrecʻin z-AC ownel i gitowtʻean 神を認識することを彼らが是としなかったので Ro 1,28; etʻē aržan icʻē aṙaǰi AY, jez lsel aṙawel kʻan AY, əntrecʻēkʻ 神に聞き従うよりもあなたたちに聞き従うほうが神の前に正しいかどうか，判断せよ Ac 4,19; ibrew ənd imastowns xōsim, əntrecʻēkʻ jezēn z-or asem-s 私は賢い人たちに対するように語っている，あなた方は私の言うことを自分で識別せよ 1Cor 10,15; əndēṙ? ew y-amjancʻ isk očʻ əntrēkʻ z-aržan-n = τί δὲ καὶ ἀφ' ἑαυτῶν οὐ κρίνετε τὸ δίκαιον; Lk 12,57; ④vasn əntrelocʻ-n z-ors əntreacʻ karčeacʻ z-awowrs-n z-aynosik 彼は自ら選んだ者たちのゆえにその日々を縮めた Mk 13,20; da ē ordi im əntreal その者は私の子，選ばれた者 Lk 9,35; zi očʻ etʻē or z-anjn iwr əncayecʻowcʻanē, na ē əntreal, ayl z-or TR-n əncayecʻowcʻanē なぜなら，自己推薦する者，そのような者が適格者なのではなく，むしろ主が推薦する者が〔適格者なのだ〕から 2Cor 10,18.

əntrowtʻiwn, -tʻean【名】①選び，選択 (ἐκλογή)；受け容れられること

ənk'ean 252

(πρόσλημψις Ro 11,15). ②区別 (διαστολή 1Cor 14,7)，識別力 (διάκρισις 1Cor 12,10)；ə. aṙnem 差別する (διακρίνω Ac 15,9)：①zi əst əntrowt'ean-n yaṙaǰadrowt'iwn-n AY hastatesc'i 選びによる神の計画が存続するために Ro 9,11; əst awetaranis t'šnamik' en vasn jer, əst əntrowt'ean-n sirelik' vasn harc'-n 福音に従えば，〔イスラエル人たちは〕あなたたちのゆえに〔神の〕敵となっているが，〔神の〕選びに従えば，彼らは，父祖たちのゆえに，〔神に〕愛されている者たちなのだ Ro 11,28; ert' dow, zi anōt' əntrowt'ean ē inj na, krel z-anown im 行け，あの者は私の名を担うべく私の選ばれた器だ Ac 9,15; isk əntrowt'iwn-n zinč' ē, et'ē oč' kendanowt'iwn i meṙeloc'〔彼らが〕受け容れられることは，死者たちからの生命でなければ，何であろうか Ro 11,15;　②et'ē əntrowt'iwn inč' barbaṙoy-n č'-aṙnic'en それらが音に区別をしないならば 1Cor 14,7; aylowm əntrowt'iwn hogwoy 他の者には霊の識別力が〔与えられている〕1Cor 12,10; oč' inč' əntrowt'iwn arar i mēǰ noc'a ew mer 彼は彼らと私たちとの間になんの差別もしなかった Ac 15,9. → xtir

ənk'ean → ink'n

əst【前】①〔+与〕…に従って，…に応じて，…によれば (κατά + 対 Lk 2,22.24; Ro 1,3; καθό 2Cor 8,12; πρός + 対 Lk 12,47), …のとおりに，…毎に．②〔+位〕…を理由として，…を考慮して，…に従って (κατά + 対)〔対格と位格が同形の場合，前置詞句〔əst + 対〕の意味 (→④) は明らかに異なる〕．③《時間》〔+奪〕…の後で，…に続いて；awr əst awrē 毎日，日々 (καθ' ἡμέραν Lk 11,3; σήμερον = awsawr〔E〕, awr əst awrē〔M〕: Lk 11,3 との調和化)；mi əst mioǰē 1人 (1つ) ずつ，1人ひとり，異口同音に (εἷς κατὰ εἷς Mk 14,19; ἀπὸ μιᾶς Lk 14,18; ἕνα ἕκαστον Lk 16,5; καθ' ἕν Jn 21,25; ἡμέρᾳ καὶ ἡμέρᾳ 2Cor 4,16; ἡμέραν ἐξ ἡμέρας 2Pe 2,8;　→ mi²). ④〔+対〕…の向こうに，…の外〔側〕に，…を超えて，…を過ぎて；Minassian, Manuel, p.100. によれば，これらの意味は anc'anel「過ぎる」, elanel「出て行く」などの動詞の場所を表す状況補語と共に，本来の意味でも比喩的な意味でも用いられる: ahawasik elanēk' əst Yordanan get「あなたたちはヨルダン川の向こうに渡る」; banak-n elanē əst k'ałak'-n「軍隊は町から出て行く」; nok'a əst hraman k'o oč' elanen「彼らはあなたの命令に違反しない」; Eznik III, 10 əst erkir andr oč' inč' ē「地の向こうには何もない」; Künzle (Das altarmenische Evangelium, Teil II: Lexikon, p.267: ənd erkir ew i veray erkri en ǰowrk', ew <u>əst erkir</u> andr oč' inč' ē ew oč' et'e ǰowrk': 'c'est au sein de la terre et à la surface de la terre, qu'il y a des eaux;

et au delà de la terre, là-bas, c'est le néant, loin qu'il y ait des eaux!';
F.Byz. III, 5 əst ayn gišer-n ayl oč' emowt aṙ kin-n iwr 「その一夜の後，
彼はもう妻のそばに来ることはなかった」: ①ibrew lc'an awowrk' srbowt'ean
noc'a əst awrinac'-n Movsēsi モーセの律法に従って，彼らの清めの日々
が満ちた時 Lk 2,22; əst asac'eloy-n y-awrēns TN 主の律法に言われてい
ることに従って Lk 2,24; ew yaynžam hatowsc'ē iwrak'anč'iwr əst
gorcs iwr そしてそのとき彼は各人にその行いに従って報いるだろう Mt
16,27; vasn ordwoy iwroy, ełeloy i zawakē Dawt'i əst marmnoy 肉によ
ればダビデの子孫から生まれたその子について Ro 1,3; əst goyi-n
əndowneli ē, ew oč' et'ē əst č'goyi-n 所有しないものに応じてではなく
て，所有しているものに応じて〔分け与えることが，神に〕快く受け容
れられる 2Cor 8,12; caṙay or gitic'ē z-kams TN iwroy ew oč' patrastic'ē
əst kamac' nora, arbc'ē gan bazowm 主人の意志を知っていながらその
意志に添うように備えない従僕はひどく鞭打たれるだろう Lk 12,47; ew
ełew i k'ahanayanal-n nora əst kargi awowrc' hasaneloy (= ... ἐν τῇ
τάξει τῆς ἐφημερίας 「彼の組の順番に従って」) hasaneloy aṙaji AY 当
番の日がやってきて神の前で祭司として仕える段になった時 Lk 1,8;
②yaynžam hatowsc'ē iwrak'anč'iwr əst gorcs iwr その時彼は各人にそ
の行いに従って報いるであろう Mt 16,27 (詩篇 62,13 の引用); mi əst
ač's (κατ' ὄψιν) datik', ayl owłił datastan araṙēk' うわべで裁くのでは
なく，正しい裁きを下せ Jn 7,24; and ein t'akoykk' kčeayk' vec' əst
srbowt'ean-n Hrēic' そこにはユダヤ人たちが身を清める儀式のために大
理石の水瓶が6つあった Jn 2,6; et'e aržan? ic'ē owmek' arjakel z-kin
iwr əst amenayn vnasow どのような理由であれ，人が自分の妻を離縁
するのは許されているのか Mt 19,3; iwrak'anč'iwr əst [et] iwrowm
kari おのおのの力に合わせてそれぞれ〔与えた〕Mt 25,15; əst
žamanaki-n z-or stowgeac' i mogowc'-n 彼が占星学者たちから詳しく聞
いた時期に基づいて Mt 2,16; hark ēr mi əst tawni arjakel noc'a 祭りの
たび毎に，彼らに1人釈放してやる必要があった Lk 23,17 (cf. Mt
27,15; Mk 15,6).

əstgtanem, -gti;〔分〕stgteal (Ga 2,11)【動】責める，非難する
(καταγινώσκω): et'ē əstgtanic'en z-mez sirtk' mer たとえ私たちの心が
私たちを責めようとも 1Jn 3,20.

t‘

t‘agawor, -i, -ac‘【名】[字義通りには「冠 (t‘ag; → psak) を戴く(者)」: ELPA I.179, II.28; Olsen, Noun, p. 361] 王 (βασιλεύς).. (A) 現世の支配者; (B) 世俗的な王 (ark‘ay) に対してメシヤなる王: (A) minč‘ew yareaw ayl t‘agawor y-Egiptos, or oč‘ čanač‘ēr z-Yovsēp‘ ついにヨセフのことを知らない別の王がエジプトに立った Ac 7,18; (B) ays ē YS t‘agawor-n hrēic‘ この者はユダヤ人どもの王イエスなり Mt 27,37. → ark‘ay

t‘agaworazn, -zin, -zownk‘ [ELPA I.169], -zanc‘【形】王家の，王に属する;【名】王の家臣 (βασιλιός): and ēr t‘agaworazn mi oroy ordi nora hiwand kayr そこに王の家臣がいて，その息子が病んでいた Jn 4,46. → azn (ELPA II.40; I.169)

t‘agaworem, -ec‘i【動】[+与; i veray+属] 王である，支配 (統治) する (βασιλεύω; συμβασιλεύω 1Cor 4,8b): ibrew lowaw et‘e Ark‘ełaos t‘agaworeac‘ Hrēastani p‘oxanal Hērovdi hawr-n iwroy, erkeaw ert‘al andr アルケラオスがその父ヘロデにかわってユダヤを支配していると聞き，彼はそこへ行くことを恐れた Mt 2,22; t‘agaworesc‘ē i veray tan-n Yakovbay i yawiteans, ew t‘agaworwt‘ean nora vaxčan mi lic‘i 彼はヤコブの家を永久に〔王として〕支配し，その支配には終りがないであろう Lk 1,33; oč‘ kamimk‘ t‘agaworel dma i veray mer 私たちはこの者が私たちを〔王として〕支配することを望まない Lk 19,14; t‘agaworeac‘ mah y-Adamay minč‘ew i Movsēs, ew i veray č‘-yanc‘owc‘eloc‘s əst nmanowt‘ean yanc‘owacoc‘-n Adamay アダムからモーセに至るまで，死は，アダムの違反と似通った仕方では罪を犯さなかった者たちをも，支配した Ro 5,14; erani t‘ē t‘agaworēik‘, zi ew mek‘ ənd jez t‘agaworēak‘ あなた方は〔本当に〕王になったのであればよかったのに，そうすれば，私たちもまたあなた方と共に王になったことであろうに 1Cor 4,8.

t‘agaworowt‘iwn, -t‘ean [M: + t‘agawawrowt‘iwn]【名】王であること，王の家系，支配，王国 (βασιλεία; βασιλικός Ac 12,21; βασίλειος 1Pe 2,9): z-or inč‘ ew xndresc‘es dow y-inēn tac‘ k‘ez minč‘ew c‘-kēs t‘agaworowt‘ean imoy お前が私に願い出ることは，たとえそれが私の王

国の半分であっても，お前にやるぞ Mk 6,23; ayr omn aznowakan gnac‘ y-ašxarh heři ařnowl iwr t‘agaworowt‘iwn ew dařnal ある高貴な生まれの人が，王国の支配権を受けて戻るために，遠くの国へ赴いた Lk 19,12; Herovdēs zgec‘eal ēr z-handerj t‘agaworowt‘ean ew nstēr y-ateni ヘロデは王衣をまとって座についた Ac 12,21. → ark‘ayowt‘iwn

t‘at‘ałown【形】押し付けられた (πεπιεσμένος [< πιέζω] ; t‘ałown 'serré, dense': Calfa): č‘ap‘ barwok‘ t‘at‘ałown šaržown zełown tac‘en i gogs jer 彼らは押し込み，揺すり，あふれ出るほどに枡の中身を良くしてあなたたちの懐に与えるだろう Lk 6,38.

t‘axanjem, -ec‘i【動】苦しめる，悩ませる (ὑπωπιάζω): zi mi ispař ekeal t‘axanjic‘ē z-is 彼女が絶えずやって来て私をさいなむことがないように Lk 18,5.

t‘akoyk, -kowki, -kowkac‘【名】水瓶 (ὑδρία): and ein t‘akoykk‘ kčeayk‘ vec‘ そこには大理石の水瓶が6つあった Jn 2,6. → sap‘or

t‘ałem, -ec‘i【動】埋める，埋葬する (θάπτω Lk 9,59; 16,22; συνθάπτω Ro 6,4 [ənd]; ἐνταϙάζω Mt 26,12): hraman towr inj ert‘al nax t‘ałel z-hayr im まず行って私の父を葬ることを許せ Lk 9,59; meław ew meca-town-n ew t‘ałec‘aw その金持ちも死んで葬られた Lk 16,22; ař i t‘ałeloy z-is nšanakeac‘ 私を埋葬するために彼女はそうした Mt 26,12; t‘ałec‘ak‘ ənd nmin mkrtowt‘eamb-n i mah 私たちはその死への洗礼をとおして彼と共に葬られた Ro 6,4. → patem

t‘anam, t‘ac‘i, 3・単・アオ et‘ac‘【動】濡らす (βρέχω Lk 7,38.44); (水に) 浸す，つける (βάπτω Lk 16,24; Jn 13,26): artasowawk‘-n sksaw t‘anal z-ots nora 彼女は涙で彼の両足を濡らし始めた Lk 7,38; ařak‘ea z-Łazaros zi t‘ac‘c‘ē (M: t‘ac‘ē) z-cag matin iwroy i Jowr ラザロを送ってくれて，彼の指先を水につけてくれるように Lk 16,24; ayn ē, orowm es t‘ac‘ic‘ z-patař-n ew tac‘. ew t‘ac‘eal z-patař-n tay Yowdayi Skariovtac‘woy 私がパン切れを浸して与えようとしている人がそれだ．そして，パン切れを浸してから，イスカリオテのユダに与える Jn 13,26.

t‘anjranam, -rac‘ay【動】厚くなる；濃くなる；固くなる，鈍感になる (παχύνομαι): t‘anjrac‘aw sirt żołovrdean-s aysorik この民の心は鈍感になった Mt 13,15.

t‘anjrowt‘iwn, -t‘ean【名】厚いこと；濃いこと；深いこと : nirhem i k‘own t‘anjrowt‘ean = καταφέρομαι ὕπνῳ βαθεῖ ひどい眠気に襲われる Ac 20,9.

t‘anč‘k‘, -ic‘【名】《複のみ》下痢 (δυσεντέριον): ełew hōr-n Popleay i ǰerm ew y-axt t‘anč‘ic‘ hiwandanal dnel プブリウスの父が熱病と下痢に

苦しんでふせっていた Ac 28,8.
t'aškinak【名】手拭い,ハンカチ (σουδάριον) Ac 19,12.
t'aṙamim; t'aršamim, -mec'ay【動】消え失せる,枯れる,しぼむ (μαραίνομαι): noynpēs ew mecatown-n handerj šahiwk'n iwrovk' t'aršamesc'i そのように富める人もその儲けもろとも消え失せるだろう Jas 1,11.
t'argmanem, -ec'i【動】翻訳する,解釈する (ἑρμηνεύω Jn 9,7; μεθερμηνεύω Mk 5,41; Jn 1,38; διερμηνευτής 1Cor 14,28): y-awazani-n Silovamay or t'argmani aṙak'eal シロアム(遣わされた者の意味)の池で Jn 9,7; talita kowmi, or t'argmani aljik dow k'ez asem ari「タリタ・クム」,これを訳せば,「少女よ,あなたに言う,起きよ」という意味だ Mk 5,41; t'ē č'-ic'ē ok' or t'argmanic'ē, lowṙ lic'i y-ekełec'woĵ-n もしも解釈する者がいないなら,その人は教会では黙れ 1Cor 14,28. → aysink'n ē
t'argmanowt'iwn, -t'ean【名】解釈,説明,翻訳 (ἑρμηνεία): aylowm t'argmanowt'iwnk' lezowac' 他の者には異言の解釈が〔与えられている〕 1Cor 12,10.
t'ac'c'ē [M: tac'ē]; **t'ac'ic'**; **t'ac'eal** → t'anam
t'awalec'owc'anem, -owc'i【動】転がす (ἀποκυλίω Mt 28,2; προσκυλίω Mk 15,46): t'awalec'oyc' z-vēm-n i drac' anti ew nstēr i veray nora 彼は入り口から石を転がして取り除き,その上に座っていた Mt 28,2; t'awalec'oyc' vēm i dowṙn gerezmani-n 彼は墓の入り口に石を転がしてふさいだ Mk 15,46; t'awalec'owc'eal ēr z-vēm-n i gerezmanē-n 石が墓から転がしてあった Mk 16,4.
t'awalim, -lec'ay【動】転がる,転げ回る (κυλίομαι Mk 9,20): ankeal y-erkir t'awalēr ew p'rp'reayr 彼は地面にくず折れて転げ回り泡を吹いた Mk 9,20; xoz lowac'eal ənd tiłm-n t'awaleal = ὗς λουσαμένη εἰς κυλισμὸν βορβόρου 身を洗って糞の中を転げ回る豚 2Pe 2,22.
t'awt'ap'em, -ec'i【動】[t'awt'apem (< t'ap'-t'ap'-; cf. t'ap'im「流れる,こぼれる」): ELPA II.65] ①(塵・埃を)払い落とす,振り払う (ἀποτινάσσω Lk 9,5; ἐκτινάσσω Mt 10,14; Mk 6,11; Ac 18,6; ἀπομάσσομαι Lk 10,11); [中/受](星が)落ちる,(花が)散る (πίπτω Mk 13,25; Re 6,13; ἐκπίπτω 1Pe 1,24); i bac' t'awt'ap'em 捨て去る,かなぐり棄てる (ἀποτίθεμαι Col 3,8). ②(床を)整える,片づける (στρώννυμι Ac 9,34). ③瞬きさせる; y-akan t'ōt'ap'el 一瞬のうちに (ἐν ῥιπῇ ὀφθαλμοῦ) 1Cor 15,52:①yoržam elanic'ēk' i k'ałak'ē-n y-aynmanē z-p'oši otic' jeroc' t'awt'ap'esĵik' i vkayowt'iwn noc'a その町

から出て来る時にあなたたちの足の塵を払い落とし彼らへの証しとせよ Lk 9,5; yənddēm daṙnal noc'a ew hayhoyel, t'awt'ap'eal z-jorjs ew asē c'-nosa 彼らが反抗し冒瀆したので彼は衣の塵を払って言った Ac 18,6; ew z-p'oši-s or kṙoweal ē i k'ałak'ē jermē y-ots mer t'awt'ap'esc'owk' i jez 我々の足についているお前たちの町の塵すらも我々はお前たちに払い落として行く Lk 10,11; astełk' y-erknic' t'awt'ap'esc'in (M: t'ap'esc'in; E.mg.: ankc'in [< ankanim「落ちる」]) = οἱ ἀστέρες ἔσονται ἐκ τοῦ οὐρανοῦ πίπτοντες 星辰は天から落ちるだろう（イザヤ 34,4 astełk' t'awt'ap'esc'in = τὰ ἄστρα πεσεῖται [LXX]）; astełk' erknic' t'ōt'ap'ec'an i y-erkir 天の星は地に落ちた Re 6,13; całik-n t'ōt'ap'ec'aw 花は散る 1Pe 1,24; ②ari ew k'ezēn t'ōt'ap'ea z-ankołins k'o 起きよ、そして自分で床を整えよ Ac 9,34; ③yankarcaki, y-akan t'ōt'ap'el, i p'oł yetin たちまちのうちに、一瞬のうちに、最後のラッパの〔鳴り響く〕うちに 1Cor 15,52.

t'awšak [M] → t'ošak

-t'ap' → ant'ap', hołat'ap', t'ap'ič'

t'ap'em, -ec'i【動】①注ぐ、流す、こぼす（καταχέω Mt 26,7）[t'ap'im (Mk 13,25M; E: t'awt'ap'-) → t'awt'ap'em]. ②投げ捨てる、積荷を降ろす（ἐκβάλλω Ac 27,38; ἀποφορτίζομαι Ac 21,3). ③t'ap'em z-ogis owrowk' = αἴρω τὴν ψυχήν τινος …の魂・命を中途半端にする、気をもませる、じらす：①mateaw aṙ na kin mi or ownēr šiš iwłoy canragni ew t'ap'eac' i glowx nora i bazmakanin 高価な香油の入った壺を持った1人の女が彼に近寄って来て、食事の席についている彼の頭に注いだ Mt 26,7; ②t'ap'eal z-c'orean-n i cov 穀物を海に投げ捨てて Ac 27,38; and ēr naw-n t'ap'eloc' z-beṙins-n 船はそこで積荷を降ろすことになっていた Ac 21,3; ③minč'ew y-erb? t'ap'es z-ogis mer いつまで私たちの魂を中途半端にしておくのか Jn 10,24.

t'ap'ič', -p'č'i, -č'ac'【名】布晒し屋（γναφεύς）: jorjk' nora ełen p'aylown spitak yoyž, orpēs t'ap'ič'k' erkri oč' karen aynpēs spitakec'owc'anel 彼の衣は見事に光り輝く白色になった。それは地上の布晒し屋が〔いくら試みても〕できないような白さだった Mk 9,3. → -t'ap'

t'ak'owst, -k'stean, -eamb【名】隠れ場、穴蔵（κρύπτη）: oč' owrowk' lowc'eal črag dnē i t'ak'stean ともし火をともしてからそれを穴蔵の中に置く者は誰もいない Lk 11,33. → p'axowst (Olsen, Noun, p. 617f.)

t'ak'owc'anem, -owc'i【動】①隠す（κρύπτω Mt 25,18; καλύπτω Lk 8,16; περικρύβω Lk 1,24). ②埋める、入れる（ἐγκρύπτω Mt 13,33). ③取り上げる（αἴρω Lk 11,52): ①t'ak'oyc' z-arcat' TN iwroy 彼は主人の

tʻakʻčʻim 金を隠した Mt 25,18; očʻ okʻ lowcʻanē črag ew tʻakʻowcʻanē ənd karaseaw 誰もともし火をともしてそれを容器の下に隠しはしない Lk 8,16; tʻakʻowcʻanēr z-anjn amiss hing 彼女は 5 か月間引きこもっていた Lk 1,24; ②xmoroy, z-or ařeal knoǰ tʻakʻoycʻ i griws eris aler 女がパン種を取って 3 サトンの粉の中に埋めた Mt 13,33; ③tʻakʻowcʻanēkʻ z-pʻakans gitowtʻean-n お前たちは悟りの鍵を取り上げている Lk 11,52.

tʻakʻčʻim, -kʻeay［アオ tʻakʻeay には現在語幹として tʻakʻnowm も可能，cf. pʻaxnowm, pʻaxčʻim］【動】隠れる，身を隠す (κρύπτομαι)：očʻ karē kʻałakʻ tʻakʻčʻel or i veray lerin kaycʻē 山の上にある町は隠れることができない Mt 5,41; čʻogaw tʻakʻeaw i nocʻanē 彼は去って彼らから身を隠した Jn 12,36.

tʻakʻstean → tʻakʻowst

tʻe → etʻe

tʻeatron【名】劇場 (θέατρον)：dimecʻin ař hasarak i tʻeatronn 彼らは一団となって劇場になだれ込んだ Ac 19,29.

tʻetʻew, -acʻ【形】軽い，迅速な；些細な，重要でない (ἐλαφρός)：ař žamayn yačaxowtʻiwn tʻetʻew nełowtʻean-s meroy 私たちの頻繁に起こる一時的な軽い患難 2Cor 4,17.

tʻetʻewacʻowcʻanem, -cʻowcʻi【動】軽くする (κουφίζω)：tʻetʻewacʻowcʻin z-naw-n tʻapʻeal z-cʻorean-n i cov 彼らは穀物を海に投げ捨てて船を軽くした Ac 27,38.

tʻetʻewowtʻiwn, -tʻean【名】軽いこと；軽率，移り気 (ἐλαφρία)：etʻē z-ays xorhecʻay, mi tʻē tʻetʻewowtʻeamb? inčʻ gnacʻi このことを企てたとしたら，私は軽率に振る舞ったのであろうか 2Cor 1,17.

tʻepēt; tʻēpēt【接】《認容》①〔通常 ew を後続させて〕たとえ…であるとしても，…にもかかわらず，もっとも…ではある (κἄν Jn 8,14; 11,25; καίπερ Php 3,4; He 5,8; καὶ εἴπερ 1Cor 8,5; καίτοι He 4,3). ②tʻepēt … tʻepēt ……であるにせよ…であるにせよ：①tʻepēt ew es vkayem vasn anjin imoy, vkayowtʻiwn-n im čšmarit ē たとえ私が私自身について証しているとしても，私の証しは真実 Jn 8,14; or hawatay y-is, tʻepēt ew meřani, kecʻcʻē 私を信じている人はたとえ死んでも生きることになる Jn 11,25; tʻēpēt ew ordi ē, owsaw i čʻarčʻaranacʻ anti z-hnazandowtʻiwn 彼は〔神の〕子であるにもかかわらず，苦しみから従順を学んだ He 5,8; tʻepēt ew icʻen anowaneal astowackʻ etʻē y-erkins ew etʻē y-erkri たとえ神々と言われるものが，天においてであれ，地上においてであれ，存在しているとしても 1Cor 8,5; tʻēpēt ew es isk z-noyn vstahowtʻiwn ownim ew i marmni もっとも私とて肉への信頼も持

ってはいるのだが Php 3,4; orpēs asac'-n ... t'ēpēt ew ardiwnk'-n i skzbanē ašxarhi lieal ēin … と〔聖書が〕言ったとおりである. それも〔神の〕業は世界の礎が置かれた時からなされたにもかかわらず He 4,3.

t'erahawat, -i, -ic'【形】信仰が薄い (ὀλιγόπιστος): t'erahawat, əndēr? erkmtec'er 信仰の薄い者よ, なぜ疑ったのか Mt 14,31. → sakawahawat, hawatk'

t'erahawatowt'iwn, -t'ean【名】信仰が薄いこと (ὀλιγοπιστία): vasn t'erahawatowt'ean (M: -d) jeroy あなた方の信仰が薄いために Mt 17,20.

t'erews【副】ひょっとしたら, ことによると, 恐らく, たぶん (ἴσως Lk 20,13 [D: τυχόν]; τάχα Ro 5,7. cf. gowc'ē → goy¹); t'erews erbēk' = ἤδη ποτέ ついにいつか: t'erews amač'esc'en y-ordwoy asti immē 私の息子なら, 彼らも憚るところがあるだろう Mt 21,37; Mk 12,6; t'erews arasc'ē ptowł (= κἂν μὲν ποιήσῃ καρπόν)˙ apa t'e oč' y-amē ews hatc'es z-da たぶん実を結ぶだろう. もしそうでないならば, 来年この木を切り倒せ Lk 13,9; ařak'ec'ic' z-ordi im sireli, t'erews i smanē patkar'esc'en 私の愛する息子を送ろう. たぶんこの子なら彼らも憚るだろう Lk 20,13; vasn barwoy t'erews hamarjakic'i ok' meřanel 善人のためにはもしかしたら敢えて死ぬことを選ぶ者がいるかもしれない Ro 5,7; et'e z-is giteik', ew z-hayr-n im t'erews giteik' 仮にあなた方に私のことがわかっていたとすれば, 恐らく私の父もわかっていたことであろう [t'erew + 未完過] Jn 8,19; zi t'erews erbēk' yaǰołesc'i inj kamōk'-n AY gal ař jez 必ずやいつの日かあなた方のところに行くことを神がその意志においてよしとするように Ro 1,10; Ac 17,27 xndrel z-AC, zi t'erews znnic'en z-na ew gtanic'en = ζητεῖν τὸν θεόν, εἰ ἄρα γε ψηλαφήσειαν αὐτὸν καὶ εὕροιεν これは人に神を求めさせるためであって, もしかしたら人が彼 (神) を探り求めれば見出すだろう Ac 17,27.

t'ew, -oy, -oc'【名】①翼 (πτέρυξ) [「軍隊の (左・右) 翼」 → ELPA II.155ff.]. ②舵 (πηδάλιον): ①žołovē haw z-jags iwr ənd t'ewovk' 雌鳥がその雛たちを翼の下に集める Mt 23,37; ②p'ok'r t'ewov-n šrǰin y-or koys ew mitk' owłłč'i-n kamic'in 〔船は〕小さな舵により舵手の意の欲する方へ進んで行く Jas 3,4.

t'ewakoxem, -ec'i【動】(鳥が) 飛び立つために翼で横腹を打つ;《+不》…しようと (努力) する, 試みる (πειράζω): t'ewakoxēin ert'al i Biwt'ania 彼らはビテュニア〔州〕に進もうとした Ac 16,7. → t'ew, koxem

t'ewr【形】曲がった, 歪んだ, 邪悪な (διεστραμμένος < διαστρέφω):

t'zeni 260

azg anhawat ew t'ewr 信仰のない曲がった世代よ Mt 17,17; kai i jēnǰ yaric'en ark' or xōsic'in t'ewrs, jgel z-ašakerts-n zkni iwreanc' あなた方の中からさえ，邪説を唱えて，弟子たちを自分の方に引きずりこもうとする者が起こるだろう Ac 20,30. → t'iwrem² (-ew- vs. –iw-: ELPA II.308), xełat'ewr

t'zeni, -nwoy, -neac' [M: + t'zēni]【名】いちじくの木 (συκῆ): i t'zenwoy anti owsarowk' z-aīak-n いちじくの木から譬を学べ Mt 24,32. → t'owz, žantat'zeni; -eni (→ t't'eni, moreni)

t'zoy → t'owz

t'ē; t'ēpēt → t'e, t'epēt

t'ēkn, t'ikan; t'ikownk', -kanc'【名】《単数は稀，マラキ書 ὦμος の訳にあり》①背，背中 (νῶτος, cf. Hom. νῶτα, Lat. natēs [ELPA I.140]); darjaw i t'ikowns koys = ἐστράφη εἰς τὰ ὀπίσω 彼女は後ろを振り返った Jn 20,14. → koys². ②i t'ikowns kam/hasanem [＋与] 傍らに立つ，助ける (παραγίνομαι 2Tm 4,16; συναντιλαμβάνομαι Ro 8,26): ①z-t'ikowns noc'a hanapaz korac'o あなたは彼らの背を常に押し曲げよ Ro 11,10; ②oč' ok' inj i t'ikowns ekac' 誰も私の傍らに立たなかった 2Tm 4,16; noynpēs ew hogi-n i t'ikowns hasanē tkarowt'ean-s merowm 同様にして霊もまた私たちの弱さを助けてくれる Ro 8,26.

t't'eni, -nwoy, -neac' [M: t'ət'eni]【名】桑の木 (συκάμινος) [t'owt', t't'oy「桑の実」]: asic'ēk' t't'enwoy-s (M: t'ət'enwoy-s) aysmik この桑の木に言うなら Lk 17,6. → žantat'zeni; -eni (→ t'zeni, moreni)

t'ikownk' → t'ēkn

t'iw, t'owoy, -oc'【名】①数字. ②数，総数 (ἀριθμός); aīanc' t'owoy 無数の，数知れない (ἀναρίθμητος He 11,12): ①t'iw anowan nora ē ays, vec' hariwr vat'sown ew vec' その名前の表す数字は 666 である Re 13,18; ②emowt satanay i Yowday i koč'ec'eal-n Iskariovtac'i, or ēr i t'owoy erkotasanic'-n サタンは，イスカリオテと呼ばれ，12 人の数に入っていたユダの中に入り込んでいた Lk 22,3; bazmanayr t'iw ašakerteloc'-n yoyž 弟子となる人たちの数は猛烈に増えていった Ac 6,7; bazmec'an mardik-n t'owov ibrew hing hazar 数にして 5000 人ばかりの人が食事の席に着いた Jn 6,10; ełew t'iw mardkan ibrew hazarac' hngic' 男の数が 5000 人ばかりとなった Ac 4,4; žołovowrd bazom oroc' oč' goyr t'iw = ὄχλος πολύς, ὃν ἀριθμῆσαι αὐτὸν οὐδεὶς ἐδύνατο 誰 1 人として数えることのできなかった多数の群衆 Re 7,9; i t'iws mer ēr ənd mez = κατηριθμημένος ἦν ἐν ἡμῖν 彼は私たちと共に私たちの数に加えられていた Ac 1,17; ibrew z-awaz aī ap'n covow aīanc' t'owoy 海の浜辺の数知れ

ない砂のように He 11,12. → tʻowem

tʻiwrem¹, -ecʻi【動】浅瀬に乗り上げる，座礁させる (ἐπικέλλω)：ankeal i tełi mi erkocov tʻiwrecʻin znawn　彼らは2つの海に挟まれた浅瀬に船を乗り上げた Ac 27,41

tʻiwrem², -ecʻi【動】惑わす (διαστρέφω Lk 23,2)；tʻiwreal 歪んでいる，倒錯している (ἐκστρέφομαι Tt 3,11)：gtakʻ z-sa zi tʻiwrēr (M: tʻiwrē) z-azg-s mer　私たちはこいつが私たちの民を惑わしているのを見とどけた Lk 23,2; gitasǰir zi tʻiwreal ē aynpisi-n　あなたはそのような者は〔心が〕倒錯していることを知るだろう Tt 3,11. → tʻewr, xotorecʻowcʻičʻ

tʻlpʻatem, -ecʻi【動】割礼を施す (περιτέμνω) [< tʻlpʻi, tʻlpʻi「円形の先端，丸み；陰茎」+ -at-em (: hat-anem「切る」; cf. glxatem (ELPA II.61: jeṙn-at「手・腕がない」]：tʻlpʻatel z-manowk-n　幼児に割礼を施す Lk 1,59; or miangam kamin baremardik linel marmnov, nokʻa stipen z-jez tʻlpʻatel　肉においていい顔をしたいと欲しているあの者たちはすべて，割礼を受けることをあなた方に強要している Gal 6,12. → antʻlpʻat

tʻlpʻatowtʻiwn, -tʻean【名】割礼 (περιτομή)：vasn aynorik Movsēs et jez tʻlpʻatowtʻiwn　そのためにこそモーセはあなたがたに割礼〔の掟〕を与えた Jn 7,22.

tʻmbowk, -bki, -kacʻ【名】太鼓：jayn tʻmbki　太鼓の音 Re 18,22. → bazowk, kndrowk (Olsen, Noun 589)

tʻmbrim, -recʻay【動】(心が) 鈍る，頑なになる (πεπωρωμένη < πωρόω)：ēr sirt [M: sirtkʻ] nocʻa tʻmbreal　彼らの心は頑なになってしまっていた Mk 6,52. → apšecʻowcʻanem, kowranam

tʻšnamanem, -ecʻi【動】①暴行を加える (ὑβρίζω Mt 22,6). ②辱める，侮辱する；なじる (ὑβρίζω 11,45; ἐνυβρίζω He 10,29; ὀνειδίζω Mk 16,14)：①aylkʻ kalan z-caṙays-n nora˙ tʻšnamanecʻin ew spanin　ほかの者たちは彼の僕たちを捕まえて暴行を加え，殺した Mt 22,6; ②z-ayd bans aselov ew z-mez tʻšnamanes　そのようなことを言うことであなたは私たちを侮辱している Lk 11,45; or ... z-hogi-n šnorhacʻ tʻšnamaneacʻ　恵みの霊を辱めた者 He 10,29; tʻšnamaneacʻ z-anhawatowtʻiwn nocʻa ew z-xstasrtowtʻiwn　彼は彼らの不信仰と心の頑なさとをなじった Mk 16,14.

tʻšnamaničʻ, -nčʻi, -čʻacʻ【名】暴行者 (ὑβριστής)：or yaṙaǰagoyn hayhoyičʻ-n ēi ew halacičʻ ew tʻšnamaničʻ　以前は冒瀆する者，迫害する者，凶暴な者であった私 1Tm 1,13.

tʻšnamankʻ【名】《複のみ》侮辱，暴行，虐待；危難，危険 (ὕβρις)：hačeal em ənd tkarowtʻiwns, ənd tʻšnamanas　私はもろもろの弱さと侮

辱とを喜んでいる 2Cor 12,10.

tʻšnamanōł, -acʻ 【形】傲慢な，無礼な (ὑβριστής) Ro 1,30；呑兵衛 (πάροινος) 1Tm 3,3; Tt 1,7.

tʻšnamanōkʻ【副】有害に，侮辱して；危険に (ὕβρις)：tʻšnamanōkʻ ew bazowm vnasow očʻ miayn beřin-d ew nawi-d ayl ew anjancʻmerocʻ linelocʻ ē nawarkowtʻiwn-s この航海は積荷や船体だけではなく私たちの命にまで危険と多大な損害をもたらすだろう Ac 27,10.

tʻšnami, -mwoy, -meacʻ 【名】敵 (ἐχθρός)：minčʻ tʻšnamikʻ-n ēakʻ 私たちが〔神の〕敵であった時 Ro 5,10; ayr tʻšnami arar z-ayn 敵意のある者がこれをやった Mt 13,28; zi or očʻ-n ē jer tʻšnami, i jer kołmn ē = ὃς γὰρ οὐκ ἔστιν καθ᾽ ὑμῶν, ὑπὲρ ὑμῶν ἐστιν あなたたちの敵でない者は，あなたたちに味方する者なのだから Lk 9,50; tʻšnamikʻ ein mimeancʻ = ἐν ἔχθρᾳ ὄντες πρὸς αὐτούς 彼らは互いにいがみ合っていた Lk 23,12.

tʻšnamowtʻiwn, -tʻean 【名】敵意 (ἔχθρα)：xorhowrd marmnoy tʻšnamowtʻiwn ē y-AC 肉の思いは神への敵意である Ro 8,7; gitēkʻ zi ser ašxarhi-s aysorik tʻšnamowtʻiwn ē ař AC この世界への愛着が神への敵意であることが，あなた方にはわからないのか Jas 4,4.

tʻšowařowtʻiwn, -tʻean 【名】悲惨，苦難，不幸 (ταλαιπωρία)：bekowmn ew tʻšowařowtʻiwn i čanaparhs nocʻa 彼らの道々には破壊と悲惨とがある Ro 3,16; lacʻēkʻ ew ołbacʻēkʻ i veray tʻšowařowtʻeancʻ-n or galocʻ en i veray jer あなたがたを見舞おうとしている悲惨さを思って泣きわめけ Jas 5,1 [tʻšowař].

tʻoł[1] [tʻołowm の命・アオ tʻoł が硬化して]【副】tʻoł z- [+対] = χωρίς …を除いて：orkʻ keran-n ein [arkʻ] ibrew hing hazar, tʻoł z-kanays ew z-mankti 食べた者は，女子供を除いて，〔男〕5000 人ほどだった Mt 14,21.

tʻoł[2] [命・アオ]；**tʻołeal**; **tʻołoyr** → tʻołowm

tʻołacʻowcʻanem, -owcʻi 【動】許す，進ませる (προσεάω Ac 27,7)：i čʻ-tʻołacʻowcʻanel mez hołmoy-n 風が私たちの行く手を阻んだために Ac 27,7.

tʻołowtʻiwn, -tʻean 【名】①赦し，見逃すこと (ἄφεσις Mt 26,28; πάρεσις Ro 3,25). ②解放 (ἄφεσις)：①ariwn im ... or i veray bazmacʻ hełow i tʻołowtʻiwn mełacʻ 多くの人のため罪の赦しとなるように流される私の血 Mt 26,28; i handēs ardarowtʻean nora vasn tʻołowtʻean yaṙaJagoyn mełacʻ gorcelocʻ 以前になされた罪過を見逃すことによって彼の義を示すために Ro 3,25; ②ařakʻem z-is, kʻarozel gereacʻ z-tʻołowtʻiwn 彼は囚われ人らに解放を宣べ伝えるために私を遣わされた Lk 4,18.

tʻołowm, -li, 3・単 etʻoł/tʻoł, 命 tʻoł【動】①去る，離れる；捨てる；放っておく；見棄てる，無視する，なおざりにする；去らせる（ἀφίημι Mt 4,20; 13,36; Lk 4,39; ἀνίημι He 13,5; καταλείπω Mt 4,13; Mk 14,52; Ac 6,2; ἐγκαταλείπω Ac 2,27; He 10,25; ἀπολείπω Jd 6）．②残す，置いてくる（ὑπολιμπάνω 1Pe 2,21; ἀπολείπω 2Tm 4,13; Tt 1,5; καταλείπω He 4,1; ἐγκαταλείπω Ro 9,29; ἀφίημι Mt 18,12）．③放任する，するに任せる；許す；(借金を) 帳消しにする（ἀφίημι Mt 6,12; 18,27.32; Re 2,20）．④tʻoł［命］＋接（とくに1人称）＝ ἄφες/ἄφετε＋接［Blass/Debrunner/Rehkopf 364,1.2］：…させよ，させてくれ，しようではないか（ἀφίημι Mt 7,4）．⑤tʻoł tʻē …は言うまでもない，まして…である（μήτιγε 1Cor 6,3）：①tʻołeal YI z-żołovowrds-n イエスは群衆を離れて Mt 13,36; etʻoł zna［熱が］彼女から去った Lk 4,39; nokʻa tʻołeal vałvałaki z-gorcis-n 彼らはすぐさま網を捨てた Mt 4,20; tʻołeal z-Nazaretʻ ekn bnakecʻaw i Kapʻaṙnaowm ナザレを後にしてカファルナウムに来て居を定めた Mt 4,13; tʻołin z-iwreancʻ bnakowtʻiwn-n 彼らは自らの住まいを棄て去った Jd 6; očʻ ē hačoy tʻołowl mez z-ban-n AY ew paštel z-sełan-n 私たちが神の言葉を放っておいて食事の奉仕をするのは好ましくない Ac 6,2; očʻ tʻołcʻes z-anjn im i džoxs あなたは私の命を黄泉に棄ておくことはないだろう Ac 2,27; mi tʻołcʻowkʻ z-żołovs mimeancʻ あなたたちは互いの集会を止めるな He 10,25; ②jez etʻoł ōrinak zi zhet ertʻaycʻēkʻ hetocʻ nora あなたたちがその足跡に従うようにと彼はあなたたちに模範を残した 1Pe 2,21; z-pʻilon-n tʻołi i Trovaday aṙ Karpiosi 私は外套をトロアスのカルポスのところに置いてきた 2Tm 4,13; vasn aynorik isk tʻołi z-kʻez i Kritē 以下の理由で私は君をクレタに残してきた Tt 1,5; i tʻołowl z-awetis-n ＝ καταλειπομένης ἐπαγγελίας 約束が残されているのに He 4,1; etʻē očʻ TN zōrowtʻeancʻ tʻołeal ēr mez zawak もしも万軍の主が私たちに子孫を残さなかったならば Ro 9,29; očʻ tʻołowcʻow z-innsown ew z-inn očʻxar-n i lerins ew ertʻicʻē xndricʻē z-moloreal-n 彼は99匹の羊を山に残してき，出かけて行って迷い出た1匹を探さないだろうか Mt 18,12; ③tʻołer z-kin-n z-Yezabēl or asēr z-inkʻn margarē お前は預言者だと自称するあの女イザベルをなすがままにさせる Re 2,20; tʻoł mez z-partis mer 私たちの負債を赦せ Mt 6,12; z-amenayn z-parts-n tʻołi kʻez 私はお前のあの借金をすべて帳消しにしてやった Mt 18,32; ④tʻoł hanicʻ z-šiwł-d y-akanē kowmmē 君の目からそのちり屑を取り出させてくれ Mt 7,4; ⑤očʻ? gitēkʻ etʻē z-hreštaks datimkʻ, tʻoł tʻē z-erkrawors あなたがたは，私たちが御使いたちを裁くであろうことを知らないのか．いわんや日常の事柄はもちろんである

1Cor 6,3.

tʻoyl; M: tʻoył [, tʻowlicʻ/-locʻ]【名】許可；〔次の表現で〕tʻoyl tam 許す；委ねる，任せる，するがままになる；《使役命令》[＋接] …させよ (ἀφίημι Mk 7,27; ἐάω Ac 14,16; ἐπιδίδωμι Ac 27,15); 止める (ἐάω Lk 22,51)：or y-ancʻeal azgs-n tʻoyl et amenayn hetʻanosacʻ gnal i čanaparhs iwreancʻ 彼は，過ぎ去った時代には，すべての国の人々が自分の道を歩むままにしておいた Ac 14,16; i čʻ-handowržel ənddēm hołmoy-n, tʻoyl toweal ertʻajakʻ ew gayakʻ (船は) 風に逆らって進めなかったので，私たちはされるにまかせて行ったり来たりしていた Ac 27,15; tʻoyl (M: tʻoył) towr, nax yagescʻin mankownkʻ まず子供たちを満腹させよ Mk 7,27; tʻoyl towkʻ minčʻew cʻ-ayd vayr 止めよ，そこまでだ Lk 22,51.

tʻoynkʻ, tʻownacʻ, -awkʻ【名】《複》毒 (ἰός)：tʻoynkʻ ižicʻ i nerkʻoy šrtʻancʻ nocʻa 彼らの唇の下にはまむしの毒がある Ro 3,13; z-li tʻownōkʻ mahaberi-n 死に至らしめる毒に満ちている〔舌〕を Jas 3,8.

tʻošak; M: tʻawšak, -i, -acʻ【名】①報酬，賃金，給料，食糧。②報い (ὀψώνιον)：①šat licʻin jez tʻošakkʻ-n (M: tʻawšakkʻ-n) jer お前たちにはお前たちの給料で足りるだろう Lk 3,14; o? okʻ erbēkʻ zinoworicʻi iwrovkʻ tʻošakōkʻ 誰がいったい自分自身の食糧を携えて兵役に服するであろうか 1Cor 9,7; z-ayl ekełecʻis kołoptecʻi areal tʻošak i jer spasaworowtʻiwn 私は，あなた方に奉仕するために〔報酬としての〕糧を受け取ることによって，他の諸教会を強奪した 2Cor 11,8; ②zi tʻošak-n mełacʻ mah ē なぜならば罪の報いは死であるからだ Ro 6,23.

tʻor̄n, tʻor̄ownkʻ, -owns【名】孫 (ἔκγονον)：tʻē okʻ ayri ordis ew tʻor̄owns ownicʻi もし寡婦に子供や孫たちがいるならば 1Tm 5,4.

tʻowem, -ecʻi【動】①数える (ἀριθμέω Mt 10,30). → tʻiw. ②tʻowi, tʻowecʻaw [＋(人の)与] …に思われる (ὑπολαμβάνω Lk 7,43; δοκεῖ Lk 10,36). ③hačoy tʻowi [＋与] …の気に入る (ἀρέσκω)：①jer ew amenayn isk her glxoy tʻoweal ē あなたたちの頭の毛までもすべて数えられている Mt 10,30; ②inj ayspēs tʻowi etʻe orowm bazowm-n šnorheacʻ 多くを帳消しにしてもらった方だと私は思う Lk 7,43; o? y-erecʻownc'i nocʻanē tʻowi kʻez merjawor lieal ankeloy-n i jer̄s awazakacʻ 彼ら3人のうち誰が盗賊どもの手に落ちた者の隣人になったとあなたは思うか Lk 10,36; ziard? tʻowi kʻez あなたはどう思うか Mt 17,25; nma ayspēs tʻowecʻaw tʻe partizapan-n icʻē = ἐκείνη δοκοῦσα ὅτι ὁ κηπουρός ἐστιν 彼女はそれが庭師だと思いこんでいた Jn 20,15; tʻowi inj tʻe margarē icʻes dow = θεωρῶ ὅτι προφήτης εἶ σύ 私にはあな

たが預言者だと思われる Jn 4,19;　③hačoy tʻowecʻaw Herovdi 彼女はヘロデの気に入った Mt 14,6.　→ hačoy

tʻowz, tʻzoy, -ocʻ【名】いちじく（σῦκον）：zi očʻ isk ēr žamanak tʻzoy いちじくの時節ではなかった Mk 11,13.　→ tʻz-eni

[**tʻowtʻ**]　→ tʻtʻeni

tʻowx, tʻxoy, -ocʻ【形】褐色の，黒い（μέλας）：očʻ kares maz mi spitak arʻnel kam tʻowx あなたは1本の髪の毛すら白くも黒くもできない Mt 5,36.　→ seaw

tʻowlacʻowcʻanem; tʻowłacʻowcʻanem -cʻowcʻi【動】解く，ゆるめる（ἀνίημι Ac 27,40）：tʻowłacʻo, zi? kay mer ew kʻo = ἔα, τί ἡμῖν καὶ σοί 放っておいてくれ [Gk: へえ]，お前は俺たちとなんの関係があるのだ（ἐάω「そのままにしておく，かまわない」, Vulg. sine) Lk 4,34; Cf. Mk 1,24 tʻoył towr.　→ tʻoyl

tʻowłtʻ, tʻłtʻoy, -ocʻ【名】手紙，書面（ἐπιστολή Ac 23,33; γράμμα Ac 28,21）; tam tʻowłtʻ = ἐπιστέλλω 手紙を書く，書き送る Ac 15,20：toweal cʻdataworn ztʻowłtʻn arʻaǰi kacʻowcʻin nora ew z-Pawłos 彼らは総督に手紙を届けパウロを引き渡した Ac 23,33; mekʻ očʻ tʻowłtʻs inčʻ vasn kʻo ənkalakʻ i hrēicʻ 私たちはユダヤ人たちからあなたについてなんの書面も受け取っていない Ac 28,21. —tal tʻowłtʻ mekneloy = δοῦναι βιβλίον ἀποστασίου 離縁状を与える Mt 19,7.

tʻowoy　→ tʻiw

tʻowkʻ, tʻkʻoy【名】唾，唾液（πτύσμα）：etʻowkʻ i getin ew arar kaw i tʻkʻoy-n 彼は地面に唾きし，その唾で泥を作った Jn 9,6.　→ tʻkʻ-anem

tʻr̄owcʻanem, -owcʻi【動】飛ばす，上げる（πέτομαι）：čʻorrord kendani-n nman arcowoy tʻr̄owcʻely 第4の生き物は飛んでいる鷲に似ていた Re 4,7; lowaw jayn hreštaki tʻr̄owcʻeloy i mēǰ erknicʻ zi asēr i jayn mec 私は天使が空高く飛んで大声で言うのを聞いた Re 8,13.

tʻr̄čʻim, -r̄eay【動】（鳥が）飛ぶ（πέτομαι）：towaw knoǰ-n erkow tʻewkʻ arcowoy meci, zi tʻr̄icʻē y-anapat i tełi iwr 女には1対の巨大な鷲の翼が与えられた．荒野にある彼女の隠れ場に飛んで行くためである Re 12,14.

tʻr̄čʻown, -čʻnoy, -ocʻ【名】鳥（πετεινόν Mk 4,4; πτηνόν 1Cor 15,39）：ekn tʻr̄čʻown ew eker zna 鳥がやって来てそれを食べた Mk 4,4; ałowesowcʻ orǰkʻ gon ew tʻr̄čʻnocʻ erknicʻ boynkʻ 狐には穴があり，空の鳥には巣がある Mt 8,20; ayl marmin anasnocʻ, ayl marmin tʻr̄čʻnocʻ 他は獣の肉，他は鳥の肉 1Cor 15,39.

tʻkʻanem, tʻkʻi, 3・単・アオ etʻowkʻ【動】唾を吐く（πτύω Jn 9,6; ἐμπτύω Mt 26,67）：etʻowkʻ i getin ew arar kaw i tʻkʻoy-n ew cepʻeacʻ z-kaw-n i

veray ač'ac' kowri-n 彼は地面に唾し、唾で泥を作り、盲人の両目の上にその泥を塗った Jn 9,6; t'k'in ənd eress nora ew krp'ec'in zna 彼らは彼の顔に唾を吐きかけ、彼を拳で殴った Mt 26,67. → t'owk'
t'k'oy → t'owk'

ž

žam, -ow, 具 -ow/-ov/-aw, 奪 žamē【名】①時、時間、時刻；時節；機会、好機 (καιρός Ac 24,25; ὥρα Mt 26,45; Jn 4,52)；žamow 折よく (εὐκαίρως 2Tm 4,2)；bazowm žam = ὥρα πολλή 時間が遅い Mk 6,35. ②y-amenayn žam［対］/ žamow［位］いつも、常に、始終 (πάντοτε Phm 4; Jn 7,6; ἐν παντὶ καιρῷ Lk 21,36, διὰ παντός Ac 2,25; He 9,6)：①yoržam žam linic'i (= καιρὸν δὲ μεταλαβών), koč'ec'ic' z-k'ez 機会があれば、あなたを呼びにやる Ac 24,25; aha haseal ē žam, ew ordi mardoy matni i jeřs meławorac' 見よ、時は近づいた。そして人の子は罪人らの手に渡される Mt 26,45; erēk y-ewt'nerord žamow et'oł z-na jermn-n 昨日の第 7 刻に熱が彼から去った Jn 4,52; ②y-aṙajin xoran-n y-amenayn žam mtanēin k'ahanayk'-n z-paštamowns-n katarel 第 1 の幕屋には祭司たちが勤めを遂行するために始終入って行った He 9,6. → c'oržam, yoržam, yaynžam, noynžamayn, aṙžamayn, taražam-; žamanak, žamadir; ayžm (< ays + žam: ELPA I.10)

žamadir linim【連】［+与］取り決める、約束する、申し合わせる (τάσσω)：i leaṙn-n owr žamadir ełew noc'a YS イエスが彼らに示しておいた山へ Mt 28,16. → žam, -dir < dnem (ELPA I.177)

-žamayn → noynžamayn, aṙžamayn

žamanak, -i, -ac'【名】①時、時間、時代、時期、期間 (καιρός Mt 13,30; χρόνος Ac 7,17; 15,33; ὥρα)；žamanakōk'-n yawitenic' = χρόνοις αἰωνίοις 永遠の時にわたって Ro 16,25. ②aṙ žamanak mi; aṙ žamanak mi 一時的な、その場限りの、しばらくの間 (πρόσκαιρος Mt 13,21; πρὸς καιρόν Lk 8,13; ἄχρι καιροῦ Lk 4,13; πρὸς ὥραν Jn 5,35; πρὸς καιρὸν ὥρας 1Th 2,17); aṙ žamanak-n その時は、当面は (πρὸς τὸ παρόν He 12,11)：①i žamanaki hnjoc' asac'ic' c'-hanjawłs-n 刈り入れの時に私は刈り入れ人たちに言うだろう Mt 13,30; ibrew merjec'aw žamanak aweteacʻ-n z-or xostacʻaw AC Abrahamow 神がアブラハムに与えた約束の時期が近づくにつれて Ac 7,17; ②kʻanzi očʻ owni armats y-ənkʻean, ayl aṙ žamanak mi ē 彼は自分の内に根がなく，その場限りでしかないから Mt 13,21; orkʻ aṙžamanak mi hawatan 彼らは信じてもその場限りだ Lk 8,13; i bacʻ ekacʻ i nmanē aṙ žamanak mi 彼は一時的に彼から離れた Lk 4,13; dowkʻ kamecʻarowkʻ cʻncal aṙ žamanak mi i loys-n nora あなた方はしばらくの間彼の光を楽しみたいと思った Jn 5,35; orb mnacʻakʻ i jēnǰ aṙ žamanak mi 私たちはしばらくの間あなた方からの離別を余儀なくされた 1Th 2,17; amenayn xrat aṙ žamanak-n očʻ owraxowtʻean tʻowi, ayl trtmowtʻean 躾けはすべて，その時は喜ばしいことではなく，辛いことに思われる He 12,11.

žamanakakēt【名】期限，前もって定めた時 (προθεσμία)：ənd hazarapetōkʻ ē ew ənd gawaṙapetōkʻ minčʻew i žamanakakēt hōr-n 父親が前もって定めた時までは，その人は後見人および管理人のもとにある Ga 4,2.

žamanem, -ecʻi【動】①［+不］…する時間がある，…できる（状態にある）(δύναμαι Mk 3,20; εὐκαιρέω Mk 6,31). ②到達する；先んずる (φθάνω Ro 9,31; 1Th 4,15)：①minčʻ zi ew hacʻ ews očʻ žamanel owtel nocʻa 彼らはパンを食べることすらできないほどだ Mk 3,20; hacʻ angam čʻ-žamanein owtel 彼らは食事する間が1度もなかった Mk 6,31; ②IĒL ertʻayr zhet ōrinacʻ-n ardarowtʻean ew y-ōrēns ardarowtʻean-n očʻ žamaneacʻ イスラエルは義の律法を追い求めていたのに，その義の律法に到達はしなかった Ro 9,31; mekʻ or kendanikʻ-s emkʻ mnacʻealkʻ i galstean-n TN očʻ žamanemkʻ nnǰecʻelocʻ-n 主の来臨まで生き残るこの私たちが，眠った者たちよりも先になることはない 1Th 4,15; žamaneal y-is hogi = εὐθέως ἐγενόμην ἐν πνεύματι 私はたちまち霊に満たされた Re 4,2.

žamē; **žamow** → žam

žang/žank, -oy, -ov【名】さび (ἰός)：arcatʻ jer ew oski žankahar, ew žank-n nocʻa licʻi jez i vkayowtʻiwn あなたたちの金銀もさびてしまっており，そのさび〔の毒〕があなたたちに対する証しとなるだろう Jas 5,3.

žangahar/žankahar【形】さびた (κατιόομαι)：arcatʻ jer ew oski žankahar あなたたちの金と銀はさびている Jas 5,3.

žantatʻzeni; M: žanda-, -nwoy, -neacʻ【名】いちじく桑の木 (συκομορέα) [žant, -i, -icʻ/-acʻ「悪い，邪悪な」，もとは「悪臭のある」； → tʻzeni; συκάμινος = tʻtʻeni]：əntʻacʻeal yaṙaǰs el i žantatʻzeni-n zi tesanicʻē

žaṛang　z-na 前方に走り出ていちじく桑の木に登り，彼を見ようとした Lk 19,4.

žaṛang, -i, -ac‘【名】相続人，嗣子，受け継ぐ者 (κληρονόμος)：sa ē žaṛ-ang-n こいつは跡取りだ Mk 12,7.

žaṛangakic‘, -kc‘i, -c‘ac‘【名】共同相続人，共に受け継ぐ者 (συγκληρονόμος)：žaṛangk‘ AY ew žaṛangakic‘k‘ K‘I 神の相続人でありキリストとの共同相続人 Ro 8,17. → -kic‘

žaṛangawor, -i, -ac‘【名】相続人，嗣子，受け継ぐ者 (κληρονόμος)：žaṛangawork‘ ark‘ayowt‘ean-n 王国を嗣ぐ者 Jas 2,5.

žaṛangem, -ec‘i【動】相続する，受け継ぐ (κληρονομέω)：erani hezoc‘, zi nok‘a žaṛangesc‘en z-erkir 幸いだ，柔和な者たち，その彼らこそ大地を継ぐであろう Mt 5,5; nmanōłk‘ ełerowk‘ aynoc‘ik or hawatovk‘-n ew erkaynmtowt‘eamb žaṛangec‘in z-awetis-n あなた方が，信仰と忍耐によって約束を受け継いだ人たちに倣う者となるために He 6,12; zi mi žaṛangesc‘ē ordi ałaxnoy-n ənd ordwoy-n azati なぜなら女奴隷の息子は自由な女の息子と共に相続することはならないからだ Gal 4,30.

žaṛangec‘owc‘anem, -c‘owc‘i【動】相続させる (κατακληρονομέω)：žaṛangec‘oyc‘ noc‘a z-erkir noc‘a (神は) 彼らの地を彼らに相続させた Ac 13,19.

žaṛangowt‘iwn, -t‘ean [M: + žaṛankowt‘iwn]【名】相続，相続財産，遺産 (κληρονομία)：ekayk‘ spanc‘owk‘ z-sa ew kalc‘owk‘ z-žaṛangowt‘iwn (M: ... mer lic‘i žaṛangowt‘iwn [主], cf. Mk 12,7) sora さあ，こいつを殺してしまおう．そうすればこいつの財産が俺たちの手に入る Mt 21,38; asa c‘-ełbayr im bažanel ənd is z-žaṛangowt‘iwn-n 私の兄弟に遺産を私に分配するように言え Lk 12,13.

[**žet**]　→ axtažet

[**žit**「うるさい，しつこい」] → žtowt‘iwn

žołeal [M] → žołovem

žołov, -oy, -oc‘【名】①群衆．→ bazmowt‘iwn, ambox, žołovowrd (Lk 6, 17a: žołov = ὄχλος (πολύς), 6,17b: žołovowrd = πλῆθος). ②集会，会堂 (συναγωγή Ac 9,2; ἐπισυναγωγή He 10,25; ἐκκλησία Ac 19,39). ③暴動，徒党 (συστροφή Ac 19,40); žołov(s) aṛnem 徒党を組む，扇動する (συστροφήν ποιέω Ac 23,12; ἐπίστασις ποιέω Ac 24,12)：①žołov(ow) bazowm mak‘saworac‘ 徴税人たちの大群衆 Lk 5,29E; ②xndreac‘ i noc‘anē t‘owłt‘s i damaskos aṛ žołovs-n 彼は彼らからダマスコスにある諸会堂宛の手紙を求めた Ac 9,2; mi t‘ołc‘owk‘ z-žołovs mimeanc‘ orpēs sovor en omank‘ ある人たちの習慣になっているように，互いの集会をやめるな He 10,25; y-ōrinawor žołovs-n včaresc‘en 彼らは公式の集

会で決着させるだろう Ac 19,39; ③arareal žołov hrēic'-n ユダヤ人たちは徒党を組んで Ac 23,12; oč' i tačari and gtin z-is ... žołovs arareal bazmac' 人々は神殿で私が群衆を扇動するのを見たことはない Ac 24,12.
žołovem, -ec'i【動】①集める，まとめる，貯蔵する (συνάγω Mt 2,4; Lk 12,17; 15,13; ἐπισυνάγω Mt 23,37; ἐπισυναγωγή 2Th 2,1; συλλέγω Mt 13,40; συστρέφω Ac 28,3; σύνειμι Lk 8,4; συναθροίζω Ac 19,25); žołovem atean 最高法院を召集する Jn 11,47. ②žołovim/žołoveal em 集まる (συνάγομαι Mt 18,20; συνέρχομαι Lk 5,15; Jn 18,20; ἐπισυνάγομαι Mk 1,33; ἀθροίζομαι Lk 24,33; συναθροίζομαι Ac 12,12); i mi vayr žołovim 一堂に集う (συνέρχομαι 1Cor 11,18): ①žołoveal z-amenayn z-k'ahanayapets ew z-dpirs žołovrdean-n 祭司長たちと民の律法学者たちをすべて呼び集めて Mt 2,4; i žołovel Pawlosi xr̄iw inč' bazowm パウロが枯れ枝を一山かき集めて Ac 28,3; yet oč' bazowm awowrc', žołoveal z-amenayn krtseroy ordwoy-n 幾日もしないうちに，年下の息子はすべてをまとめて (=現金に換えて) Lk 15,13; oč' goy teli owr žołovec'ic' z-ardiwns im 私の収穫物を入れておくところがない Lk 12,17; ②ēr amenayn k'ałak'-n žołoveal ar̄ drowns-n 町全体が戸口に集まっていた Mk 1,33; gtin žołoveal z-metasans-n ew z-ors ənd nosayn ein 彼らは11人および彼らと一緒にいる者たちが一堂に会しているのを見出した Lk 24,33; vasn galstean TN meroy YSi K'Si ew meroy žołoveloy-n ar̄ na 私たちの主イエス・キリストの来臨と主のもとへの私たちの参集のことで 2Th 2,1; → xr̄nim
žołovetł【名】会議室；会堂 (συναγωγή) Ac 18,7.
žołovow (Lk 5,29E: ew ēr žołovow bazowm mak'saworac') → žołovowrd,
žołovowrd, -vrdean, -vrdoc' (Olsen, Noun, p. 624)【名】①民，民衆，群衆 (ὄχλος Mk 3,32; λαός Lk 2,31; Mt 26,5; 27,25). ②会堂 (συναγωγή). ③教会 (ἐκκλησία): ①and žołovowrd-n šowrǰ z-novaw nstēr 彼の周りには群衆が座っていた Mk 3,32; z-or patrastec'er arāǰi amenayn žołovrdoc' それはあなたがすべての国民の面前に備えた〔救い〕Lk 2,31; zi mi xr̄ovowt'iwn linic'i žołovrdean-n 民に暴動が生じることがないように Mt 26,5; patasxani et amenayn žołovowrd-n ew asē 民全体が答えて言った Mt 27,25; ②yarowc'eal i žołovrdenē anti emowt i town Simovni イエスは会堂から立ち上がりシモンの家に入った Lk 4,38; et'e ok' xostovanic'ē z-na K'S, i bac' kac'c'ē i žołovrdenē-n (= ἀποσυνάγωγος γένηται) 彼のことをキリストだと公言する人がいたら，会堂から追放された者になるだろう Jn 9,22; zi mi i žołovrdenē-n

żołovrdanoc'

elanic'en = ἵνα μὴ ἀποσυνάγωγοι γένωνται 彼らが会堂から追放されないようにするため Jn 12,42; ③y-orowm ed z-jez hogi-n sowrb tesowč's, hovowel z-żołovowrd TN, z-or aprec'oyc' areamb iwrov 聖霊は，主が自身の血で獲得した主の教会を牧させるために，あなたたちを（その群れの）監督者に定めた Ac 20,28.

żołovrdanoc', -i, -ac' 【名】会堂 (συναγωγή) : z-żołovrdanoc'-n na šineac' mez 彼は私たちのために会堂を造ってくれた Lk 7,5. → żołovowrd, -anoc'

żołovrdapet, -i, -ac' 【名】会堂長 (ἀρχισυνάγωγος) Lk 13,14. → -pet

żoyž 【名】忍耐，辛抱；節制；žoyž ownim 耐える，節制する，禁欲する (στέγω 1Th 3,5; ἐγκρατεύομαι 1Cor 7,9) : vasn aynorik ew es zi oč' ownēi żoyž aṙak'ec'i gitel z-hawats-n jer そのために私ももはや耐え切れなくなって，あなた方の信仰を知るために派遣した 1Th 3,5; t'ē oč' ownic'in żoyž, amowsnasc'in もしも彼らが禁欲できないのであれば，結婚するがよい 1Cor 7,9.

żowžkal 【形】忍耐強い；節制の，禁欲的な，貞節な (ἐγκρατής Tt 1,9) ; żowžkal linim 節制する (ἐγκρατεύομαι 1Cor 9,25) : part ē episkoposi-n ... sowrb, żowžkal 監督は聖く，自制心のある人でなければならない Tt 1,9; amenayn or paterazmi, amenayni żowžkal lini 競技をする者は誰でも，すべての点で節制する 1Cor 9,25. → żoyž, -kal < ownim

żowžkalowt'iwn, -t'ean 【名】忍耐，根気強さ (προσκαρτέρησις Eph 6,18) ; 節制，自制 (ἐγκράτεια Ac 24,25; Ga 5,23) : i noyn tk'nesǰik' amenayn żowžkalowt'eamb ew xndrowacovk' vasn amenayn srboc' その〔祈りのために〕眼を覚ましていよ，すべての聖なる者たちのために最大限の根気強さをもって〔神の執り成しを〕願いつつ Eph 6,18; i xōsel-n nora vasn ardarowt'ean ew żowžkalowt'ean, ew handerjeal datastani-n 彼が義と，節制と，来たるべき裁きについて話した時 Ac 24,25; ceroc' ...olǰamits i hawats, i sēr, i hamberowt'ean, i żowžkalowt'ean 老人は信仰と愛と忍耐と辛抱において健全であるべきだ Tt 2,2.

žpirh 【形】大胆な，残忍な，冷酷な (τολμητής) : žpirhk', yandgownk', č'-zangiten z-p'aṙs-n hayhoyel わがままで大胆不敵な輩どもは，栄光〔ある者〕たちを冒瀆しながら，戦くこともしない 2Pe 2,10.

žtowt'iwn, -t'ean 【名】しつこさ，執拗さ，しつこい要求 (ἀναίδεια) : sakayn vasn žtowt'ean-n yarowc'eal tac'ē nma zinč' ew pitoy ic'ē しかしその執拗さゆえに彼は起きてその人に必要なものをやるだろう Lk

11,8. → žit

žranam, -racʻay【動】雄々しく振舞う (ἀνδρίζομαι)[žir, žracʻ「強い，勇敢な，雄々しい」]：hastatown kacʻēkʻ i hawats, žracʻarowkʻ, zōracʻarowkʻ 信仰において堅く立て，雄々しくあれ，力強くあれ 1Cor 16,13.

i

[*i-]【代】《疑問》何.　→ Godel, Introduction, p. 108; ELPA II.47; II.4; Schmitt, R., Grammatik des Kl.-Arm., p. 124: 単・主/対 z-i, z-inčʻ; 属 ēr; 与/位 (h)im; 奪 imē; 具 iw.

i; ï; y-（母音の前で，必ずしも文字化されない [ə] も含む）【前】① [+対] ⓐ《空間的・時間的；方向・着点・目的を示して》…（の中）へ（に），…に向かって，…のところへ，…のために (εἰς Mt 5,39; 8,4.23; 27,30; Jn 20,3.6; ἐπί [+対/属/与] Mt 3,7; Mk 9,20; Lk 24,22; Ac 20,13; Ac 21,24; Eph 2,10; ἐν Lk 1,17; πρός [+対] Jn 11,4; Ro 3,26; Ga 2,14); ⓑ《誓い》…にかけて (κατά [+属] Mt 26,63; He 6,13; ἐν [+与]/εἰς [+与] Mt 5,34b-36). ②《位置を示して》…（の中）で（に）(εἰς Mt 12,40). ③ [+奪] ⓐ《起源・起点・出所・手段・時間を示して》…から，…以来，…以後 (ἐκ Mt 16,1; Lk 16,9; 23,55; Jn 8,47; 9,1; ἀπό Mt 9,22; Mk 8,11; Lk 24,47; 1Th 2,6; παρά [+与/属] Mt 28,15; Lk 2,1; 6,19; Jn 6,46; Ac 3,2; διά [+属] Mt 4,4); ⓑ《分離・離脱・解放を示して》…から (ἐκ Re 14,13; ἐπί [+与] Lk 12,52; κατά [+属] Mt 10,35); ⓒ《部分を示して》…のうちで・に (ἐκ Mt 26,73; ἀπό Mk 12,2); ⓓ《受動文の動作主などを表して》…によって (ὑπό [+属] Mk 1,13);《根拠・基礎・原因・理由》…に基づいて，…によって，…のために (ἐπί [+属] Mt 18,16; ἀπό Lk 19,3; Ac 22,11; Re 18,15; ἐν Ac 7,29); ⓔ《材料》…からできた (ἀπό). ④ [+位]《場所・時間を示して》…の中に，…の上に，…に（おいて），…の間 (ἐν Mt 3,1; Mk 2,8; 5,8; He 8,5; κατά [+対] He 3,8; εἰς Lk 11,7; Ac 13,42; ἐπί [+対/属] Mt 9,9; Lk 22,21.30; Ac 3,1; Re 4,4; μετά [+対] Mk 8,31; διά [+属] Ac 24,17);i bazowm žamanaks = ἐπὶ χρόνον しばしの間 Lk 18,4; i parcans jer = νὴ τὴν ὑμετέραν καύχησιν あなた方について私が持って

いる誇りにかけて（誓う）1Cor 15,31. ⑤ [＋不] ⓐ…しているうちに (ἐν τῷ [＋不] Mt 13,4), …した時に (ὅτε Mk 1,32); ⓑ《ギリシア語独立属格に対して》: ①ⓐ gayin i gerezman-n 彼らは墓に行こうとした Jn 20,3; emowt i gerezman-n 彼は墓の中に入った Jn 20,6; kanxeal ənd aṙawawts č'ogan i gerezman 彼女らは朝早く墓へ行った Lk 24,22; ibrew emowt i naw-n 彼が舟に乗り込むと Mt 8,23; t'k'eal i na aṙnowin z-ełegn-n ew cecein z-glowx nora 彼に唾を吐きかけながら彼らは葦を取って彼の頭を打った Mt 12,40; et'e ok' acic'ē aptak y-aǰ cnawt k'o 誰かあなたの右頬に平手打ちを加えるなら Mt 5,39; ayn hiwandowt'iwn č'-ē i mah その病は死に向かうものではない Jn 11,4; oč' owłił gnan i čšmartowt'iwn awetarani-n 彼らは福音の真理に向かってまっしぐらに歩んでいない Ga 2,14; teseal z-bazowms i Sadowkec'woc'-n ew i P'arisec'woc' ekeals i mkrtowt'iwn nora サドカイ派とファリサイ派の者たちの多くが彼の〔施す〕洗礼にやって来るのを見て Mt 3,7; hastatealk' K'Siw YSiw i gorcs barowt'ean〔私たちは〕良き行いのためにとキリスト・イエスにより創造された Eph 2,10; mato z-patarag-n z-or hramayeac' Movsēs, i vkayowt'iwn noc'a モーセが命じた供え物を捧げよ、人々への証しとなるために Mt 8,4; ⓑ erdmnec'owc'anem z-k'ez y-AC kendani 活ける神にかけてお前に命ずる Mt 26,63; y-anjn iwr erdowaw 彼は自らにかけて誓った He 6,13; ②ełic'i ew ordi mardoy i sirt erkri z-eris tiws ew z-eris gišers 人の子も大地の中に3日3晩いるであろう Mt 12,40; ③ⓐ kanayk' or ekeal ein ənd nma i Gałiłeē ガリラヤから彼と一緒に出て来ていた女たち Lk 23,55; or ē-n y-AY, z-bans AY lsē 神からの人は神の言葉を聞こうとする Jn 8,47; Anna margarē dowstr P'anowēłły-azgē Asēra アセル族の出で、ファヌエルの娘のアンナという女預言者 Lk 2,36; etes ayr mi koyr i cnē 彼は生まれながら盲目の人を見た Jn 9,1; p'rkec'aw kin-n i žamē-n y-aynmanē 女はその時より救われた Mt 9,22; nšan y-erknic' 天からの徴 Mt 16,1/Mk 8,11; skseal y-EĒMē エルサレムから始まって Lk 24,47; oč' xndrec'ak' z-p'aṙs i mardkanē, oč' i jēnǰ ew oč' y-ayloc' 私たちはあなた方からであれ、他の人たちからであれ、人々から栄誉を求めることはしなかった 1Th 2,6; el hambaw-s ays i hṙēic' minč'ew c'-aysawr この噂はユダヤ人たちから [Gk: ユダヤ人たちの間で] 今日まで広まった Mt 28,15; et'e oč' or ē-n y-AY 神のもとから来た者を除いて Jn 6,46; el hraman y-Awgowstos kaysere カエサル・アウグストゥスから勅令が出た Lk 2,1; zawrowt'iwn bazowm elanēr i nmanē 彼のもとから多大な力が出て行った Lk 6,19; araṙēk' jez barekams i mamonayē anirawt'ean あなたたちは自分たち

のために不義のマモンで友だちを作れ Lk 16,9; oč' hac'iw miayn kec'c'ē mard, ayl amenayn baniw or elanē i beranoy AY 人はパンだけで生きるものではない．むしろ，神の口から出て来る１つ１つの言葉で生きるであろう Mt 4,4; ⓑ hangean y-ašxatowt'enē iwreanc' 彼らは労苦から解き放たれて安らぎを得た Re 14,13; erek'-n y-erkowc' ew erkowk' (M: -n) y-eric' = τρεῖς ἐπὶ δυσὶν καὶ δύο ἐπὶ τρισίν 3人が2人に対して，また2人が3人に対して〔分裂する〕Lk 12,52; k'akel z-ayr i hawrē, ew z-dowstr i mawrē, z-harsn i skesrē iwrmē 人をその父から，娘をその母から，嫁をその姑から裂き分かつ Mt 10,35; ⓒ ardarew dow i noc'anē es ほんとうにお前はあいつらの一味だ Mt 26,73; zi i mšakac' anti aṙc'ē i ptłoy aygwoy-n 農夫たちから葡萄園の収穫の一部を受け取るために Mk 12,2; ⓓ ēr na and z-awowrs k'aṙasown p'orjeal i satanayē 彼はそこで40日間サタンによって試みられていた Mk 1,13; šat ē aynpiswoy-n patowhas-n ayn, or i bazmac' anti ē そのような人にとっては多数の者たちによるあの処罰で十分だ 2Cor 2,6; naw-n mekneal ēr i c'amak'ē-n bazowm asparisawk' cp'eal y-aleac'-n 舟は何スタディオンも陸から離れ，大波に苦しんでいた Mt 14,24; ełegn i hołmoy šaržown 風に揺らぐ葦 Lk 7,24; isk əndēr? bnaw azatowt'iwn-s im datic'i y-ayloy xłč̣ē mtac' そもそもどうして私の自由が他の人の良心によって裁かれるだろうか 1Cor 10,29; zi i beranoy erkowc' ew eric' vkayic' hastatesc'i amenayn ban 2人ないし3人の証人の口ですべての事柄が確立されるために Mt 18,16; oč' karēr i bazmowt'enē-n 彼は群衆のためにできなかった Lk 19,3; ibrew oč' tesanēi i p'aṙac' lowsoy-n aynorik 私はその光の輝きのために目が見えなくなっていたので Ac 22,11; amenayn šahavačaṙk' aysok'iwk' mecac'ealk' i k'ēn これら（の品々）であなたのおかげで金持ちになったすべての商人たち Re 18,15; p'axeaw Movsēs i banic'-s y-aysc'anē これらの言葉を聞いてモーセは逃げた Ac 7,29; ⓔ handerj i stewo (M: -woy) owłtow らくだの毛ごろもから作られた着物 Mt 3,4; ④oro ew bnakowt'iwn iwr isk i gerezmans ēr 彼は墓場を住みかとしていた Mk 5,8; k'arozel y-anapati-n Hrēastani ユダヤの荒野で宣教する Mt 3,1; nstēr i mak'saworowt'ean 彼は収税所に座っていた Mt 9,9; jeṙn matnči imoy ənd is i sełan-s 私を売り渡す者の手が私と共にこの卓上にある Lk 22,21; zi owtic'ēk' ew əmpic'ēk' i sełan im あなたたちが私の食卓で食べたり飲んだりするように Lk 22,30; əst ōrinaki-n or c'owc'aw k'ez i lerin-n 山であなたに示された原型に従って He 8,5; i glowxs iwreanc' psaks oskis 頭には金の冠を〔被った長老たち〕Re 4,4; aynpēs xorhin i mits iwreanc' 彼らはそのように思いめぐらしている Mk 2,8; grec'i

ibr

jez i tʻłtʻi aydr čʻ-xaṙnakel ənd poṙniks 私はあなたたちに前の手紙で、不品行を行う者たちとは交わらないように、と書いた 1Cor 5,91; mankownkʻ-s ənd inew kan y-ankołni (M: y-angołni-s) 子供たちは私と共に床に入っている Lk 11,7; y-awowr-n pʻorjowtʻean y-anapati 荒野での試みの日に He 3,8; ałačʻēin i miwsowm šabatʻow xōsel nocʻa z-noyn ban 人々は次の安息日にも同じ話をしてくれるように頼んだ Ac 13,42; elanēin i tačar-n y-innerord žamow ałōtʻicʻ-n 彼らは第九刻の祈りの時間に神殿にのぼって行った Ac 3,1; y-erir awowr yaṙnel 3 日目に甦る Mk 8,31; i bazowm amacʻ ołormowtʻiwns eki aṙnel y-azg-d im, ew etow pataragis 幾年振りかで私は同胞に施しをするために帰って来て、供え物を捧げた Ac 24,17; ⑤ⓐ i sermanel-n iwrowm ēr or ankaw aṙ čanaparhaw 彼が種を蒔いているうちに、道端に落ちた種があった Mt 13,4; i mtanel aregakan-n 太陽が沈むと Mk 1,32; ⓑ i mtanel dster-n Hērovdia ew i kakʻawel ヘロディアの娘が入って来て舞を舞うと Mk 6,22; i yaṙnel hełełacʻ baxeacʻ get z-town-n 大水が氾濫し、奔流がその家に襲来した Lk 6,48.

ibr/ibrow【接】…のように (ὡς Ac 3,12; 28,19)：ənd mez zi? ēkʻ pšowcʻeal, ibrow tʻē anjin zōrowtʻeamb inčʻ kam kʻaǰowtʻeamb arareal icʻē zgnal-d dma 私たちが自分の力や信心でこの人を歩かせたかのように、あなたたちはどうして私たちを見つめているのか Ac 3,12; ⟨ibr očʻ etʻe の形で⟩ xndrēkʻ dowkʻ z-is, ibr očʻ etʻe zi nšans inčʻ tesēkʻ, ayl keraykʻ i hacʻē anti ew yagecʻarowkʻ (= ... οὐχ ὅτι ... ἀλλ' ὅτι ...) あなたたちが私を求めるのは、何か徴を見たからではなく、パンを食べて満腹したからだ Jn 6,26; ibr očʻ etʻe z-hayr owrowkʻ teseal icʻē, etʻe očʻ or ē-n y-AY = οὐχ ὅτι ... εἰ μή ... 誰か父を見てきたひとがいるのではない、神のもとから来た者を除いては Jn 6,46; ibr očʻ etʻe z-azgē-n immē ownēi inčʻ čʻaraxōsel = οὐχ ὡς τοῦ ἔθνους μου ἔχων τι κατηγορεῖν 私は自分の同胞を訴えようとしたのではない Ac 28,19.

ibrew ①【接】《従属；同時性・先時性 [Jensen, AG 567, 568]》ⓐ…した時、…すると、…した後に (ὡς Lk 1,41; ὅτε Lk 22,14; καθώς Ac 7,17; ἐπειδή Lk 7,1; δέ Jn 6,23); ⓑ〔ew ibrew; ew ... ibrew の形でしばしばギリシア語分詞構文を訳して〕Lk 7,9; 17,14; ⓒ〔ギリシア語の実詞化された不定詞構文を訳して〕Lk 17,14b; Lk 2,27; Lk 8,40. ②【副】《数詞と共に》おおよそ、約、ほぼ (ὡς Ac 4,4). ③《同等比較》ibrew z- [＋対] (ibrew 単独でも) …のように、…として (ὡς Mk 6,34; 1Th 5,12; Ro 3,7; ὡσεί Mt 3,16; Mk 9,26; ὡσπερεί 1Cor 15,8); いわば (ὡς Jn 7,10). ④《程度》…程度に応じて (καθό 1Pe 4,13). ⑤《感嘆文》

ibrew

ibrew zi！なんと，いかに（ὡς）：①ⓐ ibrew lowaw z-ołJoyn-n Mariamow Ełisabet‘, xałac‘ manowk-n y-orovayni nora エリザベトがマリヤムの挨拶を聞いた時，彼女の内で胎児が飛び跳ねた Lk 1,41; ibrew merjec‘aw žamanak aweteac‘-n z-or xostac‘aw AC Abrahamow 神がアブラハムに与えた約束の時期が近づくにつれて Ac 7,17; ibrew katareac‘ z-amenayn bans iwr i lselis žołovrdean-n, emowt i K‘ap‘aṙnaowm 彼はすべての言葉を民に聞かせ終えた後，カファルナウムに入った Lk 7,1; ⓑ ew ibrew lowaw z-ays (= ἀκούσας δὲ ταῦτα) YS zarmac‘aw イエスはこれを聞いて驚いた Lk 7,9; ew ibrew etes z-nosa asē c‘-nosa = καὶ ἰδὼν εἶπεν αὐτοῖς 彼はそれらを見て彼らに言った Lk 17,14; ⓒ ew ełew ibrew gnac‘in aṙžamayn srbec‘an = καὶ ἐγένετο ἐν τῷ ὑπάγειν αὐτοὺς ἐκαθαρίσθησαν 去って行く途中ですぐに彼らは清められた Lk 17,14b; ew ibrew acin cnawłk‘-n z-manowk-n = καὶ ἐν τῷ εἰσαγαγεῖν τοὺς γονεῖς τὸ παιδίον 両親が幼子を連れて来た時 Lk 2,27; ew ibrew darjaw andrēn YS = ἐν δὲ τῷ ὑποστρέφειν τὸν Ἰησοῦν イエスが戻ると Lk 8,40; ②t‘iw mardkan ibrew hazarac‘ hngic‘ 男の数が 5000 人ばかりになった Ac 4,4; ink‘n meknec‘aw i noc‘anē ibrew k‘aṙənkēc‘ mi = ...ὡσεὶ λίθου βολήν 彼自身は石を投げれば届くほど彼らから離れた Lk 22,41; ekin ibrew awowr mioy čanaparh 彼らはほぼ 1 日分の距離を来た Lk 2,44; ein ibrew oč‘xark‘ oroc‘ ic‘ē hoviw 彼らは牧人のない羊のようだった Mk 6,34; ③ōr TN ibrew z-goł gišeri aynpēs hasanē 主の日は夜の盗人のようにしてやって来る 1Th 5,2; zi? ews es ibrew z-meławor datim どうして私がなおも罪人として裁かれるのか Ro 3,7; etes z-hogi-n AY zi iJanēr ibrew z-aławni 彼は神の霊が鳩のように降って来るのを見た Mt 3,16; ełew pataneak-n ibrew z-meṙeal その子は死人のようになった Mk 9,26; [z- を伴わずに] ibrew elin ełbark‘-n nora, apa ew ink‘n el i tawn-n oč‘ yaytni, aył ibrew i cacowk 兄弟たちがのぼった時，その時になってあらわにではなく，いわばひそかに彼自身もまた祭りにのぼった Jn 7,10; i y-ahel barbaṙoy ibrew covow ew xṙovot‘ean = ἐν ἀπορίᾳ ἤχους θαλάσσης καὶ σάλου 海の轟きと荒波のゆえにおじ惑って Lk 21,25; zi ibrew išxanowt‘eamb owsowc‘anēr ew oč‘ orpēs [!] dpirk‘-n なぜならば，彼は律法学者たちのようにではなく，権能ある者のように教え続けたからだ Mt 7,29; Mk 1,22; ④ibrew hałordealk‘ K‘Si č‘arč‘aranac‘-n owrax liniJik‘ キリストの苦難に与ればそれだけ，喜べ 1Pe 4,13; ⑤ibrew zi gełec‘ik en otk‘ awetaranč‘ac‘-n xałałowt‘ean, ew awetaranč‘ac‘-n barowt‘ean 平和を告げる者たちの，そして善きことを告げる者たちの足はなんと美しいことであろう Ro 10,15.

iganam, igac'ay【動】めめしくなる；igac'eal めめしい；男娼 (μαλακός) 1Cor 6,9 [→ p'ap'owk]).　→ arowagēt

igowt'iwn, -t'ean【名】女性 (θῆλυς)：arowac'-n t'ołeal z-bnakan pēts igowt'ean-n 男性たちは女性への自然な欲求を捨てて Ro 1,27.　→ ēg

IĒL; **IĒLac'i**　→ Israyēł, Israyēłac'i

iž, -i, -ic'【名】まむし，毒蛇 (ἀσπίς Ro 3,13, ἔχιδνα Mt 12,34; Ac 28,3)：t'oynk' ižic' i nerk'oy šrt'anc' noc'a 彼らの唇の下にはまむしの毒がある Ro 3,13; iž mi i Ĵermowt'enē-n eleal kalaw z-jeřanē-n nora 熱気のために 1 匹のまむしが出て来て彼の手に咬みついた Ac 28,3; cnowndk' ižic', ziard? karic'ēk' baris xawsel or č'ark'-d ēk' まむしの後裔よ，お前たちは悪しき者であるのに，どうして善いことを語れようか Mt 12,34.

ILI　→ Israyēł

im[1] [1 人称単数代名詞 es の属格]

im[2]【代】《1 人称単数・所有》私の (もの) (ἐμοῦ/μου; ἐμός)；単・主/対 im (→ es[2] [単・属])，属 imoy, 与/位 imowm (+ imoy [与])，奪 immē, 具 imov; 複・主 imk'，属/与/奪 imoc'，対/位 ims, 具 imovk'：owsti? ē inj ays zi ekec'ēmayr TN imoy ař is わが主の母上が私のもとに来てくださるとは，そんなことが起こりえたのか Lk 1,43; awgnea anhawatowt'ean-s imowm 私の不信仰を助けよ Mk 9,24; amenayn or i čšmartowt'enē lsē barbařoy imoy 真理からの人は皆，私の声を聞く Jn 18,37; amenayn inč' towaw inj i hawrē immē すべてのことが私の父によって私に与えられた Lk 10,22; č'-em bawakan et'e ənd yarkaw imov mtc'es 私は自分の屋根の下にあなたを迎えるに値する者ではない Mt 8,8; xałac' c'ncalov manowk-s y-orovayni imowm 私の胎内のこの児は喜びのあまり飛び跳ねた Lk 1,44; z-kēs ənč'ic' imoc' tac' ałk'atac' 私の財産の半分は乞食たちに与える Lk 19,8; ĵowr otic' imoc' oč' etowr あなたは私の両足にかける水をくれなかった Lk 7,44; čanač'em z-ims-n ew čanač'im y-imoc'-n 私は私の〔羊たち〕を知っており，私の〔羊たち〕からも知られている Jn 10,14.　→ es[2], mer[2], ĵer[2], k'o

imanam, -mac'ay【動】①理解する，わかる，悟る．②考える，思う (νοέω; συνίημι Mk 4,12; 6,52; Ac 7,25; ἐπιγινώσκω Lk 1,22; γινώσκω Jn 13,28)：①kamin linel vardapetk' ōrinac', ink'eank' oč' imanan zinč' xōsin 彼らは自分が何を言っているのかを理解していないのに律法の教師でありたいと望んでいる 1Tm 1,7; hawatovk' imanamk' hastateal z-yawiteans-n baniw AY 信仰によって，この世が神の言葉によって造られたことを，私たちは理解している He 11,3; lselov lowic'en ew mi imasc'in 彼らは聞くことは聞くが悟らない Mk 4,12; k'anzi ew i veray hac'i-n oč' imac'an なぜなら彼らはパンのことに関してさえ悟らなかった Mk 6,52; zmtaw acēr t'ē imasc'in ełbark' nora, zi AC i jeṙn nora taloc' ēr z-p'rkowt'iwn noc'a 彼は，自分の手によって神が兄弟たちに救いを与えたことを，彼らが悟るものと思っていた Ac 7,25; imac'an t'e tesil etes tačari-n 彼らは彼が聖所で幻を見たことがわかった Lk 1,22; ②imac' zinč' asem-s 私の言うことを考えよ 2Tm 2,7; yačaxowt'eamb k'an z-or xndremk'-n ew imanamk' 私たちが願ったり思ったりすることをはるかに越えて Eph 3,20.

imastnagoyn; M: imastagoyn, -gowni, -ic'【形】《比》より分別のある，より思慮深い，より賢明な：ordik' ašxarhi-s aysorik imastnagoynk' (M: imastag/oynk') en k'an z-ordis lowsoy y-azgs iwreanc' = ... φρονιμώτεροι ὑπὲρ τοὺς υἱούς... この世の子らは，自らの世代のことでは，光の子らよりも賢い Lk 16,8. → imastown

imastowt'iwn, -t'ean【名】①知恵，分別，洞察（力）(σοφία Eph 1,8; Col 4,5; σύνεσις Eph 3,4; 2Tm 2,7); 知覚，感覚 (αἴσθησις Php 1,9); imastowt'eamb 賢く (νουνεχῶς Mk 12,34; φρονίμως Lk 16,8). ②思い，意向 (φρόνησις)：①amenayn imastowt'eamb ew gitowt'eamb あらゆる知恵と思慮をもって Eph 1,8; imastowt'eamb gnasJik' aṙ artak'ins-n あなた方は外の人々に対しては知恵をもって歩め Col 4,5; i mit aṙnowl z-imastowt'iwn-n im xorhrdean-n K'I キリストの奥義に関する私の洞察を察知する Eph 3,4; tac'ē k'ez TR imastowt'iwn y-amenayni 主は君に万事につけて洞察力を与えてくれるだろう 2Tm 2,7; sēr-n jer ews k'an z-ews aṙawel lic'i i gitowt'ean ew y-amenayn imastowt'ean あなた方の愛は知識とすべての感覚においてなお一層満ち溢れるだろう Php 1,9; ②darjowc'anel... z-anhawans y-imastowt'iwn ardaroc' 不従順な者たちを義人たちの思いに立ち帰らせる Lk 1,17.

imastown, -tnoy, -oc'【形】分別のある，思慮深い，賢明な，知恵のある；【名】知者 (σοφός Lk 10,21; συνετός Ac 13,7; φρόνιμος Mt 7,24); imastown aṙnem 知恵者とする (σοφίζω 2Tm 3,15)：ibrew imastown čartarapet himn edi 私は建築家たちのうちの知者のようにして土台を据えた 1Cor 3,10; cackec'er z-ays y-imastnoc' ew i gitnoc' あなたはこれを知者や賢者に隠蔽した Lk 10,21; owr? imastown, owr? dpir 知者はどこにいるか，学者はどこにいるか 1Cor 1,20.

imasc'-; **imac'-** → imanam
imik' → ik'
immē → im^2
[**imn**]【代】《不定》何か，ある [もの]；福音書には文証されない。

imo- 　　　　　　　278

→ ELPA II. 226. 単・主/対 imn; 斜格は *i-k‘ (č‘ik のみで) の斜格で代用される：属 irik‘; 与/位 imik‘; 具 iwik‘.　→ ik‘

imo-; ims　→ im²

imovsann【副】私としては：aynpēs orč‘ap‘ imovsann yōžarowt‘eamb ew jez or i Hr̄om-d ēk‘ awetaranel このようにして，私としては熱意をもって，ローマにいるあなた方にも福音を告げ知らせるつもりだ Ro 1,15.

inew; inēn; inj　→ es²

[**injēn**]【副】私自身で；福音書には文証されない．　→ jezēn, mezēn

inc, əncow, -owc‘【名】豹 (πάρδαλις): gazan-n z-or tesi nman əncow 私が見たその獣は豹に似ていた Re 13,2.

inn, 複・主 inownk‘, 属/与/奪 inowc‘ (M: innowc‘)【数】《基数》9, 9つ (ἐννέα; ἔνατος Mt 20,5): isk ard inownk‘-n owr? en 9 人はどこにいるのか Lk 17,17; z-inn žamow 第 9 刻頃に Mt 20,5.

innerord; M: innerrord, -ac‘【数】《序数》9 番目の，第 9 の (ἔνατος): y-innerord žamow-n 第 9 刻に Mk 15,34; innerord-n, tpazion 第 9 はトパーズ Re 21,20.

innsown, -snic‘【数】《基数》90 (ἐνενήκοντα): oč‘ t‘ołowc‘ow z-innsown ew z-inn oč‘xar-n i lerins ew ert‘ic‘ē xndric‘ē z-moloreal-n 彼は 99 匹を山に残し，出かけて行って，迷い出た 1 匹を探さないだろうか Mt 18,12.

inownk‘; inowc‘ (M: innowc‘)　→ inn

inč‘; inč‘k‘, ənč‘ic‘ (M: + inč‘ic‘)【名】①《不定》何か，あるもの，あること (τι; τὰ ἴδια Lk 18,28); žamanak inč‘ しばらく (χρόνον τινά Ac 18,23); oč‘/mi inč‘ = οὐδείς/μηδείς 何も…ない．②《複》inč‘k‘, ənč‘ic‘ 所有物，財産，資産；金銭 (οὐσία Lk 15,12; ὕπαρξις Ac 2,45; τὰ ὑπάρχοντα Mt 19,21; 24,47; Lk 8,3; Ac 4,32; χρῆμα Mk 10,23; Ac 8,18): ①akn ownēr nšan inč‘ leal tesanel i nmanē 彼は彼（イエス）によって生じた徴のようなものを見たいと願っていた Lk 23,8; mek‘ t‘ołak‘ z-amenayn inč‘ z-mer, ew ekak‘ zkni k‘o 私たちは自分のものをすべて棄ててあなたに従った Lk 18,28; zi mi inč‘ barjc‘en i čanaparh, bayc‘ miayn gawazan 道中は杖のほかには何も携えないように Mk 6,8; z-ays oč‘ ok‘ imac‘aw i bazmakanac‘ anti t‘e ar̄ inč‘ asac‘ (= πρὸς τί εἶπεν) c‘-na これを何のために言ったのか，席に着いていた人々のうちの誰も知らなかった Jn 13,28; ays aynč‘ap‘ inč‘ (= ταῦτα) grec‘aw zi hawatayc‘ēk‘ このようなことが書かれたのは，あなたたちが信じるようになるためである Jn 20,31; ew aynč‘ap‘ inč‘ kayr, ew oč‘ patar̄ec‘aw gorci-n それほどであったのに，網は裂けてはいなかった Jn 21,11;

②towr inj bažin or ankani y-nč‘ic‘-d あなたの財産のうち，私の分け前分を与えよ Lk 15,12; z-stac‘owacs ew z-inč‘s vačaṙēin 彼らは土地や持ち物を売った Ac 2,45; ert‘ vačaṙea z-inč‘s k‘o ew towr ałk‘atac‘ 行って，自分の財産を売り払って，貧しい者たちに与えよ Mt 19,21; i veray amenayn ənč‘ic‘ iwroc‘ kac‘owsc‘ē z-na 彼はそのすべての財産の管理を彼に任せるだろう Mt 24,47; ork‘ paštein z-na y-nč‘ic‘ iwreanc‘ 彼女たちは自らの財産の中から〔布施しながら〕彼に仕えていた Lk 8,3; ziard? džowarin ē or inč‘s-d ownin mtanel y-ark‘ayowt‘iwn AY 資産を持つ者が神の王国に入るのはなんと難しいことだろう Mk 10,23; matoyc‘ noc‘a inč‘s 彼は彼らに金を差し出した Ac 8,18.

ink‘n, ənk‘ean, -enē; 複 ənk‘eank‘ [/ink‘eank‘], -enac‘【代】①彼自身 (αὐτός). ②《再帰》自分，自身. ③ays ink‘n すなわち → aysink‘n：①ink‘n Yovhannēs ヨハネ自身 Mt 3,4; sa ink‘n = αὕτη この人自身 Lk 2,36; z-mi ok‘ z-kapeal z-or ənk‘eank‘ xndrein 彼らの願い出た囚人を1人 Mk 15,6; ink‘eank‘ lṙec‘in 彼らは沈黙を守った Lk 9,36; p‘orjec‘er or asen z-ink‘eans aṙak‘eals ew oč‘ en お前は，使徒ではないのに自分たちは使徒であると自称する者たちを試した Re 2,2; ②z-ayls aprec‘oyc‘, z-ink‘n oč‘ karē aprec‘owc‘anel 彼はほかの者たちは救ったが，自分自身を救うことができない Mt 27,42; oč‘ owni armats y-ənk‘ean 彼は自分の内に根がない Mt 13,21; ənkēc‘ z-ink‘n i cov-n = ἔβαλεν ἑαυτὸν εἰς τὴν θάλασσαν 彼は海に飛び込んだ Jn 21,7;〔ギリシア語動詞前接辞を訳して〕aṙ y-ink‘n z-kin-n iwr = παρέλαβεν τὴν γυναῖκα αὐτοῦ 彼はその妻を受け入れた Mt 1,24; YS koč‘eac‘ z-nosa aṙ ink‘n = προσκαλεσάμενος αὐτοὺς ὁ Ἰησοῦς イエスは彼らを呼び寄せた Mk 10,42.

ink‘nakam【形】自発的な；ink‘nakam krōnik‘ 自前の礼拝 (ἐθελοθρησκία Col 2,23);【副】自発的に (αὐθαίρετος 2Cor 8,4). → ink‘n, kamk‘, yōžar

ink‘nin【副】自身で，おのずから，ひとりでに (αὐτός Ro 15,14; αὐτόματος Mk 4,28; Ac 12,10)：hastateal em ew es ink‘nin, ełbark‘ im, vasn jer zi ... 私の兄弟たちよ，私自身もまた，あなた方に関して〔次のことを〕固く信じている Ro 15,14; erkir-n ink‘nin berē z-ptowł 大地がおのずから実を結ばせる Mk 4,28; or ink‘nin bac‘aw noc‘a (門が) ひとりでに彼らに開いた Ac 12,10; ink‘nin i č‘ap‘ haseal ē, ink‘n isk (M: ink‘nin) xawsesc‘i vasn iwr 彼自身はもう大人だ，自分のことは自分で語るだろう Jn 9,21; barjeal ēr ink‘nin z-xač‘ap‘ayt-n = βαστάζων ἑαυτῷ τὸν σταυρόν 彼は自分で十字架を担い Jn 19,17.

išxan, -i, -ac‘【名】長，支配者，首領，指導者，宰相；役人，高官 (ἡγεμών Mt 2,6a; ἡγέομαι Ac 7,10; ἄρχων Mt 9,18; Lk 12,58; ἄρχω Ro 15,12; μεγιστάν Re 6,15); išxankʻ (žołovrdean-n/tačari-n) 神殿守護長官 (στρατηγός [τοῦ ἱεροῦ] Lk 22,4.52)：očʻ inčʻ krtser es y-išxans Yowda. i kʻēn elcʻē inčʻ išxan (ἡγούμενος) or hovowescʻē z-žołovowrd im お前はユダの君主の中で決して最小の者ではない．お前からわが民を牧する指導者が出るであろう Mt 2,6; or y-anown išxankʻ-n en hatʻanosacʻ 名目上異邦人の支配者である者ども [= οἱ δοκοῦντες ἄρχειν τῶν ἐθνῶν 異邦人の支配者と思われている者ども] Mk 10,42; minčʻdeṝ na z-ays xawsēr ǝnd nosa, aha išxan mi matowcʻeal erkir paganēr nma 彼が彼らにこれらを語っていた時，見よ，1 人の役人がやって来て，彼に伏し拝んだ Mt 9,18; kacʻoycʻ z-na išxan Egiptacʻwocʻ-n ew amenayn tan nora 彼（ファラオ）は彼をエジプトと王家全体をつかさどる宰相に任じた Ac 7,10; vasn tʻagaworacʻ ew amenayn išxanacʻ = ... πάντων τῶν ἐν ὑπεροχῇ ὄντων 王たちとすべての高官たちのために 1Tm 2,2.

išxanowtʻiwn, -tʻean【名】①力，権力，権勢；権限，権能；支配権，管轄 (ἐξουσία; κράτος He 2,14; ἀρχή Jd 6). ②官憲，統治者，当局．③州，属州 (ἐπαρχεία; → nahang)：①liǰir išxanowtʻiwn ownel i veray tasn kʻałakʻi お前は10の町を統べる権力を持つ者となれ Lk 19,17; ownel išxanowtʻiwn haneloy z-dews 悪霊どもを追い出す権能を持つ Mk 3,15; z-ayn or z-išxanowtʻiwn mahow-n ownēr 死の力を持っていた者 He 2,14; ibrew gitacʻ tʻe y-išxanowtenē Hērovdi ē（ピラトゥスは）彼がヘロデの司法管轄下の者と知ると Lk 23,7; zgoyš lerowkʻ gowcʻē išxanowtʻiwn jer ayd gaytʻagłowtʻiwn licʻi tkaracʻ あなた方はあなた方のその権限が弱い者たちへの躓きにならぬように注意せよ 1Cor 8,9; z-hreštaks or očʻ pahecʻin z-iwreancʻ išxanowtʻiwn-n 自らの支配権を守らなかった御使いたち Jd 6; očʻ apakʻēn minčʻ kayr-n kʻo ēr, ew i vačaṝel-n ǝnd kʻo išxanowtʻeamb ēr それ（地所）はそのままで（売られずに）あったらお前のものだし，売ってしまってもお前の自由になったではないか Ac 5,4; etʻe čʻ-icʻē? inj išxanowtʻiwn y-ims-s aṝnel zinčʻ ew kamim = οὐκ ἔξεστίν μοι ὃ θέλω ποιῆσαι ἐν τοῖς ἐμοῖς; 私のものについて，私が好きなようにするのがいけないとでも言うのか Mt 20,15; ②yoržam tanicʻin z-jez i žołovowrds ew i petowtʻiwns ew y- išxanowtʻiwns, mi hogaycʻēkʻ orpēs tʻe zinčʻ patasxani taycʻēkʻ kam zinčʻ asicʻēkʻ 人々があなた方を会堂や当局や統治者のところに連行する時，どのように何を弁明しようか，あるいは何を言おうかと思い煩うな Lk 12,11; ③Pʻestos ibrew ehas y-išxanowtʻiwn-n yet ericʻ awowrcʻ el y-EM i Kesareay フェストゥスは属州に到着して 3 日の後，カイサリアからエルサレムにの

ぼった Ac 25,1.

išxem, -ecʻi【動】①［＋与］…に対して権力を行使する，圧政を加える (ἐξουσιάζω Lk 22,25; κατεξουσιάζω Mt 20,25; Mk 10,42). ②［＋不］あえて…する (τολμάω)：①or išxen-n nocʻa barerarkʻ kočʻin 彼らに権力を行使する者たちは「恩恵者」と呼ばれている Lk 22,25; mecameckʻ-n išxen nocʻa その尊大な者どもは彼らに圧政を加えている Mt 20,25; ②očʻ ews okʻ išxēr inčʻ harcʻanel cʻ-na これ以上誰も彼にあえて尋ねようとはしなかった Mk 12,34.

išoy → ēš

iJanem, iJi, ēJ【動】①下る，降る (καταβαίνω; συγκαταβαίνω Ac 25,5; κατέρχομαι Lk 4,31). ②岸［港］に着く，上陸する (κατέρχομαι Ac 18,22; 27,5; κατάγομαι Ac 27,3). ③i cownr iJanem ひざまずく (γονυπετέω Mt 17,14; τίθημι τὰ γόνατα Mk 15,19)：①dpirkʻ-n oy y-EMē iJeal ein エルサレムから下って来た律法学者たち Mk 3,22; iJin anjrewkʻ 雨が降った Mt 7,25; ēJ mrrik hołmoy i covak-n 湖に暴風が吹きおろして来た Lk 8,23; iJeal i nawē-n Petros gnacʻ i veray Jroc-n ペトロは舟を降りて水の上を歩いた Mt 14,29; ēJ i Kapʻarnaowm 彼はカファルナウムに下って行った Lk 4,31; ②iJeal i Kesariay カイサリアに上陸すると Ac 18,22; i vałiw andr iJakʻ i Sidon 次の日私たちはシドンに到着した Ac 27,3; ③mateaw ayr mi i cownr iJanēr 1 人の人が近寄って来てひざまずいた Mt 17,14; i cownr iJeal erkir paganein nma 彼らは膝を［地に］つけて彼を伏し拝んだ Mk 15,19.

iJavan, M: iJawan, -i; iJavankʻ, -acʻ【名】旅籠，宿屋；部屋，客間 (κατάλυμα)：očʻ goyr nocʻa tełi y-iJavani-n (M: tełi iJawani［単・属か i y-/i］) 旅籠の中には彼らのための居場所がなかった Lk 2,7; owr? en iJavankʻ-n (M: iJawankʻ) owr ašakertawkʻ-s owticʻem z-zatik-n 私が弟子たちと共に過越の食事をする部屋はどこか Mk 14,14. → iJanem, vankʻ, awtʻevankʻ

iJi; iJeal → iJanem

iJowcʻanem, -owcʻi【動】降ろす，連れ下る (καθαιρέω Mk 15,36; χαλάω Mk 2,4; καθίημι Lk 5,19; κατάγω Ac 9,30; χαλάω Ac 27,17)：tʻoyl towr tescʻowkʻ gay Ēlia iJowcʻanel z-da エリヤがそいつを降ろしにやって来るかどうか見てやろうではないか Mk 15,36; iJowcʻin z-mahičs-n y-orowm kayr andamaloyc-n 彼らは中風患者の横たわる担架を降ろした Mk 2,4; iJowcʻin mahčawkʻ-n handerj i mēJ aṙaJi YI 彼らは［彼を］寝台と共に［群衆の］只中にイエスの前に吊り降ろした Lk 5,19; imacʻeal ełbarcʻ iJowcʻin z-na i Kesaria 兄弟たちはそれを知って，彼を連れてカイサリア

ijc'-

に下った Ac 9,30; iǰowc'eal z-ařagast-n, aynpēs ert'ayin ew gayin (= οὕτως ἐφέροντο) 海錨を降ろし，彼らは流されるにまかせた Ac 27,17.
→ kaxim

ijc'- → iǰanem

is [対, 位] → es²

isk【副】《文頭で》では，ところで；ところが；すると (οὖν)；とにかく (δέ)；すでに (ἤδη Mt 17,12; 27,57; Mk 4,37; Jh 13,2)；《先行語を強調する》まさに，実に；(ew) isk ew isk = (καὶ) εὐθύς すぐに，ただちに Mk 1,21 6,54 [→ iskoyn]: áys isk ē datastan = αὕτη δέ ἐστιν ἡ κρίσις これこそがさばきである Jn 3,19; áyn isk en varjk' noc'a = ἀπέχουσιν τὸν μισθὸν αὐτῶν 彼らはその報いを受けてしまっている Mt 6,2; ənd k'o isk anjn anc'c'ē sowr = σοῦ [δὲ] αὐτῆς τὴν ψυχὴν διελεύσεται ῥομφαία 実にあなた自身の魂をも太刀が刺し貫くであろう Lk 2,35; isk ibrew etes = ὅτε οὖν εἶδεν Jn 6,24; isk ard = οὖν では，それゆえ，だから，つまり Mt 23,20; isk et'e/isk ard et'e = εἰ οὖν Lk 11,13/Lk 12,26; isk əndēr? = [διὰ] τί οὖν ではなぜ Mt 19,7; 21,15; Mk 11,31; Lk 20,5; isk ov? = τίς ἄρα いったい誰か Mt 24,45; isk o? es dow お前はいったい何者か = τί οὖν どういうことだ Jn 1,21; isk zinč'? = τί οὖν Mk 15,12; isk ard (μενοῦνγε) dow ov? es mard or patasxani tas AY 神に言い抗っているあなたは，そもそも何者なのか Ro 9,20;《一般に（修辞）疑問文を導いて》isk i Nazaret'ē mart'? inč' ic'ē barwoy imik' linel ナザレの出で，何か善いものがありうるというのか Jn 1,46; ardēn isk = ἤδη Lk 12,49 Jn 5,25 (νῦν「今すでに」), Jn 13,37 (ardēn ... isk「今すぐに」); y-aysm isk (= ἐν γὰρ τούτῳ) ē ban-n čšmarit zi ayl ē or sermanē ew ayl or hnjē「ある人が種蒔き人で，他の人が刈り入れ人だ」という言葉はまさにこの意味で本当なのだ Jn 4,37; y-aysm hetē isk (= ἀπ' ἄρτι) asem jez minč'č'ew ełeal ことが起こる前に，今からあなたたちに言っておく Jn 13,19;《否定辞oč' に後続して》zi oč' isk ēr žamanak t'zoy = ὁ γὰρ καιρὸς οὐκ ἦν σύκων いちじくの時節ではなかったからだ Mk 11,13; oč' isk ew sirtk' mer čmlein i mez = οὐχὶ ἡ καρδία ἡμῶν καιομένη ἦν ἐν ἡμῖν 俺たちの中でこの心が燃えていたではないか Lk 24,32; minč' oč' ews (= μηκέτι; M: oč' isk) karoł linel nma yaytnapēs i k'ałak' mtanel そのためにもはや彼は公けに町に入れなくなった Mk 1,45; minč'ew tełi ews oč' linel (M: minč'ew tełi isk oč' linel) ew oč' ař dran-n そのために戸口のところはもはやまったく隙間がなくなってしまった Mk 2,2.

iskizbn, iskzban, -banē【形】最初からの，古い (ἀρχαῖος): oč'

iskzban-n ašxarhi-s xnayeac' (神は) 古い世界を放置しなかった 2Pe 2,5. → skizbn

iskoyn【副】すぐに，ただちに (εὐθέως) [-oyn → Jensen, AG 480; Olsen, Noun, p. 518]：ew iskoyn haw xawsec'aw するとすぐさま鶏が鳴いた Mt 26,74; yoržam tesanic'ēk' amp cageal y-arewmtic', iskoyn asēk' et'e anjrew gay, ew lini aynpēs あなたたちは，雲が西に出るのを見ると，すぐさま「にわか雨が来るぞ」と言い，まさにそのようになる Lk 12,54.

ispař, i spař → spař

[z-] **iss** (z-is-s: Lk 24,39E) → es²

ir, -i; **irk'**, irac'【名】①物事，事柄，出来事；課題；訴訟 (πρᾶγμα Lk 1,1; Ro 16,2; 1Cor 6,1). ②理由，わけ (αἰτία Lk 8,47). ③仕方 (τρόπος Ro 3,2; 2Th 2,3)：①vasn irac'-n hastateloc' i mez 私たちのもとで成し遂げられた事柄について Lk 1,1; yaynžam teseal p'oxanaki bdešxi-n z-irs-n or ełen (τὸ γεγονός), hawatac', zarmac'eal ənd vardapetowt'iwn-n TN その時，総督はこの出来事を目撃して，主の教えに仰天して，信仰に入った Ac 13,12; išxē? ok' i jēnǰ et'ē irk' inč' ic'en ənd ənkeri iwrowm datel arraǰi anirawac' ew oč' arraǰi srboc' あなたたちのうちのある者が自分の隣人に対して訴訟を起こした場合，その者は敢えて聖なる者たちの前ではなくて不義なる者たちの前で裁きを受けようとするのか 1Cor 6,1; z-or arak'ec'i ar jez dmin iri, zi gitasǰik' dowk' z-mēnǰ = ... εἰς αὐτὸ τοῦτο, ἵνα γνῶτε τὰ περὶ ἡμῶν 私が彼をあなた方のもとに遣わしたのは，あなた方が私たちのことを知るというまさにその目的のためである Eph 6,22; ②vasn oroy irac' merjec'aw i na patmeac' 彼女はなにゆえに彼に触ったかを話した Lk 8,47; ③mi ok' z-jez xabesc'ē ew mi iwik' irōk' どのような仕方であれ誰もあなた方を欺くことがあってはならぬ 2Th 2,3; amenayn irōk' = κατὰ πάντα τρόπον あらゆる点で Ro 3,2.

irazek linim【連】知らされる，聞かされる (κατηχέω)：gitasc'en amenek'in t'ē z-oroc' irazek-n ełen z-k'ez oč' inč' ē あなたについて聞かされたことは根も葉もないことだということが皆に分るだろう Ac 21,24.

iraw, -ac'【形】①正しい，正当な，当然の (δίκαιος). ②yirawi [< y-irawi]【副】正当に (δικαίως Lk 23,41; ἔνδικος Ro 3,8)：①iraw isk t'owi inj xorhel z-ays vasn jer amenec'own あなた方すべてについてこのように思い抱くということは私には当然のことに思われる Php 1,7; ②č'-erknč'is dow y-AY zi i nmin patži kas. ew mek' yirawi, zi aržani oroc' gorcec'ak'-n arnowmk' z-hatowc'owmn. ew sa apirat inč' oč' gorceacʻ お前は〔この人と〕同じ刑罰を受けているのに，神をおそれないのか．俺たちには正当なことだ．俺たちのやったことにふさわしい罰を受けているからだ．しかしこの人は何も不正なことはしなかったのだ Lk 23,41; orocʻ datastankʻ-n yirawi en 彼らが断罪されるのは当然だ Ro 3,8. → irawownkʻ, aniraw, anirawowtʻiwn

irawaxorh【形】公正な，好意ある；irawaxorh linim〔ənd＋位〕…に同意する，…と和解する (εὐνοέω): ler irawaxorh ənd awsoxi kʻowm vałgoyn あなたを訴える者とすみやかに和睦せよ Mt 5,25. → xorhim, xorhowrd

irawownkʻ, -wowns, -wancʻ, -wambkʻ【名】《複のみ》①裁き (κρίσις Mt 12,18); 義の規定，正義 (δικαίωμα Lk 1,6; δίκη Ac 28,4). ②irawowns hamarel/varkanel 正しいと思う・考える，判定する (κρίνω Ac 15,19)；irawowns əntrem 裁く (διακρίνω 1Cor 6,5): ①irawowns hetʻanosacʻ patmescʻē 彼は異邦人たちに裁きを告げるだろう Mt 12,18; gnayin y-amenayn patowirans ew y-irawowns TN anaratkʻ 彼らは主のすべての掟と義の規定の中を落ち度なく歩んでいた Lk 1,6; ancʻanēkʻ z-irawambkʻ (M: z-iraw/amkʻ) ew z-sirov-n AY お前たちは裁きと神の愛とをないがしろにしている Lk 11,42; irawownkʻ-n očʻ etown keal 正義の女神は生かしておかなかった Ac 28,4; ②es irawowns hamarim, mi nełel z-aynosik oykʻ i hetʻanosacʻ-n daṙnan aṙ AC 私は，異邦人の中から神に立ち帰る人々を悩ませてはならないと判定する Ac 15,19; irawowns hamarim (δίκαιον ἡγοῦμαι), minčʻdeṙ em i marmni ast, zartʻowcʻanel z-jez yišatakōkʻ 私は，自分がこの体にいる間，思い出によってあなたたちを起こそうとしているが，それは正しいことだと思う 2Pe 1,13; aynčʻap očʻ goy okʻ imastown i jez, or karicʻē irawowns əntrel i mēǰ ełbōr iwroy それほどにあなた方の間には，兄弟の間を裁くことができるような知者は1人もいない 1Cor 6,5. → iraw

irikʻ → ikʻ

[y-] **i/rowm** (Jn 4,44E) → iwr²

irs, irkʻ → ir

icʻem, icʻes, icʻē → em²

iw?【代】《疑問；ものに対して；z-iに見られる *iの具格》何によって (ἐν τίνι): apa etʻe ał-n anhami, iw? yałicʻi もし塩が味を失ってしまったら，何によって塩づけられるだろうか Mt 5,13; ard iw? iwikʻ pakas icʻem = τί ἔτι ὑστερῶ; 私にはまだ何が足りないのだろうか Mt 19,20; ew iw? gitacʻicʻ z-ayd = κατὰ τί γνώσομαι τοῦτο; 私は何によってそのようなことを知るだろうか Lk 1,18.

iwtʻanasown [M] → ewtʻanasown
iwtʻanekʻin; iwtʻanikʻin → ewtʻnekʻean
iwtʻancʻ → ewtʻn
iwikʻ → ikʻ
[**iwł,**] **iwłoy** → ewł
iwr¹, 属/与/位 iwr, 具 iwrew; 複・属/与/奪 iwreancʻ, 位 iwreans【代】《3人称再帰》彼〔それ〕自身 (αὐτοῦ, ἑαυτοῦ, ἴδιος) : ařnowl iwr tʻagaworowtʻiwn = λαβεῖν ἑαυτῷ βασιλείαν 自分に王国〔の支配権を〕受ける Lk 19,12; y-ormē ankaw Yowdas gnal i tełi iwr ユダは〔そこから〕脱落して自らにふさわしい場所に行った Ac 1,25; teseal YI žołovowrds bazowms z-iwrew イエスは自分の周りの大勢の群衆を見て Mt 8,18; očʻ ews z-okʻ owrkʻ tesin, baycʻ miayn z=YS ənd iwreans 自分たちと共にいるのはイエスだけで，彼らにはもはや誰もどこにも見えなかった Mk 9,8. → im¹, kʻo¹, mer¹, jer¹

iwr², 属 iwroy, 与/位 iwrowm, 奪 iwrmē, 複 iwrkʻ, iwrocʻ【代】《所有（再帰）》彼の/自分の［もの］(ἴδιος) : iwrakʻančʻiwr cař i płoy iwrmē čanačʻi おのおのの木はそれ自身の実から知られる Lk 6,44; očʻ okʻ i nocʻanē asēr z-ənčʻicʻ iwrocʻ tʻē iwr icʻē, ayl ēr nocʻa amenayn inčʻ hasarakacʻ 彼らのうちの誰ひとりとしてその持ち物を自分のものとは言わず，彼らにとっては一切のものが共有であった Ac 4,32; iwrakʻančʻiwr okʻ z-iwr ənt'ris yařaǰanay owtel 各人が自分自身の晩餐を我先に取って食べる 1Cor 11,21; ibrew lowan or iwrkʻ-n ein (= οἱ παρ' αὐτοῦ) elin ownel z-na 彼の身内の者たちが聞いて，彼を取り押さえに来た Mk 3,21; y-iwrs-n ekn, ew iwrkʻ-n z-na očʻ ənkalan = εἰς τὰ ἴδια ἦλθεν καὶ οἱ ἴδιοι αὐτὸν οὐ παρέλαβον 自分に属するもののところに来たが，彼に属する人々は彼を受け入れなかった Jn 1,11.

iwrakiēlovn【名】北東風 (εὐρακύλων) : hołm owřowcʻik or kočʻi iwrakiēlovn「北東風」と呼ばれる暴風 Ac 27,14.

iwrakʻančʻiwr【形】《不変》めいめいの，それぞれの，各… (ἕκαστος; εἷς ἕκαστος Mt 26,22; Lk 4,40; ἴδιος 1Tm 6,1) : iwrakʻančʻiwr zinowori masn 各部分をそれぞれの兵士に Jn 19,23; na iwrakʻančʻiwr owmekʻ i nocʻanē dnēr jeřs 彼は彼らの1人1人に両手を置いた Lk 4,40; z-ays amenayn ałołē mi ew noyn hogi, ew bažanē iwrakʻančʻiwr (= ἰδίᾳ ἑκάστῳ) orpēs ew kami これらすべての働きをなすのは，唯一にして同一の霊であり，それは思うままに個々別々に〔賜物を〕分け与える 1Cor 12,11.

iwrovin【副】［所有（再帰）代名詞 iwr² の単数具格を -in で強めたもの

ik'

(cf. Schmitt, Grammatik des Klass.-Armenischen, p. 122)〕自分自身で：mi t'e z-iwrovin? ert'ayc'ē = μήτι ἀποκτενεῖ ἑαυτόν 彼はまさか自害するつもりではあるまい Jn 8,22. → bolorovin

ik', 属 irik', 与/位 imik', 奪 imek' (ē), 具 iwik【代】《不定；主格 *i-k (→ ok') は č'-ik' に見られる；斜格は imn の欠如形を補う》何か, あるもの：① ［属］《形容詞的》ēr vasn x̄rovowt'ean irik' eɫeloy i k'aɫak'i-n ew spanowt'ean mteal i band = ἦν διὰ στάσιν τινὰ γενομένην ἐν τῇ πόλει … 彼は都で起きたある反乱と殺人のかどで獄に投じられていた Lk 23,19; ［与］isk i Nazaret'ē mart'? inč' ic'ē barwoy imik' linel = ἐκ Ναζαρὲτ δύναταί τι ἀγαθὸν εἶναι ナザレの出で, 何か善いものがありうるのか《代名詞的》［与］oč' imik' azdic'ē aynowhetew (= εἰς οὐδὲν ἰσχύει ἔτι), bayc' et'e ənkenowl artak's ew koxan linel i mardkanē もはや何の役にも立たず, 外に投げ棄てられ, 人々に踏みつけられるだけだろう Mt 5,13; mi t'e karawtec'ayk'? imik' … ew oč' imik' = μή τινος ὑστερήσατε; … οὐθενός 何か不足したか. 何も不足はなかった Lk 22,35; ② ［具］dow hogas ew z-bazowm iwik' zbaɫeal es = μεριμνᾷς καὶ θορυβάζῃ περὶ πολλά あなたは多くのことに心を煩わせ, かき乱されている Lk 10,41; ⟨oč' iwik' … et'e oč'⟩ ayd azg oč' iwik' elanē, et'e oč' pahovk' ew aɫawt'iwk' = τοῦτο τὸ γένος ἐν οὐδενὶ δύναται ἐξελθεῖν εἰ μὴ ἐν προσευχῇ καὶ νηστείᾳ この類のものは断食と祈り以外の手段では出て行かせることができない Mk 9,29; oč' iwik' hanē da z-dews, et'e' oč' Beeɫzebowɫaw išxanaw-n diwac' = οὗτος οὐκ ἐκβάλλει τὰ δαιμόνια εἰ μὴ ἐν τῷ Βεελζεβοὺλ ἄρχοντι τῶν δαιμονίων そいつが悪霊どもを追い出しているのは, 悪霊どもの首領のベエルゼブルによってやっているのだ Mt 12,24; ⟨iw iwik'⟩ ard iw? iwik' pakas ic'em = τί ἔτι ὑστερῶ 私にはまだ何が足りないのだろうか Mt 19,20.

l

lal → lam
lalakan, -i, -ac'【形】泣く (κλαίω); lalakank' 泣き叫ぶ女たち Mk 5,38.
laliwn【名】泣くこと (κλαυθμός)：bazowm laliwn eɫew amenec'own, ew ankeal z-paranoc'awn Pawɫosi hambowrēin z-na 皆が激しく泣き,

パウロの首を抱いて接吻した Ac 20,37.

lalowmn, -lman【名】悲しみ, 嘆き (κλαυθμός) : jayn gowžeac' i Hr̄ama (M: i Hr̄ovmay)˙ ołbowmn ew lalowm ew ašxarowm yoyž = φωνὴ ἐν ῾Ραμὰ ἠκούσθη, (D: θρῆνος καὶ) κλαυθμὸς καὶ ὀδυρμὸς πολύς ラマで１つの声がした, (哀歌と) 多くの嘆きと呻き声 Mt 2,18.

lam, lac'i, 3・単・アオ elac' [/lac'], 命 lar【動】泣く, 嘆く (κλαίω; κλαυθμός Mt 13,42; Lk 13,28) : erani ē or lan ayžm zi cicałesc'in 幸いだ, いま泣いている者たち, 彼らは大笑いするだろう Lk 6,21; eleal artak's elac' dar̄napēs 彼は外に出て行って激しく泣いた Mt 26,75; Hr̄ak'ēł layr z-ordis iwr ラケルはその子らのゆえ嘆いた Mt 2,18; dsterk' EMi, mi layk' i veray im˙ ayl lac'ēk' i veray anjanc' ew i veray ordwoc' jeroc' エルサレムの娘たちよ, 私のために泣くな. むしろ自分たちのためとあなたたちの子らのために泣け Lk 23,28. → artasowem, ołbam

lampar/lambar/łambar, -ac'【名】燭台, 松明 (λαμπάς) Re 4,5; 8,10. → lapter (ELPA II.148)

laynem, -ec'i【動】広くする (πλατύνω) : laynen z-grapanaks iwreanc' 彼らは自分たちの教札を広くする Mt 23,5.

laynowt'iwn, -t'ean【名】幅 (πλάτος) : orč'ap' erkaynowt'iwn nora noyn č'ap' ew laynowt'iwn その長さは幅と同じだけあった Re 21,16.

layc'-, **layr**, **lan** → lam

lanic'ēk' [M] → elanem

lanǰk', -ǰac'【名】胸, 懐 (στῆθος) : na ankeal z-lanǰawk'-n YI asē c'-na 彼はイエスの懐近くで食卓につき, 彼に言う Jn 13,25. → kowrck', coc', stin

laškamašk/leš-, -i, -ac'【名】(羊の) 毛皮, 獣皮 (μηλωτή) : šrǰec'an laškamaškōk' ew mort'ovk' ayceneōk' 彼らは羊の皮, 山羊の毛皮をまとって放浪した He 11,37. → mort'

lapter; M: łapter, -ac'【名】松明, ともし火 (λαμπάς, *vulg.* fax) : gay andr ǰahiwk' ew lapterawk' ew zinowk' 彼はともし火, 松明, 武器を携えそこにやって来る Jn 18,3; oroc' ar̄eal z-lapters (M: z-łapters) iwreanc' elin əndar̄aǰ p'esayi ew harsin 〔彼女らは〕自分のともし火を取って, 花婿と花嫁を迎えるために出て行った Mt 25,1. → lampar, ǰah

lar[1], -oy, -oc'【名】縄, 綱 (σχοινίον) : zōrakank'-n hatin z-lars kri-n 兵士たちは小舟の綱を断ち切った Ac 27,32.

lar[2], **lac'**- → lam

law, -ac'【形】① [+与 (+et'e, t'e, zi, 不)] (より) 良い, 優れた ; 得策の ; 重要な ; 大いなる (καλός Mt 18,8; πλείων He 11,4; λυσιτελεῖ Lk

17,2; συμφέρω Jn 11,50; τὰ διαφέροντα Php 1,10; μείζων 1Cor 14,5; κρείσσων He 6,9; 7,7); law aṙakʻealkʻ = οἱ ὑπερλίαν ἀπόστολοι 超大使徒たち 2Cor 11,5. ②law hamarel/varkanel より重んじる, 好む, 選ぶ (αἱρέομαι He 11,25). ③i law andr yaṙaj gal 良くなる, 改善する；更に前進する, 増長する (προκόπτω 2Tm 3,9). ④law ēr etʻē [＋未完過]《希望・願望を表して》…すればよいのに (ὄφελον)：①law icʻē kʻez miajeṙani kam kał mtanel i keans kʻan tʻe erkows jeṙs ew erkows ots ownicʻis ew ankanel i howr-n yawitenakan 両手と両足を持って永遠の火の中に落ちるよりも, 片手あるいは片足で命に入る方があなたにとってはましだ Mt 18,8; hawatovkʻ law patarags Habēl kʻan z-Kayēn matowcʻanēr AY 信仰によってアベルはカインよりも優れた生け贄を神に捧げた He 11,4; law ēr nma etʻe vēm erkanakʻar kaxēr z-paranocʻē nora ew ankanēr i cov kʻan tʻe gaytʻakłecʻowcʻanicʻē z-mi okʻ i pʻokʻrkancʻs y-ayscʻanē 彼にとっては, その首に引き臼の石をつけられて海の中に放り込まれる方が, これらの小さい者たちの１人を躓かせるよりは, まだ得だ Lk 17,2; očʻ bnaw xorhel isk tʻe law ē mez zi ayr mi meṙanicʻi i veray žołovrdean-s ew mi amenayn azg-s koricʻē １人の人間がこの民のために死んで, この民族全体が滅びないようにすることが, 私たちにとって得策であることを, あなた方は全く考えようともしていない Jn 11,50; əntrel jez z-law-n あなたたちが重要なことをわきまえる Php 1,10; ard law ews licʻi inj parcel i tkarowtʻiwns = ἥδιστα οὖν μᾶλλον καυχήσομαι ἐν ταῖς ἀσθενείαις μου 私はむしろ大いに喜んで自分のもろもろの弱さを誇ろう 2Cor 12,9; ②law hamarecʻaw čʻarčʻarel ənd žołovrdean-n AY, kʻan aṙ žamanak mi vayelel i mełs 彼は罪を一時的に享楽するよりも, 神の民と苦境を共にすることを選んだ He 11,25; or očʻ-n amowsnacʻowcʻanē law ews aṙnē = ... κρεῖσσον ποιήσει 結婚をしない者はさらによく振る舞うことになろう 1Cor 7,38; ③očʻ erbēkʻ gaycʻen yaṙaj i law andr 彼らはもうそれ以上進むことはなかろう 2Tm 3,9; ④law ēr etʻē nerēikʻ pʻokʻr mi ew imowm anzgamowtʻean-s 私の愚かさをあなた方が僅かばかりでも忍んでくれるとよいのだが 2Cor 11,1.

lawagoyn 【形】《比》より良い (κρείττων)；lawagoyn hamarel 高く評価する, 好む (προβλέπομαι He 11,40)：AY vasn mer lawagoyn hamareal 神は私たちのためにより良い評価を下した [= τοῦ θεοῦ περὶ ἡμῶν κρεῖττόν τι προβλεψαμένου 神は私たちのために何かより良いものを準備した] He 11,40. → -agoyn

lawowtʻiwn, -tʻean 【名】良いこと, 優秀であること；畏敬 (εὐλάβεια He 5,7)：lseli linēr aṙ lawowtʻean-n 彼は畏敬のゆえに聴き入れられた

He 5,7.
leal（E: lieal） → linim
leaṝn, lerin, leṝnē, leramb; lerink', leranc'【名】山 (ὄρος); leaṝn jit'eneac' オリーブ山 : amenayn lerink' ew blowrk' xonarhesc'in あらゆる山と丘は低くされるだろう Lk 3,5; y-anapati molorealk' ew i lerins ew y-ayrs ew p'apars erkri 彼らは荒れ野，山，岩穴，地の割れ目をさまよった He 11,38. → leṝnakołmn
lezow, -i, -ac'【名】①舌. ②言葉，言語；異言 (γλῶσσα; διάλεκτος Ac 2,6; ἑτερόγλωσσος 1Cor 14,21)：①lezow p'ok'r inč' andam ē 舌は小さな器官だ Jas 3,5; c'ncac'aw lezow im 私の舌は喜んだ Ac 2,26; ②mi baniwk' ew lezowōk' sires'cowk' ayl ardeambk' ew čšmartowt'eamb 私たちは言葉や口先だけでなく，実際に行動と真実をもって愛そうではないか 1Jn 3,18; sksan xōsel y-ayl lezows 彼らは異なる言葉で語りだした Ac 2,4; lsēin y-iwrak'anč'iwr lezows xōsel noc'a 人々は彼らがそれぞれの言葉で話すのを聞いた Ac 2,6; or xōsi i lezows oč' ənd mardkan xōsi, ayl ənd AY 異言で語る者は人間とではなく神と語るのだ 1Cor 14,2; y-ōtar lezow ew i šrt'owns ōtarotis xōsec'ayc' ənd žołovrdean-d ənd aydmik 異国の言葉で，また異国の者たちの唇で私はこの民と語ろう 1Cor 14,21.
lezowm, lezi, lez; M: lizowm【動】舐める (ἐπιλείχω) [liz-/lez-: ELPA II.67.121]：šownk' ews gayn lezowin (M: lizowin) z-vērs nora 犬どもまでやって来ては，彼のできものを舐め上げた Lk 16,21.
leṝnakołmn, -man, -manc'【名】山岳地帯 (ὀρεινή): gnac' i leṝnakołmn 彼女は山岳地帯に赴いた Lk 1,39; ənd amenayn leṝnakołmn-n Hrēastani patmein amenayn bank'-s aysok'ik ユダヤの山岳地帯のどこでもこの話の一部始終でもちきりだった Lk 1,65. → leaṝn, kołmn
leṝnē, leramb, lerin- → leaṝn
ler (→ k'aǰ-a-ler-im), **lerowk'** → linim
li, lioy, liov, -oc'【形】① [z＋属？Mk 8,19.20/＋具/i＋奪] …で一杯の，満ちている (μεστός Mt 23,28; Jn 21,11; Ro 15,14; Jas 3,17; πλήρης Mt 15,37; Mk 8,19; Ac 9,36; πλήρωμα Mk 6,43; 8,20; πληρόω Jn 17,13; Php 4,18; πίμπλημι Mt 27,48; πίμπλαμαι Lk 5,26; γέμω Mt 23,27; Lk 11,39). ②liov (具)【副】まったく，完全に：①k'ani? sakaṝi li barjēk' z-kotoroc'-n あなたたちはパン屑で一杯になった枝編み籠をいくつ集めたか Mk 8,19; k'ani? zambił li barjēk' z-kotoroc'-n あなたたちはパン屑で満ちた手提げ籠をいくつ集めたか Mk 8,20; i nerk'oy li ēk' kełcaworowt'eamb ew anawrēnowt'eamb お前たちは内側では偽善と不

Libeac'i

法で満杯だ Mt 78,45; li mecamec jkambk' hariwr yisown ew eriwk'〔網は〕153 匹の大きな魚で一杯だった Jn 21,11; z-nšxars kotoroc'-n barjin ewt'n zambił li 彼らが残ったパン屑を集めると 7 個の手提げ籠が一杯になった Mt 15,37; sa ēr li gorcovk' bareōk' この人には善い行いが一杯あった Ac 9,36; ənkalay ew li em i jeṙn Epap'roditeay 私はエパフロデトスをとおして受け取って満たされている Php 4,18; zi ownic'in z-owraxowt'iwn im liov y-anjins iwreanc' 彼らが私の喜びを満ち溢れるものとして自らのうちに持つようになるために Jn 17,13; aṙ spowng li k'ac'axov 彼は海綿を取って酢で満たした Mt 27,48; li ełen ahiw 彼らは恐れに満たされた Lk 5,26; i nerk'oy li en oskerawk' meṙeloc' ew amenayn płcowt'eamb それらは内側は死者の骨とあらゆる不浄に満ちている Mt 23,27; nerk'in-n jer li ē yapštakowt'eamb ew č'arowt'eamb あなたたちの内側は略奪行為と悪に満ちている Lk 11,39; ②zi ownic'in z-owraxowt'iwn im liov y-anjans iwreanc' = ... τὴν χαρὰν τὴν ἐμὴν πεπληρωμένην 彼らが私の喜びを満ち溢れるものとして自らのうちに持つように Jn 17,13. → lnowm, lc'owc'anem, lrowt'iwn, -lir, -lic'

Libeac'i, -c'oy, -oc'【名】解放奴隷 (Λιβερτῖνος [Lat. libertinus]): yarean omank' i žołovrdenēn, or koč'ēr Libeac'woc' ew Kiwrenac'woc' ew Ałek'sandrac'woc' 解放奴隷，キュレネ人，アレクサンドリア人のいわゆる会堂に属する人々のある者たちが立った Ac 6,9 [Λιβυστίνων 「リビア人の」と改読する説があり，アルメニア語形はむしろこれに近い].

lizowm [M], **lizowin** → lezowm

Likonarēn【副】リュカオニア語で (Λυκαονιστί): žołovrdoc'-n teseal z-or arari Pawłos, barjin z-jayns iwreanc' Likonarēn ew asen 群衆はパウロの行ったことを見てリュカオニア語で声を張り上げ言った Ac 14,11. → yownarēn

lič, lči, -čac'【名】湖，池 (λίμνη): oroc' bažin-n iwreanc' i lči-n ayrec'eroy hrov ew ccmbov 彼らの受け取る分け前は火と硫黄の燃える池にある Re 20,8. → covak, cov

linim, 3・単・アオ ełew [語幹 li- (le-) から不 linel, lineloy; 分 III: lineloc' ē; 現 linim, linis, ...; 接法 linic'im, linic'is, ...; 勧法 liniǰir, liniǰik'; 命法 mí linir, mí linik'; 未完過: linēr, linein; アオ: 接法 lic'i, lic'owk', lic'in; 勧法 liǰir, liǰik'; 命法 ler, lerowk'; 分 II: leal, lieal, lial (± ē, ēr, ...). ─語幹 eł- からアオ: 直法 ełē, ełer, ełew, ełeak', ełēk', ełen; 接法 ełēc', ełic'is/-es, ełic'i, ełic'in; 勧法 ełiǰir, ełiǰik'; 命法 ełerowk'; 分 II: ełeal (± ē, ēr, ...), 属 ełeloy, -oc'; 対・複 ełeals]【動】①なる，生じる，起こる; 現れる (γίνομαι; εἰμί Lk 3,5 Mk 14,2; καθίστημι Ro

5,19; ἐνεργέω Mt 14,2); [i+対] …になる, …と化す (ἀποβαίνω Lk 21,13); linim zhet [+属]…に従う (ἀκολουθέω Mt 9,27; παρακολουθέω 1Tm 4,6). ―繋辞・存在動詞 em「(…で) ある, いる」の不・接法/命法アオリストとして (εἰμί Lk 2,49; γίνομαι Mt 18,12; Ac 20,18); 留まる, 滞在する (ἐμμένω Ac 28,30; ἐπιμένω 1Cor 16,8). ②振舞う, 事を為す (γίνομαι 1Th 2,10). ③分 II (-eal) +licʻi [n]《勧告的な意味で用いられる接続法》: ①ełerowkʻ aysowhetew xoragētkʻ ibrew z-awjs だからあなたたちは蛇のように賢明になれ Mt 10,16; ban-n marmin ełew 言葉は肉〔なる人〕となった Jn 1,14; ełicʻin džowarinkʻ-n i diwrins 困難なものは容易なものになるだろう Lk 3,5; amenayn inčʻ novaw ełew 万物は彼を介して生じた Jn 1,3; yaṙaǰ kʻan z-linel Abrahamow em es アブラハムが生まれる前から私はいる Jn 8,58; mi i tawni ast, zi mi xṙovowtʻiwn linicʻi i žołovrdean-n 祭りには駄目だ, 民に暴動が起こるといけない Mk 14,2; linēr mrrik mec hołmoy 激しい暴風が起こった Mk 4,37; yankarcaki ełew ənd hreštaki-n ənd aynmik bazowmtʻiwn zawracʻ erknaworacʻ 突如としてその使いと一緒に天の大軍勢が現れた Lk 2,13; barwokʻ vardapetowtʻean-n, z-oroy zhet isk ełer 君が従ってきた立派な教え 1Tm 4,6; orpēs anhnazandowtʻeamb mioy mardoy meławorkʻ bazowmkʻ ełen 1 人の人間の不従順を通して多くの人たちが罪人と定められたように Ro 5,19; vasn aynorik zawrowtʻiwnkʻ? linin novaw それゆえに力が彼を介して生じているのか Mt 14,2 [= διὰ τοῦτο αἱ δυνάμεις ἐνεργοῦσιν ἐν αὐτῷ それゆえに力が彼の中で働いている]; ―i tan hawr imoy part ē inj linel 私は自分の父の家にいるはずだ Lk 2,49; etʻe linicʻi mardoy hariwr očʻxar もしある人に 100 匹の羊がいるならば Mt 18,12; ənd jez z-amenayn žamanaks-n ełē 私はいつもあなたたちと一緒にいた Ac 20,18; ełew z-erkeam mi bovandak iwrov varjow 彼は自分の賃借料でまる 2 年間留まった Ac 28,30 [= ἐνέμεινεν δὲ διετίαν ὅλην ἐν ἰδίῳ μισθώματι 自費で借りた家にまる 2 年間住んだ]; linim y-Epʻesos minčʻew cʻ-pentakostē 五旬節までは私はエフェソに滞在するだろう 1Cor 16,8; ełeal and žamanak inčʻ = ποιήσας χρόνον τινά そこにしばらく滞在した後 Ac 18,23; ②dowkʻ inkʻnin vkayēkʻ ew AC, orpēs srbowtʻeamb ew ardarowtʻeamb ew anbcowtʻeamb jez hawatacʻelocʻ-d ełeakʻ 私たちがいかに敬虔に, そして義しく, そして責められることのない仕方で, あなたずる者たちに対して事を為したか, そのことの証人はあなた方自身であり, また神である 1Th 2,10; ③etʻe owmekʻ tʻołowcʻowkʻ z-mełs, tʻołeal licʻi nocʻa 誰の過ちであれ, あなたがたが赦すなら, それは彼らに赦されるであろう Jn 20,23; aha tʻołeal lic'i jez town-d jer awerak 見よ、お前たちの家は見棄てられ、荒れるがままにされるであろう Mt 23,38; or owrasc'i z-is aṟaǰi mardkan, owrac'eal lic'i aṟaǰi hreštakac' AY 人々の面前で私を否む者は、神の使いたちの面前でも否まれるであろう Lk 12,9.

liov → li

litr, lter, lterc' 【名】リトラ (λίτρα) : isk Marema aṟeal litr mi iwłoy nardean aznowi mecagnoy マリアは純粋で高価なナルド香油1リトラを取って Jn 12,3; eber z-mowṟs xaṟn ənd hałoes ibrew lters hariwr 彼は没薬と沈香を混ぜ合わせたものを100リトラばかり持ってきた Jn 19,39.

lir^1, lri, lriw 【名】満ちること、充満；十分、完全 (πλήρωμα) : TN ē erkir lriw iwrov 地は〔それに〕満ちているものとともに主のものだ 1Cor 10,26.

[lir^2, -lic' 「満ちた」(lnowm, lc'i 「満たす」; ELPA I.177)] → bṟnalir, lrowt'iwn; amawt'alic', hac'alic', ordnalic', terewalic', k'ałc'owalic',; li

llkem, -ec'i 【動】虐待する、苦しめる、いじめる (ἐπηρεάζω Mt 5,44) ; 引きつけさせる (σπαράσσω Mk 9,26): aławt's [M: + araṟēk'] i veray aynoc'ik or llken z-jez ew halacen = προσεύχεσθε ὑπὲρ τῶν ἐπηρεαζόντων ὑμᾶς καὶ διωκόντων ὑμᾶς あなたたちを虐待し迫害する者のために祈れ Mt 5,44; [ays-n] yoyž llkeac' z-na 霊は彼をひどく引きつけさせた Mk 9,26.

lcakic', -kc'i, -kc'ac' 【名】共に軛を負う仲間 (ἑτεροζυγέω 2Cor 6,14; σύζυγος Php 4,3) : mi linik' lcakic'k' anhawatic' あなた方は不信者たちと共に軛を負う者になってはならない 2Cor 6,14; ałač'em ew z-k'ez, mterim im ew lcakic', ew dow ōgnakan liniǰir noc'a 私の真実な、軛を同じくする仲間よ、私はあなたにもお願いする、あなたも彼女たちを助けてくれるように Php 4,3. → lowc, -kic'

lnowm, lc'i, 3・アオ elic', 命 lic' [lnowm < *li-nu-m, → li (ELPA I.174, II.66)] 【動】①満たす (πληρόω; πληρόομαι Ac 13,52; ἀναπληρόω 1Cor 16,17; ἀνταναπλρόω Col 1,24; πίμπλημι Lk 5,7; πίμπλαμαι Lk 1,23; ἐμπίμπλαμαι Ro 15,24; ἐμπνέω Ac 9,1; γεμίζω Jn 2,7) ; lc'eal 満たされた (μεστός Jn 19,29). ②補充する、補う (προσαναπληρόω 2Cor 9,12) : ①hnč'iwn ... elic' z-amenayn town-n 音響が家全体を満たした Ac 2,2; əndēr? elic' satanay z-sirt k'o stel k'ez hogwoy-n srboy どうしてサタンがお前の心を満たして聖霊を欺いたのか Ac 5,3; trtmowt'iwn elic' z-sirts jer 悲しみがあなた方の心を満たした Jn 16,6; ays amenayn ełew zi lc'c'i or asac'aw-n i TĒ i jeṟn Ēsayay margaṟēi このことがすべ

て起こったのは預言者イザヤを通して主によって言われたことが満たされるためだ Mt 1,22; minč'ew lc'c'in cařayakic'k' noc'a ew ełbark' noc'a 彼らの僕仲間と彼らの兄弟たちとの数が満たされる時まで Re 6,11; owrax ełē ... zi z-jer pakasowt'iwn nok'a lc'in 私は，彼らがあなた方の欠けたところを満たしたことを喜んだ 1Cor 16,17; lnowm z-pakasowt'iwn nełowt'eanc'-n K'Si i marmni imowm vasn marmnoy nora, or ē ekełec'i 私はキリストの〔受けた〕抑圧の欠如部分を私の肉体をもって，彼の体すなわち教会のために，〔彼に〕代わって満たしている Col 1,24; lc'an erkok'in nawk'-n 双方の舟が満杯になった Lk 5,7; et'ē nax isk p'ok'r i šatē jewk' lc'ayc' もしも私が部分的にでもあなた方によって満たされるならば Ro 15,24; isk Sawłos takawin lc'eal spařnaleōk' ew spanmamb ašakertac'-n TN サウロはなお主の弟子たちを脅迫し，殺害しようという心で満たされていた Ac 9,1; lc'ēk' z-t'akoys-d řrov 瓶を水で一杯にせよ Jn 2,7; ašakertk'-n lnowin xndowt'eamb 弟子たちは喜びに満たされていた Ac 13,52; ②paštōn harki-s aysorik oč' miayn ař i lnowl z-pakasowt'iwn srboc'-n ē この献金の奉仕は聖徒たちの欠乏を補うためだけではない 2Cor 9,12.

lok, -oy, -ov【形】ただ…だけの，ただの；【副】ただ…だけ：hayec'eal tesanē z-ktaws-n lok (τὰ ὀθόνια μόνα [μόνος → miayn]) zi kayin 覗き込んで見ると亜麻布だけあるのが見える Lk 24,12.

-**loyc** → andamaloyc, lowcanem

loys, lowsoy, -ov【名】①光，明かり；焚火 (φῶς Mk 14,54; Ac 16,29; 2Cor 4,6; φέγγος Mt 24,29) ↔xawar；(光の) 放射，反射，反映 (ἀπαύγασμα He 1,3)；i loys 光の中で (ἐν τῷ φωτί Mt 10,27; Lk 12,3). ②loys tam 照らす，輝く (λάμπω Mt 5,15; φαίνω 2Pe 1,19)：①AC or asac', i xawarē loys cagel 神は「闇から光が照るだろう」と言った方 2Cor 4,6; řeřnoyr ař lowsov-n 彼は焚火のそばで暖をとっていた Mk 14,54; xndreac' loys ew dimeac' i nerk's 彼は明かりを持って来させて〔牢の〕中に駆け込んだ Ac 16,29; lowsin oč' tac'ē z-loys iwr 月は自分の光を放たないだろう Mt 24,29; or ē loys p'ařac' 彼は〔神の〕栄光の反映である He 1,3；②loys tay amenec'own or i tan-n ic'en それは家の中にいるすべてのものを照らす Mt 5,15; ibrew čragi or tayc'ē loys i xawarč'tin tełwoǰ 暗い所に輝く灯火として 2Pe 1,19.

low【形】聞かれた，知られている；low i low［＋属］…の聞いているところで，公然と，衆人環視の中で：ew low i low amenayn žołovrdean, asē c'-ašakerts-n = ἀκούσαντος δὲ παντὸς τοῦ λαοῦ εἶπεν τοῖς μαθηταῖς すべての民が聞いているところで，彼は弟子たちに言った Lk

24,45.

lowanam, -owacʻi, 命 lowa【動】① ［能］洗う，沐浴する，洗い清める (νίπτω Jn 13,5; ἀπονίπτω Mt 27,24; πλύνω Lk 5,2; λούω Ac 9,37; ἀπολούω Ac 22,16; 1Cor 6,11; ῥαντίζω He 10,22). ② ［中］洗う，沐浴する (νίπτομαι Jn 9,15; λούομαι Jn 13,10a)：①sksaw lowanal z-ots ašakertacʻ-n 彼は弟子たちの足を洗い始めた Jn 13,5; aīeal J̌owr lowacʻ z-jers aīaJi žołovrdean-n 彼は群衆の前で水を取って両手を洗った Mt 27,24; jknorskʻ-n eleal i nocʻanē lowanayin z-gorcis-n 漁師たちはそれらの〔舟〕から〔陸に〕上がって網を洗っていた Lk 5,2; ełew ... hiwandanal nma ew meīanel lowacʻin z-na ew edin i dstikoni and 彼女は病気にかかって死んだので，人々はその遺体を洗い，屋上の間に安置した Ac 9,37; ari mkrteacʻ, ew lowa z-mełs kʻo i kardal z-anown nora 立って，その方の名を唱え，洗礼を受けて，罪を洗い清めよ Ac 22,16; ayl lowacʻarowkʻ, ayl srbecʻarowkʻ, ayl ardaracʻarowkʻ しかしあなた方は洗われ，清められ，義とされた 1Cor 6,11; lowacʻeal z-sirts i xlčē čʻareacʻ = ῥεραντισμένοι τὰς καρδίας ἀπὸ συνειδήσεως πονηρᾶς 〔私たちは〕心をすすがれて，内奥の意識の邪悪さから〔清められて〕いる He 10,22; ②kaw ed i veray ačʻacʻ imocʻ, ew lowacʻay ew tesanem 彼が泥を私の両目の上につけ，私は洗った．そして視えるのだ Jn 9,15; lowacʻeloy-n, čʻ-ē inčʻ pitoy baycʻ zi z-ots-n lowanaycʻē (M: lowascʻē) = ὁ λελουμένος οὐκ ἔχει χρείαν εἰ μὴ τοὺς πόδας νίψασθαι 沐浴した人は，足のほかには洗う必要がない Jn 13,10. → anloway, konkʻ

loway, lowar-, loweal, lowicʻē → lsem

lowc, lcoy, -ocʻ【名】軛 (ζυγός; ζεῦγος Lk 14,19)：zi lowc im kʻałcʻr ē ew beīn im pʻokʻrogi 私の軛は担いやすく，私の荷は軽いからだ Mt 11,30; ard əndēr? pʻorjēkʻ z-AY, dnel lowc i veray paranocʻi ašakertacʻ-n, z-or očʻ harkʻ-n mer ew očʻ mekʻ karacʻakʻ baīnal なぜ今あなたがたは，私たちの父祖も私たちも負い切れなかった軛をあの弟子たちの首にかけて，神を試みるのか Ac 15,10; or miangam ənd lcov caīayowtʻean icʻen 奴隷の軛の下にある者たち 1Tm 6,1; lowcs (M: lowc) hing ezancʻ gnecʻi 私は牛を5つがい買った Lk 14,19.

lowcanem, -ci, 3・単 eloyc【動】①解く，ゆるめる；解放する；(掟・律法を) 破る，破棄する (λύω; καταλύω Mt 5,17); 滅ぼす 1Jn 3,8. ②lowcanim 投宿する，泊まる (καταλύω → hangčʻim)：①čʻ-em bawakan xonarhel lowacanel z-xracʻs kawškacʻ nora 私は彼の皮ぞうりの紐をかがんで解く値打ちもない Mk 1,7; amenecʻown kapankʻ-n lowcan (囚人) 全員の鎖が解けてしまった Ac 16,26; lowceal z-erkowns mahow 死の苦しみから解き放って Ac 2,24; mi hamarik' et'e eki lowcanel z-awrēns kam z-margarēs 私が律法や預言者たちを廃棄するために来たと思うな Mt 5,17; or ok' lowcc'ē mi inč' i patowiranac' y-aysc'anē i p'ok'ownc' これらの最も小さい掟の1つですら破棄する者 Mt 5,19; oc' miayn lowcanēr z-šabat's 彼は安息日を破っていただけではない Jn 5,18; et'e t'lp'atowt'iwn aṙnow mard i šabat'ow zi mi awrēnk'-n Movsēsi lowc'c'in 人がモーセの律法を破らないために安息日に割礼を受けるとすれば Jn 7,23; yaytnec'aw ordi-n AY zi lowcc'ē z-gorcs satanayi 神の子は悪魔の業を滅ぼすために現れた 1Jn 3,8; ②aṙ aṙn meławori emowt lowcanel (M: aganel) 彼は罪人である男のもとに入り泊まった Lk 19,7. → andam-a-loyc

lowcowmn【名】解釈 (ἐπίλυσις) 2Pe 1,20.

lowłak; **lołak**; lołakan; łowłakan; lawłak/łōłak, -i, -ac【名】泳ぐ生物：satakec'aw errord masn lawłakac' = ἀπέθανεν τὸ τρίτον τῶν κτισμάτων τῶν ἐν τῇ θαλάσσῃ 海中に住んでいた被造物の3分の1が死滅した Re 8,9.

lowłim, -łec'ay【動】泳ぐ (κολυμβάω Ac 27,43; ἐκκολυμβάω Ac 27,42): hramayeac' zi or karōł-n ic'ē lowłel ankanic'in nax ew i c'amak'-n elanic'en 彼は、泳げる者がまず飛び込んで上陸するように命じた Ac 27,43; zi mi ok' lowłic'i ew p'axic'ē (囚人たちが) 誰も泳いで逃げることがないように Ac 27,42.

lowmay, -i, -ic'【名】小貨幣、レプトン (λεπτόν): ark erkows lowmays or ē nak'arakit (M: -ket) 彼女は2レプトン、すなわち1クォドランスを投げ入れた Mk 12,42. → bnion, nak'arakit

lowmayap'ox, -i, -ic'【名】両替商 (κερματιστής): egit i tačari-n zi vačarein z-arǰaṙs ew z-oč'xars ew z-aławnis ew z-lowmayap'oxs-n or nstein 彼は神殿に、牛や羊や鳩を売っている人々、また両替商が座っているのを見つけた Jn 2,14. → hatavačaṙ; τὸ κέρμα = płinj (Jn 2,15); p'oxatow, p'ox

lowṙ, lṙi, lṙac'【形】黙っている [ELPA II.129]; lowṙ linim/kam 黙る、沈黙している (σιωπάω Mk 9,34; 14,61; ἡσυχάζω Lk 14,4): nok'a lowṙ linein 彼らは黙ってしまった Mk 9,34; na lowṙ ewet' kayr ew č'-tayr inč' patasxani 彼はただ沈黙したままひとことも答えなかった Mk 14,61; nok'a lowṙ ełen 彼らは黙っていた Lk 14,4. → lṙem, lṙelayn; lowr

lowsanay, -nayr, -sac'aw【動】《非人称》日が明ける、日が始まる (ἐπιφώσκω): y-erekoyi šabat'ow-n y-orowm lowsanayr miašabat'i-n 安息日が過ぎ、週の第1の日が明ける頃 Mt 28,1; ew awr-n ēr owrbat'

lowsawor

ew šabatʻ (M: i šabatʻ) lowsanyr またその日は準備日で，安息日が始まろうとしていた Lk 23,54. → loys

lowsawor, -i, -acʻ【形/名】①光り輝く (ἀστράπτω Lk 24,4; φωτεινός Mt 6,22; 17,5; Lk 11,36)；光る物，星 (φωστήρ Php 2,15). ②lowsawor aṙnem 照らす，明るみに出す (φωτίζω Jn 1,9; Eph 3,9)：①arkʻ crkow hasin aṙ nosa i handerjs lowsawors 2人の男が煌く衣を着て彼女らに立ち現れた Lk 24,4; amp lowsawor hovani ełew i veray nocʻa 輝く雲が彼らを上から覆った Mt 17,5; etʻe akn kʻo aṙat ē, amenayn marmin-d lowsawor ełicʻi もしあなたの目が純真ならば，あなたの体全体が輝いているだろう Mt 6,22; loys-n i xawari and lowsawor ē (φαίνει) その光は闇の中にあって輝いている Jn 1,5; erewicʻikʻ ibrew lowsaworkʻ y-ašxarhi あなたたちは世にあって星のように現われるであろう Php 2,15; ②ēr loys-n čšmarit or lowsawor aṙnē z-amenayn mard or galocʻ ē y-ašxarh それはすべての人を照らす本物の光であって，世に来ようとしていた Jn 1,9; lowsawor aṙnel z-amenesin tʻē zinčʻ? ē tntesowtʻiwn xorhrdoy-n 奥義の計らいがどのようなものであるかをすべての者に明らかにする Eph 3,9. → loys

lowsaworem, -ecʻi【動】輝く，光る；照らす，輝かせる (φωτίζω Lk 11,36; λάμπω Mt 17,2; ἐπιφαύσκω Eph 5,15; διαυγάζω 2Pe 1,19)：etʻe marmin-d kʻo amenayn lowsawor ē ew čʻ-gowcʻē masn inčʻ xawari-n, ełicʻi lowsawor amenayn, orpēs yoržam črag-n nšowłiwkʻ lowsaworicʻē (M: -rescʻē) z-kʻez あなたの体全体が輝いており，暗闇の部分がどこにもなければ，ちょうどともし火がその煌きであなたを照らし輝かせる時のように，全体は輝いているだろう Lk 11,36; lowasaworecʻan ereskʻ nora ibrew z-aregakn 彼の顔は太陽のように輝いた Mt 17,2; lowsaworescʻē z-kʻez KʻS キリストが汝に光輝くだろう Eph 5,14; minčʻew tiw-n lowasaworescʻē ew arowseak-n cagescʻē i sirts jer 夜が明けてあなたたちの心に明けの明星が昇るまでの間 2Pe 1,19.

lowsaworowtʻiwn, -tʻean【名】明るさ，輝き，光 (λαμπρότης Ac 26,13; φωτισμός 2Cor 4,6)：tesi y-erknicʻ aṙawel kʻan z-lowsaworowtʻiwn aregakan cageal z-inew loys 私は，天から光が太陽の輝き以上に明るく輝き，私のまわりを照らすのを見た Ac 26,13; i lowsaworowtʻiwn gitowtʻean pʻaṙacʻ-n AY i dēms YI KʻI イエス・キリストの面にある神の栄光を認識する光に向けて 2Cor 4,6.

lowsapʻayl【形】光り輝く，きらびやかな，きらめく：amenayn lowsapʻayl vayelčʻowtʻiwn = πάντα τὰ λιπαρὰ καὶ τὰ λαμπρά あらゆる優美できらびやかなもの Re 18,14. → pʻaylakn

lowsin, -sni, -iw [-snoy, -ov (Jer.8.2)]：Meillet, Eb. §48]【名】月 (σελήνη)：aregakn xawaresc'i, ew lowsin oč' tac'ē z-loys iwr , ew astełk' ankc'in y-erknic' 太陽は陰って日を失い，月はその光を放たぬようになり，そして星辰は天より落ちるであろう Mt 24,29; ełic'in nšank' y-aregakn ew i lowsin ew y-astełs 太陽と月と星辰とに徴が生じるだろう Lk 21,25.

lowsnot, -i, -ic'/-ac'【形】てんかんを患っている (σεληνιαζομένος)：matowc'in ar̄ na ... z-dewahars ew z-lowsnots ew z-andamaloycs 人々は悪霊に憑かれた者たちやてんかんの者たちや中風の者たちを彼のところに連れて来た Mt 4,24.

lowsnotim, -tec'ay【動】てんかんを患っている (σεληνιάζομαι)：lowsnoti ew č'arač'ar hiwandanay 彼はてんかんを患いひどく苦しんでいる Mt 17,15. → lowsnot

lowsov → loys

lowr[1] → lsem [命]

lowr[2], lroy, -oc'【名】①聞くこと (ἀκοή). ②噂；話 (ἀκοή). ③lowr lini 耳に入る，知れ渡る：①noc'a oč'inč' ōgneac' lowr bani-n 言葉を聞いても彼らには何の役にも立たなかった He 4,2; o? hawatac' i lroy merowm (cf. Jn 12,38 o hawatac' i lowr mer) 私たちから聞いたことを誰が信じたか Ro 10,16; ②el lowr-n nora ənd amenayn erkir-n Asorwoc' 彼の噂はシリア一帯に広まった Mt 4,24; el lowr nora ənd amenayn kołmn Gałiłeac'woc' 彼の噂はガリラヤ周辺の全域に広まった Mk 1,28; o hawatac' i lowr mer 私たちの告げることを誰が信じたか Jn 12,38; ③et'e lowr lic'i ayd ar̄ dataworn-n = ἐὰν ἀκουσθῇ τοῦτο ἐπὶ τοῦ ἡγεμόνος もしそのことが総督の耳に入ったら Mt 28,14; lowr ełew et'e i tan ē = ἠκούσθη ὅτι ἐν οἴκῳ ἐστίν 彼が家にいるということが知れ渡った Mk 2,1. → lsem

lowc'anem, -c'i, 3・単 eloyc' [ELPA II.76]【動】火をつける，ともす，燃やす (καίω Lk 12,35; ἅπτω Lk 8,16; Ac 28,2; περιάπτω Lk 22,55;)：[ełic'in] čragownk' lowc'ealk' ともし火をともしておれ Lk 12,35; lowc'in xaroyk ew ənkalan z-amenesean z-mez 彼らは焚火をして私たち一同を迎えてくれた Ac 28,2; ibrew lowc'in krak i mēǰ gawt'i-n 人々が中庭の真中に火を焚いた時 Lk 22,55; na ēr črag-n or lowc'eal ēr ew cagēr 彼は燃えて輝くともし火であった Jn 5,35.

lr̄eleayn【副】ひそかに (λάθρᾳ)：xorhec'aw lr̄eleayn arjakel z-na 彼は彼女とひそかに離縁しようと思った Mt 1,19; ard lr̄eleayn? hanen z-mez 彼らは今になってひそかに我々を連れ出そうとするのか Ac 16,37.

→ gałt, lowr̄, lr̄em

lr̄em, -ecʻi【動】沈黙する；語り終える；[i＋不(奪)] …するのをやめる (σιωπάω Lk 19,40; σιγάω Lk 9,36; Ac 15,13; παύομαι Lk 5,4; Ac 13,10): etʻe dokʻa lr̄escʻen, kʻarinkʻ-d ałałakescʻen もしこれらの者が黙するなら，石が叫ぶだろう Lk 19,40; inkʻeankʻ lr̄ecʻin ew očʻ owmekʻ patmecʻin 彼らは沈黙を守って誰にも告げなかった Lk 9,36; yet lr̄eloy-n nocʻa 彼らが語り終えると Ac 15,13; ibrew lr̄eacʻ i xawsicʻ-n, asē cʻ-Simovn 彼は語りから沈黙して，シモンに言った Lk 5,4; očʻ? lr̄es i tʻiwreloy z-čanaparhs TN z-owłiłs お前は主の直き道を曲げて止まぬのか Ac 13,10. → lowr̄

lr̄ecʻowcʻanem, -cʻowcʻi【動】黙らせる，鎮める (καταστέλλω Ac 19,35); [z-＋対] …に [i＋奪] …をやめさせる，思い止まらせる (παύω 1Pe 3,10; καταπαύω Ac 14,18): lr̄cʻoycʻ dprapet-n z-ambox-n 書記官が群衆を押し鎮めた Ac 19,35; lr̄ecʻowscʻē z-lezow iwr i čʻarowtʻenē 自らの舌に悪を止めさせよ 1Pe 3,10; lr̄ecʻowcʻanēin z-żołovowrds-n i čʻ-zoheloy nocʻa 彼らは群集が自分たちに犠牲を捧げることを思い止まらせた Ac 14,18.

lr̄owtʻiwn, -tʻean【名】沈黙 (ἡσυχία Ac 22,2; σιγή Re 8,1): ibrew lowan tʻē hebrayecʻwocʻ lezowaw-n barbar̄ecʻaw nocʻa, arawel ews dadarecʻin i lr̄owtʻean 彼がヘブライ語で語りかけるのを聞いて，人々はますます静かになった Ac 22,2; ełew lr̄owtʻiwn y-erkins orpēs kēs żamow およそ半時の間，沈黙が天上を包んだ Re 8,1.

lseli, -lwoy【形】①聞かれ得る，聞く者，聞き手 (ἀκροατής Ro 2,13) [→ ar̄neli]. ②lseli linim 聞き入れられる (εἰσακούομαι Mt 6,7; Lk 1,13; ἀκούομαι Lk 12,3): ①očʻ etʻē or lselikʻ ōrinacʻ-n en ardaracʻeal en ar̄aǰi AY 律法を聞く者たちが神の前で義とされるのではない Ro 2,13; ②zi hamarin etʻe i bazowm xawsicʻ iwreancʻ lseli linicʻin 彼らは自分たちの言葉が多ければ聞き入れてもらえると思っている Mt 6,7; lseli ełen aławtʻkʻ kʻo あなたの祈りは聞き入れられた Lk 1,13; z-or asicʻēkʻ i xawari lseli (M: lsēli) licʻi i loys あなたたちが闇の中で語ったことは光の中で聞かれるだろう Lk 12,3.

lselikʻ, -leacʻ【名】①聴覚，聞くこと；耳 (ἀκοή 1Cor 12,17; 2Tm 4,4; ἀκοαί Mk 7,35). ②berem i lselis ＝ εἰσφέρω εἰς τὰς ἀκοάς 耳に入れる；dnem i lselis ＝ τίθεμαι εἰς τὰ ὦτα 耳に入れる：①etʻē amenay lselikʻ ēin, owr? ēin hototelikʻ もしも〔体〕全体が聴覚〔だけ〕だとしたら，嗅覚はどこにあることになるか 1Cor 12,17; noynżamayn bacʻan lselikʻ nora, ew lowcan kapankʻ lezowi nora ew xawsēr owłił すぐさま

彼の耳は開かれ、舌のもつれも解けてまともに話し始めた Mk 7,35; ibrew katareac' z-amenayn bans iwr i lselis žołovrdean-n, emowt i Kap'aṝnaowm 彼は、自分のすべての言葉を民の耳に入れた後、カファルナウムに入った Lk 7,1; i čšmartowt'ean anti darjowc'anic'en z-lselis 彼らは真理から耳を背けるだろう 2Tm 4,4; ②ōtarac'owc'ič's imn beres i lselis mer あなたは何か新奇なことを私たちの耳に入れている Ac 17,20; dik' dowk' i lselis jer z-bans z-aysosik あなたたちは以下の言葉をあなたたちの耳にしっかりと入れておけ Lk 9,44 [dik' → dnem; ownkn].

lsem, アオ・直 loway, 3・接 lowic'ē, 命 lowr【動】[＋対; z-＋対; ＋与; i＋奪…から/z-＋奪…のことを; ＋et'e,t'e/zi] ①聞く、聞き従う；聴く、聴き入る；聴取する、尋問する (ἀκούω Mt 17,5; 18,15; Jn 7,51; Re 18,22; διακούω Ac 23,35; εἰσακούω 1Cor 14,21; ἐπακούω 2Cor 6,2; προακούω Col 1,5; ἀκοή Mt 13,14). ②聞き流す (παρακούω Mk 5,36); oč' lsem 聞き従わない (παρακούω Mt 18,17): ①da ē ordi im sireli, ənd or hačec'ay. dma lowarowk' この者は私の愛する子、私の意にかなった。お前たちは彼に聞け Mt 17,5; et'e lowic'ē k'ez, šahec'ar z-ełbayr k'o もし彼があなたに聞き従うならば、あなたは自分の兄弟を獲得したことになる Mt 18,15; jayn k'narergac' ew eražštakanac' ew arowestakanac' ew p'ołaharac' ... oč' ews lowic'i i k'ez 竪琴を弾く者たち、歌を歌う者たち、笛を吹く者たち、ラッパを吹き鳴らす者たちの音はお前の中ではもはや聞かれることはない Re 18,22; sakayn ew oč' aynpēs lowic'en inj しかし彼らはそのようにしても私に聴き入りはしないだろう 1Cor 14,21; i žamanaki əndownelowt'ean loway k'ez ふさわしい時に私はあなたに聞いた 2Cor 6,2; vasn yowsoy-n ... z-ormē lowarowk' あなたたちが前もって聞いた希望のために Col 1,5; lselov lowiJik' ew mi imasJik', ew tesanelov tesJik' ew mi tesJik' お前たちは聞くことは聞くが悟らないだろうし、見ることは見るが認めないだろう Mt 13,14; mi t'e awrēnk'-n mer datin? z-mard et'e oč' lsem inč' nax i nmanē, kam gitem zinč' gorcē われわれの律法は、まず本人から聴取してその人が何をしているのかを知った上でなければ、人を裁くことはしないのではなかろうか Jn 7,51; lowayc' k'ez, yoržam ew č'araxōsk'-n k'o ekesc'en お前の告訴人が着いてから、尋問することにする Ac 23,35; isk sa ov? ic'ē z-ormē z-ayspisi irs lsem だが、こいつは何者だ、こんなことが私の耳に入って来るとは Lk 9,9; mek' lowak' y-awrinac' et'e K'S-n yawitenakan kay 私たちは律法から、キリストは永遠に留まり続けると聞いた Jn 12,34; i yawitenic' ok' oč' lowaw et'e ebac' ok' z-ač's kowri i cnē koyr cneloy 生まれつき盲目であった人の両目を誰かが開いたなどということは、いま

lsēli

だかつて聞いたことがない Jn 9,32; ②YS ibrew lowaw z-ban-n asac‘eal イエスは言われた言葉を聞き流して Mk 5,36; isk ew t‘e noc‘a oč‘ lowic‘ē, asasǰir y-ekełec‘woǰ もし彼が彼らに聞き従わないならば，教会に告げよ Mt 18,17.

lsēli [M]   → lseli

lsoł; lsōł, -i, -ac‘ 【名】聞く者 (ἀκροατής Jas 1,23): et‘ē ok‘ lsōł miayn ic‘ē bani-n ew ařneli, nman ē na mardoy or pšowc‘eal hayic‘i ənd eress iwr or cnanic‘in i hayelwoǰ 人が御言葉の単なる聞き手であって，実行者でないなら，その人は自分の生まれつきの顔を鏡で食い入るように見つめている人に似ている Jas 1,23; i korc‘nowmn lsołac‘ (ἐπί καταστροφῇ τῶν ἀκουόντων) 聞く人々の破滅へ 2Tm 2,14; bazowmk‘ i lsołac‘ (πολλοί δὲ τῶν ἀκουσάντων) bani-n hawatac‘in 話を聞いた者の多数が信じた Ac 4,4.   → lseli

lter   → litr

lrowt‘iwn, -t‘ean 【名】①満ちること，充満，満足（させること）；完全であること (πλησμονή Col 2,23; πλήρωμα Mt 9,16; Mk 2,21; Jn 1,16; Ro 15,29). ②確信，確かさ (πληροφορία 1Th 1,5; He 10,22): ①oč‘ i patiw inč‘ lrowt‘ean marmnoy 〔これらは〕何の価値もなく肉の満足のためにある Col 2,23; oč‘ ok‘ arkanē kapert ant‘ap‘ i veray hnac‘eal jorjoy‘ zi ařnow elanē z-lrowt‘iwn (M: z-sertowt‘iwn) nora i handerǰē-n ew ews č‘ar patařowmn lini 誰も，晒していない布の当て切れを古くなった着物の上に当てはしない．なぜなら，その当て布は着物から裂けて取れ，破れがいっそうひどくなるから Mt 9,16; oč‘ ok‘ kapert nor ant‘ap‘ arkanē i veray hnac‘eal jorjoy‘ apa t‘e oč‘ ařnow lrowt‘eamb-n iwrov nor-n i hnoy anti ew č‘ar ews patařowmn lini 誰も晒していない新しい布切れを古い着物の上に縫いつけはしない．そんなことをすれば，新しい布自体が完全であることで古い着物から裂けて取れ，破れがいっそうひどくなる Mk 2,21; zi i lrowt‘enē anti nora mek‘ amenek‘in ařak‘ šnorhs p‘oxanak šnorhac‘ なぜなら彼の充満の中から私たちは皆，恵みに代わる恵みを受けたからだ Jn 1,16; z-ays gitem, zi i gal-n imowm ař jez, lrowt‘eamb ōrhnowt‘ean ekic‘ あなた方のところに行く時には，私はキリストの充満した祝福をもって行くことだろう．このことを私は知っている Ro 15,29; ②awetaran-n mer oč‘ ełew ař jez miayn baniw, ayl ew zōrowt‘eamb ew hogwov srbov ew lrowt‘eamb bazmaw 私たちの福音はあなた方のもとでただ単に言葉によってではなく，力と聖霊と多くの確信によって出来事となった 1Th 1,5; matic‘owk‘ čšmarit srtiwk‘ lrowt‘eamb hawatoc‘ 真実な心をもって信仰の確かさに

よって進み出よう He 10,22. → lir, li

lrowmn【名】満ちること，充満，満足（させること）；完全であること (πλήρωμα)：minč'ew lrowmn het'anosac' mtc'ē 異邦人たちの〔救いの〕満ちる時がやって来るまで Ro 11,25; ibrew ekn lrowmn žamanaki-n 時が満ちた時 Ga 4,4; i nma bnakē amenayn lrowmn ACowt'ean-n marmnapēs 彼の内には神性の全き充満が形態化して宿っている Col 2,9.

lrjmtowt'iwn, -t'ean【名】快活さ，陽気 (ἱλαρότης)：or ołormin lrjmtowt'eamb 慈善をなす者は快活さをもって Ro 12,8.

lrtes, -ac'【名】密偵，間諜，斥候 (κατάσκοπος)：oroy ənkaleal ēr z-lrtess-n xałałowt'eamb 彼女は斥候たちを平和をもって迎え入れた He 11,31. → lsem (命・アオ lowr), tesanem (アオ tesi, 命・アオ tes)

lc'aw, lc'eal, lc'ēk', lc'i → lnowm

lc'owc'anem, -owc'i, 3・単 lc'oyc'【動】満たす (ἐμπίμπλημι Lk 1,53; ἐπιπίμπλημι, πληρόω)：z-k'ałc'eals lc'oyc' barowt'eamb 彼は飢える者たちを良きもので満たした Lk 1,53; lc'owc'er z-is owraxowt'eamb eresac' k'oc' あなたはあなたの前で私を喜びに満たしてくれた Ac 2,28. → -lic', li, lnowm

lc'c'i → lnowm

lk'anim, lk'ay【動】①弱る，疲れ果てる，意気消沈する (ἐκλύομαι). ②[i+奪] 軽んじる，軽視する (ὀλιγωρέω)：①i žamanaki iwrowm hnjesc'owk' aṙanc' lk'aneloy 弱り果てなければ，固有のときに私たちは〔実を〕刈り取るだろう Ga 6,9; ②mi lk'anir i xratow TN 主の躾けを軽んじるのはやめよ He 12,5.

lk'em, -ec'i【動】①（身体の一部を）弱くする，障害をきたす (παρίεμαι). ②見棄てる (ἐγκαταλείπω)：①z-jeṙs lk'eals ew z-cownks kt'ots hastatec'ēk' 萎えた両手と虚弱になった両膝をまっすぐにせよ He 12,12; ②halacealk', ayl oč' lk'ealk' (私たちは) 迫害されながらも，見棄てられてはいない 2Cor 4,9.

X

xabalem [M] → xarbalem
xabem, -ec'i【動】①欺く，だます，惑わす (πλανάω Mt 24,4; ἐμπαίζω

Mt 2,16; ἀπατάω Eph 5,6; ἐξαπατάω 2Cor 11,3; φρεναπατάω Ga 6,3). ②敗者と判定する, 不利な判定を下す (καταβραβεύω Col 2,18)：①zgoyš lerowk', gowc'ē ok' z-jez xabic'ē 誰もあなたたちをだますことのないように警戒せよ Mt 24,4; ibrew etes Hērovdēs t'e xabec'aw i mogowc' anti barkac'aw yoyž ヘロデは占星学者たちにだまされたと知って甚だしく憤った Mt 2,16; mi ok' z-jez xabesc'ē baniwk' snotwovk' 誰もあなた方を空虚な言葉でだますことがあってはならない Eph 5,6; orpēs ōj-n xabeac' z-Ewa xoramangowt'eamb iwrov 蛇がその狡猾さをもってエバを欺いたように 2Cor 11,3; et'ē hamaric'i ok' linel inč' ew č'-ic'ē, z-anjn iwr xabē もしも誰かが, 何者でもないのに自分を何者かであると考えているとするなら, その人は自分を欺いている Ga 6,3; ②mi ok' z-jez xabesc'ē 誰もあなた方に敗者の烙印を押すことがあってはならない Col 2,18.
→ molorec'owc'anem

xabēowt'iwn, -t'ean 【名】①欺瞞, ごまかし, 裏切り, いかさま, 悪巧み, 奸計 (κυβεία/μεθοδεία Eph 4,14; ἀπάτη Col 2,8; He 3,13). ②迷い, 迷妄 (πλάνη 1Jn 4,6)：①vardapetowt'ean xabēowt'eamb mardkan 人間たちのいかさまによる教えの Eph 4,14; or owtēr ənd is hac' arar inj xabēowt'iwn 私のパンを食らった者が私を欺いた Jn 13,18 [= ὁ τρώγων μου τὸν ἄρτον ἐπῆρεν ἐπ' ἐμὲ τὴν πτέρναν αὐτοῦ 私のパンを食らう者が私に向かってその踵を上げた]. (cf. 詩篇 41,10 or owtēr z-hac' im yačaxeac' aṙnel inj xabēowt'iwn = ... ἐμεγάλυνεν ἐπ' ἐμὲ πτερνισμόν 私のパンを食べた者が私に向かって踵を大きくした); cf. garšapar, -i, -ac'「踵」); zi mi ok' xstasc'i i jēnǰ xabēowt'eamb mełac' 罪の欺きによって, あなた方のうちの誰かが頑なになることのないように He 3,13; ②aysowik čanač'emk' z-hogi-n čšmartowt'ean ew z-hogi-n xabēowt'ean これによって私たちは真理の霊と迷いの霊を見分ける 1Jn 4,6.

xažamowž【形】[xaž, -i「部厚い, 粗い, 粗野な」：NB] 下賤な, 野卑な；xažamowž ambox 下層民, 賤民；群衆 (ὄχλος)：ayn xažamowž ambox (= ὄχλος) or oč' gitē z-awrēns ew nzovealk' en 律法を知らないその群衆は呪われた者たちでもある Jn 7,49.

xaxtem, -ec'i【動】①かき乱す, 荒らす (ἀνασκευάζω Ac 15,24; πορθέω Ga 1,23). ②無効にする (ἀκυρόω Ga 3,17)：①xṙovec'owc'in z-jez baniwk' xaxtel z-anjins jer 彼らはいろいろな言葉をもってあなたたちを騒がせ, あなたたちの心を乱した Ac 15,24; or halacēr-n z-mez yaynžam, ard awetaranē z-hawats z-or erbemn xaxtēr かつては私たちを迫害した者が今は, かつては自分が荒らしまわっていた信仰を福音として告げ

知らせている Ga 1,23; ②z-ktak-n yaṙaǰagoyn hastateal y-AY ōrēnk'-n … oč' karen xaxtel aṙ i xap'aneloy z-awetis-n 神によってあらかじめ有効とされている契約を律法が無効にして, 約束を破壊することはできない Ga 3,17.

xacatem, -ec'i【動】噛む, かじる (δάκνω)：apa t'ē z-mimeans xacatic'ēk' ew owtic'ēk', zgoyš lerowk' gowc'ē i mimeanc' satakic'ik' もしもあなたがたが互いに噛み合い, 喰い合うとするならば, あなたがたは互いによって滅ぼされぬように注意せよ Ga 5,15.

xał, -ow【名】遊戯, 娯楽；あざけり, 冷やかし；ǝnd xał arkanel あざける, 馬鹿にする (διαχλευάζω)：kisoc'-n ǝnd xał arkeal asēin 他の者どもは嘲笑って言った Ac 2,13.

xałalik', -leac'【名】関節, 靱帯 (ἁφή Eph 4,16; σύνδεσμος Col 2,19)：amenayn marmin-n yōdeal ew patšačeal amenayn xałaleōk' taraberowt'ean 体全体は〔それを〕支えるためのあらゆる関節を通じて相互に接合され一つに結び合わされる Eph 4,16; amenayn marmin-n yōdiwk' ew xałaleōk' tarabereal ew xaṙneal 体全体は関節と靱帯を通じて支えられ一つに結び合わされて Col 2,19.

xałaxord, -i, -ac'【名】皮なめし職人 (βυρσεύς)：ełew awowrs bazowms linel nma i Yoppē aṙ owmemn Simovni xałaxordi 彼はしばらくの間ヨッパでシモンという皮なめしの家に滞在した Ac 9,43.

xałałarar, -i, -ac'【形】平和的な (εἰρηνικός Jas 3,17). —【名】平和を造り出す者 (εἰρηνοποιός) [xałał「平和的な, 平穏な」：CALFA]：erani xałałararac' 幸いだ, 平和を造り出す者たち Mt 5,9.

xałałowt'iwn, -t'ean【名】①平和, 平安, 平穏；和解 (εἰρήνη; εἰρηνικός He 12,11; ἤρεμος 1Tm 2,2); xałałowt'iwn aṙnem 平和をなす, 平和に至らせる (εἰρηνεύω Mk 9,50; εἰρηνοποιέω Col 1,20). ②凪 (γαλήνη Mk 4,39)：①et'e giteir dow gonē y-awowr-s y-aysmik z-xałałowt'iwn-n k'o もしもこの日まさにお前が平和を知っているならば Lk 19,42; yowłarkesǰik' z-na xałałowt'eamb, zi ekesc'ē aṙ is 彼が私のところに〔再び〕やって来るために, 彼を平安のうちに送り出してほしい 1Cor 16,11; dowk' kalarowk' y-anjins jer z-ał-n ew xałałowt'iwn araṙēk' ǝnd mimeans あなたがたは自分の中に塩を持ち, お互いに平和をなすがよい Mk 9,50; yetoy ptowł xałałowt'ean novaw krt'ec'eloc'-n hatowc'anē y-ardarowt'iwn 後になってみると, それによって訓練された人々に平和の実を義へと結ばせる He 12,11; zi xałałowt'eamb ew handartowt'eamb varesc'owk' z-keans mer 私たちが平穏で閑静な生活を送れるように 1Tm 2,2; xałałowt'iwn araṙēk' ǝnd mimeans お互いに

xałam

平和をなせ Mk 9,50; arar xałałowt'iwn areamb xač'i-n iwroy〔神は〕彼の十字架の血を通して平和に至らしめた Col 1,20; ②dadareac' hołm-n ew ełew xałałowt'iwn mec 風がおさまって大きな凪が生じた Mk 4,39.

xałam, -łac'i【動】①跳ぶ，跳ねる (σκιρτάω Lk 1,41); 踊る (παίζω 1Cor 10,7). ②ほとばしる，湧き出る，流れ込む (ἔρχομαι Mt 7,25). ③贅沢三昧の生活をする (στρηνιάω Re 18,9): ①xałac' manowk-n yorovayni nora その子が彼女の胎内で飛び跳ねた Lk 1,41; nstaw žołovowrd-n owtel ew əmpel ew yarean i xałal 民は食べ，そして飲むために座り，また踊り戯れるために立った 1Cor 10,7; ②iJin anjrewk' ew xałac'in getk' 雨が降り，洪水が押し寄せた Mt 7,25〔= ... καὶ ἦλθον οἱ ποταμοί, cf. Mt 7,27: yarean (→ yaŕnem) getk'〕; ③layc'en ew kocesc'in i veray dora tagawork' erkri ork' ənd dma poŕnkec'an ew xałac'in 彼女と淫行を行い，贅沢三昧の生活を送った地上の王たちは，彼女のために泣き，自分たちの胸を叩くだろう Re 18,9.

xałac'owc'anem, -c'owc'i【動】前に出す，進ませる，(舟を) 沖へ出す (ἐπανάγω): xałac'o i xor-n〔沖の〕深いところに漕ぎ出せ Lk 5,4. → tanim (i nerk's)

xałoł, -oy【名】葡萄 (σταφυλή; ἀμπελών Re 14,19): mit'e k'ałic'en? i p'šoy xałoł 人は茨から葡萄の房を集めるだろうか Mt 7,16; ew oč' i morenwoy kt'en xałoł 薮から葡萄を採ることもない Lk 6,44; ark hreštak-n z-gerandi iwr y-erkir, ew kt'ēr z-xałoł nora, ew arkanēr i hncan-n AY i mec その天使は彼の鎌を地に投げ入れ，その葡萄を刈り集め，神の巨大な酒ぶねの中に投げ込んだ Re 14,19.

xa/łowt'iwn〔M〕 → xałałowt'iwn

xayt'【名】刺 (σκόλοψ): zi mi aŕawelowt'eamb yaytnowt'eanc'-n hpartac'ayc', towaw inj xayt' marmnoy もろもろの啓示の卓越ゆえに，私が高慢にならないようにと，私の肉体には刺が与えられた 2Cor 12,7.

xayt'oc', -i, -ac'【名】刺 (κέντρον): ownin agis əst nmanowt'ean karči ew xayt'oc' それらはサソリのように尾と刺を持っていた Re 9,10.

xaytam, -tac'i【動】①贅沢三昧の生活をする (στρηνιάω Re 18,7). ②情欲に駆られる，戯れる (καταστρηνιάω 1Tm 5,11): ①orč'ap' p'aŕaworeac' z-ink'n ew xaytac', aynč'ap' hatowc'ēk' sma sowg 彼女は奢り高ぶり贅沢三昧の生活を送ったが，それと同じだけの悲しみを彼女に与えよ Re 18,7; ②i mankamardac' ayreac'-n hražarea, zi yoržam xaytan z-K'Siw, amowsnanal kamin 若い寡婦たちは退けよ，彼女らはキリストに背いて情欲に駆られる時，結婚したがるからだ 1Tm 5,11.

xaytaŕakem, -ec'i【動】見せしめにする，公に恥をかかせる

(παραδειγματίζω He 6,6; θεατρίζω He 10,33) ; yayt yandiman xaytaṙakem 公然とさらし者にする (δειγματίζω ἐν παρρησίᾳ Col 2,15) : verstin i xač' hanel anjanc' z-ordi-n AY ew darjeal xaytaṙakel 自分たちの手で神の子を再び十字架にかけて、再び公の笑いものにしている He 6,6; i naxatins ew i nełowt'iwns xaytaṙakealk' あなた方は侮辱と苦しみでさらし者にされている He 10,33; yayt yandiman xaytaṙakeac' nšawakeal z-nosa y-anjin iwrowm〔神は〕自身においてそれら〔の勢力〕を公然とさらし者にして辱めた Col 2,15.

xaytaṙakowt'iwn, -t'ean【名】恥知らずなこと、見苦しいこと、破廉恥な行為 (ἀσχημοσύνη) : arowk' ənd arows z-xaytaṙakowt'iwn gorcēin 男性たちは彼ら同士で見苦しいことを行っていた Ro 1,27.

xandartowt'iwn, -t'ean【名】静穏、落ち着き、冷静、沈着 (ἡσυχία) : zi xandartowt'eamb gorcesc'en ew z-iwreanc' hac' keric'en 彼らが黙々と働き、自分自身のパンを食べるように 2Th 3,12.

xanjarowrk', -arroc'【名】《複のみ》産着、おむつ; patem i xanjarowrs 産着にくるむ、おむつを当てる (σπαργανόω) : pateac' (M: + z-na) i xanjarowrs 彼女は〔その子を〕産着にくるんだ Lk 2,7; gtanic'ēk' manowk oateal i xanjarowrs お前たちは嬰児が産着にくるまれているのを見出すだろう Lk 2,12.

xašn, -šin; -šink', -šanc'【名】羊の群、家畜 (ποίμνη 1Cor 9,7; θρέμμα Jn 4,12) : o? ok' aracic'ē xašn ew i kat'anē xašin-n oč' owtic'ē 誰が羊を養いながら、しかもその羊の乳を飲まないであろうか 1Cor 9,7; Yakovb or z-ays ǰrhor et mez ew ink'n asti arb ew ordik' nora ew xašink' nora ヤコブは私たちにこの井戸を与え、彼自身もその子らも、また彼の家畜もこの〔井戸から〕飲んだ Jn 4,12. → hawt, eramak

xač', -i, -ic'【名】①十字架 (σταυρός) ; baṙnam z-xač' 十字架を担う (αἴρω/βαστάζω τὸν σταυρόν Mk 8,34; Lk 14,27). ②i xač' hanem = σταυρόω [能] 十字架につける (ἀνασταυρόω He 6,6) ; i xač' elanē = σταυροῦται, ἐσταυρώθη [受] 十字架につけられる : ①kayin aṙ xač'i-n 彼らは十字架のそばに立っていた Jn 19,25; ②owr ew i xač'-n isk hanin z-na そのところで彼らは彼を十字架につけた Jn 19,18; ordi mardoy matni i xač' elanel 人の子は十字架につけられるために引き渡される Mt 26,2; verstin i xač' hanel anjanc' z-ordi-n AY 自分らで神の子を再び十字架にかける He 6,6.

xač'akic', -kc'i, -kc'ac'【名】共に十字架につけられる者 (συσταυρόω) : hin mard mer xač'akic' ełew nora 私たちの古い人間は彼と共に十字架につけられた Ro 6,6. → xač', -kic'

xač'ap'ayt, -i【名】十字架 (σταυρός; ξύον 1Pe 2,24)：zi barjc'ē z-xač'ap'ayt-n nora 彼の十字架を負わせるために Mk 15,21; barjeal ēr ink'nin z-xač'ap'ayt-n 彼は自分で十字架を担った Jn 19,17. → xač', p'ayt

xač'eal → xač'em

xač'eleal; xač'eleal-n【名】十字架につけられた者 (ὁ ἐσταυρωμένος Mt 28,5; Mk 16,6)：z-YS z-xač'eleal-n (=M; E: z-xač'eal-n [→ xač'em]) xndrēk' あなたたちは十字架につけられた者イエスを探している Mt 28,5.

xač'em, -ec'i【動】《意味的に無標》十字架につける (συσταυρόω Mt 27,44)：and hanin z-na i xač. ew z-č'aragorcs-n z-omn ənd aǰmē ew z-omn ənd jaxmē xač'ec'in そこで彼らは彼を十字架につけた．そして犯罪者たちも 1 人を右に，もう 1 人を左に十字架につけた [i xač' hanem が「（釘などで）磔にする」のに対して，原文にない xač'em は単に「十字架につける」という意味]；z-noyn ew awazakk'-n or xač'eal ein (M: or i xač' eleal-n ein) ənd nma naxatein z-na 彼と一緒に十字架につけられた強盗たちも同じように彼を罵った Mt 27,44.

xaṙn, -i [xaṙnk', -nic', cf. ELPA I.155]【形】①混合した，混ざった．②みだらな，汚らわしい，卑猥な：①zmowr̄s xaṙn ənd hałoēs = μίγμα σμύρνης καὶ ἀλόης 沈香を混ぜた没薬 Jn 19,39; ②ibrew i townǰean zgastac'ealk' šrǰesc'owk', mi anaṙakowt'eambk' ew arbec'owt'eambk', ew mi xaṙn ənkołnōk' ew płcowt'eambk' (= … μὴ κοίταις καὶ ἀσελγείαις) 日中におけるように，品位のある仕方で私たちは歩もうではないか．酒宴や泥酔によってではなく，そして淫乱と放縦によってではなく Ro 13,13.

xaṙnak, -i, -ac'【形】穢れた，不浄な (κοινός)：xaṙnak jeṙawk' aysink'n ē anlowa owtein hac' 彼らは不浄な手で，つまり手を洗わずにパンを食べていた Mk 7,2; oč' erbēk' keray xaṙnak inč' ew ansowrb 私はいまだかつて一度も穢れたものと不浄なものを食べたことがない Ac 10,14; xaṙnak inč' ew ansowrb oč' erbēk' emowt i beran im 私はいまだかつてただの 1 度も不浄なものと穢れたものを口に入れたことがない Ac 11,8; or z-ordi-n AY aṙ otn ehar ew z-ariwn noroy owxti-n xaṙnak hamarec'aw orov srbec'aw-n, ew z-hogi-n šnorhac' t'šnamaneac' 神の子を踏みにじり，自分がそれによって聖とされた新しい契約の血を穢れたものとみなし，恵みの霊を辱めた人 He 10,29. → piłc, anloway

xaṙnakem, -ec'i; **xaṙnakim**, -kec'ay【動】[-em「混ぜる」] ①-im [ənd+位]…と交際する，つき合う (συναναμίγνυμι 1Cor 5,9; 2Th 3,14;

συγχράομαι Jn 4,9). ②（性的に交わって）身を穢す（μολύνω Re 14,4)：①grec'i jez i t'łt'i aydr č'-xaṙnakel ənd poṙniks 私はあなたたちに手紙で，不品行な者たちとは交わらぬように，と書いた 1Cor 5,9; mi xaṙnakesĵik' ənd nma, zi patkaṙesc'ē 彼が恥じ入るよう，彼とは交際しないようにせよ 2Th 3,14; oč' erbek' xaṙnakin Hreayk' ənd Samarac'is ユダヤ人たちはサマリヤ人たちとは決してつき合わない Jn 4,9; ②sok'a en ork' ənd kanays oč' xaṙnakec'an これらの者たちは女と交わって身を穢したことのない人々である Re 14,4.

xaṙnajayn【名】不明瞭な音，雑音：et'ē xaṙnajayn arjakic'ē poł-n = ἐὰν ἄδηλον σάλπιγξ φωνὴν δῷ もしもラッパが不明瞭な音を出すなら 1Cor 14,8. → xaṙn, jayn, anyayt

xaṙnelik', -leac'【名】《複のみ》（舵を繫ぐのに使う）綱（ζευκτηρία）：t'owlac'owc'in z-xaṙnelis tewoc'-n 彼らは舵綱をゆるめた Ac 27,40.

xaṙnem, -ec'i【動】①混ぜる，混用する（μείγνυμι Mt 27,34; Lk 13,1; χράομαι 1Tm 5,23; κεράννυμι Re 18,6). ②組み合わせる，結合させる（συγκεράννυμι 1Cor 12,24; συμβιβάζω Col 2,19)：①gini ənd łełi xaṙneal 胆汁を混ぜた酒 Mt 27,34; oroc' z-ariwn-n Piłatos xaṙneac' ənd zohs-n noc'a ピラトゥスが彼らの血を彼らの犠牲の動物〔の血〕に混ぜた Lk 13,1; sakawik mi ew gini xaṙnesĵir vasn stamok'si 胃のために少しばかり葡萄酒も用いよ 1Tm 5,23; z-bažak-n orov xaṙneac'-n xaṙnec'ēk' dma krkin 彼女が混ぜ注いだ杯に，その倍の量を混ぜ注げ Re 18,6; ②AC xaṙneac' z-marmin-n 神はからだを結び合わせた 1Cor 12,24. → xałalik'

[**xaṙnowt'iwn**, -t'ean] → anxaṙnowt'iwn

xarazan, -i, -ac'【名】鞭（φραγέλλιον)：arar xarazan č'owaneay ew ehan z-amenesin i tačaṙē-n z-oč'xars-n ew z-arĵaṙs 彼は縄で鞭を作り，羊も牛も皆神殿から追い出した Jn 2,15.

xarbalem; M: xab-, -ec'i【動】ふるいにかける（σινιάζω)：satanay xndreac' z-jez xarbalel (M: xab/alel) ibrew z-c'orean サタンは穀物のようにふるいにかけるためにあなたたち〔の引渡し〕を願い出た Lk 22,31.

xardaxowt'iwn, -t'ean【名】①欺瞞，いんちき，ごまかし，待伏せ（σπιλάς Jd 12); 悪事，犯行（ῥαδιούργημα Ac 18,14). ②絶えない口論（διαπαρατριβή)：①i sērs iwreanc' xardaxowt'eamb linin ənd jez owraxakic'k' この輩どもは愛餐に欺瞞をもってあなたがたと楽しむ Jd 12; et'ē ēr inč' anirawowt'iwn kam xardaxowt'iwn č'areac' もしこれが不正な行為や悪質な犯罪であったならば Ac 18,14; ②xardaxowt'iwnk' apakaneloc' mtac' mardkan 理性が腐敗した人々の延々と続く口論 1Tm

6,5.

xarem, -ecʻi【動】焼き印を押す (καυστηριάζω)：xarealkʻ iwreancʻ xlčiwn mtacʻ 自分の内奥の意識に焼き印を押された者たち 1Tm 4,2.

[**x/ari** (Lk 11,36M xawari に対する誤記)] → xawarin; cf. xari「陰茎」

xarisx, -i, -acʻ【名】錨 (ἄγκυρα)：yctowət kołmanē (― ἐκ πρύμνης) ənkecʻin xarisxs čʻors 彼らは〔船の〕後部から 4 つの錨を投げ入れた Ac 27,29.

xaroyk, -rowki, -kacʻ【名】焚火 (πυρά Ac 28,2)；炭火 (ἀνθρακιά Jn 18,18)：kʻanzi lowcʻin xaroyk ew ənkalan z-amenesean z-mez 彼らは焚火をして私たち一同を迎えてくれた Ac 28,2; kayin and caṙaykʻ-n ew spasaworkʻ xaroyk arkeal 僕と下役たちがそこにたむろして炭火をおこしていた Jn 18,18.

xawar, -i, -aw【名】暗黒，闇 (σκότος; σκοτία Mt 10,27; 1Jn 2,11; ζόφος He 12,18)：xawar ełew i veray amenayn erkri minčʻew y-innerord žam 闇が全地を覆い第 9 刻に及んだ Lk 23,44; elcʻen i xawar-n artakʻin 彼らは外の闇に投げ出されるだろう Mt 8,12; z-or asem jez i xawari, asacʻēkʻ i loys 私があなたたちに闇の中で語ることを光の中で言え Mt 10,27; or pʻrkeacʻ-n z-mez y-išxanowtʻenē hawari (父は) 私たちを闇の権勢から助け出してくれた Col 1,13; or ateay z-ełbayr iwr i xawari ē, ew ənd xawar šrǰi 自分の兄弟を憎む者は闇の中にいて，闇の中を歩いている 1Jn 2,11. ↔loys

xawarim, -recʻay【動】暗くなる，闇となる (σκοτοόμαι Re 9,2; σκοτίζομαι Mt 24,29; Lk 23,45; Ro 1,21)：xawarecʻaw aregakn ew ōdkʻ 太陽も中空も暗くなった Re 9,2; aregakn xawarescʻi 太陽は陰るだろう Mt 24,29; xawarecʻan anmtowtʻeamb sirtkʻ nocʻa 彼らの心は無理解によって暗黒にさせられた Ro 1,21.

xawarin【形】暗い，闇の (σκοτεινός)：apa etʻe akn kʻo čʻar ē, amenayn marmin-d xawarin ełicʻi あなたの目がよこしまなら，あなたの体は全体が暗闇であろう Mt 6,23; etʻe marmin-d kʻo amenayn lowsawor ē ew čʻ-gowcʻē masn inčʻ xawarin (M: inčʻ x/ari), ełicʻi lowsawor amenayn もしあなたの体全体が輝いていて暗闇の部分がどこにもなければ，全体は輝いているだろう Lk 11,36. ↔lowsawor

xawarčʻtin【形】暗い (αὐχμηρός)：ownimkʻ hastatagoyn z-bans-n margarēakans-n, orowm etʻē ansaycʻēkʻ barwokʻ aṙnēkʻ ibrew čragi or taycʻē loys i xawarčʻtin tełwoǰ, minčʻew tiw-n lowasaworescʻē ew arowseak-n cagescʻē i sirts ǰer 預言のことばは私たちにとってより確実なものとなっており，夜が明けてあなたがたの心に明けの明星が昇るま

での間，暗いところに輝く灯火としてあなたがたがこれに注目するのは良いことである 2Pe 1,19.

[**i xaw/artak'in** (Mt 8,12M), i xawartak'/in (Mt 22,13M, 正しくは i xawar-n artak'in); E: i xawar-n artak'in]

[**xaws-**] → hawaxaws, čartaraxaws, č'araxaws, šatxaws; xawsk'

xawsim, -sec'ay, 分 II xawseal/xawsec'eal【動】①語る, 話す；論じ合う (λαλέω Mt 13,3; διαλαλέω Lk 6,11; προσλαλέω Ac 13,43; συλλαλέω Mk 9,4; λέγω Lk 5,21 8,8 12,6 他; διαλέγομαι Ac 17,17; 20,7; φωνέω Jh 2,9; προσφωνέω Lk 23,20; ὁμιλέω Lk 24,14; συνομιλέω Ac 10,27; φθέγγομαι Ac 4,18; ἀποφθέγγομαι Ac 2,14); xawsim hraparakaw 演説する (δημηγορέω Ac 12,21). ②haw xawsi 鶏がなく (φωνέω Mt 26,75). ③ [＋与 … と] 婚約させる (ἁρμόζομαι 2Cor 11,2); xawsec'eal/xawseal 婚約している (μνηστεύομαι Mt 1,16; Lk 1,27)：①xawsēr ənd nosa bazowms aṙakawk' ew asēr 彼は彼らに対して譬を使って多くのことを語り言った Mt 13,3; ork' xawsein ənd nosa ew hawanec'owc'anein z-nosa kal mnal i šnorhs-n AY [2人は] 彼らと語り合い，神の恵みに留まっているようにと勧めた Ac 13,43; patowirec'in amenewin mi xawsel 彼らは一切説くことはならぬと命じた Ac 4,18; Herovdēs zgec'eal ēr z-handerj t'agaworowt'ean ew nstēr y-ateni ew xōsēr ənd nosa hraparakaw ヘロデは王衣をまとって座に着き，彼らに向かって演説をした Ac 12,21; ②minč'č'ew hawow xawseal ic'ē eric's owrasc'is z-is 鶏がなく前にあなたは3度私を否むだろう Mt 26,75; ③zi xōsec'ayc' z-jez aṙn miowm 私はあなた方を1人の男性と婚約させるだろう [Gk: 婚約させた] 2Cor 11,2; aṙ koys xawsec'eal aṙn orowm anown ēr Yovsēp' ＝ πρὸς παρθένον ἐμνηστευμένην ἀνδρί ヨセフという名の男性と婚約していた1人の乙女のもとに Lk 1,27; z-Yovsēp' z-ayr-n Mariama orowm xawsec'eal z-Mariam koys y-ormē cnaw-n YS ＝ ... τὸν ἄνδρα Μαρίας ᾧ μνηστευθεῖσα παρθένος Μαριάμ, ἐξ ἧς ... イエスが生まれた乙女マリヤと婚約していたマリヤの夫ヨセフ Mt 1,16; xawseal (M: + ēr) z-mayr nora Mariam Yovsēp'ow ＝ μνηστευθείσης τῆς μητρὸς αὐτοῦ Μαρίας τῷ ᾽Ιωσήφ [独立属格] 彼の母マリヤはヨセフと婚約していたが Mt 1,18.

xawsown, -snoy【形】話す；理性的な，霊的な，精神的な (λογικός)：z-xōsown paštōn-d jer あなた方の霊的な礼拝を (なすようにせよ) Ro 12,1; ibrew z-ardi cneal mankowns xōsown ew anxardax kat'in-n p'ap'ak'ic'ēk 今生まれたばかりの赤ん坊のように，精神的な混じりけのない乳を請い求めよ 1Pe 2,2.

xawskʻ, -sicʻ【名】《複のみ》話, 語り, 言葉, 話し方, 訛り (πολυλογία Mt 6,7 [= bazowm xawskʻ]; λαλιά Jn 4,41; Mt 26,73; ῥῆμα Ro 10,18): hamarin etʻe i bazowm xawsicʻ iwreancʻ lseli linicʻin 彼らは自分たちの言葉数が多ければ聞き入れてもらえると思っている Mt 6,7; ocʻ aysowhetew vasn kʻo xawsicʻd hawatamkʻ 私たちはあなたが言ったから信じているのではない Jn 4,42; xawskʻ kʻo yayt arʻnen z-kʻez お前の訛りからお前の素性は明らかだ Mt 26,73; lr̄eacʻ i xawsicʻn = ἐπαύσατο λαλῶν 彼は語るのを止めた Lk 5,4. → šatxawskʻ, ban

xapʻan, -acʻ【名】妨げ, 障害 (ἐγκοπή 1Cor 9,12); xapʻan linim 妨げられる (ἐγκόπτομαι 1Pe 3,7): zi mi xapʻan inčʻ linicʻimkʻ awetarani-n 福音に対して私たちが何の妨げにもならぬように 1Cor 9,12. → anxapʻan

xapʻanem, -ecʻi【動】①妨げる; 疲弊させる, 無効にする, 反故にする; 破壊する, 滅ぼす (ἐγκόπτω Ro 15,22; καταργέω Lk 13,7; 1Cor 1,28; 6,13; 13,11; Eph 2,15; καταργοῦμαι 1Cor 13,8; 2Cor 3,13). ② [受] 引き離される (καταργοῦμαι): ①šat xapʻanecʻay gal ar̄ jez 私はあなたたちのところに行くことを何度も妨げられてきた Ro 15,22; əndēr? ew z-erkir-d xapʻanē なんのためにそれ (実のならないいちじくの木) は土地まで遊ばせておくのか Lk 13,7; AC z-sa ew z-nosa xapʻanescē 神はこの [腹] とそれらの [食物] を破壊するだろう 1Cor 6,13; yoržam ełē ayr, z-tłayowtʻean-n i bacʻ xapʻanecʻi 私が大人になってしまった時には, 幼児的なものを壊してしまった 1Cor 13,11; z-ōrēns patowiranacʻ-n hramanōkʻ-n xapʻaneacʻ 彼はもろもろの戒律からなる掟の律法を無効にした Eph 2,15; etʻē margarēowtʻiwnkʻ en, xapʻanescʻin [愛が] 預言ならば, 壊されるだろう 1Cor 13,8; vasn čʻ-hayeloy ordwocʻ-n ILi i vaxčan xapʻanelocʻ-n イスラエルの子らが壊されゆくものの最後を見つめることがないために 2Cor 3,13; ②xapʻaneal ēkʻ i KʻSē ... ew ankeal ēkʻ i šnorhacʻ anti あなた方はキリストから引き離され, 恵みから落ちた Ga 5,4.

xelamowt【形】精通している, 知っている (μυέομαι Php 4,12; γινώσκω 1Cor 13,12): y-amenayni amenewin xelamowt em, ew yagel, ew kʻałcʻenal 私は満腹することも, 飢えることも, ありとあらゆることに精通している Php 4,12; Mariam z-amenayn z-bans z-aynosik pahēr, ew <u>xelamowt linēr</u> i srti iwrowm マリヤムはこれらの言葉を胸に秘めて心の中で理解した Lk 2,19 [=ἡ δὲ Μαριὰμ πάντα συνετήρει τὰ ῥήματα ταῦτα <u>συμβάλλουσα</u> ἐν τῇ καρδίᾳ αὐτῆς これらの言葉を熟慮しながらその心に収めていた]; ayžm xelamowt em pʻokʻr i šatē 今, 私は部分的に知っているにすぎない 1Cor 13,12. → xelkʻ, -mowt (mtanem)

xelamtec'owc'anem, -c'owc'i【動】知らせる，教える，論証する (συμβιβάζω)：xelamtec'owc'anēr t'ē sa ē K'S-n 彼はこの人がキリストであることを論証した Ac 9,22.

xelk', -lac'【名】《複のみ》①船尾，艫；xelk' nawi-n (πρύμνα Mk 4,38) [cf. yetin kołmn nawi-n Ac 27,41]. ②脳，頭脳，聡明さ；xelōk' 巧妙に，悪賢く，奸智をもって：①nnǰēr i xels nawi-n i veray barji 彼は艫の方で枕をして眠っていた Mk 4,38; ②k'anzi xorag ēi, xelōk' (= δόλῳ) kalay z-jez 私は狡猾だったから，策略によってあなた方を詐取した 2Cor 12,16.

xeł, -i, -ac'【形】体の不自由な；片手を欠いた (ἀνάπηρος Lk 14,13.21; κυλλός Mk 9,43)：yoržam ařnic'es əndownelowt'iwn, koč'ea z-ałk'ats ew z-xełs z-kałs ew z-koyrs 饗宴を催す時は，乞食たち，体の不自由な者たち，足の萎えた者たち，盲人たちを招け Lk 14,13.21; law ic'ē k'ez i keans-n yawitenic' mtanel 片手を欠いて永遠の命に入るほうがあなたにはましだ Mk 9,43. → miajeřani

xełat'ewr/-t'iwr【形】曲がった，邪悪な，脇道に逸れた (διεστραμμένος): i mēǰ kamakor ew xełat'ewr azgi-n 曲がった，そして脇道に逸れてしまった世代のただ中にあって Php 2,15. → t'ewr

xełd, -iwk'【名】（喉を絞めるための）縄，ロープ，輪縄 (βρόχος): z-ays vasn jeroy ōgti asem, oč' et'ē xełd inč' arkanem jez このことを私はあなた方の益のために言うのであって，あなた方に輪縄を投げ〔て束縛す〕るためではない 1Cor 7,35.

xełdem, -ec'i【動】①喉を押さえる，首を絞める (πνίγω Mt 18,28). ②xełdim［中］首をつる (ἀπάγχομαι Mt 27,5)：①kaleal z-na xełdēr 彼はその者を捕まえ喉もとを押さえた Mt 18,28; ②č'ogaw xełdec'aw 彼は行って首をくくって果てた Mt 27,5.

xełkatakowt'iwn, -t'ean【名】おどけること，下品な言葉，戯れ話 (αἰσχρολογία Col 3,8; εὐτραπελία Eph 5,4)：i bac' t'ōtap'ec'ēk' ... z-xełkatakowt'iwn i beranoc' jeroc' あなた方の口から出る下品な言葉を捨て去れ Col 3,8; zazrowt'iwn, kam xōsk' yimarowt'ean, kam xełkatakowt'iwn, or oč' vayełē 唾棄すべきこと，愚劣な言葉，あるいは戯れ話，これらは〔あなた方には〕ふさわしくない Eph 5,4.

［**-xec'**］→ nšanaxec'「(文字の)一片，点，画」. cf. orpēs ew i bardowt'iwns gr-a-xec', nšanaxec', ē ibr kotor xec'woy: Nor Bařgirk' Haykazean Lezowi; cf. xec'i, -c'owy, -c'eac' (ὄστρακον, κέραμος)「土器・陶器（の破片）」］

xec'ełēn, -łini, -nac'【形】土［器］の (ὀστράκινος)：oč' miayn en anawt'k' oskełēnk' ew arcat'ełēnk' ayl ew p'aytełēnk' ew xec'ełēnk' 金や銀の器だけでなく木や土の器もある 2Tm 2,20; ownimk' z-ganj-s z-ays y-amans xec'ełēns 私たちはこの宝を土の器の中に持っている 2Cor 4,7.

xzem, -ec'i【動】砕く, 破る, ちぎる, 粉砕する (διασπάω Mk 5,4; διαρρήγνυμι [διαρήσσω] Lk 8,29) : vasn bazowm angam otnkapawk' ew šłt'ayiwk' kapeloy ew xzeloy i nmanē z-šłt'ays-n ew z-otnkaps-n xortakeloy 彼はしばしば足枷や鎖で縛りつけられたが, 鎖は彼によって引きちぎられ, 足枷を砕いたので Mk 5,4; xzēr z-kapans-n 彼は縄目を粉砕した Lk 8,29.

xēt', xit'i, -ic'【名】恨み, 不平, 苦情 : t'e ełbayr k'o ownic'i inč' xēt' z-k'ēn = ... ἔχει τι κατὰ σοῦ あなたの兄弟があなたに何か恨みごとがあること Mt 5,23.

xt'an, -i【名】突き棒 (κέντρον) : ənddēm xt'ani ak'ac'el = πρὸς κέντρα λακτίζειν 突き棒を蹴る Ac 26,14.

xt'em, -ec'i【動】突く, 軽く打つ (πατάσσω) : xt'eac' z-kołs-n Petrosi, yaroyc' z-na 彼はペトロの脇腹を打って起こした Ac 12,7.

xiłč, xłči, -iw【名】疑念, ためらい ; 非難 (διάκρισις Ro 14,1) ; 躓き (πρόσκομμα Ro 14,20); xiłč mtac' 良心, 内奥の意識 (συνείδησις 1Cor 8,7; He 9,14; 10,22) : mi xłčiw erkmtowt'eanc' 考え方を非難することによってではなく Ro 14,1. → xłčem

xist, xsti, -ic'/-ac'【形】①困難な, 辛い ; 強情な, かたくなな. ②厳格な, 厳しい (σκληρός). ③ごつごつした, でこぼこの ; xist tełis 暗礁 (τραχεῖς τόποι Ac 27,19). → aṙapar : ①vasn amenayn xist banic' z-or xōsec'an z-nmanē meławork' ew amparištk' 不敬虔な罪人が彼 (主) に対して語った強情なすべての言葉について Jd 15; xist ē ban-d ayd この言葉は歯が立たない Jn 6,60; ②gitei zi ayr mi xist es, hnjes z-or oč' sermanec'er 私はあなたが厳しい方であることを知っていた. あなたは自分で蒔かなかったものを刈り取る方だ Mt 25,24. → xst-a-srt-owt'iwn

xlem, -ec'i【動】抉り取る (ἐξαιρέω Mt 5,29); 引き抜く, 根こそぎにする (ἐκριζόω Mt 13,29 [i bac' xlem] ; 15,13; Lk 17,6) : et'e akn k'o aǰ gayt'agłec'owc'anē z-k'ez, xlea z-na ew ənkea i k'ēn もしあなたの右の目があなたを躓かせるなら, それを抉り取って投げ捨てよ Mt 5,29; amenayn townk z-or oč' tnkeac' hayr im erknawor, xlesc'i 天の私の父が植えたのではない植物はすべて根こそぎにされるだろう Mt 15,13; et'e ... asic'ēk' t't'enwoy-s aysmik, xleac' ew tnkeac' (M: tngeac') i covow もしあなたたちがこの桑の木に, 「根こそぎにされて, 海の中に植えられ

てしまえ」と言っても Lk 17,6.

xlic' → xowl

xlčem, -ec'i【動】①疑念を抱く，ためらう (διακρίνομαι). ②非難する (διακρίνομαι). ③避ける，恐れる，警戒する (στέλλομαι)：①ert' ənd nosa aṙanc' irik' xlčeloy ためらわずにその者たちと共に行け Ac 10,20; or xlčē-n, t'ēpēt ew owtic'ē, dataparteal ē 疑う者は，たとえ食べたとしても，断罪されてしまっている Ro 14,23; ②yoržam el Petros y-ĒM, xlčēin i nmanē or i t'lp'atowt'enē anti hawatac'ealk'-n ペトロがエルサレムに上って来た時，割礼を受けている信者たちは彼を非難した Ac 11,2; ③z-ays xlčeak' isk, t'ē gowc'ē? arat inč' ok' dnic'ē i hastatowt'ean-s y-aysmik or paštec'aw-s i mēnǰ 私たちが奉仕しているこの豊かな〔援助金〕に関して誰かが非難したりするのではなかろうか，と私たちはまさにこのことを警戒してきた 2Cor 8,20.　→ xilč

xmor, -oy, -oc'【名】パン種 (ζύμη)：p'ok'r mi xmor z-amenayn zangowac-n xmorē わずかなパン種が練り粉全体を膨らませる 1Cor 5,6; zgoyš ełerowk' i xmoroy anti P'arisec'woc' ew i xmoroy (M: xmoro anti) Hērovdianosac' ファリサイ人たちのパン種とヘロデ党の人たちのパン種を警戒せよ Mk 8,15.

xmorem, -ec'i【動】〔他〕発酵させる (ζυμόω)；〔自〕xmorim, -rec'ay 発酵する (ζυμόομαι)：t'ak'oyc' i griws eris aler, minč'ew amenayn xmorec'aw 彼女は〔パン種を〕3サトンの粉の中に埋めた，すると全体が発酵した Mt 13,33.

xnam, -oy, -oc'【名】①世話，配慮，心配 (πρόνοια). ②xnam acel/ownel/tanel〔属〕…の面倒を見る (προνοέω 1Tm 5,8)：①irac' owłłowt'iwn azgi-s aysorik k'ov xnamov あなたの配慮によってこの国のために種々の改革が〔進められている〕Ac 24,2; marmnoy xnam mi tanik' i c'ankowt'iwn 欲望をかき立てる肉の思いを抱くな Ro 13,14; ②et'ē ok' iwroc', ew manawand ew əntaneac' xnam oč' tanic'i, i hawatowc'-n owrac'eal ē もしある人が自分の親族，とりわけ家族の面倒を見ないなら，その者は信仰を否んでいる 1Tm 5,8.

xnamakal, -i, -ac'【名】保護者，後見人，管理人；xnamakal linim 世話する，面倒を見る (ἐπιμελέομαι)：apa t'ē ok' iwrowm tan-n verakac'ow č'-gitic'ē linel, ziard? ekełec'woy AY xnamakal lic'i もしある人が自分の家を管理するすべを知らなければ，その人はどうして神の教会を世話できようか 1Tm 3,5.

xnayem, -ec'i【動】〔属/i+対〕①容赦する，斟酌する；放置する. ②倹約する，惜しむ，大切にする (φείδομαι Ac 20,29; Ro 8,32; 11,21; 1Cor

7,28; 2Cor 1,23)：①gitem es, et'ē yet imoy mekneloy gayc'en gaylk' yap'štakōlk' i jez or oč' xnayesc'en hōti-d 私が立ち去った後，狂暴な狼どもがあなたたちの間に入り込んで来て，群れを荒らして容赦しないことを，私は知っている Ac 20,29; es xnayec'i i jez 私はあなたたちに〔患難を〕免れさせた 1Cor 7,28; vasn xnayeloy i jez oč' ews eki i Kornt'os 私はあなたがたを寛大に扱ったから，これまでコリントに行かなかった 2Cor 1,23; ②or y-iwr ordi-n oč' xnayeac', ayl vasn mer amenec'own matneac' z-na, ziard? oč' novaw handerj z-amenayn šnorhic'ē mez 自らの子を惜しまずに，むしろ私たち全員のためにその彼を引き渡した方が，どうして彼と共にすべてのものを私たちに恵みとして賜わらないことがあろうか Ro 8,32; et'ē AC i bown osts-n oč' xnayeac', gowc'ē erbēk' ew i k'ez oč' xnayesc'ē もしも神が生来の枝々を惜しまなかったとするならば，あなたを惜しむこともしかするとけっしてないであろう Ro 11,21.

xng- [M; E: xnk-] → xownk

xndam, -ac'i【動】喜ぶ (χαίρω; συγχαίρω Lk 1,58; 1Cor 12,26 [＋ənd]；εὐφραίνομαι Re 11,10)；xndalov [単・具] = χαίρων Lk 15,5/i xndaloy-n = ἀπὸ τῆς χαρᾶς 喜びのあまり Ac 12,14：xndac'in yoyž owraxowt'iwn mec = ἐχάρησαν χαρὰν μεγάλην σφόδρα 彼らははなはだしく喜んだ Mt 2,10; owrax linel ew xndal part ēr 祝宴をあげ喜ばなければならなかった Lk 15,32; bazowmk' i cnndean nora xndasc'en = ἐπὶ τῇ γενέσει αὐτοῦ χαρήσονται 多くの者が彼の誕生を喜ぶであろう Lk 1,14; ənd ayn (ἐν τούτῳ) mi xndayk' et'ē aysk' hnazandin jez, ayl xndac'ēk' zi anowank' jer greal en y-erkins 霊どもがあなたたちに屈服するのを喜ぶのではなく，あなたたちの名が天において書き記されたことを喜べ Lk 10,20; et'ē p'aṙawori mi angam-n, xndan amenayn angamk'-n ənd nma 1個の肢体が栄光を受ける時には，すべての肢体がそれと共に喜ぶ 1Cor 12,26. → c'ncam, owrax

xndir, -droy, -oc'【名】①疑問；懇願；論争，言い争い，争点 (ζήτησις Jn 3,25; Ac 15,7; 1Tm 6,4; 2Tm 2,23; ζήτημα Ac 18,15); 詮索 (ἐκζήτησις 1Tm 1,4). ②i xndir (位) ē 探し求めている (ζητέω Mt 2,13); vasn [＋属] xndir ē …のことで訴える (ἐπιζητέω Ac 19,39)：①ełew xndir y-ašakertac'-n Yovhannow ənd Hrei vasn srbowt'ean ヨハネの弟子たちの中で1人のユダヤ人との間に清めについて論争が起こった Jn 3,25; yet bazowm xndir lineloy, y-otn ekac' Petros 多くの論争があった後，ペトロが立ち上がった Ac 15,7; č'-hayel y-aṙaspels ew i tohmat'iws anč'ap's, or manawand xndirs yowzen 作り話や際限なき系

譜論に心を奪われないように，これらはむしろ〔無為な〕詮索を誘発する 1Tm 1,4; ②k'anzi in xndir ē Hērovdēs korowsanel z-manowk-d ヘロデが幼子を探し出して滅ぼそうとしているから Mt 2,13; apa t'ē vasn ayl irik' xndir ic'ē (= εἰ δέ τι περαιτέρω ἐπιζητεῖτε), y-ōrinawor žołovs-n včaresc'en もしほかのことで〔あなた方に〕訴えごとがあるのなら，人々は公式の集会で決着させるだろう Ac 19,39.

xndowt'iwn, -t'ean【名】喜び (χαρά; ἀσμένως Ac 21,17); i xndowt'enē-n = ἀπὸ τῆς χαρᾶς 喜びのあまり Lk 24,41：ahiw ew xndowt'eamb bazmaw 恐れと大きな喜びをもって Mt 28,8; ov? ē mer yoys kam xndowt'iwn 誰が私たちの希望あるいは喜びだろうか 1Th 2,19; xndowt'eamb ənkalan z-mez ełbark' 兄弟たちは私たちを温かく迎えてくれた Ac 21,17. → xndam, owraxowt'iwn

xndrem, -ec'i【動】①探す，探し求める，努力する，ねらう；要求する (ζητέω; ἀναζητέω Lk 2,44; Ac 11,25; ἐκζητέω Lk 11,50; Ac 15,17; ἐπιζητέω Mt 6,32; Lk 4,42; 12,30; Ac 12,19; Php 4,17; αἰτέω 1Pe 3,15). ② [i+奪] …に願う，願い出る，祈る (ἐπερωτάω Mt 16,1; εὔχομαι Ro 9,3; αἰτέω Mt 27,58; Mk 6,22; 10,35; ἐξαιτέομαι Lk 22,31; παραιτέομαι Mk 15,6). ③xndrel ənd mimeans 互いに議論する (ζητέω Jn 16,19; συζητέω Lk 22,23;)：①el i Tarson xndrel z-Sawłos 彼はサウロを探しにタルソスに出かけて行った Ac 11,25; y-aynm hetē xndrēr parap zi matnesc'ē z-na noc'a その時から彼は彼を彼らに引き渡すための良い機会をねらっていた Mt 26,16; or xndrein z-anjn mankan-d 幼子のいのちを狙っていた者たち Mt 2,20; y-awowrs-n y-aynosik xndresc'en mardik z-mah ew mi gtc'en それらの日々，人々は死を探し求めるであろうが死を見出すことはできない Re 9,6; ibr oč' et'ē xndrem z-towrs-n 私は贈り物を求めているのではない Php 4,17; xndrein i nmanē nšan y-erknic' 彼らは天からの徴を彼に要求した Mk 8,11; zi xndresc'i ariwn amenayn margarēic' hełeal i skzbanē ašxarhi y-azgē y-aydmanē 世の開闢以来流されて来たすべての預言者たちの血がこの世代から要求されるように Lk 11,50; amenayni or xndric'ē z-ban-n or ē vasn yowsoy-n jeroy あなたがたの希望について，その理由をたずねるすべての人に対して 1Pe 3,15; ②xndrein i nmanē nšan y-erknic' c'owc'anel noc'a 彼らは天からの徴を彼らに見せるように彼に願った Mt 16,1; owxtiwk' xndrēi es ink'nin nzov linel i K'Sē 契約によって私自身キリストから離されて呪いとなることを願っていた Ro 9,3; xndrea y-inēn z-or inč' kamis, ew tac' k'ez 欲しい物は何でも私に願い出よ，そうすればお前にやろう Mk 6,22; satanay xndreac' z-jez xarbalel ibrew z-c'orean サタンは穀物のようにふるいにかけるためにあなたたち〔の引渡し〕を願い出た Lk 22,31; xndreac' z-marmin-n YI 彼はイエスの体を〔下げ渡すように〕願った Mt 27,58; əst tawni arjakēr noc'a z-mi ok' z-kapeal z-or ənk'eank' xndrein 彼は祭りのつどに，彼らの願い出る囚人を誰か1人，彼らのために釈放することにしていた Mk 15,6; ③nok'a sksan xndrel ənd mimeans (= συζητεῖν πρὸς ἑαυτούς) t'e o? i noc'anē or z-ayn gorceloc' ic'ē 彼らは，彼らの間でこのようなことをなそうとしているのは誰か，互いに議論し始めた Lk 22,23; vasn aydorik xndrēk' ənd mimeans (= ζητεῖτε μετ' ἀλλήλων) zi asac'i t'e ... 私が…と言ったことについてあなた方は論じ合っているのか Jn 16,19.

xndrowac, -oy; **xndrowack'**, -cac'/-coc', -covk' 【名】祈り，願い，嘆願 (δέησις Lk 5,33; Eph 6,18; Php 1,19; προσευχή 1Tm 2,1)：əndēr? ašakertk'-n Yovhannow pahen stēp ew xndrowacs aṙnen なぜヨハネの弟子たちはしばしば断食し，祈願を行じているのか Lk 5,33.

[**-xndrowt'iwn**] → vrēžxndrowt'iwn; cf. xndir

xnkanoc', -i, -ac' 【名】香炉 (λιβανωτός)：ownēr xnkanoc' oski 彼は金の香炉を持っていた Re 8,3. → xownk, -anoc'

xnkem, -ec'i 【動】香で（遺骸を）香りよくする，香油を塗る (μυρίζω)：yaṙaǰagoyn xnkeac' (= προέλαβεν μυρίσαι) z-marmin im i nšan patanac' 彼女は埋葬に向けて前もって私の体に香油を塗った Mk 14,8. → xownk

xnkov → xownk

xnowm, xc'i, 3・単 exic' 【動】栓をする，ふさぐ，封じる (φράσσω; συνέχω Ac 7,57): zi amenayn beran xc'c'i すべての口がふさがれるために Ro 3,19; xc'in z-berans aṙiwcowc' 彼らはライオンたちの口を封じた He 11,33; xc'in z-akanǰs iwreanc' 彼らは耳をふさいだ Ac 7,57.

xoz, -i, -ic'/-ac' [M: +xos] 【名】豚 (χοῖρος; ῧς 2Pe 2,22); aracel xozs 豚を飼う Lk 15,15. → xozarac, aracim：eramak mi xozic' arawtakan 多くの豚の群が飼われていた Mt 8,30; xoz lowac'eal ənd tiłm-n t'awaleal 豚は体を洗ってまた泥の中を転げ回る 2Pe 2,22.

xozarac, -i, -ac'/-ic' 【名】豚を飼っている者 (ὁ βόσκων)：ibrew tesin xozarack'-n z-irs-n or ełen, p'axean 豚を飼っていた者たちは起こったことを見て，逃げ去った Lk 8,34. → xoz, -arac (aracim)

xozean 【名】《集合的》[-ean: ELPA I.128] 豚の群れ：eleal dewk'-n y-aṙnē-n, mtin i xozean-n = ... εἰς τοὺς χοίρους 悪霊どもはその人から出て，豚の中に入った Lk 8,33.

xožoṙim, -ṙec'ay 【動】[ənd+対] 陰鬱になる，ふさぎこむ (στυγνάζω)

[xožoṙ「陰鬱な，打ち沈んだ」]：na xožoṙeal ənd ban-n gnac' trtowm 彼はその言葉を聞いて陰鬱になり，悲しみのうちに去っていった Mk 10,22.

xohowrd → xorhowrd

xoys【名】逃亡；xoys tam 逃げる，退く，身を隠す（ὑποχωρέω Lk 5,16; ἐκνεύω Jn 5,13; κρύπτω Jn 8,59）：na xoys tayr y-anapat telis 彼は荒涼とした所に退いていた Lk 5,16; YS xoys et vasn amboxi-n i teloǰē [sic] anti イエスは群衆のためにその場所から姿を隠した Jn 5,13; YS xoys et ew el gnac' i tačarē anti イエスは身を隠し神殿から出て行った Jn 8,59.
→ xowsem

xoyr, xowri【名】王冠（διάδημα）：i veray glxoy nora ewt'n xoyrk' その頭には7つの王冠が被さっている Re 12,3.

xonarh, -i, -ac'【形】①低い；へりくだった；卑しい，惨めな（ταπεινός; ταπεινόφρων 1Pe 3,8）；xonarh aṙnem 劣るものとする（ἐλαττόω He 2,7）．②i xonarh 下に，より下に［低く］（κάτω Mk 14,66; 15,38; Ac 2,19; κατωτέρω Mt 2,16）[↔i ver].：①zi hez em ew xonarh srtiw なぜなら私は柔和で心が低いから Mt 11,29; or mxit'arē-n z-xonarhs, mxit'areac' z-mez AC i galstean-n Titosi 卑しい者たちを慰める者，すなわち神はテトスの到来によって私たちを慰めた 2Cor 7,6; k'akeac' z-hzawrs y-at'oṙoc' ew bajrac'oyc' z-xonarhs 彼は権力者らを位から引きおろし，惨めな者たちを高めた Lk 1,52; p'ok'r mi xonarh ararer z-na k'an z-hreštaks, p'aṙōk' ew patowov psakec'er z-na ほんの少しの間，あなたは彼をみ使いたちよりも劣るものとして，栄光と栄誉の冠を彼に被せた He 2,7; aznowagowt'k', xonarhk' 思いやりのある，へりくだった者であれ 1Pe 3,8; ②tac' ... nšans y-erkir i xonarh 私は下では地に徴を示すであろう Ac 2,19; aṙak'eac' kotoreac' z-amenayn mankowns ... y-erkemenic' ew i xonarh 彼は［人を］遣わして2歳以下の男子をすべて殺させた Mt 2,16.

xonarhagoyn【副】下に；陰に． → nawem

xonarhec'owc'anem, -owc'i【動】低くする，下に向ける，伏せる（ταπεινόω Mt 18,4; 23,12; κατακύπτω Jn 8,8）; x. z-eress/glowx 顔を伏せる，頭を傾ける（κλίνω Lk 24,5; Jn 19,30）：or xonarhec'owsc'ē z-anjn ibrew z-manowk-s z-ays, na ē mec y-ark'ayowt'ean erknic' この子供のように自分自身を低くする者，その者こそ天の王国では大いなる者だ Mt 18,4; or xonarhec'owc'anē z-anjn barjrasc'i 自分自身を低くする者は高くさせられる Mt 23,12; ink'n xonarhec'owc'eal z-glowx-n grēr matamb-n i veray erkri 彼自身は身をかがめて指で地面に書いていた Jn 8,8; xonarhec'owc'eal z-glowx awandeac' z-ogi-n 彼は頭を傾けて息を引

き取った Jn 19,30; ibrew z-ahi haran ew xonarhec'owc'in z-eress iwreanc' y-erkir 彼女らは恐れにとらわれ，地に顔を伏せると Lk 24,5.

xonarhim, -hec'ay【動】①低くされる (ταπεινωθήσεται Lk 3,5); xonarheal 劣るものとされる (ἐλαττόω He 2,9). ②身をかがめる (κύπτω Mk 1,7; παρακύπτω Jn 20,5.11). ③降る，身を下す，黙従する (συναπάγομαι Ga 2,13)：①amenayn lerink' ew blowrk' xonarhesc'in あらゆる山と丘は低くされるであろう Lk 3,5; ②xonarheal tesanē zi kayin and ktawk'-n かがみこんでみると，あの亜麻の布切れのあるのが見える Jn 20,5 (παρακύψας = Lk 24,12 hayec'eal); xonarhec'aw i gerezman-n 彼女は墓の方に身をかがめて見た Jn 20,11; ③Barnabas angam xonarhec'aw i noc'a kełcaworowt'iwn-n バルナバですら彼らの偽善に降った Ga 2,3.

xonarhowt'iwn, -t'ean【名】①へりくだること，謙虚，謙譲，自己卑下，卑賤 (ταπεινοφροσύνη; ταπείνωσις Jas 1,10). ②悲惨 (ταπείνωσις)：①amenek'in ənd mimeans z-xonarhowt'iwn ownic'in 皆はお互いに対してへりくだった心を持つだろう 1Pe 5,5; carayel TN amenayn xonarhowt'eamb ew bazowm artasowōk' 謙遜の限りを尽くし，多くの涙を流して主に仕える Ac 20,19; xonarhowt'eamb ew krōniwk' hreštakac' 自己卑下と天使礼拝によって Col 2,18; parcesc'i ... or mecatown-n ic'ē i xonarhowt'iwn iwr 富める人は自分が卑しめられることを誇れ Jas 1,10; ②hayec'aw i xonarhowt'iwn (M: i tarapans) ałaxnoy iwroy 彼はそのはしための悲惨を顧みてくれた Lk 1,48.

xos [Lk 15,16M] → xoz

xostanam, -tac'ay【動】①約束する，公言する (ἐπαγγέλλομαι Mk 14,11; συντίθεμαι Lk 22,5; ὁμολογέω Ac 7,17). ②yaraJ/yaraJagoyn xostanam 前もって約束する (προεπαγγέλλομαι Ro 1,2); yaraJagoyn xostanam あらかじめ福音を告げ知らせる (προευαγγελίζομαι Ga 3,8)：①xostac'an nma tal arcat 彼らは彼に銀を与えることを約束した Mk 14,11; ibrew merjec'aw žamanak aweteac'-n z-or xostac'aw AC Abrahamow 神がアブラハムにした約束の時期が近づくと Ac 7,17; ②or yaraJ xostac'aw i jern margarēic' iwroc' grovk' srbovk' それ（福音）は彼が自らの預言者たちを通して聖書によって前もって約束したものだ Ro 1,2; yaraJagoyn xostac'aw AC Abrahamow t'ē i k'ez ōrhnesc'in amenayn azgk' 神はアブラハムに「あなたにおいてすべての異邦人は祝福されるであろう」とあらかじめ福音を告げ知らせた Ga 3,8; [Mt 7,23 yaynžam asac'ic' (E.mg.: xostac'ayc' = ὁμολογήσω) c'-nosa et'e erbek' gitei z-jez その時私は「私はお前たちをまったく知らない」と宣言する

xostovan linim【連】告白する,公言する(ὁμολογέω Jn 1,20; 1Jn 1,9; ἐξομολογέομαι Mt 3,6): xostovan ełew et'e es oč' em K'S-n 彼は「私はキリストではない」と公言した Jn 1,20; et'ē xostovan linic'imk' z-mełs mer もし私たちが自分の罪を告白するならば 1Jn 1,9; mkrtein i nmanē i Yordanan ew xostovan linein z-mełs iwreanc' 彼らはヨルダン河で彼から洗礼を受け自らの罪を告白していた Mt 3,6.

xostovanem, -ec'i; **xostovanim**, -ec'ay【動】告白する,公言する(ὁμολογέω Mt 10,32; ἐξομολογέομαι Mk 1,5): amenayn or xostovanesc'i y-is aṙaǰi mardkan, xostovanesc'ic' (M: -ec'ayc') ew es z-nmanē aṙaǰi hawr imoy 人々の前で私について告白する者はすべて,私もまた私の父の前でその者について告白するだろう Mt 10,32 [E: -esc'ic' は -ec'ic' に対する誤記で先行の xostovanesc'i によるもの]; mkrtein i nmanē i Yordanan get, xostovaneal z-mełs iwreanc' 彼らは自らの罪を告白しながら,ヨルダン河で彼から洗礼を受けていた Mk 1,5. → dawanem

xostovanowt'iwn, -t'ean【名】信仰告白(ὁμολογία) He 10,23. → dawanowt'iwn

xovem [M] → xowem

xot, -oy, -oc'【名】草,茎(χόρτος): hramayeac' noc'a bazmel ... i veray dalar xotoy 彼は彼らに青草の上で横になるように言いつけた Mk 6,39; ibrew bowsaw xot-n ew arar ptowł 茎が出て実を結んだ時 Mt 13,26; erkir-n ink'nin berē z-ptowł, nax z-xot-n ew apa z-hask-n ew apa c'orean atok' i haski-n 大地は自ずから実を結ばせるのであり,まず茎,次に穂,次に穂の中に豊かな穀粒をなす Mk 4,28.

xotan, -i, -ic'/-ac'【名】①悪い,役に立たない,駄目な;棄て去るべき(σαπρός Mt 13,48 [→ č'ar, tgeł]; ἀπόβλητος 1Tm 4,4). ②xotan gtanem 拒絶される,断られる(ἀποδοκιμάζω He 12,17): ①z-or ibrew lc'aw, haneal i c'amak' ew nsteal žołovec'in z-bari bari-n y-amans, ew z-xotan-n i bac' ənkec'in それ(網)が一杯になると,〔人々は〕それを海岸に引き上げ〔地面に〕座って良いものを器に集め,駄目なものを外へ投げ捨てた Mt 13,48; č'ik' inč' xotan, manawand or gohowt'eamb əndownic'in 特に感謝をもって受け取るならば,棄て去るべきものは何一つない 1Tm 4,4.

xotem, -ec'i【動】①無効にする,台無しにする,反古にする,破棄する(ἀκυρόω Mt 15,6; ἀθετέω Mk 7,9; ἀποδοκιμάζω Lk 17,25). ②軽蔑する(ἐξουθενέω Lk 18,9): ①xotēk' z-ban-n AY vasn jeroy awandowt'ean-n お前たちはお前たちの言い伝えで神の言葉を台無しにしている Mt 15,6;

barwok' xotēk' z-patowiran-n AY, zi z-jer awandowt'iwn-n hastatic'ēk' お前たちは、言い伝えを主張するためなら、神の掟をもみごとに反古にする Mk 7,9; part ē nma bazowms č'arč'arel ew xotel y-azgē-s y-aysmanē 彼は多くの苦しみを受け、この世代によって棄てられねばならない Lk 17,25; ②aṙ omans panjac'eals y-anjins t'e ardark' ic'en ew xotic'en z-bazowms (M: ... ew xtric'en [→ xtrem] z-bazowm) 自分は義人であるとして自ら恃み、多くの人々を軽蔑している何人かの者に対して Lk 18,9. → anargem; xotan

xotorim, -ec'ay 【動】[i＋奪] …から逸れる、…を避ける；迷い出る (ἐκτρέπομαι Rom 3,12; 1Tm 5,15; 6,20; ἐκκλίνω Ro 3,12; 1Pe 3,11); xotoreal 脇道に逸れた、曲がった (σκολιός Ac 2,40 → kamakor): xotoreal i płcoy ew i norajayn banic' 卑俗な作り話を避けて 1Tm 6,20; xotoresc'i i č'arē 悪を避けよ 1Pe 3,11; amenek'ean xotorec'an i miasin すべての者は一斉に迷い出た Ro 3,12; aprec'arowk' y-azgē asti xotoreloy y-aysmanē この曲がった世代から救われよ Ac 2,40.

xotorec'owc'ič', -c'č'i, -č'ac' 【名】 惑わす者 (ἀποστρέφω) [xotorec'owc'anem 「逸らす、迷わす、惑わす」]: ac'ēk' matowc'ēk' inj z-ayr-s z-ays ibrew z-xotorec'owc'ič' žołovrdean-n お前たちは民を惑乱させる者としてこの男を私のもとに連れて来た Lk 23,14. → t'iwrem

xor, -oy; **xork'**, -roc' 【形／名】深い (βαθύς Jn 4,11); 深み、深いところ；深さ (βάθος Lk 5,4; Ro 11,33; πέλαγος Mt 18,6; τὰ βαθέα Re 2,24; τὰ βάθη 1Cor 2,10): ǰrhor-s xor ē この井戸は深い Jn 4,11; xałac'o i xor-n 深いところに漕ぎ出せ Lk 5,4; law ē nma et'e kaxic'i erkan išoy ənd paranoc' nora, ew ənkłmic'i i xors covow その首にロバの引き臼を下げられて、海の深みに沈められた方が、彼にとっては良い Mt 18,6 [xork': ELPA I.155]; or oč' caneayk' z-xors satanayi z-or xōsin 彼らが言うところのサタンの深みを学ばなかったお前たち Re 2,24; hogi-n z-amenayn k'nnē, ew z-xors AY 霊はすべてを、髪の深みをさえも探り尽くす 1Cor 2,10; ov xork' mecowt'ean ew imastowt'ean ew gitowt'ean-n AY ああ、神の豊かさと知恵と知識の深さよ Ro 11,33. → xorxorat, xorem

xoragēt [M: -get], -gti, -tac' 【形】悪賢い、狡猾な、賢明な (φρόνιμος Mt 10,16; πανοῦργος 2Cor 12,16): ełerowk' aysowhetew xoragētk' (M: xoragetk') ibrew z-awjs ew miamitk' ibrew z-aławnis だから、蛇のように賢明に、そして鳩のように無垢になれ Mt 10,16; k'anzi xorag ēi, xelōk' kalay z-jez 私は狡猾だったから、策略によってあなた方を詐取した 2Cor 12,16. → -gēt, xor

xoragitowt'iwn, -t'ean 【名】狡猾さ (πανουργία) 1Cor 3,19.

xoramankowt'iwn, -t'ean [M: -mangowt'iwn]【名】狡猾さ，悪巧み，欺き（Mt: πονηρία – nequitia; Lk: πανουργία [D: πονηρία]; ῥᾳδιουργία Ac 13,10) [mank「欺瞞，詐欺，策略，ぺてん」; → xor]: nayec'eal ənd xoramankowt'iwn (M: xoramangowt'iwns) noc'a 彼らの悪巧みを見抜いて Lk 20,23; orpēs ōj-n xabeac' z-Ewa xoramangowt'eamb iwrov 蛇がその狡猾さをもってエバを欺いたように 2Cor 11,3; ov li amenayn negowt'eamb ew xoramangowt'eamb ああ，あらゆる偽りと欺きに満ちた奴 Ac 13,10.

xoran, -i, -ac'【名】天幕，幕屋 (σκηνή): xoranōk' bnakeac' Sahakaw ew Yakovbaw handerj 彼はイサクおよびヤコブと共に天幕に住んだ He 11,9; xoran-n vkayowt'ean ēr ənd hars-n mer y-anapati-n 我らの父祖には荒野に証しの幕屋があった Ac 7,44. → vran

xoranakar【名】天幕造り (σκηνοποιός): ełew aṙ nosa ew gorcēr, k'anzi ein xoranakark' arowestiwk' 彼は彼らの家に滞在して一緒に仕事をした．彼らの職業は天幕造りだったから Ac 18,3.

xorg, -oy, -oc'【名】荒布，粗い布 (σάκκος): vałow ews ardewk' xorgov ew moxrov apašxareal ēr 彼はとっくに荒布と灰によって回心していただろう Mt 11,21 [cf. 1Macc 3,47 xorg ew moxir aṙnowin = περιεβάλοντο σάκκους καὶ σποδόν「彼らは粗布をまとい灰をかぶった」; Dan 9,3 pahawk' ew xorgov (ew moxrov) = ἐν νηστείαις καὶ σάκκῳ καὶ σποδῷ]. → moxir

xorem, -ec'i【動】①深くする (βαθύνω Lk 6,48). ② [i+奪]…を着服する，くすねる (νοσφίζομαι Ac 5,2.3): ①nman ē aṙn or šinic'ē town or p'oreac' ew xoreac' ew ed himn i veray vimi 彼は〔地を〕掘り，深くし，岩の上に土台を据えて家を建てる人と同じだ Lk 6,48; → xor. ②xorel i gnoc' geawłǰ-n 地所の代金をごまかす Ac 5,3.

xort'【名】私生児 (νόθος): apa xort'k' ic'ēk' ew oč' ordik' その場合にはあなたたちは私生児であって嫡子ではない He 12,8.

xorisx, -rsxoy【名】蜜蜂の巣，蜜房，蜜菓子 (κηρίον [< κηρός「蜜蝋」]): etown nma jkan xoroveloy masn ew xorisx mełow = ... καὶ ἀπὸ μελισσίου κηρίου (Θ) 彼らは彼に焼き魚の一片と一房の蜂蜜を手渡した Lk 24,42.

xorxorat, -i, -ic'【名】溝，くぼみ，穴 (βόθυνος): ankanic'i ayn i xorxorat i šabat'ow それが安息日に溝に落ちる〔なら〕Mt 12,11. → xor

xorhim, -hec'ay【動】①考える，熟慮する；思う；決心する，配慮する．②企む，謀る．③論じる，評議する．④重んずる (βούλομαι Mt 1,19;

βουλεύομαι Lk 14,31; λογίζομαι 1Cor 13,5; διαλογίζομαι Mk 8,16; Lk 1,29; συλλογίζομαι Lk 20,5; συμβάλλω Ac 4,15; ἐνθυμέομαι Mt 9,4; φρονέω Ro 14,6; Ga 5,10; Php 2,5; Col 3,2; ὑπερφρονέω Ro 12,3; μελετάω Ac 4,25; 1Tm 4,15; προνοέω Ro 12,17; τίθημι βουλήν Ac 27,12)：①xorhec'aw lr̄eleayn arjakel z-na 彼は彼女とひそかに離縁しようと思った Mt 1,19; or? t'agawor ... oč' nsteal nax xorhic'i et'e karoł ic'ē tasn hazaraw z-dēm ownel z-aynorik or gayc'ē i veray nora k'san hazaraw どんな王が座ってまず，2万人をもって彼に向かってくる者と1万人で太刀打ちできるかどうか，考えないだろう Lk 14,31; xorhēr ənd mits t'e orpisi inč' ic'ē olĵoyn-s ays 彼女はこの挨拶は何のことだろうと思い巡らせていた Lk 1,29; əndēr xorhik' dowk' č'aris i sirts jer なぜお前たちは心の中で悪しきことを思っているのか Mt 9,4; z-ayn xorhesc'i iwrak'anč'iwr ok' i jēnĵ, or ew i K'S YS このことを，すなわちキリスト・イエスにおいても（妥当すること）を，あなた方のそれぞれが思い抱け Php 2,5; y-ayd xorheac' そのことに心を配れ 1Tm 4,15; xorhec'arowk' z-baris ar̄aĵi amenayn mardkan すべての人々の前で良きことに配慮するようになれ Ro 12,17; mi ar̄awel inč' xorhel k'an z-aržan-n xorheloy 思うべきところを越えて思い上がることがないように Ro 12,3; ②oč' xorhi z-č'ar (愛は) 悪しきことを企まない 1Cor 13,5; žołovowrdk' xorhec'an snotis 民らは空しいことを謀った Ac 4,25; ③nok'a xorhec'an i mits iwreanc' 彼らは互いに議論し合った Lk 20,5; ④or xorhi z-ōr-n, TN xorhi〔ある特定の〕日を重んずる者は主のために重んずる Ro 14,6.

xorhowrd; xohowrd; -hrdoy, -oc'/-di, -iw/-dean, -deamb【名】①議論，熟慮，思考；理屈 (διαλογισμός Lk 9,46; Ro 1,21; λογισμός 2Cor 10,4); xo(r)howrd ar̄nem/ar̄nowm 協議する (συμβουλεύομαι Mt 26,4; συμβούλιον δίδωμι Mk 3,6/λαμβάνω Mt 27,7). ②意図，意向, (βουλή Lk 7,30; Ac 27,42; βούλημα Ac 27,43); 思い，想念 (ἐνθύμησις Mt 9,4; διανόημα Lk 11,17; φρόνημα Ro 8,6; διάνοια Col 1,21; ἔννοια He 4,12; ἐπίνοια Ac 8,22; λογισμός Ro 2,15; διαλογισμός Lk 2,35); xorhowrd kal- (ownim) 決心する (γίνομαι γνώμης Ac 20,3). ③疑い，疑念 (διαλογισμός Lk 24,38). ④賢さ (σύνεσις 1Cor 1,19). ⑤奥義，秘められた意味 (μυστήριον Mt 13,11)：①emowt xorhowrd i nosa t'e o ardewk mec ic'ē i noc'anē 彼らの間で「誰が自分たちのうちで大いなる者か」という論争がもちあがった Lk 9,46; z-xorhowrds k'akemk' 私たちは理屈を破壊する 2Cor 10,4; ararin xohowrd zi nengowt'eamb kalc'in z-YS ew spanc'en 彼らは策略をもってイエスを捕らえ殺害するた

めに協議した Mt 26,4; xohowrd aṙnein vasn nora tʻe ziard? korowscʻen z-na 彼らはどのようにして彼を亡き者にしようかと彼に対する協議をし始めた Mk 3,6; ②z-xorhowrd-n AY anargecʻin y-anjins iwreancʻ 彼らは自分らに対する神の意向を無にした Lk 7,30; zōrakanacʻ-n xorhowrd arareal zi z-kapeals-n spancʻen 兵士たちは彼らを殺すつもりだった Ac 27,42; argel z-nosa i xorhrdoy-n 彼らの計画を妨げる Ac 27,43; canowcʻeal YI z-xorhowrds nocʻa イエスは彼らの思いを見てとった Mt 9,4; xorhowrd marmnoy mah ē 肉の思いは死である Ro 8,6; z-jez or erbemn ōtaracʻealkʻ-n ēikʻ ew tʻšnamikʻ xorhrdovkʻ i gorcs-n čʻarowtʻean あなた方はかつては想念において〔神に〕疎遠で敵対して数々の悪しき行いをしてきた Col 1,21; yandimanel z-mimeans i xorhrdocʻ iwreancʻ 自分らの心の思いから互いに訴え合う Ro 2,15; z-xorhowrds kʻakemkʻ 私たちは理屈を破壊する 2Cor 10,4; xorhowrd kalaw daṙnal ənd Makedovniay 彼はマケドニアを通って帰る決心をした Ac 20,3; ③əndēr? xorhowrdkʻ elanen i sirts jer どうしてあなた方の心に疑いが湧き起こるのか Lk 24,38; ④z-xorhowrds xorhrdakanacʻ arhamarhecʻicʻ 私は賢者たちの賢さを無に帰するだろう 1Cor 1,19 ⑤jez toweal ē gitel z-xorhowrds arkʻayowtʻean erknicʻ あなたたちには天の王国の奥義を知ることがすでに許されている Mt 13,11.

xorhrdakan, -i, -acʻ【形】賢明な (συνετός 1Cor 1,19)：z-xorhowrds xorhrdakanacʻ arhamarhecʻicʻ 私は賢者たちの賢さを無に帰するだろう 1Cor 1,19.

xorhrdakicʻ, -kcʻi, -kcʻacʻ【名】助言者 (σύμβουλος Ro 11,34); 陪席人 (συμβούλιον Ac 25,12); xorhrdakicʻ linim [＋与] …に助言する (συμβουλεύω Re 3,18)：ov? gitacʻ z-mits TN, kam ov? xorhrdakicʻ linicʻi nma 誰が主の思いを知っていたか，また誰が彼の助言者になったか Ro 11,34; Pʻestosi xōsecʻeal ənd xorhrdakcʻi-n arar patasxani フェストゥスは陪席の者と協議して答えた Ac 25,12. → -kicʻ

xoršak, -i, -acʻ【名】炎暑，炎熱，熱風 (καύσων)：cageacʻ arew handerj xoršakaw 太陽が炎暑と共に昇った Jas 1,11; yoržam haraw šnčʻeal, asēkʻ etʻe xoršak lini 南風が吹くと，あなたたちは「熱風になるぞ」と言う Lk 12,55. → tawtʻ

xoršakahar【形】炎熱や熱風で焼かれた；xoršakahar aṙnem 焼く (καυματίζω)：towaw nma xoršakahar aṙnem xoršakahar aṙnem z-mardik hrov 人間たちを火で焼くことが彼に許された Re 16,8. → tapanam, ĵeṙnowm

xoršim, -ecʻay【動】[i＋奪] 嫌悪する，避ける，身を引く，遠ざかる

(ὑποστέλλω Ac 20,27; στέλλομαι ἀπό 2Th 3,6; ἀποτρέπομαι 2Tm 3,5; ἐκκλίνω Ro 16,17; ἀπέχομαι Ac 15,20): kʻanzi očʻ xoršecʻay i patmeloy jez z-amenayn kams AY 私は神の意志をすべてあなたたちに知らせないようなことはなかったのだから Ac 20,27; xoršel jez y-amenayn ełbōrē or stahaks-n gnaycʻen 怠惰な生活をしているすべての兄弟から身を引く 2Th 3,6; or ownicʻin z-kerparans ACpaštowtʻean, ew i zōrowtʻenē anti nora owracʻeal icʻen, ew i xoršesJir i nocʻanē 彼らは敬虔の装いをしていながら、その力を否む者となる．君は彼らから遠ざかれ 2Tm 3,5.

xorovem, -ecʻi 【動】（肉・魚などを）焼く，あぶる（ὀπτάω）; jowkn xoroveal 焼き魚 (ἰχθὺς ὀπτός Lk 24,42): nokʻa etown nma jkan xoroveloy masn 彼らは彼に焼き魚の一片を手渡した Lk 24,42. → xorisx

xorowtʻiwn, -tʻean 【名】深さ，深み，深遠なもの（βάθος）: očʻ barjrowtʻiwn ew očʻ xorowtʻiwn 崇高なるものも深遠なるものも（…）ない Ro 8,39.

xortakem, -ecʻi 【動】折る，打ちのめす，粉砕する（κατάγνυμι Jn 19,31; συντρίβω Mk 5,4; Lk 9,39; Ro 16,20; συνθλάω Lk 20,18): vasn ... z-otnkaps-n xortakeloy 足枷を砕き去ってしまったので Mk 5,4; ałačʻecʻin z-Piłatos zi xortakescʻen z-barjs nocʻa ew barjcʻin ユダヤ人たちは、彼らが足を折られて取り除かれるようにと、ピラトゥスに頼んだ Jn 19,31; haziw mekni i nmanē xortakeal z-na 霊は彼を打ちのめしながら彼からなかなか離れようとしない Lk 9,39; AC xałałowtʻean xortakescʻē z-satanay ənd otiwkʻ jerovkʻ 平和の神はサタンをあなた方の足下で踏み砕くであろう Ro 16,20; amenayn or əndharcʻi ənd vēm-s ənd ays, xortakescʻi この石の上に落ちる者は皆，粉々にされるだろう Lk 20,18 [→ pʻšrem (Mt 21,44)].

xorkʻ [ELPA I.155] → xor

xocʻem, -ecʻi 【動】刺す，突く，刺し通す（νύσσω Jn 19,34; ἐκκεντέω Jn 19,37): mi omn i zinoworacʻ-n tigaw xocʻeacʻ z-kołs nora 兵士たちの1人が槍でわき腹を突いた Jn 19,34; hayescʻin i na y-or xocʻecʻin 彼らは自分たちが刺し通した人を見つめるだろう Jn 19,37.

xowem, -ecʻi 【動】暴力で金を強要する，恐喝する，ゆすり取る（διασείω）: mi z-okʻ xowicʻēkʻ (M: xovicʻēkʻ [xr̄ovicʻēkʻ とあるのを修正]) 誰からもゆすり取るな Lk 3,14.

xowž, -icʻ 【形】野蛮な，未開人（βάρβαρος）: owr očʻ ē ... xowž, dowž, Skiwtʻacʻi, car̄ay, azat, ayl amenayn ew y-amenayni KʻS そこには未開人や野蛮人も，スキタイ人も，奴隷も，自由人もなく，キリストがすべ

てであり，すべてのもののうちにある Col 3,11. → dowž
xowžan【名】群衆，大衆；重圧，圧迫；混乱，騒乱 (ἐπίστασις)：hanapaz xowžan-n i veray im kowtēr, ew hogk' amenayn ekełec'eac' 私の上には日々の圧迫や，すべての教会についての心配事が積み重なっていた 2Cor 11,28.

xowl, xli, -ic'【形】耳が聞こえない (κωφός)：xowlk' lsen 聾者は聞く Mt 11,5; hamr-d ew xowl ays 口が利けず，耳の聞こえぬ霊よ Mk 9,25.

xownk [M: +xowng], xnkoy, -oc'【名】① 香，香料；香の供え物 (ἄμωμον Re 18,13; ἄρωμα Mk 16,1; Jn 19,40; θυμίαμα Lk 1,10; Re 5,8; 8,3). ②xownk arkanel 香をたく (θυμιάω Lk 1,9)：①amenayn p'ayt xnkoy (= πᾶν ξύλον θύϊνον) ew amenayn anawt' p'łoskreay あらゆる香ばしい木と象牙細工 Re 18,12; kinamomon ew amenayn xownk = κιννάμωμον καὶ ἄμωμον καὶ θυμιάματα 肉桂とあらゆる香辛料や香 Re 18,13; č'ogan patrastec'in xownks zi ekec'en awc'c'en z-na 彼女たちは彼に塗油を施すために行って香料を準備した Mk 16,1; patec'in ktawovk' xnkovk'-n handerj, orpēs awrēn ēr hrēic' patel ユダヤ人たちの埋葬の際の習慣通り，彼らは香料と一緒に亜麻の布切れで〔イエスの体を〕包んだ Jn 19,40; bowrvař oski li xnkov 香に満たされた金製の平鉢 Re 5,8; amenayn bazmowt'iwn žołovrdean-n kayin y-aławt's artak'oy i žamow xnkoc'-n (M: xngoc') 民の群はことごとく，香の供え物の時刻に外で祈っていた Lk 1,10; ②ehas nma xownk mteal i tačar-n TN 彼には主の聖所に入って香をたく役目が当たった Lk 1,9. → xnkem, xnkanoc'

xowřn, xřan【名】多数，混乱，混雑；【副】いっせいに，どっと；xowřn ənt'anam = συντρέχω いっせいに駆けつける Mk 6,33. → xřnim

xowsem, -ec'i【動】退く，立ち退く (ὑποχωρέω Lk 9,10; ἐκχωρέω Lk 21,21)：ařeal z-nosa xowseac' ařanjinn i teli anapat 彼は彼らを連れて人気のないところへ自分たちだけで退いた Lk 9,10; or i miǰi nora ic'en xowsesc'en 都の中にいる者は〔田舎へ〕立ち退く Lk 21,21. → xoys

[**xowr**] → txowr, txrim, t-

xowrjn, xrjan, -jownk', -janc'【名】束 (δέσμη)：k'ałec'ēk' nax z-orom-[n]-d ew kapec'ēk' z-ayd xrjowns ař i y-ayrel まず毒麦を抜き集めて，それらを焼き払うために束ねて縛れ Mt 13,30.

[**xowp'n**「蓋」] → xp'anem

xřiw, -oy, -oc'【名】刈り株，枯れ枝，しば (φρύγανον)：i žołovel Pawłosi xřiw inč' bazowm ew dnel i veray xarowki-n パウロが枯れ枝を一山かき集めて火にくべると Ac 28,3.

xřnim, -nec'ay【動】[z-+具…の周囲に] 殺到する，押し迫る，集まる

(ἐπιπίπτω Mk 3,10; ἐπίκειμαι Lk 5,1; συνάγομαι Mk 4,1; συμπορεύομαι Mk 10,1 [συνέρχομαι (Θ. D)])：minč' gal xr̄nel z-novaw zi merjesc'in ar̄ na ork' ownein axts inč' 病に苦しんでいた者は彼に触ろうと彼のもとに殺到した Mk 3,10; ełew i xr̄nel z-novaw žołovrdean-n ew lsel z-ban-n AY さて群衆が彼の周りに押し迫り神の言葉を聞いていた時 Lk 5,1; xr̄nec'an z-novaw žołovowrdk' bazowmk' (M: xr̄nec'aw z-novaw žołovowrd bazowm) = συνάγεται πρὸς αὐτὸν ὄχλος πλεῖστος 彼のもとにおびただしい数の群衆が集まって来た Mk 4,1; ert'ayr darjeal xr̄neal žołovowrd-n ar̄ na 再び群衆が彼のもとへ集まって来た Mk 10,1.
→ xowr̄n, žołovem

xr̄ovem, -ec'i【動】① -em［他］煽る，煽動する (συγκινέω Ac 6,12; ἀνασείω Lk 23,5; διασείωLk 3,14 [→ xowem]); 反乱を起こす (στάσις Mk 15,7); 混乱させる (θορυβέω Ac 17,5). ② -im［自］戸惑う，動転する，震え上がる，混乱する，騒ぐ (σείομαι Mt 28,4; θροέομαι Mt 24,6; Mk 13,7; θορυβέομαι Mk 5,39; Ac 20,10; σαλεύομαι 2Th 2,2; ταράσσομαι Mk 6,50; Jn 11,33 ; 1Pe 3,14; διαταράσσομαι Lk 1,29; φρυάσσω Ac 4,25). ③（大波・大風に）翻弄される (κλυδωνίζομαι Eph 4,14)：①hr̄ovec'in z-žołovowrds ew z-eric'owns-n ew z-dpirs-n 彼らは民や長老たちや律法学者たちを煽動した Ac 6,12; ②y-ahē anti nora xr̄ovec'an pahapank'-n ew ełen ibrew z-mer̄eals 見張りの者たちは彼への恐怖から震え上がって死人のようになった Mt 28,4; yoržam lsic'ēk' paterazmowns ew hambaws (M: hambovs) paterazmac', mi xr̄ovic'ik' あなたたちは戦争のことを聞き，戦争の噂を聞く時，動転するな Mk 13,7; zi? xr̄oveal ēk' ew layk' なぜあなたたちはうるさく泣き騒いでいるのか Mk 5,39; mi xr̄ovik', k'anzi ogi sora i smin ē 騒ぐな，この者に命はあるのだから Ac 20,10; mi vałvałaki xr̄ovel jez i mtac' すぐに分別を失って混乱しないように 2Th 2,2; YS ibrew etes z-na zi layr ew or ənd nma ein hreayk'-n layin, xr̄ovec'aw y-ogi iwr ibrew zayrac'eal イエスは彼女が泣き，彼女と一緒にいたユダヤ人たちも泣いているのを見ると，魂に憤りを覚え，かき乱された Jn 11,33; y-erkiwłē noc'a mi erknč'ic'ik', ew mi xr̄ovesjik' 彼らを恐れるな，動揺するな 1Pe 3,14; na ənd bans-n xr̄ovec'aw 彼女はその言葉に心を乱された Lk 1,29; zmē xr̄ovec'an het'anosk' なにゆえに異邦人らは騒ぎ立ったのか Ac 4,25; ③zi mi yaysmhetē ic'emk' tłayk' xr̄ovealk' ew tatanealk' y-amenayn hołmoc' vardapetowt'eamb 私たちはこれからは未成年者ではなく，教えのどんな風にも荒波立てたり振り回されたりすることがないように Eph 4,14.

xr̄ovec'owc'anem, -owc'i【動】動揺させる，狼狽させる，掻き乱す

(ταράσσω Ac 17,8; ἐκταράσσω Ac 16,20; ἀναστατόω Ga 5,12)：xṙovec'owc'in z-žołovs-n 彼らは群衆を動揺させた Ac 17,8; ark'-s ays xṙovec'owc'anen z-k'ałak'-s mer, ink'eank' hreayk' en この者どもはユダヤ人であって，私たちの町を掻き乱している Ac 16,20.

xṙovič', -vč'i, -č'ac' 【名】謀反を起こす者，叛徒 (στασιαστής)：ēr orowm anown ēr Barabbas kapeal ənd xṙovič's-n oroc' i xṙovel-n ayr ayr mi spaneal ēr 反乱を起こして 1 人の男を殺した叛徒たちと共に，バラバという名の者が鎖につながれていた Mk 15,7; xṙovič' amenayn hrēic' ork' en ənd tiezers = κινοῦντα στάσεις ... 世界中の全ユダヤ人の間に紛争を引き起こしている者 Ac 24,5.

xṙovowt'iwn, -t'ean 【名】①騒ぎ，騒乱，暴動，反乱；動揺，興奮 (θόρυβος Mt 26,5; στάσις Lk 23,19.25; ἀκαταστασία Lk 21,9; 2Cor 6,5; σύγχυσις Ac 19,29; ταραχή Mk 13,8; τάραχος Ac 12,18; 19,23). ②大波，荒れすさぶ波 (κλύδων Lk 8,24; σάλος Lk 21,25)：①asein t'e mi i tawni ast, zi mi xṙovowt'iwn linic'i žołovrdean-n 彼らは言った，「祭になってからでは駄目だ．民に暴動が生じたりしないためだ」Mt 26,5; or ēr vasn xṙovowt'ean irik' ełeloy i k'ałak'i-n ew spanowt'ean mteal i band 彼は都で起きたある反乱と殺人とのかどで獄に投じられていた者である Lk 23,19; yoržam lsic'ēk' paterazmowns ew xṙovowt'iwns, mi zarhowric'ik' あなた方は戦争や暴動のことを聞く時，怯えるな Lk 21,9; lc'aw k'ałak'-n xṙovowt'eamb 町全体が混乱に陥った Ac 19,29; ibrew ełew ayg, ēr xṙovowt'iwn mec i mēǰ zinoworac'-n, et'ē zi? ardewk' Petros-n ełew 夜が明けると，兵士たちの間で，ペトロは一体どうなったのかと，大変な騒ぎが起こった Ac 12,18; ełew i žamanaki-n y-aynmik xṙovowt'iwn oč' sakaw vasn čanaparhi-n その頃，この道に関して，ただならぬ騒動が起こった Ac 19,23; ②sasteac' hołmoy-n ew xṙovowt'ean ǰroc'-n 彼は風と水の大波とを叱りつけた Lk 8,24; y-erkri tagnap het'anosac' i y-aheł barbaṙoy ibrew covow ew xṙovowt'ean = ἐπὶ τῆς γῆς συνοχὴ ἐθνῶν ἐν ἀπορίᾳ ἤχους θαλάσσης καὶ σάλου 海の［それのような］轟きと荒れすさぶ波とのゆえに怖じ惑い，苦悶が［生じるだろう］Lk 21,25.

xstagoyns 【形】厳しく，過酷に，容赦なく (ἀποτόμως) 2Cor 13,10.

xstanam, -tac'ay 【動】[＋与…を] 頑なにする (σκληρύνω Ro 9,18)；頑なになる (σκληρύνομαι Ac 19,9): owm kami xstanay ［神は］自ら欲する者を頑なにする Ro 9,18; ibrew omank' xstanayin ew ənddēm daṙnayin ある者たちが頑なになって信じようとしなかった時 Ac 19,9.
→ xist

xstaparanoc'【形】頑固な, 強情な (σκληροτράχηλος): xstaparanoc'k' ew ant'lp'atk' srtiwk' ew akənĵōk' 強情で心にも耳にも割礼を受けていない人たちよ Ac 7,51. → xist, paranoc'

xstasrtowt'iwn, -t'ean【名】心の頑なさ (σκληροκαρδία): Movsēs vasn xstasrtowt'ean jeroy hramayeac' jez arjakel z-kanays jer モーセは, あなたたちの心が頑なだから, あなたたちが自分の妻を離縁することを許した Mt 19,8. → xist, sirt

xstac'owc'anem, -owc'i【動】頑なにする (σκληρύνω): aysōr et'ē jayni nora lowic'ēk', mi xstac'owc'anēk' z-sirts jer 今日, あなた方は彼の声を聞くなら, 自分たちの心を頑なにしてはならない He 4,7.

xstowt'iwn, -t'ean【名】(心の) 頑なさ (σκληρότης) Ro 2,5. → xist

xtir, xtroc【名】区別, 差異, 差別 (διαστολή): oč' goy xtir Hrēi ew het'anosi ユダヤ人とギリシア人の差別はない Ro 10,12. → əntrowt'iwn

xtrank', -anac'【名】《複のみ》識別, 観察 (παρατήρησις): oč' gay ark'ayowt'iwn AY xtranawk' 神の王国は観察できるようなさまで到来することはない Lk 17,20. → xtir

xtrem, -ec'i【動】守る, 遵守する (παρατηρέω): z-awowrs xtrēk', ew z-amiss, ew z-žamanaks ew z-taris あなた方は日を, そして月を, そして季節を, そして年を守ろうとするのか Ga 4,10; asac' ew aṙ omans panjac'eals y-anjins t'e ardark' ic'en ew xotic'en z-bazowms (M: ew xtric'en z-bazowm) z-aṙak-s z-ays = ... ὅτι εἰσὶν δίκαιοι καὶ ἐξουθενοῦντας τοὺς λοιποὺς τὴν παραβολὴν ταύτην 彼は, 自分は義人であるとして自ら恃み, 多くの者を軽蔑している幾人かの者たちに対して, 次の譬を語った Lk 18,9 [E: → xotem]. → xtrank'

xrax【形】喜んだ, 機嫌のいい (χαίρω): xrax emk' yoržam mek' tkaranayc'emk', ew dowk' zōrawork' ic'ēk' 私たちは弱くても, あなたたちが力ある者であるならば, その時, 私たちは喜ぶ 2Cor 13,9. → owrax

xraxčanakic'【名】気の合った仲間; x. linim [+与…と] 一緒に宴席に連なる (συνευωχέομαι) 2Pe 2,13.

xrat, -ow, -owc'【名】①助言, 提言; xrat-n tam [+与] 提言する, 教化する (συμβουλεύω Jn 18,14; ὑποτίθεμαι 1Tm 4,6) [→ xrattow]. ②意見, 見解 (γνώμη 1Cor 7,40). ③躾け (παιδεία Eph 6,4; He 12,11); 訓戒, 訓示, 訓導 (νουθεσία 1Cor 10,11; 2Tm 3,16): ①ays ayn Kayiap'ay ēr, or xrat-n (M: xrat) et Hrēic' et'e law ē aṙn miowm meṙanel i veray žołovrdean-n カヤファは, 1人の人間が民のために死ぬことは得策だと, ユダヤ人たちに提言した人物だった Jn 18,14; z-ays xrat toweal ełbarc', barwok' paštōneay linic'is K'I YI これらのことを兄弟た

ちに教示するなら，君はキリスト・イエスの立派な奉仕者となろう 1Tm 4,6; ②eraneli ews ē tʻē ayspēs kacʻcʻē, əst imowm xratow もしも彼女がこうして留まっているなら，私の意見によれば，その方がより幸いだ 1Cor 7,40; ③snowcʻaniǰikʻ z-nosa xratow ew owsmamb TN あなた方は彼らを主の躾けと訓示でもって養育せよ Eph 6,4; amenayn xrat aṙ žamanak-n očʻ owraxowtʻean tʻowi, ayl trtmowtʻean 躾けはすべて，その時は喜ばしいことではなく，辛いことに思われる He 12,11; grecʻaw vasn meroy xratow それは私たちへの訓戒のために書かれた 1Cor 10,11.

xratem, -ecʻi【動】①忠告する，助言する，勧告する（παραινέω）．②〔yaṙaǰagoyn と共に〕唆す，仕向ける（προβιβάζω）．③訓導する，訓戒する，躾ける，教育する；懲らしめる，罰する，鞭打つ，励ます（παιδεύω; νουθετέω Ac 28,31; 1Th 5,14）：①xratem z-jez kʻaǰalerel あなた方に元気を出すよう忠告する Ac 27,22; ②na yaṙaǰagoyn xrateal i mawrē iwrmē ... asē 彼女はその母に唆されて言う Mt 14,8; ③or xratē-n z-mez, zi owrascʻowk z-amparštowtʻiwn ew z-ašxarhakan cʻankowtʻiwns それは私たちが不敬虔と現世的欲望を拒絶するよう私たちを訓導している Tt 2,12; xratecʻicʻ z-da ew arjakecʻicʻ 私は彼を鞭打ってから釈放してやろう Lk 23,16; očʻ dadarecʻi artasowōkʻ xratel z-mi mi iwrakʻančʻiwr 私は涙を流しながらあなたたち１人１人を絶えず励まして来た Ac 28,31; xratecʻēkʻ z-stahaks 規律なき者たちを訓戒せよ 1Th 5,14; or? ordi ē z-or očʻ xraticʻē hayr 父親が躾けない子などいるだろうか He 12,7.

xratičʻ, -tčʻi, -čʻacʻ【名】助言者，訓戒者，指導者，躾け手（νουθετέω 1Th 5,12; παιδευτής Ro 2,20; He 12,9）：ałačʻem z-jez ... čanačʻel z-vastakawors ... ew z-xraticʻs jer 私たちはあなた方に，労苦している者たち，そしてあなた方を訓戒する人たちを認めるように懇願する 1Th 5,12; xraticʻ anzgamacʻ 分別なき者たちの指導者 Ro 2,20; i marmnawor harcʻ-n merocʻ z-or ownimkʻ xraticʻs, patkaṙemk 私たちは躾け手として持っている自分の肉〔親〕の父親たちを敬っている He 12,9. → xrat

xrattow【形】忠告を与える（συμβιβάζω）［-tow (: tam, etow)］: ovʻ? gitacʻ z-mits TN, or ew xrattow linicʻi nma 誰が主の思いを知っていたか，その人は彼に助言を与える者となるだろうか 1Cor 2,16. → xrat

xracʻkʻ, -cʻicʻ【名】靴紐（ἱμάς）: lowcanel z-xracʻs kawškacʻ 皮ぞうりの紐を解く Mk 1,7.

xrem, -ecʻi; **xrim**【動】①［他］突っ込む，押し込む（ἐρείδω Ac 27,41）．②［自］突っ込む，めり込む，座礁する：aṙaǰin kołmn nawi-n xreal anšarž mnayr 船の舳がめり込んで動かなくなっていた Ac 27,41.

xrjan-; xrjownkʻ → xowrjn

xc'i → xnowm

xp'anem, xp'i, 3. 単 xowp' 【動】（書物を）閉じる (πτύσσω) [xowp'n/ xowp' (2Sam 17,19)「覆い，蓋」; xp'em, -ec'i, xp'eal = xp'anem]: xp'eal z-girs-n et c'-paštawneay-n, ew nstaw 彼はその書を閉じて，下役の者に返し，腰を下ろした Lk 4,20.

xōt'amit 【形】愚かな，愚鈍な (νωθρός): xōt'amitk' ełerowk' lseleōk' あなた方は聞くことに対して鈍くなってしまった He 5,11.

xōt'anam, -t'ac'ay 【動】病気になる (ἀσθενέω) [xōt' (1Sam 19,14「病気の」]: hogayr zi jer loweal ēr t'ē xōt'ac'aw 彼が病気になったということをあなた方が聞き知ったために，彼は心を痛めていた Php 2,26.

C

cag, -i; cagk', -ac' 【名】端，先，先端 (ἄκρον Lk 16,24; He 11,21); cagk' (地・天の）果て (ἄκρον Mk 13,27; πέρας Mt 12,42; Lk 11,31; Ro 10,18): zi t'ac'c'ē z-cag matin iwroy i jowr 彼がその指先を水につけるように Lk 16,24; erkir epag i cag gawazani-n iwroy 彼は自分の杖の頭のところに〔よりかかって〕拝した He 11,21; žołovesc'ē z-ntreals iwr i č'cric' hołmoc', i cagac' erkri minč' i cags erknic' 彼は自分のために選ばれた者たちを地の果てから天の果てまで，四方から呼び集めるだろう Mk 13,27; zi ekn i cagac' erkri lsel z-imastowt'iwn-n Sałomovni なぜならば彼女はソロモンの知恵を聞くために地の果てからやって来たから Mt 12,42; ənd cags tiezerac' xōsk' noc'a 彼らの言葉は世界の果てにまで〔広まった〕Ro 10,18.

cagem, -ec'i 【動】① -em〔他〕昇らせる．② -im〔自〕昇る，上がる，（雲が）出る，《血統》出る；光る，輝く (ἀνατέλλω Jas 1,11; Lk 12,54; Mt 4,16; He 7,14; λάμπω Lk 17,24; ἐκλάμπω Mt 13,43; περιλάμπω Lk 2,9; Ac 26,13; φαίνω Jn 5,35; αὐγάζω 2Cor 4,4): ②cageac' arew handerj xoršakaw ew c'amak'ec'oyc' z-xotn 太陽が炎暑と共に昇り，草を枯らす Jas 1,11; yoržam tesanic'ēk' amp cageal y-arewmtic' あなたたちは雲が西に出るのを見ると Lk 12,54; loys cageac' noc'a 光が彼らに昇った Mt 4,16; y-azgē Yowday cageac TR mer 私たちの主はユダの一族から出た He 7,14; orpēs p'aylakn p'aylatakeal i nerk'oy erknic' ənd erkniwk' cagicʻē 稲妻が天の下の此方から天の下の彼方へ光り煌くように Lk 17,24; ardarkʻ-n cagescʻen ibrew z-aregakn y-arkʻayowtʻean erknicʻ 義人たちは天の王国で太陽のように光り輝くだろう Mt 13,43; pʻar̄kʻ TN cagecʻin ar̄ nosa 主の栄光が彼らを取り巻いて輝いた Lk 2,9; y-erknicʻ ar̄awel kʻan z-lowsaworowtʻiwn aregakan cageal z-inew loys, ew z-nokʻōkʻ or ənd is-n ertʻayin 天からの光は太陽よりも明るく輝き，私と私の同行者たちのまわりを照らした Ac 26,13; na ēr črag-n or lowcʻeal ēr ew cagēr 彼は燃えて輝くともし火であった Jn 5,35; zi mi cagescʻē i nosa lowsaworowtʻiwn awetarani pʻar̄acʻ-n KʻSi キリストの栄光の福音の光が彼らに輝かなくなるように 2Cor 4,4.

calem, -ecʻi【動】折りたたむ，巻く，まるめる (ἐντυλίσσω) [cf. patem: Mt 27,59; Lk 23,53]: varšamak-n or ēr i glowx nora, očʻ ənd ayl ktaws-n kayr ayl owroyn caleal i mi kołmn 彼の頭のところにあったあの汗ふき布は亜麻布と一緒にあるのではなく，別の離れた場所でひとつのところにまるめられていた Jn 20,7

[**cax**¹ [caxmē]] → jax

cax², -oy/-ow; caxkʻ, -xicʻ/-xowcʻ/-xocʻ【名】費用，経費 (δαπάνη): oʻ okʻ i jēnǰ kamicʻi šinel aštarak ew očʻ nax nsteal hamaricʻi z-caxs-n (M: z-cax-n), etʻe ownicʻi bawakan i katarowmn あなたたちのうちの誰が，塔を建てようとすると，まず座って，完成に至るまでのものを十分に自分が持っているかどうか，その費用を計算しないだろうか Lk 14,28.

caxem, -ecʻi【動】（金を）使う，使い果たす，費用を出す (δαπανάω Mk 5,26; Ac 21,24; ἐκδαπανάω 2Cor 12,15b; προσδαπανάω Lk 10,35): yoyž vštacʻeal i bazowm bžškacʻ, ew caxeal z-inčs iwr z-amenayn 彼女は多くの医者にさんざん苦しめられて，持っている財をすべて使い果たした Mk 5,26; caxea inčʻ i nosa zi gerccʻen z-glowxs iwreancʻ 彼らに頭を剃る費用を出してやれ Ac 21,24; es mtadiwrowtʻeamb caxecʻicʻ ew caxecʻaycʻ vasn anjancʻ jerocʻ 私は喜んで〔自分の財産を〕使おうと思う．そしてあなた方の魂のために，私自身を使い尽くされようと思う 2Cor 12,15; z-or inčʻ caxescʻes i da, i miwsangam galstean imowm hatowcʻicʻ kʻez 出費がかさんだら，私が戻って来た時あなたに支払う Lk 10,35.

caxičʻ【形】貪る，消費する，食い尽くす (καταναλίσχω): AC mer howr caxičʻ ē 私たちの神は食い尽くす火だ He 12,29.

[**caxmē** (Lk 23,33M)] → jax

cackem, -ecʻi【動】隠す，覆う (κρύπτω Mt 13,44; Col 3,3; ἀποκρύπτω Lk 10,21; καλύπτω Lk 23,30; ἐπικαλύπτω Ro 4,7; παρακαλύπτω Lk 9,45; περικαλύπτω Lk 22,64); 隠れている，気づかれずにいる (λανθάνω Mk

7,24; Lk 8,47; 2Pe 3,8); cackeal kay = ἀπόκρυφος Col 2,3 ; z-glowx-n cackeal ownim = κατὰ κεφαλῆς ἔχω 頭に（何かを）かぶる 1Cor 11,4：ganji cackeloy y-agaraki 畑に隠されている宝 Mt 13,44; keank'-n jer cackeal en ənd K'I y-AC あなた方の命はキリストと共に神の内に隠されたままだ Col 3,3; yaynžam sksanic'in asel ... blroc' t'e cackec'ēk' z-mez 人々は言い出すだろう、丘に向かっては「われらを覆い隠せ」と Lk 23,30; cackein z-eress nora ew tanĵein 彼らは彼の顔を覆って苦痛を与えた Lk 22,64; erani ... oroc' cackec'an mełk' iwreanc' 幸いだ、その罪が覆い隠された人たちは Ro 4,7; oč' karac' cackel 彼は隠れていることができなかった Mk 7,24; ays ews mi lic'i i jenĵ cackeal, sirelik' 愛する者たちよ、次のことにあなた方が気づかないようなことがないように 2Pe 3,8. → cacowk

cacowk【形】① 隠された（κρυπτός Lk 8,17; κρυφαῖος Mt 6,18; ἀποκρύπτω 1Cor 2,7; συγκαλύπτω Lk 12,2). ②i cacowk 隠れたところに、ひそかに、隠密に（ἐν τῷ κρυπτῷ; κρυφῇ Eph 5,12; καλύπτω Mt 10,26)：①č'ik' inč' cacowk, or oč' yayt lic'i 隠されているもので、あらわにならないものはない Lk 8,17; hayr-n k'o or tesanē i cacowk hatowsc'ē k'ez 隠れたところを見ているあなたの父があなたに報いるだろう Mt 6,18; xōsimk' z-AY imastowt'iwn-n cacowk xorhrdov 私たちは奥義によって隠されてきた神の知恵を語る 1Cor 2,7; ②or i cacowk inč' gorci i nosa, z-ayn ew xōsel ałteli ē 彼らにおいて隠密になされていることは口にすることさえ汚らわしい Eph 5,12; or i cacowk hreay-n ē 隠れたところにおける〔ユダヤ人〕がユダヤ人だ Ro 2,29; orpēs zi ełic'i ołormowt'iwn-n k'o i cacowk あなたの施しが隠れたところに留まるために Mt 6,4; oč' yaytni ayl ibrew i cacowk あらわにではなく、いわばひそかに Jn 7,10. → gałtni, yayt-

cak, -ow, -owc'【名】（針の）穴，すき間（τρῆμα Lk 18,25; τρύπημα Mt 19,24; τρυμαλιά Mk 10,25)：diwrin ē malxoy ənd cak asłan anc'anel らくだが針の穴を通り抜ける方がやさしい Mt 19,24 [mtanel]；Mk 10,25; Lk 18,25.

całik, -łkan, -anc'【名】 花（ἄνθος）：k'anzi ibrew z-całik xotoy anc'anic'ē 彼は草の花のように過ぎ去ることになるから Jas 1,10.

całkem, -ec'i【動】開花する，咲く；芽を吹く（βλαστάνω)：gawazan-n Aharoni or całkec'aw 芽を吹き出したアロンの杖 He 9,4. → całik

całr, -łow【名】①笑い（γέλως Jas 4,9). ②całr aŕnem あざ笑う，嘲笑する，なぶりものにする（καταγελάω Lk 8,53; ἐμπαίζω Lk 14,29; χλευάζω Ac 17,32)：①całr jer i sowg darjc'i あなた方の笑いは悲しみに

変われ Jas 4,9; ②nokʻa calr arnein z-na 彼らは彼を嘲笑し出した Lk 8,53; amenekʻin or tesanicʻen sksanicʻin calr arnel z-na 見物するすべての人たちが彼をなぶりものにし始めかねない Lk 14,29. → cicalim

camakal, -i, -acʻ【名】髪の飾り紐, リボン；装飾品（περίθεσις）1Pe 3,3.

camem, -ecʻi【動】噛む（μασάομαι）：camēin z-lezows iwreancʻ y-axtē cʻawocʻ-n 人々は苦痛のあまり自分たちの舌を噛んだ Re 16,10.

canawtʻ, -icʻ【形】①知られた, 面識のある（γνωστός Jn 18,15）; yaraǰ canawtʻ あらかじめ知られている（προγινώσκω 1Pe 1,20）. ②canawtʻkʻ 知人（γνωστός Lk 2,44）. ③canawtʻs tam わかる, 自分を知らしめる, 打ち明ける（γινώσκω Lk 24,35; ἀναγνωρίζομαι Ac 7,13）：①ašakert-n ayn kʻanzi canawtʻ ēr kʻahanayapeti-n その弟子は大祭司と面識があった Jn 18,15; ②xndrein z-na ənd dracʻis-n ew ənd canawtʻs 彼らは親族や知人たちの中に彼を探した Lk 2,44; ③nokʻa patmein … tʻe ziard et canawtʻs nocʻa i bekanel hacʻi-n 彼らは, パン裂きにおいてどのようにして彼らに彼がわかったかを物語った Lk 24,35; y-erkrordowm-n et canōtʻs Yovsēpʻ ełbarcʻ iwrocʻ 2度目の時ヨセフは自分のことを彼の兄弟たちに打ち明けた Ac 7,13.

caneay, canear, canean, caniǰikʻ → čanačʻem（< *canačʻem）

canowns【副】 → canr

canowcʻanem, -owcʻi【動】知らせる, 示す（γνωρίζω）：z-amenayn z-or lowa i hawrē immē canowcʻi jez 私は父から聞いたことをすべてあなた方に知らせた Jh 15,15;〔čanačʻem の分詞の代用〕canowcʻeal 知って, わかって（ἐπιγνοῦσα Ac 12,14）：canowcʻeal（εἰδώς, D.: ἰδών）YI z-xorhowrds nocʻa イエスは彼らの思いを見て取って Mt 9,4.

canr, -now, -ownkʻ, -owncʻ【形】①重い（βαρύς）; どん底の（κατὰ βάθους 2Cor 8,2); canr canr 非常に［最も］重要な. ②遅い（βραδύς).↔arag. —【副】canr/canowns（耳が）遠く（βαρέως）：①kapen berins canowns ew džowarakirs ew dnen i veray owsocʻ mardkan 彼らは重く担いきれない荷を束ね, 人々の肩に背負わせる Mt 23,4; tʻołēkʻ z-canr canr awrinacʻ-n（τὰ βαρύτερα τοῦ νόμου), z-datastan ew z-ołormowtʻiwn ew z-hawats お前たちは律法の最も重要なものをなおざりにしている. さばきと憐れみと信仰である Mt 23,23; patowirankʻ-n nora čʻ-en inčʻ canownkʻ 彼の誡めは困難なものではない 1Jn 5,3; canr ałkʻatowtʻiwn-n nocʻa 彼らのどん底の貧しさ 2Cor 8,2; ②ełicʻi amenayn mard arag ar i lsel, ew canr ar i xōsel, ew canr ar i barkanal 人はすべて, 聴くに早く, 語るに遅く, 怒るには遅くあるように Jas 1,19. —akanǰawkʻ iwreancʻ

canowns lowan 彼らの耳は遠くなった Mt 13,15.
canragin, -gni, -ic‘【形】高価な，貴重な（βαρύτιμος）[πολύτιμος → mecagin, patowakan]：mateaw ar na kin mi or ownēr šiš iwłoy canragni (M: mecagni) 高価な油の入った壺を持った 1 人の女が彼に近寄って来た Mt 26,7. → gin, canr
canranam, -rac‘ay【動】①重くなる，鈍重になる，圧迫される；（経済的な）負担［重荷］になる（βαρέομαι Mt 26,43; Lk 21,34; 2Cor 1,8; ἐπιβαρέω 1Th 2,9; καταβαρέω 2Cor 12,16; καταβαρύνομαι Mk 14,40）；canranam i k‘noy = βαρέομαι ὕπνῳ 睡魔に襲われる Lk 9,32；aranc‘ canranaloy = ἀβαρής 重荷とならない 2Cor 11,9. ②重んじられる（ἐν βάρει εἰμί）：①miwsangam egit z-nosa i k‘own˙ zi [/Mk: k‘anzi] ein ač‘k‘ iwreanc‘ [/Mk: noc‘a] canrac‘ealk‘ [/Mk: -eal] 彼は彼らが再び眠っているのを見つけた．たしかに彼らの眼は重く垂れてしまっていた Mt 26,43; Mk 14,40; zgoyš lerowk‘ anjanc‘ gowc‘ē canranayc‘en sirtk‘ jer šowaytowt‘eamb ew arbec‘owt‘eamb ew hogovk‘ ašxarakanawk‘ 用心せよ，さもなければ，あなたたちの心は酒宴や酩酊や生活の思い煩いで鈍重になるであろう Lk 21,34; aṙawel k‘an z-kar mer canrac‘ak‘ 私たちは自分たちの力以上に圧迫された 2Cor 1,8; vasn č‘-canranaloy owmek‘ i jēnǰ あなた方のうちの誰にも負担をかけないために 1Th 2,9; gret‘ē es oč‘inč‘ canrac‘ay jez 私があなた方にとってなんら重荷にならなかったのはその通りだとしても 2Cor 12,16; ②karōł ēak‘ orpēs K‘Si aṙak‘eals canranal 私たちはキリストの使徒として重んじられることができた 1Th 2,7.
canranawem【動】のろのろと航行する，船足が遅い（βραδυπλοέω）：i bazowm awowrs canranawealk‘ haziw hasak‘ aṙ Kniwdeaw 何日もの間，船の進みが遅く，かろうじてクニドスの沖に到達した Ac 27,7. → canr, nawem
canrowt‘iwn, -t‘ean【名】辛さ，辛苦（βάρος）：hasarakords mez ararer z-dosa or z-canrowt‘iwn awowr-n barjak‘ ew z-tawt‘ あなたは，そいつらを，日中の辛さと暑さにもめげずに働いた俺たちと同じように扱った Mt 20,12. → beṙn
caṙ, -oy, -oc‘【名】木（δένδρον）：amenayn caṙ bari ptowł bari aṙnē 善い木はすべて良い実を結ぶ Mt 7,17.
caṙay, -i, -ic‘【名】奴隷，下僕，仕える者，家の召使い，家隷（δοῦλος Mt 8,9; Ro 6,19; Eph 6,8; παῖς Mt 14,2; Lk 1,54; θεράπων He 3,5; οἰκέτης Lk 16,13; Ac 10,7; οἰκετεία Mt 24,45; ἐκλεκτός Lk 18,7) ↔azat；Lk 12,45 z-caṙays ew z-ałaxnays [→ ałaxni] = τοὺς παῖδας

καὶ τὰς παιδίσκας 下男と下女：asem ... caṙayi imowm tʻe ara z-ays, ew aṙnē 私が私の奴隷に「これをせよ」と言えば彼はそれをする Mt 8,9; orpēs patrastecʻēkʻ z-andams jer caṙays płcowtʻean ew anōrēnowtʻean y-anōrēnowtʻiwn あなた方の肢体を不法と不法へと至る穢れとに仕える奴隷としてあなた方が捧げたように Ro 6,19; iwrakʻančʻiwr okʻ or zinčʻ aṙnē z-bari-n, z-noyn əndowni i TNē etʻē caṙay ew etʻē azat 誰でも何か良いことをすれば、奴隷であろうと自由人であろうと主からその報いを受ける Eph 6,8; Movsēs hawatarim ē y-amenayn tan nora ibrew z-caṙay aṙ i vkayowtʻenē banicʻ asacʻelocʻ モーセは彼（神）の家全体の中にあって、将来語られるはずのことを証しするにあたり、仕える者として忠実であった He 3,5; caṙay ... z-or kacʻoycʻ TR iwr i veray caṙayicʻ iwrocʻ 主人がその召使いたちの上に立てた僕 Mt 24,45; isk AC očʻ? aṙ-nicʻē vrēžxndrowtʻiwn caṙayicʻ iwrocʻ or ałałaken aṙ na i towē ew i gišeri 神は、昼夜を問わず神に叫んでいる僕たち［Gk: 神に選ばれた者たち］を擁護しないだろうか Lk 18,7. → paštawneay (Jn 18,18 caṙay と共に)

caṙayakicʻ, -kcʻi, -kcʻacʻ【名】僕仲間 (σύνδουλος)：eleal caṙay-n ayn egit z-mi i caṙayakcʻacʻ iwrocʻ その僕は出て来ると、自分と同じ僕仲間の1人に出会った Mt 18,28. → -kicʻ

caṙayem, -ecʻi【動】［＋与］仕える、隷属する (δουλεύω)：očʻ okʻ karē erkowcʻ terancʻ caṙayel 誰も2人の主人に兼ね仕えることはできない Mt 6,24; sirov caṙayecʻēkʻ mimeancʻ 愛をとおしてあなた方は互いに仕えあえ Ga 5,13; očʻ owmekʻ erbekʻ caṙayecʻakʻ 私たちはいまだかつて誰にも隷属したことがない Jn 8,33; mi ews caṙayel mez mełacʻ-n 私たちがもはや罪に隷属することがないようにするために Ro 6,6; ard azatacʻealkʻ i mełacʻ-n ew caṙayealkʻ AY (= δουλωθέντες τῷ θεῷ), ownikʻ z-ptowł jer i srbowtʻiwn 今、あなた方は罪から自由にされ、神に仕える奴隷となって、聖さへと至るあなた方の実を結んでいる Ro 6,22.

caṙayecʻowcʻanem, -cʻowcʻi【動】奴隷にする、隷属させる (δουλόω Ac 7,6; καταδουλόω 2Cor 11,20; Ga 2,4)：caṙayecʻowscʻen z-na ew čʻarčʻarescʻen ams čʻorekʻharewr 人々は400年の間それを奴隷にし、虐待するだろう Ac 7,6; orkʻ sprdecʻin mtanel ... zi z-mez caṙayecʻowscʻen 彼らは私たちを隷属させるために入り込んだ Ga 2,4.

caṙayowtʻiwn, -tʻean【名】隷属 (δουλεία)；i caṙayowtʻean kam/kacʻowcʻanem 奴隷状態にある/する (δουλόω)：očʻ aṙēkʻ z-hogi-n caṙ-ayowtʻean miwsangam y-erkewł あなた方は再び恐れへと至る隷属の霊を受けたのではない Ro 8,15; amenecʻown z-anjn i caṙayowtʻean kac'owc'i, zi z-bazowms šahec'ayc' 多くの人を獲得するために，私はすべての人に対して私自身を奴隷にした 1Cor 9,19; ənd tarerbk' ašxarhi-s i carayowt'ean kayak' 私たちは宇宙の諸力のもとで奴隷状態にさせられていた Ga 4,3.

caraw, -oy【名】渇き；渇望；旱魃, 渇水 (δίψος)：i k'ałc' ew i caraw 飢えと渇きの中で 2Cor 11,27.

carawem, -ec'i【動】のどが渇く (διψάω)：carawec'i ew arbowc'ēk' inj 私が渇いた時，あなたたちは私に飲み物をくれた Mt 25,35; or əmpē i ǰroy-n z-or es tac' nma, mi carawesc'ē yawiteans 私が与えることになる水を飲むならば，その人は永遠に渇くことがないだろう Jn 4,14; or hawatay y-is, oč' erbek' carawesc'i [受] 私を信じる人は，決して渇くことがない Jn 6,35; oč' k'ałc'ic'en ew oč' carawic'en 彼らは飢えることも渇くこともない Re 7,16.

carawi, -woy, -weac'【形】のどが渇いた；渇望している (διψάω)：erani or k'ałc'eal ew carawi ic'en (M: carawic'en) ardarowt'ean 幸いだ，義に飢え渇く者たち Mt 5,6; erb tesak' z-k'ez k'ałc'eal ew kerakrec'ak' kam carawi ew arbowc'ak' いつ私たちはあなたが飢えているのを見て食物を与えたか，また渇いているのを見て飲み物を与えたか Mt 25,37.

cecem, cecec'i【動】打つ，叩く，殴る (τύπτω) [cec「強打，殴打，打撃」]：cecein z-glowx-n ełegamb 彼らは繰り返し彼の頭を葦で打った Mk 15,19.

cer, -oy, -oc' [M: + -awk']【名】①年老いた (γέρων Jn 3,4), 老人 (πρεσβύτης Lk 1,18; πρεσβύτερος Ac 2,17) [↔paraw]．②《複》οἱ πρεσβύτεροι 長老たち；父祖たち (Mt 15,2; Mk 7,3)：①ziard? karē mard cnanel or cer-n ic'ē 年老いた人間がどのようにして生まれることができよう Jn 3,4; es cer em (M: es cerac'eal [→ ceranam] em) ew kin im anc'eal z-awowrbk' iwrovk' 私は老人だし，私の妻も年長けている Lk 1,18; cerk' ǰer erazovk' yerazesc'in あなたたちの老人たちは夢を見るであろう Ac 2,17; ②owr dpirk'-n ew cerk' žołoveal ein そこに律法学者たちと長老たちが集合した Mt 26,57; əndēr? ašakertk'-n k'o anc'anen z-awandowt'eamb ceroc'-n なぜお前の弟子たちが父祖たちの言い伝えを破るのか Mt 15,2. → erēc'

cerakoyt, -kowti【名】長老会議, 長老会 (γερουσία Ac 5,21; πρεσβυτέριον Lk 22,66; Ac 22,5) [cf. koyt「山積み，（人の）群」(Ex 8,14 žołovec'in z-nosa koyts koyts 人々はそれらを幾山にもなるほど集めた) → kowtem]：ekn k'ahanayapet-n ew or ənd nma koč'ec'in miaban z-atean-n ew z-amenayn cerakoyt ordwoc'-n ILI 大祭司と彼の党派は来

て，最高法院とイスラエルの子らの全長老会議を召集した Ac 5,21; žołovec'aw cerakoyt žołovrdean-n, k'ahanayapetk'-n ew dpirk' 民の長老会，祭司長たちならびに律法学者たちが集結した Lk 22,66; k'ahanayapet-d vkayē inj ew amenayn cerakoyt-d 大祭司も長老会一同も私のために証言してくれる Ac 22,5.

ceranam, -rac'ay【動】年をとる，ふける (γηράσκω)：yoržam cerasc'is ... aylk' ... tarc'in owr oč' kamic'is あなたが年をとれば，他の人たちがあなたの望まないところへ連れて行くだろう Jn 21,18.　→ cer

cerowt'iwn, -t'ean【名】老年，老齢 (γῆρας)：ew na yłi ē i cerowt'ean iwrowm 彼女も年老いているにもかかわらず子を宿している Lk 1,36.

cerp, -i, -ic'【名】穴，裂け目 (πέτρα)：t'ak'owc'in z-ink'eans y-ayrs ew i cerps vimac' 彼らは洞穴や岩陰に身を隠した Re 6,15.

cep'em, -ec'i【動】塗る (ἐπιχρίω)：kaw arar ew cep'eac' z-ač's im 彼は泥を作り，私の両目に塗った Jn 9,11.

ciacan【名】虹 (ἶρις) Re 10,1.

cicalim, -łec'ay【動】笑う (γελάω)：vay jez or cicałik'-d ayžm, zi sgayc'ēk' ew layc'ēk 禍だ，今笑っている者たち．お前たちは悲しみ泣くだろう Lk 6,25; erani ē or lan ayžm, zi cicałesc'in 幸いだ，今泣いている者たち．彼らは笑うだろう Lk 6,21.　→ całr

cin, -cni, -ic'【名】誕生，出生 (γενετή)：etes ayr mi koyr i cnē 彼は生まれながら盲目の人を見た Jn 9,1; i yawitenic' ok' oč' lowaw et'e ebac' ok' z-ač's kowri i cnē koyr cneloy = ... ὀφθαλμοὺς τυφλοῦ γεγεννημένου 盲目で生まれた人の両目を誰かが開いたなどということは，いまだかつて誰も聞いたことがない Jn 9,32.　→ miacin, cnownd, cnanim

ciranavačaṙ, -i, -ac'【名】紫布の商人 (πορφυρόπωλις)：kin omn anown Lidia ciranavačaṙ 紫布の商人でリュディアという女 Ac 16,14.　→ cirani, vačaṙ

cirani, -nwoy, -neac'【形】紫の (πορφυροῦς Jn 19,2); ciranik' 紫の布，紫の衣 (πορφύρα Mk 15,17; Re 18,12; πορφυροῦν Re 17,4)：zgec'owc'in nma handerj cirani (M: ciranis) 彼らは彼に紫の衣をまとわせた Jn 19,2; zgec'owc'anen nma k'łamid karmir ew ciranis 彼らは彼に赤い衣と紫の衣をまとわせる Mk 15,17; behezoy ew ciranwoy ew osket'eli 麻布や紫布や金糸 Re 18,12; kin-n zgec'eal ēr ciranis その女は紫の衣をまとっていた Re 17,4.

cxeal　→ płinj

ccowmb, ccmboy, -ov【名】硫黄 (θεῖον)：tełac' howr ew ccowmb y-erknic' 火と硫黄が天より降った Lk 17,29.

cnanim, cnay; 3・単・接・アオ cnc'i, 分 cneal【動】① ［他］産む，生む (τίκτω Mt 1,23; γεννάω Mt 1,2; Jn 3,5; ἀποκυέω Jas 1,15; τεκνογονέω 1Tm 5,14); cnanim (i) verstin 再生させる (ἀναγεννάω 1Pe 1,3.23). ② ［自］生まれる，起こる：①koys yłasc'i ew cnc'i ordi 乙女が身重になって男の子を産むだろう Mt 1,23; Abraham cnaw z-Isahak アブラハムはイサクを生んだ Mt 1,2; et'e oč' cnc'i i Jroy ew hogwoy 人は水と霊によって生まれなければ Jn 3,5; mełk'-n katareal z-mah cnanin 罪は成熟して死を産み出す Jas 1,15; cnaw z-mez verstin i yoys-n kendani 彼は私たちを生ける希望へと再生させた 1Pe 1,3; kamim z-mankamardac'-d amowsnanal, ordis cnanel 私は，若い女は結婚し，子を産むよう望む 1Tm 5,14; ②gitasJir t'ē anti cnanin křiwk' そこから争いが生み出されることをあなたは知るだろう 2Tm 2,23.

cnawłk' [M: + cnołk'], -łac'【名】両親 (οἱ γονεῖς [= hayr ew mayr Jn 9,2.3; = hark' Mt 10,21]); 祖先 (πρόγονος 1Tm 5,4): mnac' YS manowk-n y-ĒM˙ ew oč' gitac'in cnawłk' nora 少年イエスはエルサレムに残ったが，彼の両親は［そのことを］知らなかった Lk 2,43. — amenayn or sirē z-cnōł-n (πᾶς ὁ ἀγαπῶν τὸν γεννήσαντα), sirē ew z-cneal-n i nmanē 生んだ者を愛する者は誰でも彼から生まれた者をも愛するものだ 1Jn 5,1.

cnawt, -i, -ic'【名】頬 (σιαγών): et'e ok' acic'ē aptak y-aJ cnawt k'o, darjo nma ew z-miws-n 誰かがあなたの右の頬に平手打ちを加えるなら，その者にもう一方の頬をも向けてやれ Mt 5,39.

cneal → cnanim

cnē → cin

cncłay, -iwk'【名】シンバル (κύμβαλον): ełē es ibrew z-płinj or hnč'ē kam ibrew z-cncłays or ławłaJen 私は鳴り響く銅鑼か甲高く鳴るシンバルのようになってしまった 1Cor 13,1.

cnownd, cnndean, -doc'【名】①誕生，生成 (γένεσις); awr cnndoc' (M: cnndean); cnowndk' 誕生日 (γενέσια Mt 14,6; Mk 6,21); miwsangam cnownd 再生 (παλιγγενεσία Tt 3,5; → galowst). ②生まれた者 (γεννητός Mt 11,11); 後裔 (γέννημα Mt 3,7): ①girk' cnndean YI K'I ordwoy Dawt'i ordwoy Abrahamow アブラハムの子，ダビデの子，イエス・キリストの誕生の記録 Mt 1,1; vaře hrov z-aniw cnndean それは生成の車輪を炎で包む Jas 3,6; ibrew ełen cnowndk' Hērovdi, kak'aweac' dowstr-n Hērovdiay ヘロデの誕生日がやって来た時，ヘロディアの娘が舞を舞った Mt 14,6; i jeřn awazani-n miwsangam cnndean-n ew norogowt'eamb hogwoy-n srboy 再生の洗いを通して，そ

cownr

して聖霊による刷新によって Tt 3,5; ②č'-ē yarowc'eal i cnownds kananc' mec k'an z-Yovhannēs mkrtič' 女から生まれた者で, 洗礼者ヨハネよりも大いなるものは起こらなかった Mt 11,11; cnowndk' ižic' まむしの後裔 Mt 3,7. → cin

cnc'- → cnanim

cov, -ow, -owc' 【名】海, 湖；池 (θάλασσα; λίμνη Re 20,10): daṙnal yAC kendani or arar z-erkins ew z-erkir ew z-cov ew z-amenayn or i nosa 天と地と海と, その中のすべてのものを造られた生ける神に立ち帰る Ac 14,15; oroy ē town-n merj i cov その家は海辺にある Ac 10,6; minč'deṙ zgnayr YS ənd ezr covow-n Gaḷiłeac'woc' イエスはガリラヤの海辺 (= 湖畔) を歩き回りながら Mt 4,18; kayr YS y-ezer covow-n = ... εἰς τὸν αἰγιαλόν イエスが岸辺に立った Jn 21,4. —ənd mēj covow-n Kilikeay ew Pamp'ileay naweal = τό τε πέλαγος τὸ κατὰ τὴν Κιλικίαν καὶ Παμφυλίαν διαπλεύσαντες キリキアとパンフィリアの沖を航行して Ac 27,5. → lič, covak

covak, -i, -ac' 【名】湖 (λίμνη) [cov + 縮小辞 -ak]: ink'n kayr aṙ covaki-n Gennēsaret'ay 彼自身はゲネサレト湖畔に立っていた Lk 5,1; ēj mrrik hoḷmoy i covak-n 湖に暴風が吹きおろしてきた Lk 8,23. → cov, lič

covezr, -ezer/ezeri, -ezerb, -rac' 【名】海岸, 海辺 (παράλιος Lk 6,17; παραθαλάσσιος Mt 4,13; αἰγιαλός Mt 13,2; Ac 21,5; θάλασσα Mk 3,7): bazmowt'iwn yoyž žołovrdean-n ... i covezerē-n Tiwrosi ew Sidovni テュロスとシドンとの海岸地帯から（来た）民の多くの群 Lk 6,17; ekn bnakec'aw Kap'aṙnaowm i covezeri-n 彼は海沿いの町カファルナウムにやって来て居を定めた Mt 4,13; amenayn žołovowrd-n kayr aṙ covezer-n すべての群衆は海辺に立っていた Mt 13,2; edeal cownr aṙ covezeri-n kac'ak' y-ałōt's 浜辺でひざまずいて私たちは祈った Ac 21,5; isk YS ašakertawk'-n iwrovk' gnac' i covezr-n さてイエスはその弟子たちと共に海辺に退いた Mk 3,7. → cov, ezr, ap'n, c'amak'

covow → cov

coc', -oy 【名】胸 (κόλπος) [→ gog; στῆθος = kowrck', lanǰk']: miacin-n ordi or ē i coc' hawr 父の胸中にいるひとり子 Jn 1,18;

cowx, cxoy, -ov 【名】煙 (καπνός): elanēr cowx i gboy-n orpēs z-cowx hnoc'i meci = ἀνέβη καπνὸς ἐκ τοῦ φρέατος ὡς καπνὸς καμίνου μεγάλης 大きなかまどから出る煙のような煙が穴から立ち上った Re 9,2.

cownr, 複 cowngk' [M: cownkk'], cngac' 【名】①膝 (γόνυ). ②dnem cownr ひざまずく. ③i cownr iǰanem ひざまずく, ひれ伏す

(γονυπετέω Mt 17,14; 27,29): ①ankaw aṙ cowngs-n (M: angaw aṙ cownks-n) YI 彼はイエスの膝元にひれ伏した Lk 5,8; ②ed cownr kayr y-aławt's 彼はひざまずいて祈り始めた Lk 22,41; ③i cownr iǰeal (= τιθέντες τὰ γόνατα) erkir paganein nma 彼らは膝を〔地に〕つけて彼を伏し拝んだ Mk 15,19.

crarem, -ec'i【動】包む, くるむ; しまう, 取っておく (ἀπόκειμαι) [crar「包み, 束」]: aha mnas-n k'o z-or ownei crareal i varšamaki 見よ, これがあなたの1ムナで, 私が手拭いの中にくるんでしまっておいたものだ Lk 19,20.

cp'im, cp'ec'ay【動】漂う, 漂流する, 揺さぶる (διαφέρω Ac 27,27; βασανίζω Mt 14,24) [cowp'「大波, 大しけ, 大揺れ」]: ibrew č'orek'tasanerord gišer linēr, minč'deṙ cp'eak' i Handrin andownds 14日目の夜となって, 私たちがアドリア海を漂流していると Ac 27,27; naw-n mekneal ēr i camak'ē bazowm asparisawk' cp'eal y-aleac'-n 舟は何スタディオンも陸から離れて大波に翻弄されていた Mt 14,24.

k

ka 1) kay → kam¹. 2) 命・アオ (ka/kal) → ownim

kagim, -gec'ay【動】[ənd+位] 叱る, なじる, 口論する (ἐπιτιμάω) [kag「口論, 喧嘩」]: aṙeal z-na mekowsi Petrosi, skasaw kagel ənd nma ペトロは彼をわきへ連れて行き, 彼を叱り始めた Mt 16,22.

kazdowrec'owc'anem, -c'owc'i【動】回復させる (καταρτίζω) 1Pe 5,10.

kazmem, -ec'i【動】調整する, 整える, 繕う, 直す; 用意する, 備える, 設ける (καταρτίζω Mt 21,16. 25,7; κοσμέω Mt 25,7; κατασκευάζω Lk 1,17; He 3,4): kazmein z-owṙkans iwreanc' 彼らは網を繕っていた Mt 4,21; kazmec'in z-lapters 彼女らはともし火を用意した Mt 25,7; katarec'er (M: hastatec'er, E.,M. mg: kazmec'er) z-awhrnowt'iwn あなたは賛美を備えた Mt 21,16; patrastel TN żołovowrd kazmeal 整いのすんだ民を主のために備えるために Lk 1,17; amenayn town kazmi y-owmē 家というものはすべて誰かによって設けられるものだ He 3,4.

kat'n, -t'in, -t'anc'【名】乳 (γάλα): kat'n ǰambec'i jez ew oč' kerakowr

私はあなたたちに乳を飲ませたのであって，固形食物は与えなかった 1Cor 3,2.

katʻnker【形】乳を飲む：amenayn or katʻnker ē = πᾶς γὰρ ὁ μετέχων γάλακτος 乳を摂っている者は皆 He 5,13. → -ker (< owtem)

kal¹ 1) kam¹ ［不］. 2) ownim ［命・アオ kal/ka］ → pastaȓ-a-kal

kal², -oy, -ocʻ【名】脱穀場 (ἅλων)：oro hecanocʻ-n jeȓin iwrowm ew srbescʻē z-kal iwr 彼はその箕を手に持ち，その脱穀場を掃除するだろう Mt 3,12.

kalay, kalarowkʻ, kaleal, kalǰ-, kalcʻ- → ownim

kaloti, -twoy【形】脱穀している (牛) (ἀλοάω)：mi kapescʻes z-cʻȓowk ezin kalotwoy 脱穀している牛に口籠をはめてはならない 1Tm 5,18. → kasowm

kaxard, -acʻ【名】魔法を行う者 (φάρμακος Re 21,8 → dełatow)；山師，ペテン師 (γόης 2Tm 3,13)：mardkʻ čʻarkʻ ew kaxardkʻ yaȓaǰ ekescʻen i čʻar andr molorealkʻ ew molorecʻowcʻanicʻen 悪人やペテン師たちは惑わされ惑わしながらよりいっそうの悪へと進み行くことになる 2Tm 3,13.

kaxardasar【形】魔術を行う (περίεργος)：bazowmkʻ i kaxardasaracʻ-n berēin z-girs-n, ayrēin 魔術を行っていた多くの者が文書を持って来て，焼き捨てた Ac 19,19.

kaxardowtʻiwn, -tʻean【名】魔術，まじない，呪文 (φαρμακεία)：kaxardowtʻeamb dełatowowtʻean kʻoy molorecʻan amenayn azgkʻ お前のあやかしの魔術によってあらゆる民族が惑わされた Re 18,23.

kaxem, -ecʻi【動】①ぶらさげる，吊るす (κρεμάννυμι Mt 18,6; Ac 5,30; περίκειμαι Lk 17,2; καθίημι Ac 10,11). ②kaxeal kam 掛かっている，熱中している (κρέμαμαι Mt 22,40; ἐκκρέμαμαι Lk 19,48)：①law ē nma etʻe kaxicʻi erkan išoy ənd paranocʻ nora その首にロバの引き臼を下げられたほうが彼にとってはましだ Mt 18,6; z-YS, z-or dowkʻ spanēr kaxeal z-pʻaytē (= ... κρεμάσαντες ἐπὶ ξύλου) あなたたちが木にかけて殺したイエス Ac 5,30; elin i tanis ew i cʻowocʻ-n kaxecʻin z-na ew iǰowcʻin mahčawkʻ-n handerj i mēǰ aȓaǰi YI 彼らは屋根にのぼり，天井から寝台もろとも，(群衆の) 只中へ，イエスの真ん前へと彼を吊りおろした Lk 5,19; ②y-ays erkows patowirans amenayn awrēnkʻ ew margarēkʻ kaxeal kan この 2 つの掟に律法と預言者たちのすべてが掛かっている Mt 22,40; žołovowrd-n amenayn kaxeal kayin z-nmanē i lsel すべての民が彼の話を聞くことに熱中していた Lk 19,48.

kaxim, -xecʻay【動】ぶらさがる，たれさがる；吊り降ろされる

(κρέμαμαι Ac 28,4; χαλάω 2Cor 11,33)：ibrew tesin barbarosk'-n kaxeal z-gazan-n z-jeŕanē nora 外人たちは彼の手にその生き物がぶらさがっているのを見て Ac 28,4; ənd patowhan-n vandakaw kaxec'aw ənd parisp-n 私は窓から籠で城壁づたいに吊りおろされた 2Cor 11,33.

kakłanam, -łac'ay 【動】[kakowł 柔らかい] 柔らかくなる (ἁπαλὸς γίνομαι)：yoržam nora ostk'-n kakłasc'in ew terew-n c'c'owic'i, gitēk' t'e merj ē amaŕn その枝が柔らかくなり，葉が生じると，夏が近いことをあなたたちは知っている Mt 24,32.

kah, -i, -iw, -ow, -owē 【名】 器，器具 (σκευή)：z-xoranaw-n ew z-amenayn kahiw spasown noynpēs srskeac' z-ariwn-n 彼は同じように幕屋にも務めの器にもすべて血を注ぎかけた He 9,21; z-ors y-ayl inč' i kahē anti = οὓς δὲ ἐπί τινων τῶν ἀπὸ τοῦ πλοίου 船具の何かに [Gk: 船からのもの] に乗って Ac 27,44.

kał, -i, -ac' 【形】(足が) 麻痺した, 不随の, 萎えた, 片足の (χωλός)：koyrk' tesanen, kałk' gnan 盲人は見え, 足萎えは歩む Mt 11,5.

kam[1], kac'i, ekac' 【動】①立っている, いる, ある, 存続する; 留まる (ἵσταμαι Jn 7,37; 8,44; ἐφίσταμαι Lk 4,39; συνίσταμαι Lk 9,32; στήκω Mk 3,31; Ro 14,4; εἰμί Lk 17,31; κεῖμαι Mt 5,14; 28,6; Jn 19,29; 1Tm 1,9; περίκειμαι Ac 28,20; μένω Mt 11,23; Jn 15,4; 2Jn 9; διαμένω Lk 1,22; ἐμμένω Ga 3,10; He 8,9; προσμένω 1Tm 1,3; ἀναπληρόω 1Cor 14,16); 立ち止まる, 止まる (ἵσταμαι Lk 8,44); kam mawt そばに立っている (παρίσταμαι Jn 19,26); kam šowrǰ まわりに立っている (περιΐστημι Ac 25,7; παρίσταμαι Mk 14,70); or kan-s = ἐνεστῶτα (< ἐνίσταμαι) 現在あるもの Ro 8,38. ②aŕaǰi kam 前にある, 前に置かれる, 現前する (παράκειμαι Ro 7,21; πρόκειμαι Jd 7). ③i bac' kam 離れ去る, 避ける (ἀποχωρέω Mt 7,23; ἀφίσταμαι Ac 5,38; 12,10; ἀπέχομαι Ac 15,29); (会堂から) 追放される (ἀποσυνάγωγος Jn 9,22)・④i veray kam 課せられる, 切迫している (ἐπίκειμαι He 9,10; ἐνίσταμαι 1Cor 7,26). ⑤yets kam 後戻りする (ὑποστρέφω 2Pe 2,21). ⑥《kam (ew) mnam の並置でギリシア語の単独動詞を訳す》：①kayr YS ałałakēr イエスは立ったまま叫んだ Jn 7,37; i čšmartowt'ean oč' ekac' 彼は真理のうちに立っていなかった Jn 8,44; z-erkows ars-n or kayin aŕ nma 彼と一緒に立っている 2 人の男 Lk 9,32; artak'oy kac'eal yłec'in ew koč'ein z-na 彼らは外に立ち, 人を遣わして彼を呼ばせた Mk 3,31; iwrowm TN kay kam ankani 彼は自身の主によって立ちもすれば倒れもする Ro 14,4; y-aynm awowr or kayc'ē i tanis ew karasi iwr i tan, mi iǰc'ē aŕnowl z-ayn その日に, 屋根の上にいる者は, 自分の家財が家の中にあっても,

それを取り出そうとして下に降りるな Lk 17,31; k'ałak' ... or i veray lerin kayc'ē 山の上にある町 Mt 5,14; ekayk' tesēk' z-tełi-n owr kayr さあ来て，彼が横たわっていた場所を見よ Mt 28,6; and kayr aman inč' li k'ac'axov そこには酢を満たした器があった Jn 19,29; i veray ardaroc' ōrēnk' oč' kan, ayl i veray anōrinac' ew anhnazandic' 律法は正しい者のためにあるのではなく，無法な者や反抗的な者のためにある 1Tm 1,9; et'e i Sidom ełeal ein zawrowt'iwnk'-n or ełen i k'ez, apak'ēn kayin ews minč'ew c'-aysawr もしもお前の中で生じた力ある業がソドムで生じていたら，ソドムは今日に至るまでもなお存続していたろう Mt 11,23; kac'ēk' y-is, ew es i jez 私のうちに留まれ．そうすれば私もあなたがたのうちに留まる Jn 15,4; nok'a oč' kac'in y-owxti-n imowm 彼らは私の契約のうちに留まらなかった He 8,9; ałač'ec'i z-k'ez kal y-Ep'esos 私はあなたにエフェソに留まるよう勧めた 1Tm 1,3; noynžamayn ekac' błxowmn arean nora たちどころに彼女の血の流出が止まった Lk 8,44; etes z-mayr-n ew z-ašakert-n z-or sirēr zi kayr mawt 彼は母と，自分の愛していた弟子がそばに立っているのを見た Jn 19,26; kac'in šowrǰ z-novaw 彼らは彼のまわりに立った Ac 25,7; yet sakaw mioy darjeal or šowrǰ-n kayin asen c'-Petros 少し間をおいて，まわりに立っている者たちがまたペトロに言い出した Mk 14,70; ②inj č'ar-n arǎǰi kay 私に悪いことが存する Ro 7,21; kan arǎǰi ōrinak z-yawitenakan hroy-n ənkaleal z-datastan それらは永遠の火の刑罰を受けることによって見せしめにされている Jd 7; ③i bac' kac'ēk' y-inēn 私から離れ去れ Mt 7,23; i bac' kac'ēk' y-aranc'-d y-aydc'anē, ew t'oyl towk' doc'a あの人たちから手を引いて，放っておけ Ac 5,38; i bac' kal i zoheloy kṙoc' 偶像に供えるのを避けること Ac 15,29; et'e ok' xostovanic'ē z-na K'S, i bac' kac'c'ē i žołovrdenēn = ἀποσυνάγωγος γένηται 彼のことをキリストだと公言する人があれば，会堂から追放されるだろう Jn 9,22; ④mardnoy ardarowt'iwnk'-n or minč'ew i žamanak-s owłłowt'ean-n i veray kayin 改革の時まで課されている肉の規定 He 9,10; vasn vtanki-n or i veray kay 切迫している危機のゆえに 1Cor 7,26; ⑥amenayn inč' noynpēs kay mnay (=διαμένει) i skzbanē araracoc' 万物は創造の初めからそのまま存続している 2Pe 3,4; kay mnay (= ἀπόκειται) mardkan miangam meṙanel 人間には1度死ぬことが定まっている He 9,27; gitēik' t'ē lawagoyn ews stac'owacs ownik' anjanc' y-erkins, owr kan-n ew mnan (= μένουσαν) あなたがたは，自分たちがよりよい財産を天に持っており，そこではなくなることがないことを知っていた He 10,34; nok'a kornč'in ew dow kas ew mnas (= διαμένεις) それらは滅びるが，あな

kam 344

たは留まり続ける He 1,11.

kam²【接】《離接》あるいは，または，それとも，もしくは (ἤ)：①《相対立するものの結合》oč' kares maz mi spitak aṙnel kam t'owx あなたは一本の髪の毛すら白くも黒くもできない Mt 5,36; ②《類似・同種のものの結合》mi hamarik' et'e eki lowcanel z-awrēns kam z-margarēs 私が律法や預言者たちを廃棄するために来たと思うな Mt 5,17; oč' partimk' hamarel oskwoy kam arcat'oy kam k'ari, or i čartarowt'enē ew i mtac' mardkan k'andakeal ic'ē, z-ACakan-n linel nmanoł 神的なるものを，人間の技術と思惑から彫られた金や銀や石の像と同じものと思ってはいけない Ac 17,29; et'ē ełbayr ok' kam k'oyr ic'en merkk' kam karōteal awowr-n kerakroy 兄弟や姉妹に着る物がなく，あるいはその日の糧に事欠いているならば Jas 2,15;《列挙して1つ1つを強調して》さらには (ἀλλά)：noyn isk or əst AY-n trtmec'arowk', orč'ap' inč' p'oyt' gorceac' i jez, kam ałers, kam sast, kam erkewł, kam anjowk, kam naxanj, kam vrēžxndrowt'iwn まさに神に従って悲しむそのことが，あなた方に対していかばかりの熱心を，さらには弁明を，さらには憤りを，さらには恐れを，さらには愛慕を，さらには熱意を，さらには処罰を，もたらしたことか 2Cor 7,11; ③《否定文や否定を含意する疑問文に》mit'e k'ałic'en? i p'šoy xałoł kam i tataskē t'owz 人は茨から葡萄の房を，あるいはあざみからいちじくを集めるだろうか Mt 7,16; o ic'ē i jēnǰ mard, c'-or xndric'ē ordi iwr hac', mit'e k'ar? tayc'ē nma. (10) ew kam xndric'ē jowkn, mit'e awj? tayc'ē nma あなたたちのうちで誰が，自分の子どもがパンを求めているのに，石を与えるような人間であろうか. (10) あるいは魚を求めているのに蛇を与えるであろうか Mt 7,9-10; ④ἤ ... ἤ = Mt 6,24 kam ... kam/Lk 12,11 t'e ... kam/Lk 16,13 et'e ... kam …かまたは…か; kam z-min atic'ē ew z-miws-n siric'ē, kam z-min mecaric'ē ew z-miws-n arhamarhic'ē 彼は一方を憎み，他方を愛するか，あるいは一方の世話をして，他方を軽蔑するかのどちらかだ Mt 6,24; mi hogayc'ēk' orpēs t'e zinč' patasxani tayc'ēk', kam zinč' asic'ēk' あなたたちはどのように，何を弁明しようか，何を言おうかと思い煩うな Lk 12,11; ⑤καί = kam；oč' gites owsti gay kam yo ert'ay それがどこから来てどこへ行くのかあなたにはわからない Jn 3,8. → et'e C

kam³ [kamk'] 〔lini と共に〕思われる：kam ełew ew inj (= ἔδοξε κἀμοί) or i skzbanē zhet ert'eal ei amenayni čšmartowt'eamb kargow grel k'ez 私もすべてを詳細に調べたので，あなたに順序立てて書き述べるべきであると思った Lk 1,3.

kamakar【形】自発的な；【副】〔mtawk' と共に〕自発的に，故意に，

わざと (ἑκουσίως He 10,26) : kamakar mtōkʻ etʻē yancʻanicʻemkʻ yet əndownelowtʻean gitowtʻean čšmartowtʻean-n 私たちが真理の認識を受けた後にわざわざ好き好んで罪を犯し続けるならば He 10,26.

kamakicʻ, -kcʻi, -cʻacʻ【名】賛同者, 味方 ; kamakicʻ linim/em [＋与]…に同意（賛成）する (συνευδοκέω Lk 11,48; Ac 8,1; Ro 1,32) : apa owremn vkayēkʻ etʻe kamakicʻkʻ ēkʻ gorcocʻ harcʻ-n jerocʻ それゆえお前たちは，お前たちの父祖たちの業の賛同者であることを証ししている Lk 11,48; Sawłos ēr kamakicʻ spanman nora サウロは彼の殺害に賛成していた Ac 8,1.　→ kam³, kamim, -kicʻ

kamakor【形】曲がった (σκολιός) : i mēǰ kamakor ew xełatʻewr azgi-n 曲がった，そして脇道に逸れてしまった世代のただ中にあって Php 2,15.

kamakorem, -ecʻi【動】ねじる，曲げる；こじつける (στρεβλόω 2Pe 3,16) : y-ors gtani inčʻ inčʻ džowarimacʻ, z-or anowsmownkʻ-n ew yołdołdkʻ-n kamakoren [彼の手紙の中には] いくつか理解し難いところがあって，無学で心の定まらない人々はこれをこじつけしている 2Pe 3,16.

kamacʻ　→ kamkʻ

kamaw【副】自発的に (κατὰ ἑκούσιον Phm 14; ἑκών Ro 8,20; 1Cor 9,17; ἑκουσίως 1Pe 5,2) : zi mi barikʻ-d kʻo i harkē linicʻin ayl kamaw あなた方の善きことがらが強制的にではなく自発的になされるために Phm 14; ənd ownaynowtʻean ararackʻ-n hnazandecʻan, očʻ iwreancʻ kamaw, ayl vasn aynorik or hnazandecʻoycʻ-n 被造物は虚無のもとに服従させられたが，それは自発的にではなく，むしろ服従させた方によってである Ro 8,20; etʻē kamaw z-ayn aṙnem, varjkʻ en inj もしも私が自発的にそれを為すならば，報酬は私のものだ 1Cor 9,17; verakacʻow linel mi ibrew akamay ayl kamaw əst AY 強いられてではなく神に従って自ら進んで監督せよ 1Pe 5,2.　→ kamkʻ

kamim, -mecʻay【動】① [＋不 /etʻe/tʻe/zi] 欲する，望む；考える (θέλω; βούλομαι Mt 11,27; Lk 22,42; Jn 18,39; Ac 25,22; 2Cor 1,15; δοκέω 1Cor 3,18; 11,16). ②企てる，図る (πειράομαι Ac 26,21). ③主張する (θέλω 2Pe 3,5). ④kami linel = θέλει εἶναι 意味する：①zinčʻ? kamis お前は何がほしいのか Mt 20,21; AC ed z-andams-n, z-mi mi iwrakʻančʻiwr i nocʻanē-n i marmin orpēs ew kamecʻaw 神は肢体を，それもそのそれぞれを，自身が欲したように体に置いた 1Cor 12,18; [＋不] očʻ z-hayr okʻ čanačʻē, tʻe očʻ ordi ew owm ordi-n kamicʻi yaytnel 父を知るのは子と，子が顕かにしたいと思う者以外の誰もいない Mt

11,27; ziard? daṙnayk' miwsangam i tarers tkars ew y-ałk'ats, oroc' miwsangam z-anjins caṙayec'owc'anel kamik' どうしてあなた方は再び弱々しくて貧しい諸力へと立ち返ろうとし，再び自らをそれらの奴隷として仕えさせることを欲するのか Ga 4,9; kamēi ew es lsel aṙn-n 私もその男の言うことを聞いてみたい Ac 25,22; et'ē ok' kamic'i i jēnǰ imastown linel y-ašxarhi-s y-aysmik, yimar lic'i, zi ełic'i imastown もしもあなた方の中にあって誰かが〔自分を〕この世における知者であると考えているなら，その人は，〔真の〕知者になるために，愚かになれ 1Cor 3,18; [+et'e] oč' kamēr et'e ok' gitasc'ē 彼は誰にも知られたくなかった Mk 9,30; [+t'e] zinč'? kamis t'e araric' k'ez あなたは私に何をして欲しいのか Mk 10,51; [+zi] z-ors etowr-n inj, kamim zi owr es em ew nok'a ic'en ənd is あなたが私に与えてくれた人々が，私のいるところに，あの人々も私と一緒にいてほしいと思う Jn 17,24; ard kamik'? zi arjakec'ic' jez z-t'agawor-n hrēic' お前たちはあのユダヤ人たちの王を自分たちのために釈放して欲しいか Jn 18,39; ②vasn aysorik hrēic' kaleal z-is i tačari-n, kamēin spananel このためにユダヤ人たちは神殿で私を捕え，殺害しようと企てた Ac 26,21; ③z-ayn moṙac'eal ic'ē noc'a ork' z-ays-n kamin これを主張しようとすると彼らは次のことに気づかないだろう 2Pe 3,5; ④zinč'? kamic'i ays linel これはどういうことなのだろうか Ac 2,12. → bare-kam, c'ankanam

kamk', -mac' [kam] 【名】①意志，意向，思惑；計画（γνώμη Re 17,13; θέλησις He 2,4; θέλημα Lk 23,25; Jn 1,13; 1Pe 4,2; βούλημα 1Pe 4,3). ②願望（εὐδοκία Ro 10,1). ③承諾，同意（γνώμη Phm 14)：①oyk' oč' y-arenē ew oč' i kamac' marmnoy ew oč' i kamac' aṙn, ayl y-AY cnan 彼らは血からでなく，肉の意志からでもなく，人の意志からでもなく，神から生まれたのだ Jn 1,13; zi mi ews əst mardkan c'ankowt'eanc' ayl əst kamac'-n AY kec'c'ē z-ayl ews žamanak-n 残された期間を人間の欲望によってではなく，神の意志によって生きるために 1Pe 4,2; bawakan ē anc'eal žamanak-n lineloy kamac'-n het'anosac' 過ぎ去った期間は異教徒の意志になされたことで充分である 1Pe 4,3; sok'a mi kams ownin これらの者たちはただ1つの計画を持っている Re 17,13; ②im kamk' srti 私の心の切なる思い Ro 10,1; ③aṙanc' k'o kamac' oč'inč' kamec'ay aṙnel あなたの承諾なしには私は何も行いたくなかった Phm 14.

kay, kay- → kam¹

kaylak 【名】（血の）塊，しずく（θρόμβος）：hosēin i nmanē k'rtownk' ibrew z-kaylaks arean oloṙn oloṙn hełeal i y-erkir 汗が血の塊のようになって彼から1滴1滴地にしたたり落ちた Lk 22,44 [Zohrab; E, M 両

写本になし]． → oloṙn
[**kayc**-] → aṙkayceal
kaycakn, -kan, -kownk‘, -owns, -anc‘, -ambk‘【名】炭，炭火 (ἄνθραξ) [kayc「火の粉，ざくろ石」:CALFA] : kaycakowns hroy kowtesc‘es i glowx nora あなたは燃える炭火を彼の頭に積むことになる Ro 12,20; tesanem kraketł kaycakanc‘ (= βλέπουσιν ἀνθρακιὰν καιομένην [t.r. κειμένην]) ew jowkn mi i veray ew hac‘ 彼らは，炭火があがって，その上に魚とパンのあるのを目にする Jn 21,9. → p‘aylakn; cf. kraketł; xaroyk‘ (ἀνθρακιά)

kaysr, -ser, -serk‘, -rac‘【名】カエサル，皇帝 [Lk 3,1 ティベリウス; Lk2,1 アウグストゥス] (καῖσαρ) : part? ē harks tal kayser t‘e oč‘ カエサルに税金を払うことは許されているだろうか，いないのだろうか Mt 22,17; ert‘ayk‘ towk‘ z-kayser, kayser ew zAY, AY カエサルのものはカエサルに，そして神のものは神に与えよ Mt 22,21.

kaytaṙ【形】美しい (ἀστεῖος) : tesin kaytaṙ z-manowk-n 彼らはその子供が美しいのを見た He 11,23.

kayr, **kan** → kam¹

kanamb, **kanays**, **kananc‘** → kin

kanambi, -eac‘【名】女（妻）をもつ男，既婚男性 1Cor 7,10. → kin (kanamb), arambi

Kananac‘i; Kannanac‘i; Kannac‘i, -c‘woc‘【名】熱心党員 (Κανανᾶιος) : Simovn Kannanac‘i ew Yowda Iskariovtac‘i 熱心党のシモンとイスカリオテのユダ Mt 10,4.

kangnaw → kangown

kangnem, -ec‘i【動】①起こす (ἐγείρω Jn 2,19); kangnem ew nstim = 起きて座る，上半身を起こす (ἀνακαθίζω Lk 7,15). ②立ち上がる (ἀνίσταμαι Ro 15,12). ③組み立てる，設ける，（幕屋を）張る (πήγνυμι He 8,2); 再建する (ἀνορθόω Ac 15,16) : ①z-eris awowrs kangnec‘ic‘ z-da 3日のうちにそれを起こしてみせよう Jn 2,19; kangnec‘aw ew nstaw meṙeal-n 死者は起きて座った Lk 7,15; ②ełic‘i armat-n Yesseay, ew or kangneloc‘-n ē išxan het‘anosac‘ エッサイの根が生えるであろう，そして立ち上がるであろう者が異邦人たちの支配者［となるであろう］Ro 15,12; ③srbowt‘eanc‘-n paštōneay, ew xorani-n čšmartowt‘ean z-or TR-n kangneac‘ ew oč‘ mard 聖所で，つまり人でなく主が張った真の幕屋で務める者 He 8,2; kangnec‘ic‘ z-na 私はそれを再建するであろう Ac 15,16.

kangnowmn, -gman【名】起き上がらせること (ἀνάστασις)

kangown

→ yarowt'iwn：sa kay i glorowmn ew i kangnowmn bazmac' i mēǰ IŁI この者はイスラエルの中の多くの者たちを倒れさせ起き上がらせるように定められている Lk 2,34. ↔glorowmn

kangown, -gnoy, -oc'/-gni, -naw 【名】ペーキュス (πῆχυς)：č'-ein heři i c'amakē ayl ibrew erkeriwr kangnaw 彼らは岸から遠くなく、200 ペーキュスばかりの距離だった Jn 21,8; o? i jēnǰ ař hogal iwrowm yawelowl karic'ē i hasak iwr kangown mi あなたたちのうちの誰が、思い煩ったからといって、自分の背丈を 1 尺ほどでも伸ばせるだろうか Mt 6,27.

Kandakē, -kay 【名】（エチオピアの女王の称号）カンダケ (Κανδάκη)：hzōr Kandakay tiknoǰ Et'wovpac'woc' エチオピア人の女王カンダケの高官 Ac 8,27.

kanxagēt 【形】予め知っている (προγινώσκω)：ibrew z-kanxagēts zgowšasǰik' 予めわきまえて警戒せよ 2Pe 3,17.

kanxagitowt'iwn, -t'ean 【名】予知 (πρόγνωσις) Ac 2,23.

kanxaw 【副】昔、以前に (πάλαι)：bazowm masambk', ew bazowm ōrinakōk' kanxaw xōsec'aw AC ənd hars-n mer margarēiwk' 多くの部分に分けて、さまざまなやり方で神は、昔、預言者たちによって父祖たちに語った He 1,1; orpēs ew kanxaw-n asēi = καθὼς προεῖπον 私が以前言ったように Gal 5,21. → kanowx

kanxem, -ec'i 【動】①急ぐ、早くから着手する [→ kanowx]；kanxem ənd aṙawawts 朝早く起きる (ὀρθρίζω). ②以前に行う (προάγω 1Tm 1,18). ③始終ついて廻る；専念する (προσκαρτερέω Ac 8,13; Ro 13,6; προσμένω 1Tm 5,5; εἰμί 1Tm 4,15)：①amenayn žołovowrd-n kanxēr ənd aṙawawts aṙ na i tačar-n lsel i nmanē 民全体が、彼の語ることを聞くために、朝早くから神殿の彼のもとへやってきた Lk 21,38; ork' kanxeal ənd aṙawawts č'ogan i gerezman-n = γενόμεναι ὀρθριναὶ ἐπὶ τὸ μνημεῖον 彼女たちは朝早く墓へ行ってみた Lk 24,22; ②əst kanxeloc' i k'ez margarēowt'eanc'-n 以前君に授けられた預言の言葉に従って 1Tm 1,18; ③ew ink'n Simovn hawatac', ew mkrteal kanxēr aṙ P'ilippos シモン自身も信じて洗礼を受け、いつもフィリッポスについて行った Ac 8,13; AY spasawork' en i noyn kanxealk' 彼らは神に仕える者としてまさにそのことに専念している Ro 13,6; kanxeal y-ałōt's ew i xndrowacs z-c'ayg ew z-c'erek 夜も昼も祈りと願いに専念して 1Tm 5,5; i doyn kanxeǰik' そのことから心を動かすな 1Tm 4,15.

kanon, -i, -aw 【名】①基準．②範囲 (κανῶν)：①or miangam aysm kanoni miaban linin この基準を堅持するすべての人たち Ga 6,16; ②oč' ōtar kanonaw i patrasatakans inč' parcel 他の人の範囲においてすでに

なされたことを誇ることはしないようにすること 2Cor 10,16.
kanowx, -nxoc‘【形】早い, 前の, 予めの (πρόϊμος Jas 5,7) ↔anagan ; kanowx gitowt‘iwn 予知 (πρόγνωσις 1Pe 1,2): minč‘ew arc‘ē z-kanowx ew z-anagan 前の〔雨〕と後の〔雨〕を〔大地が〕受けるまで Jas 5,7. → kanxaw

kapank‘, -nac‘, -nawk‘【名】《複のみ》縄 (σειρά 2Pe 2,4); 鎖, 桎梏, 投獄, 獄中にあること;（舌の）もつれ (δεσμός Mk 7,35; Lk 8,29 [δεσμά]; 13,16; Ac 16,26; Phm 13; ἄλυσις Eph 6,20): xawari-n kapanōk‘ arkeal i tartaros-n 暗闇の縄で縛って地獄に投げ入れた 2Pe 2,4; amenec‘own kapank‘-n lowcan 全員の鎖が解けてしまった Ac 16,26; xzēr z-kapans-n ew varēr i diwē-n y-anapats 彼は縄目を粉砕して, 悪霊によって荒野に駆り立てられた Lk 8,29; ays dowstr Abrahamow ēr z-or kapeac‘ Satana ahawadik owt‘owtasn am, oč‘? ēr aržan arjakel i kapanac‘ anti i šabat‘ow アブラハムの娘であるこの女は, サタンがなんと 18 年間も縛りつけていたのだから, 安息日にその桎梏から解かれねばならないではないか Lk 13,16; ənd k‘o ownic‘i inj spas i kapans awetarani-n 彼が福音ゆえの〔私の〕獄中生活においてあなたに代わって私に仕えるために Phm 13; awetarani-n, vasn oroy patgamaworim kapanōk‘-s 私はこの福音のために, 鎖に繋がれた状態にあって使者としての務めを果たしている Eph 6,20; lowcan kapank‘ lezowi nora ew xawsēr owłł 彼の舌のもつれが解けてまともに話し出した Mk 7,35.

kapem, -ec‘i【動】①縛る, 鎖に繋ぐ;束ねる;結ぶ (δέω Mt 13,30; 16,19; Mk 15,7; Ac 20,22; Ro 7,2; δεσμεύω Mt 23,4; Lk 8,29; ὑποζώννυμι Ac 27,17). ②kapeal 獄に繋がれた, 囚人 (συνδέομαι He 13,3; δέσμιος Mt 27,15; δεσμώτης Ac 27,1) → geri：①kapec‘ēk‘ z-ayd xrjowns aṙ i y-ayrel それを焼き払うために束ねて縛れ Mt 13,30; ēr orowm anown ēr Barabbas kapeal ənd xṙvič‘s-n バラバという名の者が叛徒たちと共に鎖につながれていた Mk 15,7; kapen beṙins canowns ew džowarakirs 彼らは重く担いきれない荷を束ねる Mt 23,4; ew ard ahawasik es kapeal hogwov-n ert‘am y-EM 今, 私は霊に縛られてエルサレムに行こうとしている Ac 20,22; kin aṙnakin i kendani ayr iwr kapeal kay ōrinōk‘ 結婚している女性は, 律法によって, 生きている夫に結ばれている Ro 7,2; z-or miangam kapesc‘es y-erkri elic‘i kapeal y-erkins あなたが地上で結ぶものは天上でも結ばれたものとなるであろう Mt 16,19 [→ arjakem]; kapēr i šłt‘ays 彼は鎖につながれた Lk 8,29 [cf. Ps. 107,10 kapeal ein y-ałk‘atowt‘ean orpēs y-erkat‘s 彼らは貧苦と鉄の枷に囚われた]; kapēin ənd naw-n 彼らは〔小舟を〕（大綱で）船に縛った

Ac 27,17; ②yowš lic'in jez kapealk'-n, orpēs t'ē dowk' ənd nosa kapealk' ic'ēk' あなたがたも共に繋がれているように、獄にある人々のことを想い起こせ He 13,3; əst tawni sovor ēr datawor-n arjakel żołovrdean-n kapeal mi z-or kamein 総督は祭りのつどに群衆の望む囚人を1人、彼らのために釈放することを慣習にしていた Mt 27,15; tayin z-Pawłos ew z-ayls omans kapeals i hariwrapet mi 人々はパウロと他の数人の囚人たちをある百人隊長に引き渡した Ac 27,1.

kapert; M: + karpet [Mk 2,21], -i, -ic' 【名】布の当て切れ (ἐπίβλημα, Mt ἐπίβλημα ῥάκους); 粗い布 (σάκκος Re 6,12): oč' ok' arkanē kapert ant'ap' i veray hnac'eal jorjoy 誰も晒していない布の当て切れを古くなった着物の上に当てはしない Mt 9,16.

kapič, kapčac' 【名】(穀物を量る単位) コイニクス (χοῖνιξ): kapič mi c'orean denari mioj ew erek' kapič gari denari mioj 1デナリオンで1コイニクスの小麦そして1デナリオンで3コイニクスの大麦 Re 6,6.

[**kapowt**「略奪品」] → mehenakapowt

kaŕavar, -i, -ac' 【名】戦車の御者: jayn t'ewoc' noc'a ibrew z-jayn kaŕavar jioc' bazmac' or aršawen i paterazm それらの羽音は戦場へと疾駆する多数の馬を御する音声に似ていた Re 9,9 [= ἡ φωνὴ τῶν πτερύγων αὐτῶν ὡς φωνὴ ἁρμάτων ἵππων πολλῶν τρεχόντων εἰς πόλεμον それらの羽音は戦場へと馳せる多数の馬に引かれた戦車の轟きに似ていた].

kaŕap'em, -ec'i 【動】首を刎ねる. —tełi kaŕap'eloy = τόπος κρανίου 髑髏の場所: ekeal i tełi-n anowaneal Gołgot'a or ē tełi kaŕap'eloy ゴルゴタと言われている場所、すなわち髑髏の場所に来て Mt 27,33.

kaŕap'natem, -ec'i 【動】頭を殴る (κεφαλιόω) [kaŕap'n, -p'in, -p'ownk', -p'anc' 「頭蓋骨, 頭」; -at- → hatem]: z-na kaŕap'natec'in彼らは彼の頭を殴った Mk 12,4 [cf. Mk 12,3 gan harin z-na].

kaŕk', -ac', -ōk' 【名】戦車, 馬車 (ἅρμα Ac 8,28; ῥέδη Re 18,13): nsteal i kaŕs iwrowm, ənt'eŕnoyr z-margarē-n z-Esayi 彼は自分の馬車の中に座り、預言者イザヤの書を読んでいた Ac 8,28.

kaskacem, -ec'i 【動】疑う, 怪しむ: oč' kaskacēin ew oč' i mioję inč' erkiwłē 彼らは何らの恐怖心によっても疑うことがなくなっていた 1Pe 3,6.

kasowm, kasi 【動】脱穀する (ἀλοάω): or kasow-n yowsov vayelel 脱穀する者は〔穀物に〕与る望みをもって〔そうすべきである〕1Cor 9,10. → kaloti

katakem, -ec'i 【動】なぶる, 嘲弄する, からかう (ἐμπαίζω): katakic'en z-novaw ew harkanic'en z-na ew t'k'anic'en i na 彼らは彼をなぶりもの

にし，彼を鞭打ち，彼に唾をかける Mk 10,34 [cf. Mk 15,20 katakec'in z-na]. → jałem

katarac, -i, -ic' 【名】終り，終末，結末 (τέλος Mt 24,14; 26,58; συντέλεια Mt 13,40; 28,20)：k'arozesc'i awetaran-s ark'ayowt'ean ənd amenayn tiezers, i vkayowt'iwn amenayn het'anosac'：ew apa ekec'ē katarac 王国のこの福音が，あらゆる異邦人に対する証しとなるために，全世界に宣べ伝えられるだろう．その後でこそ，終末は到来するだろう Mt 24,14; orpēs žołovi oromn-n ew i howr ayri, aynpēs ełic'i i kataraci ašxarhi-s 毒麦が集められて火で燃やされるように，この世の終りにおいてもそのようになるだろう Mt 13,40; nstēr ənd spasawors-n tesanel z-katarac-n 彼は結末を見ようとして下役たちと共に腰を下ろしていた Mt 26,58.

katareal【形】完全な，成熟した，大人の，到達した (τέλειος)；適性のある (ἄρτιος 2Tm 3,17)：ard ełerowk' dowk' katarealk', orpēs ew hayr-n jer erknawor kataleal ē だから，あなたたちの天の父が全き者であるように，あなたたちも全き者となれ Mt 5,48; katareloc'-n ē hasta-town kerakowr しっかりした食べ物は成熟した人々のものだ He 5,14; or miangam katarealk'-d ēk', z-ays xorhec'arowk' 完全な者は誰もこのことを思い抱け Php 3,15; hamberowt'iwn-n gorc katareal ownic'i 忍耐が全き業を持つようにせよ（＝なにがなんでも忍耐せよ）Jas 1,4; zi katareal ic'ē mard-n AY 神の人が適性を身につけるために 2Tm 3,17.

katarem, -ec'i 【動】①終える，完全にする，完成させる，全うする，成し遂げる，遂行する，満たす． — [受] katarim, -rec'ay 終わる；満たされる；(罪が) 成熟する (τελειόω Jn 17,23; τελέω Ga 5,16; Re 20,3; ἐκτελέω Lk 14,29; ἀποτελέω Lk 13,32; Jas 1,15; ἐπιτελέω Php 1,6; 1Pe 5,9; συντελέω Lk 4,13; Ac 21,27; He 8,8; πληρόω Ac 12,25; Ro 8,4; Ga 5,14; πληρόομαι Ac 7,30; συμπληρόομαι Lk 9,51; ἐκπληρόω Ac 13,33; ἀναπληρόω Mt 13,14; Ga 6,2; 1Th 2,16; πληροφορέω 2Tm 4,5; πίμπλημι Lk 21,22; κατεργάζομαι Eph 6,13; ἐξαρτίζω Ac 21,5)；死ぬ，殺される (ἀποκτέννεσθαι Re 6,11). ②整える (καταρτίζω Lk 6,40). ③〔形と共に〕…し続ける (διατελέω Ac 27,33)：①zi ełic'in katarealk' i mi 彼らが全うされたものとなり1つとなるために Jn 17,23; z-c'ankowt'iwn marmnoy mi katarēk' あなたたちは肉の欲望を満たすことがない Ga 5,16; minč'ew kataresc'i hazar am-n 1千年の期間が終わるまで Re 20,3; ibrew arkanic'ē himn ew č'-karic'ē katarel 彼が土台は据えても完成させられない時は Lk 14,29; ibrew merj ēin ewt'n awowrk'-n i katarel 7日の期間が終わろうとしていた時 Ac 21,27; i katarel amac'-n k'aṙasnic'

katarič' 　　　　352

40年たった時 Ac 7,30; gitasǰik' z-noyn anc's č'arč'aranac' ełbayrowt'ean jeroy y-ašxarhi y-anjin katareal あなたたちは，この世界にいる自分の兄弟たちに同じ苦難がふりかかっているのを知れ 1Pe 5,9; katarec'ic' i veray tan-n ILI ew i veray tan-n Yowday owxt nor 私が新しい契約をイスラエルの家の上にそしてユダの家の上に成し遂げる He 8,8; z-noyn AC katareac' aṙ mez 神は私たちのためにそれ（約束）を果した Ac 13,33;—katari aṙ nosa margarēowt'iwn-n Esayay イザヤの預言が彼らに成就される Mt 13,14; awowrk' vrēžxndrowt'ean en aynok'ik aṙ i katareloy amenayn greloc' それこそが書かれているすべてのことが満たされるための報復の日々だ Lk 21,22; zi amenayn ōrēnk' i mi ban katarin, i siresc'es-n z-ənker k'o ibrew z-anjn k'o というのは，全律法は１つの言葉において，すなわち，あなたの隣人をあなた自身として愛するであろうとの言葉において，満たされているからだ Ga 5,14; mełk'-n katareal z-mah cnanin 罪が成熟して死を生み出す Jas 1,15; caṙayakic'k' noc'a ew ełbark' noc'a ork' handerjeal en kataril ibrew z-nosa 彼らと同じように まさに殺されようとしている彼らの僕仲間と彼らの兄弟たち Re 6,11; ②amenayn katareal-n ełic'i ibrew z-vardapet iwr 誰でも整えられたなら，その師のようにはなるだろう Lk 6,40; ③nōt'is katarel ずっと食事せずにいる Ac 27,33.

katarič', -rč'i, -rč'ac' 【名】完成者（τελειωτής）: hayesc'owk' i zōraglowx-n hawatoc' ew i katarič'-n YS 信仰の導き手であり完成者であるイエスに目を据えようではないか He 12,2.

katarowmn, -rman 【名】完成，実現，成就；満了；完全性（τελείωσις Lk 1,45; He 7,11; τελειότης Col 3,14; He 6,1; ἀπαρτισμός Lk 14,28; ἐκπλήρωσις Ac 21,26）: erani or hawatayc'e et'e ełic'i katarowmn asac'eloc'-s nma i TE 幸いだ，主から己れに語られたことが実現されると信じる女は Lk 1,45; oč' hamaric'i z-caxs-n et'e ownic'i bawakan i katarowmn 彼は完成に至るまでのものを十分に持っているかどうか，その費用を計算しないだろうか Lk 14,28; i veray amenayni z-sēr-n, or ē zōd katarman-n すべてのものの上に愛を，すなわち完全性の紐帯を〔身に着けよ〕Col 3,14; vasn oroy t'ołeal z-ban skzban-n K'Si, i katarowmn ekesc'owk' それゆえキリストの初歩的なことばはあとに残して，私たちは完成へと進もう He 6,1; yayt aṙnel z-katarowmn awowrc'-n srbowt'ean 清めの期間の満了を告げる Ac 21,26; et'ē katarowmn-n i jeṙn Łewtac'oc' k'ahanayowt'ean-n ēr 仮にレビの祭司制によって成就がなされたとするならば He 7,11.

kar, -i, -ic' 【名】力，能力（δύναμις）; kar ē できる（Mt 19,26M; E: ankar ē）：owmemn et hing k'ank'ar, ew owmemn erkows, owmemn mi, iwrak'anč'iwr əst iwrowm kari 彼はある者には5タラントン，ある者には2タラントン，ある者には1タラントン，おのおのの力に合わせてそれぞれ与えた Mt 25,15; ařawel k'an z-kar mer canrac'ak' 私たちは自分たちの力を超えて圧迫された 2Cor 1,8. → ankar, tkar, karem

karan, -i【名】縫い目；ařanc' karani 縫い目がない（ἄραφος）Jn 19,23.

karapet, -i, -ac'【名】先駆者（πρόδρομος）：owr karapet-n mer YS emowt vasn mer そこへイエスは私たちのために私たちの先駆者として入っていった He 6,20.

karasi, -swoy/-sow, -seaw/-swov, -seac'【名】容器（σκεῦος Lk 8,16); 家財道具，家具，動産（τὰ σκεύη Mk 3,27; Lk 17,31）：oč' ok' lowc'anē črag ew t'ak'owc'anē ənd karaseaw kam dnē ənd mahčawk' 誰もともし火をともしてそれを容器の下に隠したり，寝台の下に置く者はいない Lk 8,16; oč' ok' karē z-karasi hzawri mteal i town nora awar harkanel 誰も強い者の家に入って家財道具を略奪することはできない Mk 3,27. → gorci

kara[s]c'- → karem

karawł → karoł

karawt, -ic'【形】必要としている，不足している（προσδέομαι）：oč' i jeř ac' mardkan pašti ibrew karōt imik' (神は)何か不足しているところがあるかのように人間の手によって仕えられることはない Ac 17,25.

karawteal【形】困っている，窮している（χρείαν ἔχω）1Jn 3,17.

karawtim, -tec'ay/M: -tac'ay【動】[+与]…が欠ける，不足する（ὑστερέω [τινός] Lk 22,35; λείπω [τινός] Jas 2,15; ἐνδεής Ac 4,34）：yoržam ařak'ec'i z-jez ařanc' k'saki ew maxałi ew kawškac', mi t'e karawtec'ayk? (M: karawtac'ayk') imik' 私があなた方を財布も袋も皮ぞうりも携えることなく遣わした時，何か不足したか Lk 22,35; et'ē ełbayr ok' kam k'oyr ic'en merkk' kam karōteal awowr-n kerakroy 兄弟や姉妹に着る物がなく，あるいはその日の糧に事欠いているならば Jas 2,15; oč ok' karōtēr i nosa 彼らの中には乏しい者が1人もいなかった Ac 4,34.

karawtowt'iwn, -t'ean【名】赤貧，窮乏，困窮（ὑστέρησις Php 4,11; ὑστέρημα Lk 21,4）：oč' ař karōtowt'ean inč' asem 私は窮乏のゆえに〔こう〕言うのではない Php 4,11; na i karawtowt'enē iwrmē z-amenayn z-keans iwr z-or ownēr ark 彼女はその窮乏の中から持てる生活の糧一切を投げ入れた Lk 21,4. → mt'erk'

karg, -i, -ac'【名】①順序，順番；秩序（τάξις Lk 1,8; Col 2,5; 1Cor

kargem 354

14,40; τάγμα 1Cor 15,23 ）; [具] kargaw 【副】順次に，次々に，順序立てて (καθεξῆς Lk 1,3; Ac 18,23). ②職務 (ἐπισκοπή Ac 1,20). ③系統 (τάξις He 5,6)：①i k'ahanayanal-n nora əst kargi awowrc' hasaneloy aṟaǰi AY 当番の日が来て [= ... ἐν τῇ τάξει τῆς ἐφημερίας αὐτοῦ ... 彼の組の順番に従って] 彼が神の前で祭司として仕える段になった時 Lk 1,8; iwrak'anč'iwr y-iwrowm kargi 各自は自分自身の順番に従う 1Cor 15,23; amenayn inč' jer parkeštowt'eamb ew əst kargi linic'i すべてを品位ある仕方で，そして順序正しくなすようにせよ 1Cor 14,40; xndam ibrew tesanem z-karg-n jer 私はあなたがたの〔良き〕秩序を見る時喜ぶ Col 2,5; kargaw grel k'ez あなたに順序立てて叙述する Lk 1,3; šṟǰel kargaw ənd Gałatac'woc' ašxarh-n ew ənd P'ṟiwgiay ガラテヤやフリュギア地方を次々に巡る Ac 18,23; ②z-karg nora aṟc'ē ayl 彼の職は他の者に継がせるがよい Ac 1,20; ③dow es k'ahanay yawitean əst kargi-n Melk'isedeki あなたはいつの世までもメルキツェデクの系統の祭司である He 5,6. → das-a-karg

kargem, -ec'i 【動】①順序づける，配置する，整頓する；捧げる (τάσσω Lk 7,8; 1Cor 16,15; ἀνατάσσομαι Lk 1,1). ②定める (τάσσω Ac 13,48); kargeal 一定の (προστεταγμένος: προστάσσω Ac 17,26)：①ew es ayr mi em kargeal ənd išxanowt'eamb 私も権威の下に据えられている1人の人間だ Lk 7,8; k'anzi bazowmk' yawžarec'in verstin kargel z-patmowt'iwn-n vasn irac'-n hastateloc' i mez 私たちのもとで成し遂げられた事柄について物語を連ねようと多くの人々が手を染めたので Lk 1,1; i paštōn srboc'-n kargec'in z-anjins 彼らは聖なる者たちへの奉仕のために自分たち自身を捧げた 1Cor 16,15; ②hawatac'in ork' ēin kargeal i keans-n yawitenakans 永遠の命にあずかるように定められていた者たちは信じた Ac 13,48; hastateac' kargeal žamanaks 彼は一定の時期を定めた Ac 17,26.

kardam, -dac'i 【動】呼ぶ，呼びかける，唱える (φωνέω Lk 23,46; προσφωνέω Mt 11,16; Lk 7,32; ἐπικαλέομαι Ac 2,21; 9,14; Ro 10,12)：kardac' YS i jayn mec ew asē, hayr, i jeṟs k'o awandem z-hogi im イエスは大声をあげて言った，「父よ，あなたの両手に私の霊を委ねる」Lk 23,46; nman en manktwoy or ... kardayc'en z-mimeans (M: kardasc'en z-nkers iwreanc') 彼らはお互いに呼びかけている子供たちと同じだ Lk 7,32; ełic'i amenayn or kardasc'ē z-anown TN kec'c'ē 主の名を呼ぶ者はすべて救われるだろう Ac 2,21; kapel z-amenesean or kardan z-anown k'o あなたの名を呼ぶ者をことごとく縛り上げる Ac 9,14.

karem, -racʻi【動】《概ね疑問文か否定文で》[＋不] できる (δύναμαι Mt 6,24; ἰσχύω Lk 13,24; 16,3)：owsti? Kares yagecʻowcʻanel z-dosa hacʻiw y-anapati ast こんな荒涼としたところでどうやってあなたはこれらの者たちをパンで満腹させることができるのか Mk 8,4; ziard? karē mard cnanel or cer-n icʻē. mi tʻe martʻ? icʻē andrēn y-orovayn mawr iwroy krkin mtanel ew cnanel 人間は，年老いていながら，どのようにして生まれることができるのか．新たに母親の胎内にもう１度入り，生まれて来るということができるというのか Jn 3,4; očʻ okʻ karē erkowcʻ terancʻ caṙayel 誰も２人の主人に兼ね仕えることはできない Mt 6,24; bazowmkʻ xndrescʻen mtanel, ew očʻ karascʻen 多くの人は中にはいることを求めるが，できない Lk 13,24; gorcel očʻ karem 俺には力仕事はできない Lk 16,3.

karewor, -acʻ【形】① [＋不] 必要な (ἀναγκαῖος Php 1,24; ἐπάναγκες Ac 15,28). ②親密な，親しい (ἀναγκαῖος Ac 10,24). ③固くまといつく，絡みつく (εὐπερίστατος)：①kal mnal astēn i marmni, karewor ews vasn jer この肉に留まることはあなたがたのために必要だ Php 1,24; hačoy tʻowecʻaw hogwoy-n srboy ew mez, mi inčʻ aweli beṙn dnel jez, baycʻ miayn i karewaoracʻ-s y-aysocʻik 聖霊と我々は次の必要事項のほかはいかなる重荷をもあなた方に負わせないように決めた Ac 15,28; ②koč'ec'eal z-azgatohm-n iwr ew z-karewor barekams-n 親類や親しい友人たちを呼び集めて Ac 10,24; ③z-mełs karewors 絡みつく罪 He 12,1.

kartʻ, -i, -icʻ【名】釣り針 (ἄγκιστρον)：ertʻ i cov ew ənkea kartʻ ew z-aṙajin jowkn-n or elanicʻē aṙ 海へ行って，釣り針を垂れ，最初に釣れた魚を取れ Mt 17,27.

kari[1] → kar

kari[2]【副】非常に，大変，大いに：ibrew očʻ inčʻ kari heṙi ēr i tanēn (= ἤδη δὲ αὐτοῦ οὐ μακρὰν ἀπέχοντος ἀπὸ τῆς οἰκίας), yłeacʻ aṙ na hariwrapet-n barekams 彼がその家からあまり遠くないところまで来た時，その百人隊長は彼のもとに友人たちを送った Lk 7,6; z-noyn grel aṙ jez inj očʻ dandałeli ē, ew jez kari zgowšali 同じことをあなた方に書くことは私にとって煩わしいことではなく，あなた方を大いに堅固にすることだ Php 3,1. → jri

karič, -rči, -rčacʻ【名】さそり (σκορπίος) [→ Olsen, Noun, p.462f.]：ew kam xndricʻē jow, mi tʻe karičʻ? taycʻē nma 彼が卵を求めているのに，彼にさそりを与えるだろうか Lk 11,12; čʻarčʻarankʻ nocʻa ibrew z-xaytʻocʻ-n karči or harkanicʻē z-mard 彼らの苦痛はさそりが人を刺すよ

うな苦痛だった Re 9,5. → owtič
karic'ē → karem
karik', -eac'【名】①慨嘆，悲嘆，服喪 (Gen 27,41 awowrk' kareac' = αἱ ἡμέραι τοῦ πένθους「喪の日々」). ②情念，情欲 (πάθος Ro 1,26; πάθημα Ro 7,5)：②matneac' z-nosa AC i karis anargowt'ean 神は彼らを恥ずべき情欲へと引き渡した Ro 1,26; karik' mełac' or ōrinōk'-n ēin, zōranayin y-andams mer 律法を通しての罪の欲情が私たちの肢体にあって働いていた Ro 7,5; z-marmins iwreanc' i xač' hanin kareōk'-n ew c'ankowt'eambk' handerj 彼らはその肉を激情と欲望と共に十字架につけた Ga 5,24.
karcem, -ec'i【動】① [+t'e/et'e] …と考える，思う，信じる (λογίζομαι 2Cor 10,2; οἶμαι Jn 21,25; νομίζω Lk 2,44; δοκέω Lk 8,18; 12,40; ὑπολαμβάνω Ac 2,15). ②推測する，予測する (ὑπονοέω Ac 25,18). ③karcealk'-n 重んじられている人たち (οἱ δοκοῦντες)：①yandgnel i veray omanc', or karcen z-mēnǰ et'ē əst marmnoy gnayc'emk' 私たちが肉に従って歩んでいると考える者たちに対して大胆に振る舞う 2Cor 10,2; karcem t'e ew oč' ašxarh-s bawakan ēr tanel z-girs-n or t'e greal ein その書き記されるはずの書物はこの世さえも収めきれないだろうと私は思う Jn 21,25; karcein z-nmanē t'e ənd owłekic's-n ic'ē 彼らは彼が道連れの人々と一緒にいるものと思った Lk 2,44; oyr oč'-n gowc'ē, ew z-or karcē-n t'e ownic'i, barjc'i i nmanē 持っていないであろう者からは，持っていると〔自分で〕思っているものも取り去られるだろう Lk 8,18; zi y-orowm žamow oč' karic'ēk' gay ordi mardoy なぜなら，あなたたちがまさかと思う時刻に，人の子は来るからだ Lk 12,40; ②vasn oroy matowc'eal ambastank'-n ew oč' mi inč' vnas č'arowt'ean i mēǰ berēin z-oroc' es-n karcēi 告訴人たちは近づいて来て，彼について私が予測していたような罪状は何一つ暴露しなかった Ac 25,18; ③zgac'owc'i noc'a z-awetaran-n z-or k'arozēi i het'anoss, aṙ anjinn aynoc'ik or karcealk'-n ēin 私が異邦人たちの中で宣教している福音を私は彼らに示したが，かの重んじられている人たちには個人的に（示した）Ga 2,2.
→ karcik'; ankarc, yankarcaki
karcik', -ceac'【名】《複のみ》①予感，予想，期待，想像 (προσδοκία Lk 21,26; ὑπόνοια 1Tm 6,4). ②見えるもの (εἶδος 2Cor 5,7)：①yelaneloy ogwoc' mardkan y-erkiwłē ew i karceac' ekeloc' i veray tiezerac' 人々は恐れゆえに，また全世界に臨まんとしている事象を想うゆえに，息が絶えて Lk 21,26; karcik' č'areac' 悪意ある勘ぐり 1Tm 6,4; ②hawatovk' gnamk' ew oč' karceōk' 私たちは信仰によって歩んでいる

のであって，〔目に〕見えるものによって歩んでいるのではない 2Cor 5,7.

karkamem; karkamim, -ec'ay【動】（腰が）曲がる（συγκύπτω）: ēr karkameal ew oč' karēr amenewin i ver hayel 彼女は腰が曲がったままで，完全には伸ばすことができなかった Lk 13,11.

karkem; karkim, -ec'ay【動】沈黙する，口をつぐむ（φιμόω）: dadarea karkeac' 黙れ，口をつぐめ Mk 4,39. → papanjim

karkowt, -kti, -ic'【名】雹（χάλαζα）: ełew karkowt ew howr, ew ariwn xaṙneal 血の混じった雹と火が生じた Re 8,7; ełen p'aylatakmownk' ew jaynk' ew orotmownk' ew šaržowmn, ew karkowt mecamec 稲妻や〔雷の〕轟きや落雷や地震が起こり，大粒の雹が〔降った〕Re 11,19.

karč, -oy【形】短い，小さい（μικρός Lk 19,3）; karč i karčoy 手短かに，簡潔に（συντόμως Ac 24,4）: karč ēr hasakaw 彼は背が低かった Lk 19,3.

karčamit【形】小心な（ὀλιγόψυχος）: mxit'arec'ēk' z-karčamits あなた方は小心な者たちを励ませ 1Th 5,14.

karčem, -ec'i【動】（時日を）短くする，縮める（κολοβόω Mt 24,22; συστέλλω 1Cor 7,29）: vasn əntreloc'-n karčesc'in awowrk'-n aynok'ik 選ばれた者たちのゆえにそれらの日々は縮められるだろう Mt 24,22; žamanak-s karčeal ē 時は縮められてしまっている 1Cor 7,29.

karmir, -mroy, -ov【形】赤い，緋色の，深紅の，真っ赤な（κόκκινος Mt 27,28; πυρρός Re 6,4）; karmir cov 紅海 = ἡ ἐρυθρὰ θάλασσα Ac 7,36; He 11,29: arkin z-novaw k'łamid karmir 彼らは彼に深紅の外套をまとわせた Mt 27,28; zgec'owc'anen nma k'łamid karmir ew ciranis 彼らは彼に赤と紫の衣をまとわせる Mk 15,17; el ayl ji karmir もう1頭の真っ赤な馬が出て来た Re 6,4; anc'in ənd cov-n karmir 彼らは紅海を渡った He 11,29. —【名】緋色の衣（κόκκινον）: kin-n zgec'eal ēr ciranis ew karmirs その女は紫の衣と緋色の衣をまとっていた Re 17,4.

**karoł; karōł [M: karawł → -awł], -i, -ac'【形】①力がある，有力な（οἱ δυνατοί Ac 25,5）; 強い，丈夫な（οἱ ἰσχύοντες Mt 9,12）; 資力がある（εὐπορέομαι Ac 11,29）. ② [+不] karoł em/linim できる（δύναμαι; δυνατέω Ro 14,4; ἰσχύω Php 4,13; ἐξισχύω Eph 3,18; δυνατός Lk 14,31; Tt 1,9）: ①or i jēnǰ karōł-d ic'en, asē, ənd is iǰc'en, ew t'ē ic'ē inč' y-aṙn-n vnas ambastan lic'in z-nmanē もしあの男に何か不正なことがあるならば―と彼は言う―，お前たちの中のしかるべき者が私と一緒にくだって，訴え出るがよかろう Ac 25,5; oč' pitoy ē bžišk karołac' 丈夫な者に医者は要らない Mt 9,12; y-ašakertac' anti orpēs ziard karōł ok' ēr, iwrakʻančʻiwr okʻ i nocʻanē orošecʻin aṙakʻel i pēts ełbarcʻ-n, or bnakeal ēin i hreastani 弟子たちはそれぞれ、どれほど資力があるかに応じて、ユダヤに住んでいる兄弟たちのために〔援助を〕送ることに決めた Ac 11,29; ②TR, etʻe kamis, karoł es z-is srbel 主よ、もしあなたが望むなら、あなたは私を清めることができる Mt 8,2; minčʻ očʻ ews karoł (M: karawł) linel nma yaytpēs i kʻałakʻ mtanel そのために彼はもう公けに町に入れなくなった Mk 1,45; kacʻcʻē, zi karōł ē TR-n hastatel z-na 彼は立つであろう。主は彼を立たせることができるからだ Ro 14,4; y-amenayni karōł em, aynow or zōracʻoycʻ-n z-is 私は私を強くしてくれた方によって、すべてのことができる Php 4,13; zi karōł liniǰikʻ hasanel ənd amenayn sowrbs, zinčʻ ē laynowtʻiwn ew erkaynowtʻiwn ew barjrowtʻiwn ew xorowtʻiwn あなた方が幅、長さ、高さ、深さがどれほどであるかをすべての聖なる者たちと共に把捉しうるために Eph 3,18; očʻ nsteal nax xorhicʻi etʻe karoł icʻē tasn hazaraw z-dēm ownel z-aynorik or gaycʻē i veray nora kʻsan hazaraw 彼は座ってまず、1万人〔の兵力〕で、2万人をもって彼に向かって来る者と太刀打ちできるかどうか、考えないだろうか Lk 14,31; zi karōł icʻē ew mxitʻarel olǰmtowtʻeamb vardapetowtʻean-n 彼が健全な教えをもって教示できるように Tt 1,9.

karołacʻowcʻanem, -cʻowcʻi 【動】強める (στηρίζω, σθενόω) 1Pe 5,10.

karpet [M] → kapert

kacʻi, 命 **kacʻ** → kam¹

kacʻowcʻanem, -owcʻi 【動】①置く, 据える, 立てる, 立たせる；任命する (ἵστημι Mt 18,2; Lk 4,9; Ac 1,23; 5,27; καθίστημι Mt 24,45); aṙ aǰi kacʻowcʻanem [＋属] …に引き渡す (παρίστημι Ac 23,33). ②建てる, …にする (παρίστημι Eph 5,27): ①kočʻeacʻ aṙ inkʻn YS manowk mi, kacʻoycʻ z-na i mēǰ nocʻa イエスは1人の子を自分のもとに呼び、その子を彼らの中に立たせた Mt 18,2; kacʻoycʻ i veray aštaraki tačari-n 〔悪魔は彼を〕神殿の屋根の端に据えた Lk 4,9; kacʻowcʻi erkows, z-Yovsēpʻ…ew z-Mattʻeay 彼らはヨセフとマッテアの2人を立てた Ac 1,23; aceal z-nosa kacʻowcʻin y-ateni 彼らは彼らを引いて来て最高法院の真ん中に立たせた Ac 5,27; ov icʻē hawatarim caṙay ew imastown, z-or kacʻoycʻ TR iwr i veray caṙayocʻ iwrocʻ tal nocʻa kerakowr i žamow 主人がその召使いたちの上に立て、彼らに時に応じて食糧を与えるように任命した忠実で賢い僕とは誰か Mt 24,45; aṙaǰi kacʻowcʻin nora ew z-Pawłos 彼らは彼にパウロを引き渡した Ac 23,33; ②zi kacʻowscʻē inkʻn iwr yandiman pʻarawor z-ekełecʻi 彼が自身で教会を自身の前に栄光あるものとするように Eph 5,27.

kac'ǰik', kac'c'- → kam¹

kaw, -oy, ov【名】泥, 粘土 (πηλός) : et'owk' i getin ew arar kaw i t'k'oy-n ew cep'eac' z-kaw-n i veray ač'ac' kowri-n 彼は地面に唾きし, 唾で泥を作り, 盲人の両目の上にその泥を塗った Jn 9,6; et'ē oč'? ownic'i išxanowt'iwn browt-n kawoy-n i nmin zangowacoy aṙnel anawt' z-omn i patiw ew z-omn y-anargans あるいは陶器師は同じ粘土の塊から, 1つを栄誉のための器に, 1つを卑俗のための器に作る権限を持たないだろうか Ro 9,21.

kawšik, -ški, -kac'【名】サンダル, 皮ぞうり (ὑπόδημα); baṙnal z-kawšiks 皮ぞうりを脱がす［持って行く］: č'-em bawakan xonarhel lowcanel z-xrac's kawškac' nora 私は彼の皮ぞうりの紐をかがんで解く値打ちもない Mk 1,7.

kap'arič', -rč'i, -č'ac'【名】 蓋 : t'awalec'owc'eal kap'arič' dran gerezmani-n vēm mi mec = προσκυλίσας λίθον μέγαν τῇ θύρᾳ τοῦ μνημείου 墓の入り口の蓋として大きな石を1つ転がして Mt 27,60. → kap'owc'anem

kap'owc'anem, -owc'i【動】（目を）閉じる (καμμύω) : z-ač's iwreanc' kap'owc'in 彼らは自分たちの目を閉じてしまった Mt 13,15.

kak'awem, -ec'i【動】踊る, 舞う (ὀρχέομαι) : p'oɫs harak' jez ew oč' kak'awec'ēk' 僕らは君らのために笛を吹いたのに, 君らは踊ってはくれないだろう Mt 11,17; kak'aweac' dowstr-n Hērovdiay i mēǰ bazmakani-n ヘロディアの娘が客のただ中で舞を舞った Mt 14,6.

keam, kec'i, 単・3 ekeac' [M: + keac'], 接・アオ kec'c'ē【動】①生きる, 暮らす；生き返る (ζῶ Ro 14,9; ἀναζάω Lk 15,24; συζάω 2Cor 7,3; παροικέω Lk 24,18; βιόω 1Pe 4,2). ②救われる (σωθήσεται) : ①K'S meṙaw ew ekeac' キリストは死んで, そして生きた Ro 14,9; ays ordi im meṙeal ēr ew ekeac' (M: ... ew keac') 私のこの息子は死んでいたのにまた生き返った Lk 15,24; i srti merowm kayk' i keal ew i meṙanel ənd jez 共に生き, 共に死ぬために, あなたたちは私たちの心の中にいる 2Cor 7,3; dow miayn keas y-ĒM or oč' gitac'er zinč' gorcec'aw i nma y-awowrs y-aysosik あなたはエルサレムに暮らしているのに, 最近その中で行われたことを自分だけ知らなかった Lk 24,18; zi ... əst kamac'-n AY kec'c'ē z-ayl ews žamanak-n 残された期間を神の意志に従って生きるために 1Pe 4,2.

keank', kenac'【名】《複のみ》①命；生涯 (ζωή). ②生活；糧, 資産 (βίος Mk 12,44; Lk 15,12; βίωσις Ac 26,4)；(日常の) 雑事, 雑務 (πραγματεῖαι 2Tm 2,4) : ①oč' skizbn awowrc' ew oč' katarac kenac'

日々の始めもなく，生涯の終りもなく He 7,3; ②kenac‘ imoc‘ or i mankowt‘enē, i skzbanē leal y-azgi and imowm y-EM, tełeak en amenayn hreayk‘ エルサレムではじめから過ごした若い頃の私の生活についてはすべてのユダヤ人が知っている Ac 26,4; na bažaneac‘ noc‘a z-keans-n 彼は彼らに資産を分配した Lk 15,12.

keas, **keac‘** → keam

keł, -oy, -oc‘【名】傷，ただれ，腫れ物． → vēr

kełem, -ec‘i【動】苦しめる，悩ます．

kełewank‘【名】鱗 (λεπίς) [kełew「皮質，皮層」（柘榴の［裂目］, Cant. 4,3; 6,6)]: ankan y-ač‘ac‘ nora ibrew kełewank‘ 鱗のようなものが彼の目から落ちた Ac 9,18.

kełcawor, -i, -ac‘【名】偽善者 (ὑποκριτής): yoržam parhic‘ēk‘, mi linik‘ ibrew z-kełcawors-n trtmealk‘ あなた方が断食する時，偽善者たちのように陰鬱になるな Mt 6,16; ktresc‘ē z-na ənd mēj ew z-bažin nora ənd kełcawors dic‘ē ［その主人は］彼を細切れにし，彼の運命を偽善者どもと同類にするであろう Mt 24,51.

kełcaworem, -ec‘i; kełcaworim, -rec‘ay【動】［+不］…であるふりをする，偽装する (ὑποκρίνομαι Lk 20,20; συνυποκρίνομαι Ga 2,13 [+ənd]): aṙak‘ec‘in dawačans kełcawaoreals z-anjins aṙ ardars ownel 彼らは自ら義人であるふりをする間諜どもを遣わした Lk 20,20; kełcaworec‘an ənd nma ew ayl hreayk‘-n 他のユダヤ人たちもまた彼と共に偽善をなした Ga 2,13.

kełcaworowt‘iwn, -t‘ean．［M:+ kełcawawrowt‘iwn］【名】欺瞞，偽善，見せかけの言動 (ὑπόκρισις); aranc‘ kełcaworowt‘ean 偽りのない，見せかけがない (ἀνυπόκριτος Ro 12,9; Jas 3,17; 1Pe 1,22． → ankełcawor): YS gitac‘ z- kełcaworowt‘iwn noc‘a イエスは彼らの欺瞞を見抜いた Mk 12,15; noynpēs ew dowk‘ artak‘oy erewik‘ mardkan ardark‘, ew i nerk‘oy li ēk‘ kełcaworowt‘eamb (M: kełcawawrowt‘eamb) ew anawrēnowt‘eamb そのようにお前たちも，外側では人々に義人らしく見えてはいても，内側は偽善と不法に満ち溢れている Mt 23,28. ełic‘i jer ayoy-n ajo, ew oč‘-n oč‘, zi mi kełcaworowt‘iwn inč‘ ankanic‘ik‘ = …ἵνα μὴ ὑπὸ κρίσιν πέσητε あなた方の「はい」ははい，「いいえ」はいいえであれ，欺瞞［Gk: 裁き］に陥ることのないために Jas 5,12 ［この訳は εἰς ὑπόκρισιν という異読に拠っている］．

kenakic‘, -kc‘i, -c‘ac‘【名】共に生きる者，仲間；zi lic‘owk‘ zercealk‘ i mełac‘ anti, ew ic‘emk‘ ardarowt‘ean-n kenakic‘k‘ 私たちがそれらの罪から離れて，義に生きるために 1Pe 2,24． → -kic‘

kenac‘ → keank‘

kendanam, -danac‘ay【動】生き返る，生きるようになる（ἀναζάω Ro 7,9; ζῳοποιέω 1Cor 15,22）: ibrew ehas y-is patowiran-n, mełk‘-n kendanac‘an 誠めが私にやって来た時，罪は生き返った Ro 7,9; noynpēs ew K‘Siw amenek‘in kendanasc‘in そのようにキリストによってもすべての者が生きるようにさせられるだろう 1Cor 15,22.

kendanac‘owc‘anem, -owc‘i【動】生かす（ζῳοποιέω Ro 8,11）: et‘ē hogi aynorik or yaroyc‘-n z-YS i meřeloc‘ bnakeal ē i jez, apa ew or yaroyc‘ z-K‘S i meřeloc‘ kendanac‘owc‘anē z-mahkanac‘ow marmins jer bnakeal ogwov-n iwrov i jez もしもイエスを死者たちの中から起こした方の霊があなた方のうちに住んでいるのならば，キリストを死者たちの中から起こした方は，あなた方のうちに住んでいるその方の霊ゆえに，あなた方の死ぬべき体を生かしてもくれるであろう Ro 8,11; z-jez or erbemn meřeals-n ēik‘ i mełs ew y-ant‘lp‘atowt‘iwn marmnoy jeroy, kendanac‘oyc‘ y-anjin iwrowm = ... συνεζωοποίησεν ὑμᾶς σὺν αὐτῷ もろもろの過ちやあなたたちの肉の包皮にかつて死んでいたあなたたちを，彼は自分自身の中に生かしてくれた Col 2,13.

kendanarar, -i, -ac‘【形】生かす，生命を与える（ζῳοποιέω）[kendan (< *kean-dan-) → keank‘; -arar → ařnem, arar]: hogi-n ē kendanarar marmin inč‘ oč‘ awgnē 霊こそが生かすものであり，肉は何の役にも立たない Jn 6,63.

kendani, -nwoy, -neac‘【形】生きている（ζῷον Re 4,9; ζάω Jn 6,51; Ro 7,1）: es em hac‘-n kendani or y-erknic‘ iǰeal 私は天から降った活けるパンである Jn 6,51; yoržam tayin kendanik‘-n p‘ařs ew patiw それらの生き物が栄光と名誉を与える時 Re 4,9; ōrēnk‘ tiren mardoy orč‘ap‘ žamanaks kendani ē 律法は人間を，その人が生きている期間だけ支配する Ro 7,1. ―kendani ařnem 生かす，命を与える（ζῳοποιέω Jn 5,21; ζῳογονέω 1Tm 6,13; συζωοποιέω Eph 2,5）→ kendanarar: orpēs hayr yarowc‘anē z-meřeals ew kendani ařnē, noynēs ew ordi z-ors kami kendani ařnē 父が死人たちを起こし生かすように，子も自分の望む人々を生かす Jn 5,21; ařaǰi AY or kendani ařnē z-amenayn 万物に命を与える神の前で 1Tm 6,13; minč‘dēř meřeal-n ēak‘ i mełs mer, kendanis arar z-mez i K‘S 私たちが自分の過ちに死んでいた時，彼は私たちをキリストにおいて生かしてくれた Eph 2,5.

kendanowt‘iwn, -t‘ean【名】命，生命（ζωή）: getk‘ y-orovaynē nora błxesc‘en ǰroc‘ kendanowt‘ean = ... ὕδατος ζῶντος その人の内部から活ける水の川が流れ出る Jn 7,38; omanc‘ hot mahowanē i mah, ew omancʻ hot kendanowtʻenē i keans 一方にとっては死から死へと至る香りであり，他方にとっては生命から生命へと至る香りなのだ 2Cor 2,16; i pʻrkowtʻiwn kendanowtʻean 命の救いへ [= εἰς περιποίησιν σωτηρίας 救いの獲得へ] 1Th 5,9.

kes, keskʻ [M] → **kēs**
ker → owtem [命]
kerakowr, -kroy, -ocʻ【名】①食物，食糧，糧食；穀物，穀類 (χόρτασμα Ac 7,11; ἐπισιτισμός Lk 9,12; τροφή Mt 3,4; 10,10; διατροφή 1Tm 6,8; βρῶμα Mt 14,15; 1Cor 3,2; βρῶσις Jn 6,27; Ro 14,17; τι βρώσιμον Lk 24,41; σιτομέτριον Lk 12,42; σιτίον Ac 7,12; ἐσθίων Mk 1,6). ②食べること (βρῶσις 1Cor 8,4; τροφή Ac 27,38). ③穢れたもの (ἀλίσγημα Ac 15,20): ①ekn sov ... očʻ gtanein kerakowrs harkʻ-n mer 飢饉が起こり，私たちの父祖は食糧を得られなくなった Ac 7,11; arjakea z-žołovowrds-d, zi ... gtcʻen kerakowr 群衆を解散させよ，そうすれば彼らは食糧を見つけるだろう Lk 9,12; aržani ē mšak-n kerakroy iwrowm 働き人がその糧を得るのはふさわしい Mt 10,10; ownimkʻ kerakowr ew handerjs, ew aynow šatascʻowkʻ 食べる物と着る物があれば私たちはそれで満足すべきだ 1Tm 6,8; katʻn ǰambecʻi jez ew očʻ kerakowr 私はあなたたちに乳を飲ませて固い食物は与えなかった 1Cor 3,2; ownikʻ inčʻ kerakowr ast ここに何か食べられる物を持っているか Lk 24,41; tal i žamow z-kerakowrs 時に応じて糧食を与える Lk 12,42; loweal Yakovbay tʻe gtani kerakowr y-Egiptos ヤコブはエジプトに穀類があると聞いて Ac 7,12; ②vasn kerakrocʻ-n zoheloc' 偶像への供え物を食べることについて 1Cor 8,4; ibrew yagecʻan kerakrov-n 人々は満腹するほど食べた後 Ac 27,38; ③tal tʻowłtʻs ař nosa, xoršel i kerakrocʻ kʻrocʻ 偶像に供えた穢れたものを避けるようにと，彼らに手紙を書くこと Ac 15,20.

kerakrem, -ecʻi【動】①食べさせる，食物を与える，養う (τρέφω Mt 25,37; Ac 12,20; Re 12,6.14); -krim (犬が) 栄養を摂る，食べる (ἐσθίω Mt 15,27; Mk 7,28 [→ owtem]). ② [z-+対] …の行いに耐える (τροποφορέω): ①erb tesakʻ z-kʻez kʻałcʻeal ew kerakrecʻakʻ いつ私たちはあなたが飢えているのを見て食物をあげたか Mt 25,37; vasn kerakreloy (= διὰ τὸ τρέφεσθαι) erkri-n nocʻa y-arkʻownowst 彼らの地方が王の国から食糧を仰いでいたために Ac 12,20; zi kerakrescʻi and awowrs hazar erkeriwr ew vatʻsown そこで 1260 日の間その女が養われるように Re 12,6; owr kerakrēr and žamanak ew žamanaks ew kēs žamanaki y-eresacʻ ōji-n そこで彼女は 1 年と 2 年と半年，蛇の目から隠されて養われた Re 12,14; ew šownkʻ kerakrin i pʻšranacʻ ankelocʻ i seɫanoy tearn iwreancʿ 犬たちですらその主人のテーブルから落ちる食べ物にはありつく Mt 15,27; ②ibrew kʻarasnameay žamanak kerakreacʿ z-nosa y-anapati 彼はおよそ40年間荒野で彼らの行いに耐えた Ac 13,18 [訳は ἐτροφοφόρησεν「養う」とする異本に拠っている].

keray, -aycʿ, -aykʿ, -an, -akʿ → owtem

kerawł; keroł, -i, -acʿ【名】<kerawł> 食べる人 (βιβλώσκω Jn 6,13) [→ -awł]. —【形/分】<keroł (M: kerawł)> 食べる：i hing gareɫēn nkanakē anti or yawelaw i kerawłacʿ-n (τοῖς βεβρωκόσιν) 食べた人たちによって残された5つの大麦のパン Jn 6,13. — ayr keroł ew arbecʻoł = ἄνθρωπος φάγος καὶ οἰνοπότης 大飯食らいの大酒呑み Mt 11,19; Lk 7,34 (M: ayr kerawł ew arbecʻawł). → owtem (アオ ker-ay)

kerij-, kericʿ- → owtem

[**kerp**「形, 姿」] → aylakerp

kerparanakicʿ【形】形を共にした (σύμμορφος); k. linim 同じ形にされる (συμμορφίζομαι Php 3,10)：z-ors yaraj-n čanačʿēr, yarajagoyn hrawireacʿ kerparanakicʿ linel patkeri ordwoy-n iwroy 彼は前もって知っていた者たちを, 彼の子の像と共なる形をもつ者たちとして, 前もって定めた Ro 8,29; or norogescʿē z-marmin xonarhowtʻean meroy, kerparanakicʿ linel marmnoy pʻaracʿ nora 彼は私たちの卑賤な体を, 彼の栄光の体と同様な形に変容するだろう Php 3,21; kerparanakicʿ linel mahow nora 彼の死と同じ形にされる Php 3,10.

kerparanem, -ecʻi【動】…に形を与える, 形作る, 象る.

kerparanim, -necʻay【動】[＋具]…と同じ形にされる, に合う, 順応する (συσχηματίζομαι); [i＋対]…に擬装する (μετασχηματίζομαι 2Cor 11,14)：mi kerparanikʿ kerparanōkʿ ašxarhi-s aysorik あなた方はこの世と同じ姿かたちにさせられてはならない Ro 12,2; mi kerparanealkʿ arajin jerovkʿ angitowtʻean-n cʻankowtʻeambkʿ 以前無知であった時の欲望に自分を合わせるな 1Pe 1,14; inkʻn satanay kerparani i hreštak lowsoy サタン自身が光の使いに擬装する 2Cor 11,14.

kerparankʿ, -nacʿ【名】《複のみ》姿, 装い, 形, 原形 (σχῆμα Php 2,7b; μορφή Mk 16,12; Php 2,6.7a; μόρφωσις Ro 2,20; 2Tm 3,5; εἰκών He 10,1)：erewecʻaw aylovkʿ kerparanawkʿ 彼は別の姿で現れた Mk 16,12; or i kerparans AY ē 彼は神の形のうちにあった Php 2,6; z-kerparans carayi areal 奴隷の形をとりつつ Php 2,7a; kerparanōkʿ gteal ibrew z-mard 人間としての姿において現れつつ Php 2,7b; ownel z-kerparans gitowtʻean ew čšmartowtʻean y-ōrinacʿ-n 律法のうちに知識と真理の形を持つ Ro 2,20; or ownicʻin z-kerparans ACpaštowtʻean

神への敬虔の装いをしている者たち 2Tm 3,5; kʻanzi z-stower handerjelocʻ bareacʻ-n ownēin ōrēnkʻ-n, ew očʻ z-noyn kerparans iracʻ-n 律法は将来の善いものの影を有しているのであって，事柄の原形そのものを持っているのではない He 10,1.

kecʻeal, kecʻi → keam

kecʻowcʻanem, -owcʻi【動】生かす，救う (σῴζω) [cf. σωθήσεται = kecʻcʻē, → keam]: hawatkʻ kʻo kecʻowcʻin z-kʻez あなたの信仰があなたを救った Mt 9,22. → keam

kecʻcʻe- → keam

[**-kēz** (kizowm, アオ kizi「焼く，燃やす」)] → olǰakēz

kēs, kisoy; **kēskʻ,** kisocʻ [M: + keskʻ]【名】①半分 (ἥμισυς) [→ kis-a-mah]; kēs žam 半時間 (ἡμίωρον Re 8,1). ②keskʻ ある人たち，他の者たち (ἕτεροι Mt 16,14; λοιποί Mt 27,49; ἄλλοι Jn 7,41; 9,9.16; 10,21; 12,29; τινές Jn 11,37): ①aha z-kēs ənčʻicʻ imocʻ tacʻ ałkʻatacʻ 見よ，私の財産の半分は乞食の者たちに与える Lk 19,8; ełew lṙowtʻiwn y-erkins orpēs kēs žamow およそ半時の間，沈黙が天上を包んだ Re 8,1; ②omn z-Yovhannes ... aylkʻ z-Ełia ew kēskʻ z-Eremia = οἱ μέν ... ἄλλοι δέ ... ἕτεροι δέ ... ある者はヨハネ，また他の者たちはエリヤ，また他の者たちはエレミヤ〔と言っている〕Mt 16,14; omankʻ ... asein ... ew kēskʻ-n asein = τινές δέ ... οἱ δέ λοιποί ...Mt 27,47-49; kēskʻ-n asein tʻe barwokʻ ē, aylkʻ-n asein, očʻ = οἱ μέν ... ἄλλοι δέ ある人々は「彼は善い人」だと言い，他の人々は「いや違う」と言っていた Jn 7,12; omankʻ asein ... aylkʻ-n asein ... isk kēskʻ-n ... = πολλοί ... ἄλλοι ... οἱ δέ (D: ἄλλοι) Jn 7,41; dracʻikʻ-n asein ... kēskʻ-n asein ... aylkʻ-n asein ... inkʻn asēr ... = (...) ἄλλοι ... ἄλλοι ... ἐκεῖνος ... Jn 9,9.

kēt¹, kēti【名】海の怪物，大魚 (κῆτος): orpēs ēr Yovnan i pʻor kēti-n z-eris tiws ew z-eris gišers ヨナが大魚の腹の中に 3 日 3 晩いたように Mt 12,40.

kēt²【名】目標，賞 (βραβεῖον): i kēt kočʻman-n AY i KʻS イエス・キリストにおける神の召しという賞へ Php 3,14.

ktʻem, -ecʻi【動】採る，摘む，刈り集める (τρυγάω): očʻ i morenwoy ktʻen xałoł 人は薮から葡萄の房を採らない Lk 6,44. → kʻałem

ktʻot【形】よろめく，ふらつく；虚弱になった (παραλελυμένος): z-cownks ktʻots hasatatecʻēkʻ 虚弱になった両膝をまっすぐにせよ He 12,12.

kizowmn, kizman【名】焼くこと (πύρωσις): tesanelov z-cowx kizman nora 彼女の焼かれる煙を見て Re 18,18 [kizowm, アオ kizi「焼く，燃

kič, kčoy, -oc' 【名】大理石：amenayn anawt' i p'aytē patowakanē ew i płnjoy ew y-erkat'oy ew i kčoy 高価な木材，青銅，鉄，大理石でできたあらゆる器 Re 18,12. → kčeay

kin, knoǰ [Lk 13,21M: knoč'], 具 knaw, 複 kanayk', -nays, -nanc' 【名】①女，妻（γυνή Ac 22,4 Mt 5,31; γυναικάριον 2Tm 3,6; γυναικεῖος 1Pe 3,7）. ②kin/z-kin-n/kanays ařnem 娶る（γαμέω Mk 12,25）; kin acem (Lk 14,20 γυναῖκα ἔγημα [D: ἔλαβον]); ařnel z-kin-n（男が）姻戚として結婚する（ἐπιγαμβρεύω Mt 22,24）：①Dawit' cnaw z-Sałovmovn i knoǰē-n Owria ダビデはウリヤの妻によってソロモンを生んだ Mt 1,6; kapel ew matnel i bants ars ew kanays 男も女も縛り上げて牢に渡す Ac 22,4; en or mtanen tanē i town en geren z-kanays 家から家へと忍び込んでは女どもをたぶらかしている者たちがいる 2Tm 3,6; or arjakic'ē z-kin iwr, tac'ē nma z-arjakman-n 自分の妻を離縁する者は，彼女に離縁状を渡せ Mt 5,31; ibrew tkar anōt'oy ařnic'en patiw kananc' 弱い器として妻たちに尊敬を払え 1Pe 3,7; ②yoržam i mereloc' yaric'en, oč' ark' kanays ařnen ew oč' kanayk' aranc' linin 死人のうちから復活する時は，男は娶らず，女は嫁がない Mk 12,25; et'e ok' meřc'i, arasc'ē z-kin-n nora ełbayr iwr ew yarowsc'ē zawak ełbawr iwrowm もしある人が子を残さずに死んだ場合，その弟がその妻と姻戚として結婚し，自分の兄の子孫を起こすであろう Mt 22,24; amenek'in kalan z-na ± kin = πάντες γὰρ ἔσχον αὐτήν 皆が彼女を妻にした Mt 22,28.

kinamomon【名】肉桂（κιννάμωμον）：kinamomon ew amenayn xownk 肉桂とあらゆる香料や香 Re 18,13.

kisamah【形/副】半死半生の（ἡμιθανής）：vērs i veray edin t'ołin kisamah ew gnac'in 彼らは〔彼を〕滅多打ちにして半殺しにしたまま立ち去った Lk 10,30. → kēs, mah

kivōs; kivaws 【名】立方体（κύβος）Re 21,16.

[**-kir**] → džowarakir (kirk', krkic' 「情熱，苦痛」, NBH: πάθος, πάθημα)

kirt' 【形】訓練（教育）を受けた，教養のある；礼儀正しい，丁寧な：čašakelik'-n kirt' en əntrowt'ean barwoy en č'ari 感覚が良いことと悪いことの識別に対して訓練されている He 5,14. → krt'em

[**-kic'**] 【名詞接尾辞】共に（συν- [/μετα-]）; …仲間. → ašakertakic', barjakic', gorcakic', gorcakc'owt'iwn, lcakic', cařayakic', kamakic', kenakic', kerparanakic', marmnakic', mxit'arakic', orsakic', owłekic', vštakic', tnkakic', k'ałak'akic' [ELPA I.180f.; Olsen, Noun, pp. 269-

274]

kiwreay【名】婦人 (κυρία)：y-ericʻowē ar əntreal kiwreay ew ar ordeaks iwr z-or es-d sirem čšmarowtʻeamb 長老の私から，選ばれた婦人と私が真に愛するその子どもたちへ 2Jn 1.

klanem, kli, 3・ア オ ekowl【動】呑み込む，飲み干す (καταπίνω; καθεσθίω Re 12,4)：or z-mžłowks kʻamēkʻ ew z-owłts klanēkʻ ブヨは濾すがらくだは丸呑みにする者ども Mt 23,24; osox-n jer satanay ibrew z-arewc goč'ē, šrǰi ew xndrē tʻē z-ov klanicʻē あなた方に対する告訴人である悪魔が獅子のように吠え，誰かを呑み込もうと求めて歩き回っている 1Pe 5,8; zi yoržam cncʻi kin-n z-ordi iwr klcʻē z-na višap-n 女が子を産み落とすや否や，竜がその子を呑み込んでしまうために Re 12,4; ekowl z-jowr-n z-or eheł višap-n i beranoy iwrmē（大地）竜がその口から吐き出した川を飲み干した Re 12,16. → ənklnowm, ənkłmem/ kowl [Godel, Introduction, 5.431, p. 126]

kłzi, -zwoy, -woǰ, -zeacʻ【名】島 (νῆσος Ac 28,1; νησίον Ac 27,16)：gitacʻakʻ etʻē Melitinē ēr anown kłzwoy-n 私たちはその島の名がマルタであることを知った Ac 28,1; i kłzi inčʻ dimeal or kočʻēr Kławda クラウダという小島の陰に入って Ac 27,16.

kłkłankʻ, -anacʻ【名】《複のみ》排泄物，屑 (σκύβαλον)：hamarim kłkłans zi z-KʻS šahecʻaycʻ 私は〔それらを〕屑と思っている，私がキリストを得るためだ Php 3,8.

kčeay【形】大理石の (λίθινος)：and ein tʻakoykkʻ kčeaykʻ vecʻ əst srbowtʻean-n Hrēicʻ そこにはユダヤ人たちが身を清める儀式のために大理石の水瓶が 6 つあった Jn 2,6. → kičʻ.

kndrowk, -drki, -kacʻ【名】乳香 (λίβανος)：matowcʻin nma patarags, oski ew kndrowk ew zmowrs 彼らは彼に黄金と乳香と没薬を贈物として献上した Mt 2,11. → bazowk, tʻmbowk (Olsen, Noun, p. 589)

kni; zkni; z-... kni【副/前】《gam, gnam, ertʻam などと共に》[+属] …の後ろに (ὀπίσω; ἀκολουθέω Mk 9,38; 11,9)：ahawasik ašxarh amenayn zkni nora gnacʻ 見ろ，世を挙げてあの男の後について行った Jn 12,19; etʻe okʻ kami gal zkni im, owrascʻi z-anjn もし人が私の後ろから来たいと望むなら，自分自身を否定するがよい Mt 16,24; jgel z-ašakerts-n zkni iwreancʻ 弟子たちを自分のほうに引きずりこむ Ac 20,30; ardēn isk omankʻ xotorecʻan zkni satanayi すでに一部の者たちはサタンの後を追って〔本道から〕逸れた 1Tm 5,15; ekaykʻ zkni im 私の後について来い Mk 1,17; z-mer kni očʻ šrǰēr 彼は私たちに従わなかった Mk 9,38; or ar-aǰin ew zkni ertʻayin ałałakein 前を行く者たちも後ろに従って行く者た

ちも叫び続けた Mk 11,9. → het² (z-het)
knik', knk'oy, -oc' 【名】印章, 封印, 刻印, 証印 (σφραγίς) : tesi ayl hreštak zi ... ownēr z-knik' AY kendanwoy 私は別の天使が生ける神の刻印を持っているのを見た Re 7,2; o? ē aržani banal z-girs-s ew lowcanel z-knik' nora この小巻物を開きその封印を解くにふさわしい者は誰か Re 5,2; knik' isk ařak'elowt'ean imoy dowk' ēk' i TR 私の使徒職の証印は主にあるあなた方なのだ 1Cor 9,2; hastatown himn AY kay ew owni z-knik'-s z-ays 神の強固な基礎は不動で, 以下の刻印がある 2Tm 2,19. → knk'em
knčiřn 【名】絆, 縄目 (σύνδεσμος) Ac 8,23.
knoǰ (M: + knoč') → kin
knowt'iwn, -t'ean 【名】女性, 結婚 : ownel z-kin ełbawr k'o (M: ownel z-da i knowt'iwn) = ἔχειν τὴν γυναῖκα τοῦ ἀδελφοῦ σου お前の兄弟の妻を娶る Mk 6,18. → kin
knk'em, -ec'i 【動】封印する；刻印する, 証印を押す；確証する (σφραγίζω; κατασφραγίζω Re 5,1) : zgowšac'an gerezmani-n ew knk'ec'in z-vēm-n handerj zawrakanawk'-n 彼らは警備兵と共に, 石に封印をして墓の警備をした Mt 27,66; knk'eal z-ptowł-n noc'a その果実を彼らに封印して渡して Ro 15,28; ark z-na y-andownds džoxoc' ew p'akeac' ew knk'eac' z-na 彼はそれを底なしの深淵に投げ込んで錠をおろし, それに封印した Re 20,3; knk'eal ewt'n knk'ov 7 つの封印で封をされた Re 5,1; or əndowni z-vkayowt'iwn nora knk'eac' t'e AC čšmarit ē 彼の証しを受け入れる人は神が真実な方であると確証した Jn 3,33. → knik'
kšiř, kšřoy, -oc' 【名】①天秤 (ζυγός); 計量, 重さ, 目方 [cf. Mt 25,24E: k'ank'ar-n, mg.: tałant-n kšřoy anown ē ew oč' t'owoy (→ t'iw)]. ②等しい, 同じ : ①or nsteal-n ēr i veray nora ownēr kšiř i jeřin iwrowm その上に乗っている者は手に天秤を持っていた Re 6,5; ②ew meławork' meławorac' p'ox tan zi ařc'en andrēn z-kšiř-n = ... ἵνα ἀπολάβωσιν τὰ ἴσα 罪人たちでも同じ金額を取り戻すつもりで罪人たちに金を貸している Lk 6,34.
kšřem, -ec'i 【動】計量する, 計測する；(目方を量って) 支払う (ἵστημι Mt 26,15); 数える (ἐγκρίνω 2Cor 10,12) : ew nok'a kšřec'in (E.M.mg.: owxtec'in [→ owxtem]) nma eresown arcat'i 彼らは彼に銀 30 枚を支払った Mt 26,15; oč' išxemk' kšřel ew hawasarel z-anjins mer omanc' or z-anjins iwreanc' jez əncayec'owc'anen 私たちは, あなたたちに自己推薦するある者たちに自分自身を数えたり, あるいは彼らと比較したりす

kštambank' 368

ることを敢えてしない 2Cor 10,12.
kštambank'【名】《複のみ》非難, 咎め, 譴責 (ἔλεγξις): or kštambans iwroy anōrēnowt'ean-n stac'aw 彼はその犯罪の咎めを受けた 2Pe 2,16.
kštambem, -ec'i【動】非難する, 叱責する, 屈服させる (ἐλέγχω): kštambesc'es z-nosa xstagoyns 彼らを容赦なく屈服させてやれ Tt 1,13.
koxan linim【連】踏みつけられる, 踏み荒らされる (πατέω Lk 21,24; καταπατέω Mt 5,13; Lk 8,5) [koxan: (κατα-) πάτημα, conculcatio: Nor Baṙgirk' Haykazean Lezowi] : bayc' et'e ənkenowl artak's ew koxan linel (καταπατεῖσθαι) i mardkanē それはただ外に投げ棄てられて, 人々に踏みつけられることになるだけだ Mt 5,13; ankaw aṙ čanaparhaw ew elew koxan (κατεπατήθη) それは道端に落ち, 踏みつけられた Lk 8,5; EĒM ełic'i koxan (ἔσται πατουμένη) y-azgac' minč'ew kataresc'in žamanakk' het'anosac' エルサレムは異邦人らの時が満たされるまで, 彼らによって踏み荒らされるだろう Lk 21,24.
koxem, -ec'i【動】踏む (πατέω; καταπατέω Mt 7,6): etow jez išxanowt'iwn koxel z-awjs ew z-karičs (= ... πατεῖν ἐπάνω ὄφεων καὶ σκορπίων) 私はあなたたちに蛇やさそりの上を踏みつける権能を与えた Lk 10,19; z-k'ałak'-n sowrb koxesc'en amiss k'aṙasown ew erkows 彼らは聖なる都を 42 か月の間踏みにじるだろう Re 11,2; na koxesc'ē z-hncan ginwoy c'asman barkowt'ean AY amenakali その者は全能なる神の激した怒りの葡萄酒の酒ぶねを踏むだろう Re 19,15; zi mi aṙ otn koxic'en znosa 彼らが足でそれらを踏みつけることのないように Mt 7,6. → t'ewakoxem
koc, -oy【名】悲嘆, 哀悼 (κοπετός): barjin z-Step'anos ark' erkiwłack', ararin koc mec i veray nora 信心深い人たちがステファノを埋葬し, 彼のために盛大な哀悼の式を行った Ac 8,2.
kocem, -ec'i【動】① [他] 叩く, 打つ (τύπτω Lk 18,13; κατακόπτω Mk 5,5). ②kocim, -ec'ay [自] 自分の胸を打つ, 悲嘆する (κόπτομαι): ①kocēr z-kowrcs iwr 彼は自分の胸を叩き続けた Lk 18,13; i gerezmans ew i lerins ałałakēr ew kocēr z-anjn iwr k'arambk' 彼は墓場や山中で叫び続け, 石で自らを打って傷つけていた Mk 5,5; ②ołbac'ak' jez ew oč' koceac'arowk' 僕らは君らのために嘆いたのに, 君らは胸を打ってくれなかった Mt 11,17; layin amenek'ean ew kocein z-na 皆が泣き, 彼女のために胸を打って嘆いていた Lk 8,52; ert'ayr zhet nora bazmowt'iwn žołovrdean-n ew kananc' or kocein ew ašxarein z-na 民の多くの群と, 彼のために胸を打ち, 嘆き泣く女たちの群が彼に従った Lk 23,27. → hołmakocim, k'arkoc
kokord, -i【名】のど (λάρυγξ): gerezman bac' ē kokord noc'a 彼らのの

どは開かれた墓だ Ro 3,13.
koł → kołk'
kołmn, -man, -mank', -manc' 【名】《稀に kołm という形も》①地方, 地帯 (κλίμα Ga 1,21; μέρος Mt 15,21). ②側面, 方面. → koys² ; y-ayn kołmn; yaynkołmn = εἰς τὸ πέραν 向 こ う 岸 に Mk 4,35 5,21; y-amenayn kołmanc' いたるところから, 四方八方から (πάντοθεν Mk 1,45; Lk 19,43); ənd aǰmē kołmanē = ἐν τοῖς δεξιοῖς 右側に Mk 16,5 [εἰς τὰ δεξιὰ μέρη = y-aǰakołmn. → aǰakołmn]. ③党派 (μέρος). ④部門, 仕事 (μέρος). ⑤aṙaǰin kołmn nawi-n 船首, 舳 (πρῷρα Ac 27,30.41); yetin kołmn 船尾, 艫 (πρύμνα Ac 27,41) [→ xełk'] : ①apa eki i kołmans Asorwoc' ew Kiwlikec'woc' その後私はシリアとキリキアの地方へ行った Ga 1,21; gnac' i kołmans Tiwrosi ew Sidovni 彼はテュロスとシドンの地帯へ退いた Mt 15,21; p'oxec'ic' z-jez y-ayn kołm Babelac'woc' (= ... ἐπέκεινα Βαβυλῶνος) 私はお前たちをバビロンのかなたへ移すであろう Ac 7,43. —amenayn bazmowt'iwn šowrǰ z-kołmambk'-n Gergesac'woc' = ἅπαν τὸ πλῆθος τῆς περιχώρου τῶν Γερασηνῶν ゲラサ付近の地の人々の群すべて Lk 8,37; amenayn kołmn Yordananow = πᾶσα ἡ περίχωρος τοῦ Ἰορδάνου ヨルダン河流域一帯 Mt 3,5; ②zi or oč'-n ē jer t'šnami, i jer kołmn ē = ... ὑπὲρ ὑμῶν ἐστιν あなたたちに逆らわない者はあなたたちに味方する者だから Lk 9,50; Ayl owroyn caleal i mi kołmn = ἀλλὰ χωρὶς ἐντετυλιγμένον εἰς ἕνα τόπον 別の離れた場所でひとつのところにまるめられていた Jn 20,7; darjeal i kin-n kołmn = στραφεὶς πρὸς τὴν γυναῖκα その女の方を振り返り Lk 7,44; ③omank' i dprac' anti i kołmanē-n P'arisec'woc' hakaṙakēin ファリサイ派の律法学者数人が激しく抵抗した Ac 23,9; ④oč' miayn ays čgnē z-mer kołms gal i yandimanowt'iwn これでは私たちの仕事の評判が悪くなる恐れがあるだけではない Ac 19,27. → leṙnakołmn, miakołmani

kołoptem, -ec'i 【動】略奪する, 強奪する, 呪縛する (συλάω 2Cor 11,8; συλαγωγέω Col 2,8) [kołopowt, -pti, -ic' 「略奪品, 戦利品」]; z-sełans kołoptem 神殿を略奪する (ἱεροσυλέω Ro 2,22): z-ayl ekełec'is kołoptec'i aṙeal t'ošak i jer spasaworowt'iwn 私は, あなた方に奉仕するために糧を受け取ることによって, 他の諸教会を強奪した 2Cor 11,8; zgoyš lerowk', mi ok' ic'ē or z-jez kołoptic'ē čartarmtowt'eamb 誰かがあなた方を哲学によって呪縛することのないよう警戒せよ Col 2,8.

kołovnia, -ay 【名】植民地 (κολωνία): i P'ilippows ... k'ałak' kołovniay 植民都市フィリピに Ac 16,12.

kołk', -łic' 【名】《複》脇腹 (πλευρά) [koł, πλευρά 「あばら骨」: Gen 2,22 šineac' TR AC z-koł-n z-or ar̄ y-Adamay 主・神はアダムから取ったあばら骨を女に造り上げた］: tigaw xoc'eac' z-kołs 彼は槍で脇腹を突いた Jn 19,34.

kočł, -čeł, -łac' 【名】枷 (ξύλον)：z-ots noc'a pndeac' i kočeł 彼は彼らの足に足枷をはめた Ac 16,24 ［cf. Job 33,11 ed i kočeł z-otn im ＝ ἔθετο δὲ ἐν ξύλῳ τὸν πόδα μου (神は) 私の足に枷をはめた].

kočopem, -ec'i 【動】切り取る (ἐκκόπτω)：apa t'ē oč' ew dow kočopesc'is もしそうでなければ、あなたもまた切り取られるだろう Ro 11,22. → hatanem

koys[1], kowsi, -ic' 【名】処女、乙女 (παρθένος)：koys yłasc'i ew cnc'i ordi 乙女が身重になって男子を産むだろう Mt 1,23; orowm xasec'eal z-Mariam koys y-ormē cnaw-n YS 彼は乙女のマリヤと婚約していて、この彼女からイエスが生まれた Mt 1,16; ar̄ koys xawsec'eal ar̄n orowm anown ēr Yovsēp' i tanē Dawt'i ダビデの家の末裔であるヨセフという名の男性と婚約していた 1 人の乙女のもとに Lk 1,27. → kowsank', kowsowt'iwn

koys[2], kowsi, kowsac' 【名】側面、方面：zi or oč'-n ē ənd mez hakar̄ak, i mer koys ē ＝ ... ὑπὲρ ἡμῶν ἐστιν 私たちに逆らわない者は私たちに味方する者だ Mk 9,40 ［cf. Lk 9,50 or oč'-n ē jer t'šnami, i jer kołmn ē あなたたちに逆らわない者はあなたたちに味方する者だ］; darjaw i t'ikowns koys ＝ ἐστράφη εἰς τὰ ὀπίσω 彼女は後ろを振り返った Jn 20,14 ［cf. Lk 7,44 darjeal i kin-n kołmn その女の方を振り返って； → t'ikownk']. → yaynkoys, yayskoys

［-**koyt** (koyt「山積み、(人の) 群」］ → cerakoyt

koyr, kowri, -rac' 【形/名】盲目の；盲人 (τυφλός)：etes ayr mi koyr i cnē 彼は生まれながら盲目の人を見た Jn 9,1; koyrk' en, kowrac' ar̄aJnord 彼らは盲目であって盲人たちの道案内だ Mt 15,14; dow es ... merk ew koyr お前は裸で目が見えない Re 3,17.

konk', -i, -ic' 【名】たらい (νιπτήρ)［＝ κόγχη: HH, AG 359］：ar̄eal jowr ark i konk' 彼は水を取ってたらいに入れた Jn 13,5.

koškočem, -ec'i 【動】拷問にかける、責めさいなむ (τυμπανίζω)：kēsk' koškočec'an ew č'ew ews ənkaleal z-p'rkowt'iwn, zi lawagoyn yarowt'ean-n hasanic'en 他の人々はよりよい甦りをかちとるため、拷問されても、もはや釈放を受け入れることはなかった He 11,35.

koč'em, -ec'i ［分 koč'eal, koč'ec'eal］【動】①呼ぶ、称する (καλέω Lk 2,4; λέγω Mt 13,55; ἐπικαλέω Mt 10,25; ἐπικαλέομαι Ac 15,17; ἐπιλέγω Jn 5,2; φωνέω Jn 13,13; ποιέω Jn 19,12). ②呼びつける、呼びにやる、

呼び寄せる，召す；招く，招待する（μεταπέμπομαι Ac 10,5; μετακαλέομαι Ac 24,25; φωνέω Lk 14,12; 16,2; προσφωνέω Lk 6,13; καλέω Mt 22,3; 25,14; εἰσκαλέομαι Ac 10,23; προσκαλέομαι Mt 15,10; συγκαλέω Mk 15,16 [miangamayn]; Lk 15,6; Ac 28,17; κλητός [＝koč'ec'eal] Mt 22,14; Ro 1,1.6); nok'a p'oxarēn koč'esc'en z-k'ez ＝ αὐτοὶ ἀντικαλέσωσίν σε 彼らは返礼としてあなたを招くだろう Lk 14,12 [→ p'oxarēn]; vkay koč'em [＋対]…を証人に呼ぶ (ἐπικαλέομαι 2Cor 1,23)：①i k'ałak' Dawt'i or koč'i Bet'łeēm ベトレヘムと呼ばれるダビデの町へ Lk 2,4; oč' mayr sora koč'i Mariam? その母はマリヤというではないか Mt 13,55; awazani-n or koč'ēr ebrayec'erēn Bēt'hezda ヘブライ語でベトザダと呼ばれる貯水池に Jn 5,2; amenayn ok' or t'agawor koč'ē z-anjn iwr hakaṙak ē kayser 自分を王と称する者は皆，皇帝に逆らう Jn 19,12; amowl-n koč'ec'eal ēr 彼女は石女と言われていた Lk 1,36; ②koč'el z-hrawireals-n i harsanis ＝ καλέσαι τοὺς κεκλημένους εἰς γάμους 婚礼への招待客を招く Mt 22,3; koč'en miangamayn z-amenayn z-gownd-n 彼らは全部隊を呼び集める Mk 15,16; koč'ē z-barekams ew z-drac'is 彼は友人たちと近隣の者たちを呼び集める Lk 15,6; yoržam žam linic'i, koč'ec'ic' z-k'ez 折を見てあなたを呼びにやる Ac 24,25; koč'ea z-Simon z-omn or koč'i Petros ペトロと呼ばれるシモンという人を招け Ac 10,5; koč'eac' z-nosa i nerk's ew aṙ iwr agoyc' 彼は彼らを招き入れ，自分のところに泊らせた Ac 10,23; es vkay z-AC koč'em anjin imoy 私は自らの命にかけて神を証人に呼ぶ 2Cor 1,23; bazowmk' en koč'ec'ealk' ew sakank' əntrealk' 多くの者が召されるが，選ばれる者は少ない Mt 22,14; koč'ec'eal aṙak'eal 召された使徒 Ro 1,1; koč'eal (M: koč'ec'eal) aṙ ink'n YI z-ašakerts-n イエスは弟子たちを呼んで Mt 15,32; gowc'ē patowakanagoyn ews k'an z-k'ez ic'ē koč'ec'eal-n i nmanē あなたよりももっと身分の高い者が彼から招待を受けているかもしれない Lk 14,8.

koč'iwn [M]【名】招待，招宴（→ koč'ownk' [E])：yoržam koč'ic'ē ok' z-k'ez i harsanis kam i koč'iowns (E: ... kam i koč'owns) 誰かがあなたを婚礼や祝宴に招く時 Lk 14,8.

koč'nakan, -i, -ac'【形】招待された (ἀνακείμενος Mk; κεκλημένος Lk)：vasn erdmanc'-n ew koč'nakanac'-n oč' kamec'aw anargel z-na 同席している者たちの前で誓った手前，彼は彼女〔の願い〕を退けようという気にはなれなかった Mk 6,26; asac' ew aṙ koč'nakans-n 彼は招待された者たちに対して言った Lk 14,7. → koč'em

koč'natēr, -teaṙn, teark' [/-tērk'], -tearc'【名】(客を迎える) 主人，招

koč'owmn 待者, 祝宴主 (ὁ κεκληκὼς αὐτόν)：asē ew c'-koč'natēr-n, yoržam aṙnic'es čaš kam ənt'ris, mi koč'ēr z-barekams k'o 彼は彼を招いてくれた人にも言った,「昼食や晩餐を設ける時, あなたは自分の友人たちを招くな」Lk 14,12. → koč'em, tēr

koč'owmn, koč'man【名】召すこと (κλῆσις)：iwrak'anč'iwr ok' y-or koč'owmn koč'ec'aw, i nmin kac'c'ē 各自はそれぞれが召された召し, その〔召し〕中に留まっていよ 1Cor 7,20; aṙ i giteloy mez zinč' ē yoys koč'man nora 彼の召しの希望がどのようなものか, 私たちが知るように Epn 1,18; ałač'em z-jez ... aržani gnal koč'man-n y-or koč'ec'arowk' 私はあなた方に, あなた方が召されたその召しにふさわしく歩むように勧める Eph 4,1; erknawor koč'man-n bažanordk' 天上の召しに参与している者たちよ He 3,1.

koč'ownk', -č'noc'【名】《複》宴会, 祝宴：yoržam koč'ic'ē ok' z-k'ez i harsanis kam i koč'owns (M: koč'iwns) 誰かがあなたを婚礼や祝宴に招いた時 (= ὅταν κληθῇς ὑπό τινος εἰς γάμους あなたが誰かから婚礼に招かれた時) Lk 14,8. → koč'iwn

kotor, -oy, -oc'【名】小片, 破片, パン屑 (κλάσμα [= nšxar Mk 6,43])：žołovec'ēk' z-nšxareal kotors-d, zi mi inč' koric'ē 無駄になるものが何もないように, 余ったパン屑を集めよ Jn 6,12; lc'in erkotasan sakaṙi z-kotoroc' i hing garełēn nkanakē anti 大麦のパン 5 つの食べ残しのパン屑で 12 の枝編み籠が一杯になった Jn 6,13.

kotorac, -oy, -oc'【名】虐殺, 撃滅, 全滅 (κοπή)：yoržam darjeal gayr i kotoracē t'agaworac'-n 彼が王たちを撃滅して引き上げて来た時に He 7,1.

kotorem, -ec'i【動】殺す (φονεύω Mt 23,31; ἀποκτείνω Mt 23,37; Ro 11,3; ἀναιρέω Mt 2,16)：apa owremn vkayēk' z-anjanc' t'e ordik' ēk' aynoc'ik or kotorein z-margarēs-n こうしてお前たちは, 自分が預言者殺しの下手人の子であることを, 自らに対して証しししている Mt 23,31; EĒM EĒM, or kotorēr (M: or kotoreir [2.sg.ipf.]) z-margarēs ew k'arkoc aṙnēr z-aṙak'eals-n aṙ na エルサレムよ, エルサレムよ, 預言者たちを殺し, 自分のもとに遣わされた者たちを石打ちにする者よ Mt 23,37; z-margarēs k'o kotorec'in 彼らはあなたの預言者たちを殺した Ro 11,3; aṙak'eac' kotoreac' z-amenayn mankowns or i Bēt'łeem ew y-amenayn sahmans nora 彼は〔人を〕遣わしてベトレヘムとその地域全体にいる男子をすべて殺させた Mt 2,16. → spananem

korac'owc'anem, -rowc'i【動】曲げる (συγκάμπτω)：z-t'ikowns noc'a hanapaz korac'o あなたは彼らの背を常に押し曲げよ Ro 11,10.

korban, -i, -ac‘ [M: kowrban]【名】神殿の宝物庫 (κορβανᾶς Mt); 献げ物 (κορβᾶν Mk → patarag): oč‘ ē aržan əndownel z-ayd i korban-n (M: i kowrban-n; E.mg.: y-ncayanoc‘-n [→ əncayanoc‘]) これを神殿の宝物庫に入れるのは許されていない Mt 27,6; dowk‘ asēk‘, et‘e asic‘ē ok‘ c‘-hayr kam c‘-mayr, korban, or ē patarag z-or y-inēn awgtesc‘is, ew oč‘ tayk‘ t‘oył nma č‘-aṙnel inč‘ hawr-n kam mawr お前たちは〔次のようなことを〕言っている,「もし人が父や母に対し『あなたに差し上げるはずだったものは, コルバン（献げ物の意）です』と言えば, 父や母に対して, その人は何もしなくてもよろしい」と Mk 7,11-12.

koreaw → kornč‘im

korzem, -eci【動】引き抜く, むしり取る, 摘む (τίλλω): ašakertk‘-n i gnal iwreanc‘ sksan hask korzel ew owtel 彼の弟子たちは歩きながら, 穂を摘んで食べ始めた Mk 2,23.

koric‘ē → kornč‘im

korcanem, -eci【動】①〔他〕-em ひっくり返す, 倒壊させる, 覆す (ἀνατρέπω Jn 2,15; καταστρέφω Mt 21,12; κατασκάπτω Ro 11,3; Ac 15,16). ②〔自〕-im 崩れ落ちる, 倒れる (πίπτω Mt 7,25; Lk 11,17); 脇へ逸れる (ἐκτρέπομαι 2Tm 4,4; παραπίπτω He 6,6): ①z-sełans-n korcaneac‘ 彼は台をひっくり返した Jn 2,15; z-sełans hatavačaṙac‘-n korcaneac‘ ew z-at‘oṙs aławnevačaṙac‘-n 彼は両替人たちの台と鳩売りたちの椅子をひっくり返した Mt 21,12; TR, z-margarēs k‘o kotorec‘in ew z-sełans k‘o korcanec‘in 主よ, 彼らはあなたの預言者たちを殺し, あなたの祭壇を倒壊させた Ro 11,3; z-korcaneal-n nora versain šinec‘ic‘ 私はその崩れたところをもう一度建て直すであろう Ac 15,16; ②oč‘ korcanec‘aw, k‘anzi i veray vimi hastateal ēr (家は) 崩れなかった. 岩の上に礎をすえていたから Mt 7,25; town bažaneal y-anjn korcani 家は分断されて崩壊する Lk 11,17; y-aṙaspels korcanesc‘in 彼らは作り話の方へ逸れて行くだろう 2Tm 4,4.

korcanowmn, -nman【名】破滅, 崩壊 (καταστροφή 2Tm 2,14; ῥῆγμα Lk 6,49; πτῶσις Mt 7,27): mi banakṙiw linel, y-oč‘inč‘ pēts i korcanowmn lsołac‘ 言葉の争いなどしないように, これはなんの役にも立たず, 聞く人々を破滅に〔導くだけだ〕2Tm 2,14; ełew korcanowmn tan-n aynorik mec その家の崩壊は大きなものとなった Lk 6,49.

kornč‘im, koreay, 接・アオ koreayc‘, koric‘es, -ic‘ē【動】①（人が）滅びる, 死ぬ. ②駄目になる, 失われる (ἀπόλλυμαι Lk 21,18; He 1,11; συναπόλλυμαι He 11,31; ἀπόλλυμι Lk 5,37): ①Raxab poṙnik oč‘ koreaw ənd anhawats-n 娼婦ラハブは聴き従わなかった人々と共に滅びること

korowsanem

はなかった He 11,31; es ast sovamah kornč'im 私はここで飢饉で事切れようとしている Lk 15,17; ②nok'a kornč'in ew dow kas ew mnas それらは滅びるがあなたは留まり続ける He 1,11; tikk'-n kornč'in 革袋は駄目になる Lk 5,37; ew maz mi i glxoy jermē oč' koric'ē あなたたちの頭の毛1本ですら失われることはない Lk 21,18.

korowsanem, -owsi, 3・アオ koroys【動】①滅ぼす, 殺す (ἀπόλλυμι Lk 9,24; Jn 10,10; Mt 10,28; Mt 10,39; ἀπόλλυμαι Lk 11,51; 1Cor 1,18; ἀποκτείνω Mk 3,4). ②失う, なくす (ἀπόλλυμι); korowseal [-n] = τὸ ἀπολωλός 失われたもの (Lk 15,4): ①zi or kamic'i z-anjn iwr kec'owc'anel, korowsc'ē z-na. ew or korowsc'ē z-anjn iwr vasn im, kec'owsc'ē z-na 自分の命を救おうと欲する者はそれを滅ぼすだろう. しかし, 自分の命を私のために滅ぼす者はそれを救うだろう Lk 9,24; goł oč' gay, et'e oč' zi gołasc'i ew spanc'ē ew korowsc'ē 盗人が来るのは盗み, 屠り, 滅ぼすためにほかならぬ Jn 10,10; ayl erkerowk' dowk' aṙawel y-aynmanē or karoł-n ē z-ogi ew z-marmin korowsanel i geheni むしろ, 魂も体もゲヘナで滅ぼすことのできる者を恐れよ Mt 10,28; or koroys z-anjn iwr vasn im, gtc'ē z-na 自分の命を私のために滅ぼした者はそれを見出すだろう Mt 10,39; y-arenē-n Abełi minč'ew y-ariwn-n Zak'ariay korowseloy ənd sełan-n ew ənd tačar-n アベルの血から祭壇と神殿の間で滅びたゼカリヤの血に至るまで Lk 11,51; čaṙ xač'i-n korowseloc'-n yimarowt'iwn ē 十字架の言葉は滅びる者たちにとっては愚かさだ 1Cor 1,18; ②o? ok' ic'ē i jēnǰ mard oroy ic'ē hariwr oč'xar ew korowsanic'ē mi i noc'a, oč' t'ołowc'ow z-innsown ew z-inn y-anapati ew ert'ayc'ē zhet korowseloy-n minč'ew gtanic'ē z-na あなたたちのうちの誰かが100匹の羊を持っていて, そのうちの1匹を失ってしまったとしたら, 99匹を荒野に放っておいて, 失われたその1匹を見つけるまで, それを求めて歩いて行かないだろうか Lk 15,4; ays en kamk' hawr imoy or aṙak'eac'-n z-is, zi z-amenayn z-or et c'-is hayr oč' korows'ic'i nmanē, ayl yarowc'ic' z-na y-awowr-n yetnowm 父が私に与えてくれたものを皆, その中から私が失うことなく, 終わりの日に甦らせること, これが私を派遣した方の意志である Jn 6,39.

korowst, -rstean【名】滅び, 破滅；無駄遣い (ἀπώλεια Mk 14,4; Ro 9,22; 1Tm 6,9): anōt'oc'-n barkowt'ean patrasteloc'-n i korowst 滅びへと造られた怒りの器 Ro 9,22; ork' kamin-n mecanel ankanin i p'orjowt'iwn ew y-orogayt' ew i bazowm cankowt'iwns anmits ew vnasakars, ork' ənkłmen z-mardik i satakowmn ew i korowst 富みたいと望む人たちは誘惑, 罠, そして人々を破滅と滅亡に沈み込ませるような多くの愚劣で

有害な欲望に陥る 1Tm 6,9; əndēr? ełew korowst iwłoy-d aydorik 何のためにあなたのその香油を無駄遣いしたのか Mk 14,4. → kornč'im, korowsanem

korstakan, -i, -ac' 【形】滅びるべき：ert'ayk' gorcec'ēk' mi z-korstakan kerakowr-n (= τὴν βρῶσιν τὴν ἀπολλυμένην) aył z-kerakowr-n or mnay i keans-n yawitenakans なくなっていく食べ物のために業をなすのではなく，永遠の命にまで留まる食べ物のための業をなせ Jn 6,27; handēs jeroc' hawatoc'-n ařawel k'an z-oski korstakan patowakan ē or hrov p'orjeal 火で試されて滅んでしまう金よりずっと貴重なあなたがたの信仰の試練 1Pe 1,7. → korowst

kowt'k', kt'oc' 【名】収穫，刈入れ（アモス書 4,7; 9,13）.

[**kowl** (i kowl tam「飲み込む」: Calfa) → kl-anem, ən-kłmem

kowmi = κοῦμι (D) 起きよ：tałit'a kowmi, or t'argmani, ałjik dow k'ez asem ari「タリタ・クミ」，これは「少女よ，私はあなたに言う，起きよ」という意味である Mk 5,41.

[**kowř**] → křacoy

kowřk', křoc' 【名】偶像（εἴδωλον）：gitēk' isk zi minč' het'anosk'-n eik' ař kowřs anmřownč's orpēs ert'ayik' ew gayik' あなたたちが異邦人だった時，物言えぬ偶像のところへと，いかに行ったり来たりしていたか，あなたたちは知っている 1Cor 12,2. → křapašt, křapaštowt'iwn, křaparišt

kowsan, -i; kowsank', -nac' 【名】処女，乙女，娘；童貞；非婚者 (παρθένος)：yaynžam nmanesc'i ark'ayowt'iwn erknic' tasn kowsanac' そのとき天の王国は 10 人の乙女と同じものであると言えるだろう Mt 25,1; sok'a en ork' ənd kanays oč' xařnakec'an, ew en kowsank' これらの者たちは女と交わったことのない者たちであり童貞である Re 14,4; vasn kowsanac' hraman inč' i TĒ oč' ownim 結婚したことのない者たちについては私は主の命令をもってはいない 1Cor 7,25. → koys[1] [koys の複数が kowsank' であることに関して ELPA I.131: "on a même des pluriels anomaux comme ceux de *koys* (gén. *kowsi*) 'vierge', plur. *kowsank'* (gén. *kowsanac'*) et de *now* (gén. *nowoy*) 'femme du fils', *nowank'* (Ruth 1,6.7); il est vrai que la forme dont on se sert pour dire qu'un homme est vierge est, au singulier, kowsan, F. Byz. III, 5 (p.10)"]

kowsi → koys[1]

kowsowt'iwn, -t'ean 【名】処女（少女）であること（παρθενία）：kec'eal ənd ařn ams ewt'n i kowsowt'enē iwrmē 少女の頃嫁いでから 7

年間夫と暮らして Lk 2,36. → koys¹, kowsan

[**kowt-**] → cerakoyt, koyt「山積み，（人の）群」

kowtem, -ecʻi【動】①［他］かき集める，積み重ねる（σωρεύω Ro 12,20; ἐπισωρεύω 2Tm 4,3). ②［自］-tim, -tecʻay 集まる，走り集まる；乗り込む（συνάγομαι Lk 12,1; ἐπισυντρέχω Mk 9,25; συνδρομή Ac 21,30; ἐφίσταμαι Ac 17,5; συνεφίσταμαι Ac 16,22)：①z-ays arareal kaycakowns hroy kowtescʻes i glowx nora こうすることによってあなたは燃える炭火を彼の頭に積み上げるだろう Ro 12,20; ǝst iwrakʻančʻiwr cʻankowtʻeancʻ kowtescʻen iwreancʻ vardapets 彼らはそれぞれの欲望に従って自分らの教師をかき集めるだろう 2Tm 4,3; ②i kowtel biwraworacʻ žołovrdean-n 無数の群衆が集まって来た時 Lk 12,1; ibrew etes YS etʻe kowti žołovowrd-n i veray sasteacʻ aysoy-n イエスは群衆が走り迫って来るのを見て，霊を叱りつけた Mk 9,25; kowtecʻaw žołovowrd-n 民衆が馳せ参じた Ac 21,30; kowteal aṙ aparans-n Yasovni xndrēin z-nosa acel i hraparak 彼らはヤソンの家に乗り込み，彼らを探して民衆の前に引き出そうとした Ac 17,5; kowtecʻaw ambox-n i veray nocʻa 群衆は共に立って彼らに反対した Ac 16,22. → cerakoyt

kowr¹, kri, -acʻ【名】小舟（σκάφη）：iǰowcʻeal z-kowr-n i cov andr 小舟を海に降ろして Ac 27,30. → makoyk

kowr²- → koyr

kowranam, -racʻay【動】①盲目になる（τυφλός Jn 9,39). ②頑迷になる（πωρόω）：①zi or očʻ-n tesanen tescʻen, ew orkʻ tesanen-n kowrascʻin 見えない人が見えるように，見える人が盲人となるように Jn 9,39; ②aylkʻ-n kowracʻan 他の者たちは頑迷になった Ro 11,7; kowracʻan mitkʻ nocʻa 彼らの思いは頑なにされた 2Cor 3,14. → koyr, apšecʻowcʻanem, tʻmbrim

kowracʻowcʻanem, -owcʻi【動】盲目にする（τυφλόω）：kowracʻoycʻ z-ačʻs nocʻa〔神は〕彼らの目を盲目にした Jn 12,40; astowac ašxarhi-s aysorik kowracʻoycʻ z-sirts anhawaticʻ-n この世の神が不信の者たちの思いを暗くした 2Cor 4,4.

kowrckʻ, -cicʻ【名】《複のみ》胸（στῆθος）：kocēr z-kowrcs iwr 彼は胸を叩き続けた Lk 18,13; baxein z-kowrcs ew daṙnayin 彼らは胸を打ちつつ帰って行った Lk 23,48. → lanǰkʻ, cocʻ

kowrowtʻiwn, -tʻean【名】盲目［であること］；無知蒙昧，頑なさ（πώρωσις）：trtmeal vasn kowrowtʻean srticʻ nocʻa 彼らの心の頑なさを悲しみながら Mk 3,5; kowrowtʻiwn pʻokʻr i šatē ełew ILI 頑迷さが部分的にイスラエルに生じた Ro 11,15. → koyr

kowrowsanel [M] → korowsanel

krˉacoy, -i, -ic' 【形】岩に穿たれた (λαξευτός) [krˉem = λατομέω, τύπτω: Nor Barˉgirk' Haykazean Lezowi]：ed [z-na] i krˉacoy gerezmani = ἐν μνήματι λαξευτῷ (D: ἐν μνημείῳ λελατομημένῳ) 彼は岩に穿った墓に [イエスを] 納めた Lk 23,53.　→ p'orem

krˉapašt, -i, -ic' 【名】偶像を崇拝する者 (εἰδωλολάτρης)：mi krˉapaštk' linel あなた方は偶像礼拝者になってはならない 1Cor 10,7.　→ kowrˉk'

krˉapaštowt'iwn, -t'ean 【名】偶像崇拝 (εἰδωλολατρία; εἴδωλον 1Jn 5,21)：tesanēr i krˉapaštowt'enē z-k'ałak'-n = θεωροῦντος κατείδωλον οὖσαν τὴν πόλιν 彼は都が偶像に満たされているのを見た Ac 17,16; p'axerowk' i krˉapaštowt'enē あなた方は偶像礼拝から逃れよ 1Cor 10,14; pahec'ēk' z-anjins i krˉapaštowt'enē 偶像崇拝から身を護れ 1Jn 5,21. → kowrˉk'

krˉaparišt 【名】偶像を崇拝する者 (εἰδωλολάτρης)：oč' krˉaparišt, oč' šownk' ... z-ark'ayowt'iwn-n AY oč' žařangen 偶像礼拝をする者たちや姦淫をなす者たちは決して神の王国を受け継ぐことはない 1Cor 6,9. → kowrˉk'

krˉiw, krˉowoy, -oc' 【名】争い、戦い、論争；暴動、反乱 (μάχη 2Tm 2,23; στάσις Ac 19,40)：mez višt vtanki ē ənd krˉowoy-s aysr awowr 私たちには今日のこの暴動について罪に問われる恐れがある Ac 19,40.　→ paterazm

krˉowem, -ec'i 【動】[ənd+位]…と戦争する、戦う (πολεμέω)：Mik'ayēl ew hreštakk' iwr krˉowēin ənd višapi-n ミカエルと彼の天使たちが竜と戦った Re 12,7.　→ paterazmim

krˉowim, -owec'ay 【動】くっつく、付着する (κολλάομαι)：ew z-p'oši-s or krˉoweal ē i k'ałak'ē jermē y-ots mer, t'awt'apesc'owk' i jez 私たちの足についているお前たちの町の塵すらも、われわれはお前たちに払い落とすであろう Lk 10,11.

krˉowoł 【形】争いを好む、好戦的な；mi krˉowoł = ἄμαχος 争い事を嫌う 1Tm 3,3.　→ ankrˉiw

krˉp'aharem, -ec'i 【動】拳で殴る (κολαφίζω)：k'ałc'ealk' ew carawec'ak' ew merk gnac'ak' ew krˉp'aharec'ak' ew anhangist ełeak' 私たちは飢え、渇き、裸同然であり、殴られ、放浪した 1Cor 4,11.

krˉp'em, -ec'i 【動】拳で殴る (κολαφίζω) [krˉowp', krˉp'i, -p'ac' = κόνδυλος, pugnus, colaphus: Nor Barˉgirk' Haykazean Lezowi]：t'k'in ənd eress nora ew krˉp'ec'in z-na 彼らは彼の顔に唾を吐き、彼を拳で殴った Mt 26,67; hreštak Satan, krˉp'el z-is, zi mi hpartac'oyc' 私が高慢にならない

ようにと，私を拳で打つための，サタンの使い 2Cor 12,7.
ktak, -i, -ac' 【名】遺言，契約 (διαθήκη)：z-mardkan hastateal ktak oč' ok' karē anargel ew oč' ayl hraman i veray aynr tal 有効とされた人間の遺言〔すなわち契約〕は，誰もこれを無効にしたり，その上に他の規定を追加したりすることはできない Ga 3,15; owr ktak ē, hark ē z-mah i mēǰ berel z-ktakagri-n 契約があるところ，遺言する人の死がもたらされることが必要だ He 9,16.
ktakagir, -gri, -rac' 【名】遺言者 (ὁ διαθέμενος → διατίθεμαι)：zi ktak yet mahow hastatown ē, apa t'ē oč' ziard? ic'ē hastatown, minč' ktakagir-n kendani ē 遺言は死後有効になるからで，もしそうでなければ，遺言する人が生きている間は，どうして有効といえようか He 9,17.
ktakagrem, -ec'i 【動】遺言書を書く．
ktakaran, ktakarank', -nac' 【名】契約；hin/nor ktakaran 旧約・新約聖書．
ktaw, -oy, -ovk' [M: -awk'] 【名】亜麻布，布 (ὀθόνη Ac 10,11; ὀθόνιον Jn 19,40; σινδών Mt 27,59; Mk 14,52; λίνον Re 15,6)：anōt' inč' ibrew z-ktawoy meci 大きな布のような容れ物 Ac 10,11; patec'in ktawovk' xnkovk'-n handerj 彼らは香料と一緒に亜麻の布切れで〔それを〕縛った Jn 19,40; aṙeal z-marmin-n Yovsēp' pateac' sowrb ktawovk' ヨセフはその体を取り清潔な亜麻布で包んだ Mt 27,59; nora t'ołeal z-ktaw-n, p'axeaw merk i noc'anē 彼は亜麻布を捨て，素っ裸のまま彼らから逃げて行った Mk 14,52; zgec'eal ein ktaws mak'owrs ew paycaṙs 彼らは清い光り輝く亜麻布を身にまとっていた Re 15,6. → pastaṙakal
ktrem, -ec'i 【動】切る，切り倒す，刻む，刈る (ἐκκόπτω Lk 13,7; αἴρω Jn 15,2)；ktrem ǝnd mēǰ 真っ二つに切る (διχοτομέω Mt 24,51; Lk 12,46)：amenayn owṙ or y-is ē ew oč' berē ptowł ktrē z-na 私の内にある枝で実を結ばないものはすべて〔父が〕刈り取る Jn 15,2; → hatanem
ktrič', ktrč'i, -ac' 【名】毛を刈る者，髪を切る者 (κείρω)：ibrew z-oroǰ aṙaǰi ktrč'i iwroy anmṙownč' 小羊がその毛を刈る者の前で黙っているように Ac 8,32.
krak, -i, -aw 【名】火，炭火 (πῦρ)：ibrew lowc'in krak i mēǰ gawt'i-n 彼らが中庭の真ん中に火を焚いたとき Lk 22,55. → howr
kraketł, -etł 【名】炭火 [-etł「ところ」 → tełi]：tesanem kraketł kaycakanc' (= βλέπουσιν ἀνθρακιὰν καιομένην [t.r. κειμένην]) ew jowkn mi i veray ew hac' 彼らは，炭火があがって，その上に魚とパンのあるのを目にする Jn 21,9. → xaroyk
krem, -ec'i 【動】①担う，負う，運ぶ，運び去る (βαστάζω Lk 11,27; Ac

9,15; Ga 5,10; φέρω He 1,3; 2Pe 1,21; περιφέρω 2Cor 4,10) [kr‑ : kir, cf. džowar-a-kir = δυσ-βάστακτος]. ②運び去る，くすねる（βαστάζω Jn 12,6）. ③受ける，被る，耐える（πάσχω Lk 13,2)：①erani ē orovaynin or kreacʻ z-kʻez 幸いだ，あなたを宿した胎は Lk 11,27; anōtʻ əntrowtʻean ē inj na, krel z-anown im aṙaǰi hetʻanosacʻ あの者は異邦人たちの前で私の名を担う，私の選ばれた器だ Ac 9,15; or xṙovecʻowcʻanē z-jez, krescʻē datastan あなたがたを動揺させている者はさばきを負うであろう Ga 5,10; or krē z-amenayn baniw zōrowtʻean iwroy 彼はその力ある言葉によって万物を担っている He 1,3; očʻ etʻē əst kamacʻ mardkan towaw margarēowtʻiwn erbēkʻ, ayl i hogwoy-n srboy krealkʻ xōsecʻan mardik y-AY 預言は決して人間の意志でもたらされたのではなく，人間が聖霊に運ばれ，神からのものとして語ったのだ 2Pe 1,21; y-amenayn žam z-mah-n YI i marmins mer krescʻowkʻ 私たちは常にイエスの死をこの体に負って［歩き］まわるだろう 2Cor 4,10; ②z-arkł-n inkʻn ownēr ew or inčʻ arkanēr-n na krēr 自身が金庫番でありながら，彼はその中身をくすねていた Jn 12,6; ③zi z-aynpisi ancʻs krecʻin = ὅτι ταῦτα πεπόνθασιν 彼らはこうしたことを蒙ったために Lk 13,2; hakaṙakowtʻiwn krē = ἀντιλέγεται それは反対されている Ac 28,22; zi inkʻn isk gitēr zinčʻ krēr i mard-n = ... ἐγίνωσκεν τί ἦν ἐν τῷ ἀνθρώπῳ 彼は人間の中に何があるかを知っていた Jn 2,25.

krtʻem, -ecʻi【動】①訓練する，鍛える（γυμνάζω）. ②yaṙaǰagoyn krtʻem 前もって準備する（προμελετάω)：①krtʻea z-anjn kʻo y-ACpaštowtʻiwn 敬虔の方向に自分自身を鍛錬せよ 1Tm 4,7; yetoy ptowł xałałowtʻeamb novaw krtʻecʻelocʻ-n hatocʻanē y-ardarowtʻiwn 後になってみるとそれによって訓練された人々に平和による実を義へと報いる He 12,11; ②dikʻ i sirts jer mi yaṙaǰagoyn krtʻel taloy (M: tal) patasxani 前もって弁明の準備などせぬよう心を決めておけ Lk 21,14. → kirtʻ

krtʻowtʻiwn【名】訓練（γυμνασία）: marmnoy krtʻowtʻiwn ar sakaw inčʻ ōgtakar ē 身体の鍛練は僅かにしか益がない 1Tm 4,8.

kri → kowr[1]

krkin, -knoy, -ov【副】2倍［重］に（διπλοῦς Mt 23,15; 1Tm 5,17); 2度目に，もう1度，再び（ἐκ δευτέρου Mk 14,72; Jn 9,24; δεύτερον Jn 3,4)：or barowokʻ verakacʻow linin ericʻownkʻ, krkin patowoy aržani ełicʻin 立派に［教会を］指導している長老たちは2倍の報酬を受けるに値するとすべきだ 1Tm 5,17; aṙnēkʻ z-na ordi geheni krkin ews kʻan z-jez お前たちは彼をお前たちに倍するほどのゲヘナの子にする Mt

krknameř 380

23,15; harc'anēr z-na krkin angam (διπλότερον) 彼は重ねて彼にたずねた Mk 14,61. → erkpatik

krknameř【形】2度死んだ (δὶς ἀποθάνων) Jd 12. → meřanim

krknem, -ec'i【動】2倍にする；(膝を) 曲げる, かがめる；[中] かがむ (κάμπτω)：ewt'n hazar ayr, or oč' krknec'in cownr Bahałow バアルに膝をかがめなかった 7,000人の男 Ro 11,4; inj krknesc'i amenayn cownr すべての膝が私に対してかがむであろう Ro 14,11.

krčatowt'iwn【名】切断, 割礼 (κατατομή)：zgoyš ełerowk' i krčatowt'enē anti あの切断〔の者たち〕に注意せよ Php 3,2.

krčem, -ec'i【動】きしる；krčel atamanc' = ὁ βρυγμὸς τῶν ὀδόντων 歯ぎしり：and ełic'i lal ew krčel atamanc' そこでは嘆きと歯ぎしりとがあるであろう Lk 13,28.

krčtem, -ec'i【動】きしらせる (τρίζω Mk 9,18; βρύχω Ac 7,54)：p'rp'rē ew krčtē z-atamowns iwr ew c'amak'i 彼は泡を吹き, 歯をきしらせ, 萎える Mk 9,18; krčtēin z-atamowns i veray nora 彼らは彼に向かって歯ぎしりをした Ac 7,54.

krpak, -i, -ac'【名】店, 居酒屋 (ταβέρνα)：minč'ew y-Ordostay-n App'eay ew Eric'-n Krpakac' = ἄχρι Ἀππίου Φόρου καὶ Τριῶν Ταβερνῶν アッピ・フォルムとトレス・タベルナまで Ac 28,15.

krtser, -oy, -oc'【形】①年下の, 若輩の (νεώτερος Lk 15,12; 22,26; ἐλάσσων Ro 9,12) [-ser: serem「子供をつくる」：ELPA I.177]. → erēc'. ②最小の (ἐλάχιστος Mt 2,6)；最後の (ἔσχατος Mk 9,35)：①asē krtser-n i noc'anē c'-hayr-n そのうちの年下の方が父親に言った Lk 15,12; or mec-n ē i jez ełic'i ibrew z-krtser-n ew ařaǰnord-n ibrew z-spasawor-n あなたたちの間で大いなる者は若輩の者のように, そして指導する者は仕える者のようになるがよい Lk 22,26; erēc'-n krtseroy-n cařayesc'ē 兄は弟に隷属するであろう Ro 9,12; ②oč' inč' krtser es y-išxans Yowda お前はユダの君主の中で決して最小の者ではない Mt 2,6; ełic'i amenec'own krtser 彼は万人のしんがりになるだろう Mk 9,35.

krōnawor【形】信心深い (θρησκός)：et'ē ok' kamic'i krōnawor linel, ew oč' sanjaharesc'ē z-lezow iwr, ayl zbałec'owc'anic'ē z-sirt-n iwr, aynpiswoy-n vayrapar ē krōnaworowt'iwn-n 誰かが自分の舌にくつわをはめず, 自らの心を騙していながら, 自分は信心深いと思っているなら, その人の信心深さは虚しい Jas 1,26.

krōnaworim, -rec'ay【動】戒律に服する (δογματίζομαι)：et'ē meř- arowk' ənd K'I i tarerc' ašxarhi-s, zi? ews ibrew z-kendanis astēn y-ašxarhi krōnaworik', (21) mi merjeran, mi čašaker, mi howp linir

あなたたちはキリストと共に死に,世界の諸元素から〔解き放たれた〕のならば,なぜまだ世界に生きているかのように,戒律を課されたままでいるのか,「摑むな,味わうな,触るな」〔という戒律を〕Col 2,20-21.

krōnaworowtʻiwn, -tʻean【名】信心深さ (θρησκεία) Jas 1,26.

krōnkʻ, -nicʻ, -niwkʻ【名】①作法,習慣 (ἔθος).②派,宗派 (αἵρεσις Ac 26,5);inkʻnakam krōniwkʻ 自前の礼拝 (ἐθελοθρησκία Col 2,23):①očʻ inčʻ hakaṙak gorceal žołovrdean kam krōnicʻ-n hayreneacʻ 私は民に対しても先祖たちの慣習に対しても,何一つ逆らうようなことはしていない Ac 28,17; ②əst čsmartagoyn krōnicʻ ōrinacʻ-n merocʻ 私たちの宗教の中で最も厳格な派に従って Ac 26,5.

kcʻim, -ecʻay【動】結び合わさる,くっつく (κολλάομαι):hasin kcʻecʻan mełkʻ dora minčʻew y-erkins 彼女の罪は積み重なって天にまで届いた Re 18,5.

kcʻord, -i, -acʻ【形】〔+与〕参加する,共有する,加担する,与る (συγκοινωνός 1Cor 9,23; Php 1,7; κοινωνέω 1Tm 5,22; συγκοινωνέω Eph 5,11; λειτυργέω Ro 15,27; μετέχω He 2,14);čʻarčʻaracʻ kcʻord linim 共に苦しむ (συμπάσχω Ro 8,17).—【名】参加者,与る者,連帯者 (κοινωνός):kcʻords inj šnorhacʻ z-jez amenesin linel あなた方すべてを私と恵みを共有する者として Php 1,7; zi kcʻord ełēcʻ nma 私がそれに共に与る者となるために 1Cor 9,23; mi kcʻord linicʻis mełacʻ ōtaracʻ 他の人々の罪に手を染めるな 1Tm 5,22; mi kcʻord linikʻ anptłowtʻean gorcocʻ-n hawari 暗闇の不毛な行いに加担するな Eph 5,11; partin ew marmnaworacʻ-n kcʻord linel 彼らは肉的なものにも与らねば〔Gk: 仕えねば〕ならない Ro 15,27; ew inkʻn isk merjaworowtʻeamb kcʻord ełew nocʻowncʻ = καὶ αὐτὸς παραπλησίως μετέσχεν τῶν αὐτῶν 彼自身も同様にそれら (血と肉) を共有した He 2,14.

h

[h-「良い」(< iran. *hu-) ELPA I.163, II.167; HH, AG, p. 180; Schmitt, Grammatik des Klass.-Armen., p. 81] → hzawr~zawr, hskem~skem

[**haz**] → haziw

hazar, -i, -acʻ【数】《基数》千,1000 (χίλιοι; χιλιάς Lk 14,31); erkow hazar = δισχίλι 2000, erek' hazar [k'] = τρισχίλιοι 3000, č'ork' hazar = τετρακισχίλιοι 4000, hing hazar = πεντακισχίλιοι 5000, ewt'n hazar = έπτακισχίλιοι 7000 : tac' erkowc' vkayic' imoc' ew margarēasc'in awowrs hazar erkeriwr ew vat'sown zgec'eal k'owrj 私は私のふたりの証人に，1260日間，粗布を身にまとって預言することを許そう Re 11,3; yawelan y-awowr y-aynmik hogik' ibrew erek' hazark' 3千人ばかりの人々がその日に加えられた Ac 2,41; et'e karoł ic'ē tasn hazaraw z-dēm ownel z-aynorik or gayc'ē i veray nora k'san hazaraw 1万人〔の兵力〕で，2万人をもって彼に向かって来る者と太刀打ちできるかどうか Lk 14,31; hazark' hazarac' 千の数千倍 Re 5,11.

hazarapet, -i, -ac'【名】①千人隊長 (χιλίαρχος). ②管理人，後見人 (οικονόμος 1Cor 4,1; 1Pe 4,10; επίτροπος Lk 8,3; Ga 4,2 [→ gawaṙapet: Mt 20,8]) : ①gownd-n ew hazarapet-n ew spasawork' hrēic'-n kalan z-YS ew kapec'in 一隊の兵士と千人隊長，およびユダヤ人たちの下役たちはイエスを捕縛した Jn 18,12; ②Yovhanna kin K'owzay hazarapeti-n Hērovdi ew Šowšan ヘロデの管理人クーザの妻ヨハンナとスサンナ Lk 8,3; hamaresc'in z-mez mardik, ibrew z-paštōneays K'I ew hazarapets xorhrdoc'-n AY 人は私たちをキリストの助手，そして神の奥義管理者とみなすべきである 1Cor 4,1; ibrew z-barwok' hazarapets pēspēs šnorhac'-n AY 神のさまざまな賜物の良い管理人として 1Pe 4,10; ənd hazarapetōk' ē ew ənd gawaṙapetōk' 彼は後見人および管理人のもとにある Ga 4,2. → -pet

haziw【副】ほとんど…ない，やっと，かろうじて (μόγις/μόλις) [HH, AG, p. 174; 462] : haziw mekni i nmanē xortakeal z-na (霊は) 彼を打ちのめしながら彼からなかなか離れようとしない Lk 9,39; z-ays asac'eal haziw łrec'owc'anēin z-żołovowrds-n i č'-zoheloy noc'a こう言って彼らは，群集が自分たちに犠牲を捧げることを，やっとのことで思い止まらせた Ac 14,18.

halacank', -nac'【名】《複のみ》迫害 (διωγμός) ; i halacans kam 迫害を受ける (διώκω) : i linel nełowt'ean ew halacanac' vasn bani-n 言葉ゆえに艱難や迫害が起こると Mt 13,21; amenek'in or kamic'in ACpaštowt'eamb keal i K'S YS, i halacans kac'c'en キリスト・イエスにあって敬虔に生きようとする人は皆迫害を受けるだろう 2Tm 3,12. → halacowmn

halacem, -ec'i【動】追う，追跡する，追放する，追い払う，迫害する (διώκω Mt 5,10; 23,34; έκδιώκω 1Th 2,15) : halacic'ēk' i k'ałak'ē i k'ałak' お前たちは町から町へと迫害するだろう Mt 23,34; erani or halac'eal ic'en vasn ardarowt'ean 幸いだ，義ゆえに迫害されてきた者たち Mt 5,10; ork' ew z-TR-n YS spanin ew z-margarēs-n, ew z-mez halacec'in [ユダヤ人たちは] 主なるイエスをも預言者たちをも殺し，そして私たちを迫害した 1Th 2,15.

halacič' 【名】迫害する者 (διώκτης) 1Tm 1,13.

halacowmn, -cman 【名】迫害 (διωγμός)：i hasanel nełowt'ean kam halacman (M: halacanac' [→ halacank']) vasn bani-n 言葉ゆえに艱難や迫害が起こると Mk 4,17.

halim, -lec'ay 【動】溶ける，溶けてなくなる，融解する (τήκομαι)：bnowt'iwnk' hrdeheal halic'in 諸元素 [天体] は火に包まれて熔け去る 2Pe 3,12.

hakaṙak, -i, -ac'/-ic' 【形】①逆の，反対の，対立して (ἐναντίος 1Th 2,15)；【副/前】[+属]…に敵対して (κατά [+属] Mt 12,30; ἀπέναντι [+属] Ac 17,7)；ənd mez hakaṙak = καθ' ἡμῶν 私たちに逆らう Mk 9,40; hakaṙak kam [+与]…に逆らっている，反抗している (ἀνθίστημι Mt 5,39; Ro 9,19; ἀντίκειμαι Lk 13,17; 21,15; ἀντικαθίστημι He 12,4; ἀντιπίπτω Ac 7,51; ἀντιλέγω Jn 19,12 [ē])；hakaṙak [+属] vkayem …に不利な証言をする Mt 27,13; Mk 14,55. ②z-norin hakaṙak-n = τοὐναντίον 逆に，反対に：①amenayn mardkan hakaṙak ełen 彼らはすべての人に対立した 1Th 2,15; or oč' ənd is ē, hakaṙak im ē 私と共にいない者は私に敵対する者である Mt 12,30; sok'a amenek'ean hakaṙak hramanac'-n kaiser gorcen こいつらは皆カエサルの勅命に背いている Ac 17,7; mi kal hakaṙak č'ari 悪人に手向かうな Mt 5,39; kamac' nora oč' ok' kay hakaṙak 誰も彼の意向には逆らえない Ro 9,19; y-amawt linein amenek'in or hakaṙak-n kayin nma 彼に逆らっていた者たちは皆，恥じ入った Lk 13,17; č'-ew ews areamb č'ap' paterazmealk' hakaṙak kac'ēk' mełac'-n あなた方は罪に対して闘うにあたってまだ血を流すほどには抵抗したことがない He 12,4; dowk' hanapaz hogwoy-n srboy hakaṙak kayk' あなた方はいつも聖霊に逆らっている Ac 7,51; or t'agawor koč'ē z-anjn iwr, hakaṙak ē kayseri 自分を王と称する奴は皆，皇帝に逆らうのだ Jn 19,12; oč'? lses orč'ap' dok'a hakaṙak k'o vkayen = … πόσα σου καταμαρτυροῦσιν お前には彼らがやっきになってお前に不利な証言をしているのが聞こえないのか Mt 27,13; xndrein hakaṙak YI vkayowt'iwn inč' = ἐζήτουν κατὰ τοῦ Ἰησοῦ μαρτυρίαν 彼らはイエスに不利な証言を探していた Mk 14,55; ②mi č'ar p'oxanak č'ari hatowc'anel kam bambasans ənd bambasanac', ayl z-norin hakaṙak-n ōrhnel 悪に対して悪を，侮辱に対して侮辱を返すのではなく，逆に祝福

せよ 1Pe 3,9.

hakaṙakim, -kecʻay【動】反対する，反論する，激論する（ἀντιλέγω Lk 20,27; διαμάχομαι Ac 23,9）；[ənd + 位] 論争する（συμβάλλω Ac 17,18）；争う（ἐρίζω Mt 12,19）: orkʻ hakaṙakein čʻ-linel yarowtʻean (M: yarowtʻiwn) 彼らは甦りがないと反論している Lk 20,27; y-otn kacʻin omankʻ i dpracʻ anti i kołmanē-n Pʻarisecʻwocʻ hakaṙakēin ファリサイ派の律法学者数人が立ち上がり，激しく論じた Ac 23,9; omankʻ y-epikowreancʻ-n ew i stowkeancʻ pʻilisopʻayicʻ hakaṙakēin ənd nma エピクロス派やストア派の哲学者数人が彼と論争した Ac 17,18; očʻ hakaṙakescʻi ew očʻ ałałakescʻē 彼は争わず，叫ばないだろう Mt 12,19.

hakaṙakord, -i, -acʻ【名】反対（敵対）者，反論者（ὑπεναντίος He 10,27; ἐξ ἐναντίας Tt 2,8; ἀντίκειμαι Lk 21,15; 2Th 2,4; ἀντιλέγω Tt 1,9）: naxanj hroy-n or owticʻē z-hakaṙakords 刃向かう者たちを食い尽くそうとしている火の激しさ He 10,27; z-ban-n ołjmtowtʻean, anparsaw linel, zi or hakaṙakord-n icʻē y-amōtʻ licʻi, ew mi inčʻ ownicʻi asel z-mēnǰ čʻarowtʻiwn その言葉が健全で非難の余地なきことを〔示せ〕，敵対者が我々については何も悪しきことを言えずに恥じ入るように Tt 2,8; zi es tacʻ jez beran ew imastowtʻiwn orowm očʻ karicʻen kal hakaṙak kam tal patasxani amenayn hakaṙakordkʻ-n jer = ... ᾗ οὐ δυνήσονται ἀντιστῆναι ἢ ἀντειπεῖν ἅπαντες οἱ ἀντικείμενοι ὑμῖν なぜなら，あなたたちに敵対するすべての者たちが，反対も反論もできぬような口と知恵を，この私があなたたちに与えるからだ Lk 21,15.

hakaṙakowtʻiwn, -tʻean【名】①反論，異論（ἀντιλογία He 6,16; 7,7; ἀντίθεσις 1Tm 6,20）；論争（φιλονεικία Lk 22,24）；意見の衝突，対立（στάσις Ac 15,2）; h. krem 反対を受ける（ἀντιλέγω Ac 28,22）．②反抗，反逆（ἀντιλογία）．③党派心，分争心；利己心（ἐριθεία Ro 2,8）[→ hestowtʻiwn]；競争心（ἔρις Php 1,15）: ①amenayn hakaṙakowtʻean nocʻa včiṙ i hastatowtʻiwn, erdowmn-n ē 誓いは保証となって，彼らに対する反論はすべて終りとなる He 6,16; aṙancʻ amenayn hakaṙakowtʻean 何の異論もない He 7,7; ełew ew hakaṙakowtʻiwn i mēǰ nocʻaˮ tʻe oˮ i nocʻanē hamaricʻi mec 彼らのうちで誰が大いなる者と思われるか，という論争も彼らの間で生じた Lk 22,24; linel očʻ sakaw hakaṙakowtʻean ew xndroy Pawłosi ew Baṙnabay ənd nosa パウロとバルナバと彼らとの間に少なからざる対立と論争が起こったので Ac 15,2; vasn herjowacoy-d aydorik yayt isk ē mez, zi amenayn owrekʻ hakaṙakowtʻiwn krē その分派については，いたる所で反対を受けていることが私たちには明らかだ Ac 28,22; i nšan hakaṙakowtʻean = εἰς σημεῖον ἀντιλεγόμενον 反対を受ける徴となるように Lk 2,34; ②əst hakaṙakowt'ean-n Korxay korean 彼らはコラの反抗によって滅んだ Jd 11; acēk' z-mtaw, or z-ayspisi hamberowt'iwn i melaworac' hakaṙakowt'enē anti kreac' 罪人たちの反逆にこれほど耐え忍んだ方のことを熟慮せよ He 12,3; ĵnĵeac' z-jeṙagir meroy hakaṙakowt'ean-n = ... τὸ καθ' ἡμῶν χειρόγραφον〔神は〕私たちに敵対する [Gk: 私たちに不利となる=私たちの債務を定めた]証文を抹消した Col 2,14; ③or i hakaṙakowt'enē anti en 分争心に駆られた者たち Ro 2,8.

hakaṙakōł【形】反抗的な，敵対する，論争好きの (ἀντιλέγω Ro 10,21 [→ anhawan]; ἀντιδιατίθεμαι 2Tm 2,25; φιλόνεικος 1Cor 11,16): handarowt'eamb xratel z-hakaṙakōłs-n 反抗する者どもを柔和さをもって訓導する 2Tm 2,25; apa t'ē ok' kami hakaṙakōł linel, mek' č'ownimk' aynpisi sovorowt'iwn もしも誰かが論争を挑もうと考えたとしても，そのような習慣を私たちは持っていない 1Cor 11,16.

hakirč【形】短期間の，簡潔な；厳格な ['bref, concis, succinct, précis': Calfa]. → hamaṙōt

hałoē [/hałoēs 不変; halowē, -ic']【名】沈香 (ἀλόη): eber zmowṙs xaṙn ənd hałoēs ibrew lters hariwr 彼は沈香を混ぜた没薬を 100 リトラばかり持って来た Jn 19,39.

hałord, -ic'【形】共有する (συμμέτοχος Eph 3,6); 喜んで分け与える (κοινωνικός 1Tm 6,18); hałord linel [+与] 参加する，共有する，携わる (κοινωνέω Ro 15,27; προσέχω He 7,13; μέτοχος He 6,4); p'aṙac' hałord linim 共に栄光を与えられる (συνδοξάζομαι Ro 8,17);【名】同志 (κοινωνός Phm 17): hałords aweteac'-n〔私たちと〕共に約束に与る者 Eph 3,6; et'ē hogeworac'-n noc'a hałord ełen het'anosk' もしも異邦人たちが彼らの霊的なものに与ったのだとするならば Ro 15,27; oč' ok' erb'ēk' ełew hałord sełanoy-n（その部族からは）誰も決して祭壇〔への奉仕〕に携わってはこなかった He 7,13; et'ē č'arč'aranac'-n kc'ord linimk', ew p'aṙac'-n hałord lineloc' emk' もしも私たちが共に苦しみ，そして共に栄光を与えられることになるのだとするならば Ro 8,17.

hałordem, -ec'i【動】[+与] …に与る，共有する，共にする (κοινωνέω He 2,14; συναλίζομαι Ac 1,4): orovhetew mankownk' hałordec'in arean ew marmnoy 子供たちは血と肉とに与っていたから He 2,14; i hałordel ənd nosa hac'iw パンを一緒に食べながら Ac 1,4.

hałordim, -dec'ay【動】[+与] 参加する，関与する，共犯である (κοινωνός Mt 23,30): et'e eak' (M: ēak') y-awowrs harc'-n meroc', oč' hałordeak' (M: hałordēak') arean margarēic'-n もしわれわれが父祖た

ちの時代にいたならば、われわれは預言者の血の共犯者にはならなかったであろうに Mt 23,30.

hałordowt'iwn, -t'ean【名】①与ること；交わり，関係 (κοινωνία 2Cor 8,4; 1Jn 1,3; μετοχή 2Cor 6,14); h. ownim 参加する (μετέχω He 7,13); h. ařnem［＋与］…と分かち合う (κοινωνέω Ga 6,6). ②援助，寄付 (κοινωνία Ro 15,26)：①z-hałordowt'iwn paštaman-n or i sowrbs-n 聖徒たちへの奉仕に与ること 2Cor 8,4; zi ew dowkʻ hałordowt'iwn ownic'ikʻ ənd mez あなた方が私たちとの交わりに与かるようになるために 1Jn 1,3; zinčʻ? hałordowt'iwn ē ardarowt'ean ənd anōrēnowt'ean 義にとって不法に対するどんな関わりがあるのか 2Cor 6,14; zi z-ormē ayspēs-n asi, y-aylmē azgē kalaw hałordowt'iwn このように言われる人は，異なる部族から参加したからだ He 7,13; hałordowt'iwn arascʻē ašakert-n vardapeti-n y-amenayn barowt'iwns 教えられる者は教える者とすべての善きものを分かち合うようにせよ Ga 6,6; ②kʻanzi hačoy t'owecʻaw Makedonacʻwocʻ-n ew Akʻayecʻwocʻ-n hałordowt'iwn inčʻ ařnel ənd ałkʻats srbocʻ-n or en-n y-EM マケドニア〔州〕とアカイア〔州の教会〕は、エルサレムの聖徒たちの貧しい者たちに対して何らかの援助を行うことを，喜んで〔決定〕した Ro 15,26.

hačem, -ecʻi【動】①［能］-em: 満足させる，説得する (πείθω Mt 28,14; ποιέω τὸ ἱκανόν Mk 15,15; πληροφορέομαι Ro 14,5). ②［中］-im: ［ənd＋対；＋不］…に満足する，…を喜ぶ，好む (εὐδοκέω; συνήδομαι Ro 7,22)：①Piłatos ibrew z-mits kamecʻaw hačel z-amboxi-n ピラトスは群集の心を満足させようと思った時 Mk 15,15; iwrakʻančʻiwrokʻ z-iwr mits hačescʻē 各自は自分自身の考えを満足させよ Ro 14,5; ②da ē ordi im sireli, ənd or hačecʻa [M: -cʻay] その者は私の愛する子、彼は私の意にかなった Mt 3,17; or hawatacʻin cšmartowt'ean-n, ayl hačecʻan ənd anōrēnowt'iwn-n 真理を信じずに不義を好んだ者たち 2Th 2,12; hačeal em ənd ōrēns-n AY əst nerkʻin mardoy-n 私は内なる人に従えば神の律法を喜んでいる Ro 7,22; ařawel ews hačeal emkʻ elanel i marmnocʻ asti ew mtanel ař AC むしろこの体から離れ出て神のもとに入ることを私たちは願わしく思っている 2Cor 5,8; i nma hačecʻaw amenayn lrowmn ACowt'ean-n bnakel 神性の全き充満が彼の内に宿ることをよしとした Col 1,19.

hačoy【形】①［＋与］…の気に入る，…の意にかなう，…にとって喜ばしい，好ましい (συνευδοκέω 1Cor 7,12; ἀρεστός Ac 6,2; 12,3; εὐάρεστος Ro 12,2; δοκέω Mt 26,66). ②hačoy ełew ařaji kʻo = εὐδοκία ἐγένετο ἔμπροσθέν σου あなたの前に喜ばれること［意にかなうこと］が

生じた Mt 11,26; Lk 10,21. ③hačoy ełew/tʻowi ［＋与］ …の気に入る, 賛同を得る (ἀρέσκω; εὐαρεστέω He 11,5). ④hačoykʻ 喜ばせること (ἀρεστός)：①etʻē okʻ ełbayr kin ownicʻi anhawat, ew nma hačoy icʻē bnakil ənd nma, mi tʻołcʻē z-na もしもある兄弟が信者でない妻を持ち, その彼女が彼と一緒に住むことを共に喜んでいるのなら, 彼女を去らせるな 1Cor 7,12; etes etʻē hačoy ē hrēicʻ-n 彼はそれがユダヤ人たちの気に入ったのを見た Ac 12,3; očʻ ē hačoy tʻołowl mez z-ban-n AY ew paštel z-sełan-n 私たちが神の言葉を放っておいて食事の奉仕をするのは好ましくない Ac 6,2; zinčʻ? hačoy ē jez = τί ὑμῖν δοκεῖ; 諸君にはどう思われるか Mt 26,66; ③hačoy ełew Herovdi ew bazmakanacʻ-n それはヘロデと招かれた客たちの気に入った Mk 6,22; hačoy tʻowecʻaw ban-n aṙaǰi amenayn bazmowtʻean-n その言葉は会衆一同の賛成を得た Ac 6,5; iwrakʻančʻiwr okʻ i mēnǰ ənkeri-n hačoy licʻi 私たち各自は隣人に喜ばれるようになるべきだ Ro 15,2; yaṙaǰ kʻan z-pʻoxel-n nora vkayecʻaw hačoy linel AY 彼が移される前から神に喜ばれていたことが証しされた He 11,5; ④očʻ etʻoł z-is miayn, zi es z-hačoys-n nora aṙnem hanapaz 私がいつも彼の喜ぶことを行っているので, 彼は私をひとり置き去りにすることはなかった Jn 8,29.

hačowtʻiwn, -tʻean【名】意にかなうこと, 気に召すこと (εὐδοκία Lk 2,14; Php 2,13; ἀρεσκεία Col 1,10; εὐαρέστως He 12,28)：i mardik hačowtʻiwn = ἐν ἀνθρώποις εὐδοκία (Θ) 人々には〔神の〕好意が Lk 2,14; gnal jez aržani TN y-amenayn hačowtʻean あなた方があらゆる点で〔主の〕気に召すよう主にふさわしく歩む Col 1,10; paštemkʻ z-AC hačowtʻeambkʻ ahiw ew dołowtʻeamb 私たちは畏敬と畏怖をもって神に喜ばれるように仕えよう He 12,28.

［**ham**-¹「すべての, 全」cf. ELPA I.117f.］　→ hamarjak~əndarjak, hamarjakim~arjakem

［**ham**-²「共に」：HH, AG, p. 176］　→ hambaṙnam~ambaṙnam/baṙnam, hamberem~berem; hamberowtʻiwn, hamboyr, hambowrem (cf. ELPA II.168, 227)

［**ham**, -ocʻ ［味, 風味］］　→ hamemem, anhamim

hamakarikʻ【形】同じ情念を持つ (συμπαθής) 1Pe 3,8.

hamamit【形】同じ思いを持つ (ὁμόφρων) 1Pe 3,8.

hamašownčʻ【形】同じ心を持つ, 心を共にする (ἰσόψυχος Php 2,20; σύμψυχος Php 2,2)：očʻ z-okʻ ownim hamašownčʻ, etʻē əntanebar hogaycʻē vasn jer 私は〔彼と〕同じ心であなた方について真実に配慮している者を誰ひとり知らない Php 2,20.

hamaṙōt, -ic‘【形】短期間の,簡潔な:zi ban mi hakirč ew hamaṙōt ardarowt‘eamb, z-ban-n hakirč arasc‘ē TR i veray erkri = λόγον γὰρ συντελῶν καὶ συντέμνων ἐν δικαιοσύνῃ, ὅτι λόγον συντετμημένον ποιήσει κύριος ἐπὶ τῆς γῆς 言葉を義によって簡潔に短期間で〔成就し〕,主は地の上でその言葉を厳格に実行するであろう Ro 9,28.

hamaṙōtem, -ec‘i【動】短縮する,省略する,要約する;owłił hamaṙōtem よく理解して理解させる,真っ直ぐに伝える (ὀρθοτομέω):p‘owt‘ac‘ir z-anjn k‘o ...owłił hamaṙōtel z-ban-n čšmartowt‘ean あなたは自分自身を,真理の言葉を真っ直ぐに伝えるように努力せよ 2Tm 2,15.

hamar, -oy, -oc‘【名】数,合計;数えること,計算,勘定,決済;①hamar(s) aṙnem i mēǰ [＋属] …と清算する,決済する (συναίρω λόγον μετά [＋属] Mt 18,23). ②berem hamar 投票する,有罪に賛成する (καταφέρω ψῆφον Ac 26,10). ③tam hamar/z-hamar[-n] 弁明 (釈明) する,報告する (ἀποδίδωμι [τὸν] λόγον Mt 12,36; Lk 16,2):①kamec‘aw hamar aṙnel i mēǰ caṙayic‘ iwroc‘ 彼は自分の僕たちと決済しようと思った Mt 18,23; ②z-spaneloc‘-n noc‘a berēi hamar 私は彼らが殺されることに賛意を表した Ac 26,10; ③ənd amenayn datark bani z-or xawsic‘in mardik, tac‘en hamar y-awowr-n datastani 人々は,自分が語るすべての怠惰な言葉に対しては,裁きの日に弁明するだろう Mt 12,36; towr z-hamar-n tntesowt‘ean k‘o お前の管理報告を出せ Lk 12,6.

hamarim, -rec‘ay【動】①数える,計算する,[z-＋対] …を [与] …の勘定に加える. ②考える,思う,思い込む,見なす,認める;帰する,帰せられる (λογίζομαι Mk 15,28; Lk 22,37; 1Cor 13,11; 2Cor 5,19; ἐλλογέω Ro 5,13; Phm 18; δοκέω Jn 5,39; ἡγέομαι Php 2,25; ποιέομαι Ac 20,24; οἶμαι Php 1,17; νομίζω Ac 16,13; ψηφίζω Lk 14,28; Re 13,18; συμψηφίζω Ac 19,19; συγκαταψηφίζομαι Ac 1,26). ③ [i＋奪] …から由来する,…の血統に属する (γενεαλογέω He 7,6). ④amawt‘ hamarim z- [＋対] = ἐπαισχύνομαι …を恥じる. ⑤hamarim y-anjn 自らを欺く (παραλογίζομαι Jas 1,22):①ənd anawrēns hamarec‘aw 彼は不法な者どもと共に数えられた Lk 22,37; hamarec‘aw ənd metasan aṙak‘eals-n 彼は 11 使徒の中に加えられた Ac 1,26; hamaric‘i z-caxs-n et‘e ownic‘i bawakan i katarowmn 彼は完成するのに十分な資産を持っているかどうか,その費用を計算する Lk 14,28; or owni mits hamaresc‘i z-t‘iw gazani-n 理性のある者はかの獣の数字を数えよ Re 13,18; hamarec‘an z-gins noc‘a 彼らはそれらの値段を合計した Ac 19,19; et‘ē yanc‘eal inč‘ ic‘ē kam partic‘i, z-ayn inj hamareac‘ もしも彼が何か不義をなしたり,

あるいは負債があるのなら，それをあなたは私の借りにしておけ Phm 18; ②minč' tłay-n ēi, ibrew z-tłay xōsēi, ibrew z-tłay xorhēi, ibrew z-tłay hamarēi 私が幼児であった時には幼児のように話し，幼児のように思い，幼児のように考えたものだ 1Cor 13,11; č'-hamarel noc'a z-mełs iwreanc' 人間の罪過を彼らに帰すことをしない 2Cor 5,19; mełk' oč' hamarin owr ōrēnk' oč' ic'en 律法がないところでは罪は〔人に〕帰せられない Ro 5,13; law hamarec'ay z-Epap'roditos ... aṙak'el aṙ jez 私はエパフロデトスをあなた方のところに送り返すのが必要と考えた Php 2,25; ews oč' iwik' hamarim z-anjn im patowakan もはや私はどうしても自分のいのちのことなど値打ちがあるとは思っていない Ac 20,24;〔＋不〕dowk' hamarik' nok'awk' ownel z-keans-n yawitenakans あなた方はそれら（聖書）のうちに永遠の命を持っていると思い込んでいる Jn 5,39; k'anzi hamarin nełowt'iwns yarowc'anel i veray kapanac' imoc' なぜなら，彼らは私の投獄に加えてさらに患難を引き起こそうと考えている Php 1,17; ③č'-hamareal-n y-azgs i noc'anē (= ὁ δὲ μὴ γενεαλογούμενος ἐξ αὐτῶν) tasanordeac' z-Abraham ew z-na or z-awetis-n ənkaleal ēr ōrhneac' 彼らの血統を引かない人がアブラハムから 10 分の 1 を取り立て，約束を受けていた彼を祝福した He 7,6; č'-hamareal y-azgs = ἀγενεαλόγητος 系図のない He 7,3; ④or ok' amawt' hamaresc'i z-is ew z-bans im 私と私の言葉とを恥じる者 Mk 8,38.

hamarjak【形】広大な (εὐρύχωρος Mt 7,13)．—【副】はっきりと (τηλαυγῶς Mk 8,25); 公に，公然と (ἐν παρρησίᾳ Jn 7,4; παρρησίᾳ Jn 7,13)：k'ani əndarjak ē dowṙn-n ew hamarjak čanaparh-n or tani i korowst 滅びへと導く門はなんと広く，その道は広大であろう Mt 7,13. → əndarjak . —tesanēr hamarjak z-amenayn 彼はすべてをはっきりと見て取れるようになった Mk 8,25; oč' ok' ē i cacowk inč' gorcē ew xndrē ink'n hamarjak linel ことをひそかに行い，自分が公のものであることを求めるような人は誰もいない Jn 7,4. → ham-¹
hamarjakagoyns【副】大胆に (τολμηρότερον Ro 15,15.
hamarjakem, -ec'i【動】①大胆にする，勇気づける．②許す，承知する (ἐάω Ac 16,7)：②oč' hamarjakeac' noc'a hogi-n K'I キリストの霊は彼らに許さなかった Ac 16,7.
hamarjakim, -kec'ay【動】①大胆である，大胆に（率直に・腹蔵なく）語る (ἀποτολμάω Ro 10,20; παρρησιάζομαι Ac 19,8)．②勇気を出す，思い切って［敢えて］…する，強気になる (τολμάω Mk 15,43; παρρησιάζομαι 1Th 2,2; θαρρέω 2Cor 5,6; 10,1)：①mteal i žołovowrd-n hamarjakēr 彼は会堂に入って大胆に語った Ac 19,8; ②hamarjakec'aw

emowt ař Piłatos 彼は勇を振るってピラトスのもとに入って来た Mk 15,43; hamarjakecʻakʻ AV merov patel jez z-awetaran-n AY mecaw paterazmaw 私たちは大きな苦闘をもって神の福音をあなたたちに語るために，私たちの神によって勇気づけられた 1Th 2,2; ard hamarjakimkʻ y-amenayn žam だから私たちは常に心強い 2Cor 5,6; or yandiman jez ibrew tařapeal mi em i miǰi jerowm, baycʻ i heřowst hamarjakim ař jez あなた方の中にあって面と向かっては卑屈だが，離れているとあなた方に対して強気になる（私）2Cor 10,1. → ham-¹, arjakem

hamarjakowtʻiwn, -tʻean【名】大胆さ，確信；率直さ，自由な心情 (παρρησία): hayecʻeal i hamarjakowtʻiwn-n Petrosi ew Yovhannow 彼らはペトロとヨハネの大胆な態度を見て Ac 4,13; maticʻowkʻ aysowhetew hamarjakowtʻeamb ařaǰi atʻořoy šnorhacʻ-n nora それゆえ確信をもって恵みの座へ進み寄ろうではないか He 4,16; etʻē sirktʻ mer z-mez očʻ əstgtanicʻen, hamarjakowtʻiwn ownimkʻ ař AC もし私たちの心が私たちを責めなければ，私たちは神に対して率直でいられる 1Jn 3,21.

hamarowest【形】同じ職業の (ὁμότεχνος): vasn zi hamarowest ēr, ełew ař nosa ew gorcēr, kʻanzi ein xoranakarkʻ arowestiwkʻ 職業が同じであったので，彼は彼らの家に滞在して一緒に仕事をした．彼らの職業は天幕造りであった Ac 18,3.

[**hambařnam**] → ambařnam, bařnam

hambaranocʻ, -i, -acʻ【名】納屋，倉庫 (ἀποθήκη) Lk 12,24. → -anocʻ [cf. əncayanocʻ, žołovrdanocʻ], štemaran

hambarem, -ecʻi【動】蓄える，保存する，貯蔵する: ownis bazowm barowtʻiwns hambareal amacʻ bazmacʻ = ἔχεις πολλὰ ἀγαθὰ κείμενα εἰς ἔτη πολλά お前は何年分もの多大な財産を持っている Lk 12,19.

hambaw [-oy, -ocʻ/-ow, -owcʻ/-i, -acʻ]【名】噂，評判；名声 (ἀκοή Mt 24,6; Mk 13,7; φήμη Mt 9,26; λόγος Mt 28,15); hambaw bareacʻ 定評 (εὔφημος Php 4,8): lselocʻ ēkʻ paterazmowns ew z-hambaws paterazmacʻ あなたたちはやがて戦争のことを聞き，戦争の噂を聞くだろう Mt 24,6 (cf. Mk 13,7M: hambovs [-aw-, -ov-： /ō/]); el hambaw-s ays ənd amenayn erkir-n ənd ayn この名声はその地一帯に広まった Mt 9,26; el hambaw-s ays i Hrēicʻ minčʻew cʻ-aysawr この噂はユダヤ人たちの間で今日にまで広まった Mt 28,15. → hřčʻak

hambawem, M: hambovem, -ecʻi【動】言い広める (διαφημίζω): nokʻa eleal hambawecʻin (M: hambovecʻin [cf. Mk 13,7M: hambovs, → hambaw]) z-na ənd amenayn erkir-n ənd ayn 彼らは去るとその地一帯に彼のことを言い広めた Mt 9,31.

hamberem, -i/-ec'i【動】［＋与］耐える，忍ぶ (ὑπομένω; ὑποφέρω 2Tm 3,11; στέγω 1Cor 9,12)：amenayni hamberem vasn əntreloc'-n 私は選ばれた人々のためにすべてを耐え忍んでいる 2Tm 2,10; or hambereac'-n i spař, na kec'c'ē 最後まで耐え抜いた者，その者こそ救われるだろう Mt 24,13; eraneal ē ayr or hamberic'ē p'orjanac' 試みに耐える人は幸いである Jas 1,12; orpisi halacanac' hamberi 私はそのような迫害を耐え忍んだ 2Tm 3,11; amenayni hamberemk', zi mi xap'an inč' linic'imk' awetarani-n 私たちが福音に対して何の妨げにもならないように，すべてのことを私たちは耐え忍んでいる 1Cor 9,12.　→ ham-², berem, tewem

hamberowt'iwn, t'ean【名】忍耐，不屈さ (ὑπομονή)；［＋属］i hamberowt'ean kam …に耐える (ὑπομένω He 12,7)：yišel z-jer gorc-n hawatoc' ew z-vastak siroy ew z-hambrerowt'ean yowsoy TN meroy YI K'I あなたがたの信仰の業と，愛の労苦と，私たちの主イエス・キリストに対する希望の忍耐を思い起こす 1Th 1,3; hamberowt'eamb jerov stasǰik' z-ogis jer あなたたちは自分の不屈さによって自分の命を手に入れよ Lk 21,19; i xratow hamberowt'ean kayk' あなたたちが耐えているのは躾なのだ He 12,7.

hamboyr, -bowri, -ic'【名】接吻 (φίλημα)；hamboyr tam ［＋与］接吻する：hamboyr mi dow oč' etowr inj あなたは私に接吻してくれなかった Lk 7,45.

hambov- ［M］　→ hambaw-

hambowrem, -ec'i【動】［ənd＋位］…に接吻する (φιλέω Mt 26,48; καταφιλέω Mt 26,49; Lk 7,38)：ənd orowm es hambowrec'ic', na ē 俺が接吻する奴はあいつだ Mt 26,48; matowc'eal ař YS asē, oǰ er vardapet, ew hambowreac' ənd nma 彼はイエスに近寄って言った，「ラビ，ごきげんうるわしゅう」。そして彼に接吻した Mt 26,49; hambowrēr z-ots nora ew awcanēr iwłov-n 彼女は彼の両足に接吻し続け，また〔繰り返し〕香油を塗った Lk 7,38.

hamematem, -ec'i【動】比較する，判断する (συγκρίνω 1Cor 2,13) ［→ hawasarem］：ənd hogewors z-hogewors-n hamematemk' 私たちは霊的なものによって霊的なことがらを判断する 1Cor 2,13.

hamemem, -ec'i【動】味付けする (ἀρτύω) ［hamem「香料，薬味」, ham「味，風味」］：apa et'e ał-n anhamesc'i, iw? hamemesc'i もしも塩が味を失ってしまったら，何によって味付けされるだろうか Lk 14,34. → anhamim

hamr, -mer, -merk', -merc' [Mk 7,37M: hamric']【形】口の利けない

(κωφός Lk 11,14; ἄλαλος Mk 7,37; μογιλάλος Mk 7,32)։ hanēr dew mi hamr 彼はある口の利けない悪霊を追い払っていた Lk 11,14; xlic' lsel tay ew hamerc' (M: hamric') xawsel 彼は耳の聞こえない者たちを聞こえるようにし，口の利けない者たちを話せるようにする Mk 7,37; berin aṙaǰi nora xowl mi ew hamr 彼らは彼の前に耳が聞こえず舌もまわらない1人の者を連れて来た Mk 7,32; ełic'es hamr (= ἔση/ σιωπῶν) ew mi karasc'es xawsel あなたは口が利けずものが言えなくなるだろう Lk 1,20. → anxawsown, anmṙownč'

hamōrēn 【副】完全に，まったく (εἰς τὸ παντελές). —【形】完全な (ὁλοτελής)։ kendani aṙnel hamōrēn karōł ē z-matowc'eals-n novaw aṙ AC 彼は自分を通して神のもとに進み出る人々を完全に救うことができる He 7,25. —ink'n AC xałałowt'ean sowrbs arasc'ē z-jez hamōrēns 平和の神自身があなた方を完全な者として清めてくれるように 1Th 5,23.

Hay, -oy; **Hayk'**, -yoc' 【形/名】アルメニアの（人）: anown nora Ebrayec'erēn Ałbadon, or koč'i i Hay barbaṙ korowst = ... ἐν τῇ Ἑλληνικῇ ὄνομα ἔχει Ἀπολλύων その名はヘブライ語で「アバドーン」であり，アルメニア語では「滅び」[Gk: アポリュオーン] と呼ばれる Re 9,11.

hayeli, -leac' 【名】鏡 (ἔσοπτρον 1Cor 13,12; Jas 1,23); ənd hayeli tesanem 鏡に映して見る (κατοπτρίζομαι 2Cor 3,18)։ nman ē na mardoy or pšowc'eal hayic'i ənd eress iwr or cnanic'in i hayelwoǰ その人は自分の生まれつきの顔を鏡で食い入るように見つめている人に似ている Jas 1,23; mer amenec'own bac'aw eresōk' z-p'aṙs-n TN ibrew ənd hayeli teseal 私たちすべては，[覆いを] 取り除かれた顔で，主の栄光を鏡に映し出すようにしながら 2Cor 3,18.

hayim, -yec'ay 【動】① [i+対/ənd+対] 見つめる，目にとめる，目を向ける，見据える，顧みる，心に留める；良く見える (ἀναβλέπω Mk 16,4; Lk 21,1; ἀποβλέπω He 11,26; διαβλέπω Mt 7,5; ἐμβλέπω Lk 22,61; ἐπιβλέπω Jas 2,3; ἀφοράω He 12,2; ἐφοράω Lk 1,25; ἀτενίζω Lk 22,56; 2Cor 3,7; κατανοέω Lk 12,27; Jas 1,23.24; Ro 4,19; ἀναθεωρέω He 13,7; καταμανθάνω Mt 6,28; παρακύπτω Lk 24,12); [t'e] 心を向ける (ἐπέχω Lk 14,7); 聞き従う；心を奪われる (προσέχω Ac 5,35; 8,11; 1Tm 1,4; 4,1). ② hayim z- [+具] 見まわす，謁見する (περιβλέπομαι Mk 3,5; θεάομαι Mt 22,11), hayim šowrǰ [z-+具] 見まわす (περιβλέπομαι Mk 3,34; 11,11). ③i ver hayim 見上げる，上を見る (ἀνακύπτω Lk 13,11; ἀναβλέπω Lk 19,5). ④ [ənd+対] …に面している (βλέπω [κατά+ 対]). ⑤hayim yets 後ろを振り返る (= βλέπω εἰς τὰ ὀπίσω Lk 9,62):

①hayecʻeal etes z-mecatowns-n or arkanein z-towrs iwreancʻ i ganjanak-n 見上げると，賽銭箱に献げ物を投げ入れている金持ちたちの姿が目に入った Lk 21,1; darjaw TR ew hayecʻaw i Petros 主は振り返ってペトロを見つめた Lk 22,61; hayicʻikʻ ənd ayn or ownicʻi z-handerjs-n paycaȓs あなたがたが豪華な服を着ている人を目にとめる Jas 2,3; hayecʻeal tʻe ziard barjəntir linein 人々がいかに上席を選び取ろうとするかに心を向けて Lk 14,7; hayecʻealkʻ y-els gnacʻicʻ nocʻa 彼らの振る舞いの果てをよく見る He 13,7; hayecʻarowkʻ i [M: ənd] šowšan-n vayreni orpēs ačē 野の百合がどのように育つか，よく見つめよ Mt 6,28; hayecʻarowkʻ i jez vasn aȓancʻ-s aysocʻik, zinčʻ? aržan icʻē gorcel この人たちの取り扱いに関しては，あなたたちは慎重を期した方がよい Ac 5,35; čʻ-hayel y-aȓaspels ew i tohmatʻiws ančʻapʻs 作り話や際限なき系譜論に心を奪われないように 1Tm 1,4; ― [+不] apa hayescʻes hanel z-šiwł-n (= διαβλέψεις ἐκβαλεῖν τὸ κάρφος) y-akanē ełbawr kʻo その時こそあなたは良く見えて，あなたの兄弟の目からそのちり屑を取り出せるだろう Mt 7,5; hayecʻaw y-is baȓnal (= ἐπεῖδεν ἀφελεῖν) z-naxatins im i mardkanē 主は人々から私の恥を取り去ってやろうと心に留めてくれた Lk 1,25; šowrǰ hayēr tesanel tʻe o z-ayn arar 彼は，誰がこのことをなしたのかを見ようと，あたりを見まわしていた Mk 5,32; ②hayel z-bazmakanawkʻ-n (M: hayel ənd bazmakans-n) 列席者たちを謁見する Mt 22,11; hayecʻaw šowrǰ z-iwrew y-ašakerts-n zi nstein 自分のまわりに弟子たちが座っているのを見まわした Mk 3,34 [= περιβλεψάμενος τοὺς περὶ αὐτὸν κύκλῳ καθημένους 自分のまわりを取り囲んで座っている者たちを見まわした]; hayecʻaw šowrǰ z-amenekʻowmbkʻ 彼はすべてを見まわした Mk 11,11; ③očʻ karēr amenewin i ver hayel 彼女は完全には上を見る [Gk: 腰を伸ばす] ことができなかった Lk 13,11; hayecʻaw i ver YS イエスは目を上げた Lk 19,5; ④jmerel i nawahangsti-n Kretacʻwocʻ, or hayēr ənd harawakołm ew ənd ašxarh-n = ... λιμένα τῆς Κρήτης βλέποντα κατὰ λίβα καὶ κατὰ χῶρον 南西と北西とに面しているクレタ島の港で冬を過ごす Ac 27,12.

hayhoyem, -ecʻi 【動】誹謗する，中傷する，罵る，悪口を言う，冒瀆する (βλασφημέω Lk 12,10; δυσφημέω 1Cor 4,13; λοιδορέω Jn 9,28; κακολογέω Mk 9,39)：or z-ogin sowrb hayhoyicʻē mi tʻołcʻi nma 聖霊を冒瀆する者は赦されることがないだろう Lk 12,10; hayhoyēin ałačʻēakʻ 人々は〔私たちを〕誹謗し，私たちは慰めの言葉をかけてきた 1Cor 4,13; z-išxan žołovrdean kʻo očʻ hayhoyescʻes = ... ἐρεῖς κακῶς あなたの民の指導者を悪く言ってはならない Ac 23,5.

hayhoyič‘【名】冒瀆する者（βλάσφημος 1Tm 1,13）；【形】冒瀆的な（βλάσφημος 2Tm 3,2）：or yaṟaǰagoyn hayhoyič‘-n ēi 以前は冒瀆する者だった私 1Tm 1,13; ac‘ēk‘ z-ars-d z-aydosik aysr ... oč‘ hayhoyič‘s astowacoy-n meroy = ... οὔτε βλασφημοῦντας τὴν θεὸν ἡμῶν あなたたちはこの人たちをここに連れてきたが，彼らはわれらの神を冒瀆する者ではない Ac 19,37.

hayhoyowt‘iwn, -t‘ean【名】冒瀆, 誹謗, 瀆言（βλασφημία; βλάσφημος 2Pe 2,11）：o? ē sa or xawsi z-hayhoyowt‘iwns（神を）冒瀆（する言葉）を語るこいつは何者か Lk 5,21; č‘-acen z-nok‘ōk‘ i TĒ z-hayhoyowt‘ean-n datastan 彼らは主のもとから彼らの冒瀆に対するさばきをもたらしていない 2Pe 2,11; ayl bazowm inč‘ hayhoyowt‘eamb xawsein i na = ἕτερα πολλὰ βλασφημοῦντες ἔλεγον εἰς αὐτόν 彼らは冒瀆しながらほかの多くのことを彼に向かって言い続けた Lk 22,65.

hayr, hawr, harb, 複 hark‘, hars, harc‘【名】父；父祖, 先祖（πατήρ）; hayr ew mayr = οἱ γονεῖς 両親 Jn 9,2.3; i veray harc‘ = ἐπὶ γονεῖς 両親に敵対して Mt 10,21; Mk 13,12; hark‘ mer = οἱ πατέρες ἡμῶν 私たちの父祖たち Mt 23,30.32：hayr k‘o ew es taṟapeak‘（M: taṟapealk‘）xndreak‘ z-k‘ez お前の父とこの私はひどく苦しんでお前を探していた Lk 2,48; zi ełic‘i na hayr amenayn hawatac‘eloc‘ or y-ant‘lp‘atowt‘enē anti ic‘en 彼が無割礼のままで信じたすべての者たちの父となるために Ro 4,11; t‘ak‘owc‘aw amiss eris i harc‘ iwroc‘ 彼はその親たちによって3か月隠された He 11,23; AC harc‘-n meroc‘ p‘aṟaworeac‘ z-ordi iwr z-YS 私たちの先祖たちの神がその僕イエスに栄光を与えた Ac 3,13; orpēs gitē z-is hayr gitem ew es z-hayr-n 父が私を知っており，私も父を知っているのと同様だ Jn 10,5; t‘ēpēt ew bewr dastiaraks ownic‘ik‘ i K‘S, ayl oč‘ et‘ē bazowm hars たとえあなたたちがキリストにあって1万人の養育係をもっていたとしても，しかし多くの父親をもっているわけではない 1Cor 4,15. → anhayr, abba

hayrenatowr【形】先祖から賦与された（πατροπαράδοτος）: p‘rkec‘arowk‘ i jeroc‘ ownaynowt‘enē hayrenatowr gnac‘ic‘-n あなた方は先祖から受け継いだ虚しい振る舞いから贖われた 1Pe 1,18.

hayreni, -neac‘【形】父の, 先祖の（πατρῷος Ac 22,3; πατρικός Ga 1,14）: xrateal əst čšmartowt‘eamb hayreni awrinac‘-n 先祖の律法について厳格な教育を受けて Ac 22,3; aṟawel naxanjaxndir ēi imoy hayreni awandowt‘eanc‘-n 私は父祖たちの伝承に対してよりいっそう熱心だった Ga 1,14.

hayc‘em, -ec‘i【動】求める, 乞い求める；探す（αἰτέω 1Cor 1,22; ζητέω

Mt 7,7)：hreayk' nšan hayc'en ew het'anosk' imastowt'iwn ユダヤ人たちは徴を求め，ギリシア人たちは知恵を追い求める 1Cor 1,22; xndrec'ēk' ew tac'i jez, hayc'ec'ēk' ew gtǰik' 求めよ，さればあなたたちに与えられるだろう，探せ，さればあなたたちは見出すだろう Mt 7,7.

hayc'owac, -oy; hayc'owack', -coc'【名】求め，願い，要求（αἴτημα）：Piłatos hawanec'aw ařnel z-hayc'owacs noc'a ピラトゥスは彼らの要求を通そうと決心した Lk 23,24.

han¹, -oy【名】祖母（μάμμη）：hawats-n ... or yaṙaǰagoyn bnakec'aw i hanoy k'owm Lawodeay まずあなたの祖母ロイスに宿った信仰 2Tm 1,5.

han² → hanem [命]

hanapaz【副】常に，いつも（ἀεί 2Cor 6,10; διὰ παντός Mt 18,10; πάντοτε Lk 15,31; Jn 8,29）; 日々，毎日（καθ' ἡμέραν Mt 26,55）：hanapaz tesanen z-eress hawr imoy 彼らは私の父の顔を常に見ている Mt 18,10; dow hanapaz ənd is es お前はいつも私と共にいる Lk 15,31.

hanapazasowt【形】いつも嘘をついている：Krētac'ik' hanapazasowtk' = Κρῆτες ἀεὶ ψεῦσται クレタ人はいつも嘘つき Tt 1,12. → sowt

hanapazord, -i, -ac'【形】毎日の，日々の（καθημερινός Ac 6,1）：arhamarheal linēin i paštaman-n hanapazordi ayrik' noc'a 彼らの寡婦たちが毎日の援助で看過されていた Ac 6,1; z-hac' mer hanapazord towr mez aysawr = τὸν ἄρτον ἡμῶν τὸν ἐπιούσιον δὸς ἡμῖν σήμερον 私たちの日々の ［Gk: 必要な？］ パンを今日私たちに与えよ Mt 6,11.

hanapazordem, -ec'i【動】専念する，絶えず続ける（προσκαρτερέω）：sok'a ein hanapazordeal miaban y-aławt's これらの者たちは一致して熱心に祈っていた Ac 1,14; ein hanapazordealk' vardapetowt'ean aṙak'eloc'-n 彼らは使徒たちの教えに熱心であった Ac 2,42.

hangeay, hangerowk', hangir → hangč'im

hangist, -gstean [+ -gsti, -ic']【名】安らぎ，休息（ἀνάπαυσις Mt 11,29; ἄνεσις 2Cor 2,13; 8,13; ἀνάψυξις Ac 3,20; κατάπαυσις He 3,18）：gtǰik' hangist anjanc' jeroc' あなたたちは自分の心に安らぎを見出すだろう Mt 11,29; oč' etow hangist hogwoy imowm, k'anzi oč' gti es and z-Titos z-ełbayr im 私の兄弟テトスに会えなかったために，私の心には安らぎがなかった 2Cor 2,13; oč' et'ē ayloc' hangist kamic'in ew jez nełowt'iwn 私は他の人々には安らぎを欲し，あなたがたには患難を［欲する］というのではない 2Cor 8,13; orpēs zi ekesc'en žamanakk' hangstean y-eresac' TN 主の前から休息の期間が来るために Ac 3,20; owm? erdowaw č'-matnel i hangist-n iwr ［神が］自分の安息に入らせないと誓ったのは誰に対してだったか He 3,18.

hangitapatiw, -towacʻ【形】同様に尊重されている，同じ栄光を持つ (ἰσότιμος): orocʻ hangitapatiw mez hasēkʻ-d hawatocʻ y-ardarowtʻiwn AY meroy ew pʻrkičʻ-n YI KI 私たちの神であり救い主であるイエス・キリストの義にあって私たちと同じく貴重な信仰を授かった人々（あなた方）に 2Pe 1,1.

hangoyn【形】［＋与］同様な，類似の，…のような［中期イラン語・パルティア語からの借用：Olsen, Noun, p. 219］: ačʻs ownin hangoyns poři̯nkacʻ 彼らは姦通者のような目をしている 2Pe 2,14.

hangowcʻanem, -owcʻi【動】①休ませる，安らぎを与える (ἀναπαύω Mt 11,28; καταπαύω He 4,8)；［hangčʻim に欠如する分詞に代用する］hangowcʻeal 休息して，安らいで．②奮い立たせる，元気づける (ἀναψύχω): ①es hangowcʻicʻ z-jez 私はあなたたちに安らぎを与えよう Mt 11,28; etʻē z-nosa Yisovay hangowcʻeal ēr, apa vasn ayloy awowr očʻ xōsēr ヨシュアが彼らに安息をもたらしていたとすれば，神が他の日について語ることはなかっただろう He 4,8; etes z-Abraham i heřastanē ew z-Łazaros i gog nora hangowcʻeal (M: hankowcʻeal) 彼には遠くにアブラハムが見え，その懐にラザロが安らいで知るのが見えた Lk 16,23; bazowm angam hangoycʻ z-is 彼はしばしば私を奮い立たせてくれた 2Tm 1,16.

hangčʻim, -geay［Lk 9,12M: hank-］【動】①休息する，憩う (ἀναπαύομαι Mk 6,31; 1Pe 4,14; Re 6,11; ἐπαναπαύομαι Lk 10,6; καταπαύω He 4,10; συναναπαύομαι Ro 15,32; ἀνάπαυσις Re 4,8); 宿を取る (καταλύω Lk 9,12 → lowcanim); 留まる (μένω Jn 1,32.33). ②巣を作る (κατασκηνόω): ①ekaykʻ dowkʻ aṙanjinn y-anapat tełi ew hangiǰikʻ sakaw mi あなたたちだけで荒涼とした所に行き，少し休め Mk 6,31; AY hogi-n i veray jer hangowcʻeal ē 神の霊があなたがたの上に憩っている 1Pe 4,14; asacʻaw nocʻa zi hangicʻen pʻokʻr mi žamanak しばらくの間静かに待っているようにと彼らに告げられた Re 6,11; hangicʻē i veray nora ołǰoyn jer あなたたちの平安は彼の上に憩うだろう Lk 10,6; ew na hangeaw y-iwrocʻ gorcocʻ anti 彼も自分の業を離れて安息した He 4,10; zi xndowtʻeamb ekeal aṙ jez i kams AY hangeaycʻ ənd jez 神の意志において私が喜びのうちにあなたがたのところに来て，あなたがたと共に休息するように Ro 15,32; zi ertʻeal šowrǰ i geawłs-n ew y-agaraks hangicʻen (M: hankicʻen) ew gtcʻen kerakowr 彼らがまわりの村々や里に赴き，宿を取り，食糧を見つけるために Lk 9,12; očʻ hangčʻein očʻ z-tiw ew očʻ z-gišer aselov それらは昼も夜も休むことなく言い続けていた Re 4,8; tesanei z-hogi-n zi iǰanēr ibrew z-aławni y-erknicʻ ew hangč'ēr i veray nora 私は霊が鳩のように天から降って，彼の上に留まるのを見た Jn 1,32; ②minč'ew gal t'řč'noc' erknic' ew hangč'el y-osts nora そのため天の鳥たちがやって来てその枝の中に巣を作るほどになる Mt 13,32.

handart, -ic' 【形】静かな，穏やかな，穏和な (ἐπιεικής) 1Tm 3,3 ［イラン語からの借用：ELPA II.199; handart- (< *ham-dart- [→ ham「共に」])：HH, AG, p. 176f.］.

handartem, -ec'i 【動】①静まる，おさまる (κοπάζω Mt 14,32; παύομαι Lk 8,24; κατέσταλμαι [καταστέλλω] Ac 19,36)；休息する (Lk 23,56); 静かに生活する (ἡσυχάζω 1Th 4,11). ②handartim ［+与］…に耐える (βαστάζω Jn 16,12; φέρω He 12,20)：①ibrew elin i naw-n, handarteac' hołm-n 彼らが舟に上がると風はおさまった Mt 14,32; handartec'in ew ełew xałałowt'iwn それらは鎮まって凪が生じた Lk 8,24; i šabat'own handartec'in vasn patowirani-n 安息日は掟ゆえに彼女らは休息した Lk 23,56; ②ews bazowm inč' ownim asel jez, ayl oč' karēk' handartel ayžmik あなたたちに話しておきたいことが私にはまだ多くあるが，今はあなたたちがそれに耐えられない Jn 16,12; oč' handartēin hramani-n 彼らはその指示に堪えられなかった He 12,20.

handartowt'iwn, -t'ean 【名】①静かなこと (ἡσυχία 2Th 3,12; ἡσύχιος 1Tm 2,2; 1Pe 3,4). ②柔和さ，寛容 (πραΰτης 2Tm 2,25; ἐπιείκεια 2Cor 10,1)：①zi handartowt'eamb gorcesc'en 彼らが黙々と働くように 2Th 3,12; anełcowt'eamb hnazandowt'ean ew handartowt'ean hogwoy-n 穏やかで静かな霊という不滅のものをもって 1Pe 3,4; ②cařayi TN ē part ... handarowt'eamb xratel z-hakařakołs-n 主の僕は反抗する者どもを柔和さをもって訓導せねばならない 2Tm 2,25.

handerj[1] 【前/後】［+具］…と一緒に，…と共に (μετά ［+属］ Mt 2,11; 20,20; Eph 6,23; σύν Lk 5,19)：yaynžam mateaw ař na mayr ordwoc'-n Zebedea ordwovk'-n iwrovk' handerj その時ゼベダイの子らの母がその息子たちと共に彼のところにやって来た Mt 20,20; tesin z-manowk-n handerj Mariamaw marb-n iwrov 彼らは幼子がその母マリヤといるのを見た Mt 2,11; sēr hawatovk'-n handerj 愛が信仰と共に〔あるように〕 Eph 6,23; ijowc'in mahčawk'-n handerj i mēǰ ařaǰi YI 彼らは〔彼を〕寝台もろとも〔群衆の〕只中へ，イエスの真ん前へと吊りおろした Lk 5,19.

handerj[2], -i, -ic' 【名】着物，衣服，長衣 (ἔνδυμα Mt 6,28; ἐσθής Lk 24,4; ἱματισμός Ac 20,33; ἱμάτιον Mt 27,35; Jn 13,12; σκέπασμα 1Tm 6,8; στολή Mk 12,38); 下着 (χιτών Lk 3,11)：vasn handerji zi? hogayk' 着

物のことであなたたちはなぜ思い煩うのか Mt 6,28; ark‘ erkow hasin aṙ nosa i handerjs lowsawors 2 人の男が煌く衣服を着て彼女たちに立ち現れた Lk 24,4; arcat‘oy kam oskwoy kam handerjic‘ oč‘ owrowk‘ in jēnǰ c‘ankac‘ay 私は誰からも金銀や衣服を欲しがったことはない Ac 20,33; bažanec‘in z-handerjs nora 彼らは彼の衣服を分けた Mt 27,35; yoržam lowac‘ z-ots noc‘a, aṙ z-handerjs-n iwr, ew darjeal bazmec‘aw 彼らが足を洗い，上着をつけ，そして再び食卓についた時 Jn 13,12; ownimk‘ kerakowr ew handerjs, ew aynow šatasc‘owk‘ 私たちは食料と衣服を持っていれば，それで満足するだろう 1Tm 6,8; oyr ic‘en erkow handerjk‘, tac‘ē z-min aynm oyr oč‘-n gowc‘ē 下着を 2 枚持っている者は，持っていない者に 1 枚分け与えよ Lk 3,11. → jorj, k‘łamid, bačkon, šapik, patmowčan, paregawtk‘

handerjeal, -jeloy, 位 -elowm; handerjealk‘, -jeloc 【形】［＋不］…しようとしている (μέλλω). ―【名】［handerjem の分詞］未来 (τὸ μέλλον) : KS ekeal k‘ahanayapet handerjeloc‘-n bareac‘ キリストが実現されようとしている善きものの大祭司として来た時 He 9,11; višap-n kayr aṙaǰi knoǰ-n or handerjeal ēr cnanel 竜は今まさに子を産み落とそうとしている女の前に立った Re 12,4; handerjeal ē elanel i džoxoc‘ ew i korowst ert‘al それは今まさに底なしの深淵からのぼって来ようとしているが，結局は滅び去ろうとしているのだ Re 17,8. ―or z-hogwoy-n srboy asic‘ē, mi t‘ołc‘i nma, mi y-aysm ašxarhi ew mi i handerjelowm-n 聖霊に敵対して語る者はこの世でも，また来たるべき世でも赦されることがないだろう Mt 12,32.

handerjem, -ec‘i 【動】整える，準備（仕度）する (κατασκευάζω Mk 1,2; ἐπισκευάζομαι Ac 21,15) : es aṙak‘em z-hreštak im aṙaǰi k‘o, or handerjesc‘ē z-čanaparh k‘o aṙaǰi k‘o 私はお前の面前に私の使者を遣わす．彼はお前の面前にお前の道を整えるであろう Mk 1,2 [cf. 対応箇所 Lk 7,27 yardarem]; yet awowrc‘-n aynoc‘ik handerjeal elanēak‘ y-EM 数日後，私たちは旅支度を終えて，エルサレムに上って行った Ac 21,15.

handēp 【副/前】［＋属］向かい合って，向かい側に，反対側に (ἄντικρυς Ac 20,15); handēp gnam 直航する (εὐθυδρομέω) Ac 21,1 : hasak‘ handēp K‘iay 私たちはキオスの沖合に達した Ac 20,15; and ēr Mariam Makdałēnac‘i (M: Magdałēnac‘i) ew miws Mariam-n nstein handēp (ἀπέναντι) gerezmani-n そこにはマグダラのマリヤとほかのマリヤが墓に向かって座っていた Mt 27,61; nawec‘in iǰin y-ašxarh-n Gergesac‘woc‘ or ē yaynkoys handēp (ἀντιπέρα) Gałiłeay 彼らはガリ

ラヤの反対側にあるゲラサ人たちの地方に舟でくだった Lk 8,26; ert'ayk' dowk' i geawł-n or handēp mer kay (εἰς τὴν κατέναντι κώμην) お前たちはあの向こうの村に行け Lk 19,30.

handēs, -disi, -iw, -isac' 【名】①行列, 行進; 見世物; 表示 (ἔνδειξις Ro 3,25.26; Php 1,28). ②証明, 確証, 試練, 調査; 純正さ (δοκιμή 2Cor 8,2; δοκίμιον Jas 1,3; 1Pe 1,7); handēs aṙnem 調査する, 見世物にする;(心を)和らげる, 安んじる. ③誓願, 誓約 (ἐπερώτημα 1Pe 3,21):①i handēs ardarowt'ean nora vasn t'ołowt'ean yaṙaǰagoyn mełac'-n gorceloc' すでに犯してしまった罪過を見逃すことによって, 神の義を示すために Ro 3,25; i handēs ardarowt'ean nora i žamanaki y-aysmik 今この時に彼の義を示すことをめざして Ro 3,26; or ē noc'a handēs korstean それは彼らにとって滅びの表示だ Php 1,28; ②mecaw handisiw nełowt'ean 患難の大いなる確証をもって 2Cor 8,2; handēs jeroy hawatoc'-n gorcē z-hamberowt'iwn あなた方の信仰の試練が忍耐を生み出す Jas 1,3; handēs jeroc' hawatoc'-n aṙawel k'an z-oski korstakan patowakan ē, or hrov p'orjeal 火で試されて滅んでしまう金などよりずっと貴重なあなたたちの信仰の試練〔を経た純正さ〕1Pe 1,7; aṙaǰi nora arasc'owk' handēs srtic' meroc' = πείσομεν τὴν καρδίαν ἡμῶν 私たちは彼の面前で私たちの心を安んじるだろう 1Jn 3,19.

handowržem, -ec'i 【動】反抗する, 逆らう;(舟が)船首を(風に)向ける (ἀντοφθαλμέω):i č'-handowržel ənddēm hołmoy-n (船は)風に逆らって進めなかったので Ac 27,15

hanem, -ni, ehan, han 【動】①出す, 連れ出す (ἐκβάλλω Ac 16,37; ἐκφέρω Mk 8,23 Lk 15,22);上へ導く, 案内する, 連れて上がる, 引き上げる, 引き抜く (ἀνάγω Ac 9,39; ἀναφέρω Mk 9,2; ἀνασπάω Lk 14,5; ἀναβιβάζω Mt 13,48; ἀποσπάω Mt 26,51; κατάγω Lk 5,11). ②追い出す, 投げ捨てる,(悪魔を)払う (ἐκβάλλω Mt 9,34; 21,39; Mk 11,15; Jn 10,4);(職を)取り上げる (ἀφαιρέω Lk 16,3); i bac' hanem (耳を)切り落とす (ἀφαιρέω Lk 22,50); hanem anown = ἐκβάλλω τὸ ὄνομα 名前を棄てる (Lk 6,22). ③(町に)通じる, 至らせる, 導く (φέρω Ac 12,10; ἐκβάλλω Mt 12,20 ; ἐξάγω Ac 7,40). ④送り出す, 派遣する (ἐκβάλλω Mt 9,38):①ard lṙeleayn? hanen z-mez 今になって彼らはひそかに我々を出そうとするのか Ac 16,37; ehan artak'oy šini-n 彼は村の外に〔彼を〕連れ出した Mk 8,23; vałvałaki hanēk' z-patmowčan-n aṙaǰin ew agowc'ēk' nma すぐに極上の衣服を出して来て, 彼に着せよ Lk 15,22; z-or ibrew ekn hanin i vernatown-n 彼が着くと, 彼らは屋上の間に案内した Ac 9,39; hanē z-nosa i leaṙn mi barjr aṙanjinn 彼は彼らを連れ

出し，ある高い山に彼らだけでのぼる Mk 9,2; očʻ vałvałaki hanicʻē z‑na y‑awowr šabatʻow 誰が安息日でもすぐにそれを引き上げてやらないだろうか Lk 14,5; z‑or ibrew lcʻaw haneal i cʻamakʻ〔網が〕一杯になると海岸に引き上げて Mt 13,48; mi omn y‑ayncʻanē or ein ənd YI jgeacʻ z‑jeřn ew ehan z‑sowr iwr イエスと共にいた者たちのあるひとりが手を伸ばして自分の剣を抜いた Mt 26,51; haneal z‑naw‑n i cʻamakʻ 舟を岸に着けて Lk 5,11; ②ařeal hanin z‑na artakʻoy kʻan z‑aygi‑n 彼らは彼を捕えて葡萄園の外に投げ捨てた Mt 21,39; sksaw hanel z‑vačařakans‑n ew z‑gnawłs or ein i tačari‑n 彼は神殿の中で売り買いする者たちを追い出し始めた Mk 11,15; išxanaw‑n diwacʻ hanē da z‑dews あいつは悪霊どもの首領によって悪霊どもを追い出している Mt 9,34; tēr im hanē z‑tntesowtʻiwn‑s 俺の主人が俺の管理職を取り上げる Lk 16,3; i bacʻ ehan z‑aǰoy owkn（M: ownkn）nora 彼はその右耳を切り落とした Lk 22,50; yoržam orosicʻen z‑jez ew naxaticʻen ew hanicʻen anown čʻar z‑jēnǰ 人々があなたたちを排斥し，侮辱し，あなたたちの名を悪しきものとして唾棄する時 Lk 6,22; ③minčʻew hancʻē i yałtʻowtʻiwn z‑datastan‑n 彼がその裁きを勝利に導くまでは Mt 12,20; Movsēs‑n ayn or ehan z‑mez y‑erkrē‑n Egiptacwocʻ 私たちをエジプトの地から導いてきたあのモーセ Ac 7,40; ④ałačʻecʻēkʻ z‑TR hnjocʻ zi hancʻē z‑mšaks i hownjs iwr あなたたちは収穫の主に，その収穫のために働き手を出してもらうように願え Mt 9,38.

hank‑［M］→ hangčʻim, hangowcʻanem

hančʻareł, ‑i, ‑acʻ【形】賢い，理解力のある，精通している（ἐπιστήμων）: ovʻ? icʻē imastown ew hančʻareł i jez あなた方の間で知恵ある者，物事を熟知している者は誰か Jas 3,13.

hašiw, ‑šowi【名】計算；金集め，募金，献金（λογεία 1Cor 16,1.2）［Olsen, Noun, p. 932］; z‑hašiw‑n tal 考慮する，［+不］…しようと努める（δίδωμι ἐργασίαν）: vasn hašowi‑n or i sowrbs‑n ē 聖徒たちへの献金について 1Cor 16,1; zi mi yoržam gaycʻem, yaynžam hašiwkʻ linicʻin 私が〔そちらへ〕行った時，その時に〔ようやく〕献金がなされるということのないように 1Cor 16,2; i čanaparhi towr z‑hašiw‑n zercanel i nmanē 途上で彼から解放されるように努力せよ Lk 12,58.

haštecʻowcʻanem, ‑owcʻi【動】［ənd+位］…と和解させる（καταλλάσσω 2Cor 5,18; ἀποκαταλλάσσω Eph 2,16; Col 1,20）: amenayn inčʻ y‑AY or haštecʻoycʻ‑n z‑mez ənd iwr i jeřn KʻSi, ew et mez z‑paštōn‑n haštowtʻean すべてのもは，キリストをとおして私たちを自身に和解させ，私たちに和解のための奉仕を与えた神から出ている 2Cor 5,18; zi z-erkosin hastatesc'ē ink'eamb i mi nor mard, ew arasc'ē xałałowt'iwn (16) ew haštec'owsc'ē z-erkosin miov marmnov ənd AY xač'iw-n iwrov 2人を自身において1つの新しき人に造り上げて平和を創出し，両者を1つの体において自らの十字架を通して神と和解させるために Eph 2,16; novaw haštec'owc'anel z-amenayn i noyn 彼をとおして，彼に向けて万物を和解させること Col 1,20.

haštim, -tec'ay【動】［ənd＋位］…と和解する，仲直りする (διαλλάσσομαι Mt 5,24; καταλλάσσομαι Ro 5,10; 1Cor 7,11)：ert' nax hašteac' ənd ełbawr k'owm まず行ってあなたの兄弟と仲直りせよ Mt 5,24; et'ē minč' t'šnamik'-n ēak', haštec'ak' ənd AY mahowamb ordwoy nora, orč'ap' ews arawel i haštel-s merowm apresc'owk' kenōk'-n nora もしも私たちが〔神の〕敵であった時に，神の子の死をもって神に対して和解させられたとするならば，私たちは，この和解させられる際に，神の子の命をもって，さらにいっそう救われるであろう Ro 5,10; apa et'ē meknesc'i, anayr mnasc'ē, kam andrēn ənd arn iwrowm haštesc'i それでもし彼女が切り離されているのなら，そのまま結婚していない状態に留まるか，それとも戻って夫と和解するがよい 1Cor 7,11.

haštowt'iwn, -t'ean【名】和解 (καταλλαγή)：orov ew z-haštowt'iwn-n isk ənkalak' その方をとおして私たちは和解をも受けた Ro 5,11.

has, -i, -ic'【名】税，人頭税 (κῆνσος) Mt 17,25. → hark

hasak, -i, -ac'【名】身長，背丈；成熟度，年齢，寿命 (ἡλικία)：isk ard o? i jēnǰ ar hogal iwrowm yawelowl karic'ē i hasak iwr kangown mi あなたたちのうちの誰が，思い煩ったからといって，自分の背丈を1尺ほどでも伸ばせるだろうか Mt 6,27; zi karč ēr hasakaw 彼は背が低かったから Lk 19,3; YS zarganayr imastowt'eamb ew hasakaw ew šnorhawk' y-AY ew i mardkanē イエスは知恵にも背丈にもますます秀で，神からも人々からもいや増す恵みを受けていた Lk 2,52.

hasakakic', -kc'i, -kc'ac'【名】同年輩の者 (συνηλικιώτης)：yaraǰadēm ēi i hrēowt'ean-n k'an z-bazowm hasakakic's im or y-azgi-n imowm ēin 私は，私の民族の中の私の多くの同年輩の者たちにまさって，ユダヤ教〔の信仰〕において卓越していた Ga 1,14. → hasak, -kic'

hasanem, hasi, ehas【動】①《空間・時間》到達する，到来する；近づく，接する；勤しむ (διέρχομαι Ac 11,19; καταντάω Ac 18,19; 1Cor 10,11; Eph 4,13; φθάνω Mt 12,28; 2Cor 10,14; συντυγχάνω Lk 8,19; προσάγω Ac 27,27; πάρειμι Ac 17,6; ἐφίσταμαι Lk 24,4; 2Tm 4,6; παρίσταμαι Mk 4,29; ἀφικνέομαι Ro 16,19; ἀπέχω Mk 14,41)；舟で渡る (παραβάλλω Ac 20,15)；(籤で) 当たる (λαγχάνω Lk 1,9; Ac 1,17)；達

hasanem 402

成する，手に入れる，獲得する (κρατέω Ac 27,13; καταλαμβάνω Jas 4,2; 1Cor 9,24; τυγχάνω 2Tm 2,10; ἐπιτυγχάνω He 6,15; Ro 11,7). ②襲来する，捕える；把捉する (ἐπεισέρχομαι Lk 21,35; ἐφίσταμαι 1Th 5,3; καταλαμβάνω Mk 9,18; καταλαμβάνομαι 1Th 5,4; ἐπισκιάζω Ac 5,15). ③（穀物が）熟す (ξηραίνομαι Re 14,15; ἀκμάζω Re 14,18)；i č'ap' haseal ē = ἡλικίαν ἔχει 成年に達している，大人である Jn 9,21.23. ④hasanem i veray [t'ē/i+奪] 理解する，認識する；勤しむ (καταλαμβάνομαι Ac 4,13; 25,25; ἐπιγινώσκω Ro 1,32; 1Tm 4,3; ἐφίσταμαι 2Tm 4,2). ⑤《非人称的に》hasanē [+与（人)] …は [+不] …することになっている，…しなければならない (δεῖ)：①c'rowealk'-n i nełowt'enē-n or ełew i veray Step'anosi hasin minč'ew i P'iwnikē ステファノスのことで起こった迫害により散らされた人々はファエニキアまで達した Ac 11,19; minč'ew hasc'owk' amenek'ean i mi miabanowt'iwn hawatoc' 私たち皆が信仰の一体性に到達するまで Eph 4,13; vasn meroy xratow, y-ors vaxčan yawiteanc'-n ehas 世の終りが到達してしまった私たちへの訓戒のために 1Cor 10,11; haseal ē i veray jer ark'ayowt'iwn AY 神の王国はお前たちの上に到来した Mt 12,28; k'anzi minč'ew aṙ jez hasak' awetaranaw-n K'Si なぜなら私たちはキリストの福音を携えてあなたたちのところまで到達したのだから 2Cor 10,14; oč' karein hasanel i na vasn bazmowt'ean 彼らは群衆のせいで彼に接することができなかった Lk 8,19; i mēǰ gišeri-n karcēin nawavark'-n et'ē haseal ic'en y-ašxarh owrek' 夜中に船員たちはどこかの陸地に近づいていることに気づいた Ac 27,27; sok'a ew aysr hasin こいつらがここにも来ている Ac 17,6; ark' erkow hasin aṙ nosa i handerjs lowsawors 光り輝く衣服を着た2人の男が彼女らに立ち現れた Lk 24,4; žamanak darji imoy haseal kay 私の旅立ちの時は目前に迫っている 2Tm 4,6; hasanen (M: haseal en) hownjk' 刈り入れの時が来た Mk 4,29; ehas nma xownk arkanel mteal i tačar-n TN 籤を引くと彼には主の聖所に入って香をたく役目が当たった Lk 1,9; spananēk' ew naxanjik', ew oč' karēk' hasanel あなた方は人殺しをし，妬むが，獲得できない Jas 4,2; aynpēs ənt'ac'arowk' zi hasanic'ēk' あなた方は〔その賞を〕手に入れるために，そのように〔努力して〕走れ 1Cor 9,24; zi ew nok'a p'rkowt'ean-n hasanic'en or i K'S YS erknawor p'aṙōk' handerj 彼らもまた天の栄光と共にキリスト・イエスにおける救いを得るために 2Tm 2,10; aynpēs erkaynamit ełeal ehas aweteac'-n 彼はあのように忍耐して，約束のものを獲得した He 6,15; z-or xndrēr-n IĒL, aynm oč' ehas 自分が追い求めたもの，それをイスラエルは手に入れなかった Ro 11,7; ② hasanic'ē i veray amenec'own or bnakeal en ənd amenayn eress erkri それは地の全表面に住むすべての者に襲来するだろう Lk 21,35; yaynžam yankarcaki hascʻē nocʻa satakowmn その時思いがけない滅びが彼らを急襲する 1Th 5,3; očʻ ēkʻ i hawari, tʻē ōr-n jer ibrew z-goł i veray hasanicʻē あなたたちは，その日が盗人のようにあなたたちを捕えるようには，暗闇の中にはいない 1Th 5,4; gonē hovani-n nora hascʻē owmekʻ i nocʻanē せめて彼の影が彼らの中の誰かに落ちるように Ac 5,15; ③haseal en hownjkʻ erkri 地上の穀物は実りきっている Re 14,15; haseal ē xałoł-d 葡萄の実は十分に熟している Re 14,18. ④es i veray hasi, tʻē očʻinčʻ ē dma aržani mahow gorceal 彼が死罪に当たるべき行為を何1つしていないことが私にはわかった Ac 25,25; i veray hasealkʻ tʻē arkʻ tgētkʻ ew arancʻ dprowtʻean zarmanayin 彼らは彼らが無学で教育のない人間であることがわかって驚いた Ac 4,13; oykʻ haseal ēin y-AY irawancʻ-n veray, etʻē oykʻ z-ayspisis-n gorcen aržani en mahow 彼らは，こうしたことがらを為す者たちには死がふさわしいという神の義なる定めを認識していた Ro 1,32; z-or AC hastateacʻ i vayelel hawatacʻelocʻ ew oykʻ haseal icʻen i čšmartowtʻean veray 神が信徒及び真理を認識していた者たちのために食するようにと創造した（食物）1Tm 4,3; dow kʻarozea z-ban-n, has i veray žamow ew taražamow あなたは御言葉を宣べ伝え，時節が良くても悪くても〔これに〕勤しめ 2Tm 4,2; ⑤i kłzi inčʻ hasanē mez ankanel 私たちはどこかの島に打ち上げられることになっている Ac 27,26; hasanē kʻez darjeal margarēanal お前はもう1度預言しなければならない Re 10,11. →hasow

hasarak; hasarakacʻ 【副】共に (ὁμοῦ); aṙ hasarak 一団となって (ὁμοθυμαδόν Ac 19,29)：zi or sermanē-n ew or hnjē hasarak (M: hasarakacʻ) cʻncascʻen 種蒔き人と刈り入れ人が共に喜ぶために Jh 4,36.

hasarakacʻ【形】共通の，共有された (κοινός)：Titosi, ordwoy sirelwoy əst hasarakacʻ hawatocʻ 信仰を共にする愛する〔Gk: 真正の〕子テトスに〔挨拶を送る〕Tt 1,4; vasn meroy hasarakacʻ pʻrkowtʻean-n 私たちの共通の救いについて Jd 3; ownēin z-amenayn inčʻs hasarakacʻ = εἶχον ἅπαντα κοινά 彼らはすべてのものを共有していた Ac 2,44.

hasarakord, -i, -acʻ 【形】等しい，同等の；共同の：hasarakords mez ararer z-dosa or z-canrowtʻiwn awowr-n barjakʻ ew z-tawtʻ = ἴσους ἡμῖν αὐτοὺς ἐποίησας τοῖς βαστάσασι τὸ βάρος τῆς ἡμέρας καὶ τὸν καύσωνα あなたは，そいつらを，日中の辛さと暑さにもめげずに働いた俺たちと同じように扱った Mt 20,12.

haseal (「熟した」), **hasi**　→hasanem

hask, -i, -ic'/+ -ac' 【名】穂 (στάχυς)：ašakertk'-n i gnal-n iwreanc' sksan hask korzel ew owtel 弟子たちは歩きながら穂を摘み食べ始めた Mk 2,23; erkir-n ink'nin berē z-ptowł, nax z-xot-n ew apa z-hask-n ew apa c'orean atok' i haski-n 大地が自ずから実を結ばせるのであり，まず茎を，次に穂を，次にその穂の中に豊かな穀粒をなすのだ Mk 4,28.

hasoyc' → hasowc'anem

hasow linim 【連】①手に入れる，つかまえる，抑える；理解する (καταλαμβάνω Jn 1,5). ②赴く，達する (ἐφικνέομαι 2Cor 10,14)：①xawar nma (= lowsoy-n) oč' ełew hasow 闇はその光を阻止できなかった Jn 1,5; ②ibr oč' et'ē hasow inč' č'-ic'emk' i jez ew jktec'owc'anic'emk' z-anjins 私たちはあなたたちのところに赴くことのない者であるかのように，自分自身〔の身〕を伸ばしているのではない 2Cor 10,14. → hasowc'anem, hasanem

hasowc'anem, -owc'i, -soyc' 【動】①備える，用意する (παρίστημι). ②触れる (ἅπτομαι Mt 8,3; Lk 5,13). ③建て直す，回復する，復興する (ἀποκαθιστάνω) [→ yardarem]. ④返す，報いる (ἀποδίδωμι)：①t'e hamaric'is t'e oč' karem ałač'el z-hayr im ew hasowc'anic'ē inj ayžm aysr aweli k'an z-erkotasan gownds hreštekac'? それとも私が自分の父に願って，たちどころに 12 軍団以上の御使いたちを私のために備えてもらえないとでもあなたは思うのか Mt 26,53; ②jgeac' z-jeṙn iwr ew hasoyc' i na 彼は手を伸ばして彼に触れた Mt 8,3; ③i žamanaki? ast y-aysmik hasowc'aneloc' ic'es z-ark'ayowt'iwn Israēli イスラエルのために王国を復興するのはこの時なのか Ac 1,6; ④mi č'ar p'oxanak č'ari hasowc'anel, kam bambasans ənd bambasanac' 悪に対して悪を，侮辱に対して侮辱を返すな 1Pe 3,9. → hasanem

hastahimn 【形】良く基礎づけられた，堅固な；hastahimn aṙnem 基礎づける，堅固にする (θεμελιόω) 1Pe 5,10.

hastat 【形】堅固な，確実な；【副】確実に，強固に，着実に.

hastatagoyn 【形】《比》より堅固な，より確実な (βεβαιότερος)：ownimk' hastatagoyn z-bans-n margarēakans-n 私たちはより確実な預言の言葉を持っている 2Pe 1,19. → -agoyn

hastatem, -ec'i 【動】①土台を築く，固定する；強くする，強める；力づける確立する，堅固にする；創造する (θεμελιόω Mt 7,25; στερεόω Ac 3,16; 16,5; στερεόομαι Ac 3,7; στηρίζω Lk 9,51; 22,32; Ro 1,11; ἐπιστηρίζω Ac 14,22; 18,23; ἀποκατάστασις Ac 3,21; βεβαιόω Mk 16,20; ἵσταμαι 1Cor 7,37; ἵστημι Mk 7,6; Ro 3,31; καταρτίζω He 11,3; κτίζω Eph 2,10; κυρόω 2Cor 2,8); or hastateac'-n = ὁ κτίσας 創造者 Mt

19,4；(時期・境界を) 定める，決定する (ὁρίζω Ac 17,26)；準備する (ἐχαρτίζω 2Tm 3,17)；hastateal (em) 確信している，堅固である，自分を強固にする (ἑδραῖος Col 1,23; στερεός 1Pe 5,9; βεβαιόομαι Col 1,27)；hastateal gitem 確実に知っている (πείθομαι Ro 8,38; He 13,18)；(yaṙaǰagoyn) hastatem (あらかじめ) 有効とする (κυρόω Ga 3,15; προκυρόω Ga 3,17). ②成し遂げる，実現させる，完結させる (πληροφορέω Lk 1,1; 2Tm 4,17). ③まっすぐにする，正す (ἀνορθόω He 12,12; καταρτίζω Ga 6,1)；[中] 審判者である (βραβεύω Col 3,15). ④回復する，元の状態に戻す (ἀποκαθιστάνω Mt 17,11 [対応箇所 Mk 9,12 yardarem]；Lk 6,10). —hastateal ē [i+対] …に留まっている (μένω Jn 9,41; 15,4)：①oč' korcanec'aw, k'anzi i veray vimi hastateal ēr それは崩れなかった．岩の上に礎を据えていたから Mt 7,25; z-sa z-or tesanēk'-s ew gitēk', hastateac' anown nora 彼の名はあなたたちが見て知っているこの人を強くした Ac 3,16; ekełec'ik'-n hastatēin i hawats 諸教会は信仰を強められた Ac 16,5; ink'n z-eress hastateac' ert'al y-EM 彼は自らその面をエルサレムに向けて決然と進もうとした Lk 9,51; ew dow erbemn darjc'is, ew hastatesc'es z-ełbars k'o あなたも立ち帰ったあかつきには，あなたの兄弟たちを強めよ Lk 22,32; hastateal z-anjins ašakerteloc'-n 弟子たちを力づけて Ac 14,22; aṙ i hastatel z-jez = εἰς τὸ στηριχθῆναι ὑμᾶς あなた方が力づけられることをめざして Ro 1,11; orowm i dimi harkanic'ik' hastatealk' hawatovk' 信仰により強固にされて [悪魔に] 逆らえ 1Pe 5,9; zi z-jer awandowt'iwn-n hastatic'ēk' = ἵνα τὴν παράδοσιν ὑμῶν στήσητε お前たちが自分らの言い伝えを主張するために Mk 7,9; z-ōrēns-n hastatemk' 私たちは律法を確立する Ro 3,31; minč'ew i žamanaks amenec'own hastateloy z-oroc' xawsec'aw AC 神が語った万事の実現の時期まで Ac 3,21; or hastateal ē i srti iwrowm その心の内で堅く決心する人 1Cor 7,37; vasn oroy ałač'em z-jez, hastatel i na z-sēr-n それだから私はあなた方に，彼に対する愛を堅固なものとするように勧める 2Cor 2,8; y-amenayn gorcs barowt'ean hastateal あらゆる良い行いをするために [必要な] 準備が整って 2Tm 3,17; hastateal em et'ē oč' mah ew oč' keank' … karē meknel z-mez i siroy anti AY 私は死も命も神の愛から私たちを引き離せないと確信している Ro 8,38-39; z-ktak-n yaṙaǰagoyn hastateal y-AY 神によってあらかじめ有効とされている契約 Ga 3,17; ②vasn irac'-n hastateloc' (M: -eloy) i mez 私たちのもとで成し遂げられた事柄について Lk 1,1; zi inew k'arozowt'iwn-n hastatesc'i, ew lowic'en amenayn het'anosk' 私を通して宣教活動が完結し，すべての民族が聞くように 2Tm 4,17; ③dowk' or

hastatowt'iwn

hogewor-d ēk', hastatec'ēk' z-aynpisis-n hogwov hezowt'ean 霊的な人であるあなた方は柔和な霊をもってそのような人たちを正せ Ga 6,1; xałałowt'iwn-n K'Si hastatesc'i i sirts jer キリストの平和があなた方の心の中で審判者の役割を果たすようにせよ Col 3,15; ④Ēlia gay ew hastatesc'ē z-amenayn エリヤはやって来る，そしてすべてを回復するであろう Mt 17,11. —mełk'-n jer i jez hastateal en あなたたちの罪はそのままあなたたちに留まっている Jn 9,41; orpēs owr̄-n oč' karē ptowł berel y-anjnē iwrmē, et'e č'-ic'ē hastateal y-ort'-n, noynpēs ew dowk' et'e oč' y-is hastateal ic'ēk' 枝というものは，その葡萄の木のうちに留まっていないなら，自分から実を結ぶことはできない．それと同様に，あなたたちも私のうちに留まっていないなら，実を結ぶことはできない Jn 15,4; zi hastateal ē i mits z-Yovhannē t'e margarē ē = πεπεισμένος γάρ ἐστιν ᾽Ιωάννην προφήτην εἶναι なぜなら〔彼らは〕ヨハネが預言者であると確信しているから Lk 20,6.

hastatowt'iwn【名】①不変であること，堅実さ (ἀμετάθετος He 6,17; στερέωμα Col 2,5; στηριγμός 2Pe 3,17); 存立，存続，実存；基本 (στάσις He 9,8; ὑπόστασις He 3,14; 11,1). ②確証，保証 (βεβαίωσις He 6,16; Php 1,7). ③完全さ (κατάρτισις 2Cor 13,9); 装備すること (καταρτισμός Eph 4,12). ④豊富さ (ἁδρότης 2Cor 8,20). ⑤純粋さ (εἰλικρίνεια 2Cor 2,17) [→ stowgowt'iwn]: ①z-karg jer ew z-hastatowt'iwn hawatoc'-n jeroc あなた方の秩序とあなた方の信仰の堅固さ Col 2,5; zi mi anar̄ak mołorowt'eamb-n zgacealk' ankaniǰik' y-asteac' hastatowt'ean-n あなた方は放埓な迷いに汚染されて，堅実な現世から転落せぬように 2Pe 3,17; k'anzi deṙ araǰin xoran-n owner̄ z-hastatowt'iwn まだ第1の幕屋が存続している限り He 9,8; miayn t'ē z-skizbn hastatowt'ean-n minč'ew i vaxčan pind kalc'owk' 私たちがはじめのものを終りまでしっかりしたものとして堅持するならば He 3,14; ②i patasxanatowt'ean imowm ew i hastatowt'ean awetarani-n 私が福音の弁明および確証をする時に Php 1,7; ③z-doyn isk ew ałōt's ar̄nemk' z-jer hastatowt'iwn-d あなた方の完全さをこそ，私たちは祈る 2Cor 13,9; i hastatowt'iwn srboc' i gorc paštaman 奉仕の働きのため，聖なる人々を装備するという目的で Eph 4,12; ④gowc'ē? arat inč' ok' dnic'ē i hastatowt'ean-s y-aysmik or paštec'aw-s i mēnǰ 私たちが奉仕しているこの豊かな〔援助金〕に関して誰かが非難したりするのではなかろうか 2Cor 8,20; ⑤ayl ibrew i hastatowt'enē, ayl ibrew y-AY araǰi AY, i K'S xōsimk' むしろ私たちは純粋さから〔出た者〕として，またむしろ神から〔出た者〕として，神の前で，キリストにあって語っている 2Cor

2,17.

hastatown, -tnoy, -oc‘【形】①固い，強固な，しっかりした；有効な (βέβαιος Ro 4,16; 2Cor 1,7; He 2,2; 9,17a; ἑδραῖος 1Cor 15,58; στερεός He 5,14; 2Tm 2,19; διαβεβαιόομαι Tt 3,8; ἰσχυρός He 6,18; ἰσχύω He 9,17b). ②hastatown kam 堅く立つ，留まる (ἵσταμαι Eph 6,14; μένω Jn 15,9). ③純真な (εἰλικρινής Php 1,10)：①aṙ i lineloy hastatown aweteac‘-n amenayn zawaki-n すべての子孫にとって約束が確固たるものとなるように Ro 4,16; yoys-n mer hastatown ē vasn jer 私たちのあなた方に対する希望は確固たるものだ 2Cor 1,7; et‘ē or i jeṙn hreštakac‘ xōsec‘aw ban-n, hastatown ełew 使徒を通して語られた言葉がゆるぎないものとなったとすれば He 2,2; erbark‘ im sirelik‘, hastatown ełerowk‘ 私の愛する兄弟たちよ，あなた方は堅固になれ 1Cor 15,58; i soyn kamim z-k‘ez hastatown linel 私はこれについて君が固く保証するよう望む Tt 3,8; hastatown mxit‘arowt‘iwn ownic‘imk‘ 私たちは力強い励ましを得るだろう He 6,18; ②ibrew z-amenayn inč‘ kataric‘ēk‘, hastatown kac‘ēk‘ あなた方はすべてのものをなした時，堅く立て Eph 6,14; hastatown kac‘ēk‘ i sēr im 私の愛のうちに留まれ Jn 15,9 [cf. Jn 15,10a.b: kam (= μένω) i sēr im]；③zi ic‘ēk‘ hastatownk‘ ew aṙanc‘ gayt‘agłowt‘ean i y-awowr-n K‘Si あなた方がキリストの日に純真で責められるところのない者となるように Php 1,10.

hastič‘, -tč‘i, -č‘ac‘【名】創造者 (κτίστης)：hawatarim hastč‘i-n awandesc‘en z-iwreanc‘ ogis 彼らは誠実な創造者に自分の魂を委ねよ 1Pe 4,19.

hasc‘ē → hasanem

hat¹ → hatanem (命)

hat², -oy, -oc‘【名】穀粒，種粒 (κόκκος)；hat-n mananxoy 芥子種；hat-n c‘orenoy 麦の種：et‘e ownic‘ik‘ hawats k‘an z-hat mananxoy もしあなたたちが芥子種ほどの信仰を持っているなら Mt 17,20; z-or sermanes-n ... hat merk et‘e c‘orenoy ic‘ē ew et‘e ayloc‘ sermanac‘ あなたが蒔くのは，麦のであれ他の種であれ，裸の種粒だ 1Cor 15,37.

hatanem, hati, ehat, hat【動】①切る，断ち切る (κόπτω Mk 11,8; ἐκκόπτω Mt 3,10; ἀποκόπτω Ac 27,32); z-glowx-n hati = ἀπεκεφάλισα 私は首を切り落とした Mk 6,16 (→ glx-atem < glowx hat-anem; → t‘lp‘atem「割礼を行う」< t‘lip‘「丸い先端，陰茎」+ hat-anem; → kaṙap‘n-at-em「頭を傷つける・殴る」)；[受] 使い尽くされる，なくなる (ἐξέρχομαι Ac 16,19). ②拭い去る (ἐξαλείφω Re 7,17); 取り除く (ἀφαιρέω Re 22,19). ③akan hatanem = διορύσσω 穴を開ける：

①aylkʻ osts i caṙocʻ hatanein 他の人々は木から枝を切った Mk 11,8; amenayn caṙ or očʻ aṙnicʻē z-ptowł hatani ew i howr arkani 良い実を結ばぬ木はすべて切り倒され、火の中に投げ込まれる Mt 3,10; zōrakankʻ-n hatin z-lars kri-n ew i bacʻ ənkecʻin 兵士たちは小舟の綱を断ち切って、流れ去らせた Ac 27,32; z-oro es z-glowx-n hati z-Yovhannow, sa ē na yareaw i meṙelocʻ 私が首を切り落としたあのヨハネ、あいつが死者たちの中から起こされたのだ Mk 6,16; ibrew tesin tearkʻ nora etʻē hataw yoys šahi nocʻa 彼女の主人たちが金儲けの望みがなくなってしまったことを知った時 Ac 16,19; ②ehat AC z-amenayn artōsr y-eresacʻ nocʻa 神は彼らの顔から涙をすべて拭い去ってくれた Re 7,17; hatcʻē AC z-bažin nora i caṙoy-n kenacʻ ew i kʻałakʻē-n srbocʻ 神は命の木と聖なる者たちの都との取り前を取り除くであろう Re 22,19; ③gołkʻ akan hatanen ew gołanan 泥棒が〔壁に〕穴を開けて盗む Mt 6,19; etʻe gitēr tanowtēr y-orowm pahow goł gay, skēr ew očʻ tayr akan hatanel z-tan-n iwroy 家の主人は、何刻頃に泥棒がやって来るのかわかっていたら、目を覚ましていて、自分の家に穴を開けられるのを放ってはおかなかっただろう Mt 24,43. → kočopem

hatavačaṙ, -i, -acʻ【名】両替屋（κολλυβιστής）：z-płinj hatavačaṙacʻ-n cʻroweacʻ ew z-sełans-n korcaneacʻ 彼は両替屋の金を撒き散らし、台をひっくり返した Jn 2,15. → vačaṙ, hat-owcʻanem; lowmayapʻox, pʻoxatow

hatar → hatanem (2・単・アオ・受)

hato[y] → 1) hat² (単・与). 2) hatowcʻanem (命・アオ)

hatow【形】鋭利な、切れ味がよい（τομός）：hatow kʻan z-amenayn sowr erksayri あらゆる諸刃の剣にまさって切れ味がよい He 4,12.

hatowcʻanem, -owcʻi, hato【動】①返す、返済する、返却する；報いる、報酬を与える；返報する、報復する（ἀποδίδωμι Mt 5,26.33; 18,25; Ro 2,6; Re 22,12; ἀνταποδίδωμι Lk 14,14 [+ pʻoxarēn]; Ro 12,19; ἀποτίνω Phm 19). ②果たす（ἀποδίδωμι）：①očʻ elanicʻes anti, minčʻew hatowcʻanicʻes z-yetin nakʻarakit-n あなたは最後の1クォドランスを払い切るまでは、そこから出て来ることはないだろう Mt 5,26; hatowscʻes TN z-erdmowns kʻo お前は主に対してお前の誓いを果たすであろう Mt 5,33; or hatowcʻanē iwrakʻančʻiwr əst gorcs iwreancʻ （神は）その人の業に従って、それぞれに報われる Ro 2,6; im ē vrēžxndrowtʻiwn, ew es hatowcʻicʻ, asē TR 復讐は私のこと、私が報復する、と主が言われる Ro 12,19; aha gam vałvałaki ew varjkʻ im ənd is, hatowcʻanel iwrakʻančʻiwr əst gorcs iwreancʻ 心せよ、私はすぐにも来る。〔私が〕

各々の行いに応じて報酬を与えるために，私の〔与える〕報酬も私と一緒に〔ついて来る〕Re 22,12; es hatowcʻicʻ この私が〔その負債を〕返済するだろう Phm 19; očʻ ownin pʻoxarēn hatowcʻaneloy kʻez ew hatowscʻi kʻez pʻoxarēn i yarowtʻean ardarocʻ = οὐκ ἔχουσιν ἀνταποδοῦναί σοι, ἀνταποδοθήσεται γάρ σοι ... 彼らはあなたにお返しするすべをもっていない．義人たちの甦りにおいて，あなたにお返しがなされるだろう Lk 14,14; ②hatowscʻes TN z-erdmowns kʻo お前は主に対してお前の誓いを果たすだろう Mt 5,33. → hat-a-vačaṙ

hatowcʻowmn, -cʻman 【名】報い，お返し；報復 (ἀντιμισθία 2Cor 6,13; ἀνταπόδομα Lk 14,12 [lini + 与]；Ro 11,9; ἀνταπόδοσις Col 3,24); z-hatowcʻowmn aṙnowm 報い[罰]を受ける (ἀπολαμβάνω Lk 23,41)：zi aržani orocʻ gorcecʻakʻ-n aṙnowmkʻ z-hatowcʻowmn 俺たちは俺たちのやったことにふさわしい罰を受けているのだから Lk 23,41; zi mi ew nokʻa pʻoxarēn kočʻescʻen z-kʻez ew linicʻi kʻez hatowcʻowmn 彼らもまたあなたを招き返して，あなたにお返しをすることがないように Lk 14,12; ełicʻin sełankʻ nocʻa y-orogaytʻ, ew y-ors, ew i gaytʻagłowtʻiwn, ew i hatowcʻowmn nocʻin 彼らの食卓は，彼らにとっての罠に，そして網に，そして躓きに，そして報復になれ Ro 11,9; gtasǰikʻ zi i TNē aṙnowcʻowkʻ z-hatowcʻowmn žaṙangowtʻean あなた方は主から報いとして遺産を相続するであろうことを知っている Col 3,24.

hatcʻ- → hatanem

[**-har** (: harkanem, ア オ hari)] → aysahar, diwahar, kʻnarahar; taławaharkʻ = ἡ σκηνο-πηγία (→ taławar「天幕，小屋」, cf. harin z-xorans「彼らは天幕を張った」[→ xoran])

haraw, -oy, -ov 【名】南，南風 (μεσημβρία Ac 8,26; νότος Mt 12,42; Lk 12,55; 13,29; Ac 28,13)：ari ew gna dow i kołmn harawoy (= κατὰ μεσημβρίαν) ənd čanaparh or iǰanē y-EMē i Gazay 立ってあなたは南の方に行き，エルサレムからガザに下る道に出よ Ac 8,26; yoržam haraw šnčʻeal, asēkʻ etʻe xoršak lini, ew lini aynpēs 南風が吹くと，あなたたちは「熱風になるぞ」と言い，まさにそうなる Lk 12,55; dšxoy-n [/Lk: džxoy-n] harawoy yaricʻē i datastani ənd azgi-s ənd aysmik 南の女王は審判の際この世代と共に起き上がるだろう Mt 12,42; ekescʻen y-arewelicʻ ew y-arewmticʻ ew i hiwsiwsoy (M: i hiwsisoy) ew i harawoy 人々が東から，西から，北から，南からやって来るだろう Lk 13,29. → arewelkʻ, arewmowtkʻ, hiwsis

harawakołm 【名】南側，南方：jmerel i nawahangsti-n Kretacʻwocʻ, or hayēr ənd harawakołm ew ənd ašxarh-n = ... βλέποντα κατὰ λίβα

καὶ κατὰ χῶρον 南西と北西とに面しているクレタ島の港で冬を過ごす Ac 27,12 (cf. 南西 arewmtean haraw; 南東 arewelean haraw).
harak', hareal, hari → harkanem
harb → hayr
harewanc' 〈i harewanc'i の形で〉通りすがりに (πάροδος): oč' kamim z-jez ayžm i harewanc'i tesanel 私は今, 通過していく途上であなたたちにあうということはしたくない 1Cor 16,7. → harkanem (hari), anc'anem (anc'i)
hart', -i, -ic' 【形】平らな, 平坦な (λεῖος): ełic'in ar̄park'-n i hart' čanaparhs 凹凸の激しい道は平坦な道にされるであろう Lk 3,5. ↔ar̄apar
hariwr; harewr, -oc' 【数】《基数》百, 100 (ἑκατόν) [Mt 13,23:「100倍の」→ hariwrawor]: et'e linic'i mardoy hariwr oč'xar もしある人に 100匹の羊がいたら Mt 18,12; bazmec'an dask' dask' owr hariwr ew owr yisown 人々は 100人ずつ, あるいは 50人ずつ集まって横になった Mk 6,40; li mecamec jkamk' hariwr yisown ew eriwk' [網は] 153匹の大きな魚で一杯だった Jn 21,11; harewr k'ar̄asown ew č'ors hazark' 14万4千人 Re 14,1. → erkeriwr, erek'ariwr
hariwramean, -meni, -ic' 【形】百年 [歳] の (ἑκατονταετής): k'anzi z-hariwrameniwk' owremn ēr = ἑκατονταετής που ὑπάρχων 彼は百歳ほどになっていたので Ro 4,19. → hariwr, am²
hariwrapatik 【副】100倍に (ἑκατονταπλασίων): arar ptowł hariwrapatik それは 100倍の実を結んだ Lk 8,8. → bazmapatik
hariwrapet, -i, -ac' 【名】百人隊長 (κεντυρίων Mk 15,39; ἑκατόνταρχος [-άρχης] Mt 8,5): teseal hariwrapeti-n or kayr and et'e ałałakeac' ew ehan z-ogi そこに立っていた百人隊長は, 彼が叫んで息絶えたのを見て Mk 15,39; Mateaw hariwrapet mi ałač'ēr 1人の百人隊長がやって来て彼に乞い願った Mt 8,5.
hariwrawor, -i, -ac' 【形】100倍をもたらす (ἑκατόν = hariwr [Mt 13,23]): tayr ptowł ēr or hariwrawor, ew ēr or vat'snawor, ew ēr or eresnawor [種は] あるものは 100倍, またあるものは 60倍, またあるものは 30倍の実を結び続けた Mt 13,8.
hark, -i, -ac' 【名】①税, 関税；賦役 (κῆνσος Mk 12,14; φόρος Lk 20,22; 23,2; τέλος Mt 17,25). ②義務, 強制, 必然性 (ἀνάγκη); hark ē/lini/ownim [+不]…しなければならない, …せざるをえない (ἀνάγκη ἔχω Lk 14,18; Jd 3; ἀναγκάζω Ac 28,19); hark i veray kam 奴隷にされる (δουλόομαι 1Cor 7,15); ar̄ harki/i harkē 強制的に, やむを得ず (ἐξ

ἀνάγκης 2Cor 9,7; κατὰ ἀνάγκην Phm 14)：①aržan? ē hark tal kayser, et'e oč' Mk 12,14/aržan? ē mez kayser harks tal t'e oč' 私たちがカエサルに税を払うことは許されているのか，いないのか Lk 20,22; argeloyr i taloy harks kayser 彼はカエサルに税を払うことを禁じた Lk 23,2; t'agawork' azgac' y-owmē? aṙnown z-harks kam z-has-n 民の王たちは誰から関税や人頭税を取るのか Mt 17,25; ②hark ē elanel tesanel z-na 出かけて行って，それを見ずにはおれない Lk 14,18; i hakaṙakel hrēic'-n, hark ełew bołok'el i kaysr ユダヤ人たちが反対したために，私はやむなくカエサルに上訴した Ac 28,19; hark y-anjin kalay grel jez 私自身にはあなた方に書く必然性が生じた Jd 3; hark i veray kay 私には強制の力が働いている 1Cor 9,16; oč'inč' hark i veray kay ełbōr-n kam k'eṙ-n y-aynpisi irs 兄弟あるいは姉妹はそのような事柄において奴隷にされているわけではない 1Cor 7,15; hark ē gal gayt'agłowt'eanc', bayc' vay mardoy-n aynmik y-oyr jeṙn gayc'ē gayt'agłowt'iwn 躓きはやって来ないわけには行かない，しかし禍いだ，自分を通して躓きがやって来るその人は Mt 18,7.

harkanem, hari, ehar, hareal [→ zarkanem]【動】①打つ，殴る (παίω Lk 22,64; πατάσσω Lk 22,50; δέρω Mk 12,5; τύπτω Lk 6,29; μαστιγόω Mt 20,19; προσκόπτω Mt 4,6)；鞭打つ (ἀνετάζω Ac 22,29)；yandiman harkanem [z-+対] …の顔を殴打する (δέρω τινὰ εἰς πρόσωπον 2Cor 11,20). ②刺す (παίω Re 9,5), ③（税金を）納める (τελέω Ro 13,6). ④harkani（霊が）憑く (λαμβάνω) [→ ays-a-har, diw-a-har]：①margarēac', ov? ē or ehar-n z-k'ez お前を打ったのは誰か，予言せよ Lk 22,64; ehar mi omn i noc'anē z-k'ahanayapeti-n caṙay ew i bac' ehan z-aǰoy owkn nora 彼らの1人が大祭司の僕を打ち，その右耳を切り落とした Lk 22,50; z-bazowms ayłs, z-omans harkanein, ew z-omans spananein 他の多くの者たちを彼らは殴ったり殺したりした Mk 12,5; or harkanē z-cnawt k'o, mato nma ew z-miws-n あなたの頬を打つ者にはもう一方の頬も差し出せ Lk 6,29; zi mi erbek' harc'es z-k'ari z-otn k'o お前が足を決して石に打ちつけることのないように Mt 4,6; vałvałaki i bac' kac'in i nmanē or harkaneloc'-n ēin z-na 彼を鞭打とう [Gk: 取調べよう] としていた者たちはただちに彼から身を引いた Ac 22,29; ②č'arč'arank' noc'a ibrew z-haytoc's karči or harkanic'ē z-mard その苦しみは人を刺すさそりの刺のようであった Re 9,5; ③vasn aynorik ew harks harkanēk' そのためにあなた方は税金をも納めている Ro 13,6; ④ays harkani i nma yankarc goč'ē ある霊が彼に憑くと，それは突然叫ぶ Lk 9,39.　→ əndharkanim, aptakem

harkanōł【名】暴漢，喧嘩好き（πλήκτης）1Tm 3,3; Tit 1,7.
harkawor, -i, -ac‘【形】務めを果たす（λειτουργικός）：amenek‘ean hogik‘ en harkawork‘ 彼らはみな務めを果たす霊である He 1,14.
harowac, -oy, -oc‘【名】①災い，災害；苦しみ（πληγή Re 9,18; 15,18; μάστιξ Lk 7,21）．②腫れ物，できもの（ἕλκος Re 16,2）：①i harowacoc‘-s y-aysc‘anē meṙaw errord masn mardkan これらの災いのために人の 3 分の 1 が死んだ Re 9,18; minč‘ew kataresc‘in ewt‘n harowac‘k‘-n y-ewt‘n hreštakac‘-n 7 人の天使たちによる 7 つの災いが終わってしまうまでは Re 15,18; bžškeac‘ z-bazowms i hiwandowt‘eanc‘ ew i harowacoc‘ ew y-aysoc‘ č‘arac‘ 彼は病気や苦患や悪霊どもから多くの者を癒した Lk 7,21; ②ełew harowack‘ č‘arač‘ar i veray mardkan, or ownēin z-drošm gazani-n ew erkir pagin patkeri nora 獣の刻印を持つ人間たちと，獣の像を礼拝する人間たちに，ひどい悪性のできものができた Re 16,2.
hars → hayr
harsanik‘, -neac‘【名】《複》結婚式，婚礼（γάμος）：lc‘an harsanik‘-n bazmakanawk‘-n 婚礼は列席者で一杯になった Mt 22,10; y-awowr-n errordi harsanik‘ ein i Kana Gałiłeac‘woc‘ その 3 日目にガリラヤのカナで婚礼があった Jn 2,1; etes and ayr mi or oč‘ ēr zgec‘eal handerj harsaneac‘ 彼はそこに婚礼の衣服を着ていない者を 1 人見つけた Mt 22,11.
harsn, -sin, -sownk‘/-sink‘【名】花嫁（νύμφη）：or owni harsn, na ē p‘esay 花嫁を娶るのは花婿だ Jn 3,29; elin əndaṙaj p‘esayi ew harsin 彼女たちは花婿と花嫁を迎えるために出て行った Mt 25,1; bažanesc‘i ... skesowr i harsnē, ew harsn i skesrē iwrmē 姑は嫁から，嫁はその姑から分裂させられるだろう Lk 12,53. → p‘esay, skesowr
harc‘ → 1) hayr（複・属/与/奪）．2) harc‘anem（命・アオ）
harc‘anem, -c‘i, eharc‘, harc‘【動】①［c‘-＋対/z-＋対/＋t‘e, et‘e/i＋奪 Mt 2,4］問う，尋ねる；尋問する，取り調べる．②探し出す，探し当てる（ἐξετάζω Mt 10,11; Jn 21,12; ἐρωτάω Lk 9,54; ἐπερωτάω Mk 5,9; διερωτάω Ac 10,17; πυνθάνομαι Jn 4,52; ἀνακρίνω Ac 12,19; 1Cor 9,3; ἀνετάζω Ac 22,24）：①oč‘ ok‘ y-ašakertac‘-n išxēr harc‘anel t‘e dow o es 弟子たちのうちの誰も「あなたは誰か」とあえて質問することはなかった Jn 21,12; erknč‘ein harc‘anel c‘-na vasn bani-n aynorik 彼らは恐ろしくてこの言葉について彼に尋ねることができなかった Lk 9,45; harc‘anēr c‘-na, t‘e zinč‘? anown ē k‘o 彼は彼に「お前の名は何というのだ」と尋ねた Mk 5,9; harc‘anēr c‘-nosa vasn žamow-n y-orowm

apakʻineacʻ 彼らは彼が快方に向かった時刻を彼らに問いただした Jn 4,52; Herovdēs ibrew xndreacʻ z-na ew očʻ egit, harcʻeal z-pahapans-n hramayeacʻ spananel ヘロデは彼を探しても発見できないので，番兵たちを取り調べ，彼らを死刑に処するように命じた Ac 12,19; im patasxani owr z-is harcʻanicʻen ays ē 私を尋問する際の私の弁明はこれである 1Cor 9,3; asēr ganiw harcʻanel z-na〔千人隊長は〕彼を鞭打って取り調べるようにと言いつけた Ac 22,24; ②y-or kʻałakʻ mtanicʻēkʻ kam i geawł, harcʻanicʻēkʻ tʻe (M: etʻe) o? ē i nma aržani 町や村に入ったら，その中で誰がふさわしいか，探し出せ Mt 10,11; arkʻ-n arˉakʻealkʻ i Korˉneleay harcʻin z-aparanicʻ-n Simoni, kacʻin arˉ dran-n コルネリウスから遣わされた者たちがシモンの家を探し当て，戸口に立った Ac 10,17.

harcʻes, harcʻowkʻ → harkanem

harcʻna (Jn 9,2M で harcʻin cʻ-na に対する) → harcʻanem

harcʻowk【名】占者，預言者 (πύθων)：pataheacʻ mez ałaxin omn z-or ownēr ays harcʻowk 私たちは占いの霊に取り憑かれている１人の女奴隷に出会った Ac 16,16.

harkʻ → hayr

hacʻ, -i, -icʻ【名】パン (ἄρτος)；hacʻ owtel 食べる，食事する (φαγεῖν Mk 6,31; Jn 4,31)；hacʻ tam 食べさせる (ψωμίζω Ro 12,20)：z-hacʻ mer hanapazord towr mez aysawr 私たちの日々のパンを今日私たちに与えよ Mt 6,11; hacʻ angam (M: ews) čʻ-žamanein owtel 彼らは食事する間もなかった Mk 6,31; etʻē kʻałcʻeal ē tʻšnami-n kʻo, hacʻ towr nma もしもあなたの敵が飢えているなら，彼にパンを与えよ［Gk: 食べさせよ］Ro 12,20.

hacʻalicʻ【形】パンが豊富な：kʻani varjkankʻ icʻen i tan hawr imoy hacʻalicʻkʻ = περισσεύονται ἄρτων 私の父の家に雇い人たちはどれほどいても，パンは有り余るほどある Lk 15,17. → -licʻ

haw, -ow, -owcʻ【名】雌鳥；鳥 (ὄρνις Mt 23,37; ὄρνεον Re 19,17)：żołovē haw z-jags iwr ənd tʻewovkʻ = ὄρνις ἐπισυνάγει τὰ νοσσία αὐτῆς ὑπὸ τὰς πτέρυγας 雌鳥がその雛たちを翼の下に集める Mt 23,37; ałałakeacʻ i jayn mec amenayn hawowcʻ tʻrˉowcʻelocʻ ənd mēǰ erknicʻ 彼は空高く飛んでいるすべての鳥に向かい大声で叫んだ Re 19,17. — minčʻčʻew hawow xawseal icʻē, ericʻ owrascʻis z-is = πρὶν ἀλέκτορα φωνῆσαι τρὶς ἀπαρνήσῃ με 鶏が鳴く前にあなたは３度私を否むだろう Mt 26,34. → jag

hawaxaws, -i【名】鶏の鳴き声，鶏鳴 (ἀλεκτοροφωνία)：yerekoreay

hawan 414

et'e i mēǰ gišeri et'e i hawaxawsi t'e ənd aṙawawts 夕方か，真夜中か，鶏の鳴くころか，早朝か Mk 13,35.
[**hawan**「説得された」: ELPA II.20/「同意，了解」Jensen, Chrestomatie]
→ anhawan, hawanim

hawanec'owc'anem, -owc'i【動】[zi＋接法・アオ] (…するよう) 説得する，説き伏せる (πείθω Mt 27,20)；扇動する，そそのかす (ἀνασείω Mk 15,11; → xṙovem): k'ahanayapetk'-n ew cerk' hawanec'owc'in z-żołovowrds-n zi xndresc'en z-Barabbay-n ew z-YS korowsc'en 祭司長たちと長老たちは群衆を説得し，バラバ〔の釈放〕を求めて，イエスは殺すようにさせた Mt 27,20; z-ambox-n hawanec'owc'in zi arjakesc'ē noc'a z-Barabbay-n 彼らは群衆を扇動し，彼らのためにバラバを釈放してくれるように〔要求させた〕Mk 15,11.

hawanim, -nec'ay【動】①決心する (ἐπικρίνω). ②説得される (πείθομαι)：①Piłatos hawanec'aw aṙnel z-hayc'owacs noc'a ピラトゥスは彼らの要求を通そうと決心した Lk 23,24; ②oč' t'e i meṙeloc' ok' yaṙnic'ē hawanesc'in たとえ誰かが死者の中から甦ったとしても，彼らが説得されることはないだろう Lk 16,31. → hawan-, anhawan

hawanowt'iwn, -t'ean【名】説得，同意，賛成；交わり (κοινωνία)：Yakovbos ew Kep'as ew Yohannēs, or karceal siwnk'-n ēin, jeṙn etown hawanowt'ean inj ew Baṙnabay ヤコブとケファとヨハネ，すなわち柱として重んじられている人たちは，私とバルナバに同意〔Gk: 交わり〕の手を差し延べた Ga 2,9.

hawasar, -i, -ac'/-ic'【形】[＋与] …等しい，似た；…に相当する (συστοιχέω Ga 4,25)：hawasar hreštekac' en = ἰσάγγελοί εἰσιν 彼らは使いに等しい者たちだ Lk 20,36; hawasar aṙnēr z-anjn AY = ἴσον ἑαυτὸν ποιῶν τῷ θεῷ 彼は自身を神に等しいものとした Jn 5,18; Hagar leaṙn Sinay ē y-Arabia, hawasar ē aysm Erowsałēmi ハガルとはアラビア語ではシナイ山のことであり，今日のエルサレムに相当する Ga 4,25.

hawasarem, -ec'i【動】比較する (συγκρίνω) [→ hamematem]：oč' išxemk' kšṙel ew hawasarel z-anjins mer omanc' or z-anjins iwreanc' jez əncayec'owc'anen 私たちは，あなたたちに自己推薦するある者たちに自分自身を数えたり，あるいは彼らと比較したりすることを敢えてしない 2Cor 10,12.

hawasarowt'iwn, -t'ean【名】①交わり (κοινωνία). ②均等 (ἰσότης)：①zinč'? hawasarowt'iwn ē lowsoy ənd xawari 光にとって闇に対するどんな交わりがあるのか 2Cor 6,14; ②zi oč' et'ē ayloc' hangist kamic'in, ew jez nełowtʻiwn, ayl hawasarowtʻeamb 他の人々には安らぎを欲するのに，あなたたちには患難が〔与えられる〕というのではなく，むしろ〔所有するものが〕均等にされるためだ 2Cor 8,13.

[**hawat**] → tʻer-a-hawat, hawatkʻ

hawatam, -tacʻi【動】①〔＋与；i＋対/位；＋etʻe, tʻe, zi〕信じる，信頼を置く (πιστεύω)；očʻ hawatam/čʻ-hawatam 信じない (ἀπιστέω Mk 16,11.16; Lk 24,11); hawatacʻeal 信仰ある (πιστός Ga 3,9). ②任せる，委ねる，託す：①lsem etʻē herjowackʻ gon i jez, ew sakaw inčʻ hawatacʻi あなた方の間に分争があると私は聞いており，そして幾分かはそれを信じた 1Cor 11,18; pʻoxanak zi očʻ hawatacʻer banicʻ imocʻ あなたが私の言葉を信じなかったためだ Lk 1,20; or okʻ gaytʻagłecʻowscʻē z-mi i pʻokʻrkancʻ-s y-ayscʻanē y-is hawatacʻeloc 私を信ずるこれらの小さい者たちの1人をも躓かせる者 Mt 18,6; yaynžam tʻe okʻ asicʻē jez, ahawasik ast ē KʻS-n, kam, and, mi hawataycʻēkʻ その時誰かがあなた方に「見よ，ここにキリストがいるぞ」とか「あそこだ」とか言っても，信じるな Mt 24,23; dow hawatas zi mi ē AC あなたは神が1人であると信じている Jas 2,19; nokʻa ibrew lowan tʻe kendani ē ew erewecʻaw nma, očʻ hawatacʻin 彼らは彼が生きており彼女に現れたと聞いても信じなかった Mk 16,11; or očʻ-n hawatascʻē, datapartescʻi 信じない者は断罪されるだろう Mk 16,16; orkʻ i hawatocʻ anti en, ōrhnin ənd hawatacʻealoy-n Abrahamow 信仰による者たちは信仰あるアブラハムと共に祝福される Ga 3,9; ②etʻe y-aniraw mamonayi-n čʻ-ełēkʻ hawatarim, z-čšmarit-n jez o? hawatascʻē もしあなたたちが不義なマモンに忠実にならなかったならば，誰があなたたちに真実なものを任せるだろうか Lk 16,11; inkʻn YS očʻ hawatayr z-anjn nocʻa イエス自身は自分を彼らに任せなかった Jn 2,24.

hawatarim, -rmi, -macʻ【形】①忠実な，信頼すべき；確かな (πιστός)；託された (πιστεύω Ro 3,2). ②確信した (πιστόμαι 2Tm 3,14)：①azniw carʻay bari ew hawatarim, orovhetew i sakawow-d hawatarim es, i veray bazmacʻ kacʻowcʻicʻ z-kʻez よろしい，善良で忠実な僕よ，お前は僅かなことに忠実であるので，多くのことをお前にまかせよう Mt 25,21; or i pʻokʻow-n hawatarim ē, ew i bazmi-n hawatarim ē 小さいことに忠実な者は，多くのことにも忠実だ Lk 16,10; z-ayn awandescʻes hawatarim mardocʻ それを信頼できる人々に委ねよ 2Tm 2,2; tacʻ kʻez z-srbowtʻiwns-n Dawtʻi z-hawatarims 私はダビデに約束した確かな聖なる祝福をあなたに与える Ac 13,34; hawatarim ełen patgamkʻ-n AY 神の言葉は〔ユダヤ人に〕託された Ro 3,2; ②dow

hawatacʻeal 416

hastatown kacʻ y-or owsar-d ew hawatarim ełer 君は自分が学び確信したことに留まれ 2Tm 3,14. ↔aniraw

hawatacʻeal【形】信仰心ある，誠実な，忠実な；【名】信者（πιστή）: ordi knoǰ hrēi hawatacʻeloy 信者のユダヤ人女性の子 Ac 16,1.

hawatkʻ, -tocʻ【名】《複のみ》［複合語では hawat: → tʻerahawat, anhawatwtʻiwn］①信頼，誠実，信実（πίστις）．②確証．③信仰．④信義：①etʻē čʻ-ēr hawatacʻeal omancʻ, mitʻē? anhawatwtʻiwn nocʻa z-AY hawats-n xapʻanēr もしもある者たちが不実であったとしたら，その彼らの不実が神の信実を反故にしてしまったのだろうか Ro 3,3; kʻałcʻrowtʻiwn, barowtʻiwn, hawatkʻ 慈愛，善意，誠実 Ga 5,22; ②tal hawats amenecʻown yarowcʻeal z-na i meṙlocʻ 彼を死人の中から甦らせることによって確証をすべての人々に与える Ac 17,31; ③hawatkʻ kʻo kecʻowcʻin z-kʻez あなたの信仰があなたを救った Mt 9,22; ownicʻikʻ z-hawats AY 神への信仰を持て Mk 11,22; šnorhōkʻ nora ēkʻ pʻrkealkʻ i jeṙn hawatocʻ-n あなた方は信仰を通して彼の恵みにより救われている Eph 2,8; ④z-datastans əndownin zi z-aṙaǰin hawats-n arhamarhecʻin 彼女らは最初の信義を破ったという審判を受ける 1Tm 5,12.

hawt, -i, -icʻ【名】羊の群（ποίμνη Mt 26,31; Lk 2,8; ποίμνιον Lk 12,32; Ac 20,28）: parhein z-parhpanowtʻiwns gišerwoy hawticʻ iwreancʻ 彼らは自分たちの羊の群を夜もすがら見張っていた Lk 2,8; cʻrowescʻin očʻxarkʻ hawti-n その羊の群はちりぢりにされてしまうだろう Mt 26,31; mi erknčʻir hawt pʻokʻrik 恐れるな，小さい群よ Lk 12,32; zgoyš kacʻēkʻ anjancʻ ew amenayn hōti-d あなたたちは自分自身と群のすべてに気を配れ Ac 20,28. → eramak, xašn

hawr → hayr

hebrayecʻi → ebrayecʻi

hez, -oy, -ocʻ【形】①柔和な，穏和な，優しい，思いやりがある（πραΰς Mt 5,5; 11,29; ἤπιος 2Tm 2,24; ἐπιεικής Tt 3,2). ②しらふの，覚醒した（νηφάλιος）: ①erani hezocʻ, zi nokʻa žaṙangescʻen z-erkir 幸いだ，柔和な者たち，その彼らこそ大地を継ぐであろう Mt 5,5; owsarowkʻ y-inēn, zi hez em ew xonarh srtiw 私から学べ，なぜなら私は柔和で心が低いから Mt 11,29; caṙayi TN očʻ ē part kṙowel, ayl hez linel aṙ amenesean 主の僕は争ってはならず，むしろすべての人に対し柔和でなければならない 2Tm 2,24; mi z-okʻ hayhoyel, ankṙiws linel, hezs 誰をも冒瀆せず，争いを嫌い，穏和である Tt 3,2; ②part ē episkoposi-n ... hez, cʻac, parkešt 監督は覚醒し，思慮深く，品がなければならない 1Tm 3,2.

hezowtʻiwn, -tʻean【名】柔和さ，寛大，寛容 (πραΰτης Eph 4,2; 2Cor 10,1; πραϋπαθία 1Tm 6,11; ἐπιείκεια Ac 24,4): amenayn xonarhowtʻeamb ew hezowtʻeamb 全き謙虚さと柔和さをもって Eph 4,2; ertʻ zhet ... z-hamberowtʻean, z-hezowtʻean 追い求めよ，忍耐，柔和を 1Tm 6,11; ałačʻem lsel mez karč i karčoy kʻoyin hezowtʻeamb-d 手短かに申し上げる私たちの言葉を寛容をもってあなたが聞き届けてくれるように私は願う Ac 24,4.

hetʻanos, -i, -acʻ【名】異邦人；ギリシア人 (τὰ ἔθνη Eph 4,17; ἐθνικός Mt 6,7; Ἑλληνίς Mk 7,26; Ἕλλην Jn 7,35): mi ews jez z-noyn ōrinak gnal orpēs ew ayl hetʻanoskʻ gnan ownaynowtʻeamb mtacʻ iwreancʻ あなたたちはもはや，異邦人が彼ら自身の無為な思いをもって歩んでいるのと同じように歩んではならない Eph 4,17; kin-n ēr hetʻanos, Pʻinik Asori y-azgē その女はギリシア人でシリア・フェニキアの生まれだった Mk 7,26; mi tʻe i spʻiřs? hetʻanosacʻ ertʻaycʻē ew owsowsanicʻē z-hetʻanoss 彼はまさかギリシア人のディアスポラへ行ってギリシア人を教えようとしているのではあるまい Jn 7,35.

hetʻanosabar【副】異邦人のように (ἐθνικῶς): etʻē dow or hreay-d es hetʻanosabar ew očʻ hreabar keas もしもあなたがユダヤ人でありながらユダヤ人のようにではなく異邦人のように生きるのならば Ga 2,14. → hetʻanos, -abar

hellenacʻi, -cʻwoy, -ocʻ【名】ギリシア人 (Ἑλληνίς) Ac 17,12.

hecanim, -cay, heceal【動】乗る，騎乗する (ἐπιβαίνω Mt 21,5; κάθημαι Re 6,2): tʻagawor gay kʻez hez ew heceal y-ēš ew i yawanaki išoy = ... ἐπιβεβηκὼς ἐπὶ ὄνον ... 王があなたにやって来る，柔和で，ろばに乗って，子ろばに乗って Mt 21,5; or heceal-n ēr i nma ownēr ałełn その上にまたがった騎士は弓を持っていた Re 6,2. → hecowcʻanem

hecanocʻ, -i, -acʻ【名】箕 (πτύον): hecanocʻ-n i jeřn iwrowm 箕は彼の手にある Mt 3,12.

heceal, -celoy, -ocʻ【名】騎兵 (ἱππεύς Ac 23,32; ἱππικόν Re 9,16): i vałiw andr arjakeal z-heceals z-ənd nma ertʻeal, darjan i banak-n 翌日，彼らは騎兵たちに彼の護送を任せて，陣営に帰った Ac 23,32; hamarkʻ hecelocʻ zōracʻ nocʻa bewrkʻ biwrowcʻ ew hazarkʻ hazaracʻ 彼らの騎兵大隊は万の万倍，千の千倍（何億何百万）という数である Re 9,16. → hecanim

hecem, -ecʻi【動】呻く (στενάζω Ro 8,23; συστενάζω Ro 8,22): gitemkʻ etʻē amenayn ararackʻ hecen erknen minčʻew cʻ-ayžm すべての被造物が今に至るまで，（共に）呻き，（共に）産みの苦しみを味わっているこ

heccel

とを私たちは知っている Ro 8,22; ew oč' aysč'ap' miayn, ayl ew mek' isk or z-ptowł hogwoy-n ownimk', anjamb y-anjins mer hecemk' ordēgrowt'ean-n akn kaleal, p'rkowt'ean marmnoy meroy これのみならず，霊の初穂をもっている者たちである私たちも，子とされること，すなわち私たちのからだの贖いを待望しながら，自分自身のうちで呻いている Ro 8,23. → hccem

heccel → hccel

hecowt'iwn, -t'ean 【名】呻き (στεναγμός): loway hecowt'ean noc'a 私は彼らの呻きを聞いた Ac 7,34. → hecem

hecowc'anem, -owc'i 【動】（馬に）乗せる (ἐπιβιβάζω): arkin z-novaw handerjs ew hecowc'in z-YS 彼らは衣服をそれ（子ろば）に投げかけて，イエスを［その上に］乗せた Lk 19,35. → hecanim

hełg 【形】無頓着な，怠惰な，無精な，のろまな (ἐλεεινός) Re 3,17.

hełgam, -ac'i; hełganam, -gac'ay 【動】① [i＋奪] 怠惰である，おろそかにする (ἀμελέω He 2,3). ②ためらう，躊躇する (μέλλω Ac 22,16)：①mek' ziard? apresc'owk' hełgac'ealk' y-aynpisi p'rkowt'enē 私たちがこれほどの大いなる救いをおろそかにするなら，どうして［報いを］逃れることができようか He 2,3; ②zi? hełgas, ari mkrteac' 何をためらっているのか．立って，洗礼を受けよ Ac 22,16.

hełgasirt, -srti 【形】心が鈍い (βραδὺς τῇ καρδίᾳ): ov anmitk' ew hełgasirtk' i hawatal y-amenayni z-or xawsec'an margarēk'-n ああ，頭の悪い，心の鈍い者らよ，預言者たちの語ったすべてのことを信じられぬとは Lk 24,25. → hełg, sirt

hełeal → hełowm

hełeł, -i, -ac' 【名】洪水，氾濫 (πλήμμυρα) [heł-eł 重複形: ELPA II.162f.; Jensen, AG 126; Schmitt R., Grammatik, p.87]: i yařnel hełełac' baxeac' get z-town-n 氾濫して奔流がその家に襲来した Lk 6,48. → ǰr-hełeł, hełowm

hełłoy (M: hełəloy) → hełowm (不)

hełjnowm, -jay 【動】①窒息する，窒息させられる (συμπνίγομαι). ②溺死する (πνίγομαι Mk 5,13; ἀποπνίγομαι Lk 8,33): ①i hogs ew i mecowt'iwn ew i c'ankowt'iwn ašxarhi-s zbałeal hełjnown (M: hogk' ew patrank' ew c'ankowt'iwnk' ašxarhi-s zbałeal hełjowc'anen) 彼らは進み行く時に思い煩いや富や現世の快楽へと窒息させられてしまう Lk 8,14; ②hełjnowin i covow-n (豚は) 海中で溺れ死んだ Mk 5,13; [eramak-n] hełjaw (豚の群は) 溺死した Lk 8,33.

hełjowc'anem, -owc'i 【動】窒息させる，息を詰まらせる (πνίγω Mt

13,7; ἀποπνίγω Lk 8,7; συμπνίγω Mt 13,22; Mk 4,7): elin pʻowškʻ-n ew heljowcʻin z-na, ew ptowł očʻ et 茨が出て来て，その〔種の〕息の根を止めた．そして〔種は〕実を結ばなかった Mk 4,7; Mt 13,7; hogkʻ ašxarhi-s ew patrankʻ mecowtʻean heljowcʻanen z-ban-n この世の思い煩いと富の誘惑がその言葉を窒息させる Mt 13,22.

hełowm, -łi, ehel【動】① [他] 注ぐ，こぼす，(血を) 流す (καταχέω Mk 14,3; ἐκχέω Ro 3,15; Re 16,1; ἐκχύννω Mt 23,35; 26,28). ② [自] こぼれる，流れ出る (ἐκχέομαι Mt 9,17): ①bekeal z-šiš-n ehel i veray glxoy nora 彼女はその石膏の壷を砕いて，彼の頭に (香油を) 注いだ Mk 14,3; ertʻaykʻ hełěkʻ z-ewtʻn skawařaks-d cʻasmamb-n AY y-erkir 行って，神の怒りをもって7つの平鉢〔の中身〕を地に注げ Re 16,1; erag en otkʻ nocʻa hełowl z-ariwn 彼らの足は血を流すのに速い Ro 3,15; orpēs zi ekecʻē i veray jer amenayn ariwn ardar heleal y-erkir その結果，地上で流されたすべての義なる血がお前たちの上にふりかかるだろう Mt 23,35; ayd ē ariwn im noro (M: noroy) owxti, or i veray bazmacʻ hełow i tʻołowtʻiwn mełacʻ これは新しい契約の私の血であり，多くの人のため，その罪の赦しとなるように流される Mt 26,28; ②gini-n hełow ew tikkʻ-n kornčʻin 葡萄酒はこぼれ出て革袋も駄目になってしまう Mt 9,17; heław amenayn pʻor nora 腹わたがみな流れ出た Ac 1,18

hełowmn, -łman【名】(血を) 流すこと，注ぐこと (αἱματεκχυσία He 9,22; πρόσχυσις He 11,28; ῥαντισμός 1Pe 1,2): ařancʻ hełman arean čʻ-linēr tʻołowtʻiwn 血を流すことなしには赦しはなされなかった He 9,22; hawatovkʻ arar z-zatik-n ew z-hełowmn arean-n 信仰によって彼は過越と血の注ぎかけを行った He 11,28; i hnazandowtʻiwn i hełowmn arean-n YSi KʻSi イエス・キリストに従い，その血を注ぎかけられるように 1Pe 1,2.

heř, -iw【名】争い，紛争，喧嘩，不和 (ἔρις): owr ew ardēn isk i jez heř ew naxanj, očʻ apakʻēn marmnawor ēkʻ ew əst mardkan gnaykʻ あなた方の間にすでに争いや妬みがある以上，あなた方は肉的であり，人間 (の思い) に従って歩んでいるのではないか 1Cor 3,3.

heřagoyn【副】さらに [まだ] 遠く，さらに先へ (μακράν Lk 15,20; πόρρω Lk 14,32; πορρώτερον [Θ.D: πορρωτέρω] Lk 24,28); 遠くから (μακρόθεν Lk 22,54): minčʻdeř heřagoyn ēr = ἔτι δὲ αὐτοῦ μακρὰν ἀπέχοντες 彼がまだ遠くにあった時 Lk 15,20; minčʻdeř heřagoyn icʻē, hreštakowtʻiwn ařakʻeal ałačʻescʻē i xałałowtʻiwn〔敵の者が〕まだ遠くにいる間に彼は使者を送り，和平に向かって尋ねるだろう Lk 14,32; na patčařēr heřagoyn ews owrekʻ ertʻal 彼はどこかさらに先へと赴く様子

heṙanam

を見せた Lk 24,28; Petros ertʻayr zkni nora heṙagoyn ペトロは遠くから彼に従って行った Lk 22,54. → -agoyn

heṙanam (M: + heṙenam), -ṙacʻay【動】遠ざかる，離れる，棄教する (ἀφίσταμαι Lk 8,13); heṙacʻeal ē [i+奪] …から隔たって (ἀπέχει ἀπό Mt 15,8; Mk 7,6): orkʻ aṙžamanak mi hawatan ew i žamanaki pʻorjowtʻean heṙanan (M: heṙenan) 彼らは信じてもその場限りで，試みの時には棄教してしまう Lk 8,13; sirt iwreancʻ heṙacʻeal mekowsi ē y-inēn その心は私からはるかに隔たっている Mt 15,8 [cf. Mk 7,6 sirtkʻ nocʻa heṙacʻeal i bacʻeay (M: i bacʻ) en y-inēn].

heṙastan, -i【形】遠くの，離れた；【副】〈i heṙastanē の形で〉遠くから，遠方から，遠くに (ἀπὸ μακρόθεν Mt 27,55; πόρρωθεν Lk 17,12 [→ bacʻagoyn]): ein and kanaykʻ bazowmkʻ kayin i heṙastanē ew hayein そこには多くの女たちがいて立って遠くから見ていた Mt 27,55; kayin ew amenayn canawtʻkʻ-n nora i heṙastanē 彼の知人たち全員も遠くに立っていた Lk 23,49; orkʻ kacʻin i heṙastanē 彼らは遠方に立っていた Lk 17,12.

heṙawor【形】遠くの，離れた (μακράν): es i hetʻanoss heṙawors aṙakʻecʻicʻ z-kʻez 私はお前を遠くの異邦人のもとに遣わす Ac 22,21; jez en awetikʻ-s ew ordwocʻ jerocʻ ew amenayn heṙaworacʻ この約束はあなたたちと，あなたたちの子らと，遠くに住むすべての人々に与えられている Ac 2,39.

heṙi【形】①遠い (μακρός Lk 15,13); 離れている (ἄπειμι Col 2,5). ② [i+奪] …から遠く離れた (μακράν Lk 7,6; ἀπέχω Lk 24,13; ἀπουσία Php 2,12): ①gnacʻ y-ašxarh heṙi ew and vatneacʻ z-inčʻs iwr 彼は遠い国に旅立ち，そこで自分の財産を浪費した Lk 15,13; ②ibrew očʻ inčʻ kari heṙi ēr i tanē-n 彼がその家からあまり遠くないところに来た時 Lk 7,6; i geawł mi or heṙi ēr y-EMē hariwr ew vatʻsown asparisaw エルサレムから 160 スタディオン離れた村へ Lk 24,13; mi miayn i galstean imowm, ayl aṙawel ews ayžm yoržam heṙi-s em i jenǰ 私が〔あなた方のところに〕いる時のみでなく，むしろあなた方から離れている今は，よりいっそうに〔従順になれ〕Php 2,12.

heṙowst【副】〈i heṙowst の形で〉遠くから，遠く離れて (πόρρωθεν He 11,13): čʻew ews ənkaleal z-awetis-n, ayl i heṙowst tesin z-nosa 約束〔されたもの〕はまだ受けず，彼らは遠くからそれらを見た He 11,13; i heṙowst (= ἀπών) hamarjakim aṙ jez 離れていると私はあなたたちに対して強気になる 2Cor 10,1; orpisikʻ emkʻ baniwkʻ tʻłtʻocʻ-d i heṙowst (= ἀπόντες) 私たちが離れている時に手紙の言葉を通して〔語る〕よう

に 2Cor 10,11; vasn aynorik z-ays i heṙowst (= ἀπών) grem そういうわけでこれらのことを私は離れて書いている 2Cor 13,10. ↔mawt

hestowtʻiwn, -tʻean【名】不服従, 敵対, 抵抗; 党派心 (ἐριθεία): omankʻ aṙ hestowtʻean z-KʻS patmen, ayl očʻ srbowtʻeamb ある者たちは党派心から, 純粋にではなく, キリストを告げ知らせる Php 1,17.
→ grgṙowtʻiwn, hakaṙakowtʻiwn

het¹, -oy, -ocʻ【名】足跡 (ἴχνος): hayr tʻlpʻatowtʻean, orocʻ očʻ i tʻlpʻatowtʻenē anti ew etʻ, ayl ew orocʻ ertʻaycʻen ənd hets antʻlpʻatowtʻean hawatocʻ hōr meroy Abrahamow〔彼は〕ただ割礼による者たちにとって〔父となった〕だけではなく, 私たちの父アブラハムが無割礼であった時の信仰の足跡に従って歩んでいる者たちにとっても割礼の父〔となった〕Ro 4,12; zi zhet ertʻaycʻēkʻ hetocʻ nora あなた方が彼の足跡に従うように 1Pe 2,21. → šawił

het²; hetē; hetew. ①z-het, zhet【副】〔gam, gnam, ertʻam, linim, šrǰim などと共に〕[+属] …の後に, …の後方に, …の背後で, …の後ろから (ὄπισθεν Mt 15,23; ὀπίσω Re 1,10; ἀκολουθέω Ac 21,36; ἐπακολουθέω 1Tm 5,10; κατακολουθέω Ac 16,17; κολλάομαι Ro 12,9; διώκω Re 12,13). ②y-aynm hetē そのときから (ἀπὸ τότε Mt 4,17), y-aysm hetē 今から後, 今後 (ἀπʼ ἄρτι Mt 23,39; ἀπὸ τοῦ νῦν Lk 1,48) [aynm, aysm は奪格形]; y-ormē hetē《時間》…してから, して以来 (ἀφʼ οὗ Lk 13,7.25; 24,21; ἀφʼ ἧς Lk 7,45; ὡς Mk 9,21). ③《具格形を前分とする複合語で理由を表す》…によって, …だから → aynowhetew, aysowhetew, orovhetew: ①ałałakē zhet mer 彼女は私たちの後ろから叫んでいる Mt 15,23; loway z-jayn zhet im z-mec ibrew z-jayn pʻołoy 私の背後で, ラッパの響きのような大声がするのを聞いた Re 1,10; zhet ertʻayr bazmowtʻiwn žołovrdean-n ew asēin, barj z-da 民の群が「そいつを片づけろ」と言いながらついて来た Ac 21,36; na zhet ełeal Pawłosi ew mer ałałakēr 彼女はパウロと私たちの後について来て叫んだ Ac 16,17; z-amenayn gorcocʻ bareacʻ zhet ertʻeal icʻē 彼女はあらゆる良い行いに従事するだろう 1Tm 5,10; zhet ełew knoǰ-n or cnaw z-manowk-n arow 彼はあの男子を産んだ女を追跡した Re 12,13; ②y-aynm hetē sksaw kʻarozel YS そのときからイエスは宣教し始めた Mt 4,17; očʻ ews tesanicʻēkʻ z-is y-aysm hetē お前たちは今から後, もはや私を見ることはないであろう Mt 23,39; aha y-aysm hetē eranescʻen inj amenayn azgkʻ 見よ, 今から後, 諸世代は私を幸いな者と呼ぶだろう Lk 1,48; ays errord awr ē y-ormē hetē ayn gorcecʻaw これが行われてから 3 日になる Lk 24,21; sa awasik y-ormē hetē mteal em, očʻ dadareacʻ i ham-

hetak'rk'ir 422

bowreloy z-ots im ここにいるこの人が，私が入って来た時から，私の両足に接吻するのを止めようとしなかった Lk 7,45; k'ani? žamanakk' en y-ormē hetē ayd ełew dma 彼にこのようなことが起こってから，もうどのくらい経つのか Mk 9,21.
hetak'rk'ir【形】好奇心の強い，詮索好きな，おせっかいな (περίεργος 1Tm 5,13); yowlac'eal hetak'rk'ir šrǰim = περιεργάζομαι 余計（無駄）なことに手を出す，おせっかいを焼く，詮索する 2Th 3,11.
heti, -twoy, -teac'【形】 徒 歩 で (πεζῇ)：gnac'in z-het nora heti i k'ałak'ac' anti 彼らは町々から徒歩で彼に従って行った Mt 14,13; heti y-amenayn k'ałak'ac' xowr̄n ənt'anayin andr 彼らはすべての町々から徒歩でそこへいっせいに駆けつけた Mk 6,33.
her, -ov [her, -oy, -rac'/-ric', -rovk'/-rawk']【名】《ギリシア語複数に対して単数を集合的に用いる》髪の毛 (θρίξ, 複 τρίχες)：jer ew amenayn isk her glxoy t'oweal ē あなたたちの頭の毛までもすべて数えられている Mt 10,30; or awc z-TR-n iwłov ew ǰnǰeac' z-ots nora herov iwrov 彼女は主に香油を注ぎ，その両足を自分の髪でぬぐった Jn 11,2. → maz = θρίξ
herzowacoł, -i, -ac'【形】分派を造る (αἱρετικός)：y-ar̄nē herzowacołē yet miangam ew erkic's xrateloy hražaresǰir 分派を造っている者に対しては1回，2回と警告した後に退けよ Tt 3,10.
herjowac, -oy; **herjowack'**, -coc'【名】①分割，分離，分裂，不和，論争，分争 (σχίσμα Jn 7,43; στάσις Ac 23,7; διχοστασία Ro 16,17). ②分派；異端 (αἵρεσις Ac 24,14; 1Cor 11,19)：①ełew herjowac i mēǰ žołovrdean-n vasn nora (M: ełen herjowack' vasn nora i žołovrdean-n) 彼ゆえに群衆の間に分裂が生じた Jn 7,43; darjeal herjowac linēr i mēǰ hrēic' 再びユダヤ人たちの間に分裂が生じた Jn 10,19; gitel z-aynpisis-n, or herjowacs ... ar̄nic'en 分裂をもたらす者たちに注意する Ro 16,17; z-ays ibrew asac', ełen herjowack' P'arisec'woc'-n ew Sadowkec'woc' 彼がこう言うと，ファリサイ派とサドカイ派との間に論争が生じた Ac 23,7; ②əst čanaparhi-n z-or asen herjowac 彼らが分派と呼んでいる道に従って Ac 24,14; ew herjowack' lineloc' en i jez あなたたちの間に分派もなければならない 1Cor 11,19.
herjowm, -ji, eherj; **herjanem**, -ji; **herjnowm**, -jay【動】割る，裂く；[中] 割れる，裂ける (σχίζω Lk 23,45; λακάω Ac 1,18)：herjaw varagoyr tačari-n ənd mēǰ 神殿の幕が真ん中から裂けた Lk 23,45; owr̄owc'eal herjaw ənd mēǰ 腹が膨れ上がって真ん中から引き裂けた Ac 1,18 → patar̄em, c'elowm (Mt 27,51)

herov → her
herow; i herow-n hetē【副】昨年, 昨年以来 (πέρυσι)：Ak'ayec'ik'-n i herow-n hetē patrast en アカイア州の人々は昨年以来準備ができている 2Cor 9,2.
hews → hiws
hewr → hiwr
hzawr, -i, -ac'【形】[＋具] 強い, 力ある (δυνατός Lk 24,19; κραταιός 1Pe 5,6; ἰσχυρός Lk 11,21; 1Cor 1,27)；【名】力ある者, 権力者；高官 (ὁ δυνατός Lk 1,49; δυνάστης Lk 1,52; Ac 8,27; 1Tm 6,15)：or ełew ayr margarē hzawr ardeambk' ew baniwk' ařaǰi AY ew amenayn žołovrdean-n 彼は神の前でもすべての民の前でも, 業と言葉とに力ある預言者だった Lk 24,19; xonarhec'arowk' ənd hzōr jeřamb-n AY 神の力ある手のもとに卑しめられよ 1Pe 5,6; yoržam hzawr vařeal pahic'ē z-town iwr 強い者が武装して自らの館を守る時 Lk 11,21; z-tkars ašxarhi-s əntreac'AC, zi y-amōt' arasc'ē z-hzōrs 神は強いものを恥じ入らせるために, この世界の弱いものを選び出した 1Cor 1,27; zi arar inj mecamecs hzwar-n 力ある方が私に大いなることどもをしてくれたからだ Lk 1,49; k'akeac' z-hzawrs y-at'ořoc' (神は) 権力者らを位から引き降ろした Lk 1,52; ayr mi Et'iwovpac'i nerk'ini, hzōr Kandakay tiknoǰ Et'iwovpac'woc' 1 人のエチオピア人がいて, 彼は宦官, エチオピア人の女王カンダケの高官であった Ac 8,27; z-or y-iwr žamanaks c'owc'c'ē eraneli-n ew miayn hzōr (この顕現を) 然るべき時期に実現するのは, 至福であり, 唯一の権力者である 1Tm 6,15. → zawr, h-
hzawragoyn, -gowni, -ic'【形】《比》より強い (ἰσχυρότερος)：or z-kni-n im gay hzawragoyn ē k'an z-is 私の後に来る者は私よりも強い Mt 3,11.
Hērovdianos [k']；M: Herovd-, -sac'【名】ヘロデ党の者 ('Ηρῳδιανοί)：ařak'en ař na z-ašakerts-n iwreanc' Hērovdianosawk'-n (M: Herovd-) handerj 彼らはヘロデ党の者たちと共に弟子たちを彼のもとへ遣わす Mt 22,16. → Hērovdēs
hianam, hiac'ay【動】[vasn＋属…について] 困惑する (ἀπορέω)；びっくりする, 面食らう, 狼狽する (διαπορέω)：ełew ənd hianal-n noc'a vasn aynorik 彼女らがそのことで困惑していると Lk 24,4; hianayin vasn noc'a, t'ē zinč? ardewk' linic'i ayn 彼らは, これは一体どんなことになるのかと狼狽していた Ac 5,24. → zarmanam
[**him**/(h)im] → *i-
himn, -man, -manc'【名】土台, 基礎 (θεμέλιος Lk 6,49 Re 21,14; θεμέ-

λιον Ac 16,26)： nman ē aṝn or šinicʻē town i veray hołoy aṝancʻ himan 彼は土台なしに地面の上に家を建てる人と同じだ Lk 6,49; ełew yankarcaki šaržowmn mec, minčʻew šaržel himancʻ banti-n 突然大地震が起こって，牢の土台まで揺れ動いた Ac 16,26; parispkʻ kʻałakʻi-n ownēr himowns erkotasan 都の城壁には12の土台があった Re 21,14.

hin, hnoy, -ocʻ【形】古い（παλαιός）↔nor：očʻ okʻ arkanē gini nor i tiks hins 誰も新しい酒を古い皮袋には入れない Mk 2,22; noyn kʻoł jgeal kay i veray əntʻercʻowacocʻ hin ktakaranacʻ-n 同じ覆いが古い契約の朗読の際に取り除かれずに残っている 2Cor 3,14; hin mard-n mer xačʻakicʻ ełew nora 私たちの古い人間は彼と共に十字架につけられた Ro 6,6. → hn-anam

hing, hngi, -icʻ【数】《基数》5,5つ（πέντε）; hing hariwr = πεντακόσιοι 500 ; hing hazar[kʻ] = πεντακισχίλιοι 5000 ; kʻsan ew hing = εἴκοσι πέντε 25：hing ayr pʻoxeal ē kʻo あなたは5人の夫を替えた Jn 4,18 [= πέντε γὰρ ἄνδρας ἔσχες]; min partēr hing hariwr darhekan 1人は500デナリオン借りていた Lk 7,41; orkʻ keran-n ein ibrew hing hazar (M: hazarkʻ) 食べた者は5000人ほどだった Mt 14,21. → hngetasan

hingetasan（E） → hngetasan

hingetasanerord（E） → hngetasanerord

hingerord, -acʻ【数】《序数》第5の,5番目の（πέμπτος）：yoržam ebacʻ z-knikʻ-n hingerord［子羊が］第5の封印を解いた時 Re 6,9.

hiwand, -i, -acʻ【形】病気の，弱い，苦しんでいる（ἀσθενής Mt 25,43）; hiwandkʻ【名】《多く複で》病人（οἱ κακῶς ἔχοντας Mt 4,24; οἱ ἀσθενοῦντες Lk 4,40; οἱ ἄρρωστοι Mt 14,14）：hiwand [ei] ew i bandi ew očʻ tesēkʻ z-is お前たちは私が病弱であり，また獄中にあった時に私を見舞ってくれなかった Mt 25,43; amenekʻean orocʻ ein hiwandkʻ i pēspēs cʻaws berein z-nosa aṝ na さまざまな病で弱っている者たちを抱えている人々は皆，彼らを彼のもとに連れて来始めた Lk 4,40; and ēr tʻagaworazn mi oro ordi nora hiwand kayr (= ἠσθένει) i Kapʻaṝnaowm カファルナウムに王の家臣がいて，その息子が病でいた Jn 4,46.

hiwandamit【形】のみこみの遅い，愚鈍な；怠惰な（νωθρός）：zi mi hiwandamitkʻ linicʻikʻ あなた方が鈍くなることがないように He 6,12. → mit

hiwandanam, -dacʻay【動】病む，苦しむ（ἀσθενέω Jn 11,3; συνέχομαι Ac 28,8）: lowsnoti ew čʻaračʻar hiwandanay = ... κακῶς ἔχων (Θ: κακῶς ἔχει, D: κακῶς πάσχει) 彼はてんかんを患い，ひどく病んでい

る Mt 17,15; caṙay č'arač'ar hiwandac'eal (κακῶς ἔχων) merj ēr vaxčanel 僕が患って，絶え入ろうとしていた Lk 7,2; z-or dow-n sireir hiwandac'eal ē あなたが愛してきた人が病んでいる Jn 11,3; ełew hōr-n Popleay i ǰerm ew y-axt t'anč'ic' hiwandanal dnel プブリウスの父が熱病と下痢に苦しんでふせっていた Ac 28,8.

hiwandowt'iwn, -t'ean【名】弱さ，患い，病弱 (ἀσθένεια Mt 8,17; Jn 5,5: νόσος Mt 4,23; μαλακία Mt 10,1)：na z-hiwandowt'iwns mer verac'oyc' ew z-c'aws mer ebarj 彼は我らの弱さを負い，我らの病を担った Mt 8,17; and ēr ayr mi oroy eresown ew owt' am ēr i hiwandowt'ean iwrowm そこに1人の人がいて，38年間病のうちにあった Jn 5,5.

hiwt', -oy (M: hiwt'woy), -oc'【名】①水分，湿気 (ἰκμάς). ②深さ (βάθος). ③物質：①č'orac'aw aṙ i č'-goyē hiwt'oy 水分がないためそれは枯れてしまった Lk 8,6; ②vaɫvaɫaki bowsaw k'anzi oč' goyr hiwt' erkri-n = ... διὰ τὸ μὴ ἔχειν βάθος γῆς 土が深くなかったので，それはすぐに芽を出した Mk 4,5 [cf. Mt 13,5 aṙ i č'-goyē hiwt'oy erkri-n].

hiws/hews, -oy; hiwsk', -ic', -iwk'【名】髪を編むこと，編んだ髪 (ἐμπροκή τριχῶν 1Pe 3,3; πλέγμα 1Tm 2,9)：oč' artak'owst hiwsiwk' ... zard 髪を編むことによる外的なおめかし 1Pe 3,3; mi i hewss oskemans 金で編んだ髪で〔身を飾るの〕ではなく 1Tm 2,9.

hiwsis, -oy【名】北 (βορρᾶς)：ekesc'en ... i hiwsiwsoy (M: i hiwsisoy [cf. ELPA II.314]) ew i harawoy 人々が北から南からやって来るだろう Lk 13,29. → arewelk', arewmowtk', haraw

hiwsn, -san, -sownk', -sanc'【名】大工職人 (τέκτων)：oč' sa ē hiwsan-n ordi? こいつは大工職人の息子ではないか Mt 13,55.

hiwr/hewr; -oy, -oc'【名】客，旅人 (ξένος); z-hiwrs əndownim 客を歓待（厚遇）する (ξενοδοχέω 1Tm 5,10)：et'ē z-hewrs ənkaleal ic'ē 彼女が客人を手厚くもてなすならば 1Tm 5,10.

hiwrasēr【形】客人に厚い (φιλόξενος) Tt 1,8. → hiwr, sēr

hiwrasirowt'iwn, -t'ean【名】旅人を厚くもてなすこと (φιλοξενία) Ro 12,13.

hccem; M: heccem, -ec'i【動】ささやく，ひそひそ話す (συζητέω) [M: heccem, cf. hececem (hec-ecel: ELPA II.65「呻く，嘆く」 → hecem]: zarmac'an amenek'in, minč'ew hccel ənd mimeans 皆が肝をつぶし，さやき合った [Gk: 論じ合った].

hnazand, -i, -ic'【形】[+与]…に従順な，従属する，聞き従う (ὑπήκοος Php 2,8; ὑποτάσσομαι Lk 2,51; Tt 2,9; ὑπακούω Col 3,22):

xonarhec'oyc' z-anjn, lieal hnazand mahow č'ap', ew mahow hač'i 彼は自分自身を低くした，死にいたるまで従順になりつつ，しかも十字架の死に（至るまでも）Php 2,8; ēr noc'a hnazand 彼は彼らに従っていた Lk 2,51; carayic' iwreanc' teranc'-n hnazand linel 奴隷は自分たちの主人の下に従属すべきだ Tt 2,9.

hnazandem, -ec'i【動】飼い馴らす (δαμάζω Jas 3,7.8)：amenayn bnowt'iwn gazanac' ew t'r̄č'noc', ew sołnoc' ew or i covow en, hnazandeal ē ew hnazandi mardkełēn bnowt'ean. (8) bayc' z-lezow mardkan oč' ok' karē hnazandel あらゆる種類の獣と鳥類，這うものと海の生き物は，人間という種に飼い馴らされてきたし，また飼い馴らされている．ところが，人間のうちで舌を飼い馴らすことのできる者は誰もいない Jas 3,7-8.

hnazandec'owc'anem, -c'owc'i【動】[＋与；ənd＋具] 奴隷として従わせる，隷属させる，服従させる，飼い馴らす (δουλαγωγέω 1Cor 9,27; ὑποτάσσω Php 3,21; He 2,8)：əst zōrowt'ean-n ar̄ i karōł lineloy hnazandec'owc'anel ənd iwrew z-amenayn すべてのものを自分に従わせることができるようにする力によって Php 3,21.

hnazandim, -dec'ay【動】① [＋与]…に従う，屈服する，服従する，従順である (ὑπακούω Mk 1,27; ὑποτάσσομαι Lk 10,17; ἀπειθέω Jn 3,36). ② [＋対] 畏敬する (σεβάζομαι)：①aysoc' płcoc' sastē, ew hnazandin nma 彼が穢れた霊どもに命じると，霊どもですら彼に従う Mk 1,27; ew dewk' hnazandin mez y-anown k'o 悪霊どもですらあなたの名において私たちに屈服する Lk 10,17; or oč' hnazandi ordwoy oč' tesc'ē z-keans-n 子に従おうとしない人は命を見ることがないだろう Jn 3,36; ②hnazandec'an ew paštec'in z-araracs ew oč' z-ararič'-n = ἐσεβάσθησαν καὶ ἐλάτρευσαν τῇ κτίσει παρὰ τὸν κτίσαντα 彼らは創造者ではなく [Gk: 創造した方に抗って] 被造物を畏敬し，礼拝した Ro 1,25

hnazandowt'iwn, -t'ean【名】従順 (ὑπακοή Ro 16,19; ὑποταγή 2Cor 9,13); 柔和, 穏健 (πραΰς 1Pe 3,4)：jer hnazandowt'iwn-d ar̄ amenesean haseal ē あなた方の従順はすべての者に達した Ro 16,19; p'ar̄aworel z-AC i veray hnazandowt'ean xostovanowt'ean jeroy y-awetaran-n K'I あなた方がキリストの福音への告白をなす従順さゆえに，神に栄光を帰する 2Cor 9,13.

hnanam, hnac'ay【動】古くなる，古びる (παλαιόομαι); hnac'eal = παλαιός 古い Mt 9,16; Mk 2,21; Lk 5,36：ararēk' jez k'saks ar̄anc' hnanaloy あなたたちは自分のために古びることのない財布を作れ Lk

12,33; oč' ok' arkanē kapert ant'ap' i veray hnac'eal jorjoy 誰も晒していない布の当て切れを古い着物の上に当てはしない Mt 9,16. → hin, hnac'owc'anem

hnar¹【形】〈hnar ē のみ〉できる，可能な (δυνατόν ἐστιν); et'e hnar inč' ic'ē = εἰ δυνατόν できるならば: et'e hnar ē anc'c'ē bažak-s ays y-inēn もしできることならこの杯が私から去って行くように Mt 26,39; aṙ i molorec'owc'aneloy et'e hnar inč' ic'ē ew z-ntreals-n できるならば選ばれた者たちをも惑わせるために Mk 13,22; orowm oč' ēr leal hnar y-owmek'ē bžškel = ἥτις οὐκ ἴσχυσεν ἀπ' οὐδενὸς θεραπευθῆναι 彼女は誰からも癒してもらうことができずにいた Lk 8,43. → anhnarin

hnar², -i; -k', -ric'【名】手段，方法；策略，奸計 (μεθοδεία Eph 6,11): zgec'arowk' z-spaṙazinowt'iwn AY zi karōł linijik' kal ənddēm hnaric' satanayi 悪魔の奸計に抗して踏み留まれるように，神の武具を身につけよ Eph 6,11.

hnarawor【形】実行（実現）できる，可能な: [+与] amenayn inč' hnarawor ē aynm or hawatay-n = πάντα δυνατά τῷ πιστεύοντι 信じる者には何でもできる Mk 9,23; anhnarink'-n aṙ i mardkanē hnarawork' en (M: + aṙ i) y-AY = τὰ ἀδύνατα παρὰ ἀνθρώποις δυνατὰ παρὰ τῷ θεῷ ἐστιν 人間にはできないことでも，神にはできることなのだ Lk 18,17. → anhnarin

hnarim, -rec'ay【動】[+与] 奸計を弄する，悪巧みする (κατασοφίζομαι): na hnarec'aw azgi-n merowm ew č'arč'areac' z-hars-n mer 彼は私たちの同族に悪巧みをして父祖たちにひどい仕打ちをした Ac 7,19. → hnar²

hnac'eal → hnanam

hnac'owc'anem, -c'owc'i【動】古くする，古いと言う (παλαιόω): aselov-n nor, hnac'oyc' z-aṙajin-n 新しい（契約）と言うことによって，彼は最初のを古びたものと宣告した He 8,13. → hnanam

hngetasan (M); hingetasan (E), -iwk'【数】《基数》15 (δεκαπέντε): merj y-ĒM ibrew asparisawk' hingetasan (M: hngetasaniwk') エルサレムに近く15スタディオンほどの距離だった Jn 11,18. → hing, tasan-

hngetasanerord (M); hingetasanerord (E), -ac'【数】《序数》15番目の，第15の (πεντεκαιδέκατος): i hingetasanerordi (M: i hngetasanerordi) ami terowt'ean Tibereay kayser カエサル・ティベリウス在位の第15年に Lk 3,1.

hngic's【副】5度，5回 (πεντάκις): i hrēic' hngic's k'aṙasown miov pakas arbi 私はユダヤ人から40に1つ足りない〔鞭打ち〕を5度受け

た 2Cor 11,24.

hncan, -i, -ac' 【名】受け槽, 酒槽 (ληνός): tnkeac' aygi ... ew p'oreac' i nma hncan 彼は葡萄園を造り, その中に受け槽を掘った Mt 21,33; gowb hncan = ὑπολήνιον Mk 12,1; na koxesc'ē z-hncan ginwoy c'asman barkowt'ean AY amenakali その者が, 全能者なる神の激した怒りの〔込められた〕葡萄酒の酒ぶねを踏むであろう Re 19,15.

[**hncem**] → hnjem

hnjawł, -i, -ac' 【名】刈り入れ人 (θεριστής): i žamanaki hnjoc' asac'ic' c'-hanjawłs-n 刈り入れの時に私は刈り入れ人たちに言うだろう Mt 13,30; hownjk'-n katarac ašxarhi-s ē, ew hnjawł-n hreštakk' en「刈りいれ」とはこの世の終りであり,「刈り入れ人たち」とは御使いたちである Mt 13,39. → -awł

hnjem, -ec'i (M: + hncem)【動】刈る, 刈り取る, 刈り入れる (θερίζω): hnjes (M: hnces) z-or oč' sermanec'er あなたは自分で蒔かなかったところから刈り取る Mt 25,24. → hownjk'

hnjoc' → hownjk'

hnoy → hin

hnoc', -i, -ac' 【名】炉 (κάμινος Mt 13,42; Re 1,15; κλίβανος Mt 6,30); arkanem i hnoc' = βάλλω εἰς κλίνην 病の床に伏させる Re 2,22: arkc'en z-nosa i hnoc' hroy-n 彼らは彼らを火の炉に投げ入れるであろう Mt 13,42; otk' nora nmaneal płnjoy cxeloy i mēj hnoc'i hrašēk 彼の足は灼熱の炉の只中で精錬されたつやのある真鍮に似ていた Re 1,15; z-xot-n i vayri or aysawr ē ew vałiw i hnoc' arkani 今日は生きていても明日は炉に投げ込まれる野の草 Mt 6,30.

hnowt'iwn, -t'ean 【名】古いこと, 古さ (παλαιότης): ař i cařayel mez norogowt'eamb hogwoy-n ew oč' hnowt'eamb groy-n 結果的に私たちは文字の古さではなくて霊の新しさに隷属している Ro 7,6. → hin

hnč'em, -ec'i 【動】音を出す, 鳴り響く (ἠχέω 1Cor 13,1; ἐχηχέομαι 1Th 1,8); k'nari hnč'em 竪琴を演奏する (κιθαρίζω 1Cor 14,7): płinj or hnč'ē 鳴り響く銅鑼 1Cor 13,1; i jēnĵ hnč'eac' ban-n AY 主の言葉があなた方から出て鳴り響いた 1Th 1,8; ziard? čanač'ic'i p'ołoy-n harkanel kam k'nari-n hnč'el 笛が吹かれているとか, 竪琴が奏でられているとか, どうして知られるだろうか 1Cor 14,7.

hnč'iwn 【名】音, ざわめき, 騒音 (ἦχος): ełew yankarcaki hnč'iwn yerknic' 突然音響が天から起こった Ac 2,2.

[**hog**] → anhog, hogk'

hogam, -ac'ay [+ -ac'i] 【動】思い煩う, 悩む, 心を痛める (μεριμνάω;

ἀδημονέω Mt 26,37); yaṙaǰagoyn hogam あらかじめ思い煩う (προμεριμνάω Mk 13,11)： ov? i jēnǰ aṙ hogal karic‘ē yawelowl i hasak iwr kangown mi あなた方のうちの誰が思い煩ったからといって，自分の背丈を1尺ほどでも伸ばせるだろうか Lk 12,25; mi hogayc‘ēk‘ t‘e orpēs kam zinč‘ xawsic‘ik‘ あなた方はどのように，あるいは何を語ろうかと思い煩うな Mt 10,19; mi hogayk‘ ənd ogwoy t‘e zinč‘ owtic‘ēk‘ ew mi ənd marmnoy t‘e zinč‘ zgenowc‘owk‘ いのちのために何を食べようか，また体のために何を着ようか，と思い煩うな Lk 12,22; sksaw trtmel ew hogal 彼は悲しみ悩み始めた Mt 26,37.

hogepēs【副】霊的に，霊的な仕方で (πνευματικῶς 1Cor 2,14).
→ hogi, -pēs

hogewor, -i, -ac‘【形】霊的な (πνευματικός)：ənd hogewors z-hogewors-n hamematemk‘ 私たちは霊的なことを霊的なものと比較する 1Cor 2,13; yaṙnē marmin hogewor 霊的な体が起こされる 1Cor 15,44; or ōrhneac‘ z-mez amenayn hogewor ōrhnowt‘eamb y-erknawors 天上〔の領域〕で私たちをあらゆる霊的な祝福で祝福した方 Eph 1,3.

hogi, -gwoy, -oc‘【名】①霊；心 (πνεῦμα)；əst hogwoy-n 霊的に (πνευματικῶς Re 11,8); hogi sowrb = ἅγιον πνεῦμα 聖霊. ②息. ③風. ④人 (ψυχή Ac 2,41). : ①hogin hanē zna yanapati 霊が彼を荒野に送り出す Mk 1,12; y-At‘ēns i mnal-n noc‘a Pawłosi, zayranayr hogi nora i nman, zi tesanēr i hṙapaštowt‘ean z-k‘ałak‘-n パウロはアテネで彼らを待っている間に，この都が偶像に満たされているのを見て，その心が怒りに燃えた Ac 17,16; o? ok‘ i mardkanē gitē inč‘ z-mardoy-n, et‘ē oč‘ hogi mardoy-n or i nma 人間のうちにあるその人の霊をほかにして，人間のうちの誰がその人のことを知っているか 1Cor 2,11; t‘ēpēt ew marmnov heṙi em, ayl hogwov ənd jez em 私はたとえ肉では離れていても，霊ではあなた方と共にある Col 2,5; ②z-or TR YS satakesc‘ē hogwov beranoy iwroy 主イエスはこれを自らの口から吐く息で殺すだろう 2Th 2,8; ③o arar z-hreštaks iwr hogis 自分の使いたちを風とした者 He 1,7; ④hogik‘ ibrew erek‘ hazark‘ 3000人ばかりの人々 Ac 2, 41;

hogk‘, -goc‘, -ovk‘【名】《複のみ》心配，思い煩い (μέριμνα)：zgoyš lerowk‘ anjanc‘ gowc‘ē canranayc‘en sirtk‘ jer šowaytowt‘eamb ew arbec‘owt‘eamb ew hogovk‘ ašxarakanawk‘ 用心せよ，さもなければ，あなたたちの心が酒宴や酩酊や生活の思い煩いで鈍重にならないとも限らない Lk 21,34; hogk‘ amenayn ekełec‘eac‘ すべての教会についての心配事 2Cor 11,28; z-amenayn hogs jer ənkec‘ēk‘ i na あなた方の思い煩い

をすべて彼に投げ込め 1Pe 5,7.　→ anhog, hogam

hoł, -oy, ov【名】土，地面（γῆ）：ankaw y-aparaži owr oč' goyr hoł bazowm それは土のあまりない石地に落ちた Mt 13,5; or šinic'ē town i veray hołoy aranc' himan 土台なしに地面の上に家を建てる人 Lk 6,49. → erkir

hołagorc, -i, -ac'【名】耕作人，農夫：or ownic'i caray hołagorc kam hoviw = ... δοῦλον ἔχων ἀροτριῶντα (: -ριάω) ἢ ποιμαίνοντα 〔畑を〕耕作するか羊飼いの僕がいる人 Lk 17,7.　→ hoł, gorc

hołat'ap', -i, -ic'【名】皮ぞうり（σανδάλιον）：mi płinj i gawtis, ayl aganel hołat'ap's 帯の中には銅銭も入れず，ただ皮ぞうりをはく〔ように命じた〕Mk 6,9; ac z-gōti k'o ew ark z-hołat'ap's y-ots k'o 帯を締め，皮ぞうりをはけ Ac 12,8.　→ -t'ap'

hołełēn, -ełini, -nac'【形】土で造られた（χοϊκός）：arajin mard-n y-erkrē hołełēn 最初の人は地から出て土で造られた者だ 1Cor 15,47. → hoł

hołm【名】①風（ἄνεμος Re 7,1; πνοή Ac 2,2; πνεῦμα Jn 3,8). ②空気（ἀήρ 1Cor 9,26）：①ownēin z-č'ors hołms erkri zi mi šnč'esc'ē hołm i veray erkri ew mi i covow ew mi i cars 彼らは，地の上にも海にも樹木にも風が吹きつけないように，地の四方の風を押し止めていた Re 7,1; hnč'iwn y-erknic' ekeal ibrew sastik hołmoy 烈風ふきすさぶような音響が天からやって来て Ac 2,2; hołm owr kami šnč'ē 風は吹きたいところに吹く Jn 3,8a (3.8b : πνεῦμα = hogi); cov-n i sastik hołmoy šnč'eloy yowzēr 激しい風が吹いて海は荒れていた Jn 6,18; ełegn šaržown i hołmoy 風に揺らぐ葦 Mt 11,7; ②aynpēs mrc'im, orpēs oč' t'ē z-hołms inč' kocelov 私は空を打つような拳闘をしない 1Cor 9,26.　→ mrrik, awd

hołmakocim, -cec'ay【動】風に煽られる（ἀνεμίζομαι Jas 1,6; παραφέρω Jd 12; βασανίζω Mk 6,48）：or erkmit-n ē, nman ē hołmakoceal ew tataneal aleac' covow 疑う人は，風に煽られ，揺り動かされている海の荒波に似ている Jas 1,6; ampk' anjrdik, hołmakocealk' 風に煽られる，雨をもたらさぬ雲 Jd 12; etes z-nosa hołmakoceals i varel-n, zi ēr hołm ənddēm noc'a 彼は彼らが〔舟を〕漕ぐのに風で難渋しているのを見た．彼らには逆風だったからだ Mk 6,48.　→ kocem

Horom[k'], -moc'【名】ローマ人（οἱ Ῥωμαῖοι）[ELPA I.143: 複数形は地名「ローマ」の意味でも見られる]：gayc'en Horomk' ew barnayc'en z-azgs mer ew z-tełi ローマ人がやって来て，われわれの民族と場所を取り上げてしまうだろう Jn 11,48.　→ Hrovm, dałmatarēn

hosem, -ec‘i【動】①押しつぶす（λικμάω）. ②（液体が）流れる，こぼれる：①amenayn or əndharc‘i ənd vēm-s ənd ays, xortakesc‘i ew y-oroy (M: y-oyr) veray anc‘i, hosesc‘ē z-na この石の上に落ちる者は皆，粉々にされるだろう．また，それが誰かの上に落ちれば，それはその者を押しつぶすだろう Lk 20,18; ②hosēin i nmanē k‘rtownk‘ ibrew z-kaylaks arean 汗が血の塊のように彼から流れた Lk 22,44 [Zohrab].

hovani, -nwoy, -neac‘【名】①陰，日陰，影（σκιά）. ②hovani linim 影を投げる，影で覆う（ἐπισκιάζω Mt 17,5), hovani ownim (κατασκιάζω He 9,5)：①ew arjakē osts mecamecs, minč‘ew bawakan linel ənd hovaneaw nora t‘r̄č‘noc‘ erknic‘ bnakel それは巨大な枝を張って，そのため，その陰で天の小鳥たちが巣を作り得るほどになる Mk 4,32; zi ənd anc‘anel-n Petrosi gonē hovani-n nora hasc‘ē owmek‘ i noc‘anē ペトロが通る時，せめて影が彼らの中の誰かに落ちるようにした Ac 5,15; ②amp lowsawor hovani ełew i veray noc‘a 輝く雲が彼らを上から覆った Mt 17,5; zawrowt‘iwn barjreloy hovani lic‘i i veray k‘o いと高き者の力がその影であなたを覆うであろう Lk 1,35; i veray nora k‘rovbēk‘-n p‘aṙac‘ or hovani ownēin i veray k‘awowt‘ean-n その上には栄光のケルビムがあって贖罪板を影で覆っていた He 9,5. → stower

[**hovem** (M: hovesc‘ē = hovowesc‘ē)] → hovowem

hoviw, -vowi, -vowac‘【名】牧者，羊飼い（ποιμήν）：ein ašxatealk‘ ew c‘rowealk‘ ibrew z-oč‘xars oroc‘ ic‘ē hoviw 彼らは牧人のいない羊のように疲れ果て，打ち棄てられていた Mt 9,36; haric‘ z-hoviw-n, ew c‘rowesc‘in oč‘xark‘ hawti-n 私は羊飼いを打つであろう，するとその羊飼いの羊の群はちりぢりにされてしまうであろう Mt 26,31; orpēs hoviw zi meknē z-awdis y-ayceac‘ 牧者が羊の群を山羊の群から選り分けるように Mt 25,32; na et z-omans aṙak‘eals, z-omans margarēs, z-omans awetaranič‘s, z-omans hoviws ew vardapets 彼は使徒を，預言者を，福音宣教者を，牧者と教師を与えた Eph 4,11.

hovowapet, -i, -ac‘【名】牧者の長（ἀρχιποίμην）：zi y-erewel hovowapeti-n əndowniǰik‘ z-ant‘aṙam p‘aṙac‘ psak-n そうすれば，牧者の長が現れる時，あなた方はしおれることのない栄光の冠を手に入れるだろう 1Pe 5,4. → hoviw, -pet

hovowem, -ec‘i【動】(羊を) 牧する；(群衆などを) 導く；支配する (ποιμαίνω)：i k‘ēn elc‘ē inč‘ išxan or hovowesc‘ē z-żołovowrd im z-IĒŁ お前からわが民イスラエルを牧する指導者が出るだろう Mt 2,6 (M: or hovesc‘ē [hov<ow>esc‘ē に対する誤記；hovem「扇ぐ，空気を入れる」, hov, -ow/-oy「涼しい，冷たい，風」:Calfa])；na hovowesc‘ē z-nosa gawazanaw erkatʻeaw その者が鉄の杖でもって彼らを支配するだろう Re 2,27; 19,15. → hoviw, aracim

hot, -oy, -ocʻ【名】香り，におい（ὀσμή Jn 12,3）; hot anoyš 芳しい香り（εὐωδία 2Cor 2,15）: town-n li ełew i hotoy iwłoy-n 家は香油の香りで満たされた Jn 12,3.

hotim, -tecʻay【動】におう（ὄζω）: ard hoteal icʻē, kʻanzi čʻorekʻawreay（死者は）もうにおっているだろう．4日目だから Jn 11,39.

hototelikʻ, -leacʻ【名】《複のみ》嗅覚（ὄσφρησις）: etʻē amenayn lselikʻēin, owr? ēin hototelikʻ もしも〔体〕全体が聴覚だとしたら，嗅覚はどこにあるのだろうか 1Cor 12,17.

[**hor**, -oy, -ocʻ【名】穴，くぼみ，井戸］ → ǰrhor = φρέαρ, cf. Jn 4,11 ǰrhor xor ē.

hownjkʻ (M: + hownckʻ), hnjocʻ【名】《複のみ》刈り入れ，収穫（の時），収穫される穀物（θερισμός）: tʻoyl towkʻ erkocʻownc̣ ačel i miasin minčʻew i hownjns 刈り入れまで双方とも一緒に成長させよ Mt 13,30; hownjkʻ (M: hownckʻ) bazowm en ew mšakkʻ sakaw 収穫は多いが働き人が少ない Lk 10,2; haseal en hownjkʻ erkri 地上の穀物は実りきっている Re 14,15. → hnjem (M: + hncem)

howp【形】近くの（ἐγγύς Ac 27,8）; howp linim 触る（θιγγάνω）Col 2,21: ekakʻ i tełi inčʻ or kočʻēr Gełecʻik Nawahangist, y-or howp ēr kʻałakʻ-n Łaseay 私たちはラサヤの町に近い「良い港」と呼ばれるところに着いた Ac 27,8.

howsk【形】最後の; howsk yetoy kʻan z-amenesin（= ἔσχατον δὲ πάντων）ibrew anargi mioǰ erewecʻaw ew inj すべての者の最後に，彼は「未熟児」のごとき私にも現れた 1Cor 15,8.

howr, hroy, -ov【名】火（πῦρ）: ayžm erkinkʻ ew erkir novin baniw ganjeal en hroy 現在の天と地は火〔による滅び〕のために同じ言葉によって保存される 2Pe 3,7; howr eki arkanel y-erkir 私は地上に火を投じるために来た Lk 12,49; kaycakowns hroy kowtescʻes i glowx nora あなたは燃える炭火を彼の頭に積むことになる Ro 12,20; ewtʻn lambarkʻ hroy borbokʻeloy arạǰi atʻorọy-n 玉座の前では7つの火の燭台が燃え盛っていた Re 4,5. → krak

hpatak, -acʻ【名】臣下，家臣;【形】従順な; hpatak em/kam 従順である，服従する（ὑπήκοος 2Cor 2,9; ὑπείκω He 13,17）: vasn aynorik isk ew grecʻi, zi z-čʻapʻ aric̣ z-jer, etʻē y-amenayni hpatak icʻēkʻ そのためにこそ私は，あなた方がすべてにおいて従順であるかという，あなた方についての確証を得るために，〔この手紙を〕書いた 2Cor 2,9; owkndir lerowk' aṟaǰnordac' jeroc' ew hpatak' kac'ēk' noc'a あなた方の指導者の言うことを聴き，彼らに服しておれ He 13,17.

hpatakowt'iwn, -t'ean【名】献身，献身的に仕えること (εὐπάρεδρον)：vasn parkeštowt'ean ew hpatakowt'ean TN aṟanc' zbałanac' 品位ある姿勢で余念なく主に仕えるために 1Cor 7,35.

hpart, -i, -ic'【形】傲慢な，大言壮語する (ἀλαζών) 2Tm 3,2.

hpartanam, -tac'ay【動】①膨れ上がる；自惚れる，思い上がる，高ぶる；敵対して立つ (φυσιόομαι Col 2,18; 1Cor 4,6; ὑψηλοφρονέω 1Tm 6,17; ὑψηλὰ φρονέω Ro 11,20; ἐπαίρομαι 2Cor 10,5; 11,20; ὑπεραίρομαι 2Cor 12,7; 2Th 2,4). ②幻惑される (τυφόομαι).：①tarapart hpartac'eal i mtac' marmnoy iwroy 自身の肉の思いによって根拠もなく膨れ上がって Col 2,18; zi mi ayr k'an z-ənker hpartanayc'ēk' i veray ənkeri-n = ἵνα μὴ εἷς ὑπὲρ τοῦ ἑνὸς φυσιοῦσθε κατὰ τοῦ ἑτέρου あなた方が一人たりとも一方の者に味方し他の者に敵対して思い上がることのないように 1Cor 4,6; mecatanc' or en y-aysm ašxarhi, patowēr taǰir mi hpartanal この世で富んでいる人々に対して，思い上がらぬようにと命じなさい 1Tm 6,17; mi hpartanar, ayl erkir あなたは高ぶった思いを抱いてはならず，むしろ恐れよ Ro 11,20;［k'akemk'］ew z-amenayn barjrowt'iwn hpartac'eal i veray gitowt'ean-n AY 私たちは神の知識の上に敵対して立てられるあらゆる障害物をも〔破壊する〕2Cor 10,5; hakaṟakord-n hpartac'eal i veray amenayni or anowaneal ic'ē AC kam paštōn〔この者は〕反逆者であり，すべての神あるいは礼拝されるものと呼ばれるものよりも上に自己を高める者 2Th 2,4; ②zi mi hpartac'eal i datastans satanayi ankanic'i 彼が幻惑されて悪魔の裁きを受ける羽目に陥らないように 1Tm 3,6; hpartac'eal ē 彼は幻惑されている 1Tm 6,4.

hpartac'owc'anem, -owc'i【動】高ぶらせる (φυσιόω)：gitowt'iwn hpartac'owc'anē, ayl sēr šinē 認識は〔人を〕高ぶらせるが，愛は〔互いを〕建てる 1Cor 8,1.

hpartowt'iwn, -t'ean【名】傲慢，高慢，尊大 (ὄγκος He 12,1; φυσίωσις 2Cor 12,20 [→ ambartawanowt'iwn])：z-hpartowt'iwn z-amenayn i bac' ənkesc'owk' 私たちはすべての傲慢さ［Gk: 重荷］をかなぐり捨てよう He 12,1; k'sowt'iwnk', hpartowt'iwnk', ambartawanowt'iwnk', xṟovowt'iwnk' 讒言，高慢，尊大，騒乱 2Cor 12,10.

hpim, -pec'ay【動】近づく，交際する (κολλάομαι)：aṟn hrēi hpel kam merjenal aṟ aylazgi ユダヤ人が外国人と交際したり，外国人を訪問したりすること Ac 10,28.

hrč'ak, -i, -aw, -ac'【名】①名声，賞賛；噂，評判 (ἦχος Lk 4,37).
②hrč'ak harkanem 言い広める (διαφημίζω Mk 1,45); [z-+奪]…を有名にする，賛美する 2Cor 2,14 : ①ert'ayr hrč'ak (= ἐξεπορεύετο ἦχος [D: ἐξῆλθεν ἡ ἀκοή]) z-nmanē y-amenayn telis 彼の評判はすべての地に行き渡った Lk 4,37; ②AY šnorhk'-n or y-amenayni hrč'ak harkanē z-mēnǰ i K'S YS キリスト・イエスにあって常に私たちの名を高からしめる [= τῷ πάντοτε θριαμβεύοντι ἡμᾶς 私たちを凱旋させる] 神に感謝あれ 2Cor 2,14. → hambaw

hskem, -ec'i【動】目覚める (γρηγορέω 1Cor 16,13; ἀγρυπνέω Mk 13,33) [E: skem, cf. h-; hskowmn] : zgoyš elerowk', skec'ēk' (M: hskec'ēk') ew kac'ēk' y-alawt's 警戒せよ，目を覚まして，祈っておれ Mk 13,33; hskec'ēk', hastatown kac'ēk' i hawats あなた方は目覚めていよ，信仰において堅く立て 1Cor 16,13.

hskowmn, hskman, hskmownk', -manc'【名】不眠，徹夜 (ἀγρυπνία): y-ašxatowt'iwns, i hskmowns, i pahs 労苦において，不眠において，飢餓において 2Cor 6,5. → tk'nowt'iwn

hražarem, -ec'i【動】①[i+奪]…を放棄する，断念する，辞退する，拒絶する，退ける (ἀπολέγομαι 2Cor 4,2; ἀποτάσσομαι Lk 14,33; παραιτέομαι 1Tm 4,7; Tt 3,10; He 12,25). ②免除を乞う，勘弁してもらう (παραιτέομαι Lk 14,18). ③[i+奪]…に別れを告げる (ἀποτάσσομαι Lk 9,61; Ac 18,18; ἀπασπάζομαι Ac 21,6): ①hražarec'ak' i galtneac' amōt'oy-n 私たちは恥辱に満ちた隠れたことがらを放棄した 2Cor 4,2; amenayn ok' i jēnǰ or oč' hražaresc'ē y-amenayn ənč'ic' iwroc' oč' karē im ašakert linel あなたたちのうちで自らの財産のすべてを断念しない者は誰一人私の弟子になることはできない Lk 14,33; i pilc banic' ew y-araspelac' parawanc' hražaresjir 卑俗な言葉や老婆の作り話は退けよ 1Tm 4,7; y-arnē herzowacolē yet miangam ew erkic's xrateloy hražaresjir 分派を造っている者に対しては1回，2回と警告した後に退けよ Tt 3,10; zgoyš lerowk' gowc'ē hražaric'ēk' y-aynmanē or xōsec'aw-n 語った方を拒絶せぬよう気をつけよ He 12,25; ②alač'em z-k'ez kal z-is hražarel お願いだから寛恕せよ Lk 14,18; ③hraman towr inj hražarel i tanē immē 私の家の者たちに別れを告げることを許せ Lk 9,61; y-erbarc'-n hražareal nawēr y-Asoris 彼は兄弟たちに別れを告げてシリアに向かって船出した Ac 18,18; hražarealk' i mimeanc' ew elak' i naw-n 互いに別れを告げ，私たちは船に乗り込んだ Ac 21,6.

hramayem, -ec'i【動】①命令する (κελεύω Mt 18,25; διατάσσω Lk 8,55;

ἐπιτάσσω Mt 6,27; προστάσσω Mt 1,24; συντάσσω Mt 21,6; παραγγέλλω Mk 8,6; λέγω Mk 5,43). ②許す, 許可する (ἐπιτρέπω Lk 8, 32). ③ ［＋不］決定する (κρίνω Ac 27,1)：①hramayeacʻ tal nma owtel 彼は彼女に食事を取らせるように言い渡した Lk 8,55; arar orpēs hramayeacʻ nma hreštak-n 彼は使いが彼に命じたようにした Mt 1,24; hramayeacʻ žołovrdean-n bazmel i veray erkri 彼は地面に横になるように群衆に指図した Mk 8,6; ②ałačʻecʻin z-na zi hraman tacʻē nocʻa mtanel i nosa, ew hramayeacʻ nocʻa 彼らは彼に，自分たちがその者どもの中に入ることを許してくれるように願うと，彼は彼らにそれを許した Lk 8,32; ③ibrew hramayecʻaw mez nawel y-Italiay 私たちがイタリアへ向けて船出することが決まった時 Ac 27,1.

hraman, -i, -acʻ【名】①命令, 指令, 指図；定め, 規定 (δόγμα Lk 2,1; Ac 16,4; διατάσσω Lk 17,9; κέλευσμα 1Th 4,16; ἐπιταγή Ro 16,26; 1Cor 7,25; διαταγή Ac 7,53; Ro 13,2; διάταγμα He 11,23). ②同意, 承認 (ἐπαγγελία Ac 23,21). ③許可, 委任 (ἐπιτροπή Ac 26,12). ④hraman aṙnowm お告げを受ける (χρηματίζομαι). ⑤hraman tam ⓐ許す, 許可する (ἐπιτρέπω Mk 10,4); ⓑ命令する, 指図する, 言いつける (παραγγέλλω Lk 8,29; ἐπιτάσσω Lk 8,25.31; Phm 8)；規定を追加する (ἐπιδιατάσσομαι Ga 3,15)；ⓒ託宣を告げる (χρηματίζω He 12,25)：①el hraman y-Awgowstos kayserē カエサル・アウグストスから勅令が出た Lk 2,1; arar z-amenayn hramans-n ＝ ἐποίησεν τὰ διαταχθέντα 彼は言い渡されたことをした Lk 17,9; inkʻn TR hramanaw i jayn hreštakapeti, ew i pʻoł AY iǰanē y-erknicʻ 主自らが指令と，天使長の声と，神のラッパと共に天から降りて来る 1Th 4,16; vasn kowsanacʻ hraman inčʻ i TĒ očʻ ownim 結婚したことのない者たちについては私は主の命令をもってはいない 1Cor 7,25; or hakaṙak kay išxanowtʻean-n, AY hramani-n hakaṙak kay その権威に逆らう者は神の定めに反抗することになる Ro 13,2; awandecʻin nocʻa pahel z-hramans-n 彼らは規定を守るようにとそれらを人々に手渡した Ac 16,4; vasn hramani-n Kławdeay (＝ διὰ τὸ διατετάχεναι Κλαύδιον) orošel z-amenayn Hreays i Hṙovmay すべてのユダヤ人をローマから退去させるべしとのクラウディウスの命令ゆえに Ac 18,2; očʻ orpēs hraman taloy (＝ κατʼ ἐπιταγήν), ayl vasn ayłocʻ pʻowtʻoy ew vasn jeroy siroy z-mtermowtʻiwn-d pʻorjem 私は命令としてこのように言うのではなく，むしろ他の人たちの熱心さゆえに，あなた方の愛ゆえにその純粋さを吟味しているのだ 2Cor 8,8; ②ard patrast en ew spasen kʻowm hramani 彼らは今手はずを整え，あなたの同意を待っている Ac 23,21; ③gnacʻeal i Damaskos išxanowtʻeamb ew hramanōkʻ kʻahanayapeticʻ-n 祭司長たちから権限を委任されてダマスコスに向かって Ac 26,12; ④hraman ařeal i teslean čʻ-dařnal andrēn ař Herovdēs 夢でヘロデのもとに戻らぬようお告げを受けたので Mt 2,12; ēr nora hraman ařeal i hogwoy-n srboy mi tesanel z-mah 彼は死を見ることはないと聖霊からお告げを受けていた Lk 2,26; ⑤ⓐMovsēs hraman et gir mekneloy grel ew arjakel モーセは離縁状を書いて離縁することを許した Mk 10,4; ⓑhraman tayr aysoy-n płcoy elanel i mardoy anti 彼はその穢れた霊にその人から出て行くように指図した Lk 8,29; bazowm hamarjakowtʻiwn ownim i KʻS hraman tal kʻez z-aržan-n 私はあなたに対して，為すべきことをキリストにあって命ずるに十分な多くの大胆さをもっている Phm 8; očʻ okʻ karē anargel ew očʻ ayl hraman i veray aynr tal 誰も〔それを〕無効にしたり，それに付加したりすることはできない Ga 3,15; hraman tal parhel = ποιῆσαι νηστεῦσαι 断食させる Lk 5,34; ⓒetʻē nokʻa očʻ karacʻin zercanel hražarealkʻ y-aynmnē or y-erkri-n hraman tayr あの人々が地上で託宣を告げていた人を拒絶したために〔罰を〕逃れ得なかったとすれば He 12,25.

hrayreacʻ【名】火災． —【形】火災で焼けた (πυρόομαι)：erkinkʻ hrayreacʻkʻ lowcanicʻin 諸天は燃えて崩壊するだろう 2Pe 3,12. → howr, ayrem

hrašēk【形】 灼熱の，猛火の (πεπυρωμένος [: πυρόω]) [šēk, šikacʻ「赤褐色の，赤みをおびた」: Calfa]: otkʻ nora nmaneal płnjoy cxeloy i mēǰ hnocʻi hrašēk 彼の足は灼熱の炉で精錬されたつやのある真鍮に似ていた Re 1,15. → pʻorjem

hraštak- (M) → hreštak-

hraparak, -i, -acʻ【名】①市場，広場 (ἀγορά Mk 7,4; Ac 17,17)，（大）通り (πλατεῖα Mt 12,19; ῥύμη Mt 6,2 [→ pʻołocʻ])．②民衆 (δῆμος Ac 17,5)．③総督官邸，（総督とローマ兵のいる）陣営 (πραιτώριον Mk 15,16; Php 1,13)：①i hraparakē mteal etʻe očʻ mkrticʻin, očʻ owten 彼らは市場から戻っても，沐浴せずには食事をしない Mk 7,4; očʻ okʻ lowicʻē i hraparaks z-barbař nora 通りで彼の声を聞く者は誰もいないだろう Mt 12,19; ②xndrēin z-nosa acel i hraparak 彼らは彼らを探して民衆に引き出そうとした Ac 17,5; ③minčʻew kapanacʻ imocʻ yaytni linel i KʻS, y-amenayn hraparaki-s ew ař ayls amenesean かくて私の投獄は，陣営全体および他のすべての人々に，キリストにあって明らかになった Php 1,13. —hraparakaw【副】公衆の前で，公共の場で，公然と (δημοσίᾳ)：pndagoyn z-hreays-n yandimanēr hraparakaw 彼は

公然と痛烈にユダヤ人を論破した Ac 18,28. → xawsim

hrapoyrk'【名】誘惑, 魅惑, 勧誘 (πεισμονή): ayn hrapoyrk' oč' y-aynmanē en or koč'eac'-n z-na その勧誘はあなた方を召した方からのものではない Ga 5,8. → hrapowrem

hrapowrem, -ec'i【動】そそのかす, 抱き込む (ὑποβάλλω): yaynžam hrapowrec'in ars omans asel z-nmanē, t'ē lowak' z-dora xōsel bans hayhoyowt'ean i Movsēs ew y-AC そこで彼らは人々をそそのかして,「私たちは彼がモーセと神に冒瀆の言葉を吐くのを聞いた」と言わせた Ac 6,11.

hrawiran, -i【名】招き, 招待; oroc' siren-n z-AC, y-amenayni gorcakic' lini i baris, ork' hrawiranaw-n koč'ec'an = ... τοῖς κατὰ πρόθεσιν κλητοῖς οὖσιν 神を愛する者たち, すなわち〔神の〕計画に従って召された者たちにとっては, すべてのことが共に働いて善へと至る Ro 8,28.

hrawirem, -ec'i【動】招く, 招待する (καλέω Lk 14,16; → koč'em; προσκαλέομαι Ac 16,10) [hrawēr「招待」]; hrawirealk'-n 招かれた人々 (οἱ κεκλημένοι); yaṙaǰagoyn hrawirem 前もって定める (προορίζω Ro 8,30): ayr omn gorceac' ənt'ris, ew hrawireac' z-bazowms ある人が宴会を催して, 多くの者を招いた Lk 14,16; hrawireac' z-mez TR awetaranel noc'a 彼らに福音を告げ知らせるために主は私たちを招いた Ac 16,10; harsanik'-s patrast patrast en, hrawirealk'-n č'-ein aržani 婚礼の用意は整ったが, 招待された者たちはふさわしくなかった Mt 22,8; z-ors yaṙaǰagoyn hrawireac', z-nosin ew koč'eac' 神はその前もって定めた者たちを呼び出した Ro 8,30.

hrdehem, -ec'i【動】火をつける, 燃やす (ἀνάπτω Jas 3,5; καυσόομαι 2Pe 3,12; καίω Re 8,8); hrdeheal ccmbov 硫黄が燃えたように黄色い (θειώδης Re 9,17): aha ew sakaw inč' howr z-orpisi antaṙs hrdehē 見よ, 小さな火でもどれほど大きな森を燃やしてしまうことか Jas 3,5; bnowt'iwnk' hrdeheal halic'in 諸元素［天体］は火に包まれて熔け去る 2Pe 3,12; ibrew z-leaṙn mi mec hrdeheal 火だるまになって燃える巨大な山のようなもの Re 8,8.

Hreabar/Hrēabar【副】ユダヤ人のように ('Ιουδαϊκῶς) Ga 2,14. → Hreay, -abar -abar

Hrearēn/Hrēarēn【副】ユダヤ人のように: et'ē dow or Hreay-d es het'anosabar ew oč' Hreabar keas, ziard? stipes het'anosac' linel Hrearēn (= ἰουδαΐζειν) もしもあなたがユダヤ人でありながら異邦人のように生き, ユダヤ人のように生きているのでないなら, どうしてあな

hrełēn たは異邦人たちにユダヤ人のようになることを強要するのか Ga 2,14. → yownarēn, likaonarēn

hrełēn【形】火の（ような），火のように赤い（πύρινος）：orkʻ ownein zrahs hrełēns 彼らは火のように赤い胸当てを着けていた Re 9,17. → howr

hreštak, -i, -acʻ【名】[E: hreštakacʻ/hreštekacʻ; M: hrštak; hraštak, hrštakacʻ/hraštakacʻ] 天使，使者；使節（ἄγγελος; πρεσβεία Lk 19,14）：hreštak TN i teslean ereweсʻaw 主の使いが夢に現れた Mt 1,20; ibrew gnacʻin hreštakkʻ-n Yovhannow, skasaw xawsel ヨハネの使いの者たちが去ってしまうと，彼は語り始めた Lk 20,36; aṙakʻecʻin hreštaks zkni nora 彼らは彼の後に使節を送った Lk 19,14.

hreštakapet, -i, -acʻ【名】筆頭の使い，大天使（ἀρχάγγελος）：inkʻn TR hramanaw i jayn hreštakapeti ... iJanē y-ekrnicʻ 主自らが指令と筆頭の使いの声と共に天から降りて来る 1Th 4,16.

hreštakowtʻiwn; M: hraštakowtʻiwn, -tʻean【名】使者（の役）（πρεσβεία）：hreštakowtʻiwn aṙakeal ałacʻescʻē i xałałowtʻiwn 彼は使者を送って，和平条件を尋ねるだろう Lk 14,32.

Hrēowtʻiwn, -tʻean【名】ユダヤ教（᾽Ιουδαϊσμός）：yaṙaJadēm ēi i Hrēowtʻean-n kʻan z-bazowm hasakakicʻs im or y-azgi-n imowm ēin 私は，私の民族の中にいた多くの同年輩の者たちよりも，ユダヤ教（の信仰）において卓越していた Ga 1,14.

hrštak [M] → hreštak

hroy; hrov → howr

j

jag, -ow, -owcʻ【名】雛（νοσσίον Mt 23,37; νοσσός Lk 2,24; νοσσιά Lk 13,34, στρουθίον Lk 12,6）：žołovē haw z-jags iwr ənd tʻewovkʻ 雌鳥がその雛を翼の下に集める Mt 23,37; zoygs tatrakacʻ kam erkows jags aławneacʻ 山鳩の1つがいあるいは家鳩の雛2羽 Lk 2,24; orpēs haw z-jags iwr ənd tʻewovkʻ 雌鳥が自分の雛の群を翼の下に［集める］ように Lk 13,34; očʻ apakʻēn hing jag erkowcʻ dangacʻ? vačaṙi 5羽の雛は2アサリオンで売られているではないか Lk 12,6. → čnčłowk

jax, -oy, 位 -owm【形】左の（手）(ἀριστερά)：mi gitasc'ē jax k'o zinč' gorcē aǰ k'o あなたの左手があなたの右手のしていることをわからぬようにせよ Mt 6,3; kac'owsc'ē z-awdis-n ənd aǰmē iwrmē ew z-aycis-n i jaxmē = ... ἐκ δεξιῶν ... ἐξ εὐωνύμων 羊の群を自分の右側に，山羊の群を左側に据える（ように）Mt 25,33; z-omn ənd aǰmē ew z-omn ənd jaxmē (M: ənd caxmē) xač'ec'in = ... ἐκ δεξιῶν ... ἐξ ἀριστερῶν 彼らは1人を右に，もう1人を左に十字架につけた Lk 23,33. → aheak, aǰ

jałem, -ec'i【動】なぶりものにする (ἐμπαίζω)：yoržam jałec'in z-na, merkac'owc'in i nmanē z-k'łamid-n ew agowc'in nma z-iwr handerj 彼らは彼をなぶりものにした後，外套を彼から剥ぎ，自分の着物を着せた Mt 27,31; noynpēs ew k'ahanayapetk'-n jałein handerj drawk'-n ew cerovk (M: cerawk'-n) 同じように，祭司長たちも律法学者たちや長老たちと共に，なぶりものにした Mt 27,41. → katakem

jayn, -i, -ic'【名】①声 (φωνή); jayn tam 挑む (προκαλέομαι Ga 5,26). ②言語：①arjakeac' jayn mec 彼は大声を放った Mk 15,37; jayn ebarj kin mi ある女が声を上げた Lk 11,27; ibrew ełew jayn ołǰowni k'o y-akanǰs im あなたの挨拶の声があなたの耳に達した時 Lk 1,44; i jayn barjr ałałakeac' = ἀνεφώνησεν κραυγῇ μεγάλῃ 彼女は大声を上げて叫んだ Lk 1,42; mi lic'owk' snaparck', mimeanc' jayn talov, ew ənd mimeans naxanjelov 私たちは，虚栄に染まり，互いに挑み合い，互いに妬み合うようなことにならないようにしようではないか Ga 5,26; ②aynč'ap' azgk' jaynic' en y-ašxarhi-s 世の中にはそれほど多くの種類の言語がある 1Cor 14,10. → mecajayn

janjranam, -rac'ay【動】①飽きる，倦む，弛む；萎縮する；落胆する，失望する (ἐγκακέω). ②悩まされる (καταπονέομαι)：①part ē y-amenayn žam kal noc'a y-aławt's ew mi janjranal 彼らは常に祈っていなくてはならず，倦んではならない Lk 18,1; mi janjranayk' z-baris gorcel 倦むことなく立派な行いに勤しめ 2Th 3,13; vasn oroy ałač'em mi janjranal i nełowt'ean-s merowm, or vasn jer ē だからあなた方のための，私たちの抑圧ゆえに萎縮しないように私は願っている Eph 3,13; z-baris gorcel mi janjrasc'owk' 私たちは良いことを行うのに失望しないようにしようではないか Ga 6,9; ②z-ardar-n Łovt janjrac'eal y-ankarg giǰowt'ean gnac'ic' p'rkeac' 彼は放縦きわまりない放埒な人々の振る舞いに悩まされていた義人ロトを救い出した 2Pe 2,7.

janjrac'owc'anem, -owc'i【動】重荷を負わせる (καταναρκάω)：yoržam eki aṙ jez, t'ēpēt ew pakaseac' inč', oč' z-ok' i jēnǰ janjrac'owc'i 私があなた方のところに来た時，たとえ窮乏したとしても，あなた方の誰にも重

荷を負わせることはしなかった 2Cor 11,9.　→ beřn

jgem, -ecʻi 【動】①伸ばす，(錨を) 投げ下ろす (ἐκτείνω Mk 3,5; Ac 27,30; ἐκπετάννυμι Ro 10,21); jgem jeřs i [+対] …に手をかける (ἐκτείνω τὰς χεῖρας ἐπί [+対] Lk 22,53). ②引く，引っ立てる；引き寄せる，引きずりこむ (ἕλκω Jn 12,32; 21,6; Ac 16,19; ἐξέλκω Jas 1,14; ἀποσπάω Ac 20,30). ③jgem sowr 剣を抜く (ἕλκω Jn 18,10; σπάομαι Mk 14,47): ①na jgeacʻ ew ołjacʻaw jeřn nora 彼が〔手を〕伸ばすと，その手は元通りにされた Mk 3,5; orpēs tʻē ařaǰoy kołmanē z-xarisx-n jgelocʻ icʻen 彼らは舳から錨を投げ入れるふりをして Ac 27,30; z-ōr amenayn jgecʻicʻ z-jeřn im ař žołovowrd-n anhawan ew hakařakōł 私はひねもす自分の手を差し伸べるだろう，従わず反抗する民に対して Ro 10,21; ②es yoržam barjracʻaycʻ y-erkrē, z-amenesin jgecʻicʻ ař is 私が地から挙げられる時には，すべての人をこの私の方へ引き寄せることになる Jn 12,32; očʻ karein jgel i bazmowtʻenē jkancʻ-n 魚が多くて彼らは〔網を〕引き上げられなかった Jn 21,6; ařeal z-Pawłos ew z-Siła jgecʻin i hraparak-n ař išxans-n 彼らはパウロとシラスを捕まえ，役人に引き渡すために広場に引っ立てて行った Ac 16,19; iwrakʻančʻiwr okʻ pʻorji ař i y-iwrocʻ-n cʻankowtʻeancʻ jgeal ew patreal 各自が自分の欲望によって引きずり出され，誘い出されて，試みられている Jas 1,14; jgem z-ašakerts-n zkni iwreancʻ 弟子たちを自分の方に引きずりこむ Ac 20,30; ③Simovn Petros kʻanzi ownēr sowr, jgeacʻ z-na シモン・ペトロは剣を持っていたのでこれを抜いた Jn 18,10; mi omn y-ancʻanē or z-novaw-n kayin jgeacʻ sowr 彼の傍らに立っていた者のうち誰か1人が剣を抜いた Mk 14,47.

jgtecʻowcʻanem/jkte-, -cʻowcʻi 【動】伸ばす (ὑπερεκτείνω): ibr očʻ etʻē hasow inčʻ čʻ-icʻemkʻ i jez, ew jktecʻowcʻanicʻemkʻ z-anjins 私たちはあなた方のところに赴くことのない者であるかのように，〔限度を超えて〕自分自身〔の身〕を伸ばしているのではない 2Cor 10,14.

jean　→ jiwn

jez　→ dowkʻ

jezēn 【副】あなたたち自身で：dowkʻ jezēn vkayēkʻ inj = αὐτοὶ ὑμεῖς μοι μαρτυρεῖτε あなたがた自身が私に証ししてくれる Jn 3,28; arēkʻ z-da i jez ew jezēn hanēkʻ i xačʻ = λάβετε αὐτὸν ὑμεῖς καὶ σταυρώσατε お前たちが自分で彼を引き取って，十字架につけろ Jn 19,6.　→ dowkʻ, mezēn

jenǰ (M) = jēnǰ　→ dowkʻ

jeřagir, -gracʻ 【名】写本；手書き；証文 (χειρόγραφον)：ǰnǰeacʻ z-jeřagir meroy hakaṙakowt'ean-n hramanōk'-n iwrovk' 〔神は〕もろもろ の戒律によって私たちに敵対する証文を抹消した Col 2,14. → jeṙn, -gir

jeṙagorc, -i, -ac' 【形】手で造られた (χειροποίητος); aṙanc' jeṙagorci 手で造られない (ἀχειροποίητος 2Cor 5,1): es k'akec'ic' z-tačar-d z-ayd jeṙagorc ew z-eris awowrs šinec'ic' ayl aṙanc' jeṙagorci 俺は手で造られ たこの神殿を壊し，3日の間に手で造られない別の神殿を建ててみせる Mk 14,59; oč' et'ē barjreal-n i jeṙagorc tačars bnakē いと高き者は手で 造った神殿には住まわない Ac 7,48. → jeṙn, gorc

jeṙakert, -ac' 【形】手で造られた : kac'owc'er z-na i veray jeṙakertac' k'oc' = κατέστησας αὐτὸν ἐπὶ τὰ ἔργα τῶν χειρῶν σου あなたは手で造 られたものの上に彼を据えた He 2,7.

jeṙn, -ṙin; jeṙk', -ṙac' 【名】①手 (χείρ); arkanem jeṙn, jeṙs, z-jeṙs ［i＋ 対］…に手をかける (ἐπιβάλλω τὰς χεῖρας Mk 14,46; Mt 26,50); tam i jeṙs ［＋属］…に引き渡す (παραδίδωμι Jn 19,16). ②jeṙn, z-jeṙn, jeṙs dnem (両) 手を置く (ἐπιτίθημι τὰς χεῖρας/τὴν χεῖρα). ③i jeṙn ［＋ 属］…を通して，…を介して (διά＋属; σὺν χειρί Ac 7,35); y-oyr jeṙn/ jeṙs = δι' οὗ その人によって; i jeṙac' ［＋属］= ἐκ (τῆς) χειρός ［＋ 属…の手によって，…の手から. ④ (M: + z-) jeṙs i ver kalc'es = ἐκτενεῖς τὰς χεῖράς σου (他の人に帯を締めてもらうために) あなたは 両手を上に拡げる Jn 21,28：①jgeac' z-jeṙn iwr ew hasoyc' i na 彼は手 を伸ばして彼に触れた Mt 8,3; oč'? jeṙn im arar z-ays amenayn このす べては私の手が造ったものではないか Ac 7,50; ənd iwreanc' jeṙn (= αὐτόχειρες) z-gorci-n nawi-n ənkec'in 彼らは船具を自分らの手で投げ 捨てた Ac 27,19; p'rkeac' z-is i jeṙac' Herovdi 彼はヘロデの手から私を 救い出した Ac 12,11; bawakan hamarel <u>orč'ap' inč' i jeṙs ic'ē</u> (= τοῖς παροῦσιν) 手元にあるだけのもので満足する He 13,5; et z-na i jeṙs noc'a zi i xač' elanic'ē 彼は十字架につけるべく，彼を彼らに引き渡した Jn 19,16; ②darjeal ed jeṙs i veray ač'ac' nora, ebac' ew tesanēr 再び彼が 彼の両目の上に両手を置くと，彼はよく見えるようになった Mk 8,25; na iwrak'anč'iwr owmek' i noc'anē dnēr jeṙs 彼は彼らの1人1人に両手を 置いた Lk 4,40; ③or asac'aw-n i TĒ i jeṙn Ēsayay margarēi 預言者を 通して主によって言われたこと Mt 1,22; awrēnk'-n i jeṙn Movsēsi towan, šnorhk' ew čšmartowt'iwn i jeṙn YI K'I ełen 律法はモーセを介 して与えられ，恵みと真理はイエス・キリストを介して生じた Jn 1,17; orov kamōk' ew mek' srbec'ak' i jeṙn pataragi marmnoy-n YSi K'Si miangam その意志により，イエス・キリストの身体というただ1度の 捧げ物を媒介として，私たちも聖とされた He 10,10; i jeṙn hreštaki-n, or erewecʻaw nma i morenwoǰ-n 柴の中で彼に現れた使いの手によって Ac 7,30; vay mardoy-n aynmik y-oyr jeřs ordi mardoy-n matnescʻi 禍だ，人の子を売り渡すその人は Mt 26,24; zi zawrowtʻiwnkʻ-s ayspisikʻ i jeřacʻ sora linicʻin = ἵνα... διὰ τῶν χειρῶν αὐτοῦ γίνωνται これほどの力ある業がこいつの手でなされるために Mk 6,2; el i jeřacʻ nocʻa 彼は彼らの手を逃れた Jn 7,30; pʻrkowtʻiwn i jeřacʻ amenayn ateleacʻ merocʻ われらを憎むすべての者の手からの救い Lk 1,71; vasn aysorik erewecʻay kʻez, ařnowl z-kʻez i jeřn paštōneay ew vkay (= προχειρίσασθαί σε ὑπηρέτην καὶ μάρτυρα) orocʻ teser-d z-is ew orocʻ erewecʻaycʻ kʻez 私がお前に現れたのは，お前が私を見たこと，また，これから私がお前に示すであろうことについて，お前を奉仕者および証人として手中にするためだ Ac 26,16.

jeřnadrem, -ecʻi【動】手を置く（あてる）；選ぶ，任命する (χειροτονέω): jeřnadreal y-ekełecʻeacʻ anti, nšdehakicʻ mer ełew 彼は諸教会から選ばれて，私たちの同伴者となった 2Cor 8,19; jeřnadrecʻin nocʻa əst ekełecʻeacʻ ericʻowns 彼らは彼らのために教会ごとに長老たちを任命した Ac 14,23.

jeřnadrowtʻiwn, -tʻean【名】手を置く（あてる）こと，按手 (ἐπίθεσις τῶν χειρῶν): i jeřnadrowtʻenē ericʻowtʻean 長老団の按手によって 1Tm 4,14.

jer[1] [2人称複数代名詞 dowkʻ の属格]

jer[2]【代】《2人称複数・所有》あなたたちの（もの）(ὑμῶν); 単・主/対 jer (→ dowkʻ [複・属]), 属 jeroy, 与/位 jerowm, 奪 jermē, 具 jerov; 複・主 jerkʻ, 属/与/奪 jerocʻ, 対 jers, 具 jerovkʻ: zi ełiǰikʻ ordikʻ hawr jeroy あなたたちがあなたたちの父の子らとなるように Mt 5,45; zgoyš lerowkʻ ołormowtʻean jerowm mi ařnel ařaǰi mardkan あなたたちの憐れみを人々の前で行わぬように用心せよ Mt 6,1; towkʻ mez y-iwłoy-d jermē あなたたちの油を私たちに分け与えよ Mt 25,8; anargēkʻ z-ban-n AY jerov awandowtʻeamb-n お前たちは自分たちの言い伝えで神の言葉を台無しにしている Mk 7,13; es em i miǰi jerowm ibrew spasawor この私は仕える者としてあなたたちの間にいる Lk 22,27; gtǰikʻ hangist anǰancʻ jerocʻ あなたたちは自分の心に安らぎを見出すであろう Mt 11,29; bari arařēkʻ ateleacʻ jerocʻ あなたたちを憎む者たちに善をなせ Mt 5,44. → kʻo^2, im^2, mer^2

jētʻ, jitʻoy【名】オリーブの実 (ἐλαία Jas 3,12); オリーブ油 (ἔλαιον Lk 10,34): mitʻe martʻ inčʻ icʻē ... tʻzenwoy jētʻ berel いちじくの木にオリーブの実を結ぶことができるだろうか Jas 3,12; pateacʻ z-vērs nora arkeal i veray jēt' ew gini 彼はオリーブ油と葡萄酒を注いでその傷に包帯をした Lk 10,34. → jit'-eni

jēnǰ → dowk'

ji, jioy, -oc' 【名】馬 (ἵππος)：jioy sanjs i beran dnemk' = τῶν ἵππων τοὺς χαλινοὺς εἰς τὰ στόματα βάλλομεν 馬の口にくつわをはめる Jas 3,3.

jit'eni, -nwoy, -neac' 【名】オリーブの木 (ἐλαία; ἐλαιών Ac 1,12)；leaṙn jit'eneac' = τὸ ὄρος τῶν ἐλαιῶν オリーブ山；bari jit'ei 良質の栽培されたオリーブの木 (καλλιέλαιος Ro 11,24)；jit'eni vayreni 野生のオリーブの木 (ἀγριέλαιος Ro 11,17)：ekin i Bēt'p'agē merj i leaṙn jit'eneac' 彼らはオリーブ山に沿うベトファゲにやって来た Mt 21,1; apa darjan y-Erowsałēm y-anowaneal leṙnē-n jit'eneac' それから彼らはオリーブという山からエルサレムに帰った Ac 1,12; et'ē ... y-anbown k'o i bari jit'enwoǰ-n patowastec'ar 元の性質に反してあなたが良質のオリーブの木に接ぎ木されたのならば Ro 11,24; dow or jit'eni vayreni eir patowastec'ar i nosa 野性のオリーブであるあなたはそれらに接ぎ木された Ro 11,17. → jēt'

[**jir**] → jri

jiwn, jean 【名】雪 (χιών)：spitak ibrew z-jiwn 雪のように白い Mt 28,3.

jkamb; **jkan** → jowkn

jknors, -i, -ac' 【名】漁師 (ἁλιεύς) Mt 4,18. → jowkn, ors, orsord

jkownk' → jowkn

jmeṙn, -eran, -rownk', -ranc' 【名】①嵐，暴風雨．②冬 (χειμών Jn 10,22; Ac 27,20; 2Tm 4,21)：①jmeṙn oč' sakaw kayr i veray 嵐が激しく荒れ狂っていた Ac 27,20; ②ew jmeṙn ēr 冬のことであった Jn 10,22; p'owt'asǰir yaṙaǰ k'an z-jmeṙn gal 冬前に来るように努力せよ 2Tm 4,21.

jmerani, -nwoy 【副】冬に (χειμῶνος)：y-aławt's kac'ēk' zi mi linic'i p'axowst-n jer jmerani, ew mi i šabat'ow あなたたちの逃亡〔せねばならぬ事態〕が冬に起こらぬように，また安息日に起こらぬように祈れ Mt 24,20; y-aławt's kac'ēk' zi mi jmerani linic'i ayn それが冬起こらぬように祈れ Mk 13,18.

jmerem, -ec'i 【動】冬を過ごす，越冬する (παραχειμάζω Ac 27,12b; παραχειμασία Ac 27,12a)：bazowmk' xorhec'an ... t'erews karasc'en hasanel i P'iwnikē, jmerel i nawahangsti-n Kretac'woc' 大部分の者は，できるならフェニクスまで行って，そのクレタ島の港で冬を過ごすことに心を決めた Ac 27,12b.

jor, -oy, oc' 【名】谷，渓谷，峡谷，かれ谷 (φάραγξ Lk 3,5; χείμαρρος/

χειμάρρους Jn 18,1)：amenayn jork' lc'c'in あらゆる谷は埋められるだろう Lk 3,5; el ... yaynkoys joroy-n Kedrovni owr ēr partēz 彼はケドロンの谷の向こうに出て行った。そこには園があった Jn 18,1.

jorj, -oy, -oc' 【名】上着，衣 (ἱμάτιον)：jorjk' nora ełen p'aylown spitak yoyż 彼の衣はみごとに光り輝く白色になった Mk 9,3; jorj z-glxov arkanel = περικαλύπτειν αὐτοῦ τὸ πρόσωπον 彼の顔に目隠しを巻きつける Mk 14,65. → handerj^2

jow, -oy, -oc' 【名】卵 (ᾠόν)：ew kam xndric'ē jow, mi t'ē karič? tayc'ē nma 彼が卵を求めているのに，彼にさそりを与えるだろう Lk 11,12.

jowkn, jkan, jkownk', jkanc' 【名】魚 (ἰχθύς, ἰχθύδιον Mk 8,7; ὀψάριον Jn 6,9); jowkn orsam 漁をする (ἁλιεύω Jn 21,3)：ew kam xndric'ē jowkn, mit'ē awj? tayc'ē nma 彼が魚を求めているのに，彼に蛇を与えるだろうか Mt 7,10; ē ast pataneak mi or owni hing nkanak garełēn ew erkows jkowns ここに若者がいて大麦のパン5個と魚2匹を持っている Jn 6,9; ert'am jowkn orsal 私は漁に行く Jn 21,3.

jri 【副】ただで，無償で (δωρεάν Mt 10,8; 2Th 3,8; ἀδάπανος 1Cor 9,18) [jir, jri, -ic' 「贈り物，恩恵，慈悲」]：jri arēk' ew jri towk' あなたたちは無償で受けたのだ，無償で与えよ Mt 10,8; oč' jri z-owrowk' hac' kerak' 私たちは誰からもパンをただでもらって食べたことはない 2Th 3,8; et'ē y-awetaranel-n jri tac' z-awetaran-n 福音を告げ知らせながら，その福音を無償で私が提供するということ 1Cor 9,18. → kari

ł

łama = λαμά, λεμά なぜ (= əndēr?)：ēli ēli łama sabak't'ani, aysink'n ē AC im, AC im əndēr? t'ołer z-is「エリ・エリ・ラマ・サバクタニ」，これは「わが神よ，わが神よ，なぜ私を見捨てたのか」という意味である Mt 27,46.

łapter (M) → lapter

ławłaǰem, -ec'i 【動】甲高い音を出す (ἀλαλάζω)：ibrew z-cnclays or ławłaǰen 甲高く鳴るシンバルのように 1Cor 13,1.

łeli, -łwoy, -łeac' 【名】胆汁 (χολή)：etown nma əmpel gini ənd łeli xaṙneal 彼らは彼に胆汁を混ぜた酒を与えた Mt 27,34; noc'a spowng lc'eal k'ac'axov ənd łełwoy šowrǰ edeal z-mštkaw zohpayi 彼らは胆汁と共に酢をたっぷりと含ませた海綿をヒソプの束に巻きつけて Jn 19,29; aŕ YS z-k'ac'ax-n handerj łełwov-n イエスは胆汁を含ませた酢を受け取った Jn 19,30（ギリシア語に対応語なし）. → małj

łenčak, -čekaw; M: **łenǰeak**, -ǰekov【名】手拭い，タオル (λέντιον) [ELPA II.157]：aŕeal łenčak (M: łenǰeak) mi sp'acaw 彼は手拭いを取って腰に巻きつけた Jn 13,4; sksaw lowanal z-ots ašakertac'-n ew srbēr łenčekaw-n (:łenčeak; M: łenǰekov-n) z-or sp'aceal ēr 彼は弟子たちの足を洗い始め，巻きつけた手拭いで拭き始めた Jn 13,5. → ktaw

Łewtac'i, -c'woy【名】レビ人 (Λευίτης)：noynpēs ew Łewtac'i mi ekeal ənd noyn tełi 同じように1人のレビ人もそこのところへやって来た Lk 10,32.

Łewtac'woc'【形】レビ人の (Λευιτικός)：et'ē katarowmn-n i jeŕn Łewtac'oc' k'ahanayowt'ean-n ēr 仮にレビの祭司制によって成就がなされたとするならば He 7,11.

č

čakat, -ow, -owc'【名】額 (μέτωπον)：or oč' ownic'in z-knik' i veray čakatow iwreanc' その額に（神の）刻印を持っていない人たち Re 9,4; or ownēin z-anown nora ew anown hōr nora greal i veray čakatowc' noc'a 彼らの額にはそれ（子羊）の名前とその父の名前とが書かれていた Re 14,1; arasc'ē z-amenayn, p'ok'owns ew z-mecamecs ew z-mecatowns ew z-azats ew z-ałk'ats ew z-caŕays, zi tac'ē noc'a drošm y-aǰow jeŕin ew i veray čakatow noc'a (獣は) 卑小な者にも偉大な者にも，金持ちにも自由人にも，貧乏人にも奴隷にも，誰にも皆，その右手と額に刻印を受けさせるであろう Re 13,16.

čanač'em, アオ caneay, 3・接 canic'ē ［分詞は canowc'anem 参照］【動】①知る，わかる，見分ける，認識する；認知する，諾う (γινώσκω Jn 10,38; 17,3; ἐπιγινώσκω Mt 11,27; Lk 24,16; γνωρίζω Lk 2,17; ἐπίσταμαι Ac 19,15; οἶδα Lk 9,47 [εἰδώς]; 1Th 5,12) [→ canawt']. ②yaŕaǰ čanač'em 前もって知っている (προγινώσκω Ro 8,29); yaŕaǰagoyn čanač'em 予知する，予見する (προοράω Ac 2,31)：①mek' hawatac'ak'

čanaparh 446

ew caneakʻ etʻe dow es KʻS-n ordi AY 私たちはあなたが神の子キリストであることを信じ，知っている Jn 6,69; zi canicʻen z-kʻez miayn čšmarit AC 彼らが唯一の本物の神であるあなたを知るように Jn 17,3; očʻ okʻ čanačʻē z-ordi tʻe očʻ hayr, ew očʻ z-hayr okʻ čanačʻē tʻe očʻ ordi 子を知るのは父のほかにはなく，父を知るのは子以外の誰もいない Mt 11,27; nocʻa ačʻkʻ kaleal ein aṙ i čʻ-čanačʻeloy z-na 彼らの眼は彼を知り得ないように塞がれていた Lk 24,16; ałačʻem z-jez, ełbarkʻ, čanačʻel z-vastakawors 兄弟たちよ，私は労苦している者たちを認めるようにあなたたちに願う 1Th 5,12; [gitem と共に] zi gitasǰikʻ ew caniǰikʻ (= ἵνα γνῶτε καὶ γινώσκητε) etʻe hayr y-is ew es i hayr 私のうちに父がおり，私も父のうちにいることをあなた方が知って，より知るようになるために Jn 10,38; dow z-amenayn gites ew dow isk z-amenayn čanačʻes ew etʻe sirem z-kʻez = πάντα σὺ οἶδας, σὺ γινώσκεις ὅτι φιλῶ σε あなたにはすべてがわかっている．私があなたにほれこんでいることも，あなたはすべて知っている Jn 21,17; ②z-ors yaṙaǰ-n čanačʻēr, yaṙaǰagoyn hrawireacʻ kerparanakicʻ linel patkeri ordwoy-n iwroy 彼は前もって知っていた者たちを，彼の子の像と共なる形をもつ者たちとして，前もって定めた Ro 8,29; yaṙaǰagoyn canowcʻeal xōsecʻaw vasn yarowtʻean-n KʻI 彼はキリストの甦りについて先を見通して語った Ac 2,31.

čanaparh, -i, -acʻ【名】①道；道のり，距離 (ὁδός Mt 2,12; Mk 6,8; Lk 2,44; Ac 9,2; ὁδοιπορία Jn 4,6)；i čanaparhi = κατὰ τὴν ὁδόν 途中で，道中 Lk 10,4；i čanaparhi = ἐν τῇ ὁδῷ 道すがら Mk 9,34 [Mk 9,33: → zčanaparhayn]. ②旅行，歩み (πορεία Lk 13,22). ③čanaparh gnam 旅に出る，留守にする (ἀποδημέω Lk 20,9)；i čanaparhs ankanim 旅をする，旅を続ける (ὁδοιπορέω Ac 10,9)：①ənd ayl čanaparh gnacʻin y-ašxarh iwreancʻ 彼らはほかの道を通って自分たちの地方へ去って行った Mt 2,12; patowireacʻ nocʻa zi mi inč barjcʻen i čanaparh baycʻ miayn gawazan 彼らは彼らに，道中は杖のほかは何も携えないよう命じた Mk 6,8; ekin ibrew awowr mioy čanaparh 彼らは1日分の距離を来た Lk 2,44; orpēs tʻe z-okʻ gtcʻē z-aynr čanaparhaw, ars kam kanays, kapeals accʻē y-EM かの（主の）道に従う者は見つけ次第，男も女も縛り上げ，エルサレムに引いて来るために Ac 9,2; i čanaparhi owmekʻ ołǰoyn mi taycʻēkʻ 道中は誰にも挨拶するな Lk 10,4; daran gorceal spananel z-na i čanaparhi 彼らは途中で彼を殺そうと陰謀を企んでいた Ac 25,3; z-miǰawowrb-n i čanaparhi その途上，真昼に Ac 26,13; ②YS vastakeal i čanaparhē-n nstēr i veray ałber-n イエスは旅に疲れ果てて泉のところに座り込んでいた Jn 4,6; čanaparh arareal y-EĒM エルサレムに向かい歩を進めて Lk 13,22; ③ayr omn tnkeac' aygi ew et z-na mšakac' ew ink'n gnac' čanaparh žamanaks bazowms ある人が葡萄園を造り，それを農夫たちに貸して，自身は相当長い間そこを留守にした Lk 20,9 [しかし Mt 2,12 ənd ayɫ čanaparh gnac'in y-ašxarh iwreanc' = δι' ἄλλης ὁδοῦ ἀνεχώρησαν εἰς τὴν χώραν αὐτῶν 彼らはほかの道を通って自分たちの地方へ去って行った]; i vaɫiw andr i čanaparh ankanel noc'a ew mōt i k'aɫak'-n linel 翌日，彼らが旅を続け，町に近づいた頃 Ac 10,9.

[**čanaparhayn**] → zčanaparhayn

čanaparhordem/-**dim**, -ec'i/-ec'ay【動】旅する (ὁδεύω)[čanaparhord「旅人」, cf. ELPA I.174]: Samarac'i omn čanaparhordeal ekn ənd noyn aṙ novaw あるサマリア人が旅をして彼のところにやって来た Lk 10,33.

čaš, -oy, -oc'【名】食事，昼食，夕食 (ἄριστον) [Lk 14,12 ənt'rik'「晩餐」と共に]; čaš owtem 食事をする (ἐσθίω Lk 7,36; ἀριστάω Lk 11,37) [cf. hac' owtem]: nax oč' mkrtec'aw yaṙaǰ k'an z-čaš-n 彼は食事の前にまず身をすすがなかった Lk 11,38; yoržam aṙnic'es čaš kam ənt'ris あなたが昼食や晩餐を設ける時 Lk 14,12; erani or keric'ē čaš (= ὅστις φάγεται ἄρτον [異読 ἄριστον]) y-ark'ayowt'ean AY 幸いだ，神の王国でパンを食する者は Lk 14,15; ahawasik z-čaš im patrastec'i 見よ，私は自分の夕食を用意した Mt 22,4; aɫač'ēr z-na omn p'aresec'i zi čaš keric'ē aṙ nma あるファリサイ人が自分のもとで食事をしてくれるように彼に願った Lk 11,37.

čašak, -ac'【名】さじ，スプーン：or ... z-geɫec'ik bani-n AY čašaks-n čašakec'in = ... γευσαμένους θεοῦ ῥῆμα 神の良い言葉を何杯も味わった人々 He 6,4.

čašakelik', -leac'【名】味；感覚 (αἰσθητήριον): čašakelik'-n kirt' en əntrowt'ean barwoy ew č'ari 感覚が良いことと悪いことの識別に対して訓練されている He 5,14.

čašakem, -ec'i【動】味わう，食べる，朝食をとる；舐める；経験する (ἀριστάω Jn 21,12; γένομαι Mt 16,28; 27,34; Jn 2,9; Ac 10,10): ibrew čašakeac' tačarapet-n z-ǰowr-n gini eɫeal 世話役が葡萄酒になっているその水を味見した時 Jn 2,9; oč' ok' y-aync' koč'ec'eloc' čašakesc'ē y-nt'reac' imoc' (= γεύσεταί μου τοῦ δείπνου) 招かれたあの者たちのうち，1人たりとも私の宴会を味わう者はないだろう Lk 14,24; k'aɫc'eal ew kamēr čašakel 彼は空腹を覚え，何か食べたいと思った Ac 10,10; ekayk' čašakec'ēk' = δεῦτε ἀριστήσατε さあ，朝食にせよ Jn 21,12;

ic‘en (M: en) omank‘ i soc‘anē or ast kan, ork‘ oč‘ čašakesc‘en z-mah, minč‘ew tesanic‘en z-ordi mardoy ekeal ark‘ayowt‘eamb iwrov ここに立っている者たちの中には，人の子がその王国をもってやって来るのを見るまでは，死を味わうことのない者が幾人かいるであろう Mt 16,28.

čaṙ, -i, -ic‘【名】言葉；記事，巻物 (λόγος; κεφαλίς He 10,7)：i čaṙs groc‘ greal ē vasn im 聖書という巻物に私について書かれている He 10,7.

čarak, -i, -ac‘【名】①牧草，牧草地 (νομή). ②蔓延：①mtc‘ē ew elc‘ē ew čarak gtc‘ē 彼は入ったり出たりして牧草を見出すだろう Jh 10,9. ②bank‘ noc‘a ibrew z-k‘ałc‘keł čarak gtanen = ... νομὴν ἕξει 彼らの言葉は癌性潰瘍のように広がっていく 2Tm 2,17.

čarakem, -ec‘i【動】広める (διανέμω)：zi mi aṙawel čarakesc‘i i żołovrdean-n これ以上にこれが民の間に広まらないように Ac 4,17.

čartar, -i, -ac‘【名】①職人，熟練工 (τεχνίτης Ac 19,24.38);【形】熟練した；②詩人 (ποιητής Ac 17,28)：①tayr čartarac‘-n linel oč‘ sakaw šah 彼は職人たちに少なからぬ利益を得させていた Ac 19,24; ②orpēs omank‘ i jeroc‘ čartarac‘ asac‘in, t‘ē nora ew azg isk emk‘ あなたたちのある詩人たちが，われわれもまたその子孫なのである，と言った通りだ Ac 17,28.

čartaraban【名】雄弁な (λόγιος)：Hreay omn Apełēs anown, Ałēk‘sandrac‘i y-azgē, ayr čartaraban, ekn ehas y-Ep‘esos アレクサンドリア生まれのアポロというユダヤ人で雄弁な人がエフェソにやって来た Ac 18,24. → čartar, ban

čartaraxaws, -i, -ac‘【名】弁護人，弁護士 (ῥήτωρ)：eǰ k‘ahanayapet-n Ananiay handerj cerovk‘ omambk‘ ew čartaraxōsaw Tertełeaw omamb 大祭司アナニアが長老数名と弁護人テルトゥルスという者を伴って下って来た Ac 24,1. → čartar, -xaws

čartarapet, -ac‘【名】設計者 (τεχνίτης He 11,10); 建築家，棟梁 (ἀρχιτέκτων 1Cor 3,10)：k‘anzi akn ownēr himambk‘ hastateloy k‘ałak‘i-n, oroy čartarapet ew ararič‘ AC ē 神がその設計者で製作者である，礎を据えられた都を待ち望んでいたからだ He 11,10; əst šnorhac‘-n AY or toweal en inj, ibrew imastown čartarapet himn edi 私は，私に与えられた神の恵みに従って，知ある建築家のようにして，土台を据えた 1Cor 3,10. → čartar, -pet

čartarmtowt‘iwn, -t‘ean【名】哲学 (φιλοσοφία)：zgoyš lerowk‘, mi ok‘ ic‘ē or z-jez kołoptic‘ē čartarmtowt‘eamb ew snoti xabēowt‘eamb 誰かがあなた方を哲学や空虚な瞞着によって呪縛することのないように注意せよ Col 2,8.

čartarowtʻiwn, -tʻean【名】技術, 熟練, 器用；明敏, 知恵 (τέχνη Ac 17,29; σοφία 1Cor 1,17)：očʻ čartarowtʻeamb banicʻ 言葉の知恵によってではなく 1Cor 1,17; očʻ etʻē mardkełēn owsmamb čartarowtʻean banicʻ 言葉の知恵の人間的な教えによってではなく 1Cor 2,13 [= οὐκ ἐν διδακτοῖς ἀνθρωπίνης σοˤας λόγοις 人間的な知恵によって教えられた言葉においてではなく].

čgnem, -ecʻi【動】[＋不] …する危険 (恐れ) をもたらす (κινδυνεύω)：očʻ miayn ays čgnē z-mer kołms gal i yandimanowtʻiwn これでは私たちの仕事の評判が悪くなる恐れがあるだけではない Ac 19,27. → tagnapim

čgnim, -necʻay【動】①苦しむ, 危険を冒す (κινδυνεύω 1Cor 15,30)；悪に耐える (κακοπαθέω 2Tm 4,5). ②戦う (ἐπαγωνίζομαι Jd 3). ③ [＋不] …するように努力する, 骨折る (ἀσκέω Ac 24,16)：①ənd ēr? ew mekʻ čgnimkʻ y-amenayn žam なぜ私たちも常に危険を冒しているのか 1Cor 15,30; dow zowartʻ kacʻ y-amenayni, čgneacʻ, z-gorcs awetarančʻi gorcea 君は何事においても覚醒し, 諸悪に耐え, 福音宣教者としての働きをなせ 2Tm 4,5; ②ałačʻel zi čgnicʻikʻ i veray hawatocʻ-n or miangam awandecʻaw-n srbocʻ ひとたび聖なる者たちに伝えられた信仰のためにあなた方が戦うよう励ます Jd 3; ③čgnim anxiłč mits ownel aṙ AC ew aṙ mardik y-amenayn žam 私は神に対し, また人間に対し, やましくない良心を常に持つように努力している Ac 24,16. → čign

čgnowtʻiwn, -tʻean【名】戦い, 奮闘；不安, 心配 (ἀγών Col 2,1)；z-čgnowtʻiwn krem 苦しみを受ける (πάσχω 2Th 1,5)：kamim zi giticʻēkʻ dowkʻ orpisi čgnowtʻiwns ownim y-anjin vasn jer 私があなた方のためにどれほど大きな闘いに携わっているか, あなた方に知ってもらいたい Col 2,1; aržani linel jez arkʻayowtʻean-n AY, vasn oroy ew z-čgnowtʻiwn krēkʻ あなた方がそのために苦しみさえ受けている神の王国にあなた方がふさわしい者となること 2Th 1,5.

čepem, -ecʻi【動】① [他] 急がせる, 促す, 強いる (ἀναγκάζω) [čep「急いでいること」]. ②čepim, -pecʻay [自] 急ぐ, しきりにしたがる：①noynžamayn čepeacʻ z-ašakerts-n mtanel i naw 彼はすぐに弟子たちを強いて船に乗り込ませた Mk 6,45. → stipem

čždem, -ecʻi【動】惜しむ, 節約する, 倹約する, けちる (φείδομαι)；čždelov = φειδομένως 惜しんで, 倹約して, 不十分に：or sermanē čždelov čždelov ew hnjescʻē 惜しんで蒔く者はやはり僅かしか刈り取らないだろう 2Cor 9,6.

čign; čgowns, čgancʻ【名】戦い, 闘争 (ἄθλησις)：bazowm čgancʻ ew čʻarčʻaranacʻ hamberēkʻ あなた方は多くの闘いと苦難に耐えた He 10,32. → čgnim

čči, -is, -eacʻ【名】虫，害虫，獣． → čʻaračči

čmlem, -ecʻi; čmlecʻowcʻanem, -owcʻi【動】踏みつける，粉砕する，傷つける，挫く（συνθρύπτω Ac 21,13）; čmli sirt im 私は胸が締めつけられる： zinčʻ? gorcecʻēkʻ-d zi laykʻ-d ew čmlecʻowcʻanēkʻ z-sirt im あなたたちは泣き，私の心を挫いて，どうしようというのか Ac 21,13; očʻ isk ew sirtkʻ mer čmlein i mez (M: z-mer) = οὐχὶ ἡ καρδία ἡμῶν καιομένη ἦν ἐν ἡμῖν 俺たちの中で心が燃えていたではないか Lk 24,32.

čnčłowk, -łki/-łkan, -kacʻ/-kancʻ【名】雀（στρουθίον）: očʻ apakʻēn erkow čnčłowkkʻ dangi? mioǰ vačaṙin 2 羽の雀は 1 アサリオンで売られているではないか Mt 10,29; zi law ēkʻ kʻan z-bazowm čnčłowks あなたたちは多くの雀よりも優れたものなのだ Mt 10,31. → jag; mžłowk (Olsen, Noun, p.585)

čnšem, -ecʻi【動】殴りつける（ὑπωπιάζω）: čnšem z-marmin-s im ew hnazandecʻowcʻanem 私は私の体を殴打し奴隷として従わせる 1Cor 9,27.

čšdem → čždem

čšmarit, -rti, -ticʻ/-tacʻ【形】真の，真実の，本物の（ἀληθής Mt 22,16; Jn 6,55; ἀληθινός Jn 17,3; 19,35; He 10,22; ὄντως 1Tm 6,19）: gitemkʻ zi čšmarit es 私たちはあなたが真実な方であることを知っている Mt 22,16; marmin im čšmarit kerakowr ē, ew ariwn im čšmarit əmpeli ē 私の肉は真実の食べ物であり，私の血は真実の飲み物だ Jn 6,55; zi canicʻen z-kʻez miayn čšmarit AC 彼らが唯一の本物の神であるあなたを知るように Jn 17,3; čšmarit ē vkayowtʻiwn nora 彼の証しは本物だ Jn 19,35; zi bowr̄n harkanicʻen z-čšmarit kenacʻ-n 彼らが真の命を掴み取るように 1Tm 6,19.

čšmartagoyn【形】《比》厳格な（ἀκριβής; ἀκριβέστατος Ac 26,5）: əst čšmartagoyn krōnicʻ ōrinacʻ-n merocʻ kecʻeal em Pʻarisecʻi 私は私たちの宗教の中で最も厳格な派に従ってファリサイ人として生活してきた Ac 26,5. → -agoyn

čšmartagoyns【副】《比》さらに詳しく（ἀκριβέστερον）: čšmartagoyns patmecʻin nma z-čanaparh-n AY 彼らは神の道をさらに詳しく説き聞かせた Ac 18,26; orpēs tʻē kamicʻikʻ čšmartagoyns inčʻ gitel z-nmanē あなたたちが彼に関してもっと詳しく知りたいという口実で Ac 23,15.

čšmartiw【副】［具］真に，本当に（ἀληθῶς Jh 4,42）; 確実に，はっきりと（ἀσφαλῶς Ac 2,36）: gitemkʻ etʻe da ē čšmartiw pʻrkičʻ ašxarhacʻ

私たちは，その人が本当に世の救い主だとわかっている Jn 4,42; čšmartiw gitasc'ē amenayn town-d IŁI イスラエルの全家ははっきりと知っておくがいい Ac 2,36.

čšmartowt'iwn, -t'ean【名】①真理，真実，確実さ (ἀλήθεια; ἀσφάλεια Lk 1,4); čšmartowt'eamb 真実に；真理に従って；本当に (ἐν ἀληθείᾳ Mt 22,16; Jn 17,19; ἐπ' ἀληθείας Lk 20,21; κατ' ἀλήθειαν Ro 2,2; ἀληθῶς Jn 17,8); 詳しく, 詳細に (ἀκριβῶς Lk 1,3; Ac 18,25). ②厳格 (ἀκρίβεια Ac 22,3): zi canic'es z-banic'-n oroc' ašakertec'ar z-čšmartowt'iwn あなたが学んだことの確かであることを確認するように Lk 1,4; z-čanaparh-n AY čšmartowt'eamb owsowc'anes あなたは真実に神の道を教えている Mt 22,16; zi ełic'in ew nok'a srbealk' čšmartowt'eamb 彼らも真理のうちに聖別されている者であるように Jn 17,19; AY datastan-n čšmartowt'eamb ē, i veray aynoc'ik or z-aynpisis-n gorcen 神の裁きは真理に従ってそのようなことを為す者たちの上に下る Ro 2,2; xōsēr ew owsowc'anēr čšmartowt'eamb vasn YSi 彼はイエスのことを詳しく語り教えていた Ac 18,25; ②xrateal əst čšmartowt'eamb hayreni awrinac'-n 先祖の律法について厳格な教育を受けて Ac 22,3.

čoxaban【形】雄弁な [čox「力ある」]; čohaban linel 尊大に話す，指図する (αὐθεντέω): owsowc'anel knoǰ mardoy oč' hramayem, ew oč' čoxaban linel k'an z-ayr mard, ayl i lṙowt'ean kal 女が男に教えることを私は許さないし，また男に指図することも（許さない），むしろ静かにしているべきだ 1Tm 2,12.

čč'em, -ec'i【動】叫ぶ，わめく，泣き叫ぶ (κράζω): čč'ēr y-erknel-n（女は）陣痛に叫んでいた Re 12,2.

črag, -i, -aw; čragownk', -gowns【名】ともし火 (λύχνος [→ aštanak]): mi et'e gay črag zi ənd growanaw dnic'i kam ənd mahčawk' ともし火は枡や寝台の下に置かれるために持ってこられるだろうか Mk 4,21; na ēr črag-n or lowc'eal ēr ew cagēr 彼は燃えて輝くともし火であった Jn 5,35.

m

[**magałat'**「羊皮紙，巻物」; HH, AG 310; Olsen, Noun, p.932]
→ magałat'eay
magałat'eay【形】羊皮紙の：erkin ibrew z-magałat'eay girs galarēr 天は羊皮紙の巻物のように巻き取られた Re 6,14 [= ὁ οὐρανὸς ἀπεχωρίσθη ὡς βιβλίον ἑλισσόμενον 天は小巻物が巻き取られるように消え失せた; cf. イザヤ 34,4 galaresc'in erkink' ibrew z-magałat' = ἑλιγήσεται ὁ οὐρανὸς ὡς βιβλίον 天は巻物のように巻き上げられる].
maz, -oy/-i, -oc'/-ic'【名】髪の毛 (θρίξ) [→ her (単) = τρίχες; → stew]：ew maz mi i glxoy jermē oč' koric'ē あなたたちの頭の毛 1 本ですら失われることはない Lk 21,18.
malowx, -lxoy【名】綱 (κάμιλος)：diwrin ē malxoy mtanel ənd cak asłan 綱が針の孔を通り抜ける方がやさしい Mt 19,24 [「らくだ」という意味はこれら対応箇所を介して誤ってアルメニア語彙に入り込んだとされる．実際は公認本文には κάμηλος (/kamilos/ と発音される)「らくだ」(= owłt) が見られる]
maxał, -i, -ic'【名】旅行用の革袋 (πήρα)：mi inč' baṙnayk' i čanaparh, mi gawazan ew mi maxał mi hac' ew mi arcat' 道中は何も携えるな，杖も，革袋も，パンも，銀も Lk 9,3.
macnowm, -ceay【動】くっつく，凝固する：šowrǰ z-mewk' maceal ownimk' z-bazmowt'iwn vkayic' = ἔχοντες περικείμενον ἡμῖν νέφος μαρτύρων 私たちは証人たちの群に固く囲まれている He 12,1.
makoyk, -kowki, -kac'【名】小舟 (σκάφη)：haziw karac'ak' əmbṙnel z-makoyk-n 私たちはかろうじて小舟を操ることができた Ac 27,16.
→ kowr
mah, -ow, -owanē, -owamb【名】死；悪疫 (θάνατος Lk 23,15; Re 6,8)；殺害 (νέκρωσις 2Cor 4,10); čašakem z-mah = γεύομαι θανάτου 死を味わう; mahow[-n] vaxčanim = θανάτῳ τελευτάω 必ず死に処せられる，必ず死ぬ Mt 15,4/Mk 7,10; merj i mah ē 死にかけている (ἐσχάτως ἔχω Mk 5,23; ἀποθνῄσκω Lk 8,42 [→ meṙanim])：oč' inč' mahow aržani ē gorceal dora 彼は死に価するようなことは何もしてい

ない Lk 23,15; y-amenayn žam z-mah-n YI i marmins mer kresc'owk' 私たちは常にイエスの殺害をこの体に負って〔歩き〕まわるだろう 2Cor 4,10; satakel srov ew sovov ew mahowamb 太刀と飢饉と悪疫で〔人間を〕殺す Re 6,8; or bambasē z-hayr kam z-mayr, mahow vaxčanesc'i 父や母を呪う者は必ず死ぬべし Mt 15,4; or č'araxawsesc'ē z-hawrē kam z-mawrē, mahow-n (M: mahow) vaxčanesc'i 父や母の悪口を言う者は必ず死ぬべし Mk 7,10 [cf. Ex 21,16 mahow merč' (: meřanim) = θανάτῳ τελευτάτω, 異読 τελευτήσει θανάτῳ]. → kisamah, sovamah, mah-

mahaber, -i, -ic'/-ac' 【形】死をもたらす，致命的な (θανατηφόρος): z-li t'ownōk' mahaberi-n 死に至らしめる毒に満ちている〔舌〕を Jas 3,8. → mah, berem

mahapart, -ac' 【形】①死刑を宣告された，死刑囚の (ἐπιθανάτιος 1Cor 4,9). ②死に値する (ἔνοχος θανάτου Mt 26,66; Mk 14,64): ①z-mez z-ařak'eals yetnords arar AC ibrew z-mahaparts 神は私たち使徒を死刑囚のように最後の者とした 1Cor 4,9; ②amenek'ean datapartec'in z-na t'e mahapart ē 全員が彼を断罪し，死に値するものとした Mk 14,64. → mah, part

mahapartim, -tec'ay 【動】死に値する，処刑する (θανατόω): ibrew xratealk' ew oč' mahapartealk' 懲らしめられてはいるが，死に値するのではない者たち 2Cor 6,9.

mahičk', -hčac' [E: + marhičk] 【名】《複のみ》寝台，寝床，担架 (κλίνη Mt 9,2; κλινίδιον Lk 5,19; κράβαττος Mk 2,4; Jn 5,10): matowc'in ař na andamaloyc mi or dnēr i mahičs 人々は彼のもとに1人の中風患者を寝台に伏させたまま運んで来た Mt 9,2; iǰowc'in mahčawk'-n handerj i mēǰ ařaǰi YI 彼らは〔病人を〕小寝台と共に〔群衆の〕只中へイエスの前に降ろした Lk 5,19; iǰowc'in z-mahičs-n y-orowm kayr andamaloyc-n 彼らは中風患者の横たわる担架を降ろした Mk 2,4; oč' ēr aržan k'ez ařnowl z-marhičs (M: mahičs) k'o お前の寝床を担ぐことはお前には許されていなかった Jn 5,10.

mahkanac'ow, -i, -ac' 【形】死ぬべき，死を招く (θνητός Ro 6,12; θανάσιμος Mk 16,18; ἀποθνῄσκω He 7,8) [-kan- + -ac'i + -ow?: Olsen, Noun, p.501]: mi aysowhetew t'agaworesc'en melk' i mahkanac'ow marmins jer これゆえに，罪があなたがたの死ぬべき体を支配することがないようにせよ Ro 6,12; ew t'e mahkanac'ow inč' deł arbowsc'en, noc'a oč' vnasesc'en 彼らに何か死をもたらす薬を飲ませても，彼らに害を及ぼすことはない Mk 16,18. → -ac'ow

mahow; mahowanē → mah
mahč- → mahičk
małj, -i【名】胆汁，胆嚢 (χολή)：k'anzi i dar̄nowt'iwn małji ew i knčir̄n anirawowt'ean tesanem z-k'ez 私は苦い胆汁と不義の縄目の中にお前を見る Ac 8,23. → łełi
mač, -oy, -oc'【名】鋤の柄 (ἄροτρον)：oč' ok' arkanē jer̄n z-mačov ew hayic'i yets 誰も鋤の柄に手をつけてから後ろを振り返る者はいない Lk 9,62.
mamonay, -i, -ic' [M: momonay; momovnay]【名】マモン (μαμωνᾶς)：ararēk' jez barekams i mamonayē (M: momonayē) anirawowt'ean あなたたちは自分たちのために不義のマモンで友だちを作れ Lk 16,9; oč' karēk' AY car̄ayel ew mamonayi (M: momonayi) あなたたちは神とマモンに兼ね仕えることはできない Lk 16,13; et'e y-aniraw mamonayi (M: momovnayi) č'-ełēk' hawatarim, z-čšmarit-n jez o? hawatasc'ē もしもあなたたちが不義なマモンに忠実にならなかったならば，誰があなたたちに真実なものを任せるだろうか Lk 16,11.
mayr, mawr, marb, marc'【名】母 (μήτηρ) [→ miamawr]; hayr ew mayr = οἱ γονεῖς [= cnawłk']：harsanik' ein i Kana Gałiłeac'woc', ew and ēr mayr-n YI ガリラヤのカナで婚礼があり，イエスの母がそこにいた Jn 2,1; mayr im ew ełbark' im sok'a en or z-ban-n AY lsen ew ar̄nen 私の母，私の兄弟たちとは，神の言葉を聞き，行う者たちのことだ Lk 8,21; verin-n Erowsałēm azat ē, or ē mayr mer amenec'own 天上のエルサレムは自由人〔すなわちサラ〕であり，この彼女がわれわれすべての母である Ga 4,26.
mananay, -i, -iw, -ic'【名】マナ (μάννα)：hark'-n mer keran z-mananay-n y-anapati and 私たちの父祖は荒野でマナを食べた Jn 6,31; sap'or-n oski li mananayiw ew gawazan-n aharoni マナの入っている金の壺とアロンの杖 He 9,4; or yałt'ē tac' nma owtel i mananayē-n t'ak'owc'eloy 勝利する者には私は隠されたマナを食べさせよう Re 2,17.
mananix, -nxoy/-nxi【名】芥子 (σίναπι)：nman ē ark'ayowt'iwn erknic' hato[y] mananxoy ... yor̄žam ačic'ē mec ē k'an z-amenayn banJars 天の王国は芥子種と同じだ．それは成長するとどの野菜よりも大きい Mt 13,31-32.
manawand【副】①主として，特に (μάλιστα Ac 20,38). ②[否] むしろ (μᾶλλον Ac 20,35; Ga 4,9; Eph 4,28); manawand zi (μενοῦνγε Ro 10,18)：①mormok'ein manawand i veray bani-n z-or asēr 彼らは彼の言った言葉にとりわけ心を痛めた Ac 20,38; ②eraneli ē manawand tal-n

k'an aṙnowl-n 受けるよりは与える方がむしろ幸いだ Ac 20,35; ayžmik canerowk' z-AC, manawand t'ē canowc'ayk' isk y-AY 今やあなたたちは神を知った，否，むしろまさに神によって知られたのだ Ga 4,9; mit'ē oč'? lowan. manawand zi ənd amenayn isk erkir el barbaṙ noc'a 彼らは聞かなかったのだろうか．否，むしろ，彼らの声は全地に広まったのだ Ro 10,18. → aṙawel

mangał, -i, -ac'/-oy, -ov【名】鎌 (δρέπανον)：yoržam tayc'ē z-ptowł-n vałvałaki aṙak'i mangał. zi hasanem hownjk' [穂が] 実をつけるとすぐに鎌が入れられる．刈り入れの時が来たからだ Mk 4,29. → gerandi

mangownk' → manowk

mangtwo → mankti

[**mank**] → xoramankowt'iwn

mankamard, -i, -ac'【名】[「小さい男（人）」から] 若い女，寡婦：i mankamardac' ayreac'-n hražarea 若い寡婦たちは退けよ 1Tm 5,11.

mankowt'iwn, -t'ean【名】幼年時代，少年時代；若さ (νεότης 1Tm 4,12)；i mankowt'enē = ἐκ νεότητος Mk 10,20/ = ἐκ παιδιόθεν Mk 9,21/ = ἀπὸ βρέφους 2Tm 3,15：mi ok' z-k'o mankowt'iwn-d arhamarhic'ē 誰も君を若さゆえに軽んじてはならない 1Tm 4,12.

mankownk' → manowk

mankti; M: mangti, -twoy, -teaw【名】《集合的》子供たち (παῖς Mt 21,15; παιδίον Mt 11,16)；嬰児 (τὰ βρέφη Lk 18,15)：ibrew tesin ... ew z-mankti-n or ałałakein i tačari-n 彼らは神殿で叫んでいる子供たちを見ると Mt 21,15; nman ē manktwoy or nstic'in i hraparaks kardayc'en z-nkers iwreanc' それは市場に座って他の者たちに呼びかけている子供たちと同じだ Mt 11,16; matowc'anein aṙ na ew mankti 人々は彼のところに嬰児たちも連れて来ようとした Lk 18,15.

manowk, -nkan, -nkownk', -nkanc' [M: 複 + mangownk', -nganc']【名】①子供，幼児，胎児 (τέκνον; βρέφος Lk 1,41; 2,12; παιδίον Mt 2,11; παῖς Jn 4,51; τεκνίον 1Jn 3,7) [manowk/mankownk'· vs. mankti: ELPA I.127]. ②下僕，奴隷 (παῖς Lk7,7)：①xałac' manowk-n y-orovayni nora 彼女の内で胎児が飛び跳ねた Lk 1,41; gtanic'ēk' manowk pateal i xanjarowrs ew edeal i msowr お前たちは産着にくるまれ，飼い葉桶に寝ている嬰児を見出すだろう Lk 2,12; tesin z-manowk-n handerj Mariamaw marb-n iwrov 彼らは幼子がその母マリアヤといるのを見た Mt 2,11; əndaṙaǰ ełew nma caṙayk'-n nora awetis etown ew asen t'e monowk-n nora kendani 彼を出迎えて彼の僕たちは，彼の少年は生きているということを知らせた Jn 4,51; mankownk' mi ok' z-jez xabesc'ē 子

供たちよ、誰にも惑わされてはならぬ 1Jn 3,7; ②asa baniw, ew bžskesc'i manowk-s im ひとこと言え。そして私の僕が癒されるように Lk 7,7.

manrem, -ec'i【動】裂く (κατακλάω) [manr, -now「小さい、細かい」: ELPA II.189; HH, AG 472]: manreac' z-nkanaks-n 彼はパンを裂いた Mk 6,41.

mašem, -ec'i【動】費す、費消する (δαπανάω): xndrēk' ew oč' ar̄nowk', vasn zi č'arač'ar xndrēk', zi andēn i c'ankowt'iwns jer mašesjik' あなたたちは願ったとしても、ふさわしくないやり方で、〔つまりもらうものを〕欲情に任せてすぐに費そうとして願うから、もらわないのだ Jas 4,3.

mašim, -šec'ay【動】使い古される、古びる (παλαιόομαι): amenek'ean ibrew z-jorjs mašesc'in (天地は) すべて衣のように古びるであろう He 1,11.

maškełēn [M: + -łen; -łini, -nac']【形】皮の (δερμάτινος) [mašk「革、皮」]: ownēr ... gawti maškełēn ənd mēǰ iwr 彼は腰に皮の帯を締めていた Mt 3,4.

mar̄axowł, -xłoy, -ov【名】暗さ、霧 (γνόφος → mēg) He 12,18 [cf. Deut 4,11 xawar ew mēg ew mar̄axowł = σκότος, γνόφος, θύελλα 暗闇、黒雲、突風].

masn, -sin, -sownk', -sanc'【名】①（全体に対して）部分、分け前；運命 (μέρος; μέρις Lk 10,42); 分配 (μερισμός He 2,4); bazowm masambk' = πολυμερῶς 多くの部分に分けて、断片的に He 1,1; errord masn = τρίτον 3分の1 Re 8,7. ②事柄、こと、件: ①et'e marmin-d k'o amenayn lowsawor ē ew č'-gowc'ē masn inč' xawarin, ełic'i lowsawor amenayn あなたの体全体が輝いており、暗闇の部分がどこにもないならば、全体は輝いているだろう Lk 11,36; Mriam masn bari əntreac' マリヤムは善いほうを選んだ Lk 10,42; ekec'ē TR car̄ayi-n ... ənd mēǰ ktresc'ē z-na ew z-masn nora ənd anhawats dic'ē その僕の主人はやって来て、彼を細切れにし、彼の運命を不忠実な者どもと同類にするだろう Lk 12,46; etown nma jkan xoroveloy masn 彼らは彼に焼き魚の一片を与えた Lk 24,42; oč' ownis ənd is masn あなたは私と関わりを持たない Jn 13,8; ar̄in z-handerj nora ew ararin č'ors masowns, iwrak'anč'iwr zinowori masn 彼らは彼の上着を取って4つに分け、各部分をそれぞれの兵士のものとした Jn 19,23; oč goy masn ew vičak i bani-d y-aydmik お前はそのことの分け前にも相続にもあずかれない Ac 8,21; masambk' hogwoy-n srboy 聖霊の分配によって He 2,4; ②mi ok' aysowhetew z-jez datesc'i ... msambk' tōnic' = ... ἐν μέρει ἑορτῆς 従

って誰もあなた方を祭りの件で裁くことがあってはならない Col 2,16; p'ařaworeal-n y-aysm masin この点において栄光を受けた者 2Cor 3,10.

matakararem, -ec'i【動】調達する，供給する，分け与える，貯蔵する (ἐπιχορηγέω 2Pe 1,5); 奉仕する (διακονέω 1Pe 4,11): jerovk'-n hawatovk' matakararesJik' (/-rariJik') z-ařak'inowt'iwn-n, ew ař ak'inowt'eamb z-gitowt'iwn あなたたちはあなたたちの信仰によって徳を，徳によって知識を調達せよ 2Pe 1,5; et'ē ok' matakararic'ē, ibrew i zōrowtenē z-or šnorhē AC 奉仕するのであれば，神が供給してくれる力に基づいて〔奉仕せよ〕1Pe 4,11.

matałatownk, -tnkoy, -oc'【名】新参者 (νεόφυτος) 1Tm 3,6. → matał, townk

matamb; matam-n (M) → matn

matanec'ic' (M) → matnem

matani, -nwoy, -neac'【名】指輪 (δακτύλιος) [→ matn]: t'owk' z-matani-n i jeřn nora 指輪を彼の指にはめよ Lk 15,22; et'e mtc'ē i žołovowrd jer ayr or ownic'i matani oski ew handerjs paycařs あなたがたの会堂に金の指輪に豪華な服の人が入って来る場合 Jas 2,2.

matanc' → matn

mateay; matean → matč'im

matean, -teni, -ic'【名】書物，羊皮紙 (μεμβράνα): berJir ew z-girs-n, manawand z-mateans-n 書物も，特に羊皮紙のものを持って来い 2Tm 4,13.

matenesJik' (Lk 21,16M) → matnem

matir → matč'im

matn, -tin, -townk', -tanc'【名】 指 (δάκτυλος) [→ matani]: ark z-matowns iwr ənd akanJs nora ew et'owk' andr ew kalaw z-lezowē nora 彼（イエス）は自分の指を彼の両耳に入れ，唾をつけて彼の舌に触った Mk 7,33; grēr matamb-n i veray erkri 彼は指で地面に書いていた Jn 8,8; ber z-matowns k'o ew ark aysr あなたの指を持って来て，ここに置け Jn 20,27; et'e matamb (M: matam-n, *sic*) AY hanem z-dews, apa haseal ē i veray jer ark'ayowt'iwn AY もし私が神の指によって悪霊どもを追い出しているのなら，神の王国はお前たちの上に到来したのだ Lk 11,20.

matnem, -ec'i【動】引き渡す，裏切る，密告する；(身を) 捧げる (παραδίδωμι; ἔκδοτος Ac 2,23): ordi mardoy matni i jeřs meławorac' 人の子は罪人らの手に渡される Mt 26,45; ordi mardoy matni i xač' elanel 人の子は十字架につけられるために引き渡される Mt 26,2; ordi

matničʻ 458

mardoy matnelocʻ ē i jeřs mardkan, ew spancʻen z-na 人の子は人々の手に渡されることになる，そして彼らは彼を殺すだろう Mk 9,31; matnesjikʻ (M: matenesjikʻ) ew i cnawłacʻ あなたたちは両親からでさえ売り渡されるだろう Lk 21,16; arkʻ orkʻ matnecʻin z-anjins iwreancʻ vasn anowan-n TN meroy YI KʻI われらの主イエス・キリストの名のために身を捧げた人々 Ac 15,26; z-na nkateal xorhrdov ew kanxagitowtʻeamb-n AY, matneal i jeřacʻ anōrinacʻ beweřeal i pʻayti spanēkʻ 神の定められた計画と予知によって渡されたその方を，あなたたちは不法の者どもの手で釘づけにして殺した Ac 2,23. → matnčʻim, matowcʻanem, awandem

matničʻ, -nčʻi, -čʻacʻ【名】売り渡す者，裏切り者 (ὁ παραδιδούς; ὁ παραδότης Lk 6,16; Ac 7,52)：jeřn mat/ətčʻi (M: ma/tnčʻi) imoy ənd is i sełan-s 私を売り渡す者の手が私と共にこの卓上にある Lk 22,21; or ełew isk matničʻ 彼は裏切り者になった Lk 6,16; oroy dowkʻ ayžm matničʻkʻ ew spanōłkʻ ełerowkʻ 今あなた方は彼を裏切る者，殺す者となった Ac 7,52.

mato → matowcʻanem

matownkʻ → matn

matowcʻanem, -owcʻi, 3・単 -oycʻ, 命 mato [分詞 matowcʻeal は matčʻim の欠けている分詞を補う]【動】①持って来る，連れて来る (φέρω Jn 18,29; προσάγω Lk 9,41; προσφέρω Mt 22,19; Lk 23,14)；(供え物などを) 捧げる (ἀνάγω Ac 7,41; ὑποτίθημι Ro 16,4; προσφέρω Mt 2,11; Lk 5,14; He 9,25; ἀνταποδίδωμι 1Th 3,9); matowcʻeal em [i+対] …を扱う (προσφέρομαι He 12,7). ②matowcʻeal (…) yařaǰ 先へ進む (προβάς [: προβαίνω] Mt 4,21; Mk 1,19; προελθών [: προέρχομαι] Mt 26,39; Mk 14,35). ③Lk 22,51 matowcʻeal y-ownkn-n = ἁψάμενος τοῦ ὠτίου 耳に触れて (彼を癒した). ④ [matowcʻeal が matčʻim の分詞を補って] やって来て，近寄って来て (προσελθών; ἐλθοῦσα Mt 15,25): ①zinčʻ? čʻaraxawsowtʻiwn matowcʻanēkʻ z-ařnē-n z-aynmanē お前たちはこの男に対して何の訴えを持って来ているのか Jn 18,20; mato aysr z-ordin kʻo あなたの息子をここに引いて来い Lk 9,41; nokʻa matowcʻin nma dahekan mi 彼らは彼にデナリオン貨幣を1枚持って来た Mt 22,19; acēkʻ matocʻēkʻ inj z-ayr-s z-ays ibrew z-xotorecʻowcʻičʻ żołovrdean-n お前たちはこの人物を民衆を惑わす者だとして私のところへ連れて来た Lk 23,14; matowcʻin zohs křocʻ 彼らは偶像に犠牲を捧げた Ac 7,41; orkʻ ənd anjin imoy z-iwreancʻ paranocʻs matowcʻin 彼らは私の命のために彼ら自身の首を差し出してくれた Ro 16,4; bacʻeal z-ganjs iwreancʻ matowcʻin nma patarags, oski ew kndrowk ew zmowřs 彼らは彼らの

宝箱を開いて，彼に黄金と乳香と没薬を贈物として献上した Mt 2,11; ert' c'oyc' z-anjn k'o k'ahanayi-n ew mato patarag vasn srbowt'ean k'o 行って，自らを祭司に見せ，あなたの清めのことで，供え物を捧げよ Lk 5,14; ibrew y-ordis matowc'eal ē i jez AC 神はあなた方を子として扱っている He 12,7; ②matowc'eal anti sakawik mi yaṙaǰ, etes z-Yakovbos 少し先へ進んで行くと，彼はヤコブを見た Mk 1,19; matowc'eal yaṙaǰ sakawik mi, ankaw i veray eresac' iwroc' kac' y-aławt's 少し先に行って，顔を大地につけてひれ伏し，祈った Mt 26,39; ④matowc'eal p'orjič' 試みる者がやって来て Mt 4,3; matowc'eal borot mi 1 人のらい病人が近寄って来て Mt 8,2; <u>matowc'eal yetoy</u> = προσελθοῦσα ὄπισθεν 後ろから近づいて Mt 9,20; Lk 8,44; <u>yetoy matowc'eal</u> erkow= ὕστερον δὲ προσελθόντες δύο 最後に 2 人の者がやって来て Mt 26,60; oč' gtanein i bazmac' sowt vkayic' matowc'eloc' = οὐχ εὗρον πολλῶν προσελθόντων ψευδομαρτύρων 多くの偽証者がやって来たにもかかわらず，見つからなかった Mt 26,60.

matč'im, -teay, 命 matir［分詞は matowc'anel の分詞で代用］【動】①近寄る，そばに来る (προσέρχομαι Jn 12,21; προσαναβαίνω Lk 14,10); 持ち込まれる，捧げられる (εἰσφέρω He 13,11); 集まる：nok'a matean aṙ P'iłippos 彼らはフィリッポスのところに来た Jn 12,21; barekam, <u>i ver matir</u> = προσανάβηθι ἀνώτερον 友よ，もっと上座に進め Lk 14,10; matean erkir pagin nma = προσεκύνησαν αὐτῷ (舟の中にいた彼らは) 近づいて来て彼を伏し拝んだ Mt 14,33; oroc' anasnoc' matč'ēr ariwn-n i srbowt'iwns vasn mełac' i jeṙn k'ahanayapeti-n 動物の血が罪のために大祭司によって聖所に持ち込まれた He 13,11; yayt aṙnel z-katarowmn awowrc'-n srbowt'ean, minč'ew mateaw i veray iwrak'anč'iwr owrowk' i noc'anē patarag 清めの期間が満ちて彼ら 1 人 1 人のために供え物が捧げられる日のことを告げる Ac 21,26.

mar, -ow, -owc'【名】バトス（液量単位），メトレテス (μετρητής Jn; βάτος Lk［異読 κάδος「甕，手桶」，κάβος「カブ（穀類・液体の量目）」］): hariwr mar jit'oy オリーブ油 100 バトス Lk 16,6; t'akoykk' ... tanein mi mi i noc'anē mars erkows kam eris 水瓶はそれぞれ 2 ないし 3 メトレテスの容量だった Jn 2,6.

marax; M: + mareax, -oy, -oc'【名】いなご (ἀκρίς): kerakowr nora ēr marax (M: mare/ax) ew mełr vayreni 彼の糧はいなごと野蜜だった M 3,4; elanēr marax y-erkir いなごが地上へ出て来た Re 9,3.

maranat'a = μαρανα θα「マラナ・タ＝われらの主よ，来たりませ」1Cor 16,22.

marb → mayr

margareeac' (M) → margarēanam

margarē, -rēi [+ -rei], -ic' 【名】預言者 (προφήτης; προφῆτις Lk 2,36); sowt margarēk' = ψευδοπροφῆται 偽預言者たち Mt 7,15; 24,11.24; Mk 13,22; Lk 6,26 : ays amenayn ełew zi lc'c'i or asac'aw-n i TĒ i jeŕn Ēsayai margarē このことすべてが起こったのは，預言者イザヤを通して主によって言われたことが満たされるためである Mt 1,22; and ēr Anna margarē dowstr P'anowēli y-azgē Asēra (M: Asēray) そこにアセル族の出で，ファヌエルの娘のアンナという預言者がいた Lk 2,36; kataresc'in amenayn grealk'-n margarēik' (M: margareiwk'; E: -rēik' は -rēiwk' に対する誤記) vasn ordwoy mardoy 人の子について預言者たちによって書かれていることはすべて実現されるだろう Lk 18,31.

margarēakan, -ac' 【形】預言の (προφητικός): yaytneloy ayžmik i jeŕn groc' margarēakanac' 今や預言の書をとおして明らかにされた Ro 16,26; ownimk' hastatagoyn z-bans-n margarēakans-n 預言の言葉は私たちにとってより確実なものとなっている 2Pe 1,19.

margarēanam; M + -reanam, -ēac'ay 【動】預言する，予言する (προφητεύω): barwok' margarēac'aw (M: -reac'aw) Ēsayi vasn jer kełcaworac' イザヤはお前たち偽善者についてみごとに預言した Mk 7,6; amenayn awrēnk' ew margarēk' minč'ew c'-Yovhan margarēac'an すべての律法と預言者たちとはヨハネまでを預言した Mt 11,13; margarēac', ov? ē or ehar-n z-k'ez (M: margare/eac' mez K'S-d ov ē or …) 予言して見ろ，お前を打ったのは誰か Lk 22,64; margarēac'aw et'e meŕaneloc' ēr YS 彼はイエスが死ぬことになるのを預言した Jn 11,51.

margarēik' (Lk 18,31E) → margarē (複・具)

margarēowt'iwn, -t'ean 【名】預言 (προφητεία): katari aŕ nosa margarēowt'iwn-n Ēsayay イザヤの預言が彼らに成就する Mt 13,14; et'ē margarēowt'iwnk' en, xap'anesc'in (愛が) 預言であれば，壊されるだろう 1Cor 13,8; et'ē ownic'im z- margarēowt'iwn, ew gitic'em z-xorhowrds amenayn, ew z-amenayn gitowt'iwn, ew et'ē ownic'im z-amenayn hawats, minč'ew z-lerins p'op'oxeloy, ew sēr oč' ownic'im, oč'inč' em もしも私が預言をなし，さらにすべての奥義とすべての知識をもってはいても，またもしも私が山々を移すほどのあらゆる信仰をもってはいても，しかし私が愛をもってはいないならば，私は無である 1Cor 13,2.

margarit, -rtoy, -ov/-rti, -iw 【名】真珠 (μαργαρίτης): ein erkotasan drownk' y-erkotasan margartac' 12 の門は 12 の真珠でできていた Re

21,21; mi arkanēkʻ zʻmargarit jer aṟaǰi xozacʻ あなたたちの真珠を豚どもの前に投げるな Mt 7,6; nman ē arkʻayowtʻiwn erknicʻ aṟn vačaṟakani or xndricʻē margarits gełecʻiks 天の王国は美しい真珠を探している商人と同じだ Mt 13,45; gteal mi patowakan margarit ertʻeal vačaṟeacʻ zʻamenayn zʻor inčʻ ownēr, ew gneacʻ zʻayn margarit 彼は, 1 個の高価な真珠を見つけると, 去って行って, 自分の持っているもの一切を売り飛ばし, その真珠を買った Mt 13,46.

mard, -oy, -ocʻ【名】人, 人間 (ἄνθρωπος); ordi mardoy 人の子 (υἱὸς τοῦ ἀνθρώπου [cf. ordik mardkan → mardik]); kin mard = γυνή 「女」 Mt 5,28 : yoržam cncʻi zʻmanowk-n, očʻ ews yišē zʻnełowtʻiwn vasn xndowtʻean-n zi cnaw mard y-ašxarh (女は) 幼子を産むと, 人が世に生まれたという喜びのために, もはや苦しみを思い出さないものだ Jn 16,21; isk ard orčʻapʻ? ews aṟawel ē mard kʻan zʻočʻxar そうであれば, 人間はどれほど羊に優っているだろうか Mt 12,12; dow mard es, ew zʻanjn kʻo AC aṟnes お前は人間でありながら, お前自身を神にしている Jn 10,33; ordwoy mardoy očʻ goy owr dicʻē zʻglowx iwr 人の子には頭を横たえるところはない Mt 8,20. → ayr¹

mardahačoy, -icʻ【形】人の機嫌を取る, 媚びへつらう (ἀνθρωπάρεσκος): mi aṟ akanē caṟayel ibrew mardahačoykʻ 人の御機嫌取りとして上っ面だけで隷属するのではなく Eph 6,6; Col 3,22. → mardeloyz

mardasirowtʻiwn, -tʻean【名】人間愛；親愛の情, 親切, 厚意, 厚遇 (φιλανθρωπία; φιλανθρώπως Ac 27,3): yoržam kʻałcʻowtʻiwn ew mardasirowtʻiwn pʻrkčʻi-n meroy AY yaytnecʻaw 私たちの救い主, 神の慈しみと人間愛が現れたとき Tt 3,4; mardasirowtʻiwn cʻowcʻeal Yowliay aṟ Pawłos ユリアスはパウロを親切に取り扱った Ac 27,3; barbaroskʻ-n šnorhecʻin očʻ sakaw mardasirowtʻiwn mez 外国人たちは私たちに並々ならぬ厚意を示してくれた Ac 28,2.

mardaspan, -i, -acʻ【名】人殺し (ἀνδροφόνος 1Tm 1,9; ἀνθρωποκτόνος Jn 8,44) [mard-a-span → span-anem]: mardaspan ēr i skzbanē 彼は初めから人殺しだった Jn 8,44. → spananem

mardaspanowtʻiwn, -tʻean【名】人殺し (φόνος): očʻ apašxarecʻin i mardaspanowtʻenē ew i dełatowtʻenē ew i poṟnkowtʻenē ew i gołowtʻenē iwreancʻ 彼らは人殺しや魔法や淫行や盗みにも, 悔い改め〔て背を向け〕ることをしなかった Re 9,21.

mardeloyz, -lowzacʻ【名】へつらう者, おべっか使い；そそのかす者, 人さらい (ἀνδραποδιστής) 1Tm 1,10. → mardahačoy

mardik, -dkan, -dkanē, -dkaw【名】《集合的》人間, 人々 (οἱ ἄνθρωποι;

mardkełēn

οἱ ἄνδρες Jn 6,10; ἀνθρώπινος Ac 17,25; 1Cor 10,13); ordik' mardkan 人々の子ら vs. ordi mardoy 人の子：datic'i AC z-gałtnis mardkan 神は人間の隠れたことがらを裁くだろう Ro 2,16; amenayn t'ołc'i ordwoc' mardkan mełk' 人の子らにはすべての罪が赦されるだろう Mk 3,28; ew oč' i jeřac' mardkan pašti ibrew karōt imik' (神は) 何か不足なところがあるかのように人間の手によって仕えられることもない Ac 17,25; ayl ayn zinč'? ē aydč'ap' mardik = ... εἰς τοσούτους しかし、これほど多くの人のためには、それは何の役に立つのか Jn 6,9; zi loys ekn y-ašxarh ew sireac' mardik z-xawar arawel k'an z-loys 光が世に来たのに、人々が光よりも暗闇を愛したこと Jn 3,19 ［複 sirec'in ではなく単 sireac' は前の loys ekn に影響されたもの］; datawor mi ēr i k'ałak'i owremn y-AY oč' erknč'ēr ew mi i mardkanē oč' amač'ēr = ... τὸν θεὸν μὴ φοβούμενος καὶ ἄνθρωπον μὴ ἐντρεπόμενος ある町に、神をも恐れず、人をも憚らない1人の裁判官がいた Lk 18,2 ［ař i mardkanē ... ař y-AY = παρὰ ἀνθρώποις ... Mt 19,26; Mk 10,27］; p'orjowt'iwn i jer veray oč' ē ekeal bac' i mardkanē 人間から出た〔試練〕以外の試練があなた方の上に到来したことはない 1Cor 10,13.

mardkełēn, -kełinac' 【形】人間の，人間的な (ἀνθρώπινος)：amenayn bnowt'iwn gazanac' ew t'řč'noc' ... hnazandeal ē mardkełēn bnowt'ean あらゆる種類の獣と鳥類は人間という種に飼い馴らされてきた Jas 3,7.

mardkōrēn【副】人間的に (ἀνθρώπινον)：mardkōrēn asem vasn tkarowt'ean marmnoy jeroy 私はあなたがたの肉の弱さのゆえに人間的に語っている Ro 6,19.

mareax (M) → marax

Maremank'; M: Mariamank', -ans 【名】マリヤの家族の者，マリヤとその仲間：bazowmk' i hreic'-n or ekeal ein ař Maremans (M: Mariamans) = ...πρὸς τὴν Μαριάμ, vulg.: ...ad Mariam, et Martham マリヤとその仲間のところに来たユダヤ人たちの多く Jn 11,45. → Mariam

mart'【形】〈mart' ē, ēr, ic'ē の形で〉［与］…が［不］…することはあり得る (δύναται)；oč' ē mart' ［与］…が［不］…することはあり得ない (οὐ δύναται Mk 2,19b; οὐκ ἐνδέχεται Lk 13,33; ἀνένδεκτος Lk 17,1)：zi mart' ēr vačarel z-da mecagni ew tal ałk'atac' これを高く売って貧乏人たちに与えてやることもできたのに Mt 26,9; mi et'e mart' inč'? ic'ē mankanc' ařagasti sowg ařnowl 新婚の部屋の子らは悲しむことができるだろうか Mt 9,15; isk i Nazaret'ē mart'? inč' ic'ē barwoy imik' linel = ... δύναταί τι ἀγαθὸν εἶναι ナザレの出で，何か善いものがあり得るのか Jn 46; oč' ē mart' margarēi kornč'el artak'oy k'an z-ĒM 預言者が

エルサレム以外で滅びることはあり得ない Lk 13,33; očʻ ē martʻ čʻ-gal gaytʻagłowtʻean 躓きがやって来ないということはあり得ない Lk 17,1; očʻ inčʻ ē martʻ etʻē ankac linicʻi ban-n AY = οὐχ οἷον δὲ ὅτι ἐκπέπτωκεν ὁ λόγος τοῦ θεοῦ 神の言葉が〔地に〕墜ちてしまったわけではない Ro 9,6.

martʻem, -tʻacʻi【動】[＋不] …できる，得る (ἔχω)：orpēs versain kʻnneal martʻacʻicʻ inčʻ grel 改めて取り調べた上で，私が何か上書すべき事柄を得るために Ac 25,26.

Mariamans (M) → Maremankʻ

marh- [z-marhičs (M: z-mahičs) Jn 5,10; marhčawkʻ (M: mahčawkʻ) Lk 8,16] → mahičkʻ

marmaǰem, -ecʻi【動】かゆい，くすぐられる (κνήθομαι)：kowtescʻen iwreancʻ vardapets əst marmaǰeloy lseleacʻ iwreancʻ 彼らは耳をくすぐられるようなことを聞こうとして，教師たちをかき集めるだろう 2Tm 4,3.

marmin, -mnoy, -ocʻ【名】①体，肉，肉体；実体 (σῶμα Lk 17,37; Col 2,17; σάρξ Lk 24,39; He 5,7; 1Cor 1,26; Ga 4,23; 5,19; 1Pe 1,24; σωματικός 1Tm 4,8); 死体 (πτῶμα Mk 6,29). ②天幕 (σκήνωμα 2Pe 1,14)：①owr marmin ē, andr ew arcowikʻ žołovescʻin 体のある所はどこでも，そこに禿げ鷹たちも集まるだろう Lk 17,37; ogi marmin ew oskers očʻ owni 霊は肉や骨をそなえていない Lk 24,39; y-awowrs marmnoy iwroy 肉なる人として生きた日々 He 5,7; očʻ bazowm imastownkʻ əst marmnoy 肉によって言えば，多くの者が知者であるわけではない 1Cor 1,26; or y-ałaxnoy-n ēr əst marmnoy cneal ēr 女奴隷からの子は肉によって生まれた Ga 4,23; yaytni en gorckʻ marmnoy 肉の業は明白だ Ga 5,19; amenayn marmin ibrew z-xot 肉なる人はすべて草のようだ 1Pe 1,24; marmnoy krtʻowtʻiwn ar sakaw inčʻ ōgtakar ē 身体の鍛錬はごくわずかな点でしか益がない 1Tm 4,8; barjin z-marmin-n ew edin i gerezmani 彼らは彼の死体を引き取り墓の中に横たえた Mk 6,29; ②vałvałaki ē linelocʻ merkanal y-inēn marmnoy-s 間もなくこの天幕が私から取り去られるだろう 2Pe 1,14. → mis

marmnakicʻ【形】体を共有する (σύσσωμος)：linel hetanosacʻ ... marmnakicʻs ew hałords aweteacʻ-n 異邦人は〔私たちと〕同じ体に属する者であり〔私たちと〕共に約束に与る者だ Eph 3,6. → marmin, -kicʻ

marmnapēs【副】体として，形をとって (σωματικῶς)：i nma bnakē amenayn lrowmn ACowtʻean-n marmnapēs 彼の内には神性の全き充満

が形態化して宿っている Col 2,9. → marmin, -pēs

marmnawor, -i, -ac' 【形】肉体の, 肉的な (σωματικός Lk 3,22; σάρκινος 1Cor 3,1; He 7,16; σαρκικός Ro 15,27; 1Pe 2,11)：iǰanel hogwoy-n srboy marmnawor tesleamb ibrew z-aławni i veray nora 聖霊が姿形のあるさまで鳩のように彼の上に降って来た Lk 3,22; oč' karac'i xōsel ənd jez ibrew ənd hogewors ayl ibrew ənd marmnawors 私はあなた方に対して，霊的な人たちに対するようにして語ることができず，むしろ肉的な人たちに対するようにして〔語ることしかできなかった〕1Cor 3,1; əst marmnawor patowirani-n 肉的な律法によって He 7,16; partin ew marmnaworac'-n kc'ord linel 彼らは肉的なものにも与らねば〔Gk: 仕えねば〕ならない Ro 15,27; ałač'em ... i bac' meržel i marmnawor c'ankowt'eanc'-n 私は勧告する, 肉的な欲望を控えよ 1Pe 2,11.

marmnełēn, -łinac' 【形】肉の (σάρκινος 2Cor 3,3; σαρκικός 2Cor 1,12)：oč' i taxtaks k'arełēns, ayl i taxtaks srti marmnełēns 石の板にではなく, むしろ肉の心の板に 2Cor 3,3; oč' marmnełēn imastowt'eamb ayl šnorhōk'-n AY 肉の知恵をもってではなく神の恵みをもって 2Cor 1,12.

mars → mayr, mar

mart, -i, -ic' 【名】戦い, 争い, 闘争 (μάχη 1Cor 7,5; ἀγών 1Tm 6,12)：y-amenayni nełealk', kanzi artak'oy martk' ew i nerk'oy arhawirk' あらゆることで私たちは艱難に遭遇していた．外には戦い, 内には恐れがあった 1Cor 7,5; martir z-barowok' mart-n hawatoc' 信仰の立派な戦いを戦え 1Tm 6,12.

martik, -tki, -kōk' 【形】戦う；【名】戦士；競技者 (ἀθλέω) 2Tm 2,5.

martnč'im, -teay 〔分 martowc'eal (: martowc'anem)〕【動】①戦う, 争う, 激しく議論する (μάχομαι Jn 6,52; Ac 7,26; ἀγωνίζομαι Jn 18,36). ②競技する (ἀθλέω 2Tm 2,5)：①i vałiw andr erewec'aw noc'a minč'der̄ martnč'ēin, ew vareac' z-nosa i xałałowt'iwn 翌日彼は相争っている彼らのところに現れて，彼らの仲介をしようとした Ac 7,26; martnč'ein ənd mimeans hreayk'-n ユダヤ人たちは互いに激しく議論し始めた Jn 6,52; et'e y-ašxarhē asti ēr ark'ayowt'iwn-n im, spasawork'-n im martnč'ein ardewk' zi mi matnec'ayc' hreic' 仮に私の王国がこの世からのものであったなら, 私の下役たちが, 私がユダヤ人たちに引き渡されぬようにと闘っていたことであろう Jn 18,36; ②et'ē martik ok' ic'ē, oč' psaki et'ē oč' əst ōrini-n martic'ē 誰であれ競技する者は, 規則通りに競技しなければ栄冠を受けることはない 2Tm 2,5.

mawt' (Lk 9,26M) → amawt'

mawt, -oy【副/形】①近くに；近い；kam mawt そばに立っている (παρίσταμαι Jn 19,26); mawt linel 近づく (ἐγγίζω Mt 21,1); mawt anc'anel 海岸に沿って航行する (ἆσσον παραλέγομαι Ac 27,13); i mawtoy = παρών/παρόντες そちらに行った時に，そばに居合わせて 2Cor 10,11; εὐθέως すぐに，直ちに，間もなく 3Jn 14; ἐν τάχει 1Tm 3,14. ②mawt [i+対] …の近くに (ἐγγύς+属)：①ibrew mawt ełen y-ĒM 彼らがエルサレムに近づいた時 Mt 21,1; mōt anc'anēin aṙ Kriteaw 彼らはクレタ島の海岸に沿って航行した Ac 27,13; akn ownim i mōtoy isk tesanel z-kez 私はすぐにもあなたに会えるものと願っている 3Jn 14; ②mawt y-ayn tełi owr z-hac'-n keran 彼らがパンを食べたその場所の近くに Jn 6,23.

mawtawor, -i, -ac'【形】付近の，すぐ近くにある (ἐχόμενος)：y-ayl mawtawor giwłak'ałak's-n 付近のほかの村や町へ Mk 1,38.

mawtem, -ec'i; **mawtim**, -tec'ay【動】近 づ く (ἐγγίζω)：ełew i mawtel-n nora y-Erik'ov 彼がエリコに近づいていた際に Lk 18,35.

mawr, mawrē → mayr

mak'owr【形】純粋な，澄んだ，輝く (καθαρός Re 21,21; λαμπρός Re 22,1)：ec'oyc' inj mak'owr get kendani ǰroy saṙnatesak, or elanēr y-at'oṙoy-n AY ew gaṙin-n〔天使は〕神と子羊の玉座から流れ出て，水晶のように輝いている命の水の川を私に見せてくれた Re 22,1. → mak'rem

mak'sapet, -i, -ac'【名】徴税人の長 (ἀρχιτελώνης)：ayr mi anown koč'ec'eal Zakk'ēos, ew na ēr mak'sapet ew ink'n mecatown ザカイオスという名で呼ばれていた男がいたが，彼は徴税人の頭で，彼自身金持ちだった Lk 19,2. → -pet

mak'sawor, -i, -ac'【名】徴税人 (τελώνης) [mak's, -ic'「関税」：CALFA]：əndēr? ənd mak'sawors ew ənd meławors owtēk' ew əmpēk' どうしてお前たちは徴税人どもや罪人らと一緒に食べたり飲んだりするのか Lk 5,30.

mak'saworowt'iwn, -t'ean【名】収税所 (τελώνιον)：etes mak'sawor mi orowm anown ēr Łewi zi nstēr i mak'saworowt'ean 彼はレビという名の徴税人が収税所に座っているのを見た Lk 5,27.

mak'rem, -ec'i【動】きれいにする，掃除する (σαρόω Mt 12,44); 拭う (ἐκμάσσω Jn 12,3)：ekeal gtanē parapord, mak'real ew yardareal やって来ると彼は〔その家が〕空で掃き清められ飾り付けがしてあるのを見つける Mt 12,44; herov iwrov mak'rēr z-ots nora 彼女は自分の髪の毛で彼の足を拭った Jn 12,3. → mak'owr, ǰnǰem, srbem

mez → mekʻ

mezēn【副】私たち自身で：zi mezēn isk lowakʻ (αὐτοὶ γὰρ ἠκούσαμεν) i beranoy dora なぜなら我々自身が彼の口から聞いたからだ Lk 22,71; zi mezēn isk lowakʻ (αὐτοὶ γὰρ ἀκηκόαμεν) i dmanē 我々は自分の耳でその人から聞いた Jn 4,42. → jezēn, mekʻ

mec, -i, -aw【形】①大きい (μέγας; μείζων; οὐκ ὀλίγος Ac 12,18); 富んでいる (πλούσιος Eph 2,4); mec aṙnem 大きくする, 増す (μεγαλύνω Lk 1,58). ②大いなる, 偉大な (μέγας Mt 5,19; μείζων Mt 11,11; Jn 15,13). ③ 重 大 な：①šahavačaṙ mec ACpaštowtʻiwn-n ē bawakanowtʻeamb handerj 自己充足を伴った神への奉仕は大きな〔精神的糧の〕獲得手段だ 1Tm 6,6; xndrēi y-AY ew pʻokʻow ew mecaw (= ... καὶ ἐν ὀλίγῳ καὶ ἐν μεγάλῳ), očʻ miayn z-kʻez ayl z-amenesean or lsen inj aysōr linel ayspisi orpēs ew es-s em 短時間であろうと, 長時間であろうと, 私が神に求めてきたのは, ただあなただけではなく, 今日私の話を聞いている人がすべて, この私のようになることなのだ Ac 26,29; mec ews kʻan z-ays sēr očʻ okʻ owni これよりも大いなる愛は誰も持つことがない Jn 15,13; mec arar TR z-ołormowtʻiwn iwr ənd nma 主は彼女に対するその憐れみを増した Lk 1,58; ②na mec kočʻescʻi y-arkʻayowtʻean erknicʻ 彼は天の王国で大いなる者と呼ばれるだろう Mt 5,19; čʻ-ē yarowcʻeal i cnownds kanancʻ mec kʻan z-Yovhannēs mkrtičʻ 女から生まれた者の中で, 洗礼者ヨハネよりも大いなる者は起こらなかった Mt 11,11; mec ews kʻan z-ays sēr očʻ okʻ owni これよりも大いなる愛は誰も持つことがない Jn 15,13; ③očʻinčʻ ē mec tʻē ew paštōneaykʻ nora kerparanin ibrew z- paštōneaykʻ ardarowtʻean たとえ彼の奉仕者たちが義の奉仕者に擬装したとしても, それは大したことではない 2Cor 11,15; etʻē mekʻ i jez z-hogewors-n sermanecʻakʻ, mec inčʻ ē etʻē i jēnǰ z-marmnawors-d hnjicʻemkʻ もしも私たちがあなた方に霊的なものを蒔いたのなら, 私たちがあなた方から肉的なものを刈り取ることになるとしても, それは何か重大なことなのか 1Cor 9,11. → mecamec

mecaban【形】大言壮語する, 横柄な, 尊大な (ὑπέρογκος): mecabans snoteacʻ barbaṙeal 虚しい横柄なことを口にして 2Pe 2,18. → mec, ban

mecagin, -gnoy/-gni【形】非常に高価な (πολυτελής Mk 14,3; πολύτιμος Jn 12,3): šiš iwłoy nardean aznowi mecagnoy 非常に高い値の純正のナルド香油の入った石膏の壺 Mk 14,3;〔副詞的に〕zi martʻ ēr vačaṙel z-da mecagni (= ... τοῦτο πραθῆναι πολλοῦ) ew tal ałkʻatacʻ これを高く売って貧乏人たちに与えてやることもできたのに Mt 26,9. → mec, gin, canragin

mecajayn【形/副】大声の；大声で：stipein mecajayn ew xndrein z-na i xač' hanel 彼らは大声を張り上げて迫り，彼を十字架につけるよう要求した Lk 23,23． → jayn

mecamec; mecameck', -cac' [mec-a-mec: ELPA I.167; Schmitt, Grammatik, p. 87.159]【形/名】①大きな；偉大な (μέγας Jn 21,11; μέγιστος 2Pe 1,4; μείζων Lk 12,18; Jn 5,20). ②mecameck' (-n) 尊大な者たち (οἱ μεγάλοι Mk 10,42); 名士 (οἱ πρῶτοι Mk 6,21); 裕福な者 (οἱ πλούσιοι Lk 14,12); 偉大さ，偉大な行い (μεγαλειότης Lk 9,43; μεγαλεῖον Ac 2,11): ①li mecamec jkambk' hariwr yisown ew eriwk' (網は) 153匹の大きな魚で一杯だった Jn 21,11; arar inj mecamecs hzawr-n 力ある方が私に大いなることどもをしてくれた Lk 1,49; mecameck'-n ew patowakan awetik' pargeweal en mez 偉大で貴い約束が私たちには与えられている 2Pe 1,4; mecamecs ews k'an z-soyns c'owc'anē nma z-gorcs ənd or dowk'-d zarmanyk' [父は] これらのことよりも，あなた方が驚くもっと大いなる業を彼に見せる Jn 5,20; k'akec'ic' z-štemarans im ew ews mecamecs šinec'ic' 私は自分の倉を壊し，より大きな〔倉〕を建てよう Lk 12,18; ②mecameck' noc'a išxen noc'a 彼ら（異邦人たち）の尊大な者どもは彼らに圧政を加えている Mk 10,42; zarmanayin amenek'ean i veray mecamecac'-n AY 皆は神の偉大さに仰天した Lk 9,43; lsemk' xōsic' noc'a i mer lezows z-mecamecs AY 私たちはあの人々が私たちの言葉で神の大いなる業を述べるのを聞く Ac 2,11.

mecanam, -cac'ay【動】①大きくなる，豊かになる，金持ちになる (πλουτέω; πλουτίζω 1Cor 1,5; 2Cor 9,11); 満ち溢れる (μεγαλύνω 2Cor 10,15). ②崇められる (μεγαλύνω [受] Ac 19,17; Php 1,20): ①mecanal gorcovk' barowt'ean 立派な行いに富むこと 1Tm 6,18; amenayn šahavačaṙk' aysok'iwk' mecac'ealk' i k'ēn これら（の品々）であなたのおかげで金持ちになったすべての商人たち Re 18,15; y-amenayni mecac'arowk' あなた方はすべてにおいて豊かにされた 1Cor 1,5; y-amenayni mecac'ealk' amenayn aṙatowt'eamb〔あなた方は〕すべてにおいて富む者となりすべて物を惜しまない純真さをもって〔施しをなすに至っている〕2Cor 9,11; aydrēn i jez mecanaloy əst kanoni-n meroy y-aṙawelowt'iwn 私たちの範囲内でますます豊かにあなた方のうちで満ち溢れること 2Cor 10,15; ②mecanayr anown TN YI 主イエスの名が崇められるようになった Ac 19,17; əst aknkalowt'ean ew yowsoy-n imoy, zi mi iwik' y-amōt' ełēc' ayl amenayn hamarjakowt'eamb orpēs y-amenayn žam ew ayžm mecasc'i K'S i marmni imowm, et'ē kenōk'

mecatown 468

ew et'ē mahow 私の切なる願いと希望に沿っていることは，私がなにごとにおいても恥を加えられず，むしろいつものように今も，生を通してであれ死を通してであれ，私の体において，すべての大胆さをもってキリストが賞め讃えられるようになることだ Php 1,20.

mecatown, -tan, -anc' 【形】富める，裕福な，金持ち (πλούσιος Mt 27,57; πλουτέω Lk 1,53): ibrew erekoy ełew ekn ayr mi mecatown y-Arimat'eay orowm anown ēr Yovsēp' 夕方になると，アリマタヤ出身の裕福な人で，ヨセフという名の人がやって来た Mt 27,57; z‑mecatowns arjakeac' ownayns 〔神は〕富める者たちを空手で去らせた Lk 1,53. ↔ałk'at

mecarem, -ec'i 【動】敬う，世話する (τιμάω Mk 7,6; ἀντέχομαι Mt 6,24): žołovowrd‑s ays šrt'ambk' mecarē z‑is この民は唇で私を敬う Mk 7,6; z‑min mecaric'ē ew z‑miws‑n arhamarhic'ē 彼は一方を世話するが他方を軽蔑するだろう Mt 6,24. ↔arhamarhem

mecac'owc'anem, -owc'i 【動】称える，崇める (μεγαλύνω): mecac'owsc'ē anjn im z‑TR 私の魂は主を崇める Lk 1,46; k'anzi lsēin i noc'anē xōsel lezows ew mecac'owc'anel z‑AC なぜなら人々は，彼らが異言を語り，神を称えているのを聞いたからだ Ac 10,46.

mecowt'iwn, -t'ean 【名】①大きさ，偉大さ，尊厳，威光 (μέγεθος Eph 1,19; μεγαλωσύνη He 1,3; Jd 25; μεγαλειότης Ac 19,27; 2Pe 1,16). ②富，豊かさ (πλοῦτος; βάρος 2Cor 4,17): ①aṙawelowt'iwn mecowt'ean zōrowt'ean nora 彼の力の超絶した絶大さ Eph 1,19; ənd aǰmē mecowt'ean‑n 偉大な方の右に He 1,3; k'akeloc' ews ic'ē mecowt'iwn nora 彼女の威光さえも失われてしまうだろう Ac 19,27; mezēn ełeal akanatesk' nora mecowt'ean 私たち自身があの方の偉大さの目撃者となることによって 2Pe 1,16; ②patrank' mecowt'ean mtanen ew hełjowc'anen z‑ban‑n 富の誘惑が入ってきて言葉を窒息させる Mk 4,19; ew i hogs ew i mecowt'iwn ew i c'ankowt'iwn ašxarhi‑s zbałeal hełjnown (M: ew hogk' ew patrank' ew c'ankowt'iwnk' ašxarhi‑s zbałeal hełjowc'anen) 彼らは思い煩いや富やこの世の快楽へと没頭して窒息する Lk 8,14; mecowt'iwn‑d jer y‑oč'inč' ē あなたがたの富は無に帰している Jas 5,2; əst mecowt'ean šnorhac' iwroc' (神の) 恵みの豊かさに呼応して Eph 1,7; zinč'? ē mecowt'iwn p'aṙac' žaṙangowt'ean‑n nora i sowrbs 彼の相続遺産の栄光が聖なる者たちの間でどれほど豊かなものであるか Eph 1,18; i mecowt'iwn aṙatowt'ean noc'a 彼らの物を惜しまぬ純真さのも豊かさとなって 2Cor 8,2.

mecvayelč'owt'iwn 【名】壮大，荘厳: mecvayelč'owt'ean p'aṙk' =

μεγαλοπρεπὴς δόξα おごそかな栄光 2Pe 1,17.

meknem, -ecʻi【動】① [他] [z-+対] を [i+奪] から分ける, 離す, 選別する (χωρίζω Mt 19,6; Ro 8,35; 1Cor 7,15; Phm 15; ἀφορίζω Mt 25,32). ② [自] meknim, -necʻaw 離れる, 去って行く, 別れる (χωρίζω Ac 1,4; ἀποχωρίζομαι Ac 15,39; διαχωρίζομαι Lk 9,33; διΐσταμαι Lk 24,51; ἀποχωρέω Ac 13,13; ἀφίσταμαι Lk 2,37; ἀποσπάομαι Lk 22,41; ἀποστρέφομαι 2Tm 1,15; ἄφιξις Ac 20,29); tʻowłtʻ/gir mekneloy 離縁状 (βιβλίον ἀποστασίου Mt 19,7; Mk 10,4) [cf. Mt 5,31 tal z-arjakman-n = δίδωμι ἀποστασίον, → arjakowmn]. ③ [(z-)+対]…を [与]…に説明する, 解き明かす, 解釈する (ἐπιλύω Mk 4,34; φράζω Mt 15,15; διασαφέω Mt 13,36; διερμηνεύω Lk 24,27): ①ard z-or AC zowgeacʻ, mard mi meknescʻē だから, 神が1つくびきに合わせられたものを, 人間は離してはならない Mt 19,6; ovʔ meknescʻē z-mez i siroy-n KʻSi 誰が私たちをキリストの愛から引き離すのか Ro 8,35; etʻē anhawat-n meknicʻi, meknescʻi もしも信者でない者が離れていくなら, 離れていかせよ 1Cor 7,15; tʻerews vasn aynorik meknecʻaw aṙ žamanak mi, zi yawitean ownicʻis z-da 彼がしばらくの間〔あなたから〕引き離されていたのは, おそらくあなたが彼を永久に〔あなたのもとに〕確保するためだったのだろう Phm 15; ew meknescʻē z-nosa i mimeancʻ, orpēs hoviw zi meknē z-awdis y-ayceacʻ 牧者が羊の群を山羊の群から選り分けるように, 彼は彼らをお互いに選り分けるだろう Mt 25,32; ②patowēr tayr nocʻa y-Erowsałēmē mi meknel 彼は彼らにエルサレムから離れぬように命じた Ac 1,4; minčʻew meknel i mimeancʻ その結果, 彼らは互いに別れ別れになった Ac 15,39; i meknel-n nocʻa i nmanē 彼らが彼から去って行く時 Lk 9,33; y-awhrnel-n nora z-nosa meknecʻaw i nocʻanē ew veranayr y-erkins 彼は彼らを祝福しながら, 彼らから離れて, 天に上げられた Lk 24,51; Yovhannēs meknneal i nocʻanē darjaw yEM ヨハネは彼らから分かれてエルサレムに帰った Ac 13,13; očʻ meknēr i tačarē-n 彼女は神殿から離れようとはしなかった Lk 2,37; inkʻn meknecʻaw i nocʻanē ibrew kʻarənkēcʻ mi 彼自身は石を投げれば届くほど彼らから離れた Lk 22,41; meknecʻan i mēnǰ amenekʻin or ēin y-Asia アジアにいる人々がみな私から離反した 2Tm 1,15; yet imoy meknneloy gaycʻen gayłkʻ yapʻštakōłkʻ i jez 私が立ち去った後, 狂暴な狼どもがあなたたちの間に入り込んで来る Ac 20,29; ③aṙanjinn ašakertacʻ-n iwrocʻ meknē (M: meknēr) z-amenayn 彼は人のいない時は自分の弟子たちにすべてを解き明かしていた Mk 4,34; meknea mez z-aṙak-s z-ays この譬を私たちに解釈せよ Mt 15,15; meknēr nocʻa or inčʻ y-amenayn girs greal ē z̄nmanē 彼は全聖書の中で自分について書いてあることを彼らに解き明かした Lk 24,27.

mekowsi【副】わきに，離れて，遠くに (μακρόθεν Lk 18,13); arn̄owm mekowsi わきへ連れ出す；mekowsi [i+奪]…から離れて，隔たって：mak'sawor-n kayr mekowsi 徴税人は遠くに立っていた Lk 18,13; ar̄eal z̄na mekowsi y̌amboxē anti = ... ἀπὸ τοῦ ὄχλου 彼を群衆から離して Mk 7,33; sirt iwreanc' her̄ac'eal mekowsi ē y̌inēn = ... πόρρω ἀπέχει ἀπ' ἐμοῦ 彼らの心は私からはるかに隔たっている Mt 15,8 [対応箇所 Mk 7,6: →i bac'eay]; xndrēr parap matnel z̄na noc'a mekowsi y̌amboxē-n = ... ἄτερ ὄχλου 彼は群衆のいない時に彼を首尾よく彼らに引き渡す機会を狙っていた Lk 22,6.

mehean, -heni/-oy, -ic'/-ac'【名】(異教徒の) 神殿，宮 (εἰδωλεῖον 1Cor 8,10), 祭壇；偶像 (ἱερόν Ac 19,27; ναός Ac 19,24; εἴδωλον Ro 2,22): et'ē ok' tesanic'ē z̄k'ez or z̄gitowt'iwn-d ownis bazmeal i meheni もし誰かが，認識を持っているあなたが偶像の神殿で食事の席についているのを見たなら 1Cor 8,10; z̄meci-n astowacoy Artemeay z̄mehean y̌oč'inč' hamareal 大いなる女神アルテミスの神殿をないがしろにして Ac 19,27; gorcēr meheans arcat'is Artemis dic' 彼はアルテミス女神の神殿の模型を銀で造った Ac 19,24.

mehenazard【名】神殿の守護者 (νεωκόρος) Ac 19,35.

mehenakapowt【名】神殿を荒らす者 (ἱερόσυλος) Ac 19,37.

mel; melk', -łac'【名】罪 (ἁμαρτία; ἁμάρτημα Mk 3,29 [D: ἁμαρτίαι]; Ro 3,25); 過ち，過誤 (παράπτωμα Eph 2,5); meł dnem 責める (μέμφομαι Ro 9,19 [→bambasem]): [単] et'e koyrk' eik', oč' ēr jer meł 仮にあなた方が盲人であったとすれば，あなた方に罪はなかったであろう Jn 9,41; meł inč' oč' goyr noc'a 彼らには罪がなかった Jn 15,22.24; meł ews zi dnē なぜ(神は)なおも(人を)責めるのか Ro 9,19; [複] mi kc'ord linic'is mełac' ōtarac' 他の人々の罪に手を染めるな 1Tm 5,22; ariwn-n YSi ordwoy nora srbesc'ē z̄mez y̌amenayn mełac' 彼の子イエスの血が私たちをあらゆる罪から清めてくれる 1Jn 1,7; ayd ē ariwn im noro (M: noroy) owxti, or i veray bazmac' hełow i t'ołowt'iwn mełac' これは新しい契約の私の血であり，多くの人のため，罪の赦しとなるように，流されるものだ Mt 26,28; ari mkrteac', ew lowa z̄mełs k'o i kardal z̄anown nora 立って，その方の名を唱え，洗礼を受けて，罪を洗い清めよ Ac 22,16; i mełs isk cneal es amenewin お前は過ちにまみれて生まれた Jn 9,34; vasn t'ołowt'ean yar̄aǰagoyn mełac'-n gorceloc' すでになされてしまった罪過を見逃すことによって Ro

3,25.
meładir【形】非難すべき，責めるべき；meładir linim 責める，非難する，告訴する，告発する (ἐγκαλέω Ro 8,33; προαιτιάομαι Ro 3,9)：ov? ic'ē or meładir linic'i əntreloc' AY 誰が神によって選ばれた者たちを訴えるのか Ro 8,33; k'anzi yaṙaǰagoyn isk meładir ełeak' hrēic' ew het'anosac', amenec'own ənd melōk' lineloy 実際すでに私たちはユダヤ人も異邦人もすべて罪のもとにあるという告発をした Ro 3,9.
mełanč'em, -łay [分 mełowc'eal (: mełowc'anel)]【動】①罪を犯す (ἁμαρτάνω); yaṙaǰagoyn mełanč'em 以前に罪を犯す (προαμαρτάνω 2Cor 12,21). ② [+与] 害を及ぼす，襲う (ἀδικέω Lk 10,19; πίπτω Re 7,16)：①yarowc'eal gnac'ic' aṙ hayr im ew asac'ic' c'-na, hayr, mełay y-erkins ew aṙaǰi k'o 立ち上がって，私の父のところに行こう，そして彼に言おう，「お父さん，私は天に対してもあなたの面前でも罪を犯した」Lk 15,18; mełay zi matnec'i z-ariwn ardar = ἥμαρτον παραδούς αἷμα ἀθῷον 俺は義しい [Gk: 罪なき] 血を売り渡して，罪を犯した Mt 27,4; sowg aṙnowc'owm vasn bazmac' yaṙaǰagoyn mełowc'eloc' 私は多くの以前に罪を犯してしまった者たちを悲しむことになるであろう 2Cor 12,21; ②jez oč' inč' mełanč'ic'en (M: mełanč'ic'ē) 何ものもあなたたちに害を及ぼすことはないだろう Lk 10,19; oč' ok' melic'ē noc'a oč' aregakn ew oč' tōt' 太陽も暑さも一切彼らを襲うことはない Re 7,16.
meławor, -i, -ac'【形/名】罪のある，罪を犯した，罪深い；罪人 (ἁμαρτωλός);Mt 5,45: meławork' = ἄδικοι (↔ ardark' = δίκαιοι) vs. Mt 9,13: meławork' = ἁμαρτωλοί (↔ ardark' = δίκαιοι)：i šnac'oł ew i meławor azgi-s y-aysmik この不貞で罪深い世代において Mk 8,38; oč' eki koč'el z-ardars, ayl z-meławors 私は義人どもを呼ぶためではなく，罪人たちを呼ぶために来たのだ Mk 2,17.
melic'ē → mełanč'em
mełmanam, -łmac'ay【動】和らぐ，穏やかになる；減少する，小さくなる (ἐλαττόομαι) [mełm, -oy, -ov「柔和な，穏やかな，(副) 穏やかに」: Calfa]: nma part ē ačel, ew inj mełmanal 彼は大きくなり，私は小さくならねばならない Jn 3,30. ↔ ačel
[**mełmex**/mełmeł【形】人を騙す，邪悪な，罪深い，悪意ある；cf, Olsen, Noun, p. 65] → meł
[**mełowc'anem**] → mełanč'em (分)
mełr, -łow【名】蜂蜜 (μέλι Re 10,9; μελίσσιος Lk 24,42) [mełow, -ac'「蜜蜂」: ELPA I.176; Olsen, Noun, p. 168f.]：kerakowr nora ēr marax ew mełr vayreni 彼の糧はいなごと野蜜であった Mt 3,4; etown

menam

nma ... xorisx mełow 彼らは彼に一房の蜂蜜を手渡した Lk 24,42; ayl i beran kʻo ē kʻalcʻr ibrew z-mełr それはあなたの口には蜜のように甘い Re 10,9.

menam, -acʻay 【動】孤独である (μονόομαι)：or čšmartiw ayrin icʻē ew menacʻeal yowsacʻeal y-AC 本当に寡婦で一人暮らしをしている者は神に希望を抱いて 1Tm 5,5.

mer̄anim, -r̄ay, mer̄eal 【動】死ぬ (ἀποθνῄσκω; συναποθνῄσκω Mk 14,31; θνῄσκω Mt 2,20; τελευτάω Mt 22,25; ἀποκτανθῆναι [：ἀποκτείνω「殺す」→ spananem])；[分] mer̄eal 死んだ (τεθνηκώς Jn 19,33; νεκρός Lk 15,24; Eph 2,5; Jas 2,26)：or hawatay y-is, tʻepēt ew mer̄ani, kecʻcʻē 私を信じている人は，たとえ死んでも生きることになる Jn 11,25; orkʻ mer̄akʻ mełacʻ-n, ziard? takawin i nmin kecʻcʻemkʻ 罪に対して死んだ私たちが，どのようにしたらなおそのうちで生きるだろうか Ro 6,2; etʻe mer̄anel ews hasanicʻē ənd kʻez z-kʻez očʻ owracʻaycʻ もし私があなたと一緒に死なねばならないとしても，あなたを否むことはない Mk 14,31; mer̄an or xndrein z-anjn mankan-d 幼子の命を狙っていた者たちは死んでしまった Mt 2,20; ar̄aǰin-n arar kin ew mer̄aw 長男は結婚したが死んでしまった Mt 22,25; vasn kʻo mer̄animkʻ z-ōr hanapaz = ἕνεκεν σοῦ θανατούμεθα ὅλην τὴν ἡμέραν あなたのために私たちはひねもす殺されつつある Ro 8,36; zorōrinak marmin ar̄ancʻ hogwoy mer̄eal ē, soynpēs ew hawatkʻ ar̄ancʻ gorcocʻ mer̄eal en 身体が霊なしでは死んだものであるように，信仰も業がなければ死んだものだ Jas 2,26.

mer̄eloti, -twoy, -ocʻ 【名】(動物の) 死体 (πνικτός Ac 15,20). —【形】死んだ (νεκρός He 6,1; 9,14)：xoršel ... i mer̄elotwoy ew y-arenē 絞め殺したものと血とを避ける Ac 15,20; srbescʻē z-xiłč mtacʻ jerocʻ i mer̄eloti gorcocʻ anti それは私たちの内奥の意識を死んだ業から清めるであろう He 9,14.

mer̄elowtʻiwn, -tʻean 【名】(胎の) 死んだ状態 (νέκρωσις)：hayecʻaw i marmin iwr aynowhetew ibrew i mer̄eal ... ew i mer̄elowtʻiwn argandi-n Sar̄ayi 彼はすでに死んだ状態になってしまったかのような自分の体と，サラの胎の死んだ状態とを見据えた Ro 4,19.

Messia; M: Mesia 【名】メシア (Μεσσίας)：gitem zi Messia (M: Mesia) gay anowaneal-n KʻS キリストと呼ばれるメシアが来ることを私たちはわかっている Jn 4,25. → KʻS

metasan; metasankʻ, -sanicʻ 【数】《基数》11 (ἕνδεκα; ἑνδέκατος Re 21,20)：metasan ašakertkʻ-n gnacʻin i Gałiłea 11人の弟子たちはガリラヤに歩いて行った Mt 28,16; minčʻder̄ bazmeal ein metasankʻ-n erewec'aw t'šnamaneac' z-anhawatowt'iwn noc'a ew z-xstasrtowt'iwn 11 人が食事の席についている時，彼が現れて，彼らの不信仰と心の頑なさをなじった Mk 16,14; darjan patmec'in z-ays amenayn metasanic'-n ew ayloc' amenec'ownc' 彼女たちは〔墓から〕引き返して，これらすべてのことを 11 人およびその他の全員に告げた Lk 24,9.   → mi², -tasan

metasanerord, -i, -ac' 【数】《序数》11 番目の，第 11 の (ἑνδέκατος)：z-metasanerord žamow (περὶ τὴν ἑνδεκάτην) eleal, egit ayls zi kayin datark 彼は第 11 刻（頃）に出て行くと，ほかの者たちが仕事もせずに立っているのに気がついた Mt 20,6; ibrew ekin ork' z-metasanerord žamow (περὶ τὴν ἑνδεκάτην ὥραν) aṙin mēn mi darhekan 第 11 刻（頃）〔雇われた〕者たちがやって来て，1 人 1 デナリオンずつもらった Mt 20,9.

mer¹ 〔1 人称複数代名詞の属格〕 → mek'

mer² 【代】《1 人称複数・所有》私たちの（もの）(ἡμῶν); 単・属 meroy, 与/位 merowm, 奪 mermē, 具 merov; 複・主 merk', 属/与/奪 meroc', 対 mers, 具 merovk'：awhrneal t'agaworowt'iwn-d ekeal hawr meroy Dawt'i やがて来たらんとする，我らの父ダビデの王国に祝福あれ Mk 11,10; z-erdowmn-n z-or erdowaw Abrahamow hawr merowm (M: meroy 〔与〕我らの父祖アブラハムに誓われた誓い Lk 1,73; margarē omn mec yarowc'eal i miǰi merowm 我々の間に大いなる預言者が起こされた Lk 7,16; p'rkowt'iwn i t'šnameac' meroc' ew i jeṙ ac' amenayn ateleac' meroc' 我らの敵どもからの，そして我らを憎むすべての者たちの手からの救いを Lk 1,71; orpēs ew mek' t'ołowmk' meroc' partapanac' 私たちに負債ある者たちを私たちも赦しているように Mt 6,12.   → im², k'o², jer²

mert' 【副】時には；mert' ... mert' ... = τοῦτο μέν ... τοῦτο δέ ... ある時は…またある時は…：mert' i naxatins ew i nełowt'iwns xaytaṙ akealk', mert' kc'ordk' aynpiseac' vastakaworac'-n linel ある時は侮辱と苦しみでさらし者にされていたことによって，ある時はそのように振る舞う人々の連帯者となることによって He 10,33.

meržem, -ec'i 【動】《時に i bac' を伴って》追い出す，駆逐する，突きのける；廃棄する；拒絶する，避ける，控える (ἀπελαύνω Ac 18,16; ἐξωθέω Ac 7,45; ἀπωθέομαι Ac 7,27; Ro 11,1; 1Tm 1,19; βάλλω 1Jn 4,18; ἀποβάλλω He 10,35; ἀναιρέω He 10,9; περιΐσταμαι Tt 3,9; ἀπέχομαι 1Pe 2,1)：meržeac' z-nosa y-atenē anti 彼は彼らを法廷から追い出した Ac 18,16; i vičak azgac'-n z-ors meržeac' AC y-eresac' harc'-n meroc' 神が我らの父祖の面前から追い払った異邦人の土地に Ac 7,45; or zrkēr z-

meržim 474

ənker‘n meržeac‘ z-na 隣人を害した者が彼を押しのけた Ac 7,27; sēr‘n katareal i bac‘ meržē z-erkewł-n 全き愛は恐れを投げ捨てる 1Jn 4,18; mi meržēk‘ i jēnǰ z-hamarjakowt‘iwn-n jer あなたがたは自分たちの確信を棄ててはならぬ He 10,35; meržē z-aṙaǰin-n, zi z-erkrord-n hastatesc‘ē 彼は後者を立てるために前者を廃棄している He 10,9; z-yimarowt‘ean xndirs ew z-tohmat‘iws, ew z-heṙ ew z-ōrinakan kṙiws i bac‘ meržesǰir 愚かな論争や系譜論，律法についての争いや戦いは避けよ Tt 3,9; srbovk‘ mtōk‘, z-or omanc‘ meržeal y-anjanc‘ iwreanc‘ 一部の者がないがしろにした聖なる意識をもって 1Tm 1,19.

meržim, -žec‘ay【動】①去る，退く (ἀπαλλάσσομαι)．②（夜が）ふける (προκόπτω)：①meržel i noc‘anē axtic‘-n 彼らから病気が去った Ac 19,12; ②gišer‘n meržec‘aw, ew tiw-n merjec‘aw 夜はふけた．そして日が近づいて来た Ro 13,12.

meržowmn【名】投げ捨てること，廃棄 (ἀποβολή)：et‘ē meržowmn noc‘a haštowt‘iwn ašxarhi ē もしも彼らが投げ捨てられたことが世界の和解だとするならば Ro 11,15.

merk, -oy/-i, -oc‘/-ac‘【形】裸の，衣服を着ていない (γυμνός); merk gnam 裸（同然）である (γυμνιτεύω 1Cor 4,11): erb tesak‘ z-k‘ez k‘ałc‘eal kam carawi kam awtar kam merk kam hiwand kam i bandi ew oč‘ paštec‘ak‘ z-k‘ez いつ私たちはあなたが飢えておられたり，渇いておられたり，よそ者であられたり，裸でおられたり，病気でおられたり，獄におられるのを見て，あなたに仕えなかったことがあったか Mt 25,44; nora t‘ołeal z-ktaw-n p‘axeaw merk i noc‘anē 彼は亜麻布を捨て，素っ裸のまま彼らから逃げ去った Mk 14,52; minč‘ew c‘-aysōr žamanaki ew k‘ałc‘eak‘, ew carawec‘ak‘, ew merk gnac‘ak‘ この時に至るまで，私たちは飢え，そして渇き，そして裸同然であった 1Cor 4,11.

merkanam, -kac‘i【動】［他］服を脱がせる，身ぐるみを剥ぐ (ἐκδύω)；［自］-kac‘ay 脱ぎ去る (ἀπέκδυσις Col 2,11); i bac‘ merkanal 脱ぎ捨てる (ἀποτίθεμαι Eph 4,22): merkac‘in (M: merkac‘c‘in [= merkac‘in または merkac‘<ow>c‘in]) z-na ew arkin z-novaw k‘łamid karmir 彼らは彼の衣を剥ぎ，彼に深紅の外套をまとわせた Mt 27,28; ankaw i jeṙs awazakac‘, ork‘ merkac‘in (M: merkac‘owc‘in) z-na 彼は盗賊どもの手中に落ちた．彼らは彼の衣を剥ぎ取った Lk 10,30; vałvałaki ē lineloc‘ merkanal y-inēn marmnoy-s = ταχινή ἐστιν ἡ ἀπόθεσις τοῦ σκηνώματός μου 近くこの体［天幕］が私から取り去られるだろう 2Pe 1,14; i merkanal z-andams marmnoy 肉の肢体を脱ぎ捨てて Col 2,11; i bac‘ merkanal i jēnǰ əst aṙaǰin gnac‘ic‘-n z-mard-n hin, z-apakaneal-n

merj

c'ankowt'eambk' xabēowt'ean-n あなた方が，以前の生活様式に従い，人を欺く欲望によって滅びつつある古き人を脱ぎ捨てる Eph 4,22.

merkaparanoc'【形】首を露わにした，裸の，露わにされた (γυμνός): č'ik' ararac anerewoyt' y-eresac' nora, ayl amenayn inč' merkaparanoc' kay (= γυμνὰ καὶ τετραχηλίσμένα) aṙaǰi ač'ac' nora その前に現れない被造物はなく，その方の目に万物は裸であり露わにされている He 4,13. → merk, paranoc'

merkac'owc'anem, -c'owc'i【動】(服を) 脱がせる，身ぐるみを剥ぐ (ἐκδύω): merkac'owc'in (M: merkac'c'in = merkac'<ow>c'in あるいは merkac'in) i nmanē z-k'łamid-n ew agowc'in nma z-iwr handerj 彼らは外套を彼から剥ぎ，彼自身の着物を着せた Mt 27,31; merkac'owc'in z-k'łamid-n ew z-ciranis 彼らは衣と紫の衣を〔彼から〕剥いだ Mk 15,20. ↔agowc'anem

merkem, -ec'i【動】服を剥ぎ取る (ἀπεκδύομαι): merkeac' z-išxanowt'iwns ew z-petowt'iwns〔神は〕もろもろの支配と権勢の服を剥ぎ取った Col 2,15.

merkowt'iwn【名】裸 (γυμνότης): t'ē merkowt'iwn? t'ē vištk'? t'ē sowr? それとも裸か，それとも危険か，それとも剣か Ro 8,35; zi mi erewesc'i anvayelč'owt'iwn merkowt'ean k'oy お前の恥ずかしい裸のさまが人目に晒されることのないように Re 3,18.

merkowc'〈i merkowc' のみで〉【副】裸の身に (ἐπὶ γυμνοῦ) [Jensen, AG 480]: omn eritasard zhet ert'ayr nora arkeal z-iwrew ktaw mi i merkowc' ある若者が1枚の亜麻布に裸の身をくるんで，彼に従って来ていた Mk 14,51. → merk

merj【形】①《時間》近い．②merj ēr (i) [+不] まさに…しようとするところだった；ほとんど…と同様に (παραπλήσιος Php 2,27). ③【副】《時間・空間》近くに；merj i/aṙ [+対] …の近くに，…の隣にある (ἐγγύς Jn 3,23; πλησίον Jn 4,5; συνομορέω Ac 18,7); merj lini i/aṙ [+対]…に近づく (ἐγγίζω Lk 18,40); merj ənd merj すぐに，すみやかに (ἐν τάχει Ro 16,20): ①ēr merj zatik-n hrēic' ユダヤ人たちの過越祭が近かった Jn 2,13; ②hariwrapeti owrowmn caṙay č'arč'ar hiwandac'eal merj ēr vaxčarel = ... ἤμελλεν τελευτᾶν ある百人隊長の僕が悪い病気にかかって，絶え入ろうとしていた Lk 7,2; merj ēr i meṙanel = ἤμελλεν ἀποθνῄσκειν 彼は今にも死にかけていた Jn 4,47; lc'an erkok'in nawk'-n, minč'ew merj y-nkłmel noc'a (M: minč'ew merj noc'a y-ngłmeł [→ ənkłmim]) = ὥστε παρά τι (= D) βυθίζομαι αὐτά 双方の舟が満杯になってしまったので，それらのほとんど沈みそうであった

merjanam

Lk 5,7; ardarew xōt'ac'aw merj i mah 実際，彼は病気になり，ほとんど死ぬほどであった Php 2,27; ③dowstr nora merj i mah ē = ἐσχάτως ἔχει 彼の娘が死にかけている Mk 5,23; ēr merj i mah = αὐτὴ ἀπέθνῃσκεν Lk 8,42; i y-Aenovn merj aṙ Sałim サリムの近くのアイノンで Jn 3,23; merj i geawł-n z-or et Yakovb それはヤコブが与えた地所に近かった Jn 4,5; oroy aparank'-n ēin merj i žołovetł-n 彼の家は会堂の隣にあった Ac 18,7; ibrew merj ełew aṙ na, eharc' z-na 彼が近づいて来た時，彼に聞いた Lk 18,40.

merjanam, -jac'ay; **merjenam**, -jec'ay 【動】①《時間・空間》近づく，近寄る，訪問する (ἐγγίζω Mt 21,34; Lk 12,33; προσέρχομαι Ac 10,28; προέρχομαι Mk 6,33; ἐγγύς Jn 2,13). ② [i/aṙ+対] …に触る，触れる，しがみつく (ἅπτομαι Jn 20,17; 1Cor 7,1; 1Jn 5,18; προσψαύω Lk 11,46; θιγγάνω He 11,28. 12,20). ③ [aṙ/i+対]…と結びつく，交わる，接合させられる (κολλάομαι Ac 5,13; 1Cor 6,16): ①ibrew merjec'aw žamanak płtoy 収穫の時が近づいた時 Mt 21,34; owr oč' goł merjanay そこには泥棒が近づかない Lk 12,33; dowk' ink'nin gitēk' orpēs anmart' ē aṙn hrēi hpel kam merjenal aṙ aylazgi あなたたち自身知っているように，ユダヤ人は外国人と交際したり，外国人を訪問したりすることは禁じられている Ac 10,28; ēr merj zatik-n hrēic' ユダヤ人たちの過越祭が近かった Jn 2,13; ②mi merjanar y-is 私にしがみつくのはよせ Jn 20,17; bariok' ē mardoy i kin mard č'-merjenal 人にとって女性に触れないことはよいことだ 1Cor 7,1; č'ar-n aṙ na oč' merjenay 悪しき者は彼に手を触れない 1Jn 5,18; dowk' matamb miov i beṙins-n oč' merjanayk' お前たちは指一本でも荷に触れようとはしない Lk 11,46; zi mi satakič'-n andrankac' merjenayc'ē i nosa 初子に死をもたらす者が自分たちの〔初子〕に触れぬように He 11,28; t'ēpēt ew gazan merjenayr i leaṙn-n k'arkoc linēr 獣といえども山に触れるなら石打ちにされる He 12,20; ③y-ayloc' asti oč' ok' išxēr merjenal aṙ nosa 他の者たちは誰一人あえて彼らと交わろうとしなかった Ac 5,13; or merjenay i poṙnik mi marmin ē 遊女と接合させられる者は〔彼女と〕1つの体である 1Cor 6,16.

merjawor, -i, -ac' 【名】隣人 (πλησίον [→ ənker]): o? y-erec'ownc' i noc'anē t'owi k'ez merjawor lieal (M: leal merjawor) ankeloy-n i jeṙs awazakac' 彼ら3人のうち，誰が盗賊どもの手に落ちた者の隣人になったと思うか Lk 10,36.

merjaworowt'iwn, -t'ean 【名】近いこと，ほとんど同じであること: ew ink'n isk merjaworowt'eamb (= παραπλησίως) kc'ord ełew

noc'ownc' 彼自身も同様にそれら（血と肉）を共有した He 2,14.
merjeal, -eloy, -oc' 【形】近い : merjeal ē (= ἤγγικεν) ark'ayowt'iwn erknic' 天の王国は近づいた Mt 3,2.
merjenam → merjanam
meroy, merowm → mer^2
mews → miws
mek', 属 mer, 与/位 mez, 対 [z-] mez, 奪 mēnǰ, 具 meawk'/mewk' 【代】《1人称複数》私たち, 我々 (ἡμεῖς; ἡμέτερος Ro 15,4): əndēr? mek' ew P'arisec'ik'-n pahemk' yačax, ew k'o ašakerk'-d oč parhen なぜ我々とファリサイ人たちは頻繁に熱心に断食しているのに、あなたの弟子たちは断食しないのか Mt 9,14; hayr mer or y-erkins 天におられる私たちの父よ Mt 6,9; or inč' grec'aw-n, i mer vardapetowt'iwn grec'aw 書かれたことがらはすべて私たちの教えのために書かれた Ro 15,4; et'e dow es K'S-n, asa mez hamarjak もしあなたがキリストなら、はっきりと私たちに言ってほしい Jn 10,24; ařak'eac' z-mez ař k'ez 彼は我々をあなたのもとに遣わした Lk 7,20; ov? ic'ē i mēnǰ mec y-ark'ayowt'ean erknic' 天の王国では私たちのうち誰が大いなる者なのか Mt 18,1. → es^2, dow, na^2, dowk', mezēn
mēg, migi, migov 【名】①霧 (ὁμίχλη). ②霞 (ἀχλύς). ③暗さ, 黒雲 (γνόφος → mařaxowł, mowt'): ①ayspisik'-n en ałbiwrk' anǰrdik' ew mēgk' varealk' i mrrkē このような者たちは水のない泉、突風に吹き払われる霧である 2Pe 2,17; ②andēn ankaw i veray nora mēg ew xawar たちまち霞と闇が彼を覆った Ac 13,11.
mēn [mēni/meni, -iw「おのおのの, それぞれの, ただ1つの, ただ…だけの」]〈mēn mi のみで〉おのおの, 各自 (ἀνά) [ἀνά: Jn 2,6 mi mi noc'anē, → mi^2; Lk 10,1 erkows erkows, → erkow; Lk 9,14 dass dass ... yisown yisown, → dask', yisown (cf. Mk 6,40 dask' dask' owr hariwr ew owr yisown − κατά]: ařin mēn mi da[r]hekan = ἔλαβον ἀνὰ δηνάριον 彼らは1人1デナリオンずつもらった Mt 20,9.10.
mēnǰ → mek'
mēǰ, miǰoy, 位 miǰi 【名】①中央, 真ん中 (τὸ μέσον); ənd mēǰ 真ん中で (から); ənd mēǰ [+属] ew [+属] = μεταξὺ τοῦ ... καὶ (τοῦ) …と…の間で Mt 23,35. ②i mēǰ [+属] …のただ中に, …の間で (μέσος Lk 22,55; μεταξύ Ac 12,6; 15,9; εἰς Mt 13,22; ἀνὰ μέσον 1Cor 6,5);《時間》i mēǰ gišeri 真夜中に = μέσης δὲ νυκτός Mt 25,6, μεσονύκτιον Mk 13,35; μεσονυκτίου Lk 11,5; i mēǰ gišeroy-n 真夜中に = κατὰ τὸ μεσονύκτιον Ac 16,25. ③i miǰoy (=奪) [±属] (…の) ただ中から

mt'erk'

(に) (ἀνὰ μέσον Re 7,17). ④i miǰi (=位) [±属] (…の) 間・中に. ⑤腰 (ὀσφύς): ①na anc'eal ənd mēǰ-n noc'a (= διὰ μέσου αὐτῶν) gnayr 彼は彼らのただ中を通り抜けて歩き去った Lk 4,30; heṛjaw varagoyr tačari-n ənd mēǰ (=μέσον) 神殿の幕が真ん中から裂けた Lk 23,45; y-arenē-n Abēli ardaroy, minč'ew c'-ariwn-n Zak'ariay ordwoy Barak'eay z-or spanēk' ənd mēǰ tačari-n ew sełanoy 義人アベルの血から〔始まって〕, お前たちが神殿と祭壇の間で殺害したバラキオスの子ゼカリヤの血に至るまで Mt 23,35; ənd mēǰ covow-n Kilikeay ew Pamp'ileay naweal = τό τε πέλαγος τὸ κατὰ τὴν Κιλικίαν καὶ Παμφυλίαν διαπλεύσαντες キリキアとパンフィリアの沖を航行して Ac 27,5; ②ibrew lowc'in krak i mēǰ gawt'i-n 彼らが中庭の真ん中に火を焚いたとき Lk 22,55; ēr Petros i k'own i mēǰ erkowc' zinoworac' ペトロは2人の兵士の間で眠っていた Ac 12,6; oč'inč' əntrowt'iwn arar i mēǰ noc'a ew mer (神は) 彼らと私たちとの間に何の差別もしなかった Ac 15,9; or i mēǰ p'šoc'-n seramanec'aw 茨の中に蒔かれた者 Mt 13,22; or karic'ē irawowns əntrel i mēǰ ełbōr iwroy 兄弟の間を裁くことができるような人 1Cor 6,5; c'aneac' i veray oromn i mēǰ c'orenoy-n (= ἀνὰ μέσον τοῦ σίτου) 彼は麦のただ中に毒麦を蒔き加えた Mt 13,25; ③meknesc'en z-č'ars i miǰoy ardaroc' (= ἐκ μέσον τῶν δικαίων) 彼らは義人たちのただ中から悪しき者たちを選び分けるだろう Mt 13,49; gaṙn-n i miǰoy at'oṙoy-n iwroy 玉座の真ん中にいる子羊 Re 7,17; ④i miǰi jerowm (= μέσος ὑμῶν) kay z-or dowk'-n oč' git'ēk' あなた方の間にあなた方の知らない者が立っている Jn 1,26; zgetneac' z-na dew-n i miǰi and 悪霊は彼をその真ん中に投げ倒した Lk 4,35; margarē omn mec yarowc'eal i miǰi merowm (= ἐν ἡμῖν) われわれの間に大いなる預言者が起こされた Lk 7,16; ⑤gawti maškełēn ənd mēǰ iwr (= … περὶ τὴν ὀσφὺν αὐτοῦ) 腰には皮の帯を (締めていた) Mt 3,4; pndeal z-mēǰs jer čšmartowt'eamb = περιζωσάμενοι τὴν ὀσφύν ὑμῶν ἐν ἀληθείᾳ あなた方の腰を真理〔という皮帯〕で締めて Eph 6,14; pndeal z-mēǰs mtac' jeroc' = ἀναζωσάμενοι τὰς ὀσφύας τῆς διανοίας ὑμῶν 自分の想いに腰帯を締めて 1Pe 1,13. → erank'

mt'erk', -ric' 【名】《複》豊富, 有り余るほどの量 ↔karawtowt'iwn: tesēk' ew zgoyš lerowk' y-amenayn agahowt'enē, zi oč' et'e i mt'eric' ənč'ic' owrowk' ic'en keank' nora = … ὅτι οὐκ ἐν τῷ περισσεύειν τινὶ ἡ ζωὴ αὐτοῦ ἐστιν ἐκ τῶν ὑπαρχόντων αὐτῷ 心して, あらゆる貪欲を警戒せよ. ある人に資産が有り余るほどあったとしても, 彼の命は彼の財産から出て来るものではないからだ Lk 12,15; amenek'in nok'a i mt'eric' iwreanc' arkin yʻncaysʻn (= ... ἐκ τοῦ περισσεύοντος αὐτοῖς ἔβαλον εἰς τὰ δῶρα) AY, baycʻ na i karawtowtʻenē iwrmē zʻamenayn zʻkeans iwr zʻor ownēr ark それらすべての者はその有り余る中から神の捧げ物として投げ入れたが, 彼女はその窮乏の中から持てる生活の糧一切を投げ入れた Lk 21,4.

mžłowk, -łkan【名】ぶよ, 蚊 (κώνωψ) [mžił (/mžeł), mžłacʻ の指小語 → ELPA II.152; cf. mžik, mžłik「ぶよ」; mžix/mžex: Ps 104,31 (σκνῖπες); Olsen, Noun, p.585]: arḁJnordkʻ koyrkʻ, or zʻmžłowks kʻamēkʻ, ew zʻowłts klanēkʻ 盲目の道案内人どもよ, ぶよは濾すが, らくだは丸呑みにする者どもよ Mt 23,24.

mi[1]【副】[写本では大概アクセントを付して mí] ①《否定》…ない (μή);《zi/不と共に; 否定の目的》…しないように (μή Ac 27,42; Mt 6,1; μήποτε Mt 4,6; Mt 7,6);《否定の返答》否, いいえ, いけない (οὔ Mt 13,29). ② [命・現/接・現と共に]《禁止》…するな (μή). ③mi okʻ = μηδείς 誰も…ない Lk 3,14; mi inčʻ = μηδέν 何も…ない Mk 10,21; mi ... ew mi ... = μήτε ... μήτε ... …も…もない Mt 12,32; mi ... ew mi ews ... = μή ... μηδέ ... …も…もない Ac 4,18; ew ... mi ... = μηδέ …ですら…ない Eph 5,3; mi inčʻ baṙnaykʻ mi ... mi ... = μηδὲν αἴρετε, μήτε ..., μήτε ..., μήτε ... 何も携えるな, …も, …も, …も Lk 9,3; mi ews = μηκέτι もはや…ない Jn 5,14; mi erbekʻ = μήποτε 決して…ない: ①zi mi okʻ lowłicʻi ew pʻaxicʻē 誰も泳いで逃げることのないように Ac 27,42; zgoyš lerowkʻ ołormowtʻean jerowm mi aṙnel aṙaJi mardkan あなたたちの施しを人々の前でなさぬように用心せよ Mt 6,1; zi mi erbekʻ harcʻes zʻkʻari zʻotn kʻo お前がその足を石に打ちつけることのないように Mt 4,6; amenewin <u>mi erdnowl</u>ˈ mi yʻerkinsˈ ... ew mi yʻerkirˈ ew mi yʻĒM ... ew <u>mi</u> i glowx kʻo <u>erdnowcʻows</u> 一切誓うな. 天にかけても. 地にかけても. エルサレムにかけても. あなたの頭にかけても誓うな Mt 4,34-36; zi mi aṙ otn koxicʻen zʻnosa 彼らが足でそれらを踏みつけることのないように Mt 7,6; na asē cʻnosa, mi (= οὔ) 彼は彼らに言う,「それはいけない」Mt 13,29; na patowireacʻ nma mi owmekʻ asel 彼は, 誰にも語らぬよう, 彼に指図した Lk 5,14; ② [+命・現/接・現] mi ews mełančʻer, zi mi čʻar ews inčʻ linicʻi kʻez もう罪を犯すのはやめるのだ, 悪いことがあなたに起こらぬように Jn 5,14; [+接・現] mi sksanicʻikʻ [M: sksanikʻ] asel etʻe ownimkʻ hayr zʻAbraham「俺たちの父祖はアブラハムだ」などと言い出すな Lk 3,8; ③mi zʻokʻ xowicʻēkʻ 誰からもゆすり取るな Lk 3,14; mi inčʻ aweli kʻan zʻhramayeal-n jez aṙnicʻēkʻ お前たちに命じられた〔額〕以上の〔徴収〕

は行ってはならぬ Lk 3,13; mi tʻołcʻi nma mi yaysm ašxarhi ew mi i handerjelowmn 彼はこの世でも来たるべき世でも赦されることがないだろう Mt 12,32; poṙnkowtʻiwn ew amenayn płcowtʻiwn kam agahowtʻiwn ew anowanescʻi mi i miǰi jerowm, orpēs ew vayelē srbocʻ 聖なる者にふさわしく，あなた方の間では淫らなこと，いかなる種類のものであれ不浄なこと，あるいは貪欲なことを口にすらしてはならない Eph 5,3.

mi², 対 mi, 属 mioy, mioǰ, 与/位 miowm, 奪 mioǰē, 具 miov【数】①《基数；概して名詞または動詞に先行して》1つ（1人）の，唯一の (εἷς Mt 5,41; 19,5; Ro 12,5; μόνος Jn 5,44);《etʻe očʻ, baycʻ の後で》…1人のほかに. ②《不定冠詞として；後置して》ある1つ（1人）の (εἷς Mt 8,19; Lk 22,50). ③mi əst mioǰē 1つ1つ, 順々に, 個々に (εἷς κατὰ εἷς Mk 14,19; ἀπὸ μιᾶς Lk 14,18; ἕνα ἕκαστον Lk 16,5; καθ' ἕν Jn 21,25; ἀνὰ μέρος 1Cor 14,27; κατὰ μέρος He 9,5) : ①or taraparhak varicʻē z-kʻez młion mi, ertʻ ənd nma erkows あなたを徴用して1ミリオン行かせようとする者とは，一緒に2ミリオン行け Mt 5,41; elicʻin erkokʻean i marmin mi 2人は1つの身になるであろう Mt 19,5; bazowmkʻ-s mi marmin emkʻ 私たちは〔数は〕多くとも1つの体なのだ Ro 12,5; z-pʻaṙs z-aṙ i mioyn očʻ xndrēkʻ あなたたちは唯一の〔神〕からの栄光を求めないのか Jn 5,44; Łazar mi ēr i bazmelocʻ ənd nma ラザロは彼と共に席に着いている人々の1人だった Jn 12,2; zi ew z-ordis-n AY z-cʻroweals žołovescē i mi 散らされている神の子どもたちをも1つに集めるために Jn 11,42; zi elicʻin mi , orpēs ew mikʻ mi emkʻ = ἵνα ὦσιν ἓν καθὼς ἡμεῖς 私たちが1つであるように，彼らも1つであるように Jn 17,11; o karē tʻołowl z-mełs, etʻe očʻ mi AC 神1人のほかに誰が罪を赦すことができようか Mk 2,7; čʻikʻ okʻ bari, baycʻ mi AC 神1人のほかに善い者などいない Lk 18,19; ②matowcʻeal dpir mi asē cʻ-na 1人の律法学者が近寄って来て彼に言う Mt 8,19; ehar mi omn i nocʻanē z-kʻahanayapeti-n caṙay 彼らの中の1人の者が大祭司の僕を打った Lk 22,50;《＋修飾句》i leaṙn mi barjr 高い山に Mt 4,8; bažak mi ǰowr cʻowrt 冷たい水1杯 Mt 10,42; ayr mi li borotowtʻeamb 満身らい病の者 Lk 5,12; makʻsawor mi owrowm [/Lk 8,41 oroy] anown ēr Łewi レビという名の徴税人 Lk 5,27; ③nokʻa sksan trtmel ew asel mi əst mioǰē 彼らは悲しみ出して，1人ずつ言い始めた Mk 14,19; sksan mi əst mioǰē amenekʻean hražarel 皆は異口同音に辞退し始めた Lk 14,18; etʻē i lezows okʻ xōsicʻi, erkowkʻ, ew etʻē ews aweli, erekʻ, ew apa mi əst mioǰē もしも誰かが異言によって語るにせよ，2人ずつ，あるいはさらに多くても3人が，しかも順々に語るべきだ 1Cor 14,27; vasn oroy očʻ ē ayžm asel mi əst mioǰē これ

について今は個々に述べる時ではない He 9,5; [mi mi] hark ēr mi mi (M: mi, 1^X) əst tawni arjakel noc'a 彼は祭りの度ごとに彼らに1人ずつ釈放してやる必要があった Lk 23,17; tanein mi mi i noc'anē mars erkows kam eris = χωροῦσαι ἀνὰ μετρητὰς δύο ἢ τρεῖς それぞれ2ないし3メトレテスの容量だった Jn 2,6; iwrak'ančiwroc'-n drownk'-n ēin mi mi dowr̄n i mioy mioy margartē = ἀνὰ εἷς ἕκαστος τῶν πυλώνων ἦν ἐξ ἑνὸς μαργαρίτου その各々の門は1つ1つがたった1つの真珠から造られていた Re 21,21; [mi ... mi = εἷς ...εἷς] yaynžam hanin ənd nma i xač' erkows awazaks, mi y-aJmē nora ew mi y-ahekē そのあと、彼らは彼と一緒に2人の強盗を、1人はその右に、1人はその左に、十字架につけた Mt 27,38; [mi ... mi ... mi = εἷς ...εἷς ...εἷς] arasc'owk' eris taławars, mi k'ez ew mi Movsēsi ew mi Ēłiai 3つの幕屋を造ろうではないか、あなたに1つと、モーセに1つと、エリヤに1つだ Mk 9,5; [mi omn] (＋部分属/i＋奪) mi omn y-ašakertac'-n (= ἕτερος τῶν μαθητῶν) nora 彼の弟子のほかの1人 Mt 8,21; [oč' mi] oč' owneir dow išxanowt'iwn i veray im ew oč' mi (= οὐδεμίαν), et'e oč' ēr toweal k'ez i verowst 上からあなたに与えられていたのでなければ、あなたは私に対して何の権力もなかったことであろう Jn 19,11; oč' ar̄ mi i noc'anē (= πρὸς οὐδεμίαν αὐτῶν) arak'ec'aw Ēłia エリヤは彼らのうちの誰1人にも送られることがなかった Lk 4,26; [mi inč'] or ok' lowcc'ē mi inč' i patowiranac' y-aysc'anē i p'ok'wonc' これらの小さい掟の1つですら破棄する者 Mt 5,19; [oč' mi inč'] oč' karēr and ew oč' mi inč' zawrowt'iwns ar̄nel そこでは彼は何の力ある業もすることができなかった Mk 6,5.

miaban, -ic'/-ac'【形】心を1つにした；miaban linim［＋与］一致する、従う、固持する (στοιχέω Ga 6,16);【副】心を1つにして（合わせて）(ὁμοθυμαδόν Ac 1,14); 一団となって、一緒に (ὁμοῦ Ac 2,1): sok'a amenek'ean ēin hanapazordeal miaban y-ałōt's これらの者は皆一致して熱心に祈っていた Ac 1,14; hačoy t'owec'aw mez miaban žołoveloc'-s, ars əntreals yłel ar̄ jez 私たちは集まって、人を選びあなた方のもとに派遣することに意見の一致を見た Ac 15,25; gam miaban = συνέρχομαι 集まって来る Ac 2,6. → anmiaban

miabanem, -ec'i【動】① ［ənd＋与］一致する、申し合わせる、同意する；合う、適合する (συμφωνέω Mt 18,19; Lk 5,36; συντίθεμαι Ac 23,20; συνεπιτίθεμαι Ac 24,9). ②miabanim［ənd＋与］賛成する、従う、固執する (συγκατατίθεμαι Lk 23,51; στοιχέω Ga 5,25; πείθομαι Ac 5,36): ①et'e erkow i jēnǰ miabanic'en (M: miabanec'in [= -esc'in]) y-erkri vasn amenayn irac' あなた方のうちの2人がすべてのことにつ

いて地上で一致するなら Mt 18,19; hreayk' miabanec'in ałač'el z-k'ez, zi vałiw z-Pawłos iJowsc'es y-atean ユダヤ人たちは，明日パウロを最高法院に連れて来るように，あなたに願い出ることを申し合わせた Ac 23,20; miabanec'in ew hreayk'-n, asen aydpēs ē ユダヤ人たちも同意して，その通りだと言った Ac 24,9; ənd hnoy-n č'-miabani kapert-n or i noroy-n 新しい〔着物〕から取られた当て切れも古い〔着物〕に合わない Lk 5,36; ②sa č'-ēr miabaneal ənd xorhowrds ew ənd gorcs noc'a この人は彼らの計画と仕業には賛成していなかった Lk 23,51; et'ē keamk' hogwov, ənd hogwoy-n ew miabanesc'owk' もし私たちが霊によって生きているのなら，その霊に固執しもしようではないか Ga 5,25; amenek'ean or miabaneal ēin ənd nma k'aktec'an 彼に従った者は皆散らされた Ac 5,36.

miabanowt'iwn, -t'ean【名】一致，調和，合意 (συμφώνησις 2Cor 6,15; σύμφωνον 1Cor 7,5)；一体性 (ἑνότης Eph 4,3.13)：zinč'? miabanowt'iwn ē K'I ənd Beliaray ベリアルに対してキリストのどのような調和があるのか 2Cor 6,15; p'owt'al pahel z-miabanowt'iwn hogwoy-n yōdiw xałałowt'ean 平和の紐帯をもって霊の一体性を維持するよう努力する Eph 4,3; minč'ew hasc'owk' amenek'ean i mi miabanowt'iwn hawatoc' 私たち皆が信仰の一体性に到達するまで Eph 4,13.

miaxorhowrd【形】1つのことを思い抱く (τὸ ἓν φρονοῦντες) Php 2,2.

miacin, -cni, -cnaw【形】ひとり子として生まれた (μονογενής)：aynpēs sireac' AC z-ašxarh, minč'ew z-ordi-n iwr miacin et 神はそのひとり子を与えるほど世を愛した Jn 3,16; z-ordi-n iwr miacin ařk'eac' AY y-ašxarh-s 神はそのひとり子をこの世に遣わした 1Jn 4,9. → mi^2, cn-anim, miamawr

miakani, -nwoy, -neac'【形】片目の (μονόφθαλμος = Mk 9,47 miov akamb)：law ic'ē miakani mtanel i keans 片目だけで命に入る方がましだ Mt 18,9. → mi^2, akn

miakołmani, -nwoy, -neac'【形】(手足が)曲がった (κυλλός)：kałs, koyrs, hamers, miakołmanis 足の萎えた者たち，盲人たち，口の利けない者たち，体の曲がった者たち Mt 15,30. → miajeřani; mi^2, kołman,

miajeřani, -nwoy, -neac'【形】片手の (κυλλός)：law ic'ē k'ez miajeřani kam kał mtanel i keans k'an t'e erkows jeřs ew erkows ots ownic'is ew ankanel i howr-n yawitenakan 両手と両足を持って永遠の火の中に落ちるよりも，片手あるいは片足で命に入る方があなたにとってはましだ Mt 18,8. → miakołmani; mi^2, jeřn; xeł

miajew【副】一様に，等しく，同じに［jew, -oy「形」; Olsen, Noun, p.47］：ēin erkotasan drownk' y-erkotasan margartac' miajew 12 の門は一様に 12 の真珠でできていた Re 21,21.

miamawr, -i/-oy/-ow, -owc'【形】ひとり子の（μονογενής ［= miacin］）：elanēr mereal mi ordi miamawr iwroy ew na ēr ayri 寡婦である母親のひとり息子が死んで出て行くところだった Lk 7,12; z-miamōr-n matowc'anēr, oroy z-awetis-n ənkaleal ēr 約束を受けた人が，ひとり子を捧げようとしていた He 11,17. → mawr

miamit, -mti, -mtac'【形】誠実な，率直な，純粋な，無垢な（ἀκέραιος ［D: ἁπλούστατος; Mt 6,22 ἁπλοῦς = arat］）：ełerowk' ... miamitk' ibrew z-aławnis あなたたちは鳩のように無垢になれ Mt 10,16. → mi², mit

miamtowt'iwn, -t'ean【名】単純，純真，真摯（ἀφελότης Ac 2,46; ἁπλότης Col 3,22）：arnowin kerakowr owraxowt'eamb ew miamtowt'eamb srti 彼らは喜びと真心をもって食事を共にした Ac 2,46; hnazand lerowk' teranc' jeroc' y-amenayni, mi ar akanē car-ayowt'eamb ibrew mardahačoyk', ayl miamtowt'eamb srti erknč'el i TNē 万事においてあなた方の主人に聞き従え．人のご機嫌取りとして上っ面だけの隷属をもってではなく，主を畏れつつ，純真な心をもって Col 3,22. → miamit

miayn【形】1 人（1 つ）の，単独の．—【副】1 人で，単独で，ただ…だけ（μόνος Lk 9,36; Ro 11,3）; oč' miayn ... ayl (ew) ... = οὐ μόνον ... ἀλλὰ (καί) …のみならず…もまた; oč' (ok', inč') ... bayc' miayn ... = οὐ (δείς) ..., εἰ μὴ ± μόνος …以外には，誰も（何も）…ない：ənd linel barbaroy-n, gtaw YS miayn この声がした時，イエスだけがいるのがわかった Lk 9,36; es mnac'i miayn 私だけが生き残った Ro 11,3; oč' hac'iw miayn kec'c'ē mard ayl amenayn baniw or elanē i beranoy AY 人はパンだけで生きるものではなく，むしろ神の口から出て来る言葉で生きるであろう Mt 4,4; vasn awowr-n aynorik ew žamow, oč' ok' gitē, oč' hreštakk' y-erkins ew oč' ordi, bayc' hayr miayn かの日とかの時については，誰も知らない．天にいる御使いたちも，子も知らない．ただ父のみが知っておられる Mk 13,32. —<u>miayn t'ē yoržam</u> zgenowc'owmk'-n, oč' merk gtanic'imk' = <u>εἴ γε καὶ</u> ἐκδυσάμενοι οὐ γυμνοὶ εὑρεθησόμεθα 私たちはたとえ〔その地上の幕屋を〕脱いだとしても，裸で見出されることはないであろう 2Cor 5,3.

miangam【副】① 1 度，1 回; 1 度だけ，今度限り; 1 度で（ἅπαξ 2Cor 11,25; He 9,26; Jd 3; ἐφάπαξ Ro 6,10）; miangam ew erkic's = ἅπαξ καὶ

miangamayn 484

δίς 幾度となく Php 4,16. ②or miangam …する者（こと）は誰（何）でも (ὅσα)：①miangam kʻarkoc ełē 私は 1 度石で打たれた 2Cor 11,25; miangam i katarac yawitenacʻ 世々の終わりにただ 1 度 He 9,26; i veray hawatocʻ-n or miangam awandecʻaw-n srbocʻ ひとたび聖なる者たちに伝えられた信仰のために Jd 3; or meṙaw-n, mełacʻ-n meṙaw mi angam 彼が死んだその死を，彼はただ 1 度罪に対して死んだのだ Ro 6,10; ②or (M: -kʻ) miangam merjecʻan pʻrkecʻan 触れた者は皆救われた Mt 14,36; patmea z-or miangam arar kʻez AC 神があなたにしたことすべてを語れ Lk 8,39.

miangamayn【副】1 度に，同時に (ἅμα Ac 24,26; ἐφάπαξ 1Cor 15,6); kočʻem miangamayn = συγκαλέω 呼び集める Mk 15,16：miangamayn ew akn ownēr, tʻē tacʻi inčʻ nma i Pawlosē 彼にはまた同時に，パウロからいくばくかの金をもらおうという魂胆があった Ac 24,26; apa erewecʻaw aweli ews kʻan z-hing harewr ełbarcʻ miangamayn 次いで彼は 500 人以上の兄弟たちに 1 度に現れた 1Cor 15,6; kočʻen miangamayn z-amenayn z-gownd-n 彼らは全部隊を 1 度に呼ぶ Mk 15,16.

miašabatʻ, -ow, -owcʻ; **miašabatʻi**, -tʻwoy (M: -tʻoy), -tʻwoǰ【名】安息日明けの最初の日＝週の第 1 の日：[miašabatʻ] yarowcʻeal aṙawawtow-n aṙaǰin miašabatʻow-n = ἀναστὰς δὲ πρωῒ πρώτῃ σαββάτου 週の初めの日の朝早く甦り Mk 16,9; i miašabatʻow-n vałakʻaǰ ənd aṙawawt-n = τῇ δὲ μιᾷ τῶν σαββάτων ὄρθρου βαθέως 週の初めの日になって朝まだき頃 Lk 24,1; [miašabatʻi] y-erekoyi šabatʻow-n y-orowm lowsanayr miašabatʻi-n = ὀψὲ δὲ σαββάτων, τῇ ἐπιφωσκούσῃ εἰς μίαν σαββάτων 安息日が過ぎ去り，週の第 1 日の明ける頃 Mt 28,1; ənd aṙawawts miašabatʻwoy-n (M: ew aṙawt miašabatʻoy) gan i gerezman-n ənd arewagal-n = λίαν πρωῒ τῇ μιᾷ τῶν σαββάτων … 週の初めの日，朝たいへん早く，日の昇る頃，彼女たちは墓に行く Mk 16,2; ew i miašabatʻwoǰ-n = τῇ δὲ μιᾷ τῶν σαββάτων … 安息日明けの最初の日 Jn 20,1; ew ēr erekoy i miašabatʻwoǰ awowr-n = οὔσης οὖν ὀψίας τῇ ἡμέρᾳ ἐκείνῃ τῇ μιᾷ σαββάτων さて安息日明けの第 1 日目の夕方のことだった Jn 20,19; əst iwrakʻančʻiwr miašabatʻowcʻ-n = κατὰ μίαν σαββάτου 週の初めの日ごとに 1Cor 16,2. → mi², šabatʻ

miačʻapʻ【形】等しい (ἴσος): laynowtʻiwn nora ew barjrowtʻiwn miačʻapʻ, kivaws その幅と高さは同じで，立方体であった Re 21,16. → mi², čʻapʻ

miasin【副】〈i miasin のみ〉一緒に，集まって，同時に (ὁμοῦ Jh 20,4; ἅμα); 同じ場所で，一堂に (ἐπὶ τὸ αὐτό Mt 22,34; Lk 17,35; Ac 2,1):

t'oyl towk' erkowc'ownc' ačel i miasin minč'ew i hownjs = ἄφετε συναυξάνεσθαι ἀμφότερα ἕως τοῦ θερισμοῦ 刈り入れまで，双方とも一緒に成長させよ Mt 13,30; žołovec'an i miasin 彼らは一つ所に集まった Mt 22,34; ałal i miasin Lk 17,35; ənt'anayin erkok'ean i miasin 2人は一緒に走っていた Jh 20,4; ein amenek'ean miaban i miasin 皆の者が一団となって共に集まっていた Ac 2,1.

mit'e; mi t'e; mi et'e【副】①《疑問；否定の返答を予期する疑問文を導いて》一体…だろうか，まさか…ではあるまいね (μή Lk 22,35; μήτι Mt 7,16; Lk 6,39; Jn 4,29; μήποτε Lk 3,15). ②mit'e oč' = οὐχί, nonne《肯定の答えを予期して》…ではないのか Mt 12,11：①yoržam ařak'ec'i z-jez ařanc' k'saki ew maxałi ew kawškac', mi t'e karawtec'ayk'? imik' 私があなたたちを，財布も袋も皮ぞうりもたずさえずに遣わした時，何か不足したか Lk 22,35; mit'e karic'ē? koyr kowri ařaǰnordel. oč' apak'ēn erkok'in i xorxorat ankanic'in 盲人に盲人の道案内ができようか．両者とも溝に落ちてしまわないだろうか Lk 6,39; mit'e k'ałic'en? i p'šoy xałoł kam i tataskē t'owz 人は茨から葡萄の房を，あざみからいちじくを集めるだろうか Mt 7,16; mi t'e na ic'ē K'S-n もしやその人がキリストではないだろうか Jn 4,29; xorhein amenek'ean i sirts iwreanc' vasn Yovhanow mi t'e sa? ic'ē K'S-n「ひょっとしてこの彼こそキリストではないだろうか」と皆が心の中でヨハネに関して思いめぐらしていた Lk 3,15; ②ov? ē i jēnǰ mard oroy ic'ē oč'xar mi ew ankanic'i ayn i xorxorat i šabat'ow, mit'e oč'? ownic'i ew yarowc'anic'ē z-na あなたたちのうち誰が1匹の羊を持っていて，その羊が安息日に溝に落ちてしまったら，それをつかんで救い上げない者があろうか Mt 12,11.

mimeanc' [属/与/奪]，**mimeans** [対/位]，**mimeambk'** [具]【代】《相互》互いに：ew dowk' partik' z-mimeanc' z-ots lowanal = ... ἀλλήλων νίπτειν τοὺς πόδας あなた方も互いの足を洗い合わなければならない Jn 13,14; nman mimeanc' oč' ein vkayowt'iwnk'-n = ἴσαι αἱ μαρτυρίαι οὐκ ἦσαν それらの証言は互いに一致しなかった Mk 14,56; aysink'n ē, mxit'arakic' linel jez vasn ənd mimeanc' imoy ew jer-d hawatoc' すなわち，私とあなたがたの双方が互いに抱いている信仰のために，あなたがたが共に励まし合うことだ Ro 1,12; z-mimeans matnesc'en ew atesc'en z-mimeans (ἀλλήλους - ἀλλήλους) 彼らはお互いに売り渡し合い，お互いに憎み合うであろう Mt 24,10; mi bambasēk' z-mimeans 互いに悪口を言い合うのはやめよ Jas 4,11; erkean erkiwł mec ew asein c'-mimeans 彼らは大いに恐れて，お互いに言い続けた Mk 4,41; iwrak'anč'iwr mimeanc' andamk' emk' 私たちはおのおの互いの肢体な

のだ Ro 12,5; nokʻa aṙawel ews zarmanayin ew asein ənd mimeans (= πρὸς ἑαυτούς) 彼らはなおいっそう仰天してお互いに言った Mk 10,26; lerowkʻ ənd mimeans kʻałcʻownkʻ, gtʻackʻ, šnorhel mimeancʻ = γίνεσθε εἰς ἀλλήλους χρηστοί, εὔσπλαγχνοι, χαριζόμενοι ἑαυτοῖς あなたがたは互いに慈しみ合うようになり，憐れみ深くなり，互いに赦し合え Eph 4,32.

min; M: +min-n 【代】〔miws-n と対立させて〕一方は…他方は…（εἷς … εἷς …; ὁ εἷς … ὁ [δὲ] ἕτερος …）: kam z-min [M: z-min-n] aticʻē ew z-miws-n siricʻē kam z-min [M: z-min-n] mecaricʻē ew z-miws-n arhamarhicʻē あるいは一方を憎み，他方を愛するか，あるいは一方を敬い，他方を軽蔑するであろう Mt 6,24.

minčʻ 【接】① 《別の事態が経過・進行中の期間を示して》…の間（に），…の，間じゅう…する限りは（ἐν ᾧ Mk 2,19; ἐφʻ ὅσον Mt 9,15; ὅτε Ro 7,5). ②［+接法・アオ］…まで，…する前に（ἕως Mk 6,45; ἕως οὗ Mt 14,22; μέχρι Mk 13,30). ③minčʻ cʻ-/i［+対］…まで（ἄχρι Ac 20,6). ④《結果の従属節を導入して》［+不; zi+不］…するほど…である，大変…なので…だ（ὥστε+不定詞付き対格）: ①mi etʻe martʻ? inčʻ icʻē ordwocʻ aṙagasti minčʻ ənd nosa icʻē pʻesay-n parhel 新婚の部屋の子らは，花婿が一緒にいる間断食できるだろうか Mk 2,19; mi etʻe martʻ inčʻ? icʻē mankancʻ aṙagasti sowg aṙnowl, minčʻ pʻesay-n ənd nosa icʻē 新婚の部屋の子らは，花婿が一緒にいる間悲しむことができるだろうか Mt 9,15; minčʻ ēakʻ-n marmnov, karikʻ mełacʻ ... zōranayin y-andams mer 私たちが肉によっていた時には，罪の欲情が私たちの肢体のうちで働いていた Ro 7,5; ②čepeacʻ z-ašakerts-n mtanel i naw ... minčʻ inkʻn žołovowrds-n arjakicʻē (M: -kescʻē) 彼は弟子たちを強いて船に乗り込ませ，その間に彼自身は群衆を解散させようとした Mk 6,45; minčʻ inkʻn z-žołovowrds-n arjakescʻē その間に彼自身は群衆を解散させようとした Mt 14,22; očʻ ancʻcʻē azg-s ays minčʻ ays amenayn ełicʻi これらすべてのことが起こるまで，この世代は過ぎ行くことがない Mk 13,30;〔例外的に直・アオと〕astł z-or tesin y-arewels aṙaǰnordeacʻ nocʻa, minčʻ (M: minčʻew) ekeal ekacʻ i veray owr ēr manowk-n 彼らが昇るのを見た星が先立って彼らを導き，幼子のいる場所までやって来て止まった Mt 2,9; ③ekakʻ aṙ nosa i Trovaday minčʻ y-awowrs hing 私たちは5日のうちにトロアスで彼らのもとに着いた Ac 20,6; ④šaržowmn mec ełew i covow-n, minčʻ (M: minčʻew) nawi-n cackel y-aleacʻ anti 海が大荒れとなって，船が大波で覆われてしまうほどだった Mt 8,24; gay miwsangam ənd nosa žołovowrd-n, minčʻ zi ew hacʻ ews očʻ žamanel owtel nocʻa 再

minč'ew

minč'deṟ; minč' deṟ [→ deṟ]【接】…の時に，…する間（に），…する限り（ὡς Jn 12,35; ὅταν Jn 9,5; ἕως ὅτου Mt 5,25; ἄχρι οὗ Ac 27,33; ἄχρις οὗ He 3,13)：[＋未完過] minč'deṟ na z-ays acēr z-mtaw, aha hreštak TN i teslean erewec'aw nma 彼がこれらのことを思いめぐらしていると，見よ，主の御使いが夢で彼に現れた Mt 1,20; minč'deṟ nawein i k'own emowt 彼らが舟を漕いでいると，彼は眠りに落ちてしまった Lk 8,23; ; minč'deṟ ayg-n kamēr linel, ałač'ēr Pawłos z-amenesean aṟnowl kerakowr 夜が明けようとする頃，パウロは皆に食事をとるように勧めた Ac 27,33; [＋現] gnac'ēk' minč'deṟ z-loys-n ownik' 自分たちに光のあるうちに歩め Jn 12,35; minč'deṟ y-ašxarhi em, loys em ašxarhi 世にある限り，私は世の光だ Jn 9,5; mxit'arec'ēk' z-mimeans z-ōr hanapaz, minč'deṟ aysōr-d aṟaǰi kay 今日が現にある間は，日ごと常に，互いに励まし合え He 3,13; [＋接・現] ler irawaxorh ənd awsoxi k'owm vałgoyn minč'deṟ ic'es ənd nma i čanaparhi = ... ἕως ὅτου εἶ μετ' αὐτοῦ ἐν τῇ ὁδῷ あなたを訴える者と共に途上にあるうちに，彼と速やかに和睦せよ Mt 5,25; apa t'e oč' minč'deṟ heṟagoyn ic'ē (= εἰ δὲ μή γε, ἔτι αὐτοῦ πόρρω ὄντος), hreštakowt'iwn aṟak'eal ałač'esc'ē i xałałowt'iwn もし駄目ならば，〔敵の者が〕まだ遠くにいる間に，使者を送り，和平条件をたずねるだろう Lk 14,32.

minč'ew【接】① 《時間・空間》…まで，…に至るまで（ずっと）；ついに；〔否定辞と〕…まで…しない（ἕως; ἄχρι Ac 7,18; 1Cor 11,26; 15,25). ②《結果》だから，そのために，…ほどに：[＋不＝ὥστε＋不] Mk 2,2; [＋未完過] Lk 5,6; [＋直・アオ] Jh 3,16. ③minč'ew c'- [＋対] /i-/ y-/aṟ- [＋対/＋副]《時間・場所・程度・数量》…まで,…ほどに（ἄχρι Ac 13,6; 20,11; Re 14,20; μέχρι Mt 28,15; Ro 15,19; ἕως Mt 26,38; Mk 6,23; Lk 2,15; 4,42)：① [＋接・現/アオ] ziard? p'owt'am minč'ew kataresc'i それが成し遂げられるまでは，私はどんなに苦悶することか Lk 12,50; ic'en omank' i soc'anē or ast kan ork' oč' čašakesc'n z-mah, minč'ew tesanic'en z-ordi mardoy ekeal ark'ayowt'eamb iwrov ここに立っている者たちの中には，人の子がその王国をもってやって来るのを見るまでは，死を味わうことのない者が何人かいる Mt 16,28; [＋直・現] et'e kamim zi kac'c'ē da minč'ew es gam (= ἕως ἔρχομαι), k'ez zi p'oyt'? ē 私が自分の来る時まで彼を留まらせたいと思っているとしても，それがあなたにどんな関係があるか Jn 21,22; [＋直・アオ] oč' gitēr z-na minč'ew cnaw z-ordi-n iwr z-andranik 彼女が最初の男子を産むま

minč'ew 488

では, 彼は彼女を知ることはなかった Mt 1,25; astł z-or tesin y-arewels aṙaǰnordeac' noc'a minč' (M: minč'ew) ekeal ekac' i veray owr ēr manowk-n 彼らが昇るのを見た星が先立って彼らを導き, 幼子のいる場所の上までやって来て止まった Mt 2,9; minč'ew yareaw ayl t'agawor y-Egiptos ついに別の王がエジプトに出た Ac 7,18; [＋接・アオ] z-mah-n TN patmec'ēk', minč'ew ekesc'ē na 主が来るまで, あなた方は彼の死を宣べ伝える 1Cor 11,26; part ē nma t'agaworel, minč'ew dic'ē z-amenayn t'šnamis i nerk'oy otic' iwroc' 彼 (神) がすべての敵を自分の足下に置く時まで, 彼 (キリスト) は王国を支配しなければならない 1Cor 15,25; ②żołovec'an bazowmk', minč'ew teli ews oč' linel ew oč' aṙ dran-n 大勢の人が集まり, そのために戸口のところは, もはやまったく隙間がなくなってしまった Mk 2,2; p'akec'in i nek's bazmowt'iwn jkanc' yoyž, minč'ew parpatein owṙkank' noc'a = συνέκλεισαν πλῆθος ἰχθύων πολύ, διερρήσετο δὲ τὰ δίκτυα αὐτῶν (D: ὥστε τὰ δίκτυα ῥήσσεσθαι) 彼らははなはだしい魚の群を捕りこんで, そのために彼らの網は破れんばかりになった Lk 5,6; zi aynpēs (οὕτως) sireac' AC z-ašxarh, minč'ew z-ordi-n iwr miacin et = ὥστε τὸν υἱὸν τὸν μονογενῆ ἔδωκεν つまり神はひとり子を与えるほどに世を愛したのだ Jn 3,16; ③šrǰeal ənd amenayn kłzi-n minč'ew i Pap'os, gtin and ayr z-omn mog, sowt margarē hreay, orowm anown ēr Bareyesows 彼らは島中を巡回して, パポスまで行くと, ユダヤ人の魔術師で, バルイエスという偽預言者に出会った Ac 13,6; bazowm ews xōsec'aw minč'ew y-aṙ awōt-n ew apa el gnac' 彼は明け方まで長い間語った Ac 20,11; el hambaw-s ays i hrēic'minč'ew c'-aysawr この噂はユダヤ人たちの間で今日まで言い広められて来た Mt 28,15; z-or inč' ew xndresc'es dow y-inēn, tac' k'ez minč'ew c'-kēs t'agaworowt'ean imoy お前が私に願い出ることは, たとえそれが私の王国の半分であっても, お前にやろう Mk 6,23; ert'ic'owk' minč'ew c'-Bet'łeēm ベトレヘムまで出かけようではないか Lk 2,15; elanēr i hncanē-n ariwn minč'ew i sanjs jioy-n 酒ぶねからは血が馬のくつわに達する〔深さに〕まで流れ出た Re 14,20; y-EMē minč'ew i kołmans Liwrikac'woc' エルサレムからイリュリコン〔州〕各地に至るまで Ro 15,19; trtowm ē ogi im minč'ew i mah 私の魂は死ぬほどに悲しい Mt 26,38; ekin minč'ew aṙ na 彼らは彼のところまでやって来た Lk 4,42. —《その他の特殊な例》mi tesanel z-mah, minč'ew tesc'ē z-awceal-n TN = ... πρὶν ἢ ἂν ἴδῃ ... 主のメシアを見るまでは死を見ることはない Lk 2,26 [minč'ew の代用]; ew ełew minč'ew ert'ayr na y-ĒM, ew ink'n anc'anēr ənd mēǰ Samareay ew Gałiłeac'woc' = ... ἐν τῷ πορεύεσθαι ... さて，エルサレムへ赴く際，彼自らもサマリアとガリラヤの真中を通り過ぎて行った Lk 17,11 [minč' か minč'deṙ の代用].

minč'č'ew [minč' č'ew, cf. č'ew (č'-ew)]【接】《従属》…する前に (πρό τοῦ [＋不・対] Mt 6,8; πρίν [ἤ] [＋不] Mt 26,34; Mk 14,30). —【副】まだ…ない (μήπω He 9,8)：gitē hayr-n jer zinč' pitoy ē jez minč'č'ew jer xndreal inč' ic'ē i nmanē あなたたちの父は，あなたたちが願う前に，あなたたちに必要なものを知っている Mt 6,8; y-aysm gišeri minč'č'ew hawow xawseal ic'ē, eric's owrasc'is z-is あなたは今晩，鶏が啼く前に，3度私を否むだろう Mt 26,34; minč'č'ew ekeal ein nok'a ałač'ein z-na ašakertk'-n 彼らが来る前に [≠ ἐν τῷ μεταξύ その間に]，弟子たちは彼に頼んでいた Jn 4,31. —minč'č'ew yaytneal ēr čanaparhi srbowt'eanc'-n [天の] 聖所への道はまだ顕わされていなかった He 9,8.

mišt【副】いつも，常に，不断に (ἀεί 2Pe 1,12; ἑκάστοτε 2Pe 1,15)：p'owt'am čepim mišt z-jez yordorel zi yet imoy elaneloy y-ašxarhē-s arnic'ēk' z-yišataks aysoc'ik 私はなんとかして，この世から自分が旅立った後，あなた方がいつもこれらのことを思い出すことができるようにしておきたい 2Pe 1,15.

mioy, mioǰ, miov, miowm → mi²

[i] **miǰi, miǰoy** → mēǰ

miǰnord, -i, -ac'【名】仲介者 (μεσίτης)：kargeal hreštakōk' i jeṙn miǰnordi [律法] 使いたちを通して仲介者の手によって制定された Ga 3,19; mi ē AC, ew mi miǰnord AY ew mardkan, mard YS K'S 神はただ1人，神と人間との仲介者も人間イエス・キリストただ1人 1Tm 2,5.

miǰnordem, -ec'i【動】仲介する，仲裁する；保証する (μεσιτεύω)：miǰnordeac' erdmamb 彼は誓いによって保証した He 6,17.

miǰnorm【名】隔壁 (μεσότοιχον)：or arar z-erkosean mi ew z-miǰnorm c'ankoy-n k'akeac' 彼は両者を1つにし，垣根の隔壁を倒壊させた Eph 2,14. → orm

miǰōr【名】正午，真昼 (μεσημβρία)；z-miǰawowrb-n 真昼 (頃) に ＝ περὶ μεσημβρίαν Ac 22,6/ἡμέρας μέσης Ac 26,13. → mēǰ, awr

mis, msoy【名】肉 (κρέας)：law ē oč' owtel mis ew oč' əmpel gini 肉も食べず葡萄酒も飲まないのが得策だ Ro14,21; et'ē kerakowr gayt'agłec'owc'anē z-ełbayr-n im, oč' keraic' mis yawitean もしも食物が私の兄弟を躓かせるのならば，私は永久に肉を食べはしないだろう 1Cor 8,13.

mit, mti, mtaw; **mitk'**, mtac'【名】①精神，心，思い，想念；良心；知力，理性，判断力；意識，自覚 (ὁρμή Jas 3,4; συνείδησις Ro 2,15; 1Pe 2,19; νοῦς Ro 7,25; 1Cor 14,14; Col 2,18; νόημα 2Cor 10,5; 11,3; φρήν

mit 490

1Cor 14,20; ἔννοια 1Pe 4,1; διάνοια Lk 1,51). ②《しばしば直接引用を従え，ギリシア語再帰代名詞を訳して》i mti, i mits, ənd mits [位] + asem, xorhim など. ③linim i mits; i mit arˉnowm 分かる，気づく，理解する，悟る (συνοράω Ac 12,12; νοέω Mk 13,14; συνίημι Mt 13,13; 2Cor 10,12); i mti dnem 決断する，決心する (κρίνω 1Cor 2,2; τίθεμαι ἐν τῷ πνεύματι Ac 19,21); hastatim i mits 確信する (πληροφορέομαι Ro 4,21); z-mtaw acem 熟慮する，考える，思い巡らす，思い起こす (διενθυμέομαι Ac 10,19; ἀναλογίζομαι He 12,3; ἀναθάλλω Php 4,10; ὑπόμνησιν λαμβάνω τινός 2Tm 1,5): ①y-or koys ew mitkʻ owłčʻi-n kamicʻin 航海者の意の欲する方へ Jas 3,4; vkayowtʻeamb mtacʻ iwreancʻ, ew yandimanel z-mimeans i xorhrdocʻ iwreancʻ, kam tʻē patasxani isk tal 彼らの良心の証によって〔そのことを示している〕，そして彼らの心の思いが互いに訴えたり，あるいは弁明したりする Ro 2,15; geremkʻ z-amenayn mits i hnazandowtʻiwn KʻI 私たちはすべての思いを捕縛してキリストへの従順へ〔導く〕 2Cor 10,5; erknčʻim, gowcʻē ... apakanescʻin mitkʻ jer あなた方の思いが穢されはせぬかと私は恐れている 2Cor 11,3; etʻē kam y-ałōtʻs lezowaw, hogi-n im kay y-ałōtʻs ayl mitkʻ im anptowł en もしも私が異言によって祈るならば，私の霊は祈るが，私の理性は実を結ばない 1Cor 14,14; es inkʻnin mtōkʻ imovkʻ carˉay-em ōrinacʻ-n AY 私自身は理性では神の律法に隷属している Ro 7,25; mi tłaykʻ linikʻ mtōkʻ あなた方は判断力では子供になってはならない 1Cor 14,20; cʻroweacʻ z-ambartawans mtawkʻ srticʻ iwreancʻ 彼は己が心の想いの尊大な者らを散らした Lk 1,51; ②asēr i mti iwrowm (M: asacʻi i srti iwrowm), tʻe (M: etʻe) miayn merjenam i handerjs nora pʻrkim 「あの方の着物に触るだけでも，私は救われる」と彼女は自分の中で思っていた Mt 9,21; arˉawel ews yimareal ein i mits iwreancʻ ew zarmanayin yoyž 彼らはなおいっそう心の中で正気を失ってひどく驚いた Mk 6,51; nokʻa z-ban-n i mti ownein ew xndrein ənd mimeans = τὸν λόγον ἐκράτησαν πρὸς ἑαυτοὺς συζητοῦντες 彼らはその言葉を取り上げて，互いに議論し合った Mk 9,10; hastateal ē i mits z-Yovhannē tʻe margarē ē = πεπεισμένος γάρ ἐστιν Ἰωάννην προφήτην εἶναι 民はヨハネが預言者であると確信している Lk 20,6; ekeal i mits iwr asē = εἰς ἑαυτὸν δὲ ἐλθὼν ἔφη 彼は我に返って言った Lk 15,17; omankʻ i dpracʻ-n asen ənd mits, hayhoyē da 律法学者たちの何人かが自分たちの中で「そいつは冒瀆している」と言う Mt 9,3; YS darjeal zayracʻeal ənd mits iwr, gay i gerezman-n イエスは自らのうちに再び憤りを感じながら，墓に来る Jn 11,38; ③leal i mits ekn i town Maremow こう分かると彼はマリヤの家

に来た Ac 12,12; or ənt'eṙnow-n i mit aṙc'ē 読む者は悟れ Mk 13,14; vasn aynorik aṙakawk' xawsim ənd nosa, zi tesanen ew oč' tesanen ew lsen ew oč' lsen ew oč' aṙnown i mit 私が彼らに譬で語るのは，彼らが見ても見ず，また聞いても聞かず，悟らぬゆえなのだ Mt 13,13; zi oč' et'ē i mti edi gitel inč' i jez, bayc' miayn z-YS K'S, ew z-noyn i xač' eleal 私はあなた方のうちにあっては，イエス・キリスト，しかも十字架につけられてしまっているその方以外には何事も知ろうとはしないという決断をしたからだ 1Cor 2,2; ed Pawłos i mti šrǰel ənd Makedovniay ew ənd Ak'ayiay ew gal y-EM パウロはマケドニアとアカイアを通ってエルサレムに行く決心をした Ac 19,21; hastatec'aw i mits iwr t'ē or xostac'aw-n karōł ē aṙnel 彼は〔神が〕約束したことは成就できると確信していた Ro 4,21; minč'deṙ Petros z-mtaw acēr vasn teslean-n, asē hogi-n c'-na ペトロが幻について思い巡らしていると，霊は言った Ac 10,19; acēk' z-mtaw or z-ayspisi hamberowt'iwn i meławorac' hakaṙakowt'enē anti kreac' 罪人たちの反逆からこれほどに忍耐し抜いた方のことを熟慮せよ He 12,3; dowk' z-mtaw acēk' hogal inč' vasn im = ἀνεθάλετε τὸ ὑπὲρ ἐμοῦ φρονεῖν あなた方は私のための思い抱きを再び芽生えさせてくれた Php 4,10.

miws, -oy, -ov, 位 -owm; mews【形】①他の［人・物・事］，もう１つ（１人）の［人・物・事］(ἕτερος Lk 5,7; Jn 19,37; ἄλλος); min... miws-n/min... 一方は…他方は…(Lk 7,41 ὁ εἷς...ὁ ἕτερος...; Mt 24,40 εἷς...εἷς...). ②次の（日）(τῇ ἐχομένῃ Lk 13,33; τῇ ἑτέρᾳ Ac 20,15; μεταξύ Ac 13,42): ①aknarkein orsakc'ac'-n i miws naw-n 彼らは他の〔もう１艘の〕舟にいる仲間にも合図を送った Lk 5,7; miws gir asē〔聖書の〕他の書物は言っている Jn 19,37; min partēr hing hariwr darhekan, ew miws-n yisown 1 人は 500 デナリオン，もう 1 人は 50 デナリオン借りていた Lk 7,41; yaynžam t'e (M: et'e) ic'en erkow y-agaraki, min aṙnowc'ow, ew miws-n t'ołowc'ow そのとき，2 人の者が畑にいると，1 人は取り去られ，1 人は残される Mt 24,40; ②part ē aysawr ew vałiw ew i miwsowm awowr gnal 私は今日も明日も次の日も進まねばならない Lk 13,33; i miws ōr-n hasak' i Samos ew i vałiw andr ekak' i Meliton 私たちは次の日はサモス〔島〕に渡り，その翌日にはミレトスに着いた Ac 20,15; ałač'ēin i miwsowm šabat'ow xōsel noc'a z-noyn ban 人々は次の安息日にも同じ話をしてくれるように頼んだ Ac 13,42.

miwsangam [miws angam]【副】①もう一度，再び，新たに (πάλιν). ②《形容詞的に》i miwsangam galstean [imowm] = ἐν τῇ παλιγγενεσίᾳ 再生の時に Mt 19,28/ = ἐν τῷ ἐπανέρχεσθαί με 私が戻ってくる時 Lk

10,35：①ertʻayr darjeal xīneal žołovowrd-n aṙ na, ew orpēs sovor ēr miwsangam owsowcʻanēr z-nosa 再び群衆が彼のもとへ集まって来ると、いつものように彼は再び彼らを教え続けた Mk 10,1; ziard? daṙnaykʻ miwsangam (πάλιν) i tarers tkars ew y-ałkʻats, orocʻ miwsangam (πάλιν ἄνωθεν) z-anjins caṙayecʻowcʻanel kamikʻ どうしてあなた方は再び弱々しくて貧しい諸力へと立ち帰ろうとし、再び新たに奴隷として仕えることを欲するのか Ga 4,9． → angam

mxem, -ecʻi【動】①（手を）突っ込む，浸す (βάλλω Jn 20,25b.27b [arkanem Jn 20,25a.27a]；ἐμβάπτω Mk 14,20). ②mxem [z-]jeṙs i [+対] …に手をかける (ἐπιβάλλω τὰς χεῖρας ἐπί +対)：①mxea i kołs im 私のわき腹の中に〔あなたの手を〕突っ込め Jn 20,27; or mxeacʻ ənd is i skawaṙak-d 私と共に鉢の中に〔自分の食物を手で〕浸す者 Mk 14,20; ②mxecʻin i nosa z-jeṙs iwreancʻ, ew edin z-nosa i banti minčʻew i valiw-n 彼らは彼らに手をかけて、次の日まで留置した Ac 4,3; kamecʻan ownel z-na, ayl očʻ okʻ mxeacʻ i na jeṙs 彼らは彼を逮捕したいと思ったが、手をかける者は誰もいなかった Jn 7,44.

mxitʻarakicʻ【形】共に慰め合う；mxitʻarakicʻ linim 共に慰め合う，共に励まし合う (συμπαρακαλέομαι)：aysinkʻn ē, mxitʻarakicʻ linel jez vasn ənd mimeancʻ imoy ew jer-d hawatocʻ それは、私とあなた方の双方が互いに抱いている信仰によって、あなた方が共に励まし合うことだ Ro 1,12． → -kicʻ

mxitʻarem, -ecʻi【動】①慰める，悔やみを言う (παρακαλέω Mt 2,18; παραμυθέομαι Jn 11,19.31). ②励ます，勧める，言い聞かせる，教示する (παρακαλέω Eph 6,22)：①očʻ kamēr mxitʻarel, zi očʻ ein 彼女は慰められることを望まなかった．彼らがいなかったからだ Mt 2,18; hreaykʻ-n or ... mxitʻarein z-na 彼女に悔やみを言っていたユダヤ人 Jn 11,31; erani sgaworacʻ, zi nokʻa mxitʻarescʻin 幸いだ、悲嘆にくれる者たち、その彼らこそ慰められるであろう Mt 5,4; ard sa ast mxitʻari 今この者こそはここで慰められる Lk 16,25; ②zi gitasjikʻ dowkʻ z-mēnj ew mxitʻaresjikʻ あなた方が私たちのことを知り励まされるために Eph 6,22;

mxitʻaričʻ, -rčʻi【名】弁護者 (παράκλητος)：mxitʻaričʻ-n hogi-n sowrb z-or aṙakʻescʻē hayr y-anown im 弁護者、つまり私の名において父が派遣することになる聖霊 Jn 14,26; ew es ałačʻecʻicʻ z-hayr ew ayl mxitʻaričʻ tacʻē jez, zi ənd jez bnakescʻē i yawitean そうすれば、私は父に頼み、父はもう１人の弁護者を、彼がいつまでもあなたたちと共にいるようにと、あなたたちに与えてくれるであろう Jn 14,16.

mxitʻarowtʻiwn, -tʻean【名】慰め，奨励，慰励，勧め (παράκλησις;

παρηγορία Col 4,11）：vay jez mecatancʻ-d, zi ənkalaykʻ z-mxitʻarowtʻiwn jer 禍だ，お前たち富んだ者たちよ，お前たちはお前たちの慰めをすでに受けているのだ Lk 6,24; bazowm ew ayl inčʻ mxitʻarowtʻeamb awetaranēr žołovrdean-n = πολλὰ μὲν οὖν καὶ ἕτερα παρακαλῶν (D: παραινῶν) εὐαγγελίζετο τὸν λαόν 彼はその他の多くのことも慰めをもって ［Gk: 勧めながら］，民に告げ知らせていた Lk 3,18; etʻē mxitʻarowtʻiwn inčʻ icʻē i KʻS キリストにある慰めがいくらかでもあるならば Php 2,1; etʻē icʻen i jez bankʻ mxitʻarowtʻean aṙ žołovowrd-d, xōsecʻarowkʻ あなたたちの中に奨励の言葉があれば，話せ Ac 13,15; ełen isk inj mxitʻarowtʻiwn 彼らは私にとって慰めとなった Col 4,11.

mkrtem, -ecʻi 【動】①水に浸す；［中］沐浴する，身をすすぐ (βαπτίζω). ②洗礼を施す (βαπτίζω)：①ew i hraparakē mteal etʻe očʻ mkrticʻin očʻ owten 彼らは市場から戻った時も，沐浴せずには食事をしない Mk 7,4; ibrew etes Pʻarisecʻi-n zarmacʻaw zi nax očʻ mkrtecʻaw yaṙaǰ kʻan z-čašn そのファリサイ人は，彼が食事の前にまず身をすすがないのを見て，驚いた Lk 11,38; ②ekin ew makʻsaworkʻ mkrtel (= βαπτισθῆναι; M: mkrtil [-il, Jensen, AG §264, Anm.; ELPA I.86]) 徴税人たちも洗礼を受けにやって来た Lk 3,12; es mkrtecʻi z-jez ǰrov 私はお前たちに水で洗礼を施した Mk 1,8; na mkrtescʻē z-jez i hogi-n sowrb ew i howr 彼こそがお前たちに聖霊と火によって洗礼を施すであろう Mt 3,11; z-mkrtowtʻiwn-n z-or es mkrtim (M: mkrtelocʻ em) mkrticʻikʻ 私がこうむる洗礼をあなたたちはこうむることになろう Mt 20,23; mkrtescʻi iwrakʻančʻiwr okʻ jēnǰ y-anown TN YSi KʻSi i tʻołowtʻiwn mełacʻ あなたたち 1 人 1 人が，罪の赦しに至るために，主イエス・キリストの名において洗礼を受けよ Ac 2,38; anhnar ē miangam mkrtelocʻ-n, or čašakecʻin y-erknawor pargewacʻ-n = ἀδύνατον γὰρ τοὺς ἅπαξ φωτισθέντας, γευσαμένους τε τῆς δωρεᾶς τῆς ἐπουρανίου ひとたび洗礼を受けて ［Gk: 照らされて］ 天上の賜物を味わった者たちには不可能だ He 6,4.

mkrtičʻ, -tčʻi 【名】洗礼者 (βαπτιστής; ὁ βαπτίζων Mk 6,14)：y-awowrs y-aynosik gay Yovhannēs mkrtičʻ kʻarozel y-anapati-n Hṙeastani その頃，洗礼者ヨハネが，ユダヤの荒野で宣教するためにやって来た Mt 3,1; Yovhannēs mkrtičʻ yareaw i meṙelocʻ 洗礼する者ヨハネが死人たちの中から起こされた Mk 6,14; kamim zi ayžm tacʻes inj vałvałaki i veray sktel z-glowx-n Yovhannow mkrtčʻi いますぐに洗礼者ヨハネの首をお盆の上にのせて私に与えて欲しい Mk 6,25.

mkrtowtʻiwn, -tʻean 【名】①水に浸して洗うこと，沐浴 (βαπτισμός).

mlion

②洗礼（βάπτισμα; βαπτισμός He 6,2）：①ayl inčʻ bazowm ē z-or ənkalan ownel mkrtowtʻiwns bažakacʻ ew stomanacʻ ew płnjeacʻ ew mahčacʻ その他多くのことを遵守すべきものとして受け継いでいる，杯や壺や銅器や寝台を水に浸して洗うことなどだ Mk 7,4; ②mkrtowtʻiwn mi ownim mkrtel = βάπτισμα δὲ ἔχω βαπτισθῆναι 私には受けねばならない洗礼がある Lk 12,50; kʻarozēr mkrtowtʻiwn apašxarowtʻean i tʻołowtʻiwn mełacʻ〔ヨハネは〕罪の赦しとなる回心の洗礼を宣べ伝えていた Mk 1,4; himn arkanel apašxarowtʻean i meṙeloti gorcocʻ anti, ew hawatocʻ-n or y-AC, (2) ew mkrtowtʻeancʻ-n vardapetowtʻean 死んだ業からの回心や神への信仰，もろもろの洗礼の教えの基礎を据える He 6,1-2.

mlion; M: młon, -i, -acʻ【名】ミリオン（μίλιον）: or taraparhak (M: tarapahak) varicʻē z-kʻez młion mi (M: młon mi), ertʻ ənd nma erkows あなたを徴用して1ミリオン行かせようとする者とは，一緒に2ミリオン行け Mt 5,41.

mnam, -acʻi【動】①留まる，滞在する，残留する（μένω Ac 27,31; παραμένω 1Cor 16,6; Php 1,25; ὑπομένω Lk 2,43; Ac 17,14; προσμένω Ac 18,18; ἐπέχω Ac 19,22); 残っている（ἀφίημι Mt 24,2); あとに残される，生き残る（περιλείπομαι 1Th 4,15; ὑπολείπομαι Ro 11,3). ②待つ（μένω Ac 20,5; ἐκδέχομαι Ac 17,16): ①etʻē očʻ dokʻa mnan i nawi-s, dowkʻ aprel očʻ karēkʻ その人たちが船に残っていなければ，あなたたちは助からない Ac 27,31; tʻē dēp licʻi, aṙ jez mnacʻicʻ ことによるとあなた方のところでは私は滞在することになるかもしれない 1Cor 16,6; mnacʻicʻ amenecʻ own jez 私はあなた方すべてと共に留まるであろう Php 1,25; mnacʻ YS manowk-n y-ĒM 少年イエスはエルサレムに残った Lk 2,43; mnayin Šiłay ew Timotʻēos andēn シラスとテモテはそこに留まった Ac 17,14; inkʻn mnacʻ žamanaks inčʻ y-Asiay 彼自身はしばらくアジア州に留まった Ac 19,22; očʻ mnascʻē aydr kʻar i kʻari veray, or očʻ kʻaktescʻi ここで崩されずに〔他の〕石の上に残される石はないであろう Mt 24,2; mekʻ or kendanikʻ-s emkʻ mnacʻealkʻ i galstean-n TN 主の来臨まで生き残る私たち 1Th 4,15; es mnacʻi miayn 私だけが生き残った Ro 11,3; ②sokʻa yaṙaJ ertʻeal mnayin mez i Trovaday これらの人たちは先発して，トロアスで私たちを待っていた Ac 20,5; y-Atʻēns i mnal-n nocʻa Pawłosi パウロがアテネで彼らを待っている間に Ac 17,16.

mnas, -i, -icʻ【名】ムナ（μνᾶ）: mnas-n kʻo arar hing mnas あなたの1ムナは5ムナを作った Lk 19,18; kočʻecʻeal z-caṙays iwr et nocʻa tasn mnas 彼は自分の僕たちを呼んで，彼らに10ムナを与えた Lk 19,13.

mnac'ord, -i, -ac' 【名】残り (ἐπίλοιπος Lk 24,43; κατάλοιπος Ac 15,17; λεῖμμα Ro 11,5; ὑπόλειμμα Ro 9,27): ew aṙ eker aṙaǰi noc'a ew z-mnac'ords-n ec c'-nosa すると彼は(それを)取って彼らの面前で食べ始めた.そして残りは彼らに与えた Lk 24,43; orpēs zi xndresc'en mnac'ordk' mardkan z-TR 人々の中の残れる者が主を求めるようになるために Ac 15,17; ew y-aysm žamanaki mnac'ordk' əst əntrwot'ean šnorhac'-n ełen 今この時にも残りの者が恵みの選びに従って生じた Ro 11,5; et'ē ic'ē t'iw ordwoc'-n ILI ibrew z-awaz covow, sakaw inč' mnac'ordk' mnasc'en たとえイスラエルの子らの数が海の砂のようであったとしても,ほんの僅かに残されたものが残るであろう Ro 9,27 [Gk: 救われるであろう].→ mnam

mšak, -i, -ac' 【名】働き人,農夫,栽培者;行う人 (ἐργάτης Lk 10,7; 13,27; γεωργός Mt 21,33; Jn 15,1): aržani ē mšak-n varjow iwroy 働き人がその報いをうるのはふさわしいことだ Lk 10,7; et z-na c'-mšaks, ew gnac' i tarašxarh 彼はそれを農夫たちに貸して旅立った Mt 21,33; es em ort'n čšmarit ew hayr im mšak ē 私は本物の葡萄の木であり,私の父が栽培者である Jn 15,1; oč' gitem z-ǰez owsti ēk'. i bac' kac'ēk' y-inēn amenayn mšakk'-d anirawt'ean 私はお前たちがどこから来たのか,知らない.私から離れよ,不義を働くすべての者たちよ Lk 13,27.

mštik, -tki, -kaw, -kac' 【名】束,一つかみ,一握り [Olsen, Noun, p. 457; Ex. 12,22 δέσμη]: noc'a spowng lc'eal k'ac'axov ənd lełwoy šowrǰ edeal z-mštkaw zovpayi, matowc'i i beran nora 胆汁と共に酢をたっぷりと含ませた海綿をヒソプの束に巻きつけて,彼の口に差し出した Jn 19,29.→ zovpay

mštnǰenakan【形】永遠の,永続的な,不変の:cnealk' i verstin oč' y-apakanowt'ean semanē-n, ayl y-anapakanac'owē-n, kendani ew mštnǰenakan baniw-n AY (= διὰ λόγου ζῶντος θεοῦ καὶ μένοντος) あなた方は,生きていていつまでも残る神の言葉を介して,朽ちゆく種子ではなく,朽ちることのない種子によって再生されている 1Pe 1,23.

mštnǰenawor, -i, -ac' 【形】永遠の,永劫の (αἰώνιος Ro 16,26; ἀΐδιος Jd 6; εἰς τὸ διηνεκές He 7,3; 10,14): əst hramani mštnǰenawori-n AY 永遠の神の命令のままに Ro 16,26; z-hreštaks or oč' pahec'in z-iwreanc' išxanowt'iwn-n, ayl t'ołin z-iwreanc' bnakowt'iwn-n, i datastans meci awowr-n mštnǰenawor kapanōk' paheac' i xawari 自分たちの支配権を守ることなく,自らの住まいを棄て去った御使いたちを,大いなる日の裁きのために,(神は)暗黒に永劫の鎖で監禁した Jd 6; kay mnay k'ahanay mštnǰenawor 彼は永遠の祭司として留まる He 7,3; k'anzi miov pataragaw katareac' z-srbeals-n i mštnǰenawors 彼は1つの捧げ物をもって, 聖とされるべき人々をいつまでも全き者とした He 10,14.

mštnǰenaworim, -rec'ay【動】永遠に続ける, (職に) 留まり続ける (παραμένω): vasn mahow argel lineloy i mštnǰenaworel 死によって妨げられる〔職務に〕留まり続けることができないため He 7,23.

mštnǰenaworowt'iwn, -t'ean【名】永遠であること (ἀΐδιος Ro 1,20): mštnǰenaworowt'iwn ew zōrowt'iwn ew ACowt'iwn nora 彼 (神) の永遠と力と神性 Ro 1,20.

mog, -ow, -owc'【名】占星学者; 魔術師 (μάγος): aha mogk' y-arewelic' ekin y-ĒM 見よ, 東方の占星学者たちがエルサレムに来た Mt 2,1; əst žamanaki-n z-or stowgeac' i mogowc'-n 彼が占星学者たちから詳しく聞いた時期に基づいて Mt 2,16; ənddēm ekac' nora Elimas mog 魔術師エルマは彼に反抗した Ac 13,8.

mogem, -ec'i【動】魔術を行う (μαγεύω): ayr omn Simovn anown, yaṙaǰagoyn ēr i k'ałak'i-n, mogēr ew apšec'owc'anēr z-azg-n Samarac'woc' シモンという男がこの町に以前からいて, 魔術を行い, サマリヤの人々を驚かしていた Ac 8,9.

mogowt'iwn, -t'ean【名】魔術 (μαγεία): hayēin i na vasn bazowm žamanakac' mogowt'eambk'-n apšec'owc'aneloy z-nosa 彼らが彼に従っていたのは, 長い間, 彼らが魔術に驚かされていたからである Ac 8,11.

molar【形】さまよう, 彷徨する (πλανήτης): astełk' molark' oroc' vih xawari-n yawitenic' paheal ē 彼らはさまよう星であり, 彼らにはいつの世までも闇の淵が隠されている Jd 13.

molaranown【形】偽りの名を帯びている (ψευδώνυμος): i molaranown gitowt'enē 偽称「知識」から 1Tm 6,20.

molegnim, -ec'ay【動】気が狂う (μαίνομαι Jn 10,20; ἐξίσταμαι Mk 3,21): dew goy i nma ew molegni 彼は悪魔に取り憑かれて気が狂っている Jn 10,20; hamarein t'e molegneal ic'ē 彼らは彼の気が狂ってしまったと考えていた Mk 3,21.

molim, -lec'ay【動】気が狂う, 激怒する (μαίνομαι Ac 26,25; ἐμμαίνομαι Ac 26,11): oč' molim, k'aǰ-d P'estos フェストゥス閣下, 私は気が狂っていない Ac 26,25; aṙawel ews moleal i veray noc'a, halacēi minč'ew y-artak'in k'ałak's-n 私はますます彼らに対する怒りに狂って, 国外の町々にまで行って, 迫害を続けた Ac 26,11.

molorec'owc'anem, -owc'i【動】惑わす, たぶらかす (πλανάω; ἀποπλανάω Mk 13,22): bazowm sowt margarēk' yaric'en ew z-bazowms molorec'owsc'en 多くの偽預言者が起き上がり, 多くの者を惑わすであ

ろう Mt 24,11; tac'en nšans ew arowests aṙ i molorec'owc'aneloy et'e hnar inč' ic'ē ew z-ntreals-n できるならば選ばれた者たちをも惑わせようとして，彼らは徴と奇蹟を行うだろう Mk 13,22. → xabem

molorec'owc'ič', -c'č'i, -č'ac' 【名】惑わす者（πλάνος）: yišec'ak' zi molorec'owc'ič'-n ayn asēr minč' kendani-n ēr t'e yet eric' awowrc' yaṙnem 私たちは，あの惑わし者がまだ生きている時に，「3日後に私は起こされる」と言っていたのを思い出した Mt 27,63; bazowm molorec'owc'ič'k' elin y-ašxarh-s, or ok' oč' xostovani z-YS K'S ekeal marmnov, na molorec'owc'ič' ē ew neṙn 多くの惑わす者たちがこの世に出て来た．彼らはイエス・キリストが肉体をもって到来することを告白しない．こういう者こそ惑わす者であり，反キリストである 2Jn 7.

molorim, -ec'ay 【動】①さまよう（πλανάομαι Mt 18,12; He 11,38). ②迷う，たぶらかされる（Jn 7,47; Jas 5,19); moloreal em 誤っている：①y-anapati molorealk' 荒野をさまよって He 11,38; et'e linic'i mardoy hariwr oč'xar ew moloric'ē mi i noc'anē, oč' t'ołowc'ow z-innsown ew z-inn oč'xar-n i lerins ew ert'ic'ē xndric'ē z-moloreal-n もしある人に100匹の羊がいて，そのうちの1匹がさ迷い出たら，彼は99匹を山に残して，出かけて行ってそのさ迷い出た1匹を探さないだろうか Mt 18,12; ②et'ē ok' i jēnǰ moloresc'i i čanaparhē čšmartowt'ean あなたたちのうちの誰かが真理の道から迷い出たなら Jas 5,19; mi t'e ew dowk' molorec'arowk'? まさかお前たちまでたぶらかされているのではあるまいな Jn 7,47; oč' vasn aydorik isk moloreal? ēk' zi oč' gitēk' z-girs ew oč' zawrowt'iwn AY あなたたちは，聖書も神の力も知らないからこそ，誤っているのではないか Mk 24. → vripim

molorowt'iwn, -t'ean 【名】①迷い，迷妄，惑わし事，惑乱（πλάνη; πλάνος 1Tm 4,1). ②狂気，乱心（μανία）：①ew lini yetin molorowt'iwn-n č'ar k'an z-aṙaǰin-n そうしたら，後のほうの惑わし事は，前のそれよりもひどいものになるだろう Mt 27,64; z-darj p'oxarini-n or part ēr molorowt'ean-n noc'a y-anjins iwreanc' əndownēin 彼らは彼らの迷いのしかるべき報いを己のうちに受けた Ro 1,27; hayesc'in y-ayss molorowt'ean ew i vardapetowt'iwns diwac' 彼らは惑わしの諸霊と悪霊どものもろもろの教えとに心を奪われるだろう 1Tm 4,1; zi mi anaṙak mołorowt'eamb-n zgacealk' ankaniǰik' y-asteac' hastatowt'ean-n あなたたちは放埒な迷いに汚染されて，堅実な現世から転落せぬように 2Pe 3,17; ②bazowm dprowt'iwnk' z-k'ez i molorowt'iwn darjowc'anen 博学がお前を狂わせている Ac 26,24.

moxir, -xroy, -oc' 【名】灰（σποδός）: et'e i Tiwros ew i Sidovn ełeal ein zawrowt'iwnk'-n or i jez ełen, vałow ews ardewk' xorgov ew moxrov apašxareal ēr もしもお前たちの中で生じた力ある業がテュロスとシドンで生じたなら、彼はとっくに荒布と灰によって回心していただろう Mt 11,21; moxir ernJoc'-n c'aneal 注ぎかけられる雌牛の灰 He 9,13. → ačiwn

momonay, momovnay → mamonay

moyc → mowcanem

moṙanam, -ṙac'ay【動】忘れる、気づかない、無視する (ἐπιλανθάνομαι Mt 16,5; Lk 12,6; ἐκλανθάνομαι He 12,5; λανθάνω 2Pe 3,5)：moṙac'an aṙnowl hac' 彼らはパンを持って来るのを忘れた Mt 16,5; oč' apak'ēn hing jag erkowc' dangac'? vačari, ew mi i noc'anē oč' ē moṙac'eal aṙaJi AY 5羽の雀は2アサリオンで売られているではないか、しかもその1羽ですらも神の前で忘れられてしまっているものはない Lk 12,6; moṙac'arowk' z-mxit'arowt'iwn-n or ənd jez ibrew ənd ordeaks xōsi あなたたちは子としてのあなたたちに話しかけられている勧告を忘れてしまった He 12,5; z-ayn moṙac'eal ic'ē noc'a ork' z-ays-n kamin これを主張しようとする時、彼らは次のことに気づかずにいるだろう 2Pe 3,5.

moṙac'owt'iwn, -t'ean【名】忘れっぽいこと (ἐπιλησμονή)：oč' ełew na lsōł moṙac'owt'ean ayl aṙneli gorcoy-n 彼は忘れっぽい聞き手ではなく、業の実行者となった Jas 1,25.

moṙac'ōnk', -nac'【名】忘却、忘れられること (λήθη)：i moṙac'ōns darjowc'eal z-srbowt'iwn aṙaJnoc' iwroc'-n yanc'anac' 自分がかつての罪過から清められたことを忘れてしまって 2Pe 1,9.

Movsisean【形】モーセの (Μωϋσῆς)：vasn Movsisean marmnoy モーセの体について Jd 9.

moreni, -nwoy, 位 -woJ【名】キイチゴ；柴、柴薮、薮 (βάτος)：zi oč' et'e i p'šoc' k'ałen t'owz ew oč' i morenwoy kt'en xałoł なぜなら人は茨からいちじくを集めることはしないし、薮から葡萄の房を採ることもないから Lk 6,44; Movsēs gowšakeac' i morenwoJ-n モーセは「柴薮」のくだりで〔それを〕告知した Lk 20,37.

mort', -oy, -oc'【名】獣皮、毛皮 (δέρμα)：šrJec'an laškamaškōk' ew mort'ovk' ayceneōk' 彼らは羊の皮、山羊の毛皮をまとって放浪した He 11,37.

moros, -i, -ac'【名】ばか者、愚か者、阿呆 (μωρός)：or asic'ē c'-ełbayr iwr moros, partawor lic'i i gehen hroy-n 自分の兄弟に「ばか野郎」と言う者は火のゲヘナに落ちる Mt 5,22; morosk' ew koyrk' 愚か者どもよ、また盲目な者どもよ Mt 23,17. → yimar

mowtʻ, -mtʻoy, -ov, i mtʻi【名】暗さ，もうろう：zi očʻ ēkʻ matowcʻeal aṙ leaṙn šōšapʻeli, or hrov-n vaṙeal ēr, ew migov, ew maṙaxłov, ew xawaraw, ew mtʻov = οὐ γὰρ προσεληλύθατε ψηλαφωμένῳ καὶ κεκαυμένῳ πυρὶ καὶ γνόφῳ καὶ ζόφῳ καὶ θυέλλῃ あなたたちは触れることのできるもの燃えている火や黒雲や暗闇や突風に近づいたのではない He 12,18.

mowx【形】焼き戻した，鍛えた［鋼鉄］, 火のついた：z-amenayn nets mowxs = πάντα τὰ βέλη πεπυρωμένα あらゆる火のついた矢 Eph 6,16.

mowcanem, mowci, emoyc, moyc【動】入れる, 引き入れる, 入らせる (εἰσάγω Lk 22,54 [Lk 14,21 εἰσάγαγε, D: ἔνεγκε]); mowcanam i nerkʻs 中に引き入れる, 運び込む (εἰσάγω Jn 18,16; εἰσφέρω Lk 5,18.19); 船に乗り込ませる (ἐμβιβάζω Ac 27,6)：z-kałs ew z-koyrs moyc aysr 足の萎えた者たちや盲目の者たちをここに引っ張ってこい Lk 14,21; xndrein z-na mowcanel i nerkʻs ew dnel aṙaǰi nora 彼らは彼を中に運び込んで, 彼の面前に置こうとした Lk 5,18; očʻ gtanein tʻe ǝnd or mowcanicʻen z-na i nerkʻs vasn amboxi-n 群衆のために, 彼らには彼を運び込むすべが見つからなかった Lk 5,19; asacʻ cʻ-dṙnpan-n emoyc i nerkʻs z-Petros 彼は門番の女に話してペトロを中に引き入れた Jn 18,16; emoyc z-mez andr 彼はそこ〔船〕に私たちを乗り込ませた Ac 27,6. → mtanem

mowt, mti; mowtkʻ, mticʻ【名】①入ること, 到来, 到着 (εἴσοδος). ②導入 (ἐπεισαγωγή He 7,19)：①nokʻin isk patmen vasn mer tʻē orpēs? ełew mez mowt aṙ jez 人々自らが私たちについて, どのようにして私たちがあなたたちのところへ入って行ったかを告げている 1Th 1,9; dowkʻ inkʻnin gitēkʻ z-mowt-n mer aṙ jez, zi očʻ ǝndownayn inčʻ ełew 私たちがあなた方のところに入って行ったことが空しいことにはならなかったということは, あなた方自身が知っている 1Th 2,1; aṙaǰi eresacʻ mti nora 彼が来る前に Ac 13,24; ②mowt aznowakan yowsoy-n 優れた希望の導入 He 7,19. → amsamowt, arewmowtkʻ, ekamowt, xelamowt; mtanem

mowr, mrov【名】墨，インク (μέλαν) [Olsen, Noun, p. 23]：ēkʻ tʻowłtʻkʻ KʻI paštecʻeal i mēnǰ ew greal očʻ mrov, ayl hogwov-n AY kendanwoy あなたたちは私たちによって奉仕されたキリストの手紙であり, しかもそれは墨によってではなく, むしろ生ける神の霊によって書かれているものだ 2Cor 3,3.

mowranam, -racʻay【動】物乞いする (ἐπαιτέω Lk 16,3; προσαιτέω Jn 9,8)：gorcel očʻ karem, mowranal amačʻem 力仕事はできないし, 物乞いするのは恥ずかしい Lk 16,3; očʻ sa ēr or nstēr-n ew mowranayr? こ

の人は座って物乞いしていた人ではないのか Jn 9,8.

mowracʻik, -cʻki, -cʻkacʻ【名】物乞い，乞食 (προσαίτης Mk. Jn; ἐπαιτῶν [v.l. προσαιτῶν] Lk 18,35): koyr omn nstēr aṙ čanaparhaw-n mowracʻik ある盲人が物乞いをしつつ道端に座っていた Lk 18,35; orocʻ tesealn ēr z-na yaṙaǰagoyn tʻe mowracʻik ēr 以前彼が物乞いだったことを見ていた人々 Jn 9,8.

msowr, msroy, -ocʻ【名】飼い葉桶 (φάτνη): ed z-na i msowr 彼女は彼を飼い葉桶の中に寝かせた Lk 2,7; iwrakʻančʻiwr okʻ i jēnǰ i šabatʻow očʻ? arjakē z-ezn iwr kam z-ēš i msroy ew tani tay ǰowr 安息日であってもお前たちの1人1人は自分の牛やろばを飼い葉桶からほどいてやり，引いて行って水を飲ませてやらないのか Lk 13,15.

mtadiwrowtʻiwn, -tʻean【名】①喜んですること，快諾 (ἡδέως 2Cor 11,19; ἥδιστα 2Cor 12,15); 善意 (εὐδοκία Php 1,15). ②熱心，勤勉: ①mtadiwrowtʻeamb ansayikʻ anmtacʻ-n jerov-d imastowtʻeamb あなた方はその賢さをもって喜んで愚か者たちを忍んでくれている 2Cor 11,19; es mtadiwrowtʻeamb caxecʻicʻ ew caxecʻaycʻ vasn anjancʻ jerocʻ 私は喜んで［財産を］使おうと思うし，あなた方の魂のために私自身を使い尽くされようと思う 2Cor 12,15; omankʻ aṙ naxanjow ew hakaṙakowtʻean, ew omankʻ mtadiwrowtʻeamb isk z-KS kʻarozen 一方で，ある者たちは嫉妬と競争心のゆえに，他方で，ある者たちは善意のゆえに，キリストを宣べ伝える Php 1,15; ②mtadiwrowtʻeamb ews (= ἐκτενέστερον) kayr y-alōtʻs 彼はいっそう熾烈に祈った Lk 22,44 [Zohrab; E,M 両写本になし].

mtaxab, -i, -acʻ【形】人をだます，欺く (φρεναπάτης): kʻanzi bazowmkʻ en anhnazandkʻ, zraxōskʻ, ew mtaxabkʻ 反抗的で，無駄口を叩き，人をだます連中が多くいる Tt 1,10.

mtahačowtʻiwn, -tʻean【名】先入観，偏見 (πρόκριμα): zi z-ayd pahescʻes aṙancʻ mtahačowtʻean これらのことを偏見なしに守るように 1Tm 5,21.

mtanem, mti, emowt, mowt【動】①入る，陥る (εἰσέρχομαι Lk 7,1; 9,46; 22,40; Ro 5,12; συνεισέρχομαι Jn 18,15; εἰσπορεύομαι Mk 5,40; εἴσειμι Ac 3,3; ἐνδύνω 2Tm 3,6; ἐμβαίνω Mt 9,1); mtanem ew elanem 行き来する，往来する (εἰσέρχομαι καὶ ἐξέρχομαι Ac 1,21; εἰσπορεύομαι καὶ ἐκπορεύομαι Ac 9,28); はまる (ἐνέχομαι Ga 5,1). ②泊まる (ξενίζομαι). ③(太陽が) 沈む (δύνω Mk 1,32; Lk 4,40; ἐπιδύω Eph 4,26): ①emowt i Kapʻaṙnaowm 彼はカファルナウムに入った Lk 7,1; mełkʻ y-ašxarh mtin 罪はこの世に入り込んだ Ro 5,12; mtanē owr dnēr manowk‘-n 彼は子供のいるところへ入って行く Mk 5,40; oroy teseal z-Petros ew z-Yovhannēs zi mtanen i tačar-n 彼はペトロとヨハネが神殿に入って行くのを見て Ac 3,3; i noc‘anē en or mtanen tanē i town こうした者どもの中には家から家へ忍び込む者たちがいる 2Tm 3,6; mteal i naw anc‘ yaynkoys 彼は舟に乗って向こう岸へ渡った Mt 9,1; mi miwsangam ənd lcov cařayowt‘ean mtanēk‘ あなた方は再び奴隷状態の軛にはまってはならない Ga 5,1; y-aławt‘s kac‘ēk‘ č‘-mtanel i p‘orjowt‘iwn 試みに陥らぬよう，祈れ Lk 22,40; emowt xorhowrd i nosa 彼らの間である論争が持ち上がった Lk 9,46; [i+奪] i hraparakē mteal = ἀπ' ἀγορᾶς [ἔρχ.] 市場から戻って Mk 7,4; ibrew mtanic‘ē y-agarakē = εἰσελθόντι ἐκ τοῦ ἀγροῦ 彼が畑から帰って家に入った時 Lk 17,7; [ənd+対…を通って] or oč‘ mtanē ənd dowr̄n i gawit‘ oč‘xarac‘, ayl ənd ayl elanē 羊たちの中庭に門を通って入るのではなく，ほかのところを乗り越えて来る人 Jn 10,1; oč‘ or inč‘ mtanē ənd beran płcē z-mard 口の中に入って来るものは人間を穢さない Mt 15,11; [ənd+具…の下（中・間）に] č‘-em bawakan et‘e ənd yarkaw imov mtc‘es/mtanic‘es 私は自分の屋根の下にあなたを迎えるに値する者ではない Mt 8,8/Lk 7,6; erkean i mtanel-n noc‘a ənd ampov-n 雲の中に入った時，彼らは恐れた Lk 9,34; [ar̄+位] ar̄ ar̄n meławori emowt lowcanel 彼は罪人である男のもとに泊るために入った Lk 19,7; ②na mteal ē ar̄ Simoni owmemn xałaxordi その人は皮なめしのシモンのもとに泊まっている Ac 10,6; ③ibrew erekoy ełew i mtanel aregakan-n 夕方になり陽が沈むと Mk 1,32; ənd arewow-n mtanel 太陽が沈んだ頃 Lk 4,40; aregakn i veray barkowt‘ean jeroy mi mtc‘ē あなた方の怒りの上に太陽が沈むことがあってはならぬ Eph 4,26.　→ mowcanem

mtac‘acin【形】虚構の（πλαστός）：agahowt‘eamb mtac‘acin baniwk‘ ar̄nic‘en z-jez vtarandis 彼らは貪欲にまかせ虚構の言葉であなた方から利を貪るだろう 2Pe 2,3.

mtaw, mtac‘, mti　→ mit

mteal, mti [1・単・アオ]**, mtǰik‘**　→ mtanem

mterim【形】心からの，真実な，純粋な，真正の（γνήσιος）：mterim im ew lcakic‘ 私の真実な，軛を同じくする仲間よ Php 4,3.

mtermowt‘iwn, -t‘ean【名】真正，純粋さ（γνήσιος）：vasn jeroy siroy z-mtermowt‘iwn-d p‘orjem あなた方の愛ゆえに私はその純粋さを吟味している 2Cor 8,8.

mrrik, -rki, -kac‘【名】一陣の風，突風，嵐（λαῖλαψ Mk 4,37; 2Pe 2,17）；霧，蒸気，煙（ἀτμίς Ac 2,19; Jas 4,14）：linēr mrrik mec hołmoy 激しい暴風が起こった Mk 4,37; ēǰ mrrik hołmoy i covak-n 湖に暴風が吹きおろしてきた Lk 8,23; nšans y-erkir i xonarh, ariwn ew howr ew mrrik cxoy 下では地に徵を（示すであろう），すなわち血と火と立ち昇る煙とを Ac 2,19; zi ibrew z-mrrik ēkʽ, or aṙ sakaw mi ereweal ew apakaneal あなたたちは僅かの間現われては消え行く霧のようなものである Jas 4,14.

mrcʽim, -cʽecʽay【動】拳闘する（πυκτεύω）: aynpēs mrcʽim, orpēs očʽ tʽē z-hołms inčʽ kocelov 私は空を打つような仕方で拳闘することはしない 1Cor 9,26.

mōtaktowr【形】去勢された，自ら去勢する（ἀποκόπτομαι）Ga 5,12. → mawt

y

y- [i y-] → i [→ yargem (< *i + argem, cf. an-arg-; cf. yaṙaǰ- vs. aṙaǰ-; 動詞接頭辞 i: ELPA I.119]

yagecʽowcʽanem; M: + yaygecʽowcʽanem, -owcʽi【動】満腹させる（χορτάζω）[ELPA II.190: Arménien yag (< y-ag) 'à suffisance'] : mez y-anapati ast owsti? icʽē aynčʽapʽ hacʽ minčʽew yagecʽowcʽanel (M: yaygecʽowcʽanel) z-ayscʽapʽ žołovowrd この荒涼とした所で，これほどの群衆を満腹させるほどのパンが，どこから私たちの手に入るのか Mt 15,33.

yagim; M: + yaygim, -gecʽay【動】満腹する，満ち足りる（χορτάζομαι Jn 6,26; Mt 5,6; Lk 16,21; ἐμπίμπλαμαι Lk 6,25; Jn 6,12; κορέννυμι Ac 27,38; 1Cor 4,8）: kerakʽ i hacʽē anti ew yagecʽarowkʽ あなたがたはパンを食べて満腹した Jn 6,26; erani or kʽałcʽeal ew carawi icʽen ardarowtʽean, zi nokʽa yagescʽin 幸いだ，義に飢え渇く者たち，その彼らこそ満ち足りるようにされるだろう Mt 5,6; cʽankayr yagel (M: cʽangayr yaygel) i pʽšranacʽ or ankanein i sełanoy mecatan-n 彼は金持ちの食卓からこぼれ落ちるもので腹を満たしたいと願っていた Lk 16,21; vay jez or yageal-d ēkʽ ayžm, zi kʽałcʽicʽēkʽ 禍だ，お前たち，いま満たされている者たちよ．お前たちは飢えるだろう Lk 6,25; ibrew yagecʽan kerakrov-n, tʽetʽewacʽowcʽin z-naw-n tʽapʽeal z-cʽorean-n i cov 人々は満

腹するほど食べた後，穀物を海に投げ捨てて船を軽くした Ac 27,38; ardēn isk yageal ic'ēk' すでにあなた方は満腹してしまっている 1Cor 4,8.

yacim, -cec'ay【動】歩き回る，駆け巡る (περιάγω) [y- + ac-, ELPA I.119]：yacik' ənd cov ənd c'amak' arnel ekamowt mi お前たちは海と陸を駆け巡って1人でも改宗者を作ろうとする Mt 23,15. → šrǰim

yakint'【名】ヒヤシンス石 (ὑάκινθος) Re 21,20; ヒヤシンス色の，くすぶったように青い (ὑακίνθινος) Re 9,17.

[**y-aławt's**] → aławt'k'

yałem, -ec'i【動】塩味をつける (ἁλίζω) [y-ał- (→ ał)：ELPA I.119, II.153]：dowk' ēk' ał erkri apa et'e ał-n anhami, iw? yałic'i あなたたちは大地の塩である．そこでもし塩が味を失ってしまったら，何によって塩づけられるであろうか Mt 5,13; amenayn inč' hrov yałesc'i すべてのものは火によって塩づけられるだろう Mk 9,49.

yałt'aharem, -ec'i【動】①打ち勝つ，勝る；暴力を振るう；圧迫する (ἰσχύω Ac 19,16; κατισχύω Mt 16,18 [κατισχύω = zawranam Lk 23,23]; καταδυναστεύω Jas 2,6). ②悩ます，苦しめる，狼狽させる (συγχέω/συγχύννω)：①i veray aydr vimi šinec'ic' z-ekełec'i im, ew drownk' džoxoc' z-na mi yałt'aharesc'en その岩の上に私は自分の教会を建てよう．そして黄泉の門もこれに勝ることはないだろう Mt 16,18; əmbřneal z-erkosean yałt'ahareac' z-nosa 彼は両人を押さえ込み暴力を振るった Ac 19,16; ②yałt'aharēr z-hreays-n or bnakeal ēin i Damaskos 彼はダマスコスに住むユダヤ人たちを狼狽させた Ac 9,22. → harkanem (har-i)

yałt'em, -ec'i【動】[＋与] 勝つ (νικάω 1Jn 5,4); [受] 負かされる (ἡττάομαι 2Pe 2,19); arawel yałt'em 勝って余裕がある (ὑπερνικάω Ro 8,37)：es yałt'ec'i ašxarhi 私は世に対して勝利をおさめた Jn 16,33; amenayn or y-AY cneal ē, yałt'ē ašxarhi すべて神から生み出されたものは世に勝つ 1Jn 5,4; y-aysm amenayni arawel yałt'emk' novaw or sireac'-n z-mez 私たちは，私たちを愛して下さる方のゆえに，これらすべてにおいて勝利してなお余りがある Ro 8,37; orov iwik' ew yałt'ic'i ok', norin ew carayē 人は打ち負かされた者に隷属している 2Pe 2,19.

yałt'owt'iwn, -t'ean【名】勝利 (νίκη 1Jn 5,4; νῖκος Mt 12,20; 1Cor 15,57); 賞 (βραβεῖον 1Cor 9,24)：ays ē yałt'owt'iwn-n or yałt'ē ašxarhi, hawatk'-n mer 世に打ち勝つ勝利，それはすなわち，私たちの信仰である 1Jn 5,4; minč'ew hanc'ē i yałt'owt'iwn z-datastan-n 彼がその裁きを勝利に導くまでは Mt 12,20; šnorhk' AY or et mez z-yałt'owt'iwn i jeṛn TN meroy YI KʻI 私たちの主イエス・キリストを通して私たちに勝利を与えてくれた神に感謝すべきかな 1Cor 15,57; or y-asparisi-n ənt'anan, ənt'anal amenek'in ənt'anam, bayc' mi ok' aṛnow z-yalt'owt'ean-n 競技場で走る者は全員走りはするが，しかし賞を受けるのは 1 人だけだ 1Cor 9,24.

yačax【形】頻繁な，長時間の. ―【副】しばしば，頻繁に，長々と ($\pi o \lambda \lambda \acute{a}$): əndēr? mek' ew Pʻarisec'ikʻ-n pahemk' yačax, ew k'o ašakertkʻ-d očʻ parhen なぜ我々とファリサイ人たちは頻繁に断食しているのに，あなたの弟子たちは断食しないのか Mt 9,14 [対応する Lk 5,33: stēp].

yačaxem, -ec'i【動】① [他] しばしば（頻繁に）する，増大させる；[自] 豊かになる，増加する ($\pi\lambda\epsilon o\nu\acute{a}\zeta\omega$ 2Cor 4,15; Php 4,17; 2Pe 1,8). ② 留まる ($\dot{\epsilon}\pi\iota\mu\acute{\epsilon}\nu\omega$ Ro 6,1): ①zi šnorhk' yačaxealk' i bazmac' gohowt'enē anti, aṛawelesc'in i p'aṛs AY 恵みがより多くの人たちの感謝によって増し加わり，神の栄光に向けて満ち溢れるために 2Cor 4,15; ibr očʻ et'ē xndrem z-towrs-n, ayl xndrem z-ptowl-n or yačaxē i ban jer 私は贈り物を求めているのではなく，豊かにあなた方の貸勘定となる実を求めているのだ Php 4,17; z-aysosik jer y-anjin kaleal ew i soyn yačaxeal あなたたちがこれらのものを自らにとらえ，そしてこれらを増大させるならば 2Pe 1,8; ②isk ard zinč? asic'emk, 'yačaxesc'owk' i mełs-n, zi šnorhkʻ-n bazmasc'in? それでは私たちは何と言うのであろうか．恵みが増し加わるために，私たちは罪に留まろうではないか［とでも言うのであろうか］Ro 6,1.

yačaxowt'iwn, -t'ean【名】頻繁，豊富，大量；yačaxowt'eamb 豊富に，甚だしく，越えて ($\dot{\upsilon}\pi\epsilon\rho\epsilon\kappa\pi\epsilon\rho\iota\sigma\sigma o\hat{\upsilon}$): aynm or karōł-n ē aṛawel k'an z-amenayn inč' aṛnel yačaxowt'eamb k'an z-or xndremkʻ-n ew imanamk' 私たちが願ったり思ったりすることすべてをはるかに越えて行うことができる方に Eph 3,20.

[**y-amawt'** aṛnem/linim] → amawt'

yamem, -ec'i【動】①遅れる，手間取る；[z-/i+不] …するのが遅れる ($\chi\rho o\nu\acute{\iota}\zeta\omega$; $\chi\rho o\nu o\tau\rho\iota\beta\acute{\epsilon}\omega$ Ac 20,16; $\beta\rho\alpha\delta\acute{\upsilon}\nu\omega$ 1Tm 3,15). ②住む，とどまる，滞在する，ぶらぶら過ごす ($\dot{\epsilon}\nu\delta\eta\mu\acute{\epsilon}\omega$ 2Cor 5,6): ①yamel p'esayi-n, nirhec'in amenek'in ew i k'own mtin 花婿が遅れていたので，皆は眠気が差し，眠り込んでしまった Mt 25,5; zarmanayin ənd yamel-n nora i tačari-n = … $\dot{\epsilon}\nu$ $\tau\hat{\omega}$ $\chi\rho o\nu\acute{\iota}\zeta\epsilon\iota\nu$ $\alpha\dot{\upsilon}\tau\acute{o}\nu$ … 彼らは，彼が聖所の中で手間取っているのを訝しがっていた Lk 1,21; ew [i] yamel p'esayi-n (= $\chi\rho o\nu\acute{\iota}\zeta o\nu\tau o\varsigma$ $\delta\grave{\epsilon}$ $\tau o\hat{\upsilon}$ $\nu\upsilon\mu\phi\acute{\iota}o\upsilon$), nirhec'in amenek'in ew i k'own mtin 花

婿が遅れていたので, 皆は眠気が差し, 眠り込んでしまった Mt 25,5; TR im yamē z-gal 私の主人は来るのが遅れている Mt 24,48 (cf. Lk 12,45 yamē TR im i gal); orpēs zi mi lic'i nma žamanak inč' yamel y-Asiay 彼がアシア州で手間取ることがないように Ac 20,16; ②orč'ap' yamemk' i marmni ast, ōtaranamk' i TNē 私たちがこの体のうちに住んでいる限りは, 主から離れて住んでいる 2Cor 5,6.

yamec'owc'anem, -owc'i【動】遅らせる (βραδύνω): oč' yamec'owsc'ē TR z-awetis-n, orpēs omank' yamr-n hamarin 主は, ある人々が遅れと考えているように, 約束を遅らせることはないであろう 2Pe 3,9.

yamr【形】遅い, のろい (βραδύτης) 2Pe 3,9.

yayg- [M] → yag-

yaynžam [y-ayn žam]【副】① [＋直（現/未完過/アオ）] [現在・過去の事柄について] その時, その頃 (τότε; ἐν ἐκείνῳ τῷ καιρῷ Mt 12,1). ② [＋接（現/アオ）] [未来の事柄について]. ③yoržam ... yaynžam [＋接・アオ] [未来の事柄について] …する時…その時 (ὅταν ... τότε ...): ①yaynžam katarec'aw asac'eal i jeṙn Eremiayi margarēi その時, 預言者エレミヤによって言われたことが成就した Mt 2,17; yaynžam gnac' YS ənd artoray-n noc'a i šabat'ow その頃, イエスは安息日に麦畑を通った Mt 12,1; ownein yaynžam kapeal mi nšanawor orowm anown ēr Yēsow Barabbay その時, イエス・バラバという悪名高い囚人がいた Mt 27,16; ełen yaynžam nawakatik'-n y-ĒM その頃, エルサレムで宮清めの祭りがあった Jn 10,22; ② [接・現] yaynžam t'e ok' asic'ē jez ahawasik ast ē K'S-n kam and, mi hawatayc'ēk' その時, 誰かがあなたたちに「見よ, ここにキリストがいるぞ」とか「あそこだ」とか言っても, 信じるな Mt 24,23; [勧・現] yaynžam sksaniǰik' asel その時, あなたたちは言い始めるだろう Lk 13,26; [接・アオ] ew yaynžam tesc'en z-ordi mardoy ekeal ampovk' ew zawrowt'eamb ew p'aṙawk' bazmovk' そしてその時, 人々は人の子が多くの力と栄光を伴い, 雲に囲まれて到来するのを見るだろう Mk 13,26; ③yoržam tesanic'ēk' z-płcowt'iwn aweraci-n zi kayc'ē i tełwoǰ owr č'-ic'ē aržan ... yaynžam or i Hrēastani ic'en p'axic'en i lerins あなたたちは, 荒らす忌むべきものが立ってはならぬところに立っているのを見る時, その時, ユダヤにいる者たちは山に逃げよ Mk 13,14.

yaynkołmn [y-ayn kołmn]【副】向こうに側に, 対岸に (εἰς τὸ πέραν); yaynkołmn anc'anem 向こう岸に渡る: ekayk' anc'c'owk' yaynkołmn 向こう岸に渡ろうではないか Mk 4,35; ibrew anc' YS miwsangam yaynkołmn, žołovec'aw aṙ na žołovowrd bazowm イエスが再び向こう岸

yaynkoys [y-ayn koys (→ koys²)]【副/前】①あちらに, 向こうに (εἰς τὸ πέραν); hayim yayskoys yaynkoys = περιβλέπω あちこち見回す Mk 10,23 (cf. Mk 9,8 hayim aysr andr = περιβλέπω). ②［+属］…の向こう（あちら）側に (πέραν［+属］Jn 6,1.25; Mt 4,25; εἰς τὸ πέραν Mk 5,1; Lk 8,22); (M: i +) yaynkoys handēp［+属］= ἀντιπέρα［+属］…の反対側に Lk 8,26：①mteal i naw anc' yaynkoys (= διεπέρασεν) ew ekin i k'ałak' iwr 彼は舟に乗って向こう岸に渡り, 自分の町へやって来た Mt 9,1; ②gnac' YS yaynkoys covow-n Gałiłeac'woc' Tibereay イエスはガリラヤのティベリアの海の向こう岸に行った Jn 6,1; ibrew gtin z-na yaynkoys covow-n 彼らが海の対岸で彼を見つけた時 Jn 6,25; yaynkoys Yordananow ヨルダンの彼方から Mt 4,25; ekn yaynkoys covow-n y-ašxarh-n Gergesac'woc' 彼らは海の向こう岸に着き, ゲラサ人たちの地方にやって来た Mk 5,1; ekayk' anc'c'owk' yaynkoys covaki-s 湖の向こう岸に渡ろうではないか Lk 8,22; nawec'in iJin y-ašxarh-n Gergesac'woc' or ē yaynkoys handēp Gałiłeay 彼らは, ガリラヤの反対側にあるゲラサ人たちの地方に舟でくだった Lk 8,26.

yaynmhetē → het²

yayskoys【副/前】こちらに; hayim yaskoys yaynkoys = περιβλέπω あちこち（あたりを）見回す Mk 10,23 (cf. Mk 9,8 hayim aysr andr = περιβλέπω);［+属］…のこちら側に.

yaysmhetē → het²

yayt【形】明らかな, 明白な (γνωστός Ac 28,22; δῆλος 1Cor 15,27; κατάδηλος He 7,15); yayt aṙnem 明らかにする, 告げる (δηλόω He 12,27; δῆλον ποιέω Mt 26,73; διαγγέλλω Ac 21,26); i yayt gam; M: yayt gam = ἔρχομαι εἰς φανερόν あらわになる; yayt lini = φανερόν γίνεται : vasn herjowacoy-d aydorik yayt isk ē mez, zi amenayn owrek' hakaṙakowt'iwn krē その分派については, 至る所で反対されていることが私たちには明らかだ Ac 28,22; yayt ē t'ē bac' y-aynmanē or hnazandec'oyc' nma z-amenayn すべてのものを彼に従わせた方が除外されているのは明らかだ 1Cor 15,27; emowt i tačar-n, yayt aṙnel z-katarowmn awowrc'-n srbowt'ean 彼は神殿に入り, 清めの期間の満ちることを告げた Ac 21,26; zi č'-ē inč' i cacowk or t'e oč' yaytnesc'i, ew oč' ełew inč' gałtni et'e oč' i yayt gayc'ē (M: ... oč' yayt gayc'ē) 隠されているもので, あらわにされずにすむものはなく, また, 秘められて生じたもので, あらわにならずにすむものはない Mk 4,22; č'ik' inč' cacowk or oč' yayt lic'i (M: or oč' yaytnec'i［= -esc'i］) ew oč' gałtni or oč' canicʻi ew ekecʻē i yayt (M: ... ekescʻē yayt) 隠されているもので, あらわにならずにすむものはなく, また, 秘められたもので, 知られず, あらわにならずにすむものはない Lk 8,17. → yaytnem, yaytni, anyayt, bacʻayaytem

yaytnapēs【副】明らかに, はっきりと, 公に, 公然と, 明言をもって, (φανερῶς Mk 1,45; Ac 10,3; παρρησίᾳ Jn 7,26; 16,25; ῥητῶς 1Tm 4,1) : minčʻ očʻ ews karoł nma yaytnapēs i kʻałakʻ mtanel そのために彼は公に町に入れなくなった Mk 1,45; etes i teslean yaytnapēs 彼は幻にはっきりと見た Ac 10,3; awasik yaytnapēs xawsi ew cʻ-asen inčʻ ənd nma 見よ, 彼は公然と語っており, 彼らは彼に何も言わない Jn 7,26; ekecʻē žamanak yoržam očʻ ews arakawkʻ xawsecʻaycʻ ənd jez, ayl yaytnapēs z-hawrē patmecʻicʻ jez 私はもはやあなた方に謎めいたかたちで語るのではなく, 父についてあなた方にはっきりと告げる時が来ようとしている Jn 16,25. → -pēs

yaytnem, -ecʻi【動】[z-+対]…を[+与]…に現す, 顕す, 示す, 露わにする (φανερόω Jn 21,1; ἀποκαλύπτω Lk 2,35; ἀναφαίνομαι Lk 19,11; ἐμφανίζω Jn 14,22; γινώσκω Mk 7,24; φανερὸν ποιέω Mt 12,16; συνίστημι Ro 5,8; ἀναδείκνυμι Ac 1,24) ; 公言する (ὁμολογέω Jn 12,42) : yet aysorik darjeal yaytneacʻ z-anjn iwr YS ašakertacʻ-n iwrocʻ これらのことの後, イエスは再び弟子たちに自らを顕した Jn 21,1; zi yaytnescʻin (M: zi yaytni licʻin) i bazowm srticʻ xohowrdkʻ (M: xorhowrdkʻ) 多くの者の心のうちなる想いが露わにされるために Lk 2,35; zi? ełew zi mez yaytnelocʻ es z-kʻez ew očʻ ašxarhi あなたは私たちにあなた自身を顕そうとして, 世に顕そうとはしない, それはどうしてなのか Jn 14,22; mteal i town očʻ owmekʻ kamēr yaytnel 彼は家に入り誰にも知られまいとした Mk 7,24; sasteacʻ nocʻa zi mi yaytnescʻen z-nmanē owmekʻ 彼は, 彼のことを誰にもあからさまにしないよう, 彼らに厳しく命じた Mt 12,16; yaytnea z-mi okʻ z-or əntrecʻer i socʻanē y-erkocʻownc あなたがこの2人の中から選んだ1人を示せ Ac 1,24.

yaytni [-nwoy, -neacʻ]【形】①明白な, 目に見える, 知れ渡った (φανερός Ro 2,28; γνωστός Ac 15,18; ἔκδηλος 2Tm 3,9; πρόδηλος 1Tm 5,24) ;《副詞的に》露わに (φανερῶς Jn 7,10); 誰もが一致して認めるように (ὁμολογουμένως 1Tm 3,16). ②yaytni aṙnem 露わにする (φανερὸν ποιέω Mk 3,12; φανερόω 2Cor 2,14); yaytni linim 露わになる[される] (φανερὸν γίνομαι Mk 6,14; ἐμφανής γίνομαι Ac 10,40; Ro 10,20; φανερόω 1Cor 5,11; 2Cor 7,12) : ①očʻ or yaytni marmnov tʻlpʻatowtʻiwn-n 目に見える形における, 肉による〔割礼〕が割礼ではな

yaytnowtʻiwn　い Ro 2,28; kʻanzi anmtowtʻiwn nocʻa yaytni licʻi amenecʻown 彼らの無知蒙昧は万人に明らかになるだろうから 2Tm 3,9; en mardkʻ oroy mełkʻ-n yaytni en その罪が明白である人々がいる 1Tm 5,24; ew inkʻn el i tawn-n očʻ yaytni, ayl ibrew i cacowk 彼自身も祭りに露わにではなく, ひそかにのぼった Jn 7,10; ②na yoyž sastēr nocʻa, zi mi yaytni aṙnicʻen z-na 彼は, 彼をあらわにしないよう, 彼らを厳しく叱った Mk 3,12; z-hot gitowtʻean-n iwroy yaytni aṙnē mewkʻ y-amenayn telis 〔神は〕私たちを通してあらゆる所に自らの知識の香りを顕す 2Cor 2,14; et nma yaytni linel 〔神は〕彼を顕した Ac 10,40; yaytni ełē aynocʻik or z-inēn očʻ harcʻanēin 私は私をたずねなかった者たちに自らを明らかにした Ro 10,20; es yowsam ew i jer mits yaytni linel 私はあなた方の良心にも露わにされていることを希望している 1Cor 5,11; vasn yaytni lineloy pʻowtʻoy-n jeroy or vasn mer aṙ jez aṙaǰi AY 私たちに対するあなた方の熱心さが神の前であなた方に対して明らかにされるために 2Cor 7,12.

yaytnowtʻiwn, -tʻean 【名】①現れ, 顕現, 現出 (φανέρωσις 1Cor 12,7; ἐπιφάνεια 2Tm 4,8; ἀποκάλυψις Ro 8,19). ②啓示 (ἀποκάλυψις). ③明確さ, 明言：①iwrakʻančʻiwr owmekʻ toweal ē yaytnowtʻiwn hogwoy-n aṙ iwrakʻančʻiwr ōgowt それぞれに霊の現れが与えられているのはそれぞれの益のためだ 1Cor 12,7; amenecʻown or sirecʻin z-yaytnowtʻiwn nora 彼の顕現を愛し続けてきたすべての人々に 2Tm 4,8; aknkalowtʻiwn araracocʻ yaytnowtʻean ordwoy-n AY spasē 被造物の切なる思いは神の子の現出を待望している Ro 8,19; ②loys i yaytnowtʻiwn hetʻanosacʻ ew pʻaṙs žołovrdean kʻowm ILI 異邦人たちの啓示となり, あなたの民イスラエルの栄光となる光 Lk 2,32; əst yaytnowtʻean xorhrdoy-n žamanakōkʻ-n yawitenicʻ lṙecʻeloy 永遠の時にわたって沈黙させられてきた奥義の啓示によって Ro 16,25; ③aha ard yaytnowtʻeamb (= ἐν παρρησίᾳ; E.M.mg.: hamatjak) xawsis ew aṙakʻ ew očʻ mi inčʻ ases 見よ, 今はあなたははっきりと語っており, 何の謎めいたことも話していない Jn 16,29.

yaycʻem [M], -ecʻi 【動】顧みる, 心にかける, 訪問する (ἐπισκέπτομαι)：awhrneal (M: awrhneal) TR AC ILI, zi or yaycʻeal ew arar pʻrkowtʻiwn žołovrdean iwrowm (E: zi y-aycʻ el mez ew arar pʻ.) イスラエルの神なる主は祝福されよ. 〔その民を〕顧みて, その民のために贖いをした者であるゆえ Lk 1,68M.　→ aycʻ

yandgnagoyns【副】大胆に, 厚顔無恥に；気がふれたように, 気違いじみて (παραφρονέω)：paštōneaykʻ KʻSi? icʻen. yandgnagoyns asacʻicʻ tʻē aṙawel ews es 彼らはキリストの奉仕者なのか. 私は気がふれたよう

になって言う，私は〔彼ら〕以上にそうである 2Cor 11,23 (cf. 21 anzgamowt'eamb asem = ἐν ἀφροσύνῃ λέγω). → yandowgn

yandgnim, -nec'ay【動】① ［＋不］あえて（思いきって）する，試みる (ἐπιχειρέω Ac 19,13)；大胆に振る舞う (τολμάω 2Cor 10,2). ②ふさわしくない振る舞いをする (ἀσχημονέω)：①yandgnec'an omank' i šrǰoł hrēic'-n or erdmnec'owc'ič'k'-n ēin, anowanel i veray aynoc'ik ork' ownēin ayss č'ars z-anown TN YSi ユダヤ人の巡回霊能者数人が，悪霊に憑かれていた者たちに向かって，試みに主イエスの名を唱えた Ac 19,13; ②oč' yandgni, oč' xndrē z-iwr（愛は）ふさわしくない振る舞いをせず，自分自身のものを求めない 1Cor 13,5. → yandowgn

yandgnowt'iwn, -t'ean【形】軽率（無分別）なこと (προπετής)：part ē jez handartel ew mi inč' yandgnowt'eamb gorcel あなたたちは静かにして，決して無分別なことをしてはならない Ac 19,36. → yandowgn

yandiman【副/前】① ［±属］…の前に，面前で，向かい合って，対抗して (ἀπέναντι Ac 3,16; κατέναντι Mk 13,3; κατὰ πρόσωπον Ac 25,16; 2Cor 10,1) ［→ dēm］. ②yandiman linim 立ちかまえる；…の前に出頭する (παρίσταμαι Ac 4,26; 27,24)；姿を現す (ἐμφανίζομαι He 9,24). ③yandiman aṙnem/kac'owc'anem 捧げる；明示する，立証する (παρίστημι Lk 2,22; Ac 1,3; 24,13; συνίστημι Ro 3,5)：①hawatk'-n or novaw etown dma z-aṙołǰowt'iwn-s z-ays yandiman jer amenec'own その名による信仰がこの人に，あなたたち皆の前で，このような全き癒しを与えた Ac 3,16; minč' nstēr na i lerin-n jit'eneac' yandiman tačari-n 彼がオリーブ山で神殿に向かい合って座っていた時 Mk 13,3; minč'č'ew ambastaneal-n yandiman ownic'i z-dataxazs-n ew teli patasxanwoy aṙnowc'ow vasn ambastanowt'ean-n 被告が告訴人を前にして，その訴えに対して弁明する機会を与えられる前に Ac 25,16; ②yandiman ełen t'agawork' erkri 地の王らは立ちかまえた Ac 4,26; kayser ews k'ez part ē yandiman linel お前はカエサルの前に出頭しなければならない Ac 27,24; ③acin z-na y-ĒM yandiman aṙnel TN 彼らは彼を主に捧げるためエルサレムに連れのぼった Lk 2,22; yandiman kac'oyc' z-ink'n kendani yet č'arč'aranac'-n iwroc' i bazowm arowests 彼は苦難の後，自分が活ける者であることを多くの確かな証拠によって示した Ac 1,3; oč' yandiman aṙnel karen k'ez, vasn oroy ayžm-s č'araxōsen z-inēn 彼らは，今私を告訴している件について，あなたの前で立証できない Ac 24,13; et'ē apiratowt'iwn-n mer z-AY ardarowt'iwn-n yandiman kac'owc'anē, zinč'? asemk' もしも私たちの不義が神の義を明らかに示すのだとしたら，私たちは何と言う〔べき〕か Ro 3,5.

yandimanem, -ecʻi 【動】①示す,発見する；調べる,探し出す (ἐραυνάω Re 2,23). ②非難する,暴く,暴露する；反駁する, (ἐλέγχω Mt 18,15; Lk 3,19; Jn 8,46; 16,8; Eph 5,11)；訴える (κατηγορέω Ro 2,15). ③論破する (διακατελέγχομαι Ac 18,28)：①canicʻen amenayn ekełecʻikʻ tʻē es em or yandimanem z-erikamowns ew z-sirts すべての教会は,私が人の想いと心とを探し出す者であることを知るであろう Re 2,23; ②Hērovdēs čʻorrordapet yandimaneal i namnē 四分封領主ヘロデは彼に非難された Lk 3,19; oʻ? i jēnǰ yandimanē z-is vasn mełacʻ あなた方のうちで私について罪を暴く者があるか Jn 8,46; yandimanea z-na yoržam dow ew na miayn icʻēkʻ あなたと彼だけがいる時に,彼を諭せ [= ... μεταξὺ σοῦ καὶ αὐτοῦ μόνου あなたと彼だけの間で] Mt 18,15; Hērovdēs čʻorrordapet yandimaneal i nmanē 四分封領主ヘロデは彼 (ヨハネ) に非難されて Lk 3,19; oʻ? i jēnǰ yandimanē z-is vasn mełacʻ あなた方のうちで私について罪を暴く者があるか Jn 8,46; na ekeal yandimanescʻē z-ašxarh vasn mełacʻ ew vasn ardarowtʻean ew vasn datastani その方が来て,罪について,義について,また裁きについて,世を暴くだろう Jn 16,8; zi mi yandimanescʻin gorckʻ nora その業が暴露されぬように Jn 3,20; ayl manawand yandimanecʻēkʻ むしろ逆に反駁せよ Eph 5,11; yandimanel z-mimeans i xorhrdocʻ iwreancʻ, kam tʻē patasxani isk tal = μεταξὺ ἀλλήλων τῶν λογισμῶν κατηγορούντων ἢ καὶ ἀπολογουμένων 彼らの心の思いにおいて互いを訴えたり,あるいは弁明したりする Ro 2,15; ③z-hreays-n yandimanēr hraparakaw 彼は公然と痛烈にユダヤ人を論破した Ac 18,28.

yandimanowtʻiwn, -tʻean 【名】①確認,証明,証拠 (ἔλεγχος). ②反駁,譴責,叱責,悪評 (ἐλεγμός 2Tm 3,16; ἀπελεγμός Ac 19,27). ③裁決,裁可 (διάγνωσις Ac 25,21)：①yandimanowtʻiwn orocʻ očʻ-n erewin 見えないものの証明 He 11,1; ②amenayn girkʻ ACašownčʻkʻ ew ōgtakarkʻ i vardapetowtʻiwn en ew i yandimanowtʻiwn 聖書全体は神の霊によるもので,教化のため,反駁のために有益だ 2Tm 3,16; gal i yandimanowtʻiwn 悪評を受ける,評判が悪くなる Ac 19,27; ③i Pawłosi bołokʻel-n zi pahescʻi i kʻaǰi arancʻ-n yandimanowtʻiwn パウロは,皇帝陛下の裁決を受ける時まで,留置されたいと願い出たので Ac 25,21.

yandowgn, -dgownkʻ 【形】大胆不敵な,わがままな,傍若無人の,唯我独尊の (αὐθάδης)：žpirhkʻ, yandgownkʻ, čʻ-zangiten z-pʻaṙs-n hayhoyel わがままで大胆不敵な輩どもは,栄光〔ある者〕たちを冒瀆しながら,戦くこともしない 2Pe 2,10; part ē episkoposi-n ... mi yandowgn, mi barkacʻoł 監督は唯我独尊であってはならず,癇癪持ちであってはな

らない Tt 1,7. → yandgnim

yankarc【副】突然，不意に，思いがけなく (ἐξαίφνης)：aha ays harkani i nma ew yankarc goč'ē 見よ，霊が彼に憑くと，それは突然叫ぶ Lk 9,39. → karcem

yankarcaki【副】突然，不意に (ἐξαίφνης Lk 2,13; ἐξάπινα Mk 9,8; αἰφνίδιος Lk 21,34; 1Th 5,3; ἄφνω Ac 16,26)；たちまちのうちに (ἐν ἀτόμῳ 1Cor 15,52) [Schmitt, Grammatik, p. 186]：yankarcaki ełew ənd hreštaki-n ənd aynmik bazmowt'iwn zawrac' erknaworac' 突如としてその御使いと一緒に天の大軍勢が現れた Lk 2,13; yankarcaki hayec'eal aysr andr oč' ews z-ok' owrek' tesin 彼らが不意にあちこち見回すと，もはやどこにも誰も見当たらなかった Mk 9,8; gowc'ē … yankarcaki hasanic'ē i veray jer awr-n ayn〔さもなければ〕かの日があなたたちに突如として臨まないとも限らない Lk 21,34; ełew yankarcaki šaržowmn mec 突然大地震が起こった Ac 16,26.

yanč'ap's → anč'ap'

yanc'anem, -c'eay, -c'owc'eal【動】罪（過失）を犯す (ἁμαρτάνω He 10,26; προάγω 2Jn 9)；躓く (πταίω Ro 11,11; Jas 3,2)；逸脱する (ἐν παραβάσει γίνομαι 1Tm 2,14)：amenayn or yanc'anic'ē ew oč' kayc'ē i vardapetowt'ean-n K'I, z-AC oč' čanač'ē 誰でも罪を犯して [Gk: 先走って] キリストの教えに留まらない者は神を知らない 2Jn 9; isk ard asem, mi t'ē vasn aynorik yanc'ean zi korcanesc'in? そこで私は言う，彼らは倒れるために躓いたのであろうか Ro 11,11; et'ē ok' baniw oč' yanc'anic'ē, na ē mard katareal, or karōł-n ē sanjaharem z-amenayn marmin iwr 人が言葉によって躓かないならば，その人は体全体をくつわで制御することのできる全き人だ Jas 3,2; Adam oč' patrec'aw, ayl kin-n patrec'aw ew yanc'eaw アダムは騙されなかったが，女は騙されて〔神の掟を〕逸脱した 1Tm 2,14. → anc'anem

yanc'ank', -nac'【名】《複のみ》①過ち，罪過；違反 (παράπτωμα Mt 6,15; παράβασις Ro 4,15.25). ②原因，理由 (αἴτιον Ac 19,40)：①apa t'e oč' t'ołowc'owk' mardkan z-yanc'ans noc'a, ew oč' hayr-n jer t'ołc'ē jez z-yanc'ans jer もしあなた方が人々の過ちを赦さないならば，あなた方の父もあなた方の過ちを赦さないであろう Mt 6,15; or matnec'aw vasn yanc'anac' meroc' 私たちの罪過のゆえに引き渡された方 Ro 4,25; ②arānc' irik' yanc'anac' lineloy z-ormē oč' karasc'owk' patasxani tal vasn žołovoy-s aysorik この暴動に関してわれわれに弁解できるなんらの理由もない Ac 19,40.

yanc'awor, -i, -ac'【名】違反者，背反者 (παραβάτης)：apa t'ē

yanc'owac

yanc'awor ōrinac'-n ic'es, t'lp'atowt'iwn k'o ant'lp'atowt'iwn ełew もしもあなたが律法の違反者であるなら，あなたの割礼は無割礼になってしまったのだ Ro 2,25.

yanc'owac, -oy, -oc' 【名】違反，犯罪（παράβασις）: yanc'owacoc' vasn yawelan （律法は）違反〔をもたらす〕ために付け加えられた Ga 3,19.

yapałem, -ec'i 【動】［z-＋対］…の裁判を延期する，…に裁判の延期を告げる；猶予する（ἀναβάλλω Ac 24,22; ἀναβολὴν ποιοῦμαι Ac 25,17）: yapałeac' z-nosa P'elik's, zi stowgagoyns gitēr vasn čanaparhi-n フェリクスはこの道のことにかなり精通していたので，彼らに裁判の延期を言い渡した Ac 24,22; oč'inč' yapałec'i 私は一時の猶予も置かなかった Ac 25,17.

yapštakawł [M, sic] → yap'štakoł

yaJołem; M: yaJawłem, -ec'i 【動】①働きかける（ἐνεργέω Php 2,13; κατεργάζομαι 2Cor 5,5）．②ひいきにする，促進する；［分］yaJołeal［＋与］…に適した（εὔθετος Lk 9,62）［→ šayekan］: ①AC ē or yaJołē i mez z-kamel-n ew z-arnel-n vasn hačowt'ean 意にかなった事柄のために，私たちの内にあって働きかけ，願いを起こさせ，働きをなさせる方は神だ Php 2,13; or yaJołē-n mez i soyn, AC ē 私たちをこのことへと働いてくれたのは神である 2Cor 5,5; ②oč' ok' arkanē jeṙn z-mačov ew hayic'i yets, et'e yaJołeal ic'ē ark'ayowt'ean AY (M: et'e yaJawłeal ē ark'ayowt'iwn AY) 神の王国に適する者であれば，誰一人として鋤に手をつけてから後ろを振り返ることはしない Lk 9,62． → aJołem

yaJołim, -łec'ay; **aJołim** 【動】［＋与（人）＋不］成功する，首尾よく…できる，順調である（εὐοδόομαι）: zi t'erews erbēk' yaJołesc'i inj kamōk'-n AY gal aṙ jez 神の意志によって私が必ずやいつの日か首尾よくあなた方のところに行けるように Ro 1,10; iwrak'anč'iwr ok' i jeṙǰ anjin iwrowm ganjesc'ē or inč' ew aJołesc'i あなた方のそれぞれは，もしも〔仕事が〕順調ならば〔そこで得た金を〕なにがしかを自分自身のために貯えよ 1Cor 16,2.

yaJołowt'iwn → aJołowt'iwn

yaṙaJ- → aṙaJ-

yaṙaJ 【副】①前に，先に；以前には（προϋπῆρχον Lk 23,12); 後に．②yaṙaJ + gnam; yaṙaJ + matč'im (matowc'eal ...yaṙaJ の形で); yaṙaJ + gam 進む，前進する，増長する（προκόπτω 2Tm 3,13); yaṙaJ + ert'am 先に行く，進む，先発する；ənt'anam yaṙaJs 前方に走り出る．③yaṙaJ [...] k'an z- ［対］《時間的・関係的》…よりも前に． → nax: ②gnac' yaṙaJ elanel y-EĒM = ἐπορεύετο ἔμπροσθεν ἀναβαίνων ... 彼は

先頭を切って進み，エルサレムにのぼって行った Lk 19,28; matowcʻeal anti yaṙaǰ = προβὰς ἐκεῖθεν そこから進んで行くと Mt 4,21; matowcʻeal yaṙaǰ sakawik mi = προελθὼν μικρόν 少し先に行って Mt 26,39; matowcʻeal anti sakawik mi yaṙaǰ = προβὰς ὀλίγον そこから少し進んで行くと Mk 1,19; yaṙaǰ ertʻeal = προελθόντες 先発して Ac 20,5; əntʻacʻeal yaṙaǰs (M: əntʻacʻeal əndaṙaǰ) = προδραμὼν εἰς τὸ ἔμπροσθεν 前方に走り出て Lk 19,4; ③yaṙaǰ kʻan z-linel Abrahamow em es = πρὶν Ἀβραὰμ γενέσθαι ἐγὼ εἰμί アブラハムが生まれる前から，私はいる Jn 8,58; vecʻ awowrb yaṙaǰ kʻan z-zatik-n = πρὸ ἓξ ἡμερῶν τοῦ πάσχα 過越祭の6日前に Jn 12,1; yaṙaǰ kʻan z-čʻorekʻtasan am = πρὸ ἐτῶν δεκατεσσάρων 14年前に 2Cor 12,2; na ē yaṙaǰ kʻan z-amenayn (= πρὸ πάντων) 彼は万物に先立っている Col 1,17; yaṙaǰ kʻan z-amenayn inčʻ (= πρὸ πάντων), erbarkʻ im, mi erdnowcʻowkʻ 何にもまして，私の兄弟たちよ，誓うことは止めよ Jas 5,12.

yaṙaǰagah; yaṙaǰagahkʻ【名】特等席（πρωτοκλισία）: siren z-yaṙaǰagahs y-ntʻris ew z-naxatʻoṙs i žołovowrds 彼らは食事での特等席と会堂での最上席が好きだ Mt 23,6. → gah¹, gahaglowx, barjəntir, barjerēcʻkʻ, naxatʻoṙ

yaṙaǰagoyn【副】①ⓐ《時間的》前に，以前に，かつて。ⓑ《空間的》前に，眼前に。②yaṙaǰagoyn kʻan z- [対] ... ertʻam …よりも先に行く（προάγω）: ①yaṙaǰagoyn asem あらかじめ・先に言う（προλέγω Mt 24,25; Mk 13,23; He 4,7; Gal 5,21); yaṙaǰagoyn gorcim 以前に起こる・なされる（προγίνομαι Ro 3,25); yaṙaǰagoyn em 以前からいる（προϋπάρχω Ac 8,9); yaṙaǰagoyn hogam あらかじめ思い煩う（προμεριμνάω Mk 13,11); yaṙaǰagoyn tesanem 目の前に見る，以前に見る（προοράω Ac 2,25; 21,29); yaṙaǰagoyn gam 前もって行く・来る（προέρχομαι 2Cor 9,5); na yaṙaǰagoyn xrateal (προβιβασθεῖσα) i mawrē iwrmē 彼女は自分の母に唆されて Mt 14,8; yaṙaǰagoyn xnkeacʻ (προέλαβεν μυρίσαι) z-marmin im i nšan patanacʻ 彼女は埋葬のしるしに，前もって私の体に香油を塗ってくれた Mk 14,8; amenayn mard z-anoyš gini yaṙaǰagoyn paštē (πρῶτον τίθησιν) ひとはすべて良い酒は先に出すものだ Jn 2,10; or ekeal-n ēr aṙ na gišeri-n yaṙaǰagoyn = ὁ ἐλθὼν πρὸς αὐτὸν τὸ πρότερον (ὁ ἐλθὼν πτὸς αὐτόν νυκτὸς τὸ πρότερον [D.Θ]) この人は以前に［前の晩に］彼のところに来た人だ Jn 7,50; orocʻ teseal-n ēr z-na yaṙaǰagoyn tʻe mowracʻik ēr = οἱ θεωροῦντες αὐτὸν τὸ πρότερον ... 彼が物乞いであったことを以前に見ていた人たち Jn 9,8; miws ašakert-n or ekeal-n ēr yaṙaǰagoyn (ὁ ἐλθὼν πρῶτος) i

yaṙaǰadēm

gerezman-n 先に墓に来ていたもう1人の弟子 Jn 20,8; ②čepeacʻ z-ašakerts-n mtanel i naw ew yaṙaǰagoyn kʻan z-na ertʻal yaynkoys 彼は弟子たちを強いて舟に乗り込ませ向こう岸に先に渡らせた Mk 6,45; ayl okʻ kʻan z-is yaṙaǰagoyn iǰanē = ἄλλος πρὸ ἐμοῦ καταβαίνει ほかのやつが俺よりも先に降りて行ってしまう Jn 5,7.

yaṙaǰadēm【形】①前進した，卓越した（προκόπτω）．②第一人者になりたがる（φιλοπρωτεύω）：①yaṙaǰadēm ēi i hrēowtʻean-n 私はユダヤ教（の信仰）において卓越していた Ga 1,14; ②or yaṙaǰadēm-n i nocʻanē Diotrpʻēs, očʻ əndowni z-mez 彼らの間で第一人者でありたがっているディオトレフェースが私たちを受け入れない 3Jn 9. → yaṙaǰ, dēm

yaṙaǰadimowtʻiwn【名】前進，進歩，成長（προκοπή）：zi yaṙaǰadimowtʻiwn amenecʻown yaytni licʻi あなたの成長がすべての人々に明らかになるように 1Tm 4,15.

yaṙaǰadrowtʻiwn, -tʻean【名】意思，計画（πρόθεσις）：zi əst əntrowtʻean-n yaṙaǰadrowtʻiwn-n AY hastatescʻi 選びによる神の計画が確立されるために Ro 9,11; vičakecʻakʻ yaṙaǰagoyn hrawirealkʻ əst yaṙaǰadrowtʻean-n AY 私たちは神の意思に従って前もって定められた通りに相続分を与えられた Eph 1,11.

yaṙaǰanam, -ǰacʻay【動】①先に行く（προάγω Mt 28,7）．②［＋不］われ先に…する（προλαμβάνω 1Cor 11,21）．③1番（第一人者）である，第1位を占める（πρωτεύω Col 1,18）：①aha yaṙaǰanay kʻan z-jez i Gałiłea 見よ，彼はあなたたちよりも先にガリラヤに行く Mt 28,7 (cf. Mk 16,7 yaṙaǰagoyn ertʻay kʻan z-jez i Gałiłea); ②iwrakʻančʻiwr okʻ z-iwr əntʻris yaṙaǰanay owtel 各人が自分自身の晩餐をわれ先に取って食べる 1Cor 11,21; ③zi ełicʻi inkʻn y-amenayni yaṙaǰacʻeal 彼自身があらゆることにおいて第一人者になるように Col 1,18.

yaṙaǰaworowtʻiwn［M］ → aṙaǰaworowtʻiwn

yaṙaǰem, -ecʻi【動】前を行く，先行する，他よりも早く行く（προάγω Jn 20,4; προφθάνω Mt 17,25）：yaṙaǰel yaynkoys 向こう岸に先に渡る Mt 14,22; miws ašakert-n yaṙaǰeacʻ əntʻacʻaw vałgoyn kʻan z-Petros ew ekn nax i gerezman-n もう1人の弟子はペトロよりも早く先に走り，先に墓へ来た Jn 20,4; yaṙaǰeacʻ kʻan z-na YS ew asē 彼に先んじてイエスが言った Mt 17,25.

yaṙaǰs → yaṙaǰ

yaṙnem, yareay, 接 yaricʻ-, 命 ari ［分 yarowcʻeal (: yarowcʻanem)］【動】①起きる，起こされる；出現する，現れる（ἀνίσταμαι Mk 3,26; Lk 4,17; He 7,11; Ac 5,36; 7,18; ἐγείρομαι Jn 13,4; ἐγείρω Mt 28,6; Mk

5,41; συνεγείρω Col 3,1; ἐξανίσταμαι Ac 15,5); 躍り上がる (ἀναπηδάω Mk 10,50).—命・アオ ari, Mk 5,41 ἔγειρε; ari＋2・単・命・アオ：Mt 2,13 ari aṙ = ἐγερθεὶς παράλαβε. Mt 9,5 ari ew sǰeac' = ἔγειρε καὶ περιπάτει. Lk 8,54 ari kac' = ἔγειρε. Jn 11,43 Łazare, ari ek artak's = Λάζαρε, δεῦρο ἔξω: arik'＋1・複・接・アオ/2・複・命・アオ：Mt 26,46 arik' ert'ic'owk' = ἐγείρεσθε ἄγωμεν 立て，行こう. Lk 22,46 arik' kac'ēk y-aławt's = ἀναστάντες προσεύχεσθε 起き上がって祈れ；Mt 25,6 arik' əndaṙaǰ nora = ἐγείρεσθε (Θ) εἰς ἀπάντησιν αὐτοῦ 起きて彼を迎えよ；②甦る (ἀνίσταμαι Lk 9,8). ③増水する. ④［i veray＋属/i＋属 veray …に敵対して］立ち上がる，向かって来る (ἐγείρομαι Mk 13,8; ἀνίσταμαι Mk 3,26; ἐπανίσταμαι Mk 13,12; κατε'ίσταμαι Ac 18,12)：①yareaw ənt'eṙnowl 彼は朗読するために立ち上がった Lk 4,17; zinč'? pitoy ēr ... aylowm k'ahanayi yaṙnel 異なる祭司を立てる必要があったか He 7,11; minč'ew yareaw ayl t'agawor y-Egiptos ついに別の王がエジプトに出た Ac 7,18; yaṙnē y-nt'reac' anti ew dnē z-handerjs-n 彼は食事（の席）から立ち上がり上着を脱ぐ Jn 13,4; č'-ē ast, k'anzi yareaw orpēs asac'-n 彼はここにはいない．彼は，自分で言ったとおり，起こされたからだ Mt 28,6; et'ē yarerowk' ənd K'S, apa z-verin-n xndrec'ēk' あなたたちはキリストと共に起こされたのだから，上にあるものを求めよ Col 3,1; yarean omank' i herjowacoy-n P'arisec'woc' hawatac'ealk' ファリサイ派から入信した人々が数人立ち上がった Ac 15,5; nora ənkec'eal z-jors iwr, yareaw ekn aṙ YS 彼は自分の着物を脱いで，躍り上がってイエスのもとにやって来た Mk 10,50; ②margarē omn y-aṙaǰnoc'-n yareaw いにしえのある預言者が甦った Lk 9,8; ③yarean getk' = ἦλθον οἱ ποταμοί 洪水が押し寄せた Mt 7,27; i yaṙnel hełełac' = πλημμύρης δὲ γενομένης ［大水が］氾濫して Lk 6,48; ④zi yaric'ē azg y-azgi veray ew t'agaworowt'iwn i t'agaworowt'ean veray 民族が民族に敵対して，王国が王国に敵対して，起き上がるだろう Mk 13,8; et'e satana i veray anjin iwroy yareaw ew bažaneal ic'ē, oč' karē kal ayl vaxčaneal ē もしサタンが自らに敵対して立ち上がり，分裂してしまったなら，立ち行くことができず，終わってしまう Mk 3,26; yaric'en ordik' i veray harc' ew spananic'en z-nosa 子らは両親に敵対して立ち上がり，彼らを死に追いやるだろう Mk 13,12; yarean miaban hreayk'-n i veray Pawłosi ユダヤ人たちは一致してパウロに反対して立ち上がった Ac 18,12.

yaṙnē → yaṙnem (3・単・現)；ayr (単・奪 y-aṙnē)

yaspis, -pwoy【名】碧玉 (ἴασπις)：i veray at'oṙoy-n nstēr nman teslean akanc' yaspwoy ew sardioni 彼は碧玉と紅玉髄のような相貌をして玉座に座っていた Re 4,3.

yatakem, -ec'i【動】地に倒す (ἐδαφίζω) [yatak (-aw, -ac')「地面，底部，奥」]: yatakesc'en z-k'ez ew z-ordis k'o i k'ez 彼らはお前とお前の中にいるお前の子らとを地に打ち倒すだろう Lk 19,44. → k'ar-a-yatak

yargem, -ec'i【動】①尊敬する (μεγαλύνω) [→ arg, an-arg-, mecac'owc'anem]. ②うまく活用する，商売をする (πραγματεύομαι → šahim): ①yargēr z-nosa žołovowrd-n 民は彼らを尊敬していた Ac 5,13; ②et noc'a tasn mnas ew asē c'nosa, yargec'ēk' z-ayd minč'ew ekic' 彼らに10ムナを渡し，彼らに言った，「私が帰ってくるまで，これで商売をしていろ」Lk 19,13.

yard, -i, -ic'【名】穀類の殻，もみ殻 (ἄχυρον): z-yard-n ayresc'ē anšēǰ hrov もみ殻を消えない火で焼き尽くすだろう Mt 3,12.

yardarem, -ec'i【動】①整理する，整える，飾る (κατασκευάζω Lk 7,27; κοσμέω Mt 12,44; Lk 11,25) [< *y-ard, cf. zardarem: ELPA I.116]. ②回復する (ἀποκαθίστημι Mk 9,12) [→ hasowc'anem]: ①yardaresc'ē z-čanaparh k'o aṙaǰi k'o 彼はお前の前にお前の道を整えるだろう Lk 7,27 [cf. 対応箇所 Mt 11,10 patrastem, Mk 1,2 handerjem]; gtanē parapord, mak'real ew yardareal 彼は（その家が）空で掃除されて飾り付けられてあるのを見つける Mt 12,44; ②Ēlia nax ekeal yardaresc'ē z-amenayn エリヤがまず最初に来てすべてを回復する Mk 9,12 [cf. 対応箇所 Mt 17,11 hastatem].

yareay, -eaw → yaṙnem

yarew [= yareaw (M)], **yaric'**- → yaṙnem

yarim, -rec'ay【動】①くっついていく，並び行く (κολλάομαι) [< *y-arem: ELPA I.116]. ②[i+対 (E)/位 (M)] すがりつく，身を寄せる；…の仲間に加わる: ①matir ew yareac' i kaṙs-d y-aydosik 追いかけてあの馬車と並んで行け Ac 8,29; ②gnac'eal yarec'aw i mi omn (M: i miowm i) k'ałak'ac'woc' ašxarhi-n aynorik 彼は行って，その国の住人の1人のところに身を寄せた Lk 15,15; ibrew ekn Sawłos y-Erowsałēm, əndelanēr yarel i-ašakerts-n サウロはエルサレムに着くと，弟子たちの仲間に加わろうと努めた Ac 9,26. → zhet ert'am, merjenam

yark, -i, -ac'【名】屋根 (στέγη Mk 2,4); 幕屋，天幕，住まい (σκηνή Lk 16,9; Ac 15,16; σκήνωμα Ac 7,46); : k'akec'in z-yark-n owr ēr YS 彼らはイエスがいるあたりの屋根を剥いだ Mk 2,4; č'-em bawakan et'e ənd yarkaw imov mtc'es 私は自分の屋根の下にあなたに入っていただくに値する者ではない Mt 8,8; zi ənkalc'in z-jez i yarks-n yawitenakans 彼ら

があなたたちを永遠の幕屋に受け入れてくれるように Lk 16,9; gtanel z-yarks AY Yakovbay ヤコブの神のために住まいを見出す Ac 7,46. → arastał, taławar

yarjakowmn, -kman, -mamb【名】突進，襲撃，強襲 (ὅρμημα)：ayspēs yarjakmamb ankcʻi Babelovn kʻałakʻ mec 大いなる都バビロンはこのように荒々しく投げ倒されるだろう Re 18,21.

yaroycʻ → yarowcʻanem

yarowtʻiwn, -tʻean【名】甦り；起こされること (ἀνάστασις Mt 22,23; ἐξανάστασις Php 3,11; ἔγερσις Mt 27,53)：Sadowkecʻikʻ-n or asein tʻe čʻikʻ yarowtʻiwn 甦りはないと言っていたサドカイ人たち Mt 22,23; tʻē orpēs hasicʻ i merelocʻ-n yarowtʻiwn 私はなんとかして死人たちからの甦りに到達したい Php 3,11; eleal i gerezmanacʻ yet yarowtʻean-n nora mtin i kʻałakʻ-n sowrb 彼の甦りの後，彼らは墓から出て聖都に入った Mt 27,53; yet yarowtʻean imoy (μετὰ τὸ ἐγερθῆναί με) yaṙaǰagoyn ertʻaycʻ kʻan z-jez i Gałiłea 自分が起こされた後，あなたたちより先にガリラヤへ行くだろう Mk 14,28; vasn yarowtʻean merelocʻ zi yaṙne = περὶ δὲ τῶν νεκρῶν ὅτι ἐγείρονται 死人たちが起こされることについて Mk 12,26. → kangnowm

yarowcʻanem, -owʻi【動】[A] 起こす，立たせる，甦らせる (ἐγείρω Mt 12,11; 12,11; Lk 3,8; Jn 5,21; ἐξεγείρω 1Cor 6,14; ἐπεγείρω Ac 13,50; ἀνίστημι Jn 6,39; Ac 9,41)；yarowcʻanem zawak 子孫を起こす (ἀνίστημι σπέρμα Mt 22,24; ἐξανίστημι σπέρμα Mk 12,19; Lk 20,28). — [B] 分詞 yarowcʻeal [yaṙnem に欠如している分詞としても代用される] ①起き上がって，立ち上がって (διεγερθείς Lk 8,24; ἐγερθείς Mt 2,14; ἀναστάς Lk 4,38; ἐπιστάς Lk 2,38). ②甦って，起こされて (ἐγερθείς)：[A] mitʻe očʻ? ownicʻi ew yarowcʻanicʻē z-na それをつかんで〔救い〕上げない者があろうか Mt 12,11; karoł ē AC i kʻarancʻ-s y-ayscʻanē yarowcʻanel ordis Abrahamow 神はこれらの石からアブラハムの子を起こすことができる Lk 3,8; orpēs hayr yarowcʻanē z-mereals ew kendani aṙnē, noynpēs ew ordi z-ors kami kendani aṙnē 父が死人を起こし生かすように，子も自分の望む人々を生かす Jn 5,21; z-TN-n yaroycʻ ew z-jez yarowscʻē zōrowtʻeamb iwrov 〔神は〕その力によって主を起こしたのであり，あなたたちをも起こすだろう 1Cor 6,14; yarowcʻeal halacans i veray Pawłosi ew Baṙnabay パウロとバルナバに対する迫害を起こして Ac 13,50; yarowcʻicʻ z-na y-awowr-n yetnowm 私が終りの日にそれを甦らせること Jn 6,39; jeṙn et nma ew yaroycʻ z-na 彼は手を貸して彼女を立たせた Ac 9,41; etʻe owrowkʻ ełbayr meṙanic'i ew t'ołowc'ow kin ew ordi oč' t'ołowc'ow, zi aṙc'ē ełbayr nora z-kin-n nora ew yarowsc'ē zawak ełbawr iwrowm もしある人の兄が死に，妻を残したが子どもを残さなかった場合，その弟がその妻を娶り，自分の兄の子孫を起こすように Mk 12,19. — [B] ①na yarowc'eal sasteac' hołmoy-n ew xṙovowt'ean ǰroc'-n 彼は起き上がり，風と水の大波とを叱りつけた Lk 8,24; na yarowc'eal aṙ z-manowk-n ew z-mayr iwr gišeri ew gnac' y-Egiptos 彼は起きて，夜の間に幼子とその母とを連れてエジプトに去って行った Mt 2,14; yarowc'eal i žołovrdenē anti emowt i town Simovni 彼は会堂から立ち上がりシモンの家に入った Lk 4,38; sa i nmin žamow yarowc'eal gohanayr z-TĒ まさにその時，彼女はやって来て主への賛美を唱え出した Lk 2,38;　②yarowc'eal aṙawawtow-n aṙaǰin miašabat'ow-n erewec'aw Mariamow Magdałēnac'woy 彼は週の初めの日の朝早く甦り，マグダラのマリヤに現れた Mk 16,9; Margarē omn mec yarowc'eal i miǰi merowm われわれの間に大いなる預言者が起こされた Lk 7,16; č'-ē yarowc'eal i cnownds kananc' mec k'an z-Yovhannēs mkrtič' 女から生まれた者の中で，洗礼者ヨハネより大いなる者は起こらなかった Mt 11,11.

yawanak; M: + yovanak, -i, -ac' 【名】ろば（馬）の子 (πῶλος) [< Parth. yw'n「若者」]: nsteal i veray yawanaki išoy ろばの子の背に座って Jn 12,15; zi? lowcanēk' z-yawanak-d (M: z-yovanak-d) なぜお前たちは子ろばをほどくのか Lk 19,33. → ēš

yawel, yawe (Lk 17,5M), **yawelic'** → yawelowm (cf. awel-)

yawelowac, -oy, -oc 【名】溢れること，充満 (περίσσευμα Mt 12,34; περισσεία Jas 1,21): i yawelowacoy srti xawsi beran 心が溢れることによって口は語る Mt 12,34; orov i bac' t'ōt'ap'eal z-amenayn ałtełowt'iwn ew z-yawelowac č'areac' それゆえすべての不潔さと溢れ出る悪をかなぐり棄てて Jas 1,21.

yawelowm, -li, 3・単・アオ yawel 【動】① [他] 加える，増やす (προστίθημι Lk 3,20; 12,31; 17,5; προστίθεμαι Lk 19,11; Ac 13,36; ἐπιτίθημι Re 22,18); [+不] さらに（再び）…する (προστίθεμαι Lk 20,11.12; Ac 12,3). ② [自] 余る，残る；有り余る，さらに満ち溢れる (περισσεύω Jn 6,13; Ac 16,5; 1Th 4,1; ὑπερπερισσεύω Ro 5,20): ①yawel ews z-ayn ews i veray amenayni ew ed i bandi z-Yovhannēs すべての[悪]事にさらに加えて，ヨハネを獄に閉じ込めた Lk 3,20; bayc' xndrec'ēk' z-ark'ayowt'iwn AY, ew ayn yawelc'i jez かえって神の王国を求めよ．そうすれば，それはあなたたちに付け加えられるだろう Lk 12,31; yawel (M: yawe) mez hawats 私たちの信仰を増せ Lk 17,5;

minč'der nok'a z-ays lsein, yawel arak mi ew asē 彼らが聞いている間，彼はさらに1つの譬を加えて言った Lk 19,11; i kams AY nnǰeac' ew yawelaw ar hars iwr 彼は神の計画に従って眠りにつき，父祖たちの列に加えられた Ac 13,36; t'ē ok' yawelc'ē i sa, yawelc'ē AC i veray nora z-ewt'n harowacs-n greals i gir-s y-ays もしこれに書き加える者があれば，神がその者の上に，この書に書き記されている災いを加えるであろう Re 22,18; ew yawel miws ews caray ył̇el そこで彼はもう1人別の僕を繰り返して送った Lk 20,11; ew yawel z-errord-n arak'el そこで彼は3番目の〔僕〕を繰り返して送った Lk 20,12; etes et'ē hačoy ē hrēic'-n, yawel ews ownel z-Petros それがユダヤ人たちの気に入ったのを見て，さらにペトロをも捕えようとした Ac 12,3; oč' ews yawelic' əmpel (= οὐκέτι οὐ μὴ πίω [D: οὐ μὴ προσθῶ πιεῖν]) i beroy ort'oy 私はもはや二度と葡萄の木からできたものを飲むことはない Mk 14,25; ②z-kotoroc' i hing garełē nkanakē anti, or yawelaw i kerawłac'-n 食べた人々に残った5つの大麦のパンの屑 Jn 6,13; ekełec'ik'-n…yawelowin i t'iw-n hanapzōr 諸教会は日毎に数を増していった Ac 16,5; zi ews k'an z-ews yawelowc'owk' あなた方がさらに豊かになるために 1Th 4,1; owr arawel ełen mełk'-n, arawel ews yawelan šnorhk'-n 罪が増し加わったところには，恵みがさらに満ち溢れた Ro 5,20. → arawelowm

yawžar; M: + yowžar, -i, -ac' 【形】進んでする気のある (πρόθυμος)：ogi-s yawžar (M: yowžar) ē, bayc' marmin-s tk'ar 霊ははやっても，肉は弱い Mk 14,38.

yawžaragoyn 【副】熱心に，自発的に (αὐθαίρετος)：p'owt'ac'aw yōžaragoyn-s dimeac' gal ar jez 彼は熱心であって自発的にあなた方のところに駆け込んだ 2Cor 8,17.

yawžarem; M: yowžarem, -ec'i 【動】①［+不］手をつける，手を染める，企てる，試みる (ἐπιχειρέω Lk 1,1; προτίθεμαι Ro 1,13). ②激励する (προτρέπομαι). ③前もって決める (προαιρέομαι)：①bazowmk' yawžarec'in (M: yowžarec'in) kargel z-patmowt'iwn-n vasn irac'-n hastateloc' i mez 多くの人々が私たちの間で成し遂げられた事柄について物語を連ねようと手を染めた Lk 1,1; bazowm angam yōžarec'i gal ar jez 私はあなた方のところに行くことを何度も企てた Ro 1,13; ②yōžaeal ełbark' grec'in ar ašakerts-n əndownel z-na 兄弟たちは弟子たちに彼を迎え入れるようにと手紙を書いて，彼を激励した Ac 18,27; ③iwrak'ančiwr orpēs ew yōžaresc'i ok' srtiw それぞれは心で前もって決めておくように 2Cor 9,7.

yawžarowt'iwn, -t'ean 【名】喜んでする気持ち，熱意，熱心さ (προθυμία

yawitean

2Cor 8,12.19)；意思，決意，決心（πρόθεσις Ac 11,23); yawžarowt'eamb【副】喜んで，自ら進んで，熱意をもって（ἀσμένως Ac 2,41; προθύμως 1Pe 5,2; εὐθύμως Ac 24,10): mxit'arēr z-amenesean yōžarowt'eamb srti kal noc'a i TR 彼は堅い決意をもって主のもとに留まるようにと全員を励ました Ac 11,23; aracec'ēk' ... mi zawšakałowt'eamb ayl yōžarowt'eamb〔神の群れを〕牧せよ，恥ずべき利益のためではなく自ら進んで 1Pe 5,2; ork' ənkalan z-ban-n amenayn yōžarowt'eamb = μετὰ πάσης προθυμίας 彼らはその言葉を非常な熱心さをもって受け入れた Ac 17,11; aynpēs orč'ap' imovsann yōžarowt'eamb ew jez or i Hṙom-d ēk' awetaranel = οὕτως τὸ κατ' ἐμὲ πρόθυμον καὶ ὑμῖν τοῖς ἐν Ῥώμῃ εὐαγγελίσασθαι このようにして，私としては熱意をもって，ローマにいるあなた方にも福音を告げ知らせるつもりだ Ro 1,15〔Gk: このようにして，私が抱いている願いは，ローマにいるあなた方にも福音を告げ知らせることなのだ〕．

yawitean, -eni, -ic'/-eanc'【形/副】永遠の・に；(i) yawitean = εἰς (τὸν) αἰῶνα 永遠に；(i) yawiteans = εἰς τοὺς αἰῶνας (Mt 6,13D.Θ; Lk 1,33), εἰς τὸν αἰῶνα (Jn 4,14); yawitenic'(-n) = αἰωνίου 永劫の (Mk 3,29), ἀπ' αἰῶνος 古より (Lk 1,70), εἰς τὴν ζωὴν εἰσελθεῖν 永遠の命に入る (Mt 19,17; Mk 9,43); i yawitenic' = ἐκ τοῦ αἰῶνος Jn 9,32/ἀπὸ τῶν αἰώνων Col 1,26 永遠の昔から，ずっと以前から; yaṙaǰ k'an z-amenayn yawiteans = πρὸ παντὸς τοῦ αἰῶνος すべての時代に先立ち Jd 25; yaṙaǰ k'an z-žamanaks-n yawitenic' = πρὸ χρόνων αἰωνίων 永遠のとき以前から 2Tm 1,9. —《名詞として》アイオーン（αἰών）: K'S-n yawitean kay キリストは永遠に留まり続ける Jn 12,34; z-or ed žaṙang amenayni, orov ew z-yawiteans-n arar〔神は〕彼を万物を受け継ぐ者とし，彼を介して世々を造った He 1,2; orowm p'aṙk' ew zōrowt'iwn yawiteans 彼に栄光と力がいついつまでもあるように 1Pe 4,11; nma p'aṙk' ... y-amenayn azgs yawitenic' yawiteans 彼に栄光が世々限りなくあらゆる世代にわたって〔あるように〕Eph 3,21. —y-ors erbemn gnayik' əst yawiteni ašxarhi-s aysorik, əst išxani-n išxanowt'eaṇ ōdoy-s aysoy, or ayžm-s əndmteal ē y-ordis-n apstambowt'ean それらの中にあってあなたたちは，かつてはこの世界のアイオーンに従って，天空という権勢領域のアルコーンに従って，〔すなわち〕不従順の子らの内に今〔でも〕入り込んで働いている霊に〔従って〕歩んでいた Eph 2,2.

yawitenakan, -i, -ac'【形】永遠の（αἰώνιος）: ankanel i howr-n yawitenakan 永遠の火の中に投げ込まれる Mt 18,8; patowēr-n keank'-n en yawitenakank' その命令は永遠の命である Jn 12,50; ew ert'ic'en nok'a i tanǰans-n yawitenakans その者たちは永遠の刑罰へと就くであろう Mt 25,46. → mštnǰenawor

yap'štakem, -ec'i【動】力ずくで捕える［運び去る］，挙げる；引っさらう，ひったくる，強奪する；(霊が) 取り憑く (ἁρπάζω Mt 12,29a; Jn 10,12; Ac 23,10; διαρπάζω Mt 12,29b; συναρπάζω Ac 6,12; 27,15): gayl-n yap'štakē z-nosa ew c'rowē 狼はそれらを奪い散らしてしまう Jn 10,12; ziard? karē ok' mtanel i town hzawri ew z-gorcis nora yap'štakel, et'e oč' nax kapic'ē z-hzawr-n, apa z-town-n nora yap'štakic'ē 人は強い者をまず縛り上げなければ，どうして彼の家に入ってその家財道具を略奪できようか．そのあとで彼の家を略奪するだろう Mt 12,29; hramayeac' zōrakani-n iǰanel yap'štakel z-na i miǰoy noc'a ew acel i banak-n 彼は兵士たちに，降りて行って彼らの中から彼を力ずくで奪い取り，陣営に連れて来るように命じた Ac 23,10; haseal i veray yap'štakec'in z-na ew acin y-atean-n 彼らは彼を襲って捕らえ，最高法院に引いて行った Ac 6,12; ənd yap'štakel nawi-n 船は (風に) 吹き流されて Ac 27,15.

yap'štakoł/-ōł, -i, -ac'; Lk 18,11M: yapštakawł【形】貪欲な，強奪する (ἅρπαξ Mt 7,15; Lk 18,11);狂暴な，獰猛な (βαρύς Ac 20,29);【名】略奪する者 (ἅρπαξ): i nerk'oy en gaylk' yap'štakołk' 彼らは内側では強奪する狼だ Mt 7,15; gitem es, et'ē yet imoy mekneloy gayc'en gaylk' yap'štakōłk' i jez 私が立ち去った後，狂暴な狼どもがあなたたちの間に入り込んでくることを私は知っている Ac 20,29; oč' em ibrew z-ayls i mardkanē, z-yap'štakołs (M: yap'štakawłs) ew z-aniraws ew z-šowns 私は他の者たちのようではない，つまり略奪する者ども，不義なる者ども，姦通する者どものようではないのだ Lk 18,11; oč' yap'štakōłk' z-ark'ayowt'iwn-n AY oč' žaṟangen 強奪する者たちは決して神の王国を受け継ぐことがない 1Cor 6,10.

yap'štakowt'iwn, -t'ean【名】略奪，奪い取るべきもの (ἁρπαγή Mt 23,25; Lk 11,39; He 10,34; ἁρπαγμός Php 2,6): i nerk'oy li en yap'štakowt'eamb ew anxaṟnowt'eamb 内側は略奪〔行為〕と放縦さに満ちている Mt 23,25; nerk'in-n jer li ē yap'štakowt'eamb ew č'arowt'eamb あなたたちの内側は略奪〔行為〕と悪に満ちている Lk 11,39; z-yap'štakowt'iwn ənč'ic' jeroc' xndowt'eamb ənkalarowk' あなた方は自分たちの持ち物が奪われることを喜びをもって甘受した He 10,34; oč' inč' yap'štakowt'iwn hamarec'aw z-linel-n hawasar AY 彼は神と等しくあることを奪い取るべき (＝固守すべき) ものとはみなさな

かった Php 2,6.

yenowm, yec'ay【動】[i+位] 信頼する，依存する (ἐπαναπαύομαι): tʻē dow hreay anowaneal es ew yec'eal es y-ōrēns-n ew parcis y-AC もしもあなたがユダヤ人であると自称し，律法を信頼し，神を誇るならば Ro 2,17.

yet [→ het]【前】[+属/不（属）] ①《時間的に》…のあとに（で），…の後，…の最後に (μετά+対；ὕστερον Mt 22,27; διά+属 Mk 2,1; ἐσχάτων+属 Mk 12,22). ②《空間的に》…の後ろに，…の背後に (μετά He 9,3); yet sakaw mioy 少し間をおいて (μετὰ μικρόν Mt 26,73; Mk 14,70; μετὰ βράχυ Lk 22,58); yet aynorik/aysorik その（この）後 (ματὰ ταῦτα Jn 3,22; μετὰ τοῦτο Jn 2,12; ἐν τῷ καθεξῆς Lk 8,1): ①yet amenec'own meṙaw ew kin-n 皆の最後にその女が死んだ Mt 22,27; mteal darjeal i Kapʻaṙnawowm, yet awowrcʻ lowr ełew etʻe i tan ē 彼が再びカファルナウムに入って幾日かすると，彼が家にいるということが知れ渡った Mk 2,1; ew ełew yet aynorik ew inkʻn šrǰēr ənd kʻałakʻs ew ənd geawłs さて，それに引き続いて，彼は町や村を巡り歩いた Lk 8,1; yet matneloy-n Yovhannow = μετὰ δὲ τὸ παραδοθῆναι τὸν Ἰωάννην ヨハネが〔獄に〕引き渡された後 Mk 1,14; yet yaṙneloy-n imoy = μετὰ δὲ τὸ ἐγερθῆναί με 私が起こされた後 Mt 26,32; ②yet erkrord varagowri-n xoran-n or kočʻēr srbowtʻiwn srbowtʻeancʻ 第 2 の垂れ幕の後ろには至聖所と呼ばれる幕屋があった He 9,3.

yetin, -tnoy, 位 -tnowm, -tnocʻ【形】最後の (ἔσχατος; ὕστερος 1Tm 4,1): lini mardoy-n aynorik yetin-n čʻar kʻan z-aṙaǰin-n その人間の最後は初めよりもひどくなる Mt 12,45; očʻ elanicʻes anti, minčʻew hatowcʻanicʻes z-yetin nakʻarakit-n あなたは最後の 1 クォドランスを払い切るまでは，そこから出て来ることはないだろう Mt 5,26; yoržam kočʻiscʻis, ertʻiǰir bazmesǰir yetin tełwoǰ あなたは招かれた時は，行って末席につけ Lk 14,10; ban-n z-or es xawsecʻay, na dati z-na y-awowr-n yetnowm 私の語った言葉，それが終りの日にその人を裁く Jn 12,48; es em aṙaǰin, ew es em yetin 私は最初の者であり，私は最後の者である Re 1,17; kočʻea z-mšaks-n ew towr nocʻa varjs, skseal yetnocʻ-n minčʻew cʻ-aṙaǰins-n 労働者たちを呼んで，最後の者たちから始めて最初の者たちに至るまで，彼らに賃金を払え Mt 20,8 [E.M; 諸版本 i yetnocʻ-n (y- vs. i y-)]; i žamanaks yetins〔今より〕後の時期に 1Tm 4,1. → aṙaǰin

yetnord, -acʻ【形】最後の (ἔσχατος): inj ayspēs tʻowi, tʻē z-mez z-aṙakʻeals yetnords arar AC ibrew z-mahaparts 私にはこう思われる，神は私たち使徒を死刑囚のように最後の者としたのだ 1Cor 4,9.

yetoy【副】①《時間》後で，その後, 後になって；ついに，最後に (ὕστερον Mt 21,30.37; Mk 16,14; μετέπειτα He 12,17). ②《空間》後ろから，背面に (ὄπισθεν Mt 9,20; Mk 5,27; Re 4,6; ὀπίσω Lk 7,38)：①yetoy złǰacʽaw ew čʽogaw 彼は後で思い直して行った Mt 21,31; yetoy aṙakʽeacʽ aṙ nosa z-ordi iwr ついに彼は彼らのもとへ息子を遣わした Mt 21,37; gitēkʽ zi tʽēpēt ew yetoy kamecʽaw žaṙangel z-ōrhnowtʽiwns-n, xotan gtaw あなた方は，彼が後になって祝福を相続したいと思ったもの の，断られたことを知っている He 12,17; ②ekn i mēǰ amboxi-n yetoy 彼女は群衆にまぎれて後ろからやって来た Mk 5,27; li ēin ačʽōkʽ aṙaǰoy ew yetoy それらは前面も背面も目で覆われていた Re 4,6; kayr yetoy aṙ otsʽn nora 彼女は後ろから彼の足元に進み出た Lk 7,38.

yetowst【前】［＋奪］後ろから；【形】後ろの；yetowst kołmanē ＝ ἐκ πρύμνης〔舟の〕後部（＝艫）から Ac 27,29. → aṙaǰin

yets【副】①後ろへ (εἰς τὰ ὀπίσω); daṙnam yets 後ろを振り向く，振り返る (ἐπιστρέφω); yets kam 後戻りする (ὑποστρέφω 2Pe 2,21); yets yets ertʽam 後ずさりする (ἀπέρχομαι εἰς τὰ ὀπίσω Jn 18,6). ②【前】［＋属］…の後ろに：①y-aysmanē bazowmkʽ y-ašakertacʽ-n nora čʽogan yets この時以来，彼の弟子たちのうちの多くの者が離れ去った Jn 6,66; law ēr nocʽa tʽē bnaw čʽ-ēr isk canowcʽeal z-ardarowtʽean-n čanaparh kʽan zi canean ew yets kacʽin i sowrb patowiranē-n or nocʽa awandecʽaw 彼らにとっては，義の道をまったく知らなかった方が，知った上で自分らに伝えられた聖なる誡めから後戻りするよりはまだよかった 2Pe 2,21; ibrew asacʽ tʽe es em, yets yets čʽogan ew zarkan zgetni 彼が「私はいる」と言うと，人々は後ずさりして地面に倒れた Jn 18,6; ②ertʽ yets im satanay ＝ ὕπαγε ὀπίσω μου, σατανᾶ サタンよ，失せろ Mt 4,10; 16,23; Mk 8,33.

yerazim, -zecʽay【動】夢見る (ἐνυπνιάζομαι)：cerkʽ jer erazovkʽ yerazescʽen あなたたちの老人たちは夢を見るであろう Ac 2,17. → eraz

yerb → erb

yerekoreay → erekoreay

yerkarem, -ecʽi【動】長くする，延長する，長引かせる [erkar, erkarem vs. yerkarem: ELPA I.117f.]：patčaṙanawkʽ yerkaren z-aławtʽs (M: patčaṙanawkʽ /erkaren, 行変えで) ＝ προφάσει μακρὰ προσεύχονται 彼らは見せかけだけの長々とした祈りをする Lk 20,47.

yerkowanam, -acʽay【動】疑いを抱く，疑う (διστάζω) [y-erkow-：ELPA I.119]：ibrew tesin z-na, erkir pagin nma, ew omankʽ yerkowacʽan 彼らは彼に出会うと，彼を伏し拝んだが，ある者たちは疑

った Mt 28,17. → erkow, erkmtem
yec'eal → yenowm
yəndarjaki【名】ある程度の自由 (ἄνεσις): hramayeac' hariwrapeti-n pahel z-na ew ownel yəndarjaki 彼は百人隊長に彼を監視するように命じ，ある程度の自由を持てるようにはからってやった Ac 24,23.
[y-]**ənk'ean** → ink'n
yimar, -i, -ac'【形】愚かな，ばか者 (μωρός Mt 7,26; 1Cor 4,10; ῥακά Mt 5,22): amenayn or lsē z-bans im z-aysosik ew oč' aṙnē z-sosa, nmanesc'ē aṙn yimari, or šineac' z-town iwr i veray awazoy (M: awazi) これらの私の言葉を聞いてもこれらを行わない者はすべて，自分の家を砂の上に建てた愚かな人と同じだろう Mt 7,26; mek' yimark' vasn K'I, ew dowk' imastownk' i K'S 私たちはキリストのゆえに愚か者となっているが，あなた方はキリストにあって賢い者となっている 1Cor 4,10; or asic'ē c'-ełbayr iwr yimar, partawor lic'i ateni 自分の兄弟に「阿呆」という者は最高法院に引き渡される Mt 5,22.
yimarec'owc'anem, -owc'i【動】愚かにする (μωραίνω): oč' apak'ēn yimarec'oyc' AC z-imastowt'iwn ašxarhi-s 神はこの世界の知恵を愚かなものとしなかっただろうか 1Cor 1,20.
yimarim, -rec'ay【動】愚かになる，正気を失う (μωραίνομαι Ro 1,22; ἐξίσταμαι Mk 6,51): z-anjins aṙ imastowns ownēin, yimarec'an 彼らは自らを知者であるとしながら，愚かにされた Ro 1,22; aṙawel ews yimareal ein i mits iwreanc' ew zarmanayin yoyž 彼らはなお一層心の中で正気を失い驚愕した Mk 6,51.
yimarowt'iwn, -t'ean【名】①愚かさ；狂気，憤怒 (μωρία 1Cor 1,18; ἄνοια Lk 6,11; μωρός Tt 3,9); xawsk' yimarowt'ean 愚劣な言葉 (μωρολογία Eph 5,4). ② 無感覚 (κατάνυξις): ①čaṙ xač'i-n korowseloc'-n yimarowt'iwn ē 十字架の言葉は滅びる者たちにとっては愚かさだ 1Cor 1,18; nok'a lc'an yimarowt'eamb 彼らは〔愚昧な〕憤怒に満たされた Lk 6,11; ②et noc'a AC hogi yimarowt'ean 神は彼らに無感覚の心を与えた Ro 11,8.
yišatak, -i, -ac'【名】思い出すこと，想起，記憶，思い出；記念 (μνήμη 2Pe 1,15; μνεία 1Th 3,6; Php 1,3; ἀνάμνησις Lk 22,19; He 10,3; ὑπόμνησις 2Pe 1,13; μνημόσυνον Mt 26,13) p'owt'am čepim mišt z-jez yordorel zi yet imoy elaneloy y-ašxarhē-n aṙnicēk' z-yišataks aysoc'ik 私はなんとかして，この世からの自分の旅立ちの後，あなた方がいつもこれらのことを思い出すように促しておきたい 2Pe 1,15; ownik' i mti z-yišataks mer bareac' y-amenayn žam あなた方はいつも私たちの善き

ことについての思い出を抱いている 1Th 3,6; gohanam z-AY imoy i veray amenayn yišatakacʻ jerocʻ 私はあなた方を思い起こす度に私の神に感謝する Php 1,3; z-ays arasǰikʻ ar̄ imoy yišataki 私を想い起こすために, このことをなせ Lk 22,19; zartʻowcʻanel z-jez yišatakōkʻ 思い出によってあなた方を起こす 2Pe 1,13; owr kʻarozescʻi awetarans ays ənd amenayn ašxarh, xawsescʻi ew z-or arar da i yišatak dora 世界中でこの福音が宣べ伝えられるところではどこでも, この人の行ったこともまたその記念に語られるだろう Mt 26,13; ałōtʻkʻ kʻo ew ołormowtʻiwnkʻ kʻo elin yišatakaw aṙaǰi AY あなたの祈りと施しは神の前に届き記憶された Ac 10,4.

yišatakem, -ecʻi 【動】思い出す, 想い起こす (μιμνῄσκομαι 2Tm 1,4; ποιοῦμαι μνείαν τινός Phm 4) : yišatakeal z-artasown kʻo 君の涙を思い出して 2Tm 1,4; gohanam z-AY imoy y-amenayn žam, yišatakeal y-ałōtʻs im vasn kʻo 私は自らの祈りをなす際に, あなたを想い起こし, いつも私の神に感謝している Phm 4.

yišem, -ecʻi 【動】[+z- (対)/tʻe (etʻe)/zi (Mt 27,63)/orpēs (Lk 24,6)] 思い出す, 思い起こす, 覚えている (μνημονεύω 1Th 2,9; He 11,15; Jn 16,21; μιμνῄσκομαι Mt 27,63; Lk 24,6; Jn 2,17; 2Pe 3,2; ἀναμιμνῄσκομαι Mk 11,21; ὑπομιμνῄσκομαι Lk 22,61) : yišecʻēkʻ, ełbarkʻ, z-vastak-n mer ew z-ǰan 兄弟たちよ, あなた方は私たちの労苦と骨折りを思い出せ 1Th 2,9; yišel z-yaraǰagoyn asacʻeal patgams i srbocʻ margarēicʻ 聖なる預言者たちによって予め言われていた言葉を思い起こす 2Pe 3,2; yišecʻin ašakertkʻ-n nora tʻe greal ē, naxanj tan kʻo kericʻē z-is 弟子たちは, あなたの家に対する熱情が私を食い尽くすだろうと書かれているのを想起した Jn 2,17; etʻē z-ayn yišēin owsti elin-n, goyr žamanak dar̄naloy andrēn 彼らが自分たちの出て来たあの〔祖国〕を思っていたとすれば, 帰る時もあっただろう He 11,15; očʻ ews yišē z-nełowtʻiwn vasn xndowtʻean-n zi cnaw mard y-ašxarh〔女性は〕幼子を産むと, 人が世に生まれたという喜びのために, もはや苦しみを思い出さない Jn 16,21; yišecʻakʻ zi molorecʻowcʻičʻ-n ayn asēr minčʻ kendani-n ēr tʻe yet ericʻ awowrcʻ yar̄nem 私たちは, あの惑わし者がまだ生きている時に,「3日後に私は起こされる」と言っていたのを思い出した Mt 27,63; yišecʻēkʻ orpēs xawsecʻaw ənd jez minčʻ ēr-n i Gałiłea 彼がガリラヤにいた時, あなたたちに語ったことを思い起こせ Lk 24,6.

yišecʻowcʻanem, -owcʻi 【動】[与]…に [z-+対]…を/[不]…するように思い出させる, 思い起こさせる, 注意を促す (ἀναμιμνῄσκομαι 2Cor 7,15; ἀναμιμνῄσκω 2Tm 1,6; ἐπαναμιμνῄσκω Ro 15,15;

ὑπομιμνῄσκω Jn 14,26; 3Jn 10）: gowt'k' nora aṙawel ews en i jez, k'anzi yišec'owc'anēr mez z-amenayn z-jer hnazandowt'iwn 彼の慈悲心は，彼があなた方すべての従順さを私たちに思い起こさせてくれていたから，より一層あなた方へと〔向けられて〕いる 2Cor 7,15; vasn oroy yišec'owc'anem k'ez arcarcel z-šnorhs-n AY or en i k'ez i jeṙ nadrowt'enē immē それゆえ私は私の按手によって君の内にある神の賜物を再び燃え上がらせるよう，君の注意を喚起する 2Tm 1,6; na owsowsc'ē jez z-amenayn ew yišec'owsc'ē jez z-amenayn or inč' asac'i jez その方があなたたちにすべてを教え，私があなたたちに話したことをすべて想い起こさせるであろう Jn 14,26; et'ē ekic', yišec'owc'ic' z-gorcs nora z-or aṙnē 私が行ったら，彼がやっている諸業を思い起こさせてやろう 3Jn 10.

yisown [Lk 9,14M: ysown; -snic'] 【数】《基数》50 （πεντήκοντα）: bazmec'an dask' dask' owr hariwr ew owr yisown 人々は 100 人ずつ，あるいは 50 人ずつ組になって横になった Mk 6,40; yisown am č'ew ews ē ew z-Abraham teser? お前はまだ 50 歳にもならないのに，アブラハムを見たというのか Jn 8,57; li mecamec jkambk' hariwr yisown eriwk' 〔網は〕153 匹の大きな魚で一杯だった Jn 21,11; bazmec'owc'ēk' z-dosa dass dass yisown yisown (M: ... das das ysown ysown) = κατακλίνατε αὐτοὺς κλισίας (ὡσεὶ) ἀνὰ πεντήκοντα 彼らを 50 人ずつの組にして横たわらせよ Lk 9,14 ［配分的畳語, cf. das, erkow, eraxan, teḷi, mi^2].

yirawi → iraw

yḷanam, yḷac'ay; **yḷenam** (→ yḷi), yḷec'ay 【動】身ごもる，受胎する (συλλαμβάνω Lk 1,24; 2,21; ἐν γαστρὶ ἔχω Mt 1,23）: yḷec'aw (M: yḷac'aw) Elisabet' kin-n nora 彼の妻エリサベトは身重になった Lk 1,24; aha koys yḷasc'i ew cnc'i ordi 見よ，乙女が身重になって男の子を産むだろう Mt 1,23; or koč'ec'eal ēr i hreštakē-n minč'č'ew yḷac'eal ēr z-na y-orovayni これは，彼を胎に宿す前に，御使いによってつけられた〔名〕である Lk 2,21.

yḷem, -ec'i 【動】送る，遣わす，送り返す (πέμπω Lk 7,6; Ac 19,31; ἀναπέμπω Phm 12; ἀποστέλλω Mk 3,31）: ibrew oč' inč' kari heṙi ēr i tanē-n, yḷeac' aṙ na hariwrapet-n barekams 彼がその家からあまり遠くないところまで来た時，百人隊長は友人たちを彼のもとに送った Lk 7,6; yḷein aṙ na ew aḷač'ein mi tal z-anjn i t'eatron-n 彼らは使いを送って，彼自身は劇場に入らぬように説得した Ac 19,31; z-or yḷec'i aṙ k'ez その彼を私はあなたに送り返した Phm 12; kac'eal yḷec'in ew koč'ein (M: koč'ec'in) z-na 彼らは外に立ち，人を遣わして彼を呼ばせた Mk 3,31.

→ aṙakʻem, yowłarkem

yłenam   → yłanam

yłi, yłwoy, yłeacʻ【形】妊娠している，身ごもっている (ἔγκυος Lk 2,5; ἐν γαστρὶ ἔχω Mt 24,19)：Maremaw handerj z-or xawseal-n ēr nma ew ēr yłi 身重になっていた彼の許嫁のマリヤムと一緒に Lk 2,5; vay icʻē yłeacʻ ew stntowacʻ y-awowrs-n y-aynosik 禍だ，それらの日々に身重になっている女たちと乳飲み子を持つ女たちは Mt 24,19; ew na yłi ē (= συνείληφεν υἱόν) i cerowtʻean iwrowm 彼女も年老いているにもかかわらず男子を宿している Lk 1,36.

yo［< y-o, cf. o］【副】《疑問》どこへ，どこで (ποῦ)：yo? ertʻas あなたはどこへ行くのか Jn 13,36; očʻ gites owsti gay kam yo ertʻay あなたはそれ（風）がどこから来てどこへ往くのかはわからない Jn 3,8; ertʻayir yo ew kameir = περιεπάτεις ὅπου ἤθελες あなたは自分の望むところを歩いていた Jn 21,18; patasxani etown ew asen cʻ-na, yo? TR. Ew na asē cʻ-nosa, owr marmin ē, andr ew arcowikʻ žołovescʻin 彼らは答えて彼に言った，「どこか，主よ」．すると彼は彼らに言った，「体のあるところはどこでも，そこに禿げ鷹たちも集まるだろう」Lk 17,37.   → owsti, owr

yołdoł, -acʻ【形】不安定な (ἀστήρικτος)：patren z-anjins yołdołdacʻ 彼らは魂の定まらない人々を誘惑している 2Pe 2,14; y-ors gtani inčʻ inčʻ džowarimacʻ, z-or anowsmownkʻ-n ew yołdołdkʻ-n kamakoren … aṙ iwreancʻ anjancʻ-n korowst〔彼の手紙の中には〕いくつか理解し難いところがあって，無学で心の定まらない人々はこれをこじつけて自分たちの滅びを招いている 2Pe 3,16.

［**yoyz-kʻ**, yowzicʻ 'recherche, perquisition, investigation, émotion, agitation, trouble: CALFA］   → yowzem, naxanjayoyz

yoyž【副】大いに，甚だしく，非常に (λίαν Mt 2,16; μεγάλως Php 4,10; σφόδρα Mt 2,10; Lk 18,23); 多く，十分に，厳しく (πολύς Mk 3,12; Lk 7,47; Jn 6,10; ἱκανός Mt 28,12)：barkacʻaw yoyž 彼は甚だしく憤った Mt 2,16; owrax ełē i TR yoyž 私は主に大いに喜んだ Php 4,10; xndacʻin yoyž owraxowtʻiwn mec 彼らは甚だしく喜んだ Mt 2,10; kʻanzi ēr mecatown yoyž 彼は大金持ちだったから Lk 18,23; yoyž sireacʻ 彼女は多く愛した Lk 7,47; ēr xot yoyž i tełwoǰ-n その場所には青草が多くあった Jn 6,10; arcatʻ yoyž etown zawrakanacʻ-n 彼らは兵士たちに十分に銀貨を与えた Mt 28,12; na yoyž sastēr nocʻa 彼は彼らを厳しく叱った Mk 3,12; etes z-pʻołars-n ew ambox yoyž = … τὸν ὄχλον θορυβούμενον 彼は笛吹きたちや群集がうるさく騒いでいるのを見た Mt 9,23; tesanē ambox yoyž ew lalakans ew ałałak yoyž = θεωρεῖ θόρυβον καὶ κλαίοντας καὶ ἀλαλάζοντας πολλά 彼は，激しく泣いたりわめいたりしている者たちのけたたましい騒ぎを目にする Mk 5,38.

yoyn, yowni, -nac' 【名】ギリシア人 (Ἕλλην)：yownac' ew barbarosac', imastnoc' ew anmtic' partapan em 私はギリシア人たちにも非ギリシア人たちにも，知者たちにも無分別な者たちにも責任を負っている Ro 1,14. → yownarēn

yoys, yowsoy, -ov 【名】①希望 (ἐλπίς)。②信頼，確信 (πεποίθησις)。③z-yoys iwr hatanem 絶望する，鈍感になる (ἀπαλγέω Eph 4,9)：①vasn yowsoy ew yarowt'ean mer̄eloc' es awasik datim 私は死人の甦りの望みを抱いているために，裁判にかけられている Ac 23,6; vasn yowsoy-n or pahi jez y-erkins あなた方のために天に蓄えられている希望のために Col 1,5; yoys tesaneli č'-ē yoys 目に見える希望は希望ではない Ro 8,24; k'anzi ov? ē mer yoys kam xndowt'iwn kam psak parcanac' meroc' 誰が私たちの希望であり，あるいは喜び，あるいは誇りの冠だろうか 1Th 2,19; ②yoys mi ayspisi ownimk'i jer̄n K'I ar̄ AC 私たちはキリストを通して神に対するこのような確信を持っている 2Cor 3,4; ar̄awel ews ayžm pndagoyn yowsov mecaw i jez 今や彼は，あなた方に対する大いなる信頼ゆえに，よりいっそう熱心になっている 2Cor 8,22; ③ork' z-anjanc' iwreanc' z-yoys-n hatin ew matnec'in z-anjins giJowt'ean 彼らは絶望して放蕩に身を委ねた Eph 4,19. → yowsam, anyoys

yor̄i, -r̄woy, -r̄eac' 【形】(葡萄酒が) 質の劣っている (ἐλάσσω)：amenayn mard z-anoyš gini yar̄aJagoyn paštē ew yoržam arbenan yaynžam z-yor̄i-n 良い酒は先に出すものだ。質の落ちるやつは酔ったころに出すのだ Jn 2,10. ↔anoyš

yovanak [M] → yawanak

yovt, -i 【名】アラム語の最小の文字 yod (ἰῶτα)：yovt mi or (M: owr) nšanaxec' mi ē oč' anc'c'ē y-awrinac'-n 1本の線 (字画) である1つのヨートが律法から過ぎ行くことはないだろう Mt 5,18.

yordem, -ec'i 【動】[他] 増す，増大させる；[自] 増える，増加する，拡大する (διέρχομαι) [yord 'abondant, copieux (CALFA)]：yordēr ar̄awel ban-n z-nmanē 彼についての評判はさらに広がった Lk 5,15.

yordorem, -ec'i 【動】勧告する，説得する；刺激する，鼓舞する，駆り立てる (ἐρεθίζω 2Cor 9,2)：jer naxanj-n z-bazowms yordoreac' あなた方の熱心さは多くの人々を鼓舞した 2Cor 9,2; p'owt'am čepim mišt z-jez yordorel zi yet imoy elaneloy y-ašxarhē-s arnic'ēk' z-yišataks aysoc'ik = σπουδάσω δὲ καὶ ἑκάστοτε ἔχειν ὑμᾶς μετὰ τὴν ἐμὴν ἔξοδον τὴν τούτων μνήμην ποιεῖσθαι 私はなんとかして，この世から自分が旅立った後，あなた方がいつもこれらのことを思い出せるように鼓舞しておきたい 2Pe 1,15.

yordorowmn, -rman, -mownkʻ, -mancʻ【名】刺激，鼓舞（παροξυσμός）: zgowšascʻowkʻ mimeancʻ yordormambkʻ siroy ew gorcoy bareacʻ 愛と良い業への刺激をもって互いに心がけ合おう He 10,24.

yoržam [< y-or-žam]【接】[＋直法/接法] …時に，…したら，…するたびに，…する時はいつでも（ὅτε; ὅταν Mt 5,11; Mk 3,11; Re 8,1; ὁπότε Lk 6,3 [D: ὅτε]; ἐπάν Mt 2,8; ἐάν Jn 12,32; ἡνίκα ἄν 2Cor 3,15; ἡνίκα ἐάν 2Cor 3,16; ὡς 1Cor 11,34）[→ žam, cʻoržam]: [＋直法] ayskʻ piłckʻ yoržam tesanein z-na, ankanein arạǰi nora 穢れた霊どもは彼を目にするたびに，彼の前にくずおれた Mk 3,11; čʻ-icʻē? əntʻercʻeal jer z-or arar-n Dawitʻ, yoržam kʻałcʻeaw inkʻn ew or ənd nmayn ein お前たちは，ダビデが，彼自身も彼と共にいた者たちも飢えた時にしたことを読んだことがないのか Lk 6,3; yoržam ebacʻ z-knikʻ-n ewtʻnerord〔子羊が〕第七の封印を解いた時 Re 8,1; minčʻew cʻ-aysōr yoržam əntʻeṙnown z-Movsēs, noyn arạgast kay i veray srticʻ nocʻa 今日に至るまで，モーセが朗読される時はいつでも，同じ覆いが彼らの心の上に横たわっている 2Cor 3,15; [＋接法] erani ē jez yoržam naxaticʻen z-jez … vasn im 幸いだ，あなたたちは，人々が私ゆえにあなたたちを罵る時は Mt 5,11; yoržam gtanicʻēkʻ azd arasǰikʻ inj もしお前たちが見つけたら，私に知らせてくれ Mt 2,8; ew es yoržam barjracʻaycʻ y-erkrē z-amenesin ǰgecʻicʻ aṙ is 私は，地から挙げられるなら，すべての人をこの私の方に引き寄せることになる Jn 12,32; yoržam darjcʻin aṙ TR, apa verascʻi aṙagast-n 人が主の方に向き直るならばいつでも覆いは取り上げられる 2Cor 3,16; z-ayl inčʻ yoržam ekicʻ, yaynžam patowirecʻicʻ 他の事柄は，私が〔そちらに〕行った際に，命ずることにしよう 1Cor 11,34.

yorjanowt, -i, -icʻ【形】潮の流れが速い [NBH: προρρέων, profluens]; 【名】スュルティス，渦潮（Σύρτις, Syrtis, gurges）: erkowcʻealkʻ tʻē gowcʻē i yorjanowtʻ-n ankanicʻin ＝ φοβούμενοί τε μὴ εἰς τὴν Σύρτιν ἐκπέσωσιν スュルティスに乗り上げるのを恐れて Ac 27,17.

yormēhetē → het²

yowzem, -ecʻi【動】駆り立てる，そそのかす; [中] yowzim 荒れる，揺れ動く（διεγείρομαι Jn 6,18; κίνησις Jn 5,3）: cov-n i sastik hołmoy šnčʻeloy yowzēr 大風が吹いて海は荒れていた Jn 6,18; or akn ownein ǰrocʻ-n yowzeloy 彼らは水の動くのを待っていた Jn 5,3; očʻ z-okʻ ownim tʻe yoržam ǰowrkʻ-n yowzicʻin (＝ ὅταν ταραχθῇ [: ταράσσω] τὸ ὕδωρ)

yowžar 530

arkc'ē z-is y-awazan-n 水が掻き乱される時, 俺には池に入れてくれる人がいない Jn 5,7; nok'a darjeal ałałakein yowzealk' i k'ahanayapetic'-n 彼らは祭司長たちに扇動されてなおいっそう激しく叫んだ Mk 15,13 [ギリシア語に対応なし; cf. Mk 15,11 z-ambox-n hawanec'owc'in]. → yoyz

yowžar, yowžarem → yawžar-

yowlanam, -lac'ay【動】怠惰である, 怠ける; 無駄なことをする: lsemk' z-omanc' i jēnǰ t'ē stahakowt'eamb gnan, gorc inč' oč' gorcen, ayl yowlac'ealk' hetak'rk'irk' šrǰin = ἀκούομεν γάρ τινας περιπατοῦντας ἐν ὑμῖν ἀτάκτως μηδὲν ἐργαζομένους ἀλλὰ περιεργαζομένους 私たちは, あなたたちの間には怠惰な生活をし, 働かないで無駄なことばかりしている者たちがいると聞いている 2Th 3,11.

yowłanam, -łac'ay【動】意に介しない, 疎む (ἀμελέω): nok'a yowłac'eal gnac'in omn y-agarak iwr ew omn i vačaṙ iwr 彼らは意に介さず, ある者は自分の畑に, ある者は自分の商売に出かけて行った Mt 22,5.

yowłarkem, -ec'i【動】送り出す, 送り届ける (ἐκπέμπω Ac 17,10; προπέμπω Ac 20,38 Ro 15,24): ełbark' vałvałaki gišereayn yowłarkec'in z-Pawłos ew z-šiłay i Bereay 兄弟たちは直ちに夜陰に乗じてパウロとシラスをベレヤに送り出した Ac 17,10; akn ownim y-anc'anel-n aṙ nosa tesanel z-jez ew i jēnǰ yowłarkel andr [イスパニアに] 行く途上であなた方に会い, そこであなた方に送り出してもらうことを私は希望している Ro 15,24; yowłarkec'in z-na i naw andr 彼らは彼を舟まで送って行った Ac 20,38. → aṙak'em, yłem

yownarēn【副】ギリシア語で: ew ēr greal ebrayec'erēn, dałmatarēn, ew yownarēn verin = …Ἑβραϊστί, Ῥωμαϊστί, Ἑλληνιστί ヘブライ語, ラテン語, ギリシア語で書かれていた Jn 19,20; ew ēr gir greal i veray nora yownarēn ew dałmatarēn ew ebrayec'erēn grov = γεγραμμένη ἐπ' αὐτῷ γράμμασιν ἑλληνικοῖς καὶ ῥωμαϊκοῖς καὶ ἑβραϊκοῖς Lk 23,38. → yoyn

yownac' → yoyn

yowš → owš

yowsam, -sac'ay【動】[i+対] 希望する, 望みを置く, 信頼する (πείθω Lk 11,22; Ga 5,10; ἐλπίζω Jn 5,45); yaṙaǰagoyn yowsam = προελπίζω 強く希望する Eph 1,12: z-spaṙazinowt'iwn-n nora hanē y-or yowsac'eal ēr 彼が頼みとしていたその武具を奪い取るだろう Lk 11,22; goy or č'araxaws kay z-jēnǰ Movsēs y-or dowk'-n yowsac'eal ēk' あなた方を告発する人がいる, あなた方が望みをかけてきたモーセだ Jn 5,45; es yowsac'eal em i jez ... t'ē oč' ayl azg inč' xorhic'ik' 私はあなた方が異なる考えを持つことはないであろうとあなた方を信頼している Ga 5,10. → yoys

ysown [M] → yisown

yōd, -i, -ic' 【名】関節 (ἁρμός He 4,12; ἁφή Col 2,19) : ban-n AY ... anc'anē minč'ew c'-orošowmn ... yōdic' ew owłłoy 神の言葉は関節と骨髄を切り分けるほどに刺し貫く He 4,12; yōdiwk' ew xałaleōk' 関節と靭帯を通じて Col ,19. → zawd

yōžar 【形】進んで・喜んでやる，自発的な；yōžaragoyns dimeac' gal ar̄ jez = αὐθαίρετος ἐξῆλθεν πρὸς ὑμᾶς 彼は自発的にあなたがたのところに出て行った 2Cor 8,17. → ink'nakam

yōranam, -rac'ay 【動】太る，たらふく食べる，贅沢にふける，酒色に溺れる : vačar̄akank' erkri i nora zōrowt'ean-n yōranaloy mecac'an = οἱ ἔμποροι τῆς γῆς ἐκ τῆς δυνάμεως τοῦ στρήνους αὐτῆς ἐπλούτησαν 地上の商人たちは彼女の途方もない贅沢の中で金持ちになった Re 18,3.

n

-n 【定冠詞】《3人称直示》あの，その (ὁ/τό-) [-V + -n > -Vyn: Jn 5,19: zi z-or nayn (na + -n) ar̄nē; Lk 14,9E: z-k'ez ew z-na, M: z-k'ez ew z-nayn; cf. –V + -s > -Vys: Jn 7,31: z-or says (sa + -s) ar̄nē; Cf. Mt 5,37E: ayon, M: ayoyn (ayo + -n)] : novaw, keank' ēr, ew keank'-n ēr loys mardkan. (5) ew loys-n i xawari and lowsawor ē 彼を介して生じた野は，命であり，その命は光であった．(5) その光は闇の中にあって輝いている Jn 1,4-5;《相関的に》isk ork' ənkalan-n z-na, et noc'a išxanowt'iwn ordis AY linel 彼を受け入れた人々，彼は彼らに神の子供たちとなる権能を与えた Jn 1,12. → -s, -d

na¹ [na ew, naew] 【副】さらに，その上，そもそも，それどころか，いやむしろ；na ew そしてさらには : na (= μενοῦν) erani aynoc'ik ē lsen z-ban-n AY ew parhic'en いや，むしろ幸いだ，神の言葉を聞いて〔それを〕守る者たちは Lk 11,28; et'e ok' gay ar̄ is ew oč' ateay z-hayr iwr ew z-mayr ew z-kin ew z-ordis ew z-ełbars ew z-k'ors' na ew z-anjn ews iwr, oč' karē im ašakert linel = ... ἔτι τε (D.Θ: δὲ) καὶ τὴν ψυχὴν ἑαυτοῦ ... もしある人が私のもとに来て，自分の父や母や妻や子供たちや兄弟たちや姉妹たちや，そしてさらには自分の命までも憎まないならば，私の弟子になることはできない Lk 14,26; na ew ayl ews oč'xark' en im or oč' en y-aysm gawt'ē = καὶ ἄλλα (D +δὲ) πρόβατα ἔχω ἃ οὐκ ἔστιν ἐκ τῆς αὐλῆς ταύτης だが，私にはこの中庭には属さない他の羊たちもいる Jn 10,16; xndrel z-AC, zi t'erews znnic'en z-na ew gtanic'en, na ew oč' heṛi isk ē y-iwrak'anč'iwr owmek'ē i mēnǰ = ζητεῖν τὸν θεόν, εἰ ἄρα γε ψηλαφήσειαν αὐτὸν καὶ εὕροιεν, καί γε οὐ μακρὰν ἀπὸ ἑνὸς ἑκάστον ἡμῶν ὑπάρχοντα これは人に神を求めさせるためであって，もしかしたら人が彼（神）を探り求めれば見出すだろう．否，それどころか [Gk: 実際に]，神は私たち１人１人から遠く離れてはいないのだ Ac 17,27; k'anzi xorhowrd marmnoy t'šnamowt'iwn ē y-AC, zi ōrinac'-n AY oč' hnazandi, na ew karē isk oč' = ... οὐδὲ γὰρ δύναται なぜなら，肉の思いは神への敵意であり，実際それは，神の律法に従わないし，そもそも従うことができもしないからである Ro 8,7.

na², nora, nma, nmanē, novaw; nok'a, noc'a, nosa, noc'anē, nok'awk' (M: nok'ovk')【代】《３人称直示→-n；指示・前方照応》あれ，彼，それ (αὐτός; ὁ/τό-; ἐκεῖνος; οὗτος): na p'rkesc'ē z-žołovowrd iwr i mełac' iwreanc' 彼こそが自分の民をその罪から救うであろう Mt 1,21; ays vec'erord amis ē nora or amowl-n koč'ec'eal ēr これは石女と言われていた彼女の６ヶ月目である Lk 1,36; el darjeal i covezr-n. ew amenayn žołovowrd-n gayr aṛ na (= πρὸς αὐτόν), ew owsowc'anēr z-nosa (= αὐτούς) 彼は再び海に沿って出かけて行った．するとすべての群衆が彼のもとに来始めた．そこで彼は彼らを教え続けた Mk 2,13; amenayn inč' novaw ełew = πάντα δι' αὐτοῦ ἐγένετο すべてのことは彼を介して生じた Jn 1,3;《関係節と相関的に》or bžškeac' z-is na asac' c'-is 俺を元気にしてくれた人が俺に言った Jn 5,11; or ēr-n ənd k'ez yaynkoys Yordananow, orowm dow-n vakayec'er, ahawanik na mkrtē ヨルダン河の向こうであなたと一緒にいた人，あなたが証しした人，見よ，あの人が洗礼を授けている Jn 3,26; ew kin omn anown Mart'a ənkalaw z-na i tan iwrowm. (39) ew nora (τῇδε) ēr k'oyr mi orowm anown ēr Mariam マルタという名のある女が彼を家に迎えた．(39) またその彼女には，マリヤムという名の姉妹がいた Lk 10,38-39. → da, sa, -n, noyn

nax【副】①まず，初めて，最初に，先に (πρῶτον Mt 5,24; Jn 15,18; πρώτως Ac 11,26); nax ... ew apa ... = πρῶτον ... καὶ τότε まず最初に…そしてそれから… Mt 5,24 7,5 12,29 Mk 3,27 4,28 Lk 6,42. ②nax k'an z- …より先に． → yaṛaǰ. ③naz zi なによりもまず：①ert' nax hašteac' ənd ełbawr k'owm, ew apa ekeal matowsǰir z-patarag-n k'o まず行って自分の兄弟と仲直りせよ，そしてその後やって来て，あなたの供え物を捧げよ Mt 5,24; et'e oč' nax z-hzawr-n kapic'ē, ew apa z-town nora awar harkanic'ē まず強い者を縛り上げ，それから彼の家を略奪するのでなければ Mk 3,27; han nax z-geran-d y-akanē k'owmmē, ew apa hayesǰir hanel z-šiwł y-akanē ełbawr k'o まずあなたの目からその梁を取り出せ，そうすれば，その時こそあなたはよく見えて，あなたの兄弟の目からそのちり屑を取り出すことができるだろう Lk 6,42; et'e ašxarh z-jez ateay, gitasǰik' zi nax z-is ateay 世があなた方を憎むなら，あなた方よりも先にまず私を憎んできたのだということを知っておけ Jn 15,18; anowanel nax y-Antiok' z-ašakerteals-n k'ristoneays 教えられた人たちがアンティオキアで初めて「キリスト者」と呼ばれるようになった Ac 11,26; ②nax k'an z-is ēr = πρῶτός μου ἦν 彼は私よりも先にいた Jn 1,15; nax k'an z-amenayn (= πρὸ πάντων) sēr sert ownel ənd mimeans なによりもまず互いに対する愛を熱いものに保つ 1Pe 4,8; ③Jn 8,25 asen c'naˑ dow ov? es. asē c'-nosa YS˙ nax zi ew xawsim-s isk ənd jez = … τὴν ἀρχὴν ὅτι (t.r.: ὅ τι) καὶ λαλῶ ὑμῖν, vulg.: principium qui (v.l. quia) et loquor vobis なによりもまず〔私が何者であるかということが〕私があなた方に語ろうとしていることなのだ．

naxat'oṛ[k'], -oy/-i, -oc'/-ac' 【名】最上席（πρωτοκαθεδρία）〔→ at'oṛ; 複数については naxołǰoynk' 参照〕：siren z-yaṛaǰagahs y-nt'ris ew z-naxat'oṛs i žołovowrds 彼らは食事での特等席と会堂での最上席が好きなのだ Mt 23,6 (Mk 12,39 gahaglowxk' と共に).

naxanj, -ow 【名】①嫉妬（ζῆλος; φθόνος Ro 1,29）; aṛ naxanjow 妬みのゆえに（διὰ φθόνον Mt 27,18; Mk 15,10; Php 1,15）; aṛ naxanj 嫉妬するほどに（πρὸς φθόνον Jas 4,5）．②熱情；熱心；激しさ（ζῆλος）．③naxanj aṛnem たぶらかす（βασκαίνω）：①ibrew tesin hreayk'-n z-ambox-n, lc'an naxanjow ユダヤ人たちは群衆を見て嫉妬の念に満たされた Ac 13,45; omank' aṛ anxanjow ew hakaṛakowt'ean … z-K'S k'arozen ある者たちは妬みと競争心のゆえに，キリストを宣べ伝える Php 1,15; ②naxanj tan k'o keric'ē z-is あなたの家に対する熱情が私を食い尽くすだろう Jn 2,17; vkayem noc'a et'ē z-naxanj AY ownin ayl oč' gitowt'eamb 私は，彼らが神に対して熱心ではあるが，それは〔正しい〕認識に沿ったものではないことを彼らのために証しする Ro 10,2; naxanj hroy-n or owtic'ē z-hakaṛakords-n 刃向かう者たちを食い尽くそうとしている火の激しさ He 10,27; ③o anmit Gałatac'ik', o? naxanj arar z-kʻez ああ，無分別なガラテヤ人たちよ，誰があなた方をたぶらかしたのか Ga 3,1.

naxanjaxndir【形】熱心な (ζηλωτής)：aṙawel naxanjaxndir ēi imoy hayreni awandowtʻeancʻ-n 私は父祖たちの伝承に対してよりいっそう熱心だった Ga 1,14.

naxanjayoyz, -yowzi; **naxanjayoys** [E]【形】熱心な (ζηλωτής)：naxanjayoyz ei AY orpēs amenekʻean dowkʻ aysawr 私は今日のあなたたち皆さんと同様，神に対して熱心な者だった Ac 22,3; z-Simovn z-kočʻecʻeal-n naxanjayoys 熱心党員と言われていたシモン Lk 6,15. → yoyz

naxanjawor【形】熱心な；n. linim 熱心に求める(ζηλόω)：naxanjaworkʻ lerowkʻ šnorhacʻ-n or lawʻ-n en あなた方はより大いなる恵みの賜物を熱心に求めよ 1Cor 12,31.

naxanjem, -ecʻi【動】熱心である (ζηλεύω)：naxanjea ayžm ew apašxarea だから一所懸命になって悔い改めよ Re 3,19.

naxanjecʻowcʻanem, -cʻowcʻi【動】妬ませる，嫉妬させる；熱心に求める (ζηλόω Ga 4,17; παραζηλόω Ro 10,19)：naxanjecʻowcʻanen z-jez očʻ i bari, ew argelowl kamin z-jez, zi nocʻa naxanjaworkʻ linicʻikʻ 彼らはあなた方を熱心に求めているが，良い思いをもってではなく，あなた方が彼らを熱心に求めるようになるために，あなた方を締め出そうと欲している Ga 4,17; es naxanjecʻowcʻicʻ z-jez očʻ inčʻ žołovrdeamb 私はあなた方に民ではない民をもって，妬みを起こさせよう Ro 10,19.

naxanjim, -jecʻay【動】[ənd+属/位] 妬む，嫉妬に駆られる，羨望する (ζηλόω; φθονέω Ga 5,26)：spananēkʻ ew naxanjikʻ ew očʻ karēkʻ hasanel あなたたちは人殺しをし，妬むが，獲得できない Jas 4,2; naxanjecʻan hreaykʻ-n ew aṙeal ars omans grēhiks anōrēns ユダヤ人たちは嫉妬に駆られ，ならず者の男たちを何人か集めて Ac 17,5; nahapetkʻ-n naxanjeal ənd Yovsepʻay vačaṙecʻin y-Egiptos 族長たちはヨセフを妬んで，エジプトに売ってしまった Ac 7,9; mi licʻowkʻ snaparckʻ, mimeancʻ jayn talov, ew ənd mimeans naxanjelov 私たちは，虚栄に染まり，互いに挑み合い，互いに妬み合うようなことにならないようにしようではないか Ga 5,26.

naxatem, -ecʻi [Mt 5,11M: naxtem]【動】侮辱する，罵る；非難する (ὀνειδίζω); 憎む (μισέω Lk 6,22a; → ateam)：ew or ənd nma i xačʻ-n eleal ein naxatein z-na 彼と一緒に十字架につけられた者たちも彼を罵った Mk 15,32; sksaw naxatel z-kʻałakʻs-n y-ors ełen bazowm zawrowtʻiwnkʻ nora 彼は力ある業が多くなされた町々を非難し始めた

Mt 11,20; erani ē jez yoržam naxatic'en z-jez mardik ew yoržam orošic'en z-jez ew naxatic'en ew hanic'en anown č'ar z-jēnǰ 幸いだ，あなたたちは，人々があなたたちを憎む時，そしてあなたたちを排斥し，侮辱し，あなたたちの名を悪しきものとして唾棄する時は Lk 6,22.

naxatink', -anac', -anōk' 【名】《複のみ》非難，叱責，悪評；侮辱，恥 (ὀνειδισμός 1Tm 3,7; He 10,33; ὄνειδος Lk 1,25) [Ps 21,7 es ordn em ew oč' em mard, naxatink' mardkan ew arhamarhank' žołovrdoc' = ὄνειδος ἀνθρώπου καὶ ἐξουδένημα λαοῦ 私は虫であって人ではなく，人に卑しめられ，民にあなどられる]: i naxatins ew i nełowt'iwns xaytaṙakealk' 侮辱と苦しみにさらしものにされた He 10,33; y-awowrs y-ors hayec'aw y-is baṙnal z-naxatins im i mardkanē 〔主が〕人々から私の恥を取り去ってやろうと心に留めた日々に Lk 1,25; zi mi i naxatins ankanic'i ew y-orogayt's satanayi 彼が悪評を受けて悪魔の罠に陥ることがないように 1Tm 3,7.

naxatič', -tč'i, -č'ac' 【名】非難する者：naxatink' naxatč'ac' k'oc' ankan i veray im = οἱ ὀνειδισμοὶ τῶν ὀνειδιζόντων σε ἐπέπεσαν ἐπ' ἐμέ あなたを非難する者たちの非難が私の上に落ちた Ro 15,3.

naxarar, -i, -ac' 【名】貴人，高官 (μεγιστάν Mk 6,21; → išxan); 最高法院の議員 (βουλευτής Mk 15,43; Lk 23,50): ənt'ris tayr Hērovdēs y-awowr cnndoc' iwroc' naxararac' iwroc' ew hazarapetac' ew mecamecac' Gaḷiłeac'woc' ヘロデが自分の誕生日に宴会を催し，自分の高官たちや千人隊長たちやガリラヤの名士たちを招いた Mk 6,21; Yovsēp' or y-Arimat'eay-n ēr, ayr parkešt naxarar 立派な議員でアリマタヤ出身のヨセフ Mk 15,43.

naxni, -nwoy, -neac' 【形】最初の，古い [→ nax]; **naxnik'** 【名】祖先 (πρόγονος): šnorh ownim AY z-or paštem-n i naxneac' mtawk' srbovk' 私は祖先以来清い意識をもって拝している神に感謝している 2Tm 1,3.

naxołǰoynk' 【名】最初の挨拶 (ἀσπασμός) [複数については naxat'ōrk', gahaglowx-k', yaṙaǰagah-k' 参照]: z-naxołǰoyns xndrel i hraparaks 市場で最初の挨拶を得ようとする Mk 12,38. → nax, ołǰoyn

naxtem [M] → naxatem

nahang 【名】州 (ἐπαρχεία): eharc' t'ē y-ormē nahangē ic'ē 〔総督は〕彼(パウロ)がどの州の者かと尋ねた Ac 23,34. → išxanowt'iwn

nahapet, -i, -ac' 【名】家長，族長，父祖 (πατριάρχης Ac 2,29; 7,8; προπάτωρ Ro 4,1): part ē hamarjakowt'eamb asel jez vasn nahapeti-n Dawt'i 私はあなたたちに族長ダビデについてあからさまに言うことがで

きる Ac 2,29; ew apa cnaw z-Isahak, ew t'lp'ateac' z-na y-awowr owt'erordi, ew Isahak z-Yakovb, ew Yakovb z-erkotasan nahapets-n こうして彼はイサクを生み、これに8日目に割礼を施し、イサクがヤコブを生み、ヤコブが12人の族長を生んだ Ac 7,8; zinč? asic'emk' z-gtanel-n Abrahamow nahapeti-n meroy əst marmnoy 肉による私たちの父祖アブラハムは何を見出す〔に至った〕と私たちは言うのだろうか Ro 4,1.

nahatakim, -kec'ay【動】(共に)闘う (συναθλέω): miov šnč'ov nahatakic'ik' i hawats awetarani-n あなたたちは一つ心をもって福音の信仰のために共に闘うだろう Php 1,27; ork' y-awetarani-n nahatakec'an ənd is Kłemaw handerj, ew aylovk' gorcakc'ōk' imovk' 彼女たちは福音において私と共に、またクレメンスや他の私の同労者たちと共に闘った Php 4,3.

nayim, -yec'ay【動】① [ənd+対] …を見抜く。②目を向ける、見据える (ἐμβλέπω Jn 1,36; κατανοέω Lk 20,23; He 3,1): ①nayec'eal ənd xoramankowt'iwn noc'a 彼は彼らの悪巧みを見抜いて Lk 20,23; ②nayec'eal ənd YS zi zgnayr 歩いて行くイエスに目を注いで Jn 1,36; nayec'arowk' ənd aṙak'eal-n ew ənd k'ahanayapet xostovanowt'ean meroy ənd YS K'S 私たちが信仰告白している、〔神から〕遣わされた者であり、また大祭司であるイエス・キリストを見据えよ He 3,1.

[z-]**nayn** (na + -n) → na²

nanir, nanroc'/-rac'【形】空虚な、空しい、無用な、無駄な [Ps 25,4 oč' nstayc' es y-at'oṙs nanrac' = οὐκ ἐκάθισα μετὰ συνεδρίου ματαιότητος 私は空しい人たちと同席することはない]: korowst noc'a oč' nanir hasc'ē = ἡ ἀπώλεια αὐτῶν οὐ νυστάζει (v.l. νυστάξει) 彼らの滅びは無駄にならないだろう [Gk: 眠っていない] 2Pe 2,3. → ownayn

nanranam, -rac'ay【動】空虚になる、無用になる (ματαιόομαι): nanrac'an i xorhowrds iwreanc' 彼らはその思考を空しいものとされた Ro 1,21.

naših, -šhoy, -oc'【名】極上の小麦粉 (σεμίδαλις): gini ew jēt' ew naših ew c'orean 葡萄酒とオリーブ油と極上小麦粉と小麦 Re 18,13.

nardean【形】ナルドの; iwł nardean ナルド香油 (μύρον νάρδου) [< nard(os),-i「ナルド」]: ekn kin mi or ownēr šiš iwłoy nardean aznowi 純正のナルド香油の入った壺を持った1人の女がやって来た Mk 14,3.

naw, -i, 奪 -ē, 具 nawaw/nawov/nawow; nawk', nawowc'【名】舟、船 (πλοῖον; πλοιάριον [→ nawak] ; ναῦς Ac 27,41); 航海 (πλοῦς Ac 21,7): etes erkows naws zi kayin aṙ covaki-n 彼は湖の畔に2艘の舟が

あるのを目にした Lk 5,2; mekʻ mteal i naw-n ambarjakʻ y-Asovn 私たちは舟に乗り込んでアソスに向かって船出した Ac 20,13; tʻiwrecʻin z-naw-n 彼らは浅瀬に船を乗り上げた Ac 27,41; mer z-naw-n ařxetʻeal i Tiwrosē hasakʻ i Płomeday 私たちはテュロスから航海を続け、プトレマイスに着いた Ac 21,7.

nawaz, -i, -acʻ【名】水夫，船員（ναύτης）Re 18,17.

nawak, -i, -acʻ【名】小舟（πλοιάριον）: zi nawak mi patrastakan kaycʻē nma 1艘の小舟を彼のために備えておくように Mk 3,9. → naw

nawakatikʻ, -teacʻ【名】《複のみ》宮清めの祭り（ἐγκαίνια）: ełen yaynžam nawakatikʻ-n y-ĒM その頃、エルサレムで宮清めの祭りがあった Jn 10,22.

nawakoc【形】難船した; nawakoc linim 難船する（ναυαγέω）: ericʻs nawakoc ełē 私は3度難船した 2Cor 11,25. → naw, kocem

nawakocim, -ecʻay【動】難破する，座礁する（ναυαγέω）: nawakocecʻan i hawats-n 彼らは信仰の点で暗礁に乗り上げた 1Tm 1,19.

nawahangist, -gstean【名】港（λιμήν）: ibrew džpateh imn tʻowēr nawahangist-n ař jmerel その港は冬を過ごすのに適していなかったので Ac 27,12. → naw, hangist; Gełecʻik Nawahangist

nawapet, -i, -acʻ【名】船長（κυβερνήτης）: hariwrapet-n nawapeti-n ew nawavari-n ařawel ansayr, kʻan banicʻ-n Pawłosi 百人隊長はパウロの言葉よりも船長や船主の方を信頼した Ac 27,11.

nawavar, -i, -acʻ【名】船主（ναύκληρος Ac 27,11）; 船長（κυβερνήτης Re 18,17）; 船員（ναύτης Ac 27,27.30）: amenayn nawavar ew amenayn or i telis telis nawen ew nawazkʻ ... i heřastanē kaycʻen すべての船長、すべての航海者や水夫が遠くに立っている Re 18,17; i mēǰ gišeri-n karcēin nawavarkʻ-n etʻē haseal icʻen y-ašxarh owrekʻ 夜中に、船員たちはどこかの陸地に近づいていることに気づいた Ac 27,27; nawavarkʻ-n xndrēin pʻaxčʻel i nawē anti ew iǰowcʻeal z-kowr-n i cov andr 船員たちは船から逃げ出そうとして、小舟を海に降ろした Ac 27,30.

nawarkanem, -arki【動】船出する，航行する（ἀποπλέω Ac 13,26）: anti nawarkeal gnacʻin y-Antiokʻ そこからアンティオキアに向かって船出した Ac 14,26. → naw, arkanem

nawem, -ecʻi【動】舟で行く，航海する，船出する，出帆する（πλέω Lk 8,23; Re 18,17; ἐκπλέω Ac 20,6; ἀποπλέω Ac 13,4; παραπλέω Ac 20,16; διαπλέω Ac 27,5; πλοῦς Ac 27,9）; nawem iǰanem 舟でくだる（καταπλέω Lk 8,26）; xonarhagoyn nawem 陰を航行する（ὑποπλέω Ac

27,4）; or i tełis tełis nawen 航海者 (ὁ ἐπὶ τόπον πλέων Re 18,17)：minč'deṟ nawein i k'own emowt 彼らが漕いでいると，彼は眠りに落ちてしまった Lk 8,23; amenayn or i tełis tełis nawen 各地（沿岸？）を航海するすべての者 Re 18,17; mek' nawec'ak' yet awowrc'-n bałarĵakerac' i P'ilippeay 私たちは除酵祭の後，フィリピから船出した Ac 20,6; anti nawec'in i Kiwpros 彼らはそこからキュプロスに向けて船出した Ac 13,4; i mti edeal ēr Pawłosi mawel aṟ Ep'eseaw パウロはエフェソには寄らずに航海を続けることに決めていた Ac 20,16; anti eleal xonarhagoyn nawec'ak' i Kipros ew vasn hołmoc'-n əndd ēm lineloy 私たちはそこから船出したが，向かい風なので，キュプロス島の陰を航行した Ac 27,4; sxal ews linēr naweloy-n 航海はもはや危険であった Ac 27,9; nawec'in iĵin y-ašxarh-n Gergesac'woc' 彼らはゲラサ人たちの地方に舟でくだった Lk 8,26.

nawt'i, -t'woy, -t'eac' 【形】何も食べていない，空腹の (νῆστις Mk 8,3; ἄσιτος Ac 27,33; ἀσιτία Ac 27,21)：et'e arjakem z-dosa nawt'is i towns iwreanc' もし私が彼らを空腹のまま家に帰らせたら Mk 8,3; ays č'orek'tasanerord ōr ē orowm akn ownik' nōt'is katarel あなたたちは食事もせずに待ってばかりいて今日で 14 日になる Ac 27,33; bazowm awowrs nōt'i ēin 人々は長い間食事をとっていなかった Ac 27,21. → anawt'i

nak'arakit [M: + -ket], -kti 【名】クォドランス (κοδράντης)：ark ekows lowmays, or ē nak'arakit mi (M: or ē nak'araket mi) 彼女は 2 レプトン，すなわち 1 クォドランスを投げ入れた Mk 12,42; minč'ew hatowc'anic'es z-yetin nak'arakit-n あなたが最後の 1 クォドランスを払い切るまでは Mt 5,26 [対応箇所 Lk 12,59: bnion]. → lowmay

ngłmeł [M]　→ ənkłmeł

neł [-oy/-i] 【形】狭い，細い (στενός Mt 7,13; τεθλιμμένη [: θλίβω] Mt 7,14)：mtēk' ənd neł dowṟn 狭い門を通って入れ Mt 7,13; k'ani? anĵowk ē dowṟn-n ew neł čanaparh-n or tani i kans 命へと導く門はなんと狭く，その道はなんと細いことか Mt 7,14. → anĵowk

nełem, -ec'i 【動】①狭める；nełim 狭められる (στενοχωρέομαι 2Cor 6,12)．②苦しめる，悩ませる；困窮させる；[中] 艱難にあう；(συνέχω Lk 19,43; ὀχλέω Ac 5,16; ἐνοχλέω Lk 6,18; He 12,15; παρενοχλέω Ac 15,19; θλίβομαι 2Cor 1,6; He 11,37). ③押しつぶす，押しつける，押し迫る (θλίβω Mk 3,9; συνθλίβω Mk 5,24.31; ἀποθλίβω Lk 8,45; συμπνίγω Lk 8,42; συνέχομαι Php 1,23). ④奪い取る (ἀποστερέω 1Cor 6,7)：①oč'inč' nelik' i mēnĵ, bayc' et'ē i gowt's jer nelic'ik' 私たちのうちではあなた方が狭められているということではないが，あなた方

nełowtʻiwn

の慈悲心においてはあなた方は狭められるだろう 2Cor 6,12; ②nełescʻen z-kʻez y-amenayn kołmancʻ 彼らは四方八方からお前を悩ますだろう Lk 19,43; nełealkʻ-n y-aysocʻ płcocʻ bžškein 穢れた霊に苦しめられていた者たちは癒された Lk 6,18; kin mi ... oro dowstr iwr nełeal ēr y-aysoy płcoy = ... ἧς εἶχεν τὸ θυγάτριον αὐτῆς πνεῦμα ἀκάθαρτον 穢れた霊に憑かれた娘を持つ 1 人の女 Mk 7,25; or nełeal ein i pēspēs cʻaws ew i tanǰans = τοὺς κακῶς ἔχοντας ποικίλαις νόσοις καὶ βασάνοις συνεχομένους さまざまな病を患っている者たちや苦痛に悩む者たち Mt 7,24; berēin z-hiwands ew z-nełeals y-aysocʻ płcocʻ 彼らは病人や穢れた霊に苦しめられている人々を連れて来た Ac 5,16; mi okʻ armat darʻ-nowtʻean i ver ereweal nełicʻē 苦い根のようなものが伸び出して来て問題を起こすことがないように He 12,15; es irawowns hamarim, mi nełel z-aynosik oykʻ i hetʻanosacʻ-n darʻnan arʻ AC 私は、異邦人の中から神に立ち帰る人々を悩ませてはならないと判断する Ac 15,19; etʻē nełimkʻ, vasn ǰeroy mxitʻarowtʻean ew pʻrkowtʻean 私たちが艱難を受けるにしても、それはあなたがたの慰めと救いのためだ 2Cor 1,6; karōtealkʻ, nełealkʻ, čʻarčʻarealkʻ 彼らは欠乏し、困窮し、虐待された He 11,37; ③vasn amboxi-n zi mi nełescʻen z-na 群衆が彼を押しつぶすことがないようにするために Mk 3,9; žołovowrdkʻ-d pnden ew nełen z-kʻez 群衆があなたに押し寄せ、押し迫っている Lk 8,45; nełeal em y-erkocʻownc' 私は 2 つのものの板ばさみになっている Php 1,23; ④əndēr očʻ? dowkʻ arʻ-awel nełikʻ なぜむしろあなた方は奪い取られていないのか 1Cor 6,7.

nełičʻ, -łčʻi, -čʻacʻ 【名】苦しめる者, 抑圧者, 虐待者 (ἐπηρεάζω Lk 6,28; θλίβω 2Th 1,6): aławtʻs ararēkʻ i veray nełčʻacʻ ǰerocʻ あなたたちを虐待する者たちについて祈れ Lk 6,28; hatowcʻanel nełčʻacʻ-n ǰerocʻ nełowtʻiwn あなた方を抑圧する者たちに抑圧を報いとして返すこと 2Th 1,6.

nełowtʻiwn, -tʻean 【名】圧迫, 艱難, 抑圧, 苦しみ (θλῖψις; συνοχή 2Cor 2,4): cʻrowealkʻ-n i nełowtʻenē-n or ełew i veray Stepʻanosi ステファノのことで起こった迫害のために散らされた人々 Ac 11,19; ełicʻi yaynžam nełowtʻiwn mec, orpisi očʻ ełew i skzbanē araracocʻ ašxarhi minčʻew cʻ-ayžm ew očʻ aył licʻi その時、世の始めから今に至るまで絶えてなかったような、そしてこれからもほかにないような大いなる艱難となるだろう Mt 24,21; i hasanel nełowtʻean kam halacman vasn bani-n 御言葉ゆえに艱難や迫害が起こると Mk 4,17; yoržam cncʻi z-manowk-n, očʻ ews yišē z-nełowtʻiwn vasn xndowtʻean-n, zi cnaw mard y-ašxarh 〔女性は〕幼子を産むと、人が世に生まれたという喜びのために、もはや苦しみを思い出さない Jn 16,21; i bazowm vštacʻ ew i nełowtʻenē srti grec'i ar̄ jez bazowm artasowōk' 私は多くの涙をもって，多くの艱難と心の苦悩から，あなた方に手紙を書いた 2Cor 2,4.

neng, -i, -aw 【名】欺瞞，悪巧み，策略，奸計（δόλος）: xndrein ... et'e ziard? z-na nengaw kaleal spananic'en 彼らは，策略をもってどのようにして彼を捕え，殺そうかと謀っていた Mk 14,1

nengawor【形】欺瞞的な，狡猾な，裏切る（δόλιος 2Cor 11,13; δολιόω Ro 3,13）: aynpisik'-n sowt ar̄ak'ealk', mšakk' nengawork', kerparanin i kerparans ar̄ak'eloc' K'Si そのような者たちは偽使徒たち，狡猾な働き人たちであり，キリストの使徒に偽装している者たちだ 2Cor 11,13; lezowōk' iwreanc' nengawork' ełen 彼らは自らの舌で〔人を〕欺いた Ro 3,13.

nengem, -ec'i 【動】歪める，いじくる（δολόω）: mi nengesc'owk' z-ban-n AY 私たちは神の言葉を歪めない 2Cor 4,2.

nengowt'iwn, -t'ean 【名】欺瞞，ごまかし，悪巧み，策略，陰謀；嘘，偽り（δόλος Mt 26,4; Jn 1,47; ἐπιβουλή Ac 9,24）: ararin xohowrd zi nengowt'eamb kalc'in z-YS ew spanc'en 彼らは策略をもってイエスを捕え，かつ殺すために協議した Mt 26,4; aha ardarew IEŁac'i y-orowm nengowt'iwn oč' goy 見よ，本当にイスラエル人だ．あの人には裏がない Jn 1,47; yaytnec'aw Sawłosi nengowt'iwn-n noc'a 彼らの陰謀はサウロに知られた Ac 9,24.

ner̄n, -r̄in, -ink' 【名】反キリスト（ἀντίχριστος）: orpēs lowarowk' et'ē ner̄n galoc' ē, ew ardēn isk ner̄ink' bazowmk' ekeal en 反キリストが来るはずだとあなた方が聞いたとおり，今まさに多くの反キリストがやって来た 1Jn 2,18; na isk ē ner̄n, or owranay z-hayr ew z-ordi その者こそ反キリスト，すなわち，父と御子を否定する者である 1Jn 2,22.

net, -i, -ic' 【名】矢（βέλος）[Olsen. Noun, p.84]: i veray amenayni ar̄ēk' z-vahab-n hawatoc', orov karōł liniǰik' z-amenayn nets mowxs č'ari-n šiǰowc'anel すべてに加えて，信仰の盾をつかみ取れ．この盾によってあなたたちは悪人の投じる火のついた矢をすべて消すことができる Eph 6,16.

nerem, -ec'i 【動】①赦す，寛大に扱う；我慢する，耐える，忍ぶ（ἀπεκδέχομαι 1Pe 3,20; ἀνέχομαι Col 3,13; ἀνοχή Ro 2,4）．②中止する，止める（ἀνίημι Eph 6,9）: ①yoržam nerēr noc'a AY erkaynmtowt'iwn-n y-awowrs Noyi ノアの時代に神の寛容が彼らに耐えていた時 1Pe 3,20; nerel mimeanc' お互いに我慢する Col 3,13; z-ays asem nerelov ew oč' hraman talov = τοῦτο δὲ λέγω κατὰ συγγνώμην οὐ κατ' ἐπιταγήν このことを私は譲歩して言っているのであって，命令としてではない 1Cor

7,6; ②nerelov aṙnel z-patowhas-n = ἀνιέντες τὴν ἀπειλήν 脅しを [Arm: かけることを] 止めることで Eph 6,9.

nerkem, -ecʻi【動】浸す，染める (βάπτω): handerj nerkeal areamb 血で染められた着物 Re 19,13.

nerkʻin, -kʻnoy, -ocʻ【形】内［奥］の，内部の (ἔσω; ἐσώτερος Ac 16,24; He 6,19); 内部，中のもの，内側 (τὸ ἐντός Mt 23,26; τὸ ἔσωθεν Lk 11,39.40): hačeal em ənd ōrēns-n AY əst nerkʻin mardoy-n 内なる人に従えば私は神の律法を喜んでいる Ro 7,22; tʻēpēt ew artakʻin mard-s mer apakani, ayl nerkʻin mard-s mer norogi ōr əst ōrē たとえ私たちの外なる人は朽ち果てても，しかし私たちの内なる人は日ごとに新たにされる 2Cor 4,16; ark z-nosa i nerkʻin bant-n 彼は彼らを奥の牢に入れた Ac 16,24; i nerkʻin kołmn varagowri-n 垂れ幕の内部にまで He 6,19; srbea nax z-nerkʻin bažaki-n ew z-skawaṙaki-n まず杯と皿の内を清めよ Mt 23,26; nerkʻin jer li ē yapʻštakowtʻeamb ew čʻatowtʻeamb あなたたちの内側は略奪と悪に満ちている Lk 11,39; očʻ apakʻēn or z-artakʻin-n arar ew z-nerkʻin-n noyn arar 外側を造った者は，内側をも同じく造ったのではなかったか Lk 11,40. ↔artakʻin

nerkʻini, -nwoy, -neacʻ【名】去勢者，宦官 (εὐνοῦχος); nerkʻini[s] aṙnem 去勢する (εὐνουχίζω); nerkʻini[kʻ] lini[n] 去勢させられる (εὐνουχίζομαι): en nerkʻinikʻ or y-orovaynē mawr iwreancʻ cnan aynpēs, ew en nerkʻinikʻ or i mardkanē ełen nerkʻinikʻ, ew en nerkʻinikʻ or z-anjns iwreancʻ ararin nerkʻinis vasn arkʻayowtʻean erknicʻ 母の胎からしてそのように生まれた去勢者があり，また人間たちに去勢させられた去勢者があり，また天の王国ゆえに自らを去勢した去勢者がある Mt 19,12; patasxani et nerkʻini-n Pʻilipposi 宦官はフィリッポスに答えた Ac 8,34.

nerkʻoy〈多く i nerkʻoy の形で〉【副】①内側で (ἔσωθεν); nerkʻoy ew artakʻoy 内側も外側も，全面を (πάντοθεν He 9,4). ②i nerkʻoy [＋属] …の下に (ὑπό; ὑποκάτω Jn 1,50; Re 12,1) ↔i veroy : ①i nerkʻoy en gaylkʻ yapʻštakołkʻ 彼らは内側は強奪する狼だ Mt 7,15; zi nman ēkʻ gerezmanacʻ bṙelocʻ, or artakʻoy erewin gełecʻikkʻ ew i nerkʻoy li en oskerawkʻ meṙelocʻ ew amenayn płcowtʻeamb お前たちは石灰で塗られた墓そっくりだ．外側は美しいが，内側は死者の骨とあらゆる不浄に満ちている Mt 23,27; arkł-n ktakaranacʻ pateal nerkʻoy ew artakʻoy oskwov 内も外も金で覆われた契約の箱 He 9,4; ②zi eir i nerkʻoy tʻzanwoy-n tesi z-kʻez あなたがいちじくの木の下にいるのを私は見た Jn 1,48; orpēs pʻaylak-n paylatakeal i nerkʻoy erknicʻ ənd erkniwkʻ (= ἐκ τῆς ὑπὸ τὸν οὐρανὸν εἰς τὴν ὑπ' οὐρανόν) cagic'ē 稲妻が天の下の此方から天の下の彼方へ光り煌くように Lk 17,24; i yowsoy awetarani-n ... k'arozeloy ənd amenayn araracs i nerk'oy erknic' 天の下の被造物全体に宣べ伝えられた福音の希望から Col 1,23; oč' ē mez paterazm ənd marmnoy ew ənd arean, ayl ... ənd ayss č'arowt'ean or i nerk'oy erknic' = πρὸς τὰ πνευματικὰ τῆς πονηρίας ἐν τοῖς ἐπουρανίοις 私たちの戦いは肉と血に対するものではなく，天の下の方にいる悪の霊的勢力に対するものだ Eph 6,12; lowsin i nerk'oy otic' nora 月が彼女の足の下にあった（＝彼女は月を足の踏み台としていた）Re 12,1. ↔artak'oy

nerk'owst ⟨i nerk'owst の形でのみ⟩【副】① 中から (ἔσωθεν). ↔artak'owst. ②下から (ἐκ τῶν κάτω). ↔verowst：①na i nerk'owst tayc'ē patasxani その人は中から答えるだろう Lk 11,7; ays amenayn č'arik' i nerk'owst elanen ew płcen z-mard これらすべての悪は中から出てきて，その人間を穢す Mk 7,23; ②dowk' i nerk'owst asti ēk', ew es i verowst anti em あなた方はこの下からのものであり，私はあの上からのものである Jn 8,23.

nerk's ⟨i nerk's の形でのみ⟩【副】中に（で），内側（内部）に（で）(ἔσω Ac 5,23). —《次のような動詞と共に》「中へ…する」：mtanem i nerk's 中へ入る (εἰσέρχομαι, [+ἔσω] Mt 26,58; εἰσπορεύομαι Mk 7,18); mowcanem i nerk's 運び込む，引き入れる (εἰσφέρω Lk 5,18.19; εἰσάγω Jn 18,16); tanim i nerk's 引き入れる (ἀπάγω Mk 15,16), (陸から) 漕ぎ出る (ἐπανάγω Lk 5,3); p'akem i nerk's (魚を網の中に) 閉じ込める (συγκλείω Lk 5,6); ert'am i nerk's 中に入って行く：bac'ak' ew i nerk's z-ok' oč' gtak' 私たちが開けてみると，中には誰もいなかった Ac 5,23; Petros ert'ayr i heṙastanē zhet nora minč'ew i nerk's isk i gawit k'ahanayapeti-n ペトロは遠くから彼に従って行き，大祭司邸の中庭の中にまで入って行った Mk 14,54; aha ark'ayowt'iwn AY i nerk's i jez ē = ... ἐντὸς ὑμῶν ἐστιν 見よ，神の王国はあなたたちの只中にある Lk 17,21. ↔artak's

nzov, -i, -ic'【名】呪い (ἀνάθεμα Ro 9,3; κατάθεμα Re 22,3)：xndrēi es ink'nin nzov linel i K'Sē 私自身キリストから〔引き離されて〕呪いとなることを願っていた Ro 9,3; nzovk' and oč' ews ēin そこに呪いはもはや存在しなかった Re 22,3.

nzovem, -ec'i【動】呪う (ἀναθεματίζω Mk 14,71; καταθεματίζω Mt 26,74); nzovem z-anjn 誓いを立てる (ἀναθεματίζω Ac 23,14); nzoveal 呪われた (ἐπάρατος Jn 7,49)：na sksaw nzovel erdnowl 彼は呪い誓い始めた Mk 14,71; nzoviwk' nzovec'ak' z-anjins oč'inč' čašakel minč'ew spanc'owk' z-Pawłos 私たちはパウロを殺害するまでは何も口にしないという誓約を立てた Ac 23,14; ayn xažamowž ambox or oč' gitē z-awrēns ew nzovealk' en 律法を知らないその賤民〔Gk: 群衆〕は呪われた者たちでもある Jn 7,49.

nə/mayn (= nmayn [nma + -n] → na²

[y-]**nt'ris**, [y-]**nt'reac'** → ənt'rik'

nždeh, -ic'【形】他所に一時逗留〔滞在〕している，仮住まいの (παρεπίδημος)：əntreloc' nždehic' or i sp'iwr̄s Pontac'woc', Gałatac'woc' ポントスやガラテヤのディアスポラに仮住まいしている選ばれた人たちに 1Pe 1,1. → pandowxt

[**ninǰ**] → nnǰem

nist → nstim

nirhem, -ec'i【動】眠くなる，まどろむ，うとうとする (νυστάζω Mt 25,5; καταφέρομαι Ac 20,9)：yamel p'esayi-n, nirhec'in amenek'in ew i k'own mtin 花婿が遅れていたので，皆は眠気が差し，眠り込んでしまった Mt 25,5; nirhēr i k'own t'anjrowt'ean i xōsel-n Pawłosi yačax パウロの話があまり長く続くので，彼はひどい眠気に襲われた Ac 20,9. → nnǰem

niwt'em, -ec'i【動】紡ぐ (νήθω)：hayec'arowk' i (M: ənd) šowšan-n vayreni orpēs ačē oč' ǰanay ew oč' niwt'ē 野のゆりがどのように育つか，よく見つめよ．労することをせず，紡ぐこともしない Mt 6,28.

[y-]**ncay**, [y-]**ncayanoc'** → əncay-

[**nkan**, -i, -ac' 「灰を被せて焼いたパンケーキ」, Mk 8,5M: k'ani? nkan (E: nkanak) hac' ownik']

nkanak, -i, -ac'【名】(数えられる塊としての) パン (ἄρτος) [Mk 8,5E: k'ani? nkanak (M: nkan) hac' ownik' = πόσους ἔχετε ἄρτους 「あなたたちはパンの塊をいくつ持っているか」]：oč' inč ownimk' ast bayc' hing nkanak ew erkows jkowns 私たちは 5 個のパンと 2 匹の魚のほか，ここには何も持っていない Mt 14,17; towr inj p'ox eris nkanaks パンを 3 個貸してくれ Lk 11,5.

nkatem, -ec'i【動】①見る，吟味する，熟慮する，定める (ὁρίζω [→ hastatem, sahmanem])．②yar̄aǰagoyn nkatem 予め定める・選ぶ (προχειρίζομαι)：①nkateal xorhrdov ew kanxagitowt'eamb-n AY 神の定められた計画と予知によって Ac 2,23; ②ar̄ak'esc'ē z-yar̄aǰagoyn nkateal-n jez z-YS K'S あなたたちのために予め定められたキリストなるイエスを〔神が〕遣わすために Ac 3,20.

nkaragir, -grac'【名】刻印，像 (χαρακτήρ) [nkar, -ow, owc' 「絵画，

nkarem

像，刺繡」]：or ē loys pʻaṛacʻ ew nkaragir ēowtʻean nora 彼は神の栄光の反映，〔神の〕実体の刻印である He 1,3. → -gir

nkarem, -ecʻi【動】描く，表す，形作る (μορφόω)：minčʻew nkarescʻi KʻS i jez キリストがあなた方のうちに形造られるまで Gal 4,19.

[z-]**nker** → ənker

[y-]**nkłmeł** → ənkłmem

nkown【形】服従させられた，卑しい，身分の低い；nkown aṛnem 辱める，卑しめる (ταπεινόω)：nkown inčʻ aṛnicʻē z-is AC im aṛ jez 私の神があなた方に対して私を卑しめるだろう 2Cor 12,21.

nkrtim, -tecʻay【動】身を伸ばす，努力する (ἐπεκτείνομαι Php 3,13; συνέρχομαι 1Cor 11,17)：i yaṛaǰadēms-n nkrteal em 私は前方にあるものに向かって努力している Php 3,13; očʻ i law andr ayl i vattʻar-n nkrtikʻ あなたたちはより良いあり方へとではなく，むしろより悪しきあり方へと向かっている 1Cor 11,17.

nma, nmayn, nmanē → na²

nman, -i, -icʻ【形】［＋与］…に似ている，等しい，同じ，一致した (ὅμοιος; ἔοικα Jas 1,6; παρόμοιος Mk 7,13; ἴσος Mk 14,56; ὁμοίως Jn 5,19; ὁμοιάζω Mk 14,70; παρομοιάζω Mt 23,27)：nman teslean akancʻ yaspwoy ew sardioni 彼の相貌は碧玉と紅玉髄のようだった Re 4,3; yoržam na yaytnescʻi nman nma linelocʻ emkʻ 彼が現れるならば，その時には私たちも彼に似た者となるだろう 1Jn 3,2; or erkmit-n ē, nman ē … aleacʻ covow 疑っている人は海の波に似ている Jas 1,6; bazowm inčʻ ayl or aysm nman ē aṛnēkʻ お前たちはこの類のことを他に数多く行っている Mk 7,13; bazowmkʻ sowt vkayowtʻiwn vkayein z-nmanē, ew nman mimeancʻ očʻ ein vkayowtʻiwnkʻ-n 多くの者が偽って彼に不利な証言をしたが，それらの証言は互いに一致しなかった Mk 14,56; zi [z-or nayn] aṛnē, z-noyn ew ordi nmin nman gorcē = ἃ γὰρ ἂν ἐκεῖνος ποιῇ, ταῦτα καὶ ὁ υἱὸς ὁμοίως ποιεῖ 彼（父）が行うことであれば，その子も同じことを彼と同じように行う Jn 5,19 ［補 z-or nayn：Klein, On Personal Deixis, p. 41］；kʻanzi Gałiłeacʻi es, ew xawscʻ-d isk kʻo nman お前はガリラヤ人だ，お前の訛が似ている Mk 14,70; nman ēkʻ gerezmanacʻ bṛelocʻ お前たちは石灰で（白く）塗られた墓と同じだ Mt 23,27.

nmanawł → nmanoł

nmanem, -ecʻi【動】① ［＋与］…に似ている，同じようにする，似せる，真似する (ὁμοιόω; ἀφομοιόω He 7,3). ②倣う，見倣う (μιμέομαι 2Th 3,7)：①mi nmanicʻēkʻ nocʻa 彼らの真似をするな Mt 6,8; astowackʻ

nmaneal mardkan iǰin aṙ mez 神々が人間の姿に似せて私たちのもとに降って来た Ac 14,11; nmanec'aw ark'ayowt'iwn erknic' aṙn or sermanic'ē sermn bari y-agaraki iwrowm 天の王国は自分の畑に良い種を蒔く人と同じであった Mt 13,24; nmanesc'i ark'ayowt'iwn erknic' tasn kowsanac' 天の王国は10人の乙女と同じものであると言えるだろう Mt 25,1; nmaneal ordwoy-n AY 神の子に似せられて He 7,3; ②dowk' ink'nin gitēk' t'ē orpēs part ē jez nmanel mez あなた方自身、どう私たちに倣うべきか、知っているはずだ 2Th 3,7.

nmanec'owc'anem, -owc'i【動】[z- 対] …を [与] …になぞらえる/…と同じとする (ὁμοιόω): owm? nmanec'owc'ic' z-azg-s z-ays 私はこの世代を何と同じであると言おうか Mt 11,16; owm? nmanec'owc'ic' z-ark'ayowt'iwn AY 私は神の王国を何と同じであると言おうか Lk 13,20.

nmanoł/-awł/ōł, -i, -ac'【形】① [+与] …に似た、等しい、同じの. ② 倣う者 (μιμητής 1Cor 11,1; συμμιμητής Php 3,17): ①owm? ic'en nmanołk' (M: nmanawłk') = τίνι εἰσὶν ὅμοιοι 彼らは何と同じだろうか Lk 7,31; dowk' nmanołk' [補 ełiǰik'] mardkan (= ὑμεῖς ὅμοιοι ἀνθρώποις) or akn ownic'in TN iwreanc' あなたたちは自分の主人を待っている人々と同じように [なれ] Lk 12,36; mek' jez nmanōłk' kareōk' (= ὁμοιοπαθής) mardik emk' 私たちはあなた方と同じ人間だ Ac 14,15; ②nmanōłk' inj ełerowk' あなた方は私に倣う者となれ 1Cor 11,1; nmanōłk' inj ełiǰik' あなた方は共に私に倣う者となれ Php 3,17.

nmanowt'iwn, -t'ean【名】同じであること、類似；一致 (ὁμοιότης He 4,15; 7,15; ὁμοίωμα Ro 1,23; 6,5; Php 2,7; ὁμοίωσις Jas 3,9; συγκατάθεσις 2Cor 6,16): p'orj ē amenayniw, əst nmanowt'ean, aṙanc' mełac' 罪を別にすれば、彼はすべてについて [私たちと] 同じように試みを受けている He 4,15; t'ē əst nmanowt'ean Melk'isedeki yaṙneloc' ē ayl k'ahanay メルキツェデクに似た異なる祭司が打ち立てられるならば He 7,15; et'ē tnkakic' ełeak' nmanowt'ean mahow nora, ayl ew yarowt'ean nora linic'imk' もし私たちが彼の死と似通ったかたちに結びつく者となっているなら、さらにその甦り [と似通ったかたちに結びついた] 者にもなるだろう Ro 6,5; p'oxec'in z-p'aṙs anełci-n AY i nmanowt'iwn patkeri ełcaneli mardoy, ew t'ṙč'noc', ew č'ork'otaneac', ew sołnoc' 彼らは不朽なる神の栄光を、朽ちゆく人間や鳥や四足の獣や這う生き物の像に似通ったものに変えた Ro 1,23; anicanemk' z-mardik or əst nmanowt'ean AY araran 私たちは神に似せて造られた人々を呪う Jas 3,9; i nmanowt'iwn mardkan ełeal 人間と似た者になりつつ Php 2,7; zinč'? nmanowt'iwn ē tačari AY mehenac' 神の宮にとって偶像とどのような一

致があるのか 2Cor 6,16; orowm nmanowtʻean nmanecʻowcʻicʻ z-na = τίνι ὁμοιώσω αὐτήν; 私はそれが何と同じであると言おうか Lk 13,18.

nmin → noyn

nnǰem, -ecʻi【動】眠る；永眠する (καθεύδω Mk 5,39; 1Th 5,7.10; κοιμάομαι Mt 27,52; 1Th 4,13.15; κοίμησις Jn 11,13) [ninǰ「眠り」]: manowk-n očʻ ē meṙeal ayl nnǰē (M: ayl kendani) その子は死んだのではなく、眠っているだけだ Mk 5,39; zi or nnǰen-n gišeri nnǰen 眠る者たちは夜眠る 1Th 5,7; etʻē artʻownkʻ icʻemkʻ ew etʻē nnǰicʻemkʻ 私たちが目を覚ましていても眠っていても 1Th 5,10; bazowm marminkʻ nnǰecʻelocʻ srbocʻ yarean 眠っていた聖人たちの多くの体が起こされた Mt 27,52; očʻ kamim etʻē tgētkʻ icʻēkʻ vasn nnǰecʻelocʻ-n 私は、眠っている人たちについてあなた方に無知でいてほしくない 1Th 4,13; mekʻ or kendanikʻ-s emkʻ mnacʻealkʻ i galstean-n TN očʻ žamanemkʻ nnǰecʻelocʻ-n 主の来臨まで生き残るこの私たちが、眠った者たちよりも先になることはない 1Th 4,15; nocʻa ayspēs tʻowecʻaw tʻe vasn nnǰeloy (M: nnǰecʻeloy) kʻnoy asē 彼らは、彼が睡眠という [通常の] 眠りのことを言っていると思った Jn 11,13 [M: vasn nnǰecʻeloy kʻnoy「眠ってしまった眠りについて」?]. → kʻown, nirhem, hangčʻim

nšan, -i, -acʻ【名】徴, 奇蹟 (σημεῖον; σύσσημον Mk 14,44; τέρας Ac 2,19); 跡, 痕跡 (τύπος Jn 20,25); nšankʻ ew arowestkʻ = σημεῖα καὶ τέρατα 徴と奇蹟 Mt 24,24 Mk 13,22 Jn 4,48; nšan hakaṙakowtʻean = σημεῖον ἀντιλεγόμενον 反対を受ける徴 Lk 2,34：asa mez ... zinčʻ? nšan icʻē kʻoyoy galstean-n ew vaxčani ašxarhi-s 私たちに教えよ、あなたの来臨とこの世の終りの時の徴は何なのか Mt 24,3; tacʻ nšans (τέρατα) y-erkins i ver ew nšans (σημεῖα) y-erkir i xonarh 私は上では天に奇蹟を、下では地に徴を示すだろう Ac 2,19; toweal ēr nšan matnčʻi-n [イエスを] 売り渡す者は [合図の] 徴を与えていた Mk 14,44; tesakʻ aysawr nor nšans = εἴδομεν παράδοξα σήμερον 今日、俺たちは思いがけないものを見た Lk 5,26; etʻē očʻ tesicʻ i jeṙs nora z-nšan beweṙacʻ-n 私が彼の両手に釘の跡を見なければ Jn 20,25. → nšanak

nšanagirkʻ【名】要素 (στοιχεῖα): darǰeal pitoy ē jez owsanel tʻē zinčʻ? en nšanagirkʻ skzban banicʻ-n AY 神の言葉の初歩的要素とはいかなるものであるかをあなた方に教えることが再び必要である He 5,12. → nšan, -gir; tarr

nšanaxecʻ, -i, -icʻ【名】断片，文字の一画 (κεραία): minčʻew ancʻcʻen erkinkʻ ew erkir, yovt mi or (M: owr) nšanaxecʻ mi ē, očʻ ancʻcʻē y-awrinacʻ-n 天と地が過ぎ行くまでは、律法の一点一画も過ぎ行くこと

はないであろう Mt 5,18; diwrin icʻē erknicʻ (M: erkni) ew erkri ancʻanel kʻan y-awrinacʻ mio nšanaxecʻi (M: mioy nšanaxecʻwo/[-ecʻwo(y) は主 nšanaxecʻi を前提とする；M 写本は期待される与格の読み -ecʻi を統辞的な主語と解釈し，それに基づいて範列的与格 -ecʻwoy をつくった（Künzle）]) ankanel 天と地が過ぎ去る方が，律法から一片が〔すたれ〕落ちるよりもたやすい Lk 16,17. → nšan, -xecʻ, yovt

nšanak, -i, -acʻ【名】指し示すもの，印，目印，徴候，前兆 (σημεῖον [→ nšan]): ew ays nšanak jez, gtanicʻēkʻ manowk pateal i xanjarowrs ew edeal i msowr また，以下のことがお前たちにとっての徴だ，つまりお前たちは産着にくるまり，飼い葉桶に寝ている嬰児を見出すだろう Lk 2,12; i nšanak patanacʻ 埋葬の徴に = εἰς τὸν ἐνταΐασμόν 埋葬に向けて Mk 14,8M (E: i nšan patanacʻ) [対応する Mt 26,12: nšanakem]

nšanakem, -ecʻi【動】①印で（明瞭に）示す (σημαίνω Ac 25,27). ②注意を留める (σημειόομαι): ①aṙ i tʻałeloy z-is nšanakeacʻ = πρὸς τὸ ἐνταφιάσαι με ἐποίησεν 私を埋葬するために彼女は明示〔Gk: 香油をかけることを〕した Mt 26,12 [対応する Mk 14,8: nšanak]; z-ays asēr, nšanakeal (= σημαίνων) tʻe orov mahow meṙanelocʻ icʻē これは彼がどのような死に方で死ぬことになっているかを示そうとして話していたのだ Jn 12,33; kʻanzi anpateh imn towi inj tal tanel kapeal mi ew očʻinčʻ vnas z-nmanē nšanakel 囚人を護送するのに，その罪状を何も示さないことは道理に合わないと私には思われるからだ Ac 25,27; etʻē lezowōkʻ očʻ nšanakicʻēkʻ z-bans (= … ἐὰν μὴ εὔσημον λόγον δῶτε), ziard? čanačʻicʻin xōskʻ-n もしもあなた方が舌によって明瞭に言葉を語らなければ，語られていることがどうして知られるだろうか 1Cor 14,9; ②dowkʻ nšanakesǰikʻ z-na ew mi xaṙnakesǰikʻ ənd nma あなた方はその者に注意を留め，彼とは交際しないようにせよ 2Th 3,14.

nšanacʻi【副】身振りで，手振りで; nšanacʻi xawsim うなずいて知らせる (διανεύω): na nšanacʻi xawsēr ənd nosa ew kayr papanjeal 彼は彼らにうなずく〔だけ〕で口は利けないままだった Lk 1,22.

nšanawor, -i, -acʻ【名】印のついた (παράσημον Ac 28,11), 悪名高い (ἐπίσημος Mt 27,16): elakʻ i naw mi Ałekʻsandracʻi or jmereal ēr i kłzwoǰ-n, nšanaworaw Dioskoracʻwocʻ 私たちは，この島で冬を越した，ディオスクーロイの像が〔船首に〕つけられていたアレクサンドリアの船に乗って出帆した Ac 28,11; ownein yaynžam kapeal mi nšanawor orowm anown ēr Yēsow Barabbay その時イエス・バラバという悪名高い囚人がいた Mt 27,16.

nšawak, -i, -acʻ【名】しるし，目印；軽蔑の的，嫌悪を引き起こすもの，

汚物；aṙak nšawaki 嘲笑の的，塵芥 (περικάθαρμα)：ibrew aṙak nšawaki ełeak' amenayn ašxarhi, amenec'own p'areli linel minč'ew c'-ayžm 私たちは今に至るまで，全世界の塵芥，すべての者のうちの屑のようになった 1Cor 4,13.

nšawakem, -ec'i【動】辱める，嘲笑する，中傷する：sok'a en nšawakealk' (= οἱ ἀποδιορίζοντες) šnč'awor, or z-ogin oč' ownic'in この人々は辱めを与える者 [Gk: 分裂を引き起こす者，(自分たちを他の人々から) 区別する者]，霊を持たぬ生得的な人々だ Jd 19.

nšawł → nšoyl

nšdehakic', -kc'ac'【名】同伴者 (συνέκδημος) 2Cor 8,19. → -kic', owł (1) ekic'

nšxar, -i, -ac'【名】残り，余り (τὸ περισσεῦον Mt; περίσσευμα Mk 8,8; κλάσματα Mk 6,43 [→ kotor])：barjin z-nšxars-n erkotasan sakaṙi li 彼らはパン屑を集めると 12 の枝編み籠に満ちるほどになった Mk 6,43; barjin z-nšxars kotoroc'-n ewt'n zambił 彼らはパン屑の残りを集めると 7 個の手提げ籠一杯になった Mk 8,8.

nšxarem, -ec'i【動】余る，残る (περισσεύω)：žołovec'ēk' z-nšxareal kotors-d, zi mi inč' koric'ē 無駄になるものが何もないように，余ったパン屑を集めよ Jn 6,12.

nšmarem, -ec'i【動】気づく，認める (κατανοέω)：zi? tesanes z-šiwł y-akan ełbawr k'o, ew i k'owm akan z-geran-d oč' nšmares なぜあなたは自分の兄弟の目にあるちり屑を見て，自分の目にある梁には気づかないのか Lk 6,41 [対応箇所 Mt 7,3: tesanem]；z-gog mi nšmarēin t'ē ap'n covow-n ic'ē 彼らは砂浜のある入り江を認めた Ac 27,39.

nšoyl; nšoyłk', nšowłic' [M: nšawłiwk']【名】輝き，煌き (ἀστραπή)：orpēs yoržam črag-n nšowłiwc' (M: ...nšawłiwk'-n) lowsaworic'ē z-k'ez ともし火が煌きであなたを輝き照らす時のように Lk 11,36.

noxaz, -i, -ac'【名】雄山羊 (τράγος)：oč' areamb noxazac' ew zowarakac' 雄山羊と若い雄牛の血によらないで He 9,12; aṙeal z-ariwn c'lowc'-n ew noxazac'-n 子牛と山羊の血を採って He 9,19.

noyn, norin, nmin, novin; 複：A) nok'in, nosin, noc'in, nok'imbk'; B) noynk', noyns, noc'own (c')【代】《3 人称直示・同一性 → -n》あれ (それ・彼) と同じ [人・もの・こと] (ὁ αὐτός Mt 5,46.47; Lk 6,33; Mk 14,39; ἐκεῖνος Mt 15,28; Lk 7,21; Jn 5,36.39; αὐτός Mt 13,29; 21,2; Lk 6,14; 11,19).—《副詞的》同じように Lk 11,40 noyn; Mt 27,44 z-noyn (τὸ δ'αὐτό); noyn hetayn すぐに，直ちに (ἐξαυτῆς Php 2,23)：z-or nayn [= na+-n] aṙnē, z-noyn ew ordi nmin nman gorcē

彼が行うのと同じことを，子も彼と同じように行う Jn 5,19; ekin omank' i nmin žamanaki まさにその時ある人々が来た Lk 13,1; oč' apak'ēn ew mak'sawork' z-noyn gorcen 徴税人たちでも同じことをしているではないか Mt 5,46; ekac' y-aławt's ew z-noyn bans asac' 彼は祈って，同じ言葉を口にした Mk 14,39; —oč' apak'ēn or z-artak'in-n arar ew z-nerk'in-n noyn arar (= οὐχ ὁ ποιήσας τὸ ἔξωθεν καὶ τὸ τὸ ἔσωθεν ἐποίησεν;) 外側を造った者が同じように内側をも造ったのではなかったか Lk 11,40. → soyn, doyn

noynžamayn【副】直ちに，すぐに，即座に (εὐθύς; παραχρῆμα Lk 8,44): ew noynžamayn bac'an lselik' nora するとすぐさま彼の耳は開かれた Mk 7,35; ew noynžamayn ekac' błxowmn arean nora するとたちどころに彼女の血の流出が止まった Lk 8,44; yarowc'eal noynžamayn (= αὐτῇ τῇ ὥρᾳ) darjan y-EĒM 彼らは即座に立ち上がって，エルサレムに戻って行った Lk 24,33. → aržamayn, žam

noynpēs【副】《3人称直示・同一性》それと同じように，そのようにして (ὁμοίως Lk 3,11; Mt 22,26; οὕτως Ro 11,5; Jn 3,14; ὡσαύτως Mt 20,5; καί Lk 19,32);《相関的》orpēs ... noynpēs ... = καθώς/ὥσπερ ... οὕτως ...…のように…そのように：ew oyr kayc'ē kerakowr noynpēs arasc'ē 食物を持っている者も同じようにせよ Lk 3,11; noynpēs ew erkrord-n ew errord, minč'ew c'-ewt'nerord-n 2番目も3番目も同様で，最後に7番目まで至った Mt 22,26; noynpēs ew y-aysm žamanaki mnac'ordk' əst əntrowt'ean šnorhac'-n ełen そのようにして，今この時にもまた，残りの者が恵みの選びに従って生じた Ro 11,5; orpēs (καθώς) Movsēs barjrac'oyc' z-awj-n y-anapati, noynpēs (οὕτως) barjranal part ē ordwoy mardoy モーセが荒野で蛇を挙げたように，人の子も挙げられねばならない Jn 3,14; orpēs (ὥσπερ) hayr owni keans y-anjin iwrowm, noynpēs (οὕτως) et ew ardwoy ownel keans y-anjin iwrowm 父が自らのうちに命を有するように，子にも自らのうちに命を持つようにさせた Jn 5,26; darjeal eleal z-vec' žamow ew z-inn žamow arar noynpēs 再び第6刻と第9刻に出て行って，同じようにした Mt 20,5. → soynpēs, doynpēs, -pēs

noynpisi, -swoy, -seac'【形】《3人称直示・同一性》それと同じような (τοιοῦτος);《相関的》orpisi ... noynpisi = οἷος ...τοιοῦτος …ようなそれと同じような：z-ays xorhesc'i aynpisi-n, zi orpisik' (= οἷοι) emk' baniwk' t'łt'oc'-d i heṙowst, noynpisik' (= τοιοῦτοι) ew i mōtoy ardeambk' そのような者は次のことを考慮しておけ．すなわち私たちは遠くから手紙の言葉を通して〔語る〕のと同じように，近くにいる時に

も〔実際の〕業によって〔振る舞うであろう〕2Cor 10,11.

novaw, nosa, nosayn, nora, noc'anē, nok'a, nok'awk' → na²

novin, norin, nok'in → noyn

nor, -oy, -oc'【形】新しい（νέος Mk 2,22a; καινός Mk 2,22b; παράδοξος Lk 5,26）：oč' ews arbic' y-aysm hetē i beroy ort'oy, minč'ew c'-awr-n c'-ayn, yoržam arbic' z-da ənd jez nor y-ark'ayowt'ean hawr imoy 私は今から後，もはや葡萄の木からできたものを飲むことはない，私の父の王国においてそれを新たにあなたたちと共に飲む，かの日までは Mt 26,29; oč' ok' arkanē gini nor i tiks hins 誰も新しい酒を古い革袋には入れない Mk 2,22a; gini nor i tiks nors arkaneli ē 新しい酒は新しい革袋に入れるべきだ Mk 2,22b; tesak' aysawr nor nšans 今日私たちは新しい［Gk: 度肝を抜かれるような〕徴を見た Lk 5,26. ↔hin

noragoyn【形】《比》より新しい，新奇な（καινότερον）：oč' y-ayl inč' parapēin, bayc' asel inč' kam lsel noragoyn 彼らは何か新奇なことを話したり聞いたりすることばかりに時間をつぶしていた Ac 17,21.

norajayn【形】聞いたことのない，でっちあげた，偽の（κενοφωνία 1Tm 6,20）.

norog【形】新しい，新鮮な（πρόσφατος）：norogeac' mez čanaparhs norog ew kendani 彼は私たちのために新鮮で生きた道を新たに開いてくれた He 10,20.

norogem, -ec'i【動】新しくする，始める；作り直す，修繕する；刷新する，甦らせる；変容させる，変える（ἀνακαινίζω He 6,6; ἐγκαινίζω He 9,18; ἀνακαινόω 2Cor 4,16; Col 3,10; ἀνανεόω Eph 4,23; μεταμορφόομαι Ro 12,2; μεταχηματίζω Php 3,21; ἀλλάσσω 1Cor 15,51）: anhnar ē ... miwsangam norogel y-apašxarowt'iwn もう一度新たにされて回心に至ることは不可能だ He 6,4-6; owsti ew oč' aṙajin-n aṙanc' arean norogēr それゆえ第1〔の契約〕も血なくして始められたのではなかった He 9,18; nerk'in mard-s mer norogi ōr əst ōrē 私たちの内なる人は日ごとに新たにされる 2Cor 4,16; zgec'arowk' z-nor-n norogeal i gitowt'iwn əst patkeri ararč'i-n iwroy 新しき人を身に着けよ，認識に達すべくその創造主の姿形を模して新しくされる〔新しき人を〕Col 3,10; norogel hogwov-n mtac' jeroc' あなたたちの思念の霊でもって新しくされること Eph 4,23; norogesc'arowk' i norogowt'iwn mtac' jeroc' あなたたちは自分の思いの刷新のために形作り直されよ Ro 12,2; or norogesc'ē z-marmin xonarhowt'ean meroy, kerparanakic' linel marmnoy p'aṙac' nora 彼は私たちの卑賤の体を変容させて，彼の栄光の体と同様な形にしてくれるだろう Php 3,21.

norogowmn, -man【名】新しさ (καινότης)：zi ... noynpēs ew mek' i norogowmn kenac' šrǰesc'owk' そのように私たちもまた生命の新しさにおいて歩むために Ro 6,4.

norogowt'iwn, -t'ean【名】新しさ，一新，刷新 (καινότης Ro 7,6; ἀνακαίνωσις Ro 12,2)：ař i carayel mez norogowt'eamb hogwoy-n ew oč' hnowt'eamb groy-n 私たちが文字の古さではなくて霊の新しさに隷属するように Ro 7,6.

nowaz, -i, -ic'; nowazownk'【形】①より小さい，劣っている (ὑστερέω 1Cor 12,24; ἐλάσσων He 7,7). ②少数の，わずかな (ὀλίγος 1Pe 3,20)：①nowazi-n arawel ews patiw et（神は）より劣っているところにより多くの誉れを与えた 1Cor 12,24; aranc' amenayn hakaŕakowt'ean, nowaz-n i lawē anti ōrhnesc'i より劣る者がより優れた者から祝福されることには何の異論もない He 7,7; ②nowazownk', ays ink'n, ogik' ibrew owt' aprec'an i ǰroy-n わずかな人々，すなわち 8 つの命が水によって救われた 1Pe 3,20.

nowazem, -ec'i【動】①窮地に追い込む，困窮させる；卑賤にする (στενοχορέομαι 2Cor 4,8; ταπεινόομαι Php 4,12). ②［中］nowazim, -ec'ay 減少する，不足する，窮乏する (ἐλαττονέω 2Cor 8,15; λείπομαι Jas 1,4; ὑστερέομαι Ro 3,23; Php 4,12; 1Cor 1,7); nowazeal ē 残されている (ἀπολείπεται He 4,9)：①y-amenayni nełealk' ayl oč' nowazealk' 私たちはすべてにおいて苦しめられながらも窮地に追い込まれてはいない 2Cor 4,8; gitem nowazel, gitem arawelowl 私は卑賤に下ることを知っているし，満ち溢れることも知っている Php 4,12; ②ew or sakayn oč' nowazec'aw わずかなものを〔所有している〕者も不足することはなかった 2Cor 8,15; oč'inč' iwik' nowazealk' 何事にも欠けることのない者 Jas 1,4; amenek'in mełan ew nowazeal en i p'aṙac'-n AY すべての者が罪を犯したのであり，神の栄光〔を受けるの〕に不十分だ Ro 3,23; dowk' mi nowazic'ik' ew mi iwik' šnorhōk' あなたたちはいかなる賜物においても欠けることがないだろう 1Cor 1,7; ard owremn nowazeal ē šabat'owmn žołovrdean-n AY だからやはり，神の民には安息日の祝いが残されている He 4,9.

nowałim, -łec'ay【動】気絶する，衰える，弱る (παραρρέω)：zi mi erbēk' nowałesc'owk' 私たちがけっして衰弱する［Gk: 流れ出る］ことのないように He 2,1.

nowačem, -ec'i【動】征服する，克服する，服従させる，操る (μετάγω)：tes zi jioy sanjs i beran dnemk' aṙ ansaloy noc'a mez, ew z-amenayn marmins noc'a nowačemk' 見よ，馬を私たちに従わせるに

は，馬の口にくつわをつけると馬の体全体を操ることができる Jas 3,3.

nowačowtʻiwn, -tʻean【名】征服；服従，従順，歩み寄り (προσαγωγή [→ əncayowtʻiwn])：orov ownimkʻ z-hamarjakowtʻiwn ew z-nowačowtʻiwn yowsov i jeřn hawatocʻ nora この方によって私たちは彼（イエス・キリスト）への信仰を通して，希望に満ちた自由な心情と歩み寄りとを得ている Eph 3,12.

nowirak, -i, -acʻ【名】守衛兵 (ῥαβδοῦχος)：patmecʻin zōraglxacʻ-n nowirakkʻ-n z-bans-n 守衛兵たちはその言葉を政務官たちに報告した Ac 16,38.

nowirem, -ecʻi【動】①献酒を注ぐ，生け贄として捧げる (σπένδω Php 2,17)；清める，聖なるものとする (ἁγιάζω 1Cor 1,2). ②告げ知らせる (ἐξαγγέλλω 1Pe 2,9)：①tʻēpēt ew nowirem i veray pataragi ew paštaman hawatocʻ-n jerocʻ, xndam ew owraxakicʻ em amenecʻown jer たとえ私が〔自分の血を〕あなたがたの信仰の供え物と儀式の上に注がせられるとしても，私は喜ぶし，あなたがたすべてと共に喜ぶ Php 2,17; ekełecʻwoy-d AY or ē i Korntʻos, nowirelocʻ i KʻS YS コリントにある神の教会，〔すなわち〕キリスト・イエスにおいて聖められた者たちに 1Cor 1,2; ②orpēs zi z-jer ařakʻinowtʻiwns-n nowiricʻēkʻ aynm あなた方がその方にあなた方の善き行いを告げ知らせるために 1Pe 2,9.

[y-]**nčʻicʻ** (= ənčʻicʻ) → inčʻ[kʻ]

npast, -icʻ【名】助け；[+与] npast linim 助ける (συμβάλλομαι)：or ibrew ehas andr, bazowm npast linēr hawatacʻelocʻ-n i jern šnorhacʻ-n 彼はそこに着くと，すでに恵みによって信じていた人々を大いに助けた Ac 18,27.

nsemanem, -acʻay [または nsemanay, -macʻaw, 非人称]【動】暗くなる，闇になる (σκοτία ἐγεγόνει)：ibrew nsemacʻaw ew čʻew ews ekeal ēr ař nosa YS すでに闇になっていたのに，イエスはまだ彼らのところに来ていなかった Jn 6,17.

nstim, nstay, nist【動】座る，腰を下ろす；留まる (καθέζομαι Jn 4,6; κάθημαι Ac 3,10; 4,18; Jas 2,3; καθίζω Mt 5,1; Lk 24,49; Ac 18,11; συγκάθημαι Ac 26,30; συγκαθίζω Lk 22,55; παρακαθέζομαι Lk 10,39; ἐπικαθίζω Mt 21,7)；kangnecʻaw ew nstaw = ἀνεκάθισεν Lk 7,15；：YS vastakeal i čanaparhē-n nstēr i veray ałber-n イエスは旅に疲れて泉のところに座り込んでいた Jn 4,6; or nstēr vasn ołormowtʻean ař gełecʻik dran tačari-n 神殿の「美わしの門」のわきに座って施物を乞うていた者 Ac 3,10; nist ař patowandani-s imowm 私の足台の下に座っていよ Jas 2,3; el i leařn ew ibrew nstaw and 彼は山にのぼって，そこに座ると Mt

5,1; dowkʻ nstarowkʻ i kʻałakʻi-s y-ĒM minčʻew zgenowcʻowkʻ zawrowtʻiwn i barjancʻ あなたたちは高きところからの力を纏うまで，この都エルサレムの中に座しているがよい Lk 24,49; orkʻ ənd nosayn nstēin 彼らと同席していた者たち Ac 26,30; nstan šowrǰ nstaw ew Petros i mēǰ nocʻa 彼らは一緒に座ったので，ペトロも彼らの中に腰を下ろした Lk 22,55 (cf. Mk 3,22 šowrǰ z-novaw nstēr = ἐκάθητο περὶ αὐτόν); ew ekn (M: ekn ew) nstaw aṙ ots TN-n (= παρακαθεσθεῖσα πρὸς τοὺς πόδας τοῦ κυρίου) 彼女は来て主の足もとに座った Lk 10,39; nstaw and tari mi ew amiss vecʻ 彼は1年6か月の間そこに留まった Ac 18,11.

nstowcʻanem, -owcʻi【動】座らせる (καθίζω Mt 20,23; 1Cor 6,4; Eph 1,20; συγκαθίζω Eph 2,6): nstowcʻanel (M: -n) ənd aǰmē ew ənd ahekē immē očʻ ē im tal 私の右，そして左に座ることは，私が〔これを〕許してやれることではない Mt 20,23; z-erkrawor ateans etʻē y-anjn aṙnowcʻowkʻ, z-anargs ekełecʻwoy datawors nstowcʻanēkʻ あなた方が日常の訴訟を取り扱う場合に，教会の軽んじられている者たちをあなた方は裁判する者の席に座らせるのか 1Cor 6,4; nstoycʻ ənd aǰmē iwrmē y-erknawors 〔神は〕天上で自らの右に座を占めさせた Eph 1,20; ənd nmin yaroycʻ ew ənd nmin nstoycʻ y-erknawors i KʻS YS 〔神は私たちを〕キリスト・イエスにおいて共に起こし，共に天上の座に着かせてくれた Eph 2,6.

[z-]**ntani** → əntani
[z-]**ntreal** → əntrem
nkʻtʻem, -ecʻi; **nkʻtim**, -tʻecʻay【動】飢える，体の力が抜ける，倒れる (ἐκλύομαι): gowcʻē nkʻticʻin (M: -ticʻen) zčanaparhayn 彼らが道すがら倒れてしまわないかと〔気が気ではない〕Mt 15,32 〔諸版本 = M〕; etʻe arjakem z-dosa nawtʻis i towns iwreancʻ, nkʻtʻicʻen i čanaparhi もし彼らを空腹のまま家に帰らせたら，道すがら倒れてしまうだろう Mk 8,3.

Š

šabatʻ, -ow, -owcʻ【名】①安息日 (σάββατον). ②1週間：①gorcen z-or očʻ ēr aržan gorcel i šabatʻow 彼らは安息日にすることが許されていなかったことをしている Mt 12,2; or ē merj y-EM əst šabatʻow-n čanaparhi

それはエルサレムに近く安息日の道のりのところにある Ac 1,12; k'anzi owrbat' ēr or i šabat'-n mtanēr = ... ὅ ἐστιν προσάββατον (D: ὅ ἐστιν πρὶν σάββατον) その日は準備日, つまり安息日の前日だったので Mk 15,42; or ē merjy-EM əst šabat'ow-n čanaparhi それはエルサレムに近く, 安息日の道のりのところにある Ac 1,12; ②pahem erkic's i šabat'ow 私は1週間に2度断食している Lk 18,12; zi ēr awr mec šabat'ow-n aynorik (M: aynmik) その週の〔安息〕日は大〔祭〕日であったから Jn 19,31. → miašabat', miašabat'i, owrbat'

šabat'owmn【名】安息日の祝い (σαββατισμός): ard owremn nowazeal ē šabat'owmn žołovrdean-n AY やはり, 神の民には安息日の祝いが残されているのだ He 4,9.

šah, -i, -ic'【名】①利益, 収益, 金儲け (κέρδος Php 1,21; ἐργασία Ac 16,19) [< *xšaθra-]. ②裕福; 楽な生計 (εὐπορία Ac 19,25): ①noynpēs ew mecatownn handerj šahiwk'n iwrovk' (= ἐν ταῖς πορείαις αὐτοῦ) t'aršamesc'i そのように富める人もその儲けと共に [Gk: その旅の途中で] 尾羽うち枯らすだろう Jas 1,11; zi inj keank' K'S ē ew meṙanel šah 私にとって生きることはキリストであり, 死ぬことは益である Php 1,21; ibrew tesin teark' nora et'ē hataw yoys šahi noc'a 彼女の主人たちが金儲けの望みがなくなってしまったことを知った時 Ac 16,19; ②ark', dowk' jezēn isk gitēk' zi y-aysm gorcoy ē šah mez 諸君, 君たち自身がよく知っているように, 我々が楽に暮らしているのは, この商売のおかげだ Ac 19,25.

šahap【名】会計官 (οἰκονόμος) [< *xšaθra-pā-]: ołjoyn tay jez Erastos šahap k'ałak'i-s 市の会計係であるエラストスがあなた方に挨拶を送る Ro 16,23.

šahavačaṙ, -i, -ac'【名】①利益を上げる商売, 利得の手段 (πορισμός 1Tm 6,5). ②商人 (ἔμπορος Re 18,15): ①ork' šahavačaṙ hamarin z-ACpaštowt'iwn-n 敬虔を〔生活物資の〕獲得手段だと考える人々 1Tm 6,5; ②amenayn šahavačaṙk' aysok'iwk' mecac'ealk' i k'ēn これらによって彼女のおかげで金持ちになったすべての商人たち Re 18,15. → šah, vačaṙ, vačaṙakan

šahim, -hec'ay【動】①利益を上げる, 儲ける, 獲得する (κερδαίνω [Mt 25,20.22D.Θ: ἐπικερδαίνω = i veray šahim] ; διαπραγματεύομαι Lk 19,15 [→ yargem] ; περιποιέομαι 1Tm 3,13). ②避ける, 免れる (κερδαίνω): ①vačaṙesc'owk' ew šahesc'owk' 商売をしてひと儲けしよう Jas 4,13; šahec'aw ayl ews hing 彼はほかに5 (タラントン) 儲けた Mt 25,16; ard awasik hing ayl ews k'ank'ar i veray šahec'ay さあ見よ, 私

はほかに 5 タラントンを儲けた Mt 25,20; zi gitasc'ē t'e o zinč' šahec'aw 誰がどれだけ儲けたかを知るために Lk 19,15; or barwok'-n paštic'en, aštičan bari anjanc' iwreanc' šahin 立派に奉仕職を果たす人々は立派な格付けを獲得する 1Tm 3,13; ②šahel z-višt-s z-ays ew z-vnas このような危険や損失を避けること Ac 27,21.

šałem, -ec'i【動】巻き込む：et'ē p'axowc'ealk' i płcowt'eanc' ašxarhi, gitowt'eamb TN meroy ew p'rkč'i-n YSi K'Si, ew darjeal ənd noyns šałealk' patic'in, ełic'i noc'a vaxčan-n č'ar k'an z-aṛaJin-n 人々が私たちの主であり救い主であるイエス・キリストを知ることによって、この世界のけがらわしさから逃れたとしても、再びそのけがらわしさに巻き込まれて籠絡されてしまうなら、その人々の終りは初めよりも悪いものとなるであろう 2Pe 2,20. → patem

šałp'ałp'owt'iwn, -t'ean [< * šałp'-šałp'- : Jensen, AG 126, p. 46]【名】ほら，放言，無駄話，たわごと (λῆρος)：erewec'an aṛaJi noc'a šałp'ałp'owt'iwn bank'-n noc'a 彼らにはそれらの言葉はたわごとのように思われた Lk 24,11. → šatxawsk'

šayekan, -ekanac'【形】役立つ，有益な (εὔθετος) [→ yaǰołem]：erkir or əmpic'ē z-anjrew bazowm angam ekeal i veray nora, ew cnanic'i ardiwns šayekans noc'a vasn oroy gorcec'in, əndowni z-ōrhnowt'iwn y-AY 地が自分の上にたびたび降って来る雨を吸い込み，自分を耕している人々のために有益な植物を産み出していれば，神からの祝福に与る He 6,7. → šah, tarekan

šan- → šown

šašap'em [M] → šawšap'em

šapikk', -pkac' [Calfa: šapik, cf. Mt 5,40M]【名】下着 (χιτών) [→ bačkon, k'łamid, handerj²]：or kamic'i ok' datel ew aṛnowl z-šapiks k'o (M: z-šapik k'o), t'oł i na ew z-bačkon k'o あなたを訴えて下着を取ろうとする者には，上着をも取らせよ Mt 5,40; or hanē i k'ēn z-bačkon k'o, mi argerowr i nmanē ew z-šapiks あなたから上着を奪い取る者には，下着をも拒むな Lk 6,29.

šat【副】①多く，十分に (πολύ, πολλά). ②šat ē/lini [+与] …にとって十分だ (ἀρκετός Mt 6,34; 10,25; ἱκανός 2Cor 2,6; ἀρκέω Jn 14,8; ἀρκέομαι Lk 3,14). ③p'ok'r i šatē 一部は，部分的に (ἀπὸ μέρους Ro 15,24; 2Cor 1,14; ἐκ μέρους 1Cor 13,9.12)，少しばかり (δι' ὀλίγων 1Pe 5,12)，部分的なもの (τὸ ἐκ μέρους 1Cor 13,10)：①orowm šat t'ołowc'ow, šat sirē 多く赦される者は多く愛するものだ Lk 7,47; amenayni orowm šat towaw, šat xndresc'i i nmanē 多く与えられた者からは、こ

šatasem 556

とごとく多く求められるだろう Lk 12,48; očʻ ews ayl šat xawsecʻaycʻ ənd jez = οὐκέτι πολλὰ λαλήσω ... もはやあなた方と多くは語るまい Jn 14,30; ayri-n ayn tař̄apeal šat ark kʻan z-amenesean or arkin i ganjanak-n かの貧しい寡婦は, 賽銭箱に〔金を〕投げ入れたすべての者よりも多く投げ入れた Mk 12,43; ibrew šat (= ἐπὶ πολύ) akn kaleal, ew tesanēin tʻē očʻinčʻ vnas ełew nma いつまで待っても, 彼らは彼に何の害も起こらなかったのを見ると Ac 28,6; ②šat ē awowr-n čʻar iwr 今日の苦しみで今日は十分だ Mt 6,34; šat icʻē ašakerti-n etʻe ełicʻi ibrew z-vardapet iwr 弟子にとっては彼がその師のようになればそれで十分だ Mt 10,25; šat ē aynpiswoy-n patowhas-n ayn, or i bazmacʻ anti ē そのような人にとっては多数の者たちによるあの処罰で十分だ 2Cor 2,6; cʻoycʻ mez z-hayr ew šat ē mez 私たちに父を見せよ, そうすれば満足する Jn 14,8; šat licʻin jez tʻošakkʻ-n jer = ἀρκεῖσθε τοῖς ὀψωνίοις ὑμῶν お前たちの給料はお前たちにとって十分だとせよ Lk 3,14; ③etʻe nax isk pʻokʻr i šatē jewkʻ lcʻaycʻ 私がまず部分的にでもあなた方によって満たされるならば Ro 15,24; orpēs ew xelamowt ełēkʻ mez pʻokʻr i šatē あなた方はある部分は私たちを理解してくれたのだから 2Cor 1,14; pʻokʻr i šatē grecʻi jez 私はあなたたちに少しばかり書いた 1Pe 5,12; yoržam ekescʻe katarowmn-n, pʻokʻr i šatē-s xapʻanescʻi 完全なものが到来する時には, この部分的なものは壊されるだろう 1Cor 13,10.

šatasem, -ecʻi【動】満足する (ἀρκέομαι): ownimkʻ kerakowr ew handerjs, ew aynow šatascʻowkʻ 私たちは食料と衣服を持っていれば, それで満足するだろう 1Tm 6,8.

šatxawsowtʻiwn, -tʻean【名】おしゃべりなこと, 多弁, 饒舌 3Jn 10.

šatxawskʻ, -sacʻ【名/形】おしゃべりな, 多弁な〔人〕; š. linim = βατταλογέω 無駄ごとを言う: yoržam kaycʻēkʻ y-aławtʻs, mi šatxawskʻ linikʻ (M: linicʻikʻ) ibrew z-hetʻanoss-n, zi hamarin etʻe i bazowm xawsicʻ iwreancʻ lseli linicʻin あなたたちが祈る時は, 異邦人たちのように駄弁を弄するな. 彼らは自分たちの言葉が多ければ聞き入れてもらえると思っているのだ Mt 6,7. → šałpʻałpʻowtʻiwn

šaržem, -ecʻi【動】① 〔他〕動かす, 揺する, 揺り動かす; 取り除く;（頭・手を）振る, 震わせる; そのかす, けしかける (κινέω Re 2,5; 6,14; Mk 15,29; σείω Mt 27,51; He 12,26; Re 6,13; κατασείω Ac 19,33; σαλεύω Mt 24,29; Ac 17,13; He 12,26). ②šaržim, -žecʻay 〔自〕動く, 振動する; 騒ぎ出す (κινέω Ac 17,28; 21,30;): ①amenayn lerinkʻ ew kłzikʻ i tełwoy iwreancʻ šaržecʻan 山や島も皆元の場所から動かされた Re 6,14; apa tʻē očʻ, gam es vałvałaki ew šaržecʻicʻ z-aštaraks kʻo i

šawšap'eli

tełwojē iwrmē さもなければ，私はすぐに来て，お前の燭台をその場所から取り除いてしまう Re 2,5; ork' anc'anein-n hayhoyein z-na šaržeal z-głowxs iwreanc' 通りすがりの者たちは頭を振りながら彼を冒瀆していた Mk 15,29; zawrowt'iwnk' erknic' šaržesc'in 天の諸力は揺り動かされるであろう Mt 24,29; miwsangam šaržec'ic' oč' miayn z-erkir ayl ew z-erkins もう一度私は地ばかりでなく天をも揺り動かすだろう He 12,26; astełk' erknic' t'ōt'ap'ec'an i y-erkir, orpēs terew t'zenwoy zi owžgin šaržic'i i hołmoy 天の星は，まるで風に激しく揺さぶられるいちじくの葉のように，地に振り落とされた Re 6,13; Ałeksandros šaržeac' z-jeřn ew kamēr patasxani ařnel amboxi-n アレクサンドロスは手で制して会衆に弁明しようとした Ac 19,33; oroy jayn-n z-erkir šaržeac' y-aynžam その声はかつて地を震わせた He 12,26; erkir šaržec'aw ew vēmk' patař-ec'an 大地が震え，岩々が裂けた Mt 27,51; ekin ew andr šaržel ew xř-ovec'owc'anel z-žołovs-n 彼らはそこにも押しかけて来て，群衆をそそのかし，扇動した Ac 17,13; ②novaw keamk' ew šaržimk' ew emk' 我々は神によって生き，動き，存在する Ac 17,28; šaržec'aw k'ałak'-n amenayn 町全体が大騒ぎとなった Ac 21,30. → anšarž

šaržlem → šaršlem

šaržowmn, -žman, -žmownk' 【名】揺れ，振動，地震 (σεισμός [cf. sasanowt'iwn]): šaržowmn mec ełew i covow-n 海が大荒れになった Mt 8,24; ełic'in šaržowmnk' i tełis tełis そこかしこに地震があるだろう Mk 13,8; ełew yankarcaki šaržowmn mec 突然大地震が起こった Ac 16,26.

šaržown, -žnoy, -oc' 【形】揺すられた (σαλευόμενος [σαλεύω]): č'ap' barwok' t'at'ałown šaržown zełown tac'en i gogs jer 人々は押し込み，揺すり，あふれ出るほどに枡を良くして，あなたたちの懐に与えるだろう Lk 6,38; ełegn i hołmoy šaržown? 風に揺らぐ葦か Lk 7,24.

šaršlem/šaržlem, -ec'i 【動】痙攣・ひきつけを起こさせる (συσπαράσσω): zarkoyc' z-na dew-n ew šaršleac' その悪霊は彼をなぎ倒し，痙攣させた Lk 9,42. → zarkowc'anem

šawił, -włi, -łac' 【名】小径 (τρίβος Mk 1,3; τροχιά He 12,13); 足跡 (ἴχνος 2Cor 12,18): owłiłs ararēk' z-šawiłs nora 彼の小径をまっすぐにせよ Mk 1,3; z-šawiłs owłiłs ararēk' otic' jeroc' 自分の足のためにまっすぐな径を造れ He 12,13; oč' novin? ogwov gnac'ak', oč' novin? šawłōk' šřjec'ak' 私たちは同じ霊によって歩んだのではなかったか．同じ足跡をめぐり歩いたのではなかったか 2Cor 12,18. → p'ołoc', čanaparh, owłi

šawšap'eli 【形】手で触れられる (ψηλαφώμενος): zi oč' ēk' matowc'eal

šawšapʻem 558

ař leařn šōšapʻeli あなた方は触れることのできる山に近づいたわけではない He 12,18.

šawšapʻem, -ecʻi; M: šašapʻem [< *šapʻ-šapʻ-: ELPA II.65]【動】手で触る (ψηλαφάω)：šawšapʻecʻēkʻ z-is ew tesēkʻ, zi ogi marmin ew oskers očʻ owni, orpēs z-is-s tesanēkʻ zi ownim 私に手で触ってみて，霊ならば，あなたたちが私を見ているようには，肉や骨をそなえていないのを見て取れ Lk 24,39; or ēr-n i skzbanē, z-ormē lowakʻ-n, orowm akanates-n isk ełeakʻ, ənd or hayecʻakʻ-n ew jeřkʻ mer šōšapʻecʻin はじめからあったもの，私たちが聞いたもの，私たちの目で見たもの，よく観て，私たちの手で触ったもの 1Jn 1,1.

šapʻiła/šapʻiłay, -ay/-ayi【名】サファイア (σάπφιρος) Re 21,19.

šełǰakowtem, -ecʻ【動】積み上げる，累積させる，充満させる (σωρεύομαι)：z-kanays šełǰakowteals mełōkʻ 罪で充満する女たち 2Tm 3,6.

šēn, šini, -icʻ【名】村 (κώμη)：ehan artakʻoy šini-n 彼は〔彼を〕村の外に連れ出した Mk 8,23; i šēn-d mi mtanicʻes aył ertʻ i town kʻo, ew yoržam i šēn-n mtanicʻes, mi owmekʻ asicʻes i šini-n 村〔人の中〕に入ってはならず，自分の家に行け．そして村に入ることがあっても，村では誰にも話してはいけない Mk 8,26; el YS ašakertawkʻ-n handerj i šēns Kesareay Pʻiłipeay (M: Kesarea Pʻiłippē) イエスは弟子たちと共にカイサリア・フィリッピの村々に行った Mk 8,27. → geawł, šinawł, šinem, šinowac

šēǰ → anšēǰ, šiǰanim

šił [M] → šiwł

šinac → šinowac

šinawł/šinoł, -i, -acʻ【名】家を造る人 (οἰκοδόμος Ac 4,11)：z-vēm-n [/Lk: vēm-n] z-or anargecʻin šinawłkʻ (= οἱ οἰκοδομοῦντες), na ełew glowx ankean 家造りたちの棄てた石，それが隅の親石となった Mt 21,42; Mk 12,10; Lk 20,17; na ē vēm-n anargeal i ǰēnǰ šinołacʻ, or ełew glowx ankean その方こそは，あなたたち家造りによって棄てられ，隅の親石となった石なのだ Ac 4,11. → -awł, šinem

šinem, -ecʻi【動】（家を）建てる，基礎を固める (οἰκοδομέω Mt 7,24; Mk 14,58 [v.l. (D)：ἀναστήσω]; ἀνοικοδομέω Ac 15,16a; ἐποικοδομέω 1Cor 3,10; Jd 20; οἰκοδομή 2Cor 13,10); versain šinem 建て直す (ἀνοικοδομέω Ac 15,16b); [受；ənd+位] 共に建てられる (συνοικοδομοῦμαι Eph 2,22)：nmanescʻē ařn imastnoy or šineacʻ z-town iwr i veray vimi 彼は自分の家を岩の上に建てた賢い人と同じであろう Mt 7,24; es k'akec'ic' z-tačar-d z-ayd jeřagorc ew z-eris awowrs šinec'ic' ayl aŕanc' jeřagorci 私は手で造られたその神殿を壊し，3日の後に手で造られない別の神殿を建ててみせる Mk 14,58; yet aysorik darjayc' ew šinec'ic' z-yarks-n Dawt'i z-ankealn ew z-korcaneal-n nora versain šinec'ic' ew kangnec'ic' z-na この後，私は帰って来て，ダビデの倒れた幕屋を建て直し，その崩れたところを建て直し，それを再建するであろう Ac 15,16; himn edi, bayc' ayl ē or šinē-n 私は土台を据えたが，建てるのは他の者である 1Cor 3,10; əst išxanowt'ean-s, z-or et inj TR i šinel ew oč' i k'akel 破壊のためにではなく，建てることのために主が私に与えてくれた権威に従って 2Cor 13,10; ew dowk' ənd nmin šinik' i bnakowt'iwn AY あなた方もこの方と結び合わされて神の住まいへと築き上げられる Eph 2,22.　→ šēn

šini → šēn

šinoł → šinawł

šinowac; šinac, -oy; šinowack', -coc' 【名】①建物 (οἰκοδομή Mk 13,1; 1Cor 3,9; ἐνδώμησις Re 21,18); 幕屋 (σκῆνος 2Cor 5,1). ②構築 (οἰκοδομή Eph 4,12): ①orpisi en k'arink'-s ew orpisi šinowack' なんという石，なんという建物だろう Mk 13,1; c'owc'anel nma z-šinowacs tačari-n 彼らは神殿の建物群を彼に指し示した Mt 24,1; ēr šinowac parspac' k'ałak'i-n yaspis 城壁は碧玉で築かれていた Re 21,18; et'ē erkrawor tačar šinowacoy-n meroy k'aktesc'i たとえ私たちの地上の幕屋の家が打ち壊されても 2Cor 5,1; AY šinac ēk' あなた方は神の建物だ 1Cor 3,9; ②i šinowac marmnoy-n K'I キリストの体の構築のため Eph 4,12.

šinowt'iwn, -t'ean 【名】安寧，安全 (ἀσφάλεια): yoržam asic'en t'ē xałałowt'iwn ew šinowt'iwn ē, yaynžam yankarcaki hasc'ē noc'a satakowmn 人々が「平和だ，そして安全だ」と言う時，思いがけない滅びが彼らを急襲する 1Th 5,3.

šiš, šši, -ic' 【名】油を入れる器・小びん (ἀλάβαστρον): ekn kin mi or ownēr šiš iwłoy 香油の入った石膏の壺を持った1人の女が来た Mk 14,3.

šiǰanim, -ǰay 【動】(火が) 消える (σβέννυμαι): towk' mez y-iwłoy-d jermē, zi aha šiǰanin lapterk'-s mer あなたたちの油を分け与えよ，ほら私たちのともし火が消えかかっているから Mt 25,8.　→ anšēǰ, šēǰ

šiǰowc'anem, -owc'i 【動】消す (σβέννυμι): z-patrovk-n aŕkayceal oč' šiǰowsc'ē 彼は燃え残る〔燈火の〕芯を消すことがないであろう Mt 12,20; šiǰowc'in z-ōtowt'iwn hroy 彼らは火の力を消した He 11,34; z-hogi-n mi šiǰowc'anēk' あなたたちは霊を消してはならぬ 1Th 5,19.

širim, -rmi, -macʻ【名】墓（τάφος Mt 23,29; μνημεῖον Lk 11,47）: šinēkʻ z-širims margarēicʻ ew zardarēkʻ z-gerezmans ardarocʻ お前たちは預言者たちの墓を建て，義人たちの墓所を飾りたてる Mt 23,29. → gerezman

šiwł; M: **šił** [**šił**, šłi/šłoy, -icʻ; **šiwł**, šiwłi/šiwłoy; šeł], -i; cf. ELPA II.152]【名】ちり屑（κάρφος）: ziʔ tesanes z-šiwł y-akan ełbawr kʻo なぜあなたは自分の兄弟の目にあるちり屑を見るのか Mt 7,3.

šłtʻay; šłtʻaykʻ, -icʻ【名】鎖（ἅλυσις）: očʻ šłtʻayiwkʻ okʻ ews karēr kapel z-na 誰ももはや鎖で彼を縛っておくことができなかった Mk 5,3; vasn ... xzeloy i nmanē z-šłtays-n 彼から鎖を引きちぎることによって Mk 5,4; kapēr i šłtays ew pahēr y-erkatʻs 彼は鎖と鉄鎖で縛り上げられ監視されていた Lk 8,29; hramayeacʻ kapel krkin šłtʻayiwkʻ 彼は2本の鎖で縛るように命じた Ac 21,33; vasn yowsoy-n Israyēli kam i šłtʻay-s y-aysosik 私はイスラエルの希望ゆえにこの鎖につながれている Ac 28,20; ownēr z-pʻakans džoxocʻ ew šłtays mec i jeřin iwrowm 彼は底なしの深淵の鍵と大きな鎖を手にしていた Re 20,1.

šłoṙos/šłoṙos【形】黄色がかった，青ざめた，蒼白い（χλωρός）: aha ji šłoṙos 見よ，蒼白い馬がいる Re 6,8.

šnam, -acʻay [/-acʻi], 命・現 šnar【動】姦淫する（μοιχεύω Lk 16,18; Mt 5,28.32; μοιχάομαι Mk 10,12）: amenayn or arjakē z-kin iwr ew aṙnē ayl, šnay 自分の妻を離縁し，他の女を娶る者はすべて，姦淫する者だ Lk 16,18; amenayn or hayi i kin mard aṙ i cʻankanaloy nma andēn šnacʻaw ənd nma i srti iwrowm ある女に対する欲情を抱いてその女を見る者はすべて，自分の心の中ですでに彼女と交わって姦淫を犯したのだ Mt 5,28; amenayn or arjakē z-kin iwr aṙancʻ bani poṙnkowtʻean, na tay nma šnal 淫行以外の理由で自分の妻を離縁する者はすべて，彼女に姦淫を行わせる者だ Mt 5,32; kin tʻe elcʻē yaṙnē iwrmē. ew ełicʻi aylowm. šnay 女が自分の夫のもとを去り，他の男のものになるとすれば，彼女は姦淫する者だ Mk 10,12. → šnowtʻiwn, šown

šnacʻoł; M: + -cʻawł, -i, -acʻ【形】姦通をする，不貞の（μοιχαλίς）: azg čʻar ew šnacʻoł nšan xndrē 悪い不貞の世代は徴を求める Mt 12,39; i šnacʻoł (i šnacʻawł) ew i meławor azgi-s y-aysmik この不貞で罪深い世代において Mk 8,38; šnacʻołkʻ, očʻ gitēkʻ zi sēr ašxarhi-s aysorik tʻšnamowtʻiwn ē aṙ AC 姦通している女どもよ，あなた方にはこの世界への愛着が神への敵意であることがわからない Jas 4,4.

šnorh [具 –iw (ELPA I.154)]; šnorhkʻ, -hacʻ【名】恵み；好意；感謝，恩；賜物（χάρις; χάρισμα Ro 1,11）; šnorhs aṙnel = χάριτα κατατίθεμαι [+与]…に恩を売る: gter šnorhs y-AY あなたは神からの

恵みを得た Lk 1,30; etʻe sirēkʻ dowkʻ z-sirelis jer, zinčʻ?/or? šnorh ē jer あなたたちを愛してくれる者たちを愛したとしても，あなたたちにはどのような恵みが与えられるというのか Lk 6,32.34; aržani ē orowm z-šnorhs z-ays aṙnes = ... παρέξῃ τοῦτο 彼は，このことをかなえてやるのにふさわしい者だ Lk 7,4; mi tʻe šnorh? inčʻ ownicʻi caṙayi-n aynmik zi arar z-amenayn hramans-n その僕が言い渡されたことをしたからといって，主人は彼に恩を覚えるだろうか Lk 17,9; el y-anjn arareal šnorhacʻ-n AY y-ełbarcʻ anti 彼は兄弟たちから神の恵みに委ねられて出発した Ac 15,40; z-nosa aṙakʻecʻicʻ tanel z-šnorhs-n jer y-Erowsałēm あなたたちの好意をエルサレムに持参するために，私は彼らを送り出そう 1Cor 16,3; ownēin šnorhs aṙ amenayn žołovowrd-n 彼らはすべての民に好意を持たれていた Ac 2,47; zi pʻoxecʻicʻ i jez šnorhs inčʻ hogewors 私があなた方にいくらかでも霊的な賜物を分け与えるために Ro 1,11; ibrew kamecʻaw šnorhs aṙnel hrēicʻn Pʻelikʻs, etʻoł z-Pawłos kapeal フェリクスはユダヤ人に恩を売ろうとして，パウロを拘禁したままにしておいた Ac 24,27.

šnorhakalem, -ecʻi【動】感謝する；認める（ἀποδέχομαι）: amenayniw, ew amenayn owrekʻ šnorhakalemkʻ, kʻaǰ-d Pʻilikʻs, amenayn gohowtʻeamb フェリクス閣下，私たちはあらゆる面で，また至るところで，〔このことを〕認めて，衷心より感謝する Ac 24,3.

šnorhem, -ecʻi【動】①贈る，（恵みとして）与える，下げ渡す，引き渡す（δωρέομαι Mk 15,45; χαρίζομαι Lk 7,21; Ac 25,16; Phm 22; χορηγέω 1Pe 4,11; ἐπιχορηγέω 2Pe 1,11);（厚意を）示す（παρέχω Ac 28,2) ②帳消しにする，赦す（χαρίζομαι Lk 7,42; 2Cor 12,13）: ①ibrew stowgeacʻ i hariwrapetē anti, šnorheacʻ z-marmin-n Yovsēpʻay 百人隊長から聞き知って，彼は死体をヨセフに与えた Mk 15,45; čʻ-ē ōrēn hṙomayecʻowcʻ šnorhel owmekʻ z-okʻ ある人を誰かに引き渡すのはローマ人の慣習ではない Ac 25,16; kowracʻ bazmacʻ šnorheacʻ tesanel 彼は多くの盲人の目を見えるようにしてやった Lk 7,21; šnorhecʻēkʻ inj z-vnas-d z-ayd あなた方には私のこの不義を赦して欲しい 2Cor 12,13; yowsam tʻē ałōtʻiwkʻ jerovkʻ šnorhecʻaycʻ jez 私は，あなた方の祈りによって，恵みとして私があなた方に与えられるように，希望している Phm 22; ayspēs aṙatapēs šnorhescʻi jez mowt i yawitenakan arkʻayowtʻiwn このようにして，永遠の国に入るという恵みがあなた方に豊かに加えられるだろう 2Pe 1,11; ②ibrew očʻ goyr nocʻa hatowcʻanel, erkocʻowncʻ (M: erkowcʻowncʻ) šnorheacʻ 彼らには返済できず，彼は2人とも借金を帳消しにしてやった Lk 7,42; šnorhecʻēkʻ inj z-vnas-d z-ayd あなた方に

は私のこの不義を赦して欲しい 2Cor 12,13.
šnowtʻiwn, -tʻean【名】姦淫 (μοιχεία)：i nerkʻowst i srtē mardkan xorhowrdkʻ čʻarowtʻean elanen, šnowtʻiwnkʻ, poṙnkowtʻiwnkʻ, gołowtʻiwnkʻ, spanowtʻiwnkʻ 人間の心の中からこそ，悪の想いが出て来る．つまり姦淫，淫行，盗み，殺人である Mk 7,21. → šnam

šnčʻawor【形】自然的な (ψυχικός) [→ šownčʻ + -awor「呼吸する (生物)」]：šnčʻawor mard očʻ əndowni z-hogwoy-n AY 自然的な人間は神の霊のことがらを受け容れない 1Cor 2,14; sermani marmin šnčʻawor ew yaṙnē marmin hogewor 自然的な体が蒔かれ，霊的な体として起こされる 1Cor 15,44.

šnčʻem, -ecʻi【動】(風が) 吹く (πνέω Lk 12,55; Jn 3,8; 6,18; ὑποπνέω Ac 27,13; ἐπιγίνομαι Ac 28,13)：yoržam haraw šnčʻeal 南風が吹くと Lk 12,55; ołm kami šnčʻē 風は吹きたいところに吹く Jn 3,8; cov-n i sastik hołmoy šnčʻeloy yowzēr 強い風が吹いていて，海は荒れていた Jn 6,18; i šnčʻel harawoy-n, hamarecʻan owr dimeal-n ēin hasanel 南風が吹いて来たので，人々は彼らの目論見を達成できると思った Ac 27,13; yet awowr mioy i šnčʻel harawoy-n 1 日経つと南風が吹き始めた Ac 28,13. → šownčʻ

[**ššownǰ**「つぶやき」(Wisd. 1,11)] → anššownǰ

šogmog, -kʻ【形】不平たらたらの，愚痴っぽい，小やかましい (μεμψίμοιρος Jd 16); 讒言する者 (ψιθυριστής Ro 1,29). → trtnǰoł

šowaytowtʻiwn, -tʻean【名】放埒，遊蕩；酒宴 (κραιπάλη)：gowcʻē canranaycʻen sirtkʻ jer šowaytowtʻeamb ew arbecʻowtʻeamb あなたたちの心が酒宴や酩酊で鈍重になることがないように Lk 21,34.

šown, šan, šownkʻ, šancʻ【名】① [子] 犬 (κύων; κυνάριον Mt 15,27). ②姦通する者，姦婦 (μοιχός Lk 18,11; 1Cor 6,9; μοιχαλίς Ro 7,3) [→ šnam, šnowtʻiwn]：①šownkʻ ews gayin lezowin z-vērs nora 犬どもまでやって来て彼のできものを舐めた Lk 16,21; ew šownkʻ kerakrin i pʻšranacʻ ankelocʻ i sełanoy teaṙn iwreancʻ 子犬たちでもその主人のテーブルから落ちる食べ屑にはありつく Mt 15,27; zgoyš ełerowkʻ i šancʻ anti あなた方はあの犬たちに注意せよ Php 3,2; elcʻen artakʻs šownkʻ, ew dełatowkʻ, spanōłkʻ, ew kṙapaštkʻ, ew amenekʻean or siren z-stowtʻiwn 犬ども，魔法を行う者，殺人者，偶像を拝む者，またすべて嘘を好む者は [都の] 外に出て行くことになる Re 22,15; ②gohanam z-kʻēn zi očʻ em ibrew z-ayls i mardkanē, z-yapʻštakołs, ew z-aniraws, ew z-šowns 私はあなたに，他の者たちのようでないこと，つまり略奪する者ども，不義なる者ども，姦通する者どものようでないことを感謝す

る Lk 18,11; apa owremn minč' kendani ē ayr-n, šown koč'i et'ē linic'i aṙn aylowm それゆえに，夫が生きている時に，もしも彼女が他の男のものとなれば，彼女は姦婦と呼ばれる Ro 7,3.

šownč', šnč'oy, -oc' 【名】息，息吹き，風のそよぎ；魂，心；生命，生き物 (πνοή Ac 17,25; ψυχή Php 1,17; 1Th 5,23; Re 16,3)：na tay amenayni keans ew šownč' ew z-amenayn inč' 彼自らがすべての人々に命と息と万物を与えている Ac 17,25; miov šnč'ov nahatakic'ik' i hawats awetarani-n あなた方は一つ心をもって福音の信仰のために闘っている Php 1,27; bovandak jer ogi ew šownč ew marmin anarat i galowst TN meroy YI K'I 私たちの主イエス・キリストの来臨において，あなた方の霊が全きものとして，そして心と体とが非の打ちどころなく守られるように 1Th 5,23; amenayn šownč' kendani or ēr i covow satakec'aw 海の中の生き物はすべて死滅した Re 16,3. → hamašownč', šnč'em

šowšan, -i, -ac' 【名】百合，草花 (κρίνον Mt 6,28)：hayec'arowk' i šowšan-n vayreni orpēs ačē 野の草花がどのように育つか，よく見つめよ Mt 6,28.

šowrt'n, šrt'an; **šrt'ownk'**, -t'anc' 【名】唇 (χεῖλος)：žołovowrd-s ays šrt'ambk' patowē [/Mk: mecarē] z-is この民は唇で私を敬う Mt 15,8; Mk 7,6; i jeṙn nora matowsc'owk' patarag ōrhnowt'ean y-amenayn žam AY, ays ink'n ē z-ptowł šrt'anc' xostovaneloc' y-anown nora 彼を通して，私たちは賛美の生け贄，つまり彼の名を告白する唇の実を，いつも神に献げよう He 13,15.

šowrǰ 【副】[z-+具] …のまわりに，…の周囲（周辺）に (περί Jd 7; Mk 9,14; Lk 13,8; πέριξ Ac 5,16; κυκλόθεν Re 4,4); šowrǰ gam/linim 巡る，取り囲む (κυκλόω He 11,30; Jn 10,24); patem šowrǰ 包囲する (κυκλεύω Re 20,9)：Sodomn ew Gomor ew or šowrǰ z-nok'ōk' k'ałak'-n ソドムとゴモラと周辺の町々 Jd 7; parispk'-n Erik'ovi ankan šowrǰ ekeal z-nok'ōk' z-ewt'n ōr〔人々が〕7日間その周りをめぐった後，エリコの城壁は落ちた He 11,30; šowrǰ ełen z-novaw hreayk'-n ユダヤ人たちが彼を取り囲んだ Jn 10,24; srǰēr šowrǰ z-gawaṙawk'-n (= περιῆγεν τὰς κώμας κύκλῳ) 彼はまわりの村々をめぐり歩いた Mk 6,6; tesin ambox šowrǰ z-nok'awk' 彼らは群衆が彼らのまわりにいるのを見た Mk 9,14; ac šowrǰ z-novaw c'ank (= περιέθηκεν φραγμόν) 彼はそのまわりに垣根を設けた Mk 12,1; lowsan or šowrǰ z-novaw ein (= οἱ περίοικοι) ew azgatohm nora zi mec arar TR z-ołormowt'iwn iwr ənd nma まわりに住む者たちと彼女の親族の者たちは，主が彼女に対するその憐れみを増して下さったと聞いた Lk 1,58; y-amenayn telis šowrǰ z-gawaṙaw-n

šowrǰanaki 564

(= εἰς πάντα τόπον τῆς περιχώρου) その地域の周辺のすべての地に Lk 4,37; bazmowt'iwn šowrǰ z-kołmambk'-n Gergesac'woc' (= τὸ πλῆθος τῆς περιχώρου τῶν Γερασηνῶν) ゲラサ人たちの地方の周辺の人々 Lk 8,37; minč' šowrǰ z-dovaw brec'ic' ew arkic' ałb (= ἕως ὅτου σκάψω περὶ αὐτὴν καὶ βάλω κόπρια) 私がそのまわりを掘って, 肥やしをやる間 Lk 13,8; yoržam tesanic'ēk' šowrǰ pateal zawrawk' z-ĒM (= ... κυκλουμένην ὑπὸ στρατοπέδων ...) あなたたちがエルサレムが軍隊に囲まれるのを見る時 Lk 21,20; šowrǰ edeal z-mštkaw zovpayi (= ὑσσώπῳ περιθέντες)〔海綿を〕ヒソプの束に巻きつけて Jn 19,29; bazmowt'iwn-n šowrǰ i k'ałak'ac' anti y-EM (= τὸ πλῆθος τῶν πέριξ πόλεων Ἰερουσαλήμ) エルサレムの周囲の町々の群衆 Ac 5,16; šowrǰ z-at'oṙov-n at'oṙk' k'san ew č'ork' 玉座のまわりには 24 の王座があった Re 4,4. → šrǰim

šowrǰanaki【副】周囲に, まわりじゅう (κυκλόθεν)：šowrǰanaki ew i nerk'oy li ēin ač'ōk' (それらの生き物は) まわりじゅう, そして〔翼の〕内側まで目で覆われている Re 4,8.

šowk', šk'ov【名】光輝, 栄光, 敬意；権威 (ἐξουσία)：parti kin-n šowk' dnel glxoy-n 女性は頭に権威を置くべきだ 1Cor 11,10.

štemarank', -nac'【名】《複》納屋, (屋根裏の) 穀物倉 (ἀποθήκη Mt 3,12; ταμ[ι]εῖον Lk 12,24); 奥の部屋 (ταμ[ι]εῖον Mt 24,26; Lk 12,3) [→ seneak]：žołovesc'ē z-c'orean-n i štemarans iwr 彼はその麦を倉に集めるだろう Mt 3,12; oroc' oč' gon štemarank' ew oč' hambaranoc'k' 彼らには納屋もなければ倉もない Lk 12,24; apa et'e asic'en jez, ahawanik y-anapati ē, mi elanic'ēk'· ew t'e aha y-štemarans ē, mi hawatayc'ēk' だから, 人々があなたたちに「見よ, 彼は荒野にいるぞ」と言っても, 出て行くな. 「見よ, 奥の部屋にいるぞ」と言っても, 信じるな Mt 24,26; z-or y-ownkanē-n xawsec'arowk' i štemarans k'arozesc'i i veray taneac' あなたたちが奥の部屋で耳元に語ったことは, 屋根の上で宣べ伝えられるだろう Lk 12,3. → hambaranoc'

šrt'- → šowrt'n

šrǰem, -ec'i【動】ひっくり返す, 覆す, わきへ逸らす；変質させる；惑わせる, 誘惑する (διαστρέφω Ac 13,8; μεταστρέφω Ga 1,7; μεθίστημι Ac 19,26).：or xndrēr šrǰel z-p'oxanak bdešxi-n i hawatoc' 彼はその地方総督を信仰から遠ざけようとした Ac 13,8; omank' or xṙovec'owc'anic'en z-jez ew kamic'in šrǰel z-awetaran-n K'Si あなた方を動揺させ, キリストの福音を変質させようと欲している何人かの者たち Ga 1,7; Pawłos-s ays hawanec'owc'eal šrǰeac' bazowm žołovs このパウロが大勢の人々を説き伏せ誘惑した Ac 19,26.

šrǰec'owc'anem, -owc'i【動】連れまわる，連れ歩く (περιάγω)：mi t'ē oč'? ownic'imk' išxanowt'iwn z-k'ors kanays šrǰec'owc'anel ənd mez 私たちは姉妹を妻として連れまわる権限を持たないのだろうか 1Cor 9,5;

šrǰim, -ec'ay【動】①巡り歩く，巡回する；放浪する (διοδεύω Lk 8,1; διαπορεύομαι Lk 13,22; διέρχομαι Lk 9,6; Ac 13,6; περιέρχομαι He 11,37; περιάγω Mt 4,23; Ac 13,11). ②集まる (συστρέφομαι Mt 17,22). ③滞在する (διατρίβω Jn 3,22). ④ (時を) 過ごす；振る舞う，生活する (διάγω Tt 3,3; ἀναστρέφομαι 2Cor 1,12) ⑤ [z-+具] …を心にかける，思いやる (ἐπισκέπτομαι Ac 7,23)：①ink'n šrǰēr ənd k'ałak's ew ənd geawłs 彼自身は町から町へ，村から村へと巡り歩いた Lk 8,1; šrǰeal ənd amenayn kłzi-n minč'ew i Pap'os 彼らが島中を巡回してパポスまで行くと Ac 13,6; šrǰec'an laškamaškōk' 彼らは羊の毛皮をまとって放浪した He 11,37; ew šrǰēr YS ənd amenayn kołm Gałiłeac'woc' イエスはガリラヤ全域を巡り歩いた Mt 4,23; šrǰēr xndrēr ařaǰnords 彼は〔手を取って〕導いてくれる人を探し回った Ac 13,11; šrǰēr šowrǰ z-gawařawk'-n = περιῆγεν τὰς κώμας κύκλῳ 彼はまわりの村々を巡り歩いた Mk 6,6; šrǰeloy stower = τροπῆς ἀποσκίασμα 運行によって生じる影 Jas 1,17; ②minč'deř šrǰein nok'a i Gałiłea 彼らがガリラヤで集まった時 Mt 17,22; ③bazowm žamanaks šrǰein 彼らは長い期間滞在した Ac 14,3; ④č'arowt'eamb ew naxanjow šrǰeak' 私たちは悪意と嫉妬をもって〔日々を〕過ごしていた Tt 3,3; šnorhōk'-n AY šrǰec'ak' y-ašxarhi 神の恵みによって私たちはこの世界で振る舞った 2Cor 1,12; ⑤ankaw i sirt nora šrǰel z-ełbarbk' iwrovk' 彼の兄弟たちを思う心が彼に起こった Ac 7,23. → šowrǰ, yacim

šrǰōł/-oł, -łac'【形/名】巡り歩く〔人〕；放浪者 (περιέρχομαι 1Tm 5,13)：miangamayn ew datarakanjownk' owsanim, šrǰōł tanē i town 同時に彼女らは家から家へと巡り歩いて怠慢さを学ぶ 1Tm 5,13; omank' i šrǰōł hrēic'-n or erdmnec'owc'ič'k'-n ēin ユダヤ人の巡回霊能者数人 Ac 19,13.

šp'em, -ec'i【動】こする，揉む (ψώχω)：šp'ein ənd ap' ew owtein 彼らは〔麦の穂を〕手で揉んで食べ始めた Lk 6,1.

o

o¹; ov, 属 oyr, 与 owm, 奪 owmē; 複・主 oyk', 対/位 oys, 属/与/奪 oyc' 【代】①《疑問；実詞として》誰，何者（τίς）→（修飾語として）or;（ものに対して）zi¹; ②《関係代名詞の機能で》：①margarēac' mez, K'S-d, ov ē or ehar-n z-k'ez キリストよ，俺たちに予言してみろ，お前を打ったのは誰か Mt 16,68; oyr? y-iwt'anc'-n ełic'i na kin 彼女は 7 人のうちの誰の妻だろうか Mt 22,28; z-oyr patker ew z-gir owni それは誰の像と銘を担っているか Lk 20,24; z-o? ok' asen z-inēn mardik-n t'e ic'ē ordi mardoy 人々は私のことで，人の子を誰だと言っているか Mt 16,13; t'agawork' azgac' y-owmē? aṙnown z-harks kam z-hasn 地上の王たちは誰から関税や人頭税を取るのか Mt 17,25; ②oyr ic'en erkow handerjk', tac'ē z-min aynm oyr oč'-n gowc'ē ew oyr kayc'ē kerakowr noynpēs arasc'ē 下着が 2 枚ある者は，ない者に 1 枚与えよ．また，食物がある者も同じようにせよ Lk 3,11; owm kamim tam z-sa 俺の望む者に，俺はこれを与える Lk 4,6; ork' ənkalan-n z-na ... oyk' oč' y-arenē ew oč i kamac' marmnoy ew oč' i kamac' aṙn, ayl y-AY cnan 彼を受け入れた人々，…彼らは血からでなく，肉の意志からでもなく，人の意志からでもなく，神から生まれたのだ Jn 1,13; vay mardoy-n aynmik y-oyr jeṙn (= δι' οὗ) gayc'ē gayt'agłowt'iwn 禍だ，自分を通して躓きがやって来る，その当に人は Mt 18,7.

o²［間投詞］→ ov²

o³ → yo

ogi, -ogwoy, -oc' 【名】①霊，魂（πνεῦμα; ψυχή Mt 26,38）．②z-ogi hanem 息を引き取る，息絶える（ἐκπνέω Mk 15,37); arjakem z-ogi 息を引き取る（ἀφίημι τὸ πνεῦμα Mt 27,50); awandem z-ogi 息を引き取る（παραδίδωμι τὸ πνεῦμα Jn 19,30); elanem ogi 卒倒する，息が絶える（ἀποψύχω Lk 21,26); y-ogwoc' hanem 嘆息する（στενάζω Mk 7,34): ①z-ahi hareal erknč'ein ew hamarein ogi inč' tesanel 愕然として彼らは恐怖に襲われ，何か霊を見ているものと思った Lk 24,37; gown gorceal ogwov č'ap' 全霊をかけ努力して (= παραβολενσάμενος τῇ ψυχῇ 命を危険にさらして) Php 2,30; trtowm ē ogi im minč'ew i mah 私の魂

は死ぬほどに悲しい Mt 26,38; gitac' YS i y-ogi iwr t'e aynpēs xorhin i mits iwreanc' イエスは，彼らがそのように思いめぐらしているのをその霊によって知った Mk 2,8; ②YS arjakeac' jayn mec ew ehan z-ogi イエスは大声を放って息絶えた Mk 15,37; i jeṙs k'o awandem z-hogi im. z-ays ibrew asac' ehan z-ogi = εἰς χεῖράς σου παρατίθεμαι τὸ πνεῦμά μου. τοῦτο δὲ εἰπὼν ἐξέπνευσεν 「あなたの両手に私の霊を委ねる」。こう言った後，彼は息絶えた Lk 23,46; y-elaneloy ogwoc' mardkan y-erkiwłē 人々は恐れゆえに息が絶える Lk 21,26; hayec'aw y-erkins y-ogwoc' ehan 彼は天を仰ぎ見て嘆息した Mk 7,34. → hogi, anjn, p'ok'rogi

ogowt [M] → awgowt

oxanam, oxac'ay【動】[ənd+位] …を恨む (ἐνέχω [→ zč'arim]) [oxk' 「恨み，遺恨」]: Hērovdia oxac'eal ēr ənd nma ヘロディアは彼を恨んでいた Mk 6,19.

oloṙn, -ṙan, -ṙownk'【名】しずく（の1滴）；豆；oloṙn oloṙn 1滴ずつ Lk 22,44 [Zohrab]. → kaylak

[-**oł**] → -awł

ołbam, -ac'i/-ac'ay【動】嘆く；わめく，泣く (θρηνέω; ὀλολύζω Jas 5,1; κλαίω Re 18,11) [ołb 「嘆声」]: ołbac'ak' ew oč' lac'ēk' ぼくらは嘆いたのに，君らは悲しがってくれなかった Lk 7,32; lac'jik' ew ołbasjik' dowk' 他ならぬあなた方が泣き嘆く Jn 16,20; lac'ēk' ew ołbac'ēk' i veray t'šowṙowt'eanc'-n or galoc' en i veray jer あなたがたを見舞おうとしている悲惨さを思って泣きわめけ Jas 5,1.

ołbowmn, -bman【名】死者への嘆き，挽歌，哭歌 (θρῆνος [D]): ołbowmn ew lalowmn ew ašxarowmn yoyž 大いなる哀歌と嘆きと呻き声 Mt 2,18.

ołkoyz, -i/-oy, -oc'【名】葡萄の房 (βότρυς): kt'ea z-ołkoyz-s y-aygwoy erkrē, zi haseal ē xałoł-d i dma 地上の葡萄の房を刈り集めよ，葡萄の実はすでに熟しているから Re 14,18.

ołormac, -i, -ac'【形】憐れみ深い，慈しみ深い (ἐλεήμων Mt 5,7; οἰκτίρμων Jas 5,11): erani ołormacac', zi nok'a ołormowt'iwn gtc'en 幸いだ，憐れみ深い者たち，その彼らこそ憐れみを受けるであろう Mt 5,7; z-hamberowt'iwn-n Yovbay lowarowk' ew z-katarowmn TN tesēk', zi bazmagowt' ē TR ew ołormac あなた方はヨブの忍耐のことを聞き，主の結末を見た．主は断腸の想いでおり，慈しみ深いからである Jas 5,11.

ołormeli【形】惨めな，憐れむべき (ταλαίπωρος Re 3,17; ἐλεεινός 1Cor 15,19): dow es ołormeli ew hełg お前は惨めでのろまだ Re 3,17; ołormeli emk' k'an z-amenayn mardik 私たちはあらゆる人たちよりも

ołormim, -rmecʻay【動】[＋与] 憐れむ，慈善をなす (ἐλεάω/ἐλεέω)：ołormeacʻ inj, TR ordi Dawtʻi 主よ，ダビデの子よ，私に憐れみを Mt 15,22; ołormecʻaycʻ orowm ołormecʻaycʻ-n 私は私が憐れもうとする者を憐れむだろう Ro 9,15; .

ołormowtʻiwn, -tʻean【名】憐れみ，施し（物）(ἐλεημοσύνη; ἔλεος Eph 2,4; οἰκτιρμός Col 3,12)；ołormowtʻiwn gtanem 憐れみを受ける (ἐλεάω [受] Mt 5,7; Ro 11,30): zgoyš lerowkʻ ołormowtʻean (δικαιοσύνη [D: ἐλεημοσύνη]) jerowm mi arʻnel arʻaǰi mardkan あなたたちの施し [Gk: 義] を人々の前でなさぬように用心せよ Mt 6,1; nokʻa ołormowtʻiwn gtcʻen = αὐτοὶ ἐλεηθήσονται その者たちこそ憐れみを受けるであろう Mt 5,7 [→ gtanem]；ałōtʻkʻ kʻo ew ołormowtʻiwnkʻ kʻo elin yišatakaw arʻaǰi AY あなたの祈りと施しは神の前に記憶された Ac 10,4; xndrel ołormowtʻiwn y-ayncʻanē or mtanēin i tačarʻ-n 神殿に入って来た人たちに施し物を乞うために Ac 3,2; ard ołormowtʻiwn gtēkʻ arʻ nocʻa apstambowtʻeamb-n 今は，あなた方は彼らの不従順のゆえに憐れみを受けている Ro 11,30; AC or mec-n ē ołormowtʻeamb 憐れみに富んでいる神 Eph 2,4.

ołokʻankʻ, -nacʻ【名】おべっか，へつらい (κολακεία)：očʻ erbēkʻ baniwkʻ ołokʻanacʻ eɫeakʻ arʻ jez 私たちはへつらいの言葉を用いてあなた方に相対したことは決してない 1Th 2,5.

ołǰ, -oy, -ocʻ【形】①健康な，丈夫な (ὑγιαίνω Lk 5,31; ἰσχύω Mk 2,17; ὑγιής Jn 5,6). ②《挨拶や手紙の結びに》ołǰ er/ler, ołǰ ēkʻ ごきげんよろしゅう，こんにちは，おはよう，お元気で (χαῖρε, χαίρετε; ῥώννυμαι Ac 15,29) [χαῖρε = owrax ler (Lk 1,28)]：①očʻ inčʻ en pitoy bžiškkʻ ołǰocʻ ayl hiwandacʻ 健やかな者に医者はいらない，いるのは病んでいる者だ Lk 5,31; kamis ołǰ linel あなたは健やかになりたいか Jn 5,6; ②sksan ołǰoyn tal nma ew asel, ołǰ er arkʻay-d Hrēicʻ 彼らは彼に挨拶し始めた，「ユダヤ人たちの王様，ごきげんうるわしゅう」 Mk 15,18; ołǰ lerowkʻ 健康を祈る Ac 15,29.　→ ołǰamb

ołǰakēz, -kizi, -kizacʻ【名】燔祭 (ὁλοκαύτωμα) [kizowm, アオ kizi「焼く，燃やす」]：arʻawel ē kʻan z-ołǰakēzs ew zohs それは燔祭や犠牲よりも優れている Mk 12,33 [→ patarag]；ənd ołǰakēzs ew ənd vasn mełacʻ-n očʻ hačecʻar 燔祭と罪のための[犠牲]は，あなたの意にかなわなかった He 10,6.　→ kizmn

ołǰamb【副】無事に，達者に：zi ołǰamb ənkalaw z-na = ὅτι ὑγιαίνοντα αὐτὸν ἀπέλαβεν 彼は達者な姿の彼を迎えたのだから Lk 15,27.

ołǰamit【形】健全な：et'ē ayl inč' ic'ē hakaṙak ołǰamit vardapwtowt'eans =εἴ τι ἕτερον τῇ ὑγιαινούσῃ διδασκαλίᾳ ἀντίκειται その他，健全な教えに反する行いがあれば 1Tm 1,10.

ołǰanam, -ǰac'ay【動】健やかになる，癒される，（障害・視力が）回復する（ἀποκαθίστημι Mk 3,5; Mk 8,25; ἰάομαι Mt 8,13; θεραπεύομαι Re 13,12; ὑγιής Jn 5,9.14;）: na jgeac' ew ołǰac'aw jeṙn nora 彼が伸ばすと，その手は元通りにされた Mk 3,5; ołǰac'aw manowk-n その僕は癒された Mt 8,13; ołǰac'aw ayr-n ew yareaw aṙ z-mahičs iwr その人は健やかになり，起きて自分の寝床を担いだ Jn 5,9; ahawadik ołǰac'ar 見よ，あなたは健やかになった Jn 5,14; novaw sa kay awasik aṙaǰi jer ołǰac'eal それによってこの人が癒され，あなたたちの前に立っているのだ Ac 4,10.

ołǰmtowt'iwn, -t'ean【名】健全であること（ὑγιής Tt 2,8; ὑγιαίνω 1Tm 6,3）: z-ban-n ołǰmtowt'ean, anparsaw linel 言葉が健全で非難の余地なきこと Tt 2,8.

ołǰoyn¹, -ǰowni, -ic'【名】①挨拶（ἀσπασμός Lk 1,29）；平安（εἰρήνη Lk 10,6）. ②ołǰoyn tam［+与］…に挨拶する，別れを告げる（ἀσπάζομαι）: ①xorhēr ənd mits t'e orpisi inč' ic'ē ołǰoyn-s ays 彼女はこの挨拶は何のことだろうと思いめぐらしていた Lk 1,29; et'e ic'ē and ordi ołǰowni, hangic'ē i veray nora ołǰoyn jer もし平安の子がそこにいるならば，あなたたちの平安はその者の上に憩うだろう Lk 10,6; ②ənd aṙaǰ ənt'ac'eal ołǰoyn tayin nma 彼らは走り寄って来て彼に挨拶しようとした Mk 9,15; ołǰoyn tan jez ełbark' amenek'in すべての兄弟たちがあなたがたに挨拶を送る 1Cor 16,20; ołǰoyn et ew el gnac' i Makedovniay 彼は別れを告げてマケドニアに向かい出発した Ac 20,1. → naxołǰoynk'

ołǰoyn²【形】全体の；【副】完全に（ὅλως）: ənd is c'asowc'eal? ēk' zi ołǰoyn isk mard bžškec'i i šabat'ow = … ὅτι ὅλον ἄνθρωπον … 私が人の身のすべてを安息日に健やかにしたといって，〔なぜ〕私のことを苦々しく思うのか Jn 7,23.

omn, 属 owrowmn, 与/位 owmemn; 複・主 omank', 対 omans, 属/与/奪 omanc'; M: +**ovm**-【代】《不定》誰か，ある［人］，何者か（τις）: ahawasik omn mecatown 見よ，ある金持ちがいた Mk 10,17; margarē omn (M: ovmn) y-aṙaǰnoc'-n yareaw いにしえのある預言者が甦った Lk 9,8; mi omn y-ašakertac'-n nora 彼の弟子の１人 Mt 8,21; gnac'in omn y-agarak iwr ew omn i vačaṙ iwr ある者は自分の畑に，ある者は自分の商売に出かけて行った Mt 22,5; hariwrapet owrowmn caṙay ある百人隊長 の 僕 Lk 7,2; owmemn et hing k'ank'ar, ew owmemn erkows, oč**; č**-【副】owmemn mi 彼はある者には5タラントン，ある者には2タラントン，ある者には1タラントンを与えた Mt 25,15; kaleal mšakac'-n z-caṙays nora, z-omn tanǰec'in, z-omn spanin, z-omn k'arkocec'in 農夫たちは彼の僕たちを捕え，ある者を殴り，ある者を殺し，ある者を石打ちにした Mt 21,35; ekin omank' (M: ovmank') ある人々が来た Lk 13,1; ayl en omank' i ǰēnǰ or oč' hawatan あなた方の中には信じない人たちがいる Jn 6,64; vasn aseloy-n y-omanc' ある人々によって言われていることのゆえに Lk 9,7; yaṙaǰ k'an z-awowrs z-aysosik yareaw T'ewdas asel z-anǰnē ic'ē omn 先頃テウダスが立って，自分が何者かであるように言い触らした Ac 5,36. → ok', imn

oč'; č'-【副】①《否定の副詞として文全体または文中の成分を否定して》否，いいえ；…でない，…［し］ない (οὐ; οὔ; μή; οὐχί; οὐ μή Mt 5,18; Jn 18,11);《名詞化して》(可否の) 否 Jas 5,12 . ②oč' inč' [oč'inč'], inč' oč' 決して…［し］ない (οὐδαμῶς Mt 2,6). ③oč' ok' = οὐδείς 誰も…でない/[し]ない. ④oč' ... ew oč' …も…も…ない (οὔτε ... οὔτε ... Mt 6,20/μήτε ... μήτε ... Ac 23,12); ew oč' …ですら…ない (οὐδέ Mt 6,29). ⑤《肯定の返答を予期する疑問文を導く》…ではないか (οὐ, οὐχί): ① [οὐ] oč' karēk' AY caṙayel ew mamonay (M: mamonayi) あなた方は神とマモンに兼ね仕えることはできない Mt 6,24; oč' amenayn or asē c'-is TR TR mtc'ē y-ark'ayowt'iwn erknic', ayl or aṙnē z-kams hawr imoy or y-erkins-n ē 私に対して「主よ，主よ」という者がすべて天の王国に入るわけではない．そうではなく天にいる私の父の意志を行う者が［天の王国に入るのだ］Mt 7,21; [μή] or oč' ənd is ē, hakaṙak im ē, ew or oč' žołovē ənd is, c'rowē 私と共にいない者は私に敵対する者であり，私と共に集めない者は散らす者である Mt 12,30; [οὐχί] zi? ełew zi mez yaytneloc' es z-k'ez, ew oč' ašxarhi あなたが私たちにあなたを顕そうとし，世に顕そうとはしないのはどうしてか Jn 14,22; [οὐ μή] yovt mi or [M: owr] nšanaxec' mi ē oč' anc'c'ē y-awrinac'-n 律法の一点一画も決して過ぎ行くことはないであろう Mt 5,18; z-bažak-n z-or et inj hayr oč'? əmpic'em z-na 父が私に与えてくれたこの杯を飲まずにいられようか Jn 18,11; ełic'i jer ayoy-n (= ayo-n) ayo, ew oč'-n oč' あなた方の「はい」ははい，「いいえ」はいいえであれ Jas 5,12; hnazandec'an ew paštec'in z-araracs, ew oč' z-araṙič'-n = ... παρὰ τὸν κτίσαντα 彼らは創造者ではなく被造物を畏敬し，礼拝した Ro 1,25; ②oč' inč' krtser es y-išxans yowda (M: yowday) お前はユダの君主の中で決して最小の者ではない Mt 2,6; el i nmanē ew inč' oč' vnaseac' nma 彼は彼から出て行って，彼に何の害も及ぼすことがなかった Lk 4,35; ③oč' ok' karē erkowc' teranc' caṙayel 誰も 2 人の主人に兼ね仕えることはできない Mt 6,24; ④owr oč' c'ec' ew oč' owtič' apakanen そこでは衣魚も虫も食わない Mt 6,20; nzovec'in z-anjins oč' owtel ew oč' əmpel minč'ew spanc'en z-Pawłos 彼らは，パウロを殺害するまでは，いっさい飲み食いをしないと誓いを立てた Ac 23,12; ew oč' Sołovmovn y-amenayn p'aṙs-n iwrowm zgec'aw ibrew z-mi i noc'anē 栄華の極みにあったソロモンですらこれらの〔草花の〕1 つほどにも装ってはいなかった Mt 6,29; ⑤oč' sermn bari? sermanec'er y-agaraki-n k'owm あなたは自分の畑には良い種を蒔いたのではなかったのか Mt 13,27; oč'? lses orč'ap' dok'a hakaṙak k'o vkayen お前には彼らがやっきになってお前に不利な証言を申し立てているのが聞こえないのか Mt 27,13. →č'-, č'ik'; [oč' と共に] apak'ēn, erbek', et'e, ews, owrek', angam, apa t'e/et'e, aysowhetew

oč'inč', oč'ənč'i【名】無，空；【形】何も（誰も）…ない：mecowt'iwn-d jer y-oč'inč' ē (= σέσηπεν) あなたがたの富は腐食してしまった Jas 5,2.

oč'xar, -i, -ac'【名】（子）羊（πρόβατον）: c'rowealk' ibrew z-oč'xars oroc' oč' ic'ē hoviw 彼らは牧者のいない羊のように打ち棄てられていた Mt 9,36; zgoyš lerowk' i sowt margarēic', ork' gan aṙ jez handerjiwk' oč'xarac', ew i nerk'oy en gaylk' yap'štakołk' 偽預言者たちに用心せよ．彼らは羊の衣を着てあなたたちのところに来るが，内側は強奪する狼である Mt 7,15; č'-ēk' y-oč'xarac' anti im あなた方は私の羊たちに属さない Jn 10,26. → awdik'

osket'el, -i【形】金を織り込んだ，金の刺繍を施された；【名】金糸，絹 (σιρικόν): behezoy ew ciranwoy ew osket'eli 麻布や紫布や絹 Re 18,12.

oskehowṙ【形】金で縫い取りした：oroc' linic'i oč' artak'owst hiwsiwk' ew oskehowṙ camakałōk' kam pačowčeal zgestowk' zard (妻たちの) 装いは，髪を編むこと，金の刺繍を施したリボン（装飾品），外套を着ることといった外的なおめかしであってはならぬ 1Pe 3,3.

oskełēn, -ełinac'【形】金〔製〕の (χρυσοῦς): anawt'k' oskełēnk' ew arcat'ełēnk' 金や銀の器 2Tm 2,20.

oskeman【形】金で編んだ 1Tm 2,9. → əndelowzanem

oskek'ar【名】かんらん石 (χρυσόλιθος) Re 21,20.

oski, -kwoy, -ov【名】金，黄金，金貨，金の宝石 (χρυσός Mt; χρυσίον He 9,4 Re 17,4): or erdnow y-oski-n or i tačari-n ē 神殿の黄金にかけて誓う者 Mt 23,16; mi stanayk' oski ew mi arcat' ew mi płinj i gawtis jer あなたたちの帯の中には金貨も銀貨も銅貨も入れるな Mt 10,9; zinč'? mec ē, oski-n? et'e tačar-n or srbē z-oski-n 黄金とそれを聖化する神殿とでは，どちらが大いなるものか Mt 23,17; arkł-n ktakaranac' pateal nerk'oy ew artak'oy oskwov 内も外も金で覆われた契約の箱 He 9,4; kin-n zgec'eal ēr ciranis ew karmirs ew zardareal oskwov その女は紫の衣と緋色の衣をまとい金の宝石で身を飾っていた Re 17,4.

oskr, -ker, **oskerk'**, -rac' 【名】骨 (ὀστέον Lk 24,39/ὀστοῦν Jn 19,36); oskerk' = ὀστέα 骸骨；屍 (κῶλον He 3,17): ogi marmin ew oskers oč' owni 霊は肉や骨をもたない Lk 24,39; oskr nora mi p'šresc'i その骨は打ち砕かれることはないであろう Jn 19,36; i nerk'oy li en oskerawk' meř- eloc' ew amenayn płcowt'eamb 内側は死者の骨とあらゆる不浄に満ちている Mt 23,27; oroc' oskerk'-n ankan y-anapati and その屍が荒野に倒れた人々 He 3,17.

osox (Calfa) → awsox

osord [M] → orsord

ost, -oy, -oc' 【名】枝 (κλάδος Mk 4,32; στιβάς Mk 11,8; βάϊον Jn 12,13): aylk' hatanein osts i caŕoc' ew taracanein i čanaparhi-n ほかの人々は木の枝を切って路上に敷き始めた Mt 21,8; aŕin osts armaweneac' 彼らはなつめ椰子の枝を取った Jn 12,13; arjakē osts mecamecs, minč'ew bawakan linel ənd hovaneaw nora t'ŕč'noc' erknic' bnakel それは巨大な枝を張り，そのため，その影で天の鳥たちが巣を作るに十分なほどになる Mk 4,32.

ov[1] → o[1]

ov[2] [Mt 17,17E: o] 【間】おお，ああ (ὦ): ov kin dow おお，女よ Mt 15,28; ov anmitk' ew hełgasirtk' ああ，頭の悪い，心の鈍い者たちよ Lk 24,25; o? (M: ov) azg anhawat ew t'ewr ああ，信仰のない，曲がった世代よ Mt 17,17; ov xork' mecowt'ean ew imastowt'ean ew gitowt'ean-n AY ああ，神の豊かさと知恵と知識の深さよ Ro 11,33.

ov[3] 【名】オメガ (τὸ ὦ): es em alp'a ew ov 私はアルファでありオメガである Re 22,13. → k'ē

ovsanna [M.mg.: ovsana] = ὡσαννά　ホサンナ: ovsanna barjreloy-n awhrneal or gas-d y-anown TN いと高き者にホサンナ，主の名によりて来るに祝福あれ Mk 11,9.

otn [otin, otamb], otk', otic' 【名】① 足 (πούς). ②aŕ otn koxem/harkanem 踏みつける，踏みにじる，蔑ろにする (καταπατέω Mt 7,6; He 10,29); y-otn kam 起き上がる，立ち上がる (ἐγείρομαι Mt 8,15; ἀνίσταμαι Ac 9,11; 14,10; 15,7): ①č'-em aržani z-kawšiks otic'-n lowcanel 私は皮ぞうり〔の紐〕を解く値打ちもない Ac 13,25; minč'ew dic'ē z-amenayn t'šnamis i nerk'oy otic' iwroc' 彼（神）がすべての敵を自分の足下に置くまで 1Cor 15,25; z-amenayn inč' hnazand ararer i nerk'oy otic' nora あなたはすべてのものを彼の足下に服従させた He 2,8; ②or z-ordi-n AY aṙ otn ehar 神の子を踏みにじった者 He 10,29; y-otn ekac' ew paštēr z-na 彼女は起き上がり，彼に仕え始めた Mt 8,15; y-otn kac' ew gna ənd p'ołoc'-n or koč'i owłił 立って，「直線通り」と呼ばれる通りに行け Ac 9,11; y-otn kac' i veray otic' k'oc' owłił 自分の足で真っ直ぐに立ち上がれ Ac 14,10. → anotk'

otnkap[k']; M: otnakap, -ac'【名】足枷 (πέδη): vasn bazowm angam otnkapawk' (M: otnkapac') ew šłt'ayiwk' kapeloy ew xzeloy i nmanē z-šłt'ays-n ew z-otnkaps-n (z-otnakaps-n) xortakeloy（彼は）しばしば足枷や鎖で縛りつけられたが，鎖を引きちぎり，足枷を砕き去ってしまうために Mk 5,4. → kapem, kapank'

ots → otn

or, oroy, orowm, ormē, orov; ork' [/or], ors [/or], oroc', orovk'【代】Ⅰ.《疑問》どの，どちらの，どのような (ποῖος). —Ⅱ.《関係》①［先行詞を伴うことも伴わないこともある］…するところの（人）(ὅς; ὅστις Mt 12,50; Ac 5,16; ὅσος Jn 1,12). ②《説明または明確化の標識として》or ē = ὅ ἐστιν すなわち. ③vasn oroy だから，それゆえに；…だから，…ゆえに (οὗ ἕνεκεν Lk 4,18; διό Lk 7,7; οὗ χάριν Lk 7,47): Ⅰ. or? patowiran mec ē y-awrēns 律法では，どの掟が〔最も〕大いなる掟であるか Mt 22,36; orov? marmnov gayc'en どのような体をもって彼らはやって来るのか 1Cor 15,35; z-ays asēr nšanakeal t'e orov mahow meṙaneloc' ic'ē これは彼がどのような死に方で死ぬことになっているかを示そうとして話していた Jn 12,33. —Ⅱ. ①or arnic'ē z-kams hawr imoy or y-erkins-n ē, na ē im ełbayr ew k'oyr ew mayr 天におられる私の父の意志を行う者，その者こそ私の兄弟であり，姉妹であり，母である Mt 12,50; astł z-or tesin y-arewels, aṙaǰnordeac' noc'a 彼らが昇るのを見た星が先立って彼らを導いた Mt 2,9; gay zawragoyn k'an z-is, z-oroy č'em bawakan baṙnal z-kawšiks 私よりも強い者が来るが，私はその者の皮ぞうり〔の紐〕を解く値打ちもない Lk 3,16; gayr orowm anown ēr Yayros ヤイロスという名の者がやって来た Mk 5,22; egit z-ayn tełi y-orowm greal-n ēr 彼は〔次のように〕書いてある箇所を見つけた Lk 4,17; isk sa ov? ic'ē z-ormē z-ayspisi irs lsem こんなことが私の耳に入って来る，こいつは何者なのか Lk 9,9; ork' ew bžškēin amenek'ean 彼らは全員癒された Ac 5,16; ork' ənkalan-n z-na, et noc'a išxanowt'iwn ordis AY linel 彼を受け入れた人々には神の子らとなる権能を彼は与えた Jn 1,12; ②Banereges, or ē ordik' orotman「ボアネルゲス」すなわち「雷の子ら」 Mk 3,17. → miangam [or miangam], awrinak [z-or awrinak], het [y-ormē hetē], yoržam [y-or-žam], c'oržam [c'-or-žam]

orb, -oy, -oc' 【名】①孤児 (ὀρφανός). ②orb mnam [i+奪] …から離別する (ἀπορφανίζομαι)：①ayc'elow linel orboc' ew ayreac' i nełowt'ean iwreanc' 孤児や寡婦の困窮に際して彼らを訪問すること Jas 1,27; oč' t'ołic' z-jez orbs 私はあなたたちをみなし児のままにしておくつもりはない Jn 14,18; ②orb mnac'ak' i jeňǰ aṙ žamanak mi 私たちは暫時あなたたちからの離別を余儀なくされた 1Th 2,17.

ordeak [, -dekac'] 【名】子供 (τέκνον)：oč' goyr noc'a ordeak 彼らには子供がなかった Lk 1,7; mec ews inč' owraxowt'iwn k'an z-ays oč' ownim, zi lsem et'ē im ordeakk'-n čšmartowt'eamb gnan 私の子供たちが真理をもって歩んでいると聞く以上に大きな喜びはない 3Jn 4; [呼格] ordeakk' im = τεκνία (μου) 子らよ Jn 13,33; 1Jn 2,1. → ordi [Schmitt, Grammatik des Klass.-Armen., p. 203: ordeak 'Söhnchen', ordi の指小語]

ordegir, -grac' 【形】養子関係の，養子になった：snoyc' z-na iwr y-ordegirs = ἀνεθρέψατο αὐτὸν ἑαυτῇ εἰς υἱόν 彼女は彼を自分の子として育てた Ac 7,21.

ordegrowt'iwn; ordēgrowt'iwn, -t'ean 【名】子たる身分，子とされること，養子縁組 (υἱοθεσία)：yaṙaǰagoyn sahmaneac' z-mez y-ordegrowt'iwn i jeṙn YI K'I i noyn əst hačowt'ean-n kamac' iwroc' 神は私たちをイエス・キリストを通し，イエス・キリストに向かって，御心の気に召すところに従って子たる身分に前もって定めた Eph 1,5; aṙēk' z-hogi-n ordēgrowt'ean, orov ałałakemk', abba, hayr あなた方は子とされることの霊を受けたのであり，それによって私たちは「アバ，父よ」と叫ぶことができる Ro 8,15.

ordecnowt'iwn, -t'ean 【名】子を産むこと (τεκνογονία 1Tm 2,15)：kec'c'ē vasn ordecnowt'ean-n [女は] 子を産むことによって救われる 1Tm 2,15; hawatovk' ew ink'n Saṙa or amowl-n ēr, zōrowt'iwn aṙneloy z-sermn ordecnowt'ean əndownēr 信仰によって ― サラその人も不妊だったが ― 子孫を設ける種を作る力を受けた He 11,11.

ordesēr【形】子供を愛する (ϕιλότεκνος) Tt 2,4.

ordi, -dwoy, -oc' 【名】息子，子供 (υἱός; τέκνον Ac 2,39; 1Pe 1,14) [cf. ordeak, anordi]；ordi miamawr = μονογενὴς υἱός 一人息子 Lk 7,12：Yovsēp' ordi Dawt'i, mi erknč'ir aṙnowl aṙ k'ez z-Mariam kin k'o ダビデの子ヨセフよ，お前の妻マリヤをお前のもとに受け入れることを恐れるな Mt 1,20; et'e es Beełzebowław hanem z-dews, ordik'-n jer iw?

hanic'en もし私がベエルゼブルによって悪霊どもを追い出しているのならば、お前たちの息子たちは何によって〔悪霊どもを〕追い出しているのか Mt 12,27; očʻ sa ē hiwsan-n ordi? こいつは大工職人の息子ではないか Mt 13,55（対応箇所 Mk 6,3 očʻ sa ē manowk hiwsan-n?); ordikʻ ašxarhi-s aysorik kanays aŕnen ew arancʻ linin この世の子らは娶ったり，嫁いだりしている Lk 20,34; jez en awetikʻ-s ew ordwocʻ jerocʻ この約束はあなたたちとあなたたちの子らに与えられている Ac 2,39; ibrew z-ordis hnazandowtʻean 従順な子供たちとして 1Pe 1,14. → owstr

ordn, -dan, -downkʻ, -dancʻ【名】蛆（σκώληξ）: owr ordn nocʻa očʻ meŕani そこでは彼らの蛆は死なない Mk 9,48. → owtič

ordnalicʻ【形】蛆だらけの（σκωληκόβρωτος）: ełeal ordnalicʻ satakecʻaw 彼は蛆に食われて息が絶えた Ac 12,23. → -licʻ

ordosta, -ay【名】広場，市場（φόρον）: minčʻew y-Ordostay-n Appʻeay アッピ・フォルムまで Ac 28,15 [= ad Appii Forum].

ortʻ[1], -oy, -ocʻ【名】葡萄の木（ἄμπελος）: es em ortʻ-n čšmarit 私が本物の葡萄の木だ Jn 15,1; es em ortʻ, ew dowkʻ owŕ 私が葡萄の木であり，あなた方は枝である Jn 15,5; očʻ ews arbicʻ y-aysm hetē i beroy ortʻoy 私は今から後，もはや二度と葡萄の木からできたものを飲むことはない Mt 26,29. → owŕ

ortʻ[2], -ow, -owcʻ【名】子牛；小鹿: ararin y-awowrs-n y-aynosik ortʻ = ἐμοσχοποίησαν ἐν ταῖς ἡμέραις ἐκείναις その頃彼らは子牛（の像）を造った Ac 7,41.

orm, -oy, -ocʻ【名】壁（τοῖχος）: harkanelocʻ ē z-kʻez, orm bŕeal 石灰で〔白く〕塗られた壁よ，あなたを神が打つだろう Ac 23,3.

ormē, **oro[y]** → or

orogaytʻ; M: orovgaytʻ, -i, -icʻ【名】①罠（παγίς）. ② [+与] orogaytʻ dnem 罠にはめる（παγιδεύω）: ①yankarcaki hasanicʻē i veray jer awr-n zi ibrew z-orogaytʻ (M: ibrew orovgaytʻ) hasanicʻē i veray amenecʻown or bnakeal en ənd amenay eress erkri かの日があなたたちに突然到来するかもしれない．なぜなら，それは罠のように，全地の表に住むすべての者に襲来するからだ Lk 21,34-35; orkʻ kamin-n mecanel ankanin i pʻorjowtʻiwn ew y-orogaytʻ ew i bazowm cʻankowtʻiwns anmits 富みたいと思う人は誘惑，罠，多くの愚劣な欲望に陥る 1Tm 6,9; ②gnacʻeal pʻarisecʻikʻ-n aŕin z-xorhowrd z-nmanē, tʻe orpēs? dnicʻen nma orogaytʻ baniwkʻ ファリサイ人たちがやって来て，どのようにして言葉尻を捕えて彼を罠にはめたらよいか協議した Mt 22,15.

oromn, -man, -mownk‘, -manc‘【名】毒麦，麦の生育に害を及ぼす雑草 (ζιζάνιον)：c‘aneac‘ i veray oromn i meJ c‘orenoy-n 彼は麦の只中に毒麦を蒔き加えた Mt 13,25; agarak-n ašxarh-s ē, sermn bari nok‘a en or ordik‘-n ark‘ayowt‘ean en. isk oromn-n ordik‘ č‘ari-n en「畑」とはこの世であり，「良い種」とは，すなわち王国の子らである．「毒麦」とは悪しき者の子らである Mt 13,38.

oroy → or

orošem, -ec‘i【動】①排除する，排斥する，退去させる (ἀφορίζω Lk 6,22; χωρίζω Ac 18,2)．②決める，決定する (ὁρίζω Ac 11,29)．③選び出す，任命する，聖別する (ἀφορίζω Ac 13,2; Ro 1,1)：①erani ē jez ... yoržam orošic‘en z-jez ... vasn ordwoy mardoy 幸いだ，あなたたちは．人々が人の子ゆえにあなたたちを排斥する時は Lk 6,22; orošel z-amenayn hreays i Hr̄ovmay すべてのユダヤ人をローマから退去させる Ac 18,2; ②y-ašakertac‘ anti orpēs ziard karōł ok‘ ēr, iwrak‘anč‘iwr ok‘ i noc‘anē orošec‘in ar̄ak‘el i pēts ełbarc‘-n, or bnakeal ēin i Hreastani 弟子たちはそれぞれ資力に応じて，ユダヤに住んでいる兄弟たちのために〔援助を〕送ることに決めた Ac 11,29; ③orošec‘ēk‘ inj z-Bar̄nabas ew z-Sawłos i gorc y-or koč‘ec‘eal ē im z-dosa バルナバとサウロを選び出し，私が彼らに任命しておいた仕事に当たらせよ Ac 13,2; Pawłos ... orošeal y-awetaran-n AY 神の福音のために聖別された者であるパウロ Ro 1,1.

orošowmn, -man, -mownk‘, -manc‘【名】分けること，区別，分離 (μερισμός)：minč‘ew c‘-orošowmn šnčoy ew ogwoy 魂と霊を分けるほどに He 4,12.

oroJ, -i, -ac‘【名】子羊 (ἀμνός)：ibrew z-oroJ ar̄aJi ktrč‘i iwroy anmr̄ownč‘ 小羊がその毛を刈る者の前で黙っているように Ac 8,32. → gar̄n

orovayn, -i, -ic‘【名】腹，母胎；内部 (κοιλία; ὀσφύς Ac 2,30)；ptowł orovayni = καρπὸς τῆς κοιλίας 胎の実/καρπὸς τῆς ὀσφύος 子孫：kerakowr orovayni ew orovayn kerakroy 食物は腹のためにあり，腹は食物のためにある 1Cor 6,17; mit‘e mart‘? ic‘ē andrēn y-orovayn mawr iwroy krkin mtanel ew cnanel 彼は母親の胎内にもう1度入って生まれることができるというのか Jn 3,4; getk‘ y-orovaynē nora błxesc‘en Jroc‘ kendanowt‘ean その人の内部から活ける水の川が流れ出る Jn 7,38; awhrneal (M: awrhneal) ē ptowł orovayni k‘o あなたの胎の実は祝福された実 Lk 1,42; erdmamb erdowaw nma AC i płoy orovayni nora nstowc‘anel y-at‘or̄ nora 神は彼にその子孫の1人を王座に座らせようと誓った Ac 2,30. → p‘or

orovgayt' 〔M〕　→ orogayt'

orovhetew【接】《従属》〔原因・理由〕…だから，…なので (ἐπεί〔= D., vulg. quia〕Mt 25,21.23); …だけそれと同じだけ，…限りにおいて (ἐφ' ὅσον Mt 25,40.45)〔→ aynowhetew, aysowhetew; orov 具 (or); het〕: orovhetew i sakawow-d hawatarim es, i veray bazmac' kac'owc'ic' z-k'ez お前はわずかなことに忠実であるので，多くのことをお前にまかせよう Mt 25,21; orovhetew ararēk' miowm y-ełbarc'-s aysoc'ik p'ok'rkanc', inj ararēk' 私のこれらの最も小さな兄弟の1人にあなたたちがしたことは，私にしたのだ Mt 25,40; ard orovhetew azg emk' AY = γένος οὖν ὑπάρχοντες τοῦ θεοῦ 私たちは神の子孫なのだから Ac 17,29.

orotowmn, -tman, -tmownk', -manc'【名】　雷，落雷 (βροντή): Banereges, or ē ordik' orotman (M: -tmanc') ボアネルゲス，すなわち雷の子ら Mk 3,17; asein orotowmn linel = ἔλεγεν βροντὴν γεγονέναι 彼らは雷が鳴ったのだと言い出した Jn 12,29; ełew orotowmn ew jaynk' ew p'aylatakowmn ew šaržowmn mec 落雷と〔雷の〕轟きと稲妻，そして大地震が起こった Re 8,5.

or/ow (= orowm: Lk 7,4M 12,40M)　→ or

orowmn (= owrowmn: Lk 14,1M)　→ omn

orowk' (= owrowk')　→ ok'

orč'ap'【副】①《疑問・感嘆》どれほど沢山，どれほど大きく・長く，なんと大きく (πόσος; πῶς Mk 10,24; Jn 11,36). ②《関係》…と同量の，…だけの，…と同じ程度に（ほどに）; …だけすべて；…すればするほど (ὅσον): ①xawar-n orč'ap'? ews = τὸ σκότος πόσον, tenebrae quantae erunt? その暗闇〔の深さ〕はなおいっそうにどれほどか Mt 6,23; orč'ap' ews aṙawel (= πολλῷ μᾶλλον, quanto magis) z-jez? (神は) あなたたちをなおいっそうどれほど〔装って〕くれるだろうか Mt 6,30; isk ard orč'ap'? ews aṙawel ē mard k'an z-oč'xar そうであれば人間はどれほど羊に優っているだろうか Mt 12,12; orč'ap'? džowarin ē yowsac'eloc' y-inč's mtanel y-ark'ayowt'iwn AY 資産を頼みとする者が神の王国に入るのは，なんと難しいだろう Mk 10,24; orč'ap' ews aṙawel z-jez or law ēk' k'an z-t'ṙč'owns 鳥たちよりも優れているあなたたちをなおいっそうどれほど〔神は養ってくれるだろう〕Lk 12,24〔= πόσῳ μᾶλλον ὑμεῖς διαφέρετε τῶν πετεινῶν あなたたちは鳥よりもどれほど優れた者だろう〕; tesēk' orč'ap' sirēr z-na 見よ，彼はどれほど彼に惚れ込んでいたことか Jn 11,36; orč'ap' ews aṙawel i ardaranal-s merowm ayžmik areamb-n nora, apresc'owk' novaw i barkowt'enē

orpēs

anti 私たちは，今や彼の血において義とされたのだから，さらにいっそう彼をとおして〔神の〕怒りから救われるであろう Ro 5,9; ②ōrēnk‘ tiren mardoy orč‘ap‘ žamanaks kendani ē 律法は人間をその人が生きている期間だけ支配する Ro 7,1; ard aṙatagoyn ews paštaman ehas YS, orč‘ap‘ lawagoyn ews owxti ē miǰnord, or i y-aṙawel awetis·n ōrinagrec‘aw 今やイエスはさらに卓越した務めをかちえたのだ，より優れた約束において定められたより優れた契約の仲介者であるだけに He 8,6; ibrew lsein orč‘ap‘ inč‘ aṙnēr 彼らが彼の行ったことをことごとく聞いて Mk 3,8; orč‘ap‘ na patowirēr noc‘a, nok‘a ews aṙawel k‘arozein 彼が命令しようとすればするほど，彼らはなお一層宣べ伝え出した Mk 7,36; orč‘ap‘ lowak‘ z-or i Kap‘aṙnawowm, ara ew ast i k‘owm gawaṙi カファルナウムでお前がやったと俺たちが聞いたことをことごとく，このお前の故郷の地でもやってくれ Lk 4,23; n oynpēs ew jkanc‘·n orč‘ap‘ ew kamec‘an あの魚も人々の欲しいだけ，同じように〔分け与えた〕Jn 6,11. → aysč‘ap‘, aydč‘ap‘, aynč‘ap‘, č‘ap‘; k‘ani

orpēs [cf. -pēs]【接】《従属》①《同等・類似》…ように，…の通りに；…に応じて，…に従って (ὡς Mt 1,24; 15,28; ὥσπερ Mt 6,2; 12,40; 25,14; καθά Mt 27,10; καθώς Lk 11,30; Jn 17,2; Ac 11,29; καθάπερ 1Cor 10,10; καθώσπερ He 5,4); …ような，…ほどに (οἷος Mk 9,3);《間接疑問で手段》どのようにして (καθώς Ac 15,14); orpēs aržan ic‘ē = καθό δεῖ しかるべき仕方で Ro 8,26. ②《目的・意図》…するために (ὅπως; ἵνα Mk 5,23); orpēs zi [＋接法・アオ] (ὅπως Mt 6,2; Ac 9,17);《理由・根拠》…ので (καθώς Ro 1,28). ③《結果》それで，それだから，従って，…ほどに (ὥστε Mt 8,28; ὡς He 3,11). ④orpēs t‘e …であるかのように，…という（内容の）(ὡς Lk 16,1; 1Cor 4,18; He 13,17). ⑤《感嘆》なんと (ὅπως)：①arar orpēs hramayeac‘ nma hreštak·n TN 彼は主の使いが彼に命じたようにした Mt 1,24; ełic‘i k‘ez orpēs ew kamis あなたの望むようにあなたに成るように Mt 15,28; mi harkaner p‘oł aṙaǰi k‘o, orpēs kełcawork‘·n aṙnen i žołovowrds ew i hraparaks 偽善者たちが会堂や通りでするように，自分の前でラッパを吹くな Mt 6,2; orpēs hramayeac‘ inj TR 私に主が命じた通りに Mt 27,10; orpēs ełew Yovnan nšan Ninowēac‘woc‘ ヨナがニネベ人たちにとって徴となったように Lk 11,30; orpēs etowr nma išxanowt‘iwn amenayn marmnoy あなたが肉なるものすべてに対する権能を彼に与えてくれたと同じように Jn 17,2; orpēs ziard karōł ok‘ ēr それぞれどれほど資力があったかに応じて Ac 11,29; spitak yoyž, orpēs t‘ap‘ič‘k‘ erkri oč‘ karen aynpēs spitakec‘owc‘anel それは地上の布晒し屋が決して白くできないような見

事な白さだった Mk 9,3; Šmawon patmeac' orpēs yaṙaǰagoyn AC ayc' arar aṙnowl žołovowrd i het'anosac' anowan iwroy 神がはじめに心をかけて異邦人の中から自分の名のために民を得た次第については，シメオンが語ってくれた Ac 15,14; oč' orpēs es kamim, ayl orpēs dow 私の望むようにではなく，あなたの望むように Mt 26,39 Mk 14,36;《相関的に》orpēs ēr Yovnan i p'or kēti-n z-eris tiws ew z-eris gišers, noynpēs ełic'i ew ordi mardoy i sirt erkri z-eris tiws ew z-eris gišers ヨナが大魚の腹の中に3日3晩いたように，人の子も大地の中に3日3晩いるだろう Mt 12,40; orpēs patowireac' inj hayr, aynpēs aṙnem 父が私に命じた，その通りに私は行う Jn 14,31; ełic'in kamk' orpēs y-erkins ew y-erkri あなたの意志が成るように，天にあるように，地においても Mt 6,10; aynpēs ē ark'ayowt'iwn AY orpēs zi ayr mi arkanic'ē sermanis y-erkir … 神の王国とは次のようなものだ．すなわち，1人の人が大地に種を蒔き（下略）Mk 4,26; ②orpēs zi p'aṙaworesc'in i mardkanē 彼らが人々に褒め称えられようとして Mt 6,2; orpēs zi tesc'es, ew lc'c'is hogwov srbov あなたが再び見えるようになり，また聖霊に満たされるために Ac 9,17; orpēs zi əntrec'in z-AC ownel i gitowt'ean, matneac' z-nosa AC i mits anargowt'ean 神を認識することを彼らが是としなかったので，神は徒らな思いに彼らを引き渡した Ro 1,28; ③č'arač'ark' yoyž, orpēs zi č'-ēr hnar anc'anel owmek' ənd ayn čanaparh 彼らはひどく凶暴で，誰もその道を通り過ぎることができないほどであった Mt 8,28; bžškeac'z-na, orpēs zi hamr-n ew koyr-n xawsic'i ew tesanic'ē 彼は彼を癒した．そのため口が利けなかった者は話し，目が見えなかった者は見ることができるようになった Mt 12,22; orpēs erdoway i barkowt'ean imowm それだから私は怒りのうちに誓った He 3,11; ④ełew z-nmanē ambastanowt'iwn orpēs t'e vatnic'ē z-inč's nora その者について彼の財産を浪費しているのではないかとの告発があった Lk 16,1; orpēs t'ē č'-ic'em galoc' aṙ jez 私があなたがたのところに行くことはないかのように 1Cor 4,18; orpēs t'ē hamars taloc' ic'en ənd jer 彼らがあなた方のために弁明することになるかのように He 13,17; ⑤orpēs matnec'in z-na k'ahanayapetk'-n ew išxank'-n mer i datastan mahow, ew hanin z-na i xač' なんと私たちの祭司長たちと指導者たちとは彼を死の裁きに引き渡し，十字架につけてしまった Lk 24,20.

orpisi [-swoy, -seac'] 【形】（< 副詞 orpēs ＋形容詞派生接尾辞 -i）①《疑問》どんな種類の（ποταπός; ὁποῖος Jas 1,24; Ga 2,6); どれほど大きな（ἡλίκος Col 2,1; Jas 3,5; πηλίκος Ga 6,11; He 7,4). ②《関係》…ような（οἷος）: ①sa t'e margarē ok' ēr, apa gitēr t'e ov ew orpisi ok' kin merjanay i sa もしもこの人が誰か預言者であったなら，自分に触っているこの女が誰で，どんな類の女か知り得たろうに Lk 7,39; xorhēr ənd mits tʻe orpisi inčʻ icʻē olĵoyn-s ays 彼女はこの挨拶はなんのことだろうと想いめぐらしていた Lk 1,29; andēn mořacʻaw tʻē orpisi okʻ ēr 彼は自分がどのようであったかをすぐに忘れた Jas 1,24; orpisikʻ okʻ erbemn, čʻ-ē inčʻ inj pʻoytʻ 彼らがそもそもどのような人たちであったのかは，私にはまったく問題ではない Ga 2,6; kamim zi giticʻēkʻ dowkʻ orpisi čgnowtʻiwns ownim y-anjin どれほど大きな戦いに携わっているか，私はあなたがたに知って欲しい Col 2,1; aha ew sakaw inčʻ howr z-orpisi antařs hrdehē = ἰδοὺ ἡλίκον πῦρ ἡλίκην ὕλην ἀνάπτει 見よ，小さな火でもどれほど大きな森を燃やしてしまうことか Jas 3,5; tesēkʻ orpisi grov grecʻi ař jez imov jeřamb 見よ，私がどれほど大きな字で手ずからあなた方に書いたかを Ga 6,11; tesēkʻ orpisi okʻ ēr sa 見よ，この人がどれほど偉大であったかを He 7,4; ② elicʻin awowrkʻ-n aynokʻik nelowtʻeancʻ, orpisi očʻ ełen erbekʻ aynpisikʻ i skzbanē araracocʻ minčʻew cʻ-ayžm ew mi ayl licʻin それらの日々は，創造の始めより今に至るまで，絶えてなかったような，またこれからもほかに決してないような患難となるだろう Mk 13,19. → ayspisi

orǰ, -ocʻ/-icʻ【名】(動物の) 穴，巣穴 (φωλεός)：ałowesowcʻ orǰkʻ gon 狐には穴がある Lk 9,58.

ors, -oy, -ocʻ【名】狩猟，漁；猟獣の肉，一網の魚 (ἄγρα Lk 5,4.9)；(猟に用いる) 網 (θήρα Ro 11,9)：arkēkʻ z-gorcis jer y-ors あなたたちの網を下ろし，漁をせよ Lk 5,4; vasn orsoy jkancʻ-n z-or əmbřnecʻin 彼らが捕った魚の漁のゆえに Lk 5,9; elicʻin sełankʻ nocʻa y-orogaytʻ ew y-ors 彼らの食卓は罠に，そして網になれ Ro 11,9. → orsord; jkn-ors (→ jowkn)

orsakicʻ, -kcʻi, -kcʻacʻ【名】漁仲間，同業者 (μέτοχος Lk 5,7; κοινωνός Lk 5,10) [→ -kicʻ]：arkanein orsakcʻacʻ-n i miws naw-n 彼らはもう1艘の舟にいる仲間に合図を送った Lk 5,7; Noynpēs z-Yakovbos ew z-Yovhannēs z-ordis-n Zebedeay, or ein orsakicʻkʻ Simovni シモンの同業者であった，ゼベダイの子らのヤコブとヨハネも同じようであった Lk 5,10.

orsam, -acʻi【動】捕える，捕獲する；生け捕りにする (ἀγρεύω Mk 12,13; ζωγρέω Lk 5,10; 2Tm 2,26); jowkn orsal 魚をとる，漁をする (ἁλιεύω Jn 21,3); orsal inčʻ bans (i beranoy nora) = θηρεῦσαί τι (ἐκ τοῦ στόματος αὐτοῦ) 言葉尻を捕える Lk 11,54：ařakʻen ař na z-omans i Pʻarisecʻwocʻ anti ew i Hērovdianosacʻ, zi z-na orsascʻen baniw 彼ら

は言葉尻を捕えて彼を陥れるために，ファリサイ派とヘロデ党のうちから幾人かを彼のもとに遣わす Mk 12,13; y-aysm hetē z-mardik orsayc'es i keans これから後，あなたは人間を生け捕るだろう Lk 5,10; orsac'ealk' i nmanē i nora kams-n 彼らは彼に生け捕りにされ，その意のままになって 2Tm 2,26.

orsord, -i, -ac' [+orsword, osord, cf. ors]【名】漁師 (ἁλιεύς)：araric' z-jez orsords mardkan 私はあなたたちを人間を捕る漁師にしてやろう Mk 1,17.

[**-ow-**] →数詞 owt'-ow-tasn vs. owt' ew tasn (接 ow「そして」，→ Karst, Histor. Grammatik des Kilik.-Armen., § 315, p.256)

owt', -ic'【数】《基数》8, 8つ (ὀκτώ)：ibrew lc'an awowrk' owt' 8日が満ちた時 Lk 2,21; and ēr ayr mi oroy eresown ew owt' am ēr i hiwandowt'ean iwrowm そこに1人の人がいたが，彼は30と8年間病のうちにあった Jn 5,5; ogik' ibrew owt' aprec'an i J̌roy-n 8つの命が水によって救われた 1Pe 3,20. [Lk 13,4M: owt' ew tasnk'-n, → owt'owtasn]

[**owt'anasown** (Lk 10,1M)：ewt'anasown (E) に対して，あるいは ewt'<u>ana</u>sown から類推的に owt'sown に対するか]

owt'awreay【形】8日目の (ὀκταήμερος)：t'lp'atowt'eamb owt'ōreay 8日目に割礼を受けた Php 3,5.

owt'emean【副】8年間：egit and ayr mi, orowm anown ēr Ēneay, owt'emean (= ἐξ ἐτῶν ὀκτώ) dnēr i mahičs andamaloyc そこで彼は，中風で8年間も床に伏したままであるアイネヤという人に会った Ac 9,33. → erkemean

owt'erord; M: owt'errord, -ac'【数】《序数》8番目の，第8の (ὄγδοος)：y-awowr-n owt'erordi 8日目に Lk 1,59; z-owt'erord-n z-Noy z-ardarowt'ean-n k'aroz paheac'〔神は〕義の宣教者であるノアを8番目として保護した 2Pe 2,5.

owt'owtasn, -sin, -sank', -sanc'【数】《基数》18 ([ἔτη] δεκαοκτώ Lk 13,11; δέκα καὶ ὀκτώ [ἔτη] Lk 13,16) [→ -tasan]：aha kin mi z-or ownēr ays hiwandowt'ean ams owt'owtasn 見よ，18年間も病弱の霊に憑かれていた女がいた Lk 13,11; ays dowstr Abrahamow ēr z-or kapeac' Satanay ahawadik owt'owtasn am アブラハムの娘であるこの女は，サタンがなんと18年間も縛りつけていた Lk 13,16; nok'a owt'owtasank'-n (M: owt' ew tasnk'-n [Karst, Histor. Grammatik des Kilik.-Armen., § 227ff.]) y-oroc' veray ankaw aštarak-n i Siłovam ew span z-nosa シロアムの塔が倒れて命を落としたあの18人の者たち Lk 13,4.

owtʻsown, -snicʻ 【数】《基数》80 (ὀγδοήκοντα) [→ owtʻanasown] : ēr ayri amacʻ ibrew owtʻsown ew čʻoricʻ 彼女は寡婦となっておよそ84歳になっていた Lk 2,37.

owžgin 【副】強く，大いに，甚だしく [cf. Olsen, Noun, p.370 (oyž「力」)] : orpēs terew tʻzenwoy zi owžgin šaržicʻi i hołmoy いちじくの木の葉が風に強く揺さぶられるように Re 6,13 [= ὡς συκῆ βάλλει τοὺς ὀλύνθους αὐτῆς ὑπὸ ἀνέμου μεγάλου σειομένη いちじくが青い実のまま強風に揺さぶられて振り落とされるように].

owl, -ocʻ/-owcʻ 【名】子山羊 (ἔριφος [→ aycikʻ]) : owl mi erbekʻ očʻ etowr inj あなたは私に子山羊1匹くれなかった Lk 15,29.

owxt, -i, -icʻ 【名】契約, 約定, 誓約 (διαθήκη, *vulg.* testamentum); 祈り (προσευχή 1Cor 7,5); owxt dnem 決定する (συντίθεμαι) : ays bažak ē nor owxt, imov areamb vasn jer hełloy この杯は新しい契約であり，あなたたちのために流される私の血によるものだ Lk 22,20; ayd ē ariwn im noroy owxti, or i veray bazmacʻ hełow i tʻołowtʻiwn mełacʻ これは契約のための私の血であり，多くの人のため，罪の赦しとなるように流されるものだ Mt 26,28; aṙnel ołormowtʻiwn ənd hars mer ew yišel z-owxt-n iwr sowrb われらの父祖たちを憐れみ，その聖なる契約を忘れることのないために Lk 1,72; owxt edeal (M: + ēr) Hrēicʻ ユダヤ人たちはすでに決定していた Jn 9,22; ays nocʻa or y-inēn owxt, yoržam barjicʻ z-mełs nocʻa これは彼らに対する私からの契約となる，私が彼らの罪を取り除く時に Ro 11,27; owxtiwkʻ xndrēi (= ηὐχόμην), es inkʻnin nzov linel i KʻSē 私は，私自身キリストから［引き離されて］呪いとなることを祈り願った Ro 9,3.

owxtadir, -dracʻ 【形】誓いを立てる, 誓願する (ἔχω εὐχήν) : en i mez arkʻ čʻorkʻ owxtadirkʻ y-anjins iwreancʻ 私たちの中に誓願を立てた者が4人いる Ac 21,23.

owxtadrowž 【名】契約を守らない, 裏切る, 不誠実な (ἀσύνθετος) Ro 1,31.

owxtem, -ecʻi 【動】①契約する (διατίθεμαι Ac 3,25); [+不] …するように誓言する (μαρτύρομαι Eph 4,17). ② [+与] …に委ねる (διατίθεμαι Lk 22,29) : ①dowkʻ ēkʻ ordikʻ margarēicʻ-n ew owxti-n z-or owxteacʻ AC ənd hars-n mer あなた方は預言者たちの子らであり，神が私たちの父祖たちと契約した契約の子らだ Ac 3,25; ard z-ays asem ew owxtem i TR, mi ews jez z-noyn ōrinak gnal, orpēs ew ayl hetʻanoskʻ gnan ownaynowtʻeamb mtacʻ iwreancʻ それで，私はこのことを主にあって誓言する．あなた方はもはや，他の異邦人たちが彼ら自

身の無為な思いをもって歩んでいるのと同じように歩んではならない Eph 4,17; ②ew es owxtem jez orpēs ew hayr im owxteacʻ inj z-arkʻayowtʻiwn 私の父が私に王国を委ねたように，この私もあなたたちに〔王国を〕委ねる Lk 22,29.

owkn (Lk 22,50E; Jn 18,26E) → ownkn

owł(ł)ekicʻ, -kcʻi, -kcʻacʻ【名】道連れ，同行者 (συνοδία Lk 2,44; συνέκδημος Ac 19,29) [→ -kicʻ (συν-), owłi (ὁδός)]: karcein z-nmanē tʻe ənd owłekicʻs-n icʻē 彼らは彼が道連れの人々と共にいると思った Lk 2,44; yapʻštakecʻin z-Gayios ew z-Aristarkʻos Makedovnacʻi, z-owłłekicʻs-n Pawłosi 彼らはパウロの同行者であるマケドニア人ガイオとアリスタルコスを捕えた Ac 19,29. → nšdehakicʻ

owłi, -łwoy [/M: -łoy]【名】道，道のり，旅 (ὁδός) [→ owłekicʻ]: barekam im ekn aṙ is y-owłwoy (M: ... i y-owłoy) 私の友だちが旅の途中で私のところに来た Lk 11,6. → čanaparh, šawił, pʻołocʻ

owłił; M: owłiwł [-łłoy, -ocʻ]【副】まっすぐに，正しく (ὀρθῶς Lk 7,43); 【形】まっすぐな，正しい (ὀρθός He 12,13; εὐθύς Ac 8,21); owłił aṙnem まっすぐにする (εὐθύς ποιέω Mt 3,3; εὐθύνω Jn 1,23); 清くする (ἁγνίζω Jas 4,8); dēp owłił gnam 直行する，まっすぐに・直接に航行する (εὐθυδρομέω Ac 16,11): owłił (M: owł/iwł) datecʻar あなたの判断は正しかった Lk 7,43; mi əst ačʻs datikʻ, aył owłił datastan ararēkʻ (= τὴν δικαίαν κρίσιν κρίνατε) うわべで裁くのではなく，義しい裁きを下せ Jn 7,24; z-šawiłs owłiłs ararēkʻ oticʻ jerocʻ 自分の足のためにまっすぐな径を造れ He 12,13; kʻanzi sirt kʻo očʻē owłił aṙaǰi AY お前の心が神の前にまっすぐではないから Ac 8,21; owłił (M: owłiwł) ararēkʻ z-šawiłs nora 彼の小径をまっすぐにせよ Mt 3,3; owłił ararēkʻ z-čanaparh-n TN 主の道をまっすぐにせよ Jn 1,23; owłił ararēkʻ z-sirts 心を清くせよ Jas 4,8; eleal i Trovaday dēp owłił gnacʻakʻ i Samotʻrakē 私たちはトロアスから船出してサモトラケに直航した Ac 16,11.

owłiwł/owłił/owłeł, -łłoy【名】骨髄 (μυελός): ban-n AY ... ancʻanē minčʻew cʻ-orošowmn čʻnčʻoy ew ogwoy ew yōdicʻ ew owłłoy 神の言葉は魂と霊を，関節と骨髄を切り分けるほどに刺し貫く He 4,12.

owłłem, -eci【動】①直に導く，向かわせる (κατευθύνω Lk 1,79; 2Th 3,5). ②直くする，処理する (ἀνορθόω Lk 13,13; ἐπιδιορθόω Tt 1,5): ①owłłel z-ots mer i čanaparh xałałowtʻean われらの足（どり）を平安の道へ直に導く Lk 1,79; TR owłłescʻē z-sirts jer i sēr-n AY 主があなた方の心を神の愛へと向かわせてくれるように 2Th 3,5; ②aṙžamayn owłłecʻaw 彼女（の体）はたちどころに直くされた Lk 13,13; tʻołi z-kʻez

i Kritē, zi or inč' miangam pakas ic'ē owłłesc'es 君が残っているであろう事柄すべてを処理するように，私は君をクレタ島に残して来た Tt 1,5.
owłłič', -łč'i, -č'ac' 【名】航海者，舵手 (εὐθύνων)：y-or koys ew mitk' owłłč'i-n kamic'in 航海者の意の欲する方へ Jas 3,4.
owłłord/owłord 【形】まっすぐな (εὐθύς)：t'oleal z-owłord čanaparh-n molorec'an 彼らはまっすぐな道を棄てて迷ってしまった 2Pe 2,15.
owłłowt'iwn, -t'ean 【名】①公正 (εὐθύτης)．②矯正 (ἐπανόρθωσις 2Tm 3,16)；改革 (διόρθωμα Ac 24,2; διόρθωσις He 9,10)：①gawazan owłłowt'ean gawazan ark'ayowt'ean k'oy 公正の杖はあなたの王国の杖 He 1,8；②amenayn girk'... ōgtakark' en...y-owłłowt'iwn 聖書全体は矯正のために有益だ 2Tm 3,16; minč'ew i žamanaks owłłowt'ean-n 改革の時まで He 9,10.
owłoy (M) = owłwoy → owłi
owłjowni (M) → ołjoyn
owłt, -ow, -owc' 【名】らくだ (κάμηλος) [→ malowx = κάμιλος]：Yovhannēs ownēr handerj i stewo (M: -woy) owłtow ヨハネはらくだの毛ごろもから作られた着物を着ていた Mt 3,4; arajnordk' koyrk', or z-mžłowks k'amēk', ew z-owłts klanēk' 盲目の道案内人どもよ，ぶよは濾すが，らくだは丸呑みにする者どもよ Mt 23,24.
owłwoy → owłi
owm, owmē → o¹
owmemn → omn
owmek', M: **owmowk'** → ok'
ownayn, -i, -ic' 【形】空の，空手の (κενός)：arjakec'in ownayn 彼らは彼を空手で送り返した Mk 12,3; z-mecatowns arjakeac' ownayns 彼は富める者たちを空手で去らせた Lk 1,53.
ownaynac'owc'anem, -c'owc'i 【動】空にする，空しくする (κενόω)：z-anjn ownaynac'oyc' 彼は自分自身を空しくした Php 2,7.
ownaynowt'iwn, -t'ean 【名】空虚，無為，不毛 (ματαιότης Eph 4,17; ματαιολογία 1Tm 1,6)：mi ews jez z-noyn ōrinak gnal, orpēs ew ayl het'anosk' gnan ownaynowt'eamb mtac' iwreanc' あなた方はもはや，他の異邦人たちが彼ら自身の無為な思いをもって歩んでいるのと同じように歩んではならない Eph 4,17; y-oroc' omank' vripec'an xotorealk' y-ownaynowt'iwn banic' 一部の者たちはこれらから迷い出て無為な議論へと走った 1Tm 1,6.
[y-]**ownganē** (M) = ownkanē → ownkn
owneli, -lwoy, -leac' 【名】捕える者 (συλλαμβάνω)：vasn Yowdayi or

ełew aṙaǰnord owneleacʻ-n YI イエスを捕えた者どもの手引きとなったユダについて Ac 1,16

ownim, アオ kalay [cf. əndownim, アオ ənkalay]【動】A. <**ownim**> ①持っている, 所有する, 占める；留める；押し止める, 阻止する (ἔχω Mt 14,17; 25,29; Re 6,5; κατέχω Lk 14,9; Ro 1,18; 2Cor 6,10; βαστάζω Mk 14,13; ἀπόκειμαι Lk 19,20; κρατέω Jn 20,23; Re 2,1; 7,1); 着る, 身につける (ἔχω Mt 3,4; ἐγκομβόομαι 1Pe 5,5). ②考える, 見なす (ἔχω Mt 14,5). ③堅持する, 固守する (κρατέω Mk 7,3; ἐπέχω Php 2,16; κατέχω 1Cor 11,2). ④y-anjin ownim [z-+対]…に勤しむ (ἀντιλαμβάνομαι 1Tm 6,2). —B. <**kal**-> ①つかむ, 捕える, 逮捕する, 取り上げる (κρατέω Mt 14,3; ἐπιλαμβάνομαι Mt 14,31; Ac 21,33; ὑπολαμβάνω Ac 1,9; πιάζω Jn 7,32). ②触る, 触れる (ἅπτομαι Mk 7,33). ③z-jeṙanē kalaw 手をつかむ；(蛇が) 絡みつく, 咬みつく (πιάζω Ac 3,7; καθάπτω Ac 28,3)：A. <**ownim**> ①očʻ inčʻ ownimkʻ ast baycʻ hing nkanak ew erkows jkowns 私たちは, 5個のパンと2匹の魚のほか, こっには何も持っていない Mt 14,17; amenayni or ownicʻi tacʻi 持てる者にはすべて, 与えられるだろう Mt 25,29; or nsteal-n ēr i veray nora ownēr kšiṙ i jeṙin iwrowm その上に乗っている者は手に天秤を持っていた Re 6,5; ibrew očʻinčʻ ownicʻimkʻ, ew z-amenayn inčʻ ownimkʻ 私たちは何も持たない者でいて, すべてを持っている者である 2Cor 6,10; patahescʻē jez ayr mi or sapʻor ǰroy y-ows ownicʻi あなたたちは水瓶を持った1人の男に出会うだろう Mk 14,13; その時あなたは恥をかきつつ末席をあてがわれるはめになる Lk 14,9; aha mnsa-n kʻo z-or ownei crareal i varšamaki 見よ, これがあなたの1ムナで, 手拭いの中にくるんでしまっておいた Lk 19,20; etʻe z-owrowkʻ ownicʻikʻ kaleal licʻi 誰のものであれ, あなたたちが (その罪を) 留め置くなら, それは留め置かれたままだ Jn 20,23; ayspēs asē karōł-n or owni z-astełs ewtʻn y-aǰow jeṙin iwrowm 右手に7つの星を握る力ある者が次のように語っている Re 2,1; yaytnelocʻ ē barkowtʻiwn AY y-erknicʻ i veray amenayn amparštowtʻean ew anirawowtʻean mardkan ork z-čšmartowtʻiwn-n anirawowtʻeamb ownin 不義によって真理を阻止する人間たちの, すべての不信心や不義の上に, 神の怒りは天から現されるであろう Ro 1,18; ②ibrew z-margarē ownein z-na 彼らは彼を預言者と見なしていた Mt 14,5; ałačʻem z-kʻez kal z-is hražareal お願いだから寛恕せよ Lk 14,19; ③z-ban-n kenacʻ ownel y-anjins 命の言葉を堅く守る Php 2,16; orpēs awandecʻi jez z-awandowtʻiwns-n ownicʻikʻ 私があなた方に伝えたように, あなた方は伝承を堅く保持している 1Cor 11,2; ④hawatacʻealkʻ-n en ew sirownkʻ orkʻ z-barerarowtʻiwn-n y-anjin ownicʻin 善行に勤しんでいる人々は信徒であり，〔神に〕愛されている者である 1Tm 6,2. —B. <**kal**-> ①Hērovdēs kalaw z-Yovhannēs, kapeacʻ z-na ew ed i bandi ヘロデはヨハネを逮捕して彼を縛り獄に閉じ込めた Mt 14,3; YS jgeacʻ z-jeṙn iwr kalaw z-na イエスは手を伸ばして彼をつかんだ Mt 14,31; aṙakʻecʻin kʻahanayapetkʻ-n ew pʻarisecʻikʻ spasawors zi kalcʻin z-na 祭司長たちとファリサイ派の人々は，彼を逮捕するために下役たちを遣わした Jn 7,32; amp-n kalaw z-na y-ačʻacʻ nocʻa 雲が彼らの視界から彼を取り上げた Ac 1,9; ②kalaw z-lezowē nora 彼の舌に触った Mk 7,33; ③kaleal z-aǰoy jeṙanē nora yaroycʻ z-na 彼は右手をつかんで彼を起こした Ac 3,7; iž mi i ǰermowtʻenē-n eleal kalaw z-jeṙanē-n nora 熱気のために１匹のまむしが出て来て，彼の手にからみついた Ac 28,3.

ownkn, ownkan, -anē; 複 akanǰkʻ, -ǰacʻ〔E: 2x owkn; Lk 12,3M: owngn; 複 ownkownkʻ「（容器などの）柄，取っ手」（この意は福音書には見られない）; Schmitt, Grammatik des Klass.-Armen., p. 106, Jensen, AG 149; ELPA II.272f., I.123, II.93; I.163.165 (Komposita)〕【名】①耳 (οὖς Mt 11,15; Lk 12,3; ὠτίον Jn 18,26; ὠτάριον Jn 18,10). ②聴覚 (ἀκοή 1Cor 12,17). ③ownkn dnem〔＋与〕…に耳を傾ける，聞き入る (ἐνωτίζομαι Ac 2,14; ἐπακροάομαι Ac 16,25; προσέχω Ac 8,6); 取り次ぐ (ὑπακούω Ac 12,13). ④lsem y-ownkanē = ἀκούω εἰς τὸ οὖς ひそかに耳にする. ⑤y-ownkanē xawsim = πρὸς τὸ οὖς λαλέω 耳元にささやく：①or ownicʻi akanǰs lseloy lowicʻē 聞く耳ある者は聞け Mt 11,15; akanǰkʻ en ew očʻ lsēkʻ あなたたちは耳があっても聞かないのか Mk 8,18; z-oro z-owkn-n (M: z-oroy z-ownkn-n) ehat Petros ペトロがその片耳を切り落とした〔男〕Jn 18,26; i bacʻ aṙ z-ownkn nora z-aǰoy 彼は彼の右の耳を切り落とした Jn 18,10; aysawr lcʻan girkʻ-s ays y-akanǰs jer 今日この聖句はあなたたちの耳のうちで満たされた Lk 4,21; ②etʻē amenayn marmin-n akn ēr, owṙ? ēr ownkn もしも体全体が目だとしたら，聴覚はどこにあるだろうか 1Cor 12,17; ③ownkn dikʻ banicʻ imocʻ 私の言葉に耳を傾けてもらいたい Ac 2,14; ownkn dnēin nocʻa kalanaworkʻ-n 囚人たちはそれらに聞き入っていた Ac 16,25; ownkn dnēin žołovowrdkʻ-n banicʻ-n Pʻilipposi miaban 群衆はフィリッポスの言葉に一致して聞き従った Ac 8,6; baxeal z-dowṙs tan-n, mateaw ałaxin mi ownkn dnel, orowm anown ēr Hṙovdē 彼が家の門をたたくと，ロデという女中が取り次ぎに出た Ac 12,13; ④z-or lsēkʻ y-ownkanē (εἰς τὸ οὖς ἀκούετε), kʻarozecʻēkʻ i veray taneacʻ あなたたちが〔ささやき声で〕耳にしたことを，屋根の上で宣べ伝えよ Mt 10,27; ⑤z-or y‐ownkanē‐n (M: y‐ownganē)［奪！］xawsec‘arowk‘ (πρὸς τὸ οὖς ἐλαλήσατε) i štemarans, k‘arozesc‘i i veray taneac‘ あなたたちが奥の部屋で耳元に［ささやき］語ったことは、屋根の上で宣べ伝えられるだろう Lk 12,3.

ownkndir, ‐drac‘【形】聴き従う，従順な；ownkndir linel/drem［＋与］…に耳を傾ける，注意を払う (προσέχω He 2,1; πείθομαι He 13,17): vasn aysorik part ē mez aṙawel ews ownkndir linel banic‘‐n asac‘eloc‘ それゆえ私たちは語られた言葉により一層注意を払うべきだ He 2,1; ownkndir lerowk‘ aṙaǰnordac‘ jeroc‘ あなた方の指導者の言うことを聴け He 13,17.

owš【名】①記憶，注意，感覚［ELPA I.119: yišem (< *y‐ə̌š‐em)］; owš aṙnel/aṙnowl/ownel/dnel 注意を払う，心にかける，用心する，目指す，追い求める，努力する．②y‐owš lini inj, inj y‐owš ankani［＋主］私は…を想い起こす (μιμνῄσκομαι He 13,3): ①owš edeal ənt‘anam i kēt = κατὰ σκοπὸν διώκω εἰς τὸ βραβεῖον 賞をめざして疾駆する Php 3,14; ②y‐owš lic‘in jez kapealk‘‐n あなた方は獄にある人々のことを想い起こせ He 13,3. → yišem

owṙ, ‐oy, ‐oc‘【名】［若］枝，（葡萄の）蔓 (κλῆμα): amenayn owṙ or y‐is ē ew oč‘ berē ptowł, ktrē z‐na 私の内にあって実を結ばない枝はすべて，（父が）これを刈り取る Jn 15,2; owṙ‐n oč‘ karē ptowł berel y‐anjnē iwrmē, et‘e č‘‐ic‘ē hastateal y‐ort‘‐n 枝というものは、その葡萄の木のうちに留まっていないなら、自分から実を結ぶことはできない Jn 15,4; es em ort‘, ew dowk‘ owṙ 私が葡萄の木であり、あなた方は枝である Jn 15,5; et‘e ok‘ oč‘ ē hastateal y‐is, el na artak‘s ibrew z‐owṙ‐n ew c‘amak‘ec‘aw 私のうちに留まっていない人がいれば、その人は枝のように外に投げ出されて枯れてしまうことになる Jn 15,6.

owṙkan, ‐i, ‐ac‘【名】網，投げ網，引き網 (δίκτυον Mk 1,19; Lk 5,6; ἀμφίβληστρον, *vulg.*: rete Mt 4,18; σαγήνη, vulg.: sagena Mt 13,47): etes … z‐nosa i nawi‐n minč‘ kazmein owṙkans 見ると、その彼らは、舟の中で網を繕っているところであった Mk 1,19; p‘akec‘in i nerk‘s bazmowt‘iwn jkanc‘ yoyž, minč‘ew parpatein owṙkank‘ noc‘a おびただしい魚の群が取れて、彼らの網は破れんばかりになった Lk 5,6; arkeal owṙkan i cov 海に投げ網を打って Mt 4,18; darjeal nman ē ark‘ayowt‘iwn erknic‘ owṙkani arkeloy i cov ew y‐amenayn azgac‘ žołoveloy さらに、天の王国は、海に投げ入れられ、あらゆる種類［の魚］をかき集める引き網と同じである Mt 13,47; ork‘ miangam owṙkanaw gorcen = ὅσοι τὴν θάλασσαν ἐργάζονται 海で生計を立てている人たち Re 18,17． → gorci

owṙnowm, -ṙeay, -ṙowc'eal【動】膨れる，腫れる，満杯になる (συμπληρόομαι Lk 8,23; πρηνής Ac 1,18)：ew ēǰ mrrik hołmoy i covak-n ew owṙnoyr ew tagnapein すると湖に暴風が吹きおろして来て，舟が水浸しになり彼らは危機に瀕した Lk 8,23; owṙowc'eal herǰaw ənd mēǰ (炎症が) 腫れ上がって [Gk: πρηνὴς γενόμενος まっさかさまに落ちて] Ac 1,18.

owṙowc'ik【形】大あらしの，大荒れの (τυφωνικός) [Olsen, Noun, p. 459f.]：hołm owṙowc'ik 暴風 Ac 27,14.

ows, -oy, -oc'【名】肩 (ὦμος); y-ows (M: -n) ownim 肩にかつぐ (βαστάζω)：dnē z-na i veray owsoc' iwroc' xndalov 彼は喜びのあまりそれを自分の肩の上にかつぐ Lk 15,5; ayr mi or sap'or ǰroy y-ows (M: -n) ownic'i 水瓶を肩にかつぐ 1 人の人 Mk 14,13.

owsanim, -say, 命 owsir, owsarowk'【動】学ぶ，教えられる (μανθάνω)：ert'ayk' owsarowk', zinč'? ē z-ołormowt'iwn kamim ew oč' z-zoh 私の望むのは憐れみであって犠牲ではないということが何であるか，行って学んで来い Mt 9,13; dowk' i t'zenwoy anti owsǰik' z-aṙak-n あなたたちは，いちじくの木から，譬を学べ Mk 13,28; ararin orpēs owsan-n = ἐποίησαν ὡς ἐδιδάχθησαν 彼らは教えられたように行った Mt 28,15; k'anzi karōł ēk' amenek'ean mi əst mioǰē margarēanal, zi amenek'ean owsanic'in ew amenek'ean mxit'aresc'in なぜならあなた方すべての者は 1 人ずつ預言できるからだ．それは，すべての者が学び，すべての者が励まされるためだ 1Cor 14,31; z-ays miayn kamim owsanel i ǰenǰ 私はただ次のことだけをあなた方から聞いて知りたい Ga 3,2; ziard? z-girs gitē sa zi owseal bnaw č'ik' この男は誰にも師事したことがないのに，どうして文字がわかるのか Jn 7,15; ararin orpēs owsan-n 彼らは教えられたように行った Mt 28,15; ełic'in amenek'ean (M: -k'in) owsealk' AY (M: y-AY) = ἔσονται ... διδακτοὶ θεοῦ 彼らは皆神に教えられた者になるだろう Jn 6,45a.

owsoyc' (Lk 11,1M: owsoc') → owsowc'anem

owsoc' → ows (複・属)

owsowmn, -sman【名】①教え，教義，教説 (διδαχή). ②訓戒，訓示 (νουθεσία)：①amenayn žołovowrd-n zarmac'eal ēr ənd owsowmn nora すべての群衆が彼の教えに仰天していた Mk 11,18; lc'ēk' z-EM owsmamb-d jerov お前たちは自らの教えでエルサレムを満たしてしまった Ac 5,28; ②snowc'aniǰik' z-nosa xratow ew owsmamb TN 彼らを主の躾けと訓示でもって養育せよ Eph 6,4.

owsowc'anem, -c'i, アオ・単・3 owsyc', 命 owso[y]【動】教える，説く

(διδάσκω Lk 11,1) [→ owsanim]; ayl azg inč' owsowc'anem 異なった教えを説く (ἑτεροδιδασκαλέω 1Tm 6,3): owsowc'anēr z-nosa aṙakawk' bazowm inč' 彼は彼らに譬を使って多くのことを教え続けた Mk 4,2; owsowc'anen vardapetowt'iwns (= διδάσκοντες διδασκαλίας) z-mardkan patowireals 彼らは人間たちの誡めを教えとして教える Mt 15,9; [+与（人）+不/対（もの）] TR, owso (M: owsoy) mez y-aławt's kal 主よ，私たちに祈るすべを教えよ Lk 11,1; na owsowsc'ē jez z-amenayn その方があなた方にすべてを教えるであろう Jn 14,26.

owsowc'ič', -c'č'i, -c'č'ac' 【名】教える人，教師，導師 (καθηγητής);【形】教える術を知っている (διδακτικός 1Tm 3,2): mi z-ok' koč'ēk' vardapet (ῥαββί, *vulg.*: Rabbi)˙ zi mi ē owsowc'ič' (D.Θ: καθηγητής, *t.r.*: διδάσκαλος, *vulg.*: Magister) あなたたちは誰をも「ラビ」と呼ぶな．あなたたちの教師は1人のみだからだ Mt 23,8; mi koč'ic'ik' owsowc'ič'k' (μηδὲ κληθῆτε καθηγηταί, magistri; M: mi koč'ēk' jez owsowc'ič' [対]), zi owsowc'ič' (καθηγητής, Magister) jer K'S ē あなたたちは「導師」と呼ばれてはならない．あなたたちの導師はキリストだからだ Mt 23,10; part ē episkoposi-n anarat linel ... owsowc'ič' 監督は咎めるべき点がなく，教える能力がなければならない 1Tm 3,2.

owsǰik' → owsanim

owstek' 【副】どこから：z-o? (M: + ok') owstek' asen z-inēn (= τίνα με λέγουσιν) mardik-s et'e ic'em 人々は私のことをどこの誰だと言っているか Mk 8,27.29 [対応箇所 Mt 16,13 Lk 9,18: z-o? ok' asen z-inēn]

owsti 【副】①《疑問》どこから，どうして (πόθεν). ②《関係》そこから…するところの；それゆえに，そのために (ὅθεν). ③owsti ew = ὅθεν：①mez y-anapati ast owsti? ic'ē aynč'ap' hac' minč'ew yagec'owc'anel z-aysč'ap' žołovowrd この荒涼としたところで，これほどの群衆を満腹させるだけのパンが，どこから私たちの手に入るのか Mt 15,33; gitem owsti eki ew yo ert'am 私には自分がどこから来たか，どこへ往こうとしているかがわかっている Jn 8,14; owsti? ē inj ays zi ekec'ē mayr TN imoy aṙ is わが主の母上が私のもとに来てくれるとは，そんなことが私にどうして起こったのだろうか Lk 1,43; ②darjayc' i town im owsti eli-n 出て来た俺の家に戻るとするか Mt 12,44; towk' p'ox owsti oč' akn ownic'ik' aṙnowl = δανίζετε μηδὲν ἀπ-ελπίζοντες 返してもらうことを期待することなく，金を貸せ Lk 6,35; owsti gnac'eal hasak'i Hṙegiovn そこを去って私たちはレギオンに到着した Ac 28,13; ③hačoy t'owec'aw Hērovdi. owsti ew erdmamb xostac'aw nma tal zinč' ew xndresc'ē 彼女はヘロデの気に入った．そのために彼は，彼女が願い出

るものは何でも彼女に与えると，誓いつつ公言した Mt 14,7.

owstr, -ter, -erk', -erac'【名】〔しばしば dowstr と並置して：HH, AG, p. 484f.〕息子 (υἱός): or sirē z⁻owstr kam z⁻dowstr arawel k'an z⁻is č'⁻ē inj aržani 私以上に息子や娘を愛する者は私にふさわしくない Mt 10,37. → ordi

owtem, アオ keray, 3 eker, 接 kerayc', keric'es, keric'ē …, 命 ker, kerayk'【動】①食べる，食事をする，食い尽くす．②（資産などを）貪る，食い潰す．③焼き尽くす (ἐσθίω; τρώγω Mt 24,38; κατεσθίω Mt 13,4; Mk 12,40; Lk 15,30; Jn 2,17; 2Cor 11,20; Re 11,5; συνεσθίω Lk 15,2; Ac 11,3)：①owtein ew əmpein 人々は食らったり呑んだりしていた Mt 24,38; ekn t'r̄č'own erknic' ew eker z⁻na 空の鳥がやって来てそれを食べた Mt 13,4; naxanj tan k'o keric'ē z⁻is あなたの家に対する熱情が私を食い尽くすだろう Jn 2,17; mankownk', mi t'e ownik' inč' owteloy = μή τι προσφάγιον ἔχετε; 幼子たちよ，パンと一緒に食べる魚がないのだろう Jn 21,5; emowt ar ars ant'lp'ats ew eker ənd nosa 彼は割礼のない者たちのところに入って，彼らと一緒に食事をした Ac 11,3; o? ok' aracic'ē xašn ew i kat'anē xašin-n oč' owtic'ē 誰が羊を養いながら，しかもその羊の乳を飲まないだろうか 1Cor 9,7; naxanj hroy-n or owtic'ē z⁻hakarakords-n 刃向かう者たちを食い尽くそうとする火の激しさ He 10,27; ②or owten z⁻towns ayreac' (M: ayreanc') 彼らは寡婦たちの家々を貪る Mk 12,40; yoržam ekn ordi k'o ayd or eker z⁻keans k'o ənd porniks あなたのその息子があなたの資産を売春婦たちと食い潰してやって来ると Lk 15,30; ③howr elc'ē i beranoy noc'a ew keric'ē z⁻t'šnamis noc'a 彼らの口から火がほとばしり出て，彼らの敵どもを焼き尽くす Re 11,5.

owtič, -tči, -čac'【名】虫 (βρῶσις) 〔→ Olsen, Noun, p. 462f.〕：mi ganjēk' jez ganjs y⁻erkri, owr c'ec' ew owtič apakanen 地上にあなたたちの宝を積むな．そこでは衣魚と虫が〔宝を〕食う Mt 6,19. → ordn, karič

owr【副】①《疑問》どこで，どこに (ποῦ)．②《関係》《制限的用法》…する（場所/場合）；《非制限的用法》そしてそこで (ὅπου; οὗ Lk 4,16)．③【接】…する所に，《ew を従え譲歩の副詞節を導いて》…する所はどこでも (ὅπου; οὗ Ro 4,15; 1Cor 16,6)；《原因・理由》…する限りは，…ので (ὅπου 1Cor 3,3)：①owr? ē or cnaw ark'ay-n hrēic' ユダヤ人たちの王として生まれた方はどこか Mt 2,2; et'e dow barjer z⁻na, asa inj owr edir z⁻na あなたが彼を運び去ったのなら，彼をどこに置いたのか私に言え Jn 20,15; harc'anēr i noc'anē t'e owr cnanic'i K'S-n 彼はキリストが

どこに生まれるのかを彼らに問いただした Mt 2,2; isk ard owr? en parcank'-n それでは誇りはどこにあるのか Ro 3,27; ②tesēk' z-tełi-n owr kayr 彼が横たわっていた場所を見よ Mt 28,6; ekn i Nazaret' owr sneal-n ēr 彼は自分の育った所であるナザレにやって来た Lk 4,16; mi ganjēk' jez ganjs y-erkri, owr c'ec' ew owtič apakanen 地上にあなたたちの宝を積むな．そこでは衣魚と虫が〔宝を〕食う Mt 6,19; noc'a kaleal z-YS acin ař Kayiap'a k'ahanayapet, owr dpirk'-n ew cerk' žołoveal ein 彼らはイエスを捕まえて大祭司カヤファのもとへ連れて行った．そこに律法学者たちと長老たちとが集合した Mt 26,57; owr oč' ē hreay, ew oč' het'anos そこにはユダヤ人も異邦人もない Col 3,11; ③owr marmin ē, andr ew arcowik' žołovesc'in 体のあるところはどこでも，そこに禿げ鷹たちも集まるだろう Lk 17,37; owr oč' en ōrēnk', ew oč' yanc'ank inč' 律法のないところには違反もない Ro 4,15; owr ktak ē, hark ē z-mah i mēJ berel z-ktakagri-n 契約があるところ，遺言する人の死がもたらされることが必要だ He 9,16; owr ew mtanēr i geawłs kam i k'ałak's kam y-agaraks 村であれ，町であれ，里であれ，彼が入って行ったところはどこでも Mk 6,56; sok'a zkni ert'an gařin-n owr ew ert'ic'ē これらの人々は，子羊がどこへ行こうと，子羊に付き従って行く Re 14,4; owr ew ert'aloc'-n ic'em 私がどこに赴くにしても 1Cor 16,6; owr ew ardēn isk i jez heř ew naxanj, oč' apak'ēn marmnawor ēk' ew əst mardkan gnayk' あなた方の間にすでに争いや妬みがある以上，あなた方は肉的であり，人間〔の思い〕に従って歩んでいるのではないか 1Cor 3,3.

owrax【形】①楽しい，うれしい，喜びにみちた；owrax em/linim 喜ぶ，小躍りする，祝宴をあげる (εὐφραίνομαι Lk 15,29; Ro 15,10; Ac 2,28; 7,41; ἀγαλιάομαι Mt 5,12; χαίρω Col 1,24; 2Cor 6,10; συγχαίρω Lk 15,6); owrax ler = χαῖρε こんにちは Lk 1,28. → ołǰ. ②owrax ařnem 喜ばせる (εὐφραίνω 2Cor 2,2) : ①owrax ełerowk' het'anosk' ənd žołovrdean nora 異邦人たちよ，彼の民と共に喜べ Ro 15,10; owrax linēin i gorcs jeřac' iwreanc' 彼らは自分の手で造ったものを祭って楽しんでいた Ac 7,41; owrax ełew sirt im 私の楽しんだ Ac 2,28; c'ncac'ēk' ew owrax lerowk' 喜べ，そして小躍りせよ Mt 5,12; owrax em i č'arč'arans im vasn jer 私はあなた方のための私の苦難にあって喜んでいる Col 1,24; ibrew trtmealk' ew hanapaz owrax emk' 私たちは悲しんでいる者でいて，しかし常に喜んでいる者だ 2Cor 6,10; owrax ełerowk' ənd is 私と一緒に喜んでくれ Lk 15,6; ②et'ē es trtmec'owc'anem z-jez, ew ov? ē or owrax ařnic'ē z-is, et'ē oč' or trtmic'i-n y-inēn もしも私があなた方を悲

しませるのだとしたら，私によって悲しむようにさせられた者以外に，誰が私を喜ばせる者となるだろうか 2Cor 2,2. → xndam, c'ncam

owraxakic', -kc'i, -c'ac' 【名】喜びを共にする者；o. linel ənd ［＋与］…と共に宴を楽しむ (συνευωχέομαι)：i sērs iwreanc' xardaxowt'eamb linin ənd jez owraxakic'k' anerkewz 彼らは愛餐に偽りをもって出て恐れもなくあなたがたと楽しむ Jd 12. → -kic'

owraxowt'iwn, -t'ean 【名】喜び (χαρά, εὐφροσύνη Ac 2,28)：ełic'i k'ez owraxowt'iwn ew c'ncowt'iwn お前は喜び，小躍りすることになるだろう Lk 1,14; mowt y-owraxowt'iwn TN k'o お前の主人の喜びに与ってくれ Mt 25,21.23; owraxowt'eamb awhrnel z-AC = χαίροντες αἰνεῖν τὸν θεόν 喜びのあまり神を賞め称える Lk 19,37; owraxowt'eamb owrax lini = χαρᾷ χαίρει 喜びに喜ぶ Jn 3,29; xndac'in yoyž owraxowt'iwn mec = ἐχάρησαν χαρὰν μεγάλην σφόδρα 彼らははなはだしく喜んだ Mt 2,10; lc'owc'er z-is owraxowteamb あなたは私を喜びで満たしてくれるだろう Ac 2,28.

owranam, -rac'ay 【動】否定する，否む，拒否する，拒絶する (ἀρνέομαι; ἀπαρνέομαι Mt 26,34)：et'e ok' kami zkni im gal, owrasc'i z-anjn もし人が私の後から来たいと望むなら，自分自身を否め Lk 9,23; hawatovk' Movsēs ibrew ačeac', owrac'aw koč'el ordi dster-n p'arawoni 信仰によって，大きくなった時，モーセはファラオの王女の息子といわれるのを拒否した He 11,24; y-aysm gišeri minč'č'ew hawow xawseal ic'ē, eric's owrasc'is z-is あなたは今晩，鶏が啼く前に，3度私を否むだろう Mt 26,34.

owrbat', -ow, -owc' 【名】準備日，金曜日 (παρασκευή)：i vałiw andr or ē yet owrbat'-n žołovec'an あくる日，すなわち準備日の翌日，彼らは集まった Mt 27,62. → šabat'

owremn A. 【接】したがって，それで，だから，結果として (οὖν); apa owremn = ὥστε Mt 12,28 17;26; Lk 11,48: ἄρα (γε)；He 4,9 ard owremn = ἄρα やはり．—B.【形】《不定》ある (τις)．—C.【副】① ほぼ，ほとんど (πού Ro 4,19). ②きっと (πάντως Ac 28,4)：A. owremn dow? es ordi AY それでは，お前は神の子か Lk 22,70; apa owremn (ὥστε) oč' en erkow, ayl mi marmin だから彼らは2つではなく，1つの身なのだ Mt 19,6; apa et'e hogwov AY hanem es z-dews, owremn (ἄρα) haseal ē i veray jer ark'ayowt'iwn AY もし私が神の霊によって悪霊どもを追い出しているのなら，神の王国はお前たちの上にまさに到来している Mt 12,28; —B. minč'deṙ mtanēr i geawł (M: i gewł) owremn, patahec'an nma tasn ayr borot 彼がある村に入った時，10人のらい病

の男たちが彼に出会った Lk 17,12; datawor mi ēr i k'ałak'i owremn ある町に 1 人の裁判官がいた Lk 18,2; —C. ①z-hariwrameniwk' owremn ēr 彼は百歳ほどになっていた Ro 4,19; ②owremn spanōł ē ayr-s ays この男はきっと人殺しだ Ac 28,4;

owrek'【副】《不定》どこかに〔へ〕，あるところで；oč' owrek' ... et'e oč' ... [/bayc' miayn ...] …以外にはどこにも…ない；amenayn owrek' いたるところで，どこでも (παντaχῇ Ac 21,28; πανταχοῦ Ac 17,30): heragoyn ews owrek' ert'al = πορρώτερον (D.Θ.: πορρωτέρω) πορεύεσθαι さらにどこか先に赴く Lk 24,28; vkayeac' ok' owrek' ew asē ある人があるところで次のように証しした He 2,6; oč' owrek' aṙak'ec'ay et'e oč' aṙ oč'xars korowseals 私は失われた羊たちのところ以外にはどこにも遣わされなかった Mt 15,24; oč' ews z-ok' owrek' (M: oč' z-ok' owrek') tesin, bayc' miayn z-YS ənd iwreans = οὐκέτι οὐδένα εἶδον ἀλλὰ τὸν Ἰησοῦν μόνον μεθ' ἑαυτῶν 自分たちと共にいるのはイエスだけで，彼らはもはや誰も見なかった Mk 9,8;〔形容詞的に〕i tełwoǰ owrek' = ἐν τόπῳ τινί ある場所で Lk 11,1; ays ayr ē or hakaṙak žołovrdean-n ew ōrinac'-n ew tełwoy-s aysorik amenec'own amenayn owrek' owsowc'anē この男は，民と律法とこの場所とに反することを，いたるところで皆に教えている Ac 21,18; patowirē mardkan amenayn owrek' apašxarel 彼はどこにいる人でも悔い改めるようにと命じている Ac 17,30.

owroyn【副】離れて，別に (χωρίς): oč' ənd ayl ktaws-n kayr ayl owroyn caleal i mi kołmn それは亜麻布と一緒にあるのではなく，別の離れた場所でひとつのところにまるめられていた Jn 20,7.

owrowm (Lk 7,4M) = orowm → or

owrowmn (Lk 12,16M: owrowm, Lk 14,1M: orowmn) → omn

owrowk' → ok' (Lk 11,1M: ow/rowk' = owrek')

ok', owrowk', owmek' (M: +owmowk'), owmek'ē [複： → omn: Jensen, AG 230, p. 88]【代】《不定》誰か，ある［人］(τις);《否定辞と》誰も…ない, μηδείς = mi ok' Mt 8,4; 9,30; οὐδείς = oč' ok' Mt 6,24/č'ik' ok' Mk 10,18; προφήτης τις ある預言者 = margarē ok' y-aṙaǰnoc'-n Lk 9,19 (real)/ = margarē omn y-aṙaǰnoc'-n Lk 9,8 (dubitative): mi t'e dow mec'? inč' ok' ic'es k'an z-hayr-n mer Yakovb あなたは私たちの父ヤコブよりも偉いのだろうか Jn 4,12; amenayn ok' or t'agawor koč'ē z-anjn iwr hakaṙak ē kayser 自分を王と呼ぶ者は皆，皇帝に逆らう Jn 19,12; ayl (M: ayl) ok' 誰かほかの人 Jn 5,7; orpisi? ok' ic'ē sa この人はどういう人だろう Mt 8,27; sksan asel c'-na iwrak'anč'iwr ok' i noc'anē, mitʻe es? icʻem 彼らの1人1人が彼に言い始めた，「まさかこの私なのでは」Mt 26,22; oʻ? okʻ ardewkʻ icʻē sa この人はいったい誰だろう Mk 4,41; or okʻ lowccʻē mi inčʻ i patowiranacʻ y-ayscʻanē i pʻokʻowncʻ これらの小さい掟の1つですら破棄する者 Mt 5,19; etʻe okʻ asicʻē inčʻ jez, asasǰikʻ etʻe TN iwreancʻ pitoy en もし誰かがあなたたちに何か言うならば，「主にはそれらが必要だ」と言え Mt 21,3; mi etʻe eber? inčʻ okʻ dma owtel まさか誰かが何か彼に食べさせようと持ってきたわけでもあるまい Jn 4,33; z-goyš ler, mi owmekʻ asicʻes 心して，誰にも言うな Mt 8,4; tʻołowcʻowkʻ etʻe ownicʻikʻ inčʻ z-owmekʻē もし誰かに対して恨みごとがあるならば〔それを〕赦せ Mk 11,25. → ikʻ, inčʻ

čʻ

čʻ- 【副】《否定辞očʻ の後接語形》…でない，…〔し〕ない (οὐ; μή)：[čʻ + 不] čʻ-daṙnal Mt 2,12; čʻ-amowsnanal 19,10; čʻ-aṙnel Mk 7,12; očʻ ē martʻ čʻ-gal Lk 17,1; čʻ-gitel tʻe owsti icʻē Lk 20,7; čʻ-linel yarowtʻean Lk 20,27; owrascʻis z-is čʻ-gitel Lk 22,34; y-aławtʻs kacʻēk čʻ-mtanel i pʻorjowtʻiwn Lk 22,40; čʻ-gitel Lk 22,61; aṙ i čʻ-čanačʻeloy z-na Lk 24,16; aṙ i čʻ-goyē hiwtʻoy Mt 13,5 Lk 8,6; 〔繋辞と〕čʻ-em, čʻ-ē, čʻ-icʻē, čʻ-ēr ... 〔±分〕; 〔他の動詞と〕čʻ-imanaykʻ Mt 16,9; čʻ-zrkem Mt 20,13; čʻ-taykʻ tʻoyl Mt 23,13; čʻ-tas? Mt 26,62; čʻ-kay Mt 27,19; angam čʻ-žamanein Mk 6,31; čʻ-gitemkʻ Mk 11,33; čʻ-tayr inčʻ Mk 14,61; ənd hnoy-n čʻ-miabani Lk 5,36; čʻ-gowcʻē masn inčʻ Lk 11,36; čʻ-tayl tʻoyl Lk 12,39; čʻ-asicʻen Lk 17,21; čʻ-kamēr (M: očʻ kamēr) ew očʻ z-ačʻs ambaṙnal Lk 18,13; čʻ-taykʻ inčʻ patasxani Lk 22,68; čʻ-gtanem inčʻ vnas Lk 23,4; čʻ-erknčʻis dow y-AY Lk 23,40; čʻ-hawatayin Lk 24,11; minčʻdeṙ takawin čʻ-hawatayin Lk 24,41; čʻ-asen inčʻ ənd nma Jn 7,26; čʻ-gitemkʻ Jn 16,18. → očʻ, čʻikʻ, čʻgoy, čʻew

čʻaman, -oy 【名】茴香，クミン (κύμινον)：zi tasanordēkʻ z-ananowx ew z-samitʻ ew z-čʻaman ew tʻołēkʻ z-canr canr awrinacʻ-n z-datastan お前たちは薄荷と，いのんどと，茴香との10分の1税を払っていながら，律法の最も重要なものをないがしろにしている Mt 23,23.

čʻar, -i; **čʻarkʻ**, -racʻ 〔Mt 21,41M, 具：čʻarov〕【形】①悪い；腐った

(木）；よこしまな；間違った (κακός Mt 21,41; πονηρός Mt 5,11; 7,18; Lk 11,34; σαπρός Mt 7,17; Ac 28,5); čʻar ews より（さらに）悪い，ひどい (χείρων Mt 12,45; Mk 2,21; πονηρότερος Lk 11,26a)/čʻar kʻan z- (χείρων Lk 11,26b). ②腐った．③有害な．④厄介な，重苦しい (χαλεπός 2Tm 3,1). —【名】①悪 (ὁ [/τὸ: Lk 6,45b] πονηρός [/-όν] Mt 6,13; ἡ κακία Mt 6,34; τὸ κακόν Ro 2,9; περὶ τοῦ κακοῦ Jn 18,23); čʻar aṙnem 悪をなす (κακοποιέω Mk 3,4); z-čʻar gorcem/aṙnem = τὰ φαῦλα πράσσω 悪いことをする Jn 3,20 5,29; i čar andr = ἐπὶ τὸ χεῖρον ますます悪い方へ 2Tm 3,13. ②苦しみ (κακία Mt 6,34). ③間違い (κακῶς, κακός Jn 18,23); čʻaraw [具/副] 悪く，悪辣に (κακῶς Mt 21,41 [M: čʻarov]): ①z-čʻars-n čʻaraw korowscʻē 彼はあの悪い者たちを悪辣な仕方で滅ぼしてしまうだろう Mt 21,41; yoržam ... asicʻen z-amenayn ban čʻar (= πᾶν πονηρόν) z-jēnǰ sowt 人々があなた方に敵対して偽りつつあらゆる悪しきことを言う時 Mt 5,11; erb akn-n čʻar ē ew marmin-n xawarin ełicʻi 目がよこしまなおりは，体も暗闇だ Lk 11,34; amenayn or z-čʻar gorcē, ateay z-loys 悪いことをしている人は皆，光を憎む Jn 3,20; aṙnow ewtʻn ayl ays čʻar ews kʻan z-inkʻn 彼は自分自身より悪いほかの7つの霊を連れて来る Lk 11,26a; lini yetin-n mardoy-n aynorik čʻar kʻan z-aṙaǰin-n その人間の最後は初めよりもひどくなる Mt 12,45; Lk 11,26b; ②caṙ čʻar ptowł čʻar aṙnē 腐った木は悪い実を結ぶ Mt 7,17; očʻ karē caṙ bari ptowł čʻar aṙnel 善い木は悪い実を結ぶことができない Mt 7,18; ③nora tʻōtʻapʻeal z-gazan-n i howr-n, ełew nma čʻar ew očʻ inčʻ 彼は生き物を火の中に振り落として，なんの害も受けなかった Ac 28,5; ④y-awowrs yetins ekescʻen žamanakkʻ čʻarkʻ 終わりの日々には重苦しい時節が到来する 2Tm 3,1. — ①pʻrkea z-mez i čʻarē 私たちを悪から救え Mt 6,13; zinčʻ? aržan ē i šabatʻow, bari? inčʻ gorcel etʻe čʻar aṙnel 安息日に許されているのは何か，善をなすことか悪をなすことか Mk 3,4; ②šat ē awowr-n čʻar iwr 今日の苦しみだけで今日はもう十分だ Mt 6,34; ③etʻe čʻar inčʻ xawsecʻay, vkayea vasn čʻari-n = εἰ κακῶς ἐλάλησα, μαρτύρησον περὶ τοῦ κακοῦ 私が間違ったことを語ったのなら，間違った点を証せよ Jn 18,23. ↔bari

čʻarabarowtʻiwn, -tʻean【形】悪意，陰険，狡猾さ (κακοήθεια): li naxanjow, spanowtʻeamb, heṙiw, nengowtʻeamb, čʻarabarowtʻeamb 彼らは嫉み，殺意，争い，策略，狡猾さに溢れている Ro 1,29.

čʻaragoyn [-gowni, -icʻ]【形】《比》より悪い (πονηρότερος): aṙnow ənd iwr ewtʻn ayl ayss čʻaragoyns kʻan z-inkʻn 彼は自分自身より悪いほかの7つの霊を共に連れて来る Mt 12,45 [cf. Lk 11,26a → čʻar].

→ -agoyn

čʻaragorc, -i, -acʻ【名】悪いことをする人，犯罪者（κακοῦργος Lk 23,32; κακοποιός Jn 18,30 [Θ]）[→ čʻar, gorc]：acin ew ayl erkows čʻaragorcs 彼らは他の 2 人の犯罪人も連行した Lk 23,32; etʻe čʻ-ēr čʻaragorc ayr-n ayn, apa očʻ matneakʻ z-na kʻez その男が悪事を働いていなかったとすれば，私たちはあなたに彼を引き渡すことはしなかったろう Jn 18,30; orov bambasicʻen z-jez ibrew z-čʻaragorcs 人々があなたたちのことを犯罪者として悪し様に言っていても 1Pe 2,12.　→ gorc, čʻar

čʻaraxaws, -i, -acʻ/-icʻ【形】①悪口を言う，誹謗する（διάβολος 1Tm 3,11; κατάλαλος Ro 1,30）; 告発者（κατήγωρ Re 12,10）; ②čʻaraxaws em/kam [z-＋奪]…を [aṙ＋位]…に対して訴える，告発する（κατηγορέω）: ①noynpēs ew kanaykʻ parkeštkʻ, mi čʻaraxōskʻ, hezkʻ, hawatarimkʻ y-amenayni 女たちもまた同じように威厳があり，誹謗せず，覚醒し，あらゆる点で忠実である人〔でなければならない〕1Tm 3,11; zi ankaw čʻaraxōs-n ełbarcʻ merocʻ なぜなら我らの兄弟たちの告発者が投げ落とされたからだ Re 12,10;　②sksan čʻaraxaws linel (M: čʻaraxawsel) z-nmanē ew asel 彼らは彼を訴えて言い始めた Lk 23,2; mi hamarik etʻe es čʻaraxaws inčʻ icʻem z-jēnǰ aṙ hawr. goy or čʻaraxaws kay z- jēnǰ. Movsēs y-or dowkʻ-n yowsacʻeal ēkʻ 私が父に対してあなた方を告発するだろうと思い込むな．あなた方を告発する人がいる．あなた方が望みをかけているモーセだ Jn 5,45.

čʻaraxawsem, -ecʻi【動】①[z-＋奪]…を訴える（κατηγορέω Mt 12,10; Lk 23,14）. ②呪う（κακολογέω Mk 7,10）[→ čʻar, xawsim]：①zi čʻaraxawsescʻen z-nmanē 彼らが彼を訴えるために Mt 12,10; vnas inčʻ očʻ gti y-aṙn-s y-aysmik z-orocʻ dowkʻ čʻaraxawsēkʻ-d z-dmanē この人物においては，お前たちが訴えているような罪はなんら見出せなかった Lk 23,14;　②or čʻaraxawsescʻē z-hawrē kam z-mawrē mahow-n vaxčanescʻi 父や母を呪う者は必ず死ぬべし Mk 7,10 [対応箇所 Mt 15,4：bambasē z-hayr kam mayr; cf. ambastandem].

čʻaraxawsowtʻiwn, -tʻean【名】①訴え（κατηγορία）. ②誹謗（καταλαλιά 2Cor 12,20）: ①zi gtanicʻen čʻaraxawsowtʻiwn z-nmanē 彼らが彼を訴える〔口実を〕見つけるために Lk 6,7; zincʻ? čʻaraxawsowtʻiwn matowcʻanēkʻ z-aṙnē-n z-ay n manē お前たちはその男に対して何の訴えを持って来たのか Jn 18,29; z-ericʻowē čʻaraxōsowtʻiwn mi əndownicʻis, baycʻ etʻē erkowkʻ ew eriwkʻ vkayiwkʻ 長老に対する訴えは，2 人か 3 人の証人によって（立件されて）いなければ，受理してはならない 1Tm 5,19;

②srtmtowt'iwnk', grgṙowt'iwnk', č'araxōsowt'iwnk' もろもろの激情，党派心，誹謗 2Cor 12,20.

č'araknowt'iwn, -t'ean【名】嫉妬 (ὀφθαλμὸς πονηρός Mk 7,22 [= akn...č'ar: Mt 6,23]).

č'aračči【名】悪しき獣；č'aračcik' = κακὰ θηρία Tt 1,12.

č'arač'ar; č'arač'ark'【形】凶暴な (χαλεπός Mt 8,28);【副】ひどく (κακῶς Mt 15,22; 17,15; δεινῶς Mt 8,6): č'arač'ark' yoyž, orpēs zi č'-ēr hnar anc'anel owmek' ənd ayn čanaparh 彼らはひどく凶暴で，誰もその道を通り過ぎることができないほどだった Mt 8,28; dowstr im č'arač'ar ayshari 私の娘が悪霊に憑かれひどく（苦しんでいる）Mt 15,22; č'arač'ar hiwandanay 彼はひどく苦しんでいる Mt 17,15; č'arač'ar tanǰeal ひどく苦しんで Mt 8,6.　→ č'arč'arank'

č'arac'owc'anem, -owc'i【動】悪くする，嫌悪させる，悪意を抱かせる (κακόω): anhawan hreayk'-n yarowc'in ew č'arac'owc'in z-anjins het'anosac'-n i veray ełbarc' = ... ἐκάκωσαν τὰς ψυχὰς τῶν ἐθνῶν κατὰ τῶν ἀδελφῶν 信じようとしなかったユダヤ人たちは異邦人たちを扇動し，兄弟たちに対して悪意を抱かせた Ac 14,2.

č'araw　→ č'ar

č'arel (Mt 16,21M［おそらく誤記］vs. E: č'arč'arel)

č'arik', -reac'【名】《複のみ》悪，悪しきもの［こと］，邪悪 ([τὰ] πονηρά; Jn 8,3-6E: i č'aris = ἐπὶ ἁμαρτία? :D., 不確実な本文箇所［kin omn əmbṙnec'aw i č'aris ... acin aṙ YS]): ays amenayn č'arik' i nerk'owst elanen ew płcen z-mard これらすべての悪は中から出てきて，人間を穢す Mk 7,23; əndēr? xorhik' dowk' č'aris i sirts jer なぜお前たちは心の中で悪しきことを思っているのか Mt 9,4; mard bari, i bari ganjowc' hanē z-baris, ew mard č'ar, i č'ar ganjowc' srti iwroy hanē z-č'aris 善い人は，善い倉庫から善いものを取り出す．また悪しき人は，自分の心の悪しき倉庫から悪しきものを取り出す Mt 12,35; lowac'eal z-sirts i xłčē č'areac'〔私たちは〕心をすすがれて，内奥の意識の邪悪さから〔清められて〕いる He 10,22.

č'arov [M]　→ č'ar

č'arowt'iwn, -t'ean【名】悪いこと，悪意，邪悪，悪行 (κακία 1Cor 5,8; Eph 4,31; πονηρία Mk 7,22; Eph 6,12; φαῦλος Tt 2,8): xorhowrdk' č'arowt'ean = οἱ διαλογισμοὶ οἱ κακοί 悪い想い Mk 7,21; agahowt'iwnk', č'arowt'iwnk', nengowt'iwnk' 貪欲，悪意，奸計 Mk 7,22; gorck'-n iwr č'arowt'ean en = τὰ ἔργα αὐτοῦ πονηρά ἐστιν その業は邪悪である Jn 7,7; zi ein gorck' iwreanc' č'arowt'eamb = ἦν γὰρ αὐτῶν πονηρὰ τὰ

čʻarčʻarakicʻ

ἔργα Jn 3,19; mi i xmor‐n čʻarowtʻean ew anzgamowtʻean 悪意と邪悪のパン種でもってではなく 1Cor 5,8; ənd ayss čʻarowtʻean or i nerkʻoy erknicʻ 天上低きにいる悪の霊的勢力に対して Eph 6,12.

čʻarčʻarakicʻ【名】共に苦しむ者 [→ čʻarčʻarim, -kicʻ]. —【形】[＋与] 同情的な；čʻarčʻarakicʻ linel 共に苦しむ，同情する (συμπαθέω He 4,15)；čʻapʻov čʻarčʻarakicʻ linel 思いやり，穏やかに接する (μετριοπαθέω He 5,2)：kʻanzi očʻ etʻē ownimkʻ kʻahanayapet, or čʻ‐icʻē karōł čʻarčʻarakicʻ linel tkarowtʻean meroy 私たちには大祭司があるが，この方は私たちの弱さを共に苦しむことのできない方ではない He 4,15; čʻapʻov čʻarčʻarakicʻ karōł ē linel angitacʻ ew molorelocʻ 無知で迷っている人々を彼は思いやることができる He 5,2.

čʻarčʻarankʻ, -nacʻ【名】《複のみ》①苦難，苦痛，虐待；悪いもの (πάθημα 2Cor 1,6; τὸ παθεῖν Ac 1,3; κάκωσις Ac 7,34; κακός Lk 16,25 [τὰ κακά ↔barikʻ]) [cf. čʻaračʻar]；悪に耐えること (κακοπάθεια Jas 5,10). ②焼き印 (στίγμα Ga 6,17)：①bazowm čʻarčʻarans čʻarčʻarel (/əndownel) = πολλὰ παθεῖν 多くの苦しみを受ける Mt 16,21 (/Mk 8,31)；or yaJołeal‐n ē hamberowtʻeamb nocʻin čʻarčʻaranacʻ‐n z‐or ew mekʻ‐n čʻarčʻarimkʻ〔その慰めは〕私たちが受けているのと同じ苦難への忍耐によって働く 2Cor 1,6; tesanelov tesi z‐čʻarčʻarans žołovrdean imoy or y‐Egiptos 私はエジプトにいる私の民が虐待されているのを見きわめた Ac 7,34; ōrinak arēkʻ, ełbarkʻ, čʻarčʻaranacʻ ew erkaynmtowtʻean z‐margarēs‐n 兄弟たちよ，諸悪に耐えること，忍耐することについては預言者たちを模範とせよ Jas 5,10; Yišea zi ənkalar andēn z‐baris kʻo i keans‐n kʻowm, ew Łazaros noynpēs z‐čʻarčʻarans お前はお前の生きている間，自分の良きものを受け，ラザロは同様に悪しきものを〔受けた〕ことを思い出せ Lk 16,25; ②es z‐čʻarčʻarans KʻI i marmni imowm krem 私はキリストの焼き印を私の体に負っている Ga 6,17.

čʻarčʻarem, -ecʻi【動】虐待する，ひどいことをする (κακόω Ac 7,19; κακουχέω He 11,37)；斬首刑に処す (πελεκίζω Re 20,4)；投げ倒す (καταβάλλω 2Cor 4,9)：na hnarecʻaw azgi‐n merowm ew čʻarčʻareacʻ z‐hars‐n mer 彼は私たちの同族に対して悪巧みをし，父祖たちにひどいことをした Ac 7,19; z‐hogis čʻarčʻarelocʻ‐n 首をはねられた人々の魂 Re 20,4; čʻarčʻarealkʻ ayl očʻ satakealkʻ〔私たちは〕投げ倒されながらも滅ぼされてはいない 2Cor 4,9.

čʻarčʻarim, -recʻay【動】苦しむ，苦しめられる (πάσχω Mt 17,12; Lk 22,15; Re 2,10; προπάσχω 1Th 2,2; συμπαθέω He 10,34; κακοπαθέω 2Tm 2,9; συγκακουχέομαι He 11,25; παθητός Ac 26,23)；bazowm (±

č'arč'arans) č'arč'arel = πολλὰ παθεῖν 多くの苦しみを受ける：part ē nma … bazowm č'arč'arans č'arč'arel 彼は多くの苦しみを受けなければならない Mt 16,21 (E: 欄外注なし；M: č'arel [č'arč'arel の誤記であり，č'arel「そしる，呪う」ではない]．M.mg.: anargeac' [cf. Lk 9,22 bazowm č'arč'arel ew anargel i …]); noynpēs ew ordi mardoy č'arč'areloc' ē i noc'anē そのように人の子もまた彼らから苦しみを受けるであろう Mt 17,12; c'ankalov c'ankac'ay z-ays pasek' owtel ənd jez minč'č'ew č'arč'areal ic'em 私は苦しみを受ける前に，この過越の食事をあなたたちと共にすることを願いに願っていた Lk 22,15; mi erknč'ir vasn oroy kamis č'arč'arel お前が蒙ろうとしている苦しみを恐れるな Re 2,10; yaṙaǰagoyn č'arč'arealk' ew t'šnamanealk' orpēs ew dowk' gitēk' i mēǰ P'ilipec'woc' あなたたちも知っているように，私たちは先にフィリピの真ん中で苦しめられ侮辱された 1Th 2,2; ənd kapeals č'arč'arec'arowk' あなた方は獄の人々と苦しみを共にした He 10,34; č'arč'arim kapanōk' č'ap' ibrew z-č'aragorc 私は悪業を働く者のように鎖に繋がれるまでに苦しみを受けている 2Tm 2,9; law hamarec'aw č'arč'arel ənd žołovrdean-n AY 彼は神の民と苦境を共にするのがよいと考えた He 11,25; et'ē č'arč'areloc' ē K'S-n キリストが苦しみを受けることになるということ Ac 26,23.

č'ap', -oy, -oc' 【名】①秤；升目；尺度，程度（μέτρον）; č'ap'ov 適度に．②z-č'ap' aṙnowl 測る，証明する．③elanem/eleal ē (kowsi-n) əst č'ap' 女の盛りを過ぎている（ὑπέρακμος 1Cor 7,36）④i č'ap'(s) haseal ē/hasanem 成長する，成人する（ἡλικίαν ἔχει）．⑤oč' et'e č'ap'ov = οὐκ ἐκ μέτρου 秤によらずに，限りなく Jn 3,34. ⑥［＋具］《程度》…までに，…ほどに（μέχρι 2Tm 2,9）: ①novin č'ap'ov orov č'ap'ēk' č'ap'esc'i jez あなたたちが量るその秤で，あなたたちに量り返されるだろう Lk 6,38; dowk' lc'ēk' z-č'ap' harc'-n jeroc' お前たちは，自分の父祖たちの〔悪業の〕升目を満たすがよい Mt 23,32; č'ap' mardoy or ē hreštaki 人間の尺度で天使が用いたもの Re 21,17; əst č'ap'oy-n hawatoc' = κατὰ τὴν ἀναλογίαν τῆς πίστεως 信仰の度合いに応じて Ro 12,6; ②zi z-č'ap' aṙic' z-jer (= ἵνα γνῶ τὴν δοκιμὴν ὑμῶν), et'ē y-amenayni hpatak ic'ēk' あなた方がすべてにおいて従順であるかという，あなた方についての確証を得るために 2Cor 2,9; ④ink'nin i č'ap' haseal ē, ink'n isk xawsesc'i vasn iwr 彼はもう大人だ，自分のことは自分で語るだろう Jn 9,21; oroc' vasn i č'ap's-n hasaneloy, čašakelik'-n kert' en əntrowt'ean barwoy ew č'ari 成人することで［Gk: διὰ τὴν ἕξιν 実践を通して］感覚が良いことと悪いことの識別に対して訓練されている人々の He 5,14; ⑤oč' et'e

č'ap'em

č'ap'ov tay AC z-hogi-n 神は霊を限りなく与えている Jn 3,34; ⑥č'arč'arim kapanōk' č'ap' ibrew z-č'aragorc 私は悪業を働く者のごとく鎖に繋がれるまでに苦しみを受けている 2Tm 2,9; č'ew ews areamb č'ap' paterazmealk' hakařak kac'ēk' mełac'-n 罪に対してあなた方はまだ血〔を流すほど〕にまで抵抗したことがない He 12,4. → aydč'ap', aynč'ap', aysč'ap', orč'ap'

č'ap'em, -ec'i【動】測る, 量る (μετρέω Mk 4,24; Re 21,17; ἀντιμετρέω Lk 6,38): orov č'ap'ov č'ap'ēk' novin č'ap'esc'i jez あなたたちが量るその秤で，あなたたちに量られるだろう Mk 4,24; č'ap'eac' z-parisp-n nora hariwr ew k'ařasown ew č'ors asparēzs (天使が) その城壁〔の厚さ〕を測ると，144 ペキュスあった Re 21,17.

č'goy, -i, -ic'【名】存在しないもの；所有しないもの: et'ē yōžarowt'iwn-n ařaǰi kay, əst goyi-n əndowneli ē, ew oč' et'ē əst č'goyi-n もしもその熱心さがあるのなら，所有しないものに応じてではなくて，所有しているものに応じて〔分け与えることが，神に〕快く受け容れられる 2Cor 8,12. → č'-, goy²

č'ew; č'ew ews; č'-éw, č'-éw ews【副】《否定》まだ（まったく）…ない (οὐδέπω Jn 20,9; μηδέπω He 11,7): əndēr? aydpēs vatasirtk' ēk'. č'ew ews ownik' hawats なぜあなたたちは臆病なのだ．信仰がまったくないのか Mk 4,40; zi č'ew ews gitein z-girs 彼らにはまだ聖書がわかっていなかった Jn 20,9; vasn č'ew ews ereweleac'-n まだ現れていない事について He 11,7.

č'ik'; č'-ík'【代】《č'-+不定 ik'》①…が〔い〕ない, 存在しない. ②č'ik' ok' = οὐδείς 誰も…ない. ③《分詞補語と共に》…しない: ①or asein t'e č'ik' yarowt'iwn = λέγοντες μὴ εἶναι ἀνάστασιν 甦りはないと言っていた者たち Mt 22,23; č'ik' inč' cacowk or oč' yayt lic'i 隠されているもので，あらわにならないものはない Lk 8,17（対応箇所 Mk 4,22 č'-ē inč' i cacowk, Mt 10,26 oč' inč' ē i cacowk）; č'ik' im ayr 私には夫がない Jn 4,17; bani-n imoy č'ik' tełi i jez = ὁ λόγος ὁ ἐμὸς οὐ χωρεῖ ἐν ὑμῖν あなたたちのうちには，私の言葉の収まる余地がない Jn 8,37; ard č'ik' patčařk' vasn mełac' iwreanc' = νῦν δὲ πρόφασιν οὐκ ἔχουσιν περὶ τῆς ἁμαρτίας αὐτῶν 今や彼らには自分らの罪について弁解の余地がない Jn 15,22; y-orowm č'ik' (= οὐκ ἔνι) p'op'oxowmn ew kam šrǰeloy stower 彼のもとには移り変りも運行によって生じる影も存在しない Jas 1,17; ②č'ik' ok' bari bayc' mi AC 神ひとりのほかに善い者などいない Mk 10,18; ③ziard? z-girs gitē sa zi owseal bnaw č'ik' この男は〔誰にも〕まったく教わったことがないのに，どうして文字がわかるのか Jn 7,15.

č'orrord

→ č'k'awor

č'ogay, -**gaw**, -**gan**（補充法による直・アオ）　→ ert'am

č'or, -oy, -oc'【形】乾いた，枯れた（ξηρός）↔dalar：et'e ənd p'ayt dalar z-ays arnen, č'or-n zinč? linic'i 生木にこれらのことがなされるのならば，枯れ木には何が起こるだろうか Lk 23,31.

č'oranam, -rac'ay; č'oranay, -rac'aw【動】枯れる（ξηραίνομαι）: i cagel arewow tapac'aw ew zi oč' goyin armatk' č'orac'aw 太陽がのぼると〔種は〕焼かれて，根がないために枯れてしまった Mt 13,6; aržamayn č'orac č'aw t'zeni-n いちじくの木はたちどころに枯れた Mt 21,19. → c'amak'im

č'orek'awreay; M: č'orek'awrea【副】4日目に〔→ č'ork' (č'orek'-: ELPA II.33), awr〕: YS egit z-na č'orek'awreay i gerezmani = ... τέσσαρες ἤδη ἡμέρας ἔχοντα ... イエスは彼が墓にいること4日目であることがわかった Jn 11,17; k'anzi č'orek'awreay ē = τεταρταῖος γάρ ἐστιν 4日目だ Jn 11,39.

č'orek'ean【数】《集合》4つとも（τέσσαρες）Ac 10,11.

č'orek'kin; M: č'orēk'kin【数】《倍数》4倍の（τετραπλοῦς）: et'e z-ok' zrkec'i, hatowc'ic' č'orek'kin (M: č'orēk'kin) もし私が誰かからゆすり取ったとしたら，4倍にして返す Lk 19,8.

č'orek'hariwr【数】《基数》400（τετρακόσιοι）: ark' t'owov ibrew č'orek'hariwr 男は数が400人ほどであった Ac 5,36.

č'orek'tasan; -ank', -nic'【数】《基数》14（δεκατέσσαρες）〔→ č'ork', -tasank'〕: amenayn azgk'-n y-Abrahamē minč'ew i Dawit azgk' č'orek'tasank' アブラハムからダビデまでの世代が全部で14代 Mt 1,17.

č'orek'tasanerord, -ac'【数】《序数》14番目の（τεσσαρεσκαιδέκατος）: č'orek'tasanerord gišer 14日目の夜 Ac 27,27.

č'orēk'kin［M］　→ č'orek'kin

č'oric', **č'oriwk'**, **č'ors**　→ č'ork'

č'orrord, -ac'［単・位：実詞の前で -owm, 後で -i: Jensen, AG 159］【数】①《序数》4番目の，第4の（τέταρτος）; č'orrord masn 4分の1（τέταρτον Re 6,8）. ②4人1組，4人隊（τετράδιον）: ①i č'orrordowm pahow gišerwoy-n ekn aṙ nosa YS gnalov i veray covow-n 夜の第4刻にイエスは海の上を歩みながら彼らのもとに来た Mt 14,25; išxanowt'iwn č'orrord masin ašxarhi satakel srov ew sovov ew mahowamb ew gazanōk' erkri 地上の4分の1に対して太刀と飢饉と悪疫と地上の野獣でもって〔人間を〕殺す権能 Re 6,8; ②matneac' č'oric' č'orrordac' zinoworac' pahel z-na 彼（ヘロデ）は4人1組の兵士4組に引き渡して

彼（ペトロ）を監視させた Ac 12,4.

č'orrordapet, -i, -ac' 【名】四分封領主 (τετραάρχης) [→ -pet]: y-aynm žamanaki lowaw Hērovdēs č'orrordapet z-lowr YI その時、四分封領主ヘロデがイエスの噂を聞いた Mt 14,1.

č'orrordapetowt'iwn, -t'ean [M: + č'orord-] 【名】四分封領主であること (τετρααρχέω Lk 3,1): i č'orrordapetowt'ean Gałiłeac'woc' Hērovdi ヘロデがガリラヤの四分封領主であった時 Lk 3,1.

č'ork', -ric' 【数】《 基 数 》4, 4つ (τέσσαρες); č'ork' hazark' = τετρακισχίλιοι 4,000: i č'oric' hołmoc' 四方から Mt 24,31; ork' keran-n ein ibrew ark' č'ork' hazark' t'oł z-kanays ew z-mankti 食べた者は、女子供を除いて、男 4000 人だった Mt 15,38; ew ēr ayri amac' ibrew owt'sown ew č'oric' 寡婦となって 84 歳くらいになっていた Lk 2,37; aṙ in z-handerj nora ew ararin č'ors masowns 彼らは彼の上着を取って 4 つに分けた Jn 19,23.

č'ork'otani, -neac' 【形】四足の、四足獣の (τετράπουν): y-orowm ēr amenayn č'ork'otanik' その中にはあらゆる四足動物がいた Ac 10,12. → gazan.

č'owaneay 【形】縄の；【副】縄から [č'owan, -ac' 「縄」]: arar xarazan č'owaneay = ποιήσας φραγέλλιον ἐκ σχοινίων 彼は縄で鞭を作った Jn 2,15.

č'k'awor 【形】赤貧の、貧窮した、持たざる [→ č'ik' 「何もない」 + -awor]: mit'ē towns? oč' ownic'ik' owteloy ew ǝmpeloy, et'ē z-ekełec'eawn AY arhamarhēk', ew y-amōt' aṙnēk' z-č'k'awors-n (= τοὺς μὴ ἔχοντας) あなた方は食べたり飲んだりするための家を持たないのか。あるいはあなた方は神の教会を軽侮し、そして持たざる者たちを侮辱するのか 1Cor 11,22

č'k'aworim, -rec'ay 【動】困窮する (ὑστερέομαι): ibrew spaṙeac' z-amenayn, ełew sov sastik y-ašxarhi-n y-aynmik, ew sksaw ink'n č'k'aworel 彼がすべてを使い果たした時、その国を大飢饉がみまい、彼自身も困窮し始めた Lk 15,14.

č'k'aworowt'iwn, -t'ean 【名】欠乏、窮乏、貧窮 (ὑστέρησις): na i č'k'aworowt'enē iwrmē z-amenayn inč' z-or ownēr ark 彼女はその乏しい中から持てるもの一切を投げ入れた Mk 12,44.

p

paganem, pagi, epag, pag【動】erkir paganem ［＋与］礼拝する，平伏する，…を伏し拝む（προσκυνέω）: araric‘ z-nosa zi ekesc‘en ew erkir pagc‘en aṙaǰi otic‘ k‘oc‘ 私は彼らをお前のもとに来させて足もとに平伏させる Re 3,9; i cownr iǰeal erkir paganein nma 彼らは膝をついて彼を伏し拝んだ Mk 15,19; ard dow et‘e ankeal erkir paganic‘es aṙaǰi im, k‘ez ełic‘i amenayn だから，もしお前が俺の面前で伏し拝むなら，すべてはお前のものになるだろう Lk 4,7. → erkrpagow, xonarhec‘owc‘anem

pakas, -ic‘【形】① ［＋具］不足する，欠けている，少ない，劣っている（ὑστερέω Mt 19,20; Mk 10,21; 2Cor 11,5; ἕσσομαι 2Cor 12,13）;（年齢などがより）下の（ἐλάσσων 1Tm 5,9）; ［＋具］…だけ少なく（παρά ［＋対］2Cor 11,24).②残っている（λείπω Tt 1,5）: ①ard iw? iwik‘ pakas ic‘em ＝ τί ἔτι ὑστερῶ 私にはまだ何が足りないのだろう Mt 19,20; mi? inč‘ pakas ē (M: pakasē) i k‘ēn あなたに欠けているのは1つのことであろうか Mk 10,21; es ayspēs hamarim, t‘ē oč‘inč‘ iwik‘ pakas ic‘em k‘an z-law aṙak‘eals-n 私はかの超大使徒たちには何ら劣ってはいないと考えている 2Cor 11,5; ard zinč‘? ic‘ē, orov? pakas gtayk‘ k‘an z-ayl ekełec‘is あなた方が他の諸教会よりも劣ったこととはいったい何なのか，何によってなのか 2Cor 12,13; ayri … or č‘-ic‘ē pakas i vat‘snamenic‘ ＝ χήρα … μὴ ἔλαττον ἐτῶν ἑξήκοντα γεγονυῖα 満60歳を下回らない寡婦 1Tm 5,9; i hrēic‘ hngic‘s k‘aṙasown miov pakas arbi 私はユダヤ人から40に1つ足りない［鞭打ち］を5度受けた 2Cor 11,24; ②or inč‘ miangam pakas ic‘ē 残っているであろう事柄すべて Tt 1,5. → anpakas

pakasem, -ec‘i ［-sim, -sec‘ay］【動】①なくなる，終わる，荒廃する，廃墟とされる（ἐκλείπω Lk 16,9; 22,32; He 1,12; ἐρημόομαι Re 18,17; → awerem). ②不足する，欠けている，窮乏する；損失を蒙る（ὑστερέω Jn 2,3; 1Cor 8,8; 2Cor 11,9）; 残る（λείπω Lk 18,22）: ①araṙēk‘ jez barekams i mamonayē anirawt‘ean, zi yoržam pakasic‘ē (M: spaṙec‘i ［: -esc‘i]) ayn, ənkalc‘in z-jez i yarks-n yawitenakans あなた方は自分たちのために不義のマモンで友達を作れ．それがなくなる時，彼らがあなた方を永遠の幕屋に受け入れてくれるようになるために Lk 16,9; es

pakasec'owc'anem 604

ałač'ec'i vasn k'o zi mi pakasesc'en hawatk' k'o 私はあなたの信仰が失せぬよう、あなたのために祈願した Lk 22,32; amk' k'o oč' pakasesc'en あなたの歳月は終わることがない He 1,12; i miowm žamow pakasec'aw aynč'ap' mecowt'iwn k'o あなたのそれほどの富が一瞬のうちに廃墟とされてしまった Re 18,17; ②i pakasel ginwoy-n 葡萄酒が切れてしまった時に Jn 2,3; yoržam eki aṙ jez, t'ēpēt ew pakaseac' inč', oč' z-ok' i jēnǰ janjrac'owc'i 私があなた方のところに来た時、たとえ窮乏したとしても、あなた方の誰にも重荷を負わせることはしなかった 2Cor 11,9; oč' et'ē č'-owtemk' pakasemk' inč' 私たちが〔それを〕食べないとしても、何も損失を蒙るわけではない 1Cor 8,8; miws ews pakas ē k'ez (M: -sē i k'ēn) = ἔτι ἕν σοι λείπει まだあなたには１つ残っている Lk 18,22 [cf. mi inč' pakasē i k'ēn = ἕν σε ὑστερεῖ Mk 10,21E (/pakas ē)].

pakasec'owc'anem, -owc'i【動】少なくする、小さくする、減らす；取り除く (ἀφαιρέω)：et'ē ok' pakasec'owsc'ē i banic' margarēowt'ean giroy-s aysmik もしこの預言の書の言葉から〔一部でも〕取り除く者があれば Re 22,19.

pakasowt'iwn, -t'ean【名】欠乏、欠落、欠如 (ὑστέρημα)：z-jer pakasowt'iwn nok'a lc'in 彼らはあなた方の欠けたところを満たした 1Cor 16,17; y-ayžmow žamanaki-s jer aṙawelowt'iwn-d i noc'a pakasowt'iwn-n 今この時においては、あなたたちの余剰が彼らの欠乏〔を補うもの〕となる 2Cor 8,14; z-pakasowt'iwn im lc'in ełbark'-n 兄弟たちは私の窮乏を補充してくれた 2Cor 11,9.

pah-, pahak, pahapan, pahem, pahoł, pahapanowt'iwn → parh- [cf. Schmitt, Grammatik des Klass.-Arm., p. 179, s.v. pahēin]

pahanǰem, -ec'i【動】（金銭などを）要求する、取り返す、もらう、（税を）徴収する、取り上げる (πράσσω Lk 19,23; λαμβάνω Mt 17,24; κομίζομαι Mt 25,27; ἀπαιτέω Lk 6,30; 12,20; αἰτέω Lk 12,48)：ekeal es tokoseawk' pahanǰei 戻って来て私は利子と一緒に催促できたはずだ Lk 19,23; ekeal es tokoseawk' pahanǰei z-im-n 私は自分のものを利子と一緒にもらうことができたはずだ Mt 25,27; matean or z-erkdramean-n pahanǰein aṙ Petros 2 ドラクマを徴収する者たちがペトロのところにやって来た Mt 17,24; z-or inč' hanē ok' i k'ēn, mi pahanǰer あなたから取ろうとする者からは、返してもらおうとするな Lk 6,30; anmit, y-aysm gišeri z-ogi-d i k'ēn i bac' pahanǰic'en 愚か者よ、今晩、お前の魂はお前から取り上げられる Lk 12,20.

pahem → parhem

pałatank'【名】嘆願、哀願、祈願 (ἱκετηρία He 5,7; ἔντευξις 1Tm

2,1）：or y-awowrs marmnoy iwroy, ałōtʻs ew pałatans 彼は肉なる人として生きた日々，祈願と嘆願を〔捧げた〕He 5,7; aṙnel ałōtʻs, xndrowacs, pałatans, gohowtʻiwns vasn amenayn mardkan 嘆願，祈り，祈願，感謝をすべての人々のためになす 1Tm 2,1.

pačowčem, -ecʻi【動】①着飾る (ἔνδυσις); pačowčeal 高価な (πολυτελής 1Tm 2,9). ②優雅に語る，美辞麗句を弄する (σοφίζω)：①pačowčeal zgestowkʻ zard 外套を着るというおめかし 1Pe 3,3; ②očʻ etʻē pačowčeal inčʻ aṙaspelacʻ zhet ertʻeal 美辞麗句に飾られた神話に従ってではなく [= οὐ γὰρ σεσο'σμένοις μύθοις ἐξακολουθήσαντες 巧妙に工夫された神話に従ってではなく] 2Pe 1,16.

paytʻowcʻanem, -owcʻi【動】破裂させる (ῥήγνυμι): paytʻowcʻanē ginin nor z-tiks-n hins 新しい葡萄酒は古い革袋を破裂させる Lk 5,37.

paycaṙ【形】明るい，輝く，透明な；（服が）豪華な (διαυγής Re 21,21; λαμπρός Re 22,16): oski makʻowr orpēs z-apaki paycaṙ 透き通ったガラスのように輝く純金 Re 21,21; astł paycaṙ aṙawōtin 輝く明けの明星 Re 22,16.

-pan, -panak [HH, AG, 221] → dīn(a)pan, partapan, partizapan, paštpanem, pa(r)h(a)pan; grapanak

pandxtecʻowcʻanem, -tecʻoycʻ【動】移住させる (μετοικίζω): pʻoxeacʻ pandxtecʻoycʻ z-na y-erkri-s y-aysmik（神は）彼をこの地に移住させた Ac 7,4. → pʻoxem

pandxtim, -tecʻay【動】移住する，寄留する (παροικέω): hawatovkʻ pandxtecʻaw y-erkir-n aweteacʻ ibrew y-ōtarowtʻean 信仰によって，彼は約束の地に，他人の土地であるかのように寄留した He 11,9.

pandxtowtʻiwn, -tʻean【名】移住，寄留 (παροικία): i pandxtowtʻean y-erkri-n Egiptacʻwocʻ エジプトの地に寄留している間に Ac 13,17; z-jerocʻ-n pandxtowtʻean žamanak-d あなた方の寄留の間中 1Pe 1,17.

pandokapet, -i, -acʻ [M: pondok-, cf. pandoki/pondoki]【名】宿屋の主人 (πανδοχεύς) [→ -pet]: et cʻ-pandokapet-n (M: cʻ-pondo-kapet-n) erkows da (r) hekans 彼は2デナリオンを宿屋の主人に与えた Lk 10,35.

pandoki, -kwoy, -woǰ [M: pondoki (→ pandokapet)]【名】宿屋 (πανδοχεῖον): ac z-na i pandoki mi (M: i pondoki mi) ew darmaneacʻ z-na 彼を宿屋に連れて行ってその介抱をした Lk 10,34.

pandowxt, -dxti, -tacʻ【名】異国に住む他国人，寄留民 (πάροικος): ełicʻi zawak nora pandowxt y-ōtar erkir 彼の子孫は他国に身を寄せるだろう Ac 7,6; ełew pandowxt y-erkri-n Madiamow 彼はミデアンの地に

panjanam

身を寄せる者となった Ac 7,29. → awtar

panjanam, -acʻay【動】自慢する ; panjanam y-anjins tʻe ... …であると自負する : ař omans panjacʻeals y-anjins tʻe ardarkʻ icʻen = πρός τινας τοὺς πεποιθότας ἐφ᾽ ἑαυτοῖς ὅτι εἰσὶν δίκαιοι 自分は義人であるとして自ら恃んでいる幾人かの者たちに対して Lk 18,9.

pašarem → paršarem

pašpanem [M] → paštpanem

[**-pašt**] → ACapašt (→ Astowacapašt = θεο-σεβής)

paštamown【名】聖所 (σέβασμα) : sřjeal ew teseal z-paštamowns 歩き回りながらあなた方の聖所を見学していると Ac 17,23.

paštawn, -taman, -mownkʻ, -mancʻ【名】①奉仕 ; 任務, 職務 ; 援助 (διακονία Ac 6,1; 20,24; Re 2,19; λειτουργία Lk 1,23; He 8,6; λειτουργέω He 10,11) ; paštawn aṙnowm 奉仕を受ける, 仕えられる, 崇拝される (διακονέω [受] Mt 20,28 [paštem (能/受), paštawn aṙnem (能) と対立して]) ; i paštawn matčʻim 執事として仕える (διακονέω 1Tm 3,10). ②勤め, 礼拝 [祭儀] (λατρεία He 9,1; λατρεύω Ac 7,42) ; paštawn matowcʻanel AY = λατρείαν προσφέρειν τῷ θεῷ 神に務めを果たす Jn 16,2. ③宗教 (δεισιδαιμονία Ac 25,19) : ①ordi mardoy ekn paštawn aṙnowl ayl paštel 人の子は仕えられるためではなく, 仕えるために来た Mt 20,28; ełew ibrew lcʻan awowrkʻ paštaman nora, gnacʻ i town iwr 彼の奉仕の日々が満ちた時, 彼は自分の家に帰って行った Lk 1,23; tesi z-gorcs kʻo, ew z-sēr ew z-hawat ew z-paštōn kʻo 私はお前の行いを, そしてお前の愛と信仰と奉仕を見た Re 2,19; orpēs z-katareal z-əntʻacʻs im owraxowtʻeamb ew z-paštōn-n z-or ari i TĒ 私の走るべき道のりを喜んで走りつくし, 主から受けた任務をまっとうするために Ac 20,24; ard aṙatagoyn ews paštaman ehas YS 今やイエスはさらに卓越した務めをかちえた He 8,6; arhamarheal linēin i paštaman-n hanapazordi ayrikʻ nocʻa 彼らの方の寡婦たちが毎日の援助で看過されていた Ac 6,1; inkʻeankʻ nax pʻorjescʻin, ew apa i paštawn maticʻen, zi anaratkʻ icʻen 彼ら自身もまず最初に検査を受け, それから, 咎めるべき点がなければ, 執事職に就くべきだ 1Tm 3,10; ②ownel ownēr ew aṙajin-n irawowns paštaman 最初の [契約] にもたしかに勤めの規定があった He 9,1; darjoycʻ AC ew matneacʻ z-nosa i paštōn zōrowtʻean ерknicʻ 神は背を向けて, 彼らを天の軍勢を礼拝するにまかせた Ac 7,42; ③xndirs inčʻ or vasn iwreancʻ paštaman ownēin ənd nma ew vasn YI orowmn (= owrowmn) meṙeloy z-ormē asēr Pawłos tʻē kendani ē 彼との争点は, 彼ら自身の宗教に関することと, 死んでしまったイエスとかいう者

に関することであり，この者は生きているとパウロは主張していた Ac 25,19.

paštawneay, -nēi, -ic'【名】奉仕者，仕える者，下役，助手（ὑπηρέτης Lk 4,20; Ac 26,16; διάκονος Mt 20,26; Jn 12,26; παρεδρεύω 1Cor 9,13; λειτουργός He 8,2）: vasn aysorik erewec'ay k'ez, aṙnowl z-k'ez i jeṙn paštōneay ew vkay 私がお前に現れたのは，お前を奉仕者と証人にするためだ Ac 26,16; or kamic'i i jeṅǰ mec linel elic'i jer paštawneay あなた方の間で大いなる者になりたいと思う者はあなた方に仕える者となるだろう Mt 20,26; et'e z-is paštic'ēzkni im ekec'ē, ew owr es-n em, and ew paštawneay-n im elic'i 誰かが私に仕えたければ，私について来い．私のいるところ，そこにこそ私の仕える者もいるであろう Jn 12,26; or sełanoy-n paštōneayk' en, i sełanoy anti vayelen 祭壇に仕えている者たちはその祭壇に与る 1Cor 9,13; srbowt'eanc'-n paštōneay, ew xoranin čšmartowt'ean, z-or TR-n kangneac', ew oč' mard 聖所で，つまり人でなく主が張った真の幕屋で務める者 He 8,2. → spasawor, caṙay

paštem, -ec'i【動】①仕える，奉仕する，働く（θεραπεύω Ac 17,25; ὑπηρετέω Ac 13,36; 20,34; διακονέω Mt 20,28; Mk 1,31; τίθημι Jn 2,10); paštem z-sełan-n = διακονέω τραπέζαις 食事の奉仕をする Ac 6,2. ②礼拝する，崇拝する，敬う（λατρεύω Ac 7,7; σέβομαι Mk 7,7; Ac 18,13; εὐσεβέω Ac 17,23): ①ew oč' i jeṙac' mardkan pašti ibrew karōt imik' （神は）何か不足なところがあるかのように人間の手によって仕えられることもない Ac 17,25; Dawit' y-azgi and iwrowm pašteac' ダビデは彼の時代の人々に仕えた Ac 13,36; orpēs ordi mardoy oč' ekn paštawn aṙnowl ayl paštel 人の子が仕えられるためではなく，仕えるために来たのと同じように Mt 20,28; dowk' ink'nin gitēk', zi z-pēts-n im, ew oroc' ǝnd is-n ēin paštec'in jeṙk'-s ays あなた方自身が知っているように，私のこの両手は私と，そして私と一緒にいた人たちの必要のために働いた Ac 20,34; amenayn mard z-anoyš gini yaṙaǰagoyn paštē 人はすべて良い酒を先に出す Jn 2,10 [cf. spas (Jn 12,2)]; ②yet aysorik elc'en ew paštesc'en z-is i tełoǰ-s y-aysmik この後彼らはそこを出てこの場所で私を礼拝するであろう Ac 7,7; zowr pašten z-is 彼らは私をいたずらに敬っている Mk 7,7; artak'oy ōrinac patrē sa z-mardik paštel z-AC この男は，律法に反する仕方で神を崇拝するようにと，人々を誘惑している Ac 18,13; z-or dowk' y-ancanōt's paštēk', es z-noyn patmem jez あなたたちが知らずに崇拝しているもの，それを私はあなたたちに告げ知らせる Ac 17,23.

paštōnasēr【形】信心深い，敬虔な（δεισιδαίμων): ǝst amenayni

paštpanem 608

ibrew paštōnasērs tesanem z-jez 私はあなた方があらゆる点で信心深い人々だと見ている Ac 17,22.

paštpanem; M: pašpanem, -ecʻi 【動】［＋与］保護する，援助する，受け入れる (ἀντιλαμβάνομαι) [paštpan「保護者」, cf. -pan]: paštpaneacʻ (M: pašpaneacʻ) IŁI carʻay iwrowm 彼はその僕イスラエルを受け入れた Lk 1,54.

papakim, -kecʻay 【動】悶える，苦悶する (ὀδυνάομαι)：zi tʻacʻcʻē z-cag matin iwroy i ǰowr ew zovacʻowscʻē z-lezow im, zi papakim i tapo asti 彼が自分の指先を水につけ，私の舌を冷やしてくれるように．私はこの炎で悶えているのだから Lk 16,24; ard sa ast mxitʻari, ew dow aydr (M: ayd) papakis 今ここではこの者は慰められ，お前はそこで悶える Lk 16,25.

papanjecʻowcʻanem, -owcʻi 【動】口をつぐませる，沈黙させる (μόω)：Pʻarisecʻikʻ-n ibrew lowan etʻe papanjecʻoycʻ z-Sadowkecʻis-n, žołovecʻan i miasin ファリサイ人たちは，彼がサドカイ人たちの口をつぐませたと聞き，ひとつところに集まった Mt 22,34.

papanjim, -jecʻay 【動】黙っている，口が利けない (φιμοῦμαι Mt 22,12): na nšanacʻi xawsēr ənd nosa ew kayr papanjeal (= διέμενεν κωφός) 彼は彼らにうなずくだけで口は利けないままだった Lk 1,22; papanjeacʻ, ew el dmanē 口をつぐめ，この者から〔離れ〕出よ Lk 4,35. → karkim

parʻaw, -ownkʻ, -ancʻ 【名】老女，老婆 (πρεσβῦτις Tt 2,3; γραώδης 1Tm 4,7) [↔cer]: parʻawancʻ noynpēs i zgastowtʻean, i sowrb vayelčʻowtʻean, mi bansarkows, mi ginemols, ayl barexrats 老女も同様に，聖なる者にふさわしい品格を保ち，誹謗することなく，大酒の奴隷になることなく，立派なことの教師であるべきだ Tt 2,3; i piłc banicʻ ew y-arʻaspelacʻ parʻawancʻ 卑俗な言葉や老婆たちの作り話は退けよ 1Tm 4,7.

pasekʻ 【名】過越の子羊 (πάσχα) [しばしば zatik に対する E 写本欄外注として；φασέχ, φασέκ に対する例は HH, AG, 370f.]: y-orowm awrēn ēr zenowl z-pasekʻ-n 過越の子羊を屠らねばならなかった〔日〕Lk 22,7; [Jn 2,13E: ēr merj zatik-n hrēicʻ ユダヤ人たちの過越祭が近かった (mg.: pasekʻ)]. → paskʻay, zatik

pastarʻakal, -i, -acʻ 【名】[pastarʻ「じゅうたん，掛け布団」: ELPA I.177] シーツ，亜麻布 (σινδών)：iǰowcʻeal z-na pateacʻ pastarʻakalaw 彼は彼を降ろして亜麻布で包んだ Lk 23,53. → ktaw

paskʻay, -i 【名】過越祭 (πάσχα) [→ pasekʻ, zatik]: merjecʻaw tawn bałarǰakeracʻ-n or kočʻēr paskʻay (M: pasekʻ) 過越祭と呼ばれている除

酵祭の祭日が近づいていた Lk 22,1.

pat (Lk 2,49M) → part

patahem, -ec'i; -im, -ec'ay (Lk 17,12)【動】出会う，遭遇する；たまたま居合わせる（ἀπαντάω Lk 17,12; συναντάω Lk 22,10; ὑπαντάω Mt 8,28; παρατυγχάνω Ac 17,17）: patahec'an nma tasn ayr borot 10 人のらい病の男たちが彼に出会った Lk 17,12; ibrew mtanēk' i k'ałak'-n, patahesc'ē (M: patahic'ē) jez ayr mi barjeal sap'or ǰroy あなたたちが都へ入っていくと，水瓶を持った 1 人の人に遭遇するだろう Lk 22,10; patahec'in nma diwahark' erkow eleal i gerezmanac'-n 悪霊に憑かれた者がたちが 2 人，墓場から出て来て彼に出会った Mt 8,28; xōsēr ... oroc' ew patahēin = διελέγετο ... πρὸς τοὺς παρατυγχάνοντας 彼はそこに居合わせた人々と論じ合っていた Ac 17,17.

patałim, -łec'ay【動】従事する，耽る，巻き込まれる（ἐμπλέκομαι）[→ patem（受）]: oč' ok' zinoworeal astēn ənd keans ašxarhi-s patałi 誰でも兵役に服している者は日常生活の雑務に巻き込まれるようなことはない 2Tm 2,4.

patan, -i; **patank'**, -nac'【名】包帯，ひも，帯；《複》埋葬（ἐνταφιασμός）: yaṙaǰagoyn xnkeac' z-marmin im i nšan (M: i nšanak) patanac' 埋葬のしるしに彼女は前もって私の体に香油を塗ってくれた Mk 14,8; y-awr-n patanac' imoc' 私の葬りの日のために Jn 12,7.

pataneak, -neki, -kac'【名】若者（παιδάριον）: ełew pataneak-n ibrew z-meṙeal = ἐγένετο ὡσεὶ νεκρός その子は死人のようになった Mk 9,26; ē ast pataneak mi or owni hing nkanak garełēn ew erkows jkowns ここに若者がいて大麦のパンを 5 つと魚を 2 匹持っている Jn 6,9.

patani, -nwoy, -neac'【名】若者（νεανίσκος Lk 7,14; παῖς Ac 20,12）: ibrew lowaw patani-n z-ban-n, gnac' trtmeal 若者はその言葉を聞いて，悲しみのうちに去って行った Mt 19,22; ew ac z-patani-n kendani ew mxit'arec'an oč' sakaw 彼は生き返った少年を連れて帰り，人々は少なからず慰められた Ac 20,12; patani dow 若者よ Lk 7,14.

pataṙ, -oy【名】（パンの）一片，一切れ（ψωμίον）: ayn ē, orowm es t'ac'ic' z-pataṙ-n ew tac' 私がパン切れを浸して与えようとしている人がそれだ Jn 13,26; yet pataṙoy-n, apa emowt i na satanay パン切れを受け取って後，その時，サタンが彼の中に入った Jn 13,27; isk nora aṙeal z-pataṙ-n, el artak's vałvałaki さて彼はパン切れを受け取ると，ただちに出て行った Jn 13,30.

pataṙem, -ec'i【動】割る，裂く，剥ぐ（διαρρήγνυμι/διαρήσσω Ac 14,14; περιρήγνυμι Ac 16,22）; [中] pataṙim, -ṙec'ay 破れる，裂ける，分裂す

pataṙowmn

る (ῥήγνυμι Mt 9,17; σχίζω Mt 27,51; Mk 15,38)：pataṙeal z-handerjs iwreanc' artak's vazec'in y-amboxē-n 彼らは衣服を引き裂いて群衆から飛び出した Ac 14,14; zōraglowxk'-n pataṙec'in z-handerjs iwreanc' 政務官たちは彼らの着物を引き剥いだ Ac 16,22; vēmk' pataṙec'an 岩が裂けた Mt 27,51; varagoyr tačari-n pataṙec'aw y-erkows i verowst minč'ew i xonarh 神殿の幕が上から下まで真っ二つに裂けた Mk 15,38; mi pataṙesc'owk' z-ayd それは裂かずにおこう Jn 19,24. → herjowm, c'elowm

pataṙowmn, -man 【名】裂け目, 破れ (σχίσμα)：aṙnow lrowt'eamb-n iwrov nor-n i hnoy anti, ew č'ar ews pataṙowmn lini 新しい当て布は古い着物から裂けて取れ, 破れは一層ひどくなる Mk 2,21.

patasxanatowt'iwn, -t'ean 【名】弁明 (ἀπολογία) Php 1,7.

patasxani, -nwoy, -neac' 【動】①返事, 返答；告知 (χρηματισμός Ro 11,4); 弁明 (ἀπολογία 2Cor 9,3). ② (z-)patasxani tam 答える, 返事する, 語る；言い抗う (ἀποκρίνομαι Mt 11,25; Jn 1,21; ἀπόκρισις Jn 19,9; ἀνταποκρίνομαι Lk 14,6; Ro 9,20; ὑπολαμβάνω Lk 10,30)；弁明・弁解する (ἀπολογέομαι; ἀποδοῦναι λόγον Ac 19,40; πρὸς ἀπολογίαν 1Pe 3,15); aṙanc' patasxani taloc' 弁明の余地のない (ἀναπολόγητος Ro 2,1). ③patasxani aṙnem 弁明する (ἀπολογέομαι Ac 24,10)：①zinč' asē nma patasxani-n 〔神の〕告知は彼に何と言っているか Ro 11,4; im patasxani owr z-is harc'anic'en ays ē 人々が私を裁く際の私の弁明はこれだ 1Cor 9,3; ②harc'in c'-na, ... isk margarē-n? es dow. patasxani et, t'e oč' 彼らは彼に「お前はあの預言者か」とたずねた. 彼は「いや」と答えた Jn 1,21; ew asē c'-YS, owsti? es dow. Ew YS oč' et nma patasxani 彼はイエスに言う, 「お前はどこからの者なのか」. だがイエスは彼に返答しなかった Jn 19,9; oč' karac'in tal nma patasxani aṙ ayn 彼らはそれらに対して彼に答えることができなかった Lk 14,6; y-aynm žamanaki patasxani et YS ew asē その時にイエスは語って言った Mt 11,25; dow ov? es mard or patasxani tas AY 神に言い抗っているあなたは何者なのか Ro 9,20; aṙanc' patasxani taloc' es, ov mard or datis-d ああ 〔人を〕裁く人よ, あなたは弁明の余地なき者だ Ro 2,1; zi oč' gtanic'en amenewin tal patasxani = εἰς τὸ εἶναι αὐτοὺς ἀναλογήτους その結果, 彼らは一切弁明する余地を見出さないだろう Ro 1,20; ③yōžarowt'eamb vasn imoc' irac' patasxani aṙnem 私は私に関わる件を喜んで弁明する Ac 24,10.

patarag, -i, -ac' 【名】供え物, 献げ物, 犠牲 (προσφορά Ac 21,26; He 10,18; θυσία Lk 2,24; Ac 7,42; δῶρον Mt 5,24)；matowc'anel z-patarag-n 供え物を捧げる (προσφέρω τὸ δῶρον [Mt 2,11: τὰ δῶρα]); hanel patarag 犠牲として供する (ἀναφέρω Jas 2,21): et'e matowc'anic'es z-patarag k'o i veray sełanoy ew and yišic'es t'e ełbayr k'o ownic'i inč' xēt' z-k'ēn, (24) t'oł z-patarag-n k'o aṙaǰi sełanoy-n ert' nax hašteac' ənd ełbawr k'owm, ew apa ekeal matowsǰir z-patarag-n k'o あなたの供え物を祭壇に捧げようとして、そこで自分の兄弟が自分に何か恨みごとがあるのを思い出したなら、あなたの供え物を祭壇の前にほうっておいて、まず行って自分の兄弟と仲直りせよ。そしてその後やって来て、あなたの供え物を捧げるがよい Mt 5,23-24; ew tal patarags əst asac'eloy-n y-awrēns TN zoygs tatrak'ac' kam erkows jags aławneac' 主の律法に言われていることに従って、山鳩の1つがい、あるいは家鳩の雛2羽を犠牲として供えるために Lk 2,24; owr t'ołowt'iwn ē, oč' ews pitoy ē vasn mełac' patarag 赦しのあるところに、もはや罪のための献げ物は必要ない He 10,18; haneal i sełan z-ordi-n iwr z-Isahak patarag 自分の息子イサクを犠牲として祭壇に捧げて Jas 2,21.

patgam, -i, -ac' 【名】託宣、言葉 (λόγια Ro 3,2; 1Pe 4,11; λόγος Lk 3,4): et'ē ok' xōsic'i, ibrew z-AY patgams 語るのであれば、神の言葉として〔語れ〕1Pe 4,11; i girs patgamac' Ēsayay margarēi 預言者イザヤの言葉の書に Lk 3,4.

patgamawor, -i, -ac' 【名】使者、送り出された者: darjan andrēn patgawork'-n (οἱ πεμφθέντες) i town, ew gtin z-caṙay-n hiwand bžškeal 送り出された人々が家に帰ってみると、病んでいた僕は癒されていた Lk 7,10 [諸版本: patgamawork'-n].

patgamaworim, -rec'ay 【動】使者である、使者として務める (πρεσβεύω): vasn K'Si patgamaworimk' キリストのために私たちは使者としての務めをする 2Cor 5,20.

patgarak, -i, -ac' 【名】寝台 (κλινάριον): i hraparaks-n hanel z-hiwands ew dnel patgarakōk' ew mahčōk' iwreanc' 人々は病人を大通りまで運び出し、寝台や寝床の上にのせた Ac 5,15.

patean, -eni, **pateank'**, -enic' 【名】《聖書では複のみ》鞘 (θήκη): ark z-sowr-d andrēn i pateans iwr 剣を鞘におさめよ Jn 18,11.

patem, -ec'i 【動】取り囲む、取り巻く；包む、くるむ、縛る；籠絡する；覆う (δέω Jn 19,40a; ἐνειλέω Mk 10,46; ἐντυλίσσω Lk 23,53; καταδέω Lk 10,34; σπαργανόω Lk 2,7; περιτίθημι Mt 21,33; παρεμβάλλω Lk 19,43; περιέχω Lk 5,9; κυκλόω Lk 21,20; περικαλύπτω He 9,4; ἐμπλέκομαι 2Pe 2,20 [→ šałem]); 葬る、埋葬する (ἐνταφιάζω Jn 19,40b): matowc'eal pateac' z-vērs nora 彼は近寄って来てその傷に包帯をしてや

った Lk 10,34; pateac' i xanjarowrs ew ed z-na i msowr 彼女は産着にくるんでその子を飼い葉桶の中に寝かせた Lk 2,7; c'ankov pateac' z-na 彼は垣根でそれを囲んだ Mt 21,33; patesc'en z-k'ew（M: z-k'ez）t'šnamik' k'o patnēš お前の敵たちがお前のまわりに塁壁を築くだろう Lk 19,43; ah pateac' z-na 驚愕が彼を襲った Lk 5,9; yoržam tesanic'ēk' šowrǐ pateal zawrawk' z-ĒM あなたたちはエルサレムが軍隊に囲まれるのを見る時 Lk 21,20; arkł-n ktakaranac' pateal nerk'oy ew artak'oy oskwov 内も外も金で覆われた契約の箱 He 9,4; patec'in ktawovk' xnkovk'-n handerj, orpēs awrēn ēr hrēic' patel ユダヤ人たちの埋葬の際の習慣通り、彼らは香料と一緒に亜麻の布切れで〔イエスの体を〕縛った Jn 19,40.　→ varšamakapat; cf. calem

paterazm, -i, -mownk', -mac'【名】①戦い、戦争（πόλεμος Mt 24,6; Jas 4,1; ἀγών Php 1,30; πάλη Eph 6,12); tam paterazm ənd［＋位］…と戦争する（συμβάλλω［＋与］εἰς πόλεμον Lk 14,31). ②競走（ἀγών He 12,1）：①lseloc' ēk' paterazmowns ew z-hambaws paterazmac' あなたたちはやがて戦争のことを聞き、戦争の噂を聞くであろう Mt 24,6; owsti paterazmownk' ew owsti křiwk' i jez あなたたちの間にある戦いと言い争いはどこから来るのか Jas 4,1; z-noyn paterazm arňel z-or y-is-n tesēk' ew ayžm lsēk' y-inēn あなた方は、私のうちにかつてあなた方が見、そして私から今聞いているのと同じ闘いを為している Php 1,30; oč' ē mez paterazm ənd marmnoy ew ənd arean ayl ənd išxanowt'iwns 私たちの戦いは肉と血に対するものではなく、もろもろの支配に対するものだ Eph 6,12; or? t'agawor ert'eal tayc'ē paterazn ənd aylowm t'agawor どんな王が他の王と戦争するために赴く時 Lk 14,31; ②hamberowt'eamb ənt'asc'owk' i paterazm or aRaǰi kay mez 私たちの前にある競争を忍耐をもって走ろうではないか He 12,1.

paterazmakic', -kc'i, -c'ac'【名】戦友；p. linel［＋与］共に闘う（συναγωνίζομαι）: paterazmakic' linel inj y-ałōts vasn im aR AC 神に向けた、私のための祈りにおいて、私と共に力を合わせる Ro 15,30.　→ paterazm, -kic'

paterazmim, -mec'ay【動】①戦う、闘う（πολεμέω Jas 4,2; Re 2,16; ἀγωνίζομαι 2Tm 4,7; ἀνταγωνίζομαι He 12,4). ②競技する（ἀγωνίζομαι 1Cor 9,25）：①paterazmik' křowik' ew oč' ownik', vasn zi oč' xndrēk' あなたたちは戦い、言い争うが、願わないから持っていない Jas 4,2; paterazmec'ayc' ənd nosa srov beranoy imoy 私は太刀のように鋭い私の口でもって彼らと戦うだろう Re 2,16; č'ew ews areamb č'ap' paterazmealk' hakaRak kac'ēk' mełac'-n 罪に対して闘うにあたって、あな

た方はまだ血〔を流すほど〕にまで抵抗したことがない He 12,4; ②amenayn or paterazmi, amenayni žowžkal lini 競技する者は誰でも, すべてにおいて節制する 1Cor 9,25. → kr̄owem

patžem, -ec'i【動】罪に定める (καταδικάζω Lk 6,37) [→ datim]; 罰する, 処罰する (τιμωρέω Ac 22,5): mi patžēk', ew oč' patžic'ik' あなたたちは罪に定めるな, そうすれば罪に定められることもないだろう Lk 6,37; acel ew anti kapeals y-EM, zi patžesc'in そこに〔いる者たちを〕縛り上げ, エルサレムに連行して処罰するために Ac 22,5. → datapartem

patiž, -tžoy/-tži, -tžoc'【名】罰, 懲罰, 刑罰 (κρίμα Lk 23,40; τιμωρία He 10,29); patiž patowhasi 報い, 厳罰 (μισθαποδοσία) → varjk' hatowc'man: č'-erknč'is dow y-AY zi i nmin patži kas お前は同じ刑罰を受けているのに神を恐れないのか Lk 23,40; isk orč'ap'? sastik patžoc' aržani hamaric'ik' z-ayn, or z-ordi-n AY ar̄ otn ehar 神の子を踏みにじった人は, どれほどひどい刑罰を受けても当然だと, あなた方は思わないか He 10,29. → patowhas

[**-patik**] → hariwrapatik, bazmapatik

patir【形】誘惑的な, 魅惑的な, 説得的な (πειθός); patir bans = πιθανολογία 巧妙な説得術, 甘言 Col 2,4: ban-n im ew k'arozowt'iwn oč' patir baniwk' imastowt'ean, ayl ardeambk' hogwoy-n ew zōrowt'eamb 私の言葉と宣教は知恵の持つ誘惑的な言葉によるものではなく, むしろ霊の証明と力によるものであった 1Cor 2,4; zi mi ok' z-jez zar̄anc'owsc'ē patir baniwk' 誰もあなた方を巧妙な説得術によって騙すことのないようにするために Col 2,4.

patiw, -towoy/-towi, -towov, -towoc'【名】①尊敬, 名誉, 栄誉; 報酬 (τιμή) [→ patowem]. ②patowov 立派に, 見事に, どうぞ…して下さい (καλῶς Jas 2,3): ①margarē y-irowm (M: y-iwrowm) gawar̄i patiw oč' owni 預言者は自分の故郷では誉れを得ない Jn 4,44; or barowok' verakac'ow linin eric'ownk', krkin patowoy aržani el̄ic'in, manawand or ašxatic'in baniw ew vardapetowt'eamb 立派に〔教会を〕指導している長老たちは2倍の報酬を受けるに値するとすべきだ, とりわけ言葉と教化に労している長老たちは 1Tm 5,17; or t'owin-n t'ē anargagoynk' ic'en marmnoy-n, aync' ar̄awelagoyn patiw ar̄nemk' 私たちは体のうちでより誉に欠けていると思うところに対しては, より多くの誉れを作ってやる 1Cor 12,23; ②dow nist ast patowov あなたはどうぞこちらに座っていて下さい/あなたはこちらの良い席に座っていて下さい Jas 2,3.

patkar̄em, -ec'i【動】[i+奪] 憚る, 恥じ入る; 敬う (ἐντρέπομαι): ar̄-ak'ec'ic' z-ordi im sireli, t'erews i smanē patkar̄esc'en 私の愛する息子

を送ろう．たぶんこの子なら彼らも憚るだろう Lk 20,13; mi xaṙnakesǰikʻ ənd nma, zi patkaṙescʻē 彼が恥じ入るように，彼とは交際しないようにせよ 2Th 3,14.

patker, -i, -acʻ【名】像，肖像（εἰκών）；偶像（τύπος Ac 7,43）：oyrʔ ē patker-s ays kam gir これは誰の像か，また誰の銘か Mt 22,20; z-oyrʔ patker ew z-gir owni それは誰の像と銘を担っているか Lk 20,24; i nmanowtʻiwn patkeri ełcaneli mardoy ew tʻr̄čʻnocʻ 朽ちゆく人間や鳥の像に似通ったものに Ro 1,23; orpēs zgecʻakʻ z-patker hołełini-n, zgecʻcʻowkʻ ew z-patker erknawori-n 私たちは，土で造られた者の像を担ったように，天的な像をもまた担うことだろう 1Cor 15,49; z-patkers-n z-or araṙēkʻ erkir paganel nocʻa 拝むためにお前たちが造った偶像 Ac 7,43.

patčaṙ, -i; **patčaṙkʻ**, -r̄acʻ【名】①理由，原因；動機，きっかけ，機会（ἀφορμή Ro 7,8; 2Cor 11,12; Ga 5,13; 1Tm 5,14）；弁解（πρόφασις Jn 15,22）；源（αἴτιος He 5,9）. ②罪科（αἰτία Jn 18,38）. ③躓きの機会（προσκοπή 2Cor 6,3）：①patčaṙs aṙin mełkʻ-n patowiranaw-n 罪は誡めによってきっかけを得た Ro 7,8; zi haticʻ z-patčaṙs aynocʻik or z-patčaṙs-n kamicʻin 機会を欲している者たちの機会を断ち切ってしまうために 2Cor 11,12; miayn zi azatowtʻiwn-n jer očʻ linicʻi i patčaṙs marmnoy, ayl sirov caṙayecʻēkʻ mimeancʻ ただあなた方のその自由が肉へと向かう機会になるのではなく，むしろ愛をとおしてあなた方は互いに仕え合え Ga 5,13; kamim z-mankamardacʻ-d … mi inčʻ patčaṙs tal hakaṙakordi-n i hayhoyowtʻean ałags 私は若い寡婦たちに，敵対者に誹謗するための機会を一切与えないよう望む 1Tm 5,14; isk etʻe čʻ-ēr ekeal ew xawsecʻeal ənd nosa, meł inčʻ očʻ goyr nocʻa baycʻ ard čʻikʻ patčaṙkʻ vasn mełacʻ iwreancʻ 仮に私が来て彼らに語ることがなかったとすれば，彼らには罪がなかった．だが，今や彼らには自分たちの罪について弁解の余地がない Jn 15,22; ełew amenayn hnazandelocʻ iwrocʻ patčaṙkʻ pʻrkowtʻean-n yawitenicʻ 彼は自分に従うすべての人々のために永遠の救いの源となった He 5,9; ②es ew očʻ mi inčʻ patčaṙs gtanem i nma 私は彼になんの罪科も見出さない Jn 18,38; ③mi ew mi iwikʻ taycʻēkʻ patčaṙs あなたたちはいかなることによっても躓きの機会を与えない 2Cor 6,3.

patčaṙankʻ, -nacʻ【名】《複のみ》口実，見せかけ，ふり（πρόφασις Lk 20,47; Ac 27,30）；πατčaṙanawkʻ = προφάσει 見せかけに，ふりをして，口実として；理由，訳（αἰτία Ac 28,20）：or owten z-towns ayreacʻ, patčaṙanawkʻ yerkareal z-aławtʻs 彼らは寡婦たちの家々を貪り，見せかけだけのながながとした祈りをする Mk 12,40 (M: yerkarel); Lk 20,47 [yerkaren]; iǰowcʻeal z-kowr-n i cov andr patčaṙanawkʻ orpēs tʻe aṙaJoy kołmanē z-xarisx-n jgeloc' ic'en 彼らは舳先から錨を投げ入れるふりをして，小舟を海に降ろしていた Ac 27,30; vasn aysr patčaṙanac' ałač'ec'i z-jez tesanel ew xōsel こういう訳で，私はあなたたちに会って話したいと願った Ac 28,20.

patčaṙem, -ec'i【動】[＋不] ふりをする，見せかける (προσποιέομαι)：na patčaṙēr heṙagoyn ews owrek' ert'al 彼はどこかさらに先へと赴く様子を見せた Lk 24,28.

patmem, -ec'i【動】①詳しく語る，説明する，解き明かす (διηγέομαι Lk 8,39; ἐκδιηγέομαι Ac 15,3; ἐκτίθεμαι Ac 18,26; ἐξηγέομαι Jn 1,18; δηλόω Col 1,8). ②告げ知らせる，報告する，宣べ伝える (ἀγγέλλω Jn 20,18; ἀναγγέλλω Ac 15,4; ἀπαγγέλλω Lk 14,21; διαγγέλλω Lk 9,60; καταγγέλλω Ro 1,8); yaṙaJagoyn patmem 予告する，前もって用意する (προκαταγγέλλω Ac 3,18; προκαταρτίζω 2Cor 9,5)：①darj i town k'o ew patmea z-or miangam arar k'ez AC あなたの家に戻り，神があなたにしてくれたことをすべて語れ Lk 8,39; patmēin z-darj-n het'anosac' 彼らは異邦人の悔い改めの次第を詳しく語った Ac 15,3; čšmartagoyns patmec'in nma z-čanaparh-n AY 彼らは神の道を詳しく説き聞かせた Ac 18,26; miacin-n ordi or ē i coc' hawr, na patmeac' 父の胸中にいるひとり子，この方が解き明かした Jn 1,18; or ew patmeac' mez z-jer sēr-n hogwov 私たちにあなた方の霊による愛を明らかにしてくれた人 Col 1,8; ②gay Mariam Magdałēnac'i ew patmē ašakertac'-n et'e etes na z-TR マグダラのマリヤは来て弟子たちに，彼女が主を見たと告げる Jn 20,18; patmec'in orč'ap' inč' arar ənd nosa AC 彼らは神が彼らと共にしたことをことごとく報告した Ac 15,4; ekeal caṙay-n patmeac' z-ayn TN iwrowm その下僕はやって来て，彼の主人にそれらを報告した Lk 14,21; dow ert' patmea z-ark'ayowt'iwn AY あなたは行って神の王国を告げ知らせよ Lk 9,60; hawatk' jer patmeal en ənd amenayn ašxarh あなた方の信仰は全世界に宣べ伝えられている Ro 1,8; zi yaṙaJagoyn ekesc'en aṙ jez, ew yaṙaJagoyn patmesc'en z-yaṙaJagoyn xostac'eal ōrhnowt'iwn-n jer 彼らがあなた方のところに前もって行って，以前あなた方が約束した祝福の贈り物を前もって用意するように 2Cor 9,5.　→ anpatowm

patmič', -mč'i, -mč'ac'【名】語り手，宣伝者 (καταγγελεύς)：aylk', t'ē ōtaroti imn dic' t'owi patmič' lineloy 他の者は「彼は異国の神霊の宣伝者であるらしい」[と言った] Ac 17,18.

patmowt'iwn, -t'ean【名】物語 (διήγησις)：bazowmk' yawžarec'in verstin kargel z-patowmt'iwn-n vasn irac'-n hastateloc' i mez 多くの人々が私たちの間で成し遂げられた事柄について再び物語り連ねようと

patmowčan

手を染めた Lk 1,1.

patmowčan, -i, -ac‘【名】衣服, 長衣 (χιτών Mk 14,63; στολή Mk 16,5; Lk 20,46; ἱματισμός Mt 27,35; ποδήρης Re 1,13): k‘ahanayapet-n patařeac‘ z-patmowčans iwr 大祭司は彼の衣服を引き裂いた Mk 14,63; tesin eritasard mi zi nstēr ənd aJmē kołmanē zgec‘eal patmowčan spitak 彼女らは 1 人の若者が白い長衣をまとって右側に座っているのを見た Mk 16,5; kamin patmowčanawk‘ šrJel 彼らは長衣を着て歩き回ることを望む Lk 20,46; zgec‘eal patmowčan pčlnawor くるぶしまで届く衣をまとって Re 1,13.

patnēš, -niši, -šac‘ [M: patneš]【名】柵, 要塞, 塁壁; 溝, 塹壕 (χάραξ): patesc‘en z-k‘ew (M: z-k‘ez) t‘šnamik‘ k‘o patnēš (M: patneš) お前の敵たちがお前のまわりに塁壁を築くだろう Lk 19,43.

patšačem, -ec‘i【動】結び合わせる, 接合させる (συναρμολογέομαι Eph 2,21; συμβιβάζω Eph 4,16): amenayn šinowac‘-n yōgeal ew patšačeal ačē i tačar sowrb 建造体全体は相互に接合されて聖なる神殿へと成長する Eph 2,21; amenayn marmin-n yōdeal ew patšačeal amenayn xałaleōk‘ taraberowt‘ean 体全体は〔それを〕支えるためのあらゆる関節を通じて相互に接合され一つに結び合わされる Eph 4,16.

patowakan, -i, -ac‘【形】①高価な, 貴重な, 値の付けようがない (ἔντιμος Lk 7,2; 1Pe 2,4; πολύτιμος Mt 13,46; 1Pe 1,7; τίμιος 1Cor 3,12; 2Pe 1,4; τιμιώτατος Re 21,11). ②尊敬されている (τίμιος Ac 5,34; ἔντιμος Php 2,29);《比》patowakanagoyn ews (M: -agoy ok‘) k‘an z-k‘ez あなたよりも身分の高い者 Lk 14,8: ①gteal mi patowakan margarit 1 個の高価な真珠を見つけると Mt 13,46; cařay ... or ēr nma patowakan その僕は彼にとってかけがえのない者だった Lk 7,2; i vēm-n kendani, or t‘ēpēt i mardkanē anargeal, ayl ař i y-AY əntreal ew patowakan ē 人々から棄てられてはいるが, 神のもとでは選ばれた, 貴い, 活ける石に 1Pe 2,4; handēs jeroc‘ hawatoc‘-n ařawel k‘an z-oski korstakan patowakan ē, or hrov p‘orjeal 火で試されて滅んでしまう金などよりずっと貴重なあなたたちの信仰の試練 1Pe 1,7; oski, arcat‘, akans patowakans 金, 銀, 宝石 1Cor 3,12; orovk‘ mecameck‘-n ew patowakan awetik‘ pargeweal en mez これらによって私たちには偉大で貴い約束が与えられている 2Pe 1,4; ②ōrēnsowsoyc‘ patowakan amenayn žołovrdean-n 民全体に尊敬されている律法の教師 Ac 5,34; ew z-aynpisis-n ař patowakans owniJik‘ そしてこのような人たちを尊敬せよ Php 2,29.

patowakanagoyn, -gowni, -ic‘【形】《比》より身分の高い (ἐντιμότερος): gowc‘ē patowakanagoyn ews k‘an z-k‘ez ic‘ē koč‘eal-n i nmanē もしか

するとあなたより高い身分の者が彼から招待を受けているかも知れない Lk 14,8.

patowakanowtʻiwn, -tʻean【名】高価(貴重)なこと，富，贅沢(τιμότης)：amenekʻean mecanayakʻ orkʻ ownēakʻ z-naws i covs vasn patowakanowtʻean kʻoy 海に船を持つ我々全員があなたの贅沢な生活のおかげで金持ちになった Re 18,19.

patowandan, -i, -acʻ【名】踏台，足台，台座(ὑποπόδιον)：zi patowandan ē oticʻ nora それは彼の足の台座だから Mt 5,35; minčʻew edicʻ z-tʻšnamis kʻo patowandan oticʻ kʻocʻ = … ὑποκάτω τῶν ποδῶν σου 私がお前の敵どもをお前の足の踏み台として［Gk: お前の足下に］据えるまで Lk 20,43.

patowastem, -ecʻi【動】接ぎ木する(ἐγκεντρίζω)：etʻē y-ostocʻ anti omankʻ pʻšrecʻan, ew dow or jiteni vayreni ēir patowastecʻan i nosa たとえ枝々のうちのあるものたちが切り捨てられて，野性のオリーブであるあなたが彼らに接ぎ木されたとしても Ro 11,17; ostkʻ-n pʻšrecʻan, zi es patowstecʻay 枝々は，私が接ぎ木されるために切り捨てられた Ro 11,19; etʻē dow i bown vayreni jitʻenwoy anti hatar, ew y-anbown kʻo i bari jitʻenwoǰ-n patowastecʻar, orčʻapʻ ews aṙawel nokʻa bownkʻ-n isken patowastescʻin y-iwreancʻ jitʻenwoǰ-n もしもあなたが，生来のオリーブから切り取られて，自然に反してよいオリーブへと接ぎ木されたとするならば，なおさらそれら生来のオリーブは，本来の自分であるそのオリーブに接ぎ木されることだろう Ro 11,24.

patowawor, -i, -acʻ【形】尊敬すべき，名誉ある，高貴な；arkʻ patowaworkʻ 有力者(οἱ κατ᾽ ἐξοχήν)：mtin y-atean-n handerj hazarapetōkʻ-n ew arambkʻ patowaworōkʻ kʻaɫakʻi-n 彼らは千人隊長たちや町の有力者と共に謁見の間に入った Ac 25,23. → patiw, -awor

patowem, -ecʻi【動】尊敬する，敬う，優遇する(τιμάω [→ patiw; ↔ἀτιμάω = anargem])：patowea z-hayr kʻo ew z-mayr あなたの父と母を敬え Mt 15,4; or očʻ patowē z-ordi-n očʻ patowē z-hayr z-aṙakʻičʻ-n nora 子を敬わない人は彼の派遣者である父を敬っていない Jn 5,23; z-ayris patowea or stoyg ayrikʻ-n icʻen 寡婦を優遇せよ，ただし真の寡婦である者を 1Tm 5,3.

patowēr【名】命令，指示(ἐντολή; παραγγελία Ac 16,24)；patowēr tam [+与] 命令・指示する(διαστέλλομαι Mk 5,43; ἐντέλλομαι Mk 13,34; παραγγέλλω 1Tm 6,18)：patowēr-n keankʻ-n en yawitenakankʻ その命令は永遠の命である Jn 12,50; ays ē patowēr imˑ zi siresǰikʻ z-mimeans orpēs ew es z-jez sirecʻi 私があなた方を愛したように，あな

patowiran 618

た方が互いに愛し合うように．これが私の命令である Jn 15,12 [cf. patowirem (Jn 15,17)] ; oroy aṙeal z-ayspisi patowēr 彼はこのような命令を受けて Ac 16,24; ibrew katareac‘ YS z-patowēr (= ὅτε ἐτέλεσεν ... διατάσσων) erkotasanic‘ ašakertac‘-n iwroc‘, gnac‘ anti イエスは彼の 12 弟子たちに言い渡し終えると，そこから去った Mt 11,1; patowēr tayr noc‘a yoyž, zi mi ok‘ gitasc‘ē z-ayn 彼は彼らに，誰にもこのことを知らせるなと厳しく命令した Mk 5,43; dṙnapani-n patowēr tayc‘ē zi art‘own linic‘i 門番に目覚めているように指示する Mk 13,34; patowēr toweal ēr k‘ahanayapetic‘-n (= δεδώκεισαν ... ἐντολάς) zi t‘e ok‘ gitic‘ē t‘e owr ē, gowšakesc‘ē z-nmanē 祭司長たちは，彼がどこにいるのか知った人がいれば，彼について知らせるようにと命令を出していた Jn 11,57.

patowiran, -i, -ac‘ 【名】命令，掟，誡め (ἐντολή [→ patowēr] ; ἔνταλμα Col 2,22; παραγγελία 1Th 4,2; 1Tm 1,18); anc‘anem z-patowiranaw-n 掟を破る ; parhem z-patowirans-n 掟を守る : mec k‘an z-sosa ayl patowiran oč‘ goy これらより大いなる掟は存在しない Mk 12,31; i šabat‘ow-n handartec‘in vasn patowirani-n 彼女たちは掟に従って安息日は休息した Lk 23,56; patowiran nor tam jez, zi siric‘ēk‘ z-mimeans 私は，あなた方が互いに愛し合うようにという，新しい命令をあなた方に与える Jn 13,34; isk dowk‘ ǝndēr anc‘anēk‘ z-patowiranaw-n AY vasn jeroy awandowt‘ean-n お前たちこそ，なぜお前たちの言い伝えで神の掟を破るのか Mt 15,3; erbek‘ z-patowiranaw k‘ov (M: -ranaw-t k‘o [-t = -d]) oč‘ anc‘i 私はあなたの掟を何ひとつ破ったことがない Lk 15,29; ǝst patowiranac‘ ew vardapetowt‘ean mardkan 人間の誡めや教えに従って Col 2,22; gitēk‘ t‘ē orpisi patowirans towak‘ jez あなた方は私たちがどんな教示をあなた方に与えたかを知っている 1Th 4,2; z-ays patowiran awandem k‘ez, ordeak im Timot‘ēos この命令を，わが子テモテよ，私は君に託す 1Tm 1,18.

patowirem, -ec‘i 【動】[+与（人）+対（事）; +不 ; +zi (mi) +接法] 命令する，指示する (διαστέλλομαι Mk 7,36; ἐντέλλομαι Mt 4,6; Jn 15,17; παραγγέλλω Mt 10,5; Ac 5,28; διατάσσω Ac 20,13) ; patowireal 誡め (ἔνταλμα Mt 15,9; Mk 7,7) : patowireac‘ noc‘a zi mi owmek‘ asic‘en 彼は誰にも言わないように彼らに命令した Mk 7,36; z-ays patowirem zi siresǰik‘ z-mimeans 互いに愛し合うように，これを私は命じる Jn 15,17 [cf. patowēr (Jn 15,12)]; oč‘ patowirelov patowirec‘ak‘ (= οὐ παραγγελίᾳ παρηγγείλαμεν) jez mi owsowc‘anel y-anown-n y-ayn われわれは，あの名によって教えてはならぬとお前たちに堅く言い渡しておいた Ac 5,28; aynpēs patowireal ēr minč‘ ink‘n z-c‘amak‘aw-n ert'aloc' ēr 自分自身が陸路を歩いて行くつもりだったので，彼はそうするように指示していた Ac 20,13; owsowc'anen vardapetowt'iwns z-mardkan patowireals 彼らは人間たちの誡めを教えとして教える Mt 15,9; Mk 7,7; hreštekac' iwroc' patowireal ē vasn k'o 彼はお前のために御使いたちに指示を与えるであろう Mt 4,6.

patowhan, -i, -ic'【名】窓（θυρίς）: nstēr omn eritasard anown Ewtik'os i veray patowhani-n エウテュコスというある若者が窓に腰掛けていた Ac 20,9; ənd patowhan-n vandakaw kaxec'ay ənd parisp-n 私は窓から組縄の籠で城壁づたいに吊り降ろされた 2Cor 11,33.

patowhas, -i, -iw, -iwk'【名】①報い，処罰；有罪の判決（καταδίκη Ac 25,15; ἐπιτιμία 2Cor 2,6）; patiž patowhasi 厳罰．②脅し，脅迫（ἀπειλή Eph 6,9）[→ spařnalik']: ①xndrēin y-inēn ařnel nma patowhas 彼らは私に，彼に有罪の判決を下すように要求した Ac 25,15; šat ē aynpiswoy-n patowhas-n ayn, or i bazmac' anti ē そのような人にとっては多数の者たちによるあの処罰で十分だ 2Cor 2,6; amenayn yanc'awrowt'iwn ew anhnazandowt'iwn ənkalaw z-patiž patowhasi (= ἔνδικον μισθαποδοσίαν) すべての違反と不従順が厳罰 [Gk: それにふさわしい罰] を受けた He 2,2; ②nerelov ařnel z-patowhas-n 脅しをかけることをやめることで Eph 6,9.

patowhasem, -ec'i【動】罰する，処罰する；叱る，咎める（κολάζω Ac 4,21; ἐπιπλήσσω 1Tm 5,1）: oč'inč' gteal t'ē orpēs patowhasesc'en z-nosa 彼らを罰する方法が何も見つからなかった Ac 4,21; z-cer-n mi patowhasic'es, ayl mxit'aresǰir ibrew z-hayr 君は年長者を叱りつけてはいけない，むしろ父親に対するように諭せ 1Tm 5,1. → tanǰem

patsparan【名】避難所，保護，支援；patsparan linel 支える，保護する（ἀντέχομαι [→ mecarem]）: patsparan lerowk' tkarac' あなた方は弱い者たちを支えよ 1Th 5,14.

patsparim, -rec'ay【動】帰る，戻る（ἀποκαθίστημι He 13,19）: ałač'em zi z-ays ařnic'ēk', zi vałagoyn patsparec'ayc' jez 私がより早くあなた方のところへ帰れるようにしてもらいたいと懇望する He 13,19.

patrank', -nac'【名】《複のみ》欺瞞，ごまかし，誘惑（ἀπάτη）: patrank' mecowt'ean 富の誘惑 Mk 4,19.

patrast, -i. -ic'【形】準備（用意）のできている（ἕτοιμος）[→ anpatrast]; patrast ařnem 準備（用意）する，整える（ἑτοιμάζω Mt 3,3）: amenayn inč' patrast ē 用意は万端整った Mt 22,4; žamanak im č'ew ē haseal, bayc' jer žamanak y-amenayn žamow patrast ē 私の時機はまだ来ていないが，あなた方の時機はいつでも用意されている Jn

patrastakan

7,6; vasn aysorik ew dowkʻ ełerowkʻ patrastkʻ, zi y-orowm žamow očʻ akn ownicʻikʻ gay ordi mardoy このゆえに，あなたたちもまた備えていよ．というのは，あなたたちがまさかと思う時に，人の子は来るからだ Mt 24,44; patrast ararēkʻ z-čanaparh TN 主の道を備えよ Mt 3,3; ənd kʻez paatrast em ew i band ew i mah ertʻal あなたと共になら，私は獄にも，死にも赴く覚悟がある Lk 22,33.

patrastakan【形】準備（用意）してある（προσκαρτερέω Mk 3,9; παρίστημι Ac 23,24）: zi nawak mi patrastakan kaycʻē nma 1 艘の舟を彼のために準備しておくように Mk 3,9; grasts patrastakan, orpēs zi iJowcʻeal z-Pawłos aprecʻowscʻen パウロを降ろして［Gk: 乗せて］安全に護送できるように，馬を用意する Ac 23,24.

patrastem, -ecʻi【動】①（食事などを）用意（準備）する，整える，捧げる，覚悟する（κατασκευάζω Mt 11,10; παρασκευάζω Ac 10,10; παρασκευάζομαι 1Cor 14,8; παρίστημι Ro 6,13; 12,1; ἑτοιμάζω Mt 22,4; 25,34; 26,17; Ac 23,23; προετοιμάζω Ro 9,23; ἑτοίμως Ac 21,13; 2Cor 12,14）. ②［+不］…しようと思う（μέλλω 2Pe 1,12）: ①z-čaš im patrastecʻi 私は自分の夕食を用意した Mt 22,4; or patrastescʻē z-čanaparh kʻo aṙaJi kʻo 彼はお前の前でお前の道を整えるだろう Mt 11,10; owr? kamis zi patrastescʻowkʻ kʻez owtel zatik-n 過越の食事をなされるために，私たちはどこで用意をしたらよいだろうか Mt 26,17; žaṙ-angecʻēk z-patrasteal jez arkʻayowtʻiwn i skzbanē ašxarhi 世の開闢以来あなたたちのために備えられていた王国を継げ Mt 25,34; i patrastel-n nocʻa ełew i veray nora zarmacʻowmn 人々が食事の用意をしている間に，彼は忘我の状態に陥った Ac 10,10; ov? patrastescʻi i paterazm 誰が戦いへの準備をするだろうか 1Cor 14,8; mi patrastēkʻ z-andams jer zēn anirawowtʻean mełacʻ あなたたちはあなたたちの肢体を不義の武具として罪に捧げるな Ro 6,13; ałacʻem z-jez … patrastel z-marmins jer 私はあなた方にあなた方の体を捧げるように勧める Ro 12,1; ahawasik ays ericʻs angam patrasteal em gal aṙ jez 見よ，私は今，あなた方を3度目に訪問する用意をしている 2Cor 12,14; kʻanzi es očʻ miayn kapeloy ayl ew meṙaneloy y-EM patrastem vasn TN YSi KʻSi 私は主イエス・キリストの御名のためなら，エルサレムで縛られるだけでなく，死ぬことさえも覚悟している Ac 21,13; ②orov patrasticʻem mišt jez yišecʻowcʻanel vasn socʻin それゆえ私はこれらのことについて常にあなた方に想い起こさせたい 2Pe 1,12.

patrastowtʻiwn, -tʻean【名】準備（ἑτοιμασία）: patrastowtʻeamb awetarani-n xałałowtʻean 平和の福音への準備をもって Eph 6,15.

patrem, -ec'i【動】誘惑する，唆す（ἀναπείθω Ac 18,13; δελεάζω Jas 1,14）；騙す，欺く（ἀπατάω 1Tm 2,14a; ἐξαπατάω Ro 16,18; 1Tm 2,14b）：artak'oy ōrinac' patrē sa z-mardik paštel z-AC この男は，律法に反するような仕方で神を崇拝するようにと，人々を誘惑している Ac 18,13; iwrak'anč'iwrok' p'orji aṙ i y-iwroc'-n c'ankowt'eanc' jgeal ew patreal 各自が自分の欲望によって引きずり出され，誘い出されて，試みられている Jas 1,14; Adam oč' patrec'aw, ayl kin-n patrec'aw ew yanc'eaw アダムは騙されなかったが，女は（すっかり）騙されて〔神の掟を〕逸脱した 1Tm 2,14; k'alc'rabanowt'eamb ew ōrhnowt'eamb patren z-sirts anmełac' 彼らは甘言とへつらいでもって無垢な人たちの心を欺いている Ro 16,18.

patrovk［E.］/**patroyk**/-oyg, -owki/-owgi, -iw/-ov/-aw【名】（蝋燭やランプの）芯，灯芯（λίνον）［Olsen, Noun, p.903］：z-ełegn ǰałǰaxeal oč' p'šresc'ē ew z-patrovk-n aṙkayceal oč' šiǰowsc'ē, minč'ew hanc'ē i yałt'owt'iwn z-datastan-n 彼は，折られた葦を砕くことなく，燃え残る〔燈火の〕芯を消すこともないであろう，彼がその裁きを勝利に導くまでは Mt 12,20.

patrowak【名】覆い隠すもの，口実（ἐπικάλυμμα）：mi ibrew patrowak č'arowt'ean ownel z-azatowt'iwn 自由を悪の口実とするのではない 1Pe 2,16.

par, -ow; **park'**, -owc'【名】ダンス，舞踏，舞踊（χορός）：lowaw z-jayn ergoc' (M: -n) ew z-parowc' (M: -n) 音楽や舞踏のさまが彼の耳に入った Lk 15,25.

paranoc', -i, -ac' ［M: + paranawc'］【名】首（τράχηλος）：law ē nma kaxic'i erkan išoy ənd paranoc' nora ew ənkłmic'i i xors covow 彼にとっては，その首にろばの引き臼を下げられて海の深みに沈められた方が良い Mt 18,6; law ēr nma et'e vēm erkanak'ar kaxēr z-paranoc'ē (M: z-paranawc'ē) nora ew ankanēr i cov k'an t'e gayt'akłec'owc'anic'ē z-mi ok' i p'ok'rkanc's y-aysc'anē 彼にとっては，その首に引き臼の石をつけられて海の中に放り込まれた方が，これらの小さい者たちの1人を躓かせるよりは，まだましだったであろう Lk 17,2; ankaw z-paranoc'aw-n nora 彼は彼の首をかき抱いた Lk 15,20.

parap, -oy【名】好機（εὐκαιρία）；awr parapoy = ἡμέρα εὔκαιρος 都合の良い日 Mk 6,21; parapov 折よく，首尾よく（εὐκαίρως Mk 14,11）：y-aynm hetē xndrēr parap zi matnesc'ē z-na noca' その時より，彼は彼（イエス）を引き渡すための良い機会を狙っていた Mt 26,16; awr mi linēr parapoy 都合の良い火がって来た Mk 6,21; xndrēr t'e ziard parapov matnescʻē z-na 彼は，どのようにしたら彼（イエス）を首尾よく引き渡せるか，その機会を狙っていた Mk 14,11.

parapem, -ecʻi; parapim, -pecʻay【動】好い機会を得る；[＋与/不…（するの）に] 時間を費やす，専念する (εὐκαιρέω; σχολάζω 1Cor 7,5): ekescʻē yoržam ew parapescʻē 好い機会を得た時には，彼は行くだろう 1Cor 16,12; očʻ y-ayl inčʻ parapēin, baycʻ asel inčʻ kam lsel noragoyn 彼らは何か新奇なことを話したり聞いたりすることばかりに時間をつぶしていた Ac 17,21; zi owxticʻ-n parapicʻēkʻ あなた方が祈りに専念して時を過ごすために 1Cor 7,5.

parapord, -i, -acʻ【形】空の，中身のない，空虚な (σχολάζω): ekeal gtanē parapord, makʻreal ew yardareal やって来ると彼は〔その家が〕空で掃除されており飾り付けがしてあるのを見つける Mt 12,44.

pararak; M: pararag, -i, -acʻ【形】肥えた (σιτευτός Lk 15,27; σιτιστός Mt 22,4): ezen hayr kʻo z-ezn-n pararak あなたの父上は肥えた子牛を屠った Lk 15,27; zowarakkʻ im ew pararakkʻ zeneal en 私の雄牛と肥えた家畜は屠られた Mt 22,4.

parart, -i, -acʻ [＋ parartkʻ/-townkʻ, -tacʻ/-ticʻ]【形】肥えた，肥沃な (καλός): or y-erkir-n parart 肥沃な［良い］地に〔蒔かれた〕者たち Lk 8,15; aył-n ankaw y-erkir bari ew i parart ほかの〔種〕は良い，肥沃な地に落ちた Lk 8,8.　→ gēr

parartowtʻiwn, -tʻean【名】肥えていること，肥満，養分，肥沃さ (πιότης): Etʻē y-ostocʻ anti omankʻ pʻšrecʻan, ew dow or jiteni vayreni ēir patowastecʻan i nosa, ew bažanord ełer armatoy-n, ew parartowtʻean jitenwoy-n たとえ枝々のうちのあるものたちが切り捨てられて，野生のオリーブであるあなたが彼らに接ぎ木され，そしてオリーブの木の根の肥沃さを共有する者になったのだとしても Ro 11,17.

pargew, -i, -acʻ【名】①贈り物，賜物 (δόμα Mt, Lk; δωρεά Jn; δώρημα Jas 1,17). [→ towrkʻ (: tam), əncay, patarag]. ②助け，支え (ἐπιχορηγία): ①ard etʻe dowkʻ or čʻarkʻ-d ēkʻ gitēkʻ pargews baris tal ordwocʻ jerocʻ, orčʻapʻ ews arāwel hayr-n jer or y-erkins ē, tacʻē baris aynocʻik or xndren z-na だから，もしあなたたちが悪人であっても自分の子供たちには良い贈り物を与えることを知っているとすれば，天におられるあなたたちの父はなおいっそう，彼に求める者たちに良いものを与えないであろうか Mt 7,11; Lk 11,13; etʻe giteir dow z-pargews-n AY, ew ov ē or asē-d cʻ-kʻez tʻe towr inj əmpel, dow ardewkʻ xndreir i nmanē, ew tayr kʻez Jowr kendani もしもあなたが神のこの賜物が，そしてあなたに飲ませてくれと言っているのが誰かがわかっていたならば，

あなたは彼に願い，彼はあなたに活ける水を与えたであろうに Jn 4,10; zi amenayn towrkʻ barikʻ ew amenayn pargewkʻ katarealkʻ i verowst en iǰeal aṙ i hōrē-n lowsoy あらゆる善き贈り物，すべての全き賜物が上から，光の父から降って来る Jas 1,17; ②i jerocʻ xndrowacocʻ ew i pargewacʻ hogwoy-n YSi KʻSi あなた方の祈りによって，そしてイエス・キリストの霊の助けによって Php 1,19.

pargewatow, -i, -acʻ【名】報いる者 (μισθαποδότης) [-tow (: tam, etow)]: hawatal aržan ē aynm or merjenay aṙ AC tʻē ē AC ew or xndren z-na lini pargewatow 神の前に進み出ようとする人は，神が存在し，彼（神）を希求する人々に対して報いる者になることを信じたはずだ He 11,6.

pargewem, -ecʻi【動】贈与する，供与する，与える (δωρέομαι 2Pe 1,4; χορηγέω, ἐπιχορηγέω 2Cor 9,10): mecameckʻ-n ew patowakan awetikʻ pargeweal en mez 私たちには偉大で貴い約束が与えられている 2Pe 1,4; ayn or pargewē sermn sermanahanacʻ ew hacʻ i kerakowr, pargewescʻē ew bazmacʻowscʻē z-sermanis jer, ew ačecʻowscʻē z-ardiwns ardarowtʻean jeroy 蒔く人に種を与え，食糧としてパンを与える方はあなた方の種を与え，そして増し，あなた方の義の果実を生長させてくれるだろう 2Cor 9,10.

paregawtkʻ, -ticʻ【名】《複のみ》下着 (χιτών): mi zgenowcʻowkʻ ... erkows paregawts 2 枚の下着を身にまとうな Mk 6,9. → handerj²

parisp, parspi, -pacʻ【名】城壁 (τεῖχος): ənd parisp-n kaxeal iǰowcʻin vandakaw 彼らは〔彼を〕籠で城壁づたいに吊り降ろした Ac 9,25.

parcankʻ, -nacʻ【名】誇り，自慢；確信 (καύχημα Php 1,26; 2Cor 1,14; καύχησις 2Cor 7,4; 1Th 2,19; ὑπόστασις 2Cor 9,4): zi parcankʻ jer aṙawel linicʻin i KʻS YS あなた方の誇りがキリスト・イエスにあって満ち溢れるために Php 1,26; parcankʻ jer emkʻ orpēs ew dowkʻ mer あなた方が私たちの誇りであるように私たちはあなた方の誇りである 2Cor 1,14; bazowm parcankʻ en inj vasn jer 私にはあなた方についての大いなる誇りがある 2Cor 7,4; y-aydmik parcanacʻ このような確信のうちに 2Cor 9,4.

parcim, -cecʻay【動】[i＋対/位；(aṙ) ＋具] …を誇る，自慢する，…に対して勝ち誇る (καυχάομαι 1Cor 1,31; 2Cor 11,30; ἐγκαυχάομαι 2Th 1,4; κατακαυχάομαι Ro 11,18; Jas 2,13): or parci-n i TR parcʻescʻi 誇る者は主を誇れ 1Cor 1,31; etʻē parcel inčʻ part icʻē, z-tkarowtʻean-n parcecʻaycʻ もし何かを誇らねばならないとするなら，〔私の〕弱さゆえのことがらを，私は誇ろう 2Cor 11,30; orpēs ew mez jewkʻ parcel y-ekełec'is-n AY そういうわけで私たちも神の諸教会の間であなた方のことを誇りにしている 2Th 1,4; mi parcir aṙ ostovk' あなたは枝々に対して誇ってはならない Ro 11,18; barjriglowx parci ołormowt'iwn aṙ datastanaw-n 憐れみは裁きに打ち勝つ Jas 2,13.

park, -i, -ac' 【名】袋 (πήρα)：mi park i čanaparh ew mi erkows handerjs 旅路には袋も2枚の下着も〔持って行くな〕Mt 10,10; patowireac' noc'a, zi mi inč' barjc'en i čanaparh, bayc' miayn gawazan, mi park mi hac', mi płinj i gawtis 彼は彼らに、道中は1本の杖のほかには何も携えないように、革袋も、パンも持たず、帯の中には銅銭も入れるなと命じた Mk 6,8.

parkešt, -i, -ic'/-ac' 【形】上品な、しとやかな、厳粛な；威厳がある、尊敬すべき、立派な；恰好のよい；清らかな (εὐσχήμων Mk 15,43; 1Cor 12,24; ἁγνός 1Pe 3,2; κόσμιος 1Tm 3,2; σεμνός 1Tm 3,8)：Yovsēp' or y-Arimat'eay-n ēr, ayr parkešt naxarar 立派な議員でアリマタヤ出身のヨセフ Mk 15,43; parkeštic'-n meroc' č'-ē inč' pitoy 私たちのよい恰好のところには必要がない 1Cor 12,24; gitel erkiwłiw z-jer parkešt gnac's 畏敬の念をもってあなたがたの清い振る舞いを観察する 1Pe 3,2; part ē episkoposi-n ... hez, c'ac, parkešt 監督は覚醒し、思慮深く、品がなければならない 1Tm 3,2; noynpēs ew z-sarkawagowns parkešts 執事たちもまた同様に威厳がある〔のでなければならない〕1Tm 3,8.

parkeštowt'iwn, -t'ean 【名】①恰好のよさ (εὐσχημοσύνη)。②品位ある態度、威厳、慎み深さ、貞淑 (σεμνότης 1Tm 3,4; σωφροσύνη 1Tm 2,15); parkeštowt'eamb 品位ある仕方で (εὐσχημόνως 1Cor 14,40; 1Th 4,11)：①amōt'oyk'-n mer aṙawel ews parkeštowt'iwn ownin 私たちの不恰好な容姿はより多くの恰好のよさをもつ 1Cor 12,23; ②kec'c'ē vasn ordecnowt'ean-n, et'ē kayc'en i hawats ew i sēr ew i srbowt'iwn parkeštowt'ean〔女は〕貞淑さをもった信仰と愛と聖らかさとに留まるならば、子を産むことで救われる 1Tm 2,15.

parh/pah, -ow; **parhk'**/pahk', -howc', -hovk'/-hawk' 【名】①見張り、監視、夜警［時間］；刻；衛兵所 (φυλακή)［→ zawrakan］。②parhk'/pahk' 断食（日）；飢餓 (νηστεία; Mk 2,18 ἦσαν νηστεύοντες)：①et'e gitēr tanowtēr y-orowm pahow (M: parhow) goł gay, skēr ew oč' tayr akan hatanel z-tan-n iwroy 家の主人は、何刻頃に泥棒がやって来るのかわかっていたら、目を覚ましていて、自分の家に穴を開けられるのを放ってはおかなかっただろう Mt 24,43; z-č'orrord pahow gišerwoy-n gay aṙ nosa gnalov i veray covow-n 夜の第4刻頃、彼は海の上を歩みながら彼らのところにやって来る Mk 6,48; ibrew anc'in nok'a əst mi pah ew əst erkows, ekin minč'ew i dowr̄n-n erkat'i 彼らは第１と第２の衛兵所を過ぎ，鉄の門のところまで来た Ac 12,10; ②ays azg oč' elanē (M: oč' iwik' elanic'ē) et'e oč' aławt'iwk' ew pahovk' (M: pahawk') この種のものは，祈りと断食以外では出て行くことがない Mt 17,21; pahawk' (M: parhawk') ew aławt'iwk' paštēr z-c'ayg ew z-c'erek 彼女は夜も昼も断食と祈願をもって〔神に〕仕えていた Lk 2,37; y-ašxatowt'iwns, i hskmowns, i pahs 労苦において，不眠において，飢餓において 2Cor 6,5.

parhak/pahak, -i, -ac' 【名】見張り，番人；pahak ownim 徴用する (ἀγγαρεύω) → tarapa [r] hak varem：ownein pahak z-Simovn Kiwrenac'i ... zi barjc'ē z-xačap'ayt-n nora 彼らはキュレネ人シモンを徴用して，彼の十字架を負わせた Mk 15,21.

parhapan/pahapan, -i, -ac' 【名】番人 (φύλαξ Ac 5,23; οἱ τηροῦντες Mt 28,4)：z-pahapans-n zi kayin ar̄ dran-n 戸口に立っていた番人たち Ac 5,23; y-ahē anti nora xr̄ovec'an pahapank'-n ew ełen ibrew z-mer̄eals 見張りの者たちは彼に対する恐怖のあまり震え上がり，死人のようになった Mt 28,4. → parhpanowt'iwn, -pan

parhem/pahem, -ec'i 【動】①見張る，監視す；監禁する (τηρέω Ac 16,23; 2Pe 2,4; παρατηρέω Ac 9,24; συνέχω Lk 22,63; φρουρέω 2Cor 11,32; φυλάσσω Ac 12,4). ②守る，保持する，保存する，蓄える (διαφυλάσσω Lk 4,10; τηρέω Jn 17,15; 1Cor 7,37; διατηρέω Lk 2,51; συντηρέω Mt 9,17; Lk 2,19; ἀπόκειμαι Col 1,5). ③護持する，遵守する (φυλάσσω Mt 19,20; Jn 12,25; τηρέω Jn 14,15). ④parhem z-anjn i [＋奪] 慎む，控える (διατηρέω Ac 15,29). ⑤断食する (νηστεύω)：①patowirec'in bantapeti-n zgowšowt'eamb pahel z-nosa 彼らは看守長に彼らを厳しく見張るように命じた Ac 16,23; ark'-n or parhein z-na, aypn ar̄nein z-novaw ew harkanein 彼の番をしていた男たちは，彼をなぶりものにして殴り続けた Lk 22,63; pahēin z-drowns-n i towē ew i gišeri, orpēs zi spanc'en z-na 彼らは彼を殺そうとして，昼も夜も門を監視していた Ac 9,24; azgapet-n Aretay ark'ayi pahēr z-k'ałak'-n Damaskac'woc' ownel z-is アレタス王の代官が，私を捕えるためにダマスコス人たちの町を監視していた 2Cor 11,32; matneac' č'oric' č'orrordac' zinoworac' pahel z-na 彼（ヘロデ）は４人１組の兵士４組に引き渡して彼（ペトロ）を監視させた Ac 12,4; ②hreštekac' iwroc' patowireal ē vasn k'o, pahel z-k'ez 彼はあなたのために使いたちに指示するだろう，あなたを守るために Lk 4,10; zi parhesc'es z-nosa i č'arē あなたが彼らを悪から守ってくれるように Jn 17,15; z-ayn əntreac' i srti iwrowm pahel z-koys-n iwr 彼は自分の心のうちで彼自身の乙女をそのままの状態にしておこうと決断した 1Cor 7,37; arkanem z-gini nor i tiks nors ew erkokʻin pahin (M: parhin) 新しい酒は新しい革袋に入れるものだ. そうすれば双方とも安全に保たれる Mt 9,17; Mariam z-amenayn z-bans z-aynosik pahēr ew xelamowt linēr i srti iwrowm マリヤムはこれらの言葉を心に収めて熟慮していた Lk 2,19; vasn yowsoy-n or pahi jez y-erkins あなたがたのために天に蓄えられている希望のために Col 1,5; ③z-ayd amenayn parhecʻi i mankowtʻenē immē それをすべて私は少年の頃から守って来た Mt 19,20; or ateay z-anjn iwr y-ašxarhi-s y-aysmik i keans-n yawitenakans parhescʻē z-na この世で自分の命を憎む者は, それを永遠の命にまで護ることになる Jn 12,25; etʻe sirēkʻ z-is, z-patowirans im parhesǰikʻ あなた方は私を愛しているなら, 私の命令を守ることになるはずだ Jn 14,15; ④y-orocʻ paheal z-anjins barwokʻ gorcicʻēkʻ これらのことを慎めばあなたたちはそれでよい Ac 15,29; ⑤əndēr? ... kʻo ašakertkʻ-d očʻ parhen なぜあなたの弟子は断食しないのか Mt 9,14.

parhpanowtʻiwn/pahpanowtʻiwn, -tʻean 【名】監視, 監督；保護；遵守 (τήρησις 1Cor 7,19); parhem z-parhpanowtʻiwns = φυλάσσω φυλακάς 見張る Lk 2,8 : pahpanowtʻiwn AY patowiranacʻ-n 神の誡めを守ること 1Cor 7,19; parhein z-parhpanowtʻiwns (M: z-pahpanowtʻiwn [単]) gišerwoy hawticʻ iwreancʻ (羊飼いたちは) 自分たちの羊の群を夜もすがら見張っていた Lk 2,8.

parhkʻ/pahkʻ → parh

parow → par

paršarem; M: pašarem, -ecʻi 【動】取り囲む, 包囲する (περικυκλόω) [pašar (-ovkʻ)「蓄え, 食糧」] : paršarescʻen (M: pašarescʻen) z-kʻez ew nełescʻen z-kʻez y-amenayn kołmancʻ 彼らはお前を包囲し, 四方八方からお前を悩ますだろう Lk 19,43.

parpatim, -tecʻay 【動】破れる, 裂ける (διαρρήγνυμι/διαρήσσω) : pʻakecʻin i nerkʻs bazmowtʻiwn jkancʻ yoyž, minčʻew parpatein owṙ kankʻ nocʻa (D: ὥστε τὰ δίκτυα ῥήσσεσθαι) おびただしい魚の群が捕れ, 彼らの網は破れんばかりになった Lk 5,6.

parsawankʻ, -nōkʻ 【名】非難, 悪評, 汚名 (δυσφημία) : paṙōkʻ ew anargowtʻeamb, govowtʻeamb ew parsawanōkʻ 栄光と恥辱とによって, 好評と悪評とによって 2Cor 6,8.

parspacʻ → parisp

part[1] → ampart, datapartem, zrpartem, mahapart, tarapartowcʻ

part²【形】① 〈part ē の形で〉[＋与（人）＋不] …せねばならない，…すべきである (δεῖ Mt 18,33; Mk 13,7; Lk 12,12; ὀφείλω 1Cor 5,10; ἀναγκαῖος Ac 13,46; καθήκει Ac 22,22; χρή Jas 3,10) [→ pitoy]. ②《名詞として》すべきこと，義務 (ὀφειλή)：①isk ard oč'? ēr part ew k'ez ołormel cařayakc'i-n k'owm orpēs ew es k'ez ołormec'ay 私がお前を憐れんだように，お前もまた，お前の僕仲間を憐れんでやるべきではなかったのか Mt 18,33; yoržam lsic'ēk' paterazmowns ew hambaws paterazmac, mi xřovic'ik'. zi part ē linel あなたたちは戦争のことや戦争の噂を聞く時，動転するな．〔これらのことは〕起こらなければならない Mk 13,7; zi hogi-n sowrb owsowsc'ē z-jez i nmin žamow zinč' part ic'ē xawsel 言わねばならないことは，まさにその時，聖霊があなたたちに教えてくれるだろう Lk 12,12; owrax linel ew xndal part ēr 祝宴をあげ，喜ばずにはおれないではないか Lk 15,32; isk ard oč'? ēr part ew k'ez ołormel cařayakc'i-n k'owm orpēs ew es k'ez ołormec'ay お前もまた，私がお前を憐れんだように，お前の僕仲間を憐れんでやるべきではなかったのか Mt 18,33; apa t'ē oč' part ēik' ew y-ašxarhē isk elanel もしそうでなければあなた方はこの世界から外へ出て行かなければならないだろう 1Cor 5,10; ař jez nax part ēr xōsel z-ban-n AY 神の言葉はまずあなた方に語られるはずだった Ac 13,46; č'-ē part aydpiswoy-d keal そんな男は生かしておいてはならぬ Ac 22,22; oč' ē part … aysm ayspēs linel こんなことがあってはならない Jas 3,10; ②knoǰ ayr iwr z-part-n hatowsc'ē, noynpēs ew kin-n ařn iwrowm 夫は妻に対して義務を果たし，同様に妻もまた夫に対して〔そうせよ〕1Cor 7,3.

partakan, -i, -ac'【名】債務者 (χρεοφειλέτης Lk 16,5). —【形】partakan linel [＋与] …に服すべき，…の義務がある，…に罪のある (ἔνοχος Mt 5,21; 1Cor 11,27; ὀφειλέτης Ga 5,3)：koč'ec'eal ař ink'n mi əst mioǰē i partakanac' (M: i partapanac') TN iwroy (管理人は) 自分の主人の債務者を1人1人呼び寄せて Lk 16,5; —or spananic'ē, partakan lic'i datasatani 殺す者は裁きにあう Mt 5,21; or owtic'ē z-hac's, kam əmpic'ē z-bažaks TN anaržanowt'eamb, partakan ełic'i marmnoy ew arean-n TN ふさわしくない仕方でパンを食べたり，あるいは主の杯を飲んだりする者は，主の体と血に対して罪ある者となるであろう 1Cor 11,27; partakan ē z-amenayn ōrēns-n katarel 彼は律法のすべてを遂行する義務がある Ga 5,3.

partapan, -i, -ac'【名】債務者 (ὀφειλέτης Mt 6,12; 18,24; χρεοφειλέτης Lk 7,41); partapan gtanem [＋与] …に対して負債をもつ (ὀφείλω Ro 13,8). —【形】負債のある，負い目のある (ὀφειλέψης Lk 13,4);

partapan linel ［＋与］ …に服すべき，…の義務がある，有罪の (ἔνοχος Mk 3,29; Jas 2,10): tʻoł mez z-partis (M: z-parts) mer, orpēs ew mekʻ tʻołowmkʻ merocʻ partapanacʻ 私たちの負債を赦せ，私たちも私たちに負債ある者たちを赦しているように Mt 6,12; matowcʻaw aṙ na partapan mi bewr kʻankʻaroy 彼のもとに１万タラントンもの借金のある者が連れて来られた Mt 18,24; erkow partapankʻ ein owrowmn pʻoxatowi ある金貸しに２人の債務者があった Lk 7,41; mi owmekʻ partapan gtanicʻikʻ あなたたちは誰に対しても負債をもってはならない Ro 13,8; —hamarikʻ etʻe nokʻa partapankʻ? ełen kʻan z-amenayn mardikʻ or bnakeal en y-ĒM あなたたちは，彼らがエルサレムに住むすべての人々よりも負い目のある者たちであったと考えるのか Lk 13,4; partapan licʻi yawitenicʻ-n mełacʻ 彼は永劫の罪に定められる Mk 3,29; or okʻ z-amenayn ōrēns-n pahicʻē, ew miov iwikʻ inčʻ gtʻicʻē, ełew amenayn ōrinacʻ-n partapan 律法全体を守っていても，１つの点で罪を犯しているなら，そのような人は皆，すべての掟について有罪となったのだ Jas 2,10.

partawor, -i, -acʻ 【形】責めを負った，責任のある，罪のある；partawor linel ［＋与］ …に服すべき，…を免れない，…を受ける (ἔνοχος): amenayn or barkanay ełbawr iwrowm tarapartowcʻ, partawor licʻi datastani. ew or asicʻē cʻ-ełbayr iwr yimar, partawor licʻi ateni. ew or asicʻē ... moros, partawor licʻi i gehen hroy-n 自分の兄弟に対して理由もなく怒る者は裁きを受ける．また兄弟に「あほう」と言う者は最高法院に引き渡される．また「ばか野郎」と言う者は火のゲヘナに落ちる Mt 5,22. → mahapart

partaworim, -recʻay 【動】刑を宣告される，断罪される (κατακρίνω Mt 27,3; καταδικάζω Mt 12,37): teseal Yowdayi ... tʻe partaworecʻaw zl̄acʻaw ew darjoycʻ z-arcatʻ-n ユダは彼が［死刑を］宣告されたと知り，後悔して銀を返した Mt 27,3; i banicʻ kʻocʻ partaworescʻis お前の言葉によってお前は断罪されるだろう Mt 12,37. ↔ardaranam

parteakʻ → partim

partez [M] → partēz

partem, -ecʻi 【動】打ち負かす，制御する，（人を）静かにさせる (καταγωνίζομαι He 11,33; δαμάζω Mk 5,4): orkʻ hawatovkʻ partecʻin z-tʻagaworowtʻiwns 彼らは信仰を介して諸王国を征服した He 11,33; očʻ okʻ karēr partel z-na 誰も彼をおとなしくさせることができなかった Mk 5,4.

partēz, -tizi, -zacʻ [M: + partez] 【名】庭園，菜園，果樹園 (κῆπος) [Av. pairi-daēza-: partēz : παράδεισος [→ draxt]: el ... yaynkoys joroy-n Kedrovni owr ēr partēz 彼はケドロンの谷の向こうへ出て行った．そこには園があった Jn 18,1; ew ēr i tełwoǰ-n y-orowm xač'ec'aw partēz, ew i partizi and gerezman nor y-orowm oč' ok' erbek' ēr edeal 彼が十字架につけられた場所には園があり，その園にはかつて誰も葬られていない新しい墓があった Jn 19,41; ark i partēz (M: partez) iwr 彼は〔それを〕園に投げ入れた Lk 13,19.

partizapan, -i, -ac' 【名】果樹園の番人，庭師 (κηπουρός) [→ -pan]: nma ayspēs t'owec'aw t'e partizapan-n ic'ē 彼女にはそれが庭師だと思われた Jn 20,15.

partim, -tec'ay 【動】① [＋与] …負債がある (ὀφείλω; προσοφείλω Phm 19). ② [＋不] …せねばならない (ὀφείλω): ①hato inj z-or partis お前の借りているものを私に返せ Mt 18,28; k'ani? inč' partis tearn imowm あなたは私の主人にどれくらい借りがあるのか Lk 16,5; or partēr nma hariwr darhekan (M: dahekan) その人は彼に100デナリオンの借金があった Mt 18,28; ew mek' t'ołowmk' amenayni or partic'i mez 私たちも私たちに負債ある者をすべて赦す Lk 11,4; dow z-anjn k'o inj partis あなたはあなた自身を私に負っている Phm 19; ②əst awrinac' meroc' parti merानel 我々の律法によれば，死ななければならない Jn 19,7; z-or parteak'-n arnel ararak' 私たちは私たちのすべきことをしたまでだ Lk 17,10. → zr-part-em

partik', -teac' 【名】《複のみ》借金，負債 (ὀφείλημα Ro 4,4; τὰ ὀφειλήματα Mt 6,12): t'oł mez z-partis (M: z-parts) mer, orpēs ew mek' t'ołowmk' meroc' partapanac' 私たちの負債を赦せ，私たちに負債ある者たちを私たちも赦したように Mt 6,12; aynm or gorcic'en, oč' hamarin varjk'-n əst šnorhac', ayl əst parteac' 業をなす者にとって報酬は恵みに従って〔与えられるもの〕とみなされるのではなく，むしろ当然の支払いとして〔与えられるもの〕とみなされる Ro 4,4.

partowt'iwn, -t'ean 【名】 敗北 (ἥττημα): et'ē yanc'ank'-n noc'a mecowt'iwn ašxarhi, ew partowt'iwn noc'a mecowt'iwn het'anosac', orč'ap' ews arawel lrowt'iwn noc'a もしも彼らの罪過が世界の富となり，彼らの敗北が異邦人たちの富と〔なったと〕すれば，まして彼らの〔救いが〕満ちることはどんなにかさらに〔喜ばしいこと〕だろうか Ro 11,12. → vatt'arowt'iwn

partk', -towc' 【名】《複のみ》借金，負債 (ὀφειλή Mt 18,32; Ro 13,7); hatowc'anem z-parts-n = ἀποδίδωμι τὸ ὀφειλόμενον 借金を返す Mt 18,30.34: z-amenayn z-parts-n t'ołi k'ez 私はお前の借金をすべて帳消しにしてやった Mt 18,32; t'oł mez z-mełs mer (M: z-parts) 私たちの罪

を赦せ Lk 11,4 (ἁμαρτίαι, D: τὰ ὀφειλήματα); hatowcʻēkʻ amenecʻown z-parts あなたたちはすべての人に対して負債を返却せよ Ro 13,7.

Pawłosean, -eancʻ【形】パウロの：es Pawłosean em = ἐγὼ μέν εἰμι Παύλου 私はパウロのものである 1Cor 1,12; ambarjeal i Papʻē Pawłoseancʻ = ἀναχθέντες δὲ ἀπὸ τῆς Πάφου οἱ περὶ Παῦλον パウロとその一行はパポスから船出して Ac 13,13.

pentakostē, -icʻ【名】五旬節 (πεντηκοστή)：i katarel awowrcʻ-n pentakostēicʻ 五旬節の日が満ちて Ac 2,1.

[**-pet**] → azgapet, žołovrdapet, gawaṙapet, dprapet, hazarapet, hariwrapet, hovowapet, čartarapet, makʻsapet, čʻorrordapet, pandokapet, vardapet, tačarapet, kʻahanayapet

petowtʻiwn, -tʻean【名】官憲, 当局；支配 (ἀρχή)：aṙ i matnel z-na petowtʻean (M: petowtʻeancʻ) ew išxanowtʻean datawori-n 彼を総督の当局と司法権力とに引き渡すために Lk 20,20; yoržam tanicʻin z-jez i žołovowrds ew i petowtʻiwns ew y-išxanowtʻiwns 人々があなたたちを会堂や当局や統治者のところに連行する時 Lk 12,11.

petkʻ (Lk 9,11M) → pētkʻ

[**-pēs**] → aynpēs, ayspēs, aydpēs, noynpēs, soynpēs, orpēs, pēspēs, yaytnapēs, aṙtapēs, daṙnapēs, pʻowtʻapēs, hogepēs, marmnapēs [Schmitt, Grammatik, p. 196; HH, AG, p. 230]

pēspēs【形】さまざまな, 種々の (διάφορος He 9,10; ποικίλος Mt 4,24; 1Pe 4,10)：pēspēs mkrtowtʻeambkʻ 種々の沐浴 He 9,10; z-amenayn hiwands or nełeal ein i pēspēs cʻaws さまざまな病を患っていた病人すべて Mt 4,24; ibrew z-barwokʻ hazarapets pēspēs šnorhacʻ-n AY 神のさまざまな賜物の良い管理人として 1Pe 4,10. → -pēs

[**-pēt**] → tʻepēt

pētkʻ; M: petkʻ【名】①必要, 必要性, 有用；困窮 (χρεία Ro 12,13; Php 4,19)；必需品 (ἐπιτήδειος Jas 2,16)；pētkʻ en [＋与 (人) …に][＋属 (物) …が] 必要である；i pēts [＋属] …の役に (立つ). ②欲求, 交わり (χρῆσις Ro 1,26). ③役目, 任務 (χρεία Ac 6,3). ④理由, わけ (λόγος Ac 10,29)：①i pēts srbocʻ hałordecʻarowkʻ あなた方は聖なる者たちの困窮を共に担え Ro 12,13; AC im li arascʻē z-amenayn pēts jer 私の神はあなた方のすべての必要を満たしてくれるだろう Php 4,19; taycʻēkʻ očʻ nocʻa z-pēts marmnoy-n あなた方が彼らに体の必需品を与えない [ならば] Jas 2,16; orocʻ pētkʻ (M: petkʻ) ein bžškowtʻean bžškēr = τοὺς χρείαν ἔχοντας θεραπείας ἰᾶτο 彼は癒しを必要としていた者たちを治した Lk 9,11; y-očʻinčʻ pēts = ἐπ' οὐδὲν χρήσιμον 何の役にも立た

ない 2Tm 2,14; ②ēgk' noc'a p'oxanakec'in z-pēts bnakans i pēts anbnakans, (27) noynpēs ew arowac'-n t'ołeal z-bnakan pēts igowt'ean-n 彼らのうちの女性たちは自然な〔性的〕交わりを自然に反するものに変え，同様に男性たちも女性との自然な〔性的〕交わりを捨てて Ro 1,26-27; ③z-ors kac'owsc'owk' i veray pitoyic'-s aysoc'ik 私たちは彼らをこの役に任じよう Ac 6,3; ④harc'anem, y-inč'? pēts koč'ec'ēk' z-is たずねるが，あなた方はどういう理由で私を招いたのか Ac 10,29. → anpitan, pitanac'ow, pitani, pitoy

piłc, płcoy, -oc' 【形】穢れた；世俗的な，卑俗な；忌むべき，忌まわしい (ἀκάθαρτος Mt 10,1; βέβηλος 1Tm 4,7; βδέλυγμα Lk 16,15; βδελυκτός Tt 1,16; μεμιαμμένος [< μιαίνω] Tt 1,15); ays piłc = (τὸ) πνεῦμα (τὸ) ἀκάθαρτον 穢れた霊 (Lk 4,33 ays diwi płcoy = πνεῦμα δαιμονίου ἀκαθάρτου 穢れた悪霊の霊): et noc'a išxanowt'iwn aysoc' płcoc' hanel z-nosa 彼は彼らに穢れた霊どもに対してそのものどもを追い出す権能を与えた Mt 10,1; płcoc'-n ew anhawatic' oč'inč' ē sowrb 穢れている者どもや不信仰者どもには清いものはない Tt 1,15; i piłc banic' ew y-aṙaspelac' paṙawanc' hražaresǰir 卑俗な言葉や老婆の作り話は退けよ 1Tm 4,7; or aṙaǰi mardkan barjr ē piłc ē aṙaǰi AY 人々の前では崇高なものも神の前では忌むべきものだ Lk 16,15; piłck' ew anhawatk' 彼らは忌々しく不従順だ Tt 1,16. → płcem, płcowt'iwn; xaṙnak

pind, pndoy, -oc' 【形】堅い，強固な；pind ownim 堅持する (κατέχω He 10,23): pind kalc'owk' z-xostovanowt'iwn anšarž yowsoy-n 私たちは希望の信仰告白を揺るぎないものとして堅持しよう He 10,23; bažanordk' ełeak' K'Si, miayn t'ē z-skizbn hastatowt'ean-n minč'ew i vaxčan pind kalc'owk' = ... ἐάνπερ τὴν ἀρχὴν τῆς ὑποστάσεως μέχρι τέλους βεβαίαν κατάσχωμεν 私たちは，はじめのものを終りまでしっかりしたものとして堅持さえしているなら，キリストに参与する者となっているのだ He 3,14. → pndagoyns, pndem, erizapind

[**-pisi**] → aydpisi, aynpisi, ayspisi, orpisi; cf. -pēs

pitanac'ow; M: pitanoc'ow, -i, -ac' 【形】役に立つ，適した (εὔθετος): oč' y-erkir ew oč' y-ałb ē pitanac'ow (M: pitanoc'ow) (塩は) 大地にも堆肥にも適さない Lk 14,35. → -ac'ow, pētk'

pitani, -neac' 【形】役に立つ，有益な (εὔχρηστος): anōt' ... srbeal ew pitani teaṙn 聖化され，主人の役に立つ器 2Tm 2,21; or erbemn anpitan ēr k'ez, bayc' ard k'ez ew inj pitani 彼はかつてはあなたにとって無益なものであったが，今やあなたにとっても私にとっても有用な者である Phm 11. → pētk', anpitan

pitoy [-icʻ]【形】必要な；困窮した（χρεία；χρήζω Mt 6,32; Lk 11,8; 12,30; ἀπολείπομαι He 10,26）; inj pitoy ē 私に必要だ（ἐγὼ χρείαν ἔχω）; sakaw inčʻ pitoy ē = ὀλίγων [ἑνὸς] δέ ἐστιν χρεία 必要なのはただ一つだ Lk 10,42 : gnea inčʻ or pitoy icʻē mez i tawni-s 祭りのために私たちに必要なものを買って来い Jn 13,29; gitē hayr-n jer erknawor tʻe pitoy ē jez ayd amenayn 天のあなた方の父は、あなた方にはこれらすべてが必要であることを知っている Mt 6,32; očʻ inčʻ ē pitoy bžišk oļocʻ 丈夫な者に医者は要らない Mk 2,17; yarowcʻeal tacʻē nma zinčʻ ew pitoy icʻē 彼は起きてその人に必要なものをやるだろう Lk 11,8; yoržam pitoy-n ełew (M: pito ełew nma) ew kʻalcʻeaw 彼が困窮して飢えた時 Mk 2,25; očʻ ews pitoy ē vasn mełacʻ patarag もはや罪のための生け贄は必要ない［Gk: 残されていない］He 10,26; xōsin or inčʻ očʻ ē pitoy = λαλοῦσαι τὰ μὴ δέοντα 彼女らは〔信仰者には〕ふさわしくないことをしゃべる 1Tm 5,13. → pētkʻ, anpitoy, anpitan, pitanacʻow

płinj, płnjoy/płnji, -ocʻ【名】銅，青銅；銅貨（χαλκός Re 18,12; Mt 10,9; χαλκοῦς Re 9,20），小銭（κέρμα Jn 2,15）; płinj cxeal つやのある真鍮（χαλκολίβανον Re 1,15; 2,18）: amenayn anawtʻ i pʻaytē patowakanē ew i płnjoy 高価な木材や青銅でできたあらゆる器 Re 18,12; erkrpatowtʻiwn kṙocʻ y-oskełinacʻ ew y-arcatʻełinacʻ ew i płnjoy ew i kʻarē ew i pʻaytʻē 金や銀や銅や石や木でできた偶像を礼拝すること Re 9,20; mi stanaykʻ oski ew mi arcatʻ ew mi płinj i gawtis jer あなたたちの帯の中には金貨も銀貨も銅貨も入れるな Mt 10,9; tesanēr tʻe ziard žołovowrd-n arkanēr płinj i ganjanak-n 彼は群衆が賽銭箱に銅銭を投げ入れるのを見ていた Mk 12,41; z-płinj hatavačaṙacʻ-n cʻroweacʻ 彼は両替屋の金を撒き散らした Jn 2,15; ełē es ibrew z-płinj or hnčʻē（= χαλκὸς ἠχῶν）kam ibrew z-cncłays or ławłaǰen 私は鳴り響く銅鑼か甲高く鳴るシンバルのようになってしまった 1Cor 13,1; ayspēs asē ordi-n AY, oroy ačʻkʻ iwr en ibrew z-bocʻ hroy, ew otkʻ nora nman płnji cxeloy 燃える炎のような目を持ち、その足はつやのある真鍮のようである神の子が、次のように語っている Re 2,18.

płcalicʻ【形】汚れに満ちた，汚らわしい（μιασμός）: or zhet marmnoy płcalicʻ cʻankowtʻeancʻ icʻen ertʻeal 汚らわしい欲望をもって肉に従って歩む者たち 2Pe 2,10. → piłc, lnowm (lcʻi, elicʻ)

płcem, -ecʻi【動】穢す，不浄なものにする，冒瀆する（κοινόω Mk 7,23; Ac 10,15; βεβηλόω Mt 12,5; Ac 24,6; μιαίνω Jd 8; μιαίνομαι Jn 18,28; μολύνω 1Cor 8,7）: ays amenayn čʻarikʻ i nerkʻowst elanen ew płcen z-mard これらすべての悪は中から出て来て、人間を穢す Mk 7,23; z-or

AC srbeacʻ dow mi płcer 神が清めたものを，あなたが不浄なものにしてはならない Ac 10,15; kam tʻe čʻ-icʻē əntʻercʻeal y-awrēns zi i šabatʻs kʻahanaykʻ-n i tačari-n płcen z-šabatʻ-n ew anmełkʻ en あるいは，安息日に神殿にいる祭司たちは，安息日を破っても罪がないことを，お前たちは律法で読んだことがないのか Mt 12,5; or ew z-tačar-n isk kamecʻaw płcel この者は神殿さえも穢そうとした Ac 24,6; nokʻa očʻ mtin y-aparans-n zi mi płcicʻin, ayl zi owticʻen z-zatik-n 彼らは身に不浄を受けることなく，過越の食事ができるようにと，本営には入らなかった Jn 18,28; xiłč mtacʻ nocʻa kʻanzi tkar ē, płci 彼らの良心は，それが弱いために，穢される 1Cor 8,7. → piłc

płcowtʻiwn, -tʻean【名】穢れ，不浄，忌むべきもの；放縦（ἀκαθαρσία Mt 23,27; Ro 1,24; βδέλυγμα Mt 24,15; ἀσέλγεια Ro 13,13; μολυσμός 2Cor 7,1; μίασμα 2Pe 2,20）: i nerkʻoy li en oskerawkʻ mereḷocʻ ew amenayn płcowtʻeamb それらは内側は死者の骨とあらゆる不浄に満ちている Mt 23,27; matneacʻ z-nosa AC i cʻankowtʻiwn srticʻ nocʻa i płcowtʻiwn, anargel z-marmins iwreancʻ y-anjins iwreancʻ 神は自分たちの欲望のうちに〔捕われた〕彼らを穢れへと引き渡し，彼らの肉体を互いに辱めるがままにした Ro 1,24; ew mi xaṙn ənkołnōkʻ ew płcowtʻeamb, ew mi naxanjow ew hakaṙakowtʻeamb みだらな性交渉や放縦によってでもなく，妬みや争いによってでもなく Ro 13,13; z-płcowtʻiwns aweracoy-n 荒らす忌むべきもの Mt 24,15; srbescʻowkʻ z-anjins mer y-amenayn płcowtʻenē mermnoy ew hogwoy 私たちは肉と霊のあらゆる穢れから私たち自身を清めようではないか 2Cor 7,1; etʻē pʻaxowcʻealkʻ i płcowtʻeancʻ ašxarhi 人々が〔この〕世界の汚らわしさから逃れたとしても 2Pe 2,20.

płnjagoyn【名】玉髄（χαλκηδών）Re 21,19.

płnji, -jwoy, -jeacʻ【形】銅（製）の;《複》銅，銅器（τὰ χαλκία）: mkrtowtʻiwns bažakacʻ ew stomanacʻ ew płnjeacʻ (M: pljeacʻ, 誤記) 杯や壺や銅の器を水に浸して洗うこと Mk 7,4. → płinj

pčłnawor【形】くるぶしまで届く [pčełn, pčłan, -łownkʻ「くるぶし（踵）」]: patmowčan pčłnawor 足もとまで届く衣（ποδήρης）Re 1,13.

pnak, -i, -acʻ【名】平皿（πίναξ）: ayžm dowkʻ pʻarisecʻikʻ z-artakʻin bažaki-n ew z-pnaki-n srbēkʻ ところであなたたちファリサイ人は杯と平皿の外側を清める Lk 11,39. → skawaṙak, skowtł

pndagoyns; M: **pndagoyn**【副】強く，激しく，痛烈に（εὐτόνως）: pndagoyns (M: pndagoyn) čʻaraxawsein z-nmanē 彼らは激しく彼を訴えていた Lk 23,10［対応箇所 Mk 15,3: yoyž (πολλά)］; pndagoyn z-hreays-n yandimanēr hraparakaw 彼は公然と痛烈に彼を論破した Ac

18,28. → pind

pndem, -ecʻi【動】①締める，はめる；押し寄せる（ἀσφαλίζω Ac 16,24; συνέχω Lk 8,45; ἀναζώννυμαι 1Pe 1,13; περιζώννυμαι Lk 12,35; Eph 6,14）. ②-im 執拗である，固執する，意地を張る，力む（ἐπισχύω Lk 23,5）. ③強く主張する，断言する（διαβεβαιόομαι 1Tm 1,7）：①z-ots nocʻa pndeacʻ i kočeł 彼は彼らの足に足枷をはめた Ac 16,24; żołovowrdkʻ-d pnden ew nełen z-kʻez 群衆があなたのところに押し寄せ，押し迫っている Lk 8,45; ełicʻin gawtikʻ jer pndeal ənd mēĵs あなたたちの腰に帯を締めており Lk 12,35; pndeal z-mēĵs jer čšmartowtʻeamb あなた方の腰を真理で締めて Eph 6,14; ②aṙawel ews pndēr ew asēr = ἐκπερισσῶς ἐλάλει 彼はひどく力んで言い立てた Mk 14,31; nokʻa pndein ew asein 彼らは力んで言った Lk 23,5; ③inkʻeankʻ očʻ imanan zinčʻ xōsin, ew očʻ vasn orocʻ pndeal-n en 彼らは自分が何を語っているのか，また何について断言しているかは理解していない 1Tm 1,7. → pind

pšnowm, pšeay, 分 pšowcʻeal【動】［ənd＋対］じっと見つめる，凝視する（ἀτενίζω）; pšowcʻeal hayim 食い入るように見つめる（κατανοέω Jas 1,23）：minčʻdeṙ pšowcʻeal hayēin ənd erkins ertʻaloy nora 彼が〔天に〕昇って行くと，彼らは天をじっと見つめていたその時に Ac 1,10; ənd mez zi? ēkʻ pšowcʻeal どうしてあなたたちは私たちを見つめているのか Ac 3,12.

pondoki［M］ → pandoki

pondokapet［M］ → pandokapet

poṙnik, -nki, -kacʻ【名】売春婦（πόρνη Mt 21,31; Lk 15,30）；娼婦を買う者，淫らな者，不品行を行う者（πόρνος 1Cor 5,9）：makʻsaworkʻ ew poṙnikkʻ yaṙaĵescʻen kʻan z-jez y-arkʻayowtʻiwn erknicʻ 徴税人と売春婦たちの方があなたたちより先に天の王国に入る Mt 21,31; yoržam ekn ordi-d kʻo ayd or eker z-keans kʻo ənd poṙniks あなたのその息子があなたの資産を売春婦らと食い潰したあげくやって来ると Lk 15,30; grecʻi jez i tʻłtʻi aydr čʻ-xaṙnakel ənd poṙniks 私はあなたたちに前の手紙で，不品行を行う者たちとは交わらないように，と書いた 1Cor 5,9.

poṙnkim, -kecʻay【動】不品行をなす，淫行を行う，姦淫を犯す（πορνεύω 1Cor 6,18; Re 18,3; ἐκπορνεύω Jd 7）：or poṙnki-n y-iwr marmin-n mełančʻē 不品行をなす者は自分のからだに対して罪を犯す 1Cor 6,18; Sodomn ew Gomor ... or əst nmin ōrinaki poṙnkecʻan z-het ənkeracʻ-n marmnocʻ それらと同じように姦淫を犯し，異なる肉を追い求めたソドムとゴモラ Jd 7.

pořnkowt'iwn, -t'ean 【名】不品行，淫行 (πορνεία)：amenayn or arjakē z-kin iwr ařanc' bani pořnkowt'ean, na tay nma šnal 淫行以外の理由で自分の妻を離縁する者はすべて，彼女に姦淫をはたらかせる者である Mt 5,32; amenayn or arjakesc'ē z-kin iwr ew oč' vasn (M: + bani) pořnkowt'ean ew ařnic'ē ayl, šnay 淫行以外のゆえで自分の妻を離縁し，ほかの女を娶る者は，姦淫する者である Mt 19,9; mek' i pořnkowt'enē č'-emk' cneal われわれは淫行から生まれたのではない Jn 8,41; i bac' linel jez i pořnkowt'enē あなた方が不品行から遠ざかっていること 1Th 4,3; i barkowt'enē ginwoy pořnkowt'ean nora arbin amenayn azgk' すべての民族は激情を呼び起こす彼女の淫行の葡萄酒を飲んだ Re 18,3.

port, -iw/-ov, -oc' 【名】へそ；胃．　→ datarkaport

psak, -i, -ac' 【名】冠，花冠，栄冠，花輪 (στέφανος; στέμμα Ac 14,13)：boloreal psak i p'šoc' edin i glowx nora 茨で冠を編んで彼らは彼の頭上に置いた Mt 27,29; zi zełcaneli psak-n ařnowc'own 彼らは朽ちる冠を受けるために 1Cor 9,25; tac' kez z-psak-n kenac' 私はお前に命の冠を与える Re 2,10; kay mnay inj ardarowt'ean psak-n 私に残されているのは義の栄冠だ 2Tm 4,8; k'owrm-n Diay ... c'owls ew psaks hasowc'eal i dowřn ゼウスの神殿の祭司が数頭の雄牛と花輪を門のところに持って来て Ac 14,13.

psakem, -ec'i 【動】[z-+対] …に [具] …の冠を被せる，栄冠を授ける (στεφανόω)：z-p'ok'r mi xonarheal k'an z-hreštaks, tesanemk' z-YS vasn č'arč'aranac' mahow-n, p'ařōk' ew patowov psakeal ほんの少しの間，み使いたちに劣るとされたイエスが，死の苦しみのゆえに，栄光と栄誉の冠を被せられているのを私たちは目にする He 2,9; et'ē martik ok' ic'ē, oč' psaki et'ē oč' əst ōrini-n martic'ē 誰であれ競技する者は，規則通りに競技しなければ栄冠を受けることはない 2Tm 2,5.

ptłaber, -i, -ac' 【形】実を結ぶ，実りの多い (καρποφόρος; καρποφορέω Col 1,10) [ptł-a-ber (: berem)]; ptłaber linim = καρπὸν φέρω/ καρποφορέω 実を結ぶ：tal y-erknic' jez anjrews ew žamanaks ptłabers 彼はあなたたちのために天から雨を降らせ，実りの季節を与える Ac 14,17; amenayn owř or y-is ē ew oč' berē ptowł, ktrē z-na, ew amenayn or berē ptowł, srbē z-na zi ařawel ews ptłaber lic'i 私のうちにある枝で，実を結ぼうとしないものはすべて，(父が) これを刈り取る．実を結ぶものはすべて，より多くの実を結ぶようにと，これを刈り込む Jn 15,2; zi dowk' ert'ayc'ēk' ew ptłaberk' linic'ik' あなた方が往って実を結ぶように Jn 15,16; gnal jez aržani TN y-amenayn hačowt'ean, y-amenayn gorcs ptłaberk' ew ačec'ownk' gitowt'eamb-n AY あなた方があらゆる点で気に召すように主にふさわしく歩み，あらゆる良き行いにおいて実を結び，神の認識によって成長するように Col 1,10; zi ptłaberk' lic'owk' AY = ἵνα καρποφορήσωμεν τῷ θεῷ 私たちが神に対して実をもたらすように Ro 7,4. → ptowł

ptłakoroys【形】実を結ばない，不毛の [ptł-a-koroys (: korowsanem, korowsi, koroys) : ampk' anJ̌rdik', hołmakocealk', caṙk' ptłakoroysk', anptowłk' (= ... φθινοπωρινὰ ἄκαρπα), krknameṙk', xlealk' armatak'i 風に煽られている，雨をもたらさない雲，まったく実を結ぶことのない [Gk: 秋に実をもたらさない]，根こそぎにされて 2 度死んだ木 Jd 12.

ptowł, ptłoy, -oc'【名】実，収穫 (καρπός); 初穂 (ἀπαρχή Ro 8,23; Jas 1,18); (z-)ptowł (bari/č'ar) aṙnem = καρπὸν ποιεῖν; (z-)ptowł berem = καρπὸν φέρειν, Mk 4,28: καρποφορέω; (z-)ptowł tam = καρπὸν διδόναι, Mt 13,23 Mk 4,20 Lk 8,15: καρποφορέω, Mk 4,29: παραδοῖ ὁ καρπός 実を結ぶ : amenayn caṙ bari ptowł bari aṙnē 善い木はすべて良い実を結ぶ Mt 7,17; erkir-n ink'nin berē z-ptowł 大地は自ずから実を結ばせる Mk 4,28; or y-erkir-n bari sermanec'aw, ayn ē or ibrew lsē z-ban-n ew i mit aṙnow ew tay z-ptowł 良い地に蒔かれた者とは，言葉を聞いて悟り，実を結ぶ者のことだ Mt 13,23; i ptłoy noc'a caniJ̌ik' z-nosa あなた方は彼らの実から彼らを見分けるだろう Mt 7,16; awhrneal ē ptowł orovayni k'o あなたの胎の実は祝福されてある Lk 1,42; zi i mšakac' anti arc'ē i ptłoy aygwoy-n 彼がその農夫たちから葡萄園の収穫を受け取るために Mk 12,2; mek' isk or z-ptowł hogwoy-n ownimk' 霊の初穂を持っている私たち自身 Ro 8,23.

prkem, -ec'i【動】縛る，張る，締める，くくる；伸ばす，広げる (προτείνω) : ibrew prkec'in z-na p'okovk' = ὡς δὲ προέτειναν αὐτὸν τοῖς ἱμᾶσιν 彼らが皮紐で彼を縛りつけた時 Ac 22,25 [Gk: 鞭で打つために彼〔の両手両足〕を拡げた時].

Probatikē; M: Propotikē [Gk. προβατικός 「羊の」の与格の敷き写し]: ēr y-ĒM i Probatikē (M: i Propotikē) awazani-n or koč'ēr ebrayec'erēn Bet'hezda hing srah = ἔστιν δὲ ἐν τοῖς Ἱεροσολύμοις ἐπὶ (D.Θ: ἐν) τῇ προβατικῇ κολυμβήθρα ἡ ἐπιλεγομένη Ἑβραϊστὶ Βηθζαθὰ πέντε στοὰς ἔχουσα エルサレムにはヘブライ語でベトザダと呼ばれる羊の貯水池に 5 つの回廊があった Jn 5,2 [エルサレムには羊門の近くにヘブライ語でベトザタと呼ばれる，5 つの回廊のある貯水池がある].

J̌

ǰah, -i, -ic‘【名】ともし火 (φανός, *vulg.* laterna)：gay andr ǰahiwkʻ ew lapterawkʻ ew zinowkʻ 彼はともし火，たいまつ，武器を携えそこにやって来る Jn 18,3. → lapter

ǰaľǰaxem, -ec‘i【動】折る，壊す (συντρίβω) [→ p‘šrem]：z-ełegn ǰaľǰaxeal očʻ p‘šrescʻē ew z-patrovk-n aṙkayceal očʻ šiǰowscʻē, minčʻew hancʻē i yałtʻowtʻiwn z-datastan-n 彼は，折られた葦を砕くことなく，燃え残る〔燈火の〕芯を消すこともないであろう，彼がその裁きを勝利に導くまでは Mt 12,20.

ǰambem, -ec‘【動】①食物を与える，養う (ψωμίζω). ②飲ませる (ποτίζω) [→ arbowcʻanem, ǰowr (tam)]：①ew et‘ē ǰambicʻem z-amenayn inčʻs im ałkʻatacʻ たとえ私がすべての財産を貧しい者たちに分け与えたとしても 1Cor 13,3; ②katʻn ǰambecʻi jez ew očʻ kerakowr 私は乳をあなたがたに飲ませたのであって，固形食物を与えたのではない 1Cor 3,2.

ǰan, -i, -icʻ【名】苦労 (κόπος)：i ǰans ew i vastaks 労苦と骨折りの中で 2Cor 11,27; ǰaniw ew vastakov 苦労と骨折りをもって 2Th 3,8.

ǰanam, -nacʻay【動】苦労する，努力する (κοπιάω Mt 6,28; Lk 12,27; ἀγωνίζομαι Lk 13,24)：očʻ ǰanay ew očʻ niwtʻē 彼らは労することをせず，紡ぐこともしない Mt 6,28; ǰanacʻarowkʻ mtanel ənd dowṙn neł 狭い戸口を通って入るように努めよ Lk 13,24.

ǰeṙnowm, -ṙay【動】①暖をとる (θερμαίνομαι). ②焼かれる (καυματίζω Mk 4,6). ③ (情欲に) 燃える (πυρόομαι)：①tesanē z-na zi ǰeṙnoyr 彼が暖をとっているのを見る Mk 14,67; ǰeṙarowkʻ ew yagecʻarowkʻ 暖かくして充分食べよ Jas 2,16; ②yoržam cageacʻ arew ǰeṙaw (M: ǰeṙeaw [ELPA I.90; Schmitt, Grammatik, p.147; Jensen, AG 286, p.110; HH, AG, p.486: ǰeṙnowm, ǰeṙay]˙ ew zi očʻ goyin armatkʻ, cʻamakʻecʻaw 太陽が昇るとそれは焼かれてしまい，根がなかったために，枯れ果ててしまった Mk 4,6; ③law ē amowsnanal kʻan z-ǰeṙnowl 結婚するほうが情欲の炎を燃やすよりはよい 1Cor 7,9. → tapanam

ǰerm, -oy【形】熱い，暖かい (ζεστός Re 3,15) [↔cʻowrt]；熱，熱病

ǰermanam 638

(πυρετός Ac 28,8): očʻ cʻowrt es ew očʻ ǰerm お前は冷たくも熱くもない Re 3,15; ełew hōr-n Popleay i ǰerm ew y-axt tʻančʻicʻ hiwandanal dnel プブリウスの父が熱病と下痢に苦しんでふせっていた Ac 28,8.

ǰermanam, -rmacʻay 【動】熱がある，熱を出す (πυρέσσω): zokʻančʻ Simovni dnēr ǰermacʻeal (M: ǰermacʻeal ēr) シモンの姑が熱病を患って寝ていた Mk 1,30 [→ tapanam (Mt 8,14)].

ǰermn, -man, -mamb [/-mi, -maw] 【名】熱，発熱，熱病 (πυρετός): erēk y-ewtʻnerord žamow etʻoł z-na ǰermn-n 昨日の第7刻に彼から熱が去った Jn 4,52; zokʻančʻ Simovni tagnapēr ǰermamb mecaw シモンの姑が甚だしい熱病で苦しんでいた Lk 4,38.

ǰermowtʻiwn, -tʻean 【名】熱いこと，熱気 (θέρμη): iž mi i ǰermowtʻenē-n eleal kalaw z-ǰeṙanē-n nora 熱気のために1匹のまむしが出て来て，彼の手にからみついた Ac 28,3.

ǰnǰem, -ecʻi 【動】拭く，ぬぐい去る，抹消する (ἐκμάσσω Lk 7,38; Jn 11,2; ἐξαλείφω Ac 3,19; Col 2,14) [ǰinǰ「きれいな」]: herov glxoy iwroy ǰnǰēr 彼女は自分の髪の毛で〔彼の足を〕拭いた Lk 7,38; ays ayn Mariam ēr or awc z-TR-n iwłov ew ǰnǰeacʻ z-ots nora herov iwrov 主に香油を注ぎ，その両足を自分の髪でぬぐったのはその人マリヤであった Jn 11,2; ǰnǰeacʻ z-ǰeṙagir meroy hakaṙakowtʻean-n 〔神は〕私たちに敵対する証文を抹消した Col 2,14; darjarowkʻ i ǰnǰel z-mełs ǰer = ἐπιστρέψατε εἰς τὸ ἐξαλειφθῆναι ὑμῶν τὰς ἁμαρτίας あなたたちの罪を拭い去るために立ち帰れ Ac 3,19. → makʻrem, srbem

ǰowr, ǰroy, -ov, -ocʻ/M: ǰowrcʻ, cf. Jensen, AG 137.4] 【名】水 (ὕδωρ); 川 (ποταμός Re 12,16) → get; (z-)ǰowr tam (動植物に) 水をやる，飲ませる (ποτίζω Lk 13,15; 1Cor 3,6-8; Ro 12,20) [→ arbowcʻanem]; sapʻor ǰroy = κεράμιον ὕδατος 水瓶 Mk 14,13; Lk 22,10; ǰowr bažakaw = ποτήριον ὕδατος 1杯の水 Mk 9,41: ałbewrʻ ǰrocʻ blxeloy i keans-n yawitenakans = πηγὴ ὕδατος ἁλλομένου 永遠の命にほとばしり出る水の泉 (諸版本: ǰroy blxeloy) Jn 4,14E; iwrakʻančʻiwr okʻ i ǰēnǰ i šabatʻow očʻ? arǰakē z-ezn iwr kam z-ēš i msroy ew tani tay ǰowr お前たちの1人1人は安息日に自分の牛やロバを飼い葉桶からほどいてやり，引いて行って水を飲ませてやらないのか Lk 13,15; erkir i ǰrocʻ, ew ǰowrkʻ hastateal kan baniw-n AY, (6) vasn oroy erbemn ašxarh-s ǰrhełeław apakaneal koreaw 地は水から成り，水は神の言葉によってでき上がり，かつての世界はその水によって洪水に襲われて滅んだ 2Pe 3,5-6; es tnkecʻi, Apawłos ǰowr et, ayl AC ačecʻoycʻ 私は植え，アポロは水を注いだが，神が成長させたのだ 1Cor 3,6; etʻē carawi, ǰowr towr nma もしも

渇いているなら，彼に飲ませよ Ro 12,20.

ǰrgołim, -łec'ay【動】水腫を患っている (ὑδρωπικός)：ayr omn ēr and ǰrgołeal aṙaǰi nora 水腫を患っているある人が彼の前にいた Lk 14,2.

ǰrhełeł, -i, -ac'【名】ノアの大洪水，洪水 (κατακλυσμός Lk 17,27; Mt 24,38; κατακλύζω 2Pe 3,6)：ekn ǰrhełeł-n koroys z-amenesin 大洪水が来てすべての者を滅ぼした Lk 17,27; orpēs y-awowrs-n or yaṙaǰ k'an z-ǰrhełeł-n˙ owtein ew əmpein˙ kanays aṙnein ew aranc' linein 大洪水の前のかの時代に，人々は食らったり呑んだり，娶ったり嫁いだりしていた Mt 24,38; ašxarh-s ǰrhełeław apakaneal koreaw = ὁ τότε κόσμος ὕδατι κατακλυσθεὶς ἀπώλετο この世界は洪水に見舞われて破滅した 2Pe 3,6. → ǰowr, hełeł

ǰrhor, -oc', 単・位 ǰrhori【名】井戸 (φρέαρ)：ezn ankanic'i i ǰrhor 牛が井戸に落ちる Lk 14,5; ǰrhor-s xor ē この井戸は深い Jn 4,11; z-ays ǰrhor et mez ew ink'n asti arb 彼は私たちに井戸を与え，彼自身もこの〔井戸〕から飲んだ Jn 4,12. → ǰowr, hor

ǰroy, ǰrov, ǰroc' → ǰowr

r̄

R̄abbi; r̄abbi; M: + r̄abi【名】ラビ (ῥαββί「師」)：koč'el i mardkanē R̄abbi R̄abbi (E+M mg: or ē vardapet) 人々にラビと呼ばれること Mt 23,7; r̄abbi, or t'argmaneal koč'i vardapet, owr? en awt'evank' k'o ラビ（訳せば，先生），どこに留まっておられるか Jn 1,38. → vardapet, tēr

R̄abbowni; r̄abbowni; rabbowni【名】ラビ (ῥαββουνί [ῥαββί の強調形])：r̄abbowni, zi bac'ayc' ラビ様，〔私の目が〕見えるように〔してください〕Mk 10,51; asē c'˙na ebrayec'erēn˙ rabbowni˙ or t'argmani vardapet 彼女は彼に言う，ヘブライ語で「ラッブーニ」と．(これは「先生」という意味である) Jn 20,16.

S

-s【定冠詞】《1人称直示》この (ὁ/τό-; ὁ/τό- μου; οὗτος ὁ): zi etʻe nora grocʻ-n očʻ hawataykʻ, ziard? <u>imocʻ banicʻ-s</u> (= τοῖς ἐμοῖς ῥήμασιν) hawataycʻēkʻ あなたたちが彼の文字を信じなかったら，どうして私のこれらの言葉を信じることになるだろうか Jn 5,47; owr ew kʻarozescʻi <u>awetaran-s ays</u> (= τὸ εὐαγγέλιον [τοῦτο: Θ]) ənd amenayn ašxarh 世界中でこの福音が宣べ伝えられるところではどこでも Mk 14,9; <u>teli-s</u> (ὁ τόπος) anapat ē ew <u>žam-s</u> (ἡ ὥρα) taražameal ここは荒涼としたところで，時も晩くなった Mt 14,15; zinčʻ? ē ays <u>z-or lsem-s</u> z-kʻēn お前のことで私の耳に入って来るこの件はなにごとか Lk 16,2; es em <u>or xawsim-s</u> ənd kʻez あなたと話している私が〔それ〕だ Jn 4,26; ays owraxowtʻiwn <u>or im-s</u> ē (= ἡ ἐμή) lcʻeal ē この私の喜びは満ち溢れている Jn 3,29; <u>z-or inčʻ es-s</u> gorcem (= ὃ ἐγὼ ποιῶ), dow ayžm očʻ gites 私のしようとしていることが，あなたには今はわからない Jn 13,7; z-ays xawsecʻay ənd jez <u>minčʻ aṙ jez-s em</u> (= παρ' ὑμῖν μένων) 以上のことを，私はあなた方のもとにいる間に語ってきた Jn 14,25. → -d, -n

sa, sora, sma, smanē, sovaw; sokʻa, socʻa, sosa, socʻanē, sokʻawkʻ【代】《1人称直示・前方照応》これ，この人 (οὗτος; αὐτός; ὁ/τό-; ἐκεῖνος): o? okʻ ardewkʻ icʻē <u>sa</u> (= οὗτος) この人はいったい誰だろう Mk 1,41; očʻ <u>sa</u> (= οὗτος) ē hiwsan-n ordi? očʻ mayr <u>sora</u> (= αὐτοῦ) kočʻi Mariam? ew ełbarkʻ <u>sora</u> (= αὐτοῦ) Yakovbos ew Yovsēs ... (56) ew kʻorkʻ <u>sora</u> (= αὐτοῦ) očʻ amenekʻin aṙ mez? en ard owsti? ē <u>sma</u> (= τούτῳ) ays amenayn こいつは大工職人の息子ではないか．その母はマリヤというではないか．そしてその兄弟たちはヤコブ，ヨセスではないか．(56) またその姉妹たちもすべて俺たちのもとにいるではないか．それなら，このようなことすべてが，どこからこいつにやって来たのか Mt 13,55-56. → da, na

sabakʻtʻani; M: + sabagtʻani = σαβαχθανι「サバクタニ」(= tʻołer z-is): łama sabakʻtʻani, aysinkʻn ē ... əndēr? tʻołer z-is「ラマ・サバクタニ」，これは「なぜあなたは私を見捨てたのか」という意味である Mt 27,46; Mk 15,34 (M: sabagtʻani).

Sadowkec'i, -c'woy, -oc' 【名】《複数でのみ》サドカイ人 (Σαδδουκαῖος): yarowc'eal k'ahanayapet-n ew amenek'in or ənd nma ew aland Sadowkec'woc' 大祭司とその与党全員，サドカイ人の党派が立ち上がって Ac 5,17.

sak, -i, -ac'/-ic' 【名】数，数量 [→ sakayn, sakaw]; sak arkanem [ənd +位] …と賃金について一致（約束・同意）する (συμφωνέω): oč' dahekani mioł sak? arker ənd is = οὐχὶ δηναρίου συνεφώνησάς μοι; 君は私と1デナリオンの約束をしたではないか Mt 20,13; oroc' saki en (= ὧν ἐστιν) Himenos ew Ałēk'sandros その中にはヒュメナイオスとアレクサンドロスがいる 1Tm 1,20. → varjs arkanem

sakayn【接】《しばしば譲歩節を先行させて》しかし，それでも (δέ)，少なくとも (γέ Lk 11,8); bayc' sakayn = ὅμως μέντοι とはいうものの，それにもかかわらず Jn 12,42: sakayn ew ayn amenayn skizbn ē erkanc' しかしそれらすべては産みの苦しみの始まりである Mt 24,8 (δέ); t'epēt ew amenek'ean gayt'agłesc'en i k'ēn, sakayn es oč' gayt'agłec'ayc' 皆があなたに躓いたとしても，この私は決して躓かない Mt 26,33 (οὐδέποτε); sakayn ew aynpēs č'-ēr nman vkayowt'iwn noc'a しかしそのようにしてもなお，彼らの証言は一致しなかった Mk 14,59 (οὐδέ); et'e oč' yarowc'eal tayc'ē nma vasn barekamowt'ean-n, sakayn vasn žtowt'ean-n yarowc'eal tac'ē nma zinč' ew pitoy ic'ē 彼は〔自分が〕その人の友人であるからといって，起きてその人に〔パンを〕やるようなことはないとしても，少なくともその人が〔執拗に願えば〕その執拗さのゆえに，起きてその人に必要なものをやるだろう Lk 11,8; et'e asac'ic' jez, sakayn oč' hawatayk' もし私があなたたちに言っても，あなたたちは決して信じまい Lk 22,67 (οὐ μὴ πιστεύσητε); apa t'e gorcem, t'e ew inj oč' hawatayk', sakayn gorcoc'-n hawatac'ēk' 私が行っているなら，たとえ私の言うことを信じなくても，その業は信じよ Jn 10,38 (τοῖς ἔργοις πιστεύετε); (16) or y-anc'eal azgs-n t'oyl et amenayn het'anosac' gnal i čanaparhs iwreanc'. (17) sakayn oč ' et'ē aṙanc' vkayowt'ean z-ink'n et'oł = καίτοι οὐκ ἀμάρτυρον αὐτὸν ἀφῆκεν（神は）過ぎ去った時代には，すべての国の人々がそれぞれ自分の道を歩むままにしておいた。(17) しかし，神は自分のことを証ししなかったわけではない Ac 14,17.

sakaṙi, -ṙwoy, -ṙeac' 【名】枝編み籠 (κόφινος): barjin z-nšxar kotoroc'-n erkotasan sakaṙi li 彼らがパン屑の残りを集めると12個の枝編み籠が一杯になった Mt 14,20; k'ani? sakaṙi li barjēk' z-kotoroc'-n あなたたちはパン屑で一杯になった枝編み籠をいくつ集めたか Mk 8,19. → zambił

sakaw, -ow, -owc'; 位 -i (Mt 25,23M)【形 / 副】①少ない (ὀλίγος Mt 9,37) ↔bazowm；より少なく (ἥσσων 2Cor 12,15)；sakaw mi 少し (ὀλίγον Mk 6,31)；sakaw inč' (ほんの) 少し, 僅か (ὀλίγα Lk 10,42; βραχύ Jn 6,7; Ac 27,28; ἡλίκος Jas 3,5)；aṙ sakaw mi 僅かの間 (πρὸς ὀλίγον Jas 4,14)；yet sakaw mioy 少し間をおいて (μετὰ μικρόν Mt 26,73; Mk 14,70; μετὰ βραχύ Lk 22,58)；oč' sakaw 少なからず (οὐ μετρίως Ac 20,12), zōrowt'iwns oč' sakaws = δυνάμεις οὐ τὰς τυχούσας 並々ならぬ力ある業 Ac 19,11/oč' sakaw mardasirowt'iwn = οὐ τὴν τυχοῦσαν φιλανθρωπίαν 並々ならぬ厚意 Ac 28,2. ②sakawowk' 短く, 簡潔に (διὰ βραχέων)：①hownjk' bazowm en ew mšakk' sakaw 収穫は多いが, 働き人が少ない Mt 9,37; t'ēpēt ew y-aṙawel siroy-n z-jez sakaw siric'em 私があなた方を溢れんばかりの愛で〔愛する〕としても, 私は〔あなた方から〕ますます愛されなくなるのだろうか 2Cor 12,15; t'epēt ew iwrak'ančiwr ok' sakaw inč' aṙnowc'ow 各自がほんの少し受け取るにしても Jn 6,7; orovhetew i sakawow-d hawatarim es, i veray bazmac' kac'owc'ic' z-k'ez お前はわずかなことに忠実であるので, 多くのことをお前にまかせよう Mt 25,21 (対応 Mt 25,23 [M: ... i sakawi-d ...])；sakaw inč' (= μέρος τι) hawatac'i 私はある部分は信じた 1Cor 11,18; kac'c'ē aṙ sakaw mi žamanaks 彼には僅かな時しかないであろう Re 12,12; zi ibrew z-mrrik ēk', or aṙ sakaw mi ereweal ew apakameal あなたたちは僅かの間現われては消え行く霧のようなものである Jas 4,14; ac z-patani-n kendani, ew mxit'arec'an oč' sakaw 人々は生き返った少年を連れて帰り, 少なからず慰められた Ac 20,12; et'ē ic'ē t'iw ordwoc'-n ILI ibrew z-awaz covow, sakaw inč' mnac'ordk' mnasc'en たとえイスラエルの子らの数が海の砂のようであったとしても, 僅かに残されたものが残るであろう Ro 9,27 [Gk: 救われるであろう]；②sakawowk' grec'i aṙ jez 私はあなたたちに短く書き記した He 13,22.

sakawahawat, -i, -ic'【形】信仰心の少ない (ὀλιγόπιστος)：əndēr? vatasirtk' ēk', sakawahawatk' なぜあなたたちは臆病なのか, 信仰の薄い者たちよ Mt 8,26. → sakaw, hawatk', t'erahawat

sakawik【副】《しばしば mi や inč' と共に》少し (ὀλίγον Mk 1,19; Lk 5,3; ὀλίγος 1Tm 5,23; μικρόν Mt 26,39; μικρός Re 3,8)：ałač'eac' z-na sakawik mi tanel i nerk's i c'amak'ē-n 彼は陸から少し漕ぎ出るように彼に頼んだ Lk 5,3; sakawik mi ew gini xaṙnesjir vasn stamok'si 胃のために少しばかり葡萄酒も用いよ 1Tm 5,23; matowc'eal yaṙaj sakawik mi 少し先に行って Mt 26,39; p'okr mi ew oč' ews tesanēk' z-is˙ ew apa [ew darjeal: Jn 16,17] sakawik mi ew tesanic'ēk' z-is = μικρόν ... καὶ πάλιν μικρόν ... しばらくすると，あなた方はもはや私を看なくなり，またしばらくすると，私を見ることになる Jn 16,16.17; p'okr mi ew oč' ews tesanēk' z-is˙ ew darjeal sakawik miws ews (M: sakawik mi ew) tesanic'ēk' z-is = ... καὶ πάλιν μικρὸν καὶ ὄψεσθέ με Jn 16,19 [cf. 16,16.17]；sakawik ownis zōrowt'iwn お前には小さな力しかない Re 3,8.

saks, i saks【前】《原因・理由》…のために，…のゆえに；y-ayn saks そのために；i jer saks あなたゆえに；saks ēr? 何のために：y-or? saks (= χάριν τίνος) span z-na 彼は何のために彼を打ち殺してしまったのか 1Jn 3,12.

sahman, sahmank', -nac'【名】《単》境界；《複》地域 (τὰ ὁρία)：eleal miwsangam i sahmanac'-n Tiwrosi ew Sidovni ew ekn covezr-n Gałiłeac'woc' 彼は再びテュロスの地域から出てシドンを通ってガリラヤの海岸に来た Mk 7,31; i Bēt'łeem ew y-menayn sahmans nora ベトレヘムとその地域全体に Mt 2,16. → kołmn

sahmanagrowt'iwn, -t'ean【名】境界（画定）(ὁροθεσία)：hastateac' kargeal žamanaks ew sahmanagrowt'iwns bnakowt'ean noc'a (神は) 彼らに一定の時期と居住地の境を定めた Ac 17,26.

sahmanem, -ec'i【動】定める，決定する (ὁρίζω [→ hastatem, nkatem])；yaṙaǰagoyn sahmanem 前もって定める (προορίζω Eph 1,5)：ordi mardoy əst sahmaneloy-n (κατὰ τὸ ὡρισμένον) ert'ay 人の子は定められている通り〔死に〕赴く Lk 22,22; na ē sahmaneal-n y-AY datawor kendaneac' ew meṙeloc' 彼は生きている者と死んだ者との裁き人として神から定められた者である Ac 10,42.

saławart, -i/-oy【名】 兜 (περικεφαλαία)：aṙēk' z-saławart-n p'rkowt'ean 救いの兜を取（ってかぶ）れ Eph 6,17; zgec'c'owk' z-zrahs-n hawatoy ew z-siroy, ew dic'owk' z-saławart-n yowsoy-n p'rkowt'ean 私たちは信仰と愛との胸当てを身に着け，救いの希望という兜を被ろうではないか 1Th 5,8.

sałmos, -i, -iw; **sałmosk'**, -sac' [M: + sałmovs]【名】《単》 賛 歌 (ψαλμός)；《複》詩篇; sałmos asem 賛美する (ψάλλω)：zi ink'n Dawit' asē i girs Sałmosac' (M: sałmovsac'-n) iwroc' 実際，ダビデ自身が詩篇の書で言っている Lk 20,42; part ē lnowl amenayn greloc'-n y-awrēns Movsēsi ew i margarēs ew i sałmoss-n (M: i sałmoss) vasn im 私について，モーセの律法と預言者たちと詩篇とに書かれている一切のことは満たされねばならない Lk 24,44; sałmosiwk' ew ōrhnowt'eambk' ew ergovk' hogeworōk' ... ōrhnel i sirts jer z-AC 詩篇，賛歌，霊的な歌

sałmosem 644

をもってあなたたちの心の中に神を讃美せよ Col 3,16; anowan kʻowm saŀmos asacʻicʻ (= ψαλῶ) あなたの名に向かって讃美するだろう Ro 15,9; saŀmos asacʻicʻ hogwov, saŀmos asacʻicʻ ew mtōkʻ 私は霊によって讃美するであろう．〔しかし〕理性によってもまた私は讃美するであろう 1Cor 14,15; berkricʻi okʻ, saŀmos asascʻē うまくいっている人がいれば，讃美せよ Jas 5,13.

saŀmosem, -ecʻi【動】讃美する (ψάλλω): xōsel i sirts jer saŀmosiwkʻ ew ōrhnowtʻeambkʻ ew ergovkʻ hogeworōkʻ, ergel ew saŀmosel i sirts jer TN 詩篇，讃歌，そして霊的な歌をもってあなた方の心で語り合い，主に向かってはあなた方の心で歌い，讃美する Eph 5,19; .

samitʻ, -mtʻi [-mtʻoy/-mtʻay]【名】いのんど (ἄνηθον): tasanordēkʻ z-ananowx ew z-samitʻ ew z-čʻaman お前たちは薄荷と，いのんどと，茴香との10分の1税を払っている Mt 23,23 [対応箇所 pʻeganay].

says [< sa + -s] → sa [cf. nayn < na + -n]

sandarametakan, -i, -acʻ【形】地下の (καταχθόνιος): zi y-anown YI KʻI amenayn cownr krknescʻi erknaworacʻ ew erkraworacʻ ew sandarametakanacʻ イエス・キリストの名において天上の者，地上の者，地下の者たちのすべての膝がかがめられるために Php 2,10.

sanj【名】くつわ (χαλινός): jioy sanjs i beran dnemkʻ aṙ ansaloy nocʻa mez 馬を自分たちに従わせるために，私たちはその口にくつわをはめる Jas 3,3; ew elanēr i hncanē-n ariwn minčʻew i sanjs jioy-n, ew erkaynowtʻiwn nora hazar ew vecʻ harewr asparēs するとその酒ぶねからは血が，馬のくつわに達する〔深さに〕まで流れ出た．その長さは1600スタディオンであった Re 14,20.

sanjaharem, -ecʻi【動】くつわをつける (χαλιναγωγέω): etʻē okʻ kamicʻi krōnawor linel, ew očʻ sanjaharescʻē z-lezow iwr, ayl zbaŀecʻowcʻanicʻē z-sirt-n iwr, aynpiswoy-n vayrapar ē krōnaworowtʻiwn-n 誰かが自分の舌にくつわをはめず，自らの心を騙していながら，自分は信心深いと思っているなら，その人の信心深さは虚しい Jas 1,26; etʻē okʻ baniw očʻ yancʻanicʻē, na ē mard katareal, or karōł-n ē sanjaharem z-amenayn marmin iwr 人が言葉によって躓かないならば，その人は体全体をくつわで制御することのできる全き人だ Jas 3,2.

saṙn, -ṙin, -ṙancʻ【名】氷；水晶 (κρύσταλλος): ēr aṙaǰi atʻoṙoy-n cov apakełēn nman spitakowtʻean saṙin 玉座の前は水晶の白さに似たガラスの海だった Re 4,6.

saṙnatesak, -i, -acʻ【名】水晶のような: ecʻoycʻ inǰ makʻowr get kendani ǰroy saṙnatesak = ἔδειξέν μοι ποταμὸν ὕδατος ζωῆς λαμπρὸν ὡς κρύσταλλον〔天使は〕水晶のように輝く生ける水の澄んだ川を私に見せた Re 22,1; k'ar yaspis sar̄natesak ew kendani = ὡς λίθῳ ἰάσπιδι κρυσταλλίζοντι 水晶のごとく透明な碧玉のような石 Re 21,11.

sasanem, -ec'i【動】揺さぶる，ぐらつかせる，動揺させる；［中・受］揺れる，よろめく (σαλεύομαι): ēr ənd aǰmē immē, zi mi sasanec'ayc' 私がよろめかないように，〔主は〕私の右にいた Ac 2,25.

sasanowt'iwn, -t'ean【名】震動，動揺，ぐらつき，地震 (σεισμός, *vulg.*: terraemotus) [→ šaržowmn]: ełic'in sovk' ew sracowt'iwnk' ew sasanowt'iwnk' i tełis tełis そこかしこに飢饉や疫病や地震があるだろう Mt 24,7 [cf. Lk 21,10].

sast, -i, -ic', -iwk'【名】叱責，非難，命令 (ἐπιταγή Tt 2,15) [→ hraman]; 憤り，憤慨 (ἀγανάκτησις 2Cor 7,11): z-ayd xōseac' ew mxit'area ew yandimanea amenayn sastiwk' これらのことをあらん限りの命令調で語り，言い聞かせ，論証せよ Tt 2,15.

sastem, -ec'i【動】［＋与/i＋対］叱る，言いつける［±zi (mi)＋接・アオ］(ἐπιτιμάω; ἐπιτάσσω Lk 4,36; Mk 1,27); 激しく息巻く (ἐμβριμάομαι Mt 9,30; Mk 1,43): sastein nma bazowmk' zi lr̄esc'ē 多くの者たちが彼を叱りつけ，黙らせようとした Mk 10,48; yaynžam sasteac' ašakertac'-n zi mi owmek' asasc'en t'e na ē K'S-n それから彼は，自分がキリストであることを誰にも話さないように，弟子たちに言いつけた Mt 16,20（対応する Mk 8,30: sasteac' i nosa zi mi owmek' asic'en z-nmanē); sasteac' hołmoy-n ew xr̄ovowt'ean ǰroc'-n ew handartec'in 彼は風と水の大波とを叱りつけた．するとそれらは鎮まった Lk 8,24; zinč'? ē ban-s ays, zi išxanowt'eamb ew zawrowt'eamb sastē aysoc' płcoc' ew elanen この言葉は何だ，彼が権能と力で穢れた霊どもに言いつけると，彼らが出て行ってしまうとは Lk 4,36; et'e mełic'ē ełbayr k'o, sastea nma もしあなたの兄弟が罪を犯すならば，彼を叱れ Lk 17,3; sasteac' noc'a YS ew asē, zgoyš kac'ēk', mi ok' gitasc'ē イエスは彼らに激しく息巻いて言った，「心して，誰にも知らせるな」Mt 9,30.

sastik [-tki, -iw, -awk'; -tkac']【形】激しい，暴力的な，強い，甚大な，ひどい (βίαιος Ac 2,2; ἰσχυρός Mt 14,30; Lk 15,14; μέγας Jn 6,18; σκληρός Jas 3,4; χείρων He 10,29; σφόδρα Re 16,21);（光が）強力な，まばゆい (ἱκανός Ac 22,6) [sast, -i, -ic'「叱責，威嚇，厳しさ」]: ełew yankarcaki hnč'iwn y-erknic' ekeal ibrew sastik hołmoy 突然烈風の吹きすさぶような音響が天からやってきた Ac 2,2; teseal z-hołm-n sastik erkeaw 彼は強い風を見ると恐れた Mt 14,30; ełew sov sastik y-ašxarhi-n y-aynmik その国に大飢饉が起こった Lk 15,14; cov-n i sastik hołmoy šnč'eloy yowzēr 強風が吹いており，海は荒れていた Jn 6,18; i sastik hołmoc' varin （船は）激しい風に煽られている Jas 3,4; mec ēr harowac'n ew sastik その災害は甚大だった Re 16,21; yankarcaki y-erknic' p'aylatakeal loys sastik z-inew 突然天からまばゆい光が私の周りを照らした Ac 22,6.

sastkagoyn【形】《比》（より）激しい，暴力的な；【副】（より）激しく，ひどく (σφοδρῶς Ac 27,18): i sastkagoyn vštanaloy-n meroy 私たちは〔嵐に〕ひどく悩まされたので Ac 27,18.

sastkowt'iwn, -t'ean【名】激しさ，猛烈，乱暴；厳格さ，過酷さ，峻厳 (ἀποτομία Ro 11,22); sastkowt'eamb 厳しく，厳格に (ἀποτόμως 2Cor 13,10): ard tes z-k'ałc'rowt'iwn ew z-sastkowt'iwn AY i veray korcaneloc'-n sastkowt'iwn, ew i veray k'o k'ałc'rowt'iwn AY それゆえに，神の慈愛と峻厳とを見よ．峻厳は倒れた者たちの上に〔臨み〕，あなたの上には神の慈愛が〔臨む〕Ro 11,22. → xstagoyn

satakem, -ec'i【動】滅ぼす，絶滅させる；排除する (ἀπόλλυμι Mt 22,7 [→ korowsanem]; ἀναλίσκω Lk 9,54; ἐξολεθρεύω Ac 3,23); 殺す (ἀποκτείνω Re 6,8): satakeac' z-spanołs-n z-aynosik 彼はそれらの人殺しどもを滅ぼした Mt 22,7; kamis? zi asasc'owk' ew iĵc'ē howr y-erknic' ew satakesc'ē z-nosa あなたは，天から火が下り，彼らを焼き払うように私たちが命ずることを望むか Lk 9,54; ełic'i amenayn anjn or oč' lowic'ē margarēi-n aynmik, satakesc'i i žołovrdenē-n その預言者に聞き従わぬ者はすべて民の中から絶ち滅ぼされるだろう Ac 3,23; towaw nma išxanowt'iwn č'orrord masin ašxarhi satakel srov ew sovov ew mahowamb ew gazanōk' erkri 地上の4分の1に対して太刀と飢饉と死〔悪疫〕と地上の野獣でもって〔人間を〕殺す権能が彼に与えられた Re 6,8.

satakič', -kč'i, -č'ac'【名】滅ぼす者，死滅させる者 (ὀλοθρευτής 1Cor 10,10; ὀλοθρεύω He 11,28): orpēs omank' i noc'anē trtnĵec'in ew korean i satakč'ē anti 彼らのうちの何人かがつぶやいて，滅ぼす者によって滅んだように 1Cor 10,10; zi mi satakič'-n andrakac' merjenayc'ē i nosa 初子に死をもたらす者が自分たちの〔初子〕に触れないように He 11,28.

satakowmn, -kman【名】破滅，滅び (ὄλεθρος): matnel z-aynpisi-n satanayi i satakowmn marmnoy そのような者を肉の滅びへと至るようにサタンに引き渡す 1Cor 5,5; yoržam asic'en t'ē xałałowt'iwn ew šinowt'iwn ē, yaynžam yankarcaki hasc'ē noc'a satakowmn orpēs ew erkn yłwoy 人々が「平和だ，そして安全だ」と言う時，ちょうど胎に子

を持つ者を陣痛〔が襲う〕ように，思いがけない滅びが彼らを急襲する 1Th 5,3. → korowst

Satana(y), -ayi【名】サタン，悪魔 (διάβολος Mt 4,1; Σατανᾶς Mk 3,23)：pʻorjel i Satanayē 悪魔の試みを受けるため Mt 4,1; ziard? karē Satana z-Satanay hanel どうしてサタンがサタンを追い出せるのか Mk 3,23.

sater, -i, -acʻ【名】スタテル貨幣 (στατήρ)：gtanicʻes sater あなたは1スタテル貨幣を見つけるだろう Mt 17,27. → arcatʻi

[-**sard**「年」] → eritasard

sardion, -i【名】紅玉髄 (σάρδιον) Re 4,3. → yaspis

sarkawag, -kʻ, -ōkʻ, -owns【名】執事 (διάκονος)：noynpēs ew z-sarkawagowns parkešts 執事たちもまた同様に威厳がある〔のでなければならない〕1Tm 3,8.

sarsem, -ecʻi【動】(恐怖などで) 震える，身震いする，おののき震える (φρίσσω)：dewkʻ hawatan ew sarsen 悪魔たちは信じて震えている Jas 2,19.

sapʻor, -oy, -ocʻ【名】壺，水瓶 (στάμνος He 9,4; κεράμιον Mk 14,13; ὑδρία Jn 4,28)：sapʻor-n oski li mananayiw マナに満たされた金の壺 He 9,4; patahescʻē jez ayr mi or sapʻor ǰroy y-ows ownicʻi あなたたちは水瓶を肩に持った1人の人に出会うだろう Mk 14,13; etʻoł kin-n z-sapʻor-n iwr ew čʻogaw i kʻałakʻ-n 女は水瓶を残して町に去って行った Jn 4,28. → tʻakoyk

sgam, -acʻi/-acʻay【動】悲しむ，悲嘆にくれる (πενθέω)：sgaycʻēkʻ ew laycʻēkʻ お前たちは悲しみ泣くだろう Lk 6,25; na ertʻeal patmeacʻ aynocʻikor ənd nmay-n lieal ein‘ minčʻdeř layin ew sgayin 彼女は行って，〔かつて〕彼と共におり，〔今や〕悲嘆にくれ泣いている者たちに知らせた Mk 16,10. → sowg

sgawor, -i, -acʻ【名】悲しい：erani sgaworacʻ (= μακάριοι οἱ πενθοῦντες), zi nokʻa mxitʻarescʻin 幸いだ，悲嘆にくれる者たち，その彼らこそ慰められるであろう Mt 5,4. → sgam, sowg

sgenowm; sgowšanam; sgowšowtʻiwn → zg-

seaw【形】黒い (μέλας)：aha ji seaw 見よ，黒い馬がいる Re 6,5; aregakn ełew seaw 太陽は黒くなった Re 6,12. → tʻowx

sebastean【形】皇帝の (σεβαστός)：tayin z-Pawłos ew z-ayls omans kapeals i hariwrapet mi, orowm anown ēr Yowlios, sebastean gndi-n 人々はパウロと他の数人の囚人を，皇帝補助部隊の百人隊長ユリアスに引き渡した Ac 27,1.

sełan, -oy, -oc‘【名】①机，食卓，台；食事（τράπεζα）．②祭壇（θυσιαστήριον）：①ew šownk‘ kerakrin i p‘šranac‘ ankeloc‘ i sełanoy teaṝn iwreanc‘ 犬たちですらその主人のテーブルから落ちる食べ物にはありつく Mt 15,27; c‘ankayr yagel i p‘šranac‘ or ankanein i sełanoy mecatan-n 彼は金持ちの食卓からこぼれ落ちるもので腹を満たしたいと願っていた Lk 16,21; z-płinj hatavačaṝac‘-n c‘roweac‘ ew z-sełans-n korcaneac‘ 彼は両替屋の金をまき散らし、台をひっくり返した Jn 2,15; aceal z-nosa i town iwr, ed aṝaǰi noc‘a sełan 彼は彼らを自分の家に招じ上げ、食事を供した Ac 16,34．②et‘e matowc‘anic‘es z-patarag k‘o i veray sełanoy ew and yišic‘es t‘e ełbayr k‘o ownic‘i inč‘ xēt z-k‘ēn あなたの供え物を祭壇に捧げようとして、そこで自分の兄弟が自分に何か恨みごとがあることを思い出したなら Mt 5,23; erewec‘aw nma hreštak TN zi kayr ənd aǰmē sełanoy xnkoc‘-n 主の使いが彼に現れて香の供え物の祭壇の右側に立っていた Lk 1,11.

sełanawor, -i, -ac‘【名】両替屋（τράπεζα Lk; τραπεζίτης Mt）：əndēr? oč‘ etowr z-arcat‘-n im i sełanawors どうしてお前は私の金を両替屋に託さなかったのか Lk 19,23; part ēr k‘ez arkanel z-arcat‘-d im i sełanawors お前は私の金を両替屋に預けておくべきだった Mt 25,27.

seneak, -neki, -kac‘【名】奥の部屋，寝室；洞窟（ταμ[ι]εῖον）［→ štemarank‘］：yoržam kayc‘es y-aławt‘s, mowt i seneak k‘o ew p‘akea z-dowrs k‘o あなたが祈る時は、あなたの奥の部屋に入り、あなたの戸に鍵をせよ Mt 6,6.

senekapet, -i, -ac‘/-ic‘【名】侍従，家令（οἰκονόμος）：z-Błastos senekapet arkayi = Βλάστον τὸν ἐπὶ τοῦ κοιτῶνος τοῦ βασιλέως 王の侍従官ブラスト Ac 12,20.

sephakan, -i, -ac‘【形】特別の，特選の；žołovowrd sephakan 特別な民 [= λαὸς εἰς περιποίησιν ［神の］所有となるべき民] 1Pe 2,9; zi ... srbesc‘ē iwr žołovowrd sephakan (= λαὸν περιούσιον) naxanjawor gorcoc‘ barowt‘ean 立派な行いに熱心な特選の民を自分のものとして清めるために Tt 2,14.

seṝ【名】子孫（γένος）：es armat ew seṝ i Dawt‘ay 私はダビデの根であり子孫である Re 22,16.

[**ser**] → krtser

sermanahan, -i, -ac‘【名】種蒔く人（ὁ σπείρων）Mt 13,3 [sermanarkow, cf. Mk 4,26: sermanis arkanem]：aha el sermanahan sermanem 見よ、種蒔く人が種を蒔きに出て行った Mt 13,3.

sermanac‘an, -i, -ac‘【名】種蒔く人（ὁ σπείρων）Mt 13,18 [→ sermn, c'anem]: lowarowk' dowk' z-aṙak sermanac'ani-n あなたたちこそ種蒔く人の譬を聞け Mt 13,18.

sermanawł, -i, -ac' 【名】種蒔く人 (ὁ σπείρων) [Mk 4,14: ὁ σπείρων = or sermanē-n]: ahawasik el sermanawł (M: -n) sermanel 見よ，種蒔く人が種を蒔きに出て行った Mk 4,3. → -awł

sermanak'ał, -i, -ac' 【名】おしゃべり (σπερμολόγος): omank' asēin, zinč'? kamic'i sermanak'ał-s ays xōsel ある者たちは「このおしゃべりは一体何を言おうとしているのか」と言った Ac 17,18.

sermanem, -ec'i 【動】種を蒔く (σπείρω) [→ c'anem, varem, serm-]: i sermanel-n iwrowm ēr or ankaw aṙ čanaparahaw 彼が種を蒔いているうちに道端に落ちた種があった Mt 13,4.

sermanik', -neac' 【名】《集合》種 (σπέρματα Mt 13,32; σπόρος Mk 4,26.27): or p'ok'r ē k'an z-amenayn sermanis それはどの種よりも小さい Mt 13,32; ayr mi arkanic'ē sermanis y-erkir 1 人の人が大地に種を蒔く Mk 4,26; sermanik'-n bowsanic'in 種は芽を出す Mk 4,27.

sermn, -man, [複・主 -mownk'/-mank'], -manc' 【名】種，種子 (σπέρμα Mt 13,27; 1Jn 3,9; σπόρος Lk 8,11): oč' sermn bari? sermanec'er y-agaraki-n k'owm あなたは自分の畑には良い種を蒔いたのではなかったか Mt 13,27; sermn ban-n AY ē 種とは神の言葉だ Lk 8,11; amenayn or y-AY ē cneal, mełs oč' aṙnē, zi sermn nora i nma mnay 神から生まれた者は誰でも罪を犯さない．なぜなら神の種子がその人の中に宿っているから 1Jn 3,9.

sert, -iw 【形】固い，堅固な；誠実な，心からの，真剣な (ἐκτενής); sertiw 熱心に，たゆまず，誠実に (ἐκτενῶς): nax k'an z-amenayn sēr sert ownel ənd mimeans 何よりもまず互いに対する愛を誠実なものに保つ 1Pe 4,8; i sowrb srtē sirel sertiw z-mimeans 清い心でたゆまず互いに愛し合う 1Pe 1,22.

sertowt'iwn, -t'ean 【名】固さ，頑丈さ，耐久性: zi aṙnow elanē z-lrowt'iwn (M: z-sertowt'iwn) nora i handerjē-n それの完全さ［丈夫さ］を着物から取り去る Mt 9,16 [lrowt'iwn = πλήρωμα].

sēr, siroy, -ov 【名】①愛，愛情，愛着 (ἀγάπη; φιλία Jas 4,4; προσφιλής Php 4,8) [cf. ACasēr 'θεόφιλος', arcat'asēr 'φιλάργυρος'; sir-]; sirov əndownim = φιλοφρόνως ξενίζω 親切にもてなす Ac 28,7. ②愛餐 Jd 12.: ①sēr oč' erbēk' ankani 愛は決して倒れることがない 1Cor 13,8; sēr ənkeri iwrowm č'ar oč' aṙnē 愛は隣人に対して悪を働くことはない Ro 13,10; sēr ašxarhi-s aysorik t'šnamowt'iwn ē aṙ AC この世界への愛着は神への敵意である Jas 4,4; or inč' sirov (ē) ... xorhijik' すべて愛す

べきことを心に留めよ Php 4,8; anc'anēk' z-irawambk' ew z-sirov-n AY お前たちは裁きと神の愛とをないがしろにしている Lk 11,42; sēr-n z-or sirec'er z-is あなたが私を愛したその愛 Jn 17,26; hastatown kac'ēk' i sēr im あなた方は私の愛のうちに留まれ Jn 15,9.

st'ap'im, -p'ec'ay【動】目覚める，覚醒する（ἐκνήφω 1Cor 15,34; ἀνανήφω 2Tm 2,26）: st'apec'arowk' ardarowt'eamb ew mi mełanč'ēk' 正しく目覚めていよ，そして罪を犯すな 1Cor 15,34; st'ap'esc'in y-orogayt'ic' satanayi 彼らは悪魔の罠から（解放されて）覚醒するだろう 2Tm 2,26.

sikarean【名】刺客，暗殺者（σικάριος）: Egiptac'i-n or ... haner y-anapat č'ors hazars ars sikareans 4000人の刺客を荒野に連れ出したエジプト人 Ac 21,38.

Simovnean【名】シモンの子: asēr z-Simovnean Yowdayē Skariotac'woy = ἔλεγεν δὲ τὸν Ἰούδαν Σίμωνος Ἰσκαριώτου 彼はイスカリオテのシモンの子ユダのことを言っていた Jn 6,71.

sireli, -lwoy, leac'【形】①愛された；真正の（ἀγαπητός Mt 12,18; Mk 1,11; γνήσιος 1Tm 1,2; Tt 1,4; ἀγαπάω Eph 1,6）. ②友（φίλος）: ①aha manowk im z-or ǝntrec'i ew sireli im, ǝnd or hačec'aw anjn im 見よ，私の選んだ僕，私の愛する者，私の心にかなった者 Mt 12,18; dow es ordi im sireli, ǝnd k'ez hačec'ay お前は私の愛する子であり，お前は私の意にかなった Mk 1,11 [→ sirown]; et'e sirēk' dowk' z-sirelis jer (= εἰ ἀγαπᾶτε τοὺς ἀγαπῶντας ὑμᾶς), zinč'? šnorh ē jer もしあなたたちを愛してくれる者たちを愛したとしても，あなたたちにはどのような恵みがあるというのか Lk 6,32; Timot'eay ordwoy sirelwoy hawatovk' 信仰をもてる真正の子テモテに〔挨拶を送る〕1Tm 1,2; ②jez asem sireleac' imoc' 私は自分の友であるあなたたちに言う Lk 12,4.

sirem, -ec'i【動】愛する，[+不]…するのが好きである（ἀγαπάω; φιλέω）: patowiran nor tam jez, zi sirec'ēk' z-mimeans 新しい命令をあなた方に与える，あなた方は互いに愛し合え Jn 13,34; or sirē z-hayr kam z-mayr arawel k'an z-is, oč' ē inj aržani 私以上に父や母を愛する者は私にふさわしくない Mt 10,37; siren i žołovowrds ew y-ankiwns hraparakac' kal y-aławt's 彼らは会堂や大通りの角に立って祈るのが好きなのだ Mt 6,5; or sirē-n z-is, siresc'i i hawrē immē 私を愛する人は私の父から愛されるようになる Jn 14,21; z-Yakob sirec'i, ew z-Isaw atec'i 私はヤコブを愛した．そしてエサウを憎んだ Ro 9,13.

siroy, sirov → sēr

sirown, -k', -s【形】愛されている（ἀγαπητός）: hawatac'ealk'-n en ew sirownk' ork' z-barerarowt'iwn-n y-anjin ownic'in 善行に勤しんでいる

人々は信徒であり，〔神に〕愛されている者である 1Tm 6,2.

sirt, srti, -ic‘【名】①心臓；心；理解力（καρδία; διάνοια Eph 4,18）; srti mtōk‘ 心から，快く（μετ᾽ εὐνοίας）Eph 6,7. ②dnem i srti = τίθημι ἐν τῇ καρδίᾳ 決心する：①siresc‘es z-TR AC k‘o y-amenayn srtē k‘owmmē ew y-amenayn anjnē k‘owmmē ew y-amenayn mtac‘ k‘oc‘ お前はお前の神なる主をお前の心を尽くし，お前の命を尽くし，お前の想いを尽くして愛するだろう Mt 22,37; gitac‘ YS i y-ogi iwr t‘e aynpēs xorhin i mits iwreanc‘（= διαλογίζονται ἐν ἑαυτοῖς), ew asē˙ zi? xorhik‘ z-ayd i sirts jer（= τί ταῦτα διαλογίζεσθε ἐν ταῖς καρδίαις ὑμῶν;）イエスは，彼らがそのように思いめぐらしているのをその霊によって知り，言う，「なぜお前たちは心の中でそのようなことを思いめぐらしているのか」Mk 2,8; satanayi isk arkeal ēr i sirt zi matnesc‘ē z-na Yowda Simovni Iskariovtac‘woy 悪魔はすでにイスカリオテのシモンの子ユダの心に彼を渡そうという考えを吹き込んでいた Jn 13,2; gałnik‘ srti nora yaytni linin その人の心の隠された事柄が明らかになる 1Cor 14,25; əst xstowt‘ean k‘owm ew əst anzełǰ srti ganjes anjin k‘owm barkowt‘iwn y-awowr barkowt‘ean ew yaytnowt‘ean ardar dataworowt‘ean-n AY あなたの頑なさ，そして悔い改めのない心のゆえに，あなたは自分自身に対して，神の怒りと正しい裁きが啓示される日における神の怒りを宝物として貯め込んでいる Ro 2,5; oroc‘ xawareal en sirtk‘ iwreanc‘ 彼らの理解力は暗くなっている Eph 4,18; ②zi? ē zi edir i srti k‘owm z-irs z-ays どうしてお前はこのようなことをする気になったのか Ac 5,4; ard dik‘ i sirts jer mi yaṙaǰagoyn krt‘el taloy patasxani だからあなたたちは前もって弁明の準備などせぬよう心を決めておけ Lk 21,14. → hełgasirt, vatasirt, xstasrtowt‘iwn

siwn, sean, siwnē, seamb, seanc‘【名】柱 (στῦλος)：araric‘ z-na siwn tačari AY imoy 私はその者を私の神の神殿の柱としよう Re 3,12; otk‘ nora orpēs siwn hroy その両足は燃える火の柱のようであった Re 10,1; or karceal siwnk‘-n ēin 柱として重んじられている人たち Ga 2,9.

sxal【形】危険な (ἐπισφαλής)：sxal ews linēr naweloy-n すでに船旅は危険だった Ac 27,9.

sxalem, -ec‘i; -im, -ec‘ay【動】つまずく，道を間違える (σφάλλω)：koyr kowri yoržam aṙaǰnordē, sxalē 盲人が盲人の道案内をするなら，道に迷うだろう Mt 15,14.

skawaṙak, -i, -ac‘【名】皿，（平）鉢 (παροψίς Mt 23,25; τρύβλιον Mt 26,23; φιάλη Re 16,1.12)：srbēk‘ z-artak‘in z-bažaki-n ew z-skawaṙaki お前たちは杯と皿の外側を清める Mt 23,25; or mxeac‘ ənd is z-jeṙn iwr i skawařak-s 私と共にこの鉢の中に手を浸した者 Mt 26,23; ertʻaykʻ hełēkʻ z-ewtʻn skawařaks-d cʻasmamb-n AY y-erkir 行け，7 つの，神の憤激をもてる平鉢〔の中身〕を地上に注げ Re 16,1; vecʻerord hreštak-n eheł i skawařakē iwrmē i veray getoy meci Epʻratay 第 6 の天使が自分の平鉢〔の中身〕を大ユーフラテス河に注いだ Re 16,12. → pnak, skowtł

skem, -ecʻi【動】眼を覚ましている，眠らずに番をする（γρηγορέω Mt 24,43; ἀγρυπνέω Mk 13,33）: etʻe gitēr tanowtēr y-orowm pahow goł gay, skēr 家の主人は，何刻頃に泥棒がやって来るのかわかっていたら，眼を覚ましていただろう Mt 24,43; zgoyš ełerowkʻ skecʻēkʻ (M: hskecʻēkʻ) ew kacʻēkʻ y-aławtʻs 警戒せよ，目を覚ましておれ，そして祈れ Mk 13,33. → hskem (< h-skem), artʻown

skesowr, -sri, -racʻ【名】姑，夫の母（πενθερά）[cf. skesr-ayr「姑の夫，舅」]: bažanescʻi ... skesowr i harsnē ew harsn i skesrē (M: sksrē) iwrmē 姑は嫁から，嫁はその姑から分裂させられるだろう Lk 12,53. → zokʻančʻ

skizbn, skzban, -bownkʻ, -bancʻ【名】①初め，始まり，起源；初歩；初穂（ἀρχή Mk 1,1; Jn 1,1; He 6,1; Re 3,14; ἀπαρχή Ro 11,16). ②i skzbanē 初めから，初めに (ἀπ' ἀρχῆς; ἐν ἀρχῇ Jn 1,1; ἀπὸ καταβολῆς (κόσμου) Mt 25,34; ἄνωθεν Lk 1,3), 昔から (ἔκπαλαι 2Pe 3,5): ①skizbn awetarani YI KʻI イエス・キリストの福音の源 Mk 1,1; ayn amenayn skizbn ē erkancʻ これらはすべて産みの苦しみの始まりだ Mk 13,8; i skzbanē ēr ban-n はじめにことばがいた Jn 1,1; tʻołeal z-ban skzban-n KʻSi キリストの初歩的なことばはあとに残して He 6,1; skizbn skzban araracocʻ AY 神の被造物の初めの源 Re 3,14; etʻe skizbn sowrb ē, ew zangowac-n もしも〔麦の〕初穂が聖ければ，その練り粉もまた〔聖い〕Ro 11,16; ②žařangecʻēkʻ z-patrasteal jez arkʻayowtʻiwn i skzbanē ašxarhi あなた方のために世の開闢以来備えられていた王国を継げ Mt 25,34; erkinkʻ ełen i skzbanē 天は大昔からあった 2Pe 3,5. → sksanim

skndik, -dki【形】荒涼とした，見捨てられた（ἔρημος）: bazowm en ordikʻ skndki-d ařawel kʻan z-arambwoy-n よるべのない女の子供たちは数多く，夫をもつ女の子供たちよりも多い Ga 4,27.

skowtł, skteł, 具 sktełb【名】平皿，盆（πίναξ）(cf. Gk. σκουτέλλιον [Lat. scutella]): towr inj aysr i veray skteł z-głowx-n Yovhannow mkrtčʻi 洗礼者ヨハネの首をこのお盆に載せて私に与えよ Mt 14,8; eber z-gowx nora sktełb 彼はその首を盆に載せて運んで来た Mk 6,28.

→ pnak, skawařak

sksanim, sksay【動】[＋対/不] 開始する，始める (ἄρχομαι Mt 4,17; Ac 1,22; ἐνάρχομαι Ga 3,3; Php 1,6; ἐπιβάλλω Mk 14,72)；yařaǰagoyn sksanim 前もって始める (προενάρχομαι 2Cor 8,10)：or sksaw-n i jez z-gorcs bareacʻ katarescʻē minčʻew y-ōr-n Ysi KʻSi あなた方のうちにあって善き業を始めた方はイエス・キリストの日まで〔それらを〕完成し続けるであろう Php 1,6; y-aynm hetē sksaw kʻarozel YS そのときからイエスは宣教し始めた Mt 4,17; inkʻn YS ēr amacʻ ibrew eresnicʻ skseal イエス自身は〔活動を〕始めた時ほぼ30歳であった Lk 3,23; skseal i mkrtowtʻenē Yovhannow ヨハネの洗礼から始めて Ac 1,22; skseal hogwov 霊によって始めながら Ga 3,3; sksaw lal 彼はわっと泣き出した Mk 14,72; orkʻ očʻ miayn z-ařnel-n ayl ew z-kamel-n yařaǰagoyn sksaykʻ i herown hetē そのあなた方は昨年から実行することだけでなく欲することをも始めた 2Cor 8,10. → skizbn

sksrē (Lk 12,53M; E: skesrē) → skesowr

skt- → skowtł

słocʻem, -ecʻi【動】鋸で切る (πρίζω)：słocʻecʻan 彼らは鋸で切られた He 11,37.

sma; smanē → sa

smin → soyn

snanim, -snay, sneal【動】育つ，養われる ([ἀνα-]τεθραμμένος [:τρέφω] Lk 4,16; Ac 22,3; ἐντρεφόμενος 1Tm 4,6)：ekn i Nazaretʻ owr sneal-n ēr 彼は自分の育ったところであるナザレトにやって来た Lk 4,16; snanicʻis baniwkʻ hawatocʻ ew barwokʻ vardapetowtʻeamb-n z-oroy zhet isk ełer あなたは信仰の言葉とあなたが従ってきた立派な教えに養われるだろう 1Tm 4,6. → snowcʻanem

snaparc, -icʻ【形】うぬぼれ（虚栄心）の強い，やたら自慢する (κενόδοξος)：mi licʻowkʻ snaparckʻ 私たちは虚栄に染まらないようにしようではないか Ga 5,26.

snaparcowtʻiwn, -tʻean【名】うぬぼれ，虚栄心 (κενοδοξία)：mi inčʻ əst grgrowtʻean ew mi inčʻ əst snaparcowtʻean なにごとをも党派心によってではなく，虚栄心によってでもなく Php 2,3.

snar; snarkʻ, -ricʻ【名】（寝台の）頭部，枕元：tesanē erkows hreštaks i spitaks zi nstein mi i snaricʻ ew mi y-anoticʻ (= ... πρὸς τῇ κεφαλῇ ... πρὸς τοῖς ποσίν), owr kayr marmin-n YI イエスの体のあったところに，白衣の御使いが2人，1人は頭のところに，1人は足のところに座っているのが，彼女には見える Jn 20,12.

snoyc' → snowc'anem

snoti, -twoy, -twoc'/-teac', -wovk'/-eōk'【形】役に立たない，空虚な，無駄な；無為な (κενός; κενοφωνία 2Tm 2,16; μάταιος Tt 3,9; ματαιότης 2Pe 2,18) [→ vayrapar]；不確かな (ἀδηλότης 1Tm 6,17)：kamis gitel, ov mard snoti, zi hawatk' aranc' gorcoc' datark en 空虚な人よ，信仰が業なくしては無益であることを知りたいのか Jas 2,20; i płcoy ew i snoti xōsic' meržesJir 卑俗な無駄話は避けよ 2Tm 2,16; anōgowtk' en ew snotik' それらは無益かつ無為である Tt 3,9; mi yowsal i mecowt'iwn snoti 不確かな富に希望を置かぬように 1Tm 6,17.

snowc'anem, snowc'i, sno【動】育てる，養う，養育する，愛育する；太らせる，肥やす (τέρφω Jas 5,5; ἐκτρέφω Eph 5,29; 6,4; ἀνατρέφω Ac 7,21; τεκνοτροφέω 1Tm 5,10; θάλπω 1Th 2,7)：oč'ok' erbek' ateay z-anjn iwr, ayl snowc'anē ew darmanē z-na 自分自身を憎んだ者はいまだかつて1人もおらず，反対にそれを養い，いたわるものだ Eph 5,29; snowc'aniJik' z-nosa xratow ew owsmamb TN 彼らを主の躾けと訓示でもって養育せよ Eph 6,4; et'ē mankowns snowc'eal ic'ē もしも彼女が子を養育し終えたならば 1Tm 5,10; snowc'ēk' z-sirts jer ibrew awowr spanman あなた方は屠りの日におけるように自分の心を太らせた Jas 5,5. → snanim

sołown, -łnoy, -oc'【形】這う［もの］(ἑρπετόν)：y-orowm ēr amenayn č'ork'otanik' ew sołownk' erkri その中にはあらゆる四足動物，地を這うものがいた Ac 10,12; p'oxec'in z-p'aṙs anełci-n AY i nmanowt'iwn patkeri ełcaneli mardoy, ew t'řč'noc', ew č'ork'otaneac', ew sołnoc' 彼らは朽ちなる神の栄光を，朽ちゆく人間や鳥や四足の獣や這う生き物の像に似通ったものに変えた Ro 1,23.

soyn, sorin, smin, sovin; 複：(A) sok'in, sosin, soc'in; (B) soynk', soyns, soc'own (c')【代】《1人称直示・同一性 → -s》これと同じ［人・もの・こと］：ays ē aṙaJin patowiran. (31) ew erkrord nman smin (= ὁμοία αὐτῇ [ταύτῃ: D] (私がいま言った) これが第1の掟である. (31) そして第2［の掟］もこれと同じだ Mk 12,30-31; mecamecs ews k'an z-soyns (= μείζονα τούτων) c'owc'anē nma z-gorcs [M: -n], ənd or dowk'-d zarmanyk' (父は) これらのことよりももっと大いなる，あなた方が驚く業を彼に見せる Jn 5,20. → doyn, noyn, -s

soynpēs【副】《1人称直示》このように (οὕτως)：zi hołm owr kami šnč'ē ew z-jayn nora lses, ayl oč' gites owsti gay kam yo ert'ay. soynpēs ew amenayn cneal-n i hogwoy-n 風は吹きたいところに吹き，あなたはその音を聞く．しかし，それがどこから来てどこへ行くのかは

あなたにはわからない．霊から生まれている人は皆このようである Jn 3,8; orpēs vkayec'er vasn im y-EM, soynpēs part ē k'ez ew i Hr̄ovm vkayel エルサレムで私のことを証ししたように，あなたはローマでも証ししなければならない Ac 23,11. → noynpēs, doynpēs, -s

sosa → sa

sov, -oy, -ov, i sovi; -ow【名】飢饉 (λιμός)：ełew sov mec ənd amenayn erkir 大飢饉が全地を襲った Lk 4,25; ełic'in šaržmownk'i telis telis, sovk' ew sracowt'iwnk' ew xr̄ovowt'iwnk' そこかしこに地震があるだろう，飢饉と疫病と騒擾があるだろう Mk 13,8.

sovamah, -i, -ac'【形】飢饉で死ぬ：es ast sovamah kornč'im = ...λιμῷ ἀπόλλυμαι 私はここで飢饉で死に絶えようとしている Lk 15,17. → mah

sovor, -i, -ic'【形】慣習の，習慣の，日常の (εἴωθα Mt 27,15; Mk 10,1; ἔθος He 10,25)：əst tawni sovor ēr datawor-n arjakel žołovrdean-n kapeal mi z-or kamein 総督は祭りのたびに群衆の望む囚人を1人，彼らに釈放するのを慣習にしていた Mt 27,15; orpēs sovor en omank' ある人たちの習慣になっているように He 10,25; orpēs sovor ēr miwsangam owsowc'anēr z-nosa いつものように再び彼らを教え続けた Mk 10,1; sksaw ... xndrel orpēs sovor ēr (= καθὼς [D: + ἀεὶ] ἐποίει αὐτοῖς) · zi arjakesc'ē noc'a z-Barabbay-n 彼らは，いつものように彼らにバラバを釈放してくれるように願い始めた Mk 15,8.

sovorowt'iwn, -t'ean【名】慣習，習慣，しきたり (συνήθεια Jn 18,39; κατὰ τὸ ἔθος Lk 2,42; 22,39; κατὰ τὸ εἰωθός Lk 4,16; κατὰ τὸ εἰθισμένον [: ἐθίζω] Lk 2,27): bayc' ē jer sovorowt'iwn zi z-mi ok' arjakec'ic' jez i zatiks 過越祭にあたって，私がお前たちのために1人を釈放するという慣例がお前たちにある Jn 18,39; y-elanel noc'a y-ĒM əst sovorowt'ean tawni-n 彼らが祭りの慣習に従って上京した時に Lk 2,42; emowt əst sovorowt'ean iwrowm y-awowr-n šabat'owc' i žołovowrd-n 彼は自分の習慣に従って安息日に会堂に入った Lk 4,16; ar̄nel noc'a əst sovorowt'ean awrinac'-n 彼らが律法の慣習に従って〔献納を〕行うために Lk 2,27.

sora, soc'a → sa

sowg, sgoy, -oc'【名】悲しみ (πένθος Jas 4,9) [→ sg-am, sg-a-wor]; sowg ar̄nowm/ar̄nem [vasn+属]/ownim (Mk 2,19M のみ) = πενθέω 悲しむ：mi et'e mart' inč? ic'ē mankanc' ar̄agasti sowg ar̄nowl minč' p'esay-n ənd nosa ic'ē (πενθεῖν [D: νηστεύειν]) 新婚の部屋の子らは，花婿が一緒にいる間は，悲しむことができるであろうか Mt 9,15; mi et'e martʻ? inčʻ icʻē ordwocʻ ařagasti sowg ařnowl minčʻ ənd nosa pʻesay-n parhel (=νηστεύειν; M: ... ařagasti sowg ownel minčʻ pʻesay-n ənd nosa icʻē [Mt 9,15 への調和化] 新婚の部屋の子らは，花婿が一緒にいる間は，断食できるであろうか Mk 2,19; sowg ařnowcʻowm vasn bazmacʻ yařaǰagoyn mełowcʻelocʻ 以前に罪を犯してしまった多くの者たちを私は悲しむだろう 2Cor 12,21; vasn erkiwłi tanǰanacʻ kʻocʻ lalov ew sowg ařnelov お前の苦しみに恐れをなして，泣きまた悲しみながら Re 18,15.

sowser, -i, -acʻ [M: <-ovkʻ>, <-awkʻ>/okʻ/の異字]【名】剣 (μάχαιρα)：ankcʻin i sowr sowseri 彼らは剣の刃にかかるだろう Lk 21,24; or očʻ-n ownicʻi, vačařescʻē z-jorjs iwr ew gnescʻē iwr sowser 持たざる者は，自分の上着を売り払ってでも自分の剣を買うがよかろう Lk 22,36; ibrew i veray awazaki elēkʻ sowserawkʻ ew brawkʻ ownel z-is お前たちは強盗に向かうかのように，剣や棒を持って私を捕えに出て来た Mt 26,55; Mk 14,43 (M: sowserovkʻ ew brovkʻ); Lk 22,52 (M: sowserovkʻ ew brawkʻ).　→ sowr

sowt; sowt, stoy, -ocʻ【形】偽りの，偽の；sowt ařnem 偽りにする (ψεύδομαι Jas 3,14);【名】虚偽 (ψεῦδος)，嘘つき (ψεύστης) ↔stoyg：yoržam xawsicʻi sowt, y-iwrocʻ anti xawsi, zi sowt ē ew hayr nora 彼が嘘を語る時には，自分に属するものから語る．彼は嘘つきであり，嘘の父親だからだ Jn 8,44. —sowt＋名詞/動詞 = Gk. ψευδο- 複合語：ψευδάδελφος = sowt ełbayr 偽兄弟 2Cor 11,26; ψευδαπόστολος = sowt ařakʻeal 偽使徒 2Cor 11,13; ψευδοδιδάσκαλος = sowt vardapet 偽教師 2Pe 2,1; ψευδομαρτυρέω = sowt vkayem 偽証する Mk 14,56; ψευδομαρτυρία = sowt vkayowtʻiwn 偽証 Mt 26,59; ψευδόμαρτυς = sowt vkay 偽証者 Mt 26,60; ψευδοπροφήτης = sowt margarē 偽預言者 Mt 24,11; ψευδόχριστος = sowt kʻristos Mt 24,24：bazowmkʻ sowt vkayowtʻiwn vkayein z-nmanē, ew nman mimeancʻ očʻ ein vkayowtʻiwnkʻ-n 多くの者が偽って彼に不利な証言をしたが，それらの証言は互いに一致しなかった Mk 14,56; xndrein sowt vkayowtʻiwn z-YĒ, zi spananicʻen z-na 彼らはイエスを殺そうとして，彼に不利な偽証を探していた Mt 26,59; očʻ gtanein i bazmacʻ sowt vkayicʻ-n matowcʻelocʻ 多くの偽証者がやって来たが，彼らには見つからなかった Mt 26,60; bazowm sowt margarēkʻ yaricʻen ew z-bazowms molorecʻowscʻen 多くの偽預言者が起き上がり，多くの者を惑わすだろう Mt 24,11.

sowr, sroy, sowrkʻ, srovkʻ【名】剣，太刀 (μάχαιρα; ῥομφαία Lk 2,35; Re

2,12; 6,8)［→ sowser; Solta: sowr「鋭い」, srem「(刃物を) 研ぐ」］; jgem sowr, hanem z-sowr 剣を抜く；darjowcʻanem z-sowr, arkanem z-sowr 剣を (鞘に) 収める：ew ənd kʻo isk anjn ancʻcʻē sowr あなたの魂そのものをも太刀が刺し貫くであろう Lk 2,35; mi omn ... jgeacʻ z-jeŕn ew ehan z-sowr iwr 1人が手を伸ばして自分の剣を抜いた Mt 26,51; darjo z-sowr kʻo i tełi iwr˙ zi amenekʻean or sowr ařnowcʻown srov ankanicʻin あなたの剣をもとのところに収めよ．剣を取る者すべて剣で滅びるからだ Mt 26,52; arkʻ z-sowr-d andrēn i pateans iwr 剣を鞘にしまえ Jn 18,11; ekn ənd nma ambox bazowm srovkʻ (M: srawkʻ [/-okʻ/] ew brawkʻ 彼と共に大勢の群衆が剣と棒を持ってやって来た Mt 26,47 [→ sowser]; or owni z-sowr-n erksayri sreal 鋭い両刃の太刀を持っている人 Re 2,12; satakel srov ew sovov ew mahowamb 太刀と飢饉と悪疫によって殺す Re 6,8. —aprecʻan i beranoy sroy = ἔφυγον στόματα μαχαίρης 彼らは剣の刃を逃れた He 11,34; ankcʻin i sowr sowseri = πεσοῦνται στόματι μαχαίρης 彼らは剣の刃にかかるだろう Lk 21,24 [→ beran].

sowrb, srboy, -ocʻ【形】①清潔な，清い；貞潔な，純潔な；純真な (καθαρός Mt 23,26; Lk 11,41; Jn 13,10; ἁγνός Tt 2,5; Jas 3,17); [i+奪] …について責任がない (καθαρός Ac 20,26 [→ kʻawem]). ②聖なる (ἅγιος; ἱερός 2Tm 3,15; ὅσιος Ac 2,27; Re 15,4); hogi-n sowrb [属 hogwoy-n srboy] = ἅγιον πνεῦμα, τὸ ἅγιον τὸ πνεῦμα 聖霊；sowrb linim 聖なるものとなる (ἁγιάζω Mt 6,9). ③sowrb ařnem 清める，聖別する (ἁγιάζω 1Th 5,23)：①zi linicʻi ew artakʻin-n nocʻa sowrb それらの外も清くなるために Mt 23,26; ałē z-aržan-n isk towkʻ ołormowtʻiwn, ew aha amenayn sowrb ē jer とはいえ，内にあるものを慈善に施せ，そうすれば見よ，あなたたちにはすべてが清いようになる Lk 11,41; sowrb em y-arenē amenecʻown いかなる者の血についても私には責任がない Ac 20,26; ②əst srboy-n or kočʻeacʻ z-jez, ew dowkʻ sowrbkʻ y-amenayn gnacʻs jer liniǰikʻ. (16) vasn oroy greal ē, etʻē ełerowkʻ sowrb zi es sowrb em あなた方を召された聖なる方を基準にして，あなた方もすべての振る舞いにおいて聖なるものとなれ．(16) 私が聖なるものであるから，あなた方は聖なるものであれ，と書かれているゆえに 1Pe 1,15-16; i mankowtʻenē z-girs sowrbs gites あなたは幼時から聖書に慣れ親しんでいる 2Tm 3,15; zi očʻ tʻołcʻes z-anjn im i džoxs, ew očʻ tacʻes srboy kʻowm tesanel z-apakanowtʻiwn あなたは私の命を黄泉に棄ておくことはなく，あなたの聖者を朽ち果てさせることもないであろうから Ac 2,27; sowrb ełicʻi anown kʻo あなたの名が聖なるものとされるように Mt 6,9;

sok'a

bazowm marmink' nnǰec'eloc' srboc' yarean 眠っていた聖人たちの多くの体が起こされた Mt 27,52; orpēs xawsec'aw beranov srboc' (M: beranawk' srbovk') or yawitenic' margarēk'-n nora ein = καθὼς ἐλάλησεν διὰ στόματος τῶν ἁγίων ἀπ᾽ αἰῶνος προφητῶν αὐτοῦ 永久よりその聖なる預言者らの口を通して語られたように Lk 1,70; ③ink'n AC xałałowt'ean sowrbs arasc'ē z-jez hamōrēns 平和の神自身があなた方を完全な者として清めてくれるように 1Th 5,23.

sok'a → sa

sč'arim [E + M] → zč'arim

spananem, spani, span 【動】殺す, 打ち殺す, 屠る, 死刑にする (ἀποκτείνω; διαχειρίζομαι Ac 5,30; ἀπάγω Ac 12,19; θύω Jn 10,10; κατασφάζω Lk 19,27; πατάσσω Ac 7,24; φονεύω Mt 5,21; θανατόω Ro 8,13; ἀναιρέω Lk 22,2; νεκρόω Col 3,5; σφάζω 1Jn 3,12) [→ kotorem]: nok'a owt'owtasank'-n y-oroc' veray ankaw aštarak-n i Siłovam ew span z-nosa シロアムの塔が倒れて命を落としたあの18人の者たち Lk 13,4; kamēr z-na spananel, bayc' erknč'ēr i žołovrdenē anti 彼は彼を殺したいと思っていたが，群衆を恐れていた Mt 14,5; k'anzi span z-t'šnamowt'iwn y-anjin iwrowm なぜなら彼は自分において敵意を抹殺したから Eph 2,16; AC harc'-n meroc' yaroyc' z-YS z-or dowk'-n spanēr kaxeal z-p'aytē 私たちの先祖たちの神は，あなたたちが木にかけて殺したイエスを起こした Ac 5,30; harc'eal z-pahapans-n hramayeac' spananel 彼らは番兵たちを取り調べ，彼らを死刑に処するように命じた Ac 12,19; goł oč' gay et'e oč' zi gołasc'i ew spanc'ē ew korowsc'ē 盗人が来るのは，盗み，屠り，滅ぼすためにほかならぬ Jn 10,10; acēk' aysr ew spanēk' aṙaǰi im 彼らをここ引き出せ，そして私の面前で斬り殺せ Lk 19,27; spaneal z-Egiptac'i-n エジプト人を打ち殺して Ac 7,24; or spananic'ē, partakan lic'i datastani 殺す者は裁きに会う Mt 5,21; et'ē hogwov z-gorcs marmnoy spananic'ēk', kec'ǰik' もしもあなた方が霊によって体の行為を殺すなら，あなた方は生きるであろう Ro 8,13; xndrein … t'e orpēs spananic'en z-na 彼らはどのようにして彼を片付けようかと謀っていた Lk 22,2; spanēk' aysowhetew z-andams jer z-erknawors だから地上に属するあなたたちの肢体を死に至らしめよ Col 3,6; ənd xṙovič's-n oroc' i xṙovel-n <u>ayr mi spaneal ēr</u> = … φόνον πεποιήκεισαν 反乱を起こして殺人を犯した叛徒たちと共に Mk 15,7;

spand, -ic' 【名】屠殺 (σφαγή): hamarec'ak' ibrew z-oč'xar i spand 私たちは屠られる羊のごとくにみなされた Ro 8,36. → spanowmn

spandanoc', -i, -ac' 【名】屠殺場, 食肉市場 (μάκελλον): amenayn inč' or i spandanoc'i vačaṙi, kerayk' 市場で売られているものはすべて食べよ 1Cor 10,25.　→ -anoc'

spanoł, -i, -ac' 【名】人殺し，殺人者 (φονεύς Mt 22,7; ἀναιρέω Ac 22,20)：satakeac' z-spanołs-n z-aynosik 彼はそれらの人殺しどもを滅ぼした Mt 22,7; pahēi z-handerjs spanołac'-n nora 私は彼を殺した人々の上着の番をしていた Ac 22,20.　→ -awł, span-anem

spanowt'iwn, -t'ean 【名】殺人，殺意 (φόνος)：or ēr vasn xṙovowt'ean irik' ełeloy i k'ałak'i-n ew spanowt'ean mteal i band この男は都で起きたある反乱と殺人のかどで獄に投じられていた者である Lk 23,19.

spanowmn, -nman, -nmamb 【名】殺害 (ἀναίρεσις Ac 8,1; φόνος Ac 9,1; He 11,37); awr spanman 屠りの日 (ἡμέρα σφαγῆς Jas 5,5)：Sawłos ēr kamakic' spanman nora サウロは彼の殺害に賛成していた Ac 8,1; isk Sawłos takawin lc'eal spaṙnaleōk' ew spanmamb ašakertac'-n TN さてサウロはなおも主の弟子たちを脅迫し，殺害しようと意気込んでいた Ac 9,1; spanmamb sroy meṙan 彼らは剣で殺された He 11,37.

spaṙ 〈i spaṙ の形で〉完全に，最後まで，ついに；絶えず (εἰς τέλος)：or hamberic'ē i spaṙ, na kec'c'ē 最後まで耐え抜く者，その者こそ救われるだろう Mt 10,22; zi mi i spaṙ ekeal t'axanjic'ē z-is 彼女が絶えずやって来て私をさいなむことがないように Lk 18,5; i spaṙ sireac' z-nosa 彼は彼らを極みまで愛した Jn 13,1; k'anzi haseal ē i veray noc'a barkowt'iwn minč'ew i spaṙ なぜなら〔神の〕怒りはついに彼らの上に臨んだ 1Th 2,16.

spaṙazinowt'iwn, -t'ean 【名】全武具 (πανοπλία)：et'e hzawragoyn k'an z-na i veray ekeal yałt'esc'ē nma, z-spaṙazinowt'iwn-n nora hanē (M: aṙnow) y-or yowsac'eal ēr ew zawar nora bašxesc'ē 彼よりも強いものが襲って来て，彼に勝つならば，彼が頼みとしていたその武具をその強い者は奪い取り，自分の戦利品を〔その仲間に〕分かち与えるだろう Lk 11,22; zgec'arowk' z-spaṙazinowt'iwn AY zi karōl liniǰik' kal ənddēm hnaric' satanayi 悪魔の策略に対抗して立つことができるように，神の武具を身につけよ Eph 6,11.　→ spaṙ, zēn, zinowor

spaṙem, -ec'i 【動】費やす，終える (δαπανάω Lk 15,14; τελέω Mt 10,23) [→ spaṙ]; Lk 16,9M: -rim (金が) なくなる，尽きる：ibrew spaṙeac' z-amenayn, ełew sov sastik y-ašxarhi-n y-aynmik 彼がすべてを費やした時，その国に大飢饉が起こった Lk 15,14; oč' spaṙesǰik' z-k'ałak's IŁI minč'ew ekec'ē ordi mardoy 人の子が来る前に，あなたたちがイスラエルの町々を回り終えることはないだろう Mt 10,23; yoržam pakasic'ē (M: spaṙec'i [: -esc'i]) ayn それがなくなる時 Lk 16,9 (ὅταν ἐκλίπῃ; E:

pakasem).

spaṙnalikʻ, -leacʻ【名】脅迫 (ἀπειλή) [→ patowhas]：hayeacʻ i spaṙnalis nocʻa 彼らの脅迫を見よ Ac 4,29; čʻarčʻareal ew očʻ pahēr spaṙnalis 彼は苦しめられても脅すことをしなかった 1Pe 2,23.

spaṙnam, -acʻay【動】威す，脅迫する (ἀπειλέω Ac 4,17; προσαπειλέομαι Ac 4,21)：spaṙnascʻowkʻ nocʻa mi ews xawsel y-anown-n y-ayn, mi owmekʻ i mardkanē この名によって誰にも語ってはならないと威してやろうではないか Ac 4,17; nokʻa spaṙnacʻeal arjakecʻin z-nosa 彼らは彼らをさらに威した上で釈放した Ac 4,21.

spas, -ow, -owcʻ【名】①給仕 (διακονία Lk 10,40a; διακονέω Lk 10,40b); i spasow kam 給仕する (διακονέω Jn 12,2) → paštem. ②華麗な行列，威儀，盛装 (φαντασία Ac 25,23)：①Martʻa zbałeal ēr i bazowm spasow マルタは多くの給仕に忙殺されていた Lk 10,40a; očʻ? inčʻ ē pʻoytʻ kʻez zi kʻoyr-d im miayn etʻoł z-is i spasow 私の姉妹が私を放っておいて，私だけに給仕させているのをなんとも思わないのか Lk 10,40b; ②i vałiw andr ibrew ekn Agrippas ew Berinikē bazowm ew ereweli spasowkʻ = ... μετὰ πολλῆς φαντασίας 翌日，アグリッパとベルニケが華麗な装いをこらして到着した時 Ac 25,23.

spasawor, -i, -acʻ【名】①仕える者，奉仕者，下役，従者；側近 (ὑπηρέτης; λειτουργός Ro 13,6; προσκαρτερέω Ac 10,7; διάκονος Ro 13,4). ②執事 (διάκονος Ro 16,1) [→ paštawneay]：①es em i miĵi jerowm ibrew spasawor この私は仕える者としてあなたたちの間にいる Lk 22,27; isk gownd-n ew hazarapet-n ew spasaworkʻ hrēicʻ-n kalan z-YS ew kapecʻin 一隊の兵士と千人隊長，およびユダヤたちのもとにある下役たちはイエスを捕えて縛った Jn 18,12; AY spasaworkʻ en i noyn kanxealkʻ 彼らは神に仕える者としてまさにそのことに専念している Ro 13,6; kočʻeacʻ erkows i caṙayicʻ-n ew zinowor mi barepaštōn i spasaworacʻ-n iwrocʻ 彼は2人の家隷と，側近の中から敬虔な1人の兵卒を呼んだ Ac 10,7; ②y-anjn aṙnem jez z-Pʻibē z-kʻoyr mer, or ē spasawor ekełecʻwoy-n Kenkʻracʻwocʻ 私はあなた方に，ケンクレアイの教会の執事である私たちの姉妹フォイベを推薦する Ro 16,1.

spasaworowtʻiwn, -tʻean【名】奉仕，務め；献金 (διακονία; λειτουργία Php 2,30)：zi lcʻcʻē z-jer pakasowtʻiwn imoy spasaworowtʻean 彼は私に対するあなた方の献金の不足分を満たすために Php 2,30.

spasem, -ecʻi【動】[+与] ①待つ，待望する，希望する (ἀπεκδέχομαι Ro 8,19; προσδέχομαι; προσδοκάω 2Pe 3,13; ἐλπίζω 1Pe 1,13; περιμένω

Ac 1,4). ②待ち伏せる，うかがう，つけ狙う；保護する（παρατηρέω Mk 3,2; συντηρέω Mk 6,20; ἐνεδρεύω Lk 11,54）：①zi aknkalowt'iwn araracoc' yaytnowt'ean odwoy-n AY spasē 被造物の切なる思いは神の子の現出を待望している Ro 8,19; noroy erknic' ew noroy erkri əst aweteac'-n hayec'eal spasemk', y-ors ardarowt'iwn-n bnakē 私たちは約束に従って，義の宿る新しい諸天と新しい地を待ち望んでいる 2Pe 3,13; spasel aweteanc'-n hōr z-or lowarowk'-n y-inēn あなたたちが私から聞いた父の約束を待つ Ac 1,4; ②spasein nma et'e bžškic'ē z-na i šabat'own 人々は彼が安息日にその人を癒すかどうかうかがっていた Mk 3,2; Hērovdēs erknč'ēr i Yovhannē ... ew spasēr nma ヘロデはヨハネを恐れ，彼を保護した Mk 6,20; spasel orsal inč' bans i beranoy nora zi č'araxawsic'en z-nmanē 彼を訴えるために彼の言葉尻を何か捕えようとつけ狙う Lk 11,54; ew apa spasec'in ew aṙak'ec'in dawačans kełcaworeals z-anjins aṙ ardars ownel それから彼らは，〔状況を〕うかがいながら，自ら義人であるふりをする間諜どもを遣わした Lk 20,20.

spitak, -i, -ac'【形】①白い（λευκός）［→ t'owx］. ②きらびやかな，輝く，華美な（λαμπρός Lk 23,11）：①oč' kares maz mi spitak aṙnel kam t'owx あなたは1本の髪の毛すら白くも黒くもできない Mt 5,36; handerjk' nora ełen spitak ibrew z-loys 彼の衣は光のように白くなった Mt 17,2; glowx nora ew herk'-n ibrew z-asr spitak 彼の髪の毛は白い羊毛のように白かった Re 1,14; tesanē erkows hreštaks i spitaks zi nstein ... 白衣の御使いが2人座っているのが彼女に見える Jn 20,12; ②ark z-novaw handerjs spitaks 彼は彼にけばけばしい衣をはおらせた Lk 23,11.

spitakanam, -kac'ay【動】白くなる：tesēk' z-artoray-n (M: -rays-n) zi spitakac'eal en (λευκαί εἰσιν) ew i hownjs haseal あなた方は，畑が白くなって刈り入れの機が熟しているのを見よ Jn 4,35.

spitakec'owc'anem; M: spitakac'owc'anem, -owc'i【動】白くする（λευκαίνω）：spitak yoyž, orpēs t'ap'ič'k' erkri oč' karen aynpēs spitakec'owc'anem (spitakac'owc'anel) それは地上の布晒し屋が決して白くできないようなみごとな白色だった Mk 9,3; lowac'in z-arkanelis iwreanc' ew spitakec'owc'in areamb gaṙin-n 彼らは彼らの衣を子羊の血で洗って白くした Re 7,14.

spowng［M: spownk; 属 spowngi/spngi/spngoy］【名】海綿（σπόγγος）：aṙ spowng li k'ac'axov 彼は海綿を取って酢で満たした Mt 27,48; elic' spowng mi k'ac'axov ew hareal y-ełegn tayr əmpel nma 彼は海綿を酢で一杯にしてから，葦につけ，彼に飲まそうとした Mk 15,36; noc'a spowng lc'eal k'ac'axov ənd łełwoy šowrǰ edeal z-mštkaw zovpayi 彼ら は酢をたっぷり含ませた海綿をヒソプの束に巻きつけて Jn 19,29b.

sprdem, -ec'i【動】① ［他］いつのまにか入り込ませる，ひそかに持ち込む (παρεισάγω). ② ［自］［mtanem を後続させて］忍び込む，こっそりと入り込む (παρεισέρχομαι Ga; παρεισδύω Jd)：①ork' sprdealk' mowcanen herjowacs korstean 彼らは滅びの異端をひそかに持ち込む 2Pe 2,1; ②ork' sprdec'in mtanel gitel z-azatowt'iwn-n mer 彼らは私たちの自由を探知しようと入り込んだ Ga 2,4; sprdec'in mtin omank' ある人たちがこっそりと入り込んで来た Jd 4.

sprdoł, -ac'【形】忍び込んだ，潜り込んだ (παρείσακτος)：vasn sprdołac' sowt ełbarc'-n 忍び込んで来た偽兄弟たちを通して Ga 2,4.

staban【形】偽りを言う (ψευδολόγος) 1Tm 4,2. → sowt, ban [cf. staxōs「偽りを言う」(sowt, xawsem)].

stahak, -ac'【形】手に負えない，乱暴な，無秩序な (ἄτακτος 1Th 5,14); stahaks gnam = ἀτάκτως περιπατέω 放縦怠惰な生活をする 2Th 3,6：ałač'em z-jez, ełbark', xratec'ēk' z-stahaks 兄弟たちよ，私はあなたがたに懇願する，規律なき者たちを訓戒せよ 1Th 5,14.

stahakem, -ec'i【動】服従を拒む，反抗する；怠惰な生活をする (ἀτακτέω)：oč' erbek' stahakec'ak' aṙ jez ... gorceak' vasn č'-canranaloy owmek' i jenǰ 私たちはあなた方のもとで怠惰な生活を送ることは決してなかったし，あなた方の誰一人にも負担をかけまいと働いた 2Th 3,7-8.

stahakowt'iwn, -t'ean【名】規則に従わないこと，無秩序なこと；stahakowt'eamb gnam = ἀτάκτως περιπατέω 放縦怠惰な生活をする 2Th 3,11.

stambak, -i, -ac'【形】(取立ての) 厳しい，苛酷な (αὐστηρός)：erknč'ei i k'ēn, zi ayr stambak es, baṙnas z-or oč' edir, ew hnjes z-or oč' sermanec'er 私はあなたが恐ろしかった．というのも，あなたは苛酷な方だから．あなたは預けなかったものを取り立て，蒔かなかったところから刈り取る方だ Lk 19,21.

stamok's, -i【名】胃 (στόμαχος)：sakawik mi ew gini xaṙnesǰik' vasn stamok'si 胃のために葡萄酒を少しばかり混ぜよ 1Tm 5,23.

stanam, -stac'ay【動】手に入れる，獲得する；買う，購入する (κτάομαι Mt 10,9; Lk 21,19; ὠνέομαι Ac 7,16)：mi stanayk' oski ew mi arcat' ew mi płinj i gawtis jer あなたたちの帯の中には金貨も銀貨も銅貨も入れるな Mt 10,9; hamberowt'eamb jerov stasǰik' z-ogis jer あなたたちは自分の不屈さによって自分の命を手に入れよ Lk 21,19; edan y-ayri-n z-or stac'aw Abraham gnoc' arcat'oy y-ordwoc'-n Emovray i Siwk'ēm 彼ら

は，アブラハムがいくらかの銀を払ってシケムでハモルの子らから買っておいた墓に葬られた Ac 7,16.

stac'owac, -oy; **stac'owack'**, -coc' 【名】①資産，財産，土地 (κτῆμα) [→ stanam]. ②被造物 (κτίσμα Jas 1,18)：①zi ownēr stac'owacs bazowms 彼はたくさんの資産を持っていた Mt 19,22; z-stac'owacs ew z-inč's vačarēin 彼らは土地や持ち物を売った Ac 2,45; tam tasanords y-amenayn stac'owacoc' imoc' = ἀποδεκατῶ πάντα ὅσα κτῶμαι 私は私の全財産から10分の1税を払っている Lk 18,12; ②linel mez ptowł inč' stac'owacoc' nora 私たちが彼の被造物の初穂となるために Jas 1,18.

stgtanem → əstgtanem

stean- → stin

stełcanem, -łci 【動】造る (πλάσσω)：Adam nax stełcaw, ew apa Ewa アダムが最初に造られ，次にエバが〔造られた〕1Tm 2,13.

stełcič', -cči, -čac' 【名】創造者，造る人 (πλάσσω Ro 9,20) [→ stełcowac]：mit'ē asic'ē? stełcowac-n c'-stełcič'-n (= μὴ ἐρεῖ τὸ πλάσμα τῷ πλάσαντι), t'ē əndēr aydpēs ararer z-is 造られたものが造った人に対して，なぜあなたは私をこのように造ったのか，と言うだろうか Ro 9,20.

stełcowac, -oy, -oc' 【名】創造物，造られたもの (πλάσμα Ro 9,20) [→ stełcič']；制度 (κτίσις 1Pe 2,13)：hnazand lerowk' amenayn mardkełēn stełcowacoy vasn TN 人間的な制度にはすべて主ゆえに服従せよ 1Pe 2,13.

stem, -ec'i 【動】[+与] 嘘を言う，偽る，欺く (ψεύδομαι Ac 5,4; ψευδής Re 2,2)：oč' stec'er mardkan ayl AY お前は人々を欺いたのではなく，神を欺いた Ac 5,4. → sowt

sterdowmn, -man, -mownk', -manc' 【名】偽証する者 (ἐπίορκος)：i veray ardaroc' ōrēnk' oč' kan, ayl i veray anōrinac' ... sterdmanc' 律法は正しい者のためにあるのではなく，無法な者や偽証する者たちのためにある 1Tm 1,9-10. → sowt, erdowmn

stew, stewoy 【名】(動物の) 毛 (θρίξ); stew owłtow = τρίχες (複) καμήλου らくだの毛：ink'n Yovhannēs ownēr handerj i stewo (M: -woy) owłtow ヨハネ自身はらくだの毛ごろもから作られた着物を着ていた Mt 3,4. → maz

stēp 【副】①熱心に (ἐκτενῶς Ac 12,5; σπουδαίως Lk 7,4); 注意深く，丹念に (ἐπιμελῶς Lk 15,8). ②stēp kam たゆまずやり通す，専念する (προσκαρτερέω). ③しばしば (πυκνά Lk 5,33; πυκνότερον Ac 24,26). ―【形】しばしば起こる，度重なる (πυκνός 1Tm 5,23)：①ałōt'k' stēp linēin y-ekełec'woy-n vasn nora ař AC 教会では彼のために熱心に祈り

が捧げられていた Ac 12,5; oč' ... xndric'ē stēp minč'ew gtanic'ē 彼女は見つけるまで丹念に探さないだろうか Lk 15,8; ②ałōt'ic' stēp kac'ēk' 祈りに専念せよ Ro 12,12; ③əndēr? ašakertk'-n Yovhannow pahen stēp ew xndrowacs ařnen なぜヨハネの弟子たちはしばしば断食し、祈願を行ずるのか Lk 5,33 [対応箇所 Mt 9,14: yačax]; stēp koč'ec'eal z-na xōsēr ənd nma 彼はたびたび彼を呼び出して話合いをしていた Ac 24,26. —sakawik mi ew gini xařnesjik' vasn stamok'si ew stēp hiwandowt'eanc' 胃のために、そして度重なる病気のために小量の葡萄酒も混ぜよ 1Tm 5,23.

stin, stean, stenē, stink', steanc' 【名】 胸、乳房 ($\sigma\tau\tilde{\eta}\theta o\varsigma$ Re 15,6; $\mu\alpha\sigma\tau\acute{o}\varsigma$ Lk 11,27; Re 1,13): gōteworealk' ein ař steambk' iwreanc' gōtis oskełēns 彼らは胸に金の帯を締めていた Re 15,6; erani ē orovayni-n or kreac' z-k'ez ew steanc'-n or diec'owc'in z-k'ez 幸いだ、あなたを宿した胎とあなたに乳を与えた乳房とは Lk 11,27. → lanĵk'

stindiac' → stndiac'

stintow → stntow

stipem, -ec'i 【動】①強いる、強要する ($\dot{\alpha}\nu\alpha\gamma\kappa\acute{\alpha}\zeta\omega$) [→ břnadatem]; 迫る ($\dot{\epsilon}\pi\acute{\iota}\kappa\epsilon\iota\mu\alpha\iota$ Lk 23,23; $\dot{\epsilon}\phi\acute{\iota}\sigma\tau\alpha\mu\alpha\iota$ Ac 28,2); [受] 駆り立てる、追い立てる ($\sigma\nu\nu\acute{\epsilon}\chi o\mu\alpha\iota$ Ac 18,5). ②捕える ($\sigma\nu\nu\acute{\epsilon}\chi\omega$): ①stipeac' vałvałaki z-ašakerts-n mtanel i naw 彼はすぐに弟子たちを強いて船に乗り込ませた Mt 14,22; et'ē dow or hreay-d es het'anosabar oč' hreabar keas, ziard? stipes het'anosac' linel hrearēn もしもあなたがユダヤ人でありながら異邦人のように生き、ユダヤ人のように生きているのでないなら、どうしてあなたは異邦人たちにユダヤ人となることを強要するのか Ga 2,14; stipein mecajayn ew xndrein z-na i xač' hanel 彼らは大声をあげて押し迫り、彼を十字架につけるように要求した Lk 23,23; vasn anjrewi-n or stipēr ew vasn c'rtoy-n 降り出した雨と寒さをしのぐために Ac 28,2; ②sēr K'I stipē z-mez キリストの愛が私たちを捕えている 2Cor 5,14; stipēr hogwov-n Pawłos パウロは霊に駆り立てられた Ac 18,5. → stēp

stndiac', -diec'ac'; M: stndiac'i, st(i)ndiac'woc' 【名】 乳飲み子 (oἱ $\theta\eta\lambda\acute{\alpha}\zeta o\nu\tau\epsilon\varsigma$): i beranoy tłayoc' ew stndiec'ac' (M: stindiac'woc') katarec'er z-awhrnowt'iwn 嬰児と乳飲み子の口によってあなたは讃美を備えた Mt 21,16. → stin, diem, diec'owc'anem

stntow [M: stintow], -ac' 【名】 乳を与える女 ($\dot{\eta}$ $\theta\eta\lambda\acute{\alpha}\zeta o\upsilon\sigma\alpha$ [D: $\theta\eta\lambda\alpha\zeta o\mu\acute{\epsilon}\nu\eta$]) [stn-tow (: tam, etow)]: vay ic'ē yłeac'-n ew stntowac' (M: stintowac'-n) 禍いだ、身重になっている女たちと乳飲み子を持つ女

たちは Mk 13,17; Lk 21,23; Mt 24,19 (M: stindiac'-n [= stndiac'-n]).
→ stin

stoman [M: stowman], -i, -ac' 【名】甕、壷 (ξέστης)：mkrtowt'iwns bažakac' ew stomanac' (M: stowmanac') ew płnjeac' ew mahčac' 杯や壷や銅の器や寝台を水に浸して洗うこと Mk 7,4.

stoyg, stowgi, -gac' 【形】正確な、確かな、真理の、真の (ἀσφαλής Ac 21,34; ὄντως 1Tm 5,3; ἀληθής Tt 1,13) [↔sowt]. —【副】本当に (ἐπ' ἀληθείας Lk 22,59); 正確に (ἀκριβῶς 1Th 5,2); ようやく、やっと (ὀλίγως 2Pe 2,18)：oč' karac' gitel z-stoyg-n vasn amboxi-n 彼は騒々しくて正確なことが分らなかった Ac 21,34; ard zi? t'šnami imn ełē jez, zi z-stoyg-n xōsec'ay (= ἀληθεύων) かくして私は、真理を語ったことで、なぜあなた方の敵になってしまったのか Ga 4,16; z-ayris patowea or stoyg ayrik'-n ic'en 寡婦を優遇せよ、ただし真の寡婦である者を 1Tm 5,3; —stoyg ew sa ənd nma 本当にこの男もあいつと共にいた Lk 22,59; aynosik or stoyg-n p'axč'ic'in やっとのことで逃れてくる者たち 2Pe 2,18.

Stoyikean 【形】ストア派の (Στοϊκός) Ac 17,18.

storin, -rnoy, -oc' 【形】より低い (κατώτερος)：ēj nax i storin kołm erkri 彼はまず地のより低いところへ降った Eph 4,9.

stowgagoyns 【副】より精密（詳細）に (ἀκριβέστερον)：yapałeac' z-nosa P'elik's, zi stowgagoyns gitēr vasn čanaparhi-n フェリクスはこの道のことにかなり精通していたので、彼らに裁判の延期を言い渡した Ac 24,22.

stowgem, -ec'i 【動】①詳しく聞く（探る）、聞き知る、わかる (ἀκριβόω Mt 2,7.16; γινώσκω Mk 15,45; ἐξετάζω Mt 2,8 [cf. harc'anem, Jn 21,12]; πυνθάνομαι Ac 23,34). ②見通しをつける、見きわめる (ἀφοράω Php 2,23)：①yaynžam Hērovdēs gałt koč'eac' z-mogs-n ew stowgeac' i noc'anē z-žamanak astełn erewloy その時ヘロデは占星学者たちをひそかに呼んで、彼らから星の現れた時期について詳しく聞いた Mt 2,7; əst žamanaki-n z-or stowgeac' i mogowc'-n 彼が占星学者たちから詳しく聞いた時期に基づいて Mt 2,16; gnac'ēk' stowgec'ēk' vasn mankan-n お前たちは行ってその幼子のことを詳しく探ってくれ Mt 2,8; stowgeal et'ē i Kilikeay ē 彼がキリキア〔州〕出身であることがわかると Ac 23,34; ②z-sa aknownim arjakel, orpēs noyn hetayn z-anjnē stowgec'ic' 私はこの者を、私の事情に見通しが立ち次第、すぐに派遣したいと望んでいる Php 2,23.

stowgowt'iwn, -t'ean 【名】確実さ、確信；詳細；真理 (ἀλήθεια Ro

9,1）；純粋さ，純真さ（εἰλικρίνεια 1Cor 5,8; 2Cor 1,12）［→ hastatowtʻiwn］: asacʻ z-amenayn irs-n stowgowtʻeamb = εἶπεν αὐτῷ πᾶσαν τὴν ἀλήθειαν ［v.l. αἰτίαν］彼女は一切の事柄を詳細に語った Mk 5,33; y-anxmor stowgowtʻean ew čšmartowtʻean パン種の入っていない純粋さと真理のパンで 1Cor 5,8; srbowtʻeamb ew stowgowtʻeamb AY 神から与えられた純真さと純粋さをもって 2Cor 1,12.

stower, -i, -acʻ/-icʻ【名】影（ἀποσκίασμα Jas 1,17; σκιά Col 2,17）; stowerkʻ mahow = σκιά θανάτου 死の陰: y-orowm čʻikʻ pʻopʻoxowmn ew kam šrǰeloy stower 彼のもとには移り変りも運行によって生じる影も存在しない Jas 1,17; or en stowerkʻ handerjelocʻ-n, ayl marmin KʻS ē これらは来たるべきものの影であり，実体はキリストなのだ Col 2,17; orocʻ nstein y-ašxarhi-n ew stowers mahowˑ loys cageacʻ nocʻa 死の地方，死の陰に座する者たち，その者たちに光がのぼった Mt 4,16; orocʻ i xawari ew i stowers mahow nstein 暗黒と死の陰とに座する者たち Lk 1,79. → hovani

stowtʻiwn, -tʻean【名】偽り，虚偽，虚言（ψεῦδος 1Jn 2,21; ψεῦσμα Ro 3,7): amenayn stowtʻiwn očʻ ē i čšmartowtʻenē あらゆる偽りは真理から出たものではない 1Jn 2,21; etʻē čšmartowtʻiwn-n AY y-imowm stowtʻean-n aṙawelaw i pʻaṙs nora もしも神の真理が私の偽りにおいて満ち溢れ出て神の栄光へと至ったのだとするならば Ro 3,7. → sowt

stowman ［M］ → stoman

sracowtʻiwn, -tʻean【名】ペスト，疫病（λοιμός）: šaržmownkʻ mecameckʻ ew i telis telis sovkʻ ew sracowtʻiwnkʻ 大地震，そこかしこに飢饉と疫病もあるだろう Lk 21,11.

srah, -i, -icʻ【名】①前（中）庭，館（αὐλή）。②柱廊，回廊（στοά）: ①žołovecʻan … i srah kʻahanayapeti-n 彼らは大祭司の館に集まった Mt 26,3; Petros zhet nora ertʻayr bacʻagoyn minčʻew i srah kʻahanayapeti-n ペトロは遠くから彼の後について行き，大祭司〔邸〕の中庭にまでやって来た Mt 26,58; ②hing srah 5つの回廊 Jh 5,2; srǰer YS i tačari-n srahi-n Sałomovni イエスは神殿〔境内〕でソロモンの柱廊を歩いていた Jn 10,22. → gawitʻ

srbem, -ecʻi【動】①きれいにする，掃き清める，拭く（καθαρίζω; διακαθαίρω Lk 3,17; διακαθαρίζω Mt 3,12; ἐκμάσσω Jn 13,5 ［→ makʻrem, jnǰem］）;（枝を）刈り込む，剪定する（καθαίρω Jn 15,2). ②清める（καθαρίζω Mt 8,2; Ac 10,15; ἁγνίζω Jn 11,55; 1Jn 3,3); srbem i bacʻ ［＋対］…を除いて清める（ἐκκαθαίρω 1Cor 5,7). ③聖別する（ἁγιάζω）: ①srbea nax z-nerkʻin bažaki-n ew z-skawaṙaki-n お前

はまず杯と皿の内を清めよ Mt 23,25; oroy hecanocʻ-n i jeṙin iwrowm, srbel z-kal iwr 彼は脱穀場を掃き清めるためにその箕を手に持っている Lk 3,17; srbēr łenčekaw-n z-or spʻaceal ēr 彼は巻きつけた手ぬぐいで〔足を〕拭いた Jn 13,5; amenayn or berē ptowł, srbē z-na 実を結ぶものはすべて，彼がこれを刈り込もうとしている Jn 15,2; ②etʻe kamis, karoł es z-is srbel あなたが望むなら，私を清めることができる Mt 8,2; z-or AC srbeacʻ dow mi płcer 神が清めたものを，あなたが不浄にしてはならない Ac 10,15; bazowmkʻ elin y-ĒM ... zi srbescʻen z-anjins iwreancʻ 多くの人が身を清めようとエルサレムにのぼった Jn 11,55; srbē z-anjn iwr orpēs ew nayn sowrb ē あの方が清い方であるのと同じように，彼は自分を清める 1Jn 3,3; srbecʻēkʻ i bacʻ z-hin xmor-n 古いパン種は除いて清めよ 1Cor 5,7; ③i veray nocʻa es sowrb aṙnem z-anjn im, zi ełicʻin ew nokʻa srbealkʻ čšmartowtʻeamb 彼らのために私は私自身を聖別しようとしている．彼らも真理のうちに聖別されている者であるように Jn 17,19; or srbelocʻ-n ē srbescʻi = ὁ ἅγιος ἁγιασθήτω ἔτι 聖なる者は聖化され続けよ Re 22,11.

srbowtʻiwn, -tʻean [→ srbem, sowrb]【名】①聖なること，聖性；清さ，純潔，純真さ，純粋さ (καθαρότης He 9,13; ἁγιωσύνη 1Th 3,13; ἁγιότης He 12,10; ὁσιότης Lk 1,75; ἁγνεία 1Tm 4,12; ἁγνότης 2Cor 6,6; ἁπλότης 2Cor 1,12); 清廉潔白さ (ἀφθορία Tt 2,7); 威厳 (σεμνότης 1Tm 2,2); 聖なる祝福 (τὰ ὅσια Ac 13,34); srbowtʻeamb 純粋に，敬虔に (ἁγνῶς Php 1,17; ὁσίως 1Th 2,10). ②清め，聖別 (καθαρισμός Jn 3,25; ἁγνισμός Ac 21,26; ἁγιασμός He 12,14). ③聖なるもの，聖所 (ἅγιον Mt 7,7; He 9,1; ἅγια He 9,24): ①etʻē ariwn cʻlowcʻ-n ew noxazacʻ ew moxir ernǰocʻ-n cʻaneal z-płceals-n srbēr aṙ i marmnoy srbowtʻenē 雄牛や山羊の血，そして注ぎかけられる雌牛の灰が，穢れてしまった人々を聖とし，肉の清さをもたらすとすれば He 9,13; hastatel z-sirts jer anarats i srbowtʻiwn aṙaǰi AY 〔主が〕あなた方の心を強固なものにして下さり，神の前で〔その心を〕聖さにおいて責められるところのないようにして下さるように 1Th 3,13; aṙ i əndowneloy z-srbowtʻiwn nora その聖性に与らせるために He 12,19; srbowtʻeamb ew ardarowtʻeamb aṙaǰi nora 純潔と義によって彼の前で Lk 1,75; ōrinak liniǰir hawatacʻelocʻ, baniwkʻ, gnacʻiwkʻ, sirov, hawatovkʻ, srbowtʻeamb あなたは言葉，身の処し方，愛，信仰，純真性をもって信徒たちの模範となれ 1Tm 4,12; tacʻ kʻez z-srbowtʻiwns-n Dawtʻi z-hawatarims 私はダビデに約束した確かな聖なる祝福をあなたに与える Ac 13,34; dowkʻ inkʻnin vkayēkʻ ew AC, orpēs srbowtʻeamb ew ardarowt'eamb ew anbcowt'eamb jez hawatac'eloc'-d ełeak' 私たちが，いかに敬虔に，そして義しく，そして責められることのない仕方で，あなた方信ずる者たちに対して事をなしたか，その証人はあなた方自身であり，また神である 1Th 2,10; ②ełew xndir y-ašakertac'-n Yovhannow ənd hrei vasn srbowt'ean ヨハネの弟子たちの中で，1人のユダヤ人との間に清めについて論争が起こった Jn 3,25; yayt arnel z-katarowmn awowrc'-n srbowt'ean 清めの期間の終りを告げる Ac 21,26; z-xałałowt'ean zhet ert'ayk' ənd mimeans ew z-srbowt'ean, aranc' oroy oč' ok' tesanic'ē z-TR 互いとの平和を，また聖別〔された生活〕を追い求めよ。これがなくては誰も主を見ることがないであろう He 12,14; ③mi tayk' z-srbowt'iwn šanc' 聖なるものを犬どもにやるな Mt 7,7; zi oč' et'ē i jer̄ agorc srbowt'iwns-n emowt K'S なぜならばキリストは手で造られた聖所に入ったのではないからだ He 9,24; srbowt'iwn srbowt'eanc' = ἅγια ἁγίω 至聖所 He 9,3.

srem, -ec'i 【動】研ぐ，鋭利にする；sreal 鋭い (ὀξύς): or owni z-sowr-n erksayri sreal 鋭利な諸刃の太刀を持つ者 Re 2,12; i jer̄in iwrowm owner gerandi sreal 彼は手に鋭い鎌を持っていた Re 14,14; i beranoy nora elanēr sowr sreal 彼の口からは鋭い太刀が出ていた Re 19,15. → sowr

sroy, srovk' (srawk') → sowr

srownk', -nic' 【名】脚，すね，くるぶし (σφυδρόν): hastatec'an barjk' nora ew srownk' 彼の足とくるぶしが強くされた Ac 3,7.

srskem, -ec'i 【動】（水などを）ふりかける，まく，注ぐ (ῥαντίζω) [→ c'anem]: ibrew patmec'an amenayn patowirank' ōrinac'-n i Movsisē žołovrdean-n, ar̄eal z-ariwn c'lowc'-n ew noxazac'-n, Jrov ew brdov karmrov ew zopayiw, z-ktakaranōk'-n isk ew z-amenayn žołovrdeamb-n srskeac' すべての律法の戒めがモーセにより民に語られると，〔モーセは〕水と赤い羊毛およびヒソプとともに，子牛と山羊の血をとり，契約の書と民全員とに注ぎかけた He 9,19.

srtagēt 【形】心を知っている (καρδιογνώστης): dow TR srtagēt amenayni すべての人の心を知っている主 Ac 1,24. → sirt

srti, -ic', -iw → sirt

srtmtowt'iwn, -t'ean 【名】激情，激怒，憤激 (θυμός) Ro 2,8; 2Cor 12,20. → barkowt'iwn, c'asowmn

sp'acaneli, -lwoy, -leac' 【名】上っぱり，外套 (ἐπενδύτης): arkaw z-iwrew z-sp'acaneli-n 彼は外套を着込んだ Jn 21,7.

sp'acanim, -cay 【動】腰に巻きつける (διαζώννυμι): ar̄eal łenčak (M:

łenǰeak) mi spʻacaw 彼は手ぬぐいを取って腰に巻きつけた Jn 13,4; ew srbēr łenčekaw-n (M: łenǰekov-n) z-or spʻaceal (M: -n) ēr 彼は巻きつけた手ぬぐいで拭いた Jn 13,5.

spʻiṙkʻ【名】《複のみ》ディアスポラ (διασπορά) [spʻiṙ「散らばった, 離散した」 → spʻṙem]: mi tʻe i spʻiṙs hetʻanosacʻ ertʻaycʻē ew owsowsanicʻē z-hetʻanoss 彼はまさかギリシア人の〔間に分散している〕ディアスポラへ行って，ギリシア人を教えようとしているのではあるまい Jn 7,35.

spʻiwṙ【形】散らされた，離散した；ディアスポラ (διασπορά) [Olsen, Noun, p.207f.]: Yakovbos Astowcoy ew TN-n YSi KʻSi caṙay erkotasan azgacʻ-d or i spʻiwṙ-d ēkʻ ołǰoyn 神と主イエス・キリストとの僕ヤコブがディアスポラにいるあなたたち12部族に挨拶する Jas 1,1; Petros aṙakʻeal Yisowsi KSi, əntrelocʻ nždehicʻ or i spʻiwṙs Pontacʻwocʻ, Gałatacʻwocʻ, ew Kapadovkecʻwocʻ, ew Asiacʻwocʻ, ew Biwtʻanacʻwocʻ イエス・キリストの使徒ペトロが，ポントス，ガラテヤ，カッパドキア，アシアおよびビテュニアのディアスポラに仮住まいしている選ばれた人たちに〔挨拶を送る〕1Pe 1,1. → spʻiṙkʻ

[**spʻiwrid**, -i, -acʻ]【名】籠 (σπυρίς/σφυρίς) [zambił に対して Mk 8,8E.mg: armaveni spʻiwrid].

spʻopʻowtʻiwn, -tʻean【名】励まし (παραμύθιον): etʻē spʻopʻowtʻiwn siroy もしも愛の励ましがあるならば Php 2,1.

spʻṙem, -ecʻi【動】散らす，撒き散らす (σκορπίζω 2Cor 9,9; διασκορπίζω Mt 25,24) [→ spʻiṙkʻ]; 注ぐ (ἐκχέω Ac 2,33; Ro 5,5): spʻṙeacʻ ew et tnankacʻ 彼は散らして，貧しい者たちに与えた 2Cor 9,9; žołoves owsti očʻ spʻṙecʻer あなたは散らさなかったところから集める Mt 25,24; spʻṙeacʻ z-ays z-or dowkʻ isk ew tesanēkʻ ew lsēkʻ 彼はあなたたちが見もし聞いてもいるこの（聖霊）を注いだ Ac 2,33; sēr-n AY spʻṙeal ē i sirts mer 神の愛は私たちの心に注がれている Ro 5,5.

skʻančʻanam, -čʻacʻay【動】驚く，仰天する，呆気に取られる (ἐκπλήσσομαι Lk 2,48; ἐξίστημι Ac 2,7.12): ibrew tesin z-na skʻančʻacʻan 彼らは彼を見て仰天した Lk 2,48; skʻančʻanayin amenekʻean ew zarmanayin 彼らは驚き怪しんだ Ac 2,7.

skʻančʻeli, -lwoy; **skʻančʻelikʻ**, -leacʻ【形】驚くべき，驚異的な，不思議な (θαυμάσιος Mt 21,15; θαυμαστός Mt 21,42; Jn 9,30; Re 15,3); skʻančʻeli linim 感嘆の的とされる (θαυμάζομαι 2Th 1,10): ibrew tesin kʻahanayapetkʻ-n ew dpirkʻ-n skʻančʻelis-n z-or arar 祭司長たちと律法学者たちが彼のなした驚くべき業を見た時 Mt 21,15; i-TĒ ełew ays, ew ē skʻančʻeli y-ačʻs mer これは主の側から生じたことで，私たちの目には驚きである Mt 21,42; ayd isk en skʻančʻelikʻ まさに次のことこそが不思議なのだ Jn 9,30; mecamec ew skʻančʻeli en gorckʻ kʻo あなたの業は偉大で驚くべきものだ Re 15,3.

skʻołem, -ecʻi【動】（頭を）覆う (κατακαλύπτομαι)：etʻē očʻ skʻołscʻi kin もしも女性が覆いをしないのならば 1Cor 11,6.

V

vazem, -ecʻi【動】跳ぶ，はねる，跳びかかる (ἐφάλλομαι Ac 19,16)； artakʻs vazem 跳び出す (ἐκπηδάω Ac 14,14)；i ver vazem 躍り上がる (ἐξάλλομαι Ac 3,8)：vazeacʻ ayr-n y-orowm ēr ays-n čʻar 悪霊に憑かれていた男は〔彼らに〕跳びかかった Ac 19,16; patařeal z-handerjs iwreancʻ artakʻs vazecʻin y-amboxē-n 彼らは衣服を引き裂いて群衆から跳び出した Ac 14,14; i ver vazeacʻ ew sksaw gnal 躍り上がって歩き回り始めた Ac 3,8;

vazvazem, -ecʻi【動】躍り上がる (ἅλλομαι)：emowt ənd nosa i tačar-n, gnayr ew vazvazēr ew ōrhnēr z-AC 彼は神殿に入って行った，歩き回り，躍り上がり，神を賛美しながら Ac 3,8; vazvazēr ew gnayr 彼は躍り上がって歩き出した Ac 14,10.

vatʻsnamean, -meni, -icʻ【形】60代の [cf. vatʻsnameay【形】「60歳の」]：ayri ... or čʻ-icʻē pakas i vatʻsnamenicʻ = χήρα ... μὴ ἔλαττον ἐτῶν ἑξήκοντα γεγονυῖα 満60歳を下回らない寡婦 1Tm 5,9. → vatʻsown, am² (-emean [-em-ean])

vatʻsnawor, -i, -acʻ【形】60倍をもたらす (ἑξήκοντα) Mt 13,8. → hariwrawor

vatʻsown, -snicʻ【数】《基数》60 (ἑξήκοντα)：i geawł mi or heři ēr y-EMē hariwr ew vatʻsown asparisaw エルサレムから160スタディオン離れたある村へ Lk 24,13.

vaxačanescʻi [M], **vaxanescʻi** [M] → vaxčanim

vaxčan, -i, -acʻ【名】（この世の・支配の）終り，終極，死 (τέλος; συντέλεια Mt 24,3; τελευτή Mt 2,15; τὰ ἔσχατα 2Pe 2,20)：zinčʻ nšan icʻē kʻoroy galstean-n ew vaxčani ašxarhi-s あなたの来臨とこの世の終りと

の徴は何だろうか Mt 24,3; tʻagaworowtʻean nora vaxčan mi licʻi 彼の支配には終りがないであろう Lk 1,33; and ēr minčʻew cʻ-vaxčan Hērovdi ヘロデが死ぬまで彼はそこに留まっていた Mt 2,15; haseal ē vaxčan = ἀπέχει τὸ τέλος 終りが到来した Mk 14,41; zi vaxčan nocʻa mah ē それらの終極は死である Ro 6,21; yowsam tʻē minčʻew i vaxčan giticʻēkʻ 私は，あなた方が完全に理解してくれるように希望する 2Cor 1,13.

vaxčanim, -neay【動】死ぬ，絶え入る（τελευτάω）; mahow vaxčanim = θανάτῳ τελευτάω 必ず死ぬ; vaxčaneal ē = τέλος ἔχει 終りを迎える (Mk 3,26): cařay čʻaračʻar hiwandacʻeal merj ēr vaxčanel 僕が重い病気にかかって，絶え入ろうとしていた Lk 7,2; i vaxačanel-n Hērovdi ヘロデが死んだ後 Mt 2,19; dowstr im ard ews vaxčanecʻaw 私の娘がたった今死んだ Mt 9,18; or bambasē z-hayr kam z-mayr mahow vaxčanescʻi (M: mahow vaxanescʻi [正しくは vaxačanescʻi]) 父や母を呪う者は必ず死ぬべし Mt 15,4; etʻe satana i veray anjin iwroy yareaw ew bažaneal icʻē, očʻ karē kal ayl vaxčaneal ē もしサタンが自らに敵対して立ち上がり，分裂してしまうなら，立ち行くことができず，終りを迎えてしまう Mk 3,26.

vah【間】《嘲笑的な驚き・皮肉を表して》おやおや，へぇー (οὐά [οὐάι = vay]): vahʻ or kʻakeir z-tačar-n ew z-eris awowrs šineir z-na [Mk: 欠如] ˙ aprecʻo z-kʻez [Mk: z-anjn kʻo] へぇー，神殿を壊して 3 日後に建てるお方よ．自分を救ってみろ Mt 27,40; Mk 15,29.

vahan, -i, -acʻ【名】盾 (θυρεός): arēkʻ z-vahan-n hawatocʻ あなたたちは信仰の盾をつかみ取れ Eph 6,16.

val【副】早く；aynčʻapʻ val そんなに早く，すでに: Piłatos zarmacʻaw tʻe aynčʻapʻ val (= ἤδη) meřaw ew kočʻeal ař inkʻn z-hariwrapet eharcʻ z-na ew asē, tʻe ardarew aynčʻapʻ val (= πάλαι [ἤδη D.Θ]) meřaw? ピラトゥスは，イエスがそんなに早く死んでしまったかと驚き，百人隊長を呼んで彼が本当にそんなに早く死んでしまったかどうか，尋ねた Mk 15,44. → valvalaki

valakʻaĭ [/valkʻaĭ, val kʻaĭ]【副】朝早く；valakʻaĭ ənd ařawat-n = ὄρθρου βαθέως 朝早く，未明に Lk 24,1.

valgoyn [/valagoyn]【副】《比》より速く，すみやかに (ταχύ Mt 5,25; τάχιον Jn 20,4): ler irawaxorh ənd awsoxi kʻowm valgoyn あなたを訴える者とすみやかに和解せよ Mt 5,25; miws ašakert-n yařaĭeacʻ əntʻacʻaw valgoyn kʻan z-Petros もう 1 人の弟子はペトロよりも速く先に走った Jn 20,4. → -agoyn

valiw, -łowi【名】① あす，明日 (αὔριον Mt 6,34; 1Cor 15,32)

vałow 672

[↔aysawr]; vałiw-n = ἡ αὔριον 翌日. ②i vałiw andr 翌日= τῇ ἐπαύριον Jn 1,29/ἐπὶ τὴν αὔριον Lk 10,35/τῇ ἑξῆς Ac 21,1/τῇ ἐπιούσῃ Ac 21,18; i vałiw-n = ἐν τῷ ἑξῆς Lk 7,11：①mi aysowhetew hogaycʻēkʻ vasn vałowiˑ zi vałiw-n vasn iwr hogascʻi だから明日のことを思い煩うな．なぜなら，明日は明日自身が思い煩ってくれる Mt 6,34; kericʻowkʻ arbcʻowkʻ, kʻanzi vałiw mer̄animkʻ われわれは食べ，飲もうではないか．なぜならば，われわれは明日死ぬのだから 1Cor 15,32; ②i vałiw andr i Hr̄ovdon〔私たちは〕翌日ロドス島へ〔着いた〕Ac 21,1; i vałiw andr tesanē z-YS zi gayr ar̄ na その翌日，彼はイエスが自分の方へ来るのを目にする Jn 1,29; i vałiw andr emowt Pawłos ənd mez ar̄ Yakovos 翌日，パウロは私たちと一緒にヤコブのもとに行った Ac 21,18.

vałow; vałowcʻ【副】すでに，以前は；vałowcʻ ews とっくに (πάλαι Mt 11,21; Lk 10,13); i vałowcʻ hetē 以前から，初めから (ἄνωθεν Ac 26,5)：etʻe i Tiwros ew i Sidovn ełeal ein zawrowtʻiwnkʻn or ełen i jez, vałowcʻ (M: vałow) ews ardewkʻ ... apašxareal ēr もしお前たちの中で生じた力ある業がテュロスとシドンで生じたなら，彼らはとっくに悔い改めていただろう Lk 10,13.

vałvałaki【副】すぐに，直ちに，速やかに；早く，急いで；近く，間もなく (εὐθύς Mk 1,29; εὐθέως Mt 24,29; Lk 17,7; ἐξαυτῆς Mk 6,25; ταχύ Jn 11,29; Re 2,16; ταχέως Ga 1,6; Php 2,19; ταχινός 2Pe 1,14; τάχιον Jn 13,27; ἐν τάχει Lk 18,8; Ac 22,18; Re 22,6; ὡς τάχιστα Ac 17,15; παραχρῆμα Lk 4,39) [vał-vał-aki: Schmitt, Grammatik des Klass.-Arm., p. 212; → vał]：vałvałaki eleal i žołovrdenē-n すぐに会堂から出て Mk 1,29; vałvałaki yet nełowtʻean awowrcʻ-n aynocʻik, aregakn xawarescʻi それらの日々の患難の後，すぐさま，太陽は陰るだろう Mt 24,29; vałvałaki tʻe ancʻ bazmeacʻ (M: ancʻ vałvałaki bazmeacʻ) すぐにこちらに来て〔食事の席に〕横になれ Lk 17,7; apa tʻē očʻ, gam vałvałaki ew paterazmecʻaycʻ ənd nosa srov beranoy imoy さもなければ，私は瞬く間に行って，太刀のように鋭い私の口でもって彼らと戦うであろう Re 2,16; yowsam i TR YS, z-Timotʻēos vałvałaki arjakel ar̄ jez 私は，早くテモテをあなた方のところに派遣できるようにと，主イエスにあって望んでいる Php 2,19; vałvałaki ē linelocʻ merkanal y-inēn marmnoy-s 近くこの体が私から取り去られるだろう 2Pe 1,14; zinčʻ ar̄nelocʻ-n es ara vałvałaki しようとしていることを早くしてしまえ Jn 13,27; ascʻē vrēžxndrowtʻiwn nocʻa vałvałaki (神は) 速やかに彼らを擁護するだろう Lk 18,8; z-or linelocʻ ē vałvałaki すぐにも起こるはずのこと Re 22,6; ew vałvałaki yareaw, ew paštēr z-nosa そこで彼女はたち

どころに起き上がって，彼らに仕え始めた Lk 4,39. → aṛžamayn, noynžamayn

vačaṛ, -i, -ac'【名】商売 (ἐμπορία Mt; ἐμπόριον Jn)：nok'a yowłac'eal gnac'in omn y-agarak iwrʿ ew omn i vačaṛ iwr 彼らは意に介さず，ある者は自分の畑に，ある者は自分の商売に出かけて行った Mt 22,4; mi aṛnēk' z-town hawr imoy town vačaṛi 私の父の家を商売の家にするのはやめろ Jn 2,16. → aławnevačaṛ, hatavačaṛ, šahavačaṛ

vačaṛakan, -i, -ac'【名】商人 (ἔμπορος Mt 13,45; Re 18,3; πωλέω Mt 25,9; Mk 11,15; καπηλεύω 2Cor 2,17)：darjeal nman ē ark'ayowt'iwn erknic' aṛn vačaṛakani or xndric'ē margarits gełec'iks さらに，天の王国は良い真珠を探している商人と同じである Mt 13,45; vačaṛakank' erkri i nora zōrowt'ean-n yōranaloy mecac'an 地上の商人たちは彼女の途方もない贅沢の中で金持ちになった Re 18,3; ert'ayk' i vačaṛakans ew gnesjik' jez あなた方は商人たちのところに行って，自分たちの分を買え Mt 25,9; sksaw hanel z-vačaṛakans ew z-gnawłs or ein i tačari-n 彼は神殿〔境内〕の中にいて売り買いする者たちを追い出し始めた Mk 11,15; oč' emk' ibrew z-ayls-n, or vačaṛakan linin bani-n AY 私たちは，他の人たちのように神の言葉を売り物にはしていない 2Cor 2,17.

vačaṛem, -ec'i【動】①売る，売り払う (πωλέω Mk 10,21; πιπράσκω Mt 13,46; Jn 12,5; ἀποδίδομαι Ac 5,8)；商売をする (ἐμπορεύομαι Jas 4,13). ②値をつける，値踏みする (τιμάω Mt 27,9)：①ert', z-or inč' ownis vačaṛea 行って，あなたの持っているものをすべて売り払え Mk 10,21; gteal mi patowakan margarit, ert'eal vačaṛeac' z-amenayn z-or inč' ownēr ew gneac' z-ayn margarit 彼は，1個の高価な真珠を見つけると，去って行って，自分の持っているものすべてを売り飛ばし，それを買った Mt 13,46; əndēr? oč' ewł-d ayd vačaṛec'aw erek'ariwr dēnari, ew towaw ałk'atac' なぜその香油は300デナリオンで売られて，貧しい人たちに施されなかったのか Jn 12,5; asa dow inj, t'ē ayn č'ap' gnoc' z-geawł-n vačaṛec'ēk' お前たちはそれだけの値段で地所を売ったのかどうか，私に話せ Ac 5,8; ełic'owk' and tari mi, vačaṛesc'owk' ew šahesc'owk' われわれはそこで1年ばかり過ごし，商売をしてひと儲けしよう Jas 4,13; ②aṛin z-eresown arcat'-n (M: arcat'i-n) z-gins vačaṛeloy-n 彼らは銀貨30枚，値踏みされた者の値を受け取った Mt 27,9. → gnem

vay【名】災い，災禍 (οὐαί)：vay ē inj t'ē oč' awetaranem もしも私が福音を告げ知らせないならば，私は禍である 1Cor 9,13; ahawasik vay mi ēanc', ew vayk' erkowk' galoc' 第1の禍いは去った．しかし，2つの禍いがやがて来ることになる Re 9,12. ―【間】《悲痛・悲嘆・威嚇など》

vayel [＋与] ああ！禍いだ (οὐαί [οὐά = vah], *vulg.*: vae): vay ic'ē yłeac' ew stntowac' y-awowrs-n y-aynosik 禍いだ，それらの日々に身重になっている女たちと乳飲み子を持つ女たちは Mt 24,19; vay aynmik ē y-oyr jeṙn gayc'ē 禍いだ，自分を通してそれがやって来る，その当の人は Lk 17,1; vay jez mecatanc'-d 禍いだ，お前たち富んだ者たちよ Lk 6,24; ew jez vay awrinakanac'-d お前たち，律法の専門家どもも禍いだ Lk 11,46; vay vay vay or bnakeal en y-erkri 禍いだ，禍いだ，禍いだ，地上に住む者たちにとっては Re 8,13. → erani

vayel 〈vayel ē のみ〉《非人称》[＋与（人）＋不] ふさわしい，適当である (πρέπει τινί; πρέπον ἐστίν) [vayelk', -lic'「楽しみ，喜び」: Calfa]: ayspēs vayel ē mez lnowl z-amenayn ardarowt'iwn このようにすべての義を満たすのは私たちにとってふさわしいことだ Mt 3,15; or vayēl ē marmnoc' = σωμάτων 奴隷 Re 18,13.

vayelem, -ec'i【動】①享受する，味わう；[i＋奪]…に与る (μετέχω 1Cor 10,30; μεταλαμβάνω 2Tm 2,6; μετάλημψις 1Tm 4,3; ἀπόλαυσις 1Tm 6,17; He 11,25; συμμερίζομαι 1Cor 9,13); 十分に利用する (καταχράομαι 1Cor 7,31). ②vayelē [＋与]…にふさわしい (πρέπει Eph 5,3; ἀνήκει Eph 5,4): ①et'ē es šnorhōk' vayelem もしも私が恵みによって（それに）与るとするならば 1Cor 10,30; hołagorci-n ašxateloy part ē nax i ptłoy-n vayelel 労苦する農夫がまず収穫に与るべきだ 2Tm 2,6; y-AC or tay mez z-amenayn aṙatapēs i vayelel あらゆるものを享受すべく私たちに豊かに与えてくれる神に 1Tm 6,17; k'an aṙ žamanak mi vayelel i mełs 一時的に罪に享楽するよりも He 11,25; oč' karēk' i sełanoy TN vayelel ew i sełanoy diwac' あなた方は主の食卓に与り，悪霊の食卓に与ることはできない 1Cor 10,21; or sełanoy-n paštōneayk' en, i sełanoy anti vayelen 祭壇に仕えている者たちはその祭壇に与る 1Cor 9,13; or varen-n z-ašxarh-s, orpēs t'ē č'-vayelic'en この世を利用している者たちは，あたかもそれを十分には利用していないかのように［なれ］1Cor 7,31; ②agahowt'iwn ew anowanesc'i mi i miji jerowm, orpēs ew vayelē srboc' 聖なる者にふさわしく，あなた方の間では貪欲なことを口にすらしてはならない Eph 5,3.

vayelč'owt'iwn, -t'ean【名】①上品さ，美しさ，優雅さ，明るさ，きらびやかなもの；喜び，楽しさ (εὐπρέπεια Jas 1,11; τὰ λιπαρά Re 18,14); sowrb vayelč'owt'iwn 聖なる者にふさわしい品格 (ἱεροπρεπής Tt 2,3). ②神威，卓越した力 (ἀρετή 2Pe 1,3). ③姿，形 (σχῆμα 1Cor 7,31): ①t'ōt'ap'ec'aw całik-n nora ew koreaw vayelč'owt'iwn eresac' nora その花は落ち，その表面の美しさは失せる Jas 1,11; ③anc'eal ē vayelč'owt'iwn ašxarhi-s aysorik この世の姿かたちは過ぎ去ってしまう 1Cor 7,31.

vayr, -i, -ac' 【名】①野原，平原，土地［vayrk', -rac'「所，場所」］; y-or vayr (ew) どこに…しようと (俗ラテン quocumque, ὅπου). ②i vayr 下に，下方へ (κάτω). ↔i ver. ③ənd vayr harkanem 捨てる，見捨てる (ἐγκαταλείπω):①et'e z-xot-n i vayri or aysawr ē ew vałiw i hnoc' arkani AC aynpēs zgec'owc'anē, orč'ap' ews ařawel z-jez? もし，今日は生きていても明日は炉に投げ込まれる野の草を，神はこのように装って下さるのならば，どれほどあなたたちをなおいっそう装って下さるだろうか Mt 6,30［対応箇所 Lk 12,28, → bac'i］; ekic' zkni k'o y-or vayr ew ert'ic'es［/Lk: ert'ayc'es］あなたがどこに行こうと，私はあなたに従う Mt 8,19; Lk 9,57; t'oyl towk' minč'ew c'-ayd vayr = ἕατε ἕως τούτου 止めよ，そこまでだ Lk 22,51; ②et'e ordi es AY, ark z-k'ez asti i vayr もしもお前が神の子なら，ここから下へ身を投じて見ろ Mt 4,6; varagoyr tačari-n c'eław y-erkows i verowst minč'ew i vayr 神殿の幕が上から下まで真っ二つに裂けた Mt 27,51; Mk 15,38［/i xonarh］; ③oč' t'ołic' z-k'ez ew oč' ənd vayr haric' 私はあなたを棄てないし，見棄てるようなことはない He 13,5.

vayrapar【形】空虚な，無駄な (μάταιος)［→ snoti］. —【副】無駄に，無意味に，理由（意味）もなく (εἰκῇ Ro 13,4; κενῶς Jas 4,5)［→ zowr］: et'ē ok' kamic'i krōnawor linel, ew oč' sanjaharesc'ē z-lezow iwr, ayl zbałec'owc'anic'ē z-sirt-n iwr, aynpiswoy-n vayrapar ē krōnaworowt'iwn-n 誰かが，自分の舌にくつわをはめず，自らの心を騙していながら，自分は信心深くありたいと思うなら，その人の信心深さは虚しい Jas 1,26. —zi oč' et'ē vayrapar aceal ē sowser ənd mēǰ〔その権威は〕無駄に剣を身に帯びているのではないからだ Ro 13,4; kam t'ē vayrapar hamaric'ik' z-or asē gir-n あなた方は聖書が意味もなく言っていると思うのか Jas 4,5.

vayreni, -nwoy, -neac'【形】(動植物が) 野生の (ἄγριος): mełr vayreni 野蜜 Mt 3,4; šowšan-n vayreni = τὰ κρίνα τοῦ ἀγροῦ 野の草花 Mt 6,28. → vayr

vayrkean, -eni, -ic'［/-neac'］【名】瞬間，一瞬 (στιγμή)［指小語 vayrik【副】「一瞬」 → vayr(k')］: ec'oyc' nma z-amenayn t'agaworowt'iwns ašxarhi i vayrkean žamanaki (= ἐν στιγμῇ χρόνου) 彼は瞬時のうちに全世界のすべての王国を彼に見せた Lk 4,5.

vandak, -i, -ac'【名】網；組縄の籠 (σαργάνη): vandakaw kaxec'ay 私は組縄の籠で吊り降ろされた 2Cor 11,33.

vank', -nac' 【名】①部屋，食堂（κατάλυμα Lk 22,11; καταμένω Ac 1,13). ②宿（ξενία Ac 28,23; Phm 22); 邸：①owr? en vank'-n im y-orowm z-pasek'-n owtic'em ašakertawk'-s handerj 私が弟子たちと共に過越の食事をする部屋はどこか Lk 22,11; elin i vernatown-n owr vank'-n isk ēin 彼らは泊っていた屋上の間にあがった Ac 1,13; ②ekin i vans-n ař na bazowmk' 大勢の者が彼の宿にやって来た Ac 28,23; miangamayn ew patrastesjir inj vans 同時に私のために宿を用意することもしてほしい Phm 22; acen z-YS i vanac'（M：-n）Kayiap'ay y-aparans datawori-n = ... ἀπὸ τοῦ Καϊάφα εἰς τὸ πραιτώριον 人々はイエスをカヤファの邸から総督の本営に引いて行った Jn 18,28; elin i vernatown-n owr vank'-n isk ēin = ... οὗ ἦσαν καταμένοντες 彼らは泊まっていた屋上の間にあがった Ac 1,13. → awt'evank', iJavan

vařem, -ec'i 【動】①火をつける，炎上させる，焼く（φλογίζω Jas 3,6; καίω He 12,18). ②vařim ［中］（十分に）武装する（ὁπλίζομαι 1Pe 4,1; καθοπλίζω Lk 11,21)：①vařē hrov z-aniw cnndean それは生成の車輪を炎で包む Jas 3,6; ař leařn šōšap'eli, or hrov-n vařeal ēr 火で焼けてしまった山に He 12,18; ②ew dowk' i noyn mits vařec'arowk', zi or č'arč'ari marmnov dadarē i mełac' あなた方も，肉によって苦しんだ人は罪に終止符を打つという同じ考えで武装せよ 1Pe 4,1; yoržam hzawr vařeal pahic'ē z-town iwr, i xałałowt'ean en inč'k' nora 強い者が十分に武装し，自らの館を守る時は，彼の財産は安泰だ Lk 11,21.

vasn 【前】A. ［+属］①《原因・理由・関与・目的》…のために，…のゆえに，…のことで，…について，…に対して（διά ［+対］ Mk 2,27; Lk 23,25; Jn 19,38; διὰ τό ［+不］ Lk 18,5; περί ［+属］ Mk 1,30; Lk 19,37; Jn 7,17; Ac 15,2; 1Pe 3,18; ὑπέρ ［+属］ Lk 22,19; Jn 1,30; Ro 15,9; 1Cor 10,30; κατά ［+対］ Lk 23,56; κατά ［+属］ Mt 27,1; ἐπί ［+与］ Lk 5,5; ἕνεκα/ἕνεκεν/εἵνεκεν Mt 5,10; 16,25; Lk 6,22;12,12; 18,29; Ac 19,32; 2Cor 3,10; πρός ［+対］ Ac 3,10). ②vasn aysorik/aydorik/aynorik これ［それ］ゆえに，この［その］ために（ἕνεκεν/ἕνεκα τούτου Mt 19,5; Mk 10,7; διὰ τοῦτο Mt 12,27; διό Mt 27,8; ἀντὶ τούτου Eph 5,31; χάριν Eph 3,14; Ga 3,19). ③vasn oroy《先行文脈を受けて結果・帰結》だから，それゆえに，したがって（οὗ χάριν Lk 7,47; διό He 6,1; διότι Ac 20,26; διόπερ 1Cor 8,13; 10,14);《先行詞を含む関係節を導いて》そのために…するところのもの（ἐφ' ὅ Mt 26,50),《間接疑問文で》なにゆえに（δι' ἣν αἰτίαν Lk 8,47), vasn oroy ew ［oč'：Lk 7,7］（οὗ εἵνεκεν Lk 4,18; διὸ οὐδέ Lk 7,7). —B. vasn zi 【接】…だから，…ので；それゆえに，それだから（ἐπεί Mt 18,32; ἀνθ' ὧν Lk 12,3; ὅτι Jn

8,43)：A. ①šabatʻ vasn mardoy ełew, očʻ etʻe mard vasn šabatʻow 安息日は人間のためにできたのであって，人間が安息日のためにできたのではない Mk 2,27; arjakeacʻ nocʻa z-Barabbay-n z-or vasn xȓovowtʻean ew spanowtʻean arkeal ēr i band 彼は反乱と殺人のかどで獄に投じられたままになっていたバラバを釈放した Lk 23,25; vasn ahi-n hreicʻ ユダヤ人たちへの恐れのゆえに Jn 19,38; vasn ašxat aȓneloy z-is ayrwoy-n この寡婦が俺に面倒をかけるので Lk 18,5; vaɫvaɫaki asen cʻ-na vasn nora すぐに人々は彼に彼女のことを話す Mk 1,30; vasn amenayn ełelocʻ zawrowtʻeancʻ-n z-or tesin 彼らが見たすべての力〔ある業〕について Lk 19,37; sa ē vasn oroy es-n asei 私が言ったのはこの方だ Jn 1,30; gitascʻē vasn vardapetowtʻean-s 人はこの教えについて知るだろう Jn 7,17; elanel ... y-EM vasn xndroy-n aynorik この争点ゆえにエルサレムにのぼる Ac 15,2; zi ew KʻS mi angam vasn mełacʻ i veray jer meȓaw なぜならキリストも罪〔の贖い〕のために１度あなた方のために死んだ 1Pe 3,18; ays ē marmin im or vasn bazmacʻ toweal これは多くの者たちのために与えられる私の体である Lk 22,19; hetʻanoskʻ vasn ołormowtʻean pʻaȓawor aȓnen z-AC 異邦人たちは〔神の彼らへの〕憐れみゆえに神を賞め讃える Ro 15,9; əndēr? hayhoyicʻim, vasn oroy es-n gohanam どうして私が感謝して〔受ける〕もののゆえに，〔その別の人から〕中傷を受けることがあろうか 1Cor 10,30; i šabatʻow-n handartecʻin vasn patowirani-n 彼女らは掟ゆえに安息日は休息した Lk 23,56; xorhowrd ararin ... vasn YI 彼らはイエスのことで協議をした Mt 27,1; baycʻ vasn kʻo bani-d arkcʻowkʻ z-gorcis-s しかしあなたのお言葉なので私たちは網をおろしてみよう Lk 5,5; erani or halaceal icʻen vasn ardarowtʻean 幸いだ，義のゆえに迫害される者たち Mt 5,10; yoržam ... hanicʻen anown čʻar z-jēnǰ vasn ordwoy mardoy 人々が人の子のゆえにあなたたちについての悪名を唾棄する時 Lk 6,22; vasn aȓawelowtʻean pʻaȓacʻ-n よりまさった栄光のゆえに 2Cor 3,10; YS xoys et vasn amboxi-n i tełoǰē anti = ἐξένευσεν ὄχλον ὄντος ἐν τῷ τόπῳ イエスは群衆がいたのでその場所から姿を隠した Jn 5,13; bazowmkʻ i nocʻanē očʻ gitēin tʻē vasn oyr žołoveal icʻen 彼らの大多数はなんのために集まっているのか知らなかった Ac 19,32; sa ēr, or nstēr vasn ołormowtʻean aȓ gełecʻik dran tačari-n これは神殿の「美しき門」のわきに座って施物を乞うていた者であった Ac 3,10; ②vasn aynorik kočʻecʻaw agarak-n ayn agarak arean minčʻew cʻ-aysawr このため，その地所は今日に至るまで「血の地所」と呼ばれている Mt 27,8; vasn aysorik tʻołcʻē ayr z-hayr ew z-mayr iwr これゆえ，人は父と母のもとを去るだろう Eph 5,31; vasn aysorik dnem cownr aṙ hayr このような理由で私は父に向かって膝を折る Eph 3,14; zinčʻ? icʻen ōrēnkʻ. yancʻowacocʻvasn yawelan 律法とは何なのか．それは違反〔をもたらす〕ために付け加えられたものである Ga 3,19; ③vasn oroy asem kʻez, tʻołeal licʻin sma mełkʻ iwr bazowmkʻ このために，私はあなたに言う，この人の罪は〔たとえ〕多く〔とも〕赦されるだろう Lk 7,47; vasn oroy etʻē kerakowr saytʻagłecʻowcʻanē z-ełbayr-n im, očʻ keraycʻ mis yawitean それゆえに，もしも食物が私の兄弟を躓かせるのなら，私は永久に肉を食べることはするまい 1Cor 8,13; vasn oroy, sirelikʻ im, pʻaxerowkʻ i kṙapaštowtʻenē それゆえに，私の愛する者たちよ，あなた方は偶像礼拝から逃れよ 1Cor 10,14; ənker, vasn oroy ekir-d 友よ，あなたがそのために来たところのもの（＝なそうとしていること）〔をなせ〕Mt 26,50; tʻe vasn oroy iracʻ merjecʻaw i na, patmeacʻ aṙaǰi amenayn žołovrdean-n ew tʻe orpēs bžškecʻaw aṙžamayn 彼女はすべての民の面前で，自分がなにゆえに彼に触ったか，またどのようにしてたちどころに癒されたか，詳しく話した Lk 8,47. — B. z-amenayn z-partsʻn tʻołi kʻez vasn zi ałačʻecʻer z-is お前が私に乞い願うものだから，お前のあの借金をすべて帳消しにしてやった Mt 18,32; vasn zi z-or inčʻ asicʻēkʻ i xawari, lseli licʻi i loys それだから，あなたたちが闇の中で語ることは光の中で聞かれるだろう Lk 12,3; əndēr? z-xawss im očʻ gitēkʻ dowkʻ. vasn zi očʻ karēkʻ lsel z-ban-n z-im なぜ私の語ることを知ろうとしないのか．あなたたちは私の言葉を聞くことができないのだ Jn 8,43.

vastak, -oy, -ov; **vastakkʻ**, -kocʻ【名】労苦，骨折り (κόπος Jn 4,38; μόχθος 2Th 3,8); 行い (ἔργον Re 2,19): aylkʻ vastakecʻin ew dowkʻ i vastaks nocʻa mtēkʻ 他の人々が労苦し，あなた方は彼らの労苦に与っている Jn 4,38; ǰaniw ew vastakov z-cʻayg ew z-cʻerek gorceakʻ 夜も昼も私たちは苦労と骨折りをもって働いた 2Th 3,8; tesi ... zi bazowm ē vastak kʻo verǰin-n kʻan z-aṙaǰin-n 私は，お前の最近の行いが初期の行いにまさっていることを知っている Re 2,19.

vastakawor, -i, -acʻ【形】苦労する，疲れる；振舞う (κοπιάω 1Th 5,12; ἀναστρέφομαι He 10,33): ałačʻem z-jez, ełbarkʻ, čanačʻel z-vastakawors 兄弟たちよ，私はあなたたちに労苦している者たちを認めるように願う 1Th 5,12; kcʻordkʻ aynpiseacʻ vastakaworacʻ-n linel そのように振る舞い人々の連帯者となる He 10,33.

vastakem, -ecʻi【動】苦労する，骨を折る，疲れ果てる；働く (κοπιάω): es aṙakʻecʻi z-jez hnjel z-or očʻ dowkʻ vastakecʻēkʻ. aylkʻ vastakecʻin ew dowkʻ i vastaks nocʻa mtēkʻ わたしはあなた方を，あなた方の労苦しな

かったものを刈り入れさせるために遣わした. 他の人々が労苦し, あなた方は彼らの労苦に与っているのだ Jn 4,38; ekaykʻ aṙ is amenayn vastakealkʻ ew beṙnaworkʻ 苦労し重荷を負ったすべての者たち, 私のもとに来い Mt 11,28; YS vastakeal i čanaparhē-n nstēr i veray ałber-n イエスは旅に疲れ果てて泉のところに座り込んでいた Jn 4,6.

vat, -i, -acʻ 【形】怠惰な (ὀκνηρός): caṙay čʻar ew vat 悪しき怠け者の下僕よ Mt 25,26. → veherot

vatasirt, -srti, -tacʻ 【形】気の弱い, 臆病な (δειλός): əndēr? aydpēs (= οὕτως: f¹·¹³) vatasirtkʻ, čʻew ews ownikʻ hawats なぜあなたたちはそのように臆病なのだ. 信仰がまったくないのか Mk 4,40.

vattʻar, -i, -acʻ 【形】悪い, 邪悪な, 劣悪な (ἥσσων): očʻ i law andr ayl i vattʻar-n nkrtikʻ あなたたちはより良いあり方へとではなく, むしろより悪しきあり方へと努力している 1Cor 11,17. → čʻar

vattʻarowtʻiwn, -tʻean 【名】敗北, 堕落 (ἥττημα): amenewin isk vattʻarowtʻiwn ē i jez, zi? datastankʻ isk gon i miǰi jerowm そもそもあなた方においては敗北だ. なぜあなたたちの間に裁判沙汰があるのか 1Cor 6,7. → partowtʻiwn

vatnem, -ecʻi 【動】浪費する, 蕩尽する (διασκορπίζω): and vatneacʻ z-inčʻs iwr zi keayr anaṙakowtʻeamb 彼はそこで放埓な生活をして自分の財産を浪費した Lk 15,13; ełew z-nmanē ambastanowtʻiwn orpēs tʻe vatnicʻē z-inčʻs nora この者について, 彼の財産を浪費しているという告発があった Lk 16,1.

varagoyr, -gowri, -racʻ 【名】幕, 垂れ幕 (καταπέτασμα): varagoyr tačari-n cʻelaw y-erkows i verowst minčʻew i vayr 神殿の幕が上から下まで真っ二つに裂けた Mt 27,51; Mk 15,38 [/pataṙecʻaw]; herjaw varagoyr tačari-n ənd mēǰ 神殿の幕が真ん中から裂けた Lk 23,45.

vardapet, -i, -acʻ 【名】先生, 師, ラビ (διδάσκαλος; ἐπιστάτης Lk 5,5; ῥαββί Mt 23,8; 26,25); vardapet awrinacʻ 律法の教師 (νομοδιδάσκαλος Lk 5,17; 1Tm 1,7): očʻ ē ašakert aṙawel kʻan z-vardapet 弟子は師以上のものではない Mt 10,24; vardapet, z-amenayn gišers ašxat ełeakʻ ew očʻ inčʻ kalakʻ 師よ, 私たちは夜もすがら労しても何も捕れなかった Lk 5,5; dowkʻ mi z-okʻ kočʻēkʻ vardapet˙ zi mi ē jer owsowcʻičʻ あなたたちは人を「ラビ」と呼ぶな. あなたたちの教師は 1 人だからだ Mt 23,8; dow vardapet linis mer? = σὺ διδάσκεις ἡμᾶς; お前はわれわれを教えようというのか Jn 9,34; kamin linel vardapetkʻ ōrinacʻ, inkʻeankʻ očʻ imanan zinčʻ xōsin 彼らは律法の教師でありたいと望んでいるが, 自分が何を言っているのかは彼ら自身理解していない 1Tm 1,7. → -pet,

r̄abbi, r̄abbowni, owsowcʻičʻ
- **vardapetowtʻiwn**, -tʻean 【名】教え，教説，教化 (διδαχή; διδασκαλία Mt 15,9; Ro 15,4)：asēr owsowcʻanelov i vardapetowtʻean-n iwrowm 彼はその教えの中で教えつつ言った Mk 12,38; owsowcʻanen vardapetowtʻiwns z-mardkan patowireals 彼らは人間たちの戒めを教えとして教えている Mt 15,9; or inčʻ grecʻaw-n, i mer vardapetowtʻiwn grecʻaw すべて書かれた事柄は私たちの教えのために書かれた Ro 15,4.
- **varem**, -ecʻi 【動】①導く，連れて（引いて）行く (ἄγω Ro 8,14; 2Tm 3,6; ὑπάγω Re 13,10; ἐλαύνω Lk 8,29);（生活を）送る (διάγω 1Tm 2,2; → varim); varem i xałałowtʻiwn 和解させる，仲裁する，仲介する (συναλλάσσω Ac 7,26). ②煽る，吹き払う；（舟を）漕ぐ，舵を取る (ἐλαύνω). ③（種を）蒔く (σπείρω). ④tarapa[r]hak varem 徴用する，強制する (ἀγγαρεύω) → pa[r]hak ownim. ⑤利用する (χράομαι 1Cor 7,31)：①or hogwov-n AY varin, nokʻa en ordikʻ AY 神の霊によって導かれる者たちこそが神の子たちなのだ Ro 8,14; z-kanays šełjakowteals małokʻ vareals i pēspēs cʻankowtʻiwns 罪で充満しさまざまな欲望に駆り立てられている女たち 2Tm 3,6; varēr i diwē-n y-anapats 彼は悪霊に荒野に連れて行かれた Lk 8,29; ②i sastik hołmocʻ varin（船は）激しい風に煽られている Jas 3,4; mēgkʻ varealkʻ i mrrkē 突風に吹き払われる霧 2Pe 2,17; etes z-nosa hołmakoceals i varel-n 彼は彼らが（舟を）漕ぐのに風に苦しんでいるのを見た Mk 6,48; vareal ibrew asparēs kʻsan ew hing kam eresown 漕ぎ出して 25 から 30 スタディオンばかり行った時 Jn 6,19; ③očʻ varem ew očʻ hnjem 彼らは蒔きもせず，刈りもしない Mt 6,26; tʻšnami-n or vareacʻ z-ayn satanay ē それ（毒麦）を蒔いた敵とは悪魔である Mt 13,39; ④or taraparhak (M: tarapahak) varicʻē z-kʻez młion mi, ertʻ ənd nma ew erkows あなたを徴用して1ミリオン行かせようとする者とは，一緒に2ミリオン行け Mt 5,41; ⑤or varen-n z-ašxarh-s この世を利用している者たち 1Cor 7,31. → varim
- **varžem**, -ecʻi 【動】訓練する，慣らす，教育する (παιδεύω)：varžecʻaw Movsēs amenayn imastowtʻeamb Egiptacʻwocʻ-n モーセはエジプト人のあらゆる知恵で教育を受けた Ac 7,22.
- **varim**, -recʻay 【動】行動する，振舞う，処置する (συντρέχω 1Pe 4,4; χράομαι 2Cor 13,10)：ōtaracʻealkʻ očʻ ənd jez varin i noyn ankardowtʻean zełxowtʻiwn 彼らはいぶかしがってあなた方と同じ放埓の奔流の中で行動しない 1Pe 4,4; zi mi yoržam ekicʻ sastkowtʻeamb varecʻaycʻ əst išxanowtʻean-s z-or et inj TR 私が〔そちらに〕行った時

に，主が私に与えて下さった権威に従って，私が厳しく処置しなくて済むように 2Cor 13,10. → varem

varič'【名】指導者，指導能力（κυβέρνησις）1Cor 12,28.

varj, -ow; **varjk'**, -jowc'【名】①報い，報酬，賃金（μισθός）; 賃貸料（μίσθωμα Ac 28,30). ②i varj ownel/kal- 雇う（μισθόομαι Mt 20,1.7). ③varjk' hatowc'man 報い（μισθαποδοσία） → patiž patowhasi. ④arkanem varjs 取り決める，約束する（συμφωνέω）. → sak arkanem：①koč'ea z-mšaks-n ew towr noc'a varjs 労働者たちを呼んで，彼らに賃金を払え Mt 20,8; tas varjs caṙayic' k'oc' margareic' あなたの僕なる預言者たちに報酬を与える〔時が来た〕Re 11,18; varjk' jer bazowm en y-erkins あなたたちの報いは天において多い Mt 5,12; iwrak'anč'iwr ok' z-iwr varjs aṙnowc'ow əst iwrowm vastakoc' 各人は自分の報酬を自分の労苦に従って受けるであろう 1Cor 3,8; aha gam vaḷvaḷaki ew varjk' im ənd is, hatowc'anel iwrak'anč'iwr əst gorcs iwreanc' 心せよ，私はすぐにも来る．〔私が〕各々の行いに応じて報酬を与えるために，私の〔与える〕報酬も私と一緒に〔ついて来る〕Re 22,12.; ayn isk en varjk' noc'a = ἀπέχουσιν τὸν μισθὸν αὐτῶν 彼らはその報いを受けてしまっている Mt 6,2; ełew z-erkeam mi bovandak iwrov varjow 彼は自分の賃借料でまる 2 年間滞在した Ac 28,30 [= ἐνέμεινεν δὲ διετίαν ὅλην ἐν ἰδίῳ μισθώματι 自費で借りた家にまる 2 年間住んだ］; ②zi oč' kalaw z-mez i varjow 誰も俺たちを雇ってくれなかったから Mt 20,7; ③hayec'eal akn ownēr varjowc'-n hatowc'man 彼は報いに目を向けて待っていた He 11,26; mi meržēk' i jēǰ z-hamarjakowt'iwn-n jer, y-orowm kay mecac' varjowc' hatowc'owmn = ... ἥτις ἔχει μεγάλην μισθαποδοσίαν あなたがたは自分たちの確信を棄ててはならない．それには大いなる報いがあるのだ He 10,35; ④ark varjs mšakac'-n awowr-n dahekan 彼は労働者たちと 1 日 1 デナリオンの約束をした Mt 20,2.

varjkan, -i, -ac'【名】日雇い労働者，雇い人（μισθωτός Jn 10,12; μίσθιος Lk 15, 17.19）: isk varjkan-n or oč' ē hoviw 雇い人であって牧者ではない者 Jn 10,12; k'ani varjkank' ic'en i tan hawr imoy hac'alic'k' 私の父の家にはどれほど雇い人がいても，パンは有り余るほどだ Lk 15,17; ara z-is ibrew z-mi i varjkanac' k'oc' 私をあなたの雇い人の 1 人のようにせよ Lk 15,19.

varšamak, -i, -ac'【名】汗ふき布，ハンカチ，手拭い（σουδάριον Lk 19,20）; 前掛（σιμικίνθιον Ac 19,12）: aha mnas-n k'o z-or ownei crareal i varšamaki 見よ，これがあなたの 1 ムナで，私が手拭いの中にくるんでしまっておいたものだ Lk 19,20; minč'ew i hiwands tanel i

varšamakapat

k'rtanē nora (= ἀπὸ τοῦ χρωτὸς αὐτοῦ) t'aškinaks kam varšamaks, ew meržel i noc'anē axtic'-n, ew aysoc' č'arac' elanel 彼の汗 [Gk: 肌] から手拭いや前掛を取って病人に当てると, 彼らから病気が去り, 悪霊が出て行くほどだった Ac 19,12.

varšamakapat, -i, -aw【形】汗ふき布で包まれて：el meřeal-n otiwk' kapelovk' ew jeřawk'-n erizapndawk'' ew eresawk'-n varšamakapatawk' (= ἡ ὄψις αὐτοῦ σουδαρίῳ περιεδέδετο) 死者は両手, 両足を包帯で巻かれたままで出て来た. その顔は汗ふき布で包まれていた Jn 11,44. → patem

[**var-k'**, -rowc'「振舞い, 行動」, βίος：ELPA I.152; NBH: βίος, διαγωγή, πολιτεία; → varem, varim]

veherot【形】弱い, 勇気に欠ける, 臆病な；怠惰な, 無精な (ὀκνηρός)：i p'oyt' mi veherotk' 熱心さにおいて遅れをとらぬ者たち〔となれ〕Ro 12,11. → vat

ver[1] [M] → vēr

ver[2] 〈i ver のみ〉【副】上に (へ), 上方に (ἄνω Ac 2,19; He 12,15); minč'ew i ver = ἕως ἄνω 上 (端) まで Jn 2,7; i ver ařnowm 取り除く, 片づける (αἴρω Jn 11,41); i ver (am-)bařnam z-ač's 目を上げる (αἴρω Jn 11,41 [+ ἄνω]; ἐπαίρω Jn 6,5); i ver hayim 上を見る, 体を起こす, 背 (腰) を伸ばす (ἀνακύπτω Lk 13,11); i ver matč'im 上座に進む (προσαναβαίνω ἀνώτερον Lk 14,10); i ver kam 上に立つ, 側に立つ, その場にいる (ἐφίσταμαι Ac 22,20); i ver ownim 担う, 支える (βαστάζω Ro 11,18); tac' nšans y-erkins i ver ew nšans y-erkir i xonarh 私は上では天に奇蹟を, 下では地に徴を示すだろう Ac 2,19; mi ok' armat dařnowt'ean i ver ereweal nelic'ē 苦い根のようなものが伸び出して来て問題を起こすことがないように He 12,15; es ink'n ēi or i ver kayi = αὐτὸς ἤμην ἐφεστώς 私自身はその場に立っていた Ac 22,20; oč' et'ē dow z-armat-n i ver ownis, ayl armat-n z-k'ez あなたが根を担っているのではなく, むしろ根があなたを担っている Ro 11,18; i ver ews k'an z-jez awetaranel = εἰς τὰ ὑπερέκεινα ὑμῶν εὐαγγελίσασθαι あなたたちを超えて福音が告げられること 2Cor 10,16. ↔i xonarh, i vayr

veragoyn【副】(前述のことを指して) 上で, 前に, はじめに (ἀνώτερον)：veragoyn-n asē 彼ははじめに〔こう〕言っている He 10,8.

verakac'ow, -wac'【名】監督者, 援助者, 保護者, 指導者；verakac'ow linim [+与] …の援助者となる, …を助ける；いそしむ, 励む；監督する (προστάτις Ro 16,2b; παρίσταμαι Ro 16,2a; ἀντέχομαι Tt 1,9; προΐσταμαι 1Th 5,12; Tt 3,8; ἐπισκοπέω 1Pe 5,2)：na verakac'ow ełew bazmac', ew inj isk i glxovin 彼女は多くの人たちの援助者となったのであり，私自身の援助者ともなった Ro 16,2b; verakac'ow liniǰik' nma あなた方は彼女を助けよ Ro 16,2a; verakac'ow linel, hawatarim bani-n vardapetowt'ean 教えの信頼すべき言葉を堅く保持する Tt 1,9; čanač'el … z-verakac'ows jer i TR ew z-xratič' jer 主にあるあなた方の指導者たちとあなた方を訓戒する人たちを認知する 1Th 5,12; zi p'oyt' arasc'en bareac' gorcoc' verakac'ow linel hawatac'ealk'-n y-AC 神を信じるようになった人々が良い行いにいそしもうと心がけるようになるために Tt 3,8; aracec'ēk' or i jez hōt-d ē AY verakac'ow linel mi ibrew akamay ayl kamaw əst AY, mi zawšak'ałowt'eamb, ayl yōžarowt'eamb あなた方に委ねられている神の群を監督し，牧せよ．強いられてではなく，神に従って自発的に，恥ずべき利益のためではなく，自ら進んで 1Pe 5,2.

veramenayn [M: < vera amenayn] → veray, amenayn

veray【副】上に；〈i veray の形で〉①ⓐ i veray [＋属] …の上に；…を支配・管理して；ⓑ…に敵対して，…に (ἐπί [＋属／与／対] Mt 10,21; 26,55; Mk 6,39.48; Lk 1,33; Jn 19,13; Ac 8,27; Col 3,14; ὑπεράνω Eph 1,21; He 9,5; ἐπάνω Mt 27,37); ⓒ〔属格補語を伴わずにギリシア語動詞接頭辞 ἐπι- または前置詞 ἐπί の機能を担って〕; ⓓ…のために (ὑπέρ [＋属] Jn 11,50). ② [i と veray の間に補語を挿入して] (ἐπί [＋対] Mt 24,2; Mk 13,8): ①ⓐgalov i veray covow-n 海の上を歩みながら Mk 6,48; hramayeac' noc'a bazmel eraxans eraxans i veray dalar xotoy 彼は彼らに組々に〔分かれて〕青草の上で横にならせるように命じた Mk 6,39; nstaw i veray bemi-n 彼は裁判の執務席に座った Jn 19,13; or ēr i veray amenayn ganjowc' 彼は全財産を管理していた Ac 8,27; t'agaworesc'ē i veray tan-n Yakovbay i yawiteans 彼はヤコブの家を永久に支配するだろう Lk 1,33; i veray amenayn išxanowt'ean, ew petowt'ean, ew zōrowt'ean, ew tērowt'ean あらゆる支配，権勢，勢力，主権よりも上に Eph 1,21; i veray nora k'rovbēk'-n p'aṙac' or hovani ownēin i veray k'awowt'ean-n そ〔の箱〕の上には栄光のケルビムがあって贖罪板を影で覆っていた He 9,5; edin i veray glxoy nora greal z-vnas nora 彼らは彼の頭の上に彼の罪状を書いて掲げた Mt 27,37; i veray amenayni z-sēr-n すべてのものの上にさらに愛を〔身に着けよ〕Col 3,14; ⓑibrew i veray awazaki elēk' sowserawk' ew brawk' ownel z-is お前たちは強盗に向かうかのように，剣や棒を持って私を取り押さえに出て来たのか Mt 26,55; yaṙnic'en ordik' i veray harc' ew spananic'en z-nosa 子らは両親に敵対して立ち上がり，彼らを死に追いやるだろう Mt 10,21; ⓒtesanen kraketł kaycakanc' ew jowkn mi i veray ew hac' = ... καὶ ὀψάριον ἐπικείμενον καὶ ἄρτον 彼らには炭火があって，その上に魚とパンのあるのが見える Jn 21,9; kowti žołovowrd-n i veray = ἐπισυντρέχει ὄχλος 群衆が走り迫ってくる Mk 9,25; jeṙn ed i veray ew ... = τιθεὶς τὰς χεῖρας ἐπ' αὐτά 彼らに手を置いて Mk 10,16; vērs i veray edin = πληγὰς ἐπιθέντες〔彼を〕滅多打ちにして Lk 10,30; et'e hzarwragoyn k'an z-na i veray ekeal (ἐπελθών) yałt'esc'ē nma 彼よりも強い者が襲って来て彼に勝つならば Lk 11,22; ④law ē mez zi ayr mi meṙanic'i i veray žołovrdean-s ew mi amenayn azg-s koric'ē 一人の人間がこの民のために死んで，この民全体が滅びずにすむことが，私たちにとって得策だ Jn 11,50; ②oč' mnasc'ē aydr k'ar i k'ari veray, or oč' k'aktesc'i ここで崩されずに〔ほかの〕石の上に残される石はないだろう Mt 24,2; yaric'ē azg y-azgi veray ew t'agaworowt'iwn i t'agaworowt'ean veray 民族が民族に敵対して，王国が王国に敵対して起き上がるだろう Mk 13,8; nok'a owt'owtasank'-n y-oroc' veray ankaw aštarak-n i Siłovam ew span z-nosa シロアムの〔池の〕塔が倒れて命を落としたあの 18 人の者たち Lk 13,4; y-oyr veray tesanic'es (ἐφ' ὃν ἂν ἴδῃς) z-hogi-n zi iǰanic'ē, na ē or mkrtē hogwov-n srbov 霊が降って来て，誰かの上に留まるのをあなたが見るなら，その人こそが聖霊で洗礼を授ける者 Jn 1,33;〔veray 略〕aṙ z-iwrew y-oroy ankeal-n dnēr = ἄρας ἐφ' ὃ κατέκειτο 彼は自分が寝ていた〔台〕を担いだ Lk 5,25.

veranam, -rac'ay【動】上がる，のぼる，上げられる (ἀναβαίνω Mk 1,10; ἀπαίρω Mk 2,20; ἐπαίρω Ac 1,9; περιαιρέω 2Cor 3,16; ἀναφέρομαι Lk 24,51; ἀπέρχομαι Lk 2,15; ἀνασπάω Ac 11,10; ἀναλαμβάνω 1Tm 3,16; ἀνάλημψις Lk 9,51): ənd veranal i J̌roc-n 水から上がると Mk 1,10; ekec'en awowrk' yoržam verasc'i i noc'anē p'esay-n 花婿が彼らから奪い去られる日々が来るだろう Mk 2,20; minč' deṙ hayēin nok'a verac'aw 彼らが見ている前で彼は〔天に〕挙げられた Ac 1,9; yoržam darjc'in aṙ TR, apa verasc'i aṙagast-n 彼らが主に向けば，覆いは取り上げられる 2Cor 3,16; meknec'aw i noc'anē ew veranayr y-erkins 彼は彼らから離れて行き，天に運び上げられた Lk 24,51; ibrew varac'an i noc'anē hreštakk'-n y-erkins 御使いたちが彼らから離れて天へのぼり去った時 Lk 2,15; verac'aw darjeal amenayn anōt'-n y-erkins 容れもの全体が再び天に引き上げられた Ac 11,10; i katarel awowrc' veranaloy-n nora 彼が〔天に〕取り上げられる日々が満ちた時 Lk 9,51.　→ baṙnam

verarkow, -owac'【名】身にまとうもの，外套，覆い (περιβόλαιον): ibrew z-verarkow galalesc'es z-nosa まとうもののように，あなたはそれらを巻き上げるだろう He 1,12.　→ zgest

verac'owc'anem, -c'owc'i【動】持ち上げる，運び上げる（ἀναφέρω 1Pe 2,24）；負う（λαμβάνω Mt 8,17）: z-mer meɫs-n iwrov marmnov-n verac'oyc' i xač'ap'ayt-n 彼は私たちの罪を自分の体をもって十字架の上に運び上げた 1Pe 2,24; na z-hiwandowt'iwns mer verac'oyc' ew z-c'aws mer ebarj 彼自らが我らの弱さを負い，我らの病を担った Mt 8,17.

verin [vernoy, vernowm, vernoc']【形】上の，上にある；奥の（ἄνω Col 3,2; ἀνωτερικός Ac 19,1）: z-verin-n xorhec'arowk', mi z-ays or y-erkri ast ē 地上にあるものではなく，上にあるものを思え Col 3,2; Pawłosi šrǰeal z-verin kołmambk'-n パウロは奥地を通って来た Ac 19,1.—【副】（その）上に，表面に: ew ēr greal YS Nazovrec'i t'agawor Hreic' ... ew ēr greal Ebrayec'erēn· Daɫmatarēn ew Yownarēn verin「ユダヤ人どもの王，ナザレ人イエス」と書かれていた．（罪状書きの）上にはそれがヘブライ語，ラテン語，ギリシア語で書かれていた Jn 19,20. → vernatown

vernatown, -tan, -anc'【名】2階の部屋，屋上の間（ἀνάγαιον Mk 14,15; ὑπερῷον Ac 1,13; 20,8）[→ verin, town]: na c'owc'c'ē jez vernatown mi mec 彼自らあなたたちに2階の大きな部屋を見せるだろう Mk 14,15; ibrew mtin, elin i vernatown-n 彼らは市内に入ると，屋上の間にあがった Ac 1,13; ēin lapterk' bazowmk' i vernatan-n owr ēak' žoloveal 私たちが集まっていた屋上の間には，ともし火がたくさんともしてあった Ac 20,8. → dstikon

veroy〈i veroyの形でのみ〉【副】上に（ἐπάνω）↔i nerk'oy: or i verowst-n gay, i veroy ē k'an z-amenayn 上から来る人はすべてのものの上にある Jn 3,31. → ver

verowst〈i verowstの形でのみ〉【副】上から（ἄνωθεν Jn 3,31; 19,11; ἀπ' ἄνωθεν Mt 27,51; ἐκ τῶν ἄνωθεν Jn 19,23）↔nerk'owst: varagoyr tačari-n c'elaw y-erkows i verowst minč'ew i vayr 神殿の幕が上から下まで真っ二つに裂けた Mt 27,51; oč' karē mard aṙnowl y-anjnē ew oč' inč', et'e oč' ic'ē toweal nma y-erknic' i verowst 人間は上なる天から与えられているのでなければ，何一つとして自分から受け取ることはできない Jn 3,27; or i verowst-n gay, i veray ē k'an z-amenayn 上から来る人はすべてのものの上にある Jn 3,31; dowk' ēk' i nerk'owst asti (ἐκ τῶν κάτω), ew es i verowst anti (ἐκ τῶν ἄνω) em あなた方は下からのものであり，私は上からのものである Jn 8,23; et'e oč' ēr toweal k'ez i verowst それが上から与えられていたのでなければ Jn 19,11; i verowst p'or ankeal amenewin（下着は）上から全体を1枚に織り上げたものだった Jn 19,23.

verǰin, -ǰnoy, -ǰnowm, -ǰnoc'【形】最後の，最終の，最近の（ἔσχατος）: i

versain 686

verǰnowm awowr meci tawni-n 祭りの盛大な最終日に Jn 7,37; tesi ... zi bazowm ē vastak k'o verǰin-n k'an z-araǰin-n 私は，お前の最近の行いが初期の行いにまさっていることを知っている Re 2,19.

versain【副】もう一度，新たに，再び，改めて：z-korcaneal-n nora versain šinec'ic' = τὰ κατεσκαμμένα αὐτῆς ἀνοικοδομήσω 私はその崩れたところをもう一度建て直すであろう Ac 15,16.

verstin【副】新たに；上から (ἄνωθεν Jn 3,3.7); verstin kargel z-patmowt'iwn-n = ἀνατάσσομαι διήγησιν 物語を配列し直す，整理する Lk 1,1; et'e oč' ok' cnc'i verstin, oč' karē tesanel z-ark'ayowt'iwn AY 人は上から生まれなければ，神の王国を見ることはできない Jn 3,3; part ē jez cnanel verstin あなた方は上から生まれなければならない Jn 3,7. → cnanim

vec', -ic'【数】《基数》6, 6つ (ἕξ; ἕκτος Mt 20,5); vec' hariwr = ἑξακόσιοι 600; yet vec' awowr 6日後に Mt 17,1; yoržam p'akec'an-n erkink' z-eris ams ew z-vec' amis そのとき，天は3年と6月のあいだ閉じられた Lk 4,25; vec' awr ē y-ors [!] aržan ē gorcel 働くべき日は6日ある Lk 13,14; z-k'aṙasown ew z-vec' am šinec'aw tačar-s ays この神殿は46年かかって建てられた Jn 2,20; vec' hariwr vat'sown ew vec' 〔その数字は〕666 Re 13,18.

vec'erord; M: vec'errord, -i, -ac'【数】《序数》第6の，6番目の (ἕκτος)：y-amsean-n vec'erordi (vec'errordi) 6か月目に Lk 1,26; ēr žam ibrew vec'erord 時は第6刻頃であった Jn 4,6. [M: "-errord" は errord (< er-rord < *eri-rord), č'orrord (< č'or-rord < *č'ori-rord) からの類推, cf Schmitt, Grammatik des Klass.-Armen., p. 132]

[-**vēž**] → gahavēž, vižem

vēm, vimi, -imac'【名】岩，石 (λίθος, πέτρα) → k'ar : dow es vēm, ew i veray aydr vimi šinec'ic' z-ekełec'i im あなたこそ岩（ペトロ）である。そしてその岩の上に私は自分の教会を建てよう Mt 16,18; ēr ayr mi ew vēm mi edeal i veray nora それは洞穴であって，その上に石が置かれていた Jn 11,38; nmanesc'ē aṙn imastnoy, or šinec' z-town iwr i veray vimi 自分の家を岩の上に建てた賢い人と同じであろう Mt 7,24; ed i gerezmani z-or ēr p'oreal i vimē (= ἐκ πέτρας; M: i vimi [位格, cf. Mt 27,60E: z-or p'oreal i vimi = ... ἐν τῇ πέτρᾳ, M: i vimē]) 岩に掘ってあった墓に彼を納めた Mk 15,46; erkir šaržec'aw ew vēmk' pataṙec'an 大地は震え，岩々が裂けた Mt 27,51; vēms aṙin Hreayk'-n zi k'arkoc' arasc'en z-na ユダヤ人たちは，彼を石殺しにしようとして石を取り上げた Jn 10,31; y-asel omanc' z-tačarē-n t'e gełec'ik vimawk' ew aštarakawkʻ zardareal ē ある人々が神殿について，見事な石と奉納物で飾られていると語ると Lk 21,5. → apaṙaž

vēs【形】獰猛な，残酷な，野蛮な (ἀνήμερος) 2Tm 3,3.

vēr, viri, -racʻ【名】傷，けが (τραῦμα Lk 10,34; μώλωψ 1Pe 2,24; πληγή Lk 10,30; Ac 16,33); できもの (ἕλκος Lk 16,21); vērs i veray dnem 滅多打ちにする (πλήγας ἐπιτίθημι Lk 10,30): matowcʻeal pateacʻ z-vērs nora 彼は近寄って来てその傷に包帯をしてやった Lk 10,34; oroy virōkʻ-n bžškecʻakʻ その傷によってあなたがたは癒された 1Pe 2,24; vērs i veray edin (M: vers i veray edeal) tʻołin kisamah ew gnacʻin 彼らは〔彼を〕滅多打ちにして半殺しにしたまま立ち去った Lk 10,30; aṙeal z-nosa i nmin žamow gišerwoy-n lowacʻ i viracʻ anti 彼は夜中のその時刻に彼らを引き取り，その傷を洗ってやった Ac 16,33; ew šownkʻ ews gayin lezowin z-vērs nora 犬までもやって来ては彼のできものを舐め上げた Lk 16,21. → virawor

[**vižem**, -ecʻi「飛び込む，落ちる」] → gah-a-vēž, gah²

vih; M: virh, vhi, -hacʻ/-hicʻ【名】深い割れ目，淵 (χάσμα Lk 16,26); 暗黒 (ζόφος Jd 13): ew i veray aysr amenayni vih (M: virh) mec ē (= ἐστήρικται: στηρίζω) ənd mez ew ənd jez これらすべてに加えて我々とお前たちとの間には大いなる淵がある [Gk: 設けられている] Lk 16,26; astełkʻ molarkʻ orocʻ vih xawari-n yawitenicʻ paheal ē 永遠に暗闇が保存されている迷い星 Jd 13.

vičak, -i, -acʻ【名】①籤；運命，幸運 (κλῆρος Ac 1,26); vičaks [Jn 19,24bE: vičak] arkanem 籤を引く (κλῆρον/κλήρους βάλλω Lk 23,34; λαγχάνω Jn 19,24a). ②土地；占領，所有 (κατάσχεσις Ac 7,45). ③分け前，割り当て；相続，遺産，財産 (κλῆρος Ac 1,17; Col 1,12; 1Pe 5,3). ④地位，職，場所 (τόπος Ac 1,25). ⑤（行政上の）地区 (μερίς): ①etown vičaks nocʻa ew elanēr vičak-n matateay ew hamarecʻaw ənd metasan aṙakʻeals-n 彼らが彼らのために籤を出すと，籤はマッテアに当たって，彼は 11 使徒の中に加えられた Ac 1,26; bažanel z-handerjs-n nora arkin vičaks 彼らは彼の衣服を分けようとして籤を引いた Lk 23,34; mi pataṙescʻowkʻ z-ayd, ayl arkcʻowkʻ vičaks i veray dora owm ew elcʻē それを裂いたりはせず，誰のものになるか，それについて籤引きをしよう Jh 19,24a; bažanecʻan z-handerj im y-iwreans, ew i veray patmowčani imoy vičak arkin (M: vičaks arkanein [cf. Mt 27,35]) 彼らは私の上着を自分たちの間で分け，私の衣類について籤を引いた Jn 19,24b; ② i vičak azgacʻ-n 異邦人の土地を占領する際に Ac 7,45; ③haseal ēr nma vičak paštaman-s aysorik 彼にはこの奉仕の分

vičakem

け前が（籤で）当たっていた Ac 1,17; mi ibrew tirelov vičakacʻ-n 割り当てられた人々を支配しようとするな 1Pe 5,3; gohanal z-hōrē, or kočʻeacʻ-n z-mez i masn vičaki srbocʻ-n 私たちを聖なる者たちの相続分を受けるように呼んでくれた父に感謝する Col 1,12; ④ar̄nowl z-vičak paštaman-s aysorik ew z-ar̄akʻelowtʻean y-ormē ankaw Yowdas ユダが脱落したこの奉仕と使徒職の場所を受ける Ac 1,25; ⑤ew anti i Pʻilippows, or ē ar̄aJin vičak Makedovnacʻwocʻ そこからマケドニア〔州〕の第1区〔の都市〕であるフィリピへ Ac 16,12.

vičakem, -ecʻi【動】①籤で分配する，割り当てる，相続分を与える（κληρόω Eph 1,11）．②［中］-kim, -kecʻay［＋与］割り当てられる，…のものになる，…に与する，従う（προσκληρόομαι Ac 17,4）：①orov ew vičakecʻakʻ 彼によって私たちはまた相続分を与えられた Eph 1,11; ②vičakecʻan Pawłosi ew Šiłayi 彼らはパウロとシラスに従った Ac 17,4.

vičim, -čecʻay【動】［ənd＋位］論じる，議論する，論争する（συζητέω Mk 9,14; διαλογίζομαι Mk 9,33; διαλέγομαι Mk 9,34; διακρίνομαι Jd 9; ἀντιβάλλω Lk 24,17）；強く主張する（διϊσχυρίζομαι Lk 22,59）：tesin ambox šowrJ̌ z-nokʻawkʻ ew z-dpirs-n zi vičein ənd nosa 彼らは，群衆が彼ら（弟子たち）の周りにおり，律法学者たちが彼らと議論しているのを目にした Mk 9,14; ənd mimeans vičein i čanaparhi tʻe ov? mec icʻē 彼らは道すがら，誰が大いなる者か，互いに論じていた Mk 9,34; zinčʻ en bankʻ-d vasn oroy vičikʻ ənd mimeans minčʻder̄ gnaykʻ-d あなたたちが歩きながら互いに論を交わしているそれらのことは何か Lk 24,17; omn vičēr ew asēr, stoyg ew sa ənd nma ēr ある者が強く主張して言った，「確かにこの男もあいつと共にいた」Lk 22,59. ［vičem, 箴言 16,30: or vičē šrtʻambkʻ iwrovkʻ z-amenayn čʻaris, aynpisi-n ē hnocʻ čʻareacʻ = ὁρίζει δὲ τοῖς χείλεσιν αὑτοῦ πάντα τὰ κακά, οὗτος κάμινός ἐστιν κακίας]

vimi, vimacʻ → vēm

višap, -i, -acʻ【名】竜（δράκων）：višap mi mec hrełēn, oroy ēin glowxkʻ ewtʻn ew ełJewrkʻ tasn 7つの頭と10本の角を持った火のように赤い大きな竜 Re 12,3.

višt, všti, -tacʻ【名】患難，苦難，危険，危惧，恐れ（κίνδυνος 2Cor 11,26; Ro 8,35; θλῖψις 2Cor 2,4; ὕβρις Ac 27,21）；悲しみ，心痛（λύπη 1Pe 2,19）：višts i getocʻ, višts y-awazakacʻ, višt y-azgē 川の危険，盗賊の危険，同胞からの危険 2Cor 11,26; tʻē merkowtʻiwn?, tʻē vištkʻ?, tʻē sowr? それとも裸か，それとも危険か，それとも剣か Ro 8,35; mez višt vtanki ē ənd kr̄owoy-s aysr awowr = κινδυνεύομεν ἐγκαλεῖσθαι στάσεως περὶ τῆς σήμερον 私たちには今日のこの暴動について罪に問われる恐れがある Ac 19,40; čč'ēr y-erknel-n ew bazowm vštōk' merj ēr i cnanel 女は陣痛に叫び，大いに苦しんで子を産もうとしていた Re 12,2. → vstanam

virawor, -i, -ac' 【形】負傷した，抑圧された (θραύω Lk 4,18; τραυματίζω Ac 19,16): arjakel z-virawors i t'ołowt'iwn = ἀποστεῖλαι τεθραυσμένους ἐν ἀφέσει 打ち砕かれた者を解放の中へと遣わすため Lk 4,18; minč'ew merks ew virawors p'axč'el i tanē anti = ὥστε γυμνοὺς καὶ τετραυματισμένους ἐκφυγεῖν ἐκ τοῦ οἴκου ἐκείνου そのために彼らは裸で傷を負わされて自分の家から逃げ出したほどだった Ac 19,16. → vēr

viraworem, -ec'i 【動】①傷つける，負傷させる (τραυματίζω Lk 20,12). ②打ち壊す (πλήσσω Re 8,12). ③できものがある (ἑλκόομαι Lk 16,20):①nok'a ew z-na viraworec'in ew hanin artak's 彼らは彼をも傷を負わせて外に投げ捨てた Lk 20,12; ②viraworēr errord masn aregakan 太陽の3分の1が打ち壊された Re 8,12; ③ałkat omn anown Łazaros ankeal dnēr aṙ dran nora viraworeal ラザロという名のある乞食はできものだらけの姿で彼の門前に寝そべっていた Lk 16,20. → vēr

virh → vih

vkay, -i, -ic' 【名】①証人 (μάρτυς; τὸ μαρτύριον [D; t.r.: ἡ μαρτυρία] Lk 22,71); sowt vkay-k' 偽証者 (ψευδομάρτυς, -τεις). ②殉教者:①zi i beranoy erkowc' ew (M: kam) eric' vkayic' hastatesc'i amenayn ban 2人ないし3人の証人の口ですべての事柄が確立されるために Mt 18,16; zinč'? ews pitoy en mez vkayk' われわれにはどうしてこれ以上証人が要るだろうか Mk 14,63; oč' gtanein i bazmac' (M: bazowm) sowt vkayic'-n matowc'eloc' 多くの偽証者がやって来たにもかかわらず，（偽証は）見つからなかった Mt 26,60; ②tesi z-kin-n arbec'eal y-arenē srboc' ew y-arenē amenayn vkayic'-n 私はその女が聖徒たちの血とすべての殉教者たちの血で酔いしれているのを見た Re 17,6.

vkayem, -ec'i 【動】① [t'e/et'e+直 Jn 12,17 [ὅτι]; zi+直 Jn 3,28 [ὅτι]; vasn+属 = περί…について] 証しする (μαρτυρέω; συνεπιμαρτυρέω He 2,4; προμαρτύρομαι 1Pe 1,11); [+与] …と共に証しする (συμμαρτυρέω Ro 9,1); z-[+奪]/hakaṙak [+属] …に不利な証言をする (καταμαρτυρέω Mt 27,13; Mk 14,60). ② [+与] 称賛する，ほめそやす (μαρτυρέω); vkayeal 評判のよい (μαρτυρούμενος Ac 6,3). ③同意（賛成・一致）する (σύμφημι Ro 7,16):①žołovowrd-n vkayēr … t'e (M: et'e) z-Łazar koč'eac' ewt' i gerezmanē-n ew yaroyc' z-na i meṙ eloc' 群衆は，彼がラザロを実際に墓の中から呼び出し，死人たちの中から起こしたと証ししていた Jn 12,17; dowkʻ jezēn vkayēkʻ inj, zi asacʻi jez tʻe čʻ-em es KʻS-n 私が「私はキリストではない」と言ったことは，あなた方自身が証ししてくれることだ Jn 3,28; es em or vkayem vasn im, ew vkayē vasn im or ařkeacʻ-n z-is hayr 私が私自身について証しし，また私を派遣した父が私について証ししている Jn 8,18; vkayen inj mitkʻ im i hogi sowrb 聖霊において私の良心が私と共に証ししている Ro 9,1; očʻ? lses orčʻapʻ dokʻa hakařak kʻo vkayen 彼らがどれだけお前に不利な証言を申し立てているのか，お前には聞こえないのか Mt 27,13; zinčʻ dokʻa z-kʻēn vkayen これらの者たちはなぜお前に不利な証言をしているのだ Mk 14,60; ②amenkʻin vkayein nma 皆が彼をほめそやした Lk 4,22; ③etʻē z-or očʻ-n kamim, z-ayn ařnem, vkayem ōrinacʻ-n tʻē barwokʻ en もしも私が自分の欲していないことを行っているとすれば，律法が良いものであると賛成していることになる Ro 7,16.

vkayowtʻiwn, -tʻean【名】①証し；証言；評判 (μαρτυρία Mk 14,55; Jn 1,7; 1Tm 3,7; μαρτύριον Lk 21,13; 1Cor 1,6; συμμαρτυρέω Ro 2,15); sowt vkayowtʻiwn 偽証 (ψευδομαρτυρία), Mk 14,56 sowt vkayowtʻiwn vkayem z-nmanē = ψευδομαρτυρέω κατ' αὐτοῦ 偽って彼に不利な証言をする；ařancʻ vkayowtʻean 証しのない (ἀμάρτυρος Ac 14,17). ②vkayowtʻiwn tam/dnem 力を込めて証言する，厳しく警告する，厳命する，断言する (μαρτύρομαι Ac 20,26; διαμαρτύρομαι Lk 16,28; Ac 2,40; 18,5; ἀποδίδωμι Ac 4,33)：①sa ekn i vkayowtʻiwn この人は証しのために来た Jn 1,7; linicʻi jez ayn i vkayowtʻiwn それはあなた方にとって証し〔をする機会〕となろう Lk 21,23; orpēs vkayowtʻiwn-n isk AY hastatecʻaw i jez 神についての証しがあなた方のうちで確固たるものとされたように 1Cor 1,6; xndrein hakařak YI vkayowtʻiwn inčʻ 彼らはイエスに不利な証言を探していた Mk 14,55; part ē nma vkayowtʻiwn bari ew y-artakʻnocʻ-n ownel 彼は外部からも立派な評判を得ていなければならない 1Tm 3,7; sakayn očʻ etʻē ařancʻ vkayowtʻean z-inkʻn etʻoł しかし彼は自分を証ししなかったのではない Ac 14,17; ②vkayowtʻiwn dnem jez y-awowr y-aysmik zi sowrb em y-arenē amenecʻown いかなる者の血についても私には責任がないことを，とくに今日，あなたたちに断言しておく Ac 20,26; orpēs zi taycʻē nocʻa vkayowtʻiwn, zi mi ew nokʻa gaycʻen y-ays tełi tanǰanacʻ 彼が彼らに警告してくれるように．そうすれば，彼らもこの苦しみの場所に来ないですむだろう Lk 16,28; aylovkʻ baniwkʻ bazmōkʻ vkayowtʻiwn dnēr 彼は多くの他の言葉をもって証しをした Ac 2,40; dnel vkayowtʻiwn hrēicʻ-n tʻē YS ē KʻS-n ユダヤ人に対し

てイエスがキリストであることを力を込めて証言する Ac 18,5; zōrowt'eamb bazmaw tayin vkayowt'iwn arˇak'ealk'-n z-yarowt'ean-n TN 使徒たちは大いなる力で主の蘇りを証しした Ac 4,33.

vhatem, -ec'i【動】①[他]落胆させる，勇気を失わせる．②-im, -ec'ay [自]落胆する，失望する，力を落とす (ἐκλύομαι)：②mi vhatic'is yandimaneal i nmanē 彼から咎められて意気阻喪するな He 12,5.

vhatowt'iwn, -t'ean【名】臆病，小心；落胆，失望 (δειλία)：oč' et mez AC hogi vhatowt'ean 神は私たちに臆病の霊を与えなかった 2Tm 1,7.

včarem, -ec'i【動】終わらせる，終結させる，決着させる (ἐπιλύω Ac 19,39)：or vasn im inč' ē včareal ē = τὸ ἐμοῦ τέλος ἔχει 私に関することは終わりを迎えている Lk 22,37 [cf. Calfa: amenayn inč' včareal ē 'tout est fini pour moi']；apa t'ē vasn ayl irik' xndir ic'ē, y-ōrinawor žołovs-n včaresc'en もしほかのことで[あなた方に]訴えごとがあるのなら，人々は公式の集会で決着させるだろう Ac 19,39.

včirˇ【名】①宣告，判決 (ἀπόκριμα 2Cor 1,9)．②限界，終り，終了 (πέρας He 6,16)：①anjamb y-anjins z-včirˇ mahow ənkalak' 私たちは自分で自分自身への死の宣告を受けた 2Cor 1,9；②amenayn hakarˇakowt'ean noc'a včirˇ i hastatowt'iwn, erdowmn-n ē 誓いは保証となり彼らに対する反論はすべて終結する He 6,16.

vnas, -ow, -ow'【名】①損害，損失 (ἀποβολή Ac 27,22; ζημία Ac 27,10)．②異常なこと，異変；不正 (ἄτοπος Ac 25,5; 28,6)．③罪科，罪状 (αἰτίωμα Ac 25,7; αἴτιον Lk 23,4; αἰτία Mt 27,37; Mk 15,26; Jn 19,4; Ac 28,18)；告訴 (ἔγκλημα Ac 23,29)；Jn 9,2.3: τίς [/Jn 9,3: οὗτος] ἥμαρτεν = oyr? vnas ē 誰が罪を犯したのか [→ mełanč'em]；理由，根拠．④関係，事態 (αἰτία Mt 19,10)：①vnas anjin ew oč' miowm i jenǰ linic'i, bac' i nawē-d 舟は失うが，あなたたちの中で命を失う者は1人もいない Ac 27,22; t'snamanōk' ew bazowm vnasow oč' miayn berˇin-d ew nawi-d ayl ew anjanc' meroc' lineloc' ē nawarkowt'iwn-s この航海は積荷や船体だけでなく，私たちの命にまで，危険と多大な損害をもたらすだろう Ac 27,10；②oč' inč' vnas ełew nma 彼に何も異常なことは起きなかった Ac 28,6; t'ē ic'ē inč' y-arˇn-n vnas, ambastan lic'in z-nmanē もしあの男に何か不正なことがあるなら，訴え出るがよかろう Ac 25,5; ③bazowm ew canr vnas dnēin, z-ors oč' karēin c'owc'anel 彼らは多くの重大な罪状を並べ立てたが，それらを立証することはできなかった Ac 25,7; č'-gtanem inč' vnas y-arˇn-s y-aysmik 私はこの男にはなんの罪も見出せない Lk 23,4; edin i veray glxoy nora greal z-vnas nora 彼らは彼の頭の上に彼の罪状を書いて掲げた Mt 27,37; ēr gir vnasow-n nora greal, tʻe tʻagawor ē hrēicʻ 彼の罪状を記した捨て札には「ユダヤ人どもの王」と書いてあった Mk 15,26; es vnas inčʻ i nma očʻ gtanem 私は彼のうちに何の科も見出さない Jn 19,4; vasn mi inčʻ vnas mahow gtaneloy y-is 死刑に値する理由が私に何一つなかったので Ac 28,18; očʻ dora vnas ē, ew očʻ hawr ew mawr iwroy この人が罪を犯したのでもなく，その両親でもない Jn 9,3; aržan? icʻē arjakel z-kin iwr ǝst amenayn vnasow どのような理由であれ，人が自分の妻を離縁するのは許されているのか Mt 19,3; ④etʻe aydpēs inčʻ vnas icʻē ǝnd ayr ew ǝnd kin, law ē čʻ-amowsnanal = εἰ οὕτως ἐστὶν ἡ αἰτία τοῦ ἀνθρώπου μετὰ τῆς γυναικός, οὐ συμφέρει γαμῆσαι もし夫と妻の関係がそのような具合なら，結婚しない方がよい Mt 19,10.

vnasakar, -acʻ【形】[＋与] 有害な，破壊的な；不正を働く (ἀδικέω Ac 25,10; βλαβερός 1Tm 6,9; λυμαίνομαι Ac 8,3)：hrēicʻ inčʻ čʻ-em vnasakar, orpēs ew dow isk kʻaǰ gites あなたもよく知っているように，私はユダヤ人に対して何も不正を働いてはいない Ac 25,10; i bazowm cʻankowtʻiwns anmits ew vnasakars 多くの愚劣蒙昧で有害な欲望に［陥る］1Tm 6,9; Sawłos vnasakar ēr ekełecʻwoy-n サウロは教会を根絶しようとしていた Ac 8,3.

vnasem, -ecʻi【動】[＋与] 害を及ぼす，危害を加える，傷つける，損なう (βλάπτω Lk 4,35; ἀδικέω Re 6,6; 7,3)：el i nmanē ew inčʻ očʻ vnaseacʻ nma 悪霊は彼から出て行って彼に何の害も及ぼさなかった Lk 4,35; ew tʻe mahkanacʻow inčʻ deł arbowscʻen, nocʻa očʻ vnasescʻen = κἂν θανάσιμόν τι πίωσιν οὐ μὴ αὐτοὺς βλάψῃ 彼らに何か死をもたらす薬を飲ませても，彼らに害を及ぼすことはないだろう Mk 16,18 [Gk: 彼らは何か毒を飲んでもまったく害を受けないだろう]；jētʻ ew gini mi vnasescʻes オリーブ油と葡萄酒は損なわないように Re 6,6; mi vnasēkʻ erkri, mi covow, mi cařocʻ 地にも海にも樹木にも危害を加えてはならない Re 7,3.

vštakicʻ, -kcʻi, -kcʻacʻ【名】共に苦しむ者 (συγκακοπαθέω)：vštakicʻ ler ibrew z-barowokʻ zinowor KʻI YI キリスト・イエスの立派な兵士として共に諸悪に耐えよ 2Tm 2,3. → višt, -kicʻ

vštanam, -tacʻay【動】悩まされる，苦しめられる，苦しむ (πάσχομαι Mk 5,26; χειμάζομαι Ac 27,18; συμπάσχω 1Cor 12,26; κακοπαθέω Jas 5,13)：yoyž vštacʻeal i bazowm bžškacʻ 多くの医者にさんざん苦しめられて Mk 5,26; i sastkagoyn vštanaloy-n meroy 私たちはひどい嵐に悩まされたので Ac 27,18; etʻē vštanay inčʻ mi andam-n, vštanan amenayn andamkʻ-n ǝnd nma 1個の肢体が苦しむ時には，すべての肢体が共に苦

しむ 1Cor 12,26; vštanaycʻē okʻ i jēnǰ, y-ałōtʻs kaycē あなた方の中で苦しんでいる人がいれば，祈れ Jas 5,13. → višt

vstah【形】[i+対] 確信している (πείθομαι)：vstah em y-ayd, tʻē or sksaw-n i jez z-gorcs bareacʻ katarescʻē minčʻew y-ōr-n YI KʻI 私は次のことを確信している，すなわち，あなた方のうちにあって善き業を始めた方はイエス・キリストの日まで完成し続けるだろうということを Php 1,6; vstah es y-anjn kʻo arạǰnord linel kowracʻ あなた自身が盲人たちの道案内であると確信している Ro 1,29.

vstahowtʻiwn, -tʻean【名】信頼，確信 (πεποίθησις)：ałačʻem zi mi i mōtoy ew etʻ hamarjakicʻim vstahowtʻeamb 私があなた方のところに行った時に，確信をもって断固たる策に出ることがないようにと，私は願っている 2Cor 10,2; tʻēpēt ew es isk z-noyn vstahowtʻiwn ownim ew i marmni もっとも私とて肉への信頼も持ってはいるのだが Php 3,4.

vtang; vtank, -i, -icʻ【名】危険，危機；強制，必要 (ἀνάγκη)；罰，処罰；mez višt vtanki ē ənd [+属] = κινδυνεύομεν ἐγκαλεῖσθαι περὶ τινος われわれには…に関して罪に問われる恐れがある Ac 19,40：vasn vtanki-n or i veray kay 切迫している危機のゆえに 1Cor 7,26; vtank inčʻ očʻ icʻē nma 彼は強制されていない（必要に迫られていない）1Cor 7,37.

vtarandi, -dwoy, -deacʻ【形】追放された；放浪する，流浪の，さすらいの；不確かな，疑わしい；vtarandi arṇel さまよわせる，食い物にする，詐取する，利を貪る (ἐμπορεύομαι)：agahowtʻeamb mtacʻacin baniwkʻ arṇicʻen z-jez vtarandis 彼らは貪欲にまかせ虚構の言葉であなた方から利を貪るであろう 2Pe 2,3.

vtarandim, -decʻay【動】[i+対] 追放される，陥る (ἔνοχος)：z-aynosik or mahow-n erkiwłiw hanapaz kēin vtarandealkʻ i carʻayowtʻiwn 死の恐れによって常に奴隷状態に陥って生きて来た人々 He 2,15.

vran, -i, -acʻ【名】幕屋 (σκηνή)：arēkʻ z-vran-n Mołokʻay, ew z-astł-n astowacoy-n Hremp'ay お前たちはモロクの幕屋や神ライファンの星を担いだ Ac 7,43. → xoran

vrēž, vrižow; vrēžkʻ, vrižowcʻ【名】①復讐，報復，仕返し；罰，懲罰；vrēžs lowcanil/pahanǰil/tal 罰を受ける (δίκη [τίνω] 2Th 1,9). ②arṇowl/xndrel/hanel (z-)vrēž(s) 復讐する，処罰する，懲罰を課す (ἐκδικέω 2Cor 10,6; Re 6,10)：①orkʻ taycʻen vrēžs i satakowmn yawitenicʻ このような者たちは永遠の破滅という罰を受けるであろう 2Th 1,9; ②i patrasti ownimkʻ xndrel z-vrēž y-amenayn anhnazandowtʻean 私たちはすべての不従順を処罰する用意ができている 2Cor 10,6; arṇowl

vrēxndir

z-vrēžs y-aync'anē oyk' oč' čanač'en z-AC, ew or oč' hnazandin awetarani-n TN meroy = διδόντος ἐκδίκησιν τοῖς μὴ εἰδόσιν θεὸν καὶ τοῖς μὴ ὑπακούουσιν τῷ εὐαγγελίῳ τοῦ κυρίου ἡμῶν 神を知らない者たち，そして私たちの主の福音に聞き従わない者たちに懲罰を課す 2Th 1,8; minč'ew y-erb? oč' datis ew xndres z-vrēž arean meroy i bnakč'ac' erkri いったいいつまであなたは地上に住む者たちに対して裁きを行わず，私たちの〔流した〕血の復讐をしないでいるのか Re 6,10.

vrēžxndir, -drac' 【形】復讐心に燃えた；報復者 (ἔκδικος Ro 13,4; 1Th 4,6)：AY spasawor ē vrēžxndir i barkowt'iwn aynm or z-č'ar-n gorcic'ē それは神の奉仕者として，悪をなす者に対しては，怒りをもって報いをなすものなのだ Ro 13,4; vrēžxndir ē TR i veray amenayni aydorik 主はこれらすべてのことに関して報いをなす方である 1Th 4,6.

vrēžxndrem, -ec'i 【動】復讐する，報復する (ἐκδικέω)：mi z-anjanc' vrēžxndrēk' あなた方は自分自身で報復するな Ro 12,19.

vrēžxndrowt'iwn, -t'ean 【名】①復讐，報復．②処罰．③擁護 (ἐκδίκησις)；aṙnem vrēžxndrowt'iwn [＋与] = ποιέω τὴν ἐκδίκησιν [＋属] …を擁護する：①zi awowrk' vrēžxndrowt'ean en aynok'ik, aṙ i katareloy amenayn greloc' なぜなら，これらこそ，〔聖書に〕書かれているすべてのことが満たされるべき報復の日々だからだ Lk 21,22; im ē vrēžxndrowt'iwn, ew es hatowc'ic', asē TR 復讐は私のこと，私が報復する，と主が言われる Ro 12,19; ②dataworac' ibrew i nmanē aṙak'eloc' i vrēžxndrowt'iwn č'aragorcac'-n 犯罪者を罰するために彼によって派遣されている者としての総督たちに〔服従せよ〕1Pe 2,14; ③isk AC oč'? aṙnic'ē vrēžxndrowt'iwn caṙayic' iwroc' or ałałaken aṙ na i towē ew i gišeri 神は，昼夜を問わず神に叫んでいる僕たちを擁護しないであろうか Lk 18,7.

vripim, -pec'ay 【動】[i＋奪] 迷い出る (ἀποπλανάομαι 1Tm 6,10; ἀστοχέω 2Tm 2,18) [vrēp「過ち」〜 NP virēb 'curvus']：orowm omanc' c'ankac'eal vripec'an i hawatoc'-n ある人々はそれ（金銭欲を）追求したために，信仰から迷い出た 1Tm 6,10; ork' vripec'an čšmartowt'ean-n 彼らは真理から迷い出た 2Tm 2,18. → molorim

t

[t- 【接頭】《否定》…がない，…を欠く] → tgēt, tkar, txowr, txrim [他に an-, h-: ELPA I,163; Olsen, Noun, p. 700f; 他に h-, dž-/t'š-: HH, AG, p. 180; Schmitt, Grammarik, p. 81f.]

[-t (無声音の前，後または間で -d に対する): Mk 1,24M: es-t/ sowrb-d; Mk 5,39M: manowk-t oč' ē meṛeal; Mk 6,36 Lk 23,5M: z-żołovowrd-t (żołovowrd, /-urt/ と発音される); Lk 15,29M: z-patowiranaw-t k'o; cf. ayt vs. ayd]

ta (= tay) → tam

tagnap, -i, -ac' 【名】①艱難，苦悶，苦痛 (ἀνάγκη Lk 21,23; συνοχή Lk 21,25; ἀγωνία Lk 22,44 [Zohrab]). ②tagnapaw 【副】急激に，轟音と共に (ῥοιζηδόν 2Pe 3,10): ①ełic'i tagnap mec i veray erkri 地上には大いなる艱難があるだろう Lk 21,23; ełic'i … y-erkri tagnap het'anosac' 地上では諸国民に苦悶が生じるだろう Lk 21,25; ēr i tagnapi 彼は死にもの狂いになった Lk 22,44; ②erkink' tagnapaw anc'c'en 天は爆音と共に去り行くだろう 2Pe 3,10.

tagnapim, -pec'ay [tagnapem = tagnac'owc'anem: Calfa] 【動】苦しむ (συνέχομαι [D: κατέχομαι] Lk 4,38; 8,37); 危機に瀕する (κινδυνεύω Lk 8,23): zok'anč' Simovni tagnapēr ĵermamb mecaw シモンの姑がはなはだしい熱病に苦しんでいた Lk 4,38; ahiw mecaw tagnapein 彼らは大きな恐れにさいなまれていた Lk 8,37; owṛnoyr ew tagnapein (舟が) 水浸しになって，彼らは危機に瀕した Lk 8,23.

taxtak, -i, -ac' 【名】書き板 (πινακίδιον Lk 1,63), 罪状書き (τίτλος Jn 19,19.20), 板 (πλάξ He 9,4; σανίς Ac 27,44): xndreac' taxtak greac' ew asē, Yovhannēs ē anown dora 彼は書き板を所望して「この者の名はヨハネである」と書いた Lk 1,63; greac' ew taxtak Piłatos ew ed i veray xač'i-n ピラトゥスは罪状書きまでも記し十字架の上につけた Jn 19,19; z-ayn taxtak ənt'erc'an bazowmk' i Hrēic' その罪状書きをユダヤ人たちの多くが読んだ Jn 19,20; taxtakk' ktakaranac'-n 契約の板 He 9,4; z-ayls-n z-ors i taxtaks ある者は板切れに乗って Ac 27,44.

takaw 【副】少しずつ，徐々に (ἤδη, vulg.: iam): yoržam takaw ostk'-n nora kakłanayc'en ew terew arjakic'i i nma, gitēk' t'e merj ē amař̄n その枝が徐々に［Gk: すでに］柔らかくなり，葉が生じると，夏が近いことをあなたたちは知っている Mk 13,28.

takawin【副】今なお，まだ，依然として，相変らず（ἀκμήν Mt 15,16）; takawin oč'/č'- まだ…ない（οὔπω Mk 8,17; ἔτι Lk 24,41; Ro 6,2）: takawin ew dowk' anmitk'? ēk' あなたたちも依然として悟りがないのか Mt 15,16; takawin č'-imanayk'‥ ew oč' yišēk' … まだあなたたちは理解しないのか．思い出さないのか Mt 16,9; takawin oč'? imanayk' ew oč' yišēk' あなたたちはまだ分からないのか，悟らないのか Mk 8,17; minč'der̄ takawin č'-hawatayin i xndowt'enēn 彼らが喜びのあまりまだ信じられずにいると Lk 24,41; ork' meṙak' mełac'-n, ziard? takawin i nmin kec'c'emk' 罪に対して死んだ私たちが，どのようにしたらなおそのうちで生きるのであろうか Ro 6,2.

takawsawk'（Lk 19,23M）→ tokosik'

tałant/tałand, -oy, -oc'【名】タラント（τάλαντον Mt 18,24; ταλαντιαῖος Re 16,21）: karkowt mec ibrew kšiř̄ tałandoy mioy iǰanēr y-erknic' i veray mardkan 1 タラントンほどの重さの雹が天から人々の上に降って来た Re 16,21; Mt 18,24: bewr k'ank'aroy, E.mg.: bazowm tałantoc'; Mt 25,24E: k'ank'ar-n, E.mg.: tałant-n kšroy anown ē ew oč' t'owoy. → k'ank'ar

taławar, -i, -ac'【名】テント，幕屋（σκηνή）: arasc'owk' eris taławars 3つの幕屋を造ろうではないか Mt 17,4; Mk 9,5; Lk 9,33.

taławarahark', -rac'【名】テントを張ること［→ taławar, harkanem, アオ har-i］; tawn/zatik taławaraharac' 仮庵祭（σκηνοπηγία）: ēr merj tawn-n ［M: zatik-n］ hreic' taławaraharac' ユダヤ人たちの祭りである仮庵祭が近かった Jn 7,2.

tałit'a = ταλιθά タリタ（「少女よ」）: tałit'a kowmi, or t'argmani, ałǰik dow k'ez asem ari「タリタ・クミ」，これは「少女よ，私はあなたに言う，起きよ」という意味である Mk 5,41. → ałǰik

tałtkam; tałtkanam, -kac'ay【動】① ［i+奪］…にうんざりする，嫌悪する，怒りを抱く，吐き気を催す（σαίνομαι 1Th 3,3; προσοχθίζω He 3,17）．② うめく（στενάζω）: ①zi mi tałtkayc'ēk' i nełowt'iwns-s y-aysosik これらの患難のうちにあってもあなた方がうんざりする［Gk: 誰も動かされる］ことのないように 1Th 3,3; y-owmē? tałtkac'aw z-k'ař̄asown am-n 40年間，〔神が〕怒ったのは誰に対してだったか He 3,17; ②or emk' ənd yarkaw-s ənd aysowik, tałtkamk' canrac'ealk' この幕屋の下にある私たちは圧迫されてうめいている 2Cor 5,4.

tačar, -i, -ac‘【名】①神殿（ναός Mt 23,35; ἱερόν Mt 21,12; Jn 10,23; 1Cor 9,13）．②家（οἶκος Lk 11,51; οἰκία 2Cor 5,1）：①zinč‘? mec ē oski-n, et‘e tačar-n or srbē z-oski-n 黄金とそれを聖化する神殿とでは，どちらが大いなるものか Mt 23,17; minč‘ew c‘-ariwn-n Zak‘ariay ordwoy Barak‘eay z-or spanēk‘ ənd mēǰ tačari-n ew sełanoy お前たちが神殿と祭壇の間で殺害したバラキオスの子ゼカリヤの血に至るまで Mt 23,35; ehan artak‘s z-amenesean or vačaṙein-n ew gnein i tačari and 彼は神殿で売り買いする者たち全員を追い出した Mt 21,12; šrǰēr YS i tačari-n i srahi-n Sałomovni イエスは神殿でソロモンの柱廊を歩いていた Jn 10,23; or i tačari-n gorcen, i tačarē anti owten 神殿で仕事をしている者たち〔= οἱ τὰ ἱερὰ ἐργαζόμενοι 聖なることがらに従事している者たち〕は，神殿から〔出て来るものを〕食べる 1Cor 9,13; na asēr vasn tačari marmnoy iwroy 彼は自分の身体という神殿について話していたのだ Jn 2,21; ②y-arenē-n Abeli, minč‘ew y-ariwn-n Zak‘ariay korowseloy ənd sełan-n ew ənd tačar-n アベルの血から〔始まって〕祭壇と〔神殿の〕家の間で滅びたゼカリヤの血に至るまで Lk 11,51; et‘ē erkrawor tačar šinowacoy-n meroy k‘aktesc‘i たとえ私たちの地上の幕屋の家が打ち壊されても 2Cor 5,1.

tačarapet, -i, -ac‘【名】宴会（食事）の監督，世話役（ἀρχιτρίκλινος）：aṙēk‘ ew berēk‘ tačarapeti-s〔水を〕汲んで世話役のところへ持って行け Jn 2,8; ibrew čašakeac‘ tačarapet-n z-ǰowr-n gini ełeal ... xawsi ənd p‘esayi-n tačarapet-n 世話役は，葡萄酒になっているその水を味見したとき，世話役は花婿に対して言う Jn 2,9.　→ -pet

tam, etow, et, towr, toweal【動】①与える；渡す，届ける，提供する；生ずる，産する，引き起こす；（賃金を）払う（δίδωμι; ἀναδίδωμι Ac 23,33; ἀποδίδωμι Mt 20,8; Re 22,2; ἐπιδίδωμι Lk 11,12; μεταδίδωμι Lk 3,11; παραδίδωμι Lk 4,6; τίθημι 1Cor 9,18; ἐπιτίθεμαι Ac 28,10; μερίζω He 7,2; δόσις Php 4,15）；（税を）納める（τελέω Mt 17,24）；もたらす（φέρω 2Pe 1,21）；貸す（ἐκδίδομαι Lk 20,9）．②（金を）預ける，供託する（δίδωμι Lk 19,23）．③tam〔+不〕…できるようにする，…させる; oč‘ tam〔+不〕…させない，…するのを許さない：①ebek ew et c‘-ašakerts-n z-nkanaks-n 彼は裂いて弟子たちにパンを与えた Mt 14,19; etown erkink‘ z-anjrew 天は雨を降らせる Jas 5,18; lowsin oč‘ tac‘ē z-loys iwr 月はその光を放たないだろう Mt 24,29; əst mioy mioy amsoc‘ tayin z-ptowłs iwreanc‘〔その木は〕毎月１つの実を実らせた Re 22,2; yoržam tayc‘ē z-ptowł-n（= ὅταν δὲ παραδοῖ ὁ καρπός）valvałaki aṙaki mangat〔種が〕実を結ぶと〔Gk: 実が〔収穫を〕許す〕時になると，

tayc'- 698

すぐに鎌を入れる Mk 4,29; oč' mi ekełec'i hałordeac' inj y-ałags taloy ew aṙnloy bayc' miayn dowk' ただあなた方を除いては，どの教会も〔物を〕与え，与えられるという貸借勘定を私と共有してくれなかった Php 4,15; toweal c'-datawor-n z-t'owłt'-n 総督に手紙を届けて Ac 23,33; zi inj toweal ē ew owm kamim tam z-sa それは私に引き渡されていて，私の望む者に私はそれを与える Lk 4,6; ②əndēr? oč' etowr z-arcat'-n im sełanawors どうしてお前は私の金を両替屋に託さなかったのか Lk 19,23; ③xlic' lsel tay ew hamerc' xawsel = τοὺς κωφοὺς ποιεῖ ἀκούειν καὶ ἀλάλους λαλεῖν 彼は耳の聞こえない者たちを聞こえるようにし，口の利けない者たちを話せるようにする Mk 7,37; et tanel z-na aṙ Hērovdēs = ἀνέπεμψεν αὐτὸν πρὸς Ἡρῴδην 彼は彼をヘロデのもとへ送致した Lk 23,7; oč' tayr akan hatanel z-tan-n iwroy = οὐκ ἂν εἴασεν διορυχθῆναι τὴν οἰκίαν αὐτοῦ 彼は自分の家に穴を開けられるのを放っておかなかただろう Mt 24,43; oč' tayr (M: + t'oył) xawsel diwac'-n = οὐκ ἤφιεν λαλεῖν τὰ δαιμόνια 彼は悪霊どもには語ることを許さなかった Mk 1,34. → towič', towrk', stntow, p'oxatow

tayc'- (接・現) → tam
tan, tanē, tanc' → town
tanawtēr [M] → tanowtēr
taneac' → tanik'
tanim, taray, tar [→ tarac]【動】①導く，引いて行く，連れて行く (ἄγω Mk 13,11; ἀπάγω Mt 7,13; Mk 14,44; καθιστάνω Ac 17,15; ἀποφέρω Mk 15,1; εἰσφέρω Mt 6,13); tanim i nerk's 引き入れる (ἀπάγω Mk 15,16), 漕ぎ出る (ἐπανάγω Lk 5,3). → xałac'owc'anem. ②〔tam と共に〕送り届ける，送致する (ἀναπέμπω Lk 23,7.11.15; Ac 25,21). ③含む，収納する，(容積が)…ある，受け入れる；把握する (χωρέω Mt 19,12; Jn 2,6; Jn 21,25; 2Co 7,2). ④〔+与〕耐える，堪え忍ぶ (ὑποφέρω 1Pe 2,19)：①hamarjak čanaparh-n or tani i korowst 滅びへと導く道は広大である Mt 7,13; yoržam tanic'in z-jez matnel 人々があなたたちを〔当局に〕引き渡すために引いて行く時 Mk 13,11; kałjik' z-na ew tarǰik' zgowšowt'eamb そいつを捕えて間違いなく引っ立てて行け Mk 14,44; ork' tanēin z-Pawłos acin z-na minč'ew y-At'ēns パウロを連れて行った人々はアテネまで彼に同行した Ac 17,15; kapec'in z-YS ew taran 彼らはイエスを縛って連れ出した Mk 15,1; mi tanir z-mez i p'orjowt'iwn 私たちを試みに遭わせるな Mt 6,13; ałac'eac' z-na sakawik mi tanel i nerk's i c'amak'ē-n 彼は陸から少し漕ぎ出るように彼に頼んだ Lk 5,3; ②et tanel z-na aṙ Hērovdēs (M: aṙ Herovdēs) 彼は

彼をヘロデのもとへ送致した Lk 23,7; hramayec'i pahel z-na minč'ew tac' tanel aṙ kaysr 私はカエサルのもとに送り届けるまで彼を留置しておくように命じた Ac 25,21; ③karcem t'e ew oč' ašxarh-s bawakan ēr tanel z-girs-n or t'e greal ein 書き記されるだろう書物はこの世さえも収納しきれないだろうと私は思う Jn 21,25; tanein mi mi i noc'anē mars erkows kam eris それらはそれぞれ 2 ないし 3 メトレテスの容量だった Jn 2,6; taraik' mez あなた方は私たちを受け入れよ 2Cor 7,2; or karoł ē tanel tarc'i 把握することの出来る者は把握せよ Mt 19,12; ④zi ew ays čšmarit šnorhk' y-AY en, et'ē barwok' inč' mtōk' tanic'i ok' vštac' y-anirawi もしも人が良心によって不当に悲しみを堪え忍ぶならば、これは神からの真の恵みだからである 1Pe 2,19.

tanik', -neac' 【名】屋根（δῶμα）：z-or lsēk' y-ownkanē, k'arozec'ēk' i veray taneac' あなたたちが耳にしたことを屋根の上で宣べ伝えよ Mt 10,27; ibrew oč' gtanein t'e ənd or mowcanic'en z-na i nerk's vasn amboxi-n, elin i tanis 彼らは、群衆のために、彼を運び込むすべが見つからなかったので、屋上にのぼった Lk 5,19; or i tanis kayc'ē, mi iǰc'ē aṙ nowl inč' i tanē iwrmē 屋根の上にいる者は下に降りて自分の家のものを取り出すな Mt 24,17.

tanowtēr, -teaṙn, -teṙnē, -teark', -terac' [M, Mk + Lk: tanawtēr] 【名】家の主人（οἰκοδεσπότης）：ayr mi ēr tanowtēr or tnkeac' aygi 葡萄園を造った 1 人の家の主人がいた Mt 21,33; Trtnǰein z-tanowteṙnē-n ew asein 彼らは家の主人に対して不満を漏らして言った Mt 20,11. → town, tēr

tanǰank', -nac' 【名】①苦痛，（病の）苦しみ（βάσανος Mt 4,24; μάστιξ Mk 5,29.34）．②刑罰，懲罰（κόλασις Mt 25,46; κολάζω 2Pe 2,9）．③嘲弄，嘲り（ἐμπαιγμός He 11,36）：①matowc'in aṙ na z-amenayn hiwands nełeal ein i pēspēs c'aws ew i tanǰans = προσήνεγκαν αὐτῷ πάντας τοὺς κακῶς ἔχοντας ποικίλαις νόσοις καὶ βασάνοις συνεχομένους 彼らはさまざまな病や苦痛に悩む病人たちをすべて彼のもとに連れて来た Mt 4,24; gitac' i marmin iwr t'e bžškec'aw i tanǰanac'-n 彼女は自分が病の苦しみから癒されたことを体で悟った Mk 5,29; ełiǰir ołǰ i tanǰanac'-d k'oc' あなたの苦しみから解かれて，達者でいよ Mk 5,34; ②ertic'en nok'a i tanǰans-n yawitenakans そ，ew ardark'-n i keans yawitenakans その者たちは永遠の刑罰へ就くだろう．そして義人たちは永遠の命へと〔就くだろう〕Mt 25,46; z-anōrēns pahel i tanǰans awowr-n datastani 不義の人々を裁きの日に懲罰すべく監禁しておく 2Pe 2,9; ③kēsk'-n z-tanǰanac' ew z-danic' z-p'orj aṙin 別

の人々は嘲りや鞭の経験をした He 11,36.

tanǰem, -ecʻi【動】①苦しめる, 悩ます, 痛める (βασανίζω). ②懲らしめる (κολάζω) [→ patowhasem]. ③鞭打つ (μαστιγόω) [→ gan harkanem]; 殴る (δέρω Mt 21,35; Mk 13,9)：①ekir taražam tanǰel? z-mez お前はまだその時でもないのに, 俺たちを苦しめるために来たのか Mt 8,29; manowk im ankeal kay i tan andamaloyc, čʻaračʻar tanǰeal 私の僕が中風にかかって, 家で床に伏しており, ひどく苦しんでいる Mt 8,6; z-iwr sowrb ogis-n nocʻa anōrēn gnacʻiwkʻ-n tanǰēr 彼は彼らの不法な業ゆえに聖なる魂を痛めていた 2Pe 2,8; ②zinčʻ? eraxtikʻ icʻen, etʻē yoržam melančʻicʻēkʻ, tanǰicʻikʻ ew hambericʻēkʻ あなた方が罪を犯した時, 懲らしめられて耐えているなら, なんの優れたことがあろうか 1Pe 2,20; ③i žołovowrds iwreancʻ tanǰescʻen z-jez 彼らは彼らの会堂であなた方を鞭打つだろう Mt 10,17; kaleal mšakacʻ-n z-cařays nora, z-omn tanǰecʻin, z-omn spanin, z-omn kʻarkocecʻin 農夫たちは, 彼の僕たちを捕え, ある者を殴り, ある者を殺し, ある者を石打ちにした Mt 21,35; tanǰē z-amenayn ordi z-or əndowni 彼は受け入れようとする子を皆鞭打つ He 12,6.

tap, -oy, -ov【名】灼熱, 猛暑 (²όξ「炎」Lk 16,24; καῦμα Re 16,9)：papakim i tapo [M: -poy] asti 私はこの炎で悶えている Lk 16,24. → tapanam, tawtʻ

tapan, -i, -acʻ【名】箱船 (κιβωτός)：zi orpēs ein y-awowrs-n or yařaǰ kʻan z-ǰrhełeł-n, owtein ew əmpein, kanaysařnein ew arancʻ linein, minčʻew y-awr-n y-orowm emowt Noy i tapan-n 大洪水より前の時代に, 人々は食らったり飲んだり, 娶ったり嫁いだりしていたが, そうしているうちにノアが箱船に入った Mt 24,38; owtein əmpein, kanays ařnein arancʻ linein, minčʻew y-awr-n emowt Noy i tapan-n ew ekn ǰrhełeł-n ew koroys z-amenesin 人々は食べたり飲んだり, 娶ったり嫁いだりしていたが, そうしているうちにノアが箱船に入り, 大洪水がやって来てすべての者を滅ぼしてしまった Lk 17,27; yoržam nerēr nocʻa AY erkaynmtowtʻiwn-n y-awowrs Noyi y-ors tapan-n kazmēr ノアの時代, 箱船が造られていた時, 神が忍耐をもって彼らを待っていた時に 1Pe 3,20.

tapanam/tapim, -pʻacʻay【名】①焼かれる (καυματίζω Mt 13,6; Re 16,9) [→ xoršakahar ařnem]; 燃える (πυρόομαι 2Cor 11,29). ②熱がある, 発熱する (πυρέσσω Mt 8,14; νοσέω 1Tm 6,4)：①i cagel arewow tapacʻaw ew zi očʻ goyin armatkʻ čʻoracʻaw 太陽が昇るとそれは焼かれて, 根がないために枯れ果てた Mt 13,6; tapacʻan mardik i tap mec 人

間たちは激しい灼熱で焼かれた Re 16,9; o? gaytʻagłi, ew očʻ es tapanam 誰が躓いて，そして私が燃えないだろうか 2Cor 11,29; ②etes zokʻančʻ-n nora ankeal dnēr tapacʻeal 彼の姑が床に伏して熱病を患っているのを見た Mt 8,14〔→ J̌ermanam (Mk 1,30)〕; tapi i xndirs ew i bans hakaṙakowtʻean 彼は言い争いや論戦へと走る熱病に罹っている 1Tm 6,4.

tapast【名】敷物，じゅうたん；tapast ankanel 滅ぼされる (καταστρώννυμι)：tapast ankan y-anapati and 彼らは荒野で壊滅させられた 1Cor 10,5.

tapar, -i, -acʻ【名】斧 (ἀξίνη)：tapar aṙ armi-n caṙocʻ dni〔/Lk: kay〕斧が木々の根元に置かれている Mt 3,10; Lk 3,9.

taṙapankʻ, -nacʻ【名】苦しみ，苦難，苦悩：hayecʻaw i taṙapans ałaxno (E: i xonarhowtiwn ałaxnoy) iwroy = ἐπέβλεψεν ἐπὶ τὴν ταπείνωσιν τῆς δούλης αὐτοῦ 彼はこのはしための悲惨を顧みてくれた Lk 1,48M.

taṙapim, -pecʻay【動】①苦しむ，悩む，深く悲しむ (ὀδυνάομαι Lk 2,48; ταλαιπωλέω Jas 4,9)〔→ tanǰem〕. ②taṙapeal 惨めな，不幸な (ταλαίπωρος Ro 7,24; πτωχός Mk 12,43); 卑屈な (ταπεινός 2Cor 10,1)：①hayr kʻo ew es taṙapeakʻ xndreakʻ z-kʻez (M: ... es taṙapealkʻ xndrē/akʻ z-kʻez お前の父と私とはひどく苦しんでお前を探していた Lk 2,48; taṙapecʻarowkʻ, sgacʻarowkʻ ew lacʻēkʻ 悩め，悲しめ，そして泣け Jas 4,9; ②ayr mi taṙapeal em es 私は惨めな人間だ Ro 7,24; ayri-n ayn taṙapeal その貧しい寡婦 Mk 12,43; or yandiman jez ibrew taṙapeal mi em i miǰi jerowm あなた方の中にあって面と向かっては卑屈である〔私〕2Cor 10,1.

[-**tasan**] → erkotasan, metasan, čʻorekʻtasan, hingetasan, owtʻ-owtasn, tasn

tasanord, -i, -acʻ【名】10 分の 1〔税〕(δεκάτη)：tam tasanords (= ἀποδεκατῶ) y-amenayn stacʻowacocʻ imocʻ 私は私が手に入れるすべてのものについて 10 分の 1 税を払っている Lk 18,12; orowm ew tasanords y-amenaynē et Abraham アブラハムがすべてのものの中から 10 分の 1 を分け与えた人 He 7,2; ew ast mardkʻ mahkanacʻowkʻ tasanords aṙnown ここでは死んで行く人間たちが 10 分の 1 を取る He 7,8.

tasanordem, -ecʻi【動】10 分の 1 を納める（払う），10 分の 1 を取る (ἀποδεκατόω Mt 23,23; Lk 11,42; He 7,5; δεκατόω He 7,6; δεκατόομαι He 7,9)：tasanordēkʻ z-ananowx ew z-pʻeganay ew z-amenayn banǰar お前たちは薄荷と芸香とあらゆる野菜の 10 分の 1 税を払っている Lk 11,42; patowēr ownin tasanordel z-žołovowrd-n əst ōrinacʻ-n 彼らは律

tasn

法により民から 10 分の 1 を取るようにという戒めを受けている He 7,5; tasanordeac' z-Abraham 彼はアブラハムから 10 分の 1 を取り立てた He 7,6; Abrahamaw ew Łewi isk or z-tasanords-n aṙnoyr, tasanordec'aw 10 分の 1 を取っていたレビでさえもアブラハムを介して 10 分の 1 を取り立てられた He 7,9.

tasn; tasownk', -sanc' ［単数変異形：属 tasin, 具 tasamb; Schmitt, Grammatik, p. 130】【数】《基数》10, 十（δέκα）：ard arēk' i dmanē z-k'ank'ar-d ew towk' aynm or ownic'i z-tasn k'ank'ar-n そこでお前たちは，こいつからその 1 タラントンを奪い，10 タラントンを持っている者に与えよ Mt 25,28; oč'? tasn sok'a srbec'an（私によって）かの 10 人が清められたのではなかったか Lk 17,17; loweal tasanc'-n barkac'an i veray erkowc'-n ełbarc' 10 人は〔これを〕聞き 2 人の兄弟に対して怒った Mt 20,24. → -tasan

tasnerord, -i, -ac' 【数】《序数》第 10 の, 10 番目の（δέκατος Jn 1,39）; tasnerord masn 10 分 の 1（δέκατον Re 11,13）：žam ēr ibrew tasnerord 時刻はおよそ第 10 刻であった Jn 1,39.

tatanem, -ec'i 【動】［他］ゆすぶる, 揺り動かす, 振り回す（περιφέρω Eph 4,14）；［自］-im, -eac'ay よろめく, 揺り動かされる（ῥιπίζομαι Jas 1,6）: or erkmit-n ē, nman ē hołmakoceal ew tataneal aleac' covow 疑い深い人は，風に煽られ, 揺り動かされている海の荒波に似ている Jas 1,6.

tatask, -i, -ac' 【名】あざみ（τρίβολος）: mit'e k'ałic'en? i p'šoy xałoł kam i tataskē t'owz 人は，茨から葡萄の房を, あざみからいちじくを集めるだろうか Mt 7,16.

tatrak, -i, -ac' 【名】山鳩（τρυγών）：zoygs tatrakac' kam erkows jags aławneac' 山鳩の 1 つがいか家鳩の雛 2 羽 Lk 2,24. → aławni

tar¹ → tanim（命）

［**tar²**-「…から遠くに, 隔たって；【形】遠い, 離れた, 異国の」］ → taražam-, taracem, tarašxarh, tarapartowc'

taraberem, -ec'i 【動】 支える（ἐπιχορηγέω）：amenayn marmin-n yōdiwk' ew xałaleōk' tarabereal ew xaṙneal 体全体は諸関節と靭帯によって支えられ, 1 つに結び合わされて Col 2,19.

taraberowt'iwn, -t'ean 【名】支え（ἐπιχορηγία）：amenayn marmin-n yōdeal ew patšačeal amenayn xałaleōk' taraberowt'ean 体全体は〔それを〕支えるためのあらゆる関節を通じて相互に接合され 1 つに結び合わされる Eph 4,16.

taragir 【形】疎外された, 除外された, 追放された（ἀπηλλοτριωμένος

[: ἀπαλλοτριόω])；無縁の：ēik' ... taragirk' y-owxtic' aweteac'-n あなた方は約束の契約に無縁であった Eph 2,12 [= ... ἀπηλλοτριωμένοι τῆς πολιτείας τοῦ Ἰσραὴλ καὶ ξένοι τῶν διαθηκῶν τῆς ἐπαγγελίας イスラエルの市民共同体から除外され，約束の契約には無縁であった].
→ awtaranam

taražam, -ow【形】時宜を得ない，時機を失した (πρὸ καιροῦ Mt 8,29)；《副詞的に》taražamow 時機を失して，折悪しく (ἀκαίρως 2Tm 4,2)：ekir taražam tanǰel? z-mez お前はまだその時でもないのに，俺たちを苦しめるために（ここに）来たのか Mt 8,29; dow k'arozea z-ban-n, has i veray žamow ew taražamow あなたは御言葉を宣べ伝え，時節が良くても悪くても〔これに〕勤しめ 2Tm 4,2; i taražam hasaki = παρὰ καιρὸν ἡλικίας 年齢上の時機を越えて He 11,11.

taražamel【動】［中のみ］awr-n/žam-s taražami 陽が傾く (κλίνω Lk 9,12; 24,29), 時が晩くなる (παρέρχομαι Mt 14,15)：awr-n sksaw taražamel 陽が傾き始めた Lk 9,12; žam-s taražameal 時もすでに晩くなった Mt 14,15; ənd ereks ē ew taražameal ē awr-s = πρὸς ἑσπέραν ἐστὶν καὶ κέκλινεν ἤδη ἡ ἡμέρα もう夕刻で，陽もすでに傾いた Lk 24,29.

taracanem, -cec'i【動】敷く，拡げる (στρώννυμι Mt 21,8; ὑποστρωννύω Lk 19,36) [tarac, ic'「広げた，拡散した」(Pedersen, Kleine Schriften, 151: tanim)]；［中］-im, -cec'ay 広がる，広まる，蔓延する：bazowm žołovowrdk' taracec'in z-handerjs iwreanc' i čanaparhi-n 大群衆は自らの衣服を路上に敷いた Mt 21,8; minč'deṙ ert'ayr, z-handerjs iwreanc' taracanein z-čanaparhaw-n (M: i čanaparhi-n) 彼が進んで行くと，人々は自分たちの衣服を路上に敷きつめた Lk 19,36; orpēs i mioǰē mardoy mełk' y-ašxarh mtin, ew i mełac' anti mah, ew aynpēs y-amenayn mardik taracec'aw mah (= ... ὁ θάνατος διῆλθεν) 1人の人間から罪がこの世界に入り込んだように，そしてその罪から死が〔この世界に入り込んだように〕，そのようにすべての人間の中に死が広まった [Gk: 死が入り込んだ] Ro 5,12.

tarakowsim, -sec'ay【動】当惑する，途方にくれる (ἀπορέω) [tarakoys「不確かさ」, ἀπορία; tarakowsank'「疑い，ためらい」(cf. koys², tar²-)]：hayein ənd mimeans ašakertk'-n tarakowsealk' t'e z-owmē asic'ē 弟子たちは，誰のことを言っているのかと当惑して，互いに見つめ合うばかりだった Jn 13,22.

taray, taran, taraw → tanim

tarašxarh [tar ašxarh]【名】異国，外国；gnam i tarašxarh 旅立つ

taraparhak

(ἀποδημέω Mt 21,33; 25,14; ἀπόδημος Mk 13,34)：ayr mi gnacʻeal i tarašxarh 旅に出ようとする 1 人の男 Mt 25,14; Mk 13,34.

taraparhak; M: tarapahak; ⟨tarapa (r) hak varem = ἀγγαρεύω, cf. pa(r)hak ownim; Olsen, Noun, p. 242⟩ 徴用する：or taraparhak (M: tarapahak) varicʻē z-kʻez mlion mi, ertʻ ənd nma erkows あなたを徴用して 1 ミリオン行かせようとする者とは，一緒に 2 ミリオン行け Mt 5,41. → tar²-, parhak, varem

tarapart【副】根拠（理由）なく，無益（駄）に，いたずらに（εἰκῇ）：tarapart hpartacʻeal i mtacʻ marmnoy iwroy 自身の肉の思いによっていたずらに膨れ上がって Col 2,18.

tarapartowcʻ【副】わけもなく，いわれなく（δωρεάν Jn 15,25; εἰκῇ Mt 5,22 [D.Θ]）[→ tar²-, part-]：atecʻin z-is tarapartowcʻ 彼らはゆえなく 私 を 憎 ん だ Jn 15,25; amenayn or barkanay elbawr iwrowm tarapartowcʻ, partawor licʻi datastani 自分の兄弟に対して理由もなく怒る者はすべて裁きに会う Mt 5,22.

tarekan, -i, -acʻ【名】年；年祭（ἐνιαυτός）：kʻarozel z-tarekan TN əndowneli 喜ばしき主の年を宣べ伝えるため Lk 4,19. → tari; šayekan

tari, -rwoy, -rwoǰ, -reaw, -reacʻ【名】年，1 年（ἐνιαυτός）：Kayiapʻa or kʻahanayapet ēr tarwoy-n aynorik その年に大祭司であったカヤファ Jn 11,49; nstaw and tari mi ew amiss vecʻ 彼は 1 年 6 か月の間そこに留まった Ac 18,11; ertʻicʻowkʻ y-ays anown kʻalakʻ, elicʻowkʻ and tari mi 私たちはこれこれの町に行って，そこで 1 年ばかり過ごそう Jas 4,13; miangam i tarwoǰ-n 年に 1 度 He 9,7; z-awowrs xtrēkʻ, ew z-amiss, ew z-žamanaks ew z-taris あなた方は日を，そして月を，そして季節を，そして年を守ろうとするのか Ga 4,10. → tarekan, am

tarǰ-, tarcʻ- → tanim

tartaros, -i【名】タルタロス，地獄（τάρταρος）：xawari-n kapanōkʻ arkeal i tartaros-n = σειραῖς ζόφου ταρταρώσας [: ταρταρόω] 暗闇の縄で縛って地獄に投げ入れて 2Pe 2,4.

tarr, -ers, -ercʻ, -erbkʻ【名】要素，［諸］力（στοιχεῖα）：etʻē meṙarowkʻ ənd KʻI i tarercʻ ašxarhi-s あなたたちがキリストと共に死に，世界の諸元素から［解き放たれた］のならば Col 2,20; ənd tarerbkʻ ašxarhi-s i caṙayowtʻean kayakʻ 私たちは宇宙の諸力のもとで奴隷状態にさせられていた Ga 4,3; ziard? daṙnaykʻ miwsangam i tarers tkars ew y-alkʻats どうしてあなた方は再び弱々しくて貧しい諸力へと立ち帰ろうとするのか Ga 4,9. → nšanagirkʻ

tacʻ- → tam

tawt', -oy【名】焼けるような暑さ (καύσων Mt 20,12; καῦμα Re 7,16)：mez ... or z-canrowt'iwn awowr-n barjak' ew z-tawt' 日中の辛さと暑さに耐えた俺たち Mt 20,12; oč' ok' mełic'ē noc'a oč' aregakn ew oč' tōt' 太陽も暑さも一切彼らを襲うことはない Re 7,16.　→ tap, xoršak

tawn, -i, -ic'【名】祭り (ἑορτή); aṙnem tawns 祭りを祝う (ἑορτάζω 1Cor 5,8)：i verǰnowm awowr meci tawni-n kayr YS ałałakēr 祭りの盛大な最終日に、イエスは立ったまま叫んだ Jn 7,37; gnea inč' or pitoy ic'ē mez i tawni-s 祭りのために私たちに欠けているものを買って来い Jn 13,29; arasc'owk' tōns ... y-anxmor パン種の入っていないパンで祭りを祝おうではないか 1Cor 5,8.

tap'arak, -i, -ac'【形】平らな、平坦な (πεδινός) [tap'-k'「平地」]：iǰeal nok'awk' handerj i tełi mi tap'arak' 彼は彼らと共にある平地に降り立った Lk 6,17.

tgeł【形】醜い、腐った (σαπρός [→ xotan, č'ar])：amenayn ban tgeł i beranoy jermē mi elc'ē いかなる醜悪な言葉もあなたがたの口から出ることがあってはならない Eph 4,29.

tgēt, tgiti, -tac'【形】無知の、無学の、素人の、初心者の (ἀγράμματος Ac 4,13; ἄπειρος He 5,13; ἰδιώτης 1Cor 14,16; 2Cor 11,6; ἀγνοέω 1Th 4,13)：hayec'eal i hamarjakowt'iwn-n Petrosi ew Yovhannow, ew i veray hasealk' t'ē ark' tgētk' ew aṙanc' dprowt'ean en ペトロとヨハネの大胆な態度を見て、そして彼らが無学で普通の人間であることがわかって Ac 4,13; amenayn or kat'nker ē, tgēt ē bani-n ardarowt'ean 乳を摂る者は皆義の言葉に通じていない He 5,13; or kayc'ē i tełwoǰ tgiti-n 初心者の位置にある者 1Cor 14,16; t'ēpēt ew tgēt ews ic'em baniw, ayl oč' et'ē gitowt'eamb たとえ私は言葉では稚拙であっても、しかし知識ではそうではない 2Cor 11,6; oč' kamim ełbark' et'ē agētk' ic'ēk' vasn nnǰec'eloc'-n 兄弟たちよ、私は眠っている人たちについてあなた方に無知でいてほしくない 1Th 4,13.　→ t-, gēt

tgitanam, -tac'ay【動】無視する (ἀγνοέω)：apa t'ē ok' tgitanayc'ē, tgitasc'i もしも誰かが無視するなら、その人が無視される 1Cor 14,38.

teaṙn, teark'　→ tēr

tełam, -ac'i, 命 teła; M: **tełeam**, -łec'i [cf. keam, kec'i; ateam, atec'i]【動】[他] 雨を降らせる；[自]《非人称》雨が降る (βρέχω) [cf. anjrew acē = βρέχει]：tełac' (M: tełeac') howr ew ccowmb 火と硫黄が雨と降った Lk 17, 29; oč' tełeac' y-erkir z-eris ams ew z-vec' amis 3年半にわたって地に雨が降らなかった Jas 5,17; ork' ownin išxanowt'iwn p'akel z-erkins, zi mi tełasc'ē z-awowrs margarēowt'ean noc'a これら

の者たちは，自分たちが預言している間は雨が降らないように，天を閉ざす権能を持っている Re 11,6.

tełeak, -łekac' 【形】［＋与］経験豊かな，詳しい，知っている (οἶδα) Ac 26,4.

tełekanam, -kac'ay 【動】①教えられる，精通する，学び知る (γινώσκω 1Cor 8,3; κατηχέω Ac 18,25). ②判決を下す (διαγινώσκω Ac 24,22). ③確信する (συμβιβάζω Ac 16,10). ④１つに結び合わせる (συμβιβάζω Col 2,2): ①or sirē z-AC, na ē tełekac'eal i nmanē 神を愛する者は神によって知られている 1Cor 8,3; sa ē tełekac'eal čanaparhi-n TN この人は主の道の手ほどきを受けていた Ac 18,25; ②yoržam Liwsias hazarapet iǰc'ē aysr, tełekac'ayc' vasn jer 千人隊長リュシアがここにくだって来た時に，お前たちの件について判決を下すことにする Ac 24,22; ③tełekac'eal t'ē hrawireac' z-mez TR 主が私たちを招いたのだと確信して Ac 16,10; ④tełekac'ealk' sirov〔彼らの心が〕愛によって１つに結び合わされて Col 2,2.

tełi, -łwoy, -łwoǰ, -łeac' 【名】①場所，土地；余地，隙間 (τόπος; χωρέω Mk 2,2) [cf. kraketł]; i tełis tełis 各地に，そこかしこに (κατὰ τόπους Mt 24,7) [cf. erkow erkow, yisown yisown, das, eraxan, mi mi]; ənd amenayn tełis いたるところで (πανταχοῦ Lk 9,6); z-tełi ar̄nowm 立ち止まる (ἵσταμαι Mk 10,49; Lk 7,14); z-tełi ownim 留まる (μένω Jn 11,6). ②箇所. ③機会，可能性: ①ordwoy mardoy oč' goy (M: + tełi) owr [= οὐκ ἔχει ποῦ] dic'ē z-głowx iwr 人の子には頭を横たえるところもない Mt 8,20; oč' goyr noc'a tełi y-iǰavani-n 旅籠の中には彼らのための場所がなかった Lk 2,7; kay ews tełi まだ余地がある Lk 14,22; ibrew canean z-na ark' tełwoy-n aynorik, ar̄ak'ec'in ənd amenayn gawar̄-n その地の人々は彼と知って，その近隣の地のいたるところに〔人を〕遣わした Mt 14,35; ałač'ec'ak' mek' ew or i tełwoǰ-n ēin (οἱ ἐντόπιοι) č'elanel nma y-EM 私たちは土地の人たちと一緒になって，彼にエルサレムに上って行かないように懇願した Ac 21,12; i tełwoǰ y-orowm asac'aw noc'a, t'ē oč' žołovowrd im dowk' 彼らに対して「お前たちは私の民ではない」と言われた場所で Ro 9,26; minč'ew tełi ews oč' linel ew oč' ar̄ dran-n そのために戸口のところでさえもはや隙間がなくなってしまった Mk 2,2; ew or barjeal-n tanein z-tełi ar̄in = οἱ δὲ βαστάζοντες ἔστησαν〔棺を〕担ぎ出していた者たちは立ち止まった Lk 7,14; z-tełi kalaw andēn owr ēr-n awowrs erkows 彼は自分のいたその場所に２日間，留まった Jn 11,6; ew apa sksanic'is amawt'ov z-yetin tełi-n ownel = ... τὸν ἔσχατον τόπον κατέχειν するとその時，あなたは恥をかきつ

つ，末席をあてがわれるはめになる Lk 14,9; YS xoys et vasn amboxi-n i tełojē (= telwojē) anti = ... ἐξένευσεν ὄχλον ὄντος ἐν τῷ τόπῳ その場所には群衆がいて，イエスは姿を隠した Jn 5,13; kayc'ē i telwoǰ owr (= ὅπου) č'-ic'ē aržan それが立ってはならぬところに立っている Mk 13,14; aha ekec'ē žam ew ekeal isk ē zi c'rowesǰik' y-iwrak'anč'iwr tełis ew z-is miayr t'ołowc'owk' = ... ἵνα σκορπισθῆτε ἕκαστος εἰς τὰ ἴδια κἀμὲ μόνον ἀφῆτε あなた方が各自，自分のところへと散らされ，私を1人置き去りにするような時が来ようとしている，いや，来てしまっている Jn 16,32; ②ibrew ebac' z-girs-n, egit z-ayn tełi y-orowm greal-n ē 彼がその書を開くと，〔次のように〕書いてある箇所を見つけた Lk 4,17; ③minč'č'ew ... tełi patasxanwoy aṙnowc'ow vasn ambastanowt'ean-n〔被告が〕その告訴に対して弁明する機会を得る前に Ac 25,16; apašxarowt'ean tełi oč' egit 彼には回心の可能性はなかった He 12,17.

tend, -i, -iw; -oy, -ov【名】熱 (πυρετός) [→ ǰermn]: matowc'eal yaroyc' z-na kaleal z-jeṙanē nora, ew et'oł z-na tend-n 彼は近づき，手を取って彼女を起こすと，彼女から熱が去った Mk 1,31.

teṙates, -i, -ic'/-ac'【形】出血に苦しんでいる (αἱμορροέω): kin mi teṙates erkotasanameay 12年もの間，出血を患っている女がいた Mt 9,20 [cf. Lev. 15,33: ays awrēn ic'ē ... teṙatesi i daštani (cf. MP dšt'n' 「月経（の）」iwrowm = ... νόμος ... τῇ αἱμορροούσῃ ἐν τῇ ἀφέδρῳ「生理のときに出血のある者についての規定」].

teṙatesowt'iwn, -t'ean【名】出血 (ῥύσις): kin mi ēr i teṙatesowt'ean arean z-erkotasan am 12年もの間，血が流れ出て止まらない1人の女がいた Mk 5,25; Lk 8,43. → błxowmn (Lk 8,44)

[-**teṙnē** (tanowteṙnē)] → tanowtēr

[**tesaneli**【形】目に見える；tesanelik'【名】視覚器官，両目]

tesanem, tesi, etes, 命 tes【動】①見る，目にする；注意する；観察する，見学する；認める；会う；見舞う (βλέπω Jn 1,29; 1Cor 16,10; θεωρέω Ac 7,56; ἀναθεωρέω Ac 17,23; ὁράω Jn 3,36; 7,52; He 13,23; καθοράω Ro 1,20; θεάομαι Ro 15,24; ἐπισκέπτομαι Mt 25,43); 知己になる (ἱστορέω Ga 1,18); 《単独で》Jn 11,34: ek ew tes; [+ t'e/et'e (ὅτι)] Jn 6,24E: etes ... et'e oč' ē; [+ zi] Jn 1,33E: tesanic'es z-hogi-n zi iǰanic'ē = ἴδῃς τὸ πνεῦμα καταβαῖνον. Jn 20,5: tesanē zi kayin and ktawk'-n [20,6: tesanē z-ktaws-n zi kayin and] = βλέπει κείμενα τὰ ὀθόνια [20,6: θεωρεῖ τὰ ὀθόνια κείμενα]; Jn 6,5: etes ... zi (ὅτι) gayr aṙ na; [+ zi/t'e] Jn 6,22E: tesanēr t'e (ὅτι) ... oč' goyr ... ew zi (ὅτι) č‘-ēr; Lk 2,15: ekaykʻ ... tescʻowkʻ zinčʻ ē ban-s ays or ełew「今起こったというこの言葉がどういう意味であるかを見てみようではないか」(= ἴδωμεν τὸ ῥῆμα τοῦτο τὸ γεγονός). ②目が見える (βλέπω Ac 9,9; ἀναβλέπω Lk 7,22; ἀνάβλεψις Lk 4,18). ③経験する，味わう (θεωρέω Jn 8,51): ①i vałiw andr tesanē z-YS zi gayr ar̄ na その翌日，彼はイエスが自分の方へ来るのを目にする Jn 1,29; tesēkʻ zinčʻ [/Lk: ziard] lsēkʻ-d = βλέπετε τί ἀκούετε あなたたちは，自分たちの聞いていることを [/どのように聞いているか] よく気をつけて見よ Mk 4,24; Lk 8,18; tesjikʻ ziard anerkewł linicʻ i ar̄ jez 彼があなたのところで恐れを抱かぬように注意せよ 1Cor 16,10; tesanem z-erkins bacʻeal 私には天が開けているのが見える Ac 7,56; tes zi margarē i Gałiłeē očʻ yar̄nē ガリラヤからは預言者が出て来ることがないことを見よ Jn 7,52; anerewoytʻkʻ nora i skzbanē ašxarhi araracovkʻ-s imacʻeal tesanin 彼（神）について見えない事柄は，世界の創造以来，被造物をもって理解されることが認められている Ro 1,20; ənd orowm, etʻē vałagoyn gaycʻē, tesicʻ z-jez 彼が早く来れば，私は彼と共にあなた方に会えるだろう He 13,23; akn ownim y-ancʻanel-n ar̄ nosa tesanel z-jez 私は彼らのところを通過する時にあなた方に会うことを希望している Ro 15,24; ew i bandi, ew očʻ tesēkʻ z-is また獄にいた時にお前たちは私を見舞ってくれなかった Mt 25,43; apa yet ericʻ amacʻ eli y-EM tesanel z-Petros それから3年後に私はペトロと知己になるためにエルサレムにのぼった Ga 1,18; ②ēr and awowrs eris ew očʻ tesanēr 3日間そこにいて彼は眼が見えなかった Ac 9,9; koyrkʻ tesanen 盲人は目が見える Lk 7,22; ar̄akʻeacʻ z-is kʻarozel gereacʻ z-tʻołowtʻiwn ew kowracʻ tesanel 彼は囚われ人らに解放を，そして盲人らに視力の回復を宣べ伝えるために私を遣わした Lk 4,18; ③etʻe okʻ z-ban-n im parhescʻē, z-mah mi tescʻē yawitean 私の言葉を守るなら，永遠に死を味わうことはない Jn 8,51. → akantes, tntes, tesil

tesil, -slean, -eancʻ【名】①様相，姿，相貌；幻 (εἶδος Lk 3,22; 9,29 [D: ἰδέα]; εἰδέα Mt 28,3 [Θ: ἰδέα]; ὅρασις Re 4,3; 9,17; ὅραμα Ac 9,12; ὀπτασία Lk 1,22; 24,23; 2Cor 12,1). ②見たこと，光景 (ὅραμα Mt 17,9; Ac 7,31; θεωρία Lk 23,48; φαντάζομαι He 12,21); 臨在 (παρουσία 2Cor 10,10). ③見世物 (θέατρον 1Cor 4,9). ④夢 (ὄναρ Mt 1,20 [→ anowrǰ]): ①iǰanel hogwoy-n srboy marmnawor tesleamb 聖霊が姿形のあるさまで降って来る Lk 3,22; i kal nma y-aławts, ełew tesil eresacʻ nora aylakerp 彼が祈っていると，彼の顔の様が変じた Lk 9,29; ēr tesil nora ibrew z-pʻaylakn 彼の姿は稲妻のようだった Mt 28,3; i veray at'oр̄oy-n nstēr nman teslean akanc' yaspwoy ew sardioni その玉座に座っている者がいて，その相貌は碧玉と紅玉髄のようであった Re 4,3; tesi jis i teslean-n 私は幻の中で馬を見た Re 9,17; etes i teslean ayr mi Ananiay anown 彼はアナニアという人を幻で見た Ac 9,12; imac'an t'e tesil etes i tačari-n 彼らには彼が聖所で幻を見たことがわかった Lk 1,22; ekic' i tesils ew yaytnowt'iwns TN 私は主の幻と啓示に言及しよう 2Cor 12,1; ②mi owmek' asic'ēk' z-tesil-d 目にしたことを誰にも言うな Mt 17,9; Movsisi teseal zarmac'aw ənd tesil-n モーセはその光景を見て驚いた Ac 7,31; amenayn žołovowrdk'-n or ekeal ein ew tesanein z-tesil-n z-ayn その光景を見ようと集まって来ていた全群衆 Lk 23,48; aynpēs ahagin ēr tesil-n 光景はそのように恐ろしかった He 12,21; tesil marmnoy tkar 実際に会ってみれば体つきは弱々しい 2Cor 10,10; ③tesil ełeak' ašxarhi 私たちは世界に対して見世物となった 1Cor 4,9; ④hreštak TN i teslean erewec'aw nma 主の使いが夢で彼に現れた Mt 1,20.

tesowč'【名】監督者（ἐπίσκοπος）[→ episkopos]：ayžm darjarowk' ar̄ hoviw-n ew tesowč' ogwoc' jeroc' 今あなた方はあなた方の魂の牧者であり監督者である方のもとに戻った 1Pe 2,25. → tesanem

teranc' → tēr

terew, -oy, -ov【名】葉（φύλλον）：terew-n c'c'owic'i 葉が生じる Mt 24,32; oč' inč' egit i nma bayc' miayn terew 彼はその（木）にはただ葉のほかには何も見出せなかった Mt 21,19.

terewalic'【形】葉の茂った：etes t'zeni mi i bac'owst tertewalic'（= συκῆν ... ἔχουσαν φύλλα）彼は1本のいちじくの木に葉が茂っているのを遠くから見た Mk 11,13. → -lic'

terow'iwn/tērowt'iwn [→ tēr], -t'ean【名】支配，統治，治世；主権（ἡγεμονία Lk 3,1; κυριότης Col 1,16）：i hingetasanerordi ami terowt'ean Tibereay Kayser カエサル・ティベリウス在位の第15五年に Lk 3,1; et'ē at'oṙk', et'ē tērowt'iwnk', et'ē petowt'iwnk', et'ē išxanowt'iwnk', amenayn inč' novaw ew i noyn hastatec'aw 王座であれ主権であれ，支配であれ権勢であれ，万物は彼を通じて，そして彼に向けて創造された Col 1,16.

tewem, -ec'i【動】[+与] 耐える，忍ぶ（στέγω）：amenayni tewē〔愛は〕すべてを忍ぶ 1Cor 13,7. → hamberem

TĒ（=teaṙnē）→ tēr

tēg, tigi, -gac' [M: -gov]【名】槍（λόγχη）：mi omn i zinoworac'-n tigaw (M: tigov) xoc'eac' z-kołs nora 兵士たちの1人が槍でわき腹を突いた Jn

19,34.

tēsēk' [= tesek' E+M]

tēr/TR, teaṙn/TN, teaṙnē/TĒ [cf. -teṙnē: → tanowtēr]，複 teark'，teranc' 【名】① 〔尊称形 TR を用いて神またはキリストに対して〕主 (κύριος; δεσπότης Ac 4,24) ② 〔tēr を用いて〕主人 (κύριος; δεσπότης Lk 2,29; 1Tm 6,1); 所有者 (κτήτωρ Ac 4,34): ①hreštak TN i teslean erewec'aw nma 主の使いが夢で彼に現れた Mt 1,20; dow TR AC or ararer z-erkins ew z-erkir なんじ、天と地を造られた主なる神よ Ac 4,24; ②caṙayk' tanowteaṙn-n asen c'-na, TR, oč' sermn bari? sermanec'er y-agaraki-n k'owm 家の主人の下僕たちが彼に言う、「ご主人様、自分の畑には良い種を蒔いたのではなかったのか」Mt 13,27; oč' ok' karē erkowc' teranc' caṙayel 誰も2人の主人に兼ね仕えることはできない Mt 6,24; minč'deṙ lowcanein z-yawanak-n, asen teark'-n nora c'-nosa 彼らが子ろばをほどいていると、その主人たちが彼らに言った Lk 19,33; ard arjakes z-caṙay k'o TR 今こそあなたはあなたの僕を去らせて下さる、ご主人様 Lk 2,29; or miangam ənd lcov caṙayowt'ean ic'en, z-iwrak'anč'iwr tears patowi aržani hamaresc'in 奴隷の軛の下にある者たちは誰も、それぞれの主人を尊敬に値する者と考えよ 1Tm 6,1; or miangam teark'ēin gewłic' kam aparanic' vačaṙēin 地所や家を持っている人は誰もそれを売った Ac 4,34. → koč'natēr, tanowtēr, terowt'iwn, tirem

tērowt'iwn → terowt'iwn

tigaw → tēg

tigawor, -i, -ac' 【名】槍兵 (δεξιολάβος): patrastec'ēk' zōrakan-n erkeriwr, orpēs zi ert'ic'en minč'ew i Kesaria, ew heceals iwt'anasown ew tigawors erkeriwr, y-eric' žamow gišerwoy-n 今夜の第3刻にカイサリアへ出発できるように、歩兵200名、騎兵70名、槍兵200名を準備せよ Ac 23,23. → tēg

tiezerk', -rac' 【名】《複のみ》全世界、人の住んでいる地 [ローマ帝国とその住民] (οἰκουμένη) [Schmitt, Grammatik, p. 99: ti-ezer-k' 「果てのない」, cf. ezr; p. 168: ti-]: k'arozesc'i awetaran-s ark'ayowt'ean ənd amenayn tiezers 王国のこの福音が全世界に宣べ伝えられるだろう Mt 24,14; el hraman y-Awgowstos kaysarē ašxaragir aṙnel ənd amenayn tiezers (M:tiēzers) カエサル・アウグストゥスから全世界の戸口調査をせよとの勅令が出た Lk 2,1.

tik, tki, -tkac' 【名】革袋 (ἀσκός): oč' arkanen gini nor i tiks hins 人々は新しい酒を古い革袋には入れない Mt 9,17.

tikin, -knoǰ 【名】女主人；女支配者、女王 (βασίλισσα) [ti-kin <

*t(ey/i) - + kin, cf. tēr < *t(ey/i) - + ayr, Schmitt, Grammatik, p. 180］: hzōr Kandakay tiknoǰ Etʻwovpacʻwocʻ エチオピア人の女王カンダケの高官 Ac 8,27.

tiłm, tłmoy, -ocʻ【名】泥，ぬかるみ；糞尿（βόρβορος）: xoz lowacʻeal ənd tiłm-n tʻawaleal 身を洗って糞の中を転げ回る豚 2Pe 2,22.

tirem, -ecʻi【動】［＋与］支配する（κυριεύω Lk 22,25; κατακυριεύω Mt 20,25; Mk 10,42）: tʻagaworkʻ azgacʻ tiren nocʻa 異邦人たちの王は彼らを支配する Lk 22,25; išxankʻ azgacʻ tiren nocʻa 異邦人たちの支配者どもは彼らを支配している Mt 20,25; KʻS yarowcʻeal ē i meṙelocʻ, aysowhetew očʻ meṙani, ew mah nma očʻ ews tirē キリストは死者たちの中から起こされて，もはや死ぬことはなく，死はもはや彼を支配することはない Ro 6,9.

tiw, 属/与/位 towənǰean (M: townǰe/an), 奪 -ǰenē (i towē 下記), 具 -ǰeamb, 複・対 tiws【名】昼，日中；夜明け（ἡμέρα）; i towē (< *tiw-ē) 昼の間，日中; i towē ew i gišeri [/ew i gišers] = (τὰς) ἡμέρας καὶ νυκτός [/τὰς δὲ νύκτας]; z-tiw ew z-gišer 1 昼夜 (νυχθήμερον 2Cor 11,25), 昼も夜も (ἡμέρας καὶ νυκτός Re 20,10): paheal (M: parheal) z-kʻaṙasown tiw ew z-kʻaṙasown gišer, apa kʻałcʻeaw 彼は 40 日 40 夜断食し，その後飢えた Mt 4,2; ibrew tiw ełew, el gnacʻ y-anapat tełi 朝になると彼は外に出て荒涼とした所に赴いた Lk 4,42; ałałaken aṙ na i towē ew i gišeri 彼は昼夜を問わず彼に叫んでいる Lk 18,7; očʻ erkotasan žam? ē y-awowr etʻe okʻ gna i towənǰean (M: i townǰe/an; ἐν τῇ ἡμέρᾳ), očʻ gaytʻakłi 12 時間が昼に属しているではないか．人が昼間，歩むなら，躓くことはない Jn 11,9; orpēs ēr Yovnan i pʻor kēti-n z-eris tiws ew z-eris gišers, noynpēs ełicʻi ew ordi mardoy i sirt erkri z-eris tiws ew z-eris gišers ヨナが大魚の腹の中に 3 日 3 晩いたように，人の子も大地の中に 3 日 3 晩いるであろう Mt 12,40; ericʻs nawakoc ełē, z-tiw ew z-gišer y-andownds taṙapecʻay 私は 3 度難船し，1 昼夜を深い海を漂って苦しんだ 2Cor 11,25. ↔gišer

txrim, -recʻay【動】悲しむ [txowr「悲しい」 → t-, *xowr]: sksaw txrel (ἐκθαμβεῖσθαι) ew hogal 彼は悲しみ [Gk: 肝をつぶし], 悩み始めた Mk 14,33 [対応箇所 Mt 26,37: trtmim].

tkar, -i, -acʻ【形】弱い，病弱の；強くない（ἀσθενής; ἀδύνατος Ac 14,8; Ro 15,1) [→ t-, kar (cf. an-kar)]: minčʻdeṙ tkarkʻ-n ēakʻ, KʻS vasn mer i žamanaki i veray anparštacʻ meṙaw キリストは，私たちがまだ弱かった時に，時に従って，不信心者たちのために死んでくれた Ro 5,6; ibrew tkar anōtʻoy aṙnicʻen patiw kanancʻ 弱い器として妻たちに尊敬を

払え 1Pe 3,7; ogi-s [/Mt 26,41E: hogi-s] yawžar ē· bayc' marmin-s tkar この霊ははやっても，この肉が弱い Mt 26,41; Mk 14,38; vasn eraxteac' aṙn mioy tkari 病人に対する善行について Ac 4,9; ełē ənd tkars ibrew z-tkar 弱い人たちに対しては私は弱い者のようになった 1Cor 9,22; part ē mez or karōłs emk' z-tkarowt'iwn tkarac'-n baṙnal 私たち強い者は強くない者たちの弱さを担うべきである Ro 15,1; ayr omn Liwstrac'i tkar y-otic' nstēr リュストラ人で足の不自由な男が座っていた Ac 14,8. ↔yawžar

tkaranam, -rac'ay【動】①弱くなる，弱い，無力である (ἀσθενέω [→ erkmtem]). ②不可能である (ἀδυνατέω) [→ tkar]：①z-tkarac'eal-n i hawats ənkalarowk' 信仰において弱くなっている者をあなた方は受け容れよ Ro 14,1; or anhnarin-n ēr ōrinac'-n orov tkaranayr-n marmnov 律法が肉のゆえに弱くなって為し得なかったこと Ro 8,3; ②oč' tkarasc'i aṙ y-AY amenayn ban 神のもとでは何事も不可能なことはないであろう Lk 1,37.

tkarowt'iwn, -t'ean【名】弱さ，無力 (ἀσθένεια 1Cor 2,3; 2Cor 12,9; ἀσθένημα Ro 15,1)：ew es tkarowt'eamb ew erkiwłiw ew dołowt'eamb bazmaw ełē aṙ jez 私もまた弱さと恐れと多くのおののきをもってあなた方のところに行った 1Cor 2,3; zōrowt'iwn im i tkarowt'ean katari 私の力は弱さにおいて完全になる 2Cor 12,9a; ard law ews lic'i inj parcel i tkarowti'iwns 私はむしろ喜んで自分のもろもろの弱さを誇ろう 2Cor 12,9b.

tłay, -oy, -oc'【名】幼児，子供，未成年者 (νήπιος Mt 21,16; Ro 2,20; παιδία)：i beranoy tłayoc' ew stndiec'ac' (M: stindiac'woc') katarec'er z-awhrnowt'iwn 嬰児と乳飲み子の口によってあなたは讃美を備えた Mt 21,16; zi cackec'er z-ays y-imastnoc' ew i gitnoc', ew yaytnec'er tłayoc' あなたはこれらのことを智者や賢者に隠し，嬰児たちに明らかにした Mt 11,25; vardapet tłayoc' 幼児たちの教師 Ro 2,20.

tłayanam, -yac'ay【動】子供（幼児）である (νηπιάζω)：mi tłayk' linik' mtōk' ayl i čareac' tłayac'arowk' あなたたちは判断力では子供になってはならず，むしろ悪に対して幼児であれ 1Cor 14,20.

tłayowt'iwn, -t'ean【名】幼児的なこと，子供らしさ 1Cor 13,11.

TN (= teaṙn) → tēr

tnank, -i, -ac'【形】破産した，貧しい (πένης)：sp'ṙeac' ew et tnankac' 彼は散らして，貧しい者たちに与えた 2Cor 9,9. → town, ankanim

tnarar, -i, -ac'【名】主婦，家婦；【形】家事にいそしむ；tnarar linim 家を取り仕切る (οἰκοδεσποτέω 1Tm 5,14; οἰκουργός Tt 2,5)：kamim z-mankamardacʻ-d amowsnanal, ordis cnanel, tnarars linel 私は若い寡婦には結婚し，子を産み，家を取り仕切ることを望む 1Tm 5,14. → town, aṙnem

tnkakicʻ【形】共に植えられた，共に生長する；結びついた（σύμφυτος）：etʻē tnkakicʻ ełeakʻ nmanowtʻean mahow nora, ayl ew yarowtʻean nora linicʻimkʻ もし私たちが彼の死と似通ったかたちに結びつく者となっているなら，さらにその甦り〔と似通ったかたちに結びついた〕者にもなるだろう Ro 6,5. → tnkem, -kicʻ

tnkem; M: + tngem, -ecʻi【動】植える，（果樹園を）造る（φυτεύω）：tʻzeni mi ēr owrowmn tnkeal (M: tngeal) y-aygwoǰ iwrowm ある人が自分の葡萄園にいちじくの木を1本植えていた Lk 13,6; owtein əmpein gnein vačaṙein tnkein šinein 人々は食べたり飲んだり，買ったり売ったり，植えたり建てたりしていた Lk 17,28; o? okʻ tnkicʻē aygi ew i ptłoy nora očʻ owticʻē 誰が葡萄園を造りながら，しかも彼の果実を食べないであろうか 1Cor 9,7. → townk

tntes, -i, -acʻ【名】家令，管理人，支配人（οἰκονόμος Lk 16,1）; linel tntes 管理する（οἰκονομέω Lk 16,2）：ov icʻē hawatarim tntes ew imastown 忠実で賢い支配人とは誰か Lk 12,42; ayr mi ēr mecatown oro (M: oroy) ēr tntes ある金持ちがいて，1人の管理人をかかえていた Lk 16,1; goveacʻ TR-n z-tntes-n anirawowtʻean, zi imastowtʻeamb arar 主人は，その不義な管理人が賢く行動したので彼を褒めた Lk 16,8. → town, tesanem

tntesowtʻiwn, -tʻean【名】①管理，管理者としての職務；務め（οἰκονομία）．②計らい（οἰκονομία）：①towr z-hamar-n tntesowtʻean kʻo, zi očʻ ews kares linel tntes お前の管理報告を出せ，もはやお前に管理を任せてはおけない Lk 16,2; tēr im hanē z-tntesowtʻiwn-s 俺の主人がこの管理職を取り上げる Lk 16,3; etʻē akamay, tntesowtʻiwn y-anjn ē inj もしも強いられて〔宣教するとする〕ならば，私には務めが委託されている〔だけだ〕1Cor 9,17; ②lowsawor aṙnel z-amenesin, tʻē zinčʻ? ē tntesowtʻiwn xorhrdoy-n 奥義の計らいがどのようなものであるかをすべての者に明らめる Eph 3,9.

tokosikʻ, -seacʻ【名】利子，利息（τόκος）：ekeal es tokoseawkʻ (M: takawsawkʻ) pahanǰei 私は戻ってきた時，利子と一緒に催促できたはずだ Lk 19,23.

tohm, -i, -icʻ/-aw【名】家，家族；子孫（γένος）：ordikʻ Arahamean tohmi-n アブラハムの子孫の子ら Ac 13,26. → azgatohm, antohm; azg

tohmatʻiwkʻ【名】系譜論（γενεαλογία）：i tohmatʻiws ančʻapʻs 際限の

ない系譜論に 1Tm 1,4.

tohmakan, -i; tohmakankʻ, -nacʻ【名】［本来は【形】良家の］《複》（農作物の）収穫高；tohmakan tam = εὐφορέω 豊作である，多くの収穫をもたらす：aṙn owrowmn mecatan etown andkʻ tohmakans ある金持ちの人の耕地が豊作だった Lk 12,16.

toyž-kʻ【名】罰，懲らしめ；罰金；損害. → towžem

točʻor, -i【名】燃焼，火炎：borbokʻeal točʻori i geheni = φλογιζομένη ὑπὸ τῆς γεέννης（舌は）地獄では炎に包まれる Jas 3,6.

[-tow] → dełatow, xrattow, pargewatow, stntow, pʻoxatow

towaw, toweal → tam

towē, tow(ə)nǰean → tiw

towžem, -ecʻi【動】罰金を科する；損失（損害・不利益）を与える，損なう；［受］罰を受ける；損失（損害・不利益）を受ける（ζημιόομαι）：zinčʻ? awgticʻi mard etʻe z-ašxarh amenayn šahescʻi, ew z-anjn iwr towžescʻē 人が全世界を儲けたとしても，その命を損なっては何の益となろうか Mt 16,26; zinčʻ? awgowt ē mardoy etʻe šahescʻi, ew z-anjn iwr korowscʻē kam towžescʻi 世界を儲けても，自分自身を滅ぼしたり，自分自身が害を蒙ったりしては，人は何の益を受けるのか Lk 9,25; etʻē owrowkʻ gorc-n ayrescʻi, towžescʻi もしもある人の仕事が焼かれてしまえば，その人は損失を受けるであろう 1Cor 3,15. → toyžkʻ

towičʻ, təwčʻi, -čʻacʻ【名】与える者（ὁ δούς）［tow-（: tam) + -ičʻ: Schmitt, Grammatik, p.85］：pʻarawor aṙnein z-AC z-towičʻ aynpisi išxanowtʻean mardkan 彼らはそのような権能を人間たちに与えた神を賛美した Mt 9,8.

town, tan, tanē, tamb/tanamb; townkʻ, tancʻ, tambkʻ/tanambkʻ【名】家，住居，部屋（οἶκος Mk 2,1; Ac 7,10; οἰκία Jn 12,3; οἴκημα Ac 12,7）；館（αὐλή Lk 11,21）; town aławtʻicʻ = οἶκος προσευχῆς 祈りの家；tanē i town = ἐξ οἰκίας εἰς οἰκίαν 家から家へ Lk 10,7; i tan ganji-n = ἐν τῷ γαζοφυλακίῳ 宝物殿の中で Jn 8,20 (→ ganjanak)：lowr ełew etʻe i tan ē 彼が家にいることが知れ渡った Mk 2,1; town-n li ełew i hotoy iwłoy-n 家は香油の香りで満たされた Jn 12,3; i tan hawr imoy (= ἐν τοῖς τοῦ πατρός μου) part ē inj linel 私は自分の父の家にいるはずである Lk 2,49; gay omn i tanē žołovrdapeti-n (= ἀπὸ [v.l. παρά] τοῦ ἀρχισυναγώγου) 会堂長の家からある人が来る Lk 8,49; hražarel i tanē immē = ἀποτάξασθαι τοῖς εἰς τὸν οἶκόν μου 私の家の者たちに別れを告げる Lk 9,61; i towns towns (= κατὰ τοὺς οἴκους) mtanēr 彼は家という家に押し入った Ac 8,3; loys cageacʻ i tan-n 光が牢内を照らし出し

た Ac 12,7; etow knik' ew tan-n Step'aneay 私はステファナの家〔の者〕にも洗礼を授けた 1Cor 1,16; owrax ełew amenayn tamb-n (= πανοικεί) hawatac'eal y-AC 神を信じるようになって家族全員と共に喜んだ Ac 16,34. → əntani

townk, tnkoy, -oc' 【名】植物 (φυτεία): amenayn townk z-or oč' tnkeac' hayr im erknawor, xlesc'i 天の私の父が植えたのではない植物はすべて，根こそぎにされるであろう Mt 15,13. → tnkem

townǰean [M] → tiw

towtn, ttanē 【名】尾，尻尾 (οὐρά): towtn nora k'aršēr z-errord masn astełac' erknic' その尻尾は天のもろもろの星の3分の1を掃き寄せていた Re 12,4. → agi, ttown

towr → tam (命)

towrk', troc' 【名】贈り物，献げ物 (δόμα Php 4,17; δῶρον Lk 21,1; δότης 2Cor 9,7; δόσις Jas 1,17): ibr oč' et'ē xndrem z-towrs-n 私は贈り物を求めているのではなく Php 4,17; Etes z-mecatowns-n or arkanein z-towrs iwreanc' i ganjanak-n 彼は金持ちたちが賽銭箱に彼らの献げ物を投げ入れているのを見た Lk 21,1; zi amenayn towrk' barik' ew amenayn pargewk' katarealk' i verowst en iǰeal aṙ i hōrē-n lowsoy あらゆる善き贈り物，すべての全き賜物が上から，光の父から降って来る Jas 1,17. → tam (アオ e-tow-), əncay, patarag, pargew

towk' → tam

tpazion 【名】トパーズ (τοπάζιον) Re 21,20.

ttown, t(ə)tnoy, -oc'; **towtn**, t(ə)tan 【名】尾，しっぽ；末端；(布の) 隅，へり (ἀρχή): z-č'orec'ownc' tətnoc' kaxeal 四隅で吊るされて Ac 10,11.

TR (尊称形) → tēr

trtmec'owc'anem, -c'owc'i 【動】悲しませる (λυπέω)；不満を鳴らす (στενάζω Jas 5,9): apa t'ē ok' trtmec'oyc' さてもしある人が〔他の人を〕悲しませたとしたら 2Cor 2,5; mi trtmec'owc'anēk' z-hogi-n sowrb AY あなた方は神の聖霊を悲しませてはならない Eph 4,30; mi trtmec'owc'anēk' z-mimeans 互いに対して不満を鳴らすのは止めよ Jas 5,9.

trtmim, -mec'ay 【動】①悲しむ (λυπέομαι; συλλυπέομαι Mk 3,5; περίλυπος γίνομαι Mk 6,26; σκυθρωπός Mt 6,16). ②元気がなくなる，意気消沈する (ἀθυμέω): ①sksaw trtmel ew hogal 彼は悲しみ，悩み始めた Mt 26,37〔対応箇所 Mk 14,33: txrim〕; trtmeal vasn kowrowt'ean srtic' noc'a 彼らの心の頑なさを悲しみながら Mk 3,5; trtmec'aw yoyž t'agawor-n 王は大いに悲しんだ Mk 6,26; mi linik' ibrew z-kełcawors-n trtmealk' あなた方は偽善者たちのように陰鬱になるな Mt 6,16; y-apašxarowt'iwn trtmec'arowk' あなた方は悲しむことで悔い改めに至った 2Cor 7,9; ②hark', mi zayrac'owc'anēr z-ordis jer, zi mi trtmesc'in 父親たちよ，あなた方の子供たちに口喧しくするな，彼らが意気消沈しないようにするために Col 3,21.

trtmowt'iwn, -t'ean【名】①悲しみ，悲痛，辛苦 (λύπη); aṛanc' trtmowt'ean 悲しみのない (ἀλυπότερος Php 2,28). ②落胆 (κατήφεια Jas 4,9)：①egit z-nosa i k'own i trtmowt'enē-n 彼は彼らが悲しみのあまり眠り込んでしまったのを見出した Lk 22,45; zi mi y-aṛawel trtmowt'enē-n ənkłmesc'i aynpisi-n その人が過度の苦しみに呑み込まれないように 2Cor 2,7; iwrak'anč'iwr orpēs ew yōžaresc'i ok' srtiw, mi aṛ harki ew trtmowt'ean 各人は心に決めておいたように，強制されてでもなく悲痛さからでもなく〔この業をなすべきだ〕2Cor 9,7; ②całr jer i sowg darjc'i ew owraxowt'iwn jer i trtmowt'iwn あなた方の笑いは悲しみに，喜びは落胆に変えられよ Jas 4,9.

trtnǰem, -ec'i【動】[z-+奪] ささやく，ぶつぶつ言う，不満を漏らす (γογγύζω Jn 6,41; διαγογγύζω Lk 19,7; γογγυσμός 1Pe 4,9): gitac' YS y-anjn iwr et'e trtnǰen vasn aynorik ašakertk'-n イエスは，弟子たちがそれについてささやいているのが自分の中でわかった Jn 6,61; trtnǰein z-tanowteṛnē-n 彼らは家の主人に対して不満を漏らした Mt 20,11; trtnǰein z-nmanē hreayk'-n ユダヤ人たちは彼のことでささやき始めた Jn 6,41 [cf. Jn 6,43 k'rt'mnǰem]. → trtownǰ

trtnǰōł, -ac'【形】不満を言う (γογγυστής): sok'a en trtnǰōłk' ew šogmogk', ert'eal əst iwreanc' anjanc' c'ankowt'eanc' この輩どもは自分の欲望に従って歩みながら，不満を言う不平の徒である Jd 16.

trtowm【形】悲しい，悲しんで (περίλυπος Mt 26,38; λυπούμενος [: λυπέομαι] Mk 10,22): trtowm ē ogi im minč'ew i mah 私の魂は死ぬほどに悲しい Mt 26,38; Mk 14,34 (anjn im); xožoṛeal ənd ban-n gnac' trtowm 彼はその言葉を聞いて陰鬱になり，悲しみのうちに去った Mk 10,22.

trtownǰ, trtnǰoy【名】不平，苦情，ささやき (γογγυσμός Ac 6,1; γογγύζω Jn 7,32; μομφή Col 3,13): ełew trtownǰ yownac'-n aṛ hebrayec'is-n ギリシア語を話すユダヤ人からヘブライ語を話すユダヤ人に対して苦情が出た Ac 6,1; lowan p'arisec'ik'-n z-trtownǰ žołovrdean-n z-nmanē ファリサイ派の人々は群衆が彼についてささやいているのを聞いた Jn 7,32 [→ trtnǰem]; šnorhel irerac', et'ē owrowk' z-owmek'ē trtownǰ inč‘ ic‘ē = χαριζόμενοι ἑαυτοῖς ἐάν τις πρὸς τινα ἔχῃ μομφήν 誰か相手に対し咎めるべき点があっても互いに赦せ Col 3,13.

tk‘nem, -ec‘i; tk‘nim, -nec‘ay【動】眼を覚ましている，油断のない (ἀγρυπνέω Eph 6,18; He 13,17)：i noyn tk‘nesǰik‘ amenayn žowžkalowt‘eamb ew xndrowacovk‘ vasn amenayn srboc‘ その〔祈りのために〕眼を覚ましていよ，すべての聖なる者たちのために最大限の根気強さをもって〔神の執り成しを〕願いつつ Eph 6,18; ownkndir lerowk‘ aṙaǰnordac‘ jeroc‘ ew hpatak kac‘ēk‘ noc‘a, zi nok‘a tk‘nin vasn ogwoc‘ jeroc‘ あなた方の指導者の言うことを聴き，彼らに服していよ，彼らはあなた方の魂のため眠らないでいるのだから He 13,17.

tk‘nowt‘iwn, -t‘ean【名】不眠，徹夜 (ἀγρυπνία)：i tk‘nowt‘iwns bazowm angam たびたびの不眠の中で 2Cor 11,27. → hskowmn

r

rabbowni, Jn 20,16E → ṙabbowni

c‘

c‘-【前】［＋対］…に，…の方に；①asem「言う」，harc‘anem「問う」，tam「与える」，xndrem「求める」の間接補語として．②aha, awadik の後で；③minč‘ c‘-/minč‘ew c‘-《多く時間的》…まで (ἕως＋属［または副］)：①c‘-o? ok‘ i jēnǰ hayr xndric‘ē ordi iwr jowkn mi et‘e p‘oxanak jkan-n awj? tayc‘ē nma あなたたちの中で誰が，息子が魚を求めているのに，魚の代わりに蛇を彼に与えるような父親だろうか Lk 11,11; o ic‘ē i jēnǰ mard c‘-or xndric‘ē ordi iwr hac‘ mit‘e k‘ar? tayc‘ē nma あなたたちの中で誰が，自分の子どもがパンを求めているのに，石をあたえるような人間であろうか Mt 7,9; ②ard awadik k‘oy-d c‘-k‘ez = ἴδε ἔχεις τὸ σόν 見よ，これがあなたのものだ Mt 25,25; aha ayr-d c‘-jez

c'ac 718

= ἰδοὺ ὁ ἄνθρωπος 見よ、この人だ Jn 19,5; aha t'agawor (M: -d) jer c'-jez = ἴδε ὁ βασιλεὺς ὑμῶν 見よ、お前たちの王だ Jn 19,14; ③minč' c'-ayžm oč' inč' xndrec'ēk' y-anowm im = ἕως ἄρτι οὐκ ᾐτήσατε οὐδὲν ἐν τῷ ὀνόματί μου これまであなたたちは私の名において何も願ったことがない Jn 16,24; zi mi andēn i xač'i-n aganic'in marmink'-n minč' (M: minč'/ew) c'-šabat'-n = ... ἐν τῷ σαββάτῳ それらの体が安息日まで十字架に残らないように Jn 19,31; oč' ews arbic' y-aysm hetē i beroy ort'oy, minč'ew c'-awr-n c'-ayn (M: c'-awr-n ayn), yoržam arbic' z-da ənd jez nor y-ark'ayowt'ean hawr imoy 私は今から後、もはや二度とこの葡萄の木からできたものを飲むことはない、私の父の王国においてそれを新たにあなたたちと共に飲む、かの日までは Mt 26,29; i vec' žamē awowr-n xawar ełew i veray amenayn erkri minč'ew c'-inn žam その日の第6刻から、地のすべてを闇が襲い、第9刻に及んだ Mt 27,45; ekayk' ert'ic'owk' minč'ew c'-Bet'łeēm さあ、ベトレヘムまで出かけてみようではないか Lk 2,15. → c'ork'an, c'oržam; [z-]c'ayg ew [z-]c'erek

c'ac, -oy/-i【形】冷静な、穏健な、思慮深い（σώφρων）Tt 1,8.

c'acowt'iwn, -t'ean【名】理性のあること、正気（σωφροσύνη）: z-c'acowt'ean ew z-čšmartowt'ean bans barbaŕem 私は理にかなった真実の言葉を語っている Ac 26,25.

c'acown, -cnoc'【形】思慮深い、控え目な、冷静な（σώφρων Tt 2,2; σωφρονέω Tt 2,6）: ceroc' zgasts linel, parkešts, c'acowns 老人は覚醒し、威厳があり、思慮深くあるべきだ Tt 2,2; z-eritasards noynpēs ałač'esǰir c'acowns linel 若者たちにも同じように思慮深くあるように勧めよ Tt 2,6.

c'amak', -i, -ac'【形/名】乾いた；陸地、海岸（γῆ; αἰγιαλός Mt 13,48; ξηρά Mt 23,15）: naw-n mekneal ēr i c'amak'ē-n bazowm asparisawk' 舟は既に何スタディオンも陸から離れていた Mt 14,24; z-or ibrew lc'aw, haneal i c'amak' ew nsteal žołovec'in z-bari bari-n y-amans, ew z-xotan-n i bac' ənkec'in それ（網）が一杯になると、〔人々は〕それを海岸に引き上げ〔地面に〕座って良いものを器に集め、駄目なものを外へ投げ捨てた Mt 13,48; yacik' ənd cov ənd c'amak' aŕnel ekamowt mi お前たちは海と陸を駆け巡って1人でも改宗者を作ろうとする Mt 23,15; amenayn žołovowrdk'-n z-covezerb-n z-c'amak'-n ownein すべての群衆は海辺の陸地にいた Mk 4,1; sakawik mi tanel i nerk's i c'amak'ē-n 陸から少し漕ぎ出る Lk 5,3; k'anzi č'-ein heŕi i c'amak'ē, ayl ibrew erkeriwr kangnaw 彼らは岸から遠くなく、200ペーキュスほどの距離だったので Jn 21,8; ēr naw-n i mēǰ covow-n, ew ink'n i c'amak'i 舟は海

のただ中にあり，彼自身は陸にいた Mk 6,47.

cʻamakʻecʻowcʻanem, -owcʻi【動】枯らす（ξηραίνω）：zi cageacʻ arew handerj xoršakaw ew cʻamakʻecʻoycʻ z-xot-n 太陽が炎暑と共に昇り，草を枯らした Jas 1,11.

cʻamakʻim [-kʻi], -kʻecʻay [-cʻaw]【動】乾燥する，干上がる，枯れる，萎える，硬直する（ξηραίνομαι; ψύχομαι Mt 24,12）：cʻamakʻecʻan Jowrkʻ nora〔ユーフラテス河の〕水が干上がった Re 16,12; xot-n cʻamakʻecʻaw 草は枯れた 1Pe 1,24; el na artakʻs ibrew z-owṙ-n ew cʻamakʻecʻaw 彼は枝のように外に出て枯れた Jn 15,6; vałvałaki cʻamakʻecʻaw ałbewr arean nora すぐに彼女の血の元が乾いた Mk 5,29; krčtē z-atamowns iwr ew cʻamakʻi 彼は歯をきしらせ萎える Mk 9,18; vasn bazmanaloy anawrēnowtʻean-n cʻamakʻescʻi sēr bazmacʻ 不法がはびこることによって多くの人々の愛が冷えきるだろう Mt 24,12; tesin z-tʻzeni-n cʻamakʻeal y-armatocʻ 彼らはいちじくの木が根元から枯れてしまっているのを見た Mk 11,20.

cʻayg【名】夜（字義通りには「夜明けまで」[→ cʻ-, ayg]）; z-cʻayg ew z-cʻerek 夜も昼も（νύκτα καὶ ἡμέραν Mk 4,27 Lk 2,37; νυκτὸς καὶ ἡμέρας Mk 5,5）：hanapaz z-cʻayg ew z-cʻerek i gerezmans ew i lerins ałałakēr ew kocēr z-anjn iwr kʻarambkʻ 彼は昼夜を分かたず，墓場や山の中にいて叫び続け，石で自らを打って傷つけていた Mk 5,5; pahawkʻ (M: parhawkʻ) ew aławtʻiwkʻ paštēr z-cʻayg ew z-cʻerek 彼女は昼夜を分かたず断食と祈願をもって〔神に〕仕えていた Lk 2,37. → cʻerek

cʻang- → cʻank-

cʻanem, -ecʻi【動】蒔く，まき散らす（ἐπισπείρω Mt 13,25; ῥαντίζω He 9,13 [→ srskem]）：ekn tʻšnami nora ew cʻaneacʻ i veray oromn i mēǰ cʻorenoy-n ew gnacʻ 彼の敵がやってきて，麦の只中に毒麦を蒔き加え，去って行った Mt 13,25; moxir ernǰocʻ-n cʻaneal 注ぎかけられる雌牛の灰 He 9,13. → serman-a-cʻan, sermanem

cʻank[1]; M: + cʻang, -oy, -ocʻ【名】垣根（φραγμός）：ayr mi tnkeacʻ aygi ew ac šowrǰ z-novaw cʻank (M: cʻang) 1人の人が葡萄園を造り，そのまわりに垣根を設けた Mk 12,1; or tnkeacʻ aygi ew cʻankov (M: cʻankaw [-aw は異字か]) pateacʻ z-na 彼は葡萄園を造り，そのまわりに垣根を設けた Mt 21,33; el in čanaparhs ew i cʻanks 街路や垣根のところに出て行け Lk 14,23. ―【副】いつまでも，途切れることなく（εἰς τὸ διηνεκές）：ami ami z-noyn patarags matowcʻanem cʻang, orkʻ očʻ en karōł z-matowcʻeals-n katarel 人々はいつまでも毎年同じ生け贄を献げても，〔祭壇に〕進み出る人々を全うすることはできない He 10,1.

c'ank²; c'ang [E]【連】c'ang kam [ənd＋位（人）] = διαμένω [μετά＋属] …と共に最後まで留まる：dowk' ēk' or c'ang kayik' (M: or c'ankayk') ənd is i p'orjowt'iwns im あなたたちは私の試みの時に私と共に留まり抜いてくれた人たちだ Lk 22,28.

c'ankam [M: + c'angam]；**c'ankanam** [M: + c'anganam], ア オ-kac'ay [-gac'ay]【動】[＋与/対/不] 切望する，欲する，欲しがる，追求する；欲情を抱く (ἀγαλλιάω Jn 8,56; ἐπιθυμέω Lk 17,22; Ac 20,33; Mt 5,28; ἐπιθυμία Lk 22,15; θέλω Lk 10,24M [vs. E: kamim]；Lk 23,8; ὀρέγομαι 1Tm 3,1a; 6,10)：c'ankalov c'ankac'ay (＝ ἐπιθυμίᾳ ἐπεθύμησα) z-ays pasek' owtel ənd jez minč'č'ew č'arč'areal ic'em 私は自分が苦しみを受ける前に，この過越の食事をあなたたちと共にすることを願いに願っていた Lk 22,15; hayr jer c'ankac'aw (E, mg: c'ncac'aw → c'ncam) tesanel z-awr im あなたたちの父は私の日を見ることを切望した Jn 8,56; ekec'en awowrk' c'ankanaloy jez mi y-awowrc'-n ordwoy mardoy tesanel, ew oč' tesanic'ēk' あなたたちが人の子の日々を1日でも見ようと欲するが，見ることはない日々が来るだろう Lk 17,22; et'ē ok' episkoposowt'ean c'ankay, barwoy gorcoy c'ankay 人が監督職を欲しているのなら，その人は立派な働きを望んでいる 1Tm 3,1; arcat'oy kam oskwoy kam handerjic' oč' owrowk' i jēnǰ c'ankac'ay 私はあなた方の誰からも金銀や衣服を欲しがったことはない Ac 20,33; amenayn or hayi i kin mard ar̄ i c'ankanaloy nma (＝ πρὸς τὸ ἐπιθυμῆσαι αὐτήν) andēn šnac'aw ənd nma i srti iwrowm ある女に対する欲情を抱いて彼女を見る者はすべて，自分の心の中ですでに彼女と交わって姦淫を犯したのだ Mt 5,28.

c'ankasēr【形】快楽を愛する，享楽的な (φιλήδονος)：c'ankasērk' manawand k'an ACasērk' 神を愛するよりも快楽を愛する者たち 2Tm 3,4. → sēr

c'ankac'oł, -łac'【名】欲望を持つ者，渇望する者 (ἐπιθυμητής)：zi mi lic'owk' c'ankac'ołk' č'areac', orpēs nok'ay-n c'ankac'an かの人々が欲望を持ったように私たちも悪への欲望を持つ者にならないために 1Cor 10,6.

c'ankowt'iwn, -t'ean【名】欲望，欲情；快楽；渇望，切望 (ἐπιθυμία Jn 8,44; 1Th 2,17; 1Tm 6,9; ἡδονή Lk 8,14; Jas 4,1; 2Pe 2,13; ὄρεξις Ro 1,27)：i bazowm c'ankowt'iwns anmits 多くの愚劣な欲望 1Tm 6,9; z-c'ankowt'iwns (M: -t'iwn) hawr-n jeroy kamik' ar̄nel あなたたちは自分たちの父親の欲望を行おうとしている Jn 8,44; i hogs ew i mecowt'iwn ew i c'ankowt'iwn ašxarhi-s zbałeal heljnown 彼らは思い煩いや富や現

c'aw

世の快楽に没頭して窒息させられている Lk 8,14; y-aydpisi c'ankowt'eanc' jeroc' or zōrac'eal en y-andams jer 肢体の中で戦いを挑んで来るあなた方のそのような欲情から Jas 4,1; or c'ankowt'iwn z-awowr-n p'ap'kowt'iwn hamarin 彼らは昼間の乱痴気騒ぎを快楽と考えている 2Pe 2,13; aṙawel ews p'owt'ac'ak' tesanel z-eress jer mecaw c'ankowt'eamb 私たちはあなた方と顔を合わせることを切なる願いをもってよりいっそう熱心に求めた 1Th 2,17.

c'asnowm, -seay 【動】怒る，激怒する (ὀργίζομαι) [欠如している第2分詞は c'asowc'eal (: c'asowc'anem) で補われる]: c'aseaw višap-n ənd knoǰ-n 竜は女に激怒した Re 12,17. → c'asowc'anem, barkanam

c'asowmn, -sman, -amb, -smownk', -manc' 【名】怒り，激情，憤激 (θυμός Re 14,8.10; θυμομαχέω Ac 12,20; ὀργή Mk 3,5 [→ barkowt'iwn]): ankaw Babelon mec-n, i ginwoy arbec'owt'enē i c'asmanē i poṙnkowt'enē iwrmē, or arbec'oyc' z-amenayn het'anoss 淫行により激情を呼び起こす酩酊の葡萄酒をあらゆる民に飲ませた，かの大バビロンが倒れた Re 14,8; ēr Herovdēs c'asmamb ənd Tiwrac'is ew ənd Sidovnac'is ヘロデはテュロスとシドンの人々に腹を立てていた Ac 12,20; hayec'eal YS z-nok'awk' li c'asmamb イエスは怒りに満ちて彼らを見回して Mk 3,5. → barkowt'iwn, srtmtowt'iwn

c'asowc'anem, -owc'i 【動】怒らせる；c'asowc'eal [c'asnowm「怒る」の第2分詞として] 怒って，腹を立てて，苦々しく思って (ἀγανακτέω Lk 13,14; χολάω Jn 7,23): c'asowc'eal t'e əndēr? i šabat'ow bžškeac' YS (会堂長は) イエスがなぜ安息日に癒したかと怒って Lk 13,14; ənd is c'asowc'eal? ēk' zi olǰoyn isk mard bžškec'i i šabat'ow 私が人の身すべてを安息日に癒したからといって，[なぜ] あなたたちは私のことを苦々しく思うのか Jn 7,23.

c'aw, -oy; **c'awk'**, -woc' 【名】苦痛，痛み，病；労苦 (νόσος Mt 4,24; 8,17; πόνος Re 21,4; πάθος 1Th 4,5; ὀδύνη Ro 9,2): matowc'in aṙ na z-amenayn hiwands or neḷeal ein pēspēs c'aws 人々はさまざまな病を患っている者たちをすべて彼のもとに連れて来た Mt 4,24; na z-hiwandowt'iwns mer verac'oyc' ew z-c'aws mer ebarj 彼自らが私たちの弱さを負った，そして私たちの病を担った Mt 8,17; mah oč' ews goy, oč' sowg ew oč' ałaḷak, oč' c'awk' もはや死はなく，悲しみも嘆きも労苦もない Re 24,77; mi i c'aws c'ankowt'ean orpēs ew ayl het'anosk' 他の異邦人のように欲望の病のうちに [振る舞わ] ないこと 1Th 4,5; anpakas c'awk' srti imoy 私の心には絶えることのない痛みがある Ro 9,2. → axt, hiwandowt'iwn

c'elowm, -lay【動】割れる，裂ける (σχίζω)：ew aha varagoyr tačari‑n c'elaw y‑erkows i verowst minč'ew i vayr すると見よ，神殿の幕が上から下まで裂けて真っ二つになった Mt 27,51; noynžamayn ənd veranal i ǰroc'n etes c'eleal z‑erkins すぐに水から上がると，彼は天が避けるのを見た Mk 1,10. → patařem, herjowm (Lk 23,45)

c'erek [→ c'ayg]【名】昼（字義通りには「夕方まで」[→ c'‑, erek]）; z‑awr‑s c'erek = ὅλην τὴν ἡμέραν 1日中 Mt 20,6; z‑c'ayg ew z‑c'erek = νύκτα καὶ ἡμέραν 夜も昼も Mk 4,27; 5,5; Lk 2,37：əndēr kayk' ast z‑awr‑s c'erek datarkk' なぜ君たちはここで1日中，何もしないで立っているのか Mt 20,6.

c'ec', -oy, -oc'【名】衣蛾，衣魚 (σής)：owr c'ec' ew owtič apakanen そこでは衣魚と虫が〔宝を〕食う Mt 6,19; owr oč' goł merjanay ew oč' c'ec' apakanē そこ（天）では泥棒が近づくこともなく，衣魚が滅ぼすこともない Lk 12,33; handerj jer kerakowr c'ec'oy (= σητόβρωτος) あなた方の衣服は虫喰いになってしまった Jas 5,2.

c'iw, c'owoy; **c'iwk'**, c'owoc'【名】《複のみ》天井．cf. οἱ κέραμοι 瓦屋根 (vs. κέραμος 瓦)：elin i tanis ew i c'owoc'‑n kaxec'in z‑na ew iǰowc'in mahčawk'‑n handerj i mēǰ ařaǰi YI = ἀναβάντες ἐπὶ τὸ δῶμα διὰ τῶν κεράμων καθῆκαν αὐτὸν σὺν τῷ κλινιδίῳ εἰς τὸ μέσον ἔμπροσθεν τοῦ ᾽Ιησοῦ 彼らは屋上にのぼり，彼を天上から吊るして，寝台と共に〔群衆の〕只中へ，イエスの前へとおろした Lk 5,19〔Gk: 屋上に上り，瓦〔を剥いで〕の間から彼を小寝台と共に〔群衆の〕只中へ，イエスの前へと吊りおろした〕．

c'lowc' → c'owl

c'ncam, -cac'ay/-cac'i, 命 c'nca【動】①歓声を上げる，喜ぶ，楽しむ (ἀγαλλιάω Lk 1,47; Jn 5,35; Ac 2,26; σκιρτάω Lk 6,23; χαίρω Mt 5,12; ἀγαλλίασις Lk 1,44)．②挨拶する (ἀσπάζομαι)：①c'ncac'aw hogi im y‑AC p'rkič' im 私の心は私の救い主なる神を喜ぶ Lk 1,47 (M: c'ncac'ē [-asc'ē：3.sg.conj. aor..a?] hogi im AV p'rkč'aw imov); dowk' kamec'arowk' c'ncal ař žamanak mi i loys‑n nora あなたたちはしばらくの間，彼の光を楽しみたいと思った Jn 5,35; c'ncac'aw lezow im 私の舌は喜んだ Ac 2,26; owrax liǰik y‑awowr y‑aynmik ew c'ncasǰik その日には喜べ，そして跳ね回れ Lk 6,23 [cf. Lk 1,14 c'ncowt'iwn]；xałac' c'ncalov manowk‑s y‑orovayni imowm 私の内の胎児は喜びのあまり飛び跳ねた Lk 1,44; ②i heřowst tesin z‑nosa ew c'ncac'an 彼らは遠くからそれらを見て挨拶を送った He 11,13. → xndam, owrax

c'ncowt'iwn, -t'ean【名】喜び，歓喜，欣喜雀躍 (ἀγαλλίασις) [→ xndowt'iwn, owraxowtʻiwn]: ełicʻi kʻez owraxowtʻiwn ew cʻncowtʻiwn (M: owraxowtʻiwn ew xndowtʻiwn) = ἔσται χαρά σοι καὶ ἀγαλλίασις お前は喜び，小躍りすることになろう Lk 1,14.

cʻoycʻ[1], cʻowcʻi, -icʻ【名】見せること；i cʻoycʻ (s) [＋与] = πρὸς τὸ θεαθῆναι [＋与]…に見せるために，…に見られるために：zgoyš lerowkʻ ołormowtʻean jerowmˉ mi aṙnel aṙaǰi mardkanˉ orpēs tʻe i cʻoycʻ inčʻ nocʻa 人々に見せようとして，あなたたちの施しをその前でなさぬように用心せよ Mt 6,1; z-amenayn z-gorcs iwreancʻ aṙnen i cʻoycʻ [M: i cʻoycʻs] mardkan 彼らは人に見せようとして，自分たちの業をすべてやっている Mt 23,5. → cʻowcʻanem

cʻoycʻ[2] [3・単・直・アオ] → cʻowcʻanem

cʻorean, -enoy [Lk 16,7M: cʻorenwoy < *cʻoreni], -ocʻ 【名】穀粒，[小] 麦 (σῖτος): hat-n cʻorenoy 麦の種 Jn 12,24; žołovescʻē z-cʻorean-n i štemarans iwr 彼はその麦を倉に集めるだろう Mt 3,12; erkir-n inkʻnin berē z-ptowł˒ nax z-xot-nˉ ew apa z-hask-n ew apa cʻorean atokʻ i haski-n 大地がおのずから実を結ばせるのであり，まず茎，次に穂，次にその穂の中に豊かな穀粒をなす Mk 4,28.

cʻoržam【接】…するまで [→ cʻ-, yoržam (y-or-žam)]: and liniǰir cʻoržam asacʻicʻ kʻez = ἴσθι ἐκεῖ ἕως ἂν εἴπω σοι 私があなたに告げるまでそこに留まれ Mt 2,13E.

cʻorčʻapʻ【接】…する間は，…する限りは (ἐφʼ ὅσον χρόνον 1Cor 7,39) [→ cʻ-, orčʻapʻ]: kin kapeal ē cʻorčʻapʻ žamanaks kendani ē ayr nora 妻はその夫が生きている間は〔彼に〕結ばれている 1Cor 7,39.

cʻorkʻan【接】…する間は，…する限りは (ὅσον χρόνον Mk 2,19; ἐφʼ ὅσον Ro 11,13) [cf. orkʻan「どれだけの（回数）?」]: cʻorkʻan ənd iwreans ownicʻin z-pʻeasay-n, očʻ ē martʻ pahel 彼らに花婿が一緒にいる間は，断食できるはずがない Mk 2,19; cʻorkʻan žamanaks icʻem hetʻanosacʻ aṙakʻeal, z-paštōn-n im pʻaṙawor aṙnem 私は異邦人たちの使徒である限り，私の務めを光栄に思っている Ro 11,13.

cʻowl, cʻlow, -owcʻ【名】雄牛 (ταῦρος Ac 14,13)；子牛 (μόσχος He 9,19): kʻowrm-n Diay ... cʻowls ew psaks hasowcʻeal i dowṙn ゼウスの神殿の祭司が数頭の雄牛と花輪を門のところに持って来て Ac 14,13; aṙeal z-ariwn cʻlowcʻ-n noxazacʻ-n, ǰrov ew brdov karmrov ew zopayiw, z-ktakaranōkʻ-n isk ew z-amenayn žołovrdeamb-n srskeacʻ 〔モーセは〕水と赤い羊毛およびヒソプとともに，子牛と山羊の血をとり，契約の書と民全員とに注ぎかけた He 9,19. → zowarak

cʻowocʻ → cʻiw

c‘owp, c‘poy【名】棒，杖（ῥάβδος）: mi park i čanaparhˈ ew mi erkows handerjsˈ mi kawšiksˈ mi c‘owp 旅路には革袋も，2枚の下着も，皮ぞうりも，杖も〔持って行くな〕Mt 10,10. → gawazan

c‘owrt, c‘rtoy【形】冷たい（ψυχρός Mt 10,42; Re 3,15）;【名】寒さ，寒気（ψῦχος Jn 18,18; Ac 28,2; 2Cor 11,27）: bažak mi jowr c‘owrt 冷たい水1杯 Mt 10,42; oč‘ c‘owrt es ew oč‘ Jerm お前は冷たくも熱くもない Re 3,15; xaroyk arkea, k‘anzi c‘owrt ēr, ew Jeřnowin 寒かったので，彼らは炭火を起こし，暖をとっていた Jn 18,18; vasn c‘rtoy-n 寒さをしのぐために Ac 28,2; i c‘owrt ew i merkowt‘ean 寒さと裸の中で 2Cor 11,27. → Jermn

c‘owc‘anem, c‘owc‘i, (e)c‘oyc‘, 命 c‘oyc‘【動】①示す，見せる，明示する；立証する，認証する（δείκνυμι 1Cor 12,31; ἐπιδείκνυμι Lk 17,14; Ac 18,28; ὑποδείκνυμι Lk 6,47; ἐνδείκνυμαι 2Tm 4,14; ἀποδείκνυμι Ac 2,22; 25,7; χράομαι Ac 27,3）; 詳しく話す（διασαφέω Mt 18,31）. ②jeřamb c‘owc‘anem 手で制する（κατασείω Ac 12,17）. ③（実を）つける（προβάλλω Lk 21,30）: ①es aŕawel ews čanaparh c‘owc‘anem jez 私はさらに卓越した道をあなたたちに示そう 1Cor 12,31; ert‘ayk‘ c‘owc‘ēk‘ z-anjins k‘ahanayic‘-n 行ってあなたたちを祭司たちに見せて来い Lk 17,14; c‘owc‘anel grovk‘ et‘ē K‘S-n ē YS 聖書によってイエスがキリストであることを明示する Ac 18,28; c‘owc‘ic‘ jez owm nman ē 私は彼が何と同じであるか，あなたたちに示そう Lk 6,47; mardasirowt‘iwn c‘owc‘eal Yowliay aŕ Pawłos = λανθρώπως τε ὁ Ἰούλιος τῷ Παύλῳ χρησάμενος ユリアスはパウロを親切に取り扱って Ac 27,3; Ałēk‘sandros bazowm č‘arč‘arans ec‘oyc‘ inj アレクサンドロスは私に多くの害悪をなした 2Tm 4,14; z-YS Nazovrac‘i z-ayr c‘owc‘eal y-AY i jez 神からあなたたちに認証された人であるナゾラ人イエスを Ac 2,22; ekeal c‘owc‘in TN-n iwreanc‘ z-amenayn inč‘ or ełew-n 彼らは主人のところにやって来て起こったことをすべてつまびらかにした Mt 18,31; ②na jeŕamb c‘owc‘anēr noc‘a lŕel 彼は手で制して彼らを鎮めた Ac 12,17; ③yoržam c‘owc‘anic‘en z-ptowł iwreanc‘〔木が〕実をつけると Lk 21,30. → c‘c‘owim

c‘řowk【名】（動物の）鼻；口籠; kapem z-c‘řowk 口籠をはめる（κημόω 1Cor 9,9; φιμόω 1Tm 5,18）: mi kapesc‘es z-c‘řowk ezin kalotwoy 脱穀している牛に口籠をはめてはならない 1Tm 5,18 (1Cor 9,9: oč‘ kapesc‘es z-c‘řowk ezin kalotwoy).

c‘řowem, -ec‘i【動】①散らす，追い散らす，分散させる（σκορπίζω Jn 10,12; 16,32; διασκορπίζω Mk 14,27; διασπείρω Ac 8,1; ἐκχέω Jn 2,15).

②投げ棄てる (ῥίπτομαι Mt 9,36)：①gayl-n yapʻštakē z-nosa ew cʻrowē 狼はそれら〔の羊〕を奪い散らす Jn 10,12; aha ekecʻē žam ew ekeal isk ē zi cʻrowesǰikʻ y-iwrakʻančʻiwr telis ew z-is miayn tʻołowcʻowkʻ 見よ，あなたたちが各々のところへと散らされ，私を１人置き去りにするような時が来ようとしている，いや実に来てしまっている Jn 16,32; haricʻ z-hoviw-n ew očʻxarkʻ-n cʻrowescʻin 私は羊飼いを打つだろう，すると羊の群れはちりぢりにされてしまうだろう Mk 14,27; amenekʻean cʻrowecʻan i geawłs Hr̄eastani ew i Samarit bacʻ y-ar̄akʻerocʻ-n 使徒以外のものは全員ユダヤとサマリアの地方に散らされた Ac 8,1; z-płinj hatavačar̄acʻ cʻroweacʻ 彼は両替屋の金をまき散らした Jn 2,15; ②ein ašxatealkʻ ew cʻrowealkʻ 彼らは疲れ果て，打ち棄てられていた Mt 9,36. → spʻr̄em

cʻcʻowim, -owecʻay【動】（葉が）生える，伸びる (ἐκφύω) [cf. (z-ptowł) cʻowcʻanem (Lk 21,30)]: yoržam nora ostkʻ-n kakłascʻin ew terew-n cʻcʻowicʻi, gitēkʻ tʻe merj amar̄n その（いちじくの）枝が柔らかくなり，葉が生じると，夏が近いことをあなたたちは知っている Mt 24,32. → cʻowcʻanem

pʻ

pʻalakn [Lk 17,24M] → pʻaylakn

pʻaxowst, -xstean【名】逃亡 (φυγή): yaławtʻs kacʻēkʻ zi mi linicʻi pʻaxowst-n jer jmerani あなたたちの逃亡が冬起こらぬように祈れ Mt 24,20. → tʻakʻowst (Olsen, Noun, p. 617f.)

pʻaxčʻim/pʻaxnowm (-now- vs. -čʻi-, Meillet, Esq. §79, p. 110), アオ pʻaxeay, 分 pʻaxowcʻeal (: pʻaxowcʻanem, Schmitt, Grammatik, p. 153), 接 pʻaxicʻē, 命 pʻaxir【動】[i＋奪] …から逃げる，逃亡する，…を避ける (φεύγω; ἀποφεύγω 2Pe 1,4; καταφεύγω Ac 14,6; ἐκφεύγω Ac 19,16; διαφεύγω Ac 27,42): yaynžam or i Hr̄eastani icʻen pʻaxicʻen i lerins その時ユダヤにいる者たちは山に逃れよ Mt 24,16; ziard? pʻaxnowcʻowkʻ i datastanē geheni-n お前たちはゲヘナの裁きからどのようにして逃げるのか Mt 23,33; yoržam halacicʻen z-jez i kʻałakʻi-s y-aysmik, pʻaxiǰikʻ y-aył 人々があなたたちをこの町で迫害する時は，ほ

p'akank' 726

かの町へ逃げよ Mt 10,23; amenayn kłzik' p'axean 島はすべて逃げ去った Re 16,20; y-eritasardakan c'ankowt'eanc'-n p'axir 若者特有の欲望は避けよ 2Tm 2,22; p'axowc'ealk' i c'ankowt'eanc' ašxarhi-s ew y-apakanowt'eanc' この世の欲望と滅びとから逃れて 2Pe 1,4; azd ełeal noc'a p'axean i k'ałak's-n Likonac'woc' 彼らは〔これに〕気づいて、リュカオニアの町々に難を避けた Ac 14,6; minč'ew merks ew viraworsp'axč'el i tanē anti そのために彼らは裸にされて傷を負わされて家から逃げ出したほどだった Ac 19,16; zi mi ok' lowłic'i ew p'axic'ē 誰も泳いで逃げることがないように Ac 27,42;

p'akank', -nac' 【名】鍵 (κλείς): tac' k'ez (M: + z-) p'akans ark'ayowt'ean erknic' 私はあなたに天の王国の鍵を与えよう Mt 16,19; t'ak'owc'anēk' z-p'akans gitowt'ean-n お前たちは悟りの鍵を隠した Lk 11,52; or owni z-p'akans Dawt'i, banal ew oč' ok' ē or p'akē, ew p'akē ew oč' ok' ē or banay ダビデの鍵を持ち、〔その者が〕開けば誰も閉めることができず、またその者が閉めれば誰も開けることのできない、そのような者 Re 3,7; tesi ayl hreštak zi iǰanēr y-erknic', ew ownēr z-p'akans džoxoc' ew šłtays mec i jeṙin iwrowm 私は別の天使が、底なしの深淵の鍵と大きな鎖を手にして、天から降って来るのを見た Re 20,1.　→ banali

p'akem, -ec'i 【動】閉じる、閉ざす、鍵をかける (κλείω; ἀποκλείω Lk 13,25); p'akem i nerk's (魚を網に) 閉じ込める (συγκλείω Lk 5,6): p'akec'aw dowṙn-n 戸が閉じられた Mt 25,10; yoržam p'akec'an-n erkink' z-eris ams ew z-vec' amis そのとき、天は3年と6月の間閉じられた Lk 4,25; drawk' (M: -n) p'akelovk' owr ein ašakertk'-n žołoveal vasn ahi-n hreic' 弟子たちが集まっていたところは、ユダヤ人に対する恐れゆえに、戸が閉じられていた Jn 20,19; z-bant-n gtak' p'akeal amenayn zgowšowt'eamb-n 牢獄にはしっかりと錠がかかっていた Ac 5,23; aha etow aṙaǰi k'o dowṙn bac'eal, z-or oč' ok' karē p'akel 見よ、私はお前の前に扉を開いたままにしておいた。それは誰も閉めることができない Re 3,8; or ownic'i z-keans inč' z-ašxarhi-s ew tesanic'ē z-ełbayr iwr karōteal iwik' ew p'akic'ē z-gowt's iwr aṙ i nmanē, ziard? sēr-n AY i nma ic'ē bnakeal この世の資産を持ちながら、自分の兄弟が窮しているのを見ても、その面前で憐れみの心を閉ざすならば、どうしてそのような者の中に神の愛が留まっているだろうか 1Jn 3,17; y-ormē hetē mtc'ē tanowtēr-n ew p'akesc'ē z-dowṙn-n 家の主人が入って戸を閉めてしまった後では Lk 13,25; p'akec'in i nerk's bazmowt'iwn jkanc' yoyž 彼らはおびただしい数の魚を捕獲した Lk 5,6.

p'aylakn; M: p'ayłakn [+ -l-], -akan, -ownk', -anc' 【名】稲妻 (ἀστραπή)［p'ayl「輝き」; akn (-απη), → kaycakn］: orpēs p'aylakn (M: p'ayłakn) or elanē y-arewelic' 稲妻が東から出るように Mt 24,27; tesanei z-satanay ankeal y-erknic' ibrew z-p'aylakn (M: z-p'ayłakn) 私はサタンが天から稲妻のように落ちるさまを見届けた Lk 10,18. → akn, kaycakn, aregakn

p'aylatakem, -ec'i【動】 煌く; 照らす (ἀστράπτω Lk 17,24; περιαστράπτω Ac 9,3): orpēs p'aylakn p'aylatakeal (M: p'alakn p'aylatakeal) i nerk'oy erknic' ənd erkniwk' cagic'ē 稲妻が天の下の此方から天の下の彼方へ光り煌くように Lk 17,24; yankarcaki šowrǰ z-novaw p'aylatakeac' loys y-erknic' 突然天からの光が彼をめぐり照らした Ac 9,3.

p'aylatakowmn, -kmownk'【名】稲妻 (ἀστραπή): y-at'oṙoy anti elanēin p'aylatakmownk' 玉座からは稲妻が閃いた Re 4,5; ełen p'aylatakmownk' ew jaynk' ew orotmownk' 稲妻と〔雷の〕轟きと落雷が起こった Re 16,18.

p'aylown; M: + p'ayłown【形】光り輝く (στίλβω Mk 9,3; ἐξαστράπτω Lk 9,29): jorjk' nora ełen p'aylown (M: p'ayłown) spitak yoyž 彼の衣はみごとに光り輝く白色になった Mk 9,3; ełew spitak p'aylown (彼の衣服は) 白く輝くようになった Lk 9,29.

p'ayt, -i, -ic'【名】木, 木材; (磔刑用の) 柱, 十字架 (ξύλον) [→ xač'-a-p'ayt］; beweṙem i p'ayti 十字架に釘づけにする (προσπήγνυμι Ac 2,23): et'e ənd p'ayt dalar z-ays aṙnen, ənd č'or-n zinč'? linic'i 生木にこれらのことがなされるのなら, 枯れ木には何が起こるだろう Lk 23,31; AC harc'-n meroc' yaroyc' z-YS, z-or dowk' spanēk' kaxeal z-p'aytē 私たちの先祖たちの神は, あなたたちが木にかけて殺したイエスを起こした Ac 5,30; amenayn anawt' i p'aytē patowakanē 高価な木材でできたあらゆる器 Re 18,12.

p'aytełēn, -łini, -nac'【形】木の, 木製の (ξύλινος): anawt'k' p'aytełēnk' ew xec'ełēnk' 木や土の器 2Tm 2,20.

p'apar【名】割れ目, 穴 (ὀπή): y-anapati moloɾealk' ew i lerins ew y-ayrs ew i p'apars erkri 彼らは荒野, 山々, 洞穴, 地の割れ目をさまよっていた He 11,38. → akn

p'aṙawor, -i, -ac'【形】栄光ある (ἔνδοξος Eph 5,27); p'aṙawor aṙnem 賛美する, 栄光を帰する, 栄光を現す (δοξάζω Lk 23,47; 1Cor 6,20); p'aṙawor linim 栄光を受ける, 栄化される (δοξάζομαι Jn 11,4; ἐνδοξάζομαι 2Th 1,12): zi kac'owsc'ē ink'n iwr yandiman p'aṙawor z-ekełec'i 彼自身が教会を彼自身の前に栄光あるものとするように Eph

pʻaṙaworem 728

5,27; teseal hariwrapetiˑn zˑor inčʻ ełewˑn pʻaṙawor arar zˑAC 百人隊長は起こったことを見て，神を賛美した Lk 23,47; pʻaṙawor ararēkʻ zˑAC i marmins jer ew yˑogis jer あなたがたの体と霊において，神に栄光を帰すようにせよ 1Cor 6,20; zi pʻaṙawor licʻi (M: linicʻi) ordi AY aynowik 神の子がそれを通して栄光を受けるために Jn 11,4; zi pʻaṙawor licʻi anown TN meroy YSi KʻSi i jez 私たちの主イエス・キリストの名があなたたちの間で栄化されるために 2Th 1,12.

pʻaṙaworem, -ecʻi【動】① 栄光（栄誉）を与える，栄光を現す (δοξάζω); pʻaṙaworeal 栄誉を受けた (ἔνδοξος 1Cor 4,10). ②賛美する，讃め称える；pʻaṙaworeal 輝きに満ちた (δοξάζομαι): ①ē hayr or pʻaṙaworē zˑis 私に栄光を与えるのは父だ Jn 8,54; es zˑkʻez pʻaṙaworecʻi yˑerkri 私は地上であなたの栄光を現した Jn 17,4; pʻaṙaworea zˑis aṙ i kʻēn pʻaṙawkʻˑn zˑor ownei yaṙaǰ kʻan zˑlinel ašxarhi aṙ i kʻēn あなたのもとで私の栄光を現せ．世が存在する以前に，あなたのもとで私が持っていたあの栄光を Jn 17,5; dowkʻ pʻaṙaworealkʻ ew mekʻ anargkʻ あなたたちは栄誉を受けているが，私たちは恥辱を受けている 1Cor 4,10; ②orpēs zi pʻaṙaworescʻin i mardkanē 彼らが人々から讃め称えられようとして Mt 6,2; na owsowcʻanēr i žołovowrds nocʻa, pʻaṙaworeal yˑamenecʻowncʻ 彼自身は彼らの会堂において，すべての人に賛美されながら，教え続けていた Lk 4,15; owrax ēkʻ ančaṙ ew pʻaṙaworeal xndowtʻeambˑn あなた方は言い尽くせない輝かしい喜びをもって歓喜している 1Pe 1,8.

pʻaṙaworowtʻiwn, -tʻean【名】素晴らしさ，優美，栄光：amenayn žołovowrdˑn owrax linēr i veray amenayn pʻaṙaworowtʻeancʻˑn or gorcein i nmanē = πᾶς ὁ ὄχλος ἔχαιρεν ἐπὶ πᾶσιν τοῖς ἐνδόξοις τοῖς γινομένοις ὑπ' αὐτοῦ 群衆は皆，彼によってなされたもろもろの秀でた業を喜んでいた Lk 13,17.

pʻaṙkʻ, -ṙacʻ【名】《複のみ》①栄光；栄華；輝き (δόξα); tam pʻaṙs [＋与] = δίδωμι δόξαν [＋与] …に栄光を帰する．②賛美：①dowkʻ ēkʻ pʻaṙkʻ mer ew xndowtʻiwn あなた方は私たちの栄光であり喜びだ 1Th 2,20; yaynžam ełicʻin kʻez pʻaṙkʻ aṙaǰi barjakcʻacʻˑn kʻocʻ そのとき，あなたと一緒に食事の席に横たわっている人たちの面前で，あなたは面目をほどこすだろう Lk 14,10; cʻowcʻanē nma zˑamenayn tʻagaworowtʻiwns ašxarhi ew zˑpʻaṙs nocʻa 彼は彼に世のすべての王国とその栄華を見せる Mt 4,8; ew očʻ Sołovmovn yˑamenayn pʻaṙsˑn iwrowm zgecʻaw ibrew zˑmi i nocʻanē 栄華の極みのソロモンですらこれらの〔草花の〕ひとつほどにも装うことはなかった Mt 6,29; amenayn pʻaṙkʻ mardoy ibrew z-całik xotoy 人の栄華はすべて草の花のよう 1Pe 1,24; oč' tesanēi i p'aṙac' lowsoy-n aynorik 私はその光の輝きのために目が見えなくなっていた Ac 22,11; towr p'aṙs AY 神に栄光を帰せよ Jn 9,24; ②oč' gtan daṙnal tal p'aṙs AY, bayc' miayn aylazgi-s ays この他部族の者以外に，神に賛美を捧げるために戻って来たと見てとれる者はいなかった Lk 17,18.

p'ask'ows, -k'si; -k'owsk' 【名】おしゃべりな，冗舌な ($\phi\lambda\acute{\upsilon}\alpha\rho\mathrm{os}$)：oč' miayn datarkk', ayl ew p'ask'owsk' ew hetak'rk'irk' 彼女らは単に怠慢さだけではなく，冗舌や詮索癖をも〔学ぶ〕1Tm 5,13.

p'areli 【名】かす，屑；廃棄物，汚物 ($\pi\epsilon\rho\acute{\iota}\psi\eta\mu\alpha$)：ibrew aṙak nšawaki ełeak' amenayn ašxarhi, amenec'own p'areli linel minč'ew c'-ayžm 私たちは今に至るまで，全世界の塵芥，すべての者のうちの屑のようになった 1Cor 4,13.

P'arisec'i/-ac'i [M: + p'arisēc'i, p'aresec'i], -c'woy, -oc' 【名】ファリサイ人 ($\Phi\alpha\rho\iota\sigma\alpha\hat{\iota}os$)：əndēr? mek' ew P'arisec'ik'-n pahemk' yačax ew k'o ašakerk'-d oč' parhen なぜわれわれとファリサイ人たちはしばしば断食しているのに，あなたの弟子たちは断食しないのか Mt 9,14; et'e oč' aṙawelowc'ow ardarowt'iwn jer aweli k'an z-dprac'-n ew z-P'arisec'woc', oč' mtanic'ēk' y-ark'ayowt'iwn erknic' あなたたちの義が律法学者たちやファリサイ人たちのそれよりまさっていなければ，あなたたちは天の王国に入ることはないであろう Mt 5,20.

p'ap'azem; p'ap'ak'em, -ec'i 【動】［+属/+不］恋い求める，恋い慕う，切望する；［+与］…に恋しい，慕わしい ($\epsilon\pi\iota\pi o\theta\acute{\epsilon}\omega$ [→ anjkam])：ibrew z-ardi cneal mankowns xōsown ew anxardax kat'in-n p'ap'ak'ic'ēk 今生まれたばかりの赤ん坊のように，精神的（理性的）な混じりけのない乳を請い求めよ 1Pe 2,2; orowm p'ap'ak'ē hogi-n or bnakeac' i mez 私たちのうちに住んだ霊が〔神には〕恋しい Jas 4,5.

p'ap'kanam, -kac'ay 【動】乱痴気騒ぎをする ($\tau\rho\upsilon\phi\acute{\alpha}\omega$ Jas 5,5; $\epsilon\nu\tau\rho\upsilon\phi\acute{\alpha}\omega$ 2Pe 2,13)：p'ap'kac'ayk' i veray erkri ew zbōsayk' あなたたちは地上で贅沢に暮らし，欲望に耽った Jas 5,5; or c'ankowt'iwn z-awowr-n p'ap'kowt'iwn, bckank', aratawork', p'ap'kac'ealk' i patirs iwreanc', lieal jez xraxčanakic'k' 彼らは昼間の乱痴気騒ぎを快楽と考えている．あなた方と一緒に宴席に連なる時，彼らはしみ，傷のようなもので，欺しごとにふけり，乱痴気騒ぎをしている 2Pe 2,13.

p'ap'kowt'iwn, -t'ean 【名】①柔らかさ，柔軟さ［→ p'ap'owk］．②奢侈に耽ること，乱痴気騒ぎ，贅沢 ($\tau\rho\upsilon\phi\acute{\eta}$ 2Pe 2,13).：①mard [Lk: ayr] i handerjs p'ap'kowt'ean zardareal = $\mathring{\alpha}\nu\theta\rho\omega\pi o\nu$ $\mathring{\epsilon}\nu$ $\mu\alpha\lambda\alpha\kappa o\hat{\iota}s$ $\mathring{\iota}\mu\alpha\tau\acute{\iota}o\iota s$ $\mathring{\eta}\mu\phi\iota\epsilon\sigma\mu\acute{\epsilon}\nu o\nu$ 柔らかな衣服に身をつつんだ人間 Mt 11,8a; Lk 7,25a; ②or

pʻapʻowk

i handerjs erewelis ew i pʻapʻkowtʻean en (M: ... ew pʻapʻkowtʻean en) = οἱ ἐν ἱματισμῷ ἐνδόξῳ καὶ τρυφῇ ὑπάρχοντες きらびやかで贅沢な衣装にくるまれた者たち Lk 7,25b.

pʻapʻowk, -pʻki; **pʻapʻowkkʻ**, -pʻkacʻ【形】(衣が) 柔らかい (μαλακός [→ igacʻeal (: iganam)]): or z-pʻapʻowks-n zgecʻeal en i towns tʻagaworacʻ en = οἱ τὰ μαλακὰ φοροῦντες ... 柔らかな衣をまとった者たちは王たちの家にいる Mt 11,8b. → girg

pʻeganay; M: pʻegenay, -i, -icʻ【名】芸香 (πήγανον): tasanordēkʻ z-ananowx ew z-pʻeganay (M: z-pʻegana) ew z-amenayn banJar お前たちは薄荷と芸香とあらゆる野菜の10分の1を払っている Lk 11,42 [対応箇所 samitʻ].

pʻesay; M (とくに Mt): pʻēsay, -i, -icʻ【名】花婿 (νυμφίος) [→ ar̄-agast]: or owni harsn, na ē pʻesay 花嫁を娶るのは花婿である Jn 3,29; elin əndar̄aJi pʻesayi (M: pʻēsayi) ew harsin 彼女らは花婿と花嫁を迎えに出て行った Mt 25,1.

pʻilisopʻay, -icʻ【名】哲学者 (φιλόσοφος): omankʻ y-epikowreancʻ-n ew i stowkeancʻ pʻilisopʻayicʻ hakar̄akēin ənd nma エピクロス派やストア派の哲学者数人が彼と論争した Ac 17,18.

pʻilon【名】外套 (φαιλόνης): z-pʻilon-n tʻoɫi i Trovaday ar̄ Karpiosi 私は外套をトロアスのカルポスのところに置いてきた 2Tm 4,13.

pʻłoskreay, -ēicʻ, -iwkʻ【形】象牙の [pʻiɫ, pʻłacʻ, -ōkʻ「象」; oskr「骨」]: amenayn anawtʻ pʻłoskreay = πᾶν σκεῦος ἐλεφάντινον あらゆる象牙細工 Re 18,12.

pʻšoy, pʻšocʻ → pʻowš

pʻšrankʻ, -nacʻ【名】食べ屑 (ψιχίον): ew šownkʻ kerakrin i pʻšranacʻ ankelocʻ i seɫanoy tear̄n iwreancʻ 犬たちでもその主人のテーブルから落ちる食べ屑にはありつく Mt 15,27; ew šownkʻ i pʻšranacʻ seɫanoy mankancʻ-n kerakrin 犬たちでも子どもたちのテーブルの食べ屑にはありつく Mk 7,18 [= καὶ τὰ κυνάρια ὑποκάτω τῆς τραπέζης ἐσθίουσιν ἀπὸ τῶν ψιχίων τῶν παιδίων テーブルの下の子犬たちでも子どもたちの食べ屑にはありつく]; cʻankayr yagel i pʻšranacʻ or ankanein i seɫanoy mecatan-n 彼は金持ちの食卓からこぼれ落ちるもので腹を満たしたいと願っていた Lk 16,21.

pʻšrem, -ecʻi【動】砕く，粉砕する，切り捨てる (ἐκκλάω Ro 11,17; κατάγνυμι Mt 12,20; συνθλάω Mt 21,44; συντρίβω Jn 19,36) [→ JaɫJaxem, xortakem]: z-eɫegn JaɫJaxeal očʻ pʻšrescʻē ew z-patrovk-n ar̄kayceal očʻ šiJowscʻē, mincʻew hancʻē i yaɫtʻowtʻiwn z-datastan-n 彼は，折られた葦

を砕くことなく，燃え残る〔燈火の〕芯を消すこともないであろう，彼がその裁きを勝利に導くまでは Mt 12,20; or ankc'i i veray vimis aysorik p'šresc'i この石の上に落ちる者は粉々にされるだろう Mt 21,44; oskr nora mi p'šresc'i その骨が打ち砕かれることはないであろう Jn 19,36; et'ē y-ostoc' anti omank' p'šrec'an たとえ枝々のうちのあるものたちが切り捨てられたとしても Ro 11,17.

p'ox [-oc'/-ic'] 【名】①貸すこと，借金，負債 (δάνειον Mt 18,27) [→ lomay-a-p'ox, p'ox-]. ②tam p'ox 金を貸す (δανείζω Lk 6,34; κίχρημι Lk 11,5 [→ p'ox-a-tow])；先に与える (προδίδωμι Ro 11,35); p'ox arnowm 金を借りる (δανείζομαι Mt 5,42)：①z-p'ox-n et'oł nma 彼は彼の借りた金を帳消しにしてやった Mt 18,27; ②ew meławork' meławorac' p'ox tan zi arc'en andrēn z-kšir-n 罪人たちでも同じ金額を取り戻すつもりで罪人たちに金を貸している Lk 6,34; towk' p'ox owsti oč' akn ownic'ik' arnowl 返してもらうことを期待することなく，金を貸せ Lk 6,35; towr inj p'ox eris nkanaks 私にパンを3個貸してくれ Lk 11,5; or kami p'ox arnowl i k'ēn mi darjowc'aner z-eress あなたから金を借りたいと思う者には背を向けるな Mt 5,42; ov? et nma p'ox 誰が彼にまず先に与えたか Ro 11,35.

p'oxanak¹, -i, -ac' 【名】代理，州総督 (ἀνθύπατος)：ar Gałiovnaw p'oaxanakaw bdešxi-n Ak'ayec'woc' ガリオがアカイア州の総督であった時 Ac 18,12. → bdeašx, datawor

p'oxanak² 【副・前】① [＋属] …の代りに (ἀντί Mt 2,22; Lk 11,11; ἀντάλλαγμα Mk 8,37; λύτρον ἀντί Mk 10,45; ὑπέρ Mk 14,24 [cf. Mt 26,28])；gam p'oxanak [＋属] …の後継者となる (λαμβάνω διάδοχον [＋対] …を後継者として迎える Ac 24,27). ②p'oxanak zi …のために，…だから (ἀνθ' ὧν Lk 1,20; ὅτι Jn 1,50)；…する代わりに (ἀντί Jas 4,15)：①Ark'ełaos t'agaworeac' Hrēastani p'oxanak Hērovdi hawr-n iwroy アルケラオスがその父ヘロデに代わってユダヤを支配している Mt 2,22; mi et'e p'oxanak jkan-n awj? 彼は魚の代わりに蛇を与えるだろうか Lk 11,11; zinč'? tac'ē mard p'oxanak anjin iwroy 人は自分の命の代価として何を与えることができようか Mk 8,37 (cf. Mt 16,26 ənd)；ordi mardoy oč' ekn arnowl paštawn ayl paštel ew tal z-anjn iwr p'rkans p'oxanak bazmac' 人の子は仕えられるためではなく，仕えるために，そして自分の命を多くの人のための身代金として与えるために来た Mk 10,45; ays ē ariwn im noroy owxti or p'oxanak bazmac' hełow これは新しい契約の私の血であり，多くの人のために流されるものだ Mk 14,24 [対応箇所 Mt 26,28：… or i veray bazmac' hełow ＝ … τὸ περὶ πολλῶν ἐκχυννόμενον］；i lrowt'enē anti nora mek' amenek'in aṙak' šnorhs p'oxanak šnorhac' = ... χάριν ἀντὶ χάριτος 彼の充満の中から，私たちは皆，恵みに代わる恵みを受けた Jn 1,16; i katarel erkowc' amac', ekn p'oxanak P'ilik'si P'estos Porkios 2年間が満ちてポルキウス・フェストスがフェリクスの後継者となった Ac 24,27; ②ełic'es hamr ew mi karasc'es xawsel minč'ew c'-awr-n y-orowm ayd linic'i, p'oxanak zi oč' hawatac'er banic' imoc' このことが起こる日まで，あなたは口が開かず，ものが言えなくなるだろう．あなたが私の言葉を信じなかったからだ Lk 1,20; p'oxanak zi oč' canear z-žamanak ayc'elowt'ean k'o なぜならお前は〔神が〕お前を訪れてくれる時を知らなかったからだ Lk 19,44; p'oxanak zi asac'i k'ez t'e tesi i nerk'oy t'zenwoy-n hawatas あのイチジクの木の下であなたを見たと私が言ったから信じるのか Jn 1,50; p'oxanak zi asēik' et'ē TR kamesc'i, kec'c'owk' ew arasc'owk' z-ays inč' kam z-ayn あなたがたは「もし主が望まれるなら，私たちは生きて，あれこれのことをするだろう」と言うべきなのに Jas 4,15.

p'oxanakem, -ec'i 【動】交換する，取り替える，変える (μεταλλάσσω)：ork' p'oxanakec'in z-čšmartowt'iwn-n AY ənd stowt'ean 彼らは神の真理を虚偽に変えた Ro 1,25; ēgk' noc'a p'oxanakec'in z-pēts bnakans i pēts anbnakans 彼らのうちの女性たちは自然な交わりを不自然な交わりに変えた Ro 1,26.

p'oxatow, -i, -ac' 【名】金貸し (δανιστής) [p'ox, tam (アオ e-tow)；cf. lowmay-a-p'ox, hatavačar]：erkow partapank' ein owrowmn p'oxatowi ある金貸しに2人の債務者があった Lk 7,41.

p'oxarēn[1], -rini, -nac' 【名】報い，報酬；返報，恩返し (ἀμοιβή 1Tm 5,4)；darj p'oxarini しかるべき報い，報いらしい報い (ἀντιμισθία Ro 1,27)：z-darj p'oxarini-n or part ēr molorowt'ean-n noc'a y-anjins iwreanc' əndownēin 彼らは彼らの迷いのしかるべき報いを己のうちに受けた Ro 1,27; ov? et nma p'ox, ew aṙnowc'ow p'oxarēn i nmanē = τίς προέδωκεν αὐτῷ, καὶ ἀνταποδοθήσεται αὐτῷ; 誰が彼（主）に貸して（/まず先に与えて），〔そのあとで〕彼から〔自分に〕返してもらう（/報いが与えられる）であろうか Ro 11,35; z-p'oxarēns-n hatowc'anel cnołac'-n 祖先に対し感謝で報いる 1Tm 5,4.

p'oxarēn[2] 【副】返礼（代償）として；《p'oxarēn＋動詞＝ἀντ(ι)-動詞》：zi mi ew nok'a **p'oxarēn** (M: p'orēn, 誤記) koč'esc'en z-k'ez (αὐτοὶ ἀντικαλέσωσίν σε) ew linic'i k'ez hatowc'owmn 彼らもまた返礼としてあなたを招いて，あなたにお返しをすることのないように Lk 14,12; eraneli linic'is, zi oč' ownin p'oxarēn hatowc'aneloy k'ez (ἀνταποδοῦναι σοι) ew hatowsc'i k'ez p'oxarēn (ἀνταποδοθήσεται σοι) i yarowt'ean ardaroc' 幸いだ, あなたは. 彼らはあなたにお返しする [すべ] を持っていないからだ. 義人たちの甦りにおいて, あなたにお返しがなされるだろう Lk 14,14.

p'oxem, -ec'i; **p'oxim**, -xec'ay 【動】A. [他] ①移す (μετατίθημι Ac 7,16; μεθίστημι Col 1,13); 取り替える, 変える (ἀλλάσσω Ro 1,23; 6,14); 分け与える (μεταδίδωμι Ro 1,11). ②退ける (μεθίστημι Ac 13,22). ③移住させる, 退去させる (μετοικίζω Ac 7,43). —B. [自] 移る, 渡り歩く; 立ち退く (μεταίρω Mt 19,1; μεταβαίνω Mt 17,20; Lk 10,7; Jn 5,24): A. ①p'oxec'an i Siwk'ēm 彼らはシケムに移された Ac 7,16; p'oxeac' z-mez y-ark'ayowt'iwn ordwoy-n iwroy sirelwoy (父は) 私たちをその愛すべき子の王国的支配へ移し入れてくれた Col 1,13; yaṙ aǰk'an z-p'oxel-n nora vkayec'aw hačoy linel AY = πρὸ γὰρ τῆς μεταθέσεως μεμαρτύρηται εὐαρεστηκέναι τῷ θεῷ 彼は移される前から神に喜ばれていたことが証しされていた He 11,5; p'oxec'in z-p'aṙs anełci-n AY i nmanowt'iwn patkeri ełcaneli mardoy, ew t'ṙč'noc', ew č'ork'otaneac', ew sołnoc' 彼らは不朽なる神の栄光を, 朽ちゆく人間や鳥や四足の獣や這う生き物の像に似通ったものに変えた Ro 1,23; p'oxescē z-ōrēns-s z-or et mez Movsēs 彼はモーセが私たちに言い伝えた慣例を変えるだろう Ro 6,14; hing ayr p'oxeal ē k'o = πέντε γὰρ ἄνδρας ἔσχες あなたは夫を5人替えた Jn 4,18 [Gk: あなたには5人の夫があった]; zi p'oxec'ic' i jez šnorhs inč' hogewors 私があなた方にいくらかでも霊的な賜物を分け与えるために Ro 1,11; ②ibrew p'oxeac' z-na, yaroyc' noc'a z-Dawit' t'agawor 神は彼を退け, ダビデを立てて王とした Ac 13,22; ③p'oxec'ic' z-jez y-ayn kołmn Babełac'woc' 私はお前たちをバビロンの彼方へ移すだろう Ac 7,43; —B. mi p'oxic'ik' tanē i town 家から家へと渡り歩くな Lk 10,7; p'oxec'aw i Gałiłeē ekn i sahmans Hrēastani yaynkoys Yordananow 彼はガリラヤを立ち退いてヨルダンの彼方のユダヤの地へやって来た Mt 19,1; ełew tesil eresac' nora aylakerp' ew p'oxec'aw (異読 ἠλλοιώθη [: ἀλλοιόω]) handerj-n nora ew ełew spitak p'aylown 彼の顔の様が変じ, 彼の衣服は変化して, 白く閃光を発するようになった Lk 9,29; datastan oč' mtanē ayl p'oxec'aw i mahowanē i keans 彼は裁きに陥ることなく死から命へと移ってしまった Jn 5,24; asasǰik' lerin-s aysmik p'oxeac' asti andr, ew p'oxesc'i この山に「ここからあそこに移れ」と言えば, それは移るであろう Mt 17,20; . → p'op'oxem

p'ok, -ovk' 【名】皮紐, 鞭紐, 皮帯 (ἱμάς): ibrew prkec'in z-na p'okovk'

彼らが彼を皮紐で縛りつけた時 Ac 22,25. → prkem

pʻoł, -oy, -ocʻ【名】①ラッパ，笛；ラッパの音（σάλπιγξ Mt 24,31; 1Cor 14,8; αὐλός 1Cor 14,7）[cf. pʻołkʻ, -icʻ「首，喉」, 1Sam 17,35: etʻē yaṙnēr i veray im, ownēi z-pʻołicʻ nora ew harkanēi ew spananēi z-na「もしそれが私に向かって来るとしたら，その喉笛をつかまえて，打ち殺してしまうだろう」; Olsen, Noun, p. 101]. ②pʻoł[s] harkanem ラッパ（笛）を吹く（αὐλέω Mt 11,17; σαλπίζω Mt 6,2）[→ pʻoł-a-har]：①etʻē xaṙnajayn arjakicʻē pʻoł-n もしもラッパが不明瞭な音を出すなら 1Cor 14,8; etʻe pʻoł ew etʻe kʻnar 笛であれ竪琴であれ 1Cor 14,7; aṙakʻescʻē hreštaks iwr pʻołov mecaw 彼は大いなるラッパの音とともに彼の使いたちを遣わすだろう Mt 24,31; ②pʻołs harakʻ jez ew očʻ kakʻawecʻēkʻ 私たちはあなたたちのために笛を吹いたのに，あなたたちは踊らなかった Mt 11,17; yoržam aṙnicʻes ołormowtʻiwn, mi harkaner pʻoł aṙaǰi kʻo あなたが施しを行なう時，自分の前でラッパを吹くな Mt 6,2.

pʻołahar; pʻołar, -i, -acʻ【名】笛吹き（αὐλητής Mt 9,23），ラッパ吹き（σαλπιστής Re 18,22）：ibrew ekn YS i town išxani-n ew etes z-pʻołars-n (M: z-pʻołahars-n) ew ambox yoyž イエスは役人の家にやって来て，笛吹きたちや群衆がうるさく騒いでいるのを見ると Mt 9,23; jayn kʻnarergacʻ ... ew pʻołaharacʻ očʻ ews lowicʻi i kʻez 竪琴を弾く者たち，ラッパを吹き鳴らす者たちの音はお前の中ではもはや聞かれない Re 18,22.

pʻołocʻ, -i, -acʻ【名】狭い通り，小路，街路（ἄμφοδον Mk 11,4; ῥύμη Lk 14,21）[cf. čanaparh]：gtin z-yawanak-n kapeal aṙ dowrs artakʻoy i pʻołocʻi and 彼らは通りに面した入り口の外につながれている子ロバを見つけた Mk 11,4; el i hraparaks ew i pʻołocʻs kʻałakʻi-d 町の大通りと小路へ出て行け Lk 14,21 [→ hraparak].

pʻoytʻ, pʻowtʻoy/-tʻi, -tʻov【名】①急ぎ；勤勉さ，熱心さ（σπουδή Ro 12,8; 2Cor 7,12; Jd 3）; pʻowtʻov 十分に（σπουδαίως Tt 3,13）. ②《非人称》pʻoytʻ ē/lini [＋与] …に関心がある，気にかかる（μέλει）; očʻ/čʻ-ē pʻoytʻ [＋与] …には関心（関係）がない，気にしない，どうでもよい（οὐδέν τινι διαφέρει Gal 2,6）. ③pʻoytʻ aṙnem 熱心である，心がける，努力する（φροντίζω Tt 3,8）：①or verakacʻown-n ē pʻowtʻov 指導をなす者は熱心さをもって［賜物を生かせ］Ro 12,8; vasn yaytni lineloy pʻowtʻoy-n jeroy or vasn mer aṙ jez 私たちに対するあなた方の熱心さがあなた方に対して明らかにされるために 2Cor 7,12; z-amenayn pʻoytʻ y-anjin kaleal grel jez あなた方に書こうと本気で考えて Jd 3; z-Zenon z-ōrinakan dpir ew z-Apawłos pʻowtʻov arjakesǰir 法学者ゼナスとアポ

ロとに十分に旅立ちの準備をして送り出せ Tt 3,13; ②caṙay koč'ec'ar, mi p'oyt' lic'i k'ez あなたが奴隷として召されたのなら悩むな 1Cor 7,21; z-oč'inč' z-aynmanē Gałwovni p'oyt' linēr ガリオはそれに対して知らぬ顔をしていた Ac 18,17; oč' ē k'ez p'oyt' z-owmek'ē/oč' inč' p'oyt ē k'ez z-owmek'ē = οὐ μέλει σοι περὶ οὐδενός あなたは誰をもはばかることがない人だ Mt 22,16/Mk 12,14; č'-ē p'oyt' nma vasn oč'xarac'-n 彼は羊たちのことを心にかけていない Jh 10,13; ; mit'ē z-ezanc' inč' p'oyt'? ēr AY 神は牛のことを配慮していたのか 1Cor 9,9; z-ays asac', oč' zi z-ałk'atac' inč' p'oyt' ēr nma 彼がこう言ったのは，貧しい人たちのことを心にかけていたからではない Jh 12,6; orpisik' ok' erbemn ēin, č'-ē inč' inj p'oyt' 彼らがそもそもどのような人たちであったのかは，私にはまったく問題ではない Gal 2,6;《zi を従えて》oč' inč' ē k'ez p'oyt' zi kornč'imk' 私たちが滅んでしまうというのに平気なのか Mk 4,38; mez č'-ē p'oyt' = τί πρὸς ἡμᾶς; そんなことはわれわれになんの関係もない Mt 27,4; k'ez zi p'oyt'? ē = τί πρὸς σέ; それがあなたにどんな関係があるか Jh 21,22; ③zi p'oyt' arasc'en bareac' gorcoc' verakac'ow linel hawatac'ealk' y-AC 神を信じるようになった人々が良き行いにいそしもうと心がけるように Tt 3,8. → p'owt'am

p'oši, -šwoy, -šeac'【名】埃，塵 (χοῦς Mk 6,11; κονιορτός Mt 10,14): t'awt'ap'esǰik' z-p'oši otic' jeroc' あなたたちの足の埃を払い落とせ Mk 6,11; t'awt'ap'esǰik' z-p'oši-n y-otic' jeroc' Mt 10,14.

p'or, -oy【名】①腹，内臓，はらわた (κοιλία Mt 12,40; σπλάγχνα Ac 1,18) [→ orovayn]. ②p'or ankeal 織られた (ὑφαντός) → ankanem: ①orpēs ēr Yovnan i p'or kēti-n z-eris tiws ew z-eris gišers ヨナが大魚の腹の中に 3 日 3 晩いたように Mt 12,40; heław amenayn p'or nora 彼のはらわたがみな流れ出た Ac 1,18.

p'orem, -ec'i【動】掘る，穿つ (λατομέω Mt 27,60; Mk 15,46; ὀρύσσω Mt 21,33; σκάπτω Lk 6,48): ed i nor gerezmani z-or p'oreac' i vimi 彼は岩の中に掘った新しい墓に〔イエスを〕納めた Mt 27,60; tnkeac' aygi ew c'ankov pateac' zna ew p'oreac' i nma hncan 彼は葡萄園を造り，垣根でそれを囲い，その中に受け槽を掘った Mt 21,33; nman ē šinic'ē town or p'oreac' ew xoreac' ew ed himn i veray vimi 彼は〔地を〕掘り，深くし，岩の上に土台を据えて家を建てる人と同じだ Lk 6,48. → kṙacoy

p'orēn [Lk 14,12M] → p'oxarēn[2]

p'orj, -ov【名】①試み；経験 (πεῖρα); z-p'orj aṙnowm [+属] 試みる，経験する (πεῖραν λαμβάνω τινός). ②（人物の）確かさ，資質；証拠 (δοκιμή): ①z-oroy z-p'orj aṙeal egiptac'woc'-n ənkłmec'an エジプト人

がその試みをすると，呑み込まれた He 11,29; kēskʻ-n z-tanǰanacʻ ew z-ganicʻ z-pʻorj ařin 別の人々は嘲りと鞭打ちの経験をした He 11,36; ②pʻorj nora gitēkʻ ew dowkʻ, zi ibrew ordi hōr cařaeacʻ ənd is y-awetarani-n あなた方は彼の資質を知っている．というのは，彼は父親に対する子供のようにして，私と共に福音のために仕えたからだ Php 2,22; z-pʻorj inčʻ xndrēkʻ z-KʻSi, or inew-s ənd jez xōsi キリストが私をもってあなた方と語っている証拠をあなた方は求めている 2Cor 13,3.

porjankʻ【名】試み，試練，苦難（πειρασμός）：z-pʻorjans-n or i marmni imowm ēin, očʻ anargecʻēkʻ ew očʻ angosnecʻēkʻ, ayl ibrew z-hreštak AY ənkalarowkʻ z-is あなた方は，私に肉体にあった試みを，軽侮もせず，唾棄もせず，むしろ神の御使いのように私を受け容れてくれた Ga 4,14.

pʻorjem, -ecʻi【動】①調べる，検査する，吟味する；試みる（δοκιμάζω Lk 12,56; 14,19; πειράζω Mt 16,1; Mk 1,13; 2Cor 13,5; ἐκπειράζω Mt 4,7; Lk 10,25). ②精錬する（πυρόω Re 3,18; → hrašēk)：①z-eress erkni ew erkri gitēkʻ pʻorjel, isk z-žamanak-s z-ays ziard? očʻ pʻorjēkʻ あなたたちは地と空との模様は吟味するすべを知っていて，どうしてこの時は吟味しないのか Lk 12,56; lowcs hing ezancʻ gnecʻi ew ertʻam pʻorjel z-nosa 私は牛を5つがい買ったのでそれらを調べに行く Lk 14,19; matowcʻeal Pʻarisecʻikʻ-n ew Sadowkecʻikʻ pʻorjelov xndrein i nmanē nšan y-erknicʻ cʻowcʻanel nocʻa ファリサイ人たちとサドカイ人たちが近寄って来て，彼を試みようとして天からの徴を彼らに見せるように彼に求めた Mt 16,1; ēr na and z-awowrs kʻařasown pʻorjeal (M: pʻorjil) i Satanayē 彼はサタンの試みを受けながら 40日間そこにいた Mk 1,13 [-il: Karst, Histor. Grammatik des Kilikisch-Armen., §393, p. 342f; Jensen, AG §264, Anm.; ELPA II.305; cf. mkrtil (Lk 3,12M) → mkrtem]；pʻorjecʻēkʻ z-anjins jer, etʻē kaycʻēkʻ noyn hawats あなた方が同じ信仰のうちにあるかどうか，自分自身を検証せよ 2Cor 13,5; očʻ porjescʻes z-TR AC kʻo お前はお前の神，主を試みることはないであろう Mt 4,7; yareaw omn awrinakan pʻorjēr z-na ew asēr ある律法の専門家が立ち上がりイエスを試みようとして言った Lk 10,25; ②oski pʻorjeal i hroy 火でもって精錬された黄金 Re 3,18.

pʻorjičʻ, -jčʻi, -čʻacʻ【名】試みる者（πειράζων）[→ Satana, cf. Mt 4,1.5]：matowcʻeal pʻorjičʻ-n asē cʻ-na 試みる者が近づいて来て彼に言った Mt 4,3.

pʻorjowtʻiwn, -tʻean【名】試み（πειρασμός）：yoržam i pēspēs pʻorjowtʻeancʻ i mēǰ ankanicʻikʻ あなた方がさまざまな試みの只中に陥る

時には Jas 1,2; katareal z-amenayn pʻorjowtʻiwn-n satanayi, i bacʻ ekacʻ i nmanē aṙ žamanak mi 悪魔はあらゆる試みを終えると，しばらくの間，彼から離れた Lk 4,13; dowkʻ ēkʻ or cʻang [→ cʻank] kayikʻ ənd is i pʻorjowtʻiwns im あなたたちは私の試みの時に私と共に留まり抜いてくれた人たちだ Lk 22,28; arikʻ kacʻēkʻ y-aławtʻs, zi mi mtanicʻēkʻ (M: anganicʻēk [= ank-]) i pʻorjowtʻiwn 起き上がって祈れ．あなたたちが試みに陥らぬためだ Lk 22,46; arkanem z-jez i pʻorjowtʻiwn = ἐάω ὑμᾶς πειρασθῆναι あなた方を試練に遭わせる 1Cor 10,13.

pʻowtʻam, -tʻacʻay, 命 pʻowtʻa [/pʻowtʻacʻir]【動】① [+不] 急ぐ；急かせる (σπεύδω; σπουδάζω Tt 3,12; σπουδαῖος 2Cor 8,17). ② [+不] 熱心である，熱心に努める，努力する (σπουδάζω). ③苦悩する，苦悶する (συνέχομαι)：①kʻanzi pʻowtʻayr etʻē hnar inčʻ icʻē nma z-ōr-n pentakostēicʻ ertʻal y-EM 彼はできるならば五旬節にはエルサレムに着いていたいと急いだからだ Ac 20,16; pʻowtʻa ew ēǰ ayti 急いでそこから降りて来い Lk 19,5; pʻowtʻacʻaw ew ēǰ ew ənkalaw z-na owraxowtʻeamb 彼は急いで降りて来て，喜んで彼を迎えた Lk 19,6; pʻowtʻasǰir gal aṙ is i Nikopawlis 君は急いでニコポリスの私のもとに来い Tt 3,12; ew pʻowtʻacʻaw = σπουδαιότερος δὲ ὑπάρχων 彼はより熱心な人物であった 2Cor 8,17; ②z-or ew es pʻowtʻacʻay z-noyn aṙnel まさにそのことの履行を私は熱心に努めた Ga 2,10; pʻowtʻal pahel z-miabanowtʻiwn hogwoyn yōdiw xałałowtʻean 平和の紐帯をもって霊の一体性を維持するよう努力する Eph 4,3; ③ziard? pʻowtʻam minčʻew katarescʻi それが成し遂げられるまで，私はどんなに苦悶することか Lk 12,50.　→ pʻoytʻ

pʻowtʻanaki【副】急いで (μετὰ σπουδῆς Mk 6,25)：mteal andrēn pʻowtʻanaki aṙ tʻagawor-n そこで彼女は急いで中に入って王のもとに行った Mk 6,25; ekin pʻowtʻanaki = ἦλθαν σπεύσαντες 彼らは急いでやって来た Lk 2,16.

pʻowtʻapēs【副】急いで (μετὰ σπουδῆς Lk 1,39; σπουδαίως Php 2,28) [→ pʻowtʻanaki, -pēs]：gnacʻ i leṙnakołmn pʻowtʻapēs i kʻałakʻ-n Yowday 彼女は急いで山岳地帯ユダの町へ赴いた Lk 1,38; ard pʻowtʻapēs yłecʻi z-na そこで私は大急ぎで彼を送り返す Php 2,28.

pʻowš, pʻšoy, -ocʻ【名】茨 (ἄκανθα)：mitʻe kʻałicʻen? i pʻšoy (M: -ocʻ) xałoł kam i tataskē tʻowz 人は茨から葡萄の房を，あざみからいちじくを集めるだろうか Mt 7,16; psak arareal i pʻšocʻ = πλέξαντες ἀκάνθινον στέφανον 茨から冠を作って［Gk: 茨の冠を編んで］Mk 15,17.

[**pʻowkʻ**「息」]　→ pʻčʻem

pʻopʻoxem, -ecʻi【動】① [他] 変える，変化させる (μεθίστημι 1Cor

13,2). ② ［自］ -im ［i＋奪］ …から移る (μετατίθεμαι Ga 1,6)： ①etʻē ownicʻim z-amenayn hawats minčʻew z-lerins pʻopʻoxeloy, ew sēr očʻ ownicʻim, očʻinčʻ em もしも私が山々を変える［Gk: 移す → pʻoxem］ほどのあらゆる信仰を持ってはいても，愛をもっていなければ，私は無だ 1Cor 13,2; ②zarmanam zi aydpēs vałvałaki pʻopʻoxikʻ y-aynmanē or kočʻeacʻ-n z-jez i šnorhs-n KʻI y-ayl awetaran 私は，キリストの恵みのうちにあなた方を召した方から，書くも素早くあなた方が異なった福音へと移っていくことに驚愕している Ga 1,6.

pʻopʻoxowmn【名】変更，改変，交替；移り変り，移ろい (μετάθεσις He 7,12; παραλλαγή Jas 1,17)：hark ēr ōrinacʻ-n pʻopʻoxowmn linel 必然的に律法の改変も生じなければならなかった He 7,12; y-orowm čʻikʻ pʻopʻoxowmn ew kam šrǰeloy stower 彼のもとには移り変りも運行によって生じる影も存在しない Jas 1,17.

pʻokʻr, 属/与/具/位 pʻokʻow; 複 -kownkʻ, -kʻowncʻ【形】《空間・時間・数量・年齢・地位など》小さい，わずかな；少ない；短い (μικρός Mt 13,32; Ac 8,10; ἐλάχιστος Mt 5,19; Lk 12,26; 16,10; Jas 3,4); pʻokʻr mi ほんの少し（の間）(βραχύ τι He 2,7); pʻokʻr miws ews もうしばらくすると (ἔτι μικρόν Jn 14,19; μικρός Jn 16,18); pʻokʻr inčʻ žamanak まだしばらくの間 (ἔτι μικρόν Jn 13,33)/pʻokʻr mi ［/Jn 12,35: miws］ ews žamanak (ἔτι χρόνον μικρόν)：pʻokʻr tʻewov-n šrǰin y-or koys ew mitkʻ owłłčʻi-n kamicʻin〔船は〕小さな舵により舵手の意の欲する方へ進んで行く Jas 3,4; or okʻ lowccʻē mi inčʻ i patowiranacʻ y-ayscʻanē i pʻokʻowncʻ これらの最も小さい掟の 1 つでさえ破棄する者 Mt 5,19; isk ard etʻe pʻokʻow-d čʻ-ēkʻ bawakan, vasn ayłocʻ-n zi? hogaycʻēkʻ もしも最小限のこともなしえないのならば，なぜあなたたちはほかのことで思い煩うのか Lk 12,26; or i pʻokʻow-n hawatarim ē, ew i bazmi-n hawatarim ē; ew or i pʻokʻow-n aniraw (M: ē), ew i bazmi-n aniraw (M: ē) 最も小さいことに忠実な者は，多くのことにも忠実だ．また，最も小さいことに不忠実な者は，多くのことにも不忠実だ Lk 16,10; zinčʻ? icʻē ayn pʻokʻr miws ews-n「もうしばらく」と［言っているの］はどういうことか Jn 16,18; pʻokʻr mews ews kʻan orčʻapʻ (=ἔτι μικρὸν ὅσον ὅσον), or galocʻ-n icʻē ekescʻē あとほんの少しばかりすれば，来るべき方が来るであろう He 10,37; pʻokʻow imn (= ἐν ὀλίγῳ) hawanecʻowcʻanes z-is linel kʻristoneay お前は短時間で私を説き伏せてキリスト者にしようというのか Ac 26,28; y-or hayēin amenekʻean i pʻokʻowē minčʻew i mecamecs 彼らはすべて子供から年寄りに至るまで彼に聞き従っていた Ac 8,10.

pʻokʻragoyn, -gowni, -ocʻ【形】《比》より小さい (μικρότερον)：

p'ok'ragoyn ē k'an z-amenayn banǰar sermanis or en y-erkri それは大地にあるあらゆる野菜種よりも小さい Mk 4,31. → p'ok'r, -agoyn

p'ok'rem, -ec'i【動】剃る，刈り込む，髪を切る (κείρω)：et'ē oč' sk'ołesc'i kin, p'ok'resc'ē z-hers iwr もしも女性が覆いをしないのなら，〔その者は〕髪を切り落とせ 1Cor 11,6; p'ok'rel z-glowx i Kenk'reay 彼はケンクレアイで髪の毛を剃り落とす Ac 18,18.

p'ok'rik, -rkan, -rkownk', -rkanc'【形】きわめて（最も）小さい；若い方の (μικρός Mk 15,40; Lk 12,32; μικρότερος Mt 11,11; Lk 9,48; ἐλάχιστος Mt 25,40.45)：Mariam Yakovbow p'ok'rkan ew Yovseay mayr-n 小ヤコブとヨセとの母マリヤ Mk 15,40; mi erknč'ir, hawt p'ok'rik 恐れるな，小さい群よ Lk 12,32; p'ok'rik-n y-ark'ayowt'ean erknic', mec ē k'an z-na 天の王国で最も小さい者も彼よりは大いなる者だ Mt 11,11; or p'ok'rik-n ē y-amenesin i jez, na ełic'i mec あなたたちすべての中で最も小さい者，その者が大いなる者となるであろう Lk 9,48; orovhetew ararēk' miowm y-ełbarc'-s (M: + y-) aysoc'ik p'ok'rkanc', inj ararēk' あなた方は私のこれらの最も小さい兄弟の1人にしたゆえに，私にしたのだ Mt 25,40.

p'ok'rogi, -gwoy, -geac'【形】軽い (ἐλαφρός) [Calfa: qui a les sentiments (→ ogi) peu élevés; petit, léger]：zi lowc im k'ałc'r ē beṙn im p'ok'rogi 私の軛は担いやすく，私の荷は軽いからだ Mt 11,30. → t'et'ew, k'ałc'r

p'č'em, -ec'i【動】息を吹きかける (ἐμφυσάω) [p'owk'「息」, Schmitt, Grammatik des Klass.-Armen., p. 58, ELPA II.136;「ふいご」, ELPA I.139; cf. φῦσα, Olsen, Noun, p.44]：p'č'eac' i nosa 彼は彼らに息を吹きかけた Jn 20,22.

p'sxac, -i【名】反吐 (ἐξέραμα)：šown daṙnay andrēn i p'sxac iwr 犬は自分の反吐に戻るもの 2Pe 2,22.

p'sxem, -ec'i【動】吐く，吐き出す (ἐμέω)：dow gałǰ es ew oč' ǰerm ew oč' c'owrt, handerjeal es p'sxil i beranoy immē お前は生温くて，熱くも冷たくもないから，私はお前を口から吐き出そうとしている Re 3,16.

p'rcanim, p'rcay【動】救われる，逃れる (διασῴζω) [→ aprim]：ayspēs ełew amenec'own p'rcanel (διασωθῆναι) y-erkir ew aprealk' こうして全員が陸に逃れて，救われた Ac 27,44.

p'rkank', -nac'【名】代価，身代金 (ἀντάλλαγμα Mt 16, 26; λύτρον Mt 20,28; ἀντίλυτρον 1Tm 2,6)：zinč'? tac'ē mard p'rkans ənd anjin iwroy 人は自分の命の代価として何を与えるだろうか Mt 16,26; tal z-anjn iwr p'rkans p'oxanak bazmac' 自分の命を多くの人のための身代金として与

えるために Mt 20,28; or et z-anjn pʻrkans ənd amenecʻown 万人のために自分自身を身代金として差し出した方 1Tm 2,6. → pʻoxanak

pʻrkem, -ecʻi【動】救う，解放する (σώζω Mk 6,56; διασώζομαι Mt 14,36 [cf. act., Lk 7,3: aprecʻowcʻanem]; ἐξαιρέομαι Ac 7,34; ῥύομαι Mt 27,43; λυτρόομαι Lk 24,21): or miangam merjecʻan-n pʻrkecʻan 触った者は皆救われた Mt 14,36; Mk 6,56; iǰi pʻrkel z-nosa 私は彼らを救い出すために降って来た Ac 7,34; pʻrkescʻē ayžm z-da etʻe kami z-da 神が彼を望むなら，救ってもらうがいい Mt 27,43; mekʻ akn owneakʻ tʻe na ē or pʻrkelocʻ-n icʻē z-IĒL 私たちは，彼こそがイスラエルをやがて解放する者だという希望を持っていた Lk 24,21.

pʻrkič, -kčʻi, -čʻaw【名】救い主，解放者 (σωτήρ; λυτρωτής Ac 7,35);【形】救いとなる (σωτήριος Tt 2,11): cnaw jez aysawr pʻrkič or ē awceal TN i kʻałakʻi Dawtʻi 今日，お前たちのために，救い主つまり主キリストがダビデの町に生まれた Lk 2,11; da ē čšmartiw pʻrkičʻ ašxarhacʻ (M: sa ē čšmarit pʻrkičʻ-n ašxarhi) この方こそ本当に世の救い主である Jn 4,42; cʻncacʻaw hogi im y-AC pʻrkičʻ im (M: AV pʻrkčʻaw imov) 私の心は私の救い主なる神を喜んだ Lk 1,47; z-na AC išxan ew pʻrkičʻ aṙakʻeacʻ その人を神は指導者や解放者として遣わした Ac 7,35; erewecʻaw šnorh-n AY pʻrkičʻ amenayn mardkan すべての人間に救いとなる神の恵みは現れた Tt 2,11.

pʻrkowtʻiwn, -tʻean【名】①救い，解放；釈放；贖い (σωτηρία Ac 7,25; 2Cor 7,10; σωτήριον Lk 3,6; λύτρωσις Lk 1,68; 2,38; He 9,12; ἀπολύτρωσις Lk 21,28; Ro 3,24; 8,23; Eph 1,7). ② 保持，維持 (περιποίησις He 10,39): ①z-mtaw acēr tʻē imascʻin ełbarkʻ nora, zi AC i jeṙn nora talocʻ ēr z-pʻrkowtʻiwn nocʻa 彼は，自分の手によって神が兄弟たちに救いを与えるだろうことを彼らが悟るものと思っていた Ac 7,25; or əst AY-n trtmowtʻiwn ē, apašxarowtʻiwn i pʻrkowtʻiwn aṙancʻ złjanaloy gorcē 神に沿った悲しみは悔い改めを造り出し，後悔することのない救いへと至る 2Cor 7,10; tescē amenayn marmin z-pʻrkowtʻiwn AY あらゆる肉〔なるもの〕は神の救いを見るであろう Lk 3,6; arar pʻrkowtʻiwn žołovrdean iwrowm 彼はその民のために贖いをなした Lk 1,68; xawsēr z-nmanē ənd amenesin or akn ownein pʻrkowtʻean-n EĒMi 彼女は，イスラエルの贖いを待ち望んでいる者たちすべてに，彼のことを語り始めた Lk 2,38; zi merj ē pʻrkowtʻiwn-n jer あなたたちの解放が近づいているから Lk 21,28; orov ownimkʻ z-pʻrkowtʻiwn i jeṙn arean nora〔キリストにおいて〕私たちはその血を通して解放を得ている Eph 1,7; ②mekʻ očʻ etʻē erkmtowtʻeamb emkʻ i korowst, ayl hawatovkʻ i pʻrkowtʻiwn hogwocʻ 私たちはたじろぎをもって滅びに至る者ではなく，信仰をもって魂の維持に至る者である He 10,39.

pʻrpʻream [+ -ram/-ranam, -acʻay]【動】泡を吹く (ἀφρίζω)[: pʻr-pʻowr-kʻ (< *pʻur-pʻur)「泡」; cf. πορ-φύρω; ἀ-φρ-ός「泡」: ELPA II.287,275]: ankeal y-erkir tʻawalēr ew pʻrpʻreayr 彼は地面にくずおれて転げまわりながら泡を吹いた Mk 9,20.

pʻrpʻrem, -ecʻi【動】泡を吹かせる，泡を吹く；泡立たせる，泡立つ (ἀφρίζω Mk 9,18; ἐπαφρίζω Jd 13): ays ... zarkowcʻanē z-na ew pʻrpʻrē ew krčtē z-atamowns iwr 霊が彼を地面になぎ倒し痙攣を起こさせると，彼は泡を吹き，歯をきしらせる Mk 9,18; ansast alikʻ covow or mišt pʻrpʻrem z-iwreancʻ anjancʻ-n z-amōtʻ 自分の恥に不断に泡立つ海の荒波 Jd 13.

pʻrpʻrecʻowcʻanem, -owcʻi【動】泡を吹かせる: ays ... zarkowcʻanē ew tʻawalecʻowcʻanē z-na ew pʻrpʻrecʻowcʻanē = ... σπαράσσει αὐτὸν μετὰ ἀφροῦ 霊は彼を痙攣させて転がし泡を吹かせる Lk 9,39.

kʻ

kʻakem, -ecʻi【動】①取り壊す，破壊する，打ち倒す (καθαιρέω Lk 12,18; Ac 13,19; 19,27; καθαίρεσις 2Cor 10,4; 13,10; λύω Jn 2,19; Ac 27,41; Eph 2,14; καταλύω Ro 14,20);（屋根を）剥ぐ (ἀποστεγάζω Mk 2,4). ② [z-+対] ⋯を [i+奪] ⋯から分離する，分かつ (διχάζω Mt 10,35); 引き降ろす (καθαιρέω Lk 1,52); [中] 離脱する (ἀφίσταμαι 1Tm 4,1): ①kʻakecʻicʻ z-štemarans im ew ews mecamecs šinecʻicʻ 私は自分の倉を壊し，もっと大きなのを建てよう Lk 12,18; kʻakeal azgs ewtʻn y-erkri-n Kʻananow カナンの地で 7 つの民族を滅ぼして Ac 13,19; kʻakelocʻ ews icʻē mecowtʻiwn nora 彼女の威光さえも失われてしまうだろう Ac 19,27; zēn zinoworowtʻean meroy očʻ ē marmnawor, ayl zōrawor y-AY aṙ i kʻakeloy z-amowrs 私たちの戦いの武具は肉的なものではなく，神によって要塞を破壊する力があるものである 2Cor 10,4; əst išxanowtʻean-s, z-or et inj TR i šinel ew očʻ kʻakel 破壊するためにではなくて建てるために主が私に与えてくれた権威に従って 2Cor 13,10; kʻakecʻēkʻ z-tačar-d z-ayd ew z-eris awowrs kangnecʻicʻ z-da この神殿

を壊してみろ．3日のうちに起こしてみせよう Jn 2,19; yetin kołmn kʻakēr i břnowtʻenē-n〔船の〕後部は激浪で壊れはじめた Ac 27,41; z-miǰnorm cʻankoy-n kʻakeacʻ, z-tʻšnamowtʻiwn 彼は垣根の隔壁，つまり敵意を倒壊させた Eph 2,14; mi vasn kerakroy kʻaker z-gorc AY あなたは食物のゆえに神の業を破壊してはならぬ Ro 14,20; kʻakecʻin z-yark-n owr ēr YS 彼らはイエスがいるあたりの屋根を剥いだ Mk 2,4; ②eki kʻakel z-ayr i hawrē 私は人を父から裂け分かつために来た Mt 10,35; kʻakeacʻ z-hzawrs y-atʻořocʻ 彼は権力者たちを位から引き降ろした Lk 1,52; i žamanaks yetins kʻakescʻin omankʻ i hawatocʻ-n 今より後の時期に，一部の者たちは信仰から離脱することになる 1Tm 4,1.

kʻaktem, -ecʻi【動】破壊する，崩壊させる，滅ぼす；散らす (καταλύω Lk 21,6; Ac 5,38; διαλύω Ac 5,36) [kʻaktem： → kʻakem, ELPA II.131]: očʻ tʻołcʻi aydr kar i kari veray or očʻ kʻaktescʻi 崩されずに（他の）石の上に残される石は1つもない Lk 21,6; etʻē i mardkanē icʻē xorhowrd ayd kam gorcd, kʻaktescʻi その企てや業が人間から出たのだったら，滅びるだろう Ac 5,38; or spanaw ew amenekʻean or miabaneal ēin ənd nma kʻaktecʻan 彼は殺され，彼に従った者も皆散らされた Ac 5,36; → cʻrowem, spřem

kʻahanay, -i, -icʻ【名】祭司 (ἱερεύς) [ELPA II.260]: kʻahanay om anown Zakʻaria ザカリヤという名の祭司 Lk 1,5; dēp ełew kʻahanayi mioǰ iǰanel ənd noyn čanaparh 偶然にもその道をある祭司がくだって来た Lk 10,31. → kʻowrm

kʻahanayanam, -yacʻay【動】祭司として仕える (ἱερατεύω): ew ełew i kʻahanayanal-n nora əst kargi awowrcʻ hasaneloy ařaǰi AY 当番の日がやって来て，彼が神の前で祭司として仕えることになった時 Lk 1,8.

kʻahanayapet, -i, -icʻ【名】祭司長；大祭司 (ἀρχιερεύς; ἱερεύς Lk 6,4) [→ kʻahanay, -pet]: ařakʻecʻin kʻahanayapetkʻ-n ew pʻarisecʻikʻ spasawors zi kalcʻin z-na 祭司長たちとファリサイ派の人々は，彼を逮捕するために下役たちを遣わした Jn 7,32; Anna or ēr aner Kʻayiapʻayi or kʻahanayapet-n ēr tarwoy-n aynorik その年に大祭司をしていたカヤファの義父だったハンナス Jn 18,13; canawtʻ ēr kʻahanayapeti-n 彼は大祭司と面識があった Jn 18,15.16.

kʻahanayowtʻiwn, -tʻean【名】祭司職，祭司制；大祭司；祭司団 (ἱερατεία Lk 1,9; He 7,5; ἱεράτευμα 1Pe 2,5; ἱερωσύνη He 7,12; ἀρχιερατικός Ac 4,6; ἀρχιερεύς Lk 3,2): əst awrini kʻahanayowtʻean 祭司職の慣わしに従って Lk 1,9; orkʻ ... z-kʻahanayowtʻiwn-n ařnown, patowēr ownin tasanordel z-žołovowrd-n əst ōrinacʻ-n 祭司職を受ける

人々は，律法により，民から 10 分の 1 を取るようにという戒めを受けている He 7,5; y-anarat kʻahanayowtʻiwn, matowcʻanel z-hogewor-n patarags 非の打ち所のない祭司団となって，霊的な生け贄を献げるようになるために 1Pe 2,5; i pʻopʻoxel kʻahanayowtʻean-n, hark ēr ew ōrinacʻ-n pʻopʻoxowmn linel 祭司制が改変されると，必然的に律法の改変も生じる He 7,12; orkʻ miangam ēin y-azgē kʻahanayowtʻean-n 大祭司の一族の者すべて Ac 4,6; i kʻahanayowtʻean Anayi ew Kʻayiapʻa ハンナスとカヤファが大祭司であった時 Lk 3,2.

kʻałakʻ, -i, -acʻ【名】町，都市 (πόλις)：ibrew lowan žołovowrdkʻn gnacʻin zhet nora heti i kʻałakʻacʻ anti 群衆は〔それを〕聞いて町々から徒歩で彼に従って行った Mt 14,13; šrǰēr YS ənd amenayn kʻałakʻs ew ənd geawłs イエスはすべての町と村々とをめぐり歩いた Mt 9,35; ; čʻ-ē margarē əndowneli i kʻałakʻi iwrowm (= ἐν τῇ πατρίδι αὐτοῦ) 自分の故郷で受け入れられる預言者はいない Lk 4,24 [Lk 4,23: gawaṙ]; ołǰoyn tay jez Erastos šahap kʻałakʻis 市の経理係エラストがあなたがたによろしくと言っている Ro 16,23.

kʻałakʻakicʻ【名】同じ市民，同胞 (συμπολίτης Eph 2,19; πολίτης He 8,11) [→ kʻałakʻ, -kicʻ]：apa aysowhetew očʻ ēkʻ ōtarkʻ ew pandowxtkʻ, ayl kʻałakʻakicʻkʻ srbocʻ ew əntanikʻ AY だからあなたたちは外国人でも寄留民でもなく，聖なる者たちと同じ市民であり神の家族員である Eph 2,19; očʻ ews owsowcʻanicʻen iwrakʻančʻiwr z-kʻałakʻakʻicʻ iwr 各々が自分の同胞に教えることはもはやないであろう He 8,11.

kʻałakʻapet, -i, -acʻ【名】町役人 (πολιτάρχης) [→ kʻałakʻ, -pet]：kʻaršēin z-Yason ew z-omans ełbars aṙ kʻałakʻapets-n 彼らはヤソンと主の兄弟数人を町の当局者たちのもとに引っ張って行った Ac 17,6; xṙovecʻowcʻin z-žołovs-n ew z- kʻałakʻapets-n or lsēin z-ayn 彼らはそれを聞いた群衆や町の当局者たちを動揺させた Ac 17,8.

kʻałakʻacʻi, -cʻwoy, -cʻwocʻ/-cʻeacʻ【名】市民，住民 (πολίτης)：es em ayr hreay, i Tarsonē Kilikecʻwocʻ, očʻ annšan kʻałakʻi kʻałakʻacʻi 私はキリキア〔州〕のタルソス出身のユダヤ人で，名前の知れた町の市民である Ac 21,39; yarecʻaw i mi omn kʻałakʻacʻwocʻ ašxarhi-n aynorik 彼はその国の住人の 1 人のところに身を寄せた Lk 15,15; kʻałakʻacʻikʻ nora atein z-na 彼の市民たちは彼を憎んでいた Lk 19,14.　→ kʻałakʻakicʻ

kʻałem, -ecʻi【動】拾い集める，抜き集める，採集する (συλλέγω) [→ žołovem, ktʻem]：zi očʻ etʻe i pʻšocʻ kʻałen tʻowz 人は茨からいちじくを集めることはない Lk 6,44; kamis? zi ertʻicʻowkʻ kʻałescʻowkʻ z-ayn i bacʻ あなたは，私たちが行って，それを抜き集めることを望むのか Mt

kʻałcʻ 744

13,28; mi, gowcʻē minč kʻałicʻēkʻ z-oromn-n, ew z-cʻorean-n ənd nmin i bacʻ xlicʻēkʻ それはいけない．毒麦を抜き集める時，それと一緒に〔良い〕麦も引き抜いてしまうといけないから Mt 13,29.

kʻałcʻ, -oy; -iw 【名】飢え，空腹 (λιμός)：i kʻałcʻ ew caraw 飢えと渇きの中で 2Cor 11,27． → kʻałcʻnowm

kʻałcʻkeł, -i, -acʻ 【名】潰瘍，癌 (γάγγραινα)：bankʻ nocʻa ibrew z-kʻałcʻkeł čarak gtanen 彼らの言葉は癌性潰瘍のように広がっていく 2Tm 2,17.

kʻałcʻnowm, -cʻeay [+ kʻałcʻanam, kʻałcʻenam, -ecʻay; Schmitt, Grammatik, p. 147: kʻałcʻnowm (< urarm. * kʻałcʻi-num), ア オ kʻałcʻeay (< * kʻałcʻi-ay)]【動】空腹である，飢える (πεινάω; πρόσπεινος Ac 10,10)；kʻałcʻeal 飢えた：kʻałcʻeay ew etowkʻ inj owtelʻ 私が飢えた時あなたたちは私に食べ物を与えてくれた Mt 25,35; erani or kʻałcʻeal ew carawi icʻen ardarowtʻean 幸いだ，義に飢え渇く者たち Mt 5,6; vay jez or yagealʻd ēkʻ ayžm zi kʻałcʻicʻēkʻ 禍いだ，お前たち，いま満たされている者たちよ．お前たちは飢えるだろう Lk 6,25 [kʻałcʻicʻes, -icʻē, -icʻen からの類推で kʻałcʻijikʻ に対する]；kʻałcʻeaw ew kamēr čašakel 彼は空腹を覚え，何かを食べたいと思った Ac 10,10.

kʻałcʻowalicʻ【形】新酒に酔って：kʻałcʻowalicʻ icʻen = γλεύκους μεμεστωμένοι εἰσίν 彼らは新酒に酔っている Ac 2,13. → -licʻ

kʻałcʻr, -cʻow, -cʻownkʻ, -owncʻ 【形】甘い，心地よい，良い；親切な；慈しみがある (γλυκύς Re 10,9; Jas 3,11; χρηστός Mt 11,30; Lk 5,39; 6,35; 1Cor 15,33; Eph 4,32)；《比》kʻałcʻragoyn 味がよりよい：i beran kʻo ē kʻałcʻr ibrew z-mełr それはお前の口には蜜のように甘い Re 10,9; mi tʻē ałbewr anastin i mioy akanē błxicʻē kʻałcʻr ew darn 泉が同じ穴から甘い水と苦い水を湧き出させるようなことがあろうか Jas 3,11; zi lowc im kʻałcʻr ē ew beṙn im pʻokʻrogi 私の軛は担いやすく，私の荷は軽いからだ Mt 11,30; očʻ okʻ əmpē z-hin-n ew kamicʻi nor-n. kʻanzi asēr etʻe hin-n kʻałcʻragoyn ē 誰も古い〔葡萄酒〕を飲んでから新しい〔葡萄酒〕を欲しがる者はいない．〔人は〕「古い〔葡萄酒の〕方がよろしい」と言ってきたからだ Lk 5,39; zi na kʻałcʻr ē i veray čaracʻ ew apašnorhacʻ 彼こそは悪しき者たちにも恩知らずの者たちにも親切だからだ Lk 6,35; apakanen z-bars kʻałcʻowns bankʻ čʻarkʻ 悪い言葉〔Gk: 交わり〕は良い習慣を滅ぼす 1Cor 15,33; lerowkʻ ənd mimeans kʻałcʻownkʻ, gtʻackʻ, šnorhel mimeancʻ あなた方は互いに慈しみ合うようになり，憐れみ深くなり，互いに赦し合え Eph 4,32.

kʻałcʻrabanowtʻiwn, -tʻean 【名】甘言，美辞麗句 (χρηστολογία)：

k'ałc'rabanowt'eamb ew ōrhnowt'eamb patren z-sirts anmełac' 彼らは甘言とへつらいでもって無垢な人たちの心を欺いている Ro 16,18.

k'ałc'ragoyn [-gowni, -ic'] 【形】《比》より甘い，よりうまい (χρηστότερος)：hin-n〔略 gini〕k'ałc'ragoyn ē 古い〔葡萄酒の〕方がうまい Lk 5,39. → -agoyn

k'ałc'ranam, -rac'ay【動】甘くなる，温和になる；親切である (χρηστεύομαι 1Cor 13,4)：sēr erkaynamit ē, k'ałc'ranay 愛は寛容であり，親切である 1Cor 13,4.

k'ałc'rowt'iwn, -t'ean【名】①甘さ，心地よさ；k'ałc'rowt'eamb = ἡδέως 喜んで Mk 6,20; 12,37. ②親切；慈愛，慈悲 (χρηστότης Ro 2,4a; 3,12; Col 3,12; χρηστός Ro 2,4b)：②z-mecowt'eamb k'ałc'rowt'ean nora ew z-nerelov ew z-erkaynmtowt'eamb-n arhamarhic'es, č'-gitic'es? zi k'ałc'rowt'iwn-n AY z-k'ez y-apašxarowt'iwn acē あなたは彼の慈愛の豊かさと忍耐と寛容を軽侮するのか，その神の慈しみがあなたを悔い改めへと導くことも知らないのか Ro 2,4; oč' ok' ē or ařnē z-k'ałc'rowt'iwn, oč' ok' ē minč'ew i mi 慈悲を行う者はいない，1人といえどもいない Ro 3,12; zgec'arowk' aysowhetew … z-k'ałc'rowt'iwn, z-xonarhowt'iwn, z-hezowt'iwn, z-erkaynmtowt'iwn だからあなた方は慈しみ，謙譲，柔和さ，鷹揚さを身に着けよ Col 3,12.

k'amahem, -ec'i【動】蔑ろにする (ἀθετέω) [→ xotem, anargem, arhamarhem]：z-tērowt'iwns k'amahen 彼らは〔神の〕主権を蔑ろにしている Jd 8.

k'amem, -ec'i【動】濾す (διϋλίζω) [στραγγίζω「圧搾する，（血を）絞り出す」Levit. 1,15; 5,9]：or z-mžłowks k'amēk', ew z-owłts klanēk' 君たち，ぶよは濾すが，らくだは丸呑みにする者ども Mt 23,24.

k'ayl【名】歩み，1歩；k'ayl otin = βῆμα ποδός 1歩の幅（の土地)：oč' et nma žařangowt'iwn i sma, ew oč' k'ayl mi otin (神は) ここでは遺産を，1歩の幅の土地すらも彼に与えなかった Ac 7,5.

k'an【接】《比較》I. k'an …よりも (ἤ)；k'an t'e/et'e+接法・現在. —II. k'an z- [+対] (ἤ; ἤπερ Jn 12,43; παρά Lk 13,2; 18,14; ὑπέρ 1Cor 10,13)：I. [+与] diwragoyn lic'i erkri-n Sodomac'woc' ew Gomorac'woc' y-awowr-n datastani k'an k'ałak'i-n aynmik 裁きの日にはソドムとゴモラの地の方がその町よりも堪えやすいだろう Mt 10,15; [+対/不] law ic'ē k'ez xeł i keans-n yawiteanc' mtanel k'an erkows jeřs ownel ew ert'al i gehen i howr-n y-anšēǰ 両手を持ってゲヘナ，消えない火の中に入り込むよりも，片手を欠いて永遠の命に入る方があなたにはましだ Mk 9,43; [+vasn] ayspēs ē owraxowt'iwn y-erkins vasn mioy meławori

k'andakem 746

or apašxaric'ē k'an vasn innsown ew inn ardaroy oroc' č'-ic'ē pitoy apašxarowt'iwn 悔い改める必要のない 99 人の義人たちゆえよりも，悔い改める 1 人の罪人のゆえに，天においてはこのように喜びがある Lk 15,7; [+t'e] law ēr nma et'e vēm erkanak'ar kaxēr z-paranoc'ē nora ew ankanēr i cov k'an t'e (M: et'e) gayt'aklec'owc'anic'ē z-mi ok' i p'ok'rkanc's y-aysc'anē 彼にとっては，その首に碾き臼の石をつけられて海の中に放り込まれる方が，これらの小さい者たちの 1 人を躓かせるよりはまだ得だ Lk 17,2. —II. p'ok'r ē k'an z-amenayn sermanis, ew yoržam ačic'ē mec ē k'an z-amenayn banǰars それはあらゆる種の中で最も小さいが，成長するとどの野菜よりも大きい Mt 13,32; oč' ē ašakert law k'an z-vardapet iwr (= ... ὑπὲρ τὸν διδάσκαλον) 弟子は師以上のものではない Lk 6,40; es ownim vkayowt'iwn mec ews k'an z-Yovhannow 私にはヨハネのよりもさらに大いなる証しがある Jn 5,36; k'anzi sirec'in z-p'aр̄s mardkan ar̄awel k'an z-p'aр̄s-n AY なぜなら彼らは神の栄光よりも人間の栄誉を愛した Jn 12,43; elen melawork' k'an z-amenayn Galileac'is (これらのガリラヤ人は) 他のすべてのガリラヤ人よりもいっそう罪人だった Lk 13,2; ēǰ sa ardarac'eal i town iwr k'an z-na 後者の方が前者よりも義とされて自分の家へ下って行った Lk 18,14; oč' arkc'ē z-jez i p'orjowt'iwn ar̄awel k'an z-kar jer 彼はあなた方が〔耐え〕得ないような仕方で試練にあうようにはしないだろう 1Cor 10,13; zi oč' ē mart' margarēi kornč'el <u>artak'oy k'an z-ĒM</u> 預言者がエルサレム以外で滅びることはあり得ないから Lk 13,13; hanin z-na <u>artak's k'an z</u>-aygi-n ew spanin 彼らは彼を葡萄園の外に投げ出して殺してしまった Lk 20,15; zi nax k'an z-is ēr 彼は私よりも先にいたから Jn 1,15; or i verowst-n gay, <u>i veroy ē k'an z</u>-amenayn 上から来る人はすべてのものの上にある Jn 3,31; ayl ok' <u>k'an z-is yar̄aǰagoyn</u> iǰanē = ἄλλος πρὸ ἐμοῦ καταβαίνει ほかの者が私よりも先に降りて行く Jn 5,7.

k'andakem, -ec'i【動】彫刻する，彫る，刻む (χάραγμα): ard orovhetew azg emk' AY, oč' partimk' hamarel oskwoy kam arcat'oy kam k'ari, or i čartarowt'enē ew i mtac' mardkan k'andakeal ic'ē (= ... λίθῳ, χαράγματι τέχνης καὶ ἐνθυμήσεως ἀνθρώπου), z-ACakan-n linel nmanōl 私たちは神の子孫なのだから，神的なるものを，人間の技術や思惑によって刻まれた金や銀や石〔Gk: 人間の技術や思惑の産物である金や銀や石の像〕と同じものと思ってはいけない Ac 17,29.

k'anzi【接】《原因・理由・根拠》A. なぜならば，というのは (γάρ). — B. ①〔主に従属的な文結合で〕…ので，…がゆえに (ἐπεί Mt 21,46; 27,6; Lk 1,34; Jn 19,23.31; ἐπειδήπερ Lk 1,1; ἤδη γάρ Jn 9,22; καὶ γάρ

Lk 22,59; ὅτι Mt 13,11; 14,5; Lk 1,61; 8,37; 19,4; Jn 10,13; 11,39; 16,3.4; 18,18; διότι He 11,5). ②〔ギリシア語分詞構文などを訳して〕Mt 1,19 δίκαιος ὤν = k'anzi ardar ēr; Jn 11,51 ἀρχιερεὺς ὤν = k'anzi k'ahanayapet ēr; Jn 18,15 ἦν γνωστός = k'anzi cnawt' ēr; Jn 18,10 ἔχων μάχαιρα = k'anzi ownēr sowr; Lk 16,14 φιλάργυροι ὑπάρχοντες = k'anzi arcat'asērk' ein; διὰ τό [+不] = k'anzi (lsēr) Lk 23,8; k'anzi (gitēr) Jn 2,24;—「…という事実を考慮に入れると，…ので」(καθότι Lk 1,7; 19,9; Ac 2,24; οὐδέ [Θ] Jn 4,11; ἀλλά Jn 13,10). —C.《結果・帰結》それゆえに，だから (διό Lk 1,35; διότι Ac 13,35). —D. k'anzi oč' et'e YS ink'nin mkrtēr ayl ašakertk' nora = καίτοιγε Ἰησοῦς αὐτὸς οὐκ ἐβάπτιζεν ἀλλ' οἱ μαθηταὶ αὐτοῦ もっともイエスが自分で洗礼を授けていたわけではなく，弟子たちが授けていたのであったが Jn 4,2：A. p'axean i gerezmanē-n. k'anzi z-ahi hareal ein 彼女たちは墓から逃げ出した．恐れに震え上がっていたからである Mk 16,8; —B. ①k'anzi bazowmk' yawžarec'in (M: yowžarec'in) kargel z-patmowt'iwn-n vasn irac'-n hastateloc' i mez 多くの人々が私たちの間で成し遂げられた事柄について物語を連ねようと手を染めたので Lk 1,1; oč' owrek' gtanēr, k'anzi p'oxeac' z-na AC 神が彼を移したので，彼はどこにも見出されなかった He 11,5; ②k'anzi lsēr bazowm angam z-nmanē = διὰ τὸ ἀκούειν περὶ αὐτοῦ (ヘロデは) 彼のことを何度も聞き及んでいたから Lk 23,8; —oč' goyr noc'a ordeak, k'anzi Ełisabet' amowl ēr, ew erkok'ean anc'eal ein z-awowrbk' iwreanc' 彼らには子どもがなかった．エリザベトが石女であり，2人とも年長けていたためである Lk 1,7; z-or AC yaroyc' lowceal z-erkowns mahow, k'anzi oč' ēr hnar əmbṛnel nma i nmanē 神は彼を死の苦しみから解き放って甦らせた．彼がそれ (死) に捕えられることはありえなかったからだ Ac 2,24; —C. k'anzi ew or cnaneloc'-n ē sowrb ē, ew ordi AY koč'esc'i それゆえに，生まれ来る者こそが聖なる者にして，神の子と呼ばれるだろう Lk 1,35; k'anzi ew i miwsowm-n asē だから，他の箇所でも，〔…と〕言われている Ac 13,35.

k'ani【副】《相関的；疑問》どれくらい多くの，どれほどの (πόσος)：k'ani? nkanak ownik' あなたたちはパンをどれほど持っているか Mt 15,34; k'ani? inč' partis teaṙn imowm あなたは私の主人にどれぐらい借りがあるのか Lk 16,5; k'ani? žamanakk' en y-ormē hetē ayd ełew dma この者にこれが起こってからどのくらい経つのか Mk 9,21; tes k'ani ambastanen z-k'ēn 見よ，彼らはやっきになってお前を訴えている Mk 15,4; k'ani əndarjak ē dowṙn-n その門はなんと広いことか Mt 7,13 (τί, quam; v.l. ὅτι).

kʻanicʻs angam【副】①《疑問》どれくらい多く，どれだけ，何度 (ποσάκις). ②…するたびに (ὁσάκις ἐάν 1Cor 11,25)：①kʻanicʻs? angam tʻe (M: etʻe) mełicʻē inj ełbayr im, ew tʻołicʻ nma. minčʻew y-ewtʻn? angam 私の兄弟が私に対して罪を犯した場合，私は何度まで彼を赦すべきだろうか。7度までか Mt 18,21; kʻanicʻs? angam kamecʻay žołovel z-mankowns kʻo, z-or awrinak žołovē haw z-jags iwr ənd tʻewovkʻ 雌鳥がその雛たちを翼の下に集めるように，私は何度お前の子らを集めようとしたことか Mt 23,37; ②z-ays ararēkʻ kʻanicʻs angam tʻē əmpicʻēkʻ aṙ imoy yišataki あなた方は飲むたびに，私を思い起こすために，このことを行え 1Cor 11,25.

kʻankʻar, -oy, -ocʻ【名】タラントン (τάλαντον)［→ tałant］: owmemn et hing kʻankʻar 彼はある者には5タラントンを与えた Mt 25,15; oro z-mi kʻankʻar-n aṙeal ēr 1 タラントンもらっていた者 (E.mg.: tałant-n kšṙoy anown ē ew očʻ tʻowoy) Mt 25,24; ard aṙēkʻ i dmanē z-kʻankʻar-d ew towkʻ aynm or ownicʻi z-tasn kʻankʻar-n そこでお前たちは，こいつからその1タラントンを奪い，10タラントンを持っている者に与えよ Mt 25,28.

kʻaǰ, -i, -acʻ【形】①勇敢な，良い (καλός Jn 10,11); 高貴な, (尊称として) 閣下 (κράτιστος Lk 1,3; Ac 24,3). → vałakʻaǰ. ②kʻaǰ arancʻ 皇帝 (Σεβαστός). —【副】よりよく (κάλλιον Ac 25,10; βέλτιον 2Tm 1,18)：①es em hoviw-n kʻaǰ hoviw kʻaǰ z-anjn iwr dnē i veray očʻxaracʻ 私が良い牧者である。良い牧者は羊たちのために自分の命を棄てる Jn 10,11; kʻaǰ-d Tʻeopʻiłē テオフィロス閣下よ Lk 1,3; amenayn owrekʻ šnorhakalemkʻ, kʻaǰ-d Pʻilikʻs, amenayn gohowtʻeamb フェリクス閣下，私たちはあらゆるところでこのことを認めて，衷心より感謝する Ac 24,3; ②i Pawłosi bołokʻel-n zi pahescʻi i kʻaǰi arancʻ-n yandimanowtʻiwn パウロは，皇帝陛下の裁決を受ける時まで，留置されたいと願い出たので Ac 25,21. — orpēs ew dow isk kʻaǰ gites あなた自身もよく知っているように Ac 25,10; orčʻapʻ inčʻ miangam y-Epʻesos spas kalaw inj, z-ayn dow inkʻnin kʻaǰ gites 彼がエフェソでどれほど私に仕えてくれたか，それは君自身が〔誰よりも〕よく知っている 2Tm 1,18.

kʻaǰalerim, -recʻay【動】元気になる，元気 (勇気) を出す，しっかりする (θαρσέω; εὐθυμέω Ac 27,22; λαμβάνω θάρσος Ac 28,15; εὔθυμος Ac 27,36)：kʻaǰalereacʻ dowstr hawatkʻ kʻo kecʻowcʻin z-kʻez しっかりせよ，娘よ。あなたの信仰があなたを救ったのだ Mt 9,22; kʻaǰalereacʻ ari しっかりしろ，起き上がれ Mk 10,49; kʻaǰalerecʻarowkʻ es em mi erknč'ik' しっかりせよ. 私だ. 恐れるな Mt 14,27; y-ašxarhi ast nełowt'iwn ownic'ik', ayl k'aǰalerec'arowk' zi es yałt'ec'i ašxarhi この世にあって, あなた方には苦しみがある. しかし勇気を出せ. 私は世に対して勝利をおさめたのだ Jn 16,33; xratem z-jez k'aǰalerel あなた方に忠告したい, 元気を出せ Ac 27,22; z-ors teseal Pawłosi gohac'aw z-AY ew k'aǰalerec'aw パウロは彼らに会って, 神に感謝し, 勇気づけられた Ac 28,15; k'aǰalerec'an amenek'in ew nok'a aṙin kerakowr 皆は元気づいて食事をとった Ac 27,36;

k'aǰowt'iwn, -t'ean 【名】勇気, 徳(ἀρετή Php 4,8) [→ aṙak'inowt'iwn]; 畏敬, 信心 (εὐσέβεια Ac 3,12): ibrow t'ē anjin zōrowt'eamb inč' kam k'aǰowt'eamb arareal ic'ē zgnal-d dma 私たちが自分の力や信心でこの人を歩かせたかのように Ac 3,12.

k'aṙakowsi 【形】四角(正方形)の (τετράγωνος): ēr k'ałak'-n k'aṙakowsi 都は方形であった Re 21,16.

k'aṙasnameay【形】40年の (τεσσερακονταετής): ibrew lc'aw nora k'aṙasnameay žamanakk' 彼が40歳になった時 Ac 7,23; ibrew k'aṙasnameay žamanak kerakreac' z-nosa y-anapati 彼はおよそ40年間, 荒野で彼らの行いに耐えた Ac 13,18.

k'aṙasown, -snic' 【数】《基数》40 (τεσσεράκοντα): paheal (M: parheal) z-k'aṙasown tiw ew z-k'aṙasown gišer, apa k'ałc'eaw 彼は40日40夜断食し, その後飢えた Mt 4,2; ēr na and z-awowrs k'aṙasown p'orjeal i satanayē 彼はサタンの試みを受けながら, 40日間そこにいた Mk 1,13; z-k'aṙasown ew z-vec' am šinec'aw tačar-s ays この神殿は46年かかって建てられた Jn 2,20.

k'ar, -i; k'arink', -ranc', -rambk' 【名】 石 (λίθος; λίθινος Re 9,20) [ELPA II.87; Schmitt, Grammatik, p.102]: zi mi erbek' harc'es z-k'ari z-otn k'o お前がその足を石に打ちつけることのないように Mt 4,6 [cf. ELPA I.115]; asa zi k'arink'-s aysok'ik hac' linic'in これらの石にパンになるよう言え Mt 4,3; arkēk' k'arins ew k'arkoc ararēk' 石を投げて, 石打の刑に処せ Jn 8,7; oč' partimk' hamarel oskwoy kam arcat'oy kam k'ari, or i čartarowt'enē ew i mtac' mardkan k'andakeal ic'ē, z-astowacakan-n linel nmanawł 私たちは, 神的なものを, 人間の技術や思惑で彫られた金や銀や石の像と同じものと思ってはいけない Ac 17,29; erkrpagowt'ean diwac' ew kṙoc' y-oskełinac' ew y-arcat'ełinac' ew i płnjoy ew i k'aṙē ew i p'aytē 異教の神々だとか, 金や銀や銅や石や木でできた偶像だとかを礼拝すること Re 9,20.

k'arayatak, -i, -ac' 【名】石を敷き詰めた場所 (λιθόστρωτον) [atak/

k'aretēn 750

yatak, -i, -ac' 「土，床，地面」 → yatakem]：nstaw i veray bemi-n i tełwoǰ-n or koč'ēr K'arayatak, ew Ebrayec'erēn Kappat'a 彼は「石を敷き詰めた場所」，ヘブライ語でガッパダと呼ばれる場所で，裁判の執務席に着席した Jn 19,13.

k'aretēn【形】石の，石でできた（λίθινος）：oč' i taxtaks k'aretēns, ayl i taxtaks srti marmnełēns 石の板にではなく，むしろ肉の心の板に 2Cor 3,3.

k'arənkēc'【名】石投げ（λίθου βολή）[→ k'ar, ənkenowm（ア オ ənkec'i）：ELPA I.174]：ink'n meknec'aw i noc'anē ibrew k'arənkēc' mi 彼自身は石を投げれば届くほど彼らから離れた Lk 22,41.

k'arink' → k'ar

k'arkoc【形】石打ちにされた [→ k'ar, kocem, cf. Jensen, AG 58]；k'arkoc aṙnem 石打ちにする（καταλιθάζω Lk 20,6；λιθοβολέω Ac 7,59）；k'arkoc linim 石打ちにされる（λιθάζω 2Cor 11,25）：EĒM EĒM, or kotorēr z-margarēs ew k'arkoc aṙnēr (M: aṙneir) z-aṙak'eals-n aṙ na エルサレムよ，エルサレムよ，預言者たちを殺し，自分のもとに遣わされた者たちを石打ちにした者よ Mt 23,37 [cf. Mt 21,35M, → k'arkocem]；amenayn žołovowrd-n k'arkoc aṙnen z-mez 民全体が俺たちを石で打ち殺すだろう Lk 20,6；k'arkoc aṙnēin z-Step'anos 彼らはステファノを石打ちの刑に処した Ac 7,59.

k'arkocem, -ec'i【動】石打ちにする（λιθάζω Ac 5,26；He 11,37；λιθοβολέω Mt 21,35；Ac 7,58）：erknč'ēin i žołovrdenē-n zi mi k'arkocesc'in 彼らは自分たちが石で打ち殺されはしないかと，民を恐れていた Ac 5,26；k'arkocec'an, słoc'ec'an 彼らは石打ちにされ，鋸で切られた He 11,37；z-omn spanin, z-omn k'arkocec'in (M: k'arkoc ararin [→ k'arkoc, Mt 23,37]) 彼らはある者を殺し，ある者を石打ちにした Mt 21,35；haneal artak'oy k'ałak'i-n k'arkocēin z-na 彼らは彼を町の外に引き出し石で打った Ac 7,58.

k'aršem, -ec'i【動】（力ずくで）引っ張って行く，引きずる；掃き寄せる；（網を）曳く（σύρω Jn 21,8；Ac 14,19；17,6；Re 12,4；κατασύρω Lk 12,58；ἕλκω Jas 2,6）：k'arkoceal z-Pawłos k'aršec'in artak's k'an z-k'ałak'-n 彼らはパウロに石を投げつけ町の外に引きずり出した Ac 14,19；k'aršein z-Yason ew z-omans ełbars aṙ k'ałak'apets-n 彼らはヤソンと主の兄弟数人を町の当局者たちのもとに引っ張って行った Ac 17,6；towt-n nora k'aršēr z-errord mas-n astełac' erknic' ew ark z-nosa y-erkir 〔竜の〕尻尾は天の星の3分の1を掃き寄せて，それらを地上に投げ落とした Re 12,4；zi gowc'ē k'aršic'ē z-k'ez aṙ datawor-n 彼があなた

を裁判官のところへ力ずくで引っ張って行くことがないように Lk 12,58; k'aršein z-gorci-n handerj jkamb-n 彼らは魚もろとも網を曳いた Jn 21,8.

k'aroz, -i/-oy, -ac'/-oc' 【名】宣教者（κῆρυξ）: z-owt'erord-n z-Noy z-ardarowt'ean-n k'aroz paheac'〔神は〕義の宣教者であるノアを8番目として保護した 2Pe 2,5; eday es k'aroz ew arak'eal ew vardapet het'anosac' 私は宣教者，使徒そして異邦人たちの教師として立てられた 2Tm 1,11.

k'arozem, -ec'i; M: Mk, Lk: k'arovzem, Mt: k'arozem 【動】①布告する，告げ知らせる．②宣べ伝える，宣教する（κηρύσσω）: ①tesi hreštak mi zōrawor zi k'arozēr i jayn mec 私は1人の力強い天使が大声でこう触れているのを見た Re 5,2; ②sksaw k'arozel (M: k'arovzel) i Dekapołi-n z-or inč' arar nma YS 彼はイエスが彼に何をしてくれたかをデカポリスで宣べ伝え始めた Mk 5,20; k'arozein (M: k'arovzein) zi apašxaresc'en 彼らは人々が回心するようにと宣教し続けた Mk 6,12; ziard? lowic'en aranc' owrowk' k'arozeloy 宣べ伝える者もなしに，いかにして人々は聞こうとするだろうか Ro 10,14.

k'arozowt'iwn, -t'ean; M: Lk (+ Mk): k'arovz- [cf. k'arozem] 【名】宣教（κήρυγμα Lk 11,32）: zi apašxarec'in i k'arozowt'ean-n (M: k'arovzowt'ean-n) Yovnanow なぜなら彼らはヨナの宣教で悔い改めたから Lk 11,32 [→ zlĵam, Mt 12,41]; əst yarałagoyn k'arozowt'ean-n Yovhannow (= προκηρύξαντος Ἰωάννου) araĵi eresac' mti nora mkrtowt'iwn apašxarowt'ean amenayn žołovrdean-n ILI イエスが来る前に，ヨハネがイスラエルのすべての民に悔い改めの洗礼を前もって宣べ伝えた後に Ac 13,24.

k'artēs, -tisi, -iw 【名】紙（χάρτης）: oč' kamec'ay k'artisiw ew dełov 私は紙とインクで〔書きたい〕とは思わなかった 2Jn 12.

k'ac'ax, -oy, -ov 【名】酢（ὄξος）: ibrew ar YS z-k'ac'ax-n handerj łełwov-n, asē, amenayn inč' katareal ē イエスは胆汁を含ませた酢を受け取ると，「すべては成し遂げられた」と言った Jn 19,30; ar spowng li k'ac'axov 彼は海綿をとって酢で満たした Mt 27,48.

k'aw 【間】《強い否定や拒否，驚き，不信を示して》とんでもない，滅相もない，断じてない，まさか: k'aw lic'i k'ez, TR = ἵλεώς σοι, κύριε 主よ，とんでもない Mt 16,22; k'aw lic'i TR = μηδαμῶς, κύριε 主よ，とんでもない Ac 10,14; 11,8; k'aw mi lic'i = μὴ γένοιτο まさか，そんなことが起こってはならない Lk 20,16.

k'awem, ec'i 【動】①（罪を）贖う，償う（ἱλάσκομαι He 2,17）;〔分〕[i

k'awič'

+奪〕k'aweal em 私には…に対して責任がない (ἀθῷος Mt 27,24; καθαρός Ac 18,6 〔→ sowrb〕). ②慈悲をかける (ἱλάσκομαι Lk 18,13): ①ar̄ i k'aweloy z-mełs žołovrdean-n 民のもろもろの罪を贖うために He 2,17; k'aweal em es y-arenē ardaroy-d aydorik この義なる者の血には，私は責任がない Mt 27,24; ariwn jer i glowxs jer, k'aweal em es お前たちの血はお前たちの頭に〔ふりかかれ〕. 私に責任はない Ac 18,6; ②AC· k'awea (M: k'awē〔= k'awea, cf. Mt 18,20E: patowea, M: -owē〕) z-is z-meławor-s 神よ，この罪人たる私にお慈悲を Lk 18,13.

k'awič'【形】慈悲深い (ἵλεως): k'awič' ełēc' anōrēnowt'eanc' noc'a 私は彼らの不義に対して慈愛深いものとなるだろう He 8,12.

k'awowt'iwn, -t'ean【名】贖い，贖罪の供え物；贖罪板 (ἱλασμός 1Jn 2,2; 4,10; ἱλαστήριον Ro 3,25; He 9,5): k'awowt'iwn mełac' meroc' = ἱλασμὸς περὶ τῶν ἁμαρτιῶν ἡμῶν 私たちの罪のための贖いの供え物 1Jn 2,2; 4,10; z-or yaraj̄-n ed AC k'awowt'iwn i jer̄n hawatoc'-n 神はその彼を信仰を通しての贖罪の供え物として立てた Ro 3,25; i veray nora k'rovbēk'-n p'ar̄ac' or hovani ownēin i veray k'awowt'ean-n そ〔の箱〕の上には栄光のケルビムがあって贖罪板を影で覆っていた He 9,5.

-k'ean/-k'in → amenek'ean/-k'in, ewt'nek'ean, ewt'anik'in, ewt'anek'in, erkok'ean, erkotasanek'in, erek'ean

k'ez, k'ew, k'ēn (M: + k'en) → dow

〔**k'ezēn**〕（福音書に生起せず） → jezēn, mezēn

k'er̄ → k'oyr

k'ē ケー（アルメニア語の最後の文字，すなわち万物の終わり）: es em ayb, ew es em k'ē = ἐγώ εἰμι τὸ Ἄλφα καὶ τὸ Ὦ 私はアルファであり，オメガである Re 1,8. → ov

K'I → K'ristos (属)

k'irtn, k'rtan, -townk', -tanc'【名】汗 (ἱδρώς Lk 22,44 〔Zohrab〕): hosēin i nmanē k'rtownk' ibrew z-kaylaks arean olor̄n olor̄n heł̄eal i y-erkir 汗が血の塊のようになって彼から一滴一滴地にしたたり落ちた Lk 22,44〔E, M 両写本になし〕; minč'ew i hiwands tanel i k'rtanē nora (= ἀπὸ τοῦ χρωτὸς αὐτοῦ) t'aškinaks kam varšamaks, ew meržel i noc'anē axtic'-n, ew aysoc' č'arac' elanel 彼の汗〔Gk: 肌〕から手拭いや前掛を取って病人に当てると，彼らから病気が去り，悪霊が出て行くほどだった Ac 19,12.

k'łamid 〔-mdac'/-midac'〕【名】外套 (χλαμύς) 〔→ bačkon, handerj[2], šapik〕: arkin z-novaw k'łamid karmir 彼らは彼に深紅の外套をまとわせた Mt 27,28.

kʻlancʻkʻ, -cʻicʻ【名】着物の縁，裾；房飾り（κράσπεδον）[→ drawšak]: ałačʻein z-na zi gonē i kʻlancʻs handerjicʻ nora merjanaycʻen 着物の縁でもいいから彼らに触らせてくれるように人々は彼に懇願した Mk 6,56; erkaynen z-kʻlancʻs handerjicʻ iwreancʻ 彼らは自分たちの衣の房飾りを大きくする Mt 23,5.

kʻnar, -i, -acʻ【名】琴，竪琴（κιθάρα）: ownein iwrakʻančʻiwr kʻnar 各々が竪琴を持っていた Re 5,8.

kʻnarahar, -acʻ【名】竪琴奏者（κιθαρῳδός）: loway ibrew z-jayn kʻnaraharacʻ, zi harkanein z-kʻnars iwreancʻ 私は〔その声を〕竪琴を奏でる人たちが自分たちの琴をかき鳴らす声のように聞いた Re 14,2. → kʻnar, harkanem（アオ hari）

kʻnarerg, -i, -acʻ【名】竪琴を弾き歌う者（κιθαρῳδός）Re 18,22. → kʻnar, erg

kʻnnem, -ecʻi【動】①調べる，試験する，吟味する，探る，測る（ἐραυνάω Jn 5,39; 7,52; Ro 8,27; ἐξεραυνάω 1Pe 1,10; ἀνακρίνω Ac 17,11; διακρίνω 1Cor 14,29; δοκιμάζω 2Cor 13,5; δοκιμασία He 3,9); aṙ ancʻ kʻnneloy 測りがたい，探りがたい（ἀνεξεραύνητος, ἀνεξιχνίαστος Ro 11,33). ②取り調べる，尋問する，判断する，裁く（ἀνακρίνω 1Cor 2,14.15; διακρίνω 1Cor 4,7; ἀνάκρισις Ac 25,26): ①kʻnnea ew tes zi margarē i Gałiłeē očʻ yaṙnē 調べよ，そしてガリラヤからは預言者が出て来ることがないのを見よ Jn 7,52; kʻnnecʻēkʻ z-girsʻ zi dowkʻhamarikʻ nokʻawkʻ ownel z-keans-n yawitenakans 聖書を調べてみよ．あなた方は自分がその〔聖書〕うちに永遠の命を持っていると思い込んでいるのだから Jn 5,39; or kʻnnē-n z-sirts, gitē zinčʻ xorhowrd ē hogwoy-n 心を探り知る方は霊の思いが何であるかを知っている Ro 8,27; vasn oroy pʻrkowtʻean xndrecʻin ew kʻnnecʻin margarēkʻ-n その救いについては預言者たちが探し求め調べ上げた 1Pe 1,10; hanapaz kʻnnēin z-girs etʻē icʻē? ays ayspēs 彼らはこの通りかどうかと，日々聖書を調べていた Ac 17,11; margarēkʻ erkow kam erekʻ xōsescʻin, ew aylkʻ-n kʻnnescʻen 預言する者たちが 2 人か 3 人が語れ，そして他の者たちは吟味せよ 1Cor 14,29; ②isk hogewor-n kʻnnē z-amenayn, ew inkʻn y-owmekē očʻ kʻnni しかし霊的な人はすべてを判断し，彼自身は誰からも判断されることはない 1Cor 2,15; ov? ē or kʻnnicʻē z-kʻez 誰があなたを判断する者であるか 1Cor 4,7; orpēs versain kʻnneal martʻacʻicʻ inčʻ grel 改めて取り調べた上で，私が何か上書すべき事柄を得るために Ac 25,26.　→ ankʻnnin

kʻnničʻ, kʻnnčʻi, -čʻacʻ【名】①判別者（κριτικός He 4,12). ②論争者，論客（συζητητής 1Cor 1,20): ①kʻnničʻ ē mtacʻ ew xorhrdocʻ srticʻ それは

心の思いと考えを見分けることができるものだ He 4,12; ②owr? kʻničʻ ašxarhi-s aysorik この世の論客はどこにいるか 1Cor 1,20.

kʻnnowtʻiwn, -tʻean 【名】調査，審理（ζήτησις）[→ xndir]：ibrew y-anhnars mti vasn aynpisi iracʻ kʻnnowtʻean 私はこんなことの審理には閉口したので Ac 25,20.

kʻnoy → kʻown

kʻo[1] → dow

kʻo[2] [主・対 → dow; 属 kʻo(y) → kʻoy], 与/位 kʻowm, 奪 kʻowmmē (Mk 7,29M: kʻowmē, 具 kʻov; 複・属/与/奪 kʻocʻ, 具 kʻovk 【代】《所有》あなたの（σου; σός Jn 17,17; Mt 7,3）：kʻo ban-d čšmartowtʻiwn ē あなたの言葉は真理だ Jn 17,17; eɫicʻi inj əst bani kʻowm あなたの言葉通り，私になるように Lk 1,38; sirescʻes z-TR AC kʻo y-amenayn srtē kowmmē ew y-amenayn anjnē kowmmē ew y-amenayn mtacʻ kʻocʻ お前は，お前の神なる主を，お前の心の限りを尽くしつつ，お前の命の限りを尽くしつつ，お前の想いの限りを尽くしつつ愛するであろう Mt 22,37; el dew-n i dsterē kowmmē (M: kowmē) 悪霊はあなたの娘から出て行った Mk 7,29; erbekʻ z-patowiranaw kʻov (M; -naw-t kʻo [-t = -d]) očʻ ancʻi 私はあなたの掟を一度たりとも破ったことがない Lk 15,29; i kʻowm akan z-geran-d očʻ tesanes あなたは自分の目にある梁が見えない Mt 7,3; mer[2], jer[2], im[2]

kʻoł (/kʻōł: Job 24,15), -oy, ocʻ 【名】覆い（κάλυμμα）：očʻ orpēs Movsēs arkanēr kʻoł i veray eresacʻ iwrocʻ モーセが自分の顔に覆いをかけたようにはしない 2Cor 3,13. → aṙagast

kʻoy, kʻoyoy, kʻoyowm, kʻoyov; kʻoykʻ, kʻoyocʻ 【代】あなたのもの（τὸ σόν, σός）：ard awadik kʻoy-d cʻ-kʻez = ἴδε ἔχεις τὸ σόν 見よ，これがあなたのものだ Mt 25,25; aṙ z-kʻoy-d ew ertʻ 君の取り分を取って行け Mt 20,14; ew kam zinčʻ? nšan icʻē kʻoyoy galstean-n また，あなたの来臨の徴は何なのか Mt 24,3; ašakertkʻ-n Yovhannow pahen stēp ew xndrowacs aṙnen, noynpēs ew pʻarisecʻwocʻ-n, ew kʻoykʻ-d [/ew kʻoy-kʻ-d = ašakertkʻ-d kʻo] owten ew əmpen ヨハネの弟子たちはしばしば断食し，祈願を行じており，ファリサイ派の〔弟子たち〕も同様である．それなのに，お前の〔弟子たち〕は飲み食いしている Lk 5,33.

kʻoyr, kʻeṙ, kʻeṙē, kerb, kʻorkʻ, kercʻ 【名】姉妹（ἀδελφή）[ἀδελφός → ełbayr]：očʻ? inčʻ ē pʻoytʻ kʻez zi kʻoyr-d im miayn etʻoł z-is i spasow 私の姉妹が私を放っておいて，私だけに給仕させているのを見て，あなたはなんとも思わないか Lk 10,40; Łazaros i Bētʻania i gełǰē Maremay ew Martʻayi kʻeṙ nora マリヤとその姉妹のマルタの村ベタニアのラザロ

Jn 11,1; č'-ic'en? k'ork'-n dora ast aṙ mez その姉妹たちもここで俺たちのもとにいるではないか Mk 6,3.

k'oṙ, -i, -ic' 【名】コロス (κόρος)：hariwr k'oṙ c'orenoy (M: -nwoy) 小麦 100 コロス Lk 16,7.

k'ors, **k'ork'** → k'oyr

k'owm, **k'owmmē** (M: + k'owmē) → k'o²

k'own, k'noy, -ov 【名】眠り，睡眠；眠気 (ὕπνος)：noc'a ayspēs t'owec'aw t'e vasn nnǰeloy k'noy asē 彼らは彼が睡眠という眠りのことを言っていると思った Jn 11,13; zart'owc'eal Yovsēp' i k'noy anti ヨセフは眠りから覚めて Mt 1,24; ein canrac'ealk' i k'noy = ἦσαν βεβαρημένοι ὕπνῳ 彼らは睡魔に襲われていた Lk 9,32; egit z-nosa i k'own i trtmowt'enē-n = εὗρεν κοιμωμένους αὐτοὺς ἀπὸ τῆς λύπης 彼は，彼らが悲しみのあまり眠り込んでしまっているのを見出した Lk 22,45. —i k'own linim/em 眠っている (καθεύδω Mt 13,25; κοιμάομαι Mt 28,13)：i k'own linel mardkan 人々が眠っている間に Mt 13,25; gołac'an z-na minč' mek' i k'own eak' われわれが眠っている間に，彼らはあいつを盗んだ Mt 28,13. —mtanem i k'own = καθεύδω (Mt), ἀφυπνόω (Lk) 眠り込む，眠りに落ちる，寝入る：yamel p'esayi-n, nirhec'in amenek'in ew i k'own mtin 花婿が遅れていたので，皆は眠気が差し，眠り込んでしまった Mt 25,5; minč'deṙ nawein i k'own emowt 彼らが漕いでいると，彼は眠りに落ちてしまった Lk 8,23. → nirhem, nnǰem

k'owrǰ, -i 【名】服喪・悔悛の印として身にまとう粗布 (σάκκος)：zgec'eal k'owrǰ 粗布を身にまとって Re 11,3.

k'owrm, k'rmi, -mac' 【名】（異教の）祭司 (ἱερεύς)：k'owrm-n Ziay … kamēr gohel ゼウスの神殿の祭司が犠牲を捧げようとした Ac 14,13. → k'ahanay

K'S, **K'S-n**, -d → K'ristos

k'sak, -i, ac' 【名】財布 (βαλλάντιον)：mi baṙnayk' k'sak˙ mi maxał˙ mi kawšiks 財布も革袋も皮ぞうりも持って行くな Lk 10,4; araṙēk' jez k'saks (M: k'sak) aṙanc' hnanaloy あなたたちは自分のために古びることのない財布を作れ Lk 12,33.

k'san, -ic' 【数】《基数》20 (εἴκοσι)：z-aynorik or gayc'ē i veray nora k'san hazaraw 2万人をもって彼に向かって来る者 Lk 14,31; vareal ibrew asparēss k'san ew hing kam eresown 漕ぎ出して 25 から 30 スタディオンばかり行った時だった Jn 6,19.

k'sowt'iwn, -t'ean 【名】讒言，讒訴 (ψιθυρισμός)：gowc'ē … č'araxōsowt'iwnk', k'sowt'iwnk', hpartowt'iwnk' ことによると…誹謗，

讒言，高慢が〔あなた方の間に〕ありはしないか〔と私は恐れている〕 2Cor 12,20.

kʻrisoprosaws/kʻriwsoprosōs/kʻriwsoprasos【名】緑玉髄($\chi\rho\upsilon\sigma\acute{o}\pi\rho\alpha\sigma\sigma\varsigma$) Re 21,20.

Kʻristoneay, -nei/-nēicʻ,-iw【名】キリスト者($X\rho\iota\sigma\tau\iota\alpha\nu\acute{o}\varsigma$)：ew ełew nocʻa z-am-n ołǰoyn žołovel y-ekełecʻi-n, ew owsowcʻanel žołovowrd bazowm, ew anowanel nax y-Antiokʻ z-ašakerteals-n Kʻristoneays 彼らは，まる1年教会で集まりをなし，多くの人々に教え，アンティオキアで始めて弟子たちが「キリスト者」と呼ばれるようになった Ac 11,26.

Kʻristos, -i; **Kʻristoskʻ**【名】［尊称形のみ：KʻS, KʻI］キリスト($X\rho\iota\sigma\tau\acute{o}\varsigma$)；《複》sowt kʻristoskʻ 偽キリスト($\psi\epsilon\upsilon\delta\acute{o}\chi\rho\iota\sigma\tau\sigma\iota$) Mt 24,24; Mk 13,22 ［M: sowt KʻSKʻ］); z-awceal(-n) TN/TR 主キリスト (Lk 2,26 $\tau\grave{o}\nu\ \chi\rho\iota\sigma\tau\grave{o}\nu\ \kappa\upsilon\rho\acute{\iota}o\upsilon$; Lk 2,11 $\ddot{o}\varsigma\ \dot{\epsilon}\sigma\tau\iota\nu\ \chi\rho\iota\sigma\tau\grave{o}\varsigma\ \kappa\acute{\upsilon}\rho\iota\sigma\varsigma$) [→ awcanem]：harcʻanēr i nocʻanē tʻe owr cnanicʻi KʻS-n 彼は，キリストはどこに生まれるのかを彼らに問いただした Mt 2,4; gitem zi Messia gay anowaneal-n KʻS キリストと呼ばれるメシアが来ることが私にはわかっている Jn 4,25; z-oʔ kamikʻ y-erkowcʻ asti zi arjakecʻicʻ jez, z-Yēsow Barabbay? etʻe z-YS z-anowaneal-n KʻS お前たちは，2人のうち誰を自分たちに釈放して欲しいか．イエス・バラバか，それともキリストと呼ばれるイエスか Mt 27,17.

Kʻristosean【形】キリストの：es KʻSean 私はキリストのものだ 1Cor 1,12.

kʻrovbē, -icʻ【名】ケルビム ($\chi\epsilon\rho\upsilon\beta\acute{\iota}\nu$)：i veray nora kʻrovbēkʻ-n pʻaṙacʻ その上には栄光のケルビムがあった He 9,5.

kʻrtʻmnǰem, -ecʻi【動】ささやく，不平を言う，ひそひそ話をする ($\gamma o\gamma$-$\gamma\acute{\upsilon}\zeta\omega$ Jn 6,43)；憂慮する ($\delta\iota\alpha\lambda o\gamma\iota\sigma\mu\acute{o}\varsigma$ Php 2,14)：mi kʻrtʻmnǰēkʻ ənd mimeans 互いにささやき合うな Jn 6,43 [cf. Jn 6,41, → trtnǰem]; z-amenayn inčʻ gorcecʻēkʻ aṙanc trtnǰeloy ew kʻrtʻmnǰeloy あなた方はすべてのことをつぶやきや憂慮なしに行え Php 2,14.

kʻrtʻmnǰiwn, -ǰean, -ǰeancʻ [M: kʻrtmǰiwn]【名】ささやき ($\gamma o\gamma\gamma\upsilon\sigma\mu\acute{o}\varsigma$)：kʻrtʻmnǰiwn (M: kʻrtmǰiwn) ēr z-nmanē i žołovowrds-n 群衆の間で彼についてささやかれていた Jn 7,12.

kʻrtan, -townkʻ → kʻirtn

Ō

ōgnakanowtʻiwn → awgnakanowtʻiwn
ōgowt → awgowt
ōgtakar → awgtakar
ōtarasēr → awtarasēr
ōtaroti → awtaroti
ōtarowsowmn → awtarowsowmn
ōrinak → awrinak

人名・地名

A. 人名

Abel, +E: Abēl; Habēl, -i　アベル，Ἄβελ（Mt 23,35; He 11,4）
Abia(y)　アビア，Ἀβιά（Mt 1,7; Lk 1,5）
Abiat'ar, M: Abit'ar, -aw　アビアタル，Ἀβιαθάρ（Mk 2,26）
Abiowd　アビウド，Ἀβιούδ（Mt 1,13）
Abraham, -ow, -ē　アブラハム，Ἀβραάμ（Lk 1,73）　→ Abrahamean
Agabos　アガボス，Ἄγαβος（Ac 11,28）
Agrippas　アグリッパ，Ἀγρίππας（Ac 25,26）
Adam, -ay　アダム，Ἀδάμ（Lk 3,38; 1Tm 2,13）
Addi, -deay　アディ，Ἀδδί（Lk 3,28）
Admi(n), -meay　アドミン，Ἀδμίν（Lk 3,33）
Azovr　アゾル，Ἀζώρ（Mt 1,13.14）
Akiwłas, -łeay　アクラ，Ἀκύλας（Ac 18,2）
Aharovn/Aharon, -ni　アロン，Ἀαρών（Ac 7,40）
Albadon　アバドーン，Ἀβαδδών [korowst]（Re 9,11）
Ałek'sandros, -ri　アレクサンドロス，Ἀλέξανδρος（Mk 15,21; Ac 4,6; Ac 19,33; 1Tm 1,20; 2Tm 4,14）
Alp'eos, -p'eay（M: -p'ē）　アルファイオス，Ἀλφαῖος：①ヤコブの父（Mt 10,3）；②レビの父（Mk 2,14）
Aminadab, -ay　アミナダブ，Ἀμιναδάβ（Mt 1,4; Lk 3,33）
Amovs, -ay　アモス，Ἀμώς：①ヨシヤの父（Mt 1,10）；②マタティアの父（Lk 3,25）
Ampleatos, Ampleay　アンプリアトス，Ἀμπλιᾶτος（Ro 16,8）
Anayi　→ Annas
Anania; Ananiay　アナニア，Ἀνανίας：①サッピラの夫（Ac 5,1）；②ダマスコのキリスト教徒（Ac 9,10）；③ユダヤ人大祭司（Ac 23,2）
Andreas; Andrēas; M: Antrēas, -reay　アンドレアス，Ἀνδρέας（Jn 1,40）
Andronikos, -keay　アンドロニコス，Ἀνδρόνικος（Ro 16,7）

Ant'ipas アンティパス, Ἀντιπᾶς (Re 2,13)
Anna アンナ, Ἄννα (Lk 2,36)
Annas; Ana; Anna, -ayi ハンナス, Ἄννας (Lk 3,2; Jn 18,24)
Antrēas [M] → Andreas
Apawłos; Apełēs アポロ, Ἀπολλῶς (Ac 18,24; 19,1); Apawłosean アポロの (1Cor 1,12) → Apawłosean
Apellēs, -lleay アペレス, Ἀπελλῆς (Ro 16,10)
App'ea, -ay アプフィア, Ἀπφία (Phm 2)
Arni, -neay アルニ, Ἀρνί (Lk 3,33)
Asap' アサ, Ἀράφ (Mt 1,7.8)
Asēr, Asēray; Aseray アセル, Ἀσήρ (Lk 2,36; Re 7,6)
Asiwnkritos, -teay アシンクリトス, Ἀσύγκριτος (Ro 16,14)
Aram, -ay アラム, Ἀράμ (Mt 1,3; Lk 3,33)
Areta, -ay アレタス, Ἀρέτας (2Cor 11,32)
Aristabowlos, -leay アリスタブロス, Ἀριστόβουλος (Ro 16,10)
Aristark'os アリスタルコス, Ἀρίσταρχος (Ac 20,4; Phm 24)
Artemay アルテマス, Ἀρτεμᾶς (Tt 3,12)
Artemis アルテミス, Ἄρτεμις (Ac 19,28)
Arp'ak'sad, -ay アルパクシャド, Ἀρφαξάδ (Lk 3,36)
Ark'ełaos; M: Ark'eławos アルケラオス, Ἀρχέλαος (Mt 2,22)
Ark'ippos, -peay アルキッポス, Ἄρχιππος (Col 4,17)
Awgowstos アウグストゥス, Αὐγοῦστος (Lk 2,1)
Ak'az アハズ, Ἀχάζ (Mt 1,9)
Ak'ayikos, -i アカイコス, Ἀχαϊκός (1Cor 16,17)
Ak'in アキム, Ἀχίμ (Mt 1,14)
Bahał, -ow バアル, Βάαλ (Ro 11,4)
Bałaam, -ow; Bałam, -ay バラム, Βαλαάμ (Re 2,14; 2Pe 2,15)
Bałak バラク, Βαλάκ (Re 2,14)
Banereges; M: Baneregēs ボアネルゲス, Βανηρεγές = v.l.; t.r.: Βοανηργές (Mk 3,17)
Barnabas, -bay バルナバ, Βαρναβᾶς (Ac 4,36; 13,43)
Barabba; Barabbay; Barabbas バラバ, Βαραββᾶς (Mt 27,16)
Barak, -ay バラク, Βαράκ (He 11,32)
Barak'ia; M: Barek'ia, -k'eay バラキオス, Βαραχίας (Mt 23,35)
Bareyesows バルイエス, Βαριησοῦς (Ac 13,6)
Bart'ołomeos; M: Bart'ołovmeos [+ -mēos] バルトロマイオス, Βαρθολομαῖος (Mt 10,3)

Barsaba, -bay バルサバ, Βαρσαββᾶς (Ac 1,23; 15,22)
Bartimeos [, -ei] バルティマイオス, Βαρτιμαῖος (Mk 10,46)
Beelzebowł, -i, -aw ベエルゼブル（悪霊どもの首領の名）, Βεελζεβούλ (Lk 11,15); Bēełzebowł = Διάβολος Re 12,9.
Beliar, -ay ベリアル, Βελιάρ (2Cor 6,15)
Beniamin, -i ベニヤミン, Βενιαμίν (Ac 13,21; Re 7,8)
Berinikē ベルニケ, Βερνίκη (Ac 25,13)
Beovr, -reay ベオル, Βεώρ (2Pe 2,15 Βοσόρ ボソル)
Błastos ブラスト, Βλάστος (Ac 12,20)
Boos; M: Bovovs, -ay ボアズ, Βόες (Mt 1,5)/Βόος (Lk 3,32)
Gabriēł; M: Gabriéł ガブリエル, Γαβριήλ (Lk 1,19)
Gad, -ay ガド, Γάδ (Re 7,5)
Galiovn, -aw ガリオ, Γαλλίων (Ac 18,12)
Gamaliēł, -i ガマリエル, Γαμαλιήλ (Ac 5,34)
Gayios ガイオス, ガイオ, Γάϊος (Ac 19,29; Ac 20,4; Ro 16,23; 1Cor 1,14; 3Jn 1)
Gedeovn, -i ギデオン, Γεδεών (He 11,32)
Gog ゴグ, Γώγ (Re 20,8)
Damaris ダマリス, Δάμαρις (Ac 17,34)
Daniēł; M: Daniéł, -i ダニエル, Δανιήλ (Mt 24,15)
Dawit', Dawt'i, Dawt'ē ダビデ, Δαυίδ (Lk 1,27; Ro 1,3)
Demas デマス, Δημᾶς (Col 4,14)
Demetrios, -reay デメトゥリオス, Δημήτριος (Ac 19,24; 3Jn 12)
Dionesios ディオニュシオス, Διονύσιος (Ac 17,34)
Dioskorac'ik', -c'woc' ディオスクーロイ, Διόσκουροι (Ac 28,11)
Diotrep'ēs ディオトレフェース, Διοτρέφης (3Jn 9)
Drowsila, 具 -aw ドルシラ, Δρούσιλλα (Ac 24,24)
Eber, -ay エベル, Ἔβερ (Lk 3,35)
Ezekia ヒゼキヤ, Ἐζεκίας (Mt 1,9.10)
Ezrovn → Esrovn
Elimas エルマ, Ἐλύμας (Ac 13,8)
Eleazar; M: Ełiazar エレアザル, Ἐλεάζαρ (Mt 1,15)
Ełekim → Eliakim
Elia → Ēlia
Eliazar → Eleazar
Eliakim, Ełekimay/Eliakimay エリヤキム, Ἐλιακίμ：①アビウドの子（Mt 1,13）；②メレアの子（Lk 3,30）

Eliezer, -ay エリエゼル, Ἐλιέζερ (Lk 3,29)
Eliowd エリウド, Ἐλιούδ (Mt 1,14.15)
Elisabet‘, -i エリザベト, Ἐλισάβετ (Lk 1,5.57)
Elise, -eiw エリシャ, Ἐλισαῖος (Lk 4,27)
Elmovdam, -daday エルマダム, Ἐλμωδάμ [Θ], Ἐλμαδάμ [t.r.] (Lk 3,28)
Emmanowēl インマヌエル, Ἐμμανουήλ (Mt 1,23)
Emovr, -ay ハモル, Ἐμμώρ (Ac 7,16)
Enovs, -ay エノシュ, Ἐνώς (Lk 3,38)
Enovk‘, -ay エノク, Ἐνώχ (Lk 3,37; He 11,5)
Epap‘ras, -reay エパフラス, Ἐπαφρᾶς (Col 1,7)
Epap‘roditos, -teay エパフロデトス, Ἐπαφρόδιτος (Php 2,25)
Epentos, -teay エパイネトス, Ἐπαίνετος (Ro 16,5)
Esay- → Ēsay-
Esli, -leay エスリ, Ἐσλί (Lk 3,25)
Esrovn [Lk.]; Ezrovn [Mt.], -ay ヘツロン, Ἐσρώμ (Mt 1,3; Lk 3,33)
Erastos エラストス, Ἔραστος (Ac 19,22; Ro 16,23)
Eremia, -miayi エレミヤ, Ἰερεμίας (Mt 2,17)
Ermas, -meay ヘルマス, Ἑρμᾶς (Ro 16,14)
Ermes, -meay ヘルメス, Ἑρμῆς (Ro 16,14)
Ewa エバ, Εὕα (1Tm 2,13)
Ewbowlos エウブロス, Εὔβουλος (2Tm 4,21)
Ewnikē, -keay エウニケー, Εὐνίκη (2Tm 1,5)
Ewodia エウオディア, Εὐοδία (Php 4,2)
Ewtik‘os エウテュコス, Εὔτυχος (Ac 20,9)
Zabowlon; M: + Zabolovn, -i ゼブルン, Ζαβουλών (Re 7,8; Mt 4,13.15)
Zakk‘eos; Zakk‘eos; Zak‘eos, 呼 Zakk‘ē (M: Zak‘ē) ザカイオス, Ζακχαῖος (Lk 19,2) → mak‘sapet
Zara ゼラ, Ζάρα (Mt 1,3)
Zak‘aria, -ay ザカリヤ, ゼカリヤ, Ζαχαρίας：①洗礼者ヨハネの父 (Lk 1,13); ②バラキオスの子 (Mt 23,35)
Zak‘ē; Zak‘eos → Zakk‘eos
Zebedeos, -eay, -eaw ゼベダイ, Ζεβεδαῖος (Mt 4,21)
Zenos, -on ゼノス, Ζηνᾶς (Tt 3,13)
Zios, Ziay ゼウス, Ζεύς (Ac 14,12)
Zorobabēl; M: Zawrababēl, -i ゼルバベル, Ζοροβαβέλ (Mt 1,12; Lk 3,27)

Ēlia

Ēlia; Ełia, -łiayi エリヤ, Ἠλίας (Lk 1,17)
Ēneay アイネヤ, Αἰνέας (Ac 9,33.34)
Ēsayi; M: Esayi, -saya[y] イザヤ, Ἠσαΐας (Mt 3,3; Jn 1,23)
Ēr, -ay エル, Ἤρ (Lk 3,28)
T'addeos; M: T'adeos タダイオス, Θαδδαῖος (Mt 10,3)
T'amar, -ay タマル, Θαμάρ (Mt 1,3)
T'aṙa, -ṙayi テラ, Θάρα (Lk 3,34)
T'eop'iłos; T'eop'ilos, 呼 -p'iłē テオフィロス, Θεόφιλος (Lk 1,3)
T'ewdas テウダス, Θευδᾶς (Ac 5,36)
T'ovmas, 対 T'ovma Jn 20,27 [-ma = Θωμᾷ, 与] トマス, Θωμᾶς (Mt 10,3)
Isahak; Sahak, -ay イサク, Ἰσαάκ (Lk 3,34)
Isaw エサウ, Ἠσαῦ (He 11,20)
Isak'ar, -ay イッサカル, Ἰσσαχάρ (Re 7,7)
Iskariovtac'i; Skariovtac'i, -c'woy イスカリオト, イスカリオテ, Ἰσκαριώθ/ Ἰσκαριώτης
Lawos, -odeay ロイス, Λωΐς (2Tm 1,5)
Legeovn → Łegeovn
Lidia リュディア, Λυδία (Ac 16,14)
Lisanias; M: Liwsiwnias, -neay リュサニアス, Λυσανίας (Lk 3,1)
Liwsias リュシア, Λυσίας (Ac 23,26)
Kayēn, -yeni カイン, Κάϊν (He 11,4)
Kayiap'a[y], [-p'ayi: Jn 18,13E] カヤファ, Καϊάφας (Mt 26,3; Jn 18,13)
Kaynan, -ay カイナム；ケナン, Καϊνάν (v.l. -αμ) (Lk 3,36.37)
Kandakē, -kay カンダケ, Κανδάκη (Ac 8,27)
Karpios, -i カルポス, Κάρπος (2Tm 4,13)
Kēp'as; Kep'as ケファ, Κηφᾶς (Jn 1,42); Kep'ayean【形】ケファの：es Kep'ayean = ἐγὼ δὲ Κηφᾶ 私はケファのもの 1Cor 1,12.
Kis, -seay キシュ, Κίς (Ac 13,21)
Kiwrenios, -neay クィリニウス, Κυρήνιος (Lk 2,2)
Kławdia クラウディア, Κλαυδία (2Tm 4,21)
Kławdios, -deay, 具 -deaw クラウディウス, Κλαύδιος：①クラウディウス帝 (Ac 11,28)；②クラウディウス・リュシア (Ac 23,26)
Kłemēs, 具 -maw クレメンス, Κλήμης (Php 4,3)
Kłeopas; M: Kłiovpas クレオパス, Κλεοπᾶς (Lk 24,18)
Kłopas; Kłovpas, -pay クロパ, Κλωπᾶς (Jn 19,25)

Koṝnēlios コルネリウス, Κορνήλιος (Ac 10,1)
Kovsam, -ay コサム, Κωσάμ (Lk 3,28)
Korx, -ay コラ, Κόρε (Jd 11)
Kowartos クアルトス, Κούαρτος (Ro 16,23)
Kreskēs クレスケンス, Κρήσκης (2Tm 4,10)
Krispos クリスポス, Κρίσπος (Ac 18,8)
Hagar ハガル, Ἁγάρ (Ga 4,24.25)
Hermēs ヘルメス, Ἑρμῆς (Ac 14,12)
Hermogenēs ヘルモゲネス, Ἑρμογένης (2Tm 1,15)
Herovdion, -nay ヘロディオン, Ἡρῳδίων (Ro 16,11)
Hēli; M: Heḷi, -ḷeay ヘリ, Ἡλί (Lk 3,23)
Hērovdēs[Hērodēs, Herovdēs, Herovdes], di ヘロデ, Ἡρῴδης : ①ヘロデ大王 (Mt 2,1); ②ヘロデ・アンティパス (ヘロデ大王の息子で四分封領主 [→ č'orrordapet]) (Mt 14,1); ③ヘロデ・アグリッパ1世 (Ac 12,1)
Hērovdias; M: Herovdias, -iay ヘロディア, Ἡρῳδιάς, -άδος (Mk 6,17; Mt 14,3)
Himenos ヒュメナイオス, Ὑμέναιος (1Tm 1,20; 2Tm 2,17)
Hṛ̌ak'eł ラケル, Ῥαχήλ (Mt 2,18)
Hřebeka, -ay リベカ, Ῥεβέκκα (Ro 9,10)
Hřek'ab; M: Hřek'eb, -ay ラハブ, Ῥαχάβ (Mt 1,5) → Raxab
Hřemp'ay, -ay ライファン, Ῥαιφάν (Ac 7,43)
Hřovdē ロデ, Ῥόδη (Ac 12,13)
Hřowt', -ay ルツ, Ῥούθ (Mt 1,5)
Hreay, Hrēic'/Hreic' ユダヤ人, Ἰουδαῖος (Mk 7,3); Ἰουδαία (Ac 24,24)
Łabbeos → Łebbeos
Lazar; Łazaros [呼 Łazare = Λάζαρε (cf. Petros)] ラザロ, Λάζαρος : ①Łazar; Łazaros マリヤとマルタの兄弟 (Jn 11,1); ②Łazaros 譬に出る乞食 (Lk 16,20)
Lamek', -ay レメク, Λάμεχ (Lk 3,36)
Lebbeos (M); Łabbeos (E) レバイオス, Λεββαῖος (Mt 10,3E: Łabbeos or anowanec'aw T'addeos タダイオスと呼ばれたレバイオス)
Legeovn; Legeovn レギオン (悪霊の名), Λεγιών (Mk 5,9) [ἡ λεγιών → gownd]
Lewi, -weay レビ, Λευί : ①徴税人 (Lk 5,27); ②ヤコブの子でイスラエル支族の祖 (He 7,9; Re 7,7); ③メルキの子 (Lk 3,24); ④シメオンの

子（Lk 3,29）
Linos リノス，Λίνος（2Tm 4,21）
Lovt; Łovtʻ; M: + Ławt, -ay ロト，Λώτ（Lk 17,28）
Lokios ルキウス，Λούκιος（Ac 13,1; Ro 16,21）
Lowkas, -kay ルカ，Λουκᾶς（2Tm 4,11）; awetaran əst Łowkay ルカによる福音書 Lk 1,1E [incipit]; Lk 24,53 [explicit]
Maatʻ, -ay マハト，Μάαθ（Lk 3,26）
Magog マゴグ，Μαγώγ（Re 20,8）
Matʻeos → Mattʻeos
Matʻowsała[y], -łayi メトシェラ，Μαθουσάλα（Lk 3,37）
Małaleēł, -i マハラルエル，Μαλελεήλ（Lk 3,37）
Małkʻos マルホス，Μάλχος（Jn 18,10）
Manayen マナエン，Μαναήν（Ac 13,1）
Manassē; Manasē, -sēi マナセ，Μανασσῆς: ①ヨセフの子でイスラエル支族の祖（Re 7,6）; ②イエスの系図中の人（Mt 1,10）
Matatʻ ?; Matatʻia ?, -tʻeay マタト，Μαθθάτ/Ματθάτ（Lk 3,24）
Matatʻeay マッテア，Μαθθίας（Ac 1,26）
Mattʻan, -tʻay ①マタン，Ματθάν（Mt 1,15）; ②マタト，Μαθθάτ（Lk 3,29）
Mattʻeos; Matʻeos, -i マタイ，Ματθαῖος/Μαθθαῖος（Mt 10,3）; awetaran əst Matʻeosi マタイによる福音書 Mt 1,1E [incipit], Mt 28,20E [explicit]
Mattʻias ?, -tʻeay マタティア，Ματταθίας（Lk 3,25）
Mattatʻa, -tʻay マタタ，Ματταθά（Lk 3,31）
Mattatʻias, -tʻeay マタティア，Ματταθίας（Lk 3,26）
Maremaw → Mariam
Martʻa, -ayi マルタ，Μάρθα（Jn 11,1）
Mariam, 属/与 Mariama[y]: Mt 1,16 Mk 6,3; Marema[y]: Jn 11,1 12,3; Mariamow: Mk 16,9E Lk 1,41; Mareay: Ac 16,6; 具 Mariamaw, Maremaw: Mt 2,11 Lk 2,5 マリヤ，Μαρία/Μαριάμ: ①イエスの母（Mt 1,18）; ②マルタの姉妹（Jn 11,1）; ③マグダラのマリヤ（Mt 27,56）; ④ヤコブ4とヨセフ7の母（Mt 27,56）; ⑤クロパの妻（Jn 19,25）; ⑥マルコと呼ばれるヨハネの母（Ac 12,12）; ⑦Ro 16,6 で挨拶される人
Markos, -i マルコ，Μᾶρκος（Ac 12,12）; awetaran əst Markosi マルコによる福音書 Mk 1,1E [incipit], Mk 16,20E [explicit]
Melkʻisedek, -i メルキツェデク，Μελχισέδεκ（He 7,1）
Mełtʻ-; Mełitʻ ?, -tʻay [E.mg: Mełea, -eay ?] メレア，Μελεά（Lk 3,31）

Mełk'i, -k'eay メルキ, Μελχί：①レビの父（Lk 3,24）；②ネリの父（Lk 3,28）

Menna, -ay メンナ, Μεννά（Lk 3,31）

Mik'ayēl ミカエル, Μιχαήλ（Jd 9）

Mnasovn, -i ムナソン, Μνάσων（Ac 21,16）

Mołok', -ay モロク, Μόλοχ（Ac 7,43）

Movsēs, -i, -iw; Movsisi モーセ, Μωϋσῆς（Mt 8,4）

Yakovb, -ay/-ow ヤコブ, Ἰακώβ：①イサクの子（Mt 1,2）；②ヨセフの父（Mt 1,15）

Yakovbos, -bay/-bow, 具 -baw. [Lk 9,28M: Yakobos] ヤコブ, Ἰάκωβος：① 12使徒の1人でゼベダイの子（Mt 4,21）；②イエスの兄弟（Mt 13,55）；③アルファイオスの子で 12 使徒の 1 人（Mt 10,3）；④マリヤの子（Mt 27,56）；⑤ユダの父で 12 使徒の 1 人（Lk 6,16）

Yamrēs ヤンブレ, Ἰαμβρῆς（2Tm 3,8）

Yayros; M: Yaros ヤイロス, Ἰάϊρος（Mk 5,22）

Yanēs ヤンネ, Ἰάννης（2Tm 3,8）

Yanne, Yanneay ヤナイ, Ἰανναί（Lk 3,24）

Yason/Yasovn, Yasovni ヤソン, Ἰάσων（Ac 17,5; Ro 16,21）

Yared, -i イエレド, Ἰάρετ（Lk 3,37）

Yezabēl イゼベル, Ἰεζάβελ（Re 2,20）

Yek'onia; M: Yekovnia エコンヤ, Ἰεχονίας（Mt 1,11）

Yesse; M: Yessē, -eay エッサイ, Ἰεσσαί（Lk 3,32）

Yep't'ay, -ay エフタ, Ἰεφθάε（He 11,32）

Yēsow; M: +Yesow, -ay/Yisovay, 具 Yesowaw イエス, Ἰησοῦς：①イエス・バラバ（Mt 27,16.17）；②エリエゼルの子ヨシュア（Lk 3,29）；③モーセの後継者ヨシュア（Ac 7,45; He 4,8）

Yisows ①［常に尊称形で：YS, YI, YĒ, YIW］イエス, Ἰησοῦς（Mt 1,1）；②イエスス（Col 4,11）

Yovat'am; M: Yovap'at' ヨタム, Ἰωαθάμ（Mt 1,9）

Yovb, -bay ヨブ, Ἰώβ（Jas 5,11）

Yovda, -ay ヨダ, Ἰωδά（Lk 3,26）

Yovel, -lay ヨエル, Ἰωήλ（Ac 2,16）

Yovhanna; Yovanna ヨハンナ, Ἰωάννα（Lk 8,3）

Yovhannēs, -annow, -annē [M: +Yovhanēs（Lk 1,13）, Yowhannēs（Mk 1,19 3,17）, Yovannēs（Lk 20,4）, Yovnnēs（Lk 1,60）；Yovhan（Mt 11,13E）] ヨハネ, Ἰωάννης：①洗礼者ヨハネ（Mt 3,1）；② 12 使徒の 1 人でゼベダイの子（Mk 1,19）；③黙示録の著者（Re 1,1）；④パウロの同

Yovnam   766

伴者で別名マルコ（Ac 12,12）; ⑤ペトロとアンドレアスの父（Jn 1,42）; ⑥最高法院議員（Ac 4,6）; awetaran əst Yovhannow ヨハネによる福音書 Jn 1,1E [incipit], Jn 21,25 [explicit]

Yovnam [E.mg: Yovnan], -ay　ヨナム, ’Ιωνάμ（Lk 3,30）

Yovnan, -ow/-ay　①（旧約聖書中の預言者）ヨナ, ’Ιωνᾶς（Mt 12,39-41）; ②シモン・ペトロの父ヨハネ, ’Ιωάννης（Jn 1,42）; ③イエスの系図中のヨハナン, ’Ιωαναν（Lk 3,27）; ordi Yovnanow（ヨナの息子）バルヨナ, Βαριωνᾶ(ς)（Mt 16,17）

Yovnnēs [M]　→ Yovhannēs

Yovsap‘at‘　ヨシャファト, ’Ιωσαφάτ（Mt 1,8）

Yovsēs, Yovsēay/Yovseay　ヨセ, ’Ιωσῆς：①イエスの兄弟（Mk 6,3）; ②小ヤコブの兄弟（Mk 15,40）

Yovsēp‘; Yosep‘, -ay,/-ow　ヨセフ, ’Ιωσήφ：①ヤコブの子でイスラエル支族の祖（Jn 4,5; Re 7,8）; ②イエスの母マリヤの夫（Mt 1,16）; ③アリマタヤ出身の最高法院議員（Mt 27,57）; ④イエスの兄弟（Mt 13,55）; ⑤バルナバとも呼ばれるキュプロス出身のレビ人（Ac 4,36）; ⑥バルサバと呼ばれ、別名ユストゥスともいう（Ac 1,23）; ⑦マリヤの子（Mt 27,56）; ⑧イエスの系図中マタティアの子とヨナムの子（Lk 3,24.30）

Yovsēk‘, -ay　ヨセク, ’Ιωσήχ（Lk 3,26）

Yovsia　ヨシヤ, ’Ιωσίας（Mt 1,10）

Yovram, -ay　①ヨラム, ’Ιωράμ（Mt 1,8）; ②ヨリム, ’Ιωρίμ（Lk 3,29）

Yowda, -dayi/-day,-dayē; M, E.mg: Yowdas　ユダ, ’Ιούδας：①イスカリオテのユダ、12使徒の1人（Mt 10,4）; ②ヤコブの子、12使徒の1人（Lk 6,16）; ③イエスの兄弟（Mt 13,55）; ④ダマスコスでパウロが宿をとった家の主人（Ac 9,11）; ⑤別名バルサバ、エルサレムの指導的キリスト者（Ac 15,22）; ⑥ガリラヤ人ユダ（Ac 5,37）; ⑦イエスの系図中の人（Lk 3,30）; ⑧イエスの系図中ヤコブの子でユダ族の祖（Mt 1,2; Re 7,5; He 7,14）

Yowlea, -ay　ユリア, ’Ιουλία（Ro 16,15）

Yowlios, -liay　ユリアス, ’Ιούλιος（Ac 27,1）

Yownea, -ay　ユニア, ’Ιουνία/’Ιουνιᾶς（Ro 16,7）

Yowstos　ユストゥス, ’Ιοῦστος：①ヨセフ・バルサバの別名（Ac 1,23）; ②ティティウス・ユストゥス（Ac 18,7）; ③ユストゥスと呼ばれているイエスス（Col 4,11）

Naassovn; Naasovn, -i　ナフション, Ναασσών（Mt 1,4; Lk 3,32）

Nat‘an, -ay　ナタン, Ναθάμ（Lk 3,31）

Nat'anayēl ナタナエル, Ναθαναήλ (Jn 21,2)
Nange, -geay ナガイ, Ναγγαί (Lk 3,25)
Narkisos, -kiseay ナルキソス, Νάρκισσος (Ro 16,11)
Nawowm, -ay ナウム, Ναούμ (Lk 3,25)
Nak'ovr, -ay ナホル, Ναχώρ (Lk 3,34)
Neeman ナアマン, Ναιμάν (Lk 4,27)
Nereos, -reay ネレウス, Νηρεύς (Ro 16,15)
Nep't'alim, -ay ナフタリ, Νεφθαλίμ (Re 7,6)
Nēri, -reay ネリ, Νηρί (Lk 3,27)
Nikanovr, -ray ニカノル, Νικάνωρ (Ac 6,5)
Nikodēmos; M: Nikovdemos ニコデモ, Νικόδημος (Jn 3,1)
Nikolayec'ik', -c'eac' ニコライ派の人々, Νικολαΐτης (Re 2,15)
Nikolayos, -i ニコライ, Νικολαΐτης (Re 2,6)
Nikołayos ニコラオ, Νικόλαος (Ac 6,5)
Nimp'a, -ay ニュンファ, Νύμφα (Col 4,15)
Noy, -i ノア, Νῶε (Lk 3,36; 17,26)
Nwgēr ニゲル, Νίγερ (Ac 13,1)
Šiłay, -i シラス, Σιλᾶς (Ac 15,22)
Šmawon; Šmawovn, -i シメオン, Συμεών：①使徒ペトロのヘブライ名 (Ac 15,14)；②ヤコブの子でイスラエル支族の祖 (Re 7,7)；③ニゲルとも呼ばれるアンティオキアの預言者 (Ac 13,1)
Šowšan スサンナ, Σουσάννα (Lk 8,3)
Ozia ウジヤ, Ὀζίας (Mt 1,8.9)
Ołimpas, -piay オリュンパス, Ὀλυμπᾶς (Ro 16,15)
Onesip'oros/Onisip'oros, -ray オネシフォロス, Ὀνησίφορος (2Tm 1,16; 4,19)
Ovbēd, -bēday オベド, Ἰωβήδ (Mt 1,5; Lk 3,32)
Ovseē ホセア, Ὡσηέ (Ro 9,25)
Owrbanos, -neay ウルバノス, Οὐρβανός (Ro 16,9)
Owria, -riay ウリヤ, Οὐρίας (Mt 1,6)
Patrovbas, -bay パトロバス, Πατροβᾶς (Ro 16,14)
Parmenas, -nay パルメナ, Παρμενᾶς (Ac 6,5)
Pawłos, -i パウロ, Παῦλος：①キリスト・イエスの使徒 (Ro 1,1)；Pawłosean,-eanc'【形】パウロの；②キュプロスの地方総督セルギウス・パウルス (Ac 13,7) → Pawłosean
Petros, -i. [M 2x: Petrovs] [呼 Πέτρε > Petre, cf. P'iłippē, Łazare] ペトロ, Πέτρος (Mt 10,2)

Persis, -sideay ペルシス, Περσίς, -ίδος (Ro 16,12)
Piłatos, -i [M: Piwłatos, Pwłatos, Piwłatovs (Lk 3,1) ピラトゥス, Πιλᾶτος (Mk 15,15)
Pontac'i, -c'woy, -oc' [M: +Pondac'i] ポンティウス, Πόντιος (Lk 3,1) [Pontac'i Piłatos のみ]
Poplios, -leay プブリウス, Πόπλιος (Ac 28,7)
Porkios ポルキウス, Πόρκιος (Ac 24,27)
Powdēs プデンス, Πούδης (2Tm 4,21)
Pīwos, -weay ピュロス, Πύρρος (Ac 20,4)
Priska, -keay; Priskillay プリスカ/プリスキラ, Πρίσκα/Πρίσκιλλα (Ac 18,2.18)
Prok'oros, -ron プロコルス, Πρόχορος (Ac 6,5)
Pwłatos [M] → Piłatos
Ṝagaw, -ay レウ, Ῥαγαύ (Lk 3,35)
Ṝowbēn, -bini ルベン, Ῥουβήν (Re 7,5)
Ṝowp'os, -p'ay ルフォス, Ῥοῦφος : ①キュレネ人シモンの息子 (Mk 15,21); ②Ro 16,13 で挨拶される人
Sadovk ツァドク, Σαδώκ (Mt 1,14)
Sahak → Isahak
Sała[y], -ayi シェラ, Σαλά (Lk 3,35)
Sałat'iēł, -i シャルティエル, Σαλαθιήλ (Mt 1,12; Lk 3,27)
Sałēm, -limay サレム, Σαλήμ (He 7,1.2)
Sałman, -ay サラ, Σαλά (Lk 3,32)
Sałmovn; M: +Sałmon サルモン, Σαλμών (Mt 1,4.5)
Sałovmē; M: Sołovmē サロメ, Σαλώμη (Mk 15,40; 16,1)
Sałomovn, Sałovmovn; Sołomovn, Sołovmovn, -i ソロモン, Σολομών, Σαλομών [LXX] (Mt 6,29; Ac 3,11)
Samowēl, Samoweli サムエル, Σαμουήλ (Ac 13,20; He 11,32)
Samp'sovn, -i サムソン, Σαμψών (He 11,32)
Saṝa[y], -ayi サラ, Σάρρα (Ro 4,19)
Sawowł[1] サウル, Σαούλ : ①使徒パウロのヘブライ名 (Ac 9,4); ②イスラエルの最初の王 (Ac 13,21)
Sawowł[2] サウロ, Σαῦλος (Ac 7,58; 11,25 [Sawłos])
Sap'ira, -aw サッピラ, Σάπ'ρα (Ac 5,1)
Sekowndos セクンドゥス, Σεκοῦνδος (Ac 20,4)
Semeei, -meeay セメイン, Σεμεΐν (Lk 3,26)
Sergios, -geay セルギウス, Σέργιος (Ac 13,7)

Serovkʻ, -ay　セルグ, Σερούχ
Sētʻ, -tʻay　セト, Σήθ (Lk 3,38)
Sēm, -ay　セム, Σήμ (Lk 3,36)
Siłowanos; Sełowianos, -i　シルウァノス, Σιλουανός (1Th 1,1; 1Pe 5,12)
Simeovn; M: Simewovn, -i　シメオン, Συμεών：①エルサレムの人（Lk 2,25.34）；②イエス系図中の人（Lk 3,30）
Simovn; Simon, -i　シモン, Σίμων：① 12 使徒の 1 人でシモン・ペトロ（Mt 4,18）；② 12 使徒の 1 人で熱心党のシモン（Lk 6,15）；③イエスの兄弟（Mt 13,55）；④キュレネのシモン（Mt 27,32）；⑤イスカリオテのユダの父（Jn 6,71）→ Simovnean；⑥ヨッパの皮なめし職人（Ac 9,43）；⑦サマリアの魔術師（Ac 8,9）；⑧らい病人（Mt 26,6）；⑨ファリサイ人（Lk 7,40）
Siwntikʻ　シュンテュケ, Συντύχη (Php 4,2)
Skewas, -weay　スケワ, Σκευᾶς (Ac 19,14)
Solovmē　→ Sałovmē
Soło[v]movn　→ Sałomovn
Sostʻenēs　ソステネス, Σωσθένης (Ac 18,17; 1Cor 1,1)
Sosipatros　ソシパトロス, Σωσίπατρος (Ro 16,21)；ソパトゥロス, Σώπατρος (Ac 20,4)
Stakʻos, -kʻeay　スタキュス, Στάχυς (Ro 16,9)
Stepʻanas, -neay　ステファナ, Στεφανᾶς (1Cor 1,16)
Stepʻanos　ステファノ, Στέφανος (Ac 6,5; 7,59)
Tabitʻay　タビタ, Ταβιθά (Ac 9,36)　→ aycemnik
Tertiłos, Tertełeaw　テルトゥルス, Τέρτυλλος (Ac 24,1)
Tertios　テルティオス, Τέρτιος (Ro 16,22)
Tiberios, -reay　ティベリウス, Τιβέριος (Lk 3,1)
Timeos, -ei　ティマイオス, Τιμαῖος (Mk 10,46)
Timotʻēos　テモテ, Τιμόθεος (Ac 16,1; Ro 16,21)
Timovn, -nay　テモン, Τίμων (Ac 6,5)
Titos　テトス, Τίτος (Tt 1,4)；ティティウス, Τίτιος (Ac 18,7)
Tiwranos, -neay　テュラノス, Τύραννος (Ac 19,9)
Tiwkʻikos　テュキコス, Τύχικος (Ac 20,4; Eph 6,21; Col 4,7)
Tripʻona, -neay　トリュファイナ, Τρύφαινα (Ro 16,12)
Tripʻosa, -seay　トリュフォサ, Τρυφῶσα (Ro 16,12)
Tropʻimos　トロフィモス, Τρόφιμος (Ac 20,4)
Raxab　ラハブ, Ῥαάβ (He 11,31; Jas 2,25)　→ Hrekʻab

Rēsa, -ay レサ, Ἡησά (Lk 3,27)
Robovam レハブアム, Ῥοβοάμ (Mt 1,7)
P'ałek, -ay ペレグ, Φάλεκ (Lk 3,35)
P'anowēł; M: P'anoweł, -i ファヌエル, Φανουήλ (Lk 2,36)
P'arawo; P'arawovn, -woni ファラオ, Φαραώ (Ac 7,10; Ro 9,17)
P'ares; M: P'arēs, -i ペレツ, Φάρες (Mt 1,3; Lk 3,33)
P'elik's; P'ilik's, -si フェリクス, Φῆλιξ (Ac 23,24)
P'estos フェストゥス, Φῆστος (Ac 24,27)
P'ibē フォイベ, Φοίβη (Ro 16,1)
P'igelos フュゲロス, Φύγελος (2Tm 1,15)
P'ilemovn, -i; P'ilimon フィレモン, Φιλήμων (Phm 1)
P'iletos フィレトス, Φίλητος (2Tm 2,17)
P'ilołogos, -geay フィロロゴス, Φιλόλογος (Ro 16,15)
P'iłippos; P'iłipos, -si [/②-peay, -peanc'] [P'iłippē = Φίλιππε, 呼, cf. Petros] フィリッポス, Φίλιππος：①12使徒の1人 (Mt 10,3); ②ヘロデ大王の息子でヘロデ・アンティパスの兄弟 (Lk 3,1); ③エルサレム教会の7人の世話人の1人 (Ac 6,5); ④ヘロディアの最初の夫 (Mt 14,3; Mk 6,17)
P'legon, -nteay フレゴン, Φλέγων, -γοντος (Ro 16,14)
P'ortownatos, -teay フォルトゥナトス, Φορτουνᾶτος (1Cor 16,17)
K'łowac'i, -c'owc' クロエスの, Χλόη (1Cor 1,11 K'łowac'ik' クロエスの家の人々)
K'owzas, -zay/-zea クーザ, Χουζᾶς (Lk 8,3)

B. 地名（民族名・部族名・住民名を含む）

Abiłēnac'i, M: -enac'i, -c'woy, -oc' アビレネ, Ἀβιληνή (Lk 3,1)
Aenovn アイノン, Αἰνών (Jn 3,23)
Azovtos アゾトス, Ἄζωτος (Ac 8,40)
At'ēns アテネ, Ἀθῆναι (Ac 17,15)
At'enac'i, -c'woc' アテネ人, Ἀθηναῖος (Ac 17,21.22)
Akełdama アケルダマ, Ἀκελδαμάχ (Ac 1,19)
Ałek'sandrac'i アレクサンドリアの（人）, Ἀλεξανδρεύς (Ac 18,24), Ἀλεξανδρῖνος (Ac 27,6)
Amp'ipolis アンフィポリス, Ἀμφίπολις (Ac 17,1)

Andramintacʻi アドラミュティオンの, ’Αδραμυττηνός (Ac 27,2)
Antiokʻ, Antiokʻiay アンティオキア, ’Αντιόχεια (Ac 11,19.26; 13,14)
Antiokʻacʻi アンティオキアの, ’Αντιοχεύς (Ac 6,5)
Antipatris アンティパトリス, ’Αντιπατρίς (Ac 23,31)
Apołoniay アポロニア, ’Απλλωνία (Ac 17,1)
Asia アシア, ’Ασία (Ac 2,9)
Asiacʻi, -cʻwoy, -ocʻ アシア人, ’Ασιανός (Ac 20,4)
Asovs, -ovn アソス, ’Ασσος (Ac 20,13)
Asori; M: Asawri, -rwoy, -ocʻ ①シリア, Συρία (Mt 4,24; Ac 18,18); ② シリア人, Σύρος (Lk 4,27) → Pʻinik
Attalia, -ay アタリア, ’Αττάλεια (Ac 14,25)
Arabacʻi アラビア人, ῎Αραψ (Ac 2,11)
Arabia アラビア, ’Αραβία (Ga 4,25)
Arimatʻea, -tʻeay アリマタヤ, ’Αριμαθαία (Lk 23,51)
Arispagos, -pagi アレオパゴス, ῎Αρειος Πάγος (Ac 17,19.22)
Armakʻedon ハルマゲドーン, ’Αρμαγεδών (Re 16,16)
Babełacʻi; M: Babēłacʻi, -cʻwoy, -ocʻ バビロン, Βαβυλών (Mt 1,11)
[Bētʻabra;] Betʻabra ベタブラ, Βηθαβαρά (Jn 1,28)
Bereay; Beriay ベレヤ, Βέροια (Ac 17,10)
Beriacʻi ベレヤ人, Βεροιαῖος (Ac 20,4)
Bētʻania; Betʻania [Lk 19,29M: Bedania] ベタニア, Βηθανία (Jn 11,1)
Bētʻhezda; M: Bedhezda ベトザタ, D.Θ: Βηθεσδά (Βηθζαθά) (Jn 5,2)
Bētʻłeem, Betʻłeem; M: Bedłeem, Bedłahem, Bedłem, Betʻłeēm ベトレヘム, Βηθλέεμ (Mt 2,1)
Bētʻsayida, Betʻsayida(y); M: + Bedsayida ベトサイダ, Βηθσαϊδά (Mt 11,21; Lk 9,10; Jn 1,33)
Bētʻpʻagē, Bētʻpʻage; M: Betʻpʻagē, Bēdpʻagē ベトファゲ, Βηθφαγή (Mk 11,1)
Biwtʻania ビテュニア, Βιθυνία (Ac 16,7)
Gazay ガザ, Γάζα (Ac 8,26)
Gałatacʻi, -cʻwocʻ ガラテヤ, Γαλατία (Ga 1,2; 1Cor 16,1); Γαλατικός (Ac 18,23); ガラテヤ人, Γαλάτης (Ga 3,1)
Galilea, 属 -łeay, 奪 -łeē; M: Gałiłea, -łeē ガリラヤ, Γαλιλαία (Mt 4,15; Lk 8,26)
Galileacʻi [Mk 1,9: -łeacʻi]; M: -łeacʻi/-łeacʻi,-cʻwoy, -ocʻ ガリラヤ, ガリラヤ人, Γαλιλαία (Lk 5,17; 17,11; Mt 15,29; 21,11; Mk 1,16);

Γαλιλαῖος (Lk 13,1)
Get'sēmani; Gēsēmani; M: Get'samani, Gēt'sameni ゲツセマネ, Γεθσημανί (Mt 26,36)
Gełec'ik Nawahangist 良い港, Καλοὶ Λιμένες (Ac 27,8)
Gennēsaret'; Gennesaret'; Genesaret' ゲネサレト, Γεννησαρέτ (Mk 6,53; Lk 5,1)
Gergesac'i, -c'woy, -oc' ゲルゲサ人, ゲラサ人, ガダラ人, Γεργεσηνός, Γερασηνός (Mk 5,1), Γαδαρηνός (Mt 8,28)
Gołgot'a; Gołgot'ay ゴルゴタ, Γολγοθᾶ (Mt 27,33)
Gomorac'i, -c'woy, -oc' ゴモラの, Γόμορρα (Mt 10,15; 2Pe 2,6)
Dałmanowne, -owneay ダルマヌタ, Δαλμανουθά(Mk 8,10[Δαλμανοῦναι])
Dałmatia ダルマティア, Δαλματία (2Tm 4,10) → Hr̄ovm, Hr̄ama
Damaskac'i, -c'woy, -oc' ダマスコス人, Δαμασκηνός (2Cor 11,32)
Damaskos, -i ダマスコス, Δαμασκός (Ac 9,2; 2Cor 11,32; Ga 1,17)
Damirs カッパドキア, Καππαδοκία (Ac 2,9)
Dekapolis, -łeay, 位 -łi [-πόλει] デカポリス, Δεκάπολις (Mt 4,25; Mk 5,20)
Derbac'i, -c'woy, -oc' デルベ人, Δερβαῖος (Ac 20,4)
Derbē デルベ, Δέρβη (Ac 14,6)
Ebrayec'i, -c'woc' ヘブル人, Ἑβραῖος (Php 3,5)
Egiptac'i, -c'woy, -oc' エジプトの（人）, Αἰγύπτιος (Ac 7,22.38 [Αἴγυπτος])
Egiptos, 奪 -ē エジプト, Αἴγυπτος (Mt 2,13; Ac 7,18 [Ἔγυπτος])
EĒM-, EĒMac'i → Erowsałem-
Et'wovpac'i, -c'woy, -oc' エチオピアの（人）, Αἰθίοψ (Ac 8,27)
Ellas (?), Elladay ギリシア, Ἑλλάς (Ac 20,2)
ĒM; ĒMē → Erowsałem
EMac'i → Erowsałemac'i
Emmawows; M: Ēmawows エマオ, Ἐμμαοῦς (Lk 24,13)
Erapawlis イエラポリス, Ἱεράπολις (Col 4,13)
Erik'ov, 奪 -ē エリコ, Ἱεριχώ (Mk 10,46; Lk 18,35)
Erowsałēm; Ērowsałēm エルサレム, Ἱερουσαλήμ (Lk 2,41); Ἱεροσόλυμα (Mk 11,27) [尊称形でのみ：主/対/位 EM, ĒM, EĒM; 属 EMi, ĒMi, EĒMi; 奪 EMē, ĒMē, EĒMē]. → Eremia (Ἱερεμίας), Erik'ov (Ἱεριχώ), Yek'onia (Ἱεχονίας)
Erowsałēmac'i, -c'woy, -oc' 《複》エルサレムの住民, Ἱεροσολυμίτης (Mk 1,5) [尊称形でのみ：EMac'i, ĒMac'i, EĒMac'i]

Ep'esac'i, -c'woy, -oc' エフェソの (人), Ἔφεσος (Re 2,1)/Ἐφέσιος (Ac 19,25; 21,29)
Ep'esos エフェソ, Ἔφεσος (Ac 18,19; 1Cor 15,32; 1Tm 1,3)
Ep'rayim エフライム, Ἐφραίμ (Jn 11,54; E.mg.: Ep'rem = Ἐφρέμ)
Ep'rates, -tay ユーフラテス, Εὐφράτης (Re 9,14)
Zabowłovn; M: Zabołovn, -i ゼブルン, Ζαβουλών (Mt 4,13)
Zmiwr̄nac'i, -c'woy, -oc' スミュルナ人, Σμύρνα (Re 2,8)
Zmiwr̄nia スミュルナ, Σμύρνα (Re 1,11)
T'esałonikē/T'esałonik テサロニケ, Θεσσαλονίκη (Ac 17,1; Php 4,16)
T'esałonikec'i, -c'woy, -oc' テサロニケ人, Θεσσαλονικεύς
T'iwatir, -troy; T'iwatria テュアティラ, Θυάτειρα (Ac 16,14; Re 2,18)
Ilamac'i エラム人, Ἐλαμίτης (Ac 2,9)
Ikonion イコニオム, Ἰκόνιον (Ac 13,51)
Israyēł, -i, -ē【名】〔尊称形でのみ：IĒŁ/IĒL, IŁI〕イスラエル, Ἰσραήλ (Mt 2,6; Ro 9,6; Ga 6,16)
Israyēłac'i, -c'woy; Israyēłean【名】〔尊称形でのみ：IĒŁ (/IĒL) ac'i/-ean〕イスラエル人, Ἰσραηλίτης (Jn 1,47; Ac 2,22); oč' amenek'ean or y-Israyēłē-n en, nok'a IĒLeank' ic'en = οὐ γὰρ πάντες οἱ ἐξ Ἰσραὴλ οὗτοι Ἰσραήλ それらイスラエルから出た者すべてがイスラエルであるわけではない Ro 9,6.
Italia, -ay イタリア, Ἰταλία (Ac 18,2)
Italiac'i イタリアの, Ἰταλικός (Ac 10,1)
Itowrac'i; M: Trovac'i, -c'woy, -oc' イトゥリアの, Ἰτουραῖος (Lk 3,1)
Lawodikea, -ay ラオデキア, Λαοδίκεια (Re 3,14)
Lawodikec'i, -c'woy, -oc' ラオデキアの (人), Λαοδίκεια, Λαοδικεύς (Col 2,1; 4,16)
Libac'i, -c'woy, -oc' リビアの (人), Λιβύη (Ac 2,10)
Lidiay; Liwdiay リュッダ, Λύδδα (Ac 9,35.38)
Likiac'i, -c'woy, -oc' リュキアの (人), Λυκία (Ac 27,5)
Likonac'i, -c'woy, -oc' リュカオニアの (人), Λυκαονία (Ac 14,6)
Liwstra, -ay; Liwstros リュストラ, Λύστρα (Ac 14,6; 16,1; 2Tm 3,11)
Liwstrac'i, -c'woy, -oc' リュストラの (人) (Ac 14,8 ἐν Λύστροις)
Liwrikac'i, -c'woy, -oc' イリュリコン, Ἰλλυρικόν (Ro 15,19)
Xar̄an ハラン, Χαρράν (Ac 7,2.4)
Kayserea → Kesaria
Kana; **Kanay** カナ, Κανά (Jn 2,1)
Kapadovkec'i, -c'woy, -oc' カッパドキア, Καππαδοκία (1Pe 1,1)

Kappat'a; Kappat'ay ガッバタ, Γαββαθα (Jn 19,13) → k'arayatak
Kap'aŕnawowm; Kap'arnaowm カファルナウム, Καφαρναούμ (Mt 4,13; Mk 1,21; Jn 2,12)
Kedrovn, -i ケドロン, Κεδρών (Jn 18,1)
Kenk'reay ケンクレアイ, Κεγχρεαί (Ac 18,18)
Kenk'rac'i, -c'woc' ケンクレアイの, Κεγχρεαί (Ro 16,1)
Kesarac'i, -c'woy, -oc' カイサリアの（人）, Καισάρεια (Ac 21,16)
Kesaria; Kesareay [M: + Kayserea] ①（海辺の）カイサリア, Καισάρεια (Ac 8,40; 25,1)；②カイサリア・フィリッピ, Καισάρεια τῆς Φιλίππου (Mt 16,13; Mk 8,27)
Kilikea, -ay; Kiwlikec'i/Kilikec'i, -c'woc' キリキア, Κιλικία (Ac 6,9; 27,5; Ga 1,21)
Kiwprac'i, -c'woy, -oc' キュプロス〔島の〕人, Κύπριος (Ac 21,16)
Kiwpros キュロス〔島〕, Κύπρος (Ac 13,4)
Kiwrenac'i; Kiwrēnac'i, -c'woy, -oc' キュレネの（人）, Κυρηναῖος (Mk 15,21); Kiwrenac'ik' キュレネ, Κυρήνη (Ac 2,10)
Kłauda クラウダ, Καῦδα/Κλαῦδα (Ac 27,16)
Kniwdos, -deay, -deaw クニドス, Κνίδος (Ac 27,7)
Kovs, Kov コス〔島〕, Κῶς (Ac 21,1)
Kołosac'ik', -is コロサイ, Κολοσσαί (Col 1,2)
Kornt'ac'i, -c'woy, -oc' コリント人, Κορίνθιος (2Cor 6,11)
Kornt'os コリント, Κόρινθος (Ac 18,1; 1Cor 1,2)
Kretac'i, -c'woy, -oc' クレタ人, Κρής (Ac 2,11)
Kritē, -teaw クレタ〔島〕, Κρήτη (Ac 27,7; Tt 1,5)
Kwrenac'i [M] → Kiwrenac'i
Handrin andowndk' アドリア海, 'Αδρίας (Ac 27,27)
Hŕama ラマ, 'Ραμά (Mt 2,18): jayn gowžeac' i Hŕama (M: i Hŕovmay〔写字生の誤写〕)
Hŕegiovn レギオン, 'Ρήγιον (Ac 28,13)
Hŕovm, -ay; Hŕovmay（不変）ローマ, 'Ρώμη (Ac 18,2; Ro 1,7) → Hoŕomk'
Hŕomayec'i, -c'woc' ローマ人, ローマ市民, 'Ρωμαῖος (Ac 2,10; 22,25)
Hŕovdos, -on ロドス〔島〕, 'Ρόδος (Ac 21,1)
Hreakan ユダヤの, 'Ιουδαϊκός (Tt 1,14)
Hŕeastan; M: + Hreastan, -i ユダヤ, 'Ιουδαία (Mt 2,1; Lk 1,65; Ac 10,37; 26,20); 'Ιουδαῖος (Mk 1,5; Jn 3,22)
Laseay ラサヤ, Λασαία (Ac 27,8)

Lewtac'i, -c'woy レビ人, Λευίτης (Jn 1,19); -cwoc' レビの, Λευτικός (He 7,11)
Magdała [?], -łeay マグダラ, Μαγδαλά (Mt 15,39)
Magdałēnac'i, -c'woy [+ Magdałenac'i; Makdałēnac'i; Makdałenac'i; Mak'dałenac'i] マグダラの; Μαριὰμ ἡ Μαδαληνή マグダラのマリヤ (Mt 27,56)
Madiam, -ow ミデアン, Μαδιάμ (Ac 7,29)
Makedovnac'i, -c'woc' マケドニア人, Μακεδών (2Cor 9,2)
Makedovnia, -ay マケドニア, Μακεδονία (Ac 16,9; 2Cor 2,13; Php 4,15)
Mar メディア人, Μῆδος (Ac 2,9)
Melitinē マルタ, Μελίτη (Ac 28,1)
Melitos, -ton, -teay ミレトス, Μίλητος (2Tm 4,20; Ac 20,15)
MiJagetk' メソポタミア, Μεσοποταμία (Ac 2,9)
Mitilinē ミテュレネ, Μιτυλήνη (Ac 20,14)
Mwsaw ミュシア, Μυσία (Ac 16,7)
Yoppē ヨッパ, Ἰόππη (Ac 9,36)
Yordanan, -ow, -ē ヨルダン (河), Ἰορδάνης (Mk 3,6; Lk 3,3)
Nazaret', 奪 -ē [Lk 2,4M; i Nazarēt'ē; Mt 2,23 Lk 1,26 2,51 Jn 1,45: -t', E.mg.: -t, = Nazaret; Mt 4,13M.mg.: -ra, = Nazara] ナザレト, Ναζαρέθ, Ναζαρέτ, Ναζαρά (Mt 4,13; 21,11; Lk 2,4; Mk 1,9)
Nazovrec'i [E]; E.M: Nazovrac'i; M: + Nazawrac'i, -c'woy ナザレ人, Ναζαρηνός (Mk 1,24); Ναζωραῖος (Mt 2,23; Lk 18,37)
Nayin ナイン, Ναΐν (Lk 7,11)
Nep't'ałim, -imay; M: + Nap't'ałim, -łemay ナフタリ, Νεφθαλίμ (Mt 4,13.15)
Nikopawlis ニコポリス, Νικόπολις (Tt 3,12)
Ninowēac'i; M: + -eac'i, -c'woy, -oc' ニネベの (人), Νινευίτης (Mt 12,41)
Nor K'ałak' ネアポリス, Νέα Πόλις (Ac 16,11)
Ordosta App'eay アッピ・フォルム, Ἀππίου Φόρον (Ac 28,15)
Pamp'iwlia, Pamp'ileay パンフィリア, Παμφυλία (Ac 2,10; Ac 27,5)
Patara, Pataray パタラ, Πάταρα (Ac 21,1)
Patiolows ポテオリ, Ποτίολοι (Ac 28,13)
Patmos パトモス, Πάτμος (Re 1,9)
Partew パルティア人, Πάρθος (Ac 2,9)
Pap'os パポス, Πάφος (Ac 13,6)

Pergamovn, -moy ペルガモン, Πέργαμον/Πέργαμος (Re 1,11; 2,12)
Pergē, -geay ペルゲ, Πέργη (Ac 13,14)
Pisida, Pisiday ピシディア, Πισιδία (Ac 14,24); Pisideay ピシディアの, Πισίδιος (Ac 13,14)
Pontos; Pontac'i, -c'woc' ポントス, Πόντος (Ac 2,9; 1Pe 1,1); Pontac'i ポントスの, Ποντικός (Ac 18,2)
Ptłomes, -meday プトレマイス, Πτολεμαΐς (Ac 21,7)
Sałamis, -minay サラミス, Σαλαμίς (Ac 13,5)
Sałaminē, -neaw サルモネ, Σαλμώνη (Ac 27,7)
Sałēm, -łimay サレム, Σαλήμ (He 7,1)
Sałim サリム, Σαλείμ/Σαλίμ (Jn 3,23)
Samarac'i, -c'woy, -oc' サマリアの (人), Σαμαρίτης (Lk 17,16)/ Σαμαρῖτις (Jn 4,9); Σαμαρεία (Jn 4,5; Ac 8,5)
Samaria, -reay サマリア, Σαμάρεια (Jn 4,4; Lk 17,11)
Samot'rakē サモトラケ, Σαμοθράκη (Ac 16,11)
Samos サモス, Σάμος (Ac 20,15)
Sardikē サルディス, Σάρδεις (Re 1,11)
Sardic'i, -c'woc' サルディス人, Σάρδεις (Re 3,1)
Sarep't'a [E.mg.: Sarep'ta] セラプタ, Σάρεπτα/Σάρεφθα (Lk 4,26)
Sarovn, -nay シャロン, Σαρών (Ac 9,35)
Selewkia, -ay セレウキア, Σελεύκεια (Ac 13,4)
Sēk'ar シュカル, Συχάρ (Jn 4,5)
Sidom → Sodom
Sidovn, -i シドン, Σιδῶν (Mt 11,21; Mk 3,8)
Sidovnac'i, -c'woy, -oc' シドンの (人), Σιδώνιος (Ac 12,20); シドン地方, ἡ Σιδωνία (Lk 4,26)
Siłovam, M: Sełovam, -ay シロアム, Σιλωάμ (Jn 9,7; Lk 13,4)
Sinay; Sineay シナイ (山), Σινᾶ (Ac 7,30; Ga 4,24)
Siovn; Sion, -i シオン, Σιών : ①シオンの山 (Re 14,1); ②エルサレムの町 (Mt 21,5; Jn 12,15)
Siwrakowsas シュラクサ, Συράκουσαι (Ac 28,12)
Siwk'ēm シケム, Συχέμ (Ac 7,16)
Skiwt'ac'i, -c'woy, -oc' スキタイ人, Σκύθης (Col 3,11)
Smiwṙa ミラ, Μύρα (Ac 27,5)
Sodom; M: Sodovm, -ay; Sidom [Mt 11,23E] ソドム, Σόδομα (Lk 17,29)
Sodomac'i; M: Sodovmac'i/-mayec'i [: Sodovma(y)], -c'woy, -oc' ソド

ムの, Σόδομα (Mt 10,15; 2Pe 2,6)
Spania イスパニア, Σπανία (Ro 15,24)
Tarsonac'i, -c'woy, -oc' タルソスの（人）, Ταρσεύς (Ac 9,11)
Tarsos/Tarsovs, -son, -sovsi, -sonē タルソス, Ταρσός (Ac 9,30; 11,25)
Tiberias, -reay ティベリア, Τιβεριάς (Jn 6,23)
Tiros → Tiwros
Tiwrac'i, -c'woy, -oc' テュロスの（人）, Τύριος (Ac 12,20)
Tiwros; M: Tiwrovs, Tiros, -i, -ē テュロス, Τύρος (Mt 11,21; Lk 6,17)
Trak'onac'i; M: Tok'anac'i (Lk 3,1M), -c'woy, -oc' トラコニティスの, Τραχωνῖτις (Lk 3,1)
Trovada, -day トロアス, Τρῳάς (Ac 20,6; 2Cor 2,12)
Trovac'i, -c'woy, -oc' (Lk 3,1M) → Itowrac' (E)
P'iladerp'ea, -ac' フィラデルフィア, Φιλαδέλφεια (Re 1,11; 3,7)
P'ilipec'i, -c'woy, -oc' フィリピの（人）, Φιλιππήσιος (Php 4,15); フィリピ, Φίλιπποι (Ac 16,12; Php 1,1)
P'inik; M: P'iwnik フェニキア（の）, Συροφοινίκισσα τῷ γένει = P'inik Asori y-azgē 生まれがシリア・フェニキアの (Mk 7,26)
P'iwnikē ①フェニキア, Φοινίκη (Ac 11,19;)；②フェニクス, Φοῖνιξ (Ac 27,12)
P'r̄iwgia, -giay フリュギア, Φρυγία (Ac 2,10)
K'ałdeac'i, -c'woy, -oc' カルデア人 (Ac 7,4)
K'anan カナン, Χανάαν (Ac 7,11)
K'ananac'i, -c'woy カナンの, Χαναναῖος (Mt 15,22)
K'ios, K'iay キオス, Χίος (Ac 20,15)
K'ovrazin/K'orazin コラジン, Χοραζίν (Mt 11,21; Lk 10,13)

| 著者紹介 |

千種眞一［ちぐさ・しんいち］東北大学教授（言語学）
　　著書に『ゴート語の聖書』，『ゴート語辞典』，『古典アルメニア語文法』。

目録進呈　落丁本・乱丁本はお取替えいたします。

平成25年5月30日　©第1版発行

古典アルメニア語辞典	編著者　千種眞一 発行者　佐藤政人 発行所 株式会社　大学書林 東京都文京区小石川4丁目7番4号 振替口座　00120-8-43740番 電話　(03)3812-6281〜3番 郵便番号112-0002

ISBN978-4-475-00166-3　　豊国印刷・横山印刷・牧製本

大学書林
語学参考書

著者	書名	判型	頁数
千種眞一 著	古典アルメニア語文法	A5判	408頁
千種眞一 編著	ゴート語辞典	A5判	784頁
千種眞一 著	ゴート語の聖書	A5判	228頁
小泉 保 著	言語学とコミュニケーション	A5判	228頁
小泉 保 著	改訂 音声学入門	A5判	256頁
下宮忠雄 編著	世界の言語と国のハンドブック	新書判	280頁
大城光正 吉田和彦 著	印欧アナトリア諸語概説	A5判	392頁
島岡 茂 著	ロマンス語比較文法	B6判	208頁
小沢重男 著	蒙古語文語文法講義	A5判	336頁
小泉 保 著	ウラル語統語論	A5判	376頁
黒柳恒男 著	ペルシア語の話	B6判	192頁
大野 徹 編	東南アジア大陸の言語	A5判	320頁
小島謙一 編著	古英語辞典	A5判	1544頁
森田貞雄 三川基好 小島謙一 著	古英語文法	A5判	260頁
下瀬三千郎 古賀允洋 伊藤弘之 著	古英語入門	A5判	216頁
島岡 茂 著	英仏比較文法	B6判	264頁
島岡 茂 著	仏独比較文法	B6判	322頁
島岡 茂 著	フランス語統辞論	A5判	912頁
小林 惺 著	イタリア文解読法	A5判	640頁
中岡省治 著	中世スペイン語入門	A5判	232頁
出口厚実 著	スペイン語学入門	A5判	200頁
寺﨑英樹 著	スペイン語文法の構造	A5判	256頁

――目録進呈――